Le Routard

Mexique
2022/23

Cofondateurs : Philippe GLOAGUEN et Michel DUVAL

Directeur de collection et auteur
Philippe GLOAGUEN

Secrétaire général
Gavin's CLEMENTE-RUIZ

Rédacteurs en chef
Amanda KERAVEL (France)
Benoît LUCCHINI (Étranger)

Directrice administrative
Bénédicte GLOAGUEN

Conseiller à la rédaction
Pierre JOSSE

Responsable voyages
Carole BORDES

Direction éditoriale
Élise ERNEST

Rédaction
Isabelle AL SUBAIHI
Emmanuelle BAUQUIS
Mathilde de BOISGROLLIER
Marie BURIN des ROZIERS
Camille CAMPET
Diane CAPRON
Véronique de CHARDON
Laura CHARLIER
Florence CHARMETANT
Fiona DEBRABANDER
Géraldine LEMAUF-BEAUVOIS
Alain PALLIER
Anne POINSOT
Alexia POULAIN

hachette

TABLE DES MATIÈRES

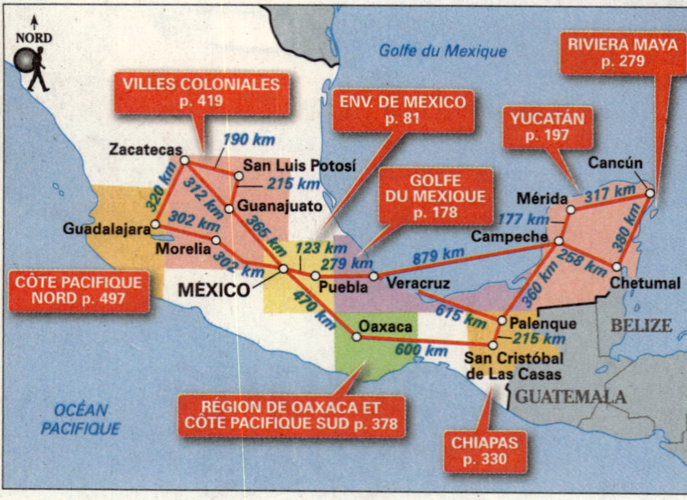

PRÉAMBULE

COMMENT Y ALLER ? 36

MEXIQUE UTILE 48

Important : dernière minute

Entre deux parutions du *Routard,* des événements fortuits (conditions sanitaires, catastrophes naturelles, mais aussi formalités, taux de change, conditions d'accès aux sites, fermetures inopinées, etc.) peuvent modifier vos projets de voyage. Pour éviter les déconvenues, nous vous recommandons de consulter la rubrique « Guide » par pays de notre site • *routard.com* • et plus particulièrement les dernières ***Actus voyageurs.***

UNE PANDÉMIE INOUÏE !
Depuis toujours, **Le Routard** ***se plaît à dénicher hôteliers et restaurateurs*** qui accueillent nos lecteurs avec sourire et professionnalisme. Malgré toute notre vigilance, certains d'entre eux auront malheureusement fermé quand ce livre sortira. De même, les horaires et modalités d'accueil de certains sites et musées auront été momentanément modifiés. Cette terrible ***pandémie de Coronavirus*** a, on le sait, des conséquences importantes pour tous les professionnels du tourisme. ***Nous sommes de tout cœur avec eux !***

Cuisine de rue, Guanajuato

© Guiziou Franck/hemis.fr

ÉTATS -
30°
Río Grande
Río Bravo del Norte
Chihuahua
Creel
45
57
Los Mochis
15D
Reynosa
Monterrey
Matamoros
40D
Torreón
Durango
40D
57
85
Mazatlán
54D
VILLES COLONIALES
p. 419
Zacatecas
49
San Luis
Potosí
Tampico
45
70
180
Environs
de Tequila
San Miguel
de Allende
Guanajuato
15D
Tequila
Puerto Vallarta
Querétaro
Guadalajara
20°
15D
Teotihuacán
200
54D
Morelia
Pátzcuaro
MEXICO
80
Puebla
Santuarios
mariposa
monarca
Cuernavaca
Barra
de Navidad
Taxco
CÔTE PACIFIQUE NORD
p. 497
200
ENV. DE MEXICO
p. 81
95D
OCÉAN
PACIFIQUE
Acapulco
200
Veracruz
Lieux traités
Monterrey
Repères
Sites inscrits au Patrimoine
mondial de l'Unesco
0
100
200 km
100°

U N I S
NORD
Golfe
du Mexique
Tropique du Cancer
YUCATÁN
p. 197
Isla Holbox
Isla Mujeres
Chichén Itzá
Cancún
Mérida
180
Playa del Carmen
Uxmal
Cobá
Isla Cozumel
GOLFE DU MEXIQUE
p. 178
El Tajín
Tulum
Campeche
Ruta Puuc
Xalapa
Golfe
de Campeche
RIVIERA MAYA
p. 279
Escárcega
186
Veracruz
Chetumal
180
Calakmul
145D
Tlacotalpán
Villahermosa
Tuxtepec
Belmopan
Palenque
135D
Tuxtla Gutiérrez
Yaxchilán
BELIZE
San Cristóbal de Las Casas
Bonampak
Oaxaca
185
Comitán
Puerto Escondido
Tehuantepec
200
Huatulco
CHIAPAS
p. 330
San Agustinillo
HONDURAS
Tapachula
Guatemala
RÉGION DE OAXACA ET CÔTE PACIFIQUE SUD
p. 378
GUATEMALA
San Salvador
SALVADOR
90°

LE MEXIQUE

LA RÉDACTION DU ROUTARD

(sans oublier nos 50 enquêteurs, aussi sur le terrain)

© R. Delalande et E. Dessons

Jean-Sébastien, Olivier, Mathilde, Thierry, Alain, Gavin's, Éléonore, Anne-Caroline, André, Laura, Florence, Véronique, Isabelle, Géraldine, Fiona, Amanda, Benoît, Emmanuelle, Bénédicte, Philippe, Carole, Diane, Anne, Marie.

La saga du *Routard* : en 1971, 2 étudiants, Philippe et Michel, avaient une furieuse envie de découvrir le monde. De retour du Népal germe l'idée d'un guide différent qui regrouperait tuyaux malins et itinéraires sympas, destiné aux jeunes fauchés en quête de liberté. 1973. Après 19 refus d'éditeurs et la faillite de leur première maison d'édition, l'aventure commence vraiment avec Hachette. Aujourd'hui, le *Routard*, c'est plus d'une cinquantaine d'enquêteurs impliqués et sincères. Ils parcourent le monde toute l'année dans l'anonymat et s'acharnent à restituer leurs coups de cœur avec passion.

Merci à tous les Routards qui sont solidaires de nos convictions : liberté et indépendance d'esprit ; découverte et partage ; sincérité, tolérance et respect des autres.

NOS SPÉCIALISTES MEXIQUE

Fiona Debrabander : franco-britannique, passionnée d'histoire, de musique et de cinéma, elle apprécie autant prendre le thé après un trek qu'un café au comptoir, les bains de foule sur les marchés que les bains de minuit en bord de mer. Avide de rencontres et de nature, au coin de la rue ou au bout du monde, elle sillonne la planète avec l'envie de partager ses découvertes.

Laura Charlier : bercée par des récits de voyages depuis l'enfance, cette Marseillaise curieuse et observatrice aime les périples en sac à dos et les sentiers peu empruntés. Accompagnée de son appareil photo, elle immortalise ses rencontres et se nourrit des histoires qu'elle capte en chemin. Après avoir étudié les langues étrangères, elle a rejoint l'équipe du Routard pour partager ses trouvailles.

Louis Nagot : Nantais, donc Breton, Louis est tombé dans le Routard quand il était petit, grâce aux vacances de sa famille de profs. Enseignant lui-même, il a rejoint la rédaction du Routard après une longue série de lettres d'amour. Sa vocation : la révision systématique des pâtisseries. Sa passion : re-tester tous les chemins de randonnée (au cas où…). Son rêve : trouver l'adresse Absolue. Et s'il reste du temps, finir sa thèse en littérature comparée écrite entre deux trains…

UN GRAND MERCI À NOS AMI(E)S SUR PLACE ET EN FRANCE

Pour cette nouvelle édition, nous remercions particulièrement :

- **Benjamin Mathieu,** pour ses connaissances sur le pays ;
- **Pauline Adam,** accompagnatrice infatigable, goûteuse exigeante et d'une bonne humeur inaltérable ;
- **Antoine Ducoux** et **Vincent Nago,** pour leurs contacts sur place ;
- **Andres, Augusto** et **Ricardo,** pour leurs bons plans ;
- **Benjamin, Diana, Camille et Élodie,** pour leurs conseils avisés ;
- **Clémentine Kœnig,** pour sa relecture et ses suggestions percutantes ;
- **Cerise Plisson,** pour son aide efficace et enthousiaste.

Pictogrammes du Routard

Établissements

- Hôtel, auberge, chambre d'hôtes
- Camping
- Restaurant
- Terrasse
- Pizzeria
- Boulangerie, sandwicherie
- Pâtisserie
- Glacier
- Café, salon de thé
- Café, bar
- Bar musical
- Club, boîte de nuit
- Salle de spectacle
- Boutique, magasin, marché

Infos pratiques

- Office de tourisme
- Poste
- Accès Internet
- Hôpital, urgences
- Adapté aux personnes handicapées

Sites

- Présente un intérêt touristique
- Point de vue
- Plage
- Spot de surf
- Site de plongée
- Recommandé pour les enfants
- Inscrit au Patrimoine mondial de l'Unesco
- Pas de côté

Transports

- Aéroport
- Gare ferroviaire
- Gare routière, arrêt de bus
- Station de métro
- Station de tramway
- Parking
- Taxi
- Taxi collectif
- Bateau
- Bateau fluvial
- Piste cyclable, parcours à vélo

« OSONS LE PAS DE CÔTÉ »

Le surtourisme ? Tous concernés. Et pourtant, à l'écart des grands flux touristiques, il existe plein de pépites méconnues, souvent oubliées des circuits trop encombrés. Ici un site ignoré ; là un quartier secret ; plus loin un village caché au charme discret, avec un troquet d'une autre époque. Il existe une infinité de lieux peinards que l'on a envie de mettre en avant avec ce pictogramme. Un vagabondage enfin calme favorisé aussi par les **visites aux heures creuses**. Vive le *slow trip* !

#osonslepasdecote

Le *Routard* est imprimé sur un papier issu de forêts gérées.

I.S.B.N.978-2-01787113-2

Pyramide de la Luna, Teotihuacán

© Jon Arnold Images/hemis.fr

« Le Mexique est un mélange bien dosé de Quetzalcóatl et de Pepsicóatl avec quelques gouttes de tequila en plus... »
Carlos Fuentes

À l'image de sa capitale, le Mexique est **un pays bouillonnant, pluriel et passionant.** Une terre mythique, qui évoque tout à la fois le monde préhispanique, l'aventure sanglante des conquistadores, la révolution zappatiste, des couleurs incroyables et des rythmes endiablés. Un monde façonné par une succession de civilisations brillantes d'une telle richesse que l'on peut passer toute une vie à étudier les origines des Olmèques, la science des Mayas, l'esprit sportif des Toltèques ou l'organisation militaire des Aztèques.
À côté des **sites archéologiques majeurs** s'étendent des **plages somptueuses,** des **villes coloniales** au cachet nostalgique d'une grandeur évanouie, des **paysages à couper le souffle,** déserts arides au nord, volcans au centre, forêts tropicales au sud. Et partout pulse la **musique,** celle d'un **peuple métissé** – indien et espagnol – qui résume les contradictions de l'Amérique latine. Violenté par de profondes inégalités bien sûr, riche de la **diversité de ses langues, de ses cultures, héritières du monde précolombien,** le Mexique est aussi résolument ancré dans la mondialisation. Résultat : l'influence économique et culturelle du puissant voisin américain qui fait se côtoyer **divinités aztèques et Internet, fête des Morts traditionnelle et Halloween.**
Un voyage au Mexique est aussi une invitation à la fête rythmée par les instruments et les voix des mariachis, un plongeon sur les traces du commandant Cousteau sur les récifs de Cozumel, la découverte du tombeau de Pacal, le roi maya de Palenque, l'exploration des marchés villageois et des *cenotes* (puits naturels) aux eaux cristallines du Yucatán. Un séjour sur cette **terre surréaliste et magique** ne peut être comparé qu'à un voyage initiatique.

Orchestre norteño au marché flottant de Xochimilco

NOS COUPS DE CŒUR

© Gardel Bertrand/hemis.fr

1 Se balader dans le Bosque de Chapultepec et visiter le superbe musée d'Anthropologie de Mexico.

Un musée prestigieux installé dans un magnifique édifice d'acier et d'aluminium, au milieu du bois de Chapultepec, poumon vert de la ville semé de lacs et sillonné par de grandes aveňues. Beaucoup de familles en fin de semaine (location de barques, balade en petit train, zoo et fête foraine). Dans le musée, outre de sublimes pièces d'art précolombien, on peut admirer la pierre du Soleil, connue sous le nom de calendrier aztèque, tout en basalte et pesant… 24 tonnes ! *p. 124*

Bon à savoir : *ouv mar-dim 9h-19h. Entrée : 80 $Me. Infos : • mna.inah.gob.mx •*

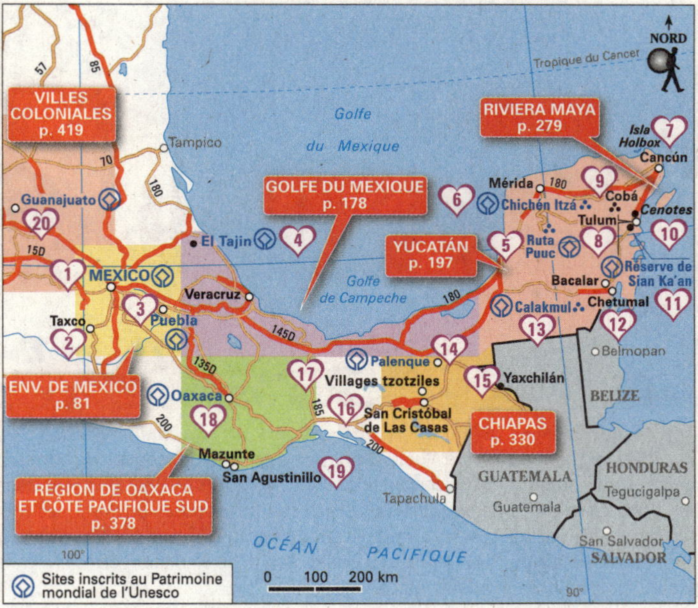

Parcourir les rues pentues de Taxco, l'une des capitales mondiales de l'argent, à la recherche de la perle rare.

Ville coloniale du nord du Guerrero, Taxco déverse ses maisonnettes toutes blanches sur le flanc d'une colline aride, en pleine Sierra Madre. Fondée en 1534 suite à la découverte d'une mine d'argent, la ville doit sa notoriété à ses nombreux ateliers de joaillerie et bijouteries – on en compte plus de 300 ! *p. 153*

***Bon à savoir :** l'argent véritable est poinçonné 925 mais à Taxco, comme partout en Amérique latine, on vend souvent de l'alpaca, un alliage qui contient du nickel, alors ayez l'œil !*

3 **Séjourner dans la ville coloniale de Puebla, aux multiples facettes.**
Ville au charme suranné, Puebla, inscrite au Patrimoine mondial de l'Unesco, cultive encore aujourd'hui un certain art de vivre. Avec ses musées d'art, ses quartiers populaires ornés de *pinturas murales* et son lot d'églises aux retables tous plus clinquants les uns que les autres, Puebla, c'est du baroque… jusque dans la cuisine ! Une escale de choix au cœur d'une région riche en découvertes : volcans, pyramides, monastères oubliés, etc. *p. 161*
Bon à savoir : de nombreux musées sont gratuits le dimanche.

4 **Assister au spectacle grand frisson que procure la danse des *voladores*, à l'entrée du site d'El Tajín.**
Site précolombien parmi les plus importants et les mieux conservés du Mexique, El Tajín est le centre de la culture totonaque, un peuple qui rêvait de voler pour s'approcher du soleil. On peut assister au très beau rituel des *voladores* : des hommes attachés à un mât haut de 30 m qui se jettent dans le vide tête en bas, pour tourner 52 fois (c'est précis !) autour. Impressionnant. *p. 181*
Bon à savoir : le rituel a lieu chaque jour, mais les danseurs attendent qu'il y ait du monde pour obtenir un pourboire consistant.

5 Apprendre à reconnaître la trompe du dieu Chac en visitant les sites mayas de la ruta Puuc.

Au sud de Mérida, la ruta Puuc désigne un ensemble de cités mayas jadis reliées entre elles, caractérisées par un style commun, le Puuc, qui multiplie les représentations de Chac, le dieu de la Pluie. Site majeur du circuit, Uxmal émerveille par la beauté de ses édifices surgissant des collines et de leur mince écrin de forêt. Plus modestes, les autres cités ont aussi leur charme, comme celle de Labná, oubliée des touristes. *p. 221*

Bon à savoir : *pour ceux qui n'ont pas de véhicule, un bus effectue le dimanche depuis Mérida un tour de tous les sites de la zone.*

6 Assister à la magie du son et lumière projeté sur la grande pyramide de Chichén Itzá.

Désormais classée comme l'une des 7 merveilles du monde moderne, elle est célèbre pour l'ombre du serpent à plumes qui y apparaît au moment des solstices sur l'escalier nord. Assister au son et lumière permet de comprendre combien la religion des Mayas était intimement liée aux mouvements du soleil, des astres et à la nature. *p. 242*

Bon à savoir : *tlj sauf lun, résa vivement conseillée sur • nochesdekukulkan.com.mx • Prévoir une lampe de poche, un répulsif antimoustiques, un vêtement chaud et de quoi se protéger de la pluie, au cas où…*

7 Depuis l'isla Holbox ou l'isla Mujeres, aller nager avec les requins-baleines.

Entre juin et septembre, ces *tiburones ballenas* migrent au large de ces îles yucatèques en nombre : on est assuré d'en voir. Certains jours, ils sont plusieurs dizaines au rendez-vous ! C'est leur plus grand rassemblement au monde. Pas de danger de se faire croquer : ces monstres marins ne mangent que du plancton ! *p. 263*

Bon à savoir : *on plonge avec masque et tuba à leurs côtés, à raison de 2 sessions de 5 min max. Mais attention : les requins-baleines se rencontrent à 1h30 de bateau au large d'isla Mujeres et 2h-2h30 de Holbox. Mieux vaut avoir le cœur accroché !*

© Chicurel Arnaud/hemis.fr

8 Explorer les fonds marins en snorkeling au large de Tulum, avec son célèbre site maya pour toile de fond.

À quelques brasses s'étend la 2e plus grande barrière de corail du monde après celle d'Australie ! On y observe de magnifiques poissons coralliens et des tortues marines dans l'une des eaux les plus chaudes et translucides des Caraïbes… En arrière-plan, le site archéologique de Tulum dresse ses petits temples au-dessus d'une plagette superbe. *p. 313*

Bon à savoir : *impossible de débarquer sans avoir réservé sa chambre en haute saison (Pâques, juillet-août et autour de Noël).*

© Robert Harding/Alamy/Hemis

9 **Se sentir tout petit face à Nohoch Mul, la grande pyramide de Cobá.** Elle émerge tel un phare d'un océan de forêt, dominant les vestiges de cette puissante cité maya de la période classique, encore largement enfouie sous la végétation. *p. 320*

Bon à savoir : *la grande pyramide est à 25-30 mn de l'entrée, mais on peut aussi louer un vélo ou s'y faire conduire en « tricycle avec chauffeur » !*

© Gardel Bertrand/hemis.fr

10 Plonger dans les eaux cristallines d'un *cenote,* sur la péninsule du Yucatán.

Ces puits naturels dissimulés en pleine jungle, creusés dans le sol calcaire par l'érosion et souvent drapés de racines aériennes, servaient jadis de réservoirs d'eau potable aux Mayas. Portes d'accès à l'inframonde (les enfers), ils étaient aussi le théâtre de sacrifices humains… Lorsque le soleil est de la partie, l'atmosphère de ces cavités baignées de lumière, aux eaux d'un bleu ou vert translucide, est tout simplement féerique. *p. 197*

Bon à savoir : *venir de préférence vers 12h, car certains* cenotes *très profonds ne laissent passer la lumière que lorsque le soleil est au zénith.*

11 Explorer la réserve naturelle de Sian Ka'an.

Située au sud de Tulum, la vaste réserve de Sian Ka'an (« l'origine du ciel » en maya) est classée au Patrimoine de l'Unesco pour la richesse de sa faune et de sa flore endémique. On embarque à bord d'un petit bateau en quête des crocodiles et des lamantins qui hantent les lieux. Les oiseaux sont ici chez eux. p. 317

***Bon à savoir :** on y accède depuis Punta Allen ou Boca Paila (au sud de la zone hôtelière de Tulum), mais le plus sympa est de passer par le site archéologique de Muyil, à visiter au passage.*

© Blaine Harrington/Agefotostock

12 Visiter le Musée maya de Chetumal, puis filer jusqu'à la laguna de Bacalar, dans le Quintana Roo.

Admirer la reconstitution virtuelle du monde maya dans le très sombre, mais très instructif Musée maya de Chetumal, puis mettre le cap sur Bacalar et sa lagune aux 7 nuances de bleu et de vert, véritable petit paradis pour pratiquer le kayak, le paddle, ou simplement se détendre. p. 325, 329

***Bon à savoir :** Bacalar est en plein essor, sans avoir encore trop changé. C'est le moment ! Dépêchez-vous d'y venir ! Camping, AJ, cabañas « écologiques », le choix est vaste pour résider ici.*

© Eddy Galeotti/Alamy/Hemis

13 **Grimper au sommet de la plus grande des pyramides du site de Calakmul (45 m) pour la vue sur l'immense mer végétale qui l'entoure.**
Rivale de Tikal au Guatemala voisin, Calakmul fut le centre du royaume de la Tête de Serpent. Elle se trouve aujourd'hui au cœur d'une réserve naturelle qui abrite une faune riche et une grande variété d'orchidées. Les escaliers qui mènent au sommet de la plus haute pyramide sont abrupts, mais de là-haut, on surplombe la canopée jusqu'au Guatemala ! *p. 239*
Bon à savoir : le site se trouve dans la région du Río Bec, dans l'État de Campeche, entre Escárcega et Chetumal, au bout d'une route en cul-de-sac de 65 km.

© Constant Dupuis/No Strings/Agefotostock

14 **Explorer les ruines de Palenque, l'un des sites mayas les plus spectaculaires.**

Cernée par la jungle, la cité de Palenque connut son apogée aux VIIe et VIIIe s. Parmi ses nombreux édifices monumentaux, la pyramide du templo de las Inscripciones recelait un trésor fabuleux, la tombe du roi Pacal, dissimulée dans une chambre funéraire secrète. Ne pas rater sa passionnante réplique au musée du site. *p. 340*

Bon à savoir : venir dès l'ouverture, pour éviter la foule et les grosses chaleurs.

15 **Jouer les Indiana Jones en partant à la découverte du site maya de Yaxchilán.**

Niché au bord du río Usumancinta, qui sépare le Chiapas du Guatemala, Yaxchilán est une ancienne cité maya perdue en pleine forêt tropicale. S'y rendre a déjà un parfum d'aventure : aucun accès par voie terrestre, on doit emprunter une pirogue à moteur. Sur place, les ruines, aux magnifiques linteaux sculptés, émergent de la forêt, alors que d'arbre en arbre se répondent les rugissements inquiétants des singes hurleurs. *p. 349*

Bon à savoir : *on peut s'y rendre dans la journée depuis Palenque, mais la route est longue. Mieux vaut passer une nuit à Frontera Corozal.*

© Emiliano Rodriguez/Alamy/Hemis

© Wysocki Pawel/hemis.fr

16 **Se balader dans les rues pittoresques de San Cristóbal de Las Casas pour apprécier son atmosphère cosmopolite.**

Plus vieille cité du Chiapas (1528), San Cristóbal entretient la gloire évanouie de son architecture coloniale. Le monde entier semble s'y être donné rendez-vous : les routards au long cours et les touristes mexicains y croisent les Indiens tzotziles descendus des montagnes pour vendre leurs produits au marché et des militants zapatistes affirmés. Étrange melting-pot fluctuant entre altermondialisme et mondialisation… *p. 354*

***Bon à savoir :** à 2 140 m d'altitude, les nuits sont froides en hiver. Prévoir pull et veste !*

17 Observer (discrètement) les pratiques religieuses des villages tzotziles.

Les croyances des Indiens tzotziles installés autour de San Cristóbal sont un syncrétisme entre religion catholique et rituels mayas. À San Juan Chamula, le village le plus connu, les chamans pratiquent un culte déroutant : dans l'église, dépourvue de bancs mais au sol recouvert d'aiguilles de pin, les fidèles psalmodient par terre, entourés de bougies, et buvant du *pox,* un alcool local. Une étrange atmosphère, fervente et mystique. *p. 366*

Bon à savoir : *il est strictement interdit de photographier l'intérieur des églises, les cérémonies ou les fêtes religieuses.*

18 Flâner dans les ruelles aux façades multicolores de la paisible Oaxaca.
Perchée à 1 500 m d'altitude, Oaxaca est l'un des joyaux du Mexique. L'occasion d'une balade est fort agréable au gré de ses rues bordées de maisons basses peintes de couleurs vives. Derrière chaque porte, l'œil curieux entrevoit un patio fleuri, un cloître paisible, une fontaine… À juste titre, cette ville coloniale pleine de charme est classée au Patrimoine mondial de l'Unesco. *p. 378*
Bon à savoir : *ne pas hésiter à consacrer plusieurs jours à la découverte de la ville et de ses environs, notamment les fabuleuses cascades pétrifiées de Hierve el Agua, à 70km.*

© Stéphane Frances/OnlyWorld.net

19 Sur la côte Pacifique Sud, assister, à l'aube, au retour des pêcheurs de San Agustinillo et Mazunte.
Ici, pas de *resorts* ni d'hôtels de luxe, simplement le calme et l'authenticité d'un charmant port de pêche occupant une échancrure de la côte Pacifique. Partis relever leurs filets avant l'aube, les pêcheurs rentrent les uns après les autres, lançant leurs barques plein gaz pour se laisser glisser sur le sable ! Thons, espadons et autres *huachinangos* s'entassent alors sur le quai… *p. 404, 407*
Bon à savoir : *San Agustinillo se trouve à env 50 km à l'ouest de l'aéroport de Huatulco.*

© Kaos03/Sime/Photononstop

20 Faire la fête jusqu'au bout de la nuit en se mêlant aux joyeux défilés de Guanajuato.

Guanajuato doit son existence aux mines d'or et d'argent. Les colons y ont construit un centre historique splendide, inscrit au Patrimoine mondial de l'Unesco. La ville s'anime presque tous les soirs, quand les *callejoneadas* envahissent les rues. Ces joyeux défilés, où se mêlent étudiants, familles et musiciens en costume traditionnel, se transforment rapidement en une vaste fête populaire. Une ambiance de folie ! *p. 472*

Bon à savoir : *les* callejoneadas *ont lieu tous les jours vers 18h autour du jardin de la Unión, mais d'autres surgissent spontanément à tout moment.*

RES CONSEILLÉS

L'itinéraire parfait au Mexique n'existe pas, à moins que vous n'ayez plusieurs mois devant vous ! Voici quelques suggestions pour élaborer votre périple.

Le Yucatán, côté Quintana Roo, entre îles et *cenotes* (env 15 j.)

- **Cancún (1).** 1re étape envisageable pour débuter un circuit au Yucatán (vols directs internationaux). Pourquoi pas une excursion à la journée vers la petite île-réserve de Contoy ? Une vraie robinsonnade pour se mettre dans le bain.
- **Isla Mujeres (2).** Si la petite île a surtout pour elle une très belle plage, de là, on s'offre volontiers une excursion à la rencontre des requins-baleines *(tiburones ballenas)*.
- **Puerto Morelos (3).** Halte tranquille dans cet ex-village de pêcheurs dont les récifs coralliens font la joie des plongeurs et des adeptes du snorkeling.
- **Playa del Carmen (4).** Pour profiter de l'ambiance festive, à condition de ne pas trop attendre des plages.
- **Isla Cozumel (5).** On y vient pour son exceptionnel récif de Palancar pour pratiquer le snorkeling ou la plongée sous-marine (site particulièrement réputé).

- **Tulum, Muyil et la réserve naturelle de Sian Ka'an (6).** Petit bain de culture avec la visite des sites archéologiques, bain de mer dans la foulée, puis bain de nature à Sian Ka'an, parc naturel inscrit au Patrimoine mondial de l'Unesco (crocos, lamantins, nombreuses espèces d'oiseaux).
- **Cobá (7).** La plus puissante des anciennes cités mayas du nord de la péninsule abrite l'une des plus hautes pyramides de ce monde englouti.
- **Bacalar (8).** Son très long lac est réputé pour la beauté intense de ses eaux aux « 7 couleurs ». On lézarde, on se balade en bateau, en kayak ou en paddle.
- **Valladolid (9).** Étape agréable dans cette jolie ville au charme colonial.
- **Chichén Itzá (10).** Le site archéologique le plus visité de la région, célèbre notamment pour sa grande pyramide, son jeu de balle XXL et son « mur des crânes ».
- **Río Lagartos (11).** En mai-juin, les flamants roses se regroupent pour nidifier dans les vastes lagunes du parc national Río Lagartos. À 2 pas : les lacs salés roses des Coloradas.
- **Isla Holbox (12).** Le petit paradis insulaire se développe, mais les plages poudreuses demeurent. Puis retour à **Cancún (1).**

La route des Pyramides et le Chiapas (env 15 j.)

- **Mérida (1).** La capitale du Yucatán, dont le centre conserve quelques beaux vestiges coloniaux. Bon point de départ pour visiter la jolie bourgade coloniale d'Izamal.
- **Celestún (2).** Ce port de pêche alangui sur la côte du golfe du Mexique abrite la plus grosse colonie de flamants roses d'Amérique du Nord (en hiver surtout).
- **Uxmal et la ruta Puuc (3).** Découverte des sites archéologiques de la région : Uxmal, mais aussi Kabah, Sayil, Xlapak, et Labná.
- **Campeche et Edzná (4).** Campeche est la seule ville fortifiée du Mexique, même s'il ne reste que quelques vestiges de la muraille. À 50 km de là, le site archéologique d'Edzná baigne dans une belle solitude.
- **Calakmul (5).** Un petit détour vous mènera vers les sites du Río Bec et surtout Calakmul, dont la grande pyramide émerge à 45 m au-dessus de la forêt.
- **Palenque (6).** L'une des plus grandes cités mayas du pays et un parc national, tous 2 classés par l'Unesco. Superbe site archéologique entouré de forêt vierge.
- **Bonampak (7).** Cité maya située au cœur du territoire des Indiens lacandons.
- **Yaxchilán (8).** Une autre cité maya à laquelle on accède uniquement en pirogue à moteur *(lancha)*… Indiana Jones n'est pas loin !
- **San Cristóbal de Las Casas (9).** L'une des plus vieilles cités espagnoles de l'État du Chiapas, fondée en 1528. Visite des villages tzotziles des environs.

De la sierra aux plages du Pacifique sud (15 j.)

- **Mexico (1).** Visite du centre historique et des grands musées de la capitale (musée national d'Anthropologie, d'Art populaire, etc.), sans oublier l'émouvante maison-musée de Frida Kahlo et celle de son amant Trostky, à 2 pas.
- **Taxco (2).** L'une des plus jolies villes coloniales du pays (et des plus visitées), spécialisée dans l'artisanat de l'argent.
- **Oaxaca (3).** Étape prolongée dans cette ville coloniale au charme indéniable, riche d'un patrimoine historique et d'une vie culturelle très dynamique. Une excursion à l'époustouflant site naturel de **Hierve el Agua (4)** et ses cascades pétrifiées au cœur de la sierra est à prévoir !
- **Monte Albán (5).** Visite de ce site archéologique perché à 2 000 m d'altitude, qui domine la vallée de Oaxaca.

• **San Agustinillo (6).** Cap sur la côte Pacifique et séjour balnéaire dans ce petit village tranquille, qui borde une longue plage de sable fin.

• **Puerto Escondido (7).** Un petit port de pêche devenu une station balnéaire animée et un célèbre spot de surf, en particulier l'immense playa Zicatela.

Le Mexique colonial (15-20 j.)

Un itinéraire dans les terres, moins arpenté, qui permet d'admirer les splendeurs de l'époque de la vice-royauté de la Nouvelle-Espagne et de l'art baroque dans une succession de villes coloniales classées pour la plupart au Patrimoine mondial de l'Unesco.

• **Mexico (1).**

• **Tepotzotlán (2).** Étape sur la route des villes coloniales du Nord, visite du monastère et de l'un des plus beaux musées d'Art colonial du pays.

• **Querétaro (3).** Amis routards amateurs de vieilles pierres, cette ville jeune et animée abrite pas moins de 1 200 édifices historiques !

• **San Miguel de Allende (4).** Pour son centre colonial préservé et ses galeries d'art, boutiques d'artisanat et d'antiquités.

• **San Luis Potosí (5).** Étape possible mais pas indispensable pour goûter à l'ambiance animée du centre historique en fin de semaine.

• **Zacatecas (6).** Un joyau coloré de l'architecture coloniale, isolé à 2 500 m d'altitude. La ville a prospéré grâce aux mines d'argent, dont la région regorge.

• **Guanajuato (7).** L'un de nos coups de cœur pour son architecture coloniale unique, son ambiance festive et sa vie culturelle trépidante. Il s'y passe toujours quelque chose !

• **Morelia (8).** Une ville coloniale aux allures bourgeoises qui arbore de splendides façades du XVIIIe s.

• **Pátzcuaro (9).** Un gros village de montagne, bourré de charme, établi au bord d'un lac, dont l'architecture évoque les villages du Pays… basque ! L'occasion de faire le plein de souvenirs tant la production d'artisanat y est riche. Enfin, retour à **Mexico (1) ***.

** Si vous disposez de* ***2-3 jours supplémentaires,*** *avant de reprendre l'avion, n'oubliez pas d'aller faire un tour à* **Puebla,** *la* **ville baroque située au pied du volcan Popocatépetl.**

SI VOUS ÊTES…

Plutôt culture et « vieilles pierres » : c'est l'un des points forts du pays. En vedettes, le site archéologique de Teotihuacán, pour ses imposantes pyramides (celle dite « du Soleil » est la plus grande du continent) ou encore la cité fortifiée de Xochicalco, classée elle aussi au Patrimoine mondial par l'Unesco, sans oublier, bien sûr, l'une des 7 merveilles du monde moderne : Chichén Itzá, site maya du Yucatán, à l'est. À voir aussi les ruines mayas de Cobá, du Río Bec (Calakmul) et celles du Chiapas (Palenque, Bonampak, Yaxchilán), émergeant de la jungle.
Changement d'époque au centre du pays. Là, les villes coloniales (beaucoup sont inscrites au Patrimoine de l'humanité) se bousculent, tant au sud de Mexico (Taxco, Puebla, Oaxaca…) qu'au nord (Morelia, Pátzcuaro, Querétaro, San Miguel de Allende, Guanajuato, Zacatecas…). Et, bien sûr, la capitale elle-même, avec ses nombreuses églises et musées d'art – sans oublier le célèbre musée national d'Anthropologie. Bref, les amateurs d'art précolombien ou baroque seront ravis !

En famille : le pays est suffisamment varié pour offrir des activités qui plairont aux adultes comme aux enfants, à commencer par les superbes plages de la côte caribéenne, où l'on peut se la couler douce ou batifoler dans les nombreux parcs d'attractions aménagés autour des *cenotes,* qu'on soit snorkeling ou tyrolienne. Au Yucatán, combinez séjour balnéaire et visites culturelles, l'arrière-pays regorgeant de sites et vestiges mayas tels Tulum, Cobá ou Chichén Itzá. Ailleurs, les routards en herbe ne manqueront pas d'apprécier les richesses naturelles et artisanales du Mexique : rassemblement de papillons monarques (en hiver), sur les hauts plateaux, marchés indigènes du Chiapas, spectaculaires grottes de Cacahuamilpa, au sud de Mexico, etc.

Plutôt nature : des déserts du Nord, popularisés par les westerns hollywoodiens, aux zones tropicales du Sud, vers le Chiapas, en passant par les sierras hérissées de cactus au cœur du pays et les plages bordées de cocotiers du Yucatán, vous aurez l'embarras du choix ! Ah, on oubliait le chapelet de volcans (Popocatépetl en tête) au sud de Mexico, offrant par beau temps un véritable décor de carte postale. La 2e plus grande barrière de corail au monde devant Isla de Cozumel, paradis des plongeurs, n'est pas mal non plus.

Amateur de bonne chère : la cuisine mexicaine est l'une des rares à être inscrites au Patrimoine immatériel de l'Unesco. Avec ses tacos, enchiladas, *quesadillas, pozoles,* saupoudrés de quelques insectes croustillants (sauterelles en tête), et relevés de son fameux piment et de ses sauces légendaires, dont celle au cacao *(mole),* elle possède une personnalité et une richesse incomparables !

© Hughes Hervé/hemis.fr

Musicien de rue dans le quartier de Coyoacán, Mexico

Interview #experienceroutard

Par la rédaction du *Routard*

Pourquoi cette destination ?

Le Mexique, c'est toute la démesure de l'Amérique en un seul lieu : le désert, la jungle, les volcans, les plages. C'est aussi le choc des civilisations et les plus belles réalisations précolombiennes du continent, les plus hautes et plus grosses pyramides, des trésors artistiques invraisemblables, et l'empreinte des conquistadores avec des villes coloniales au charme puissant. La fête des Morts, le carnaval, les embouteillages, les marchés, les odeurs et les couleurs, tout est intense, bariolé, vibrant, désordonné à souhait. La pauvreté côtoie ici la grande richesse, le crime organisé la grande gentillesse.

Un souvenir de voyage ?

L'arrivée à Yaxchilán, après avoir remonté le fleuve Usumacinta en pirogue. Noyé dans la forêt tropicale, le site archéologique maya s'offre aux 1ers arrivés comme une cité perdue. On y pénètre par une sorte de tunnel, pour débouler sur la grande plaza, entre fleuve et ceibas géants grimpant les escaliers. Des cris rauques enveloppent les lieux d'un voile de mystère : les singes hurleurs, si difficiles à apercevoir, sont faciles à entendre – leur cri porte à 3 km !

Une rencontre étonnante ?

Celle de bouilleurs de cru, au bout d'un chemin, entre 2 champs d'agaves bleus vers Guadalajara. Sous leur appentis miteux, 3 marmites diaboliques, noires de suie. Devant : une énorme pile de pignes (cœurs) d'agaves prêtes à passer à la casserole. Cuites, ramollies, fermentées, distillées, elles donneront la tequila. Une rasade offerte, à 90° !

Le plus incroyable spectacle naturel ?

Le regroupement des papillons monarques dans les forêts de pins des hauts plateaux, à plus de 3 000 m d'altitude. Parcourant plus de 3 000 km, ces incroyables papillons migrent depuis le Canada et les États-Unis pour tenter de survivre à l'hiver. Par dizaines de millions, ils recouvrent tout : le sol, les branches, les troncs... Hallucinant.

Un frisson ?

À El Tajin, la plus belle cité précolombienne totonaque, lorsque les voladores s'élancent de leur mât haut de 30 m, une corde à la taille, pour danser dans les airs sur des airs de flûte. Un autre jour encore, à 2h au large des côtes yucatèques lorsque, sautant en pleine mer avec un masque et un tuba, 8 requins-baleines attendaient sous la surface. Pas carnivores, certes, mais impressionnants !

Un moment privilégié ?

En hiver, les flamants roses se regroupent dans les lagunes proches du village de Celestún, au Yucatán. En février, ils forment la plus importante colonie d'Amérique du Nord : 40 000 oiseaux !

LES QUESTIONS QU'ON SE POSE AVANT LE DÉPART

➢ Quels sont les documents nécessaires ?

Passeport valable au moins pour la durée du séjour. Pas de visa, mais une fiche touristique que l'on vous demandera de remplir dans l'avion ou à l'arrivée et que vous devrez rendre à la sortie du territoire. En cas d'escale aux États-Unis, il est obligatoire de vous inscrire au moins 72h à l'avance par Internet sur la page : • *https://esta.cbp.dhs.gov* •
Concernant les **conditions sanitaires d'accès au pays,** pensez à consulter les informations mises à jour sur le site du ministère des Affaires étrangères : • *diplomatie.gouv.fr* •

➢ Quelle est la meilleure saison ?

Réponse de Normand : tout dépend de l'itinéraire choisi ! Le climat et les températures varient énormément d'une région à l'autre. Évitez peut-être septembre-octobre, qui cumulent pluies et risque de cyclones côté caraïbe.

➢ Quel est le taux de change ? Comment payer sur place ?

Le taux de change appliqué sur cette édition est de 21 $Me pour 1 €. Sur les marchés, dans les gargotes et dans les hôtels bon marché, on paie en espèces. Au supermarché et dans les établissements « plus chics », les cartes de paiement sont généralement acceptées. Pour faire le plein, ça dépend...

➢ Quel budget prévoir ?

Le coût de la vie est moins élevé qu'en France. En voyageant à 2, prévoir minimum 30-40 € par jour et par personne en séjournant en auberge de jeunesse ou même en dormant dans son hamac ! On trouve des AJ et des hôtels bon marché partout.

➢ Comment se déplacer dans le pays ? Quels moyens de transport ?

Tout dépend de votre budget et de votre itinéraire, mais sachez qu'il existe un excellent réseau de bus, dense, bien organisé et offrant plusieurs niveaux de confort. Pour les longues distances, plusieurs compagnies aériennes à bas prix desservent aussi les principales villes du pays.

➢ Y a-t-il des problèmes de sécurité ?

La criminalité a beaucoup augmenté au Mexique ces dernières années, mais cela concerne surtout le Nord, la région d'Acapulco et certains milieux liés au narcotrafic. En adoptant les règles de sécurité élémentaires et en évitant de traîner trop tard, il est peu probable qu'il vous arrive quelque chose.

➢ Quel est le décalage horaire ?

Il y a 4 fuseaux horaires au Mexique. Le décalage est de 7h (de moins) à Mexico et dans la plus grande partie du pays.

➢ Côté santé, quelles précautions prendre ?

Il n'y a pas de vaccin obligatoire pour le Mexique mais, en plus de ceux recommandés en France, il est conseillé de se faire vacciner contre l'hépatite A et la typhoïde. Se prémunir des piqûres de moustiques est indispensable, surtout dans les zones tropicales (Chiapas) et plus particulièrement pendant la saison humide. Ne jamais boire l'eau du robinet et, si vous achetez des fruits ou des légumes sur les marchés, pensez à bien les laver.

➢ Peut-on y aller avec des enfants ?

À condition d'alterner les balades, les visites des sites précolombiens et la plage, les enfants seront aux anges... Surtout sur la Riviera maya, où se sont multipliés les parcs d'attractions.

➢ Quelles langues parle-t-on ?

Les Mexicains parlent un espagnol relativement académique. On les comprend donc très facilement. Dans les grandes villes et dans les sites touristiques, il n'est pas rare de pouvoir communiquer en anglais.

➢ Quels sports et activités peut-on pratiquer ?

Le tourisme d'aventure et l'écotourisme offrent plein de possibilités : descente de rapides en kayak ou rafting, randonnées pédestres, équestres ou à VTT, spéléologie, escalade... Et, bien sûr, plongée sous-marine dans les eaux des Caraïbes et les *cenotes* du Yucatán, *snorkeling* pour les autres, sans oublier le surf sur la côte Pacifique.

COMMENT Y ALLER ?

LES COMPAGNIES AÉRIENNES

▲ AIR FRANCE – KLM

Infos et résas : ☎ 09-69-39-36-54 (appel non surtaxé ; tlj), sur • airfrance.fr •, dans les agences Air France et dans ttes les agences de voyages. Fermées dim.

➢ Air France dessert Mexico avec 1 vol direct/j., au départ de Roissy-Charles-de-Gaulle, et jusqu'à 7 vols directs/sem pour Cancún.

➢ KLM propose 1 vol direct/j. au départ d'Amsterdam vers Mexico.

➢ En partenariat avec *Aeromexico*, Air France relie plus de 35 destinations au Mexique : Guadalajara, Mérida, Puerto Vallarta...

▲ AEROMEXICO

Infos au ☎ 0800-916-754 (nº gratuit ; tlj 9h-22h30). • aeromexico.com •

➢ Assure 1 vol/j. sans escale de Paris (Roissy-Charles-de-Gaulle, terminal 2E) à Mexico et dessert plus de 50 villes mexicaines en correspondance.

Formule « Super Plan » : pour l'achat d'un billet transatlantique, on peut acheter avant le départ ou sur place, à prix réduits, autant de vols intérieurs souhaités pendant la durée du séjour au Mexique.

▲ IBERIA

Infos et résas au ☎ 0825-800-965 (0,15 €/mn). • iberia.fr •

➢ Au départ de Paris, via Madrid, Iberia propose 2-3 vols/j. pour Mexico.

LES ORGANISMES DE VOYAGES

Ne pas croire que les vols à tarif réduit sont tous au même prix pour une même destination à une même époque : loin de là. On a déjà vu, dans un même avion partagé par 2 organismes, des passagers qui avaient payé 40 % plus cher que les autres. De plus, une agence bon marché ne l'est pas forcément toute l'année (elle peut n'être compétitive qu'à certaines dates bien précises). Donc, contactez tous les organismes et jugez vous-même.

EN FRANCE

▲ ALTIPLANO VOYAGE

– Annecy (Metz-Tessy) : route de la Bouvarde, Park Nord, Les Pléiades nº 35, 74370. ☎ 04-57-09-80-03. • mexique@altiplano-voyage.com • altiplano-voyage.com • Agence ouverte lun-ven 9h-13h, 14h-18h.

L'équipe de passionnés d'Altiplano vous invite à explorer l'immensité et la variété du Mexique à travers un voyage sur-mesure authentique. À votre écoute, un expert partage avec vous ses astuces pour un itinéraire à votre rythme, à la rencontre des habitants. Créativité et convivialité sont les maîtres mots chez Altiplano.

Cette agence est aussi spécialisée en circuit multi-destinations (Guatemala, Belize, Cuba) et multi-régions (Basse-Californie, Chiapas, Canyon du Cuivre etc).

▲ ANAPIA VOYAGES

– 5, Oletako Bidea, 64310 Ascain. ☎ 04-42-54-21-52. 📱 06-88-62-62-66. • anapiavoyages.fr •

L'équipe d'Anapia Voyages, basée à Aix-en-Provence et à Saint-Jean-de-Luz, s'appuie sur l'expérience de ses créateurs pour proposer des séjours et circuits, notamment en Amérique latine. Le plus d'Anapia : proposer, en plus des visites de sites incontournables, une qualité d'accueil pour les hébergements (charme, petites structures) et surtout une vraie rencontre avec les populations grâce à des repas, des activités et des nuits chez

l'habitant. Le mélange est dosé selon le cahier des charges de chaque client, du sur-mesure au cousu main.

▲ CERCLE DES VOYAGES

– Paris : 31, av. de l'Opéra, 75001. ☎ 01-40-15-15-03. ● cercledesvoyages.com ● Lun-ven 9h-20h, sam 10h-18h30 ; fermé dim.

Le vrai voyage sur mesure à destination de l'Amérique latine, notamment le Mexique.

Cercle des Voyages propose un large choix de voyages adaptés à chaque client : circuits privés, trekking, voyages au volant d'une voiture de location, croisières, circuits en petits groupes, combinés, voyages de noces... Les experts Cercle des Voyages partagent leurs conseils et leurs petits secrets pour faire de chaque voyage une expérience inoubliable. Cercle des Voyages offre également un service liste de mariage gratuit. Les petits plus qui font la différence : une virée en tyrolienne dans la forêt tropicale, une excursion en rafting, un tour en vieille voiture américaine, un cours de salsa...

▲ COMPTOIR DES VOYAGES

● comptoirdesvoyages.fr ●
– Paris : 2-18, rue Saint-Victor, 75005. ☎ 01-53-10-30-15.
– Bordeaux : 26, cours du Chapeau-Rouge, 33800. ☎ 05-35-54-31-40.
– Lille : 76, rue Nationale, 59160. ☎ 03-28-04-68-20.
– Lyon : 10, quai Tilsitt, 69002. ☎ 04-72-44-13-40.
– Marseille : 12, rue Breteuil, 13001. ☎ 04-84-25-21-80.
– Nice : 62, rue Giofreddo, 06000. ☎ 04-97-03-64-80.
– Toulouse : 43, rue Peyrolières, 31000. ☎ 05-62-30-15-00.

Comptoir des Voyages s'impose comme une référence incontournable dans le voyage sur mesure, avec 80 destinations couvrant les 5 continents. Ses voyages s'adressent à tous ceux qui souhaitent vivre un pays de façon simple en s'y sentant accueilli. Les conseillers privilégient des hébergements typiques, des moyens de transport locaux et des expériences authentiques pour favoriser l'immersion dans la vie locale. Comptoir vous offre aussi la possibilité de rencontrer des francophones habitant dans le monde entier, des *Greeters,* qui vous donneront, le temps d'un café, les clés de leur ville ou de leur pays. Comptoir des Voyages propose aussi une large gamme de services : échanges par visioconférence, devis web et carnet de voyage personnalisés, assistance téléphonique 24h/24 et tlj pendant votre voyage.

▲ DIRECTOURS

● directours.com ●
– Paris : 27, bd des Italiens, 75002. ☎ 01-45-62-62-62.
– Lyon : 7, rue de la République, 69001. ☎ 04-78-30-36-80.

Directours, c'est une savante combinaison entre la confection de séjours sur-mesure et le savoir-faire du voyage de luxe. Ce sont plus de 25 conseillers et spécialistes qui, répartis par zones géographiques sur près de 80 destinations, connaissent leur domaine sur le bout des doigts et sauront vous proposer l'hôtel, la destination ou le circuit qui correspond à vos attentes. De plus, les équipes Directours séjournent régulièrement sur place pour constater la qualité des établissements et renouveler leur catalogue. Orfèvres du fait-maison, ils négocient les meilleurs tarifs pour vous garantir des prestations 100 % luxe. Une qualité d'adaptation dont le voyageur bénéficie avant, pendant et après son séjour, grâce à un suivi attentif et l'envie constante de vous aider à réaliser le projet qui vous tient à cœur.

▲ EMOTIKA VOYAGES

– Bandol : 178, rue Jean-Jacques-Rousseau, 83150. 📱 06-48-36-76-28. ● emotikavoyages.fr ● Lun-sam 9h-18h ; fermé dim.

Spécialiste du Mexique, Emotika Voyages propose des services de qualité pour vivre une expérience unique et authentique, 100 % sur mesure. La particularité de cette agence est de vous faire découvrir en toute sécurité des destinations hautes en couleurs, en vous imprégnant de la culture locale, ou en immersion au cœur de la nature. Emotika Voyages propose des hébergements de charme, parfois chez l'habitant, ainsi que des visites originales. C'est une option idéale pour ceux qui souhaitent voyager hors des sentiers battus, sans passer à côté des incontournables et faire de leur voyage une expérience inoubliable.

▲ EQUINOXIALES

☎ 01-77-48-81-00. ● equinoxiales.fr ●

Véritable voyagiste spécialiste du « sur-mesure » depuis plus de 30 ans. Son équipe de conseillers commence avant tout par vous écouter et est là pour vous accompagner et concrétiser vos rêves et vos envies en voyage. Les destinations fortes d'Equinoxiales : toutes les Amériques, dont le Mexique, mais aussi l'Australie, la Nouvelle-Zélande et l'Afrique australe, ainsi que les Caraïbes grâce à son partenariat avec *Sandals,* collection d'hôtels-*resorts* de luxe *all inclusive.* Du circuit accompagné au séjour à la carte, tous les types de voyage sont proposés sur chaque destination. Petit plus : la garantie assistance *April* offerte à tous les voyageurs.

▲ MEXIKOO.COM

N° vert (gratuit depuis la France) : ☎ 0805-32-10-78. ● mexikoo.com ●

Mexikoo.com est une agence spécialisée dans le tourisme éco-responsable. Elle propose des itinéraires avec des partenaires sensibilisés à la protection de l'environnement et au développement social. Mexikoo.com collabore avec des hôtels disposant d'initiatives écologiques. Cette agence travaille également avec des communautés locales en les insérant au sein des excursions, pour les rendre autosuffisantes grâce au tourisme. Elle reverse une partie de ses bénéfices à une association mexicaine appelée « Ecopil » pour adopter des tortues de mer, ou encore œuvrer pour la reforestation.

▲ MEXIQUE AUTHENTIQUE

● mexique-authentique.com ●

Contactez Mexique authentique, une agence locale de confiance, pour organiser votre voyage sur mesure au Mexique. Ses conseillers, fins connaisseurs du terrain et de la réalité du pays, vous accompagnent dans la préparation de votre voyage, en couple, en famille ou en groupe d'amis. Vous avez ainsi accès à un service personnalisé en bénéficiant d'un prix accessible. Membre de *bynativ,* la communauté des agences de voyages locales, Mexique authentique propose un maximum de garanties et de services : règlement en ligne de façon sécurisée, possibilité de souscrire à une assurance de voyage et de bénéficier de garanties solides en cas d'imprévu. De quoi voyager de façon authentique et en toute tranquillité.

▲ NOSTALATINA

– Paris : 19, rue Damesme, 75013. ☎ 01-43-13-29-29. ● ann.fr ● Lun-ven 10h-13h, 15h-18h, fermé w-e.

NostaLatina propose des voyages sur mesure en Amérique latine, notamment au Mexique. Plusieurs formules au choix dont 2 qui sont devenues des formules de référence depuis quelques années pour les voyageurs indépendants : *Les Estampes* avec billets d'avion, logement, transferts entre les étapes en mixant avec astuces avion, bus, train, ou encore location de voiture, ou bien *Les Aquarelles* avec en plus un guide et un chauffeur privé à chaque étape. Vous trouverez sur le site internet des idées d'itinéraires que vous pourrez ensuite personnaliser et adapter selon vos envies avec Ylinh, la chaleureuse directrice qui connaît parfaitement le terrain et son équipe de jeunes passionnés qui vous donneront des conseils avisés.

Crédit photo : Marisol Benitez

▲ LA ROUTE DES VOYAGES

• laroutedesvoyages.com • Agences ouv lun-jeu 9h-19h, ven jusqu'à 18h ; fermées w-e. Rdv conseillé.
– Paris : 10, rue Choron, 75009. ☎ 01-55-31-98-80.
– Angers : 6, rue Corneille, 49000. ☎ 02-41-43-26-65.
– Annecy : 4 bis, av. d'Aléry, 74000. ☎ 04-50-45-60-20.
– Bordeaux : 19, rue des Frères-Bonie, 33000. ☎ 05-56-90-11-20.
– Lyon : 59, rue Franklin, 69002. ☎ 04-78-42-53-58.
– Toulouse : 9, rue Saint-Antoine-du-T, 31000. ☎ 05-62-27-00-68.

25 ans d'expérience de voyage sur mesure sur les 5 continents ! 15 pays en Europe complètent maintenant leur offre. Cette équipe de voyageurs passionnés a développé un vrai savoir-faire du voyage personnalisé : écoute, conseils, voyages de repérage réguliers et des correspondants sur place soigneusement sélectionnés avec qui ils travaillent en direct. Son engagement à promouvoir un tourisme responsable se traduit par des possibilités de séjours solidaires à insérer dans les itinéraires de découverte individuelle. Elle a aussi créé un programme de compensation solidaire qui permet de financer des projets de développement locaux.

▲ TERRA MAYA

– Infos et résas : ☎ 09-70-44-46-97. • terra-maya.com •

Pour organiser votre circuit sur-mesure au Mexique, l'agence Terra Maya, basée dans le Yucatán depuis 15 ans est à votre écoute. Les conseillers voyage francophones de l'agence sont tous de véritables experts de la destination et se rendent très régulièrement sur le terrain. Ils pourront vous proposer un itinéraire 100 % personnalisé, adapté à vos envies, à votre budget et à votre rythme. Terra Maya fait partie du réseau d'agences Terra Group, spécialistes du voyage sur-mesure depuis 1998.

▲ TERRES LOINTAINES

• terres-lointaines.com • Sur rdv uniquement, lun-ven 9h-19h, sam 10h-18h.
– Paris : 21, Bd des Batignolles, 75008. ☎ 01-75-60-63-50.
– Bordeaux : 4, rue Esprit des Lois, 33000. ☎ 05-33-09-09-10.
– Lyon : 39, rue de la République, 69002. ☎ 04-65-07-02-70.
– Lille : 6, rue Jean Roisin, 59800. ☎ 03-59-61-59-40.
– Nantes : 22, rue Crébillon, 44000. ☎ 02-52-59-48-00.

Spécialiste du voyage sur mesure et en petits groupes jusqu'à 12 personnes, Terres Lointaines a pour ambition de démocratiser le voyage au prix le plus juste. Convaincu qu'un voyage réussi est un voyage qui dépasse les attentes du client, c'est en visant l'excellence que Terres Lointaines met le monde à votre portée, dans près de 50 destinations en Afrique, Amériques, Asie, Europe, Océanie.
La palette de destinations et d'expériences proposées est vaste, avec des conseillers à l'écoute de vos envies. Grâce à leur expertise et à des partenaires locaux de confiance, Terres Lointaines crée des voyages de qualité pour vous offrir des découvertes exceptionnelles et de merveilleux souvenirs.

▲ TERRE VOYAGES

– Paris : 28, bd de la Bastille, 75012. ☎ 01-44-32-12-85. • terre-voyages.com • Lun-ven 8h-18h30, sam 10h-18h.

Les créateurs de voyages de Terre Voyages sont de fins connaisseurs, des experts des pays proposés, car tous natifs ou passionnés de leur destination. Ils sauront écouter vos attentes pour créer une offre de voyages sur mesure, qui réponde à vos envies de découverte, et vous proposeront une approche authentique des cultures et des peuples dans le respect de leur environnement naturel et au juste prix. Pour tous les voyageurs qui attendent d'une échappée lointaine plus qu'une simple visite, mais, au contraire, une véritable connaissance et un apprentissage responsable des différentes cultures du Mexique, Terre Voyages est le spécialiste qu'il leur faut.

▲ TIERRA LATINA

– Angers : 25, rue Lenepveu. ☎ 09-70-46-52-27. • tierra-latina.com •

Fondée par des passionnés d'Amérique Latine, Tierra Latina est basée

en France et en Amérique du Sud. Grâce à ses relations privilégiées avec les communautés locales et à sa connaissance du Mexique, l'agence offre à ses voyageurs des expériences fortes et authentiques, loin du tourisme de masse, en proposant des séjours d'une journée ou plus au cœur des communautés partenaires. De la péninsule du Yucatan à la jungle du Chiapas, en passant par les montagnes du Oaxaca et sans oublier la trépidante ville de Mexico, tous les séjours proposés sont personnalisés et sur-mesure.

▲ VOYAGEURS DU MONDE / VOYAGEURS AU MEXIQUE ET EN AMÉRIQUE CENTRALE

• voyageursdumonde.fr •

– Paris : La Cité des Voyageurs, 55, rue Sainte-Anne, 75002. ☎ 01-42-86-17-70. Lun-sam 9h30-19h ; fermé dim. Avec une librairie spécialisée sur les voyages.

– Également des agences à Bordeaux, Grenoble, Lille, Lyon, Marseille, Montpellier, Nantes, Nice, Rennes, Rouen, Strasbourg et Toulouse, ainsi qu'à Bruxelles et à Genève.

Parce que chaque voyageur est différent, que chacun a ses rêves et ses idées pour les réaliser, Voyageurs du Monde conçoit, depuis plus de 30 ans, des projets sur mesure. Les séjours proposés sur 120 destinations sont élaborés par leurs 180 conseillers voyageurs. Spécialisés par pays, et même par région, ils vous aideront à personnaliser les voyages présentés à travers une trentaine de brochures d'un nouveau type et sur le site internet où vous pourrez également découvrir leurs hébergements exclusifs et consulter votre espace personnalisé. Au cours de votre séjour, vous bénéficiez des services personnalisés Voyageurs du Monde, dont la possibilité de modifier à tout moment votre voyage, l'assistance d'un concierge local, la mise en place de rencontres et de visites privées et l'accès à votre carnet de voyage via une application iPhone et Android.

Voyageurs du Monde est membre de l'association ATR (Agir pour un tourisme responsable) et a obtenu sa certification Tourisme responsable AFAQ AFNOR.

Voir aussi, au sein de chaque ville, les agences locales que nous avons sélectionnées.

Comment aller à Roissy et à Orly ?

Toutes les infos sur notre site *• routard.com •* (dossiers pratiques sur l'avion et les aéroports) et à l'adresse suivante : *• parisaeroport.fr/passagers/acces •*

Conservez dans votre bagage cabine vos médicaments, vos divers chargeurs et appareils, ainsi que vos objets de valeur (clés et bijoux). Et, on ne sait jamais, ajoutez-y de quoi vous changer si vos bagages n'arrivaient pas à bon port avec vous.

EN BELGIQUE

▲ CONNECTIONS

Infos et résas : ☎ 070-233-313. • connections.be •

Fort d'une expérience de plus de 20 ans dans le domaine du voyage, Connections dispose d'un réseau de 32 *travel shops,* dont une à Brussels Airport. Connections propose des vols dans le monde entier à des tarifs avantageux et des voyages destinés à des voyageurs désireux de découvrir la planète de façon autonome. Également une gamme complète de produits : vols, hébergements, location de voitures, autotours, vacances sportives, excursions...

▲ CONTINENTS INSOLITES

– Bruxelles : rue César-Franck, 44A, 1050. ☎ 02-218-24-84. • continents-insolites.com • Lun-ven 10h-18h, sam 10h-16h30, sur rdv ; fermé dim.

Continents Insolites, organisateur de voyages lointains sans intermédiaire, propose une gamme étendue de formules de voyages détaillées sur leur site internet.

– Voyages découverte sur mesure : à partir de 2 personnes. Un grand choix d'hébergements soigneusement

sélectionnés : du petit hôtel simple à l'établissement luxueux et de charme.
– *Circuits découverte en minigroupes :* de la grande expédition au circuit accessible à tous. Des circuits à dates fixes dans plus de 60 pays en petits groupes francophones de 7 à 12 personnes. Avant chaque départ, une réunion est organisée. Voyages encadrés par des guides francophones, spécialistes des régions visitées.

▲ PAMPA EXPLOR
– Bruxelles : av. du Parc, 10, 1060. ☎ 02-340-09-09. • pampa.be • Lun 13h-19h, mar-ven 10h-19h, sam sur rdv 10h-18h ; fermé dim.
Spécialiste des voyages à la carte, Pampa Explor propose plus de 70 % de la « planète bleue », selon les goûts, attentes, centres d'intérêt et budgets de chacun. Pampa Explor privilégie les découvertes authentiques et originales. Pour ceux qui apprécient la jungle et les Pataugas, ou ceux qui préfèrent les voyages de luxe. En individuel ou en petits groupes, mais toujours sur-mesure.

▲ VOYAGEURS DU MONDE
– Bruxelles : chaussée de Charleroi, 23, 1060. ☎ 02-543-95-50. • voyageursdumonde.com •
Le spécialiste du voyage en individuel sur mesure.
Voir le texte dans la partie « En France ».

EN SUISSE

▲ ALTIPLANO VOYAGE
– Carouge – Genève : pl. du Temple, 3, 1227. ☎ 022-342-49-49. • agence@altiplano-voyage.ch • altiplano-voyage.ch • Sur rdv seulement.
Rencontrez votre expert de l'Amérique latine, en plein centre de Carouge. Devis sur mesure gratuit.
Voir le texte dans la partie « En France ».

▲ LA ROUTE DES VOYAGES
– Genève : ☎ 022-552-34-46. • geneve@route-voyages.com • ch.route-voyages.com •
Voir le texte dans la partie « En France ».

AU CANADA (QUÉBEC)

▲ KARAVANIERS
– Montréal : 4035, rue Saint-Ambroise, local 220N, H4C-2E1. ☎ (514) 281-0799. • karavaniers.com • Lun-ven 9h-18h, sam 10h-15h ; fermé dim.
L'agence québécoise Karavaniers du Monde a pour but de rendre accessible des expéditions aux 4 coins de la planète. Toujours soucieuse de respecter les populations locales et l'environnement, Karavaniers favorise la découverte d'une quarantaine de destinations à pied, en petits groupes accompagnés d'un guide francophone et d'un guide local, avec hébergement en auberge ou sous la tente.

▲ TOURS CHANTECLERC
• tourschanteclerc.com •
Tours Chanteclerc est un tour-opérateur qui publie différentes brochures de voyages : Europe, Amérique du Nord, Amérique du Sud, Asie et Pacifique sud, Afrique et le Bassin méditerranéen en circuits ou en séjours. Il s'adresse aux voyageurs indépendants qui réservent un billet d'avion, un hébergement (dans toute l'Europe), des excursions ou une location de voiture. Également spécialiste de Paris, le tour-opérateur offre une vaste sélection d'hôtels et d'appartements dans la capitale française.

MEXIQUE UTILE

ABC du Mexique

- ***Organisation :*** Fédération des États-Unis mexicains ; 31 États plus un district fédéral, la ville de Mexico.
- ***Population :*** env 130 millions d'hab.
- ***Superficie :*** 1 964 380 km².
- ***Point culminant :*** volcan Pico de Orizaba (5 675 m).
- ***Capitale :*** Mexico.
- ***Langues :*** espagnol (93,4 %) et 67 langues indigènes.
- ***Monnaie :*** peso mexicano ($Me).
- ***Gouvernement :*** République fédérale. Régime présidentiel.
- ***Chef de l'État :*** Andrés Manuel López Obrador, surnommé AMLO, élu le 1er juillet 2018.
- ***Revenu moyen par habitant :*** env 10 283 US$ (20 552 US$ en parité de pouvoir d'achat).
- ***Taux de chômage :*** 3,5 %.
- ***Âge moyen :*** 29 ans.
- ***Espérance de vie :*** 77 ans.

AVANT LE DÉPART

Adresses utiles

En France

■ ***Ambassade du Mexique :*** *9, rue de Longchamp, 75116 Paris.* ☎ *01-53-70-27-70.* ● *embamex.sre.gob.mx/francia* ● Publie des actualités économiques, culturelles, etc., franco-mexicaines.

■ ***Consulat mexicain :*** *4, rue Notre-Dame-des-Victoires, 75002 Paris.* ☎ *01-42-86-56-20.* ● *consularmex.paris@wanadoo.fr* ● *Lun-ven 9h-12h.* Adresse utile si vous envisagez une expatriation au Mexique (études ou travail), pour laquelle vous aurez besoin d'un visa de long séjour et des cartes de séjour. En principe, les ressortissants français n'ont pas besoin de visa pour le tourisme, mais consulter cependant la rubrique « Covid-19 – Informations pour les voyages au Mexique ».

■ ***Instituto Cutural de México*** *(service culturel de l'ambassade)* **:** *119, rue Vieille-du-Temple, 75003 Paris.* ☎ *01-44-61-84-44.* ● *icm.sre.gob.mx/francia* ● *Lun-sam 10h-13h, 15h-19h. Fermé sam mat, dim et j. fériés.* Organise des expos mensuelles d'artistes contemporains mexicains, des rencontres littéraires, des conférences et des projections cinématographiques.

■ ***Le Mexique Autrement :*** ☎ *55-22-45-70-39 (ajouter 00521 devant le nº depuis l'étranger).* ● *lemexiqueautrement.com.mx* ● Benjamin Mathieu, installé au Mexique depuis 2002, et son associée, Diana Hinojosa, organisent des séjours à la carte et proposent plusieurs circuits modulables dans tout le Mexique. L'accent est mis sur le tourisme durable, la rencontre avec les Mexicains et les contrastes sous toutes leurs coutures. Logements de charme, sites archéologiques, observation de la faune et de la flore, plage...

En Belgique

■ ***Ambassade et consulat :*** *av. Franklin-D.-Roosevelt, 94, 1050 Bruxelles-Ixelles.* ☎ *02-629-07-77.* • *embamex.sre.gob.mx/belgica* • Pas de visa nécessaire pour les routards belges (voir « Formalités d'entrée ») en principe, mais consulter la rubrique « Covid19 ».

En Suisse

■ ***Ambassade et section consulaire du Mexique :*** *Weltpoststrasse, 20, 3015 Berne.* ☎ *(031) 357-47-47.* • *informacionsui@sre.gob.mx* • *embamex.sre.gob.mx/suiza* • *Ouv lun-ven 9h-13h, 14h30-18h.* Pas de visa pour les routards suisses (voir « Formalités d'entrée ») en principe, mais consulter la rubrique « Covid-19 ».

■ ***Consulat honoraire :*** *rue de Candolle, 16, 1205 Genève.* ☎ *(022) 328-39-20.* • *consulatdegeneve@consulmex.ch* •

■ ***Consulat honoraire :*** *Tödistrasse, 16, 8002 Zurich.* ☎ *(044) 280-67-00.* • *consulmexicozurich@bluewin.ch* •

Au Canada

■ ***Ambassade du Mexique :*** *45 O'Connor St, suite 1000, Ottawa, Ontario K1P 1A4.* ☎ *(613) 233-89-88.* • *infocan@sre.gob.mx* • • *embamex.sre.gob.mx/canada* • *Lun-ven 9h-13h ; permanence tél jusqu'à 17h.*

■ ***Consulat honoraire :*** *380, Grande Allée Ouest, bureau 1470, Québec G1S-1E5.* ☎ *(418) 681-31-92.*

Formalités d'entrée

Avant de partir, pensez à scanner passeport, visa, carte de paiement, billet d'avion et *vouchers* d'hôtel. Ensuite, adressez-les-vous par e-mail, en pièces jointes. En cas de perte ou vol, rien de plus facile pour les récupérer. Les démarches administratives seront bien plus rapides.

– Pour connaître les ***conditions sanitaires d'accès au pays,*** consulter la page des infos aux voyageurs du ministère des Affaires étrangères : • *diplomatie.gouv.fr/fr/conseils-aux-voyageurs/* •

– Pour les Européens et les Canadiens, aucun visa n'est nécessaire. Il faut juste être en possession d'un ***passeport,*** dont la validité doit couvrir au moins la durée du séjour. Vous remplirez un document d'immigration (FMM ou ***Forma Migratoria Múltiple***) que l'on vous remettra dans l'avion ou à la frontière. Cette fiche permet de rester au Mexique jusqu'à 180 jours (vous devez y indiquer la durée estimée de votre séjour). Lors de votre entrée dans le pays, ce document FMM est tamponné et ***doit être conservé précieusement,*** car il vous sera exigé à la sortie du territoire. En cas de perte, il est possible de le refaire dans les bureaux de l'Immigration. Les ***mineurs*** doivent être munis de leur propre pièce d'identité (carte d'identité ou passeport). Pour ***les mineurs français,*** une loi entrée en vigueur en janvier 2017 a ***rétabli l'autorisation de sortie du territoire.*** Pour voyager à l'étranger, ils doivent être munis, en plus de leur passeport, d'un formulaire signé par l'un des parents titulaires de l'autorité parentale et de la photocopie de la pièce d'identité du parent signataire. Renseignements auprès des services de votre commune et sur • *service-public.fr* •

– ***Pour ceux qui passent par les États-Unis :*** en cas d'escale dans ce pays, il n'y a pas besoin de visa non plus, mais ***il est obligatoire d'obtenir au moins 72h à l'avance par Internet votre ESTA*** *(Electronic System for Travel Authorization)* ***sur la page*** • *esta.cbp.dhs.gov* • (14 US$). L'ESTA reste valide 2 ans, sauf si votre passeport expire avant. C'est sur ce site, celui de l'ESTA, et uniquement sur celui-là, que vous devez vous enregistrer ; il en existe d'autres, privés, inutiles et plus chers.

Attention, un vol avec escale aux États-Unis peut entraîner un retard tel que vous risquez de manquer votre correspondance pour le Mexique : donc, au moment des réservations, ***prévoyez au minimum 3h entre vos correspondances.***
– ***Permis de conduire :*** votre permis national suffit.

Avoir un passeport européen, ça peut être utile !

L'Union européenne a organisé une assistance consulaire mutuelle pour les ressortissants de l'UE en cas de problème.
Vous pouvez y faire appel lorsque la France (c'est rare) ou la Belgique (c'est plus fréquent) ne disposent pas d'une représentation dans le pays où vous vous trouvez. Concrètement, cette assistance vous permet de demander de l'aide à l'ambassade ou au consulat (pas à un consulat honoraire) de n'importe quel État membre de l'UE. Leurs services vous indiqueront s'ils peuvent directement vous aider ou vous préciseront ce qu'il faut faire.
Leur assistance est, bien entendu, limitée aux situations d'urgence : décès, accidents ayant entraîné des blessures ou des lésions, maladie grave, rapatriement pour raison médicale, arrestation ou détention. En cas de **perte ou de vol *de votre passeport,*** ils pourront également vous procurer un ***document provisoire de voyage.***
Cette entraide consulaire entre les États membres de l'UE ne peut vous garantir un accueil dans votre langue. En général, une langue européenne courante est pratiquée.

Ariane, ayez les bons réflexes sur le site du ministère de l'Europe et des affaires étrangères

– Consultez les conseils aux voyageurs : préparez soigneusement votre voyage (risques liés à la sécurité, formalités de séjour, conseils et obligations sanitaires...) en vous connectant sur • *diplomatie.gouv.fr* • ou via l'application mobile.
– Inscrivez-vous sur Ariane : en quelques clics, créez votre compte sur • *diplomatie.gouv.fr* • pour recevoir par e-mail ou sms des alertes et des consignes de sécurité, en cas de nécessité.

Assurances voyage

■ ***Assurance Routard par AVI International :*** *Le Colisée Gardens, 10 avenue de l'Arche, CS 70126, 92419 Courbevoie Cedex.* ☎ *01-44-63-51-00.* • *routard@avi-international.com* • *avi-international.com* • Ⓜ *La Défense.* Enrichie au fil des années par les retours des lecteurs, *Routard Assurance* est devenue une assurance voyage référence des globe-trotters. Tout est inclus : frais médicaux, assistance rapatriement, bagages, responsabilité civile... Avant votre départ, appelez *AVI* pour un conseil personnalisé. Besoin d'une attestation Covid, d'un avis médical, d'une prise en charge dans un hôpital ? Téléchargez l'appli mobile AVI international pour garder le contact avec *AVI Assistance* et disposez de l'un des meilleurs réseaux médicaux à travers le monde. *AVI Assistance* est disponible 24h/24 pour une réponse en temps réel. De simples frais de santé en voyage ? Envoyez les factures à votre retour, *AVI* vous rembourse dans un délai de 1 semaine.

■ ***AVA assurance Voyages et assistance :*** *25, rue de Maubeuge, 75009 Paris.* ☎ *01-53-20-44-20.* • *ava.fr* • Un autre courtier fiable pour ceux qui souhaitent s'assurer en cas de décès-invalidité-accident lors d'un voyage à l'étranger, mais surtout pour bénéficier d'une assistance rapatriement, perte de bagages et annulation. Attention, franchises pour leurs contrats d'assurance voyage.

■ ***Pixel Assur :*** *18, rue des Plantes, BP 35, 78601 Maisons-Laffitte.*

☎ 01-39-62-28-63. • pixel-assur.com • Assurance de matériel photo et vidéo tous risques (casse, vol, immersion), dans le monde entier. Devis en ligne basé sur le prix d'achat de votre matériel. Avantage : garantie à l'année.

Carte internationale d'étudiant (carte ISIC)

Elle prouve le statut d'étudiant dans le monde entier et permet de bénéficier de tous les avantages, services et réductions dans les domaines du transport, de l'hébergement, de la culture, des loisirs, du shopping...
La carte ISIC permet aussi d'accéder à des avantages exclusifs (billets d'avion spécial étudiants, hôtels et auberges de jeunesse, assurances, cartes SIM internationales, location de voitures...). **Attention** cependant, au Mexique, seuls les étudiants mexicains bénéficient de réductions pour la visite des sites archéologiques.

Renseignements et inscriptions

- ***En France :*** • isic.fr • 13 € pour 1 année scolaire.
- ***En Belgique :*** • isic.be •
- ***En Suisse :*** • isic.ch •
- ***Au Canada :*** • isiccanada.com •

ARGENT, BANQUES, CHANGE

Avertissement

Si vous comptez effectuer des retraits d'argent aux distributeurs, il est très vivement conseillé d'avertir votre banque avant votre départ (pays visités et dates). En effet, votre carte peut être bloquée dès le 1er retrait pour suspicion de fraude. C'est de plus en plus fréquent... et très enquiquinant pour faire rentrer les choses dans l'ordre sans se retrouver vite dans l'embarras !

La ***monnaie mexicaine*** est le *peso* ($ ou MXN). Son cours est quasi indexé sur le dollar américain, ce qui revient à dire que, lorsque le dollar monte, le Mexique est plus cher pour les Européens. ***Attention,*** son symbole est similaire à celui du dollar, d'où parfois des confusions, surtout dans les zones touristiques, où pas mal de prix sont affichés en US$! Pour cette raison, les prix publiés dans ce guide sont notés du symbole $Me. ***Mi-2021, on obtenait environ 24 $Me pour 1 €.***

Change

- Pour changer de l'argent liquide (euros aisément, dollars canadiens fréquemment, francs suisses plus difficilement), le plus simple et le plus rapide est de s'adresser aux bureaux de change ***(casas de cambio),*** présents dans la plupart des villes et lieux touristiques. Aucune commission n'est perçue. Ces bureaux ont aussi l'avantage d'avoir des horaires assez étendus (même si beaucoup ferment le dimanche).
- Même si la situation varie localement, les grandes ***banques*** comme *Banamex, Santander, Scotiabank* ou *HSBC* tendent, de plus en plus, à réserver le change à ceux qui possèdent un compte chez elles. Qui plus est, leurs horaires sont réduits *(lun-ven 10h-16h en général)* et les queues souvent interminables... En revanche, 2 enseignes effectuent le change à des taux au moins aussi bons que ceux des bureaux de change : ***Banco Azteca,*** qui compte plus de 4 000 succursales au Mexique et en

Amérique centrale ; et ***CIBanco,*** implantée dans les capitales de tous les États, largement à Mexico et assez bien au Yucatán. *Banco Azteca* faisant aussi des crédits à la consommation, notamment pour acheter une moto, les guichets de change sont généralement planqués au fond d'un... magasin de motos ! Passeport exigé.

Retraits et cartes de paiement *(tarjetas de crédito)*

Petite mesure de précaution : si vous retirez de l'argent dans un distributeur, utilisez de préférence les distributeurs attenants à une agence bancaire. En cas de pépin avec votre carte (carte avalée, erreurs de code secret...), vous aurez un interlocuteur dans l'agence pendant les heures ouvrables.

– Pour retirer de l'argent, les banques possèdent presque toutes des ***distributeurs automatiques*** *(cajeros)* acceptant *Visa* et *MasterCard,* parfois aussi *American Express.* Attention, en plus de la commission prise par votre banque, la banque mexicaine s'octroie aussi la sienne (50-80 $Me en général, le montant est indiqué). Mieux vaut donc privilégier les retraits conséquents. ***Attention aux problèmes techniques et arnaques,*** assez fréquents au Mexique. Retirer de préférence dans de grandes banques internationales, de jour, et éviter autant que possible les petits distributeurs non intégrés à un édifice comme on en voit dans les zones touristiques – ceux que les Américains appellent *stand-alone ATMs.* Ce sont ceux-là qui sont le plus souvent piratés.
– Le ***paiement par carte*** n'est pas encore aussi répandu qu'en Europe, les Mexicains préférant les espèces. Ne comptez pas vous servir de votre carte pour régler un billet de bus local, l'addition d'un resto de quartier ou votre nuit dans une *posada* bon marché. En revanche, pour les hôtels ou restos un peu chics, des courses dans un supermarché de chaîne, voire un billet de bus en 1re classe (pas partout), c'est possible... avec souvent une commission de l'ordre de 3 à 7 %, parfois plus, du moins pour les cartes françaises (pas pour les belges). Dans les restaurants, on vous demandera en général si vous souhaitez intégrer le pourboire *(propina),* comme aux États-Unis... La réponse classique : *si, un 10 %.* Pour ce qui est de faire le plein d'essence, c'est surtout possible en ville. Quoi qu'il en soit, ne perdez jamais de vue votre carte quand vous effectuez un règlement !
– Une carte de paiement internationale est ***indispensable pour louer une voiture.*** Attention, depuis quelque temps, il faut souvent être titulaire d'une carte de crédit (débit différé) et non de débit (débit immédiat) – en gros, si vous êtes prélevé mensuellement pour vos dépenses par carte, c'est bon, mais si vous êtes prélevé au jour le jour, il se pourrait que votre carte soit refusée par le loueur... Mais ce n'est pas le cas avec tous les loueurs et cela dépend aussi des agences !
– ***Bon à savoir :*** afin d'éviter les frais lors de chaque paiement ou retrait en dehors de la zone euro, certaines banques offrent la gratuité des retraits dans leurs propres distributeurs (DAB) dans le monde entier (comme HSBC) ou dans les banques avec qui elles ont un accord selon les pays (se renseigner avant le départ). Les néo-banques comme *Max, My French Bank, Revolut* ou *N26*, proposent des cartes gratuites qui ne facturent aucune commission pour les paiements et retraits. Les banques en ligne, *Boursorama* et *Fortuneo* proposent elles aussi ce type de cartes gratuites (carte *Ultim* et carte *Fosfo*) permettant à la fois de payer en devises et d'en retirer sans frais. *Renseignements sur le site internet de chaque banque.*
– ***En cas de perte, de vol ou de fraude :*** quelle que soit la carte que vous possédez, chaque banque gère elle-même le processus d'opposition et le numéro de téléphone correspondant. Avant de partir, notez donc bien le numéro d'opposition propre à votre banque, ainsi que le numéro à 16 chiffres de votre carte. Bien entendu, conservez ces informations en lieu sûr et séparément. Lire aussi plus loin la rubrique « Urgences ».

ACHATS, ARTISANAT

Le Mexique, pays des arts populaires par excellence, propose l'une des plus larges productions d'objets artisanaux d'Amérique latine. Les artisans y sont extrêmement créatifs. Même si, sur les grands marchés, les galeries et les boutiques spécialisées, on trouve de l'artisanat en provenance de tout le pays, une bonne partie de la distribution reste très locale : pour ne pas avoir de regrets, achetez ce qui vous plaît quand vous le voyez !

– ***Alebrijes :*** à Mexico et à Oaxaca. Les *alebrijes* sont des créatures fantastiques (un peu comme les gargouilles en Europe), en papier mâché aux couleurs éclatantes, qui trouvent leur origine dans les contes et histoires du sud du Mexique. Ils sont nés à Mexico dans les années 1950 grâce à l'imagination et au savoir-faire de la famille Linares, précurseurs de cet art. À Oaxaca, les *alebrijes* sont en bois. C'est moins « traditionnel », mais ils ont l'avantage d'être moins fragiles.

– ***Arbres de vie*** *(árboles de la vida)* ***:*** ces structures en céramique en forme de chandelier, de 2 à 6 branches, voire 8 pour les plus grands, peuvent dépasser 1,50 m de hauteur. « L'arbre » est recouvert d'une multitude de petites figurines en argile. À l'origine, les thèmes étaient exclusivement religieux. Les lieux de production sont principalement Acatlán (État de Puebla), Izucar de Matamoros (entre Puebla et Cuernavaca) et Metepec (près de Toluca). On en trouve aussi dans les magasins d'artisanat *Fonart* et certaines galeries.

– ***Bijoux en argent :*** à Taxco, la ville de l'argent par excellence, mais aussi à Cuernavaca et à Zacatecas.

– ***Bijoux en ambre et en jade :*** à San Cristóbal de Las Casas et dans le Chiapas. La qualité n'est pas garantie dans la rue ni sur les marchés, préférez les boutiques qui ont pignon sur rue.

– ***Bijoux en graines :*** les Lacandons, dans la forêt du Chiapas, en font de superbes, mais on en trouve aussi ailleurs, notamment au Yucatán.

– ***Catrinas :*** ces squelettes habillés en femmes élégantes – fruits du caricaturiste José Guadalupe Posada et baptisées par Diego Rivera – étaient à la Belle Époque un symbole de protestation sociale sous les régimes de Benito Juárez jusqu'à Porfirio Díaz. La *catrina* est depuis devenue le symbole national du jour des Morts, illustrant les ***calaveras*** (sorte d'épitaphes burlesques). Un village de l'État de Michoacán s'est spécialisé dans les *catrinas* d'argile, mais on en trouve aussi en papier mâché, fil de fer et bois.

– ***Céramique talavera :*** dans le style des azulejos du Portugal. Le centre traditionnel de fabrication de la Talavera est à Puebla, mais aussi à Dolores Hidalgo.

– ***Coffrets et coffres :*** les plus célèbres (qu'on trouve très facilement à Mexico) sont en bois peint laqué, fabriqués à partir de ce bois délicieusement odorant caractéristique d'Olinalá.

– ***Hamacs :*** (de l'arawak *amaca*) ils sont omniprésents au Yucatán et sur la côte pacifique. Un bon hamac, de catégorie n° 3, doit avoir au minimum 90 paires de fils à chaque bout. On aura 120 paires pour catégorie n° 4, 150 paires pour un n° 5 et ainsi de suite. À voir la tête des vendeurs lorsqu'on les compte, c'est important ! Les hamacs en coton ou, mieux, en sisal, sont plus agréables, mais ceux en nylon résistent plus longtemps. Prendre un *matrimonial,* même pour une personne seule ; c'est plus confortable. Évitez aussi de choisir un hamac à armatures en bois pour dormir : il risque de se retourner en pleine nuit ! Enfin, pensez qu'il faut disposer de 4 m en longueur et 1,80 m en hauteur pour le tendre convenablement.

– ***Huipil :*** (du nahuatl *huīpīlli*), tunique traditionnelle, richement brodée, tissée et portée par les femmes de peuples mayaselon dans le style de leur communauté (voir « Tissages »). Frida Kahlo arborait fièrement les couleurs de Tehuantepec – terre natale de sa mère et berceau de la société zapotèque matriarcale, faisant de son vêtement un symbole d'anticolonialisme et de féminisme. D'une pierre 2 coups ! Un vrai huipil n'est pas donné, même pour les locaux : on met longtemps de l'argent de côté pour s'en offrir un de qualité.

– ***Masques en bois :*** dans l'État de Guerrero, à Taxco et à Oaxaca, mais aussi dans les principaux sites touristiques.
– ***Objets en cuivre :*** à Pátzcuaro et au village d'à côté, Santa Clara del Cobre.
– ***Plateaux, assiettes en laque :*** à Morelia, Pátzcuaro et Uruapán.
– ***Poteries :*** un peu partout, mais spécialement à Morelia, Pátzcuaro, Guadalajara. À Oaxaca, on trouve la typique poterie noire, aux reflets argentés, du village de San Bartolo Coyotepec.
– ***Vannerie :*** les Mixtèques (État de Oaxaca) sont doués en la matière. Superbes paniers aux motifs géométriques bicolores.
– ***Tapis et couvertures (sarapes) :*** une autre spécialité de la vallée d'Oaxaca et plus particulièrement du village de tisserands de Teotitlán del Valle, où certains artisans utilisent encore des teintures naturelles. Ailleurs, de nombreux textiles viennent en fait du Guatemala.
– ***Rebozos :*** grands châles tissés rectangulaires, en coton ou même en soie. Un classique ! Vous en trouverez partout. Le cadeau-souvenir idéal : joli, multi-usage, et ça ne pèse pas lourd. Un des hauts lieux de la production se trouve à Santa María del Río, dans l'État de San Luis Potosí.
– ***Sombreros de mariachi :*** à choisir au moins aussi larges que vos épaules. C'est pour se protéger du soleil, ma bonne dame !
– ***Tissages :*** les tissages indiens (aire maya en particulier) comprennent des motifs complexes qui empruntent à la cosmogonie et à l'histoire locale. Ils varient selon le village et le lignage. Chaque tisserand y apporte sa touche personnelle. Vous trouverez de beaux tissus et vêtements brodés notamment à Oaxaca et dans le Chiapas, où l'artisanat indien reste important.

BUDGET

S'agissant du coût de la vie, le Mexique reste moins cher que la France, de l'ordre de 40-50 %, sauf en ce qui concerne certaines régions très touristiques comme le Yucatán et plus particulièrement la Riviera maya au sens large (de Cancún à Tulum) – raison pour laquelle nous utilisons dans ce guide 2 échelles de prix. En voyageant à 2 à l'économie, on peut s'en sortir avec 600-800 $Me (environ 25-33 €) par jour et par personne : 150-200 $Me par personne en AJ ou 600 $Me pour la chambre double, environ 200-300 $Me pour la nourriture et 200 $Me pour les visites, transports, boissons, etc. Bien sûr, en ajoutant 300-400 $Me de plus, on voyagera dans des hôtels un peu plus confortables et on pourra s'offrir de meilleures tables ! À noter que les hôtels les plus chics annoncent souvent leurs tarifs en dollars et exigent parfois le paiement dans cette monnaie.

Le taux de change – arrondi – appliqué sur cette édition est de 24 $Me pour 1 €.

PLASTIC MONEY

Les billets mexicains de 20 et 50 pesos sont en plastique (polymère). Ils durent 3 fois plus longtemps que le papier, résistent au lavage... et sont bien plus difficiles à imiter !

Hôtels

Les prix suivants s'entendent pour ***2 personnes occupant une chambre double.*** Pour le petit déj, pas de règle. Il est parfois inclus, parfois non.
– ***Bon marché :*** moins de 400 $Me (moins de 16,50 €).
– ***Prix moyens :*** 400-800 $Me (env 17-33 €).
– ***Chic :*** 800-1 200 $Me (env 33-50 €).
– ***Plus chic :*** 1 200-1 600 $Me (env 50-67 €).
– ***Très chic :*** plus de 1 600 $Me (plus de 67 €).

Pour la région s'étendant de Cancún à Tulum (Riviera maya), nous utilisons une autre échelle de prix :
- ***Bon marché :*** moins de 700 $Me (moins de 29 €).
- ***Prix moyens :*** 700-1 200 $Me (env 29-50 €).
- ***Chic :*** 1 200-2 000 $Me (env 50-83 €).
- ***Plus chic :*** 2 000-3 000 $Me (env 83-125 €).
- ***Très chic :*** plus de 3 000 $Me (plus de 125 €).

Les prix sont presque partout plus élevés (+ 30-200 %) en juillet-août, et plus encore durant la Semaine sainte (Pâques) et autour de Noël. Sur la Riviera maya, autour du Nouvel An, c'est de la pure folie ! Cela étant, chaque établissement reste souverain : quelques-uns se font un point d'honneur de garder les mêmes tarifs toute l'année (désormais rare) et d'autres triplent ou quadruplent leurs prix en très haute saison ! Lorsque la fréquentation est importante, les prix augmentent ; sinon, ils baissent. C'est aussi vrai dans les jolies petites villes des environs de Mexico, où les *capitalinos* aiment à aller passer le week-end (Cuernavaca, Puebla, Taxco...).

Restaurants

Il s'agit des fourchettes moyennes pour un repas comprenant un plat (généralement largement suffisant) et une boisson classique. Comme pour les hébergements, les fourchettes doivent être un peu revues à la hausse à Mexico.
- ***Bon marché :*** moins de 150 $Me (env 6 €).
- ***Prix moyens :*** 150-300 $Me (env 6-12,50 €).
- ***Plus chic :*** 300-500 $Me (env 13-21 €).
- ***Très chic :*** plus de 500 $Me (env 21 €).

La fourchette est revue à la hausse sur la Riviera maya :
- ***Bon marché :*** moins de 200 $Me (env 8 €).
- ***Prix moyens :*** 200-300 $Me (env 8-12,50 €).
- ***Plus chic :*** 300-500 $Me (env 12,50-21 €).
- ***Très chic :*** plus de 500 $Me (env 21 €).

Taxes et pourboire

- ***L'IVA :*** c'est la ***TVA locale,*** de 16 % (réduite à 11 % dans certaines villes frontalières). En général, les prix l'incluent, mais dans certains hôtels de catégorie supérieure et restos chics, les prix sont donnés hors IVA. Soyez vigilant ! Dans certains coins, il convient aussi d'ajouter une surtaxe locale de 2 % ou une petite taxe de séjour.
- À l'image des États-Unis, le Mexique est le pays de la *propina* : ***le pourboire est OBLIGATOIRE dans les cafés et les restos.*** Il est classiquement de 10 % de l'addition, et plus souvent de 15 % dans les zones très fréquentées par les Américains (Riviera maya, côte pacifique). Prévoyez-le dans votre budget. Attention, dans ces régions, certains restos échaudés par les « oublis » des touristes européens incluent le pourboire dans l'addition – souvent de 15 %, si vous n'êtes pas d'accord, demandez à corriger à 10 %. Dans les taxis avec compteur (que vous trouverez surtout à Mexico), on a coutume d'arrondir au peso supérieur. Dans les stations-service, le pompiste a droit à 5-6 pesos, un peu plus s'il nettoie le pare-brise. Il est aussi de coutume de donner un pourboire au personnel dans un hôtel de catégorie supérieure (à l'américaine).

Marchandage

Il est une loi non écrite, au Mexique, qui prescrit de marchander sur tous les marchés, surtout pour les produits d'artisanat. Si vous leur parlez en espagnol, les marchands vous considéreront autrement que comme un *gringo* et baisseront plus volontiers les prix. Cela dit, il faut éviter de trop en faire : l'artisanat demande du temps, beaucoup de travail et de savoir-faire, et c'est souvent l'unique source de revenus d'une famille. Les superbes œuvres des artisans mexicains, achetées pour 2 bouchées de pain dans les villages de production, sont souvent vendues 10 fois leur prix d'achat dans les boutiques de déco de New York ou Paris. Et là, on ne marchande pas...

CLIMAT

Il y a 2 saisons au Mexique : la ***sèche de novembre à mai,*** considérée comme la plus propice au voyage, et la ***saison des pluies de juin à octobre.*** Il tombe alors des trombes d'eau mais, heureusement, plutôt en fin d'après-midi ou la nuit. En hiver : du soleil, mais pas trop chaud, presque pas de pluie et pas trop de monde en dehors des zones balnéaires. En revanche, il fait alors frais, voire froid le soir en altitude à Mexico (2 240 m), sur les hauts plateaux centraux et dans les montagnes du Chiapas (San Cristobal est à 2 140 m)... Les zones de l'hinterland comprises entre 1 000 et 2 000 m d'altitude bénéficient d'un climat tempéré avec une température moyenne de 18 °C et des soirées plus fraîches en hiver. Dans les terres littorales, en revanche, la chaleur est présente jour et nuit avec, au pire, 25-30 °C de jour en hiver et 16-20 °C la nuit. Sur le littoral du golfe du Mexique et au Yucatán, le temps est alors souvent nuageux, le risque de pluie n'est pas à négliger et les *nortes,* les vents du nord, peuvent rendre les soirées frisquettes. Dans ces régions, les mois de septembre et d'octobre sont propices aux cyclones (parfois dès août et jusqu'en novembre). Au nord du pays, où les pluies sont plus rares, le climat est continental avec des hivers froids, voire enneigés, et des étés très chauds et orageux.

UN TYPHON, PHON, PHON

Typhon ? Cyclone ? Ouragan ? Le nom change (selon qu'il vienne d'Asie ou des Amériques), mais c'est un seul et même phénomène climatique, propre aux mers tropicales chaudes (26 °C au moins) et profondes, qui frappe régulièrement le Yucatán en septembre-octobre. Pour prédire leur venue, les peuples maya comptent les baleines qui remontent vers le nord...

● *meteored.mx* ●

Voir également « Géographie » dans « Hommes, culture, environnement », en fin de guide.

Quand partir ?

La vie quotidienne durant la Semaine sainte (Pâques) est perturbée : banques fermées, hôtels et transports complets. En même temps, c'est le meilleur moment pour visiter la capitale : Mexico se vide, la pollution baisse et on peut enfin profiter de la clarté du ciel ! Autres périodes difficiles : Noël, les ponts du mois de mai, et le jour des Morts (*día de los Muertos,* voir plus loin « Fêtes et jours fériés »).

Quoi emporter ?

– Vêtements d'été et maillot de bain pour le littoral.
– Lainages pour les régions en altitude.
– Une cape de pluie, mais on peut en acheter sur place à un prix dérisoire. Très utile !
– Le sac de couchage peut se révéler utile en hiver, surtout si vous comptez dormir dans des hôtels bon marché, où le chauffage est absent et les couvertures souvent insuffisantes !

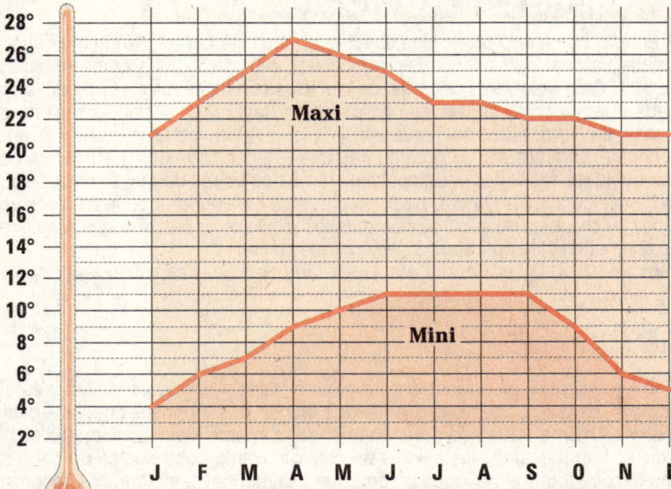

Moyenne des températures atmosphériques

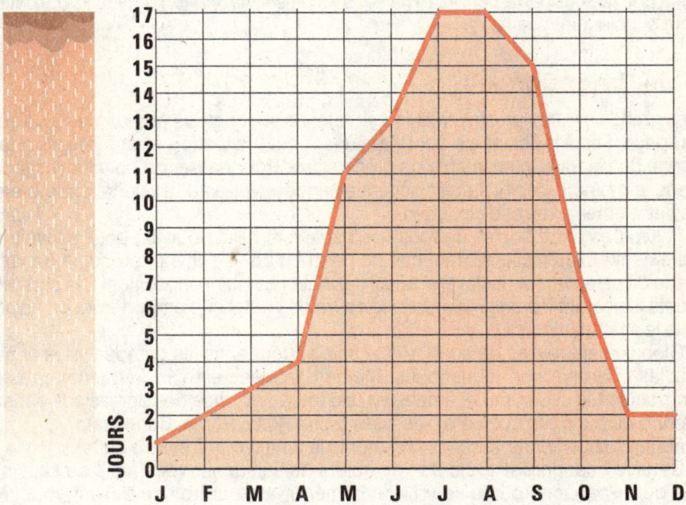

Nombre de jours de pluie

MEXIQUE (Mexico)

– ***Important :*** si vous vous baladez dans les régions indiennes comme le Chiapas, évitez de porter les chemises et tuniques typiques que vous aurez achetées au marché : les Indiens sont plutôt vexés de voir les touristes faire les guignols avec leurs costumes traditionnels.

DANGERS ET ENQUIQUINEMENTS

On entend beaucoup parler de l'envolée du taux de criminalité au Mexique. Le nombre d'assassinats est certes préoccupant : plus de 34 000 victimes recensées en 2019 ! Cela étant dit, l'essentiel de ces assassinats est lié au trafic de drogue et aux guerres entre cartels, qui touche bien davantage certaines régions que d'autres (le Nord, l'État de Tamaulipas, l'État d'Acapulco et le sud de l'État du Michoacán notamment). Le Yucatán a vu une augmentation des délits récemment, avec quelques fusillades spectaculaires dans des boîtes de nuit à Playa del Carmen, mais cela reste encore, pour l'heure, plus l'exception que la règle. Si vous prenez les mesures de sécurité élémentaires et ne sortez pas très tard la nuit, il y a peu de (mal)chance qu'il vous arrive quelque chose.
Avant de partir, faites un tour sur le site du ministère des Affaires étrangères : ● *diplomatie.gouv.fr/fr/conseils-aux-voyageurs* ●

Entourloupes

Si les « puissants » pratiquent la corruption à grande échelle (le Mexique est l'un des pays les plus corrompus d'Amérique latine), pas étonnant que les « petits » fassent de même. Attention donc au truandage, même dans les endroits les plus officiels : banques (faire les calculs de change avant), compagnies de cars, stations-service (pompe trafiquée ou arnaque à la monnaie), restaurants (recompter l'addition), taxis (vérifier que le chauffeur mette le compteur en marche... quand il y en a un), faux appartements ou maisons loués sur *Airbnb* (on arrive : ils n'existent tout simplement pas !)...

Vols, brigandages

Les grands centres urbains, Mexico en tête, ne sont pas les endroits les plus sûrs du pays. Les Mexicains se sont habitués à cette situation et ont intégré à leur mode de vie tout un ensemble de précautions. Pour passer de bonnes vacances sans le moindre pépin, il suffit généralement de respecter un certain nombre de règles élémentaires et de bon sens.
– Faites des photocopies de tous vos papiers et billets d'avion pour pouvoir les faire refaire plus facilement en cas de perte ou de vol. Une photocopie de votre carte de paiement peut s'avérer aussi très utile pour faire opposition. Les plus prudents laisseront les originaux dans le coffre de l'hôtel et n'emporteront en balade que le strict minimum.
– Globalement, évitez de sortir tard le soir, surtout dans les grandes villes et évitez les quartiers non touristiques. Même dans les secteurs fréquentés, restez prudents : Mexico a, par exemple, vu une recrudescence des agressions dans le *Centro* ou dans ses quartiers plus aisés (Zona Rosa, Roma, Condesa).
– Ne laissez rien dans votre voiture, même le temps d'une simple halte.
– Dans le bus, gardez toujours vos objets de valeur sur vous (vols de sacs sur les porte-bagages ou au sol). Dans le métro, ayez votre sac devant vous. Ne glissez rien dans les poches arrière de votre pantalon. Les pickpockets sont habiles.
– Évitez de porter bijoux et montres de luxe.
– Dans les taxis, fermez le loquet de sécurité de la portière (de nombreux chauffeurs le font automatiquement) et la fenêtre. Idem si vous êtes en voiture. Dès la nuit tombée, ne prenez jamais un taxi ordinaire à la volée, mais appelez un taxi de *sitio,* plus cher mais sûr. Le mieux, c'est l'application Uber : pas de transaction financière et le chauffeur sait exactement où il doit vous conduire.
– N'acceptez jamais de la nourriture ou des boissons proposées par des inconnus : elles peuvent contenir des somnifères ! Des cas ont été signalés, en particulier dans des boîtes de nuit.

– En cas d'agression, donnez tout, sans essayer de jouer au héros. Les voyous ne cherchent qu'un peu de liquide... et se contenteront généralement de 100 ou 200 pesos... Ayez donc toujours une petite somme de cet ordre dans une poche tandis que vous conserverez le reste de votre argent dans l'autre, afin de pouvoir la donner rapidement à un éventuel agresseur (le tout, c'est de ne pas se tromper de poche !).
– Les cas d'« enlèvements express » étaient en forte augmentation récemment : il ne s'agit pas tant de kidnapping que de forcer quelqu'un à faire le tour des distributeurs avec sa carte de crédit pour retirer tout l'argent qui peut l'être...
– En cas de problème, c'est à la police touristique ou aux bureaux de l'office du secrétariat au tourisme que vous devrez vous adresser. Ils sont présents dans la plupart des grandes villes et on y parle généralement l'anglais. Sachez néanmoins que la police n'est pas elle-même exempte de corruption : évitez si possible d'y aller seul. Il est bien sûr recommandé de contacter aussi son ambassade, car cela facilite les démarches auprès des assurances au retour, et permet d'établir un procès-verbal plus « officiel ». Voir aussi la rubrique « Urgences ».

Antiquités

Sachez que l'exportation de pièces originales est strictement interdite. En revanche, rien n'empêche d'acheter des reproductions, vendues soit à la sauvette sur les sites archéologiques (de qualité médiocre), soit dans les grands musées, qui proposent parfois de très belles pièces, mais chères.

Drogues

Les drogues sont interdites au Mexique. Les autorités n'autorisent la consommation du *peyotl* et des champignons hallucinogènes qu'aux Indiens pour leurs rituels traditionnels.
Si le Mexique produit certaines drogues (cannabis et héroïne entre autres), c'est avant tout une énorme zone de transit de la cocaïne sud-américaine vers les États-Unis (90 % passe par là !). Les sommes en jeu sont colossales et la bataille des cartels pour contrôler ce commerce occulte n'en est que plus âpre, notamment dans le Nord. Résultat : certains n'hésitent pas à comparer aujourd'hui la situation du Mexique à celle de la Colombie des années 1990, et à qualifier le pays de narco-État...
Conclusion : le routard averti évitera d'aller traîner son sac dans les zones figurant en rouge sur la carte de la rubrique « Conseils aux voyageurs » du ministère des Affaires étrangères, à savoir, l'État du Tamaulipas (non décrit dans ce guide), Tijuana, l'État du Guerrero – avec Acapulco – (à l'exception de la ville de Taxco), la ville de Martinez de la Torre et alentours dans l'État de Veracruz et le sud du Michoacán. Évidemment, le camping sauvage est à exclure (évitez de dormir sur les plages) et, si vous avez loué une voiture, renseignez-vous bien sur les axes routiers que vous empruntez pour vous rendre d'une ville à une autre, et ne roulez que de jour. Dans le Chiapas, des *bloqueos* (barrages routiers) surviennent régulièrement, y compris sur les grands axes, et des échauffourées sont régulièrement signalées. Dans certaines régions, ***la police fédérale ou les militaires contrôlent très souvent les véhicules*** dans le cadre de la lutte contre le trafic de drogue, en particulier sur les routes menant aux plages discrètes.

La *mordida*

Une institution au Mexique. La *mordida* (« morsure ») a en réalité 2 facettes. Pour le fonctionnaire ou le policier corrompu qui la reçoit, c'est le moyen d'arrondir ses fins de mois. Pour celui qui la donne, c'est un moyen d'éviter les lenteurs administratives ou les tracasseries policières. Le gouvernement tente de lutter contre ce fléau de la société mexicaine... Des progrès sont à noter du côté de la police de la route (avec des exceptions régionales...).

DÉCALAGE HORAIRE

On compte ***4 fuseaux horaires*** au Mexique. Heureusement, la majeure partie du pays est calée sur un seul fuseau (UTC - 6), en retard de 7h sur l'Europe de l'Ouest continentale (quand il est 12h à Mexico, il est 19h à Paris). Le Quintana Roo (avec Cancún, Tulum, Isla Mujeres, etc.) est, lui, à UTC - 5 en hiver et UTC - 6 en été. Le nord-ouest du Mexique (États de Sonora, Sinaloa, Chihuahua, une bonne partie du Nayarit et la Basse-Californie du Sud) sont, eux, à UTC - 7 en hiver et UTC - 6 en été. Enfin, le dernier fuseau concerne la Basse-Californie du Nord : UTC - 8 en hiver ; UTC - 7 en été. Attention, en mars-avril et en octobre, au moment du passage à l'heure d'été ou d'hiver, 1h de décalage s'ajoute l'espace de quelques jours, l'Europe et le Mexique ne réglant pas leurs pendules en même temps !
Important : si vous êtes à Valladolid (Yucatán) en hiver et que vous avez un avion à prendre à Cancún (Quintana Roo), n'oubliez pas qu'il y a 1h de décalage entre les 2 villes !

ÉLECTRICITÉ

110 volts et prises à fiches plates comme aux États-Unis. Apportez un adaptateur (pas si simple à trouver sur place).

FÊTES ET JOURS FÉRIÉS

Voici les principales fêtes du Mexique. Vu leur nombre, c'est bien le diable si vous ne tombez pas sur une petite fiesta... Lorsqu'il s'agit de jours fériés officiels, les banques et administrations sont fermées, mais de nombreux magasins restent ouverts.

ATTENTION, JOURS D'IVRESSE

N'oubliez pas : jour de paie = jour d'ivresse. Or, au Mexique, les salaires sont versés 2 fois par mois, le 15 et le 30. Si ça tombe un vendredi ou un samedi, soyez sûr qu'il y aura fête... bien arrosée !

– ***1er janvier :*** jour férié et rues désertes.
– ***6 janvier :*** Épiphanie. Au petit matin, les Rois Mages apportent les cadeaux aux enfants. Le Père Noël, lui, est arrivé au Mexique bien plus tard et s'occupe surtout des enfants des familles aisées, qui doublent ainsi la mise. Quant aux adultes, ils partagent ce jour-là l'équivalent de la galette des rois, la *rosca,* sorte de brioche en forme de couronne, comme on peut en trouver dans le sud de la France. Celui qui tire la fève est tenu d'organiser une fête le 2 février suivant et devra servir à ses invités des *tamales* !
– ***2 février :*** *día de la Candelaria* ou Chandeleur. Pas de crêpes, mais des *tamales,* un incontournable de la cuisine mexicaine. Côté église, on habille le petit Jésus de vêtements très élégants, puis toute la famille l'emmène à la messe, où il est béni par le prêtre.
– ***5 février :*** fête de la Constitution. Jour férié officiel.
– ***19 février :*** jour de l'Armée.
– ***24 février :*** jour du Drapeau (voir l'encadré « Drapeau mexicain » dans « Hommes, culture, environnement ; Histoire »).
– ***Fin février :*** le carnaval dure plusieurs jours. Celui de Veracruz est particulièrement chaud et coloré. Mais ceux de Mazatlán, Villahermosa et Mérida valent aussi le coup d'œil si vous êtes dans les parages. Réservez votre hôtel bien à l'avance.
– ***21 mars :*** commémoration de la naissance (en 1806) de Benito Juárez, zapotèque d'Oaxaca devenu président du Mexique. Un cas unique dans l'histoire du pays ! Il n'y a pas eu d'autres présidents issus des communautés autochtones depuis. Jour férié officiel.

– ***Avril :*** la *Semana santa* (Semaine sainte), qui précède le dimanche de Pâques, est la principale période de vacances pour les Mexicains. Tout affiche alors complet ! Les Jeudi et Vendredi saints sont fériés. Durant ces quelques jours, vous verrez de nombreuses processions religieuses, notamment les *via crucis* du Vendredi saint, représentations « en chair et en os » du chemin de croix. C'est parfois impressionnant de réalisme comme à Taxco ou à Ixtapalapa, près de Mexico, où le chemin de Croix, suivi par une immense foule, dure toute la journée.

SPRING BREAK

Vers la mi-avril, grande tradition nord-américaine : les étudiants fêtent la fin de leur session scolaire en s'éclatant quelques jours à Cancún. La température grimpe vite entre décibels et shots. En revanche, la pudeur a sacrément tendance à diminuer.

– ***1er mai :*** fête du Travail et jour férié officiel.
– ***5 mai :*** commémoration de la bataille de Puebla, où l'armée mexicaine l'emporta sur les troupes de Napoléon III. Les Mexicains en sont très fiers. C'est le seul jour où vous éviterez de crier sur tous les toits que vous êtes français !
– ***10 mai :*** fête des Mères. Prise très au sérieux par les Mexicains, qui peuvent ne pas aller au boulot ce jour-là.
– ***13 août :*** commémoration (non officielle et informelle) de la chute de Mexico-Tenochtitlán aux mains de Cortés. Danses mexicas traditionnelles et beaucoup de nostalgie.
– ***Septembre :*** mois de la patrie. Chacun y va de son drapeau : aux fenêtres, aux façades des immeubles, sur les voitures, les bus... Les chauffeurs de taxi en recouvrent leur capot. Les façades des édifices autour du *zócalo* se couvrent de guirlandes aux couleurs de la bannière mexicaine, bref, tout est vert, rouge et blanc.
– ***15 septembre :*** c'est ce soir-là que commence la célébration de l'indépendance. À 23h, le président de la République, depuis la fenêtre du palais présidentiel, face à la foule réunie sur le *zócalo,* crie 3 fois : « *¡ Viva México !* » C'est ce qu'on appelle *el Grito* (« le cri »), en souvenir de l'appel du curé Miguel Hidalgo, qui, en 1810 à Dolores, déclencha la guerre d'indépendance contre l'Espagne. Sur tous les *zócalos* du pays, dans le moindre petit village, le maire lance le même cri au milieu de la liesse populaire. Feux d'artifice.
– ***16 septembre :*** fête de l'Indépendance, la célébration se poursuit notamment avec un défilé militaire. Jour férié.
– ***12 octobre :*** *día de la Raza,* « jour de la Race », qui commémore la « découverte » du Nouveau Monde et le métissage des peuples.
– ***1er et 2 novembre :*** *día de los Muertos* ou jour des Morts. Cette fête, parmi les plus emblématiques du Mexique, date de l'époque préhispanique. Dans chaque foyer est installé un autel, superbement décoré avec des objets ayant appartenu aux défunts. On y dépose des offrandes : les fameuses têtes de mort en sucre, le traditionnel *pan de los muertos,* des fruits ou des plats appréciés par le défunt. Le 1er novembre est le jour des enfants morts, et le 2 novembre est consacré aux adultes disparus. Au cimetière, on pique-nique, on nettoie les tombes, on les décore avec des fleurs, on repeint les croix... Les mariachis sont de la partie. On se met à chanter. C'est la fête des Morts. Et les cadavres de bouteilles s'amoncellent... Certains restent au cimetière toute la nuit, à la lumière vacillante des bougies.

LE JOUR DES MORTS

Les Aztèques avaient déjà l'habitude de venir sur les tombes en apportant de la nourriture et des offrandes, histoire de subvenir aux besoins des défunts dans l'au-delà. Les Espagnols n'ont jamais réussi à éradiquer cette coutume païenne. Ainsi, le 2 novembre, certaines familles mexicaines vont au cimetière avec leur pique-nique (une portion est prévue pour les morts) et de la tequila, tandis que les enfants jouent entre les tombes...

– ***20 novembre :*** anniversaire de la révolution mexicaine qui a commencé en 1910. Jour férié officiel.
– ***12 décembre :*** fête de la Vierge de la Guadalupe. La fête religieuse la plus importante du pays (voir « Religion » dans « Hommes, culture, environnement »).
– ***Du 16 au 24 décembre :*** les *posadas.* Encore une tradition mexicaine très vivace dans les villages. Tous les soirs, durant les 9 jours précédant Noël, une procession reconstitue la pérégrination de Joseph et Marie à la recherche d'un toit lors de leur arrivée à Bethléem. Chaque soir, c'est une famille différente qui offre la *posada,* c'est-à-dire l'hébergement, et qui, symboliquement, accueille la crèche jusqu'au lendemain. La procession se termine par le rituel de la *piñata* : les enfants, les yeux bandés, tentent de rompre avec un bâton une figure d'argile ou de papier mâché qui représente les 7 péchés capitaux. Elle est garnie de friandises et de sucreries... la gourmandise est pourtant l'un des péchés !
– ***24 décembre :*** le soir, messe et dîner familial de la *noche buena* (« réveillon »). Le pays se pare alors de poinsettias, cette plante verte aux jolies fleurs rouges que les Mexicains appellent... *noche buena.*
– ***25 décembre :*** *Navidad.* Jour férié officiel.

HÉBERGEMENT

Auberges de jeunesse

Appelées *hostales* (ou *hostels*), les AJ sont privées et se trouvent un peu partout, avec une plus grande concentration dans les gros spots touristiques. Mais le pire côtoie le meilleur : modernes, propres et bien équipées pour certaines, vétustes voire sales pour d'autres. Mieux vaut suivre nos conseils et... jeter un œil avant de poser son sac, tout pouvant changer très vite. Même constat pour l'ambiance, très variable. Les plus festives, notamment dans les zones balnéaires, ne laissent pas que de bons souvenirs à ceux qui envisagent de dormir un peu ! À chacun son type d'AJ en somme, sachant qu'elles offrent plus ou moins le même confort de base : des dortoirs avec lits superposés, des chambres privées, des sanitaires généralement collectifs (même s'ils sont de plus en plus souvent dans le dortoir), une cuisine commune et le wifi. Les mieux équipées disposent de la clim, de chambres avec salle de bains privée et d'espaces communs plus sympa (piscine). On peut aussi parfois suspendre son hamac dans le jardin ou sur le toit-terrasse.

Hôtels

Si hôtel se dit *hotel* en espagnol, on trouve aussi une foule d'autres appellations, notamment ***posada, hospedaría*** ou ***mesón.*** Le mot ***hostal*** est souvent utilisé, outre les auberges de jeunesse, pour désigner les hôtels bon marché – ce que sont aussi les ***casas de huéspedes, pensiónes*** et ***hospedajes.***
La plupart du temps, mieux vaut privilégier une chambre à l'étage : l'architecture coloniale mexicaine a pour corollaire des rez-de-chaussée sombres avec, souvent, une seule grande porte très haute mais pas de fenêtre (ou donnant seulement sur le patio). Les hôtels disposent souvent de chambres pour 3, 4 et même 6 personnes. Pensez-y lorsque vous voyagez entre amis ou en famille. Le prix par personne devient alors très intéressant.
Il est d'usage de payer d'avance la 1re nuit, ou, dans les hôtels plus chics, de laisser son passeport ou l'empreinte de sa carte de paiement. On doit en principe libérer la chambre à 12h ou 13h (en général, on peut laisser ses bagages à la réception).
– On trouve au centre des grandes villes et dans toutes les bourgades une foule d'***hôtels de bon marché à prix moyens,*** sans grand luxe mais au confort

suffisant. Les tarifs y dépendent de plusieurs facteurs : présence ou non d'une salle de bains privée (eau généralement chaude, mais pas toujours), nombre de lits *(single, queen, king size)*, ventilateur ou air conditionné, TV ou non. Les chambres à 2 lits (*doble* ou *twin*) sont presque toujours plus spacieuses que celles à 1 lit *(matrimonial)*, mais aussi plus chères. En altitude, le chauffage est rarement disponible (des cheminées subsistent parfois !).

– ***Les hôtels chics :*** le confort est généralement au rendez-vous, la déco plus recherchée, bref, on atteint à peu près les standards internationaux (avec une étoile gracieusement ajoutée...). Mention spéciale pour les ***haciendas*** et ***hôtels coloniaux,*** lieux historiques qui conservent le charme et, parfois, leur mobilier d'époque. Les prix ne sont pas forcément exorbitants. En plus, certains affichent régulièrement des réductions sur leur site internet.

Camping

Sur les littoraux balnéaires (côte pacifique en particulier), les *Trailers Park* accueillent l'hiver venu un afflux de Nord-Américains qui fuient le climat rigoureux de leurs contrées avec leurs énormes camping-cars *(trailers)*. On les retrouve aussi, dans une moindre mesure, sur la Riviera maya. Ce sont souvent d'anciens terrains vagues ou des espaces peu attrayants pour le simple campeur. Ailleurs, certaines AJ et *cabañas* en bord de mer disposent d'espaces plus ou moins aménagés pour les campeurs. En revanche, pour des raisons de sécurité, le camping sauvage est fortement déconseillé (ne dormez jamais sur la plage, par exemple).

Spécial budget riquiqui

– Une solution très économique consiste à acheter un ***hamac,*** notamment pour voyager sur la côte ou au Yucatán. Certains *campamentos* (dans la forêt lacandone, par exemple), *cabañas* et hôtels prévoient des espaces pour les accrocher, soit sous une *palapa* (carbet en palmes), soit carrément en chambre. Il est parfois possible d'en louer, mais cette disposition se raréfie.

LANGUE

Si le mixtèque, le tzeltal, le zapotèque ou le nahuatl vous paraissent difficiles, commencez par la base : *cacao, ciyar* (maya), *tomatl, xocoatl, cacahuatl* (nahuatl), etc. Quant à l'espagnol, apprendre quelques rudiments avant le départ enrichira sensiblement vos contacts avec les habitants au cours de votre séjour.

TOUR DE BABEL !

Même si l'espagnol est parlé par la grande majorité de la population (95 %), il n'existe pas moins de 68 langues autochtones parlées par 7 millions de personnes au Mexique. On les appelle les lenguas autóctonas, originarias *ou encore* indígenas *en espagnol (il y a débat !), mais derrière ce terme se cache une diversité inouïe. En effet, ces 68 langues sont issues de 11 familles linguistiques aussi différentes entre elles que le latin du germanique, tandis que les variantes au sein de chacune (qui se comptent par centaines) sont à leur tour aussi différentes entre elles que le français du portugais.*

Pour vous aider à communiquer, n'oubliez pas notre *Guide de conversation du Routard* en espagnol.

Prononciation

Les mots se lisent comme ils s'écrivent, sachant qu'il existe quelques particularités de prononciation...
- ***u,*** toujours prononcé *ou.*
- ***j,*** jota, prononcé comme *rh,* son très guttural.
- ***ll,*** prononcé comme *ill* ou *ye.*
- ***r,*** prononcé presque comme un *l.*
- ***rr,*** *r* très fortement roulé.
- ***x***, ça dépend ! Tantôt comme le ***j,*** *guttural,* (*Mexico*), tantôt **s** (*Xochimilco*), tantôt ***sh*** (*Xola*), tantôt... ***x*** (Tepexpan).

Accentuation

N'oubliez pas que dans tout mot espagnol, il y a une syllabe prononcée plus fortement que les autres. Il s'agit de l'avant-dernière syllabe lorsque le mot se termine par un *s,* un *n* ou une voyelle, ou de la dernière lorsque le mot se termine par une des autres consonnes. L'accent (toujours aigu) indique une exception à ces 2 règles : c'est la syllabe qui le porte qui est soulignée, où qu'elle se trouve.
Exemples :
- ***por favor*** se prononce por faVOR ;
- ***Francia*** se prononce FRANcia, mais ***francés*** se prononce franCÉS ;
- ***turístico*** se prononce tuRIStico (et non pas turisTIco).

Courage, ce n'est pas si difficile !

Vocabulaire espagnol de base utilisé au Mexique

Oui	*sí*
Non	*no*
D'accord, OK	*ya*

Politesse

Ouf ! vous ne serez guère obligé d'utiliser le « vouvoiement » *(usted).* Une conjugaison de moins à apprendre ! En espagnol, c'est le « tu » qui prévaut dans la plupart des relations, sauf si vous abordez quelqu'un dans un contexte un peu formel ou commercial.

Merci	*Gracias*
S'il vous plaît	*por favor*
Excusez-moi	*disculpe, (con) permiso* (quand on veut passer à côté de quelqu'un)
Bonjour, salut	*Hola*
Bonjour	*buenos días* (matin), *buenas tardes* (à partir de 12h pétantes)
Bonsoir	*buenas noches* (à la nuit tombée)
Au revoir	*adios, hasta luego* (ou, plus simple, *tchao* ou *bye* !)

Expressions courantes

D'où viens-tu ?	*¿ de dónde vienes ?*
Je suis français(e), belge, suisse	*soy francés, francesa, belgo(a), suizo(a)*
Je ne comprends pas	*no entiendo*
Comment dit-on ?	*¿ cómo se dice ?*
Avec/sans	*con/sin*
Plus/moins	*más/menos*

Vie pratique

Portable	*Celular*
Centre-ville	*el centro (centro histórico)*
Bureau de poste	*Correos*
Lettre, enveloppe	*una carta, un sobre*
Timbre	*sello ou estampilla*
Office de tourisme	*la oficina de turismo*
Un plan	*un mapa*
Une banque	*un banco*
Un bureau de change	*una casa de cambio*
Police	*Policía*
Téléphoner	*llamar por teléfono*
Entrée/sortie	*entrada/salida*
Les toilettes	*los baños*
Mon sac à dos, ma valise	*mi mochila, mi maleta*

Transports

Gare des bus	*la terminal de autobuses* (ou *central camionera*)
Billet, ticket de bus	*un boleto*
À quelle heure y a-t-il un bus pour... ?	*¿ a qué hora hay un autobús para... ?*
Aller-retour	*ida y vuelta*
Voiture	*un carro, un coche, un auto*
Vol (d'avion)	*un vuelo*

Argent

Argent	*el dinero*
Billet, monnaie	*billete, cambio*
Payer	*pagar*
Prix	*el precio*
Combien ça coûte ?	*¿ cuánto vale ?*
Cher/bon marché	*caro/barato*
Prenez-vous la carte *Visa* ?	*¿ acepta la tarjeta* Visa *?*

À l'hôtel

Chambre simple, double	*habitación (cuarto) para una persona, para dos personas...*
On peut voir une chambre ?	*¿ se puede ver una habitación ?*
Eau froide, eau chaude	*agua fría, agua caliente*

Au restaurant

Le petit déjeuner	*el desayuno*
Le déjeuner	*la comida, el almuerzo*
Le dîner	*la cena*
Eau plate, gazeuse	*agua natural (sin gas), agua mineral (con gas)*
Des légumes	*unas verduras*
L'addition, s'il vous plaît !	*¡ la cuenta, por favor !*
Le pourboire (non inclus)	*la propina (no incluída)*

Jours de la semaine

Lundi	*lunes*
Mardi	*martes*
Mercredi	*miércoles*
Jeudi	*jueves*
Vendredi	*viernes*
Samedi	*sábado*
Dimanche	*domingo*

Nombres

1	*Uno*
2	*Dos*
3	*Tres*
4	*Cuatro*
5	*Cinco*
6	*Seis*
7	*Siete*
8	*Ocho*
9	*Nueve*
10	*Diez*
20	*Veinte*
50	*Cincuenta*
100	*Cien* (ou *ciento*)
500	*Quinientos*

Quelques expressions spécifiquement mexicaines

– *¿ Mande ? :* comment ?
– *Adelante :* allez-y, je vous en prie (littéralement : en avant !)
– *¿ Bueno ? :* allô ?, au téléphone.
– *¡ Órale ! :* selon le ton, peut exprimer l'approbation (OK, d'accord), l'étonnement (ah bon ?) ou encore le défi (chiche ?). À vous de découvrir la bonne intonation !
– *¡ Híjole ! :* zut alors !
– *Buey* (ou *güey*) *:* mec. Littéralement, un bœuf (sic !). Un enfant est un *escuintle* (une ancienne race de chiens aztèques sans poils ; c'est joliment imagé, non ?). Un jeune homme est un *chavo* (une *chava* pour une jeune fille).
– *¡ Qué padre !* (ou *¡ qué chido !) :* c'est super, génial ! C'est le pied ! (très utilisé par les jeunes). *La neta del planeta* : le top du pop.
– *¡ No mames ! ¡ No manches !* : mais non ! vraiment ? tu plaisantes !
– *La chamba :* le boulot.
– *La lana :* fric, pèze (littéralement la laine).
– *Ahorita :* tout de suite, dans une heure, quand on aura le temps...
– *Buen provecho, provechito :* bon appétit.
– *Camión :* autocar ou bus.
– *Güero* (« huero ») *:* les personnes à la peau blanche (en opposition aux métis). L'équivalent sympathique de *gringo.*
– *Fresa :* bourgeois, snob, fils à papa. Le *fifí* est l'équivalent du bobo. – *Mochilero* : un routard, pardi !
– *Joven :* jeune. N'y voyez pas d'offense ni de familiarité, c'est comme ça qu'on vous interpellera si vous paraissez moins de 35-40 ans...
– *chilango / capitalino* : habitant de la capitale, Mexico
– *Mordida :* au sens propre du terme, la morsure. Celle que vous inflige le douanier ou le policier pour vous inciter à lui glisser quelques pesos (parfois plus) pour résoudre un petit contentieux...
– Les langues indigènes ont apporté leur contribution à l'espagnol du Mexique : *huaraches* pour *sandalias* (sandales), *huipil* pour *túnica* (tunique ou robe) ou encore *guajolote* pour *pavo* (dindon).
– Plein de mots venant du grand voisin du Nord ont été « hispanisés » ou plutôt « mexicanisés » : *pie* (gâteau) devient *pay* ; *biscuit* se transforme en *bisquet, pancake* en *panqué, donut* en *dona*... On dit aussi *carro* (car) pour voiture et *rentar* (to rent) au lieu de *alquilar* (louer). À l'inverse, la *barbacoa* du taíno préhispanique est devenue le célèbre *barbecue* !
– Méfiez-vous du verbe *chingar,* très fréquent... et très injurieux ! Essayez de ne pas répliquer sur le même ton... Ses dérivés sont aussi nombreux que courants : un *chingón,* c'est un virtuose, *una chingada de tiempo,* une plombe... Si cela vous

intéresse, sachez qu'Octavio Paz, prix Nobel de littérature, le voyait comme emblématique du peuple mexicain : « le mot *chingar,* avec ses significations multiples, définit une grande partie de notre vie et qualifie nos relations avec le reste de nos amis et compatriotes. Pour le Mexicain, la vie est une possibilité de *chingar* ou de l'être ».
- Et surtout pas de blasphème, on ne touche jamais au sacré !

LIVRES DE ROUTE

Histoire et essais

- ***Le Labyrinthe de la solitude,*** d'Octavio Paz, Prix Nobel 1990 (Gallimard, 1990). Un essai qui se présente comme une méditation sur les diverses composantes du peuple mexicain et qui met en évidence, à travers leur évolution, leurs caractères communs : solitude, hermétisme, machisme, masques, communion entre les êtres, nostalgie d'un ordre primitif, amour comme expérience transcendante empêchant pourtant les véritables identités de s'affirmer.
- ***Le Dictionnaire amoureux du Mexique,*** de Jean-Claude Carrière (éd. Plon, 2009). Une sélection de lieux mythiques ou non, de personnages, de coutumes... traités avec tendresse et bienveillance par cet amoureux indéfectible du Mexique depuis près de 50 ans.
- ***Le Destin brisé de l'Empire aztèque,*** de Serge Gruzinski (éd. Gallimard, coll. « Découvertes », 2010). L'histoire de la tribu des Mexicas, guidés par leur dieu Huitzilopochtli, et l'arrivée de Cortés. Riche et ludique.
- ***La Très Brève Relation de la destruction des Indes,*** de Bartolomé de Las Casas (La Découverte, 2004). 60 ans après le 1er voyage de Colomb, Bartolomé de Las Casas, religieux dominicain, évêque du Chiapas, rédige à l'usage du souverain espagnol un réquisitoire contre la colonisation dans les 1ers territoires conquis d'Amérique. Plus de 4 siècles après sa mort, Las Casas demeure toujours une figure emblématique du combat pour la protection des Indiens d'Amérique.
- ***La Conquête du Mexique,*** de Hernán Cortés (La Découverte, 2007). En 1519, 27 ans après le 1er voyage de Colomb, Hernán Cortés quitte La Havane à la tête de 10 vaisseaux pour la côte mexicaine. Débute alors la conquête d'un continent. En 2 ans, un empire, une culture, se disloquent, pour faire place à celle de l'Amérique espagnole. C'est le rapport de Cortés destiné à Charles Quint qui est contenu dans cet ouvrage.
- ***Histoire véridique de la conquête de la Nouvelle-Espagne,*** de Bernal Díaz del Castillo (La Découverte, 2009). 1er découvreur espagnol de la terre mexicaine en 1517, compagnon d'armes d'Hernán Cortés lors de la conquête de Mexico-Tenochtitlán, Bernal Díaz del Castillo raconte la chronique détaillée des événements dont il a été acteur et témoin durant les 4 années décisives qui marquent la fin du monde aztèque et le début de la colonisation espagnole. Son récit décrit le quotidien des conquistadors avides d'or et de puissance, leur admiration devant la splendeur de Mexico et de l'Empire aztèque, mais aussi leur effroi devant les rites sacrificiels. Si, comme nous, vous vous demandez comment une poignée de soldats espagnols a réussi à s'approprier un empire, lisez ce livre !
- ***Cortés et son double,*** de Christian Duverger (Seuil, Points, 2015). Une enquête passionnante sur l'histoire de Bernal Díaz del Castillo et la paternité du texte de l'*Histoire véridique de la conquête de la Nouvelle-Espagne,* considéré aujourd'hui encore comme un ouvrage de référence sur la conquête du Mexique, et l'un des 1ers chefs-d'œuvre de la littérature espagnole. Dans ce livre alerte au ton romanesque, Duverger établit *in fine* que l'auteur du fameux livre n'est pas Díaz, mais... Cortés lui-même !

Romans

- ***Au-dessous du volcan,*** de Malcolm Lowry (Folio, 2011). Roman dont l'action se situe à Cuernavaca. Longue plainte frénétique, exaltée, violente, démoniaque, sur l'amour, l'alcool, la mort, la déchéance, l'impossibilité de communiquer.

– ***Le Serpent à plumes,*** de D. H. Lawrence (Robert Laffont, coll. « Pavillons Poche », 2015). Le spectacle terrifiant et inoubliable d'une corrida mexicaine ouvre ce roman qui raconte l'histoire d'une jeune femme arrivant au Mexique et tombant sous le charme de cet étrange pays.
– ***Azteca,*** de Gary Jennings (Le Livre de Poche, 1991). LA saga par excellence avec pour toile de fond le Mexique à la fondation de l'Empire aztèque. Massacres, sacrifices, rebondissements en tout genre. Un excellent roman historique, très bien documenté !
– ***Cosa fácil,*** de Paco Ignacio Taïbo II (Rivages/Noir, 1994). Mexicain « pur jus » d'origine espagnole, l'auteur nous conte les insomnies d'un détective privé entre un meurtre sur fond de conflit syndical, le racket de la fille d'une actrice X et la quête de la nouvelle identité de Zapata. Si vous êtes séduit, Taïbo a écrit d'autres polars dans la même veine.
– ***Rien n'est noir,*** de Claire Berest (Stock, 2019). Un hommage passionné à la légendaire peintre Frida Kahlo. Du Mexique aux États-Unis, la plume de Claire Berest vous emmène sur les traces d'une artiste, féministe, avant-gardiste, dans les méandres de sa passion pour Diego Riveira et la *vida.*
– ***La Révolte des pendus,*** de B. Traven (La Découverte, 2010 – 1re édition en 1936). L'identité de l'auteur reste mystérieuse. Sous ce pseudo se cacherait un Nord-Américain, militant anarchiste qui, après avoir parcouru l'Europe du début du XXe s, s'exila au Mexique, alors en pleine révolution. Observateur précis de la société locale, il écrit plusieurs romans consacrés aux Indiens du Chiapas (*La Révolte des pendus,* mais aussi *Rosa Blanca* et *La Charette*), dénonçant dans une langue engagée et caustique l'exploitation dont ils font l'objet.
– ***Les Enfants du Jaguar,*** de John Vaillant (Buchet-Chastel, 2016). Un roman très actuel, qui dénonce le trafic de migrants et met en lumière l'instinct de survie humain à travers l'aventure de 4 clandestins mexicains enfermés dans un camion-citerne en panne en plein désert alors qu'ils tentent de rejoindre les États-Unis. C'est aussi une réflexion sur la communauté de destins qui unit l'une et l'autre des rives du Río Grande.
– ***Gabacho,*** d'Aura Xilonen (poche Liana Levi Piccolo, 2018). *Gabacho,* c'est l'histoire tonitruante d'un jeune garçon des rues qui rêve d'Amérique : son aventure vers la terre promise, les coups tordus, les moments de grâce et son combat pour se faire une place au soleil, à coups de poing et de mots – il trouve un boulot chez un libraire hispanique. Une histoire écrite par une jeune fille de 19 ans, dans une langue imagée, vivace et véloce, superbement traduit et couronné par le prix Mauricio Achar.
– Citons encore Elena Poniatowska, Ángeles Mastretta, Carlos Castañeda, Jorge Volpi... et surtout ***Carlos Fuentes,*** auteur de nombreux romans, et d'un essai, *Contre Bush,* paru en 2004, qui fustige l'ancien président américain. Le ***réalisme magique*** est une façon d'écrire qui consiste en une ***incursion du merveilleux*** et du fantastique dans un univers qui reprend pourtant les codes du réel. Ce sont des auteurs latino-américains – dont le plus connu est le Colombien Gabriel García Márquez, mort au Mexique – qui ont donné ses lettres de noblesse à cette ***écriture poétique.*** Au Mexique, on peut citer Carlos Fuentes, Juan Rulfo ou encore ***David Toscana*** pour son livre ***El ultimo lector.***

Bandes dessinées

– ***Les Amis de Pancho Villa,*** de Léonard Chemineau et James Carlos Blake (Casterman, 2012). Le récit de la révolution mexicaine de 1910 à travers le personnage de Fernando Hierro, compagnon d'armes du grand révolutionnaire, dans un récit violent, mais efficace.
– ***Conquistador 1 et 2,*** de Jean Dufaut et Philippe Xavier (éd. Glénat, 2012). La conquête du Mexique par Cortés, oppressante et sanglante, traitée sur le mode du fantastique avec un graphisme imprégné de l'influence de Philippe Druillet.

- ***Juarez,*** de Nathalie Sergeef et Corentin Rouge (éd. Glénat, 2012). Inspiré de faits réels en 1993, un album coup de poing relatant l'enquête d'un homme à la recherche de sa sœur disparue lors de massacres perpétrés entre bandes de trafiquants de drogue, dans une cité minée par le crime et la corruption.

POSTE, TÉLÉCOMMUNICATIONS

POSTE *(CORREOS)*

Le réseau postal fonctionne de façon très aléatoire. Compter 2 à 3 semaines pour qu'une carte postale arrive en France. Pour un envoi plus rapide (moins de 8 jours) et relativement sûr, utilisez la formule « *certificado* », qui permet de suivre sa course sur Internet. En général, il y a une poste par ville et les horaires sont à peu près similaires partout *(lun-ven et parfois sam mat, sauf j. fériés, 8h-16h ou 18h).*
- Prix d'un timbre pour l'Europe : 13,50 $Me jusqu'à 20 g en normal et 44,50 $Me en « *certificado* ».

TÉLÉPHONE

Les numéros de téléphone comptent 7 chiffres, sauf à Mexico, Monterrey et Guadalajara, où ils en ont 8. Pour téléphoner d'une ville à l'autre, il faut composer un indicatif que l'on vous indique pour chaque ville (en intro à côté de son nom). Ce sont des communications *larga distancia.*

Communications internationales

Téléchargez WhatsApp ou Viber pour téléphoner gratuitement depuis votre portable, et oubliez tout le reste ! D'ailleurs, les cabines ont pour ainsi dire disparu et les petits centres d'appel *(casetas telefónicas)* se font rares. Au pire, il existe des cartes à gratter vendues dans les kiosques et supérettes *Oxxo,* comme celles d'*Ekofon* (● ekofon.com ●).
- ***Mexique → France :*** 0033 + n° du correspondant (sans le 0 initial). Pour téléphoner en PCV *(por cobrar),* composer le 09.
- ***France → Mexique :*** 0052 + indicatif de la ville + n° du correspondant.

Communications intérieures

Une vraie usine à gaz. Mêmes les Mexicains s'y perdent.
- De téléphone fixe à fixe : composer le 01 + indicatif de la ville *(clave)* + n° du correspondant. On signale l'indicatif de la ville dans le bandeau-titre de chaque ville. Exemple : l'indicatif de Mexico est 55 ; celui de Puebla est 222. Si vous vous trouvez dans la même zone, inutile de composer le préfixe.
- De fixe à portable : composer le 045 + indicatif de la ville *(clave)* + n° du correspondant (attention, si votre correspondant a un numéro qui dépend de la même zone que vous, composez le 044 à la place du 045, mais laissez le préfixe !).
- De portable à portable : si votre correspondant appartient à la même zone, composez directement son numéro. S'il appartient à une région différente, composez l'indicatif de la ville *(clave)* + le n° du correspondant.
- ***Bon à savoir :*** de plus en plus d'adresses disposent d'un n° gratuit qui commence par 01-800, valable à l'intérieur du pays.

Numéros utiles

- ***Renseignements téléphoniques :*** ☎ 040.
- ***Appel national via une opératrice (ou pour les PCV) :*** ☎ 020.
- ***Appel international via une opératrice bilingue (ou PCV) :*** ☎ 090.

Téléphone portable

– ***À savoir :*** il est difficile de reconnaître un numéro de portable au Mexique, car il commence toujours par le même préfixe que celui de la zone géographique où se trouve l'abonné. Faites-vous donc préciser s'il s'agit d'un numéro fixe *(fijo)* ou portable *(celular)* : la marcation est différente (et le coût aussi !).
On peut naturellement utiliser son propre téléphone portable au Mexique avec l'option « Monde ». Un téléphone tri-bande ou quadri-bande est nécessaire.
– ***Activer l'option « International » :*** elle est en général activée par défaut. Pensez sinon à contacter votre opérateur pour souscrire à l'option (gratuite) au moins 48h avant le départ.
– ***Le « roaming » ou itinérance :*** c'est un système d'accords internationaux entre opérateurs. Concrètement, cela signifie que lorsque vous arrivez dans un pays, le nouveau réseau s'affiche automatiquement. Vous recevez rapidement un sms de votre opérateur qui propose un ***pack voyageurs*** plus ou moins avantageux (plutôt moins que plus), incluant un forfait limité de consommations téléphoniques et de connexion Internet.
– ***Forfaits étranger inclus :*** certains opérateurs proposent des forfaits où ***35 jours de roaming par an sont offerts*** dans le monde entier. On peut donc cumuler plusieurs voyages à l'étranger sans se soucier de la facture au retour. Attention, si SMS, MMS et appels sont souvent illimités, la connexion internet est, elle, limitée. D'autres opérateurs offrent carrément le ***roaming toute l'année vers certaines destinations.*** Renseignez-vous auprès de votre opérateur.
– ***Tarifs*** *(hors UE)* : ils sont propres à chaque opérateur et varient en fonction des pays. ***N'oubliez pas qu'à l'international, vous êtes facturé aussi bien pour les appels sortants que les appels entrants,*** idem pour les textos. Donc quand quelqu'un vous appelle à l'étranger, vous payez aussi. Soyez bref !
– ***Acheter une carte SIM/puce sur place :*** si vous restez assez longtemps au Mexique, cela peut être une option avantageuse. Il suffit d'acheter une carte SIM/puce locale (pour moins de 100 $Me) chez l'un des opérateurs *(Telcel, Movistar...),* représentés dans les boutiques de téléphonie mobile omniprésentes et de l'insérer dans son téléphone – préalablement débloqué. On vous attribue alors un numéro de téléphone local et un crédit de communication. Avant de signer le contrat et de payer, essayez si possible la carte SIM/puce dans votre téléphone afin de vérifier si celui-ci est compatible. Ensuite, les recharges de crédit s'achètent un peu partout, dans les stations-service, supérettes, tabacs, etc. Autre solution : acheter tout simplement un téléphone portable basique (pas cher du tout, vendu dans ces mêmes boutiques) !

Internet et wifi

On trouve encore des cybercafés et centres internet. La plupart restent ouverts tard le soir. Compter entre 10 $Me/h pour les moins chers et 20 $Me dans les endroits touristiques.
Sinon, la plupart des lieux d'hébergement et de nombreux cafés ou restos sont équipés du wifi, presque toujours gratuit pour les clients. On y a aussi accès sur certaines places publiques.

Connexion internet en voyage

– ***Se connecter au wifi*** à l'étranger est le seul moyen d'avoir accès au web gratuitement. Attention, ne vous connectez pas aux réseaux 3G ou 4G, au risque de faire grimper votre facture !
Le plus sage consiste à ***désactiver la connexion*** « Données à l'étranger » (dans « Réseau cellulaire »). On peut aussi mettre le portable ***en mode « Avion »*** et activer ensuite le wifi. Attention, le mode « Avion » empêche, en revanche, de recevoir appels et messages.

– Une fois connecté au wifi, vous avez accès à tous les services de la ***téléphonie par Internet. WhatsApp, Messenger*** (la messagerie de *Facebook*), ***Viber, Skype*** permettent d'appeler, d'envoyer des messages, des photos et des vidéos aux 4 coins de la planète, sans frais. Il suffit de télécharger – gratuitement – l'une de ces applis sur son smartphone. Elle détecte automatiquement dans votre liste de contacts ceux qui utilisent la même appli.

SANTÉ

Les consultations médicales sont faciles d'accès, sans rendez-vous *(généralement lun-sam 9h-21h)* et bon marché. Les cabinets regroupent généralement 2 médecins, d'où la plage horaire assez large. Prix de la consultation : de 30 à 50 US$. Prévoir néanmoins une bonne assurance assistance internationale pour ***les cas plus sérieux.***

Le réseau des pharmacies et des laboratoires d'analyses médicales est bien réparti, et les officines approvisionnées comme il se doit. Grande concurrence entre elles ; la plus répandue étant la chaîne *Paris.* La moins chère : les pharmacies de médicaments génériques *Similares (lo mismo, pero más barato !),* souvent ouvertes 24h/24 dans les grandes villes. ● *ssdrsimi.com.mx* ● Les prix des médicaments sont rarement ceux indiqués sur les boîtes, grâce à l'aide gouvernementale, ils sont souvent plus bas. Dès leur arrivée à Mexico, les asthmatiques, allergiques, insuffisants respiratoires ou cardiaques peuvent voir leur état aggravé par l'intense pollution. Voir aussi, au chapitre Mexico, « Adresses utiles. Urgences ».

■ ***Urgences médicales :*** ☎ *911.*

Vaccinations

Il convient que soient à jour les vaccinations universelles : tétanos, poliomyélite, diphtérie, coqueluche (Repevax®), hépatite B. Vaccins contre l'hépatite A et la fièvre typhoïde très, très recommandés, car les infections d'origine alimentaire sont fréquentes. Celui contre la rage en cas de séjours ruraux ou prolongés.

Concernant le ***vaccin anti-Covid*** et les conditions sanitaires d'accès au pays, consulter la page d'infos voyageurs consacrée au Mexique sur le site du ministère des Affaires étrangères : ● *diplomatie.gouv.fr* ●

Pour les centres de vaccinations partout en France, dans les DOM-TOM, en Belgique et en Suisse, consulter le site internet : ● *astrium.com/espace-voyageurs/centres-de-vaccinations-internationales.html* ● Tous les centres de vaccinations sont aussi disponibles sur ● *routard.com* ●

Problèmes de santé : prévention et remèdes

Maladies transmises par les insectes

– Le paludisme est confidentiel pour le voyageur (zones reculées du Chiapas et du Yucatán), et toujours dans sa forme mineure, à *Plasmodium vivax* : médicaments préventifs inutiles en pratique, mais moustiquaire, imprégnation des vêtements et répulsifs cutanés ne font pas de mal.

– Pas de fièvre jaune (pour commencer à en trouver, il faut descendre au sud du canal de Panamá).

– En revanche, il y a de la dengue, et de plus en plus, mais pas partout et pas toujours. Présence également dans certaines zones de la maladie à virus Zika. Se renseigner avant de partir : toutes les protections antimoustiques sont alors nécessaires, même de jour.

– Également transmise par les insectes, la leishmaniose, y compris dans sa forme grave (mais zones rurales seulement).

– Enfin, ne pas marcher pieds nus à la campagne (puces, chiques) ni sur les plages fréquentées par les chiens *(larva migrans).*
– Présence d'« abeilles tueuses » dans tout le pays. Tarentules, veuves noires, scorpions, serpents à sonnette. Risques quasi absents dans les sites les plus touristiques.
– Vous entendrez peut-être parler de la maladie de Chagas, en augmentation : mais cette maladie, transmise par des punaises, ne concerne pas les sites touristiques.
N'utilisez pas de lotions achetées au hasard dans un supermarché ou une pharmacie. Recommandées par l'OMS et le ministère de la Santé : celles qui contiennent du DEET à 30-50 % (adultes), type Insect Écran.

Maladies transmises par l'alimentation et les boissons

Elles sont omniprésentes. Fièvre typhoïde, volontiers résistante aux antibiotiques. Hépatite A : partir vacciné. Hépatite E, amibes, etc., pour lesquelles la seule prévention est une hygiène alimentaire scrupuleuse : désinfection de l'eau par *Micropur DCCNa®* ou filtration microbienne type *Katadyn.*
La probabilité d'une turista (la « revanche de Moctezuma ») est très élevée : selon certaines études, 40 % des voyageurs sont touchés. Le traitement d'une diarrhée simple, sans fièvre, sans pus ni sang, repose sur l'association d'un antibiotique en une prise, une seule fois (*Zithromax,* 2 comprimés) et d'un inhibiteur de la sécrétion intestinale (*Tiorfan,* une gélule d'emblée puis trois 3 par jour ; maximum pendant 7 jours).
– Les produits et matériels utiles aux voyageurs, assez difficiles à trouver dans le commerce, peuvent être achetés par correspondance sur le site ● *astrium.com* ● Infos complètes sur toutes les destinations, boutique web, paiement sécurisé, expéditions So Colissimo (48h) ou Chronopost (24h) ☎ *01-45-86-41-91.*

TRANSPORTS

Bus

Le bus est le seul vrai moyen de transport terrestre entre les villes au Mexique. Il va absolument partout, dans des conditions de confort toutefois variables selon les régions et les parcours.
Dans les grandes villes, les compagnies sont généralement regroupées dans un ***même central (terminal) de autobuses*** (ou ***central camionera***), assez souvent excentré. Il faut donc s'y rendre en taxi ou, moins cher mais moins pratique, en bus urbains. Ces gares routières offrent souvent cafétérias, boutiques, sanitaires (quelquefois avec douches) et consignes à bagages. Ça se complique lorsque les compagnies possèdent chacune leur propre terminal... ce qui n'est pas si rare. Entre les 2, il y a aussi des villes avec un terminal pour les bus de 1re classe et un autre pour les bus de 2de classe – ou un terminal pour les bus circulant dans la région et un autre pour les longues distances.
– ***Bus de 2de classe :*** souvent appelé *servicio ordinario.* Ce sont des bus de 45-50 places, généralement sans confort particulier et souvent un peu vieux, qui s'arrêtent généralement à la demande – ce que ne font pas les bus de 1re classe. Cependant, les meilleurs ont parfois la TV, des toilettes et même la clim !
– ***Bus de 1re classe :*** ou *servicio ejecutivo.* Moins de sièges (32-40), donc plus de place, et un meilleur niveau de confort, avec TV, w-c, sièges inclinables, rideaux aux fenêtres, la clim et même le wifi. Ils font moins d'arrêts et sont donc plus rapides que les 2de classe. Plus cher, évidemment, mais pas tant que ça. Bref, pour les longs trajets ou les parcours de nuit, on vous les conseille vivement.

– ***Bus de luxe*** *(servicio de lujo)* **:** le top, façon *ADO GL* ou *Platinum,* avec écran TV individuel, prise USB, w-c hommes et w-c femmes séparés... et surtout des sièges (20-27 par bus) très larges et super inclinables. Le grand confort ! À comparer avec les tarifs des compagnies aériennes à bas prix...
– N'oublions pas de mentionner les ***bus locaux,*** dits *guajoloteros* – de *guajolote,* dindon – car on y voyageait autrefois (et encore parfois aujourd'hui !) entre cages à poulets, seaux remplis de poissons, sacs de cochonnaille... Le Mexique populaire, quoi !
Vous pouvez ***consulter les sites web des principales compagnies (1re classe), acheter vos billets en ligne,*** ou les appeler gratuitement (numéros « 01-800-... ») à l'intérieur du pays. Un site pratique aussi pour connaître les horaires de nombreuses compagnies de bus (dans plusieurs pays du monde et notamment au Mexique) : • *horariodebuses.com* •
Voici les coordonnées des principales compagnies du pays.

■ ***ADO (Autobuses de Oriente) :*** ☎ *01-800-369-46-52 ou (0155) 578-446-52.* • *ado.com.mx* • Dessert tout le sud du pays. Bus de 1re classe, avec l'option luxe en prenant ***ADO GL*** ou, plus prestigieux encore ***ADO Platinum.*** Le groupe compte d'autres compagnies de 1re et 2de classes : ***Estrella de Oro, Texcoco OCC, AU, Cristóbal Colón*** et ***Cuenca.***
■ ***Autovías :*** ☎ *01-800-622-22-22.* • *autovias.com.mx* • Bus de 1re classe. Dessert les villes du Centre.
■ ***Estrella Blanca :*** ☎ *01-800-507-55-00.* • *estrellablanca.com.mx* • Dessert surtout les villes du Centre et du Nord du pays. Bus de 2de classe. Le groupe compte aussi plusieurs compagnies de bus de 1re classe ou de luxe, comme ***Chihuahenses*** et ***Futura.***
■ ***Estrella Roja :*** ☎ *(222) 273-83-00.* • *estrellaroja.com.mx* • Bus de tous niveaux de confort sur la ligne Mexico-Puebla.
■ ***ETN-Turistar Lujo :*** ☎ *01-800-800-03-86.* • *etn.com.mx* • Bus de luxe. Dessert le Centre et le Nord.
■ ***Omnibus de México :*** ☎ *01-800-765-66-36.* • *odm.com.mx* • Bus de 1re classe. Dessert le Centre et le Nord.
■ ***Primera Plus :*** ☎ *01-800-375-75-87 ou (477) 710-00-60.* • *wl.primeraplus.com.mx* • Bus de 1re classe. Dessert le Centre (dont la côte Pacifique).

– ***À noter :*** certains sites internet des compagnies de bus n'acceptent pas les règlements avec une carte de paiement étrangère. Dans ce cas, passer par une « plate-forme » de réservation qui regroupe la majorité des compagnies de bus, par exemple : • *miescape.mx* •

Colectivos, micros, peseros et combis

Quelle différence ? Tous désignent aujourd'hui à peu près le même type de minibus ou minivan, qui dessert une ligne fixe. En ville, ils circulent d'un quartier à l'autre, ou en périphérie, en rondes incessantes. L'itinéraire est fixe et annoncé sur le pare-brise. Un simple signe de la main suffit à les arrêter. On paie généralement en montant, ou un peu avant d'arriver.

LE SALAIRE DE LA PEUR

Les peseros qui sillonnent les routes mexicaines doivent leur nom aux taxis collectifs de Mexico des années 1960-70. On payait alors 1 peso le trajet – quels que soient le confort ou les capacités de conduite du chauffeur.

Outre les bourgades proches, les *colectivos* desservent aussi des grandes lignes de ville à ville. Dans ce cas, ils ne partent que quand ils sont pleins (ou assez pleins), mais leurs fréquences sont souvent nombreuses, parfois dès avant l'aube – en revanche, ils s'arrêtent souvent vers 17h-18h. La compétition faisant rage, les chauffeurs crient pour annoncer leur destination. Un *colectivo* est plus rapide qu'un bus et de prix similaire (voire moins cher). En revanche, il est rare qu'il conduise mieux...

ZACATECAS	VERACRUZ	SAN LUIS POTOSÍ	QUERÉTARO	PUEBLA	OAXACA	MORELIA	MEXICO	MÉRIDA	GUANAJUATO	GUADALAJARA	CANCÚN	CAMPECHE	Distances entre les villes (en km)
1760	879	1570	1366	1032	996	1457	1155	177	1520	1697	494		CAMPECHE
2254	1373	2064	1860	1526	1490	1951	1649	317	2014	2191			CANCÚN
320	944	340	377	665	1012	302	542	1874	277				GUADALAJARA
312	767	215	154	488	835	180	365	1697					GUANAJUATO
1937	1056	1747	1543	1209	1173	1634	1332						MÉRIDA
605	402	415	211	123	470	302							MEXICO
447	704	395	192	425	772								MORELIA
1075	395	885	681	347									OAXACA
728	279	538	334										PUEBLA
433	613	208											QUERÉTARO
190	817												SAN LUIS POTOSÍ
1007													VERACRUZ
													ZACATECAS

Taxis

Le taxi est un moyen de transport pratique et économique. Il faut cependant distinguer Mexico du reste du pays.
– En dehors de la capitale, les taxis n'ont presque jamais de compteur. On vous demandera donc souvent le double du prix ! Mieux vaut se renseigner auparavant sur les tarifs en vigueur. Dans certaines villes, les taxis disposent d'un *tarifario* officiel.
– À Mexico, les taxis ont un compteur, donc pas de problème... à condition que le chauffeur le mette en route.
– Pour éviter les arnaques et les attaques des taxis illégaux, les terminaux des bus et les aéroports ont désormais tous une station de taxis prépayés intégrée. On achète son billet au comptoir à l'intérieur et on paie un prix fixe selon le parcours.
– Pour certains trajets (même un peu longs), si l'on est 3 ou 4, le taxi ne revient souvent pas plus cher que le bus.

Uber

Dans les villes, le plus sûr et le moins cher, c'est de télécharger l'application *Uber* sur votre smartphone ou sur votre tablette ; nul besoin de posséder un abonnement et d'avoir accès au réseau téléphonique, il suffit de se connecter au wifi. Avec *Uber,* pas de paiement au chauffeur étant donné que tout est payé d'avance, pas de problème de communication non plus (ce qui n'empêche pas de lui adresser la parole !). C'est aujourd'hui un des moyens les plus sûrs pour se déplacer dans les grandes villes mexicaines. Pour connaître les villes où cela fonctionne, consulter le site : ● *uber.com/es-MX/blog/ciudades-donde-hay-uber/* ●

Location de véhicules

Il est conseillé de louer à partir de la France, les prix étant plus intéressants qu'au Mexique. À partir de 6 personnes, la location d'un minibus peut parfaitement être rentabilisée. En général, les compagnies mexicaines ne louent pas aux moins de 25 ans (parfois 22 ans) ni aux plus de 75 ans. La plupart exigent passeport, permis de conduire de plus de 1 an (le permis national suffit) et carte de crédit internationale pour la caution (pas de carte de débit avec certaines compagnies, voir à ce sujet la rubrique « Argent, banques, change »). Faites-vous préciser la couverture de l'assurance *(el seguro)* et vérifiez soigneusement l'état du véhicule avant le départ. Faites bien noter chaque rayure. Mieux : photographiez-la. L'état des routes (innombrables *topes,* les dos-d'âne locaux) et la configuration des rues dans les villes coloniales (trottoirs rehaussés) occasionnent facilement de petits dégâts à la carrosserie et au bas de caisse, sans compter les cailloux qui viennent étoiler le pare-brise de temps en temps. Les loueurs ne laissent souvent rien passer au retour. Il peut donc être judicieux de prévoir le ***rachat de franchise*** à la signature du contrat.
Avec certaines compagnies, il est possible de laisser sa voiture dans une autre ville que celle du départ, mais cela entraîne des frais supplémentaires, souvent assez élevés.

■ ***BSP AUTO :*** ☎ *01-43-46-20-74 (tlj 9h-21h30, w-e 20h).* ● *bsp-auto.com/location-voiture/mexique* ● *Réduc de 5 % aux lecteurs de ce guide avec le code « ROUTARD22 ».* Les prix proposés sont attractifs et comprennent le kilométrage illimité et les assurances. *BSP Auto* propose exclusivement les grandes compagnies de location sur place, assurant un très bon niveau de service. Les plus : vous ne payez votre location que 5 jours avant le départ.

■ ***TouraCancun :*** ☎ *(+ 52) 998-287-05-28. (WhatsApp : +(52) 999-504-9649)* ● *info@touracancun.com* ● *touracancun.com* ● Loueur de voitures Francophone. Réservation sans carte bancaire. Véhicules 100 % assurés tous risques et sans franchise. Assistance en français 24h/24. Pas de mauvaises surprises à l'arrivée au Mexique, le prix du devis est respecté. Possibilité d'aller au Guatemala et au Belize (des frais s'appliquent). Conducteur additionnel gratuit, aucun frais supplémentaire pour les jeunes conducteurs (minimum 21 ans). Assistance en cas de problème avec la police.

Quelques règles de conduite et particularités...

Conduire au Mexique n'a rien d'impossible, même si on a vu plus organisé... N'importe qui conduit, ici, souvent sans permis ni assurance et parfois dès l'âge de 14 ou 15 ans. De toute façon, le permis ne veut pas dire grand-chose car il s'achète, tout simplement... Voici quelques trucs à savoir avant de prendre le volant :

– Le Mexique est le royaume du dos-d'âne, les ***topes,*** aussi appelés ***reductores de velocidad*** ou encore ***vibradores*** ! On en trouve un peu partout en travers des routes, souvent peu, voire pas annoncés... Redoutable la nuit ! Destinés à faire respecter les limites de vitesse, ils achèvent surtout les suspensions !

– ***Attention,*** les ***feux*** sont placés APRÈS les carrefours, comme aux États-Unis. Quand on n'a pas l'habitude, on peut croire qu'il n'y a pas de feu, ou alors on s'arrête en plein carrefour...

– Aux carrefours sans feu, il n'y a souvent ni stop ni priorité. On passe alors « *uno a uno* », dans l'ordre d'arrivée.

– Les lignes blanches et panneaux sont peu respectés. Attention aux sens interdits souvent non signalés, y aller mollo en tournant dans une rue, elle peut s'avérer à sens unique ! Théoriquement, c'est une dans un sens, la suivante dans l'autre sens, mais pas toujours ! Parfois une flèche indique le sens de circulation sur le panneau de la rue, ou le stop, ou ailleurs encore...

– Attention à l'utilisation du ***clignotant.*** En effet, si un camion ou un véhicule lent qui vous précède met son clignotant à gauche, cela peut signifier 2 choses : qu'il va tourner à gauche ou que vous pouvez le doubler. À vous de deviner !

– ***Stationnement :*** en ville, on trouve de nombreux parkings *(estacionamientos),* heureusement moins chers qu'en Europe. Ils sont indiqués par un « E ». Il vaut mieux les utiliser plutôt que de se garer dans la rue. D'abord, on ne sait jamais très bien si c'est autorisé ou non. Et ensuite, on n'est jamais sûr de retrouver son véhicule à cause des vols. Ça fait beaucoup d'incertitudes !

Dans les parkings, il faut souvent laisser sa voiture avec la clé de contact, les gardiens la déplacent selon les besoins. Dans ce cas, les Mexicains ne laissent aucun objet de valeur à l'intérieur.

Dans certains centres urbains, il y a des parcmètres. Mais le plus courant est de tomber sur un gars qui s'est approprié un bout de trottoir qu'il « loue » moyennant une *propina* (5 à 10 pesos). En échange de quoi, il surveille votre véhicule. Vous ne pouvez pas les louper, ils agitent un foulard rouge.

– ***Mauvais stationnement :*** ne vous inquiétez pas le jour où vous retrouvez votre véhicule avec une plaque d'immatriculation en moins ou un sabot accroché à l'une des roues. Vous vous êtes sans doute mal garé (en principe, les stationnements interdits sont indiqués par un « E » barré d'un trait rouge oblique). Il faut alors aller au *Tránsito* (police municipale) le plus proche et payer une contravention. Prévoyez un tournevis, ils ne remettront pas la plaque eux-mêmes... À Mexico, les voitures sont souvent enlevées par la fourrière. Là, bon courage !

– ***Abords des grandes villes :*** on quitte et on entre dans les grandes métropoles (en particulier Mexico) par une série de voies rapides à sens unique, qui parfois se chevauchent, s'entrecroisent... un vrai casse-tête. Les panneaux sont rares, voire inexistants et souvent placés au dernier moment, à hauteur de la sortie (pas 100 m avant, ce serait trop simple). On a donc vite fait de louper le coche et de s'embarquer sur une autoroute pour Pétaouchnoco. Si c'est une double voie, guettez alors sur la voie de gauche les panneaux « *Retorno* », qui indiquent où faire demi-tour.

En 2019, selon une étude menée par l'INRIX, Mexico a été élue ***3e ville la plus embouteillée du monde*** après Bogota et Rio de Janeiro (Paris arrive quand même à la 7e place !). Pour la petite histoire, un habitant de Mexico passe 158 heures par an coincé dans les *embotellamientos* !

– ***Quatre-voies et autoroutes*** (*autopistas* et *carreteras de cuota*) **:** n'allez surtout pas imaginer que parce que vous roulez sur une 4-voies, vous êtes en sécurité. Piétons sortis du néant, cyclistes surchargés qui zigzaguent, chiens errants et ouvriers mal signalés sont aussi de la partie... On en a même vu qui se sont trouvés nez à nez avec des vaches. À 120 km/h, la rencontre peut être douloureuse. Attention aussi aux camions, qui font parfois demi-tour sans prévenir. Ici, la règle est simple : priorité au plus gros ! Ne vous étonnez pas (trop) non plus des dépassements par la droite, queues-de-poisson et utilisation non conventionnelle de la bande d'arrêt d'urgence... Elle sert de double voie quand il n'y en a qu'une : on se rabat sur la bande d'arrêt d'urgence pour se laisser doubler par les véhicules pressés. Quant aux panneaux de distance, ils sont souvent fantaisistes. La destination se rapproche, puis s'éloigne à nouveau...

Les autoroutes à péage (*con cuota*) sont assez chères et donc moins fréquentées, ce qui permet de gagner pas mal de temps. ***Attention, pas de cartes de paiement, il faut prévoir des espèces !*** Parfois, elles n'ont d'autoroute que le nom et n'ont qu'une seule voie ! Sinon, les autoroutes sont souvent doublées par des nationales *(carreteras libres)*.

– ***Conduite de nuit :*** vivement déconseillée. À Mexico, la pratique veut qu'on ne s'arrête ni aux feux ni aux stops – insécurité oblige. Mais ralentissez quand même et regardez bien de tous côtés avant de brûler le feu comme tout le monde !

– ***Essence*** (*gasolina*) **:** on trouve des stations-service partout. En ville, la plupart prennent les cartes de paiement, ailleurs, on en trouve de plus en plus, mais prévoir quand même du cash. Demandez de l'essence *sin plomo* (sans plomb), sauf indication contraire du loueur. Elle n'est pas très chère : environ 20-21 $Me le litre, soit 0,95-1 €. Des pancartes placées dans les stations invitent la clientèle à vérifier si le compteur de la pompe a bien été remis à zéro. N'hésitez pas à suivre ce conseil. Et n'oubliez pas le pourboire de quelques pesos au pompiste.

– ***Ennuis mécaniques :*** en cas de pépin sur autoroute ou grandes routes, on peut espérer être secouru par les *Ángeles verdes* (anges verts), patrouille spéciale d'aide aux conducteurs ☎ *078*.

– ***Urgences routières :*** même numéro.

– ***Accrochages ou accidents :*** en cas d'accident, ne bougez pas ! C'est la règle. Téléphonez immédiatement au loueur, il préviendra l'assurance, qui enverra un de ses agents sur les lieux. Ce dernier se chargera de tout. Le seul problème qui peut surgir, c'est que l'autre véhicule ne soit pas assuré. Dans ce cas, soit il fuit à toute vitesse, soit il vous propose un règlement à l'amiable. Refusez et attendez l'arrivée de l'agent d'assurances.

Avion

L'avion permet d'éviter de longs trajets en bus et n'est parfois pas beaucoup plus cher (surtout en basse saison) grâce à la concurrence entre les différentes compagnies *low-cost* (il faut quand même ajouter les transferts aéroport/ville). Pour les vols avec correspondance, prévoir minimum 2h pour le transit.

Voici les compagnies charter et *low-cost* relativement stables.

■ ***Aeroméxico :*** ☎ *(55) 51-33-40-00 ou 0800-91-67-54 (en France).* ● *aeromexico.com* ● Nombreux vols dans tout le pays.

■ ***Volaris :*** ☎ *11-02-80-00.* ● *volaris.com* ● Vols bon marché vers une trentaine de destinations nationales, mais aussi vers les États-Unis. C'est la compagnie la plus importante après *Aeroméxico*.

■ ***Magnicharters :*** ☎ *(477) 717-52-42.* ● *magnicharters.com* ● Vols charters vers une quinzaine de destinations mexicaines, principalement provinciales et balnéaires.

■ ***VivaAerobus :*** ☎ *(81) 82-150-150.* • *vivaaerobus.com* • Autre compagnie à bas coût ; tous ses vols transitent par Monterrey.

■ ***Aeromar :*** ☎ *(55) 51-33-11-11 (à Mexico).* • *aeromar.mx* • Surtout des vols vers des villes balnéaires (notamment côté Pacifique).

Train

Une seule ligne :

➢ ***Los Mochis-Chihuahua :*** c'est le fameux train *Chihuahua al Pacífico,* qui traverse le magnifique cañón del Cobre (canyon du Cuivre) et la sierra des Tarahumaras 3 fois par semaine au gré de 86 tunnels et 37 ponts (16h). Un train *express* de 1re classe parcourt une distance plus courte, de *Los Mochis* à *Creel* (9h). *Rens :* ☎ *01-800-122-43-73.* • *chepe.com.mx* •

Auto-stop

L'auto-stop, pour des raisons d'insécurité, se pratique très peu au Mexique. Toutefois, on s'aventure à *pedir un aventón* (faire du stop) dans certains coins très spécifiques (qu'on vous indique), pour de petits trajets, sans bagage et en prenant les précautions d'usage avant de monter.

URGENCES

Numéro national

Depuis 2016-2017, tous les anciens numéros d'appel d'urgences ont été redirigés vers un ***numéro unique, le 911.***

– Un autre numéro valable sur l'ensemble du territoire mexicain, les ***Ángeles verdes*** (en cas de pépin mécanique sur route ou autoroute, 24h/24) : ☎ *078.*

Perte ou vol de cartes de paiement

Avant de partir, notez bien le numéro d'opposition propre à votre banque (il figure souvent au dos des tickets de retrait, sur votre contrat, ou à côté des distributeurs de billets), ainsi que le numéro à 16 chiffres de votre carte. Bien entendu, conservez ces informations en lieu sûr et séparément de votre carte.

Par ailleurs, l'assistance médicale se limite aux 90 premiers jours du voyage et l'assistance véhicule aux cartes haut de gamme (renseignez-vous auprès de votre banque). Et surtout, n'oubliez pas de VÉRIFIER LA DATE D'EXPIRATION DE VOTRE CARTE BANCAIRE avant votre départ !

– ***Carte Bleue Visa :*** *numéro d'urgence (Europ Assistance) :* ☎ *00-80-08-47-29-11.* • *visa.fr* •

– ***Carte MasterCard :*** *numéro d'urgence :* ☎ *00-11-80-03-07-73-09.* • *mastercard.fr* •

– ***Carte American Express :*** *numéro d'urgence :* ☎ *(00-33) 1-47-77-72-00.* • *americanexpress.fr* •

Sinon, il existe un serveur interbancaire d'opposition qui, en cas de perte ou de vol, vous met en contact avec le centre d'opposition de votre banque : *depuis l'étranger,* ☎ *(00-33) 0442-605-303.*

Besoin urgent d'argent liquide

Vous pouvez être dépanné en quelques minutes grâce au système ***Western Union Money Transfer.*** L'argent vous est transféré en moins de 1h. La commission, assez élevée, est payée par l'expéditeur. Possibilité d'effectuer un transfert auprès d'un des bureaux *Western Union* ou, plus rapide, en ligne, 24h/24 par carte de paiement *(Visa* ou *MasterCard).*

Même principe avec d'autres organismes de transfert d'argent liquide comme ***MoneyGram, PayTop*** ou ***Azimo.*** Transfert en ligne sécurisé, en moins de 1h. Dans tous les cas, se munir d'une pièce d'identité. Toutefois, en cas de perte/vol de papiers, certains organismes permettent de convenir d'une question/réponse-type pour pouvoir récupérer votre argent. Chacun de ces organismes possède aussi des applications disponibles sur téléphone portable. Consulter les sites internet pour connaître les pays concernés, les conditions tarifaires (frais, commission) et trouver le correspondant local le plus proche :

• westernunion.com • moneygram.fr • paytop.com • azimo.com/fr •

– Autre solution, envoyer de l'argent par mandat via ***la Poste*** : le bénéficiaire, muni de sa pièce d'identité, peut retirer les fonds dans n'importe quel bureau du réseau local. Le transfert s'effectue avec un mandat ordinaire international (jusqu'à 3 500 €) et la transaction prend 4-5 jours en Europe (8-10 jours vers l'international). Plus cher, mais plus rapide, le mandat express international permet d'envoyer de l'argent (montant variable selon la destination – 34 au total) sous 2 jours maximum, 24h lorsque la démarche est faite en ligne. *Infos : • labanquepostale.fr •*

Urgence : en cas de perte ou vol de votre téléphone portable

Suspendre aussitôt sa ligne permet d'éviter de douloureuses surprises au retour du voyage ! Voici les numéros des 4 opérateurs français, accessibles depuis la France et l'étranger :

– ***Orange :*** *depuis la France : ☎ 3900 ; depuis l'étranger : ☎ + 33-969-39-39-00.*
– ***Free :*** *depuis la France : ☎ 3244 ; depuis l'étranger : ☎ + 33-1-78-56-95-60.*
– ***SFR :*** *depuis la France : ☎ 1023 ; depuis l'étranger : 📱 + 33-6-1000-1023.*
– ***Bouygues Télécom :*** *depuis la France : ☎ 1064, depuis l'étranger : ☎ + 33-660-614-614 (service et appel gratuits).*

Vous pouvez aussi demander la suspension de votre ligne depuis le site internet de votre opérateur.

MEXICO ET SES ENVIRONS

Introduction incontournable à la compréhension du pays : si le Mexique est surréaliste, Mexico en est la quintessence ! La ville concentre tous les excès. Par sa démesure déjà, avec 50 km du nord au sud et 30 km d'est en ouest (à vol d'oiseau), elle figure dans le *top ten* des agglomérations les plus peuplées au monde. C'était d'ailleurs plus ou moins écrit : une légende aztèque prévoyait, il y a 500 ans, que *Tenochtitlán* deviendrait la ville la plus peuplée au monde. Étonnant, non ?
La région abrite aussi la mythique Teotihuacán, qui fut l'une des plus grandes villes de l'Amérique précolombienne, ainsi que les villes coloniales de Taxco, l'escarpée aux ruelles jalonnées de boutiques d'orfèvres, et Puebla, au foisonnement baroque classé par l'Unesco. À cela ajoutons Tepoztlán, petit paradis d'altitude lové dans une sierra aride, ou encore Atlixco, la ville aux mille fleurs, campée à l'ombre de l'un des volcans les plus actifs de notre planète, le redoutable Popocatépetl. Bref, une région riche d'art et d'histoire, dont la variété n'a pas fini de vous surprendre.

MEXICO

env 8,8 millions d'hab. (agglomération) IND. TÉL. : 55

• Plan d'ensemble *p. 84-85* • Centro histórico (plan I) *p. 88-89*
• Zona Rosa, Condesa, Roma (plan II) *p. 91* • Coyoacán, San Ángel (plan III) *p. 92-93*

Ville tentaculaire, plurielle, inouïe... Mexico joue de ses superlatifs comme d'un supplément d'âme. Établie à plus de 2 200 m d'altitude, CDMX (pour Ciudad de Mexico) a de quoi donner le vertige. Avec plus de 10 000 km de voiries parcourus quotidiennement par plus de 5 millions de véhicules, elle étale sa trame urbaine dans une cuvette sur près de 1 500 km². Autant dire que ça fait du monde aux heures de pointe ! Ici, il faut apprendre à voyager *tranquilo* dans le métro façon sardines-en-boîte, garder patience dans les embouteillages, arpenter à pied ses rues et ses places surdimensionnées...
Mexico s'avère pourtant mystérieusement séduisante, malgré une pollution endémique et quelques problèmes de sécurité jusque dans le centre. Classé par l'Unesco, son cœur historique (autour du Zócalo) ravira les amateurs de culture et d'histoire, avec ses musées, ses vieilles églises penchées et ses édifices baroques, néoclassiques ou pseudo-coloniaux.
Les fêtards et les bons vivants trouveront leur bonheur dans les quartiers sud-ouest, Condesa, Roma, Zona Rosa, où foisonnent bars, restos et boîtes ; les

férus d'art et de belles choses pousseront jusqu'à Polanco, quartier chic, avec ses larges avenues et ses centres commerciaux de luxe, toisés par de hautes tours de verre.
Sans oublier les anciens petits villages que Mexico a tôt fait d'absorber et qui se démarquent aujourd'hui comme lieux de culture alternative : San Rafael, Santa María La Ribera, Coyoacán, San Ángel... Finalement, pas si désagréable pour une mégapole surdimensionnée !

ZONA ROSA ?

Mécontent du développement anarchique de la ville dans les années 1950, le maire de Mexico de l'époque entendait remettre de l'ordre. Trouvant aussi la vie nocturne trop débridée, il imposa la fermeture des commerces à 22h. Et pour que les touristes n'aient pas à pâtir de ces restrictions, il leur affecta un quartier, la Zona Rosa, où les lieux de sortie pouvaient rester ouverts bien plus tard. Pour délimiter ce quartier, ses façades furent peintes... en rose, même si aujourd'hui ce rose a disparu.

CLIMAT ET POLLUTION

Mexico bénéficie de plus de 200 jours d'ensoleillement par an. À cette altitude, il fait chaud dans la journée mais frais dès que le soleil disparaît, voire froid les soirs d'hiver. En été, grosso modo de juin à octobre, c'est la saison des pluies. Heureusement, celles-ci ne tombent qu'en fin de journée. Ce sont des trombes d'eau de courte durée qui viennent rafraîchir l'atmosphère, nettoyer la ville... et créer de monstrueux embouteillages (à cause des inondations de la chaussée) !
La pollution ! Sujet intarissable des *capitalinos.* 2 indicateurs la mesurent en permanence (indiqués au journal météo). Dès que l'indice IMECA atteint 240 ou l'indice PM^{10} 180, le maire déclare l'état d'alerte. En cause, surtout, les automobilistes et, bien sûr, les usines, sans compter les quelque 100 000 taxis qui sillonnent constamment les rues et le ballet des avions qui atterrissent en pleine ville... Mais il y a aussi, outre la position de la ville dans une cuvette, l'altitude : à 2 240 m, le carburant brûle imparfaitement en raison de la moindre quantité d'oxygène dans l'air, produisant davantage de monoxyde de carbone et d'oxyde d'azote. Pour couronner le tout, le soleil, très présent, favorise leur transformation en smog.
Pour tenter de remédier au problème, les autorités ont mis en place un système de circulation automobile alternée en semaine... mais cela a surtout poussé les habitants à acheter une 2de voiture, neuve pour les plus aisés, vieille guimbarde, plus polluante encore, pour les autres... Mieux : le vélo a retrouvé droit de cité le dimanche (de 7h à 14h), lorsque l'immense et belle avenue Reforma est fermée à la circulation jusqu'au centre historique. 2-roues, poussettes et rollers s'emparent alors du pavé... une vraie révolution !

UN PEU D'HISTOIRE

Imaginez un peu la stupeur des Espagnols en ***1519*** quand ils découvrent la ***capitale de l'Empire aztèque,*** construite au milieu d'un lac bordé de volcans. Une ville flottante couverte de palais gigantesques, de pyramides flamboyantes, entourés de jardins enchanteurs, de marchés, de canaux et d'immenses aqueducs alimentant la ville en eau. Là, ***tout n'est qu'ordre et beauté, régi par des règles et des rites stricts***.
Ce bel ordonnancement est bouleversé par l'arrivée de ***Cortés*** et de ses hommes. Mexico-Tenochtitlán tombe aux mains des Espagnols à l'issue d'un siège de plusieurs mois. En 2 ans, l'ensemble de l'Empire aztèque est soumis.
Cortés prend alors une décision qui nous paraît aujourd'hui monstrueuse et absurde : il fait tout simplement raser la ville et réemploie les pierres des pyramides pour l'édification des ***1ers édifices coloniaux*** (lire aussi la rubrique « Histoire » dans

le chapitre « Hommes, culture, environnement »). Mexico devient alors, pour près de 300 ans, la capitale de la puissante vice-royauté de la Nouvelle-Espagne. Dès la conquête des Philippines, ***dans la 2de moitié du XVIe s,*** le pays deviendra même le ***passage obligé entre l'Asie et l'Europe,*** les marchandises débarquant à Acapulco, côté Pacifique, pour être acheminées jusqu'à Veracruz où elles embarquent à nouveau pour l'Europe. Mexico jouant le rôle de carrefour commercial, de grandes foires s'y déroulaient.

Arrivée à l'aéroport

Essayez d'avoir un siège côté hublot : l'arrivée sur Mexico, de jour comme de nuit, est un spectacle saisissant ! L'aéroport se situant en pleine ville, on survole la mégapole à quelque 500 m de hauteur... Impressionnant.

– ***Formalités à l'arrivée :*** il y a de fortes chances que Mexico soit votre porte d'entrée au Mexique. Vous devrez donc remplir le ***formulaire FMM (Forma Migratoria Múltiple),*** remis dans l'avion.

Gardez-le précieusement, car ce document sera exigé lors de la sortie du territoire mexicain. En cas de perte, vous devrez vous rendre à l'Instituto nacional de Migración (voir « Adresses et infos utiles ») et surtout, payer une compensation (env 42 US$; payable en cash). Il vous faudra également remplir le formulaire des douanes (fourni dans l'avion).

✈ ***Aeropuerto internacional Benito Juárez*** *(plan d'ensemble)* ***:*** *situé à l'intérieur de la ville (à l'est), à 9 km du centre historique.* • *aicm.com.mx* • Il est constitué de 2 terminaux reliés par un aérotrain *(aerotren)* gratuit qui passe toutes les 10 mn. Le ***terminal 1*** reçoit la plupart des vols internationaux *(Air France, KLM, Iberia, British Airways...),* mais aussi certains vols nationaux *(Interjet, Volaris...).* Le ***terminal 2*** accueille tous les vols d'*Aeroméxico,* ainsi que ceux de *LATAM, Copa* et *Aeromar.*

Depuis le terminal 1, le départ de l'aérotrain se fait au niveau de la porte 6 des « Arrivées », après le passage de l'immigration et de la douane. Depuis le terminal 2, accès au niveau des départs.

ℹ ***Point d'info :*** *dans le terminal 1, au niveau des « Arrivées » nationales (porte 7).* ☎ *24-82-22-46. Tlj 6h30-22h. Autre guichet au terminal 2.* Pour tout renseignement (plutôt en espagnol) sur l'aéroport et les vols.

■ ***Change :*** banques et bureaux de change *(casas de cambio)* en grand nombre. Comparez les taux, mais ceux-ci sont plutôt intéressants pour un aéroport international. Également de nombreux distributeurs automatiques (*Visa* et *MasterCard*).

■ ***Consignes :*** *au niveau de la porte 8 du terminal 1 et de la porte 4 du terminal 2. Ouv 24h/24 (casiers).*

■ ***Location de voitures :*** *comptoirs des différentes compagnies entre les portes 7 et 8 du terminal 1.* De là, une navette vous conduit au parking, où est généralement établi le contrat. Au retour, prévoyez large.

Liaisons avec le centre-ville

On peut rejoindre la ville en taxi, en métro ou en métrobus.

– ***Taxis :*** prendre un taxi officiel, en prépayant la course au guichet d'une des compagnies affichant « taxi autorizado ». Elles sont situées, dans le ***terminal 1, autour des portes 10, 7 et 1.*** Compter 400 $Me pour le centre-ville et environ 20 % de plus pour la Zona Rosa. Pour des raisons de sécurité, ne jamais prendre un taxi non autorisé. Compter environ 20 mn pour rejoindre le centre (le triple en heure de pointe). De loin l'option la plus simple et la plus rapide, pour un prix raisonnable à plusieurs.

– ***Métro :*** la solution la moins chère (env 5 $Me !). Mais, attention, ***l'accès est interdit aux passagers avec valises et gros bagages aux heures de pointe,*** 7h-10h et 17h-20h. En dehors de ces heures, c'est toléré. La station de métro est ***Terminal Aerea***

■ Adresses utiles

1 Centro de Atención turística Punto México
2 Instituto nacional de Migración
6 Ambassade et consulat de France
7 Ambassade de Belgique
8 Ambassade et consulat de Suisse
9 Ambassade et consulat du Canada
17 Alliance française

Où dormir ?

74 El Patio 77
78 Habita

Où manger ?

116 La Casa del Pastor
120 Forever Vegano
122 Café Toscano Polanco
128 Nonsolo et Bellopuerto
129 El Bajio
131 Agua & Sal
133 Pujol

Où prendre un petit déjeuner ? Où faire une pause sucrée ?

120 Forever Vegano
122 Café Toscano Polanco

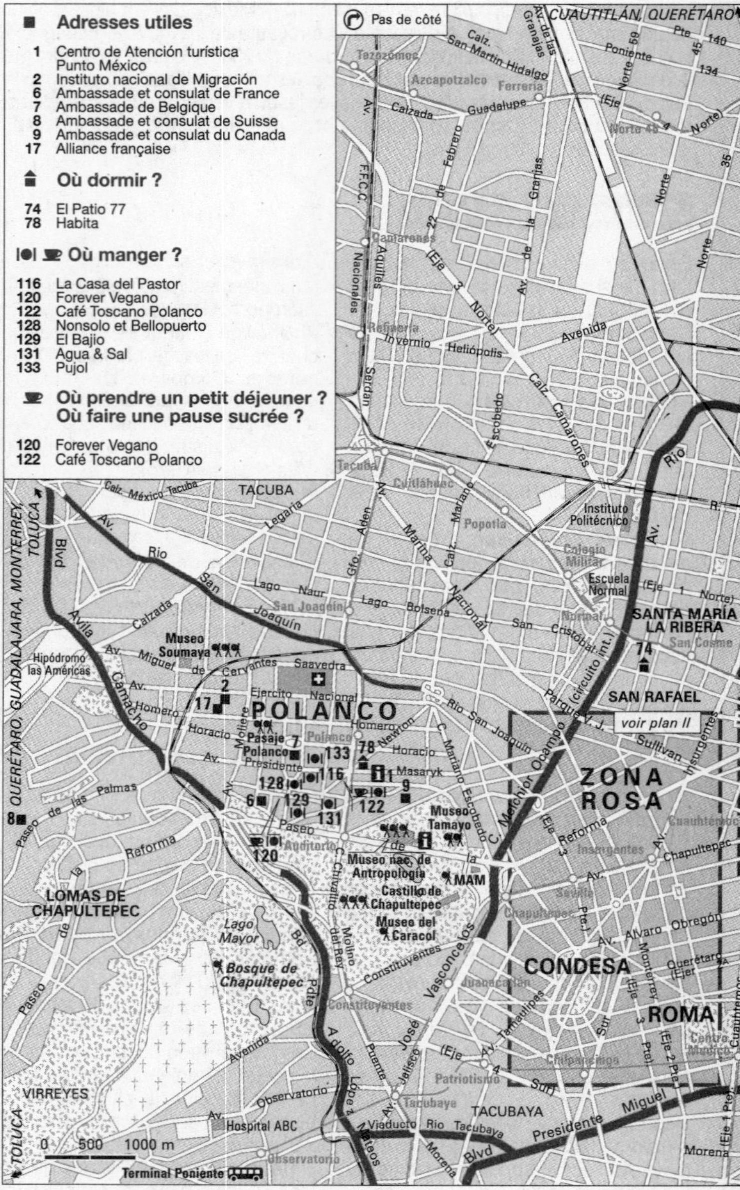

MEXICO (Plan d'ensemble)

(ligne nº 5). À l'extérieur du terminal 1, en sortant à gauche par la porte 1 – suivez le trottoir en arc de cercle (illuminé la nuit). Compter 1h pour rejoindre le centre.
– ***Metrobús :*** avec la ligne nº 4, à prendre au niveau des portes 6 et 7 du terminal 1, ou de la porte 3 (terminal des taxis) du terminal 2. Départs ttes les 15 mn. ***Plus rapide que le métro*** jusqu'au centre, car direct (pas de changement), mais « plus cher » puisqu'il existe une tarification spéciale (30 $Me) entre l'aéroport et l'arrêt San Lazaro. Compter 30 mn jusqu'au centre-ville. Bagages acceptés. Achat de la carte magnétique (16 $Me) indispensable (lire plus loin la rubrique « Comment se déplacer ? »).

Liaisons vers d'autres villes

Il est possible de rejoindre quelques villes directement en **bus** depuis l'aéroport international *(Bus Autorizado)*. Les départs se font du 1er étage du terminal 1 (au niveau de la porte 7) pour la plupart des compagnies et au rez-de-chaussée pour la compagnie *ADO* (niveau des arrivées, porte 7).
➢ ***Puebla :*** avec *Estrella Roja*, 50 départs/j. 5h-2h30.
➢ ***Cuernavaca :*** avec *Pullman de Morelos*, env 30 bus/j. 4h-0h30.
➢ ***Querétaro :*** avec *Primera Aero Plus*, environ 25 bus/j. 5h30-1h20.
➢ ***Veracruz :*** avec *ADO*, 2 bus/j, vers 15h et 23h.

Les différents quartiers *(colonias)*

Mexico est une pieuvre gourmande qui a grandi en avalant les villages et petites villes alentour. Un phagocytage anarchique et implacable engendrant une trame urbaine illisible en raison d'une quantité incroyable de voiries, bretelles d'accès et autres passages surélevés. Résultat : la ville est une mosaïque de quartiers assez différents les uns des autres et parfois distants de plusieurs dizaines de kilomètres, voire de plusieurs heures en cas d'embouteillages.
Seul un petit nombre d'entre eux est susceptible de vous intéresser : le ***centre historique*** d'abord, où se regroupent les plus beaux édifices et les marchés, mais où les hébergements (sauf auberges de jeunesse) sont d'un rapport qualité-prix variable, assez chers, et parfois franchement désuets. À l'ouest s'étend la ***Zona Rosa,*** quartier animé, prolongé vers le sud par la ***Condesa*** et la ***Roma,*** où l'on trouve un grand choix de restos et de lieux de sortie et où il est agréable de résider. Encore plus à l'ouest, bordant le grand parc de Chapultepec, ***Polanco,*** le quartier chicos, avec ses grandes avenues, ses centres commerciaux et ses musées d'art. Enfin, les quartiers alternatifs, avec leurs petites galeries d'art ou leurs bistrots branchés, comme ***San Rafael*** et ***Santa María La Ribera,*** au nord de la Zona Rosa, ou encore ***Coyoacán*** et ***San Ángel,*** délicieuses oasis dans la partie sud de la ville.

Comment se déplacer ?

Métro

Avec ses 12 lignes et ses 195 stations, c'est le 1e réseau en taille d'Amérique latine et le 2e d'Amérique, après New York. Très pratique, on s'y sent en sécurité, à défaut d'être à l'aise (rames très souvent bondées). • *metro.cdmx.gob.mx* • Fonctionne lun-ven 5h-minuit, sam 6h-minuit, dim et j. fériés 7h-minuit. Prix du billet : 5 $Me.
À noter : aux heures de pointe, et sur certaines lignes, les têtes de train sont réservées aux femmes et aux enfants. Moindre affluence entre 10h et 16h. Pour circuler, le plus simple est d'acheter une carte (16 $Me) et de la recharger au fur et à mesure de ses besoins. Cette carte est aussi valable dans le *metrobús* et, si l'on voyage à plusieurs, on peut la partager (inutile d'en acheter une chacun).

Metrobús

C'est un double bus à accordéon, qui dispose de son propre couloir et s'arrête systématiquement à toutes les stations, comme le métro. Très complémentaire de ce dernier pour se déplacer dans la ville. La ligne nº 4 dessert l'aéroport ; il existe 7 lignes en tout, dont certaines se subdivisent. Pour la liste des arrêts, consulter la page • *metrobus.cdmx.gob.mx* • Fonctionne de 4h30/6h à 20h30/0h30 selon le jour et les lignes. Accessible avec la même carte et selon le même principe que le métro.

Taxi, *pédicabs* et *Uber*

Les ***taxis*** sont omniprésents dans les rues et ils sont bon marché (à condition de ne pas prendre un « taxi de sitio », voir plus loin). Ils sont rose et blanc, marqués du fameux CDMX pour *Ciudad de México.*

Si vous optez pour le taxi, quelques recommandations.

– Ils ont obligatoirement un compteur. Vérifiez qu'il a été remis à zéro (env 8-10 $Me de prise en charge le jour ; un peu plus après 22h).

– Les chauffeurs doivent tous afficher leur permis avec photo sur le pare-brise. Prenez le temps de vérifier avant de monter. La lumière intérieure doit être obligatoirement allumée la nuit. Ne pas prendre de taxi sans compteur ou sans le permis affiché.

– Ne payez qu'après avoir récupéré les bagages.

– Attendez-vous, de temps en temps, à un petit détour... Cela dit, à ce prix-là, ce n'est pas bien grave.

– Dès la tombée de la nuit, plutôt que de prendre un taxi dans la rue, on conseille d'appeler ou prendre un ***taxi***

Adresses utiles

3 CI Banco (change ; C2)
26 Arena México (A3)
42 Mundo Jovén (C-D1)

Où dormir ?

40 Downtown Beds (C2)
41 Hostel México City (C1)
42 Hostel Mundo Jovén Catedral (C1)
43 Hostal Centro Histórico Regina (C2-3)
45 Massiosare El Hostal (B2)
46 Hostel Suites DF (A1)
49 Chaya B & B Boutique (B1)
55 Hotel Azores (C1)
56 Hotel Roble (D2)
58 Hotel Catedral (D1)
59 City Express Ciudad de Mexico Alameda (B2)
60 Hotel Gillow (C2)
61 Hotel Metropol (B2)
62 Chillout Flat B & B (C1)
63 Gran Hotel (C2)

Où manger ?

40 Azul histórico (C2)
43 Los Canallas (C2-3)
49 La Azotea (B1)
90 Mercado de alimentos San Camilito (C1)
91 Jamón J Jamón (D1)
92 Taquería El Flaco (C2)
93 Café El Popular (C1-2)
94 Vegamo (B2)
96 Trevi (B1)
97 Hostería La Bota (C3)
98 Coox Hanal (C2)
99 Hostería de Santo Domingo (C1)
101 GoTan (B2)
102 El Cardenal (C2)
103 Danubio (C2)
104 La Ópera (C1)
105 Café de Tacuba (C1)
107 Miralto (C2)
108 Casa de las Sirenas (D1)

Où prendre un petit déjeuner ? Où faire une pause sucrée ?

63 Gran Hotel (C2)
94 Vegamo (B2)
140 Bertico Café (C2)
141 Café La Habana (A2)
142 Jugos Canada (C2)
145 Pastelería Ideal (C2)
147 El Mayor (D1)
148 Finca Don Porfirio (B2)
149 Café Jekemir (C2)

Où boire un verre ? Où sortir ?

97 Hostería La Bota (C3)
161 Salón Tenampa (C1)
162 Zinco Jazz Club (C2)
163 Salón Tropicana (C1)

Achats

181 Mercado de la Ciudadela (B2)
182 Mercado San Juan (B2)
183 Magasin FONART (A2)
184 Plantes médicinales (D1)

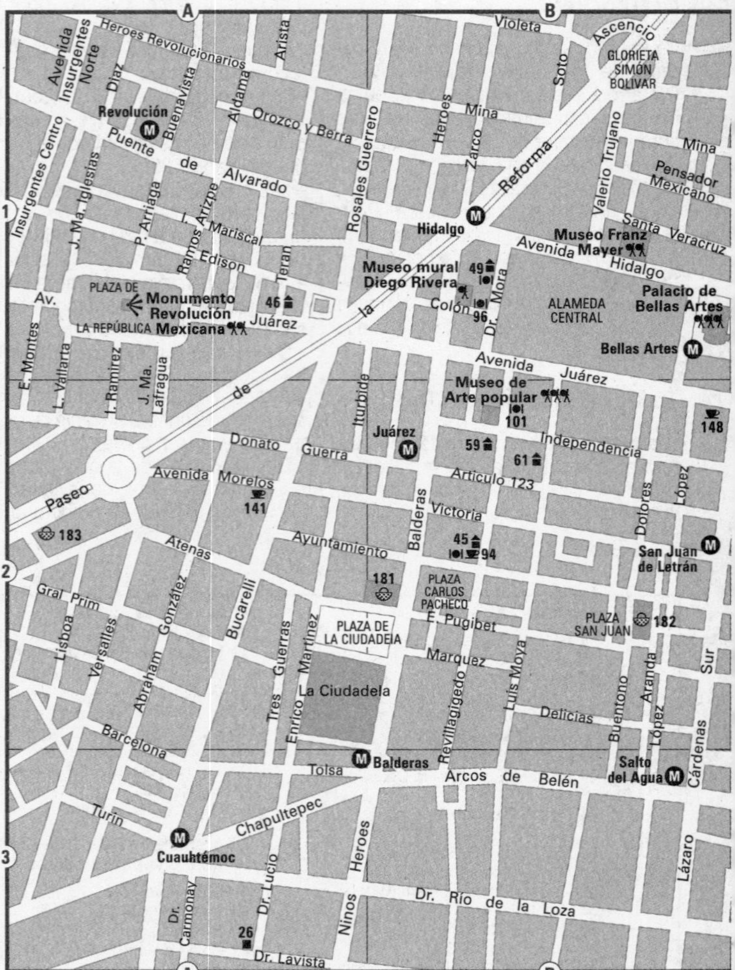

de sitio (voir ci-après les téléphones de quelques compagnies), c'est-à-dire relié à une station. C'est plus cher (inconvénient majeur...) mais ils sont tout à fait sûrs. Pour savoir si les taxis qui passent dans la rue sont « de sitio » ou non, examinez l'arrière du véhicule : le mot « sitio » y est apposé.

Depuis quelques années, la municipalité, soucieuse de redorer son image de ville polluée, a mis en place un service de ***pédicabs (ciclotaxis)*** dans le centre historique. On en compte aujourd'hui plus d'une centaine. Le prix de la course varie entre 20 et 40 $Me.

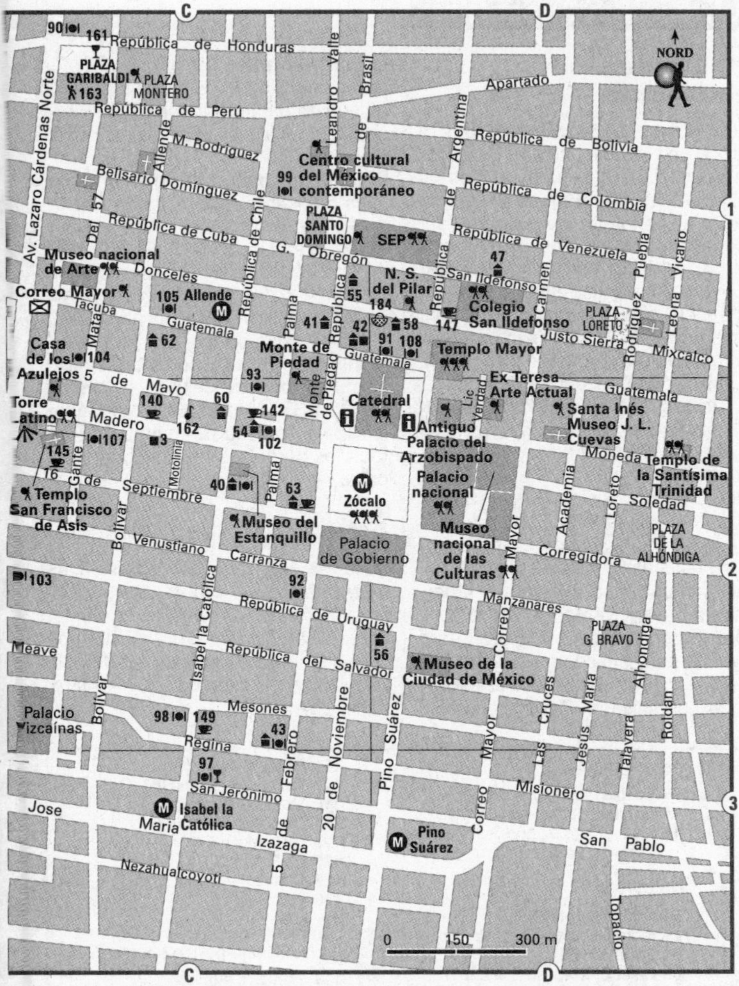

MEXICO – Centro histórico (Plan I)

Sinon, le plus commode, le plus sûr et le moins cher, c'est de télécharger l'application ***Uber*** sur votre smartphone ou sur votre tablette. Il suffit pour ça de se connecter au wifi (il y en a partout ou presque et c'est gratuit) et de se laisser guider. Avec *Uber,* pas de transaction d'argent avec le chauffeur étant donné que tout est prépayé ; qui plus est, celui-ci connaît exactement votre destination puisqu'il l'a reçue par le biais de l'application. C'est aujourd'hui le moyen le plus fiable et le plus sûr (le taxi est traçable) pour se déplacer à Mexico et, en plus, ça évite bien des négociations au moment de payer sa course...

Adresses et infos utiles

Infos et services touristiques

Curieusement, il n'existe pas à Mexico de véritable office de tourisme. On trouve juste quelques guérites ou ***points d'infos touristiques*** *(tlj 9h-18h)* postés aux endroits stratégiques : sur le Zócalo, en face du musée d'Anthropologie, à l'aéroport et dans les 4 gares routières de la ville. Infos de base en espagnol (voire en anglais), plans, etc. Sinon, consulter le site : • *cdmxtravel.com/fr* • (version française disponible), ou appeler le ☎ *01-800-008-90-90.*

■ ***Turibus :*** *☎ 51-41-13-65. • turibus.com.mx • Départs 9h-21h, ttes les 30 mn déc-fév et juin-août, ttes les heures le reste de l'année. Achat des billets dans le bus ou à certains arrêts. Prix : 160 $Me lun-ven, 180 $Me w-e et j. fériés (ticket valable 1 j.) ; réduc. Commentaires en français (écouteurs).* Bus panoramique proposant 4 parcours à travers Mexico. C'est le principe du *hop-on/hop-off*, c'est-à-dire que l'on peut descendre à n'importe quel arrêt de l'un des circuits et reprendre le bus suivant. Il existe aussi un ***circuit nocturne*** *(21h-1h, 100 $Me, réduc),* ainsi qu'un *turibus* qui va jusqu'au ***site de Teotihuacán*** (*965 $Me* : cher donc mais pratique, et incluant le déjeuner).

■ ***Instituto nacional de Migración*** *(plan d'ensemble,* **2**) **:** *Ejército Nacional 862 et Homero 1832. ☎ 55-5387-2400. • inm.gob.mx • Ⓜ Polanco. Au nord-ouest de Polanco. Lun-ven 9h-13h, fermé w-e.* Si vous avez perdu votre FMM *(Forma Migratoria Múltiple),* c'est en principe ici qu'il faut venir. Munissez-vous de votre passeport et d'une copie de celui-ci, et prévoir env 42 US$. À noter, on trouve également un bureau de migration dans tous les aéroports internationaux du pays.

Argent, banques, change

■ Toutes les banques disposent de ***distributeurs de billets*** pour cartes *Visa* et *MasterCard.* Évitez vraiment de sortir de l'argent d'un guichet non surveillé ou isolé, qui plus est de nuit. Le mieux est encore de pouvoir entrer dans la banque.

■ Adresses utiles

- **4** Policía (F5)
- **14** La Casa de Francia (F5)
- **15** IFAL – Institut français d'Amérique latine (E4)

Où dormir ?

- **64** Condesa Haus (hors plan par E7)
- **65** La Tercia (F5)
- **66** Distrito Condesa B & B (E7)
- **67** Hostel Home (E-F6)
- **68** Hostal 2 Fridas y Diego (E-F4)
- **70** Posada Viena Hotel (hors plan par F5)
- **71** María Cristina (F4)
- **72** Casa González (E-F4)
- **73** Room Mate Valentina Hotel (F5)
- **75** Red Tree House (E7)
- **76** La Casona (E6)

Où manger ?

- **109** Tacos Deme (F4)
- **110** La Casa de Toño (F5)
- **111** La Herradura (F5)
- **112** Pizza Nosferatu (E7)
- **113** Plantasia (F5)
- **114** Fonda Mayora (E7)
- **117** Frutos Prohibidos (E7)
- **118** Monsieur Croque (E7)
- **121** La Buena Tierra (E7)
- **123** El Péndulo (E7)
- **125** La Tecla (F6)
- **127** Contramar (E6)
- **130** Pixza (F5)

Où prendre un petit déjeuner ? Où faire une pause sucrée ?

- **113** Plantasia (F5)
- **114** Fonda Mayora (E7)
- **118** Monsieur Croque (E7)
- **123** El Péndulo (E7)
- **151** El Péndulo (F5)

Où boire un verre ? Où sortir ?

- **77** Condesa DF (E6)
- **150** Salón Ríos (E5)
- **151** El Péndulo (F5)
- **164** Casa Franca (hors plan par F6)
- **165** Pata Negra (E7)
- **166** Mama Rumba (F7)
- **167** Wallace Whisky Bar (E7)

Achats

- **185** Plaza del Ángel (F5)

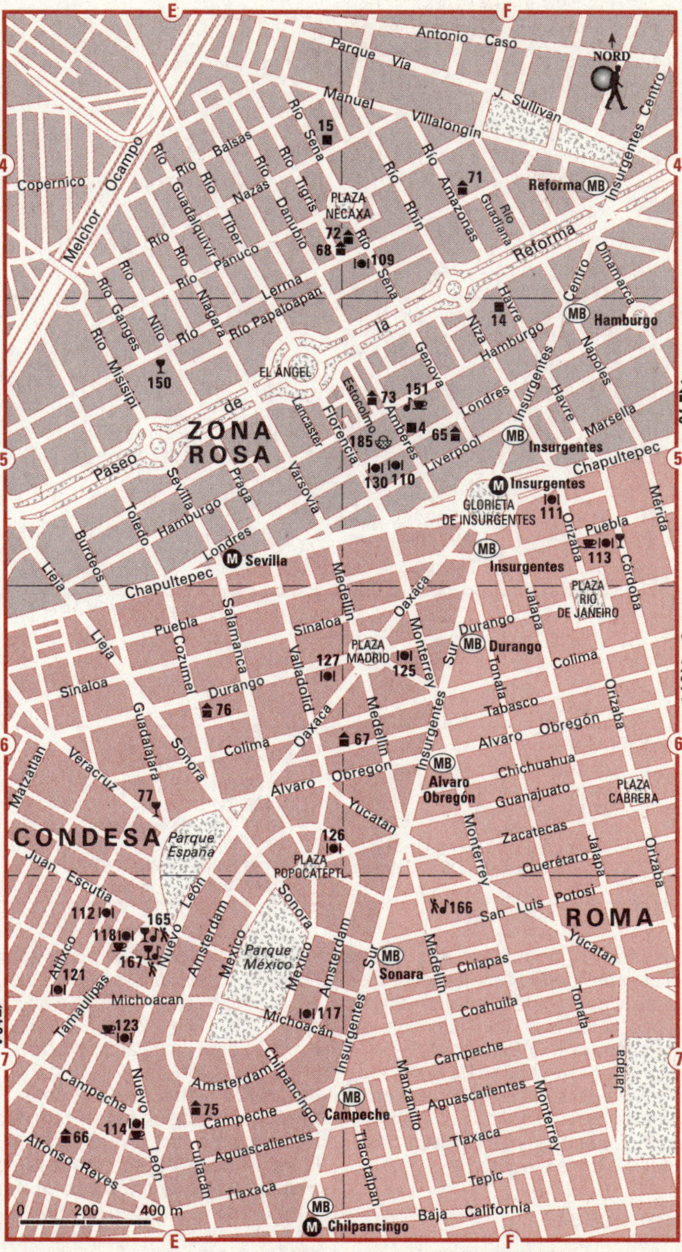

MEXICO – Zona Rosa, Condesa, Roma (Plan II)

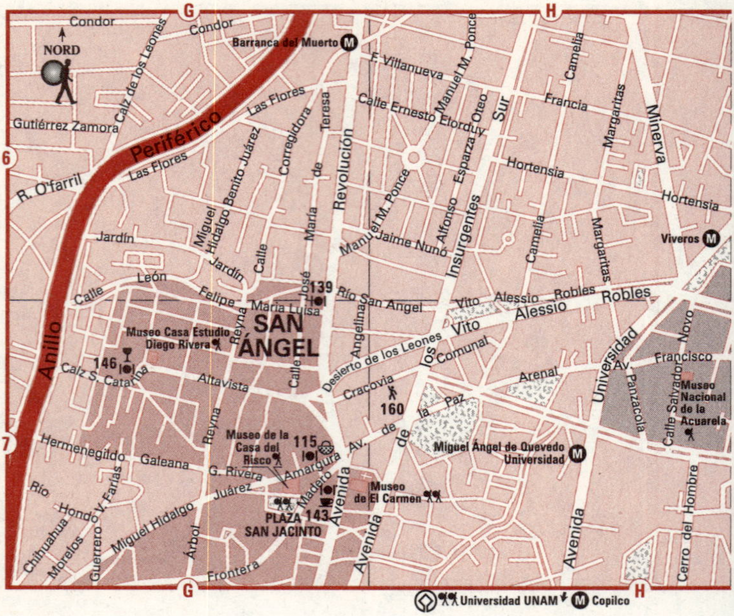

Où manger ?

115 Mercado del Carmen (G7)
124 Cuhtli, Pan y Café (I7)
132 Mercado (I-J6)
133 El Mercadito (J7)
134 La Casa del Pan Papalotl (I6)
135 Mesón Antigua Santa Catarina (I7)
136 La Vienet (I-J6)
137 Moheli (I7)
138 Ecos del Mundo (J7)
139 ZeRU (G6-7)
143 Crêperie du Soleil (G7)
146 San Ángel Inn (G7)
147 Aura Vegana (I6)

– Autrement, on trouve des petits ***bureaux de change*** dans les zones touristiques, dont les taux peuvent différer un peu. Dans le centre historique, on vous conseille le ***CI Banco*** *(Madero 27 ; plan I, C2, **3** ; lun-ven 9h-18h, le w-e 10h-15h).* Sinon, dans la Zona Rosa, la ***calle Londres*** *(entre Florencia et Genova ; plan II, F5)* en regroupe plusieurs, dont certains ouverts le dimanche.

Urgences

■ ***Urgences :*** *☎ 080 ou 060.*
■ ***Policía :*** *urgences au ☎ 066.* Pour toute plainte, perte, vol ou agression, s'adresser au poste de police touristique situé dans la Zona Rosa *(plan II, F5, **4** ; Amberes 54, angle Londres ; ☎ 55-33-44-44 ; ouv 24h/24).* Ou encore à celui de Polanco *(Mazaryk 73, 4e étage ; tlj 9h-17h).*
■ ***Santé :*** vous pouvez consulter le site du consulat de France qui recommande des professionnels de la santé dans de nombreuses spécialités, en général français ou francophones. • *ambafrance-mx.org/Liste-de-notoriete-medecins* •
✚ ***Hospital Español*** *(plan d'ensemble) : av. Ejército Nacional 613, Colonia Granada. ☎ 52-55-96-00. Ⓜ Polanco.*

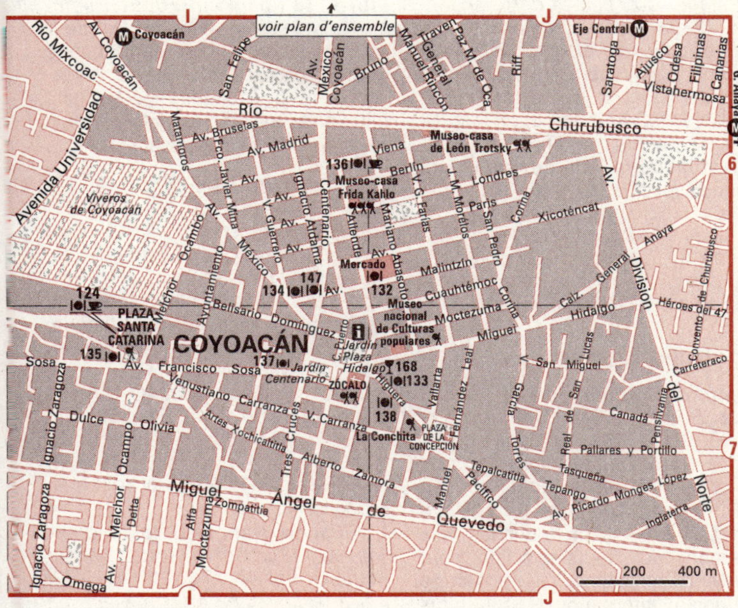

MEXICO – Coyoacán, San Ángel (Plan III)

Où prendre un petit déjeuner ? Où faire une pause sucrée ?

- **124** Cuhtli, Pan y Café (I7)
- **143** Crêperie du Soleil (G7)
- **160** Cracovia 32 (H7)
- **168** La Coyoacana (J7)

Où boire un verre ? Où sortir ?

- **146** San Ángel Inn (G7)

Achats

- **115** Mercado del Carmen (G7)

CB acceptées. Immense hôpital privé fréquenté par la communauté française expatriée. Toutes sortes de spécialistes et service d'urgences (caution demandée dans ce cas). Efficace et cher, mais les soins sont remboursés sur facture par votre assurance.

Représentations diplomatiques

■ ***Ambassade et consulat de France*** *(plan d'ensemble,* ***6****) : Campos Eliseos 339 et Lafontaine 32. ☎ 91-71-97-00. En cas d'extrême urgence, ☎ 91-71-97-00. • ambafrance-mx.org • Ⓜ Auditorio. Accueil du public lun-jeu 9h-13h (12h pour les demandes de visa), ven 9h-11h30 ; accueil tél lun-jeu 15h30-18h.* En cas de difficultés financières, médicales et juridiques, le consulat peut vous assister pour résoudre vos problèmes (pas les régler !).

■ ***Ambassade de Belgique*** *(plan d'ensemble,* ***7****) : av. Alfredo Musset 41. ☎ 52-80-07-58. • diplomatie.belgium.be/mexico • Ⓜ Polanco. Lun-ven 8h30-13h30, fermé w-e.*

■ ***Ambassade et consulat de Suisse*** *(plan d'ensemble,* ***8****) : paseo de Las Palmas 405, edificio Torre Optima,*

11e étage. Col. Lomas de Chapultepec. ☎ 91-78-43-70. • eda.admin.ch/mexico • Ⓜ Polanco ou Auditorio (puis prendre le microbus marqué « Palmas »). Accueil du public : lun-ven 9h-12h, fermé w-e ; accueil tél : lun-jeu 9h-12h, 14h-15h ; ven 9h-12h.

■ ***Ambassade et consulat du Canada*** (*plan d'ensemble,* **9**) **:** *Schiller 529 ; à l'angle de Tres Picos. ☎ 57-24-79-00. • canadainternational.gc.ca • Ⓜ Polanco ou Auditorio. Section consulaire (assistance aux Canadiens) lun-ven 8h30-17h, fermé w-e.*

Agences de voyages

■ ***Mundo Jovén*** (*plan I, C-D1,* **42**) **:** *República de Guatemala 4. ☎ 55-5518-1755. • mundojoven.com • Agence située dans les locaux de l'hostal du même nom. Lun-ven 9h-19h, sam 10h-14h, fermé dim.* Adresse intéressante pour les vols internationaux (tarifs spéciaux pour étudiants) et pour se faire une carte d'étudiant internationale ISIC (plus chère qu'en France), celle-ci donnant droit aussi à des réducs dans les musées.

■ ***Le Mexique Autrement* :** *📱 55-22-45-70-39 (on vous répond en français). • lemexiqueautrement.com.mx •* Agence expérimentée tenue par une équipe francophone. Circuits sur mesure à Mexico et dans tout le pays.

Culture, sorties

Pour organiser vos sorties (théâtre, ciné, expos, concerts, musées, loisirs, etc.), procurez-vous dans tous les kiosques de la ville les revues ***Tiempo Libre*** (*• tiempolibredigital.com.mx •*), qui sort le jeudi, ou ***Dónde Ir*** (*• dondeir.com •*), qui sort chaque mois, ou encore ***Chilango*** (*• chilango.com •*), avec sa rubrique spécialement dédiée aux enfants. Pour info, *chilango* c'est l'équivalent de « parigot » !

■ ***La Casa de Francia*** (*plan II, F5,* **14**) **:** *Havre 15. ☎ 55-11-31-51. • ambafrance-mx.org/Casa-de-Francia-Bibliotheque,4394 • Ⓜ Insurgentes. Mar-jeu 14h-19h, ven et sam 11h-16h ; fermé dim et lun.* Au 1er étage d'une belle maison rénovée, bibliothèque, médiathèque et accès gratuit à Internet. Concerts, événements...

■ ***IFAL – Institut français d'Amérique latine*** (*plan II, E4,* **15**) **:** *Río Nazas 43. ☎ 55-66-07-77. • ifal.mx • Ⓜ Insurgentes. Lun-ven 7h-21h. Ciné-club 45 $Me.* Films sous-titrés en espagnol.

■ ***Alliance française*** (*plan d'ensemble,* **17**) **:** *Socrates 156 ; angle Homero (Polanco). ☎ 10-84-41-90. • alianzafrancesamx.edu.mx • Lun-ven 7h-20h, sam 9h-14h.* La médiathèque et sa collection de films français classiques pourront intéresser ceux qui restent quelque temps à Mexico. Carte de membre nécessaire. L'agglomération compte 4 autres alliances.

■ ***Apprendre l'espagnol* :** *au CEPE, à l'UNAM, av. Universidad 3002. • cepe.unam.mx •* Le *Centro de Enseñanza para Extranjeros (CEPE)*, qui dépend de l'Université nationale autonome de Mexico (UNAM), dispense de bons cours d'espagnol pour étrangers. Chaque module comprend 90h, à raison de 3h par jour (le matin), du lundi au vendredi (6 semaines en tout). Âge minimum : 18 ans.

Où dormir ?

C'est dans le ***centre historique*** que l'on trouve le plus de possibilités de logements. Mais, si les extrêmes de la fourchette (auberges de jeunesses et hôtels chics) offrent des options intéressantes, les intermédiaires accusent parfois franchement le coup des années. Sinon, il y a aussi la ***Zona Rosa,*** plus vibrante le soir et, un peu plus au sud, ***La Condesa*** qui, outre une vie nocturne débridée, offre d'intéressantes options d'hébergement au cœur d'un quartier résidentiel sûr et tranquille, mais à condition d'y mettre le prix... Quant à ***Polanco, Coyoacán et San Ángel,*** ils sont plutôt excentrés : à moins d'y passer une nuit dans un hôtel chic, ce n'est pas là que vous poserez votre sac pour la semaine.

Centro histórico (plan I)

AUBERGES DE JEUNESSE, HOSTELS

Pratique pour se loger à petit prix en dortoir quand on voyage seul, car les chambres privées reviennent souvent plus cher que si vous preniez un petit hôtel. Souvenez-vous aussi qu'un *hostel* n'est pas toujours l'endroit le plus calme ; il y a souvent des soirées et autres « veillées de groupe » ! Mais ça reste idéal pour faire des rencontres. De plus, le petit déj est compris dans le prix de la nuitée.

De bon marché à prix moyens (moins de 400-700 $Me / env 19-33,30 €)

Hostel México City (plan I, C1, **41**) : *República de Brasil 8 et 11. ☎ 55-12-77-31 ou 36-66. • mexicocityhostel.com • Ⓜ Zócalo ou Allende. Dortoirs 200-240 $Me/pers, doubles sans ou avec sdb 450-700 $Me ; petit déj compris.* Installée dans un bel immeuble colonial, cette AJ propose des dortoirs de 8 à 12 lits et des chambres sans salle de bains dans la partie ancienne. Également des dortoirs de 4 à 6 lits et des chambres avec sanitaires privés dans la partie plus récente, de l'autre côté de la rue, au nº 11. Privilégiez cette dernière, tout y est plus agréable (vastes chambres, fraîches et bien arrangées). De plus, l'atmosphère est plus tranquille.

Hostel Mundo Jovén Catedral (plan I, C1, **42**) : *República de Guatemala 4. ☎ 55-18-17-26. • mundojovenhostels.com • Ⓜ Zócalo. Dortoir 230 $Me/pers, doubles sans ou avec sdb 560-640 $Me, avec petit déj.* Membre du réseau *Hostelling International*. Son emplacement de choix derrière la cathédrale la dessert plus qu'il ne l'avantage, car du coup, elle est vite prise d'assaut et l'accueil s'en ressent un peu. Cela dit, restons honnêtes, elle offre un bon niveau de confort et de nombreux services (excursions, tours de la ville, sorties foot ou *lucha libre, pub crawls*, laverie, etc.). Chaque dortoir, de 4 à 6 lits, dispose de sa propre salle de bains, certains ont même une vue sur le Zócalo. Bref, une bonne adresse pour socialiser.

Massiosare El Hostal (plan I, B2, **45**) : *Revillagigedo, 47. ☎ 70-35-32-68. • massiorareelhostal.com • Ⓜ Juárez. Nuitée en dortoirs 6-10 lits 240-280 $Me/pers, double 650 $Me ; petit déj compris.* Au 4ᵉ étage d'un ancien entrepôt (sans ascenseur, mais vue sympa sur le quartier), une petite AJ bricolée, pleine de coins et de recoins. Plancher lustré, grandes pièces hautes de plafond où l'on discute volontiers autour d'un mug de thé en regardant la télé. 2 cuisines à dispo (dont une réservée aux végétariens). Fiesta en terrasse hebdomadaire, et tournée des bars tous les soirs. Un bon petit nid dans un quartier très vivant, situé à un jet de pierre de l'*Alameda Central*.

Downtown Beds (plan I, C2, **40**) : *Isabel la Católica 30. ☎ 51-30-68-55 ou 11-800-400-8484. • downtownbeds.com • Ⓜ Zócalo. Dortoirs 4-8 lits 260-300 $Me/pers, double env 950 $Me ; petit déj compris.* AJ récente en plein cœur de la ville, l'une des plus séduisantes mais aussi l'une des plus prisées... les prix s'en ressentent ! Dans un palais du XVIIᵉ s superbement rénové, le lieu affiche un style postindustriel plein de cachet, avec une bonne quinzaine de dortoirs au plancher blanc, plafond en tôle ondulée et lits superposés en parpaings ! Également 3 chambres privées du même tonneau, avec poutrelles métalliques pour supporter les lits. Beaux sanitaires à l'ancienne. Sans oublier le petit bar et le coin « ciné ». Baby-foot et prêt de bicyclettes. Accueil franc comme du bon pain.

Hostal Centro Histórico Regina (plan I, C2-3, **43**) : *5 de Febrero 53 (angle Regina). ☎ 54-34-58-17. • hostalreginacentrohistorico.com • Ⓜ Isabel la Católica ou Pino Suárez. Dortoir 280 $Me/pers, doubles 550-650 $Me ; petit déj inclus.* Dans le quartier le plus animé du *centro*, une grande demeure coloniale aux couleurs vives et squelettes riants qui pendouillent dans l'atrium. 3 étages et une superbe terrasse avec soirées au bar en fin de semaine. 2 dortoirs de 8 lits, assez hauts de plafond, avec brasseurs d'air et casiers. L'un d'eux est réservé aux filles. Sanitaires modernes et propres, et belles pièces communes au 1er étage (cuisine, coin canapés...). On prend le petit déj au resto *Los Canallas* juste en bas (voir « Où manger ? »). Bonne ambiance.

Hostel Suites DF *(plan I, A1,* ***46****) : Jesús Teran 38. ☎ 55-35-81-17. • hostelsuitesdf@hostellingmexico.com • Ⓜ Hidalgo. Dortoir 330 $Me/pers, double (1 ou 2 lits) 850 $Me ; petit déj inclus.* Membre du réseau *Hostelling International.* Situation intéressante entre le *centro* et la Zona Rosa. La jolie façade ocre rouge dissimule des petits dortoirs bien nets de 6 lits, mixtes ou non, et une huitaine de chambres privées avec salle de bains, fraîches et sympathiques, quoiqu'un peu surfacturées. Petite cuisine, agréable salle à manger, coin TV et 2 jolis patios pour prendre l'air, le 1er tout petit, en puits de lumière, le 2d très relax, à l'étage. Eau minérale gratuite. Une adresse conviviale, dans un quartier en pleine restructuration.

HÔTELS

Les hôtels bon marché ont souvent été rénovés, mais la déco n'a pas passé le cap des années 1970, alors pour le charme et l'ambiance, c'est pas trop ça : peinture tristounette, carrelage à foison, éclairage blafard... Les chambres avec lit « matrimonial », appelées *sencillas* (simples), sont généralement plus économiques que les chambres à 2 lits ou que celles avec des lits *king size.*

Prix moyens (400-800 $Me / env 19-38 €)

Hotel Azores *(plan I, C1,* ***55****) : República de Brasil 25. ☎ 55-21-52-20. • hotelazores.com • Ⓜ Zócalo ou Allende. Doubles 720-900 $Me, petit déj en sus. Parking.* Tout près de la place Santo Domingo. Ce bel hôtel rénové, au hall d'entrée en marbre, propose une soixantaine de chambres petites, mais très bien tenues. Mobilier moderne, TV, coffre-fort et bouteilles d'eau. Celles donnant sur le patio sont un peu sombres, celles donnant sur la rue sont plus claires (mais plus bruyantes). Resto. Bon rapport qualité-prix.

De chic à très chic (800-1 600 $Me et plus / env 38-76 € et plus)

Hotel Roble *(plan I, D2,* ***56****) : República de Uruguay 109. ☎ 55-22-78-30. • hotelroble.com • Ⓜ Zócalo ou Pino Suárez. Doubles 930-1 000 $Me. Parking payant à proximité.* Hôtel des années 1970, sans charme particulier mais aux 60 chambres impeccables, avec TV et coffre-fort. Celles côté rue (plus claires) sont toutes à 2 lits. Ascenseur, bar et petit resto.

Hotel Gillow (plan I, C2, **60**) : *Isabel la Católica 17. ☎ 55-18-14-40. • hotel gillow.com • Ⓜ Allende ou Zócalo. Doubles env 1 000-1 200 $Me. Petit déj buffet 165 $Me/pers.* Juste à côté de l'église de *San Felipe Neri,* cet établissement rénové, à la belle façade 1930, appartient au même groupe que le *Catedral.* Chambres à la déco plutôt classique, assez petites pour les *sencillas.* Elles se répartissent autour d'un puits de lumière où s'égosillent des canaris. Préférez celles du 6e étage, ce sont les plus récentes et 9 d'entre elles bénéficient d'une terrasse. La suite *Queen Elizabeth* avec son lit à baldaquin et son jacuzzi, à peine plus chère, n'est pas mal non plus. Bon accueil.

Chillout Flat B & B (plan I, C1, **62**) : *Simon Bolivar 8. ☎ 27-41-83-95. • chilloutflat.com.mx • Ⓜ Zócalo ou Allende. Pas d'enseigne, entrée par le hall de l'immeuble Santa Clara (s'inscrire auprès du gardien). Selon confort et saison, doubles 1 100-1 400 $Me, petit déj inclus.* Une chambre d'hôtes tenue par David et sa famille, qui propose 8 petits nids répartis 2 par 2 dans un imposant édifice des années 1940. Toutes avec salle de bains, les chambres sont coquettes et personnalisées, la plupart avec lit *king size* (une seule à 2 lits), couvre-lit fleuri, beau parquet et dressing pour les plus chics. Salle commune charmante, avec télé, ordinateur et cuisine américaine. Tout est nickel. Ambiance légèrement *feng shui.* N'hésitez pas !

Hotel Metropol (plan I, B2, **61**) : *Luis Moya 39. ☎ 10-85-08-30. • hotelmetropol.com.mx • Ⓜ Juárez 3 ou San Juan de Letrán. Doubles 1 200-1 400 $Me. Petit déj 165 $Me/pers. Parking.* Accueillant de nombreux groupes (français en particulier), cet hôtel non-fumeurs et sans surprise offre un rapport qualité-prix convenable avec ses bonnes chambres à la déco standard des années 1980, équipées de TV câblée, sèche-cheveux et même d'un fer à repasser pour les maniaques du faux pli... Grandes douches, ventilos. Resto très correct.

Hotel Catedral (plan I, D1, **58**) : *Donceles 95. ☎ 55-18-52-32. • hotel catedral.com • Ⓜ Zócalo. Doubles 1 450-1 550 $Me, petit déj buffet compris. Parking inclus.* Vous en rêviez, l'*Hotel Catedral* l'a fait : des chambres cossues, avec moquette et lit douillet, à un jet de pierre du Zócalo. Pour ne rien gâcher, le personnel est agréable, le resto *(7h-23h)* est bon, et la petite terrasse dominant la place offre une jolie vue – optez, dès votre arrivée, pour une chambre dans les étages supérieurs pour en bénéficier.

City Express Ciudad de Mexico Alameda (plan I, B2, **59**) : *Revillagigedo 23. ☎ 50-17-89-00. • cityex press.com.mx • Ⓜ Juárez. Double env 1 900 $Me, petit déj compris. Promos sur Internet. Parking payant.* Immeuble à la façade alu et verre. À l'intérieur, ça rutile, avec des chambres lookées « cité U de luxe » proches du standard européen, agréables et bien finies, mais sans âme. Personnel accueillant et cafét' à l'image de l'établissement.

Encore plus chic (plus de 2 000 $Me / env 95,20 €)

Chaya B & B Boutique (plan I, B1, **49**) : *Doctor Mora, 9. ☎ 55-12-90-74. • chayabnb.com • Ⓜ Hidalgo. Doubles selon confort 150-250 US$, petit déj inclus. Parking payant à 200 m.* Perché au dernier étage d'un joli petit centre commercial trendy et fleuri qui compte un resto, un bar, quelques boutiques et un barbier. Une dizaine de chambres, distribuée autour d'une terrasse à ciel ouvert à moitié mangée par les plantes où se balancent quelques hamacs. Ici, le décorateur a fait dans la matière brute et le design : sol ciment ou vieux parquet, qui mettent en valeur un mobilier contemporain, le tout rehaussé de quelques effets de couleur. C'est lumineux. Côté confort, ventilateurs (pas d'AC), TV câblée, coffre-fort, réveille-matin ; une salle de bains avec douche à l'italienne. Et petit déj avec vue sur l'*Alameda Central,* pour toucher Mexico en plein cœur...

Gran Hotel (plan I, C2, **63**) : *16 de Septiembre 82. ☎ 10-83-77-00. • granhoteldelaciudaddemexico.com.*

mx • Ⓜ *Zócalo. Selon saison, doubles (sencillas) 200-300 US$; promos fréquentes sur Internet. Parking payant.* À quelques mètres du Zócalo, cet incontournable, 1er édifice Art nouveau de Mexico, est surtout connu pour son immense verrière (1908) façon Tiffany, un vrai joyau. Bon, en vérité, tout est magnifique. Fers forgés et ascenseurs du XIXe s ; grandes et belles chambres avec lit à baldaquin... Si le lieu est un peu chic pour vous, venez au moins y jeter un coup d'œil, ou le week-end pour un brunch de luxe ! *(9h-18h, compter 450 $Me, voir « Où prendre un petit déjeuner ? Où faire une pause sucrée ? ». Se renseigner avt : l'hôtel est parfois entièrement réservé à l'occasion de mariages.)*

Zona Rosa, Condesa et Roma (plan II)

Pour ceux qui souhaitent être proches de la vie nocturne et des bons restos, loger dans la Zona Rosa ou, un peu au sud, dans les *colonias* Condesa ou Roma, est un bon choix... à condition de dormir en AJ ou dans des établissements un peu plus chers, car ici, contrairement au centre, il n'y a pas vraiment d'hôtels bon marché. En revanche, pour nos lecteurs les plus à l'aise dans leur budget, le quartier offre pas mal d'options chics (et même très chics), notamment quelques maisons d'hôtes très sympa.

AUBERGES DE JEUNESSE, HOSTELS

🏠 ***La Tercia*** *(plan II, F5,* ***65****) : Genova 75-79.* ☎ *55-33-78-48.* • *hostalboutiquelatercia.com.mx* • Ⓜ *et Metrobús : Insurgentes. Lit en dortoir 215-245 $Me, doubles 650-850 $Me.* Bien située au cœur de la Zona Rosa et à un bloc du métro, cette structure un peu aseptisée, sur plusieurs niveaux, abrite une douzaine de dortoirs de 6 à 14 lits et plusieurs chambres doubles avec salle de bains. Le tout sans grande déco mais neuf et équipé d'une bonne literie. Les chambres privées sont même assez plaisantes. Espaces communs ouverts sur l'extérieur, avec la « rumeur » du quartier en bruit de fond. Coin cuisine et à manger.

🏠 ***Hostel Home*** *(plan II, E-F6,* ***67****) : Tabasco 303.* ☎ *55-11-16-83.* • *hostelhome.com.mx* • Ⓜ *Sevilla ou Insurgentes. Metrobús : Álvaro Obregón. Dortoir env 300 $Me/pers, chambre privée 750 $Me. Petit déj inclus.* Membre du réseau *Hostelling International,* une AJ à dimension humaine, installée dans une belle maison du XIXe s. Tout y est : plancher bien usé partout, grand salon au charme désuet, plafond mouluré et canapés d'un autre âge. 3 dortoirs de 5 à 8 lits (dont un réservé aux filles) et 3 petites salles de bains, ainsi qu'une chambre privée. Cuisine. Ambiance super cool.

HÔTELS, MAISONS D'HÔTES

De bon marché à prix moyens (moins de 800 $Me / env 38 €)

🏠 ***Hostal 2 Fridas y Diego*** *(plan II, E-F4,* ***68****) : Río Tigris 128.* ☎ *55-33-24-99.* Ⓜ *et Metrobús : Insurgentes. Lit en dortoir 270-310 $Me, doubles 610-750 $Me ; petit déj américain inclus. CB refusées.* Petite maison d'hôtes proposant des chambres privées et parquetées de belle taille, la plupart avec 2 lits et salle de bains commune. Vue sur la rue ou sur le jardin. Également un dortoir de 4 gros lits superposés qui donne sur la salle commune. C'est soigné, coloré et coquet, à l'image de la maison. Courette toute garnie de végétation à l'arrière, pour le petit déj. Beaucoup de charme. Accueil réservé.

De chic à très chic (800-1 600 $Me et plus / env 38-76 €)

🏠 ***Posada Viena Hotel*** *(hors plan II par F5,* ***70****) : Marsella 28 ; angle Dinamarca.* ☎ *55-92-73-12 ou 13.* Ⓜ *Cuauhtémoc. Double env 1 000 $Me, petit déj en sus. Parking inclus.* Intérieur coloré, ambiance ranch du désert mexicain. Chambres agréables, confortables, avec un réel souci de déco, tant dans le choix des tons que dans celui du mobilier. Également des suites, jusqu'à 4 personnes. Grande salle de resto, proposant des spécialités argentines, bar. Une bonne adresse.

☗ ***María Cristina*** *(plan II, F4,* ***71****) : Río Lerma 31 ; Amazonas. ☎ 57-03-12-12 ou 55-66-96-88. ● hotelmariacristina.com.mx ● Ⓜ Insurgentes. Metrobús : Reforma ou Hamburgo. Doubles à partir de 1 200 $Me, suites à partir de 1 700 $Me ; petit déj en sus. Parking.* Carrelage rutilant, grooms en livrée bleu ciel. Pas de doute, vous êtes chez Marie-Christine, un majestueux hôtel de style colonial. Vaste hall de réception chaleureux, avec cheminée et peintures à l'huile. Bel escalier intérieur et charmant patio fleuri. Les chambres, elles, sont restées fidèles aux canons des années 1970, avec murs crépis, moquette, ventilo ou AC, TV câblée et chauffage d'appoint. Les plus chères, dans l'aile du fond, sont un peu plus grandes et ont de très belles salles de bains en marbre. Les plus agréables ont une vue sur le jardin intérieur ou un patio avec fontaine. Une valeur sûre du quartier.

☗ ***Casa González*** *(plan II, E-F4,* ***72****) : Río Sena 69. ☎ 55-14-33-02. ● hotelcasagonzalez.com ● Ⓜ Insurgentes. Metrobús : Reforma. Doubles à partir de 1 200 $Me ; petit déj 130 $Me.* Une maison d'hôtes discrète (pas d'enseigne), située dans un quartier résidentiel. Elle abrite une trentaine de chambres pouvant héberger de 1 à 5 personnes – certaines dans la maison originelle de 1920, d'autres dans celle datant de 1940. Les moins chères (de 109 à 112) sont côté rue, donc bruyantes. Néanmoins l'ensemble jouit d'un charme certain, avec ces vieux meubles et ces portraits de voyageuses, croqués par un artiste américain ayant résidé ici dans les années 1940-1950. Adorable jardin avec courettes, où l'on peut boire un verre entre le bleu et blanc des maisons. Le petit déj est servi dans une jolie verrière qui fait aussi resto.

☗ ***Distrito Condesa B & B*** *(plan II, E7,* ***66****) : Chochula, 62 ; colonia Condesa. 📱 81-17-69-27-69. ● distritocondesa.com ● Ⓜ Chilpancingo ou Patriotismo. Metrobús : Campeche. Doubles 1 600-1 800 $Me, petit déj inclus.* Au cœur d'un quartier résidentiel, une maison toute blanche (pas d'enseigne) qui abrite une demi-douzaine de chambres doubles et un studio tout équipé. Assez petites dans l'ensemble et meublées avec sobriété, elles n'en demeurent pas moins bien équipées, agréables et bien au calme. 2 d'entre elles donnent sur un petit patio, les autres sont à l'étage. Accueil super sympa, généreux en tuyaux sur le quartier.

Encore plus chic (plus de 2 000 $Me / env 95 €)

☗ ***El Patio 77*** *(plan d'ensemble,* ***74****) : Icazbalceta 77 ; colonia San Rafael. ☎ 55-92-84-52. ● elpatio77.com ● Ⓜ San Cosme. Metrobús : Revolución ou Plaza de la República. Doubles 120-180 US$, petit déj inclus.* Belle et majestueuse maison, située dans un ancien quartier populaire légèrement excentré, où coexistent avec nostalgie vieilles demeures bourgeoises du XIXe s semi-abandonnées, galeries d'art et ateliers de petits artisans (menuisiers, ferronniers...). Les 8 chambres ont été décorées avec beaucoup de créativité ; 2 d'entre elles partageant la même salle de bains. Côté confort, rien à redire, vous serez choyé. Un véritable coup de cœur.

☗ ⛱ ***Condesa Haus*** *(hors plan II par E7,* ***64****) : Cuernavaca, 142 ; colonia Condesa. 📱 81-17-69-27-69. ● condesahaus.com ● Ⓜ ou Metrobús : Patriotismo. Doubles 2 100-2 900 $Me, petit déj inclus.* Dans une ancienne maison de maître superbement réhabilitée : carrelage d'époque ou parquets ripolinés, meubles des Années folles, marbres, etc. Le tout dégageant de beaux volumes et une atmosphère chic et relax, notamment grâce à un éclairage zénithal omniprésent. La petite dizaine de chambres est au diapason de la maison : AC ou non, lit *king size* dans certaines chambres, cuisinette dans d'autres (idéal pour un long séjour), baignoire ou douche à l'italienne. Petite terrasse pour prendre le frais en sirotant une tequila contre le mur végétal. Fernando, le proprio, vous accueillera en français. Une charmante adresse.

☗ ***Room Mate Valentina Hotel*** *(plan II, F5,* ***73****) : Amberes 27. ☎ 50-80-45-00.*

• *valentina.room-matehotels.com* • Ⓜ *et Metrobús : Insurgentes. Doubles 100-230 US$ selon saison.* Situé au cœur de la Zona Rosa, en plein dans la rue des bars chauds : animation assurée le week-end. Pourtant, à l'abri des immenses vitres du lobby, on se sent transporté dans un espace épuré et futuriste. Meubles design aux lignes simples et couleurs qui évoquent le Mexique : rose fuchsia, turquoise, bleu intense. Les chambres tout confort sont au diapason, ultra-contemporaines, nettes et lumineuses, mais peu de lits *king size* par rapport au standing. Cafétéria.

Red Tree House (*plan II, E7,* ***75***) **:** *Culiacán 6 ; dans la Condesa.* ☎ *55-84-38-29.* • *theredtreehouse.com* • Ⓜ *Chilpancingo. Metrobús : Campeche. Double env 130 US$, petit déj inclus. Résa 2 mois avt.* Ce *B & B* haut de gamme, trusté des Américains en vadrouille, est installé dans une belle demeure des années 1930. Ses 27 chambres, réparties dans 2 bâtiments, sont d'un excellent niveau de confort, élégantes, contemporaines et colorées, tout comme les parties communes, aux murs recouverts d'œuvres d'art. Patio chauffé, coin salon avec cheminée, on s'y sent bien. Mention spéciale pour le *penthouse,* une immense suite avec 2 chambres, salon, cuisine et terrasse privée. Très accueillants, les proprios sont toujours prêts à aider. Et comme promis, l'arbre enguirlandé de rouge vous accueille à l'entrée.

La Casona (*plan II, E6,* ***76***) **:** *Durango 280 ; dans la Condesa.* ☎ *52-86-30-01.* • *hotellacasona.com.mx* • Ⓜ *Sevilla. Metrobús : Durango. Doubles à partir de 140 US$, petit déj inclus.* Belle bâtisse de style français, construite en 1923, et classée Monument historique. Une trentaine de chambres cossues, assez vastes et bien décorées dans le style européen en vogue à l'époque. Murs jaunes, saumon ou pistache. Des gravures ornent les murs du petit salon bourgeois. Parquets et mobilier en bois bien ciré, salles de bains avec baignoire... Bref, pas mal de charme, reposant... et dépaysant par rapport à Mexico ! Au rez-de-chaussée, petit resto « provincial », *La Taverna Suiza,* ouvert pour les 3 repas. Cuisine helvético-mexicaine à prix abordables. Accueil sérieux.

Polanco (plan d'ensemble)

Quartier chic et résidentiel à l'ouest de la Zona Rosa. On vous mentionne une adresse « spécial folie », au cas où vous resteriez dormir sur place après un dîner en tête à tête chez Pujol...

Habita (*plan d'ensemble,* ***78***) **:** *av. Presidente Masaryk 201, Colonia Polanco.* ☎ *52-82-31-00.* • *hotelhabita.com* • *Doubles 420-666 US$, petit déj compris.* Membre des *Design Hotels,* qui portent bien leur nom. Une bonne trentaine de chambres très contemporaines et hyper confortables, avec une dominante de blanc, gris béton et bois clair. Moquette couleur mastic, salle de bains avec baignoire, petit balcon avec agave minimaliste. Les amateurs de design apprécieront les chaises fourmi de Jacobsen et les fauteuils Eames. Petits salons aux murs couverts d'art moderne. Terrasse avec piscine au 5e étage. Service aimable et pas prétentieux. Bref, de l'ultra-chic : si vous n'y logez pas, allez au moins faire un tour au bar du 6e étage (DJ le week-end), tout ouvert, avec vue sur le quartier.

Où manger ?

Centro histórico (plan I)

Bon marché (moins de 150 $Me / env 7,10 €)

Mercado de alimentos San Camilito (*plan I, C1,* ***90***) **:** *pl. Garibaldi. Tlj 24h/24.* Succession de petits restos identiques, aux murs de brique rouge, qui donnent sur la place des mariachis. Ne vous laissez pas embobiner par les rabatteurs qui vous alpaguent dès votre arrivée, mais choisissez celui où il y a le plus de clients, surtout ceux où mangent les mariachis eux-mêmes, ce sont forcément les meilleurs ! Vérifiez bien l'addition et la monnaie. Très vivant, mais excentré : vaut surtout pour casser la croûte avant d'aller écumer les bars à mariachis.

Taquería El Flaco *(plan I, C2,* **92***) : 5 de Febrero, au niveau du nº 17. Ⓜ Zócalo. Tlj 9h-21h, sauf lun.* Un petit creux et pas de temps à perdre ? Cette *taquería,* repérable aux clients qui font la queue sur le trottoir (mais pas longtemps : ça dépote), est l'une des plus prisées du *centro.* Tacos de *mole verde* (sauce verte), de viande grillée ou en daube *(carne adobada),* servis dans ses assiettes en plastique réutilisables emblématiques. Et ça repart !

Café El Popular *(plan I, C1-2,* **93***) : av. 5 de Mayo 50 et 52. ☎ 55-18-60-81. Ⓜ Allende. Tlj 24h/24.* Il y en a 2 l'un à côté de l'autre. À 3 enjambées du Zócalo, un café-resto qui tourne depuis 1948, devenu aussi *popular* auprès des habitants du quartier que des touristes... Cuisine mexicaine sans aucune prétention mais à petits prix (pas moins d'une douzaine de menus déj quotidiens). Du monde jour et nuit.

Vegamo *(plan I, B2,* **94***) : Revillagigedo 47. • vegamomx.com • Ⓜ Juárez. Tlj 9h-20h (sam 21h).* Minuscule local joliment décoré avec terrasse sur rue, proposant une cuisine végan délicate et pas trop épicée – comme ses prix d'ailleurs. Accueil aux petits oignons, gentil et efficace.

Trevi *(plan I, B1,* **96***) : Colón 1 ; à l'angle de Dr Mora. ☎ 55-12-30-20. Ⓜ Hidalgo. Tlj 8h-23h.* Voilà plus d'un demi-siècle que ce *diner* à l'américaine est ouvert. Cadre sympathiquement désuet, avec des banquettes et des chaises en skaï rouge, et des serveurs qui semblent là depuis toujours... Commande prise, ils jetteront une grande nappe blanche sur votre table. Les 2 menus du jour comprennent 3 plats et ne sauraient attenter à votre portefeuille (un peu plus cher le dimanche). Service rapide et accueillant.

Prix moyens (150-300 $Me / env 7,10-14,30 €)

Hostería La Bota *(plan I, C3,* **97***) : San Jerónimo 40, presque à l'angle avec Isabel la Católica. ☎ 57-09-90-16. Ⓜ Isabel la Católica. Dim-jeu 13h-minuit, ven-sam 12h-3h.* Au cœur du *centro* jeune et branché, une taverne grande ouverte sur la rue piétonne, qui donne tout de suite envie de s'installer à l'une des larges tables en bois pour discuter avec les habitués. Déco insolite autant que surchargée : vélo suspendu, têtes de taureau, masques, poupées, bouteilles vides, graffitis sur les murs... Bière de fin d'après-midi ou *gram chinampa* (pain fourré au steak et chorizo argentin), cette adresse est un choix judicieux à toute heure !

Coox Hanal *(plan I, C2,* **98***) : Isabel la Católica 83. ☎ 57-09-36-13. Ⓜ Isabel la Católica. Au 2e étage, au-dessus d'une salle de billard. Tlj 10h30-18h30.* Excellente cuisine du Yucatán, avec à la carte les meilleures spécialités de la péninsule. *Sopa de lima* (soupe de tortilla au poulet et aux citrons verts) et tacos de *cochinita pibil* (viande de porc marinée et cuite à l'étouffée dans une feuille de bananier) à goûter absolument. Musique *en vivo* tous les jours et bal folklorique le week-end (installez-vous en terrasse si la musique est trop forte). Fréquenté et très vivant. Excellent accueil.

Los Canallas *(plan I, C2-3,* **43***) : Regina 58, communique avec l'hostal Regina. ☎ 57-09-12-00. Ⓜ Isabel la Católica ou Pino Suárez. Tlj 9h-22h sauf mer (minuit ven-sam).* Un p'tit bout de pub ténébreux, qui attire les fausses canailles du quartier. Si le temps le permet, on s'installe en terrasse, le nez sur le va-et-vient de la trépidante *calle Regina,* très animée en soirée. Salades composées pour démarrer et, ensuite, une bonne pièce de viande avec des *empanadas* dans le style argentin. Pizza pour les enfants. Très bien pour les 3 repas de la journée.

Jamón J Jamón *(plan I, D1,* **91***) : Guatemala 18, à côté de la Cathédrale. ☎ 55-10-00-37. Ⓜ Zócalo. Au 2e étage du centre culturel espagnol. Tlj 13h-minuit sauf lun (11h-17h dim).* Intérieur plutôt design style bodega chic et terrasse romantique en plein air, avec vue sur l'arrière de la cathédrale. Ici, le Mexique renoue avec l'Espagne, et l'on ne jure que par le *queso,* le chorizo, les *papas bravas, calamares fritos* et autres tortillas ! Bref, tout un panel de tapas « *para picar* ». Belle sélection de vins du monde ibérique à prix raisonnables. Concerts et expos temporaires. *Autre adresse av. Álvaro Obregón, 128 (Roma Norte).*

La Azotea *(plan I, B1, **49**) : Doctor Mora, 9 ; dans le barrio Alameda, 4e étage. ☎ 55-18-50-23. Ⓜ Hidalgo. Tlj 13h-19h (jeu 20h, ven-sam 21h30).* Au dernier étage d'un petit centre commercial trendy, cette terrasse offre une très belle vue sur le parc de l'*Alameda.* On y sert une cuisine mexicaine sans prétention, des pizzas, mais aussi quelques bières qui ont eu la bonne idée d'être artisanales. Idéal pour une pause entre 2 musées.

Plus chic (300-500 $Me / env 14,30-24 €)

Hostería de Santo Domingo *(plan I, C1, **99**) : Belisario Domínguez 70-72. ☎ 55-10-14-34. • hosteriastodomingo@hotmail.com • Ⓜ Allende. Tlj 9h-22h (21h dim). Résa conseillée le w-e.* Super typique, ce resto fondé en 1860 (l'un des plus anciens du Mexique) est resté dans son jus. De la grande tradition : *papel picado* suspendu au plafond, diplômes culinaires affichés avec fierté, autographes et graffitis des convives de renom tapissant les murs. Il faut, bien sûr, goûter à la spécialité de la maison, le *chile en nogada,* normalement un plat d'été mais servi ici toute l'année rien que pour vous. Il s'agit d'un gros poivron vert farci à la viande de porc et de bœuf, aux amandes, raisins secs et citron doux mexicain, le tout baignant dans une sauce aux noix et aux graines de grenade. Un vrai plat de régime !

Danubio *(plan I, C2, **103**) : República Uruguay 3. ☎ 55-12-09-12. Ⓜ San Juan de Letrán. Tlj 13h-22h. Menu déj (tlj) env 270 $Me.* Si vous aimez les restos un tantinet désuets et le service académique avec chef de rang, serveurs en livrée et tout le tralala, cette petite croisière gustative sur le Danube est pour vous ! Fondé en 1936, cet excellent resto de fruits de mer est un modèle du genre. La soupe de crustacés maison est un régal, et on vous apporte la *cazuela de mariscos* encore toute crépitante sur la table. Souvent complet à l'heure du déjeuner, mais nettement plus tranquille le soir. Une adresse régulière.

GoTan *(plan I, B2, **101**) : Revillagigedo 18. ☎ 55-12-62-03. Ⓜ Juárez. Tlj 13h-23h (minuit ven-sam, 22h dim).* Une belle trouvaille que ce petit resto tout en longueur et ses tables en bois garnies de planches (de B.D.) de Mafalda. Spécialité : le bœuf uruguayen, juteux et fondant, servi sur une planche de bois, accompagné de salade délicatement assaisonnée et de pommes de terre rissolées aux herbes. Assez époustouflant !

El Cardenal *(plan I, C2, **102**) : Palma 23. ☎ 55-21-88-15 à 17. Ⓜ Allende. Tlj 8h (8h30 dim)-18h30. Résa conseillée le w-e.* Installé dans un bel édifice début XXe s, ce restaurant est fréquenté par bon nombre d'hommes politiques. La cuisine, très réussie, est on ne peut plus mexicaine, traditionnelle et rurale. Accent sur le fait-maison, notamment pour le pain, les tortillas, le chocolat et même le fromage. Goûtez aux *tortitas de huautzontles* (une variété d'amarante) ou au célèbre *cuitlacoche* (grains de maïs fermentés qui rappellent un peu le goût des champignons). Sinon arrivage de fleurs de cactus au printemps et de *gusanos* (vers) en été... Préférer la salle de l'étage à celle du rez-de-chaussée. *Plusieurs autres adresses à Mexico, notamment dans le quartier de San Ángel, av. de la Paz 32.*

La Ópera *(plan I, C1, **104**) : av. 5 de Mayo 10. ☎ 55-12-89-59. Ⓜ Bellas Artes. Tlj 13h-minuit (18h dim).* Une institution. Beau resto typique de la fin du XIXe s, couvert de boiseries sculptées, moulures dorées au plafond et banquettes en velours rouge, dans le style de certaines brasseries parisiennes. Pancho Villa, après y avoir débarqué à cheval, y joua du revolver (l'impact de la balle au plafond est l'une des attractions de l'endroit). La carte navigue entre le Mexique et l'international. Souvent bondé pour le déjeuner, surtout le week-end, mais les avis sont partagés sur la qualité de la cuisine.

Café de Tacuba *(plan I, C1, **105**) : Tacuba, 28. ☎ 55-21-20-48. Ⓜ Allende. Tlj 8h-23h30.* Maison fondée en 1912, installée dans une très belle *casona* du XVIIe s. On s'installe dans une salle voûtée au superbe décor d'azulejos, bois sculptés, lustres hollandais, fresques et toiles de l'école de Cuzco. La cuisine, traditionnelle, est toutefois de qualité variable ; essayez les *enchiladas* et le *mole poblano.* La préparation du café au lait (style Veracruz) est toute une cérémonie ; avec un peu de chance un groupe de mariachis viendra même vous partager sa bonne humeur.

Miralto *(plan I, C2, **107**) : au sommet de la Torre Latinoamericana, Eje Central Lázaro Cárdenas. ☎ 55-18-17-10. Ⓜ Bellas Artes. Tlj 8h-22h (minuit ven-sam, 21h dim, 20h lun).* Un déjeuner au 41e étage donnant sur tout Mexico jusqu'aux montagnes ? Et pourquoi pas ! Phobiques des hauteurs s'abstenir, mais pour les autres, quelle vue ! Salle plutôt sage, tables en bois et carrelage, carte sans grande fantaisie, mais honnête. Le rapport qualité-prix reste excellent, d'autant que, vous l'aurez compris, on vient surtout ici pour le vertige !

Très chic (plus de 500 $Me / env 24 €)

Azul histórico *(plan I, C2, **40**) : Isabel la Católica 30. ☎ 5510-13-16. Ⓜ Zócalo. Tlj 13h-23h (20h dim). Résa vivement conseillée. Plats 300-400 $Me.* Prêt pour le grand jeu ? Dans cette adorable cour, sous les colonnades, une vingtaine de tables entre les arbres couronnés de bougies. Vous êtes dans la maison-mère des restaurants *Azul*, une institution dans le paysage gastronomique de Mexico. Élégant, mais pas guindé pour un sou : vous verrez peut-être les chanteurs reprendre en chœur un refrain populaire, ou les familles partager une soupière généreuse ! Cuisine mexicaine sans tort et sans reproche. Autres adresses : dans le centre, **Azul histórico** *(calle de Bolivar 31)* ; **Azul Condesa** *(Nuevo León 68)* ; sur le campus de l'UNAM, **Azul y Oro** *(Insurgentes Sur 3000).*

Casa de las Sirenas *(plan I, D1, **108**) : República de Guatemala 32, juste derrière la cathédrale. ☎ 57-04-32-73. Ⓜ Zócalo. Tlj 11h-23h (19h dim).* Dans une magnifique demeure du XVIIe s, ancienne dépendance du presbytère (admirez la façade et ses sirènes sculptées dans la pierre). Le resto est au 2e étage, doté d'une terrasse qui surplombe l'arrière de la cathédrale. Cuisine mexicaine contemporaine, de qualité, avec pour spécialité la *gallinata en mole de mango,* une poule dans une sauce épaisse à la mangue. Cher, mais quelle vue ! Ambiance féerique le soir.

Zona Rosa (plan II)

Bon marché (moins de 150 $Me / env 7,10 €)

Tacos Deme *(plan II, F4, **109**) : Río Sena 87b ; dans la Zona Rosa. ☎ 55-26-65-15. Ⓜ Insurgentes. Metrobús : Reforma. Lun-ven 8h30-16h30, fermé w-e.* Resto de quartier très correct, composé d'une enfilade de petites salles sans chichis. Ici, on a le choix entre le menu du jour (copieux) ou alors 3 *tacos de guisados* à choisir dans la vitrine. Pour bien déjeuner sans casser sa tirelire.

Pixza *(plan II, F5, **130**) : Liverpool 162, Zona Rosa. ☎ 52-07-02-87. Ⓜ Sevilla ou Insurgentes. Tlj 13h30-21h. Pizzas 120-150 $Me.* Une première : la pizza 100 % *mexicana,* farine de maïs bleu et purée de haricots comme base. Vous choisissez votre garniture, là aussi parmi des spécialités (dont les inénarrables criquets grillés), et on enfourne ! *Pixza*, c'est aussi un projet social offrant un emploi stable à des jeunes anciennement sans domicile pour les aider à sortir de la précarité. Sombrero bas !

La Casa de Toño *(plan II, F5, **110**) : Londres 144 ; au 1er étage. ☎ 53-86-11-25. Ⓜ Insurgentes. Metrobús : Glorieta Insurgentes ou Reforma. Tlj 24h/24.* Cantine populaire, qui a l'art de mettre tout le monde d'accord. On y savoure un délicieux *pozole* à toute heure du jour et de la nuit, une soupe à base de maïs, viande de porc ou poulet, fleur de courgette, radis, etc. Mais aussi des *quesadillas* de viande hachée et des *sopes* bien garnies et délicieuses. Toujours du monde. Bon, efficace et vraiment pas cher.

Condesa et Roma (plan II)

Bon marché (moins de 150 $Me / env 7,10 €)

|●| *La Herradura* (*plan II, F5,* ***111***) *: Orizaba, 5 (angle Chapultepec) ; à la Roma. ☎ 52-08-61-79. Ⓜ Insurgentes. Lun-ven 9h-18h, fermé w-e.* Si vous trouvez moins cher ailleurs, on vous rembourse la différence ! Telle pourrait être la devise de ce petit resto de quartier tenu par Carlos et qui propose un menu complet pour 55 $Me ! Dans une jolie salle aux tons acidulés orange et vert, une clientèle éclectique, composée des habitués du quartier. Excellent, copieux, et d'une grande délicatesse envers votre portefeuille.

|●| *Pizza Nosferatu* (*plan II, E7,* ***112***) *: à l'angle des rues Juan Escutia et Tenancingo. ☎ 52-11-70-92. Ⓜ Patriotismo. Metrobús : Campeche. Tlj 14h (dim 11h)-22h (11h-23h ven-sam).* Sous l'œil attentif de l'illustre vampire (chouchou de la patronne), une poignée de tables sur un coin de trottoir. Beaucoup de créativité ; vous nous direz des nouvelles de la ricotta de pistache au gingembre frais, servie avec chutney de mangue ! Choix généreux de bières artisanales et service attentionné.

|●| *Frutos Prohibidos* (*plan II, E7,* ***117***) *: Amsterdam 244, angle Michoacán, à la Condesa. ☎ 52-64-58-08. Metrobús : Campeche. Lun-ven 8h-22h, le w-e 9h-18h30.* Un endroit bien propret qui fleure bon le sans-gluten et la *comida sana.* Avec les bancs en bois sur le trottoir et le comptoir tourné vers la rue, on s'y retrouve à toute heure pour un bon jus de fruits pas si défendus que ça, ou un *lacteo* revigorant. Pour les petits creux, des salades, des sandwichs et des wraps, accompagnés d'une saine verdure. On aime bien. Succursale à la colonia Roma *(angle Orizaba et Chihuahua ; mêmes horaires).*

Prix moyens (150-300 $Me / env 7,10-14,30 €)

|●| *Fonda Mayora* (*plan II, E7,* ***114***) *: Campeche 322 (angle Ometusco) ; à la Condesa. ☎ 68-43-05-95. Metrobús : Campeche. Tlj 8h-18h30.* Agréable petit resto avec quelques tables en bois clair égayées de fleurs fraîchement coupées. Terrasse sur le trottoir. Ici, quand on ne vient pas pianoter sur son ordi ou lire la presse en prenant son petit déj, on pioche dans une carte de cuisine bio, à base d'ingrédients sélectionnés chez des petits producteurs. *Cecina,* poisson frais du jour, *mole,* tout est concocté *a casa* par Gerardo, le sympathique chef, que vous croiserez peut-être en terrasse aux heures creuses. Une adresse qui reflète bien l'esprit du quartier.

|●| *Plantasia* (*plan II, F5* ***113***) *: Puebla 120. ☎ 51-22-76-25. Metrobús : Insurgentes. Tlj 9h-23h (18h dim). Plats 100-200 $Me.* Oasis de fraîcheur à la déco trendy-design, poufs, palmiers et béton armé sous l'œil bienveillant d'un Bouddha de 2 m. Dans l'assiette, une cuisine végan exquise, qui sort vraiment de l'ordinaire (essayez donc les sushis !), présentée avec élégance. Vaste choix de jus détox, et desserts à se damner...

|●| *Monsieur Croque* (*plan II, E7,* ***118***) *: Tamaulipas, 39 ; à la Condesa. ☎ 55-52-11-78 ou 98. Metrobús : Campeche. Lun-mer 8h-22h (2h jeu-sam, 9h-19h dim).* Pas de doute, ici, c'est du franchouillard : attablé au bar ou sur la terrasse aux chaises bariolées, on dévore le *Canard Enchaîné* et des croque-monsieur originaux, tapenade, houmous, tartare de thon, crème d'oignons, etc. Tous préparés avec le bon pain de la boulangerie d'à côté, et qu'on fait descendre avec un petit vin français et/ou une bière artisanale. Le samedi, vers 20h30, un petit groupe vient mettre un peu d'ambiance.

|●| *La Buena Tierra* (*plan II, E7,* ***121***) *: Atlixco 94 ; à l'angle de Michoacán ; à la Condesa. ☎ 52-11-42-42. Metrobús : Campeche. Tlj 8h-23h (22h dim).* Chaîne de restos bio-écolo-veggie-compatible, qui rencontre un franc succès auprès des Mexicains branchés pour ses grandes salades composées, ses sandwichs au bon pain complet, et ses plats de poisson et volaille (pas de viande rouge). Agréable terrasse protégée de la rue par des bacs de plantes. Bonus : comme des mariachis squattent le resto voisin *(ven-dim soir)*, la bande-son est offerte !

El Péndulo *(plan II, E7,* ***123****) : Nuevo León 115. À l'angle de Vicente Suárez, dans la Condesa. ☎ 52-86-94-93. Metrobús : Campeche. Tlj 8h-23h (minuit jeu-sam).* Cette *cafebrería,* installée dans une grande maison aux murs garnis de pots de fleurs regroupe sur 2 niveaux un café-resto et une librairie proposant aussi CDs et DVDs. Atmosphère conviviale, on mange au milieu des livres. Bien pour une pause-café et très plaisant pour le déjeuner ou le dîner : des plats soignés, avec des produits de qualité. Très fréquenté dès le matin pour le petit déj. Autre adresse dans la Zona Rosa, *Hamburgo 126 (plan II, F5,* ***151****).*

La Tecla *(plan II, F6,* ***125****) : Durango 186 (presque sur la plaza Madrid, en face de chez Perez) ; à la Condesa. ☎ 55-25-49-20. Ⓜ Insurgentes ou Sevilla. Metrobús : Durango. Tlj 13h-minuit (18h30 dim).* Élégant petit resto de quartier d'une quinzaine de tables, au complet les jours où la *calle Oro,* située juste derrière, accueille le marché *(mer, sam et dim).* Au menu, une cuisine mexicaine aux touches novatrices dans la présentation et l'usage des condiments : succulente entrée de *gorditas* (galettes de haricot) fourrées au cochon de lait, tacos de canard sauce verte, ou encore filet de poisson à la fleur de courge. Délicieux, et ça change des préparations habituelles. Portions très satisfaisantes. Une bonne adresse.

De plus chic à très chic (300-500 $Me et plus / env 14,30-24 €)

Contramar *(plan II, E6,* ***127****) : Durango 200 ; à la Roma. ☎ 55-14-92-17. Tlj 12h-18h30 (20h ven-sam). Résa conseillée (min 2 j. avt le w-e).* L'une des meilleures adresses pour déguster poissons et fruits de mer, d'une fraîcheur absolue. Grande salle très accueillante avec les fourneaux bien en vue, où s'affaire une belle brochette de cuistots. Beaucoup de monde le week-end. En semaine, la salle est tapissée de costumes-cravates. Essayez donc les *tostadas de atún* (tortillas frites au thon) avec leur mayonnaise au *chipotle* (piment *jalapeño* fumé), les tacos de poisson *salteados* et, en plat, le *pescado a la talla,* grillé et servi sur planche. Allez-y en toute confiance mais, attention, les entrées sont au même prix que les *platos fuertes,* et les desserts sont chers (quoique tentateurs). Service très pro.

Polanco *(plan d'ensemble)*

Comme vous n'y dormirez pas, Polanco c'est plutôt pour déjeuner – stratégique, entre 2 visites des musées de Chapultepec. À moins que vous ne soyez prévoyant et que vous ayez réservé chez *Pujol...*

Bon marché (moins de 150 $Me / env 7,10 €)

La Casa del Pastor *(plan d'ensemble,* ***116****) : Musset 3, à l'angle de l'av. Masaryk. ☎ 52-81-24-24. Ⓜ Polanco ou Auditorio. Tlj 8h-1h (4h jeu-sam). À partir de 30 $Me !* L'incontournable *taquería,* nommée d'après les fameux *tacos al pastor* (« façon bergère »). La viande de porc est cuite sur une broche verticale, façon kebab : un peu d'ananas, des oignons hachés, de la coriandre, et le tout vous est servi avec une ribambelle de sauces, joliment et surtout pédagogiquement présentées, de la moins à la plus piquante. On aime !

Prix moyens (150-300 $Me / env 7,10-14,30 €)

Forever Vegano *(plan d'ensemble, 120) : Dumas 16. ☎ 52-80-73-75. Ⓜ Polanco ou Auditorio. Tlj 9h-22h30 (17h30 dim).* Caché dans une allée, ce petit resto se la joue salon de thé anglais, tables en bois et plantes grimpantes, pour une ambiance tropicalo-cosy. *So cool !* Dans l'assiette, des frites de patate douce et divers burgers vegs, parfaitement maîtrisés. Ne repartez pas sans un petit thé coco-masala-curcuma.

Café Toscano Polanco *(plan d'ensemble, 122) : Temístocles 26. ☎ 67-32-53-74. Ⓜ Polanco ou Auditorio. Tlj 8h-23h (1h jeu-sam, 8h30-22h dim).* Coup de foudre pour cet élégant bistrot de quartier, qui a étendu ses jolies tables sur le trottoir sous les arbres. Déco soignée, à mi-chemin entre la cabine de navire et la bibliothèque vintage. Cuisine convenable, sans plus, mais l'endroit s'avère idéal pour un brunch tardif.

Nonsolo *(plan d'ensemble, 128) : Julio Verne 89. ☎ 52-80-97-06. Ⓜ Polanco ou Auditorio. Tlj 12h30-1h, bar jusqu'à 3h.* Très sympa, cette petite adresse italienne ouverte sur la rue ! D'ailleurs elle se remplit vite, attention à l'attente le week-end. Déco et ambiance chaleureuses, on s'y sent bien. Mis à part les *penne,* gnocchis et autres *fusilli,* salades copieuses très abordables. *Va bene !*

El Bajio *(plan d'ensemble, 129) : Alejandro Dumas 7. ☎ 52-81-82-45. Ⓜ Auditorio. Tlj 7h30-23h (9h-22h dim).* Vous vous attablez ici chez Carmen « Titita », promue matriarche de la cuisine mexicaine par le *New York Times.* La salle est grande, le cadre est plaisant, et la cuisine, toujours réalisée avec des produits frais, allie à la fois tradition et inventivité. Goûtez aux *garnachas* (tacos au bœuf, pommes de terre et sauce verte aigre), aux *carnitas* et aux *moles* (noir et vert), aux tacos de crabe dans des feuilles de bananier... Une véritable institution.

Plus chic (300-500 $Me / env 14,30-24 €)

Agua & Sal *(plan d'ensemble, 131) : Campos Eliseos 199 A. M. Auditorio. ☎ 52-82-27-46. Tlj 12h-22h (18h dim).* Dans une petite salle à la lumière tamisée, carrelée à l'ancienne, les poissons et fruits de mer dans tous leurs états : soupe de crevettes, cocktail de poulpe, burger de poisson, *fish & chips,* langouste grillée... et, surtout, des *ceviches* (poisson et fruits de mer marinés dans du jus de citron vert), aussi bons qu'au Pérou ! Essayez le *leña* ou celui à la mandarine, 2 créations de la maison, vous ne le regretterez pas ! Service impeccable. Établissement sérieux, un tantinet guindé peut-être.

Bellopuerto *(plan d'ensemble, 128) : Julio Verne, 89. ☎ 52-81-09-80. Ⓜ Polanco ou Auditorio. Tlj 13h-23h (minuit jeu-sam et 18h dim-lun).* Pour les amateurs de poisson et fruits de mer, une salle aux couleurs vives, à la déco (fatalement) marine, qui déborde joyeusement sur le trottoir. Adresse fréquentée par la clientèle jeune et branchée du quartier. Tacos de thon (succulent !), bouillon de crevette (hmm...), carpaccio de poulpe, crème de palourdes ou la traditionnelle cassolette de fruits de mer. Tout est soigné et bien présenté. Service aux petits oignons.

Spécial coup de folie (env 90 €)

Pujol *(plan d'ensemble, 133) : Tennyson, 133. ☎ 55-45-41-11. Lun-sam 13h30-22h30 (23h ven-sam), fermé dim. Réserver 1-2 mois à l'avance.* Décor et éclairage minimalistes (les grandes tables n'ont même pas de nappes), salle réduite à quelques convives. C'est la mise qu'Enrique Olvera, le chef, a choisi pour exprimer son art, et qui fait que *Pujol* compte toujours parmi l'un des 25 meilleurs restaurants du monde. Ferran Adriá, le chantre de la cuisine moléculaire, disait de lui : « Il y a la cuisine mexicaine d'avant Olvera et la cuisine mexicaine d'après Olvera ». Son menu change en fonction des saisons. Le prix n'inclut pas les boissons, une eau minérale pétillante vous coûtera le prix d'une place de ciné, un verre de muscadet sur lie environ le double et une bouteille de côte-de-nuits de chez Lucien Le Moine, un aller Paris-Mexico en avion... Une expérience gustative à ne pas manquer si vous en avez les moyens !

Coyoacán (plan III)

Tout autour du *zócalo* de Coyoacán, pléthore de restos, *taquerías,* cafés, pâtisseries, glaciers... sans compter les vendeurs ambulants. L'occasion de goûter les *esquites,* une préparation de maïs, avec ou sans piment *(chile)* et citron, le tout servi dans un verre à emporter.

Bon marché (moins de 150 $Me / env 7,10 €)

|●| ***Mercado*** *(plan III, I-J6,* ***132****)* **:** *à l'angle de Malintzin et Allende. Tlj 9h-18h.* C'est LE marché de Coyoacán, vraiment typique, propre et animé. Faites un tour dans les allées des vendeurs de fruits et légumes. Comme d'hab', plein d'étals à l'intérieur pour manger assis sur un banc en coudoyant les locaux. Sinon, optez pour le jardin du poulpe *(el jardín del pulpo)* et son mobilier en alu, situé sur le trottoir à l'angle Malítzin/Allende. Fruits de mer, délicieuses *quesadillas de ceviche,* de thon ou de poulpe, des cocktails de crevettes, des soupes de poisson. Une grande tradition du quartier. Beaucoup de monde autour de grandes tables.

|●| ***El Mercadito*** *(plan III, J7,* ***133****)* **:** *au début de Higuera. Tlj 8h-23h.* Un ensemble de petits stands locaux où l'on savoure des *quesadillas* frites préparées devant vous (les prix sont affichés). Ultra-typique et très bonne ambiance. Délicieux et petits prix.

|●| ☕ ☂ ***Cuhtli, Pan y Café*** *(plan III, I7,* ***124****)* **:** *Perez Valenzuela 90A. ☎ 47-36-10-81. Tlj 9h-19h30 (17h sam, 15h dim).* Cofondé par un Breton et un Mexicain dans un garage reconverti et aménagé autour d'une grande table en bois. Tout est fait maison, du mobilier, style urbano-branché, aux viennoiseries, en passant par le pain bio, les sirops et le meilleur du café mexicain, torréfié par Angel lui-même. Et ces galettes bretonnes ! Accueil adorable.

|●| ***La Casa del Pan Papalotl*** *(plan III, I6,* ***134****)* **:** *av. Mexico 25 B. À l'angle de Xicoténcatl. ☎ 30-95-17-67. Tlj 8h (9h le w-e)-22h.* Tout petit resto qui s'épanche allègrement sur le trottoir. Tout-bon, tout-bio, alors ça s'emplit vite, surtout le dimanche pour le brunch. *Empanadas* de ceci-cela, *enchiladas, limonadas* et *pasteles,* une cuisine sans prétention à consommer sur des petites tables. Idéal pour une pause-déjeuner. Juste à côté, *El Jarocho* fait un excellent café, torréfié sur place depuis 1953. Sinon, *papalotl,* c'est le joli nom du papillon en nahuatl !

|●| ***Aura Vegana*** *(plan III, I6,* ***147****)* **:** *av. Malíntzin, 199. ☎ 50-86-33-68. Tlj 8h (9h w-e)-21h (23h jeu-sam, 20h dim).* Microresto sympa qui propose de la cuisine exclusivement végan concoctée à base de produits frais : rouleaux de printemps, raviolis, *aguachiles* de champignons, tapioca, soupes, etc. Bien aussi pour un en-cas : pâtisseries, viennoiseries, jus de fruits frais, thés, tisanes... Accueil très gentil.

Prix moyens (150-300 $Me / env 7,10-14,30 €)

|●| ☂ ***Mesón Antigua Santa Catarina*** *(plan III, I7,* ***135****)* **:** *pl. Santa Catarina, face à l'église. ☎ 56-59-30-03. Tlj 8h-23h.* Atmosphère sereine pour ce resto joliment décoré dans l'esprit colonial de Coyoacán. Très agréable, surtout si vous vous installez sur la terrasse ombragée, à l'étage, où le petit déj est servi jusqu'à 13h. Bonne cuisine mexicaine (soupe à la fleur de courgette, mousse de *mole* !) et service attentionné.

☕ |●| ***La Vienet*** *(plan III, I-J6,* ***136****)* **:** *angle Viena et Abasolo, près du museo-casa Frida Kahlo. ☎ 56-58-63-92. Tlj 8h-16h30 (9h-17h sam-dim).* Cette adorable maison de style colonial, aux

MEXICO ET SES ENVIRONS

murs tout bleus, coiffée d'un clocheton, abrite un salon de thé à l'ambiance cosy. On y sert le petit déj jusque tard, un menu au déjeuner et quelques bons petits plats, dont une paella le week-end. Idéal aussi pour déguster une excellente pâtisserie après la visite de la maison de Frida Kahlo.

Moheli *(plan III, I7,* ***137****) : Francisco Sosa, 1 ; à 20 m du Zócalo. ☎ 55-54-62-21. Tlj 8h-23h (minuit jeu-sam).* Les tables débordent sur le trottoir, sous la jolie treille ; à l'intérieur déco soignée, traditionnelle ou art contemporain. Très sympa pour casser la croûte avec un bagel au saumon fumé ou une salade généreuse... Belle carte de pâtisseries maison aussi, dont un exquis croquant aux noix et aux mûres (boule glace vanille en option). Un des endroits les plus branchés de Coyoacán.

Ecos del Mundo *(plan III, J7,* ***138****) : Higuera 25. ☎ 56-58-71-92. Lun-jeu 8h-22h, ven-sam 9h-minuit, dim 9h-22h.* Petite cantine bio, soucieuse de la provenance de ses produits, dans une salle aux tons ocre, agrémentée de plantes grimpantes et d'un mur d'eau au fond. Tout pour se régaler : soupes, salades, burgers, currys... Gardez quand même un peu de place pour le délicieux chocolat à la cannelle ! Une bonne adresse.

San Ángel (plan III)

Bon marché (moins de 150 $Me / env 7,10 €)

Mercado del Carmen *(plan III, G7,* ***115****) : Amargura 5, plaza del Carmen. Tlj.* Ces halles ultramodernes et assez branchées, aménagées dans un ancien immeuble, offrent un amusant contraste avec les maisons coloniales du quartier. Des tas d'options pour déjeuner sur le pouce, à côté de beaux stands d'artisanat.

Crêperie du Soleil *(plan III, G7,* ***143****) : Madero 8, pl. del Carmen. ☎ 55-50-25-85. Tlj 8h30-19h (18h dim).* On aime bien ce resto familial typique, composé de seulement 5 tables qu'on partage avec les habitués du quartier. Grand choix de crêpes salées et sucrées, bons petits déj rustiques, sandwichs, salades mixtes... Un vrai moment de bonheur, surtout quand Gabriel vient pousser la sérénade *(sam-dim à l'heure du déjeuner).*

Plus chic (300-500 $Me / env 14,30-24 €)

San Ángel Inn *(plan III, G7,* ***146****) : Diego Rivera 50 ; angle Altavista. ☎ 56-16-14-02 ou 22-22. Face au museo Estudio Diego Rivera. Tlj 7h (8h30 w-e)-1h (22h dim). Env 550 $Me.* C'est dans cet ancien monastère de carmélites du XVIIIe s que fut signé le fameux pacte entre Pancho Villa et Zapata. Parmi ses hôtes célèbres, citons Caruso, Gershwin et même Brigitte Bardot. 3 jolis patios verdoyants entourent de petites fontaines. Un endroit vraiment exceptionnel. Au resto, carte réduite et service classieux, mais on peut se contenter de prendre un verre dans le *patio de la Fuente Escultiva,* tandis que les musiciens entonnent les classiques de la chanson mexicaine, le week-end de 15h à la fermeture (beaucoup de monde alors).

ZeRU *(plan III, G6-7,* ***139****) : Revolución 1547. ☎ 55-50-94-44. Tlj 13h30-23h sauf lun (13h30-18h dim et mar).* À la sortie de San Ángel, dans un très beau lieu à la déco vintage, fréquenté par une clientèle chic, Zeru propose une carte, resserrée, mais maîtrisée autour de classiques mexicains. Laissez la rue assourdissante hurler derrière vous, et allez-y les yeux fermés. L'idéal pour un dîner en tête-à-tête dans un cadre tranquille.

Où prendre un petit déjeuner ? Où faire une pause sucrée ?

Certains restaurants mentionnés plus haut ouvrent tôt et servent le petit déj mexicain typique : des œufs (sous toutes leurs formes) accompagnés de haricots rouges *(frijoles)*, un jus ou une petite salade de fruits et un café *americano*. Pour une fois, les lève-tard sont favorisés, puisqu'il est servi jusqu'à 12h, voire 13h. On trouve aussi des *pastelerías* (pâtisseries) un peu partout, très économiques pour le petit déj, mais on ne peut pas toujours consommer sur place.

Centro histórico (plan I)

Bertico Café *(plan I, C2,* ***140****) :* *Madero 32. Ⓜ Allende. Tlj 9h-21h30 (19h30 dim).* Vaste choix d'omelettes et de *huevos* dans un cadre clair, tableaux et tables en bois à l'italienne. Également une annexe au n° 66.

Café La Habana *(plan I, A2,* ***141****) : angle Bucarelli et Morelos. Tlj 7h-23h, 1h ven-sam. 50 % de réduc sur petit-déj au bar.* Grande salle typique du Mexique des années 1950. Ce café a à peine changé depuis l'époque où un jeune Cubain prénommé Fidel rencontra le médecin argentin Ernesto Guevara. Besoin de vous en dire plus ? Ils étaient chauffeurs de bus ! Hauts plafonds, ventilos, odeurs de café... Grandes photos en noir et blanc du Mexico d'antan. Très bon café, même l'*americano* ! Plein de formules pour le petit déj.

Jugos Canada *(plan I, C2,* ***142****) : 5 de Mayo 47. Ⓜ Zócalo ou Allende. Jouxte l'Hotel Canada. Tlj 8h-22h (9h-21h dim).* Un choix déroutant de jus de fruits pressés devant vous, servis en portions généreuses par un personnel souriant. Toutes les combinaisons sont possibles ; on vous conseille tout particulièrement la délicieuse *piña colada*, ananas-coco. Également de bonnes *tortas* et des salades de fruits.

Pastelería Ideal *(plan I, C2,* ***145****) : 16 de Septiembre 18. Ⓜ Bellas Artes. Tlj 5h-22h.* Sous les arcades s'entassent biscuits, pains, gâteaux en gelée suspects, pièces montées géantes, recouvertes de crème en veux-tu en voilà. Pour mariages, anniversaires ou communions. Ne manquez pas de faire un tour à l'étage : les plus hautes pièces montées exposées font bien 2,50 m !

El Mayor *(plan I, D1,* ***147****) : República de Argentina 15. Ⓜ Zócalo. Entrée par la librairie Porrúa et ascenseur jusqu'au dernier étage. Tlj 9h-18h30 (10h-18h dim).* Si vous n'avez pas encore visité le Templo Mayor, grimpez d'abord sur cette terrasse dont le toit domine le site. Vue spectaculaire sur les ruines, avec le Zócalo en toile de fond. Parfait donc pour prendre un petit déj tardif ou un verre. On peut aussi y grignoter une salade ou un sandwich.

Finca Don Porfirio *(plan I, B2,* ***148****) : Juárez 14. Ⓜ Bellas Artes. Sur la terrasse au 8e étage du grand magasin Sears. Tlj 11h-21h.* En sortant de l'ascenseur, ne soyez pas surpris de tomber sur un magasin d'ameublement, le café est juste derrière ! Il mérite vraiment une pause pour profiter de la vue sur le palais des Beaux-Arts et le jardin de l'Alameda, avec les montagnes en toile de fond. Bon choix de *xocoatl* chaud, cafés, pâtisseries... Très fréquenté.

Café Jekemir *(plan I, C2,* ***149****) : Isabel la Católica 88 ; à l'angle de Regina. Ⓜ Isabel la Católica. Lun-sam 8h-21h, fermé dim.* *Espresso*, cappuccino, *frappuccino* froid ou chaud... le parfum du café flotte jusque dans la rue, et il se dit que c'est le meilleur du quartier. À accompagner de *churros*, gâteaux et autres muffins. Très populaire.

Gran Hotel *(plan I, C2,* ***63****) :* voir plus haut « Où dormir ? ». *Brunch le w-e 9h-18h, 450 $Me/pers.* Pour un brunch en *gran*, dans un édifice d'exception ! Disponibilité à vérifier, l'établissement étant parfois entièrement réservé pour des mariages certains week-ends.

Vegamo *(plan I, B2,* ***94****) :* voir plus haut dans « Où manger ? ».

Zona Rosa (plan II)

El Péndulo *(plan II, F5,* ***151****) : Hamburgo 126. Ⓜ Insurgentes. Tlj 8h (9h w-e)-23h (1h jeu-sam, 22h dim).* Atmosphère cosy dans ce *cafebrería* (café doublé d'une *librería*), pour faire une pause dans des fauteuils en osier ou au petit bar en mezzanine, au milieu de beaux livres. Des œufs à toutes les sauces, servis avec guitariste et violoniste le week-end à 11h. Pas mal de gâteaux et des plats plus consistants, mais on vous le conseille plutôt pour prendre un café ou un verre. Bonne ambiance.

Condesa et Roma (plan II)

Voir dans « Où manger ? » l'autre adresse d'***El Péndulo*** *(plan II, E7,* ***123****)*, ***Fonda Mayora*** *(plan II, E7,* ***114****)*, ***Monsieur Croque*** *(plan II, E7,* ***118****)*, ***Plantasia*** *(plan II, F5* ***113****)*.

Coyoacán et San Ángel (plan III)

Voir dans « Où manger ? » : ***Cuhtli, Pan y Café*** *(plan III, I7,* ***124****)* et ***Crêperie du Soleil*** *(plan III, G7,* ***143****)*.

Polanco (plan d'ensemble)

Voir dans « Où manger ? » : ***Forever Vegano*** *(plan d'ensemble,* ***120****)* et ***Café Toscano Polanco*** *(plan d'ensemble,* ***122****)*.

Où boire un verre ? Où sortir ?

Centro histórico (plan I)

Dans le *Centro*, l'animation en début de soirée se concentre principalement dans la ***calle Regina*** ainsi que dans ses rues adjacentes (1re callejón de Mesones) où l'on trouve une série de bars qui servent de la *cerveza de barril* (bière pression) et des *pulquerías* qui dispensent du *pulque* tiré au tonneau. Leurs terrasses affichent souvent complet bien avant le coucher du soleil, et il faut ruser pour trouver une place. Un bloc plus au sud, la ***calle San Jerónimo*** compte aussi plusieurs petites rades pour s'en jeter un à l'ombre des immeubles, le nez sur les *pinturas murales* qui ont fleuri un peu partout dans le quartier ces dernières années. Ambiance festive, jeune et décontractée.

Hostería La Bota *(plan I, C3,* ***97****)* **:** *San Jerónimo 40 ; presque à l'angle de Isabel la Católica.* Ⓜ *Isabel la Católica. Lun-jeu 13h30-minuit, ouvre plus tôt et ferme plus tard le w-e.* Dans une petite rue piétonne bordée d'arbres, parfait pour prendre un verre après le dîner ou avant de démarrer une longue nuit blanche. Voir « Où manger ? » plus haut.

Salón Tenampa *(plan I, C1,* ***161****)* **:** *pl. Garibaldi 12. Tlj 13h-1h (2h ven-sam).* Le temple des mariachis. Fiesta garantie ! C'est l'une des plus anciennes *cantinas* de la ville (fondée en 1925). Grandes fresques ringardes aux murs, qui représentent les vedettes de la chanson d'antan. Après quelques tequilas, vous ne résisterez pas au plaisir de faire jouer les mariachis à votre table *(compter env 130 $Me la chanson).* Parmi les grands classiques : *Mexico lindo, El Rey, Cielito lindo...* Ambiance d'enfer le week-end, surtout quand plusieurs groupes se mettent à jouer en même temps !

Salón Tropicana *(plan I, C1,* ***163****)* **:** *pl. Garibaldi.* ☎ *55-29-72-35.* Ⓜ *Garibaldi. Tlj 20h-3h30 sauf lun. Cover ven-sam : 100 $Me.* Le typique *salón de baile* où les Mexicains, toutes générations confondues, se retrouvent dans les vapeurs de la tequila pour danser la salsa, la samba, le merengue ou la cumbia... On surnomme les lieux « cathédrale de la rumba » ! Le *Tropicana* est l'un des derniers de ces salons dansants qui ont fait la réputation du Mexico nocturne des années 1940. On y vient encore endimanché. Ici, c'est le royaume des classes populaires, sur lequel règnent des orchestres qui comptent parfois jusqu'à 10 musiciens. Venir en priorité le week-end, car beaucoup plus calme en semaine.

Zinco Jazz Club *(plan I, C2,* ***162****)* **:** *Motolinia 20 ; presque à l'angle de 5 de Mayo (entrée très discrète).* ☎ *55-12-33-69.* • *zincojazz.com* • Ⓜ *Allende. Mer-sam 21h-2h. Résa conseillée pour les fins de sem. Entrée : 100-350 $Me selon concert.* C'est le meilleur club de jazz de Mexico, voire du Mexique. Un p'tit bijou ! Salle *bajocentro* (en sous-sol) chaleureuse, installée dans les anciennes salles des coffres d'une banque ! Excellente programmation qui change chaque semaine, avec des musiciens du monde entier. Consultez le programme sur leur site. Sortie absolument incontournable pour les amateurs de jazz.

Zona Rosa (plan II)

Quartier d'affaires le jour, particulièrement aux abords de l'avenue Reforma, la Zona Rosa devient plus canaille à la tombée de la nuit, s'animant autour de nombreux bars, LGBT notamment. En journée, l'agitation se concentre dans la ***calle Genova*** (piétonne), avec ses vendeurs ambulants et des chanteurs de rue. Le soir, c'est la ***calle Amberes*** qui s'enflamme, entre Reforma et Hamburgo.

Salón Ríos *(plan II, E5,* ***150****)* ***:*** *Río Nilo 220. ☎ 52-07-52-72. • salonrios.mx • Metrobús : Reforma. Tlj 12h-3h (20h dim).* On a bien aimé cette belle salle ouverte sur l'extérieur et son grand bar, arborant une magnifique collection de bouteilles. Cours de salsa gratuits *(mar et jeu)* et soirées *queer* occasionnelles au 1er.

El Péndulo *(plan II, F5,* ***151****)* ***:*** *Hamburgo 126. Ⓜ Insurgentes. Tlj 8h-23h (1h jeu-sam, 22h dim).* On vous le conseille plus haut pour faire une pause-café en journée, mais il y a aussi de la musique *en vivo* le soir, entre 20h30 et 22h30 : jazz, latino, pop-rock, etc. Petites formations souvent de qualité et bonne ambiance au petit bar en mezzanine. Le samedi, après-midi musical pour les enfants. Programme sur le site : • pendulo.com •

Succession de bars et de boîtes gay dans la ***calle Amberes,*** entre Reforma et Hamburgo. Clientèle jeune qui déborde sur la rue, tout comme les décibels. Le samedi soir, ambiance libérée et décontractée. Rappelons que la ville de Mexico a légalisé le mariage homosexuel en 2009.

Condesa et Roma (plan II)

La Condesa est le quartier du DF qui a le vent en poupe depuis quelques années, quand bien même aujourd'hui Hipódromo, quartier situé au sud du *Parque México,* lui ravit une partie de son public. C'est à coup sûr dans cette partie de la ville que logeront les oiseaux de nuit. La Roma, elle, est autant branchée au nord qu'elle est cool au sud.

Condesa DF *(plan II, E6,* ***77****)* ***:*** *av. Veracruz 102, sur la terrasse de l'hôtel du même nom. En face du parque España, dans la Condesa. ☎ 52-41-26-00. Ⓜ Sevilla. Metrobús : Álvaro Obregón. Tlj 14h-1h.* Très belle terrasse sur le toit, au niveau de la cime des arbres. Musique *lounge.* DJ le jeudi soir et le dimanche après-midi.

Pata Negra *(plan II, E7,* ***165****)* ***:*** *Tamaulipas 30. Metrobús : Sonora. Tlj 13h30-2h.* Très bonne ambiance dans ce bar chaleureux, et bière à prix tout doux : forcément, ça attire les foules ! À vos agendas ; ici, c'est une danse par soir, généralement *en vivo* : modern jazz le lundi, funk le mardi, salsa le mercredi *(cours gratuit à 19h), son jarocho* le samedi, DJ le reste du temps.

Mama Rumba *(plan II, F7,* ***166****)* ***:*** *Querétaro 230. À l'angle de Medellín ; à Roma. ☎ 55-64-69-20. Metrobús : Sonora. Mer-sam 21h-3h. Entrée : 100 $Me (gratuit pour les filles mer).* Le week-end, arrivez tôt impérativement pour avoir une table ! Immense maison d'angle de style colonial. Intérieur aux couleurs chaudes et mobilier en bois. Très sympa et bonne ambiance, ouverte à tous les publics. Au programme : de la salsa surtout, en live. Peu à peu, la *Mama* entre en ébullition ! Bientôt, on n'arrive presque plus à danser tant la foule est compacte. Offrez-vous un mojito pour vous rafraîchir, mais inutile de commander à manger.

Casa Franca *(hors plan II par F6,* ***164****)* ***:*** *Mérida, 109 (angle Álvaro Obregón), dans la Roma Norte. Metrobús : Pushkin. Mar-sam 18h-2h, fermé dim-lun.* Avec son ambiance *lounge* extrêmement réussie et son enfilade de salons feutrés sous les lumières rouges tamisées, c'est un des bars référence du DF pour le jazz et le blues. Les *capitalinos* amateurs de beaux sons y viennent nombreux le week-end... Difficile en effet de ne pas s'y sentir chez soi ! Au bar, Yannick, toujours au rendez-vous pour concocter ses cocktails secrets. Programmation régulière et de qualité, publiée sur leur page Facebook.

Wallace Whisky Bar (plan II, E7, **167**) : *Tamaulipas 45, dans la Condesa. Ⓜ Chilpancingo. Metrobús : Sonora. Tlj 17h-2h (min).* Le *Wallace*, c'est d'abord un beau bar à whiskies (150 sortes) installé dans une élégante demeure restaurée des années 1930, qui a conservé son bel escalier à rampe en fer forgé surmonté d'une verrière style Art nouveau. Çà et là, des petits salons et recoins avec mobilier d'époque, de superbes banquettes en cuir, et même un billard. L'endroit s'anime diablement le soir, surtout en fin de semaine lorsque le DJ met le feu à la baraque (résa conseillée ces soirs-là si vous voulez être assis) ! Sinon, rock *en vivo* mardi-mercredi et concert de jazz le dimanche soir. Pas donné, mais quel cadre !

Coyoacán et San Ángel (plan III)

Cracovia 32 (plan III, H7, **160**) : *Cracovia 32. ☎ 62-74-62-49 📱 39-15-27-30 • cracovia32.com • Activités et horaires différents tlj, voir le programme en ligne.* Centre culturel alternatif, magistralement dirigé par Tim et Ruchi depuis 2011, essentiellement centré sur le swing et les arts du cirque. Ses concerts live *fresas y chocolate* sont inoubliables : les habitués viennent costumés à la mode des années 1920 ! Atmosphère passionnée et très accueillante envers les débutants. Un coup de cœur ! Aussi un petit bar (sans alcool) et des pâtisseries.

La Coyoacana (plan III, J7, **168**) : *Higuera 14. ☎ 56-58-53-37. • lacoyoacana.com • Tlj 13h-1h (22h dim, minuit lun).* Légendaire *cantina* à mariachis. Ambiance survoltée : venez en début de soirée si vous voulez être sûr d'entrer. Une institution dans le quartier.

San Ángel Inn (plan III, G7, **146**) : *voir « Où manger ? ». Tlj 7h (8h30 w-e)-1h (22h dim).* Un autre endroit très fréquenté en fin de semaine. Cadre superbe pour prendre un verre en musique.

Achats

Ah, les marchés de Mexico ! Ils sont immenses et innombrables. Dans le centre-ville, chaque corporation a aussi son quartier : les bijoutiers autour du Zócalo, les bouquinistes dans la calle Donceles, les imprimeurs autour de la plaza Santo Domingo. Sans oublier la rue des robes de mariée, celle des papeteries, etc.

Centro histórico et Zona Rosa (plans I et II)

Mercado de la Ciudadela (plan I, B2, **181**) : *angle Balderas et pl. de la Ciudadela. Ⓜ Balderas. Tlj 9h-19h (18h dim).* Notre marché préféré, calme, aux innombrables allées. Le meilleur endroit de la ville pour acheter de l'artisanat mexicain de bonne qualité à prix raisonnable. Au centre du marché, resto sympa pour se requinquer.

Mercado San Juan (plan I, B2, **182**) : *sur la pl. San Juan. Ⓜ San Juan de Letrán. Tlj 9h-19h (16h dim).* Centre commercial d'artisanat couvert. Moins agréable que celui de la *Ciudadela*, donc beaucoup moins de monde, donc plus de possibilités de marchander. CQFD ! Aussi pratique pour un déjeuner sur le pouce.

Magasin FONART (plan I, A2, **183**) : *Reforma 116. ☎ 55-46-71-63. Ⓜ Hidalgo. Lun-ven 10h-19h, 16h sam-dim.* C'est l'une des boutiques de la chaîne des magasins d'État pour la promotion de l'artisanat. Les pièces sont de qualité, et les prix dans l'ensemble très abordables.

Plantes médicinales (plan I, D1, **184**) : *pasaje Catedral. Ⓜ Zócalo. Petit passage couvert derrière la cathédrale, qui relie les rues Guatemala et Donceles. Tlj 10h-18h sauf dim.* Enfilade de boutiques pleines de remèdes traditionnels indiens, alternant avec des échoppes de bondieuseries. Quand une méthode ne marche pas... on essaie l'autre !

Plaza del Ángel (plan II, F5, **185**) : *Londres, 161 (ou Hamburgo, 150) ; colonia Juárez dans la Zona Rosa. Ⓜ Insurgentes. Tlj 10h30-18h30 sauf dim.* Passage couvert abritant une quarantaine de galeries d'antiquaires. Horlogerie, mobilier, lithographies, cartes, mappemondes, rien que des belles choses... Le samedi, c'est grand déballage, les articles envahissent les allées !

Coyoacán et San Ángel (plan III)

Le week-end, le *jardín Centenario (Zócalo)* de Coyoacán est envahi par des ***stands d'artisanat hippie.*** Ambiance baba, musiciens de rue et odeurs d'encens... De même à San Ángel, autour de la plaza San Jacinto qui s'emplit de marchands de tableaux. Si vous y passez un samedi *(10h-19h),* ne manquez sous aucun prétexte le ***Bazaar Sábado,*** ravissant marché d'artisanat installé dans l'ancien cloître de l'église del Carmen.

Mercado del Carmen *(plan III, G7, **115**)* **:** *Amargura 5, plaza del Carmen. Tlj.* Échoppes d'artisanat dans un cadre branché.

À voir

CENTRO HISTÓRICO (plan I)

Sans surprise, c'est dans le centre historique que se concentrent une bonne partie des musées les plus anciens et l'essentiel du patrimoine architectural de la ville. Pas « muséifié » pour autant, il voit s'affairer petits employés, commerçants, vendeurs à la sauvette et clients en quête d'une bonne affaire. Dans la journée, on dirait une immense fourmilière, mais dès 19h-20h, les rues se vident, et le quartier devient beaucoup plus tranquille.

Conseils pratiques

– ***Les musées nationaux sont fermés le lundi. Certains sont gratuits le dimanche.*** La plupart proposent des réductions pour les étudiants, les personnes handicapées et les plus de 60 ans mais, souvent, elles ne concernent que les Mexicains et les résidents. Tentez votre chance... Généralement gratuit pour les enfants.
– On peut aussi visiter le centre en ***bus touristique*** *(turibus).* Voir « Infos et services touristiques » dans « Adresses et infos utiles », plus haut.
– ***Visites guidées gratuites*** (*au pourboire*) de la ville en espagnol ou en anglais avec ***Estación México.*** Rendez-vous tous les jours à 11h et 14h30 devant la cathédrale pour la visite du *centro.* Organise aussi des visites de Coyoacán *(11h et 15h au métro Viveros),* Roma-Condesa *(11h au métro Cuauhtémoc)* et de l'UNAM *(lun, mer, ven 15h au métro Universidad). Résa possible en ligne : • estacionmexico.com.mx •*

Autour du Zócalo

Commençons donc la visite par la place centrale, officiellement plaza de la Constitución, mais que tous désignent sous le nom de Zócalo. Vous touchez ici au centre de Mexico, le métronome de la vie politique de la nation, le cœur d'un pays ultra-centralisé comme l'était déjà l'Empire aztèque. Quand on visite le *centro histórico,* il faut se

ZÓCALO

Zócalo veut dire « socle ». Si la place la plus importante de Mexico s'est appelée ainsi, ce serait à cause du socle de la statue équestre de Carlos IV, qui resta longtemps sans statue, d'où le surnom ironique de Zócalo pour désigner cette place. Par extension, on surnomma ainsi toutes les autres places mexicaines.

souvenir qu'il aura fallu moins de 3 ans pour que Tenochtitlán, l'ancienne capitale des Aztèques, soit détruite et que sur ses ruines soit fondée une ville totalement espagnole. Le sous-sol du centre historique est donc truffé d'anciens temples aztèques. Il y en aurait au moins 80, mais une quarantaine seulement a été identifiée.

Zócalo *(plan I, C-D2)* **:** d'une grande unité architecturale, c'est l'une des plus belles places du monde, mais aussi l'une des plus grandes (240 m de côté) et des plus anciennes.
Cortés décida que le centre de la nouvelle cité espagnole devait s'élever là, à l'emplacement du marché aztèque de l'ancienne Tenochtitlán. Les pierres des pyramides servirent à paver l'esplanade et à construire les églises et les nouveaux édifices coloniaux. Si le Zócalo a conservé ses dimensions anciennes, il a subi au cours des siècles de nombreuses transformations.
Aujourd'hui, tous les grands événements du pays s'y déroulent ; toutes les manifestations s'y achèvent, face au palais présidentiel *(palacio nacional)*. Des armées de manifestants peuvent même y camper des semaines entières.
Côté nord, de part et d'autre de la cathédrale, se rassemblent souvent des groupes de danse aztèque. Les battements des tambours vous guideront. Rites préhispaniques dans des halos de fumée, odeur de copal (l'encens mésoaméricain), superbes costumes et de fantastiques coiffes de plumes. On s'y croirait. Les enfants adorent !

ERREUR POLITIQUE !

L'artiste Spencer Tunick décida de faire ses célèbres photos (avec 18 000 nus !) devant les pyramides de Teotihuacán. Refus catégorique ! En revanche, il eut l'autorisation, en 2007, d'effectuer son happening sur le Zócalo. Un bon nombre de naturistes en profitèrent pour huer dans la cathédrale l'archevêque, qui avait protégé des prêtres pédophiles.

Catedral *(plan I, C-D1-2)* **:** *tlj 7h-20h.*
Elle domine le Zócalo avec sa grande et belle façade. Vous n'avez pas la berlue, oui, elle penche un peu... à cause de l'instabilité du sol. Avant, un plomb gigantesque suspendu au toit de la coupole centrale permettait de mesurer son degré d'inclinaison ! La situation a enfin été stabilisée grâce à l'injection de tonnes de béton dans le sous-sol. Cette opération de redressement a duré des années, et, si l'édifice est désormais plus d'aplomb qu'avant, il continuerait à s'enfoncer d'environ 1 cm par an...
Construite à partir de 1571, la cathédrale ne fut achevée qu'en 1813. Cela explique ses différences de styles, notamment le baroque de la façade et le néoclassique des balustrades et des pinacles qui la surmontent. Du côté droit s'élève le *Sagrario*, église du XVIIIe s, à la magnifique façade churrigueresque.
L'intérieur de la cathédrale n'est pas fascinant, à part, derrière le chœur, l'*altar de los Reyes*, superbe retable churrigueresque foisonnant d'angelots, de motifs floraux et de dorures. La **sacristie** *(lun-ven 11h-17h45, sam 14h-17h45, dim 14h30-15h45 ; entrée à prix modique)*, au fond à droite, abrite de superbes et monumentales peintures de Juan Correa : *L'Entrée du Christ à Jérusalem* et *L'Assomption de la Vierge*. Également un *Saint Michel terrassant le dragon* de Cristóbal de Villalpando, l'un des principaux peintres de la Nouvelle-Espagne à la fin du XVIIe s.

Palacio nacional *(plan I, D2)* **:** *entrée rue Moneda. Visite guidée uniquement (1h), sur résa par mail : • visitas_guidas@hacienda.gob.mx • Contrôle de sécurité, et pièce d'identité demandée.*
C'est le palais présidentiel, magnifique édifice qui borde le côté est du Zócalo. Construit en 1523 sur les ruines du palais de l'empereur aztèque Moctezuma,

ce fut la résidence des vice-rois d'Espagne, puis des présidents de la République jusqu'à la fin du XIXe s, et de nouveau depuis 2019. Au-dessus du balcon principal, remarquez la cloche. Il paraît que c'est celle que Miguel Hidalgo sonna le 16 septembre 1810 dans le village de Dolores pour lancer le mouvement d'indépendance du Mexique. Depuis, tous les 15 septembre à 23h, le président de la République refait le même geste et crie 3 fois « *¡ Viva México !* » C'est le *grito,* le cri de l'indépendance, repris par la foule en liesse.

L'EAU QUI DORT

Bâtie sur un îlot de l'immense lac salé Texcoco, Tenochtitlán s'était dotée d'un savant système de canaux et de barrages, afin d'empêcher les inondations et d'irriguer les champs. Cortés le détruisit au XVIe s, livrant sans le savoir la ville aux inondations pour 4 siècles, jusqu'à l'assèchement complet du lac et l'installation d'un système de drainage en profondeur. Aujourd'hui, Mexico souffre plutôt du manque d'eau, et le pompage des nappes phréatiques cause un affaissement de 30 cm par an, visible sur de nombreux édifices.

On entre par le très agréable jardin botanique, avant d'accéder au patio central et aux escaliers : à l'intérieur, on trouve les ***fresques extraordinaires de Diego Rivera,*** peintes de 1929 à 1935 et représentant toute l'histoire du Mexique. On commence, à gauche en entrant dans le palais, par l'immense *Mexique à travers les siècles.* Sur le côté droit est illustrée la vie avant l'arrivée des Espagnols, âge d'or glorieux avec le cacaoyer. Au centre, on retrouve la scène de l'aigle sur un cactus, mythe fondateur de Tenochtitlán. Sur le côté gauche, l'admirable tableau intitulé *La Lucha de clases* (La Lutte des classes). En haut, Marx indique à un paysan, à un ouvrier et à un soldat le futur radieux de l'humanité. Juste en dessous de lui, description sans complaisance de la société capitaliste, avec des portraits des maîtres de Wall Street de l'époque : John D. Rockefeller, Vanderbilt, Morgan... La tête de Frida Kahlo et celle de sa sœur sont cachées quelque part, à vous de les trouver.
Le long du corridor du 1er étage, d'autres peintures murales évoquent les différentes cultures préhispaniques, en commençant par une vue de Tenochtitlán. L'ancien Parlement ne se visite plus, mais ceux qui ont le temps iront encore jeter un coup d'œil à la chambre du président Benito Juárez (il est mort ici), transformée en musée hagiographique. Jardin botanique au fond de la cour du fond.

🏛 ***Monte de Piedad*** *(plan I, C1-2) : sur le côté ouest du Zócalo, à l'angle de 5 de Mayo. Lun-ven 8h30-17h45, sam 8h30-13h. GRATUIT.* C'est le mont-de-piété, une institution chère au cœur de nombreux Mexicains puisqu'elle prête de l'argent sur dépôts d'objets précieux. Le bel édifice colonial a été construit en 1521 sur l'emplacement d'un ancien palais aztèque, où furent somptueusement logés Cortés et ses hommes à leur arrivée à Tenochtitlán en 1519.

🏛🏛🏛 ***Templo Mayor*** *(plan I, D1-2) : au nord-est du Zócalo. ☎ 40-40-56-00. • templomayor.inah.gob.mx • Mar-dim 9h-17h. Entrée : 80 $Me. Consigne obligatoire.*
Le site archéologique n'est pas très spectaculaire, mais il possède une grande valeur symbolique : on y trouve les vestiges du monument le plus important de l'Empire aztèque. Selon la cosmogonie *mexica,* c'était même le centre du monde. Durant longtemps, on a pensé que le Templo Mayor se trouvait sous la cathédrale, au point qu'en 1900 un canal d'égout a été percé à travers les ruines préhispaniques sans que personne ne se doute qu'on était tout simplement en train de perforer la fameuse grande pyramide de Tenochtitlán !
C'est finalement en 1978 que le banal coup de pioche d'un terrassier mit au jour un chef-d'œuvre de la sculpture aztèque : le monolithe de Coyolxauhqui (présenté dans le musée). D'autres sculptures furent découvertes dans la foulée, notamment celle d'un *chac-mool,* un récipient en forme de soldat allongé destiné à recevoir les cœurs arrachés lors des sacrifices. Des ruines émergent aussi des serpents à

plumes, les têtes de la maison des Aigles et ses bas-reliefs peints, puis un *tzompantli,* le « mur aux crânes », avec 240 d'entre eux sculptés dessus.

La pyramide du Templo Mayor mesurait à l'origine 45 m de haut. Elle représentait le point de convergence des éléments ciel, terre et inframonde, ainsi que l'axe des 4 points cardinaux. C'est la raison pour laquelle aucun gouvernant aztèque n'aurait envisagé de la changer de place. Pour marquer leur règne, ils préféraient construire par-dessus. La pyramide a ainsi été entièrement recouverte 7 fois. Sur le site, on se rend très bien compte de cette juxtaposition de couches. L'édifice était surmonté de 2 temples. L'un était dédié à Tlaloc, le dieu de la Pluie et de l'Agriculture ; l'autre à Huitzilopochtli, dieu de la Guerre et divinité suprême des Aztèques. C'est là qu'étaient conduites les funérailles des grands personnages de l'État.

La grande pyramide a été détruite juste après la chute de Tenochtitlán, et les pierres furent utilisées pour construire les palais de 2 frères, compagnons de Cortés. Ironie du sort, ils n'en jouirent pas bien longtemps, car ils furent accusés de conspiration contre la Couronne et exécutés. Dans la foulée, leurs demeures furent détruites, les terrains laissés à l'abandon... et les ruines du Templo Mayor oubliées.

– ***Musée :*** splendide et passionnant. Il renferme des pièces de toute beauté qui ont été retrouvées lors des fouilles du Templo Mayor et plus récemment sous la cathédrale. À voir en particulier : le ***monolithe de Coyolxauhqui,*** dont les couleurs vives sont restituées par projection ; les statues en terre cuite de *Xipe Totec,* le dieu chauve-souris ; les sculptures à taille humaine de dieux guerriers ; les poignards de pierre à œil d'obsidienne utilisés pour les sacrifices ; sans oublier ce magnifique disque incrusté de 15 000 tessons de turquoise ! Et puis, l'un des clous du musée : un immense bas-relief de 12 t qui représente ***Tlaltecuhtli,*** la déesse aztèque de la Terre. Cette superbe sculpture, datant de 1502, n'a été découverte qu'en 2006 sur le site même du Templo Mayor. Elle conserve encore ses couleurs d'origine et constitue une pièce unique, de même valeur archéologique que le soleil aztèque exposé au musée d'Anthropologie.

Museo de la Ciudad de México *(plan I, D2) :* *Pino Suárez 30. ☎ 55-22-99-36. Ⓜ Pino Suárez. Tlj 10h-18h sauf lun. Entrée : env 40 $Me ; réduc ; gratuit mer. Visites guidées gratuites sur demande au kiosque. Nombreuses sections fermées pour restauration jusqu'à nouvel ordre et remplacées par des expos temporaires.*

Le musée de la Ville est installé dans un beau palais baroque, une fois de plus construit sur les ruines d'un édifice aztèque ! L'une des pierres d'achoppement de l'immeuble est d'ailleurs une gueule de serpent, le *coalt.* On peut la voir au niveau du trottoir, à l'angle de Pino Suárez et República de Salvador.

Une fois à l'intérieur, il faut aussi regarder en l'air : surprenants canons qui servent de gouttière et beaux lions de pierre encadrant l'escalier. Notez enfin la lourde porte en cèdre blanc, provenant des Philippines. On visite, à l'étage, la salle de musique avec quelques beaux meubles coloniaux, la chapelle et la sacristie contenant quelques pièces d'art sacré *(fermé pour restauration).* Montez encore d'un niveau, là où se trouvait l'atelier du peintre Joaquín Clausell *(fermé pour restauration).* On l'appelle la ***torre de las mil ventanas,*** la « tour aux mille fenêtres » : en effet, les murs sont entièrement recouverts de petites peintures impressionnistes enchevêtrées, réalisées par le peintre lorsqu'il nettoyait ses pinceaux sur les murs. Également des expositions temporaires.

COMBAT DE GLADIATEUR

Parmi les sacrifices pratiqués par les Aztèques, celui du « gladiateur » a particulièrement marqué les Espagnols. On accordait ce « privilège » honorifique à un captif qui s'était distingué au combat par sa bravoure : attaché par le pied à une immense pierre près du Templo Mayor, équipé d'une épée courte et d'un bouclier, il affrontait successivement 7 officiers lourdement armés. S'il survivait à l'épreuve, on lui accordait la vie et la liberté.

À l'est du Zócalo

De ce côté s'étend le secteur colonial qui n'a pas encore été rénové. Un maillage serré de petites boutiques, leurs haut-parleurs déversant en continu annonces assourdissantes et musique tonitruante. On y croise aussi pas mal de vendeurs ambulants. C'est un quartier très populaire. Allez-y tôt le matin ou le dimanche. On commence la balade par la ***calle Moneda*** *(plan I, D2)*, l'une des plus belles rues du centre historique. Magnifique alignement de palais aux façades coloniales, qui témoigne d'une remarquable homogénéité architecturale.

Templo de la Santísima Trinidad *(plan I, D2)* **:** à cause de son poids, l'église s'est peu à peu affaissée et se situe désormais 2 m plus bas que le niveau de la rue. Magnifique façade churrigueresque. Clocher richement sculpté, en forme de tiare. De là, remonter vers le Zócalo en prenant la rue Emiliano Zapata qui devient Moneda.

À l'angle avec Academia, on tombe sur une belle église, ***Santa Inés*** *(plan I, D2)*. Portes finement sculptées de scènes religieuses. Intérieur sans intérêt. Elle jouxte le couvent du même nom, désormais ***museo José Luis Cuevas*** : *entrée sur Academia, au nº 13. ☎ 55-22-01-56 ou 55-42-61-98. • museojoseluiscuevas.com.mx • Tlj 10h-18h sauf lun. Entrée : 20 $Me ; gratuit dim.* Le musée, installé dans l'ex-couvent Santa Inés (1600), rassemble la collection du peintre et sculpteur mexicain J. L. Cuevas, exposée autour d'un beau patio calme où trône l'une de ses sculptures monumentales (la *Giganta,* de près de 10 t, qui exprime la dualité homme-femme). On y découvre aussi des œuvres d'autres artistes contemporains de renommée internationale.

Museo nacional de las Culturas *(plan I, D2)* **:** *Moneda 13. ☎ 41-66-07-70. Tlj 9h-17h sauf lun. GRATUIT.* Beau musée didactique consacré aux grandes cultures du monde : Chine, Mésopotamie, Égypte, Grèce... mais aussi le Pacifique, et même les Inuits. C'est ici que l'on frappait la monnaie autrefois (d'où le nom de la rue). Magnifique patio avec sa fontaine centrale.

Ex Teresa Arte Actual *(plan I, D2)* **:** *Licenciendo Verdad 8. ☎ 55-22-27-21. Tlj sauf lun 10h-18h, sauf lun. • exteresa.bellasartes.gob.mx • GRATUIT.* Au fond de l'impasse, voici l'ancienne *iglesia Santa Teresa La Antigua* qui a été reconvertie (si l'on peut dire...) en centre culturel et musée avec des expos temporaires d'artistes contemporains : performances, happenings, art sonore, parfois très underground urbain... L'église est tellement penchée qu'à l'intérieur, on a presque l'impression de faire du ski ! À l'angle de l'impasse et de la calle Moneda, observez l'édifice de la 1re imprimerie d'Amérique.

Antiguo Palacio del Arzobispado *(plan I, D2)* **:** *Moneda 4. ☎ 36-88-16-66. Tlj sauf lun 10h-17h. GRATUIT.* Bel édifice datant de 1530 mais qui n'est devenu palais de l'archevêque qu'en 1720. C'est à l'architecte José Miguel Saravia Rivera, le maître de l'art churrigueresque au Mexique, que l'on doit son aspect actuel. C'est aujourd'hui le *musée du Ministère des finances* (*Secretaría de Hacienda y Crédito público,* ou *SHCP*). Nombreux espaces différents consacrés là encore à des expos temporaires, d'artistes latino-américains cette fois. Également des vestiges d'une ancienne pyramide cérémoniale ainsi que des fragments d'un monolithe découvert après le séisme de 1985.

Au nord du Zócalo

Nuestra Señora del Pilar *(plan I, D1)* **:** *Donceles 104.* Cette église, aussi connue sous le nom de *templo de la Enseñanza,* forme un bel ensemble baroque avec ses 8 retables dorés des XVIIe-XVIIIe s. Intérieur époustouflant, hérissé de statues qui semblent sortir des murs !

Colegio San Ildefonso *(plan I, D1)* **:** *Justo Sierra 16. ☎ 36-02-00-00. • sanildefonso.org.mx • Tlj 11h-18h sauf lun. Entrée : 50 $Me ; réduc ; gratuit dim.* Ce magnifique et grand édifice abritait l'ancien collège jésuite. Transformé en musée, il héberge d'intéressantes expos temporaires. On peut aussi y admirer les fresques de 7 artistes dont, bien sûr, Orozco (*La Trinchera,* dans la cour principale, évoquant la révolution) et Diego Rivera (*La Creación,* à voir dans l'amphithéâtre).

Prendre la calle San Ildefonso et traverser l'avenue República de Argentina pour découvrir la ***plaza Santo Domingo*** *(plan I, C1)* : elle a conservé tout son caractère colonial. Au fond, le ***templo Santo Domingo,*** bel édifice de style baroque. À l'est, la place est bordée de beaux palais, dont l'*Antiguo Palacio de la Inquisición,* désormais *museo de la Medicina mexicana (República de Brasil 33)* et celui de la SEP *(au n° 31 ; voir ci-après).* Sur le côté ouest de la place, sous les arcades, de petits imprimeurs exécutent toutes sortes de menus travaux sur des presses à main.

Secretaría de Educación pública *(SEP ; plan I, C-D1)* **:** *República de Brasil 31 (ou Argentina 28). Lun-ven 9h-17h. GRATUIT. Le bâtiment est gardé, mais ne vous laissez pas impressionner : entrée libre.* Pour les amateurs de peinture murale, à ne pas manquer. Situé dans le couvent de la Inmaculada Concepción (fin XVIe s). Pas moins de 200 panneaux exécutés par Diego Rivera, entre 1922 et 1928. Au 2e étage, la série *Les Martyrs de la révolution* établit une synthèse entre 2 faits fondateurs du Mexique : la révolution (Zapata, Villa, Obregón...) et le culte des morts. Une fête de couleurs au contenu politico-historique. La magnifique expression de l'art mural mexicain. Profitez-en, les titres sont traduits en français.

Prendre, sur le côté gauche de l'église, la jolie ruelle Leandro Valle et sa fontaine. Au n° 20 se trouve le ***centro cultural del México contemporáneo*** *(plan I, C1)* : *☎ 55-29-15-67. • ccmc.org.mx • Tlj 10h-18h sauf lun. GRATUIT.* Un mélange très réussi d'architecture coloniale et contemporaine. Les murs anciens ont été conservés mais rehaussés d'éléments d'avant-garde. Au centre, un bouquet de palmiers. Outre une salle de ciné, le centre accueille des expos temporaires et une foultitude d'ateliers : danse, musique, arts plastiques, jeux d'échecs, etc. *(tlj sauf lun ; gratuit).*

À l'ouest du Zócalo

Museo del Estanquillo *(plan I, C2)* **:** *Isabel la Católica 26 (angle Madero). ☎ 55-21-30-52. Ext 101. • museodelestanquillo.com • Tlj 10h-18h sauf mar. GRATUIT.* Ce musée retrace l'histoire de Mexico à travers le portrait et ses déclinaisons – des photos de famille aux caricatures politiques en passant par les « photosculptures » typiques des années 1940-1960, façon 3D médiévale... Cafétéria sur la terrasse du toit, idéale pour le coucher du soleil.

Templo San Francisco de Asis *(plan I, C2)* **:** église en retrait de la rue Madero, penchée et enfoncée dans le sol. Ce fut le 1er et le plus grand couvent franciscain de la ville, construit à la demande de Cortés dès 1524. Son église, construite en 1716, arbore une spectaculaire façade de style churrigueresque. À l'intérieur, immenses peintures sur les murs retraçant la vie de Saint François (il prêchait aux animaux) et somptueux retable doré.

Casa de los Azulejos *(plan I, C1-2)* **:** *Madero 4.* La façade de ce superbe bâtiment colonial du XVIe s est entièrement recouverte de carreaux de faïence (azulejos) bleu et blanc. C'est le 1er endroit où Pancho Villa est allé avec sa troupe, quand il a pris Mexico. À l'intérieur, superbe patio à colonnades, avec ses murs peints et décorés de céramiques, surmontés de linteaux sculptés. Ne manquez pas la grande peinture murale d'Orozco, baptisée *Omniscience,* dans l'escalier central (1925).

Le lieu abrite le resto de la chaîne *Sanborn's*. Cuisine standard et pas très chère, servie à toute heure. Bons tacos et jus de fruits.

Museo nacional de Arte (Munal ; *plan I, C1)* **:** *Tacuba 8. ☎ 86-47-54-30. • munal.mx • Tlj 10h-17h30 sauf lun. Entrée : 80 $Me ; droits photo 5 $Me ; gratuit dim. Visite guidée gratuite tlj à 12h et 14h.* Très bel édifice du XIXe s dominant la statue équestre de Carlos IV (elle se trouvait à l'université jusqu'en 1852). La collection permanente occupe 33 salles consacrées à la peinture et l'art mexicains, entre 1550 et 1954. 3 parties : « Assimilation de l'Occident », « Construction d'une nation » et « Stratégie plastique pour un Mexique moderne ». Intéressantes expos temporaires. Un beau musée.

REVANCHE DU FILS...

« Tu n'auras jamais de maison en céramique, mon fils... » Ce sont ces mots, lancés par son père au comte del Valle de Orizaba durant sa jeunesse turbulente, qui seraient à l'origine de la décoration de la splendide casa de los Azulejos. Fortune faite, grâce à son mariage avec une jeune héritière, il retapa entièrement la maison reçue en dot et la tapissa de pied en cap de céramiques de Puebla.

Plaza Garibaldi *(plan I, C1)* **:** *sur Lázaro Cárdenas Norte. Ⓜ Garibaldi puis 10 mn de marche plein sud.* Un endroit symbolique de Mexico : c'est le repaire des mariachis, moustaches noires et costume ajusté, sombrero et bottes de cuir. La place a bénéficié d'un lifting et héberge un musée de la tequila et du mezcal. Sans grand intérêt pendant la journée, on y va surtout le soir pour se faire jouer la sérénade des trios de guitaristes ou des bandes de mariachis. Plus tard dans la nuit, au ***Salón Tenampa*** *(plan I, C1,* ***161*** ; voir « Où boire un verre ? Où sortir ? »), quelques tequilas dans le gosier vous aideront à saisir le charme de la vie nocturne du Mexique populaire.

Autour du parque de l'Alameda

Ce grand parc, joliment dessiné et très arboré, est le lieu favori des promenades dominicales. Les vendeurs de ballons et autres breloques s'y pressent alors. On y a même vu un concours du plus long baiser ! Moins romantique, c'est sur cette esplanade que se dressait jadis le sinistre bûcher de l'Inquisition...

Torre Latino *(plan I, C2)* **:** *angle Lázaro Cárdenas et Madero. ☎ 55-18-74-23. • miradorlatino.com • Tlj 9h-22h. Accès au mirador : 170 $Me ; réduc ; ticket valable plusieurs fois dans la même journée.* Impossible de la louper ! Cette tour de 138 m de haut (sans l'antenne) est tout un symbole pour les Mexicains. Ce fut le 1er gratte-ciel d'une ville dont le sous-sol ne cesse de bouger. Construite en 1956 par la société qui a édifié l'Empire State Building à New York, la tour a résisté à tous les tremblements de terre, notamment à celui de 1985. On y va pour le ***mirador,*** situé tout en haut (44e étage). Assurez-vous qu'il y ait une bonne visibilité. De toute façon, le panorama sur la ville (360°) est impressionnant.

– Petit ***Museo de la Torre Latinoamericana*** sur l'histoire de la ville au 38e étage *(tlj 8h-20h, inclus dans le billet du mirador).* À voir, entre autres : une intéressante peinture de Mexico en 1856, lorsque la ville n'était qu'une bourgade d'une vingtaine de *cuadras*... Le contraste avec la vue qui s'étend sous vos pieds depuis le mirador est évidemment saisissant...

– ***Museo del Bicentenario :*** au 36e étage *(tlj 9h-22h ; entrée : 30 $Me).* Petit musée qui expose photos et faits historiques sur l'indépendance (1810) et la révolution (1910).

Miralto, resto panoramique et bar : *au sommet de la tour.* La vue est tout aussi appréciable et on évite ainsi de payer les 100 $Me d'accès au mirador ! Voir plus haut « Où manger ? ».

MEXICO ET SES ENVIRONS

Correo Mayor *(plan I, C1)* **:** c'est la poste centrale. Construit comme un palais Renaissance vénitienne. La façade est très belle, mais entrez aussi à l'intérieur pour voir la verrière, l'escalier et les guichets en cuivre. Le marbre vient de Carrare. Superbe. Le James Bond *Spectre* fut tourné ici.

Palacio de Bellas Artes *(plan I, B1)* **:** *angle Juárez et Eje Central. ☎ 86-47-65-00. • palacio.bellasartes.gob.mx • Tlj sauf lun 10h-18h. Gratuit le dim, mais il y a foule ! Entrée libre dans le hall, musée payant : 75 $Me.*

Ce palais possède une curieuse histoire. Commandé par le dictateur Porfirio Díaz comme théâtre à un architecte italien, il devait symboliser la puissance et la gloire du régime. L'architecte, qui le surnomma lui-même « l'éléphant blanc », le conçut dans un style hybride Art nouveau et néoclassique, entièrement en marbre de Carrare. Des éléments de décoration mexicaine, comme les gargouilles en forme de singes et de jaguars, ont été ajoutés. Commencé au début du siècle dernier, le théâtre devait en principe être achevé en 1910, pour le centenaire de la guerre d'indépendance mexicaine. Mais il ne connut que des vicissitudes. Pendant la construction, on s'aperçut d'abord qu'il s'enfonçait dans le sol trop meuble. Les travaux prirent du retard, puis furent interrompus après la révolution. L'architecte mourut, et les plans changèrent avec ses successeurs. Les travaux s'achevèrent, enfin, en 1934. Federico Mariscal, le dernier maître d'œuvre, en accord avec son époque, conçut l'intérieur en style Art déco.

COUP D'ÉPÉE DANS L'EAU

Dans le palacio de Bellas Artes *figure l'une des plus célèbres* pinturas murales *de Diego Rivera :* El Hombre en El Cruce de Caminos. *Commandée à l'origine pour le* Rockefeller Center *de New York où elle fut réalisée en 1933, cette œuvre fut aussitôt détruite car Nelson Rockefeller l'avait prise pour de la propagande anticapitaliste ! Faut dire que Rivera avait particulièrement soigné le portrait de Lénine... Du coup, l'artiste l'a repeinte l'année suivante à Mexico d'après photo !*

– ***Museo* :** aux 1er et 2e étages. Il passionnera tous les amateurs de muralisme mexicain. Fresques remarquables de la « bande des 4 » : Orozco, Rivera, Siqueiros et Tamayo, auxquels il faut ajouter Juan O'Gorman. Également des expos temporaires.

– ***Salle de théâtre* :** *seulement en visite guidée (gratuite) mar et jeu à 12h50 et 13h20, ven 12h40 et 12h50 (30 mn de visite, se présenter 10 mn avt).* Très beau rideau de scène en mosaïque de cristaux, représentant la vallée de Mexico, réalisé par le célèbre Tiffany de New York (celui des lampes).

– ***Salle de spectacle* :** programme varié et de qualité de danse et de musique (de chambre ou symphonique) avec les compagnies et orchestres nationaux.

Au 1er niveau, belle cafétéria *(lun 12h-18h ; mar-dim 10h30-19h)* et boutique-librairie.

Museo Franz Mayer *(plan I, B1)* **:** *Hidalgo 45. ☎ 55-18-22-66. • franzmayer.org.mx • Tlj, sauf lun, 10h-17h, plus w-e en été 10h-19h. Entrée : 70 $Me ; collection permanente gratuite mar ; visite guidée le w-e à 11h et 14h (20 Me$, 1h30) ; accès cloître-bibliothèque-café 10 $Me ; réduc.*

Une belle bâtisse en contrebas, encadrée par 2 vieilles églises sérieusement penchées. Très beau musée consacré aux arts décoratifs, surtout de l'époque coloniale mexicaine. On doit cette impressionnante collection à Franz Mayer, financier d'origine allemande venu faire fortune au Mexique. Il a légué au gouvernement mexicain plus de 10 000 pièces : une magnifique collection de céramiques (porcelaine de Chine et *talaveras* mexicaines), des meubles en marqueterie datant de l'époque de la Nouvelle-Espagne, des tapisseries, des sculptures sur bois polychromes de toute beauté, des textiles anciens (*rebozos* et *sarapes*), des coffres et des toiles de l'école espagnole (Juan Correa, Zurbarán), etc. Ne manquez pas, dans la salle consacrée au XVIe s, l'étonnante petite sculpture en ivoire destinée aux études anatomiques...

Autour du cloître, à l'arrière, quelques pièces d'habitation, de celles qu'on trouve dans les haciendas, ont été reconstituées. Quant à l'édifice lui-même, construit au XVIe s, il eut, entre autres vocations, celle d'hôpital pour prostituées, quand l'empereur Maximilien légalisa leur exercice. Expos temporaires.
I●I En fin de visite, ***cafétéria*** dans le cloître pour grignoter un sandwich ou une salade au calme. Très agréable, dommage que l'accès soit payant (bon, 10 $Me) *!*

Museo de Arte popular *(MAP ; plan I, B2)* **:** *angle Independencia et Revillagigedo. ☎ 55-10-22-01. ● map.cdmx.gob.mx ● Ⓜ Juárez. Tlj 10h-18h sauf lun (21h mer). Entrée : 60 $Me ; réduc ; gratuit dim.* Ce magnifique musée consacré à l'art populaire mexicain occupe un immeuble Art déco construit en 1928 pour héberger, entre autres, la caserne des pompiers. Très endommagé par le tremblement de terre de 1985, il a été superbement restauré et abrite une très riche collection d'artisanat (plus de 1 000 pièces) à la muséographie moderne, autour d'un puits de lumière. Expos temporaires au 1er ; au 2e, superbes animaux fantastiques en papier mâché ou en bois *(alebrijes),* masques impressionnants et fantastiques sculptures de la mort à la mexicaine *(la Catrina)...* Le 3e étage est consacré à l'artisanat et à la vie quotidienne, avec des costumes et des vêtements brodés, des jouets, des bijoux, etc. À ne manquer sous aucun prétexte.

Museo mural Diego Rivera *(plan I, B1)* **:** *angle Colón et Balderas. ☎ 15-55-19-00. ● museomuraldiegorivera.bellasartes.gob.mx ● Tlj 10h-18h sauf lun. Entrée : 35 $Me ; réduc ; gratuit dim ; visite guidée 20 $Me, tlj 10h-18h (sauf lun) ttes les heures.* Ce petit musée a été créé en 1986 pour recevoir la vaste fresque (15 m x 4 m) peinte par Rivera en 1947 pour l'hôtel *Prado,* intitulée *Songe d'un après-midi dominical dans le parc de l'Alameda.* Elle avait été gravement endommagée par le tremblement de terre de 1985. Elle représente tous les personnages illustres du pays se promenant dans le parc, d'Hernán Cortés à Frida Kahlo en passant par Maximilien et de simples travailleurs et zapatistes. Une bonne leçon d'histoire en B.D. Panneaux explicatifs en espagnol et en anglais. Des œuvres contemporaines sont exposées à l'étage. De là, vue d'ensemble sur la fresque.

Plaza de la República

Monumento Revolución Mexicana *(plan I, A1)* **:** *pl. de la República. ☎ 55-92-20-38. ● mrm.mx ● Ⓜ Revolución. Mar-ven 9h-17h, sam-dim 9h-19h30 ; lun fermé. Entrée : 70 $Me pour le mirador seul ; 100 $Me pour le mirador et le paseo cimentación ; gratuit dim.*
Au cœur d'un quartier aujourd'hui en pleine métamorphose, un imposant édifice dont la construction a démarré en 1910, sous les auspices du dictateur Porfirio Díaz qui voulait en faire le palais législatif. Mais, révolution aidant, le chantier fut abandonné. Ce n'est qu'en 1933 qu'on décida d'en faire un mausolée en l'honneur des héros de la *Revolución.* Massif et sans grâce, mais avec des accents Art déco, ce monument est resté longtemps oublié des citadins et des touristes. À l'occasion des fêtes du Centenaire de la révolution, il a été entièrement rénové. On peut désormais y monter grâce à un ascenseur extérieur. Vue spectaculaire.
Au sous-sol, le ***paseo cimentación,*** un circuit retraçant l'histoire du monument. Également un petit ***musée*** consacré à la révolution *(30 $Me, réduc)* pour les passionnés.

Au nord du centre historique

Insigne y Nacional basílica de Santa María de la Guadalupe *(plan d'ensemble)* **:** *infos : ☎ 51-18-05-00 (tlj 8h-20h30). ● virgendeguadalupe.mx ● Ⓜ La Villa-Basílica (ligne nº 6). Tlj 6h-21h ; messes ttes les heures environ.*

Cap au nord de la ville ! Il y a 2 basiliques de la Guadalupe pour le même prix ; de quoi réjouir le routard le plus exigeant ! L'***Insigne,*** qui penche sérieusement, date de l'époque coloniale. L'intérieur est entièrement corseté de piliers de soutènement métalliques pour éviter qu'elle ne s'effondre.

Les choses sérieuses se déroulent dans la ***Nacional basílica,*** juste à côté, une basilique new-look qui forme une large rotonde façon palais des congrès, et comme surmontée d'un voile (levé sur les mystères de la foi ?). Intérieur impressionnant, sous l'immense voûte de bois, les alvéoles des lustres et les superbes vitraux. C'est là, sous l'autel, que l'on peut voir la fameuse tunique sacrée, où en 1531 l'image de la Vierge de la Guadalupe se serait auto-imprimée, à la stupéfaction du jeune Indien fraîchement converti au christianisme qui la portait. On l'admire depuis un tapis roulant, dans un sens, puis dans l'autre, ce qui empêche les foules de s'amasser devant l'effigie durant des heures !

SAINTE COMMUNICATION, PRIEZ POUR NOUS

La religiosité mexicaine, tout attachée aux traditions qu'elle soit, ne refuse pas la modernité. Pour preuve, la papamobile conservée en souvenir de la visite de Jean-Paul II, sur le parvis de la basilique de la Guadalupe, et ces étonnants confessionnaux alignés sur les côtés de la basilique moderne, comme autant de cabines téléphoniques...

Cette tunique reste une véritable énigme pour les scientifiques ; le vêtement, tissé en fibres d'agave, ne s'est jamais dégradé, et l'on ne connaît pas l'origine des pigments utilisés. Il fait l'objet de toutes les dévotions et c'est le but de nombreux pèlerinages dans tout le pays. Certains pèlerins s'y dirigent à genoux depuis la grande avenue qui mène à la basilique, notamment le 12 décembre, jour de la fête de la Vierge de Guadalupe. Des millions de Mexicains se pressent alors ici. Le voyage, à pied ou à vélo, dure plusieurs jours, voire des semaines. L'esplanade est remplie d'une foule immense et compacte. Vous côtoierez le Mexique religieux, au milieu des danses préhispaniques, des processions et des messes qui sont célébrées en permanence durant toute la journée.

– Pour prendre un peu de hauteur sur les événements, empruntez le bel escalier agrémenté de treilles et de bancs vers la ***capilla del Cerrito,*** ou *capilla de Tepeyac (tlj 7h-17h30, messe tlj 12h).* C'est là que le jeune Indien converti au christianisme aurait vu la Vierge pour la 1re fois ; pour vous, il apparaîtra dans une explosion de fleurs. Belles fresques (XXe s) et guirlandes bariolées en plastique. Le promontoire offre un superbe point de vue sur la ville et les montagnes à l'horizon.

– Également un ***museo*** *(tlj 10h-17h30 sauf lun ; entrée à prix modique),* avec quelques ex-voto et de belles pièces d'art religieux pour les amateurs. Ne manquez surtout pas, en contrebas du musée, de visiter les beaux jardins et les cascades avec la reproduction, en statues plus grandes que nature, de l'apparition de la Vierge aux Indiens. Toute la journée, des enceintes y fredonnent une prière sur fond musical pop (par exemple les Beatles) : une expérience unique ! À côté, marché de bondieuseries.

Plaza de las Tres Culturas *(plan d'ensemble)* **:** Ⓜ *Tlatelolco.* Cette esplanade d'une grande valeur symbolique présente sur le même lieu les 3 grandes cultures du Mexique : aztèque, coloniale et moderne. L'aztèque est représentée par les ruines assez étendues de l'*ancien marché de Tlatelolco,* l'espagnole par l'*église de Santiago* (1610), en pierre de lave, et la moderne par les affreux bâtiments administratifs qui entourent le site. Pour beaucoup d'autres, la place symbolise désormais la répression du régime autoritaire à l'époque du PRI : c'est en effet sur cette place qu'a eu lieu le « massacre de Tlatelolco », lorsqu'en 1968, à l'époque des révoltes étudiantes, des centaines d'étudiants et de manifestants y ont été tués.

LA SAN RAFAEL et LA SANTA MARÍA LA RIBERA (plan d'ensemble)

Au nord de la Zona Rosa *(Ⓜ San Cosme)* s'étendent 2 quartiers en plein revival, *la San Rafael* au sud et *la Santa María La Ribera* au nord, séparés par l'avenida Ribera de San Cosme. On y trouve quelques vestiges de la période Art déco comme le ***Cine Opera*** *(Serapio Rendon 9, dans la San Rafael)* aujourd'hui désaffecté, accolé à la très belle petite église San Cosme y San Damian datant du XVIIIe s. Dans la Santa María La Ribera, le ***Kiosko Morisco*** *(Salvador Díaz Mirón/Dr Atl),* qui trône au milieu d'un parc très animé, est l'emblème de tout un quartier. Il a été construit pour représenter le Mexique à l'exposition universelle de 1885 à Saint-Louis aux États-Unis, puis démonté et reconstruit ici. Une superbe architecture néoarabe qui a longtemps servi de cadre au tirage de la loterie nationale. Juste à côté, le ***Museo del Instituto de Geología*** de l'UNAM *(Jaime Torres Bodet 176. ☎ 55-47-39-48. • geologia.unam.mx • Tlj 10h-17h sauf lun. Entrée 25 $Me)* ; des minéraux et le squelette d'un mammouth mis au jour lors de la construction de l'autoroute Mexico-Puebla en 1926. À une encablure de là, le ***Museo Universitario del Chopo*** *(Enrique González Martínez 10. ☎ 55-46-34-71. • chopo.unam.mx • Mer-dim 11h30-19h. Entrée 30 $Me, réduc, gratuit mer).* Impossible de manquer ce bâtiment de fer et de verre quasi eiffelien (*jugendstil* pour être précis) construit à Düsseldorf puis assemblé ici au tournant du XXe s. Il est dédié à l'art contemporain, à la danse et à la musique émergentes. Il est régulièrement le théâtre de manifestations engagées. Programmation sur leur site.

CONDESA (plan II)

Avec Roma, c'est l'un des quartiers très tendance depuis pas mal d'années. Celles et ceux qui en ont les moyens choisiront d'y loger car c'est l'un des endroits les plus sûrs du DF. On y croise la jeunesse branchée de Mexico et pas mal d'expatriés. Se promener dans la Condesa, c'est humer le charme de l'Art déco du début du XXe s, transplanté à Mexico. Agréable balade en commençant par le *parque México,* très vert, très arboré (l'un des plus agréables de la ville). Quelques beaux immeubles Art déco dans les rues adjacentes, bordées de palmiers, des bars plus design les uns que les autres et plein de restos avec des terrasses sur le trottoir, qui proposent une bonne cuisine du monde entier.

– ***Visites guidées gratuites*** (mais prévoir un pourboire) des quartiers Roma-Condesa en espagnol ou en anglais avec ***Estación México.*** Rendez-vous tous les jours à 11h au métro Cuauhtémoc. *Résa possible en ligne : • estacionmexico.com.mx •*

POLANCO (plan d'ensemble)

À l'ouest de la Zona Rosa, en continuant le Paseo Reforma, on tombe sur Polanco. Planqué derrière le très grand *bosque de Chapultepec,* qui accueille en son sein quelques-uns des plus intéressants musées de la ville, il se démarque comme l'un des quartiers les plus riches de la capitale. Polanco, c'est le royaume des toutous toilettés promenés par paquets de 12 et des golden-boys gominés conduisant de gros 4x4 aux vitres fumées. Ici, les grandes enseignes du luxe (*Cartier, Vuitton* et consorts...) ont montré la porte de sortie aux épiceries de quartier, et les concessionnaires *Bentley* ou *Rolls* ont doublé les garagistes nageant dans le cambouis du *Centro.* À l'ombre des hautes tours de verre, où les grandes sociétés et les banques d'Amérique latine ont élu domicile, fleurissent les *malls* « à l'américaine » avec leurs boutiques de produits standardisés. Rien de vraiment nouveau sous le soleil, on est dans ce Mexico-là comme on est à Shanghai, Los Angeles ou Paris. Cela dit, Polanco, c'est aussi quelques musées incontournables pour celles et ceux qui s'intéressent à la peinture ou plus généralement à l'art. Sans oublier le fameux musée d'Anthropologie, celui-là même qui justifie votre voyage au Mexique...

Centro de Atención turística Punto México *(plan d'ensemble* **1***)* **:** *Presidente Masaryk, 172. ☎ 30-02-63-00. Ⓜ Polanco. Lun-sam 9h-19h, dim et j. fériés 9h-18h.* Quelques docs sur Mexico et ses environs et un plan du quartier ; produits et artisanat de différents États du Mexique.

Bosque de Chapultepec *(plan d'ensemble)* **:** *• chapultepec.org.mx • Ⓜ Auditorio. Tlj 5h-19h sauf lun (20h en été) ; accessible aux vélos en transit lun.*

Poumon vert de Mexico, ce bois semé de plusieurs lacs (barques et embarcations à pédales à louer) et sillonné de grandes avenues attire plus de 200 000 personnes chaque week-end, notamment des familles. Qui plus est, le dimanche matin, le Paseo de la Reforma est fermé à la circulation automobile depuis l'*Alameda Central* jusqu'au *bosque* lui-même, on peut alors s'y rendre à vélo sans aucun problème. Les enfants apprécieront le *parque infantil* (côté avenue Constituyentes) ou le zoo, au milieu du bois. Chaque 1er samedi du mois se déroule le programme ***Lanchacinema,*** projection d'un film en plein air que vous regardez blottis 2 par 2 dans une embarcation à pédales. Accès aux embarcations à 19h, début de séance à 20h. On achète son ticket à la station de métro Chapultepec. *Rens sur • cdmx.gob.mx/vive-cdmx/post/lanchacinema-y-lagocinema •*

CORRUPTOUR

La corruption gangrène la vie politique au Mexique. Chaque dimanche, un bus assure 2 rotations au départ du quartier Lomas de Chapultepec pour effectuer une excursion (gratuite) montrant une dizaine de bâtiments noyés dans les pots de vin et la cupidité de politiciens ou de fonctionnaires véreux. Ce fléau représente 9 % du PIB du pays. Selon Transparency International, la France est 26e de la classe... Restons modestes.

Dans la section la plus éloignée du *bosque,* à l'ouest du périphérique, se trouve la **feria Chapultepec Mágico** *(tlj, sauf lun, 11h-18h, w-e et j. fériés 20h, plus lun pdt les vac).* Divers manèges et montagnes russes. *Infos pratiques : • laferia.com.mx •*

Museo nacional de Antropología *(plan d'ensemble)* **:** *dans le bois de Chapultepec. ☎ 55-53-62-31. • mna.inah.gob.mx • Ⓜ Auditorio. Tlj 9h-17h sauf lun. Entrée surélevée sur l'esplanade, accès par une rampe à côté de la statue qui fait l'angle. Entrée : 85 $Me, réduc. Consigne obligatoire. Visites guidées gratuites mar-sam à partir de 10h30, possibles en français, à partir de 5 pers, à réserver sur Internet. Sinon, guides privés payants à l'extérieur du musée. Parking 20 $Me.*

Construit dans les années 1960, c'est le musée le plus visité de Mexico. Le gigantesque parapluie d'acier et d'aluminium de 4 400 m^2 dressé au centre de l'esplanade est en soi une vraie prouesse architecturale. Sa forme originale draine les eaux de pluie vers le bassin entourant la colonne. Et l'édifice n'a pas bougé d'un pouce lors du séisme de 1985.

Outre l'intérêt unique des pièces d'art précolombien, un tas de maquettes, cartes et dessins permettent de replacer les objets dans leur cadre ethnique ou historique. À noter : les explications, dans certaines parties, ne sont qu'en espagnol ; la salle d'orientation à l'entrée près de la billetterie explique l'organisation du musée par une vidéo en anglais. Voici une présentation, salle par salle, en commençant la visite par la droite de la cour.

– ***Salle d'introduction à l'anthropologie :*** mélange de reconstitutions et de pièces archéologiques allant des australopithèques à l'homme de Néandertal. Nombreuses installations illustrant des scènes préhistoriques, explications sur l'évolution et le mode de vie des 1ers humains.

– ***Salle du peuplement des Amériques :*** où l'on rappelle que les différentes civilisations précolombiennes sont issues d'une série de migrations provenant d'Asie, grosso modo entre 30 000 et 6 000 ans av. J.-C.
– ***Salle préclassique du centre du Mexique :*** durant 1 500 ans, l'Altiplano central voit apparaître progressivement les 1res formes de vie sédentaire. Ce sont les débuts de l'agriculture, des villages permanents et de l'artisanat (poterie), puis l'apparition des 1res pyramides, de l'écriture et du calendrier. C'est aussi une époque cannibale : on mange de la cervelle humaine et de la moelle ! Les échanges commerciaux se développent, permettant des progrès plus rapides et l'émergence de cultures plus puissantes. Ne manquez pas les magnifiques statuettes en terre, dont le splendide *Acrobate contorsionniste* trouvé à Tlatilco, considéré comme l'une des œuvres les plus importantes du musée. Belle reconstitution de tombes, où l'on apprend que les morts étaient enduits de pigments rouges.
– ***Salle de Teotihuacán :*** l'émergence de Teotihuacán, vers le Ier s, annonce la période classique. Représentation des temples du Soleil et de la Lune. Reconstitution du *temple de Quetzalcóatl,* le fameux serpent à plumes. Il alterne avec des masques de Tlaloc, dieu de la Pluie et de l'Agriculture. Également la sculpture monumentale de *Chalchiuhtlicue* (déesse de l'Eau) provenant de la place de la Lune. Ne pas manquer non plus la jolie collection de masques.
– ***Salle Tolteca :*** la 1re section est consacrée à la ville de *Xochicalco* et à ses fameuses stèles, la 2de au site de *Tula,* d'où fut rapporté un atlante de près de 5 m de haut. Apparaît un 1er *chac-mool,* sculpture d'un homme sur le dos, appuyé sur les coudes. Sur son ventre, une sorte de plateau, où étaient placés les cœurs des victimes immolées.
– ***Salle Mexica :*** la plus grande, dédiée aux fondateurs de Tenochtitlán. Juste à l'entrée se dresse un jaguar avec un récipient où l'on déposait le sang et les cœurs des victimes humaines sacrifiées. Penchez-vous à l'intérieur : 2 dieux se sacrifient en se coupant eux-mêmes le lobe de l'oreille ! Également un *temalacatl,* gros cylindre de pierre de 2,65 m de diamètre, orné de reliefs. Au centre, au fond, une sculpture similaire, la *pierre du Soleil,* connue sous le nom de *calendrier aztèque,* pèse 24 t. Tout en basalte, elle a été découverte sous le Templo Mayor en 1790. La pierre du Soleil est celle du Cinquième Soleil, symbolisé par les 2 serpents de feu qui l'encerclent, chargés dans la cosmogonie aztèque de provoquer la rencontre des 4 premiers soleils : l'eau, l'air, la terre et le feu. La salle abrite de nombreux autres objets de culte, certains en obsidienne, toujours en provenance du Templo Mayor.
– ***Salle de Oaxaca :*** c'est dans la vallée de l'actuelle capitale du mezcal que se développèrent les importantes civilisations zapotèque (vers 200-600) et mixtèque (1000-1500), auxquelles on doit Monte Albán et Mitla. Un escalier permet d'accéder à une cave où a été reconstituée la célèbre *tumba 104 de Monte Albán.* On remarque également un *Gran Jaguar* en terre cuite peinte, servant d'urne funéraire, et un splendide masque du dieu chauve-souris en jade. La section mixtèque regroupe d'intéressants manuscrits illustrés et bijoux.
– ***Salle du golfe du Mexique :*** évocation des mystérieux Olmèques (XIIIe-VIe s av. J.-C.), la 1re civilisation à avoir émergé au Mexique, des Totonaques (qui édifièrent El Tajín) et celle des Huastèques, moins connus. Plein de statuettes d'enfants joufflus et 2 *têtes monumentales,* chefs-d'œuvre monolithiques, légués par les Olmèques.
– ***Salle maya :*** dans le jardin, superbe reproduction grandeur nature du *temple de Hochob* (Campeche). Également une reconstitution d'un *temple de Bonampak,* orné de ses célèbres peintures murales. Dans la salle en elle-même, en sous-sol, ne manquez pas la reconstitution du tombeau du roi Pakal, monarque de Palenque, avec un très beau masque funéraire en jade et des offrandes. Sculpture de *chac-mool* trouvée à Chichén Itzá.
– ***Salle de l'Ouest et salle du Nord :*** on remonte jusqu'au domaine des Anasazis, qui vivaient sur l'actuel territoire américain. La 1re partie présente quelques

figurines intéressantes. Beaucoup de céramiques rouges aux motifs variés – en particulier celles, zoomorphes, de Colima. Impressionnantes reconstitutions d'intérieurs et de tombes.

– ***Au 1er étage :*** section ethnologique du musée, en 11 salles, précédée par une intéressante salle d'orientation. Pour chaque peuple sont présentés habits, religion, magie, danse, artisanat, habitat, etc. Un ensemble très riche, représentatif de la diversité culturelle du Mexique, où vous apprendrez qu'on parle encore 56 langues indigènes.

|●| ***Cafétéria*** avec terrasse très agréable, donnant sur le jardin en contrebas du musée. Accès par la gauche en entrant dans la cour après le contrôle des tickets.

– Derrière l'allée (bordée de stands de nourriture) qui passe devant le musée, on peut voir, si le temps le permet, les démonstrations des ***voladores,*** ces danseurs acrobates totonaques qui s'élancent doucement dans le vide, en tournant, du haut d'un grand poteau, corde attachée à la taille. La cérémonie avait à l'origine pour vocation de favoriser la fertilité des terres. Les hommes, au nombre de 4, effectuent chacun 13 tours du poteau (soit 52 à eux 4, le nombre de semaines dans une année) avant d'atterrir en douceur. Étonnant !

Castillo de Chapultepec et museo nacional de Historia (plan d'ensemble) ***:*** *dans le bois de Chapultepec. ☎ 40-40-52-14. Ⓜ Chapultepec. Tlj sauf dim 9h-17h. Entrée : 85 $Me ; réduc. Consigne obligatoire pour les sacs : 10 $Me. Droit photo : 45 $Me.*

Le *castillo,* perché au sommet de la « colline des criquets » *(chapultepec),* semble voguer au-dessus du bois, dominant l'avenue Reforma, exactement dans son axe. Si le site était sacré à l'époque aztèque, c'est un vice-roi espagnol qui, en 1785, entreprit le 1er de faire construire ici une résidence de campagne, jamais achevée, et qui fut transformée en collège militaire en 1833. De 1864 à 1867, l'édifice trouva enfin sa place dans l'histoire du Mexique en étant fastueusement rénové par le couple impérial fraîchement débarqué au Mexique, Maximilien et son épouse Charlotte (Carlota). Maximilien le surnomma *Miravalle,* pour sa vue exceptionnelle et par allusion à son château maritime de Trieste, Miramare. C'est d'ailleurs à cette époque que fut tracée la principale artère de Mexico, pour relier le palais au centre-ville. On l'appela d'abord *paseo de la Emperatriz* (en l'honneur de l'impératrice Carlota), puis *paseo de la Reforma* après la guerre du même nom (1857-1861). Abandonné à nouveau, le château fut occupé plus tard par toute une série de présidents, à commencer par le dictateur Porfirio Díaz qui entreprit plusieurs transformations, en ajoutant par exemple 2 ascenseurs (le dernier cri à l'époque !). Le château fut transformé en musée en 1939.

Dans la 1re aile du château en arrivant, on trouve le ***Museo nacional,*** avec ses 15 salles magistrales retraçant l'histoire de la ville du XVIe s à la révolution de 1910. Souvenirs de la conquête espagnole, de la vice-royauté, puis des périodes de l'indépendance, de l'empire et de la révolution. Plusieurs fresques, de Juan O'Gorman et José Clemente Orozco, expressives jusqu'à la caricature ! Ça vaut un bon livre d'histoire. Les explications sont lisibles et très instructives (en espagnol).

En poursuivant à gauche au fond de la cour, on visite le ***castillo*** (château) à proprement parler, avec ses pièces de réception, la chambre de l'empereur, celle de Carlota avec sa salle de bains attenante... On est d'abord accueilli par le carrosse impérial d'un kitsch inégalé, construit en Italie. Suivent les splendides appartements, décorés dans le style napoléonien : céramique d'Iznik, tentures, lourdes pièces d'argenterie dans la salle à manger, boiseries travaillées... Magnifique ! Chaque pièce s'ouvre sur une immense terrasse courant autour du bâtiment et de laquelle on jouit d'un superbe panorama sur la ville ; ne manquez pas la vue sur la perspective du paseo de la Reforma. Au 1er étage, visite des appartements de Porfirio Díaz et de son épouse, avec beaucoup de mobilier Art déco d'origine française.

Museo del Caracol *(ou galerie-musée de l'Histoire de la lutte du peuple mexicain pour la liberté ; plan d'ensemble) : ☎ 40-40-52-41. ● caracol.inah.gob.mx ● Tlj sauf dim 9h-16h15. Entrée : 80 $Me ; réduc. Possibilité de visite guidée groupée en espagnol (en sem seulement 10h-14h, téléphoner avt).* Descendant doucement en colimaçon (d'où son nom d'« escargot »), ce musée est situé en contrebas du *castillo de Chapultepec,* sur le côté droit du chemin d'accès (en montant). Super didactique, il présente ***l'histoire du Mexique moderne, tout en maquettes*** : la lutte pour l'indépendance, la République, l'invasion américaine, la Réforme, le Porfiriato et la Révolution, avec tous ses héros : Hidalgo, Mina, Morelos, Juárez, Villa, Zapata... Visite intéressante pour compléter vos connaissances historiques sur le Mexique. À la sortie, un exemplaire de la Constitution devant laquelle les Mexicains se recueillent religieusement.

Museo de Arte moderno *(MAM ; plan d'ensemble) : paseo de la Reforma ; angle Gandhi. ☎ 86-47-55-30. ● museoartemoderno.com ● Ⓜ Chapultepec. Tlj 10h15-17h30 sauf lun (dernière entrée à 17h15). Entrée : 70 $Me ; réduc. Gratuit dim.* Cet édifice circulaire regroupe une collection de peintures et de sculptures d'artistes mexicains modernes les plus célèbres. Le problème, c'est de la voir car les œuvres sont rarement exposées (bien se renseigner avant d'y aller). Reste le jardin où, pour vous consoler, vous verrez quand même quelques sculptures de Francisco Zúñiga. Sinon, expos temporaires bien ficelées. Un lieu agréable en tout cas, au milieu du parc.

Museo Tamayo *(plan d'ensemble) : paseo de la Reforma ; angle Gandhi. ☎ 41-22-82-00. ● museotamayo.org ●* ***Fermé pour rénovation.*** *Réouverture en 2022.* Le grand peintre Rufino Tamayo était un collectionneur avisé. Il a donné son nom à ce luxueux musée d'art contemporain à l'architecture d'avant-garde. La visite commence par la salle des expos temporaires. Puis on entre dans le vif du sujet avec des œuvres de Miró ou des héritiers de Mondrian que sont Barbara Hepworth ou l'Aveyronnais Pierre Soulages. Plus loin Rothko, Dubuffet... Une salle entière est consacrée à Tamayo lui-même, exposant ses œuvres par roulement.

FAIRE LES POUBELLES PEUT RAPPORTER GROS !

Un tableau de Tamayo qui avait été volé chez un particulier en 1987 fut retrouvé dans une poubelle en 2003. Une femme avait récupéré la toile trouvant que c'était bien dommage de jeter de la peinture... Le hasard a fait que lors d'une émission de télé du type « Avis de recherche », un expert en art montrait une photo de l'œuvre dans l'espoir de la retrouver. En la reconnaissant, cette même femme prit illico contact avec le standard de l'émission. Le tableau fut restitué à ses propriétaires qui la dédommagèrent de 15 000 dollars. Puis ces derniers le mirent aux enchères chez Sotheby's où il fut adjugé 1 million de dollars !

Museo Soumaya *(plan d'ensemble) : pl. Carso, dans le Nuevo Polanco. ☎ 11-03-98-00. ● soumaya.com.mx ● Ⓜ Polanco (puis env 30 mn de marche). Tlj 10h30-18h30. GRATUIT.* Vous ne pourrez pas louper cette œuvre de l'architecte mexicain Fernando Romero, lequel a suivi les conseils avisés de Frank Gehry à cette occasion. C'est l'un des derniers caprices du milliardaire Carlos Slim (5e fortune mondiale en 2019). Ce bâtiment spectaculaire, désormais une icône de l'urbanisme du DF, totalise plus de 6 500 m². Totalement avant-gardiste, il abrite la collection de sa fondation (plus de 66 000 pièces).
Pour la visite, après avoir scruté la *Porte de l'Enfer* et le *Penseur,* prenez l'ascenseur pour le 5e afin d'accéder au 6e et dernier niveau où le milliardaire a « entassé » ***l'une des plus importantes collections de Rodin exposée hors de France.*** Puis redescendez tranquillement.

– ***5e niveau :*** l'étage est consacré aux expos temporaires, qui changent tous les 3-4 mois et sont généralement de qualité, quand bien même la muséographie nous a paru un peu « fouillis ».
– ***4e niveau :*** salle intitulée *Du romantisme aux avant-gardistes.* Une visite qui commence par une série de petits cadres d'***Auguste Renoir,*** puis on enchaîne rapidement sur ***Marie Laurencin,*** Pissarro, ***Gauguin, Mary Cassatt.*** L'école de Barbizon est aussi présente, avec Théodore Rousseau, Corot, ***Jean-François Millet,*** auxquels succèdent naturellement Courbet, ***Van Gogh*** et Vlaminck. Quelques expressionnistes, aussi, avec entre autres Georges Rouault, reconnaissable à son trait noir très poussé. Une partie de l'expo est consacrée aux peintres-voyageurs : Turner, Delacroix. Sans oublier ***De Chirico*** sur son thème fétiche du cheval.
– ***3e niveau :*** *Les maîtres de l'Europe et de la Nouvelle-Espagne.* Quelques portraits de ***Rubens,*** des scènes villageoises de Francisco Bassano Le Jeune, un tryptique de ***Quentin Metsys*** et des tableaux avec incrustation de nacre, caractéristiques de la Nouvelle-Espagne du XVIIIe s. Évidemment, la peinture religieuse n'est pas en reste avec une superbe *Vierge à l'Enfant* de Filipino Lippi, une *Adoration des Mages* de ***Giorgio Vasari*** et une *Pietà* du ***Sodoma,*** avec toujours ce Christ très sensuel qui caractérise sa peinture. En vedette, les très célèbres *Larmes de Saint-Pierre* d'***El Greco*** auxquelles répond un *Saint-Pierre pénitent* du « peintre des ténèbres » ***José de Ribera.*** Citons enfin Lucas Cranach *(Adam et Ève),* ***Le Tintoret,*** Estéban Murillo...
– ***2e niveau :*** entièrement consacré à l'art asiatique, principalement japonais avec un très remarquable travail sur ivoire, mais aussi chinois, des textiles et de surprenantes ***boules de Canton*** du début du XXe s, dont certaines comptent jusqu'à 12 sphères sculptées les unes dans les autres.
– ***1er niveau :*** principalement de la monnaie, de l'horlogerie fine, des bijoux et une maquette du musée en argent et plaqué or réalisée spécialement par la maison Bvlgari.

Museo Jumex *(plan d'ensemble) : bd Miguel de Cervantes Saavedra, 303, dans le Nuevo Polanco. ☎ 53-95-26-15. • fundacionjumex.org • Ⓜ Polanco (puis env 30 mn de marche). Tlj sauf lun, 10h-17h (19h sam). GRATUIT.* Ce bâtiment recouvert de travertin dont la rigidité des lignes tranche avec celles quasi volubiles de son voisin Soumaya, abrite des expos temporaires d'art contemporain. Immenses salles réparties sur 3 niveaux bénéficiant chacune d'un éclairage zénithal astucieusement distillé grâce à la toiture en shed.

Pasaje Polanco *(plan d'ensemble) : Julio Verne 108 ou Oscar Wilde 29. À 10 mn de marche du Ⓜ Polanco. Tlj 9h-21h.* Tout l'esprit de Polanco concentré sur quelques dizaines de mètres : entre 2 rangées d'immeubles d'un blanc éclatant, une poignée de boutiques chic, orfèvrerie, couture, revisitant les motifs précolombiens, pelotes de laine sélect... Et quelques bancs, sous les arbres proprets plantés dans de gros pots finement carrelés. D'une homogénéité étonnante. Un endroit qui mérite un passage.

COYOACÁN *(plan III)*

Au début du XXe s, ce n'était qu'un petit village colonial à 10 km au sud de Mexico, entouré de champs et d'étables ; le refuge des artistes et des intellectuels.
Aujourd'hui absorbé par la mégapole, Coyoacán (« le lieu des coyotes » en nahuatl) a néanmoins gardé son charme bohème. Dans les rues pavées, entre les belles demeures peintes en bleu et ocre, planent les ombres de Frida Kahlo, de Diego Rivera et de leur copain Trotski. Le Mexique comme vous en rêviez, avec son architecture coloniale, de grandes portes en bois sculpté, des façades qui croulent sous les bougainvilliers, des fenêtres protégées par des ferronneries.

C'est aussi à Coyoacán que l'on trouve *Los Viveros,* les grandes pépinières de Mexico. Depuis quelque temps, le quartier est devenu l'une des promenades favorites des *capitalinos* le week-end. Sur la place principale : musiciens, artistes, cireurs de chaussures, vendeurs d'artisanat, diseuses de bonne aventure et danseurs emplumés... En semaine, et surtout tôt le matin quand il n'y a personne, c'est un ravissement que de se balader ici, entre terrasses de cafés, librairies, galeries d'art, jolies boutiques...

➢ ***Comment y aller :*** depuis le *centro,* une course en taxi vous coûtera environ 80-100 $Me (env 20 % de moins avec *Uber*), sinon Ⓜ Coyoacán (ligne n° 3), mais il faut marcher pas mal.

■ ***Turibus*** *(plan II, F6) :* ☎ *51-41-13-60 ou 65.* ● *turibus.com.mx* ● *Départ de la Plaza Madrid, dans la Roma Norte (connexion possible avec le circuit Centro Histórico) ; principe du* hop-on hop-off *(on descend et on reprend le prochain bus) ; fonctionne tlj 9h-21h. Le circuit complet dure 4h. Audioguides en français.* Du *centro,* si l'on est seul, l'aller-retour coûte moins cher qu'un taxi.

■ ***Train touristique tranvía*** *(plan III, I7) :* ☎ *56-59-71-98.* ● *tranviaturistico.com.mx/rutas/coyoacan* ● *Départ dans la calle Carillo Puerto, devant l'église San Juan Bautista, quand le* tranvía *est plein ; env ttes les 1h30 en sem (10h-17h), ttes les 30 mn le w-e (11h-18h). Tour du quartier en 40 mn. Commentaires en espagnol.*

■ ***Visites guidées gratuites*** (penser au pourboire) du quartier en espagnol ou en anglais avec ***Estación México.*** Rendez-vous tous les jours à 11h et 15h au métro Viveros. *Résa possible en ligne :* ● *estacionmexico.com.mx* ●

✪✪ ***Zócalo*** *(plan III, I7) :* il est composé de 2 places, légèrement décalées l'une par rapport à l'autre. D'un côté (ouest), le *jardín Centenario,* construit sur un ancien cimetière. Au centre, la fontaine aux Coyotes, hommage aux 1ers habitants du quartier. À l'est, la *plaza Hidalgo,* bordée par l'*église San Juan Bautista* (un bel édifice dominicain du XVIe s, ultra-baroque) et par le *palais de Cortés,* qui abrite aujourd'hui la mairie et une antenne de l'office de tourisme *(palacio municipal).* C'est là que le conquistador Hernán Cortés a torturé le dernier empereur Cuauhtémoc pour savoir où était caché le fameux trésor aztèque. Sans succès.

✪ ***Museo nacional de Culturas populares*** *(plan III, J7) : Hidalgo 289.* ☎ *41-55-09-20.* ● *cpmncp@cultura.gob.mx* ● *À 2 pas du Zócalo. Mar-jeu 10h-18h, ven-dim 10h-20h. Entrée : 15 $Me, réduc ; gratuit dim.* Petites expositions temporaires sur les arts populaires et la culture amérindienne. Quelques exemples de thèmes parmi d'autres : costumes, représentations de l'Enfant Jésus, symbolisme de la plume, jouets traditionnels, le *milpa* (culture sur brûlis des Amérindiens), etc. Visite intéressante, mais mieux vaut donner la priorité à son jumeau du *centro,* incomparablement plus riche.

BAIN BRÛLANT

Cuauhtémoc, figure emblématique de la résistance aux conquistadores, affronta les sévices de Cortés avec un calme stoïque. Tandis que le roi Tlacopán gémissait sous le supplice du feu, Cuauhtémoc aurait répliqué : « Et moi, j'ai l'air d'être dans un bain ? ». Rousseau, ainsi que l'encyclopédiste Marmontel, rapportent l'anecdote avec l'expression « sur un lit de roses ».

✪ ***La Conchita*** *(plan III, J7) :* en prenant la rue Higuera qui part de derrière l'église, vous arriverez sur la très arborée *plaza de la Concepción* (la *Conchita* pour les intimes), avec sa chapelle baroque toute mignonne, dont certains affirment qu'elle est la 1re église chrétienne du Mexique – malheureusement bien souvent fermée. Juste avant, au n° 57 de la calle Higuera, se trouve la *Casa Colorada,* la « maison rouge », que Cortés fit construire pour la Malinche, son interprète et surtout maîtresse. Ensuite, ce fut son épouse qui l'occupa en arrivant d'Espagne. Mais celle-ci n'en a pas profité bien longtemps, disparaissant sans laisser de traces...

Plaza Santa Catarina *(plan III, I7)* **:** partir du *jardín Centenario,* passer sous l'arche et prendre l'avenida Francisco Sosa. Au bout, une petite église toute jaune, sur une petite place tranquille. Rien de particulier, mais quel charme ! Entrez dans les jolis jardins de la Maison de la culture de Coyoacán *(au n° 202, pas indiquée),* très paisibles. On y trouve une cafétéria agréable, face à une fontaine.

Museo-casa Frida Kahlo *(plan III, I6)* **:** *Londres 247 ; angle Allende. ☎ 55-54-59-99. • museofridakahlo.org.mx • Mar-dim 10h (11h mer)-17h45. Entrée : 250 $Me en semaine ; 270 $Me le w-e ; réduc (notamment avec une carte étudiant). Vidéoguide en anglais ou en espagnol 90 $Me ; droit photo 30 $Me ;* ***achat des billets en ligne uniquement****. Possibilité de prendre le Fridabus, une navette entre ce musée et celui de Diego Rivera ; fonctionne sam-dim à 12h30, 14h et 15h30 et coûte 160 $Me/pers ; réduc.*
C'est ici qu'est née Frida Kahlo, dans la fameuse « maison bleue » *(Casa Azul),* et qu'elle vécut plus tard avec son époux, le muraliste Diego Rivera (de 1929 à 1954). Elle y reçut plein de gens connus, comme Trotski ou André Breton. Ceux qui sont fascinés par la personnalité de la célèbre peintre mexicaine, brisée à vie à cause d'un grave accident d'autocar, communiste, féministe et fervente défenseuse de la cause indigène, seront comblés. On trouve ici son atelier de peinture, une cuisine ultra-colorée, sa chambre, sa chaise roulante, ainsi que les nombreux objets contenus dans les coffres et placards secrets. Partout sont disséminés également des objets précolombiens et d'artisanat populaire, dont une belle collection d'ex-voto et une trentaine de leurs œuvres. Ne ratez pas les titres. Une toile est intitulée *Le marxisme donnera la santé aux malades* ! Splendide patio et petite cafétéria.

KAHLO-DOSCOPE

À sa mort en 1957, Diego Rivera exigea par testament qu'une partie des affaires de Frida Kahlo, enfermées dans des coffres et des placards dans des coins plus ou moins secrets de la maison, ne soient pas ouvertes avant au moins 15 ans. Sa mécène, Dolores Olmedo, fit mieux que cela : elle n'y toucha jamais. Et ce n'est que 1 an après sa mort à elle, en 2004, que l'on découvrit leur contenu : photos, magazines, corsets de Frida, une serviette avec un baiser au rouge à lèvres...

Museo-casa de León Trotsky *(plan III, J6)* **:** *Río Churubusco 410. ☎ 56-58-87-32 ou 55-54-06-87. • museotrotsky.org • Tlj 10h-17h sauf lun. Entrée : 60 $Me ; réduc ; droit photo 15 $Me.*
C'est ici que Trotski passa les 15 derniers mois de sa vie, en 1939-1940. Plus qu'une maison, c'est une forteresse, qu'il fit murer avec des tours de guet après un 1er attentat organisé par le peintre Siqueiros. Peine perdue, il fut tué quelques semaines plus tard d'un coup de piolet par le stalinien Mercader dans son bureau (visible) et enterré ici

TRICARD

Ramón Mercader a gagné la confiance de Trotski en se faisant passer pour un journaliste canadien désireux de lui consacrer un article. Les sentinelles, dont il était devenu familier, le laissèrent entrer sans le fouiller. Pris sur le fait après le meurtre, il fut condamné à 20 ans de prison, peine maximale au Mexique. Il se rendit en URSS dès sa libération, mais l'accueil fut peu enthousiaste : après une décoration confidentielle, Mercader est retombé dans l'anonymat et le parti lui interdit pendant 14 ans de retourner en Amérique latine.

même... Quelques jours avant, il prononça la phrase qui inspira le film de Benigni : « Et pourtant la vie est belle. » Rien n'a changé depuis ce 20 août 1940 : des notes dactylographiées, des boîtes de thé entamées, du dentifrice, son dictionnaire de français... La dernière pièce témoigne de la persécution donc fut victime, plus largement, toute la famille de Trotski, en particulier ses 2 filles. Une visite émouvante.

SAN ÁNGEL *(plan III)*

Bien qu'il soit nettement moins agréable que Coyoacán, en raison d'une urbanisation déstructurante, ce quartier aujourd'hui très résidentiel conserve lui aussi quelques beaux vestiges de la Nouvelle-Espagne. Depuis Coyoacán, il faut s'y rendre à pied (3 km en tout) par l'***avenida Francisco Sosa,*** l'une des plus anciennes voiries de Mexico, avec ses trottoirs revêtus de lourdes dalles de basalte et les façades colorées de ses riches maisons, dont certaines datent du XVIe s. En chemin, petite halte au musée de l'Aquarelle pour les passionnés du sujet. Essayez de vous rendre à San Ángel un samedi, afin de profiter du grand déballage qui se tient sur la charmante ***plaza San Jacinto*** (artisanat et créations plus ou moins déjantées) et la ***plaza Tenanitla*** voisine.

🕮 ***Museo nacional de la Acuarela*** *(plan III, H7)* **:** *Salvador Novo 88, dans le barrio Sta Catarina, à* ***Coyoacán.*** *☎ 55-54-18-01. • acuarela.org.mx • Ⓜ Miguel Ángel de Quevedo. Tlj 10h-18h. GRATUIT. Audioguide en espagnol et en anglais.* En plus de sa collection permanente de 300 œuvres, ce musée, aménagé dans une belle maison entourée d'un agréable jardin, abrite également un centre de conférences et d'étude des techniques picturales. Retrouvez les pointures de l'aquarelle mexicaine ***Alfredo Guati Rojo*** (l'aquarelliste qui peignait à la verticale), ***Edgardo Coghlan*** ou encore Joaquin Martínez Navarrete, ainsi que certains internationaux tels ***Mario Ruben Cooper*** ou encore l'Australien Robert Wade. Surtout pour les invétérés de l'aquarelle.

🕮🕮 ***Museo de El Carmen*** *(plan III, G-H7)* **:** *av. Revolución ; à l'angle de La Paz. ☎ 56-16-15-04 ext 118. • elcarmen.inah.gob.mx • Metrobús : La Bombilla. Tlj 10h-17h sauf lun. Entrée : 65 $Me ; gratuit dim. Audioguide téléchargeable sur smartphone.* Cet ancien couvent de carmélites, fondé en 1615, bien restauré, abrite un vrai dédale de salles où sont exposées peinture coloniale et sculpture religieuse, dans les anciennes cellules pour la plupart. Ne manquez pas la chapelle intérieure au retable churrigueresque (1er étage), les cellules des moniales avec leur tronc-oreiller (!), la sacristie pour son magnifique plafond et les lavabos recouverts d'azulejos (rez-de-chaussée). De là, plongez dans la crypte. 12 squelettes momifiés dans leur robe de bure y regardent défiler les touristes... À l'extérieur, admirez encore les coupoles de l'église recouvertes de *talaveras* et faites aussi un tour dans le mignon jardin, désormais coincé entre les 2 avenues les plus passantes de Mexico !

🕮🕮 ***Plaza San Jacinto*** *(plan III, G7)* **:** charmante place où se trouve l'église du même nom (XVIe s), avec un ravissant cloître fleuri et verdoyant. Le samedi, il offre un cadre de choix pour le ***Bazar Sábado,*** très beau marché d'artisanat mexicain.

🕮 ***Museo de la Casa del Risco*** *(plan III, G7)* **:** *dans le Centro cultural Isidro Fábela. ☎ 56-16-27-11 ; tlj 10h-17h sauf lun ; GRATUIT.* Ne manquez pas de jeter un œil, dans la cour intérieure, à l'exubérante fontaine du XVIIIe s, d'un style baroque qui vous laissera coi. Dans le musée, collection permanente d'art et mobilier religieux ; expositions temporaires dans le centre culturel.

🕮 ***Museo Casa Estudio Diego Rivera*** *(plan III, G7)* **:** *av. Altavista, esq. Diego Rivera. ☎ 86-47-54-70. • estudiodiegorivera.bellasartes.gob.mx • Tlj 10h-17h30 sauf lun. Entrée : 35 $Me ; gratuit dim ; droit photos : 30 $Me.* Une maison bleue (presque) adossée à la colline. Sinon, rien d'extraordinaire. L'intérêt de la visite se trouve essentiellement dans l'atelier, où l'on peut voir les pinceaux de Rivera, des objets préhispaniques de sa collection personnelle, ainsi que quelques-unes de ses œuvres et de nombreux *judas,* des personnages de carnaval en papier mâché. Le peintre a vécu ici avec Frida Kahlo, installée dans la maison rouge dotée d'un escalier-toboggan rigolo, les 2 bâtiments étant réunis par une passerelle. Expos temporaires.

UNIVERSIDAD (hors plan III par H7)

Universidad nacional autónoma de México (UNAM) : *• unam.mx • Ⓜ Universidad, puis taxi jusqu'au campus principal (rectorat). Metrobús : Dr Gálvez ou la station CU pour le MUAC. Pour circuler à l'intérieur de la ville universitaire, emprunter la douzaine de lignes du Pumabus (gratuit) • pumabus.unam.mx •*
Sa visite est intéressante, mais demande un peu de temps, en raison des distances et du passage capricieux des bus : si vous y tenez, mieux vaut prévoir large.
Por mi raza hablará el espíritu (L'esprit parlera par ma race), telle est la devise de cette université prestigieuse. L'Université nationale autonome de Mexico (UNAM) est la plus grande d'Amérique latine et un vrai symbole de l'accès à l'éducation pour tous. Construite entre 1949 et 1952, avec le concours de quelque 60 architectes, ingénieurs et artistes, elle a été classée au Patrimoine mondial par l'Unesco en 2007 pour son caractère d'« espace monumental, exemple du modernisme du XXe s, fusionné avec des éléments issus de la tradition mexicaine préhispanique ». Le campus est un phénomène, une ville entière, en vérité. On y trouve une radio (Radio UNAM), 13 musées, 22 facultés, 39 instituts et centres de recherche, 143 bibliothèques, près de 30 000 professeurs et 380 000 étudiants !
– ***Biblioteca central :*** c'est le bâtiment le plus connu, avec ses fresques de mosaïques exécutées par Juan O'Gorman. Elles représentent l'histoire du Mexique, synthétisée en 3 périodes : préhispanique sur le mur nord, coloniale sur le mur sud et moderne sur le mur ouest. Le mur à l'est, lui, nous montre la vision qu'avait l'artiste de l'avenir du Mexique. La bibliothèque est bordée à l'est par un agréable *Jardín del Eden.*
– ***Museo universitario Arte contemporáneo*** *(MUAC) : Insurgentes Sur 3000. ☎ 56-22-69-72. • muac.unam.mx • Au sud du campus, à côté du* Centro cultural *(voir ci-dessous). Mer, ven et dim 10h-18h ; jeu et sam 10h-20h ; fermé lun-mar. Dernière admission 15 mn avt fermeture. Entrée : 40 $Me ; 20 $Me mer et dim.*
Ce musée abrite la plus importante collection publique d'art moderne mexicain (de 1952 à aujourd'hui). Il est installé dans un superbe bâtiment dessiné par l'architecte Teodoro González de León. L'exposition permanente est organisée en plusieurs sections, en commençant par celle des fondateurs de la cité universitaire et la présence des peintres muralistes (Siqueiros, Diego Rivera...). Ensuite, c'est la rupture, avec l'émergence de la peinture abstraite géométrique et l'expressionnisme abstrait (José Luis Cuevas, Toledo...), puis les héritiers du surréalisme. La partie consacrée aux artistes d'avant-garde présente de nombreuses œuvres des années 1990 et celles des précurseurs du langage conceptuel. Une section est réservée à la photographie contemporaine et aux courants les plus récents des arts plastiques et performances dans les arts visuels, sonores et cinétiques. Un magnifique musée !
Ne pas manquer non plus, à l'intérieur du musée, le très beau (et très bon) resto, ***Nube Siete*** *(☎ 51-71-91-61 ; lun-mar 9h-18h, mer-dim 8h-20h),* au design contemporain et au sol vitré permettant de voir la roche volcanique qui recouvre toute cette zone.
Sur le côté gauche en sortant du *Museo universitario,* au niveau de la grande statue rouge vif de Tlaloc, agréable ***Paseo de las Esculturas,*** promenade en pleine nature où l'on découvre des exemples de la sculpture mexicaine

contemporaine *(lun-ven 8h-16h, GRATUIT).* De l'autre côté de l'avenue, on peut admirer le ***stade olympique.*** En forme de volcan, comme s'il sortait de terre, il possède en façade des fresques de Diego Rivera : l'aigle et le condor symbolisant l'Amérique latine.

– ***Centro cultural universitario :*** à côté du *Museo universitario,* réparti autour d'une jolie petite esplanade (cinéma, salles de spectacle, librairie). Il abrite aussi un restaurant de chef, ***Azul y Oro*** *(☎ 54-24-14-26 ; lun-mar 12h30-18h, mer-sam 12h30-20h, dim 10h-19h),* qui sert une excellente cuisine mexicaine à prix abordables. – ***Espacio escultórico*** *(lun-ven 8h-16h, GRATUIT)* **:** à environ 10 mn à pied du *Centro cultural,* une impressionnante œuvre collective *in-situ,* en pleine nature. Ce cercle de 120 m de diamètre, composé de 64 stèles de béton, embrasse un sol de lave volcanique, datant d'une brusque éruption du volcan Xitle qui emporta avec elle la civilisation de Cuicuilco au Ier s avant notre ère.

XOCHIMILCO

« So-shi-mil-ko » : dernier souvenir du passé lacustre de Mexico. 190 km de canaux, à explorer en bateau le temps d'une après-midi de rêve, au milieu des champs qui depuis l'époque aztèque alimentent la capitale en légumes et en fleurs. Un site exceptionnel, autant dire que le week-end, c'est bondé sur les canaux ! Il y en a pour toutes les ambiances : amoureux avec mariachis privatisés, potes en goguette la sono à fond, déjeuners de famille interminables... Carrément magique au printemps (avril-mai), quand les bourgeons surgissent de part et d'autre ; son joli nom nahuatl de « jardin des fleurs » prend alors tout son sens...

– ***Mercado :*** *tlj 9h-20h le long de l'embarcadère de Nuevo Nativitas.* Consacré à l'artisanat.

➢ ***Se repérer :*** Xochimilco, ce sont plusieurs embarcadères, à une vingtaine de kilomètres du centre de Mexico, dont 2 principaux. Celui de ***Nuevo Nativitas*** au sud, où se trouve l'office de tourisme, et celui de ***Cuemanco*** au nord, proche du *parque ecológico.*

➢ ***Comment y aller :*** le plus commode (et le plus rapide), c'est le taxi. Du *centro,* compter 100 $Me/pers et 30-40 mn de trajet pour l'un ou l'autre des 2 principaux embarcadères.

Sinon pour Nuevo Nativitas, Ⓜ Taxqueña (ligne n° 2), puis la correspondance *tren ligero 1* (métro aérien ; même tarif) ou le bus (ruta 36), jusqu'au terminal Embarcadero. Compter 1h30-2h depuis le Zócalo. Pour Cuemanco, prendre la ligne n° 2 du métro jusqu'à Chabacano, puis la n° 8 jusqu'à son terminus (Constitución de 1917). De là, attraper le bus 57-X jusqu'à l'arrêt Cuemanco. Même temps de parcours.

ℹ ***Office de tourisme :*** *à l'embarcadère Nativitas. ☎ 56-53-52-09. En principe, lun-ven 7h-20h.*

– Les tarifs des différentes prestations sont affichés un peu partout. *Compter env 30 $Me/pers pour un aller en* lancha *collective (60 $Me/pers l'A/R).* Loc d'une trajinera *: 500 $Me/h, quel que soit le nombre de pers. Tarifs des repas, boissons et des musiciens affichés à l'office de tourisme.*

➢ ***Pour la visite depuis Nuevo Nativitas,*** 2 solutions : soit prendre un bateau collectif *(lancha colectiva)* mais avec une attente de près de 20 mn *(fonctionne seulement w-e et j. fériés)* ; soit affréter une *trajinera* avec son capitaine, recruter un équipage, faire le plein de chips, de tequila et de bière, se payer les services de quelques mariachis (compter quand même 150 $Me la chansonnette !), et partir à l'exploration des canaux. C'est le plus rigolo, mais cette solution est surtout valable à plusieurs (de 1 à 20 personnes c'est le même prix). Tout autour, d'autres *lanchas* viennent vous ravitailler en fleurs, en nourriture, en tequila, en mariachis...

➢ ***Pour la visite depuis Cuemanco,*** mêmes tarifs horaires concernant la location d'une *trajinera,* mais pas de *lancha colectiva.* Sachez quand même qu'il faut 5 à 6 heures pour aller jusqu'au canal de Apatlaco (le plus éloigné de l'embarcadère) en passant par ***la Isla de las Muñecas*** (l'île aux Poupées, voir encadré) et pour en revenir.

Parque ecológico de Xochimilco : *un peu après l'embarcadère de Cuemanco. • pex.org.mx • Tlj 9h-18h. Entrée : env 30 $Me.* Délaissé pendant plusieurs années, le parc est actuellement en cours de réhabilitation.

POUPÉES MACABRES...

Don Julian Santana Barrera était un solitaire qui vivait sur une île de Xochimilco. Un jour, il trouva une poupée qui flottait sur les canaux et décida de l'accrocher à un arbre... Puis l'idée l'a pris d'en accrocher une autre, puis une autre encore, ce qu'il fit pendant 50 ans ! À sa mort en 2001, les curieux décidèrent d'aller voir de plus près cette installation macabre de jouets mutilés et, depuis, chacun apporte sa pierre à l'édifice. Aujourd'hui l'île compte des milliers de poupées. Beau et terrifiant à la fois !

À faire

– ***Lucha libre :*** c'est le fameux catch à la mexicaine. Avec des lutteurs masqués, portant capes et slips à paillettes ! Il s'agit de l'une des meilleures expressions de la culture populaire, qui atteint l'un des sommets du kitsch mexicain. Ambiance garantie. En plus, les billets ne sont pas très chers. Dommage quand même que le rôle des femmes se réduise à tenir les panneaux en bikini...

■ ***Arena México*** (plan I, A3, **26**) **:** *à l'angle de Dr Lucio et de Dr Lavista, dans la colonia Doctores. • cmll.com • Ⓜ Cuauhtémoc. En général, combats mar à 19h30, ven à 20h30 et dim à 17h ; il y en a 5 ou 6 à la suite. Billets : 40-170 $Me selon emplacement et lutteurs.* Vous pourrez même y trouver des masques en souvenir ou de belles baskets avec des lacets aux couleurs du Mexique !

QUITTER MEXICO

En bus

Il y a ***4 terminaux de bus,*** aux 4 points cardinaux, organisés selon les destinations, tous accessibles en métro. Très modernes, ils offrent de nombreux services : cafétérias, consignes, téléphones, distributeurs d'argent, accès Internet et bureau d'infos touristiques.

– Les horaires des principales compagnies sont consultables sur leurs sites internet, voir la rubrique « Transports » du chapitre « Mexique utile » en début d'ouvrage.

– La plupart des compagnies permettent désormais de réserver et d'acheter les billets en ligne avec paiement sécurisé. Changements généralement possibles au guichet du terminal (jusqu'à 3h avant le départ pour certaines compagnies, 30 mn pour d'autres). En revanche, si vous ratez le bus, votre billet perdra toute validité et vous devrez en acheter un autre.

– Il y a 2 classes (voire 3). Pour les longs trajets, préférez les bus 1re classe. Plus chers, mais vous aurez plus de chances de dormir ! Certaines compagnies comme *ETN* ou *ADO GL* proposent des cars super confortables, où les sièges se transforment en couchette. Vous pouvez aussi, pour les destinations lointaines (Yucatán, par exemple), comparer avec les tarifs des vols. Il arrive que la différence de prix avec le bus soit minime.

– Le week-end ou en période de vacances, il est prudent de réserver vos billets à l'avance.

Terminal Norte *(plan d'ensemble) :* *☎ 53-68-81-71 ou 55-87-15-52. • centraldelnorte.com •*

Ⓜ *Autobuses del Norte (ligne n° 5). Attention, aux heures de pointe, impossible de s'y rendre en métro avec un gros bagage. Mieux vaut prendre un taxi ou un Uber.*

➢ ***Teotihuacán (pyramides) :*** avec la compagnie *Autobuses Teotihuacán* (☎ *55-87-05-01).* Salle 8. Départs ttes les 10 mn 7h-14h. Trajet : 1h30.

➢ ***Tula :*** avec *Ovnibus* (☎ *01-800-839-21-30).* Ttes les 30-40 mn, 6h15-21h-30 (22h15 dim). Trajet : 1h30.

➢ ***Poza Rica (El Tajín) :*** avec *ADO, ADO GL* et *ADO Platino* une dizaine de bus/j. 6h-minuit. Trajet : 4h.

➢ ***Querétaro :*** départ garanti 24h/24 avec pratiquement ttes les compagnies. Trajet en 2h45-3h.

➢ ***San Miguel de Allende :*** 4 bus/j. 7h30-17h40 avec *Primera Plus.* Trajet : 4h.

➢ ***San Luis Potosí :*** ttes les 2 h 6h-2h avec *ETN* ; 7 bus/j. 8h-minuit avec *Futura.* Trajet : 5h.

➢ ***Zacatecas :*** 5 départs/j. 7h30-23h45 avec *Omnibus de México,* 8 avec *ETN,* 10h-14h. Trajet : 8-9h.

➢ ***Guanajuato :*** 5 départs/j. avec *Primera Plus* 8h30h-20h15. Trajet : 4h30-5h.

➢ ***Morelia :*** 8 bus/j. 7h-23h45 avec *Primera Plus.* Trajet : 4h.

➢ ***Pátzcuaro :*** 2 bus de nuit avec *Primera Plus,* et un avec *Autovías* (1h). Trajet : env 5h.

➢ ***Uruapán :*** 4 bus/j. 10h-1h30 avec *Primera Plus.* Trajet : 6h.

➢ ***Guadalajara :*** départ garanti 24h/24 avec de nombreuses compagnies. Trajet : 6h-6h30.

➢ ***Puerto Vallarta :*** 2 bus directs de nuit avec *Primera Plus* et autant avec *Futura.* Trajet : 12h. Ou prendre un bus pour Guadalajara et ensuite pour Puerto Vallarta.

➢ ***Monterrey :*** une dizaine de bus/j. (7h-22h45) avec *Omnibus de México,* autant (7h-minuit) avec *Futura* et 4 bus de nuit (18h30-minuit) avec *ETN.* Compter 12h de trajet.

➢ ***Veracruz :*** 7 bus/j. 7h30-0h30 avec *ADO, ADO GL* et *ADO Platino.* Trajet 6h-7h30. Fréquence supérieure depuis le terminal Oriente.

Terminal Sur *(ou* ***Taxqueña*** *; hors plan d'ensemble)* **:** ☎ *56-89-97-45.* Ⓜ *Taxqueña (ligne n° 2). En métro, env 40 mn de trajet depuis le centre.* Départs pour Taxco et la côte pacifique principalement.

➢ ***Cuernavaca :*** ttes les 20 mn 5h30-23h30 avec *Pullman de Morelos.* Également une vingtaine de départs avec *ETN* 5h-1h15. Trajet : 1h20.

➢ ***Taxco :*** 13 bus/j. 7h-20h avec *Costa Line.* Trajet : env 2h30.

➢ ***Puerto Escondido :*** 1 bus de nuit avec *ETN* vers 20h.

Terminal Oriente *(ou* ***La Tapo*** *; plan d'ensemble)* **:** ☎ *55-42-04-00.* Ⓜ *San Lázaro (lignes n° 1 et 8).* Principalement pour le sud du pays et la côte du golfe du Mexique.

➢ ***Puebla :*** très nombreux départs 5h-1h avec *AU* et *ADO.* Env 2h de route (selon trafic).

➢ ***Veracruz :*** une quarantaine de bus/j. 5h45-1h15 avec *AU, ADO, ADO GL* et *ADO Platino. Pour* **Xalapa,** mêmes lignes, 15 bus/j.

➢ ***Oaxaca :*** une quarantaine de bus 7h-minuit avec *ADO, OCC, ADO GL* ou *ADO Platino.* Trajet : 6h-6h30.

➢ ***Tuxtla Gutiérrez :*** 6 bus/j. 7h15-22h45 avec *ADO* et *OCC.* Trajet : 11h30-12h30.

➢ ***San Cristóbal de Las Casas :*** 6 bus/j. 7h15-22h45 avec *ADO* et *OCC.* Trajet : 15-16h.

➢ ***Campeche :*** 2 bus/j. avec *ADO* et *ADO GL* (16h30 et 20h). Trajet en 18h.

➢ ***Mérida et Cancún :*** 3 départs/j. avec *ADO* pour Mérida (11h-20h), 20h de trajet. 4 départs/j. avec *ADO* pour Cancún (9h45-16h30) 25h de trajet.

Terminal Poniente *(plan d'ensemble)* **:** ☎ *52-71-01-49.* • *centralponiente.com.mx* • Ⓜ *Observatorio (ligne n° 1). Traverser la passerelle, puis descendre les escaliers côté gauche.* Liaisons vers certaines villes de l'ouest et du nord-ouest du pays.

➢ ***Querétaro :*** 5 bus/j. 5h10-15h10 avec *Pegasso.* Trajet env 5h.

➢ ***Morelia :*** une quinzaine de bus 5h30-minuit avec *ETN.* Trajet : 4h.

➢ ***Pátzcuaro :*** 5 bus/j. (4 en soirée) 10h30-23h45 avec *Autovías,* la plupart via Morelia. Trajet : 5h-5h30.

➢ ***Uruapán :*** 6 bus/j. 12h30-23h avec *Autovías,* même chose 7h-minuit avec *ETN.* Trajet : 6-8h selon correspondance à Morelia.

➢ ***Guadalajara :*** 5 départs/j., 7h45-minuit avec *ETN,* et 1 bus de nuit avec *Autovías.*

En avion

Voir « Arrivée à l'aéroport » en début de chapitre pour les infos pratiques concernant l'aéroport et les manières de s'y rendre. Pont aérien entre Mexico, Guadalajara et Monterrey. Pour le reste des villes mexicaines, les fréquences varient de 2 à 10 vols/j. (pour Cancún, par exemple). Pour les contacts des compagnies aériennes nationales et internationales, voir la rubrique « Transports » du chapitre « Mexique utile » en début d'ouvrage.

LES ENVIRONS DE MEXICO

• Carte *p. 137*

VERS LE NORD ET LES VILLES COLONIALES

ZONA ARQUEOLÓGICA DE TEOTIHUACÁN

IND. TÉL. : 594

• Plan *p. 139*

À 50 km au nord-est de Mexico, en direction de Pachuca puis de Poza Rica. Le site est inscrit au Patrimoine mondial de l'Unesco depuis 1987.
Teotihuacán est à l'échelle des divinités qu'elle évoque : le Soleil et la Lune. Gigantesque. Les Aztèques pensaient que seuls des dieux ou des géants avaient été capables d'ériger ces colossales constructions. Car loin d'être une cité-État centrée sur elle-même, à l'instar des villes mayas comme Copán ou Palenque, Teotihuacán fut avant tout et surtout commerçante et ouverte sur le monde. Aux alentours de l'an 250, on estime même sa population à plus de 100 000 habitants ! Important centre idéologique, économique et religieux, elle fut l'une des villes les plus influentes du continent méso-américain entre l'an 150 et 550.

UN PEU D'HISTOIRE

Le destin de Teotihuacán semble intimement lié aux caprices de la nature – et, surtout, aux colères du volcan Xitle, qui, au Ier s avant notre ère, menace Cuicuilco, alors principale cité de la vallée centrale. La majeure partie de la population se déplace vers Teotihuacán, dont le centre cérémoniel est alors en plein essor. La cité, construite selon un axe nord-sud autour de la chaussée des Morts (Miccaotli), voit d'abord se dresser la pyramide du Soleil, puis celle de la Lune. Un axe transversal marque une nouvelle phase de développement autour de la citadelle et de la pyramide du Serpent à plumes. Vers l'an 250, Teotihuacán couvre plus de 20 km² et ne compte pas moins de 100 000 habitants.

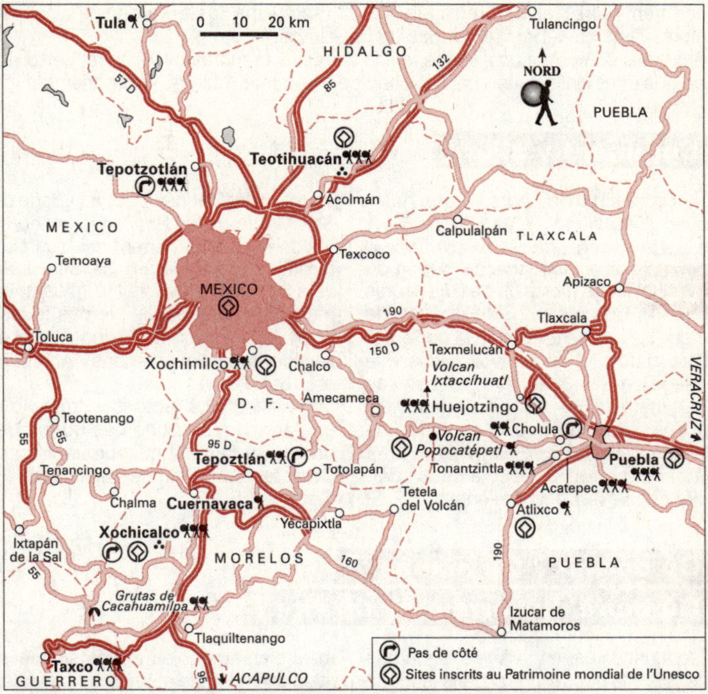

LES ENVIRONS DE MEXICO

La ville poursuit son développement pour atteindre son apogée entre les IVe et VIe s. À cette époque, elle entretient de nombreux échanges commerciaux et culturels avec d'autres cités et peuples comme Monte Albán, El Tajín, Cholula, ou encore avec les Mayas. Des quartiers entiers sont occupés par des commerçants et des artisans venus de ces régions.

Alors pourquoi Teotihuacán et sa civilisation disparaissent-elles subitement entre les VIIe et VIIIe s ? Plusieurs hypothèses ont été avancées, mais la plus vraisemblable, après que l'on eut découvert que seuls les principaux monuments – symboles du pouvoir – furent brûlés, est celle d'un renversement des classes dirigeantes, associé ou non à une baisse brutale des ressources.

Quoi qu'il en soit, la civilisation de Teotihuacán s'éteint ; la ville est abandonnée. Peu à peu, les édifices s'écroulent et une épaisse couche de terre les recouvre, à tel point que Cortés et ses troupes passent à proximité sans en soupçonner l'existence. Teotihuacán conserve néanmoins une importance rituelle pour les civilisations suivantes. Les Aztèques s'y rendront régulièrement en pèlerinage.

Les toutes 1res fouilles furent conduites dès 1675 par l'Espagnol Carlos de Sigüenza y Gongora (même si on ne sait pas très bien s'il explora la pyramide du Soleil ou celle de la Lune...), mais c'est surtout à l'archéologue mexicain Leopoldo Batres qu'on doit le gros des travaux de mise en valeur du site, au tournant du XXe s.

Fidèle à son caractère ésotérico-religieux, le site accueille encore régulièrement aujourd'hui de nombreux mystiques et adeptes du *New Age* pour

des séminaires et des retraites. Le 21 mars, une foule immense vêtue de blanc vient y célébrer l'équinoxe de printemps.
Pour plus d'informations, (re)lire, en fin de guide, la rubrique « Histoire. Les civilisations dites classiques » dans le chapitre « Hommes, culture, environnement ».

Comment y aller ?

➢ ***De Mexico :*** prendre un bus *Autobuses Teotihuacán (☎ 55-87-05-01, ● autobusesteotihuacan.com.mx ●)* pour San Juan Teotihuacán, départ du terminal Norte (porte 8), ttes les heures 6h-22h. Compter 52 $Me et 1h15 de trajet. Les bus s'arrêtent à la porte 1 (à l'ouest du site) après avoir desservi le village de San Juan, ils vont jusqu'au terminal de San Martín de las Pirámides, situé derrière la pyramide de la Lune *(av. Tuxpan, carretera 132, à l'entrée du village).* Pour le retour, dernier départ vers 19h de l'entrée nº 2. Si vous le ratez, rendez-vous au village de San Martín de las Pirámides (au nord-est du site), d'où partent des bus plus tardifs. Dernier départ de San Juan vers 22h. Autre possibilité (plus cher, mais plus confortable) : le bus touristique *Turibus* (voir à Mexico « Infos et services touristiques » dans « Adresses et infos utiles »).
➢ Nos lecteurs motorisés trouveront un parking à chacune des portes qui ponctuent la route qui entoure le site. Compter env 45 mn de trajet depuis le *Centro.*

Où dormir ? Où manger ? Où boire un verre près du site ?

Teotihuacán est une visite à la journée depuis Mexico. Il n'y a donc aucune nécessité d'y dormir. Cependant, ce peut-être une 1re nuit possible si vous débarquez de l'aéroport tôt le matin et que vous avez loué une voiture. Vous serez alors sur le pied de guerre pour profiter du site dès son ouverture à 9h du matin... sans avoir à affronter les embouteillages de Mexico !

Villas arqueológicas : *au sud du site. ☎ (55) 58-36-90-20. ● villasteo.com ● Double env 1 300 $Me, petit déj env 150 $Me (resto ouv 7h30-22h). Parking gratuit.* Pour nos lecteurs aisés qui rêvent d'avoir jalousement le site pour eux seuls (enfin, presque) dès l'ouverture. Cet hôtel-oasis, construit dans le style hacienda, offre des chambres pas très grandes mais bien agréables et très soignées, avec un lit double et un lit simple. Elles sont disposées autour d'une piscine, sur 2 étages. Également des suites de 2 chambres. Bonne cuisine mexicaine et internationale au restaurant. Bar, jeux pour les enfants.

Resto Las Pirámides : *au niveau de l'entrée nº 1, au 2e étage de l'ancien musée. Tlj 9h-18h. Prix moyens.* C'est l'unique restaurant à l'intérieur du site et, à travers les baies vitrées, la vue sur les pyramides vaut le coup. Sinon, on peut se contenter de boire un verre à l'agréable bar juste en dessous, au 1er étage, d'autant que la cuisine y est relativement médiocre...

Également de nombreux ***petits restos*** tout le long de la route circulaire, côtés sud, est et nord. L'embarras du choix !

Visite du site

Tlj 9h-17h (musée jusqu'à 16h30). Entrée : 85 $Me. Parking : 50 $Me. Visite guidée gratuite sur résa (min 2 sem à l'avance et 10 pers) au ☎ (594) 958-20-81. ● teotihuacan.inah.gob.mx ● Compter 1 400 $Me avec un guide privé (nombreux aux entrées), pour 1-5 pers et 2-3h de visite.

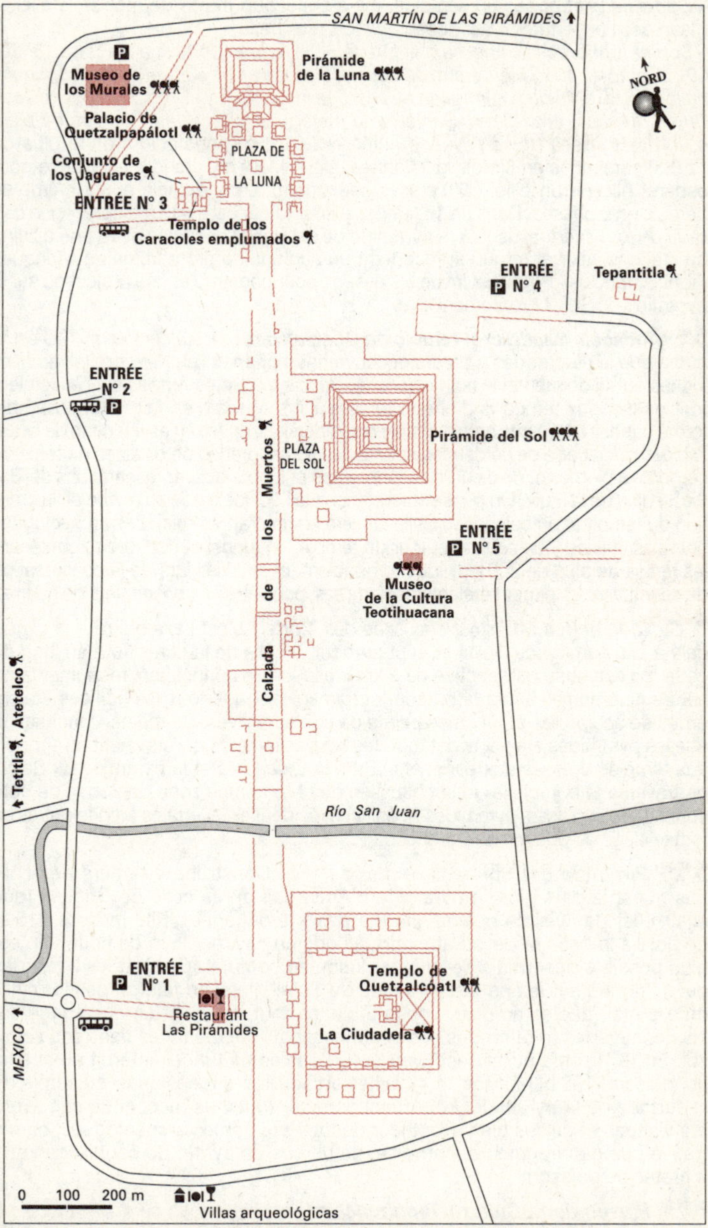

TEOTIHUACÁN (Zona arqueológica)

– ***Conseils pratiques :*** en semaine, il y a beaucoup moins de monde. Y aller le matin dès l'ouverture : c'est désert et 2 fois plus beau.
– ***Son et lumière :*** *jeu, ven, sam et lun déc-juin, entrée porte 2, à partir de 18h30-19h. Compter 400 $Me/pers mais achat obligatoire sur • ticketmaster.com.mx • qui prend 80 $Me de commission au passage (achat du billet impossible sur place). Durée du show env 45 mn. Surveiller la météo car c'est annulé en cas de pluie ou de vent. Résa très à l'avance.* Initié en 2016, ce spectacle a attiré plus de 12 000 personnes en 6 mois la 1re année, alors il faut s'y prendre à l'avance pour espérer obtenir un billet (270 places seulement). Le spectacle en lui-même se déroule en 2 phases. Dans un 1er temps, le spectateur est invité à emprunter la *calzada de los Muertos* jusqu'à la pyramide de la Lune, il enchaîne alors une dizaine de stations (aller et retour) en écoutant un audioguide programmé en 5 langues (dont le français). Puis il est invité à s'asseoir pour contempler une projection sur la pyramide du Soleil proprement dite.

Ciudadela *(citadelle)* **et templo de Quetzalcóatl :** *face à l'entrée n° 1.* C'est la partie que la plupart des visiteurs découvrent en premier lieu. Ce sont les archéologues qui lui donnèrent le nom de *Ciudadela,* car les plates-formes qui l'encerclent font penser aux remparts d'une forteresse... Il s'agissait, en fait, d'un ensemble formé par des bâtiments administratifs et résidentiels, un forum et le temple de Quetzalcóatl. La façade de ce dernier, spectaculaire, est greffée de dizaines de têtes de serpents à plumes et de ce qu'on a longtemps pris pour des représentations de Tlaloc, le dieu de la Pluie. On pense aujourd'hui que l'édifice est lié au mythe de la création du temps et du calendrier. Belle lumière en fin d'après-midi. Les archéologues ont aussi mis au jour, sous et autour du temple, un tunnel et des fosses contenant les restes de plus de 200 individus, probablement sacrifiés lors de la consécration du sanctuaire. La plupart étaient des hommes, peut-être des prisonniers de guerre.

Calzada de los Muertos *(chaussée des Morts)* **:** c'est l'axe qui relie la *ciudadela* à la pyramide du Soleil et, tout au bout, à celle de la Lune. Tout au long de cette majestueuse perspective de 2 km s'alignent les principaux monuments du centre cérémoniel. Il faut la parcourir en imaginant que tous les édifices étaient ornés de sculptures et de stucs peints de couleurs vives. De même, il faut savoir que les pyramides étaient avant tout des soubassements qui servaient de support aux temples dressés aux sommets. Entre la *Ciudadela* et la pyramide du Soleil, on traverse le complexe de la chaussée des Morts, une zone de 350 m de côté constituée de places, pyramides et édifices résidentiels. Certains archéologues en font le siège du pouvoir de Teotihuacán.

Pirámide del Sol : *entrée n° 2 ou n° 5.* Construite au cours des Ier et IIe s, c'est la plus grande pyramide d'Amérique après celle de Cholula (qui, elle, n'est pas visible puisqu'elle n'a pas été dégagée). Elle mesure 215 m de côté à la base et devait atteindre à l'origine environ 75 m de haut ! Il n'est plus possible désormais de grimper jusqu'au sommet. Ce sont les Aztèques qui lui donnèrent le nom de pyramide du Soleil mais, en fait, on pense plutôt qu'elle était dédiée au dieu... de la Pluie, en tout cas c'est ce que suggèrent les découvertes (d'offrandes et de sacrifices) qui ont été faites dans son sous-sol. En 1971, on a aussi découvert sous l'édifice un tunnel (interdit au public) conduisant, 103 m plus loin, à 4 cavités artificielles, situées quasi au centre de la surface de la pyramide. Leur fonction reste toutefois méconnue car, ayant été visitées et pillées bien avant leur découverte par les archéologues, on n'y trouva que des fragments d'ardoise, de miroirs en pyrite, de coquillages et... d'arêtes de poisson.

Museo de la Cultura Teotihuacana : *en contrebas de la pyramide du Soleil, accessible par la calzada de los Muertos.* À ne pas manquer. Remarquable, avec de belles pièces archéologiques fort bien mises en scène et en lumière. Les principales sections présentent les ressources régionales et le commerce, les grandes phases de construction de la cité, l'organisation sociale et économique avec les principaux métiers, puis la religion. À mi-chemin, on survole une grande maquette de ce à quoi devait ressembler Teotihuacán il y a 1 500 ans. Impressionnant, d'autant que la salle donne, à travers une grande baie vitrée, sur la pyramide du Soleil... La visite se poursuit par une section consacrée aux techniques d'inhumation. Jardin de sculptures et petit jardin botanique.

Pirámide de la Luna : _entrée n° 3._ Marquant l'extrémité nord de la _calzada de los Muertos,_ elle se dessine dans l'ombre du cerro Gordo (la « grosse colline »), sorte de pyramide naturelle dressée en toile de fond et sacrée pour les Teotihuacanos. Quel alignement ! Plus petite que celle du Soleil, la pyramide de la Lune se retrouve pourtant au même niveau grâce à une dénivellation d'une trentaine de mètres de la chaussée. Elle aurait été achevée vers l'an 250. Ascension désormais interdite là aussi. Comme pour la pyramide du Soleil, on n'est en réalité pas sûr qu'elle était dédiée à la Lune... en raison des 2 représentations de la déesse de l'Eau et de la Fertilité retrouvées sur la place juste devant. Des restes humains et animaux (coyotes, serpents, aigles, jaguars...), ainsi que de belles statues de dignitaires en position de lotus, ont été découverts sous la pyramide.

Palacio de Quetzalpapálotl _(palais du Beau Papillon)_ **:** du côté ouest de la _plaza de la Luna,_ l'édifice a été en partie reconstruit, avec des matériaux et selon des techniques d'origine. Il servait peut-être de résidence aux grands prêtres. Le patio intérieur est remarquable. Les colonnes sont recouvertes de bas-reliefs, certains représentant le fameux quetzal, cet oiseau aux longues plumes caudales vertes, qu'on peut encore voir, avec beaucoup de chance, dans les forêts du Guatemala et du Costa Rica. Belle peinture murale dans l'une des salles. À côté, le **_conjunto de los Jaguares_** présente aussi quelques fresques bien conservées montrant des jaguars à plumes soufflant dans des coquillages. Enfin, niché entre les 2, le **_templo de los Caracoles emplumados_** _(temple des Escargots à plumes)_ est l'une des plus anciennes constructions de Teotihuacán. Une partie seulement de la façade richement décorée est encore visible.

Museo de los Murales Teotihuacanos Beatriz de la Fuente _(musée des Fresques)_ **:** _en retrait de la porte 3. Tlj 8h-17h. Gratuit avec le ticket du même jour._ Ce musée moderne, portant le nom d'une éminente chercheuse et historienne mexicaine, est trop souvent oublié des visiteurs. Il expose pourtant une magnifique collection de peintures murales, mises au jour dans les différents quartiers d'habitation de la ville au gré des fouilles. L'être humain, la nature, les animaux fantastiques, figures fantasmagoriques et, bien sûr, les divinités, y occupent une place prépondérante.

Tepantitla : _hors de la zone archéologique, au niveau de la porte 4. Possibilité de garer sa voiture devant._ Des nombreux quartiers d'habitation de Teotihuacán, Tepantitla conserve les plus belles fresques – en particulier celle du _Paradis de Tlaloc,_ dont on peut voir une copie au musée d'Archéologie de Mexico.

Tetitla et Atetelco : _au sud-ouest, hors de la zone archéologique, chemin d'accès entre les portes 1 et 2. Accès à pied ou en voiture._ Ces 2 quartiers voisins abritent d'autres vestiges de fresques, plutôt moins bien conservés. Des travaux de restauration sont néanmoins en cours.

TEPOTZOTLÁN

IND. TÉL. : 55

À une quarantaine de kilomètres de Mexico en direction de Querétaro. Si vous avez loué une voiture à Mexico, vous pouvez tout à fait combiner cette visite avec celle de Teotihuacán en une journée.

Outre le cachet colonial de cette ville où tout est écrit en caractère gothique, c'est surtout pour son église et son imposant monastère avec ses splendeurs churrigueresques que Tepotzotlán mérite le détour. Il abrite l'un des plus beaux musées d'art colonial du pays, voire d'Amérique latine.

Comment y aller ?

Quelques bus font la liaison quotidenne depuis San Juan Teotihuacán (dernier retour de Tepotzotlán pour Mexico Terminal Norte à 17h), mais il n'y a pas de bus direct depuis la capitale. Le plus commode est de louer un véhicule pour la journée.

Où manger ?

Mercado : *sur le zócalo, en face de l'église, tlj 8h-18h.* Plusieurs stands. *Tacos de barbacoa, quesadillas, pozole...* Typiquement mexicain, dans une bonne ambiance populaire.

Hostería del Convento de Tepotzotlán : *à côté de l'entrée du monastère. ☎ 58-76-16-46. Tlj 9h-18h sauf lun. Prix moyens.* Très beau cadre rénové : on domine un ravissant patio le long des contreforts de l'église. Cuisine préparée à partir de recettes anciennes, entre autres. Café à l'ancienne *(café de Olla)*. Si vous êtes là à Noël, ne manquez pas les fameuses *pastorelas* qui ont lieu tous les soirs du 16 au 23 décembre. Ce sont des représentations traditionnelles de la Nativité. Le spectacle est suivi d'une procession avec feu d'artifice et dîner. Cher, mais superbe.

À voir

Museo nacional del Virreinato : *pl. Hidalgo 99. ☎ 58-76-02-45. • virreinato.inah.gob.mx • Tlj 9h-17h45 sauf lun. Entrée : 85 $Me. Gratuit dim.*

Les amateurs de baroque et d'art colonial trouveront la visite passionnante. Installé dans un ancien couvent jésuite, le musée est articulé autour de 3 patios aux orangers centenaires. Outre les différentes salles, on visite aussi l'époustouflante église San Francisco Javier et la ravissante *capilla doméstica.*

– ***1er patio :*** sur les murs du corridor sont apposés 22 tableaux de Critóbal de Villalpando (1649-1714). Ils retracent la vie de saint Ignace de Loyola, son parcours initiatique, la création de la Compagnie de Jésus. Puis une demi-douzaine de salles invite le visiteur à comprendre le processus de christianisation du Mexique, en dressant tout d'abord un état des lieux des cultures natives au moment de l'arrivée des Espagnols : statuaire, notamment. S'ensuit l'impact des nouveaux arrivants dans le domaine de la « culture » : armes, objets liturgiques, cartographie, mobilier et bondieuserie en tous genres. Intéressante section consacrée à l'influence de l'Orient en Nouvelle-Espagne, avec notamment de la porcelaine japonaise. Dans la même veine, belle série d'œuvres de ***Miguel Gonzalez,*** surnommé « El Conchero », maître dans la réalisation de tableaux avec incrustation de nacre, très actif à la fin du XVIIe s.

– ***Claustro de Naranjos*** *(cloître des orangers)* **:** la visite se poursuit au niveau du cloître, avec de la tapisserie flamande du XVIIe s, de la peinture religieuse : José Juárez, ***Juan Correa.*** N'oubliez pas de ressortir en direction de l'ancien verger *(huerta),* un jardin enchanteur de 3 ha où les jésuites cultivaient légumes, plantes médicinales et arbres fruitiers. Une fois la porte franchie, pensez à vous retourner pour admirer les fresques.

– ***L'intérieur de l'église de Saint-François-Xavier :*** construite à partir de 1670, mais la façade et les retables datent du milieu du XVIIIe s. Pléthore d'anges, de feuilles dorées et de symboles cachés... Confiée au sculpteur Higinio de Chávez et au peintre ***Miguel Cabrera,*** cette ***œuvre magistrale emblématique du baroque*** de la Nouvelle-Espagne de la moitié du XVIIIᵉ s, est sans conteste ***l'une des plus belles réalisations de l'art churrigueresque du Mexique.*** Les murs, entièrement recouverts de 11 retables dorés, colorés et ultra-chargés, forment une vaste galerie d'une exubérance folle. Somptueux et impressionnant ! Près du porche principal (fermé), sur le côté gauche de la nef en regardant le chœur, ne manquez pas la chapelle dédiée à la Vierge de Loreto *(Camarín de la Virgen)*, finement ouvragée ; le sol en azulejos qui la précède, protégé par des dalles en verre, est d'origine. À l'arrière de cette chapelle, une autre chapelle, octogonale celle-ci, est coiffée d'une coupole entièrement couverte de fresques. Une bonne idée : un miroir grossissant permet d'en observer les détails !

- ***Capilla doméstica :*** un chef-d'œuvre baroque de la 1ʳᵉ moitié du XVIIᵉ s. Il est truffé de petites niches abritant des statuettes, des miroirs et des angelots baladant de lourdes guirlandes dorées. Il rassemble une grande partie de la symbolique des différents ordres, des franciscains aux jésuites, en passant par les dominicains, augustiniens, carmélites... On y remarque aussi la croix de Malte, chère aux mercédaires.
- ***Dernier étage :*** visite des salles des *Gremios* (l'équivalent des compagnons). Très belles pièces d'ébénisterie. Salle des nonnes couronnées *(monjas coronadas)* où sont exposées de magnifiques peintures de religieuses coiffées de couronnes de fleurs. Étonnant ! Enfin, n'oubliez pas d'aller admirer la vue depuis la terrasse *(mirador)*.

TULA

IND. TÉL. : 773

À une centaine de kilomètres au nord de Mexico et environ 20 km à l'est de la route de Querétaro. Excursion à faire dans la journée et qu'on peut éventuellement grouper avec la visite de Tepotzotlán.
Les ruines de Tula sont étagées dans un paysage somptueux, qui rappelle un peu celui de nos sites antiques gréco-romains. Seulement, ici, les agaves et cactus de toutes sortes remplacent chênes verts et oliviers.

Comment y aller ?

➢ ***De Mexico :*** le plus rapide est de prendre le bus de la compagnie *AVM (Autotransportes Valle del Mezquital)* pour Pachuca au terminal Norte. Départ ttes les 30 mn-1h 6h20-21h30. Trajet : env 1h30. À Tula, prendre un combi qui s'arrête juste à la porte du site, devant le musée (env 10 $Me).

Visite du site

Infos : ☎ 100-36-54. Tlj 9h-17h. Compter env 2h de visite. Entrée : 85 $Me.
Tula est considérée comme la capitale des Toltèques. La cité a sans doute été fondée au début du Xᵉ s, peu de temps après la destruction de Teotihuacán, dont elle est la digne héritière. Mais c'est aussi la ville sur laquelle régna le légendaire Quetzalcóatl de 977 à 999. Quetzalcóatl, dieu et humain tout à la fois, déclara le caractère sacré de la guerre et abolit les sacrifices humains. C'était sans compter la présence du Mal, représenté par son frère Tezcatlipoca qui lui fit boire du *pulque* pour l'enivrer et l'entraîner dans la débauche. Plein de remords et de honte, Quetzalcóatl abandonna son royaume et prit le chemin de l'exil vers le pays de l'Aurore (l'Est),

tout en prophétisant son retour. Voir aussi la rubrique « Histoire » dans « Hommes, culture, environnement », et notamment le paragraphe « Le panthéon des dieux ». Il ne reste de cette cité que les fameux *atlantes,* le *mur des Serpents* sculpté, des jeux de pelote *(juegos de pelota),* ainsi que les fondations d'un palais à portique. Des 4 colosses guerriers en pierre, hauts de 4,50 m (plus de 8 t chacun), seuls les 2 du centre sont d'origine, mais les couleurs vives qui les recouvraient ont disparu. Installés sur le temple pyramidal qui répond au doux nom de *Tlahuizcalpantecuhtli,* ils dominent le site.

VERS LE SUD ET LA CÔTE PACIFIQUE SUD

CUERNAVACA

366 000 hab. IND. TÉL. : 777

• Plan *p. 145*

À environ 2h de bus au sud de Mexico, perchée à 1 550 m d'altitude, Cuernavaca est appelée la ville au « printemps éternel ». Depuis l'époque préhispanique, son climat privilégié en a fait le lieu de villégiature des habitants de la capitale. Moctezuma y avait son palais. Cortés y a fait construire le sien. Aujourd'hui, les classes aisées – politiciens, industriels et... narcotrafiquants – viennent y passer le week-end, protégés des regards indiscrets par les hauts murs de leurs résidences secondaires.
Cuernavaca est aussi une ville étudiante. On y fait volontiers escale entre Taxco et Puebla à condition d'éviter certains quartiers périphériques et de rester dans le centre-ville.

Arriver – Quitter

En bus

➢ ***Aéroport de Mexico :*** se rendre (en taxi) au terminal *Pullman de Morelos,* dit **Casino de La Selva** *(plan B1,* ***2*** *; ☎ 318-92-05),* à ne pas confondre avec le terminal du même nom qui se trouve dans le centre. Départs ttes les 30mn-1h env 4h-0h30. Liaison directe, très pratique et fiable. Mieux vaut réserver son billet à l'avance. Trajet : 1h45.

Terminal Centro Pullman de Morelos *(plan A3,* ***1****) : angle Abasolo et Netzahualcoyotl. ☎ 312-60-01. • pullman.com.mx • Consigne.*

➢ ***Mexico*** *(terminal Taxqueña) :* bus ttes les 15-30 mn 4h50-23h15. Trajet : 1h20.

➢ ***Jojutla :*** départs ttes les 30 mn 6h16-23h26. Trajet : 1h.

➢ ***Lac de Tequesquitengo et l'hacienda Vista Hermosa :*** prendre un bus en direction de Tilzapotla ; départs à 16h50, 17h50 et 18h50.

Terminal Estrella Blanca *(plan A2,* ***3****) : José Ma. Morelos y Pavrón, 329. ☎ 01-800-507-55-00. • estrellablanca.com.mx • Consigne.*

➢ ***Querétaro :*** 19 bus/j. 5h-0h15 (surtout le mat). Trajet : 5h.

➢ ***Guadalajara :*** 9 bus/j. 5h-23h45. Trajet : 9h.

Terminal Estrella de Oro *(hors plan par B3) : Morelos Sur 802. ☎ 01-777-312-30-55. • estrelladeoro.com.mx •*

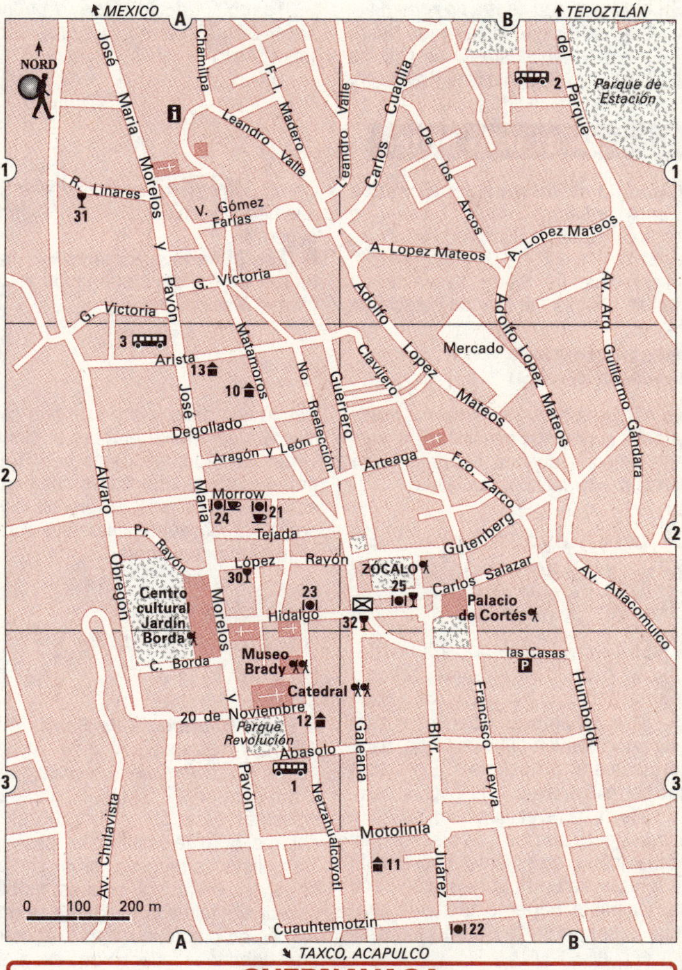

CUERNAVACA

Adresses utiles

- Módulo de Información Turística (A1)
- 1 Terminal Pullman de Morelos (Centro ; A3)
- 2 Terminal Pullman de Morelos (Casino de La Selva ; B1)
- 3 Terminal Estrella Blanca (A2)

Où dormir ?

- 10 Hotel Roma (A2)
- 11 Antigua Posada (B3)
- 12 Hotel Boutique Villa Bonita (A3)
- 13 La Casa Azul (A2)

Où manger ? Où prendre un petit déjeuner ?

- 21 Restaurant La Maga Café (A2)
- 22 Rioni Pizzeria (B3)
- 23 Le Pastis Bistro (A2)
- 24 La India Bonita (A2)
- 25 Casa Hidalgo (B2)

Où boire un verre ?

- 25 Hidalgo Lounge (B2)
- 30 L'Arrosoir d'Arthur (A2)
- 31 Las Mañanitas (A1)
- 32 Bars de la plazuela del Zacate (B2-3)

À quelques mn du centre en voiture.
➢ ***Acapulco :*** une dizaine de bus/j. 5h30-19h10 avec *Estrella de Oro* ou 6h30-minuit avec *Costa Line*. Trajet : 4h.
➢ ***Taxco :*** une dizaine de bus/j., 7h05-20h05 avec *Costa Line*. Trajet : 1h.

Adresse et info utiles

Módulo de Información Turística *(plan A1)* **:** *Leandro Valle ; un peu en contrebas du Castillito, face à la fontaine. ☎ 312-27-47. Lun-ven 8h-15h.* Un peu excentré. Sinon, il y a aussi un module d'info à l'entrée du Palacio de Cortés, ouvert en fin de semaine uniquement *(en principe 9h-17h30)*. Infos générales.
Distributeurs automatiques : dans toutes les banques autour du *zócalo* (*Visa* et *MasterCard*).

Où dormir ?

Les hôtels tendent à se remplir le week-end et à augmenter sensiblement leurs tarifs en conséquence. Même principe pendant les vacances scolaires.

De prix moyens à chic (moins de 800-1 000 $Me / env 38-48 €)

Hotel Roma *(plan A2,* ***10****)* **:** *Matamoros 17. ☎ 318-87-79. • hotelromacuernavaca.com.mx • Doubles 620-990 $Me.* Chambres donnant sur un long patio couvert peint en jaune, garni de plantes et de palmiers. Elles sont très correctes, avec 1 ou 2 lits, ventilo, TV, salle de bains et faux parquet. Autre bonne petite surprise, la piscine (pas bien grande quand même), cachée tout au fond, avec un bout de gazon et un bar. Caféteria moderne attenante, pratique pour prendre le petit déj (en sus). Bon accueil.

De chic à plus chic (800-1 600 $Me / env 38-76 €)

Antigua Posada *(plan B3,* ***11****)* **:** *Galeana 69. ☎ 608-47-46. • hotelantiguaposadamx.com • Résa conseillée le w-e. Doubles 950-1 450 $Me.* Un petit hôtel d'une dizaine de chambres agréables et coquettes, avec sol carrelé, meubles en bois et poutres. Chacune dispose d'une terrasse individuelle où est servi le petit déj. Décoration dans le style un peu colonial. Bougainvillées en fleur et plantes vertes abondantes. Belle vue. Toute petite piscine. Une étape charmante et au calme. En plus, les prix ne jouent pas à l'ascenseur le week-end. Possibilité de stationnement.

Très chic (plus de 1 600 $Me / env 76 €)

Hotel Boutique Villa Bonita *(plan A3,* ***12****)* **:** *Netzahuálcoyotl 33. ☎ 312-29-06. • villabonitalesterrasses.com • Doubles 1 800-2 600 $Me ; petit déj américain compris.* Petit hôtel de charme, doté de 6 chambres, pas plus. Très joliment arrangées : gros carrelage en terre cuite au sol, poutres, mobilier choisi, sanitaires couverts de faïence, AC, écran plat, super literie, et même une cheminée ! Les plus luxueuses possèdent en outre un lit *king size* et un jacuzzi. Petit déj servi à une grande table en bois donnant sur le patio. Salon, piscine, resto. Une adresse de choix.
La Casa Azul *(plan A2,* ***13****)* **:** *Arista 17. ☎ 314-21-41. • hotelcasaazul.com.mx • Doubles 2 300-3 000 $Me, compter 1 000 $Me de plus le w-e.* Un beau boutique-hôtel pour une nuit de charme. Cette maison bleue n'est pas accrochée à la montagne, on n'y vient pas forcément à pied, on y frappe si besoin, car les chambres, neuves ou rénovées, ont été réalisées avec beaucoup de goût.

Chacune a été décorée dans le style d'une région du Mexique par la proprio d'origine française. On a un faible pour la « San Miguel de Allende », avec son magnifique retable et son minipatio privé. Agréable patio garni de végétation avec piscine flanquée d'une petite pelouse et joli resto doté d'une grande cheminée. Un vrai petit havre de paix.

Où manger ? Où prendre un petit déjeuner ?

Bon marché (moins de 150 $Me / env 7,10 €)

Restaurant La Maga Café (plan A2, **21**) : *Dwight W. Morrow 9 ; au 1er étage. ☎ 310-38-71. Tlj 13h-21h sauf dim.* Cadre bohème pour une délicieuse cuisine mexicaine. Formule buffet pour le déjeuner (prix très raisonnable), servie jusqu'à 17h. C'est très copieux, et il y en a pour tous les goûts. Le soir, c'est plutôt pour y siroter un verre en dégustant des *antojitos* mexicains. Musique *en vivo* les vendredi et samedi soir, avec droit d'entrée. Un endroit jeune et sympa.

Prix moyens (150-300 $Me / env 7,10-14,30 €)

Rioni Pizzeria (plan B3, **22**) : *Cuauhtemotzin 18 ; angle bulevar Juárez. ☎ 244-04-36. Tlj 14h-23h30 (22h30 lun-mer et 21h30 dim).* À 3 blocs au sud du *zócalo*, une pizzeria installée dans une sympathique salle moderne avec de grosses tables en bois clair et une grande baie vitrée. Pizzas cuites au feu de bois (essayez la *aloha*, à l'ananas flambé, au jambon et au lard, ou celle au poulpe). Également des pâtes. Excellent service.

Le Pastis Bistro (plan A2, **23**) : *Hidalgo 20. ☎ 318-52-00. Tlj 10h-21h sauf mar.* Cuisine française mexicanisée pour ce petit resto « plein centre » possédant une agréable terrasse. On y vient pour partager une bonne côte de bœuf, une raie au beurre noir ou des moules marinières. Sommelier de formation, David, le Lézignanais, vous conseillera aussi pour les vins.

Plus chic (300-500 $Me / env 14,30-24 €)

La India Bonita (plan A2, **24**) : *Morrow 15 B. ☎ 312-50-21. Tlj 8h-22h (23h ven-sam).* Traduisez « La belle Indienne », c'est-à-dire l'amante autochtone de l'empereur Maximiliano quand il venait se la couler douce à Cuernavaca. Fort joli cadre à la végétation débordante d'euphorbes et de palmiers entourant une fontaine. On y sert une excellente cuisine mexicaine. Très agréable pour le petit déj, servi jusqu'à 13h. Parfois calme, parfois beaucoup d'ambiance.

Casa Hidalgo (plan B2, **25**) : *Miguel Hidalgo 6. ☎ 312-27-49. Côté sud du zócalo ; on entre soit par Hidalgo, soit par le zócalo. Lun-jeu 8h30-23h (minuit ven-sam ; 22h dim).* Une adresse de charme, de préférence pour le dîner. Réserver une table en terrasse ou sur le balcon du 1er étage (encore plus romantique). On mange au pied du *zócalo*, face au *Palacio de Cortés* illuminé. Excellente nouvelle cuisine mexicaine. Service au diapason.

Où boire un verre ?

L'Arrosoir d'Arthur (plan A2, **30**) : *Juan Ruiz de Alarcón 13 (1er étage). ☎ 243-70-86. Tlj 13h-23h45.* Encore un vélo perché au plafond ! C'est dans une ambiance mêlant le bric-à-brac au vintage, que nous reçoivent Benoît et Amaury. Jeune et décontracté, ce bar-resto propose d'excellentes tapas à partager autour d'un verre de vin ou de mezcal. Quelques groupes de musique viennent s'y produire de temps à autre (programmation sur leur page Facebook).

Las Mañanitas *(plan A1,* ***31****) : Ricardo Linares 107. ☎ 362-00-19. Tlj 8h-23h.* On peut vous recommander l'hôtel (qui appartient à la chaîne *Relais & Châteaux*) ou le resto (pour un repas grand style !), mais à condition d'avoir le portefeuille bien garni. À défaut, allez y prendre un verre. Vous profiterez ainsi du magnifique cadre de cette hacienda et de son parc exotique, parsemé d'œuvres d'art moderne. Paons, aigrettes et flamants roses s'y promènent librement.

Hidalgo Lounge *(plan B2,* ***25****) : c'est le bar du resto* Casa Hidalgo *(voir « Où manger ? »). Ven-sam 20h-3h.* Un joli bar contemporain installé sur le toit du resto. On y accède par un ascenseur. Magnifique vue sur le Palacio de Cortés et la cathédrale. DJ maison qui passe une bonne musique *lounge* en début de soirée puis il enflamme la salle avec son électronique-dance et, ça guinche jusqu'à fort tard.

Sur la petite ***plazuela del Zacate*** *(plan B2-3,* ***32****)* et dans la jolie rue piétonne qui la prolonge, vous trouverez quelques ***bars à chicha et karaokés*** animés avec des tables sur le trottoir. Le soir, les jeunes viennent s'y attabler devant une bière. En fin de semaine, c'est plus animé, avec la présence de chanteurs *(bohemia)* et musique *en vivo.* Avec le *zócalo,* c'est le seul endroit où vous trouverez du monde une fois la nuit tombée.

À voir

Zócalo *(plan B2)* **:** bordé par la façade du *palacio del Gobierno.* Musique des mariachis le 1er mardi soir de chaque mois et ***orchestre local*** le jeudi soir au kiosque central.

Catedral *(plan A3)* **:** massive et austère, elle a été construite par les franciscains entre 1529 et 1552. Elle est bordée par une imposante chapelle ouverte qui permettait de célébrer la messe pour les masses indiennes qui n'osaient pas entrer à l'intérieur. Grandes fresques murales racontant l'odyssée des missionnaires partis évangéliser le Japon (l'un des martyrs, san Felipe de Jesús, est aussi le 1er saint mexicain). Dans le jardin, 2 autres églises, dont le temple de la Tercera Ordén de San Francisco, avec sa façade du XVIIIe s (1723) réalisée par des Indiens.

Palacio de Cortés *(plan B2)* **:** *côté droit du zócalo. ☎ 312-81-71. En principe, tlj sauf lun, 9h-18h (dernière entrée à 17h30).* Palais-forteresse construit entre 1526 et 1535 par Hernán Cortés sur les ruines d'une ancienne demeure tlahuica, d'après les plans du palais du fils de Christophe Colomb. Ce fut le 1er bâtiment civil de l'Amérique latine continentale, siège du gouvernement provisoire de la République et, enfin, celui du gouvernement de l'État de Morelos. Le bâtiment abrite une splendide fresque de Diego Rivera dénonçant les abus de la conquête, et le ***museo regional Cuauhnáhuac.*** Il a rouvert après d'importants travaux de rénovation liés au séisme de 2017. *Accès tlj, sauf lun, 9h-18h (dernier billet à 17h30) : 65 $Me.*

UN SACRÉ PILLEUR, CE CORTÉS

Le Palacio de Cortés de Cuernavaca et l'alcazar de Colón à Saint-Domingue présentent une certaine ressemblance. Normal, Hernán Cortés n'a pas seulement volé l'or de Moctezuma, il a aussi dérobé les plans du palais que Diego Colomb, le fils de Christophe, s'était fait construire en 1510 alors qu'il était gouverneur de l'île de Saint-Domingue, l'une des 1res terres d'Amérique à avoir été découvertes.

Centro cultural Jardín Borda *(plan A2-3)* **:** *entrée par Morelos. ☎ 318-10-50. Tlj 10h-17h30 sauf lun. Entrée : 30 $Me ; réduc ; gratuit dim.* C'est l'ancienne « résidence secondaire » du couple impérial, Maximilien et Charlotte. Mais c'est surtout l'empereur qui y venait seul pour y retrouver son amante indienne, la *India* *bonita*. On se promène dans les jardins qui ont été aménagés par Manuel de la Borda, le fils de José qui construisit la cathédrale de Taxco. Visite de la maison aussi, qui abrite des expos temporaires (généralement de peinture). Concert ou spectacle de danse dans les jardins environ 3 fois par mois.

Museo Robert Brady (*plan A3*) **:** *Netzahualcóyotl 4. ☎ 318-85-54. Tlj 10h-18h sauf lun. Entrée : 60 $Me ; réduc.* Il s'agit de la maison de Robert Brady, collectionneur avisé natif des États-Unis qui rapporta dans cette belle demeure coloniale plus d'un millier d'objets d'art du monde entier (Amérique latine, Asie, Afrique...). Parmi les Tamayo, Toledo et autres Orozco, une œuvre phare : un autoportrait de Frida Kahlo. La maison, restée en l'état, vaut en elle-même la visite : on peut voir les chambres (dont la *Josephine Baker Room,* consacrée à l'amie du collectionneur), les salles de bains, la cuisine, le jardin, etc. Superbe.

TEPOZTLÁN

21 900 hab. IND. TÉL. : 739

Pratiquement à mi-chemin entre Taxco et Puebla par la route, Tepoztlán est lové au pied de l'imposant massif montagneux du Tepozteco. Village natal de Quetzalcoátl (le célèbre Serpent à plumes), il est le théâtre de nombreuses manifestations colorées : carnaval, grande procession de l'équinoxe de printemps, célébration du dieu du Vent en septembre... Et attire depuis les années 1970 hippies, mystiques et autres adeptes du *New Age.* Le week-end, de nombreux badauds débarquent de la capitale pour profiter de son marché très animé.
Par ailleurs, on y trouve un ancien *convento* dominicain classé Patrimoine de l'Humanité par l'Unesco. Une halte profitable, donc, d'autant que les alentours offrent de belles balades.

➢ ***Depuis Mexico Taxqueña (Terminal Sur) :*** nombreuses liaisons avec la compagnie *OCC,* tlj 5h45-23h30. Trajet : 1h10.

Où dormir ?

Hospedaje Balcón de Santo Domingo : *Aniceto Villamar, 4. Dans le centre. ☎ 395-25-19. 📱 777-363-31-60. Résa conseillée le w-e. Doubles 1 500-1 700 $Me.* Arturo vous accueille dans la demi-douzaine de chambres qu'il a aménagées chez lui. Très propres, lumineuses et bien décorées, disposant de tout le confort : salle de bains, TV, ventilo sur pied, elles donnent sur un petit jardin bien au calme. Piscine et transat pour prendre le soleil.

Où manger ? Où s'offrir une glace ?

Mercado : vraiment ce qu'il y a de plus typique, de plus original et de meilleur. En particulier les mercredi et dimanche, jours de marché. On s'installe sur des bancs à l'un des nombreux stands (choisir celui où il y a le plus de monde, garantie de qualité) pour déguster des *quesadillas* fourrées aux champignons ou à la fleur de courgette. Tout un tas d'insectes à grignoter, de la tripe *(pansa)* qui mijote, des beignets, des tacos... Un petit plus chez ***El Tlecuil*** (*📱 735-120-26-92 ; w-e seulement 10h-20h*), qui a remis au goût du jour d'antiques recettes indigènes, notamment à base de graines.

Los Colorines : *av. del Tepozteco 13. ☎ 395-01-98. Tlj 8h-21h (22h ven-dim). Prix moyens.* Un resto de cuisine mexicaine à la fois typique et touristique. Les couleurs vives de la déco sont là pour le rappeler. Nourriture de bonne qualité et à des prix très raisonnables. Très apprécié par les Mexicains en visite dans le village.

El Ciruelo : *Zaragoza 17. ☎ 395-12-03. Ouv tlj 13h-18h30 (ven-sam 22h30 ; dim 19h30). Prix moyens.* Sans doute le meilleur resto du village. Très joli cadre, avec des tables installées dans un grand patio à l'air libre. Belle vue sur les montagnes et la pyramide. La cuisine est à la hauteur du cadre, tendance fusion mais d'inspiration mexicaine comme cette soupe de coriandre aux amandes ou cette *pechuga* (blancs de poulet) aux *cuitlacoches* (grains de maïs parasités par un champignon) et fromage de chèvre. Tout ça servi avec un petit rosé d'Anjou.

Tepoznieves : difficile de passer à Tepoz sans prendre une glace ici. C'est une institution qui s'est développée dans tout le pays. On trouve plusieurs succursales dans le village. Des dizaines et des dizaines de parfums, plus originaux les uns que les autres.

Où dormir ? Où manger chic dans les environs ?

L'État de Morelos compte un nombre impressionnant d'haciendas, autrefois dédiées à la culture de la canne à sucre. Certaines ont été converties en *balnearios* (centres de villégiature avec piscines, jeux aquatiques, etc.).

Hacienda de Cocoyoc : *à env 33 mn de route au sud-est de Tepoztlán. ☎ (735) 356-22-11. • hcocoyoc.com • Doubles standard à partir de 2 300 $Me, petit déj non compris ; réduc de 20 % à partir de 2 nuits hors w-e.* Vaste (près de 300 chambres), mais l'endroit n'est pas dénué de charme, avec ses belles piscines et son parc agrémenté d'aqueducs. L'ensemble remonte au XVIe s et a conservé quelques vestiges, notamment la chapelle et le bâtiment d'origine, qui abrite une quarantaine de chambres. Déco rustique et carrelage vernissé. C'est aussi une bonne étape pour déjeuner (resto à prix très abordables) pour ceux qui vont vers Puebla en voiture.

À voir. À faire

Museo ex-convento de la Natividad et iglesia : *☎ 395-02-55. Tlj 10h-18h sauf lun. GRATUIT.*
Entré en fonction dès 1580, ce *convento* reste sous la houlette des dominicains jusqu'en 1773, date à laquelle un clerc séculier entre en fonction conformément aux réformes bourboniennes. Rendu à la vie civile en 1857, le bâtiment fut occupé par les troupes françaises puis par celles des zapatistes. La ***façade*** plateresque de l'église laisse entrevoir des représentations chères aux dominicains comme la torche ou le chien. On y décèle aussi des signes purement autochtones, comme le soleil ou la lune, ainsi que quelques animaux. Tout ça en bonne entente avec la Vierge et quelques angelots.
Les arcades et couloirs du cloître sont également ornés de ***fresques*** représentant tantôt des rois, tantôt des fleurs, des figures géométriques ou même des poissons (à l'époque, les copistes reproduisaient ce qu'ils voyaient dans les livres sans trop se poser de questions). Au centre du ***cloître*** se trouve une fontaine cernée d'orangers (symbole de pureté). À l'étage, les anciennes cellules des moines et la bibliothèque sont aujourd'hui occupées par un petit musée d'histoire régionale. Expos temporaires dans la salle capitulaire.
De la terrasse du 1er étage, vue spectaculaire sur les montagnes qui ne sont pas sans évoquer les Météores (en Grèce) ou les Mallos de Riglos (en Aragón).
Le dimanche, dans la cour, les sœurs clarisses viennent vendre des bondieuseries et des gâteaux.

Museo Carlos Pellicer : *González 2 ; derrière le couvent, en contrebas. ☎ 395-10-98. Tlj 10h-18h sauf lun. Entrée : 15 $Me.* Petite, mais très belle collection d'art préhispanique. Notamment un fragment de pierre où l'on voit un lapin, symbole du dieu Ometochtli, qui signifie « 2 lapins », dieu de l'Ivresse et de la Fertilité, sorte de Dionysos local. Notons que les moines dominicains à peine débarqués s'empressèrent de détruire toutes formes de représentation de ce culte païen.

Pirámide del Tepozteco : *itinéraire balisé. Depuis le* Museo Carlos Pellicer, *descendre la calle Anecito Villamar puis suivre le fléchage. Site ouv tlj 9h-17h30. On paie en arrivant au sommet (55 $Me).* Ça grimpe dur (400 m de dénivelée en un peu plus de 2 km !), mais la balade est superbe. Possibilité de prendre un guide au village. Comptez 1h si vous avez un bon pas. La pyramide est dédiée à Tepoztécatl, l'un des dieux de l'Ivresse et du *Pulque,* cette boisson séculaire produite à partir de la fermentation du *maguey.* D'en haut, vue splendide sur la vallée et le village. Le site est très prisé des parapentistes et la région des amateurs d'escalade.

LES DIEUX DE LA FÊTE

Coïncidence ? Ometochtli est le dieu de l'Ivresse et du Pulque, un alcool produit par la fermentation du suc de l'agave (maguey). *Chez les Grecs anciens, le mot « agave » vient d'Agavé, qui fut à la fois la tante et la nourrice de Dionysos, celle-là même qui instaura le culte du vin. Exactement comme à Tepoztlán !*

ZONA ARQUEOLÓGICA DE XOCHICALCO

Entre Taxco et Cuernavaca, Xochicalco, le « lieu de la maison des fleurs » en nahuatl, est un site d'une grande majesté. Beaucoup plus sauvages que celles de Teotihuacán, ses ruines dominent un ondoiement de collines écrasées de chaleur. D'une puissance évocatrice sans pareille, on imagine aisément ce que fut cette grande ville fortifiée (près de 10 km²) qui a connu son apogée entre 700 et 900 ap. J.-C., alors que Teotihuacán entamait son déclin. Encore peu fréquentée par les touristes, sa visite restera un moment privilégié de votre voyage au Mexique.

UN PEU D'HISTOIRE

Plus les recherches avancent, plus les archéologues sont convaincus que la cité-État de Xochicalco eut une importance considérable. En seulement 200 ans, entre les VIIe et IXe s, elle parvint à dominer, grâce à sa position stratégique, une grande partie du couloir méso-américain jusqu'à la mer, soumettant de nombreuses villes. À son apogée, elle comptait plus de 30 000 habitants. La chute de Teotihuacán et la période d'instabilité politique qui suivit obligèrent les peuples à construire des villes faciles à protéger. Ce fut le cas de Xochicalco et, à la même époque, d'El Tajín et de Cholula (près de Puebla).

Xochicalco fut donc édifiée sur une colline dominant les vallées alentour, selon une urbanisation parfaitement planifiée. Les grandes constructions datent de 700 apr. J.-C. Les bâtisseurs sont allés jusqu'à modifier la topologie de la colline avec des murs de soutènement pour construire des terrasses, tracer les rues et les places, creuser des escaliers et élever des murailles défensives. Centre marchand, culturel et religieux de 1er ordre, Xochicalco entretenait de nombreux contacts avec l'extérieur, y compris avec les Mayas. C'était un centre riche et cosmopolite. Mais, vers l'an 900, Xochicalco s'éteint brutalement (décidément, c'est une habitude !), comme le suggèrent les traces d'incendie et de destruction qui ont pu être observées. Pour quelles raisons ? Les archéologues penchent pour la thèse d'une révolte populaire soudaine, comme à Teotihuacán.

➢ ***En voiture :*** à 1h15 de route au nord de Taxco et à env 50 mn au sud de Cuernavaca par l'autoroute Mexico-Acapulco.

Visite du site

Infos : ☎ (737) 374-30-91 ou 92. Tlj 9h-17h30 ; musée ouv jusqu'à 17h. Entrée : 80 $Me.

Museo : *c'est là qu'on achète le billet pour l'ensemble du site.* Bâtiment à la belle architecture moderne et contenu très instructif. Il abrite le produit des fouilles archéologiques menées entre 1992 et 1994. Au total 9 salles d'exposition, dont une est réservée à la recherche informatique. La 1re est consacrée aux expos temporaires. Les 7 autres permettent d'approcher à la fois les croyances qui régissaient le rapport entre les habitants de Xochicalco et la terre, mais aussi leur vie de tous les jours. La pièce maîtresse en est sans doute le *señor de Rojo,* une statue dont le corps est représenté par la racine d'un arbre et dont la tête était entourée d'un halo de plumes. Elle est entièrement baignée dans une solution à base de cinabre (d'où sa couleur rouge) et représente le dieu-patron de la noblesse dirigeante.

Zona arqueológica : *à env 400 m du musée.*
En voici les parties les plus notables.
– ***Plaza central :*** c'est par là qu'on aborde la zone archéologique. C'était l'espace civico-religieux le plus important de la cité. Là où était vénéré le dieu Tlaloc. Au centre est érigée la stèle des 2 glyphes (l'original est au musée). Une date y est gravée, le « 10 cane » du « 9 œil de reptile », avec ça, allez donc remplir un formulaire de la sécu... Sur son côté nord, elle est bordée par la plus grande pyramide du site. Grimpez-y, vous aurez une très belle vue sur la vallée et une partie des ruines.
– ***Acrópolis :*** comme son nom l'indique, c'est la partie la plus haute de la ville. Ici vivait le gratin de Xochicalco, avec de quoi stocker des denrées pour un siège et un *temazcal* (bain de vapeur rituel) pour se nettoyer la tête au lendemain d'un bon petit sacrifice bien arrosé. Un escalier permettait d'y accéder depuis la pyramide des Serpents à plumes.
– ***Plaza principal :*** à ne pas confondre avec la 1re. Celle-ci avait probablement une fonction plus politique et cérémoniale, et d'ailleurs elle accueille le clou du site : la ***pirámide de las Serpientes emplumadas*** *(pyramide des Serpents à plumes).* Noter, à la base de celle-ci, les bas-reliefs figurant 8 serpents qui, bien sûr, ont été interprétés comme étant des représentations de Quetzalcóatl. L'édifice aurait été érigé pour commémorer une réunion de prêtres-astronomes venus célébrer une éclipse solaire en 743. Du coup, il paraît qu'ils auraient modifié leur calendrier en repartant. Ce qui est sûr, c'est que Xochicalco était un grand centre astronomique.
– ***Cueva del Observatorio :*** c'est une grotte construite artificiellement afin de pouvoir suivre les mouvements du soleil dans sa course vers le tropique du Cancer. Du 30 avril au 15 août, durant 105 jours, le soleil pénètre par une « cheminée » qui forme comme un puits de lumière et, les 14-15 mai et 28-29 juillet, à 13h, il projette sur le sol une figure géométrique.
– ***Juego de pelota*** *(jeu de pelote)* **:** très bien conservé. Les anneaux où devait passer la balle étaient accrochés le long de murs verticaux. En haut, il y avait des tribunes pour les spectateurs de haut rang. On jouait à la pelote avec une grosse balle de caoutchouc, qu'on mettait en mouvement avec les coudes, les genoux, les hanches ou les fesses. Le terrain de jeu représentait l'univers et la balle, les astres en mouvement. Ainsi s'opposaient le jour et la nuit, la vie et la mort. D'ailleurs, à la fin de la partie, plutôt que de rentrer au vestiaire pour la 3e mi-temps, les joueurs de l'équipe perdante étaient tous décapités et le sang versé utilisé pour fertiliser les terres ! Non loin du terrain de jeu, une *citerne* et, en face, le *temazcal,* qui devait servir aux joueurs pour se purifier avant l'épreuve.

➢ Avant de rentrer dans vos pénates. Si vous êtes véhiculé, le petit village d'***Alpuyeca*** (11,3 km du site, en direction de l'autoroute) possède une belle petite église (1719), construite elle aussi sur une ancienne pyramide. À ses pieds, quelques marchandes de tacos.

TAXCO

53 000 hab. IND. TÉL. : 762

• Plan *p. 155*

Comment en vouloir à Taxco d'être devenue une ville touristique ? C'est la contrepartie inévitable de son charme colonial et des centaines de boutiques qui se consacrent au commerce des bijoux en argent. Alors, autant profiter des enchantements de cette ville classée Monument national. Car rien ni personne ne peut venir gâcher le bonheur de se perdre dans ce labyrinthe d'escaliers et de ruelles où vibrionnent de l'aube au crépuscule des nuées de coccinelles-taxis. Taxco n'est certes pas caractéristique du Mexique profond, mais c'est peut-être l'une des plus jolies villes du pays. On y coule des heures agréables, à flâner de boutique en boutique, à arpenter son marché, à laisser vagabonder son regard à la terrasse d'un de ses nombreux restos, à la découverte de la gastronomie locale.
Essayez d'y aller en semaine, car victime de son succès, Taxco fait le plein tous les week-ends.

L'ARGENT

Quand les Espagnols arrivent dans la région au début du XVIe s, ils cherchent de l'étain pour couler des pièces d'artillerie. Mais c'est de l'argent qu'ils découvrent. Ainsi naît la 1re mine espagnole en Amérique en 1531. Malheureusement, les hommes de Cortés n'ont pas le même appétit que les Aztèques, qui connaissent déjà l'emploi du précieux métal, et les 1ers filons sont vite épuisés. Il faudra attendre le XVIIIe s et l'arrivée de José de la Borda, un industriel franco-espagnol natif d'Oloron, qui passe pour l'homme le plus riche du monde à l'époque, pour que l'extraction reprenne. Mais les gisements s'épuiseront à nouveau, et Taxco retombera dans l'oubli.
C'est un Américain, William Spratling, qui, en 1929, en plein krach boursier mondial, relance l'activité, dans le domaine de la joaillerie notamment. Depuis cette date, Taxco exporte ses bijoux en argent dans le monde entier et l'on compte pas moins de 300 boutiques.

Arriver – Quitter

En bus

Voir la liste des principales compagnies et leurs coordonnées dans la rubrique « Transports » du chapitre « Mexique utile ».

🚌 ***Terminal Estrella de Oro*** *(plan A3)* **:** ☎ *622-06-48.* Seulement des bus 1re classe.

➢ ***Mexico*** *(terminal Sur Taxqueña)* **:** 3-5 bus/j. lun-ven 7h30-17h ; 7 bus/j. sam-dim, dernier à 19h le w-e. Trajet : env 3h.
➢ ***Cuernavaca :*** 1 bus lun-ven, vers 8h. 1 bus de plus le sam à 17h30 mars-oct. Trajet : min 1h.
➢ ***Acapulco :*** 6 bus/j., 5h-18h. Trajet : 4h30.

Adresses utiles

i ***Secretaria de Turísmo municipal*** *(plan A2)* **:** *dans le* palacio municipal, *à côté de la poste. Tlj 8h30-20h.*

■ ***Bancomer*** *(plan A3,* ***3****)* **:** *sur Cuauhtémoc ; presque à l'angle de la plazuela San Juan. Lun-ven 8h30-16h.* Change les euros à un bon taux. Distributeur.

■ ***Distributeur HSBC*** *(plan A2,* ***4****)* **:** *sur le zócalo, à côté du bar* Berta.

Où dormir ?

Peu d'options bon marché à Taxco. Certains hôtels, en revanche, proposent des tarifs un poil plus doux durant la semaine. C'est toujours ça ! Enfin Taxco est une ville très animée en soirée, surtout le week-end, autant le savoir et prévoir des bouchons d'oreilles si vous logez à proximité du *zócalo*.

Bon marché (moins de 400 $Me / env 19 €)

Casa de Huéspedes Arellano *(plan A2-3,* ***10****)* **:** *Pajáritos 23. ☎ 622-02-15. Au cœur même du marché, sur une petite place en bas de grands escaliers. Dortoir env 180 $Me/pers, doubles sans ou avec sdb 300-350 $Me.* Sur 3 étages, la maison de la famille Arellano sert de refuge à prix sages. Grande et belle terrasse avec des plantes vertes et des transats. Un peu étouffantes, les chambres brillent par leur absence de déco mais ne sont pas mal tenues. Certaines possèdent leur propre salle de bains. Pour les routards en solo, chambre-dortoir de 6 lits. À 2, les chambres sans commodités situées sur la terrasse haute constituent un bon choix.

Posada Juan Sebastian *(plan A2,* ***11****)* **:** *Juan Sebastian 20. ☎ 622-49-14. • hoteljoansebastian.com • Dans la ruelle piétonne qui descend face au* palacio municipal. *Dortoir 180-200 $Me/pers, doubles 350-560 $Me.* C'est l'autre adresse bon marché. Une maison à l'architecture typique, avec patio et balcons, dans une ruelle en plein centre mais au calme. Dortoir de 8 lits avec lits superposés... en béton ! Ou une douzaine de chambres privées assez exiguës mais joliment décorées, dont la moitié avec salle de bains. C'est bien tenu. Patron sympa et ambiance familiale. Cuisine à dispo. Une petite adresse appréciée des routards.

Prix moyens (400-800 $Me / env 19-38 €)

Hotel Santa Prisca *(plan A3,* ***12****)* **:** *plazuela de San Juan. ☎ 622-00-80. • htl_staprisca@yahoo.com • Doubles 630-730 $Me, petit déj en sus.* Ici, une petite trentaine de chambres réparties autour d'un grand patio central avec fontaine croulant sous la végétation. Déco simple et colorée, dans le style local, avec TV et salle de bains un peu ancienne mais entretenue. Certaines chambres ont une vue sur la vallée ou l'église, et la suite n° 26 possède une cheminée. L'ensemble gagnerait tout de même à être un peu rafraîchi. Bon accueil.

Chic (800-1 200 $Me / env 38-57 €)

Emilia Hotel *(plan A2,* ***13****)* **:** *Juan Ruíz de Alarcón 7. ☎ 622-13-96. • hotelemilia.com.mx • Double env 850 $Me.* Une bonne option pour poser son sac à Taxco car le rapport qualité-prix se défend. Cependant, il faut bien choisir sa chambre car celles donnant sur la rue sont un peu bruyantes. Accès à la piscine de l'hôtel *Agua Escondida* inclus dans le prix. Bar-resto au rez-de-chaussée.

Mi Casita *(plan A2,* ***14****)* **:** *Altos de Redondo 1. ☎ 627-17-77. • hotelmicasita.com • Selon confort, doubles 850-1 500 $Me, petit déj compris.*

TAXCO

■ Adresses utiles

- Secretaria de Turísmo Municipal (A2)
- Terminal Estrella de Oro (A3)
- **3** Bancomer (A3)
- **4** Distributeur HSBC (A2)

Où dormir ?

- **10** Casa de Huéspedes Arellano (A2-3)
- **11** Posada Juan Sebastian (A2)
- **12** Hotel Santa Prisca (A3)
- **13** Emilia Hotel (A2)
- **14** Mi Casita (A2)
- **15** Hotel Los Arcos (A2)
- **16** Hotel Agua Escondida (A2)
- **17** Posada San Javier (A1)

Où manger ?
Où prendre un petit déjeuner ?

- **30** Mercado (A2)
- **31** Pozolería Tía Calla (A2)
- **32** El Adobe (A3)
- **33** Del Angel Inn (A2)

Où boire un verre ? Où sortir ?

- **4** Bar Berta (A2)
- **40** La Concha Nostra (A3)

Avec l'hôtel *Los Arcos,* c'est l'une des adresses les plus charmantes de la ville, avec une douzaine de chambres fort joliment arrangées. Ceux qui voyagent avec toute leur smala opteront pour la suite avec 3 lits doubles. Bon confort. Très belle vue depuis le corridor du 1er étage. On a un faible pour la chambre « Les Livres » avec son petit balcon. Mais si vous pouvez, choisissez « El Secreto de Amor » avec sa terrasse privée. Très romantique ! On prend le petit déj dans un petit salon-boutique. Excellent accueil.

Plus chic (1 200-1 600 $Me / env 57-76 €)

Hotel Los Arcos *(plan A2,* ***15****) : Juan Ruiz de Alarcón 4.* ☎ *622-18-36.* • *hotellosarcosdetaxco.com* • *Double env 1 300 $Me.* On aime beaucoup cet hôtel installé dans un bel édifice du XVIIe s plein de cachet. Superbe patio entouré d'arcades et planté d'un beau jacaranda, terrasse avec vue sur la vallée ; une vue qu'on retrouve d'ailleurs de certaines chambres, très agréables et très soignées, dans le style rustico-colonial, avec de beaux matériaux. On peut prendre le petit déj (en sus) au bar-resto du rez-de-chaussée.

Hotel Agua Escondida *(plan A2,* ***16****) : pl. Borda 4.* ☎ *622-11-66.* • *aguaescondida.com* • *Double env 1 300 $Me ; petit déj en sus.* Ne vous fiez pas à la petite entrée qui donne sur le *zócalo.* Cet hôtel est un vaste dédale de couloirs, d'escaliers et de terrasses imbriqués les uns dans les autres. Il offre une soixantaine de chambres rénovées et de bon confort, bénéficiant d'une déco passe-partout. Le tout ici, étant donné l'environnement (proche de l'animation du *zócalo*), c'est de bien choisir sa chambre. Bar-resto en plein air *(ouv 14h-22h en sem ; 14h-23h ven-sam),* où l'on sirote une *margarita* face à l'église Santa Prisca. Piscine sur le toit et agréable salle de petit déj. Spa. Personnel gentil.

Posada San Javier *(plan A1,* ***17****) : Estacadas 32 (ruelle qui descend en face de l'église ex-convento San Bernardino).* ☎ *622-02-31.* • *hotelposadasanjaviertaxco.net* • *Doubles1 100-1 800 $Me, petit déj continental inclus.* Un peu à l'écart des excès de décibels qui habillent les hôtels situés autour du *zócalo,* ce qui n'est pas plus mal. Dans un immeuble massif à l'architecture vaguement néo-coloniale surplombant une piscine, des chambres tout confort et 2 apparts tout équipés pour 6 personnes. Si vous avez le choix, optez pour les chambres de la *Casa Mimi,* sans réelle vue, mais plus fraîches. Fait aussi resto.

Où manger ? Où prendre un petit déjeuner ?

Beaucoup de restos touristiques autour du *zócalo.* Certains réservent de bonnes surprises, d'autres sont moins à la hauteur de leur vue panoramique. Mais aucun ne vous laissera sur la paille.

Bon marché (moins de 150 $Me / env 7,10 €)

Mercado *(plan A2,* ***30****) : accès par la droite de la cathédrale (en lui faisant face) puis suivre le fléchage « Aera de Comida ». Tlj 7h-18h.* Une ressource inépuisable, où l'on peut manger bien, rapidement, dans une bonne ambiance et pour pas cher du tout ! Il faut descendre 2-3 escaliers bordés de stands de marchandises pour trouver les comptoirs de nourriture (demander *el lugar de las fondas*). Au programme : enchiladas, *quesadillas, mole, pollo frito, pozole rojo* (l'occasion de tester le fameux *chile guajillos*), *chile rellena, cecina...* bref, tout l'éventail des plats régionaux et typiques. Super jus aussi à la *juguería Dominguez.* Si vous êtes amateur de viande, rendez-vous au fond du marché (demander *el lugar de los chivos*). Vous y trouverez notamment du chevreau *(chivo)* cuit à la *barbacoa* (à l'origine du mot « barbecue ») : traditionnellement la viande est recouverte de feuilles de *maguey* et cuite dans un four creusé dans la terre. Et pour goûter à la *pansita* (l'estomac du chevreau), demandez ***El Cuate Guizado,*** où elle est préparée avec du piment *(chile),* de la *salsa roja* et du sel.

|●| ***Pozolería Tía Calla*** *(plan A2,* ***31****) : sur le zócalo, à gauche de l'église. ☎ 622-56-02. Tlj 13h-22h30 sauf mar. CB refusées.* Grande salle en sous-sol, du genre *cantina,* au décor banal. On y sert, depuis 1951, un excellent *pozole,* l'un des plats phares de la cuisine mexicaine : une soupe de maïs avec de la viande et du *chicharón* (peau de porc grillée). On y ajoute au dernier moment de l'oignon haché, du piment et du citron vert. Ambiance populaire garantie.

De prix moyens à plus chic (jusqu'à 500 $Me / env 24 €)

|●| ***El Adobe*** *(plan A3,* ***32****) : plazuela San Juan 13 ; au 1er étage. ☎ 622-14-16 ou 16-83. Tlj 8h-23h (23h30 sam ; 22h dim).* Jolie déco mexicaine dans le style plutôt rustique. Bonne cuisine régionale et originale. Goûtez au *salmón al cilantro* (saumon à la coriandre) ou à la *cecina de Yecapixtla* (tranche de bœuf dans le filet si fine qu'on dirait du papier à cigarette). Ambiance chaleureuse et service aimable. Allez-y de bonne heure pour dégoter une des petites tables installées sur les balcons. Belle carte des vins.

|●| ***Del Angel Inn*** *(plan A2,* ***33****) : Celso Muñoz 4. ☎ 622-55-25. Tlj 8h-22h30.* Montez au 2e étage et installez-vous sur l'une des 2 terrasses. De là, on jouit d'une vue exceptionnelle sur Taxco. On vient d'ailleurs ici pour ça. Nombreuses formules de petit déj à prix assez variables, proposées jusqu'à 12h. On peut aussi y déjeuner et y dîner. La *mole rosa,* spécialité de la maison, ne figure pas sur la carte ; le chef la concocte avec des pignons, des noix, des amandes, du chocolat blanc et des pétales de rose. Le tout rehaussé d'une petite larme de *pulque.* Parfait pour accompagner une volaille.

Où dormir ?
Où manger très chic dans les environs lointains ?

|●| ***Hacienda San José Vista Hermosa :*** ***à San José Vista Hermosa.*** *☎ (734) 342-90-40. ● haciendavistahermosa.com.mx ● Au nord du lac Tequesquitengo, à une bonne heure de route au nord-est de Taxco, dans le petit village de San José Vista Hermosa. Doubles à partir de 2 400 $Me, petit déj en sus ; forfait w-e en pens complète.* La plus somptueuse de toutes les haciendas. Elle fut fondée en 1529 par Hernán Cortés en personne. Exposition de vieux carrosses et de peintures du XVIe s, écuries, aqueduc surplombant la piscine, etc. Pour ceux qui sont en voiture, c'est une étape idéale entre Mexico et Acapulco pour un repas-baignade ou, pourquoi pas, une nuit coloniale...

Où boire un verre ? Où sortir ?

La Concha Nostra *(plan A3,* ***40****) : pl. de San Juan. Accès par l'hôtel Casa Grande. ☎ 622-52-27 ext 114. Tlj 8h-1h (minuit lun).* Salle au 1er étage, donnant sur la *plazuela* de San Juan, avec même quelques tables aux balcons. Le samedi à partir de 21h, musique *en vivo* (avec supplément). Cadre chaleureux et bonne ambiance. On peut aussi y manger un morceau : soupes, tacos, salades, pizzas (choisir l'une des 4 tailles en consultant le mur), lasagnes...

Bar Berta *(plan A2,* ***4****) : sur le zócalo. Tlj, sauf mar, 13h-22h (12h30-23h le w-e).* Le plus ancien bar de Taxco, fondé en 1930 par Mme Berta Estrada. C'est ici qu'elle a inventé son cocktail maison, « la Berta », à base de tequila, jus de citron, miel et eau minérale. Avec un peu de chance, vous trouverez une table libre sur le balcon.

Achats

L'***argent,*** évidemment ! Il est omniprésent à Taxco. Avec plus de 300 boutiques, vous n'aurez que l'embarras du choix... À ce propos, sachez que le Mexique est de 1er pays producteur d'argent au monde. Les bijoux en argent pur n'existent pas, ils seraient trop mous pour être portés. On mélange donc l'argent avec une petite quantité de cuivre afin d'augmenter ses qualités mécaniques. La proportion minimale légale pour ce que les anglophones appellent le *Sterling Silver* et les Français « l'argent 925 » est de 925 millièmes d'argent au gramme. D'où le poinçon « 925 » figurant sur les bijoux. Au Mexique, on trouve du 950 et même du 980. L'artisan peut légalement « descendre » cette proportion jusqu'à 800 millièmes, notamment pour graver les bijoux sans risquer de les abîmer, mais il doit le préciser. En dessous, ce n'est pas de l'argent. À Taxco, la plupart des boutiques sont fiables mais, si vous achetez un bel objet, rien ne vous empêche de vous assurer du sérieux du magasin en demandant une facture avec la mention *RFC (Registro Federal de Contribuyentes),* sachant toutefois que vous payerez plus cher car le vendeur vous facturera systématiquement la TVA. À signaler aussi : les ***mayoreos,*** ou grossistes, disséminés dans le village peuvent vous accorder des réductions à partir d'un montant d'achat conséquent. Dernière chose, on trouve aussi beaucoup de bijoux en alpaca, un alliage d'argent qui contient du nickel. L'alpaca *(german silver)* ressemble à l'argent, brille même plus que l'argent, mais ce n'est pas de l'argent car il n'est pas poinçonné 925.

Artisanat : on trouve un ***petit marché*** dans les ruelles qui descendent derrière l'église de Santa Prisca, où l'on vend sacs, bracelets, colliers, vaisselle, pierres « précieuses », etc. Et, bien sûr, aussi le ***mercado*** de Taxco décrit plus haut dans « Où manger ? », qui vend aussi mille et un objets.

À voir. À faire

Zócalo *(plan A2)* **:** agréablement ombragé par des *ficus americana* et bordé de vénérables maisons, dont la ***Casa Borda,*** celle du richissime José de la Borda. Édifiée en 1759, cette demeure coloniale de 3 étages abrite aujourd'hui la *Casa de la cultura,* qui accueille parfois des expos et événements culturels (sur la gauche en regardant l'église).

Parroquia Santa Prisca *(plan A2)* **:** *sur le zócalo. Ouv 6h-20h30.* Érigée aux frais de José de la Borda, grâce aux revenus de la mine d'argent de San Ignacio. « Dieu donne à Borda, Borda donne à Dieu », avait coutume de dire le riche mécène alors qu'il faisait construire l'église de Santa Prisca. La construction de cette église engloutit une bonne partie de sa fortune. Mais qu'importe, quelques années plus tard, il redécouvrit un filon d'argent à Zacatecas. Construite en seulement 8 ans grâce à une centaine d'artisans, l'église, terminée en 1758, est un chef-d'œuvre de style churrigueresque, l'une des expressions du baroque les plus déjantées, que l'on doit aux frères Churriguera. Une profusion de fleurs, d'arabesques et d'angelots semblant monter droit vers le ciel, très en vogue en Nouvelle-Espagne à l'époque. Façade de pierre rose à l'exubérance tropicale à l'extérieur ; retables sculptés et décorés à la feuille d'or à l'intérieur. L'un des plus beaux monuments d'art religieux du pays. N'oubliez pas d'aller visiter la sacristie, derrière l'église, où vous verrez 2 œuvres majeures de Miguel Cabrera.

Balade dans les ruelles (callejones) : dur, dur pour les mollets... Une errance agréable au fils d'un maillage serré de ruelles et de passages où la ligne droite et l'à-plat ne sont que lointains souvenirs... mais on est récompensé par les superbes points de vue. Au petit matin, ou le soir quand la chaleur est tombée, c'est un ravissement. Un des buts de la balade est de grimper jusqu'à l'***iglesia de la Guadalupe.*** Prendre la calle Guillermo Spratling à gauche de l'hôtel *Agua Escondida* puis la calle Guadalupe. À l'arrivée, magnifique point de vue et aucun touriste.

El Cristo : cette statue monumentale domine la ville. Comptez bien 1h pour s'y rendre à pied... et une bonne dose de souffle. Ceux qui peinent à se déplacer prendront un minibus sur la place de San Juan *(plan A3),* qui indique « Panorámica » ou Casahuates, le nom du quartier le plus élevé, mais il faudra quand même marcher un bon quart d'heure. Faisable aussi en Coccinelle-taxi (environ 50 $Me). Panorama spectaculaire sur Taxco et la vallée, à découvrir l'après-midi. Redescendre à pied en flânant dans les ruelles pentues.

UN INSECTE QUI EN A SOUS LE CAPOT !

À Taxco, les rues sont tellement pentues et les pavés de basalte tellement glissants que les véhicules à traction avant patinent. La solution ? La Coccinelle de chez Volkswagen ! Avec sa propulsion arrière, elle grimpe partout et ne dérape pas.

Panorama sur Taxco : les nostalgiques des sports d'hiver pourront prendre le ***téléphérique*** *(hors plan par A1 ; pour y accéder, prendre un minibus marqué « Los Dos Arcos » ; dim-jeu 8h-19h, ven-sam 8h-22h ; 95 $Me A/R),* qui monte à l'hôtel le plus luxueux du coin, le *Monte Taxco,* situé sur une colline en face de la ville. Vue superbe sur la vallée depuis le mirador de l'hôtel.

Museo Poblano de Arte Virreinal *(ou* ***Casa Humboldt*** *; plan A2)* **:** *Ruiz de Alarcón 12. ☎ 1622-55-01. Tlj 9h-18h sauf lun. Entrée : 50 $Me, réduc ; expos temporaires.* Cette maison du XVIIIe s (magnifique façade de style mudéjar) abrite une petite collection de meubles et d'objets de l'époque de la vice-royauté. Également quelques œuvres d'art sacré, provenant des églises de Taxco. Le baron Humboldt, l'un des 1ers explorateurs naturalistes du Mexique, y passa une nuit en 1803, après plusieurs mois de voyage en Amérique centrale.

Museo Guillermo Spratling *(plan A-B2)* **:** *Porfirio Delgado 1. ☎ 622-16-60. Tlj, sauf lun 9h-17h (15h dim). Entrée : 55 $Me.* William Spratling fut cet Américain débarqué à Taxco dans les années 1920. À la fois homme d'affaires, collectionneur, designer, caricaturiste et écrivain, il a légué à l'État son immense collection d'objets précolombiens. Le musée en expose une partie (le reste est au musée national d'Anthropologie de Mexico). Quelques très belles pièces bien mises en valeur, comme ce crâne couvert de petits carreaux turquoise et ces vases anthropomorphes illustrant le culte phallique. Au sous-sol, les objets conçus par Spratling lui-même, d'inspiration préhispanique. À l'étage, expos temporaires d'artistes locaux.

Museo Casa de las lagrimas – Casa Figueroa *(plan A2)* **:** *Guadalupe 2. ☎ 622-00-03. Tlj 10h-18h sauf mar. Entrée : 30 $Me ; réduc ; visite guidée en espagnol comprise.* Une maison datant de la moitié du XVIIIe s ayant appartenu à l'origine au comte de la Cadena, un proche de José de la Borda. Elle avait la particularité de posséder 27 pièces pour 2 fenêtres seulement. Autant dire que le proprio ne devait pas souvent dormir sur ses 2 oreilles. Coup du sort, elle fut le théâtre de nombreux drames (d'où son nom) avant d'être rachetée en 1943 par l'artiste mexicain Fidel Figueroa. Une petite dame nous invite à découvrir son univers et, à travers lui, celui de toute une époque et même des précédentes. Force anecdotes, détails historiques, beau mobilier et *talaveras* de Puebla à gogo, rendent cette visite *muy interesante.*

Mina prehispánica de Taxco *(hors plan par B1)* **:** *cerro de la Misión 32, dans l'hôtel* Posada de la Misión. *☎ 622-82-86. Tlj 9h-18h. Entrée : 150 $Me.* En 2013, un hôtelier qui faisait des travaux de plomberie dans son établissement découvre une grotte débouchant sur une mine exploitée il y a plus de 500 ans dont il ne soupçonnait même pas l'existence ! Du coup, il exploite le filon... mais touristique cette fois !

Fêtes

– ***Día de Santa Prisca :*** *18-20 janv.* C'est la sainte patronne de la ville. Avec grand feu d'artifice, et tout et tout. La veille, concours et bénédiction des animaux qui se présentent en costume, même les cochons.
– ***Semana santa :*** *du dim des Rameaux au dim de la Résurrection (dim de Pâques).* Ces fêtes de Pâques, qui datent de l'époque coloniale, sont célèbres dans tout le pays et prennent parfois des aspects spectaculaires. Il y a des processions tous les jours, avec notamment celles des pénitents qui, pieds nus et recouverts d'une capuche noire, se flagellent le dos ou portent une énorme croix en bois. Le Jeudi saint et le Vendredi saint des figurants miment Passion et Crucifixion. Le samedi, c'est plus calme, et un silence absolu règne dans la ville en signe de deuil.
– ***Día del Jumil :*** *1er lun de nov après le día de Muertos (la Toussaint).* Le *jumil* ? C'est un petit cafard. Tous les ans en novembre, ils quittent les cultures et migrent vers les forêts autour de Taxco, spécialement sur la colline Huixteco. Les habitants de la ville vont alors les chasser pour les déguster vivants ou en faire une sauce pour les tacos !
– ***Feria nacional de la Plata :*** *début déc.* Fête à la mexicaine : avec majorettes, chanteurs et concerts sur le *zócalo,* courses d'ânes, etc. Mais, surtout, concours des plus belles œuvres en argent et exposition. Et puis le clou de la feria : l'élection de Miss Plata (Miss Argent), avec sa ravissante couronne... en argent, bien sûr !
– Nombreuses festivités à Taxco tout au long de l'année. Infos sur le site : ● *taxcolandia.com* ●

DANS LES ENVIRONS DE TAXCO

Grutas de Cacahuamilpa : *à env 40 mn de voiture au nord de Taxco. ☎ (721) 104-01-61. Prendre un bus* Tres Estrellas *pour « las grutas » (env 40 $Me). Demander l'arrêt au chauffeur. Du croisement, 10 mn à pied (ou taxi). Tlj 10h-17h sauf lun. Départ de la visite guidée (obligatoire) ttes les heures. Durée : 2h. Entrée : 90 $Me ; réduc.*
Ces immenses grottes, qui sont parmi les plus vastes du continent (du monde, vous diront les guides), ont été découvertes en 1835. Ce sont aujourd'hui les plus visitées du pays ! Elles s'étirent au-dessus de 2 rivières, avec des salles dont la plus volumineuse, celle de la *botella de champagne,* atteint 81 m de hauteur. Autre salle remarquable, *el salón de los enamorados* (la salle des amoureux), vous verrez pourquoi quand vous y serez ! Bien sûr, profusion de stalactites et de stalagmites créant des formes plus ou moins figuratives qui sont commentées de manière assez romanesque par le guide.
Le circuit aménagé sur 2 km traverse 18 salles. Celles-ci ont vraisemblablement servi aux Indiens chontales pour leurs rituels religieux. Impressionnant et très beau, ce site vaut vraiment le déplacement.

Pozas Azules de Atzala : *à* ***Atzala,*** *à env 30 mn de voiture à l'est de Taxco. ☎ (762) 110-16-78. Sinon, prendre un combi pour Ixcateopan de Cuauhtémoc en face du terminal des bus* Tres Estrellas *et demander au chauffeur qu'il vous dépose sur la route de San Pedro Chichila. De là, il reste 7 km jusqu'à Atzala. Tlj 9h-17h ; 30 $Me.* Spa naturel et revigorant. Un ruisseau dévale une anfractuosité de la montagne couverte de végétation, alimentant une série de vasques aux eaux turquoise et frisquettes. On saute, on glisse, on fait de la tyrolienne *(payant),* on s'égaye dans l'eau... Le rendez-vous préféré des familles de la région.

VERS L'EST ET LE GOLFE DU MEXIQUE

LES VOLCANS POPOCATÉPETL ET IXTACCÍHUATL

Le volcan Popocatépetl dresse son cône presque parfait à 5 426 m d'altitude, à 70 km au sud-est de Mexico.
Depuis l'éruption de fin 1994, qui sonna son réveil après 70 ans de sommeil, le « Popo » est un multirécidiviste. Fin 2000, d'abord, forçant les riverains à évacuer préventivement leur village. Il est vrai que quand le géant toussote, il ne fait pas dans la demi-mesure avec parfois des cendres qui montent jusqu'à 3 km de hauteur ! Puis il a remis ça en en 2005, 2012, 2013, et encore en 2016 où il est entré en colère 4 fois dans l'année, provoquant l'annulation de nombreux vols à l'aéroport de Puebla, et plus récemment en janvier 2020. Bien qu'il n'en ait pas connu depuis près de 1 200 ans, une explosion majeure pourrait menacer des centaines de milliers, voire des millions de personnes, notamment les habitants de Puebla et de ses environs. Inutile, donc, de caresser l'idée de grimper dessus pour aller voir de plus près si la lave est à bonne température, son ascension est formellement interdite.
À côté du « Popo » se découpe la silhouette d'un autre grand volcan, l'Ixtaccíhuatl (5 230 m), dont le nom signifie « la femme endormie ». Beaucoup plus docile puisqu'il est éteint.
Aujourd'hui encore, le Popocatépetl conserve une aura mythologique auprès des populations locales. Plusieurs fois l'an, les villageois le gavent d'offrandes, notamment le 12 mars, jour de la San Gregorio, en hommage à celui qu'ils appellent Don Goyo. Car ils croient que le « Popo » abrite l'âme de Tlaloc, le dieu de la Pluie, et qu'il est en mesure d'intercéder en leur faveur pour de bonnes récoltes. Il semble que les Aztèques pratiquaient déjà de tels rites.

En 1994, l'Unesco a classé un ensemble de 14 monastères du XVIe s érigés dans un rayon proche du Popocatépetl – preuve, s'il en fallait, de la volonté espagnole de dompter les dieux aztèques en s'installant sur leur ventre... Certains sont aisément accessibles, comme aux environs de Puebla, ou encore à Cuernavaca, Tepoztlán ou Tochimilco, d'autres un peu moins. Tous présentent le même style plateresque (Renaissance).

TRISTAN ET YSEULT CHEZ LES AZTÈQUES

Une légende raconte que l'Ixtaccíhuatl serait l'incarnation d'une princesse, morte de chagrin d'avoir cru tuer au combat le guerrier dont elle était amoureuse. À son retour, celui-ci, désespéré, se suicida à son tour. Suite à cette tragédie, les dieux transformèrent les 2 amants en volcans, le Popocatépetl et l'Ixtaccíhuatl. Les éruptions du 1er semblent rappeler ses accès de rage...

PUEBLA

1 500 000 hab. IND. TÉL. : 222

• Plan *p. 164-165*

L'homme est ainsi fait qu'il montre souvent le contraire de ce qu'il est. Puebla est baroque. Ultra-baroque, même, à l'image du *mole poblano,* sa

MEXICO ET SES ENVIRONS

spécialité : des dizaines d'épices, du piment... et du chocolat. Baroque à l'image des angelots et des chérubins qui partent à l'assaut des retables dorés des églises. Baroque comme ses façades fardées de céramiques, les fameuses *talaveras.* Derrière ce visage enjoué se cache pourtant une bourgeoisie conservatrice, raide comme les rues tracées en damier. Cette fille de l'Espagne, fière et hautaine, a volé dès le XVIe s la suprématie à sa voisine, l'indigène Cholula. Fondée dès 1531, sous le nom de Puebla de los Ángeles, elle a prospéré grâce au commerce, à mi-chemin du Pacifique et du golfe du Mexique. C'est aujourd'hui la 4e ville du pays.
5 siècles ont passé, et le legs de la vice-royauté espagnole est de toute beauté. Le centre historique, inscrit au Patrimoine mondial de l'Humanité par l'Unesco, se parcourt à pied : demeures du XVIIIe s, églises baroques à tous les coins de rue, musées superbes, petites places charmantes, quartiers pittoresques... Autour de la 3e semaine de novembre s'y déroule un important festival : concerts, théâtre, folklore... Puebla, c'est la culture servie sur un plateau. À 2 160 m d'altitude, le climat est similaire à celui de Mexico : frais le soir, surtout en hiver.

Arriver – Quitter

En bus

Pour les coordonnées des principales compagnies, voir « Transports » dans « Mexique utile ».

🚌 ***Terminal de bus*** *(CAPU ; hors plan par A1)* **:** *bulevar Norte 4222, à 4 km du centre, soit 15-20 mn en taxi (comptoirs de prépaiement à l'intérieur et sur le côté du terminal).* ☎ *249-72-11.* • *capu.com.mx* • Très bien équipé : cafétérias, boutiques, téléphones, consigne 24h/24, change, distributeur de billets et pharmacie. Dessert pratiquement toutes les villes du pays.

Pour y aller en bus urbain, prendre sur le bulevar Héroes del 5 de Mayo *(plan D1-2)* un *colectivo* bleu avec l'inscription « Interior CAPU ». Pour ***rejoindre le centre-ville,*** le taxi officiel *(autorizado)* revient à moins de 75 $Me.

➢ ***Mexico :*** très grande fréquence (pas besoin de réserver), 1h-23h env (moins de bus la nuit), avec *AU* (les cars bon marché du groupe *ADO*), mais aussi *ADO, ADO GL et ADO Platino* (plus cher). La plupart arrivent au terminal *Tapo* de Mexico mais certains vont jusqu'au terminal *Norte* ou encore s'arrêtent à *Taxqueña.* Se renseigner. Bonne fréquence également avec *Estrella Roja.* Trajet : 2h-2h30 selon trafic à l'entrée de Mexico.

➢ ***Aéroport de Mexico :*** avec *Estrella Roja,* 24h/24, env ttes les 30 mn jusqu'à 18h30, puis ttes les heures jusqu'à 1h du mat, ***depuis le terminal de la compagnie Estrella Roja,*** situé 4 Poniente 2110 *(hors plan par A1),* entre les calles 21 et 23, plus proche du centre que le terminal CAPU (taxi néanmoins nécessaire). Également des bus *Estrella Roja* pour l'aéroport depuis le terminal CAPU mais moins nombreux. Vos bagages sont étiquetés en fonction du terminal de votre choix (T1 ou T2), n'oubliez pas de le préciser. Le terminal 2 est desservi en 1er. Mêmes fréquences dans le sens inverse, 24h/24 pour le terminal de 4 Poniente, 6h-20h pour la *CAPU.* Trajet : 2h30.

➢ ***Oaxaca :*** avec *ADO,* env ttes les heures (moins de bus la nuit). Résas à l'avance en période de rush. Trajet : 4h30-5h.

➢ ***Xalapa :*** ttes les 30 mn-1h avec le groupe *ADO,* 5h-20h45. Trajet : 2h45-3h.

➢ ***Poza Rica*** *(El Tajín)* **:** avec *ADO,* env 10 bus/j., 1h-18h. Trajet : 5h.

➢ ***Papantla*** *(El Tajín)* **:** env 3 bus/j. avec *ADO.* Trajet : 6h.

➢ ***Veracruz :*** ttes les 30 mn-1h avec le groupe *ADO,* 24h/24. Trajet : 3h30-5h.

➢ ***Cuernavaca :*** ttes les heures 6h-20h avec *Oro.* Trajet : 3h30-5h. Trajet : 3h.

➢ ***Atlixco :*** ttes les 20 mn en direct 5h30-21h avec *Oro,* compter de nombreux arrêts avec *Erco.* Trajet : 40 mn en direct, au moins 1h sinon.

➢ ***Cholula :*** ttes les 5-10 mn, 5h30-22h35, avec *Autobuses Puebla-Cholula y Anexas (départ de leur terminal, 6 Poniente 1106).*

Adresses utiles

Centro de Atención a Visitantes *(plan C2, **1**) : sur le zócalo. ☎ 309-94-00 (ext. 197). • puebla.travel • Tlj 9h-20h.* Bon plan de la ville et excellentes infos. Selon le personnel, on y parle l'anglais et parfois le français.

Oficina de Turísmo del Estado *(plan B3, **2**) : av. 5 Oriente 3. ☎ 246-24-90 ou 777-15-53. • puebla.travel • Lun-sam 8h-20h, dim 9h-14h.* Plutôt pour des infos sur l'État de Puebla.

Bureau de change *(casa de cambio ; plan B2, **5**) : dans le passage couvert entre le zócalo et la rue 2 Oriente. Lun-ven 8h30-18h, sam 10h-14h.*

Laverie *(plan A1, **8**) : 7 Norte 404. ☎ 246-35-18. Lun-sam 9h30-19h. Fermé dim et j. fériés.* Prix au poids (minimum 3 kg). On laisse son linge avant 13h et on le récupère en fin d'après-midi.

Où dormir ?

Le week-end, Puebla attire de nombreux visiteurs, alors mieux vaut réserver à l'avance.

Bon marché (moins de 400 $Me / env 19 €)

Hostel Gente de Más *(plan A2, **23**) : 3 Poniente 713. ☎ 232-31-36. Dortoirs 4-5 lits 170-180 $Me/pers, doubles 450-600 $Me ; petit déj inclus.* Une AJ privée à taille humaine au sens propre comme au figuré. Dans une ambiance très cool, créée notamment par une déco très colorée (belles *pinturas murales*), des dortoirs où l'on n'est pas entassé (celui des filles possède même sa petite terrasse privée) et des chambres doubles ou quadruples (2 lits) avec salle de bains tout à fait convenables (bien choisir quand même). Sur le toit, petite terrasse pour laisser filer les heures devant un thé ou un jus d'orange (pas d'alcool). Service de laverie, cuisine commune, baby-foot. La maison est active dans la réinsertion des jeunes à travers la production de peintures murales dans les quartiers défavorisés.

Hostal Santo Domingo *(plan B2, **20**) : 4 Poniente 312. ☎ 232-16-71. • hostalsantodomingo.com.mx • Dortoirs 160-190 $Me/pers, double env 500 $Me ; petit déj inclus.* L'ensemble s'organise autour d'un vaste patio

Adresses utiles

- 1 Centro de Atención a Visitantes (C2)
- 2 Oficina de Turísmo del Estado (B3)
- 5 Bureau de change (B2)
- 8 Laverie (A1)

Où dormir ?

- 20 Hostal Santo Domingo (B2)
- 22 Hostal Casona Poblana (B3)
- 23 Hostel Gente de Más (A2)
- 24 Hotel Casa Abolengo (C3)
- 25 Hotel Santiago (B2-3)
- 27 Hotel Puebla Plaza (B3)
- 28 Hotel Imperial (C2)
- 30 Hotel Gilfer (C2)
- 31 Hotel Palace (C2)
- 32 Hotel Colonial (C3)
- 33 Quinta Real (B3)
- 34 El Sueño (B3)
- 35 Hotel Real Santander (B3)

Où manger ? Où prendre un petit déjeuner ?

- 40 Mercado de Sabores Poblanos (A1)
- 41 La Zanahoria (C3)
- 42 La Fonda (D3)
- 44 Celia's Café (C3)
- 45 El Mural de los Poblanos (B3)
- 46 Casareyna (D3)
- 47 La Conjura (B3)
- 48 Fonda Santa Clara (B2)
- 49 Mesón Sacristía de la Compañía (C3)
- 51 La Casa del Mendrugo (C3)

Où faire une pause sucrée ? Où boire un bon café ?

- 50 Paletería Michoacan (A2)
- 52 Zaranda Café (C3)

Où boire un verre ? Où sortir ?

- 60 La Pasita (C3)
- 62 Musa (D3)
- 64 Café Rentoy (D2)

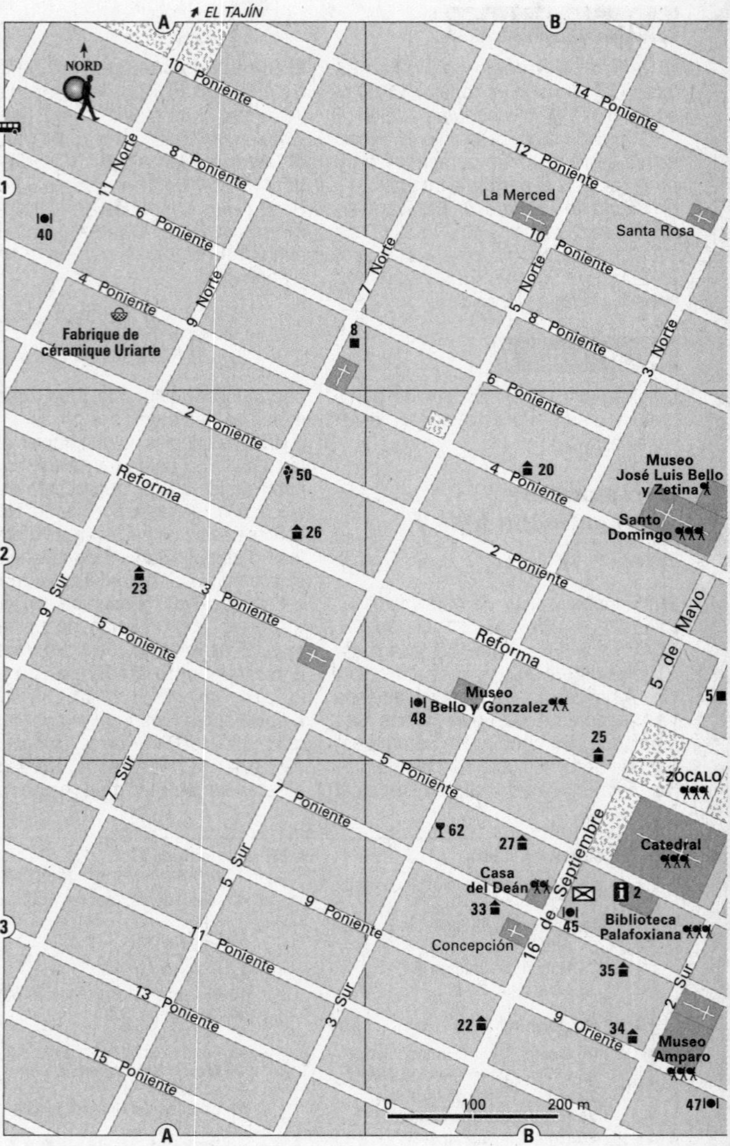
EL TAJÍN
NORD
10 Poniente
8 Poniente
6 Poniente
4 Poniente
2 Poniente
Reforma
3 Poniente
5 Poniente
7 Poniente
9 Poniente
11 Poniente
13 Poniente
15 Poniente
14 Poniente
12 Poniente
9 Oriente
11 Norte
9 Norte
7 Norte
5 Norte
3 Norte
9 Sur
7 Sur
5 Sur
3 Sur
2 Sur
5 de Mayo
16 de Septiembre
La Merced
Santa Rosa
Fabrique de céramique Uriarte
Museo José Luis Bello y Zetina
Santo Domingo
Museo Bello y Gonzalez
ZÓCALO
Catedral
Casa del Deán
Biblioteca Palafoxiana
Concepción
Museo Amparo
0 100 200 m
40
8
20
50
26
23
48
5
25
62
27
33
45
2
35
22
34
47

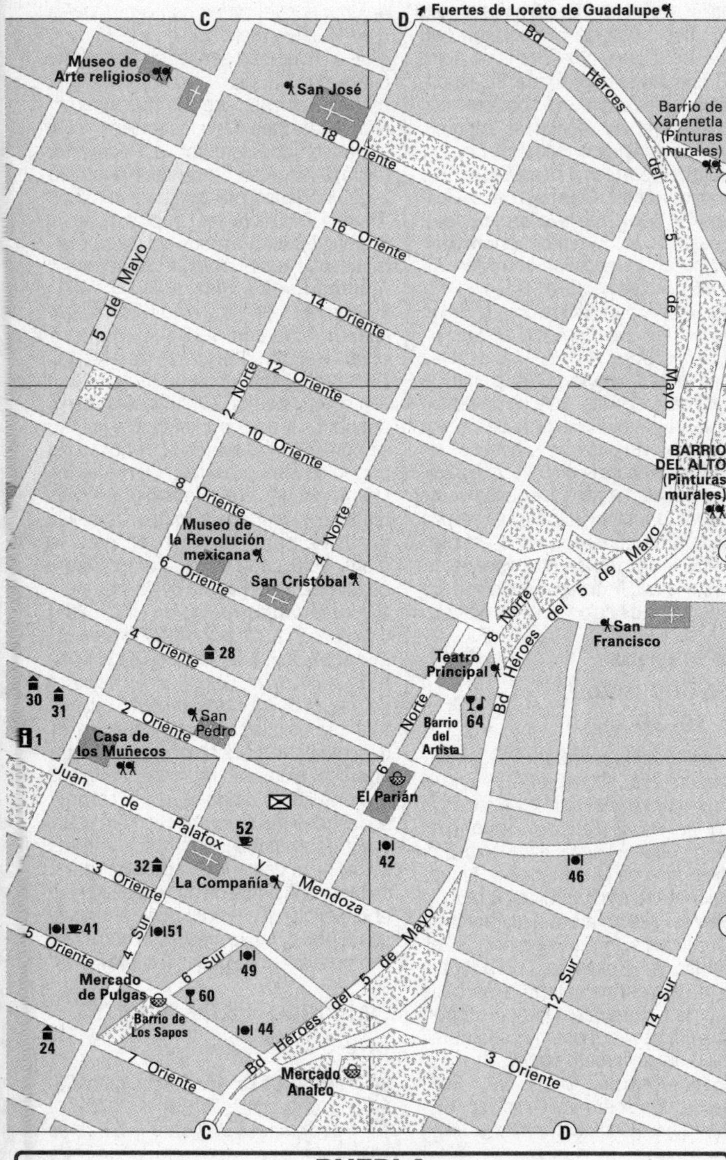

Fuertes de Loreto de Guadalupe
Museo de Arte religioso
San José
18 Oriente
16 Oriente
14 Oriente
12 Oriente
10 Oriente
8 Oriente
6 Oriente
4 Oriente
2 Oriente
3 Oriente
5 Oriente
7 Oriente
5 de Mayo
2 Norte
4 Norte
6 Norte
8 Norte
Bd Héroes del 5 de Mayo
Barrio de Xanenetla (Pínturas murales)
BARRIO DEL ALTO (Pinturas murales)
Museo de la Revolución mexicana
San Cristóbal
San Francisco
Teatro Principal
Barrio del Artista
64
28
30
31
1
San Pedro
Casa de los Muñecos
Juan de Palafox y Mendoza
El Parián
52
42
46
32
La Compañía
41
51
4 Sur
6 Sur
12 Sur
14 Sur
49
Mercado de Pulgas
60
Barrio de Los Sapos
44
24
Mercado Analco
C
D
1
2
3

PUEBLA

en dalles de pierre, sur 2 niveaux. Au menu : un dortoir de 6, mixte, un peu étriqué, un réservé aux filles et un autre de 18 comme au pensionnat ! Cela dit, c'est très correct, avec de bons matelas, des casiers et des sanitaires intégrés. Sinon, une dizaine de chambres privées, progressivement réarrangées. Celles côté rue sont bruyantes. Cuisine à dispo. Coin canapé-TV. Service de laverie, consigne à bagages. Une AJ qui remplit sa fonction.

Hostal Casona Poblana (plan B3, **22**) : *16 de Septiembre 905. ☎ 246-03-83. • casonapoblana.com • Selon confort, dortoirs 150-200 $Me/pers, double 500 $Me ; petit déj inclus.* Une AJ possédant une demi-douzaine de dortoirs de 4 à 14 lits. Le plus grand est aussi le plus volumineux mais on est franchement les uns sur les autres. Préférez les plus petits (4 ou 5 lits, pas plus), ils donnent sur l'arrière. La douzaine de chambres doubles, elle, ne casse pas 3 pattes à un canard, mais c'est bien tenu. Cuisine au rez-de-chaussée et terrasse sur le toit. Patio en guise d'espace commun (pas de salon pour les hôtes).

Prix moyens (400-800 $Me / env 19-38 €)

Hotel Santiago (plan B2-3, **25**) : *3 Poniente 106. ☎ 242-28-60. • hotelsantiago.com.mx • Doubles à partir de 660 $Me. Pas de petit déj.* Super bien placé, presque à l'angle avec le *zócalo*, quasi en face de la cathédrale. Réception bien nette et chambres (la plupart intérieures) avec marbre, faux parquet, élégant mobilier, salles de bains nickel, TV câblée, eau minérale... bref, tout le confort. Du dernier étage, très belle vue sur la cathédrale. Un bon rapport qualité-prix, surtout pour les chambres *sencillas*, avec lit *matrimonial*.

Hotel Palace (plan C2, **31**) : *2 Oriente 13, à côté du Gilfer. ☎ 232-24-30. • hotelpalace.com.mx • Résa recommandée. Selon confort, doubles 650-850 $Me, petit déj en sus. Parking gratuit.* Avec ses serviettes de toilette pliées dans la pure tradition hôtelière, cet hôtel, dont la déco des chambres est restée scotchée dans les années 1980, s'avère un bon compromis. Pour éviter d'être dérangé par l'ascenseur, le routard averti ira quand même faire son nid au 4e étage. D'ailleurs, les couples de sortie doivent le savoir, ils nous ont dit qu'il fallait absolument réserver le samedi soir.

Hotel Puebla Plaza (plan B3, **27**) : *5 Poniente 111. ☎ 246-31-75. • hotelesdepuebla.com • Selon confort, doubles 600-800 $Me. Pas de petit déj.* Dans une vieille demeure à la façade bleue, les chambres (une quarantaine) donnent sur une cour intérieure un peu sombre, où sont garées sous bâche les bagnoles des proprios. Même si les chambres ont été refaites et qu'elles disposent désormais toutes de salles de bains carrelées bien propres et d'une literie sans histoire, on préférera quand même celles situées à l'étage.

Hotel Imperial (plan C2, **28**) : *4 Oriente 212. ☎ 242-49-80. • hotelesdepuebla.com • Doubles 720-830 $Me, petit déj inclus. Parking (mais nombre de places limité).* Dans cet hôtel qui doit tout à la peinture et aux plantes vertes dégoulinant de ses balcons, les chambres sont plutôt sans surprise. Certaines ont une literie fatiguée, d'autres possèdent des meubles franchement usés, d'autres encore donnent sur la rue... Même si on peut y laver son linge gratis, se taper une partie de minigolf sur le toit et bénéficier d'un *room service* jusqu'à pas d'heure, mieux vaut bien choisir sa chambre avant de poser son sac ici.

Chic (800-1 200 $Me / env 38-57 €)

Hotel Casa Abolengo (plan C3, **24**) : *7 Oriente 209. ☎ 242-70-00. • casaabolengohotel.com • Doubles*

750-950 $Me, petit déj américain inclus. Un petit hôtel dont les chambres sont distribuées plus ou moins autour d'un petit patio. Très colorée, la déco mêle l'ancien au moderne, avec quelques effets flashy et des meubles faussement vieillis. Une série de couloirs mène à des chambres plus en retrait de la rue, certaines isolées sur de petites terrasses. 3 d'entre elles n'ont pas la télé, mais toutes ont une salle de bains. Bon accueil.

Hotel Colonial *(plan C3, **32**) : 4 Sur 105 et 3 Oriente. ☎ 246-46-12 ou 246-08-18. • colonial.com.mx • Résa conseillée. Doubles à partir de 950 $Me, petit déj en sus.* Autrefois partie intégrante d'un monastère jésuite (XVIIe s), l'établissement, qui donne sur un petit morceau de rue piétonne, a gardé son cachet colonial. La plupart des chambres sont spacieuses et calmes, de style ancien comme l'hôtel d'ailleurs... Resto sur place. Reçoit beaucoup de groupes, de ce fait les individuels pourront se sentir isolés.

Hotel Gilfer *(plan C2, **30**) : 2 Oriente 11. ☎ 309-98-00. • gilferhotel.com.mx • Résa conseillée. Double env 1 100 $Me, petit déj en sus. Parking gratuit.* Grand hôtel pour cadres commerciaux en vadrouille. Pas franchement rock & roll mais au standard bien affirmé et sans surprise. Les chambres offrent le standing qu'on attend de ce type d'établissement, avec AC, écran plat, coffre-fort, etc. Certaines donnent sur la cathédrale. Resto.

Plus chic (1 200-1 600 $Me / env 57-76 €)

Hotel Real Santander *(plan B3, **35**) : 7 Oriente 13. ☎ 246-13-44. • hotelrealsantander.com.mx • Doubles 1 100-1 200 $Me, petit déj compris.* Ce petit hôtel de charme, sis dans une demeure du XVIIe s, a bénéficié d'une rénovation soignée. Cadre colonial, meubles anciens, poutres apparentes et quelques belles pièces d'art sacré. Beaucoup de cachet. Les chambres sont spacieuses, confortables et douillettes (les lits notamment), avec une belle hauteur de plafond qui maintient la fraîcheur. On a un faible pour la n° 1, au fond, avec son minipatio privatif.

Très chic (plus de 1 600 $Me / env 76 €)

El Sueño *(plan B3, **34**) : 9 Oriente 12. ☎ 232-64-89. • elsueno-hotel.com • Doubles 1 800-3 800 $Me, petit déj inclus (à la carte). Parking gratuit.* Alliant ultramodernité et décorum du XVIIIe s, cet hôtel a de quoi surprendre. Et l'audace paie, puisque poutres apparentes et design contemporain créent une ambiance exquise et unique. Chacune des 20 chambres, toutes différentes, superbes et absolument tout confort, met à l'honneur une femme artiste de langue espagnole, peintre ou écrivain. Dans le prix, hammam et jacuzzi sur le toit-terrasse avec chaises longues sont compris. Spa en supplément. Très bel espace pour le petit déj et un resto ouvert jusque tard. Accueil prévenant.

Quinta Real *(plan B3, **33**) : 7 Poniente 105. ☎ 229-09-09 ou 01-800-500-40-00. • quintareal.com • Doubles à partir de 2 500 $Me, petit déj env 300 $Me/pers.* L'un des plus beaux hôtels de Puebla, dans un ancien couvent de clarisses du XVIe s. Magnifique cour intérieure inondée de soleil. Les chambres ont été refaites, avec moquette épaisse, gros lit douillet, fresque au mur et, bien sûr, tout le confort moderne. Superbe bar à l'entrée et resto. Une adresse de charme aux prix qui font l'ascenseur en permanence (voir les promos sur Internet).

Où manger ? Où prendre un petit déjeuner ?

La ***cocina poblana,*** savant assemblage d'influences aztèques, espagnoles et même séfarades, est un cocktail de saveurs baroques à ne négliger sous aucun prétexte. Profitez-en pour goûter le fameux *mole*

poblano (sauce à base de cacao), le *chile en nogada* (poivron farci à la viande, aux noix et aux raisins secs, proposé surtout en août-septembre) ou le *pipián,* une sauce verte (ou rouge) que l'on sert avec du poulet ou, plus traditionnellement, avec du porc.
Dans les marchés et petits restos de rue, on trouve aussi des *chalupas,* petites tortillas à la sauce (rouge ou verte) avec des morceaux de porc ou de poulet. Succulent ! Sans oublier, bien sûr, les célèbres *camotes poblanos,* ces confiseries à base de fruits et de patate douce, spécialités de Puebla.
Pour le petit déjeuner, pratiquement tous les restos ouvrent vers 8h et proposent des formules qui sont servies jusque vers 12h, voire 13h. Enfin, n'allez pas dîner trop tard, les restos ferment tôt.

Bon marché (moins de 150 $Me / env 7,10 €)

🍽 ***Mercado de Sabores Poblanos*** *(plan A1,* ***40****) : 4 Poniente 1106. Tlj 8h-20h sauf dim.* Bâtiment moderne abritant une foultitude de comptoirs flanqués de tables et chaises, idéal pour goûter à la cuisine du coin : *mole poblano, pipián, chilaquiles, chalupas,* mais aussi toutes sortes de grillades, *comida corrida,* soupe de crevettes et autres *cazuelas de mariscos* (cassolettes de fruits de mer), sans oublier les jus frais... Les plats sont bien préparés et peu ruineux. Bonne hygiène et service charmant des restaurateurs.

🍽 ☕ ***La Zanahoria*** *(plan C3,* ***41****) : 5 Oriente 206. ☎ 232-48-13. Tlj 7h30-20h.* Ce grand resto végétarien, installé dans un patio couvert avec fontaine, propose un intéressant buffet le midi, avec 7 plats au choix. On peut aussi manger à la carte, qui affiche notamment des salades, des hamburgers de soja ainsi que de nombreux plats à base de céréales ou de légumineuses. Bons petits déj aussi (servis jusqu'à 13h), avec du pain fait maison, à la carte ou en buffet du vendredi au dimanche. En semaine, les prix sont moins élevés que le week-end. Et ils dégringolent entre 18h et 20h.

Prix moyens (150-300 $Me / env 7,10-14,30 €)

🍽 ***Fonda Santa Clara*** *(plan B2,* ***48****) : 3 Poniente 307. ☎ 225-02-33. Tlj 8h-22h.* Un resto créé par une dame qui voulait remettre au goût du jour la cuisine populaire, et avouons que c'est plutôt réussi ! On goûtera au *mole poblano,* au *pipián* (vert ou rouge) ; ou encore, selon les saisons, aux *gusanos de maguey* (mai-juillet), ces petits vers parasites de l'agave au délicieux goût de poulet ; aux *chapulines* (octobre-novembre), des criquets frits avec du piment, excellents à l'apéro ; et aux *escamoles...* Rien d'extraordinaire, ce sont simplement des larves de fourmis, le caviar mexicain ! Déco kitscho-rustico-chic en diable. D'autres adresses en ville.

🍽 ***La Fonda*** *(plan D3,* ***42****) : 2 Oriente 801. ☎ 232-44-49. En face du marché d'artisanat El Parián. Tlj 8h30-20h (sam, dim buffet-brunch 8h30-12h30).* Cadre typique, avec murs roses couverts de vieilles photos, tables aux couleurs chatoyantes et fourneaux en vue. Bonne cuisine populaire et ambiance familiale. Goûtez aux spécialités du coin, bien sûr, mais aussi au *bacalao a la Vizcaina,* un plat mexicain qu'on ne trouve pas partout. Également un menu-déjeuner pas cher du tout. Bon accueil.

🍽 ***Celia's Café*** *(plan C3,* ***44****) : 5 Oriente 608. ☎ 242-36-63. Tlj 9h-21h (22h30 sam, 17h dim).* On entre dans un 1er patio couvert, garni de plantes et de cages à oiseaux, avant de pénétrer dans d'autres salles plus intimes, dont une avec piano, prolongée d'une courette. Un lieu plein de charme qui propose une bonne *cocina poblana* (*chilaquiles* maison). Le soir, changement d'ambiance à partir de 20h, on dîne au son du piano ou, le vendredi, au rythme des chanteurs de *trova* (petit supplément ce soir-là). On peut aussi se contenter d'y boire un verre dans l'après-midi... ou y acheter de la céramique *talavera,* fabriquée par la famille. Une adresse très sympathique.

🍽 ***Mesón Sacristía de la Compañía*** *(plan C3,* ***49****) : 6 Sur 304.*

☎ *232-45-13. Tlj, sauf lun, 13h-23h (9h-18h dim).* Le cadre est splendide. On mange dans le patio aux murs rose Malabar ou dans une des petites salles, décorées d'œuvres d'art et de mobilier ancien. Bonne cuisine régionale (des petits piments figurent astucieusement sur la carte pour vous avertir du risque d'incendie). On recommande le *mancha mantel,* viande de porc en sauce, peu épicée, avec bananes plantain, ananas et *camote* (patate douce). Pour l'ambiance, *trío de Boleros* le vendredi à 20h, pianiste le dimanche à 11h pour le brunch. Un endroit bien agréable.

Casareyna *(plan D3,* ***46****) : Privada 2 Oriente 1007.* ☎ *232-00-32. Tlj 8h-22h.* Le *Casareyna,* qui est le resto de l'hôtel chic du même nom, c'est d'abord un cadre sobre, agréable et très soigné, en salle, ou, pour une atmosphère plus intime, dans les patios et les courettes du bâtiment. Ensuite, la cuisine est réputée et très appréciée des *Poblanos.* Plat phare : le *mole,* bien sûr (ici de la *abuela Ángela,* servi en 4 versions !), mais tentez aussi le filet de bœuf à la mangue ou le poulet à la moutarde. Bon vin au verre. Service impeccable.

Plus chic (300-500 $Me / env 14,30-24 €)

El Mural de los Poblanos *(plan B3,* ***45****) : 16 de Septiembre 506.* ☎ *242-05-03. Tlj 8h-minuit.* Le resto est touristique, c'est indéniable, mais le service et la cuisine sont tous 2 excellents. De plus, très agréable patio, orné d'une fresque illustrant les habitants de Puebla et d'une fontaine qui glougloute. Au menu : *cocina poblana* et plats aztèques en saison (surtout des vers et des insectes !). Pour changer du *mole,* essayez les crevettes au mezcal ou les *cemitas de chalupas* (sorte de petit hamburger local), les meilleurs de Puebla à ce qu'on dit. Au dessert, ne manquez pas l'excellente glace au *turrón* suintant de caramel.

La Conjura *(plan B3,* ***47****) : 9 Oriente 201.* ☎ *232-96-93. Mar-sam 14h-23h, dim-lun 14h-18h.* Ce resto de haute volée, estampillé « *comidas lentas* » *(slow food),* a élu domicile sous les voûtes du XVIIe s d'une ancienne fumerie de lard. Déco élégante sous les vieilles pierres rehaussées par un éclairage contemporain. Au menu, de bons produits, comme le fameux *jamón de jabugo,* des préparations bien ficelées, où la cuisine castillane s'acoquine sans vergogne avec la *cocina poblana.* Également quelques tapas chics. Carte des vins soignée, avec quelques choix au verre. Le tout servi avec élégance.

La Casa del Mendrugo *(plan C3,* ***51****) : 4 Sur 304.* ☎ *326-80-60. Tlj 8h-23h (9h-18h dim).* Resto chicos resserré sur lui-même dans le patio d'une vénérable demeure où fut exhumée *Doña Chuchila,* la plus ancienne habitante de Puebla (1500-1300 av. J.-C.). La cuisine, en revanche, est bien contemporaine, puisqu'elle marie la tradition *poblana* à quelques effets d'assiette. Ici, la grande majorité des produits est issue d'une production maison, qui s'étend de la charcuterie aux fromages, en passant par le mezcal et quelques bières artisanales. Bons vins également. Ambiance musicale *en vivo* certains soirs (jazz essentiellement). On peut se contenter d'y boire un verre en picorant des tapas. En repartant, ne manquez pas la visite du musée.

Où faire une pause sucrée ? Où boire un bon café ?

Confiseries (dulces) : *rassemblées dans la rue 6 Oriente, entre 5 de Mayo et 4 Norte (plan C2).* Le sucre dans tous ses états. *Borrachitos* (pâtes de fruits), *tortitas de Santa Clara* et sauce *mole poblano* si vous voulez vous essayer à la cuisine mexicaine en rentrant. Et n'oubliez pas les *camotes poblanos.*

Paletería Michoacan *(plan A2,* ***50****) : angle 7 Norte et 2 Poniente. Tlj 9h-20h.* De très bonnes glaces en boules ou en bâtonnets, proposées dans une trentaine de parfums. Beaucoup de choix dans les fruités avec des morceaux dedans. Également des *aguas frescas.*

Zaranda Café *(plan C3, **52**) : Don Juan de Palafox 412A. ☎ 242-09-88. Tlj 8h30-21h sauf dim.* La pièce principale est plutôt impersonnelle, passez tout de suite dans le cloître, sur l'arrière (on peut y fumer). Brochures et magazines à consulter devant un excellent café maison fraîchement torréfié et moulu devant vous. Quelques pâtisseries.

Où boire un verre ? Où sortir ?

La Pasita *(plan C3, **60**) : 5 Oriente 602, pl. de los Sapos, à l'angle de 6 Sur. Tlj 13h-17h30 sauf mar.* Depuis près d'un siècle, les Poblanos viennent s'offrir un p'tit gorgeon dans cette drôle de cave à vins, où l'on ne trouve pas de vin, mais la fameuse liqueur *Pasita* inventée par le père de l'actuel tenancier. La *Pasita,* à base de raisin sec, est servie dans un petit verre *(caballito)* avec un morceau de savoureux fromage que l'on consomme debout. Vente de bouteilles à emporter. Autre adresse : *504-B de 3 Sur (plan B3, à côté du **62**) ; tlj 15h-21h.*

Musa *(plan D3, **62**) : 2 Oriente 809. Tlj 10h-23h.* Un lieu consacré aux arts visuels, avec une boutique d'objets de jeunes designers, des expos de peinture ou de photo, et même une mini-salle de ciné (cherchez dans le catalogue). Clientèle branchée arts graphiques. Spectacles ou happenings fréquents (théâtre, projections, concerts ou même spectacles de danse).

Café Rentoy *(plan D2, **64**) : 8 Norte 602 ; à l'angle de 6 Oriente. ☎ 246-44-59. Tlj 8h-2h30.* Donnant sur la place des artistes, l'endroit est idéal pour boire un café ou un verre en journée, sur la terrasse ensoleillée. À partir de 18h, ambiance plus *caliente* avec musique *en vivo* : jazz, salsa, ballades, etc. Grand choix de cocktails, dont certains aux noms très osés...

Ceux qui cherchent plus d'animation et un plus grand choix de bars et de lieux de sortie, avec ou sans musique live, où l'on danse ou non, iront faire un tour du côté de l'***avenida Juárez,*** à environ 2 km à l'ouest du centre *(dans le prolongement de 7 Poniente ; hors plan par A2).* C'est ici qu'on trouve les soirées les plus *caliente* !

Achats

Fabrique de céramique Uriarte *(plan A1) : 4 Poniente 911. ☎ 232-15-98. • uriartetalavera.com.mx • Boutique ouv lun-ven 10h-19h, le w-e 10h-17h. Visite guidée lun-ven ttes les heures env (en espagnol ou anglais) ; tarif : 50 $Me.* Entrez au moins pour voir le patio couvert de *talaveras* et sa belle fontaine. La visite, très intéressante, détaille l'histoire de la maison, fondée en 1824, et la fabrication des *talaveras,* nom donné ici aux azulejos. C'est en fait le nom d'une petite ville espagnole proche de Tolède, d'où la technique fut importée. Les 6 couleurs utilisées n'ont pas changé : vert, jaune, orange, noir, bleu ciel et le fameux bleu cobalt. En revanche, les motifs ont subi diverses influences, italienne, espagnole (et arabe par conséquent), chinoise aussi. Assiettes, vases, bonbonnières, carafes... de magnifiques pièces sont présentées à la vente.

Calle de la Talavera *(plan C1) : dans 18 Poniente, entre 3 Norte et 5 de Mayo, près du museo de Arte religioso. En principe, tlj 10h-20h (18h dim).* Quelques boutiques de vrais objets en *talavera* ; et beaucoup de céramiques partout, même dans les confiseries ! La *talavera* a sa dénomination d'origine depuis 1998 : DO4. Ce sigle est peint sous l'objet en céramique. La dénomination « talavera » certifie la méthode artisanale (450 ans d'existence), la production régionale (Puebla) et l'utilisation des 6 couleurs traditionnelles d'origine minérale. Les autres céramiques sont aussi très jolies (moins chères), mais ce n'est pas de la *talavera.*

MEXICO ET SES ENVIRONS

Mercado artesanal El Parián (plan D3) **:** *entre les av. 6 et 8 Norte, 2 et 4 Oriente. Boutiques ouv jusqu'à 19h-19h30.* Petit marché et stands d'artisanat et de bibelots dans une agréable ruelle piétonne débouchant sur le barrio del Artista où les artistes locaux exposent leur production.

Barrio de los Sapos (plan C3) **:** autrement dit, le « quartier des crapauds ». En réalité, c'est le coin des artisans. On y trouve de belles boutiques d'***antiquaires...*** et des ***ateliers d'artisanat*** du bois dans le bas de 5 Oriente et dans le callejón de los Sapos. Meubles et superbes cadres en bois sculpté.

Mercado de pulgas (plan C3) **:** *le w-e (9h-17h), plazuela de los Sapos.* La place se transforme en marché aux puces dans une ambiance bon enfant. Bien sûr, les boutiques des antiquaires sont ouvertes.

Mercado Analco (plan C3) **:** *le w-e seulement, dans le prolongement de 5 Oriente, de l'autre côté du bulevar Héroes del 5 de Mayo, dans le jardin public.* Immense marché d'artisanat, populaire et sympa.

À voir. À faire

Les aficionados des bus à impériale et autres inconditionnels de la balade motorisée pourront grimper à bord des bus de *Tip Tours.* • *tiptours.mx* • Départs du *zócalo (10h-18h, le w-e à partir de 9h).* Divers tarifs selon le tour choisi *(à partir de 80 $Me).*

Zócalo (plan B-C2-3) **:** le centre historique de Puebla est l'une des plus belles réussites de l'urbanisme espagnol en terre mexicaine. La légende veut que ce soit l'œuvre des anges qui dessinèrent dans le ciel une immense croix pour indiquer le plan de la ville... d'où son ancien nom de *Puebla de los Ángeles.* Et son surnom moderne : Angelópolis... Au centre du *zócalo,* la belle fontaine de l'archange san Miguel (saint Michel), le patron de la ville, érigée en 1777.

Catedral (plan B3) **:** *ouv à la visite lun-ven 10h-11h30, 13h-17h30 ; sam 10h-11h, 14h-17h ; dim 15h-17h30.* Imposante bâtisse en pierre grise. Construite à partir de 1575 et consacrée dès 1649, elle arbore différents styles. La façade principale est plutôt Renaissance, mais l'intérieur, qui a subi plusieurs apports au fil des siècles, est aujourd'hui majoritairement de facture néoclassique. Les tours, culminant à 74 m de haut, sont plus tardives encore : l'une a été achevée en 1678, l'autre en 1768... Ce sont les plus hautes du pays. La coupole est recouverte de *talaveras.* À l'intérieur, parmi de nombreuses œuvres, notons le chemin de croix peint par ***Miguel Cabrera.*** La coupole est l'œuvre de **Cristóbal de Villalpando.** Baroque en diable, c'est ***l'une des rares peintures a tempera conservées au Mexique.*** Dans l'autel à baldaquin qui devance l'autel des rois, un bronze représentant une Vierge de l'Immaculée Conception piétinant le serpent biblique, œuvre de ***Manuel Tolsá.*** Elle pèse une tonne. Une vidéo instructive (en espagnol) tourne en boucle dans l'édifice en dehors des heures de messe.

Casa de los Muñecos (plan C2-3) **:** *av. 2 Norte, près du zócalo.* Observez la façade, recouverte de drôles de figurines en céramique. La demeure abrite le ***Museo universitario*** *(tlj 10h-18h ; entrée : 30 $Me, gratuit mer).* Des appareils d'optique et de physique du XIXe s ; d'autres raretés comme un squelette de fœtus, une momie, des animaux

CLOCHEMERLE

Pour se venger de la municipalité qui l'avait obligé à murer ses fenêtres parce que sa maison était plus haute que l'hôtel de ville, le propriétaire de la Casa de los Muñecos fit installer de grotesques personnages en céramique sur la façade. Il s'agit des caricatures des membres du conseil municipal de l'époque. Une belle vengeance !

MEXICO ET SES ENVIRONS

empaillés et la tête réduite d'un Indien navajo (oui, comme dans Tintin !). Peintures d'art religieux de l'époque coloniale au dernier étage, dont une belle série d'ermites de ***Diego de Borgraf*** (un peintre flamand qui œuvra la plus grande partie de sa vie à Puebla), mais aussi *Las doce tribus de Israel* de ***Francisco de Zurbarán*** (seuls Jacob, Gab, Zebulon et Aser sont exposés, les autres toiles sont en restauration).

Biblioteca Palafoxiana *(plan B3)* **:** *av. 5 Oriente 5 ; au 1er étage de la Casa de la cultura. ☎ 246-48-35 ext.118. Tlj 10h-18h sauf lun. Entrée : 40 $Me, réduc ; gratuit mar. Visites guidées gratuites.*
La plus ancienne bibliothèque publique des Amériques (1646). Fondée par l'évêque Juan de Palafox. Tout simplement superbe. Une bonne partie des livres anciens a été héritée des collèges des jésuites quand cet ordre fut expulsé du Mexique. Au total, plus de 45 500 volumes, dont plus de 5 300 manuscrits et 9 incunables, un atlas d'Orbelius imprimé en 1548 à Anvers et... une grammaire égyptienne de Champollion. L'ensemble est classé Monument historique et inscrit au registre de « Mémoire du monde » par l'Unesco.
Dans le patio, souvent des concerts de musique classique ou folklorique les samedi et dimanche après-midi (gratuit). Également des expos temporaires.

Casa del Deán *(plan B3)* **:** *16 de Septiembre 505. ☎ 235-94-21. Tlj 10h-17h sauf lun. Entrée : 40 $Me, réduc, gratuit dim. Possibilité de visite commentée (en espagnol).* C'est l'une des 1res maisons de Puebla, construite à partir de 1575. Elle appartenait au doyen de la cathédrale. D'une surface à l'origine de 1 725 m², la somptueuse *Casa del Deán* comportait d'innombrables pièces couvertes de magnifiques fresques. Longtemps abandonnée, elle a été en grande partie détruite pour être transformée en cinéma en 1953... Seules la façade et 2 pièces ont pu être sauvées. Des étudiants de l'université ont découvert par hasard des fresques Renaissance profanes, splendides, sous les couches de peinture chaulée et de papier peint. C'est un exemple unique dans tout le Mexique.

Museo Amparo *(plan B3)* **:** *av. 2 Sur 708 ; à l'angle de 9 Oriente. ☎ 229-38-50. • museoamparo.com • Tlj, sauf mar, 10h-18h, sam jusqu'à 21h. Entrée : 75 $Me ; gratuit dim-lun.* Dans un ancien hôpital du XVIe s, rénové dans un style ultra-contemporain mêlant le verre, le métal et la pierre. Le musée abrite la plus importante collection d'art préhispanique du Mexique.
Les 1res salles permettent de visualiser les différents sites d'où proviennent les artéfacts rassemblés dans le musée ainsi que la chronologie.
La salle 2 aborde la ***cosmogonie indigène*** à travers la notion fondamentale selon laquelle la terre est le domaine de l'enfoui, du féminin, de l'inframonde et de l'humide. Un monde qui n'attend que la fécondation d'un autre monde, masculin celui-ci, sec et solaire, par l'intermédiaire de « verticalités » que sont les arbres ou les montagnes. Intéressante section consacrée aux ***offrandes faites aux dieux*** et notamment l'utilisation des encens pour s'accorder leurs grâces. Ne pas manquer les ***couteaux sacrificiels*** qui servaient à extraire le cœur encore palpitant des sacrifiés.
Dans la salle 3, statuaire d'une étonnante modernité (***culture mezcala,*** 300-600 apr. J.-C.) qui réduit le corps humain à quelques traits essentiels. Rien à voir avec la tradition olmèque, très figurative (regardez le penseur).
Dans la salle 4, des outils, des figures et des attributs, dont les *bezotes* (labret). Seuls les nobles avaient droit de porter le labret, lequel exigeait qu'ils se perforent la lèvre inférieure.
La salle 5 aborde l'écriture ***(civilisation mayas et olmèques).*** Dans la salle 6, arts et différentes formes d'expression, notamment la danse. Quelques instruments de musique.
Enfin la salle 7 aborde le thème de la mort à travers des ***reconstitutions de tombes à puits*** *(tumbas de tiro).* La visite se poursuit avec de l'art religieux : objets

liturgiques, fragments de retables, ex-voto. À l'étage, de la peinture, avec ***Diego de Borgraf,*** ainsi que le très controversé ***Dr Atl*** (Gerardo Murillo). Avant de quitter les lieux, 2 superbes armoires d'***André-Charles Boulle,*** le célèbre ébéniste de Louis XIV.

|●| ⪡ Resto-bar sur le toit-terrasse avec belle vue sur la cathédrale.

👁👁 ***Museo Bello y Gonzalez*** *(plan B2) : 3 Poniente 302. ☎ 232-94-75. Tlj 10h-18h sauf lun. Entrée : 40 $Me, réduc ; gratuit mar-mer. Visite guidée obligatoire (en espagnol ou anglais).* Dans la maison de José Mariano Bello (1869-1938), un industriel négociant qui, sans avoir jamais quitté Puebla, a réuni une magnifique collection d'arts décoratifs du monde entier. Sans descendance, il a fait don de cette collection de plus de 3 000 pièces à la ville. Beaucoup de céramiques *talaveras,* bien sûr (avec même la tête de Napoléon III en pot de fleur), mais aussi des porcelaines chinoises de l'époque Ming, des objets sculptés en ivoire, des peintures du XVIIe s. Dans le salon rouge, un coffre aux trésors avec sa fausse serrure sur le devant ; la vraie est cachée ailleurs... Magnifiques meubles en marqueterie, dont un secrétaire d'origine indienne de 78 tiroirs. Au 1er étage, vous verrez un orgue baroque mexicain du XVIIIe s et l'un des 2 exemplaires au monde d'un piano avec la queue en l'air (sans rire), c'est-à-dire avec le cadre des cordes installé vers le haut. Étonnant. Bref, des pièces rares et très belles.

👁👁👁 ***Templo de Santo Domingo*** *(plan B2) : dans la rue piétonne 5 de Mayo, à l'angle de 4 Poniente. Tlj 9h-14h, 16h-20h30.* Construit entre 1680 et 1720, il présente une façade sans intérêt. Le clou est à l'intérieur, dans le transept gauche : la ***capilla del Rosario*** *(visite 10h-12h15, 16h30-18h).* Datant de 1690, cette chapelle est un joyau du baroque churrigueresque. C'est une débauche de sculptures dorées en stuc, bois, marbre et onyx. Des angelots semblent surgir de partout. À voir absolument, de préférence le matin, lorsque le soleil fait briller les dorures. Dans le *templo,* n'oubliez pas d'admirer les magnifiques retables du chœur et leurs ribambelles de saints.

👁 ***Museo José Luis Bello y Zetina*** *(plan B2) : dans la partie piétonne de la rue 5 de Mayo, au nº 409, à côté de l'église Santo Domingo. ☎ 232-47-20. • museobello.org • Tlj 10h-16h sauf lun. Fermé en janv. GRATUIT (visite guidée).* Installé dans la riche demeure d'une vieille famille de collectionneurs avertis, le musée renferme un nombre impressionnant de belles pièces : une copie du lit gondole de Napoléon Ier, son buste par Canova, des porcelaines de Sèvres, de Chine et du Japon, des meubles de la Renaissance italienne et un splendide salon Napoléon III... Une manière comme une autre de voyager en Europe pour ces riches *poblanos,* marchands d'art. Ne manquez pas non plus l'étonnante pendule française illustrant les *Mille et Une Nuits* !

👁👁 ***Museo de Arte religioso – Ex-convento de Santa Mónica*** *(plan C1) : 18 Poniente 103. ☎ 232-01-78. Tlj 10h-17h sauf lun. Entrée : 45 $Me.* Ce très beau musée consacré à l'art religieux colonial occupe l'ancien couvent Santa Mónica, qui a la particularité d'avoir fonctionné dans la clandestinité durant 77 ans, de 1857 à 1934, en violation des lois de la réforme de Benito Juárez – qui imposaient la fermeture des couvents. D'où la façade qui ressemble à celle d'une banale maison ! Cloître magnifique recouvert d'azulejos avec, au centre, une fontaine silencieuse. On ne vient d'ailleurs pas tant pour les collections, assez modestes, que pour le lieu en lui-même. Ne manquez pas la vue sur l'église que les sœurs cloîtrées avaient à travers les œilletons de la jalousie ni, dans la bibliothèque, au rez-de-chaussée, la reconstitution de la Cène avec des mannequins. Belle cuisine décorée de *talaveras.*

👁 ***Museo de la Revolución mexicana*** *(plan C2) : 6 Oriente 206. ☎ 242-10-76. Tlj sauf lun 10h-17h. Entrée : 25 $Me, réduc ; gratuit mar.* Vous remarquerez sur la façade les impacts de balles, qui datent de la révolution. C'était la maison des frères Serdán, qui initièrent à Puebla le mouvement de 1910 contre le dictateur Porfirio Díaz. Ils y furent tués. Y sont exposés des meubles et des objets de l'époque de la révolution mexicaine. Certains sont à l'image de la façade, tel ce grand miroir troué d'impacts. C'est aussi l'occasion de visiter une maison de cette époque avec sa cuisine, sa salle à manger, son salon...

Museo de Arte San Pedro *(plan C2)* ***:*** *4 Norte 203. ☎ 246-66-18. Tlj 10h-18h sauf lun. Entrée : 40 $Me, réduc ; gratuit mar.* Une petite exposition permanente retrace l'histoire de cet ancien hôpital. Sans grand intérêt. Expos temporaires de qualité. Également des concerts dans l'auditorium.

Teatro Principal *(plan D2)* ***:*** *à l'angle de 6 Norte et 8 Oriente. Tlj 11h-20h (en principe). GRATUIT.* Entièrement rénové. Ce serait le plus vieux théâtre du continent, inauguré en 1760 mais entièrement reconstruit en 1920. Très bonne acoustique. Petit café à l'intérieur.

Visite des églises : plusieurs présentent un intérêt particulier, à commencer par ***San José*** *(plan C1)* pour ses splendides retables baroques, son beau dôme recouvert de *talaveras* bleues et jaunes, et son étonnant oratoire du Santo Niño de la Sonrisa (à gauche en entrant), à l'autel enseveli sous les jouets et les ballons. Voyez aussi ***San Cristóbal*** *(plan C2),* du XVIIe s, pour son architecture baroque, sa coupole ornée de personnages peints et ses 2 tours plus tardives, très travaillées ; le ***templo de la Compañía*** *(plan C3),* à la façade churrigueresque (1767) toute blanche surgissant d'entre les arbres d'une placette ; l'église ***San Francisco*** *(plan D2)* pour son intérieur et ses peintures, dont l'arbre généalogique de l'ordre franciscain (en prime, façade superbement éclairée le soir !).

Museo Internacional del Barroco *(hors plan par B3)* ***:*** *Atlixcáyotl 2501. ☎ 326-71-30. • mib.puebla.gob.mx • Tlj 10h-19h sauf lun. Entrée : 80 $Me.* Puebla la baroque voulait un musée du baroque, eh bien, elle l'a ! Confié à l'architecte japonais Toyō Itō, ce bâtiment composé de 55 murs courbes et pentus enroulés sur eux-mêmes autour d'un tourbillon d'eau censé évoquer un vortex est assez plaisant vu de l'extérieur. Mais à l'intérieur on est plutôt surpris. Alors que la ville regorge de merveilles baroques, ici, rien de tout ça ! La muséographie se veut certes au goût du jour, avec effets de miroirs, éclairages subtils, vidéos et grands panneaux en couleur censés vous en mettre plein les mirettes, mais il y a finalement très peu d'œuvres ou d'objets d'époque. On reste un peu sur sa faim !

Murales du Barrio de Alto *(plan D2)* **et du *Barrio Xanenetla*** *(plan D1)* ***:*** *accessible par le bulevar Héroes del 5 de Mayo. Éviter d'y aller le soir.* Il y a encore quelques années, il était impossible de s'aventurer dans ces quartiers sensibles de Puebla, et plus particulièrement dans le petit labyrinthe que constitue Xanenetla. Aujourd'hui, grâce aux efforts combinés d'associations, d'artistes muralistes et des habitants eux-mêmes, ces quartiers sont devenus de véritables musées à ciel ouvert.

Fuertes de Loreto y Guadalupe *(hors plan par D1)* ***:*** *au Centro Cívico 5 de Mayo, sur l'av. Ejércitos de Oriente, au nord-est de la ville. En voiture depuis le centre, prendre le bulevar Héroes del 5 de Mayo puis la calzada Zaragoza et suivre les panneaux. Tlj 9h-16h30 sauf lun. Entrée pour chaque musée : 55 $Me ; gratuit dim.* Les forts (ici, du XVIe s) n'ont pas un intérêt fou, mais c'est là que, le 5 mai 1862, le corps expéditionnaire français envoyé par Napoléon III échoua dans sa tentative de s'emparer de la ville. Cette éphémère victoire est désormais fête nationale et jour férié au Mexique. Le musée du fort de Loreto, qui occupe la chapelle Notre-Dame de Loreto (XIXe s), présente une expo qui retrace les combats.

DANS LES ENVIRONS DE PUEBLA

CHOLULA (100 000 hab. ; IND. TÉL. : 222)

À env 10 km à l'ouest de Puebla. Habité depuis plus de 3 000 ans, Cholula fut un important centre de pèlerinage précolombien. En 1520, Cortés, dans une lettre à Charles Quint, évoqua une trentaine de « tours de temples » (il voulait dire « pyramides » !). Après la Conquête, Cholula « l'Indienne », site d'un grand marché, s'endormit bientôt, éclipsée par Puebla « l'Espagnole ». La terre, puis les arbres, recouvrirent encore un peu plus sa grande pyramide. Et les autres furent détruites et remplacées par des églises. La petite ville se divise en 2, d'un côté San Andrés, de l'autre San Pedro. Ce dernier possédant un agréable *zócalo,* bordé d'un côté par des arcades et de l'autre par un couvent franciscain du XVIe s. Le marché, quotidien, a gardé un caractère très traditionnel. Typique et coloré.

Comment y aller ?

➢ En voiture, se garer de préférence à San Andrés, devant le cimetière, à l'intersection de la 5 de Norte et de la 2 de Poniente. Puis se rendre sur les sites et les musées à pied (compter 5 mn).

➢ Liaisons en bus depuis Puebla ttes les 5-10 mn 5h30-22h35 avec *Autobuses Puebla-Cholula y Anexas (départs de leur terminal, 6 Poniente 1106).* Pour le retour depuis Cholula, les bus indiquent « Centro ».

➢ Liaisons en train depuis Puebla depuis la gare du *Tren Turístico* située à l'intersection de 11 de Norte et de 18 de Poniente. ***Ligne suspendue jusqu'à nouvel ordre.***

Où manger ?

Nombreuses options tout autour du *zócalo de San Pedro,* en particulier sous les arcades du côté ouest. On aime bien ***Los Jarrones*** (avec ses serveurs encravatés) et le ***Café Tal*** (personnel moins racoleur qu'ailleurs). Grand choix de salades, soupes, sandwichs et autres plats mexicains.

À voir

Pirámide de Cholula : *à 3 blocs du zócalo. Accès au musée, au tunnel et à la zone archéologique, tlj sauf lun 9h-18h. Entrée : 80 $Me. Possibilité de visites guidées (en espagnol ou anglais, env 300 $Me pour 1 à 10 pers).*

C'est la plus grande pyramide mais, attention, elle est enfouie sous une colline, et on ne la voit pas ! Même Cortés ne put en soupçonner l'existence quand il arriva ici. Plus tard, à la fin du XVIe s, on érigea une église sur son sommet : *Nuestra Señora de los Remedios* (accès gratuit), celle-là même qui se retrouve sur bien des cartes postales, avec le

LA PLUS GRANDE PYRAMIDE AU MONDE !

Avec ses 4,4 millions de mètres cubes, Cholula est presque 2 fois plus volumineuse que sa consœur égyptienne. En effet, si la pyramide de Cholula ne fait que 66 m de haut (146 m pour Khéops), elle est bien plus large : 450 m de large contre 230 m pour Khéops.

MEXICO ET SES ENVIRONS

Popocatépetl en toile de fond. De là, on aperçoit aussi, par temps dégagé, l'*Ixtaccíhuatl* (la femme endormie), le *Citlaltepetl* (la colline de l'étoile) et la *Malinche* (celle à la robe bleue). Contrairement au panorama, l'intérieur de l'église n'a pas grand intérêt.
Pour en revenir à la pyramide, sous l'église donc, c'est Humboldt qui, le 1er, en estima les dimensions : 439 m de côté et 54 m de haut ! Depuis on s'est aperçu qu'elle est encore plus grande. On peut en parcourir une partie à travers 300 m de galeries souterraines (pas grand-chose à voir) et visiter la maigre zone archéologique qui s'étale à côté, ainsi que le petit musée du site (juste en face, de l'autre côté de la route). Il renferme de belles pièces préhispaniques et des reproductions de fresques.

Museo Regional de Cholula : *au pied de la pyramide, sur l'esplanade nouvellement aménagée. ☎ 261-45-72. Tlj 10h-18h sauf lun. Entrée : 40 $Me, réduc.*
Aménagé dans un ancien hôpital psychiatrique, ce musée met en valeur les cultures indigènes. On commence la visite par les relations qu'entretenaient les natifs avec les volcans (intéressant vidéo-mapping sur le Popocatépetl). À l'étage, on est accueilli par Ehecatl, le dieu aztèque du Vent (un lointain cousin d'Éole). L'occasion de se familiariser avec le panthéon mésoaméricain à travers de nombreuses sculptures ou terres cuites. Ils sont tous là : Tlaltecuhtli, Tláloc, Chimecóatl, Quetzalcóatl (pour bien prononcer, mettez un glaçon dans la bouche)... Mais aussi avec les cultures d'Oaxaca et de Veracruz (notez les statuettes dites « souriantes » typiques de cette région).
La salle 3 expose les œuvres de Cristóbal de Villalpando. La salle suivante retrace la manière dont on a évalué les dimensions de la pyramide enfouie de Cholula. La salle 5 recèle un codex qui fut peint par les Indiens au moment de l'arrivée des Espagnols (milieu du XVIe s). Des vidéos occupent la salle suivante. La salle 7 est consacrée aux expos temporaires. Enfin la dernière salle expose l'artisanat local : masques de carnaval, faïence et *talaveras,* sparterie, arts décoratifs... Une visite intéressante, mais explications et notices uniquement en espagnol.

Convento de San Gabriel : situé sur le côté est du *zócalo,* il a été bâti en 1549 à l'emplacement d'un temple dédié à Quetzalcóatl et Tlaloc et offre un aspect assez militaire. L'église *(tlj 9h-19h),* dans l'enceinte, présente un intérieur mêlant voûtes à nervures gothiques, ornementation baroque et néoclassique. Sur la gauche du couvent, la **Capilla Real** *(tlj 8h-13h, 16h-18h, sauf mar),* appelée aussi « chapelle des Indiens », date de 1540. Très étonnante avec ses 49 coupoles et sa forêt de piliers, elle est typique de l'architecture mudéjar (influencée par l'art arabe andalou).

IGLESIAS DE TONANTZINTLA ET ACATEPEC

À 4-5 km de Cholula. Tonantzintla est relié par bus à Cholula et à Puebla (le tranvía *s'y arrête). Ensuite, jusqu'à Acatepec, on peut marcher ou prendre un combi. En voiture, prendre la direction Atlixco libre. Ouv en principe tlj 9h-18h.*
2 églises à ne pas manquer. L'intérieur de l'église de **Tonantzintla** (début XVIIe s) est exceptionnel ! Angelots, archanges, saints, évêques, rois et autres glorieux personnages peuplent

COMMENT PRÉSERVER SON IDENTITÉ...

Si les missionnaires réussirent à imposer la Vierge Marie, ils ne purent empêcher les artistes indigènes de donner des traits indiens aux angelots, de les coiffer de plumes et de sculpter des guirlandes de fruits tropicaux et surtout des épis de maïs. Juste histoire de rappeler leur ancienne religion.

par centaines les murs et les voûtes tapissées d'arabesques dorées et de motifs floraux en stuc. De l'ultra-baroque populaire mâtiné d'indigénisme. Avant l'arrivée des Espagnols, les gens du coin vénéraient Tonantzín, déesse de la Fertilité liée au maïs. Rien de plus facile pour les missionnaires que de remplacer ce culte par celui d'une autre figure maternelle, la Vierge Marie. À noter, 70 % des couleurs sont d'origine et, plus singulier encore, ici tout ce qui brille est or !
Style similaire pour l'église d'***Acatepec*** (à 1,5 km), avec une magnifique façade recouverte d'azulejos multicolores et un intérieur qui déborde de dorures dans un style un peu moins chargé.

ATLIXCO

À 30 km de Puebla. Depuis le terminal CAPU, bus ttes les 20 mn en direct 5h30-22h avec Oro. Petite ville située au pied du Popocatépetl, avec vue superbe sur le majestueux volcan lorsque la brume de chaleur ne s'en mêle pas. Spécialisée dans l'horticulture, elle recèle plusieurs ***églises baroques.*** Celles-ci ont toutefois été gravement endommagées par le séisme de septembre 2017. Elles étaient ***encore fermées lors de notre passage.*** Se renseigner auprès de *l'office de tourisme (plaza de Armas – zócalo ; ☎ (244)-445-19-66).* Sur les basses pentes de la colline dressée au sud-ouest, l'ancien ***monastère franciscain*** figure parmi les 14 classés par l'Unesco dans la région. Beau portail plateresque. Sur le terre-plein, devant, une cloche pendue aux arbres, comme dans *Zorro* ! À voir encore, un hôpital datant de l'époque coloniale.
Le dernier dimanche de septembre, grande ***fête*** qui réunit toutes les ethnies de la région.

HUEJOTZINGO

La Zuela de San Francisco Sn, Primero, Centro, à Huejotzingo. ☎ (227) 276-02-28. Tlj 10h-17h sauf lun. Entrée dans l'église gratuite. Visite du Museo de la Evangelización *: tlj 10h-17h sauf lun. Entrée : 55 $Me. À env 40 km au nord-ouest de Puebla. Compter 45 mn en voiture par l'autoroute.*
C'est l'un des 14 *conventos* situés au pied du Popocatépetl classés par l'Unesco. En fait, il ne faudrait pas traduire par monastère le terme *convento.* Au XVIe s (date de naissance de ce *convento*), les ordres religieux étaient relativement indépendants du pouvoir clérical. Leur préoccupation était avant tout de faire fissa pour évangéliser les Indiens. Ce qui se traduit par la construction d'églises ouvertes, donnant sur une grande place délimitée par un mur où les Indiens étaient invités à assister à la messe. Chaque coin étant marqué par des petites chapelles. Le monastère était généralement accolé à l'église et organisé autour d'un cloître. Huejotzingo est un modèle du genre. On dirait d'ailleurs une forteresse.
L'ensemble est un véritable melting-pot d'influences : européennes, autochtones ou encore mauresques. Construit par les Franciscains, il présente évidemment de nombreux cordages sur ses façades. L'intérieur de l'église, avec ses arcs en ogive et ses médaillons, est typique du gothique isabélin. Les murs intérieurs et les voûtes étaient à l'origine entièrement ornés de fresques (il en reste encore pas mal). Elle possède l'un des rares retables maniéristes du Mexique.
Juste à côté, le ***Museo de la Evangelización*** vaut le coup d'œil. Beau cloître, réfectoire pratiquement intact, quelques momies dont celle d'un enfant (derrière la cuisine). À l'étage, on découvre les chambres individuelles des moines. On y apprend l'histoire du monastère et la manière dont les Franciscains s'y sont pris pour convertir les Indiens au christianisme. Et pour terminer la visite, les habits des acteurs du carnaval de Huejotzingo.

LE GOLFE DU MEXIQUE

• Carte *p. 179*

IMPORTANT : avis à nos lecteurs

Nous attirons votre attention sur les mises en garde du ministère des Affaires étrangères français qui recommande, au mois de juin 2021, une extrême vigilance en cas de déplacement dans l'État de Veracruz. Il est formellement déconseillé de se rendre dans la ville de Martinez de la Torre et ses environs, et d'une façon générale, « déconseillé, sauf raison impérative » de circuler dans tout l'État (zone orange). Infos sur le site : • *diplomatie.gouv.fr/fr/conseils-aux-voyageurs* •

ZONA ARQUEOLÓGICA EL TAJÍN

IND. TÉL. : 788

Site précolombien le plus important et le mieux conservé de la région littorale du golfe du Mexique, El Tajín est inscrit au Patrimoine mondial de l'Unesco. Niché entre de petites collines recouvertes par une épaisse végétation tropicale, parfois noyé dans la brume, le site exsude un charme certain. C'est également le grand centre de la culture totonaque, dont les descendants vivent toujours aux alentours. On ne sait pas très bien qui a fondé la ville (entre 100 et 200 apr. J.-C.). Peut-être les Olmèques ou une branche des Huastèques. Ce qui est sûr, c'est qu'elle connut son apogée assez tard, entre le début du IXe s et le début du XIIIe s, occupant une importance considérable entre la chute de Teotihuacán et l'émergence de Tenochtitlán-Mexico. La ville était alors un grand centre politique et religieux (avec sans doute 25 000 habitants) qui avait assujetti les peuplades voisines. Dédiée au culte de Quetzalcóatl, elle aurait reçu de nombreuses influences de Teotihuacán et répandit les siennes jusque sur l'Altiplano et vers les zones mayas.

Lorsque El Tajín déclina au XIIIe s, la civilisation totonaque commença à s'épanouir dans la région. Ce peuple pacifiste, artiste et mystique, qui rêvait de voler pour s'approcher du ciel (voir plus loin le rituel des *voladores*), fut soumis par les Aztèques au XVe s, avant de tomber dans l'oubli. Même les Espagnols ignorèrent El Tajín, qui ne fut découvert par hasard qu'en 1785, par un agent du fisc à la recherche de plantations illégales de tabac.

Près de 50 édifices ont été restaurés et sont visibles, ce qui représente à peine plus de 10 % du site. Malheureusement, le dernier grand projet archéologique s'est achevé en 1995. La caractéristique architecturale d'El Tajín, ce sont les fameuses niches, uniques en leur genre, qui recouvrent de nombreux

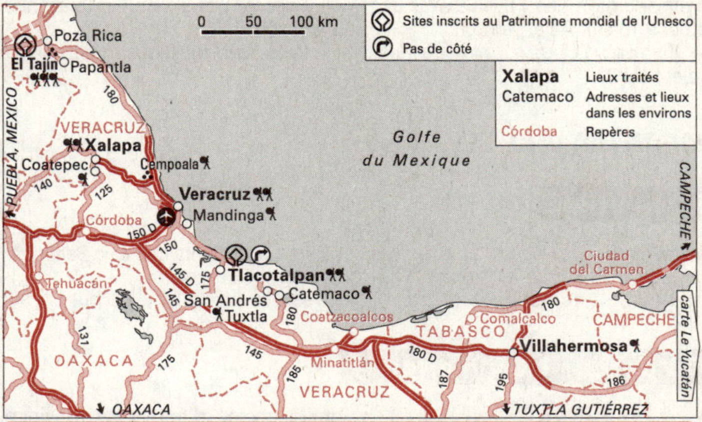

LE GOLFE DU MEXIQUE

bâtiments et pyramides. Autre particularité : le grand nombre de terrains de jeu de pelote, 17 aux dernières nouvelles. Une véritable obsession. Enfin, n'oubliez pas, en visitant le site, que la plupart des murs étaient peints en rouge, bleu et noir.

– ***Bon à savoir :*** si vous comptez dormir dans le coin, sachez que ***Poza Rica*** est une grande ville pétrolière sans aucun charme. Optez pour ***Papantla,*** une bourgade étagée sur une colline des contreforts de la sierra Madre, centre de l'ethnie totonaque. Les routards pressés peuvent aussi faire l'excursion dans la journée lors d'un parcours Mexico-Veracruz (ou vice versa !), mais ce sera un peu la course.

Arriver – Quitter

El Tajín se trouve à 300 km au nord-est de Mexico (4h de route en voiture), pas loin de la mer, à 17 km de Poza Rica et à 7 km de Papantla.

➢ Depuis Mexico, seule la compagnie *ADO* dessert Poza Rica et Papantla. De là, un bus local (fréquent) mène au site.

Terminal de bus ADO : *à 8 mn à pied du centre de Papantla. De là, il faut grimper !* • *ado.com.mx* • Attention, une partie des bus est *de paso* (Papantla n'est pas un terminus) et fait escale de nuit (vers 4h30). Si tout est complet, demander une résa au départ de Poza Rica et se rendre dans cette ville par l'un des nombreux bus locaux, très fréquents.

➢ ***Mexico** (terminal Norte)**-Poza Rica :*** départ ttes les 30 mn ou 1h, 6h-1h. Tarif variable en fonction du confort et de la rapidité du bus (4-5h de trajet). C'est l'option pour ceux qui veulent visiter El Tajín dans la journée, avant de poursuivre sur Veracruz : prendre un bus de nuit. En arrivant à Poza Rica, réserver une place dans un bus pour Veracruz dans l'ap-m, et aller à l'autre terminal (juste à côté) pour prendre un bus pour El Tajín (avec *Transportes de Papantla, TP*). Consignes sur le site ou au terminal principal de Poza Rica. L'excursion est faisable en 4-5h, incluant le trajet Poza Rica-El Tajín, la visite des ruines et le retour. Ensuite, compter 4h au moins pour descendre sur Veracruz. Ouf !

➢ ***Mexico** (terminal Norte)**-Papantla :*** fréquence nettement moindre que pour Poza Rica. Env 8 bus avec *ADO* dans les 2 sens, dont 2 de nuit. Depuis le

terminal Tapo, 1 bus 1 bus vers minuit ; retour à 16h30. Trajet : env 6h.
➢ ***Xalapa :*** 12 bus, dont 4 de nuit. Trajet : 4h30.
➢ ***Puebla :*** 2 bus, vers 11h15 et 1h30. Trajet : 5h30.
➢ ***Veracruz :*** env 6 bus. Trajet : 4h.

PAPANTLA *(IND. TÉL. : 784)*

Infos utiles

■ ***Banques :*** *plusieurs agences sur Enriquez, autour du zócalo.* Distributeurs automatiques (*Visa* et *MasterCard*). *Santander* et la *Bancomer* changent les euros.
– Début juin : Fête-Dieu (Corpus Christi).

Où dormir ? Où manger ?

De bon marché à prix moyens

Hotel Tajín : *José de Nuñez 104. ☎ 842-16-23 ou 01-21. • hoteltajin.mx • Du zócalo, prendre à gauche de la cathédrale.* On le choisit avant tout pour les quelques chambres avec vue qui dominent le village, ou la petite piscine. Toutes avec clim, TV câblée et un mobilier en bois blanc. Les *junior suites,* plus chères, sont vastes. Une adresse sympa.

Hotel Provincia Express : *Enriquez 103. ☎ 842-16-45. • hotelprovinciaexpress.com •* Membre d'une petite chaîne d'hôtels de province. Merveilleusement bien situé, sur le *zócalo* ; certaines chambres donnent directement sur la place, avec de petits balcons et lit *king size* (les plus chères). Les autres sont assez modernes et confortables (clim, TV câblée). Évitez les quelques chambres sans fenêtre. Bon accueil.

Sorrento : *Enriquez 105. ☎ 842-00-67. Tlj 7h30-minuit. Menu copieux et bon marché pour le déj.* Grand café-resto face au *zócalo.* Déco mignonnette, entre *azulejos* et nappes colorées. Cadre authentique pour une honnête cuisine locale.

Le site

Tlj 9h-17h. Entrée : 80 $Me.
Sur place : cafétéria, boutiques et consigne à bagages.

Il faut commencer par le petit ***musée,*** à l'entrée, surtout pour la maquette du site : la 1re partie de la cité, par laquelle on arrive, est constituée du centre cérémoniel. La zone surélevée (par les urbanistes de l'époque), appelée *El Tajín Chico,* était réservée aux gouvernants et dignitaires.

Plaza del Arroyo : on passe d'abord par cette grande place rectangulaire entourée de 4 édifices. On suppose qu'il s'agissait d'un marché. La vanille devait déjà s'y échanger ! Aujourd'hui, ce sont les petits producteurs voisins qui viennent proposer leurs gousses aux touristes. Elles sont magnifiques mais pas toujours très sèches : aérez-les bien pour qu'elles ne pourrissent pas avant de rentrer.

Juego de pelota Sur *(jeu de pelote sud)* **:** célèbre pour ses bas-reliefs illustrant les rituels de ce jeu sacré. On y voit notamment le sacrifice d'un des joueurs, 2 joueurs qui parlent ensemble et l'initiation d'un guerrier allongé sur un banc. Les tableaux centraux, avec une représentation d'un dieu assis en tailleur, qui pourrait être Quetzalcóatl, représentent le but du jeu.

Pirámide de los Nichos (pyramide des Niches) **:** *située dans la zone centrale, c'est-à-dire le centre cérémoniel.* Le clou du site. Elle comporte 7 niveaux et compte au total 365 niches célébrant le calendrier solaire. Aujourd'hui encore, l'équinoxe de printemps est célébré ici. Les niches étaient peintes en noir, tandis que la pyramide était recouverte de rouge.

Templo El Tajín : *à côté de la pyramide.* Il est précédé d'un atlante représentant Tajín, dieu de la Foudre et de l'Éclair. Il a été découvert au bas de l'édifice.

Conjunto de las Columnas (ensemble des colonnes) **:** *dans le quartier du Tajín Chico, à l'endroit le plus élevé du site.* Les colonnes sont au musée. Leurs bas-reliefs racontent la vie d'un noble appelé *13 Conejo* (13 Lapin), qui mena aux destinées de la cité. Les maisons du coin étaient jadis toutes ornées de peintures d'animaux mythologiques aux couleurs vives. De là-haut, superbe panorama sur l'ensemble du site.

Gran Xicalcoliuhqui : *tt au fond, à droite.* Un long mur en quinconce, vaguement quadrilatère. Il représenterait le serpent à plumes Quetzalcóatl.

– **La danse des voladores :** *tlj devant l'entrée du site, mais les danseurs attendent qu'il y ait du monde pour un pourboire consistant. En général, à partir de 11h, 2-3 fois/j. en sem et 4-5 fois/j. le w-e. Autre représentation : sur le mât devant la cathédrale de Papantla, le w-e vers 8h30 et 19h.* Le très beau rituel traditionnel des Totonaques. Ils sont vêtus d'un pantalon rouge brodé, d'une chemise blanche et ils portent une coiffure conique ornée de miroirs et de rubans. Le chef de danse et ses 4 acolytes grimpent au sommet d'un poteau de 30 m. Le chef de danse, du haut d'une petite plate-forme, joue à la flûte une musique dédiée aux 4 points cardinaux, tandis que les 4 *voladores* se jettent dans le vide, retenus par une corde accrochée à la ceinture. Ils descendent la tête en bas et les mains tournées vers le ciel, en décrivant des cercles de plus en plus larges. Superbe. Chaque homme-volant tourne 13 fois autour du poteau, soit 52 tours à eux 4. Ce chiffre symbolique représente le cycle calendaire de 52 années, au bout duquel les 1ers jours des 2 calendriers (solaire et rituel) coïncidaient. Ce rituel ancestral, qui était sans doute dédié à la fertilité, au soleil et au vent, est devenu aujourd'hui une attraction touristique. Comme quoi, le saut à l'élastique, on ne l'a pas inventé non plus !

LE GOLFE DU MEXIQUE

XALAPA

457 700 hab. IND. TÉL. : 228

• Plan *p. 183*

Capitale de l'État de Veracruz, Xalapa est une ville universitaire de montagne. Son grand nombre d'étudiants lui vaut une vie culturelle dynamique et une vie nocturne animée. Le musée d'Anthropologie est superbe et justifie une halte à lui seul. Il n'y a rien d'autre à voir cependant, quoique les passionnés de VTT, d'alpinisme et de rafting pourront trouver à s'occuper. Côté climat, il fait chaud en été, froid en hiver, avec bien souvent une bruine persistante qui enveloppe la ville. La région est aussi grande productrice de café.

Arriver – Quitter

En bus

Xalapa est très bien desservie depuis Veracruz, Puebla et Mexico.

Central de autobuses (CAXA ; *hors plan par B1-2*) **:** *av. 20 de Noviembre. ☎ 842-25-00. À 2 km du centre à l'est.* Consigne, guichet de l'office de tourisme (côté *ADO*), distributeurs, boutiques... N'oubliez pas qu'on peut acheter ses billets en ville, à *Boletotal* (voir « Adresses utiles »).

– ***Liaisons avec le centre-ville :*** sortir du terminal et aller jusqu'à l'avenue principale (20 de Noviembre). L'arrêt des ***bus urbains*** se trouve à 20 m sur la droite. Prendre un bus qui indique « Centro ». Demander l'arrêt au Parque Juárez (5 mn de trajet). Depuis le centre-ville, prendre un bus qui indique « CAXA ». En taxi, compter 45 $Me.

➢ ***Mexico*** *(terminal Tapo)* ***:*** très bonne fréquence. Avec *ADO, ADO GL* et *AU,* ttes les 30 mn-1h 6h-1h. Trajet : 5h.

➢ ***Veracruz :*** très bonne fréquence avec *ADO, ADO GL* et *AU,* départs particulièrement nombreux à la mi-journée. Trajet : 2h.

➢ ***Veracruz (aéroport) :*** avec *ADO,* 10 bus. Trajet : 2h.

➢ ***Villahermosa :*** env 10 bus/j. Trajet : 8-10h.

➢ ***Puebla :*** avec *AU* (le moins cher), 13-14 bus. Avec *ADO GL,* une vingtaine de bus. Trajet : 3h-3h30.

➢ ***Papantla*** *(El Tajín)* ***:*** avec *ADO,* 12 bus. Trajet : 4h30.

➢ ***Yucatán :*** 3 bus, à 16h45, 17h30 et 22h30, pour Ciudad del Carmen (ne pas confondre avec Playa del Carmen) avec ADO. Également un départ à 17h30 pour Campeche, et 2 bus à 17h30 et 18h50 pour Mérida et Cancún.

Adresses utiles

■ ***Office de tourisme*** *(plan A1-2)* ***:*** *kiosque d'info devant l'entrée du palacio municipal, sur Enriquez, sous les arcades. Lun-sam 9h-20h.* Partage le stand avec un guichet *Ticket Bus.* Également un stand à l'intérieur de la gare routière, à l'arrivée des bus.

■ ***Banque HSBC*** *(plan A2,* ***1****)* ***:*** *à l'angle d'Enriquez et de Clavijero. Lun-ven 9h-17h, sam 9h-14h, fermé dim.* Change euros et dollars. Plusieurs autres banques avec distributeurs de billets dans Enriquez.

■ ***Alliance française et consulat*** *(plan A1,* ***2****)* ***:*** *Juan Álvarez 21. ☎ 817-43-30. ● alianzafrancesaxalapa.edu.mx ● Lun-ven 8h-20h30, sam 8h-13h30, fermé dim.* Abrite aussi le consulat honoraire *(lun-ven 12h-17h).*

Où dormir ?

Bon marché (moins de 400 $Me / env 19 €)

■ ***Hostal de la Niebla*** *(plan B1-2,* ***11****)* ***:*** *Zamora 24. ☎ 817-21-74 ou 818-28-42. ● pradodelrio.com/pages/hostalniebla-es ● Compter 200 $Me/pers, petit déj inclus.* AJ moderne, bien propre et pimpante, membre de *Hostelling International.* Dortoirs de 6 personnes avec lits superposés, lavabo dans la chambre et un casier par personne. Un étage pour les garçons, un autre pour les filles, mais on peut aussi être ensemble si on est en groupe. Également quelques chambres doubles et familiales avec salle de bains privée. Cuisine, salle à manger, terrasses ensoleillées. Idéal.

Prix moyens (400-800 $Me / env 19-38 €)

■ ***Posada Casa Regia*** *(plan B2,* ***12****)* ***:*** *Hidalgo 12. ☎ 812-05-91. Double env 450 $Me.* Ce petit hôtel abrite une vingtaine de chambres donnant sur un labyrinthe d'escaliers. Propres et très calmes, elles sont toutefois assez petites et un peu sombres. Mobilier en bois à la mexicaine et TV câblée.

■ ***Posada del Cafeto*** *(plan B2,* ***13****)* ***:*** *Canovas 8. ☎ 812-04-03. ● prado delrio.com ● Doubles 600-690 $Me.* Semées autour de plusieurs petits patios calmes et verdoyants, dans une maison ancienne fort bien rénovée, les chambres sont confortables

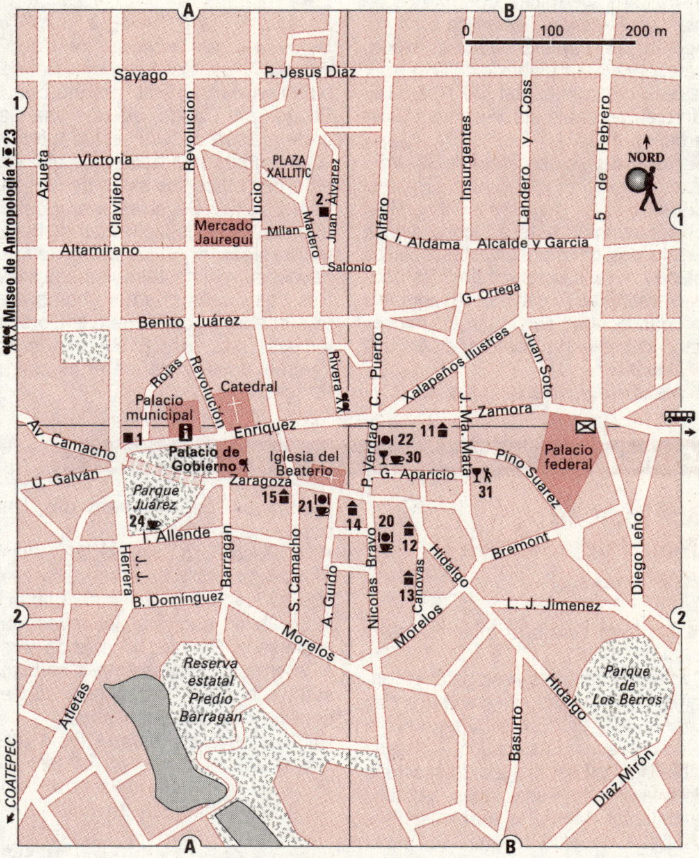

XALAPA

Adresses utiles

- Office de tourisme (A1-2)
- **1** Banque HSBC (A2)
- **2** Alliance française et consulat (A1)

Où dormir ?

- **11** Hostal de la Niebla (B1-2)
- **12** Posada Casa Regia (B2)
- **13** Posada del Cafeto (B2)
- **14** Hotel Salmones (A-B2)
- **15** Mesón del Alférez (A2)

Où manger ? Où prendre un petit déjeuner ?

- **20** Café Chiquito (B2)
- **21** La Casona del Beaterio (A2)
- **22** Postodoro (B2)
- **23** Churrería de Xalapa (hors plan par A1)
- **24** Café Don Justo (A2)

Où boire un verre ? Où sortir ?

- **30** Café Lindo (B2)
- **31** La Chiva – Café Galería Pub (B2)

et fraîches, certaines très hautes de plafond. Excellent niveau de confort : ventilo, TV câblée, sèche-cheveux, cafetière... Charmante cafétéria pour le petit déj continental (de 7h à 11h). Un bien agréable établissement dans le centre-ville.

Hotel Salmones (plan A-B2, **14**) : *Zaragoza 24. ☎ 817-54-31. Doubles 500-600 $Me. Petit déj en sus.* Bien placé, ce grand hôtel au lobby rénové révèle des chambres spacieuses. La plupart avec lit *king size* ou 2 lits doubles, ventilo et TV câblée. Très agréable si vous donnez sur le jardin. Ascenseur et bar-resto abordable. Accueil chaleureux.

Mesón del Alférez (plan A2, **15**) : *Sebastián Camacho 2 ; à l'angle de Zaragoza. ☎ 818-01-13 ou 818-63-51 • pradodelrio.com • Double env 800 $Me.* Cet hôtel colonial des plus ravissant (même proprio que la *Posada del Cafeto*) occupe une discrète maison du XVIIIe s. On y trouve 16 chambres très hautes de plafond, réparties autour de puits de lumière, dont 5 suites. Dans celles-ci, poutres apparentes et lits nichés sur de belles mezzanines en bois apportent un cachet supplémentaire. Espace salon très cosy dans chaque chambre et tout le confort moderne (ventilo seulement, pas d'AC). Beaucoup de charme, en plein centre et au calme. Parfait.

Où manger ? Où prendre un petit déjeuner ?

Bon marché (moins de 150 $Me / env 7,10 €)

Café Chiquito (plan B2, **20**) : *Bravo 3. ☎ 812-11-22. Tlj 8h-23h.* Cadre très agréable avec patio et fontaine, et feu de cheminée en hiver. Pas cher du tout, surtout le buffet du midi avec plusieurs plats chauds. À chaque table son pichet d'*agua fresca* (eau de fruit). Sinon, *empanadas,* salades, enchiladas, tacos, le tout très bien. Musique *en vivo* le soir. Délicieux petits déj.

Prix moyens (150-300 $Me / env 7,10-14,30 €)

La Casona del Beaterio (plan A2, **21**) : *Zaragoza 20. ☎ 818-21-19. Tlj 8h-23h30.* Patio, fontaine, poutres, photos du vieux Xalapa et grandes fenêtres, le cadre est agréable et la cuisine savoureuse. Le midi, menu très abordable et hyper copieux. Viande grillée sous vos yeux. La *parrillada Casona* (grillade) pour 2 personnes vous comblera pour plusieurs heures. Service attentif. Musique *en vivo* certains soirs. Bien aussi pour le petit déj. Une bonne maison.

Postodoro (plan B2, **22**) : *Primo Verdad 11. ☎ 841-20-00. Dim-jeu 9h-0h30, ven-sam 9h-1h30.* Très bon resto italien dans un décor rustique chaleureux. Grandes variétés de pâtes et énormes pizzas (même la *mediana* suffit à nourrir 2 personnes) servies dans un charmant patio arboré.

Churrería de Xalapa (hors plan par A1, **23**) : *Victoria 158. ☎ 841-49-61. À 10 mn à pied du centre par la rue Victoria (toujours tt droit). Juste en face de l'entrée du grand hôtel* Misión Xalapa. *Tlj 8h-minuit (23h30 dim).* Cette drôle de *cantina* aux plafonds tapissés de *papeles picados* prépare une excellente cuisine typique de Veracruz à partir d'authentiques recettes anciennes qui mitonnent dans des jarres en terre cuite. Produits frais, belles salades simples, *antojitos* réussis, avec même quelques choix pour les végétariens. Un lieu de sortie familiale populaire.

Café Don Justo (plan A2, **24**) : *au bout du parc Juárez (monter par les escaliers, juste avt la galerie d'art). ☎ 812-39-58. Tlj 8h-22h.* La terrasse surplombe la ville. Panorama exceptionnel sur Xalapa. Idéal pour prendre un excellent café, déguster une glace, se requinquer d'un sandwich ou s'offrir un bon dessert.

Où boire un verre ? Où sortir ?

Café Lindo (plan B2, **30**) : *Primo Verdad 21. Tlj 8h-2h.* Incontournable, ne serait-ce que pour ses horaires ! Grande salle chaleureuse et beaucoup de monde le soir, pour la musique *en vivo*. Large choix d'alcools et quelques plats de cuisine mexicaine. Préférer toutefois y prendre un verre qu'un repas.

La Chiva – Café Galería Pub (plan B2, **31**) : *angle José Maria Mata et callejón de González Aparicio. Tlj à partir de 18h.* Les étudiants et intellos s'y retrouvent dès l'ouverture. Échange de livres et parties d'échecs endiablées. Plus tard en soirée, ça s'anime sur fond de bonne musique (rock, électro, hip-hop) et de bière bon marché. Excellents cocktails également. En fait, toute la ruelle (callejón de Gonzáles Aparicio) est très animée le soir, avec un alignement de bars pour tous les goûts, ambiances feutrées ou électrisées, jazzy ou house.

À voir

Museo de Antropología (hors plan par A1) : *sur le campus de l'université, à 15 mn en bus du centre-ville. ☎ 815-09-20. • uv.mx/max • Bus « Tesorería » et/ou « A. Camacho » sur l'av. Enriquez, face au parc Juárez. Tlj 9h-17h sauf lun. Entrée : 60 $Me. Visites guidées possibles (en espagnol ou anglais) ; audioguide (anglais et espagnol) 60 $Me. Cafétéria au 1er étage.* Ce musée ultramoderne, le 2e en importance du Mexique et l'un des plus beaux, a été inauguré en 1986. Conçu en escalier le long d'immenses pelouses arborées sur plus de 250 m de longueur, il est parfaitement intégré au paysage. Les fenêtres rappellent les niches des pyramides d'El Tajín. Il met superbement en valeur quelque 1 500 pièces d'art préhispanique (les fonds n'en comptent pas loin de 30 000 !) déroulant 3 millénaires d'histoire. Les civilisations de la côte du golfe du Mexique y occupent logiquement une place prépondérante : olmèque, huastèque et centre de l'État de Veracruz. On y admire les fameuses têtes colossales olmèques (ce sont les originaux). 7 au total, qui viennent toutes du site de San Lorenzo. Des vitrines permettent de voir les pièces sous tous leurs angles. Immenses, mais discrets panneaux didactiques qui jalonnent les étapes historiques de toutes les civilisations mexicaines. Intimité pour les petites pièces, vastes patios verdoyants et fleuris pour les énormes sculptures olmèques. Superbe.

Palacio de Gobierno (plan A2) : *entrée par la calle Leandro Valle. Lun-ven 8h-15h, 16h-21h.* Pour les fanas des fresques murales. Celle qui domine l'escalier central est assez intéressante (sur l'histoire de la justice). Mais ne croyez pas ceux qui vous diront qu'elle est de Diego Rivera. Il s'agit d'un homonyme, Orozco Rivera.

Callejón del Diamante (plan A1) : officiellement calle Rivera (comme indiqué sur le plan). Petite rue piétonne en pente, pleine du charme de la vie, où il fait bon se promener. S'y sont rassemblés quelques restos sympa, des boutiques et de l'artisanat néobaba. Senteurs mélangées de café et d'encens.

DANS LES ENVIRONS DE XALAPA

Coatepec (hors plan par A2) : *à 8 km de Xalapa.* Une petite ville coloniale surnommée « le village du café » à cause de son climat idéal pour la culture du café d'altitude. Il fait bon se promener dans ses rues tracées en damier, bordées de maisons coloniales aux toits de tuiles et aux fenêtres en fer forgé. Sa douce atmosphère du passé lui a valu d'être classé parmi la trentaine de *pueblos mágicos* (« villages magiques ») du pays. Aux alentours, région de végétation luxuriante

LE GOLFE DU MEXIQUE

entre forêts et rivières. Si vous êtes en voiture (ou taxi), allez vous promener à la *cascade de Texolo* près du village de Xico. La passerelle date de 1908. Lieu de tournage favori pour de nombreux films ; vous êtes sur les traces de Michael Douglas, à la poursuite du diamant vert…

Zona arqueológica de Cempoala : *à env 75 km au sud-est de Xalapa en direction de Veracruz. ☎ 934-99-81. Tlj 9h-18h. Entrée : 55 $Me.* Ce fut l'une des plus grandes villes totonaques (30 000 habitants), conquise par les Aztèques au milieu du XVe s. Par la suite, la ville déclina en raison des destructions dues aux combats et surtout des épidémies. Elle fut abandonnée au début du XVIIe s et tomba dans l'oubli, disparaissant peu à peu sous une épaisse végétation. Une grande partie du site est enfouie sous le village actuel, mais on peut visiter les ruines de l'ancienne enceinte sacrée, avec quelques temples et autres édifices. Tous étaient à l'origine couverts de stucs peints. C'est sur le *Templo Mayor* que Cortés, après avoir détruit les idoles païennes de la ville, fit ériger un autel dédié à la Vierge.

VERACRUZ

457 614 hab. IND. TÉL. : 229

• Plan *p. 187*

Enfin un port ! Un vrai de vrai, avec des cargos et des bateaux de pêche. C'est le plus important du Mexique. Jusqu'en 1760, Veracruz était le seul port autorisé à pratiquer le commerce avec l'Espagne. C'est aussi ici que Cortés accosta avec ses caravelles et qu'il reçut les émissaires de Moctezuma avant d'entreprendre sa longue marche sur Mexico-Tenochtitlán.

LA GUERRE DES PÂTISSERIES

En 1838, une pâtisserie française de Mexico fut saccagée par des pillards. Dépité, le propriétaire écrivit à Louis-Philippe. Le roi envoya une escadre de 22 navires pour faire le blocus de Veracruz. On ne rigole pas avec l'honneur des Français ni avec la nourriture ! Non mais !

Cependant, il n'y a pas grand-chose à voir à Veracruz, mais la ville possède un certain charme, avec ses places bordées de palmiers et sa promenade sur le *malecón* longeant le port. Il règne, surtout aux alentours du *zócalo,* une chaude ambiance dès que le jour tombe et jusqu'à des heures avancées de la nuit. C'est la ville de la musique et de la danse (influence afro-cubaine) et c'est d'ailleurs là qu'est née la célèbre *bamba.* Si vous y allez en février pendant le carnaval, c'est carrément la folie ! Toute la population descend dans la rue pour danser, de 7 à 77 ans…

On ne va pas à Veracruz pour ses plages de sable gris (et sale) qui attirent surtout les Mexicains, mais pour des qualités qui lui sont propres : ses musiciens ambulants de marimbas, ses danses folkloriques (le *danzón*), ses mariachis, ses marchands de coquillages, etc.

UN PEU D'HISTOIRE

L'histoire de Veracruz est étroitement liée à celle du pays, puisque la ville fut longtemps la seule porte d'entrée de la façade atlantique. Sa croissance est due à son activité portuaire. Au XVIe s, l'or et l'argent représentent 80 % des exportations. Le reste, transporté par voie terrestre depuis Acapulco, débarque des galions des

VERACRUZ

Adresses utiles

- Office de tourisme (A1)
- **1** Bureau de change (A1)
- **2** Banques (A1)

Où dormir ?

- **10** Hotel Santander (A1)
- **11** Hotel Amparo (A1)
- **12** Hotel Mar y Tierra (B2)
- **13** Hotel Baluarte (B2)
- **14** Mesón del Mar (A2)

Où manger ?

- **30** Mercado (A1)
- **31** Cochinito de Oro (A1)
- **32** Gran Café de la Parroquia (B1)
- **33** La Gaviota (A1)
- **34** La Suriana II (A1)
- **35** Mariscos Tano (A1)

Où prendre un petit déjeuner ?

- **32** Gran Café de la Parroquia (B1)
- **41** Lolita (hors plan par B2)

Philippines : porcelaine, soieries, épices, etc. D'abord organisées à Mexico, les grandes foires commerciales se déplacent à Xalapa, plus proche. Ces trésors sont entreposés ici avant d'être chargés sur des galions à destination de l'Espagne. Quelle tentation pour les pirates ! Les flibustiers (dont Francis Drake et John Hawkins) ne s'en privent pas. Ils attaquent régulièrement la ville, au point que celle-ci, pour se protéger, s'enferme à l'intérieur d'une muraille défendue par 9 forts.

Longtemps Veracruz conserva auprès des Espagnols l'image d'un lieu insalubre et dangereux. Au XVIIIe s, toutefois, elle était devenue un centre commercial à part entière, bénéficiant de la mise en place d'un traité de libre commerce en 1778. Les fortifications ont été détruites à la fin du XIXe s pour faire face à la démographie croissante et accueillir de nouvelles vagues d'immigrants cubains, syriens et libanais.

Arriver – Quitter

En bus

À Veracruz, pour ***rejoindre le centre-ville*** depuis le terminal, il y a des bus urbains sur l'avenue, à 100 m à droite. Ils indiquent « Centro » ou « Díaz Mirón ». On y est en 10 mn.
Liste des principales compagnies et leurs coordonnées dans la rubrique « Transports » du chapitre « Mexique utile ».

Terminal de bus 1re classe *(hors plan par A2)* **:** *sur l'av. Díaz Mirón (à l'angle d'Orizaba). Prendre un bus qui indique « Díaz Mirón » et/ou « ADO ».* On y trouve les compagnies *ADO, ADO GL* et *UNO*. Résa et achat en ligne : *● ado.com.mx ●*

➢ ***Palenque :*** il faut changer à Villahermosa. En été, réserver son billet plusieurs jours à l'avance.

➢ ***Villahermosa :*** avec *ADO,* une vingtaine de départs 1h45-23h45 dont 6 bus *ADO GL.* Préférer un bus de nuit, on économise ainsi l'hôtel. Trajet : 6-7h.

➢ ***Campeche :*** avec *ADO,* 2 bus 18h45-19h25, dont 1 avec *ADO GL.* Trajet : 12-13h.

➢ ***Mérida :*** avec *ADO,* 4 bus 13h15-20h45, dont 2 avec *ADO GL.* Trajet : 16-18h.

➢ ***Cancún et Playa del Carmen :*** 4 bus avec *ADO GL* et *ADO* pour Cancún, les mêmes que pour Mérida, dont 1 à 13h15 continue jusqu'à Playa. Trajet : 19-20h pour Cancún et 20-21h pour Playa.

➢ ***Puebla :*** avec *ADO,* liaisons ttes les 1h30-2h30 env, 7h-minuit, et env 5h-0h30 dans le sens Puebla-Veracruz ; bus supplémentaires le w-e. Avec *ADO GL,* env 10 bus/j., 6h45-23h30. Trajet : env 3h30.

➢ ***Oaxaca :*** avec *ADO,* env 5 bus/j dans les 2 sens, env 8h-23h50. Trajet : 8h30.

➢ ***Xalapa :*** avec *ADO,* bus ttes les 15-20 mn (moindre fréquence la nuit). Avec *ADO GL,* env 11 bus/j. Trajet : 2h.

➢ ***Papantla*** *(El Tajín)* **:** 6 bus *ADO* 10h-18h25. Trajet : 4h15.

➢ ***Mexico*** *(terminal Tapo)* **:** bonne fréquence. Avec *ADO,* bus ttes les 15-30 mn 6h15-1h30. Avec *ADO GL,* env 20 bus/j. Trajet : 5h30-6h.

En avion

✈ ***Aéroport*** *(hors plan par A2)* **:** *à 13 km au sud-ouest de Veracruz. ☎ 934-90-08. Le bus « Las Bajadas » sur Zaragoza vous laisse à 500 m de l'aéroport.* Vols nationaux avec *Aeroméxico, Interjet, Aeromar* et *VivaAerobus.* Vols vers les États-Unis avec *Continental* et *American Airlines.*

➢ ***Mexico :*** liaisons avec *Aeroméxico* et *Interjet.* Cette dernière compagnie propose des tarifs intéressants hors saison.

➢ Également des vols vers ***Villahermosa, Mérida, Cancún*** et ***Guadalajara*** ; aux États-Unis, ***Houston*** et ***Dallas.***

– ***Bus :*** depuis l'aéroport, il existe des bus *ADO* directs pour ***Xalapa,*** à raison de 10 rotations/j. par sens. Tlj 8h30-23h20. Après la fermeture du guichet *ADO (tlj 7h-20h30),* on prend le billet dans le bus auprès du chauffeur.

Adresses utiles

Office de tourisme *(plan A1)* **:** *dans le palais municipal, sur le zócalo. ☎ 812-75-85. ● veracruz.mx ● Tlj 9h-21h, sauf 1er janv et 25 déc.*

■ ***Bureau de change*** *(plan A1,* ***1****)* **:** *av. Ignacio Zaragoza, 343. ☎ 931-88-44. Tlj 9h-21h30.* Fait également centre Internet et téléphone longue distance.

■ ***Banques*** *(plan A1,* ***2****)* **:** *à chaque angle du croisement de Benito Juárez et Independencia.* Banques avec distributeurs automatiques. ***Bancomert*** *(lun-ven 8h30-16h) et* ***Banamex*** *(lun-ven 9h-16h) changent les euros.*

Où dormir ?

Attention, durant les vacances de Noël et de Pâques ainsi que les week-ends prolongés, les prix que nous indiquons font un sacré bond.

Idem durant le carnaval de février. Mais, là, de toute façon, tout est complet ! Il faut réserver au moins 1 mois à l'avance.

Bon marché (moins de 400 $Me / env 19 €)

Hotel Santander (*plan A1,* ***10***) : *Landero y Coss 123 ; à l'angle de Molina. ☎ 932-45-29 ou 86-59. Du simple au double selon saison.* Les chambres, rehaussées de touches de couleurs, sont assez confortables, avec clim. Certaines avec lit *king size*. Les chambres à 2 lits sont les plus lumineuses mais elles donnent sur la rue (très bruyante).

Hotel Amparo (*plan A1,* ***11***) : *Aquiles Serdán 482. ☎ 932-27-38. • hotelamparo.com.mx • Plusieurs tarifs selon confort. Parking gratuit.* Chambres patinées, mais propres et assez calmes côté patio. Au choix, 1 ou 2 lits, avec ou sans TV. Ventilo et eau chaude. Un assez bon rapport qualité-prix pour les moins chères, mais ça se sait, et c'est souvent complet.

Prix moyens (400-800 $Me / env 19-38 €)

Hotel Mar y Tierra (*plan B2,* ***12***) : *en front de mer, au début du bulevar Manuel A. Camacho ; à l'angle de Figueroa. ☎ 931-38-66 ou 01-800-543-41-68. • hotelmarytierra.com • Doubles 500-800 $Me selon saison. Parking gratuit.* Un peu excentré, mais cet « hôtel de plage » bénéficie d'une situation agréable face à la mer et au *club de yates*. Chambres de taille variable, avec moquette, AC, TV câblée et téléphone. Les « anciennes » sont plus bruyantes. Demandez-en une avec vue sur la mer (plus cher) et évitez celles, très sombres, qui n'ont qu'une lucarne. Piscine sur le toit, avec un magnifique panorama à 360°. Resto. Une bonne adresse.

Chic (800-1 200 $Me / env 38-57 €)

Hotel Baluarte (*plan B2,* ***13***) : *F. Canal 265 ; à l'angle de 16 de Septiembre. ☎ 932-52-22 ou 42-92. • hotelbaluarte.com.mx • Doubles 600-950 $Me. Parking gratuit.* Presque en face du Baluarte de Santiago, dans un quartier calme, à 4 rues du *malecón*. Chambres confortables, avec lit double (moins cher), 2 lits *matrimonial* ou lit *king size*. Très propres, avec AC, TV câblée, coffre et téléphone. Salles de bains impeccables, avec douche ou baignoire. Grandes chambres pour ceux qui voyagent en famille. Resto et bar *(7h-22h45)*. Jolie terrasse avec piscine. Sans surprise.

Mesón del Mar (*plan A2,* ***14***) : *Estebán Morales 543 ; à l'angle de Zaragoza. ☎ 932-50-43. Double env 850 $Me.* Voilà une bien belle adresse, nichée dans une maison coloniale. Autour d'un patio fleuri on ne peut plus adorable, des chambres lambrissées avec beaucoup de cachet, le confort en plus : AC, TV câblée et coffre-fort. Spacieuses, avec même une mezzanine pour certaines. Resto. Demandez une chambre au 3e étage, plus calme. Évitez la chambre sombre du rez-de-chaussée. Très bon rapport qualité-prix.

Où manger ?

Veracruz est célèbre pour ses crustacés et son poisson. Goûtez à la spécialité locale, le *huachinango a la veracruzana*, sorte de daurade cuite au four et nappée d'une sauce à la tomate, aux piments, aux oignons, aux câpres, aux olives...

Bon marché (moins de 150 $Me / env 7,10 €)

Mercado (*plan A1,* ***30***) : *Landero y Coss. Comida corrida dès 40 $Me.*

LE GOLFE DU MEXIQUE

Il s'agit de l'ancienne criée. Immense espace désormais occupé par les bouis-bouis de fruits de mer. En principe très frais. Bonne ambiance populaire. Marée de chaises en plastique, ballet des ventilos... *¡ Qué calor !*

🍽 ***Cochinito de Oro*** *(plan A1,* ***31****) : Zaragoza 190. ☎ 932-36-77. Tlj 7h-18h, sauf mar.* Le nom de ce resto populaire vient du fondateur, ancien catcheur qui combattait sous le pseudo de « cochon d'or » ! Il y a de cela 3 générations ! Depuis, tout s'est lentement décati. Grande salle claire et langoureusement aérée par des ventilateurs d'époque. L'endroit parfait pour déguster une bonne petite cuisine locale. Bon cocktail de crevettes.

Prix moyens (150-300 $Me / env 7,10-14,30 €)

🍽 ☂ ***Gran Café de la Parroquia*** *(plan B1,* ***32****) : sur le malecón, à l'angle de Gómez Farias ; il y en a 2 presque l'un à côté de l'autre. ☎ 01-800-509-1449 ou 229-130-0200. Tlj 7h-minuit.* C'est une institution à Veracruz depuis presque un siècle. Avant, ils étaient installés en face du *zócalo.* Mais la tradition n'a pas changé : si le service tarde, on frappe son verre avec une cuillère. Les salles sont grandes comme un terrain de football. On y sert un délicieux *café con leche,* on y prend le petit déj en terrasse en louchant sur les cargos, on y boit un verre à la fraîche, on y mange à toute heure... Beaucoup de monde, surtout le soir, lorsque débarquent les musiciens de rue.

🍽 ***La Gaviota*** *(plan A1,* ***33****) : callejón Trigueros 21. ☎ 931-85-91. Ouv 24h/24 !* Fondée il y a plus de 30 ans, la maison mitonne une excellente cuisine régionale, servie dans une petite salle plutôt chic, donnant sur une placette tranquille. Nappes blanches sur les tables. Spécialités de fruits de mer ; on a beaucoup aimé le *robalo a la veracruzana.* Mais pas d'inquiétude, les carnivores ne sont pas oubliés ! Bons tacos également.

🍽 ***La Suriana II*** *(plan A1,* ***34****) : Zaragoza 286 ; à l'angle de Mariano Arista. ☎ 931-32-04. Tlj 9h30-19h ; donc surtout pour le déj, mais seulement à la carte.* Bonne ambiance de resto mexicain, façon tropiques et ventilos. Goûter au *filete relleno* (filet de poisson farci), un vrai délice, à la *sopa de mariscos* ou au poisson *a la veracruzana.*

🍽 ***Mariscos Tano*** *(plan A1,* ***35****) : Mario Molina 20. ☎ 931-50-50. Tlj 9h-22h.* Cadre tout simple et populaire pour ce resto d'un excellent rapport qualité-prix. Dans l'assiette, de très bons fruits de mer. Le poisson est bien frais. Spécialité : la *cazuela de mariscos,* un délice. Pour peu qu'un trio se mette à jouer, on est plongé dans la grande tradition *veracruzana.*

Où prendre un petit déjeuner ?

☕ ***Lolita*** *(hors plan par B2,* ***41****) : 16 de Septiembre 837 ; à 2 cuadras hors du plan. Petit déj servi tlj 7h-13h, ferme vers 17h.* Pour ceux qui voudraient se lancer à l'assaut d'un vrai petit déj mexicain, dans une ambiance typiquement *veracruzana.* « *Bienvenido en tu casa* », peut-on lire à l'entrée. Le dimanche matin, on y vient en famille pour dévorer des quantités pantagruéliques d'enchiladas, *picadas* et autres *gordas dulces* (délicieux !). Aussi des œufs, avec toutes les combinaisons possibles ! Bon et copieux. Accueil chaleureux.

☕ ☂ Voir aussi le ***Gran Café de la Parroquia*** *(plan B1,* ***32****)*, décrit dans « Où manger ? ».

Où boire un verre ? Où sortir ?

🍸 ☂ Sur le ***zócalo*** *(plan A1)*, évidemment ! C'est finalement l'une des meilleures options pour prendre un verre le soir. On a l'embarras du choix entre les différentes terrasses sous les arcades. Beaucoup d'ambiance, notamment au son des marimbas... et jusque tard dans la nuit !

Pour ceux qui ne la connaissent pas encore, c'est l'occasion de goûter à la ***michelada*** : une bière avec du jus de citron et de la *salsa inglesa* (Worcestershire sauce), servie dans un verre au rebord recouvert de sel, à la manière d'un bloody mary. Quand la *michelada* est dite *cubana...* c'est qu'elle arrache !

À voir. À faire

– Des **concerts** (et danses) **gratuits** ont lieu tous les jours sauf le lundi sur le *zócalo.* La danse fait aussi partie de la vie des Veracruzanos. Ils ont créé leur propre style : le *jarocho,* mais aussi le *danzón,* danse traditionnelle, assez lente qui n'est plus guère dansée que par les personnes âgées.

➢ ***Tranvía :*** *départ sur le malecón, face au Faro (plan B1), ou autour du zócalo (plan A1).* • *tranviasveracruz.com* • *Ttes les heures 10h-22h. Parcours de 40 mn dans le centre historique 11h-21h. Tarif : 60 $Me. Éviter les tranvías tradicionales de Veracruz, juste à côté, qui font payer plus cher le fait de s'asseoir à l'étage supérieur du bus !* Également un *tranvía* jusqu'à la forteresse de San Juán de Ulúa.

🞵 ***El puerto*** *(plan B1)* **:** promenade quasi indispensable sur le *malecón* qui fait face au port et à ses cargos, avec les inévitables marchands de souvenirs. On passe devant le fort de San Juan de Ulúa, mais on ne s'y arrête pas. Plus loin, le long de la côte, ça devient le *bulevar,* comme on l'appelle ici. Le soir, les jeunes de Veracruz viennent s'y balader en amoureux.

🞵 ***Museo de la Ciudad*** *(plan A2)* **:** *Zaragoza 397.* ☎ *200-22-36. Tlj 9h-16h sauf lun. GRATUIT.* Installé dans une belle demeure de style néoclassique des années 1850, ce musée, entièrement rénové en 2000, retrace l'histoire de la ville depuis l'arrivée de Cortés à Veracruz en 1519. Très didactique, des bornes interactives permettent des illustrations sonores. On saisit parfaitement l'évolution de la ville grâce à de grandes maquettes, des gravures et des photos anciennes. Après la terrible attaque du pirate Lorencillo en 1683, la ville fut fortifiée. Nombreux panneaux explicatifs en espagnol. Visite intéressante.

🞵 ***Baluarte de Santiago*** *(plan B2)* **:** *tlj 9h-17h sauf lun. Accès libre.* Construit en 1635, c'est le dernier vestige des 9 bastions qui ponctuaient les remparts de la ville pour la protéger des pirates. Quelques vieux canons montent encore une garde incertaine. Il abrite un petit musée de bijoux préhispaniques *(accès payant : 55 $Me),* appelés « joyaux du pêcheur », car ils furent découverts par un pêcheur de poulpes (et vite confisqués par les autorités).

🞵🞵 ***Fortaleza San Juan de Ulúa :*** *pour y aller, 3 options. En bateau depuis le malecón, face au Café de la Parroquia, aux heures d'ouverture du fort : env 40 $Me ; en tranvía ou en taxi.* • *sanjuandeulua.inah.gob.mx* • *Tlj 9h-16h30 sauf lun. Entrée 48 $Me ; réduc. Visites guidées possibles.*
La forteresse se dresse au bout d'une presqu'île qui fait face au *malecón.* Autrefois, c'était une île, celle-là même où, un jour de 1518, débarqua l'explorateur Juan de Grijalva, accompagné de 4 navires et 240 hommes. Un an plus tard, Cortés mettait pied à terre à son tour. Ce fut le point de départ de l'incroyable épopée des conquistadores sur le continent américain.
En 1528, les Espagnols y construisirent un arsenal, un fanal et une chapelle. Les 1res fortifications, bâties vers 1590, furent graduellement renforcées au XVIIe s pour protéger la ville contre les pirates. Mais la prise de la ville par Laurencillo (Laurens de Graff) et ses acolytes, en 1683, obligea à de nouvelles modifications. 4 puissants bastions en étoile et une 2de fortification indépendante en vis-à-vis furent érigés pour empêcher tout accès le long du chenal menant au port. Longtemps la forteresse servit de lieu d'échange : les marchandises arrivées d'Europe, huile, blé, papier, fer, vin, y croisaient argent, laine, peaux, plantes

LE GOLFE DU MEXIQUE

médicinales et autres bois précieux en partance. Plus tard, la forteresse devint prison, l'une des plus sinistres de la Nouvelle-Espagne.

Museo histórico naval *(plan B1)* : *Mariano Arista 418. ☎ 931-40-78. Tlj 10h-17h sauf lun. Entrée : 45 $Me.* Dans le bel édifice de l'école navale, construite à la fin du XIXe s. Tout, vous saurez tout sur la marine militaire mexicaine, de l'époque préhispanique à nos jours, en 18 salles climatisées. Explications assez généralistes et beaucoup de copies, mais pas inintéressant pour une vue d'ensemble. Dommage que la période du commerce colonial ne soit pas du tout couverte (on sait, ce n'est pas militaire). Ceux qui ont peu de temps pourront éventuellement se dispenser de l'étage, consacré aux époques plus récentes, sauf s'ils tiennent à voir la maquette géante de la frégate *Chapultepec,* utilisée pour les entraînements par les cadets à partir de 1899.

Acuario de Veracruz *(hors plan par B2)* : *à l'intérieur du centre commercial* Plaza Acuario, *sur le front de mer.* ☎ *931-10-20.* • *acuariodeveracruz.com* • *Bus sur Zaragoza indiquant « Boca del Río » ou « Mocambo ». Lun-jeu 10h-19h, ven-dim et j. fériés 10h-19h30. Entrée : 140 $Me ; enfants (2-11 ans) 85 $Me.* C'est le plus grand zoo marin d'Amérique latine. On commence avec le milieu amazonien, avec tortues, toucans et aras, loutres et poissons étranges. Suit un très bel aquarium géant, circulaire, où les bestioles océaniques nagent au-dessus de récifs de corail artificiels : barracudas, raies, mérous et requins-nourrices dont certains mesurent plus de 3 m de long. Viennent les poissons tropicaux, d'énormes langoustes, des tortues, des requins-tigres gris (on vous rassure, le verre fait 20 cm d'épaisseur !) et un espace didactique pour les enfants.

DANS LES ENVIRONS DE VERACRUZ

Playas : la playa Hornos débute au sud du centre-ville *(à la limite du plan, B2).* Plage aménagée, bordée de *palapas,* noire de monde et très sale le week-end. On vous y proposera une excursion jusqu'à l'îlot de Cancuncito (sic !), avec son phare et sa plage de sable blanc (CQFD). Durée : environ 1h30, dont 1h sur place. Suivent d'autres plages : Villa del Mar, José Marti, puis Mocambo, à 6 km du centre. Accessible par les bus « Boca del Río », depuis la rue Serdan, angle de Zaragoza. Mais soyons clairs : côté plages, Veracruz n'est pas Cancún.

Mandinga : *un bus local (depuis le terminal de 2de classe, derrière le terminal ADO) vous conduit en 40 mn à ce petit village au bord d'une lagune.* Attablé dans un restaurant au bord de l'eau, devant un *torito* à base d'alcool de canne, vous dégusterez crevettes et poisson frais. Possibilité d'excursion en bateau à moteur sur la lagune. Adressez-vous, par exemple, à la *Palapa de Tomás.* Compter 300 $Me pour 45 mn de balade entre mangrove et bancs d'huîtres. Beaucoup de monde le week-end, désert en semaine.

San Andrés Tuxtla : *9 km avt Catemaco.* Connu pour ses cigares, qui, pour certains, valent bien des cubains. Quelques petits stands en vendent sur le bord de la route, de toutes les tailles. 2 usines de fabrication juste à la sortie de la ville, une à l'est, l'autre à l'ouest – celle des Puros Santa Clara, fondée en 1830 *(• santaclarapuros.com • ; lun-ven 8h-17h ; fermé w-e ; GRATUIT).*

TLACOTALPAN

8 850 hab. IND. TÉL. : 288

Ce pittoresque et charmant village, fondé au XVIe s par les conquistadores, a si bien conservé son caractère historique qu'il a été inscrit au Patrimoine mondial de l'Unesco en 1998. En toile de fond – et quelle

toile ! – s'étendent lagune et pâturages, façon Camargue tropicale. En arrivant, on longe de petites baraques sur pilotis en bois peint, donnant sur le río Papaloapán. Tlacotalpan est tellement mignon qu'on le croirait sorti d'un décor de film : de belles maisons coloniales aux toits de tuiles rouges, des murs bariolés de couleurs chatoyantes et des fenêtres ouvragées, des placettes romantiques et un ravissant *zócalo* bordé de terrasses, avec son kiosque à l'ancienne...

➢ ***À savoir :*** pas de liaison en bus depuis les villes comme Veracruz ou Xalapa... Seulement 1 bus *ADO,* départ 23h depuis Mexico Tapo. Le mieux est de disposer de son propre véhicule.

Où dormir ? Où manger ? Où boire un verre ?

De bon marché à prix moyens

☗ ***Posada D. Diego :*** *Gutiérrez Zamora 5 ; entre Carranza et Miguel Lerdo.* ☎ *884-32-21. Dans une ruelle tranquille, à 300 m du zócalo.* Les 11 chambres de ce petit hôtel familial sont très propres et d'un bon confort (TV, AC, eau en bouteille). On préfère celles de l'étage, plus lumineuses, en particulier la n° 101, côté ruelle, sympa avec son haut plafond.

☗ ***Hotel Tlacotalpan :*** *C. Rodriguez Beltrán 35.* ☎ *884-29-63.* Grande hacienda, peinte de ce fameux bleu un peu électrique, que l'on appelle le bleu colonial (comme la maison de Frida Kahlo à Coyoacán). Grand patio central. Belles chambres spacieuses au mobilier en bois, très mexicain. Et même une petite piscine.

|●| Face à la lagune, le midi, plusieurs ***restos de poisson,*** avec des produits de la pêche du jour.

|●| 🍸 ***Rokola :*** *pl. Zaragoza.* ☎ *884-22-92. Tlj, sauf lun, 18h-minuit (parfois ouv lun). Plat env 80 $Me.* Pas de la haute gastronomie, mais on dégustera volontiers quelques crevettes ou du poulet *a la plancha,* rien que pour l'emplacement sur le délicieux *zócalo.* On pourrait passer des heures à siroter une bière en laissant le temps filer.

À voir. À faire

★★ Se promener dans les ruelles et se croire revenu à l'époque de la vice-royauté... Ne manquez pas de jeter un coup d'œil à l'***iglesia de la Virgen de Candelaria.*** À l'intérieur, les motifs floraux sont bleu et rose... Pendant une semaine, autour du 2 février *(Candelaria),* c'est la fête patronale. Grande feria avec lâcher de taureaux dans les rues, musique et danses. Pour l'occasion, les habitants ressortent les costumes traditionnels.

★ 2 petits ***musées.*** L'un recrée, en musique, l'univers du compositeur Agustin Lara *(tlj 10h-18h sauf lun et j. fériés ; entrée : 20 $Me),* qui y vécut ; l'autre expose du mobilier local *(tlj 10h30-18h ; entrée : 20 $Me).*

DANS LES ENVIRONS DE TLACOTALPAN

CATEMACO

➢ *À 165 km au sud de Veracruz.*

★ Cette petite ville de 28 000 habitants borde une immense lagune, offrant un agréable paysage de collines verdoyantes tombant dans les eaux bleues. Catemaco est surtout connu pour être le rendez-vous des chamans, des ***curanderos*** (guérisseurs) et autres ***brujos*** (sorciers). Ils ont d'ailleurs leur rendez-vous annuel

sur les bords du lac (la convention des sorciers en quelque sorte). Certains chamans y ont élu domicile toute l'année. Si, donc, vous avez besoin d'une *limpia* pour vous nettoyer de vos mauvaises énergies, vous protéger des personnes qui vous jalousent ou retomber amoureux, allez faire un tour à Catemaco !
Sur le *zócalo,* jeter un coup d'œil sur la ***basílica Nuestra Señora del Carmen,*** toute de jaune et de brique, avec ses 2 clochers et son intérieur baroque. ***Palacio municipal*** de 1900, aux couleurs similaires.

La Ola : *sur le malecón, face au lac. ☎ (294) 943-00-10. Tlj 8h-20h. Prix moyens.* Grande salle prolongée par une belle terrasse sous *palapa* qui surfe jusqu'au rivage. Un cadre agréable pour le déjeuner : délicieuses crevettes grillées à l'ail, savoureuse soupe de poissons *(sopa de mariscos)* ou un filet de poisson farci.

Balade en lancha : de très nombreux « guides » vous proposeront leurs services. Au programme : escale à l'isla de Monos, où s'ébattent quelques macaques introduits par des chercheurs, l'îlot aux aigrettes, les plages, les « jardins marins » et, bien sûr, on vous déposera près d'une cabane d'un guérisseur qui pourra vous dispenser ses soins... *Départs tlj 7h-18h. Compter 450 $Me pour env 1h et 6 pers max, 600 $Me pour 2h.* Cela dit, vu la concurrence féroce, on obtient des rabais importants.

Ecobiosfera : *Comunidad Dos Amantes, à env 10 km au nord de Catemaco, sur la route de Sontecomapan. (229) 161-44-91. • ecobiosfera.com •* Le parc naturel des lagunes de Catemaco préserve de rares forêts primaires. Introduction au milieu tropical et aux mangroves. Tours avec balade en barque sur les lagunes, observation des oiseaux (toucans, oropendolas, colibris...), excursions vers les chutes d'Eyipantla, baignade dans des sources, promenades à cheval, à VTT... Nombreuses excursions, de 3h à 3 jours. On peut même s'y inscrire pour des stages d'ornithologie (certains pour les enfants) ou de photo.

VILLAHERMOSA

560 000 hab. IND. TÉL. : 993

À 900 km de Mexico et à 630 km de Mérida, la capitale de l'État de Tabasco est un carrefour souvent obligatoire pour tout routard se rendant au Yucatán ou dans le Chiapas. La ville est immense et curieusement conçue : encadrée par 3 fleuves, parsemée de lagunes infestées de moustiques et traversée par de grandes voies rapides ! Au milieu de la chaleur moite, un petit centre-ville perdu sur l'une des rives du río Grijalva. On l'appelle la *zona luz,* la « zone lumière » (sic !). Ses rues piétonnes peuvent cependant être bien agréables le soir. L'atout principal de Villahermosa reste le *parque museo de La Venta,* un magnifique musée archéologique en plein air, consacré à la culture olmèque.

Arriver – Quitter

En bus

Liste des principales compagnies et leurs coordonnées dans la rubrique « Transports » du chapitre « Mexique utile ».

Terminal ADO 1re classe : *paseo Francisco Javier Mina.* Excentré, au nord du centre-ville. Grand terminal moderne : restos, consigne, téléphone, etc. De là partent et arrivent les bus *ADO, Cristóbal Colón (OCC)* et les cars luxueux de *ADO GL* et *UNO.*
Du terminal de bus *ADO,* compter env 20 mn à pied pour rejoindre le centre (la

rue piétonne Lerdo de Tejada).
➢ ***Mexico** (Tapo-Oriente) :* avec *ADO,* 10 départs/j. 6h25-1h10. Et 2 départs avec *ADO GL* en soirée. Trajet : 11-13h.
➢ ***Mexico** (av. Terminal Norte) :* avec *ADO,* 7 départs/j. 6h25-1h10. Et le soir, 2 départs avec *ADO GL 21h20.* Trajet : 11h30-13h.
➢ ***Veracruz :*** avec *ADO,* env 16 départs/j. Avec *ADO GL,* env 8 départs/j. Trajet : 6-7h.
➢ ***Tuxtla Gutiérrez :*** avec *OCC,* env 15 départs/j. Avec *ADO GL,* 2 départs/j. Trajet : 5h.
➢ ***Palenque :*** avec *ADO,* env 3 départs/j. Avec *OCC,* 5 départs/j. Trajet : 2h.
➢ ***Mérida :*** avec *ADO,* env 10 départs/j. Avec *ADO GL,* env 5 départs/j. Trajet : 9h.
➢ ***Campeche :*** avec *ADO,* env 11 départs/j. Avec *ADO GL,* env 2 départs/j. à l'aube ou en soirée. Trajet : 6h.
➢ ***Cancún :*** avec *ADO,* env 8 départs/j. Trajet : 14h. Avec *ADO GL,* 3 départs/j. Trajet : 13h.
➢ ***Chetumal :*** avec *ADO,* 5-6 départs/j. Trajet : 8h.

En avion

✈ ***Aéroport :*** *à env 15 km du centre-ville (min 20 mn en voiture).* Il n'y a pas de service de bus pour le centre. En taxi, compter 150 $Me.
➢ Vols directs avec *Aeroméxico* pour ***Mexico, Veracruz*** et ***Cancún.***

Adresses et info utiles

ℹ ***Office de tourisme :*** *av. Juan Strada Torre 101, 2° piso, pl. Strada ; col. 1ero de Mayo. ☎ 310-97-00. Excentré. Lun-ven 8h-15h. Également un bureau à l'aéroport.*
✉ ***Poste :*** *à l'angle de Saenz et Lerdo de Tejada. Lun-ven 9h-16h ; sam mat ; fermé dim.*
■ ***Banque HSBC :*** *à l'angle de Lerdo de Tejada et Juárez.* Change les euros et les dollars en espèces. Distributeur automatique 24h/24.
– Il est assez facile de ***se déplacer en ville,*** où circulent des minibus dans toutes les artères importantes. Il vous suffit de regarder sur le pare-brise les destinations annoncées (La Venta, Centro, etc.).

Où dormir ?

La plupart des hôtels à petit prix se trouvent au centre. Les hôtels de chaîne sont plutôt du côté de La Venta.

Prix moyens (400-800 $Me / env 19-38 €)

■ ***Hotel Oriente :*** *av. Madero 425. ☎ 312-01-21.* Hôtel central et très bien tenu. Les chambres sont vraiment impeccables, très propres, avec salle de bains et ventilo. Celles qui donnent sur la rue sont plus claires mais bien sûr plus bruyantes. Beaucoup plus cher avec la clim. Souvent complet.
■ ***Hotel Madan :*** *av. Madero 408. ☎ 312-16-50 ou 01-0800-543-47-77. • madan.com.mx • Doubles 750-800 $Me.* Un hôtel de standing international qui appartient à la chaîne *Best Western.* Chambres très agréables, dotées de tout le confort : AC, TV, cafetière, *room service* et téléphone. Bar et resto. Et le tout à un prix très raisonnable.

Où manger ? Où prendre un petit déjeuner

🍴☕ ***Madan :*** *av. Madero 408. Resto de l'hôtel du même nom (voir « Où dormir ? »). Tlj 8h-23h.* Climatisé, propre et sans surprise. Menu du jour à prix raisonnable et une carte, plus chère mais très variée. On y sert aussi de copieux petits déj.

À voir

Calle Saenz : bon, on ne va pas vous dire que c'est une jolie rue. Disons simplement que c'est la plus agréable de la *zona luz,* avec ses quelques belles façades des années 1920 (certaines en piteux état), des galeries d'art et la maison natale de Carlos Pellicer. En quelque sorte, la *calle* culturelle de Villahermosa !

Casa-museo de Carlos Pellicer : *Saenz 203. ☎ 314-21-70. Tlj 10h-17h sauf lun. GRATUIT.* C'est la maison natale du poète Carlos Pellicer, né en 1897 et mort en 1977. Toute sa vie, il a lutté contre l'interventionnisme nord-américain en Amérique latine, défendant bec et ongles l'idée d'une autre Amérique. Il est aussi le concepteur et créateur d'une dizaine de musées archéologiques comme celui de Palenque, le parque de La Venta à Villahermosa, ou encore le museo-casa Frida Kahlo à Mexico.

Museo regional de Antropología : *sur Melchor Ocampo (suivre les flèches « CICOM »). ☎ 312-63-44. Tlj 9h-17h sauf lun. Entrée : 22 $Me.* Jolies collections d'antiquités olmèques et mayas, provenant de divers sites de cet État.

Museo de Historia de Tabasco – Casa de los Azulejos : *Juárez ; à l'angle de 27 de Febrero. ☎ 314-21-72 ou 74. Tlj 9h-17h sauf lun. Entrée : 33 $Me.* Le musée est situé dans la belle maison aux carrelages bleus qui se détache des horribles bâtisses qui l'environnent. Rénové, l'intérieur est magnifique, un archétype des maisons bourgeoises du XIXe s, dont il ne reste presque plus d'exemples dans la ville. Panneaux retraçant la conquête de Cortés et de Montejo, puis l'époque révolutionnaire de Tabasco (vous trouverez les mêmes au musée de San Cristóbal de Las Casas !). À noter, quelques slogans anticléricaux de Victor Hugo et de Zola.

Parque museo de La Venta : *à 2 km du centre-ville. ☎ 314-16-52. Tlj 8h-16h. Entrée : 44 $Me. Spectacle son et lumière (en espagnol seulement) mar-dim à 19h, 20h et 21h en hiver, à 20h, 21h et 22h en été ; durée : 1h ; coût : 110 $Me.*
➢ **Comment y aller :** dans Francisco Madero, prendre un combi qui indique « Carrizal » ; se faire arrêter devant la Torre Empresarial (haute tour moderne), puis marcher environ 500 m le long de l'eau, dans le parc.
– **Conseils pratiques :** prévoir 1h30-2h de visite pour un tour complet. Ceux qui sont pressés ou qui n'aiment pas les animaux en captivité pourront sauter la 1re partie (zone A) consacrée à la faune. Dans ce cas, compter 40 mn pour le seul parcours olmèque (zone B). Pensez à emporter une bonne lotion antimoustiques !
Ne pas confondre avec La Venta, une ville à 130 km à l'ouest de Villahermosa, où l'on découvrit les célèbres têtes olmèques... mais sur des gisements de pétrole ! Elles ont donc été transportées dans ce parc de Villahermosa, qui a été conçu pour l'occasion par le poète Carlos Pellicer (sur 7 ha). L'idée, assez géniale, est de présenter l'art olmèque dans son contexte d'origine, c'est-à-dire au milieu d'un environnement de jungle tropicale, avec des essences exotiques (acajou, cacaoyer, fromager...) et aussi les animaux avec lesquels les Olmèques partageaient leur quotidien, notamment le jaguar, un félin omniprésent dans la cosmogonie olmèque. En tout, une trentaine de très belles pièces disséminées le long d'un agréable parcours fléché dans une minijungle peuplée d'oiseaux et d'adorables mammifères pas farouches : les coatis.
Les têtes colossales sont intéressantes par leur aspect, mais aussi remarquables par leur poids : certaines pèsent plus de 30 t. Leur transport témoigne d'un véritable tour de force : le basalte dont elles sont faites provient d'une région distante de plus de 100 km !
Le parcours débute par le zoo, qui présente tous les animaux peuplant les forêts du Chiapas (zone A). N'hésitez pas à pénétrer dans la volière géante, où l'on se promène au milieu d'une multitude d'oiseaux exotiques. Ensuite, on passe par la salle d'introduction (à la culture olmèque) avant d'entrer dans la zone B et son parcours parsemé de sculptures et de... quelques jaguars.

LA PÉNINSULE DU YUCATÁN

• Carte *p. 199*

Lorsque le conquistador Francisco Hernández de Córdoba accosta ici en 1517, 4 ans avant la prise de Tenochtitlán par Cortés, il demanda aux habitants mayas comment s'appelait la région. La légende veut qu'ils aient répondu : « *yuk ak katán* » (« je ne vous comprends pas »)...
La péninsule, faisant face à Cuba, ferme le golfe du Mexique par le sud. Elle regroupe les États du Yucatán proprement dit (au nord), du Quintana Roo (à l'est) et une grande partie de l'État de Campeche (au sud-ouest). Côté Caraïbes, elle déroule parmi les plus belles plages du Mexique, toutes d'eaux turquoise et de sable blanc. De fait, les fonds marins dans le secteur de Playa del Carmen et de l'île de Cozumel sont exceptionnels.
Depuis sa fondation en 1969, la station balnéaire de Cancún a été à l'épicentre d'un développement touristique exponentiel, qui s'est peu à peu étendu à une bonne partie du littoral oriental, investi par endroits d'énormes complexes hôteliers. Les prix, souvent affichés en dollars, y grimpent de façon chaotique en fonction des saisons et le Mexique semble parfois bien loin...
Cela dit, la péninsule possède bien d'autres attraits, dont 5 classés au Patrimoine mondial : certains des plus beaux sites archéologiques mayas (dont Chichén Itzá et Uxmal), des réserves naturelles encore préservées (dont celles de Sian Ka'an au sud de Tulum et de Calakmul près de la frontière guatémaltèque) et des lieux qui, bien que très fréquentés, conservent leur âme mexicaine (Mérida, Valladolid, Campeche...). Et puis rien n'empêche de sortir des circuits habituels et d'aller découvrir des lieux moins courus qui, s'ils exigent quelques petits sacrifices en termes de temps et de conditions d'hébergement, gardent le charme de l'authenticité (Izamal, Holbox, Río Lagartos...).

LE SECRET DES CENOTES

Au Yucatán, on compte près de 3 000 de ces puits naturels, formés par dissolution et effondrement de la roche calcaire. Ils sont particulièrement nombreux sur le pourtour du cratère de Chicxulub, témoin de l'impact de la météorite tombée voici 65 millions d'années sur la péninsule, au nord de Mérida – celle-là même à laquelle on attribue l'extinction des dinosaures.

– ***Infos culturelles et touristiques :*** • *yucatan.gob.mx* • *yucatantoday.com* •

DISTANCES DANS LA PÉNINSULE

Villes	Distance	Temps de transport (bus)
Mérida-Chichén Itzá	120 km	1h45-2h30
Mérida-Valladolid	161 km	2h15-2h45
Mérida-Cancún	320 km	4h-4h30 (autoroute)
Mérida-Chetumal	420 km	6h
Mérida-Campeche	196 km	2h20-2h30
Campeche-Chetumal	425 km	6h
Valladolid-Cancún	160 km	2-3h (selon la route)
Valladolid-Tulum	100 km	2h30
Cancún-Playa del Carmen	70 km	1h30
Playa del Carmen-Tulum	60 km	1h
Tulum-Chetumal	250 km	3h

MÉRIDA

838 000 hab. IND. TÉL. : 999

• Plan *p. 201*

À 1 530 km de Mexico, Mérida, la capitale de l'État du Yucatán, est une cité (très) étendue, vivante et bruyante dans la journée, grouillante même aux abords du grand marché. Le centre-ville, ponctué de quelques charmantes places, conserve des traces de l'héritage colonial et certaines bâtisses rénovées arborent de jolies façades colorées. Un peu plus loin, le paseo de Montejo se souvient, lui, des fastes des années 1900, avec ses grandes villas à la française. Le cadre, s'il n'est pas exceptionnel, est agréable et Mérida offre un bon point de départ pour rayonner à la découverte des villes coloniales de Valladolid et d'Izamal, des sites archéologiques d'Uxmal et de Chichén-Itzá, ou des lagunes à flamants roses de Celestún. En prime, la ville est aujourd'hui comme une des plus tranquilles du Mexique, où les chiffres de la criminalité sont les plus bas, avec un afflux important de Mexicains et d'étrangers (principalement des Américains retraités) qui investissent les maisons du centre, certaines étant de vrais bijoux architecturaux.

UN PEU D'HISTOIRE

Après 2 décennies de combats à travers la péninsule du Yucatán, les Espagnols, conduits par le conquistador Francisco de Montejo « El Mozo » (le fondateur de Campeche), entrent début 1542 dans la ville maya de T'hó. Son architecture leur fait penser aux vestiges romains de Mérida, en Estrémadure : Mérida (bis) est née. La cité maya est rasée et les pierres de ses pyramides utilisées pour édifier la ville coloniale. Mérida sert de base à la conquête du reste de la péninsule, qui est achevée 4 ans plus tard – une entreprise facilitée par les inimitiés qui divisent ce qui reste des anciennes cités-États mayas. Bien que rattachée à la Nouvelle-Espagne, la région, qui s'étend alors jusqu'à l'actuel Belize, conserve des prérogatives propres.

En 1846, le Yucatán déclare unilatéralement son indépendance. En fin d'année, Mérida accepte de réintégrer le Mexique, mais Campeche s'y oppose. La situation dégénère, sur fond de conflits sociaux et de guerre américano-mexicaine. Les Mayas, réduits à l'état de serfs, en profitent pour se soulever contre les Blancs et les Métis, particulièrement dans l'est et le sud de la péninsule. Les combats, sporadiques, perdureront jusqu'en 1901, se soldant par la mort d'environ 300 000 belligérants.

LE YUCATÁN

À la fin du XIXe et au début du XXe s, Mérida connaît un essor important, porté par le développement de la culture de l'agave *(henequén)*, dont la fibre sert à réaliser des cordages. L'exploitation dans d'immenses haciendas de cet « or vert », comme on l'appelle alors, voit le Yucatán devenir l'un des États les plus riches du Mexique. Il fournit jusqu'au milieu du XXe s près de 90 % du marché mondial des cordages ! Mais la richesse est très – très – inégalement répartie (830 *hacienderos* contrôlent alors 97 % des terres de la région !) et l'avènement des fibres synthétiques et le développement de la culture de l'agave dans d'autres pays sonnent le glas de cet âge d'or. Aujourd'hui, la production a périclité et de nombreuses haciendas ont été transformées en hôtels de luxe.

Arriver – Quitter

En bus

Les horaires des bus de 1re classe sont disponibles en ligne, mais pas ceux de 2de classe, que l'office de tourisme municipal distribue sur des petits bouts de papier (mais pas toujours à jour !). On peut aussi consulter ce site : ● *yucatantoday.com/en/topics/yucatan-bus-lines-and-taxis* ●

Attention, en haute saison, quelle que soit votre destination, achetez votre billet à l'avance, surtout pour Chichén Itzá. Pour ne pas se déplacer jusqu'à la gare routière 1re classe, on peut s'adresser au petit terminal ADO installé au pied de l'hôtel *Fiesta Americana (hors plan par B1)*, à 2 pas du paseo de Montejo. Quelques bus partent également de là. Et si vous venez de Tuxtla Gutiérrez, Palenque ou Campeche par un bus de nuit, faites attention à vos affaires. Des plaintes sont déposées chaque jour au poste de police de Mérida par des voyageurs qui se sont fait détrousser pendant qu'ils dormaient. Ne laissez pas vos sacs contenant les objets précieux sur les grilles en hauteur ou à vos pieds, gardez-les sur vous.

– ***Consigne à bagages :*** *entre les terminaux CAME et TAME, sur la c/ 70, entre les c/ 69 et 71, 6h-21h45.*

Terminal CAME 1re classe *(plan A3,* ***10****) : c/ 70 nº 555 ; entre les c/ 69 et 71. ☎ 924-08-30. Horaires, tarifs et achat en ligne : • ado.com.mx • Sur place, paiement CB accepté ; distributeur, café, épicerie.*

➢ ***Bacalar :*** avec *ADO* à 13h et 18h.

➢ ***Campeche :*** avec *ADO* et *ADO GL*, ttes les 15-60 mn, 6h-23h45, plus quelques autres encore dans la nuit.

➢ ***Cancún :*** avec *ADO, ADO GL* et *ADO Platinum*, ttes 10-60 mn, 5h-2h40. Attention, il y a un ***guichet spécifique*** pour les départs vers Cancún et Playa del Carmen.

Adresses utiles

- **1** Office de tourisme gouvernemental (zoom)
- **2** Office de tourisme municipal (zoom et plan A3)
- **3** Banamex (zoom)
- **4** Agence consulaire de France (B1)
- **5** Alliance française (hors plan par B1)
- **6** Immigration (hors plan par A1)
- **7** Farmacias del Ahorro (zoom)
- **8** Agences de location de véhicules (hors plan par B1)
- **9** Laverie La Fe (A3)
- **10** Terminal CAME 1re classe (A3)
- **11** Terminal TAME 2de classe (A3)
- **12** Terminal Fiesta Americana 1re classe (hors plan par B1)
- **13** Terminal Autoprogreso (A3)
- **14** Terminal Noreste (B3)
- **15** *Colectivos* pour Ticul (A3)

Où dormir ?

- **20** Hostel Nómadas (A2)
- **21** Hostal Zócalo (zoom)
- **23** Hotel Hacienda Mérida (A2)
- **24** Hotel del Peregrino (B2)
- **25** Hotel La Piazzetta (B2-3)
- **26** Hostal Catedral (zoom)
- **29** Hotel Eclipse (zoom)
- **30** Hotel Dolores Alba – Doralba Inn (B3)
- **31** Hotel Luz en Yucatán (B2)
- **33** Hotel Medio Mundo (A2)
- **34** Hotel Villa Verde (B2)
- **35** Gran Hotel (zoom)

Où manger ?

- **33** Lo que Hay (A2)
- **40** Mercado Santa Ana (B2)
- **42** La Chaya Maya (A-B2)
- **43** El Nuevo Tucho (B2)
- **44** Amaro (zoom)
- **45** Marlin Azúl (zoom)
- **46** Trattoria La Pasta (B1)
- **47** Mercado 60 (B2)
- **48** Casa Dominga (B2)
- **49** Maiz, Canela y Cilantro (A2)
- **50** La Cubanita (A2)
- **51** El Barrio (B1)
- **52** Manjar Blanco (B2)
- **53** Apoala (A2)
- **54** Eladio's (hors plan par B3)

Où prendre un petit déjeuner ? Où s'offrir un thé ou une glace ?

- **42** La Chaya Maya (A-B2)
- **51** El Barrio (B1)
- **52** Manjar Blanco (B2)
- **55** Cafetería Pop (zoom)
- **56** El Hoyo Casa de té (A2)
- **57** El Colón Dulces y Sorbetes Finos (zoom et B1)
- **58** Pola Gelato Shop (A2)

Où boire un verre ? Où sortir ?

- **43** El Nuevo Tucho (B2)
- **53** Speakeasy (A2)
- **54** Eladio's (hors plan par B3)
- **60** Pipiripau (A2)
- **61** Mayan Pub (A2)
- **63** Rosas & Xocolate (B1)
- **64** La Negrita Cantina (A2)
- **65** Hennessy's (B1)

Achats

- **70** Hamacas Cielo (A3)
- **71** Casa T'hō (B1)
- **72** Cacao (B1)

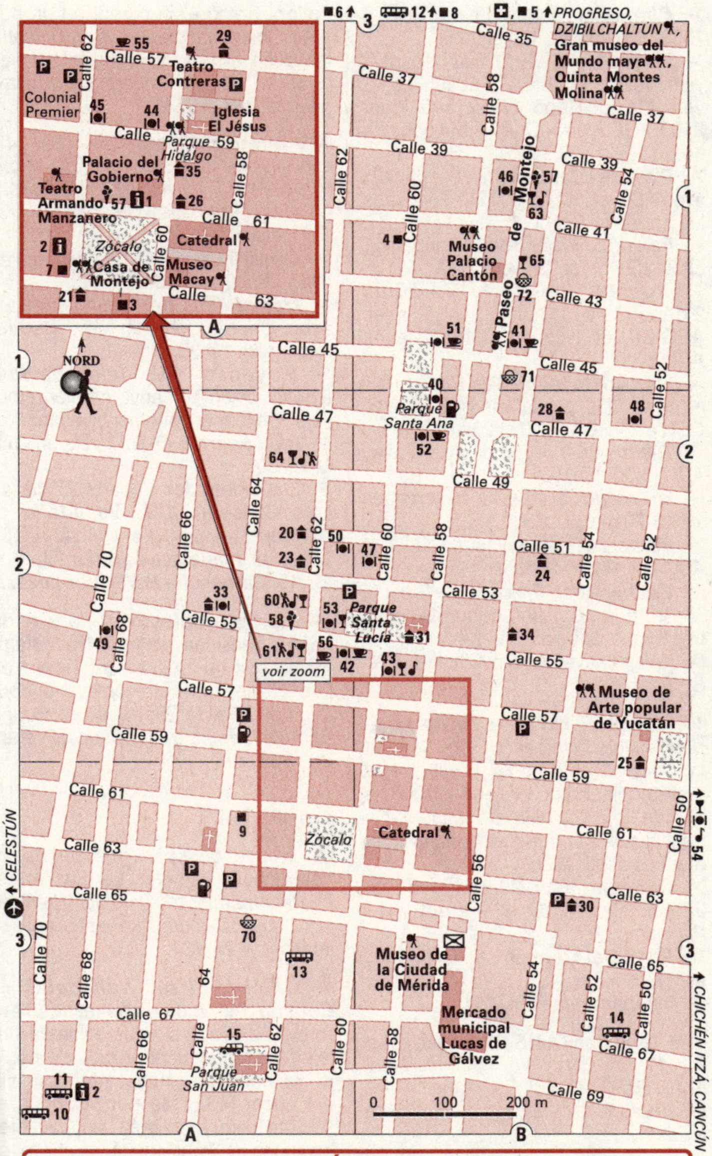
PROGRESO, DZIBILCHALTÚN
Gran museo del Mundo maya
Quinta Montes Molina
Calle 35
Calle 37
Calle 39
Calle 41
Calle 43
Calle 45
Calle 47
Calle 49
Calle 51
Calle 53
Calle 55
Calle 57
Calle 59
Calle 61
Calle 63
Calle 65
Calle 67
Calle 69
Calle 50
Calle 52
Calle 54
Calle 56
Calle 58
Calle 60
Calle 62
Calle 64
Calle 66
Calle 68
Calle 70
Paseo de Montejo
Museo Palacio Cantón
Parque Santa Ana
Parque Santa Lucía
Museo de Arte popular de Yucatán
Zócalo
Catedral
Museo de la Ciudad de Mérida
Mercado municipal Lucas de Gálvez
Parque San Juan
voir zoom
NORD
CELESTÚN
CHICHÉN ITZÁ, CANCÚN
Teatro Contreras
Iglesia El Jésus
Colonial Premier
Parque Hidalgo
Palacio del Gobierno
Teatro Armando Manzanero
Casa de Montejo
Museo Macay
0
100
200 m

MÉRIDA

➢ ***Chetumal :*** 5 bus/j. avec *ADO* à 7h30, 13h, 14h45, 18h et 23h.
➢ ***Mexico*** *(trajet env 21h)* **:** 2 départs/j. vers Mexico Norte à 11h et 20h30, 5/j. vers Mexico Tapo 11h-21h45, dont 2 *ADO GL* (voir « Quitter Mexico. En bus »).
➢ ***Playa del Carmen*** *(trajet 4h-5h30)* **:** avec *ADO* et *ADO GL*, 6h40-2h40 (ttes les heures en journée).
➢ ***Palenque*** *(trajet 8-9h)* **:** 4 départs/j. 8h30-23h45 dont 2 avec *OCC*.
➢ ***Puebla*** *(trajet 17h45-20h)* **:** 2 départs à 11h et 11h55 avec *ADO GL*, et 1 départ à 18h30 avec *ADO*.
➢ ***San Cristóbal de Las Casas*** *(trajet env 17h30, par Villahermosa)* **:** avec *OCC* à 14h40, 20h40 et 23h45.
➢ ***Tulum*** *(4h-4h30)* **:** 5 départs/j. avec *ADO* 6h30-20h15.
➢ ***Valladolid :*** avec *ADO*, départs ttes les 10-70 mn, 5h-22h.
➢ ***Veracruz :*** 5 bus/j. avec *ADO* et *ADO GL*, 15h45-23h35).
➢ ***Villahermosa*** *(trajet 8h30-10h)* **:** tlj 7h-3h, ttes les 1-2h en journée, puis très fréquents à partir de 19h30.
➢ ***Xalapa :*** avec *ADO* à 17h55 et *ADO GL* à 20h25.

Terminal 1re classe Fiesta Americana *(hors plan par B1, **12**)* **:** *c/ 60 et av. Colón. ☎ 920-55-23.* C'est un tout petit terminal d'où partent surtout les bus de luxe *ADO GL* et *Platinum*. On peut aussi y acheter ses billets pour d'autres destinations.
➢ ***Cancún :*** env 20 bus/j., 5h15-22h55, avec *ADO* et surtout *ADO Platinum*.
➢ ***Playa del Carmen :*** tlj à 7h, 9h05 et 16h.
➢ ***Villahermosa :*** tlj à 22h.

Terminal TAME 2de classe *(plan A3, **11**)* **:** *c/ 69 nº 544 ; entre les c/ 68 et 70. ☎ 924-08-30. Sur place : distributeur, supérette, annexe de l'office de tourisme.*

Terminal Autoprogreso *(plan A3, **13**)* **:** *c/ 62 nº 524 ; entre les c/ 65 et 67. ☎ 923-47-27. • autoprogreso.com •*
➢ ***Dzibilchaltún*** *(1h)* **:** 5 bus/j. sauf dim, dès 5h15 (7h20 sam), qui vous laissent à env 500 m des ruines ; dernier retour à Mérida vers 14h. Autre option, prendre un combi ou un bus pour Chablekal depuis la c/ 61 (entre les c/ 54 et 56), ou le carrefour des c/ 58 et 59 ; du village, moto-taxi jusqu'au site (15 $Me).

Terminal Noreste *(plan B3, **14**)* **:** *c/ 67 nº 531 ; entre les c/ 50 et 52. ☎ 924-63-55. Ici, horaires et tarifs sont affichés. Vente aussi des billets ADO, SUR, etc.*
➢ ***Celestún*** *(2h)* **:** env ttes les heures 5h15-20h30, avec *Occidente*.
➢ ***Izamal*** *(2h)* **:** ttes les 45 mn à 2h avec *Oriente*, 7h-21h env. Dernier retour vers 19h30.
➢ ***Mayapán*** *(via Telchaquillo)* **:** 8 bus/j., 7h30-14h env ; dernier retour vers 16h30 théoriquement (vérifiez !).
➢ ***Río Lagartos*** *(3-4h)* **:** vers 9h, 16h et 17h30.
➢ Également des départs 2de classe vers ***Chichén Itzá, Valladolid*** et ***Cancún*** (ttes les 1h env, 4h40-0h15), ***Tulúm*** et ***Playa del Carmen*** (5h20 et 22h15) ***Campeche*** et ***Villahermosa...***

Certains ***colectivos*** partent du parque San Juan *(plan A3, **15**)* ; notamment ceux qui desservent ***Ticul*** – où l'on attrape un autre *colectivo* pour rejoindre ***Santa Elena*** *(Ruta Puuc)*. Pour ***Valladolid,*** c'est de la c/ 52, entre les c/ 65 et 67.

En voiture

On trouve des parkings privés au centre pour se garer. Le plus vaste, l'*Estacionamiento Colonial Premier*, c/ 62 et c/ 57 *(zoom)*, est le seul qui soit accessible 24h/24.

➢ ***Chichén Itzá, Valladolid et Cancún :*** on vous recommande l'autoroute à péage si vous voulez éviter la multitude de *topes* et nids-de-poule de la nationale, mais attention elle est chère (450 $Me pour Cancún et 92 $Me jusqu'à Chichén Itzá, payables en espèces). Pour y accéder, suivre les panneaux « Cancún Cuota ». Attention, il n'y a que 2 sorties : l'une à Chichén Itzá-Piste, l'autre à Valladolid. Vous ne pourrez faire le plein qu'à ces endroits-là. Pour la nationale, suivre « Cancún libre ».

En avion

✈ ***Aeropuerto internacional*** *(hors plan par A3) : à 5,5 km au sud-ouest du centre. ☎ 999-940-60-90.* Sur place, distributeurs face aux comptoirs d'enregistrement, agences de locations de voitures et ***modulo de información turística*** *(tlj 8h-20h).*
➢ Liaisons avec les États-Unis et, au Mexique : Mexico, Cancún, Monterrey, Guadalajara, Tuxtla Gutierrez, Oaxaca, etc.
➢ Nombreux vols quotidiens avec *Aeromexico.* Sinon, vols *low-cost* pour Mexico City avec *Interjet.* • *interjet.com.mx* • *Viva Aerobus* assure aussi 2 vols/j. pour Mexico via Monterrey. • *vivaaerobus.com* •

Liaisons avec le centre-ville

➢ En ***taxi*** (max 15 mn), compter 200-250 $Me la course.
➢ ***Bus*** indiqué « Umán » à prendre sur la route principale, à 5 mn à pied (tlj 4h20-23h20) ; compter 20 mn de trajet jusqu'au centre. En ville, on le prend c/ 67, entre les c/ 60 et 62 *(plan A3).*

Orientation

On se repère facilement à Mérida : les rues axées nord-sud portent un numéro pair, et celles axées est-ouest sont impaires. La ville est très étendue et se divise en de nombreux quartiers. Les visiteurs n'ont toutefois guère de raisons de s'éloigner du cœur historique, battant autour du *zócalo* et de sa cathédrale *(plan A-B3).* Au sud-est se trouve le grand marché municipal Lucas de Gálvez *(plan B3),* qui marque le début de l'ex-secteur « indigène », étendu vers le sud, qui reste moins prisé.
Ajoutons, du côté opposé (nord), la longue et large artère de l'élégant paseo de Montejo, bordé alternativement de belles villas bourgeoises des années 1900 et d'immeubles modernes sans âme. Il mène, à 3 km au nord, jusqu'au musée du Mundo Maya.

Adresses et infos utiles

Infos touristiques

ℹ ***Office de tourisme gouvernemental*** *(zoom,* ***1****) : c/5B, 293. ☎ 930-37-60. • merida.gob.mx • Tlj 8h-20h.* On y trouve les horaires de bus (notamment pour les sites archéologiques), ainsi que le très intéressant magazine gratuit *Yucatán Today* (publié en espagnol et en anglais). Annexes à l'aéroport et au Centro de Convenciones Siglo XXI.
ℹ ***Office de tourisme municipal*** *(zoom,* ***2****) : c/ 62 ; entre les c/ 61 et 63 (flanc ouest du zócalo). ☎ 942-00-00, ext 80119. Tlj 8h-20h.* Accueil très sympathique. Bonne carte de la ville, horaires des bus, calendrier des événements culturels (très fréquents), etc. Pour les visites gratuites de la ville *(tlj à 9h30, sauf dim),* voir la rubrique « À voir. À faire ».
– ***Bureaux annexes*** au n° 6 paseo de Montejo *(tlj 8h-20h ; hors plan par B1)* et au terminal de bus 2de classe *(lun-ven 8h-20h, w-e 8h-14h ; plan A3,* ***11****).*

Banques, change

■ ***Banamex*** *(zoom,* ***3****) : sur le zócalo, au fond de la Casa de Montejo. Lun-sam 9h-16h.* Elle offre un des meilleurs taux pour l'euro. ATM et bureau *Western Union.* Nombreuses autres banques avec distributeurs et bureaux de change (cours inférieur de 5-10 %) dans le centre, principalement autour du *zócalo.*

Représentations diplomatiques

■ ***Agence consulaire de France*** *(plan B1,* ***4****) : c/ 60 n° 385 ; entre les c/ 41 et 43 (dans le complexe Sipse). ☎ 930-15-00 ou 947-13-14 en cas d'urgence.* • *merida.chfrance@gmail.com* •

Lun-ven 9h-17h. Tél avt pour fixer rdv. Peut vous assister juridiquement en cas de problème.

■ ***Alliance française*** *(hors plan par B1,* ***5****)* **:** *c/ 23 nº 117 ; à l'angle de la c/ 24, à 2 pas du prolongement de l'av. Montejo. ☎ 926-99-90. • alianzafrancesa.org.mx/merida • Lun-jeu 8h-20h, ven 9h-16h, sam 9h-13h. Fermé 2 sem à Pâques, 3 sem en août et 2 sem autour de Noël.* Revues et journaux, petite médiathèque *(lun-jeu 16h-20h),* cinéma mardi et mercredi soir, expos et manifestations culturelles régulières.

■ ***Immigration*** *(hors plan par A1,* ***6****)* **:** *c/ 31, 94, à l'angle de la c/16. ☎ 925-63-88. Lun-ven 9h-13h.* Pour prolonger la durée de votre séjour au Mexique ou si vous avez perdu votre FMT.

Urgences

■ ***Police touristique :*** *☎ 924-00-60.*

■ ***Urgences :*** *☎ 066.*

■ ***Farmacias del Ahorro*** *(zoom,* ***7****)* **:** *c/ 62 et 63, à l'angle sud-ouest du zócalo. Ouv 24h/24.*

+ ***Centro Médico de las Américas – CMA*** *(hors plan par B1)* **:** *c/ 54 nº 365 ; à l'angle de l'av. Pérez Ponce. ☎ 927-31-99 (urgences 24h/24).* Médecins parlant l'anglais.

Location de véhicules

■ Une dizaine d'***agences de location de véhicules*** sont regroupées au pied de l'hôtel *Fiesta Americana (hors plan par B1,* ***8****),* côté av. Colón, dont **Alamo** *(☎ 849-80-01 ; • alamo.com.mx •),* **Avis** *(☎ 925-25-25 ; • avis.mx •),* **Budget** *(☎ 920-23-43 ; • budget.com.mx •),* **Europcar** *(☎ 925-35-48 ; • europcar.com.mx •)* et **Hertz** *(☎ 01-800-011-23-45 ; • hertzmexico.com •). Ils sont ouv tlj 7h-21h ou 22h (sauf Hertz 9h-17h le w-e).* Pratique pour faire jouer la concurrence !

Divers

■ ***Laverie La Fe*** *(plan A3,* ***9****)* **:** *c/ 61, angle c/ 64. Tlj à partir de 8h.*

Wifi : *disponible gratuitement sur certaines places et sur le paseo de Montejo.*

Où dormir ?

Mérida offre assez peu d'alternative en matière d'hébergement : les AJ pour les budgets serrés et des hôtels et *B & B* de charme, souvent tenus par des Américains plus anglophones qu'hispanophones... Entre les 2, le choix est limité. En plus, les tarifs sont globalement élevés. Cela étant, il est possible de négocier (jusqu'à 20 % de remise) en basse saison.

De bon marché à prix moyens (moins de 800 $Me / env 38 €)

Hostal Catedral *(zoom,* ***26****)* **:** *c/ 61 nº 499 et c/ 58, à l'angle nord-est du zócalo. ☎ 429-46-78. Dortoir 150-190 $Me/pers, bon petit déj inclus.* L'emplacement est idéal, ultra-central, l'accueil enjoué, le lieu très propre, les prix tenus et toutes les chambres disposent de l'air conditionné. Bref, c'est notre meilleur choix d'AJ à Mérida. Il n'y a qu'une double privée (et une quintuple), plus des dortoirs de 6 ou 8 lits, mixtes ou par sexe. En prime : une très grande cuisine.

Hostel Nómadas *(plan A2,* ***20****)* **:** *c/ 62 nº 433 (et c/ 51). ☎ 924-52-23. • nomadashostel.mx • Nuitée en dortoir 170-250 $Me/pers, doubles 500-920 $Me, petit déj inclus.* Derrière la façade bleu lavande se cache une bien agréable AJ, aux multiples options d'hébergement. Côté rue, les dortoirs, mixtes ou pour filles, ont de 4 à 16 lits, avec salle de bains commune (ou privée) et de bons matelas. Derrière, il y a quelques *casitas* pas chères dans le jardin, sur le chemin de la jolie piscine noyée dans la végétation (avec hamacs). Tout au fond, un bâtiment récent abrite de belles chambres simples mais super bien tenues, avec sols à l'ancienne, ventilo ou clim. Ajoutons une cuisine un peu basique et, 5 soirs par semaine *(tlj sauf mer et dim),* diverses animations gratuites : cours de salsa ou de cuisine, musique, etc. Organise aussi des excursions dans toute la région.

Hostal Zócalo (zoom, **21**) : *c/ 63 nº 508, sur le flanc sud du zócalo. ☎ 930-95-62. • hostalzocalo.com.mx • Entrée au 1er étage. Dortoir env 220 $Me, doubles 440-550 $Me, copieux petit déj inclus (avec fruits frais).* Occupant une vaste bâtisse coloniale idéalement plantée sur le *zócalo,* cette AJ un peu foutraque mêle grands volumes et hauts plafonds un poil abîmés... Qu'à cela ne tienne, proprio, Moises, a entrepris divers travaux – qui devraient durer un petit moment. On choisit entre les dortoirs de 5 et 8 lits (évitez le mixte à côté des sanitaires, bruyant) et des chambres privées avec ou sans salle de bains. Lockers avec cadenas, service de laverie.

Chic (800-1 200 $Me / env 38-57 €)

Gran Hotel (zoom, **35**) : *parque Hidalgo, c/ 60 nº 496 (et c/ 59). ☎ 924-76-22. • granhoteldemerida.com • Doubles 780-1 000 $Me, suites jusqu'à 2 200 $Me.* Inauguré en 1901 sur la plus jolie place de la ville, le Gran Hotel fut considéré jusque dans les années 1940 comme l'un des établissements les plus luxueux du Sud-Est mexicain. Charles Lindbergh et, plus tard, Fidel Castro, y sont descendus. Le temps s'est écoulé et, si le lieu a gardé son côté très « grand hôtel » au charme suranné, les fissures se sont accumulées. Restent le vaste hall, les imposants luminaires et des chambres très spacieuses et hautes de plafond, avec d'immenses portes et fenêtres en bois, meublées à l'ancienne ou de manière un peu plus contemporaine. Essayez d'en obtenir une donnant sur la place pour la vue et la luminosité (isolation correcte). Accueil très pro. Une excellente adresse dans son genre.

Hotel Dolores Alba – Doralba Inn (plan B3, **30**) : *c/ 63 nº 464 ; entre les c/ 52 et 54. ☎ 928-56-50. • doloresalba.com • Doubles 750-1 000 $Me, petit déj inclus. Parking gratuit.* Appartenant à la même famille que l'hôtel *Dolores Alba* de Chichén Itzá, cet établissement aligne une centaine de chambres bien propres et de bon confort. Celles de la partie ancienne sont un peu moins chères mais plus sombres et datées ; préférez celles du bâtiment moderne de 3 étages, à l'arrière – notamment celles, bien lumineuses, donnant sur la belle piscine, aux standards internationaux. Toutes ont la clim.

Hotel Eclipse (zoom, **29**) : *c/ 57 nº 491, entre les c/ 58 et 60. ☎ 923-16-00. • hoteleclipsemerida.com.mx • Doubles 900-1 000 $Me.* Les petits hôtels de cette catégorie sont rares et, coup de chance, celui-ci respire la modernité et la propreté. Les chambres sont petites, mais jolies, avec leur déco individualisée, leurs couleurs pétulantes et lavabos-vasques. Il y a même la clim et... une minipiscine nichée au rez-de-chaussée. Certes, l'accueil est assez austère et les salles de bains pourraient être plus pratiques, mais l'ensemble reste d'un bon rapport qualité-prix.

Hotel La Piazzetta (plan B2-3, **25**) : *c/ 50 A nº 493 A, parque de la Mejorada. ☎ 923-39-09. • hotellapiazzettamerida.com • Doubles 1 150-1 230 $Me, petit déj inclus (pain et confiture maison). CB + 3,5 %.* Aux manettes de ce mignon hôtel à la façade bleu clair, Léopold, un Français qui a roulé sa bosse dans l'hôtellerie. Au programme, du goût et du confort : matelas bien épais, clim, tonalités claires, mobilier cérusé, serviettes présentées sur un plateau en vannerie suspendu (façon garde-manger maya), salles de bains ouvertes, balcon pour les chambres donnant sur la jolie place... La courette-jardin avec hamacs, à l'arrière, est agréable (les chats adorent), et le petit resto concocte une bonne cuisine méditerranéenne mâtinée de produits locaux. Il y a même des croissants, des glaces artisanales et du Ricard !

Hotel del Peregrino (plan B2, **24**) : *c/ 51 nº 488 ; entre les c/ 54* *et 56. ☎ 924-30-07. • hoteldelpe regrino.com • Double 1 400 $Me (dès 900 $Me en basse saison pour un paiement cash), petit déj-buffet inclus.* Ce petit hôtel ocre rose n'abrite qu'une douzaine de chambres, impeccablement tenues mais cumulant divers défauts : certaines n'ont pas de fenêtre, d'autres sont toutes petites et 2 donnent sur la rue. Préférez celles avec terrasse, plus calmes et plus claires. Jacuzzi et grande cuisine à dispo. Les lieux abritent également l'agence *Mayan Ecotours (☎ 987-37-10 ; • maya necotours.com •),* qui organise des excursions personnalisées dans la région, notamment aux *cenotes.*

De plus chic à très chic (plus de 1 200 $Me / env 57 €)

Hotel Luz en Yucatán *(plan B2,* ***31****) : c/ 55 nº 499 ; entre les c/ 58 et 60. ☎ 924-00-35. • luzenyucatan. com • Doubles 58-101 US$. Min 3 nuits en saison.* Attentionné et discret, Tom, un sympathique Canadien, vous accueille dans sa *guesthouse* chic, occupant une jolie maison coloniale. Le lieu, idéal pour une retraite après une journée trépidante en ville, abrite 15 vastes chambres modernes et climatisées, les plus chères dotées d'une terrasse avec hamac donnant sur la petite piscine. Certaines, idéales pour les familles, disposent d'une kitchenette. Salon et cuisine à disposition. Ici, tout n'est que « *luz,* calme et volupté... ».

Hotel Medio Mundo *(plan A2,* ***33****) : c/ 55 nº 533 ; entre les c/ 64 et 66. ☎ 924-54-72. • hotelmedio mundo.com • Doubles 60-95 US$, petit déj (végan) inclus. Pas d'enfants de moins de 8 ans.* Le cadre est 100 % mexicain, avec de vastes chambres hautes de plafond donnant sur un joli patio verdoyant où glougloute une fontaine (assez bruyante). Elles sont sans doute un peu spartiates pour le prix, mais bien tenues, avec ventilo ou clim. On prend le petit déj dans l'arrière-cour, près de la piscinette. 5 soirs par semaine, la maison se transforme en resto végan, *Lo que Hay,* proposant un menu unique assez abordable élaboré en fonction du marché *(mar-sam 19h-22h) ;* mieux vaut alors privilégier les chambres à l'étage pour ne pas voir de convives s'installer devant sa porte...

Hotel Villa Verde *(plan B2,* ***34****) : c/ 56 nº 468, entre les c/ 53 et 55. ☎ 290-77-59. • villaverdemerida. com • Doubles 140-220 US$, bon petit déj inclus. Min 2-3 nuits selon saison.* Les proprios, américains, ont fait de cette élégante demeure coloniale parfaitement restaurée un havre de paix avec jardin et piscine. On s'y installe les pieds dans l'eau pour grignoter quelques tapas *(mer-sam 13h-21h),* avant de se retirer dans le sérail de l'une des 5 (vastes) chambres, au confort digne des meilleurs *B & B.* La plupart ont un grand lit *king size.*

Hotel Hacienda Mérida *(plan A2,* ***23****) : c/ 62 nº 439 ; entre les c/ 51 et 53. ☎ 924-43-63. • hotelhacienda merida.com • Doubles 130-180 US$. Parking gratuit.* Cette belle adresse à caractère confidentiel abrite tout juste 8 chambres à la déco soignée et au confort garanti, alignées pour la plupart sous une colonnade encadrant une grande et belle piscine. Les volumes, à peine perceptibles de l'extérieur, sont impressionnants et le jardin, où sont installées des chaises longues, invite à la décontraction. Évitez juste, si possible, les chambres du fond, moins séduisantes. Très bon petit déj et jus de fruits frais.

Où manger ?

Parmi les spécialités de Mérida : les restos-bars avec musique *en vivo.* Le concept : une scène, avec un groupe qui balance du son tonitruant

l'après-midi durant, sans que les convives y prêtent spécialement attention... Amusant, mais assourdissant !
2 espaces de restauration ont ouvert en ville : le ***Mercado 60*** *(c/ 60, entre les c/ 51 et 53, tlj 18h-2h ; plan B2,* ***47****)* et la ***Casa Dominga*** *(c/ 47 nº 459, entre les c/ 52 et 54, mar-sam 17h-2h, dim 17h-minuit ; plan B2,* ***48****)*. Le 1er regroupe une quinzaine de stands proposant aussi bien pizzas et sandwichs que cuisine oaxaqueña ou libanaise, à déguster dans une ambiance décontractée, entre grandes tables, coin de verdure et musique live à certaines heures. Occupant une belle demeure coloniale près du paseo de Montejo, la *Casa Dominga* fonctionne sur le même principe, sur une note un peu plus chic et trendy.

Bon marché (moins de 150 $Me / env 7,10 €)

IOI ***Mercado Santa Ana*** *(plan B2,* ***40****) : sur le côté est de la pl. Santa Ana, à l'angle des c/ 47 et 60. Activité réduite dim.* Groupe de stands où l'on vient manger à toute heure du jour : tacos, *panuchos, sopa de lima,* jus de fruits frais... On s'installe en plein air, sur la place. Sympa et pas cher du tout.
IOI Aussi de nombreux stands au ***mercado municipal*** *(plan B3, à l'angle des c/ 67 et 56).* Choisissez les plus fréquentés.
IOI ***Maiz, Canela y Cilantro*** *(plan A2,* ***49****) : c/ 70 ; entre les c/ 55 et 55 A. ☎ 923-34-24. En principe, ouv seulement ven-dim 9h-18h (14h ven).* L'adresse est certes un poil excentrée, mais c'est notre meilleur plan pour le midi : 3-4 plats du jour (végétariens ou poulet) à prix canon, énoncés oralement et servis dans une belle porcelaine. Soupe, chips et boisson (*agua* du jour) sont compris. On s'installe dans une salle bien mise donnant d'un côté sur la cuisine ouverte où s'affairent les dames de la maison et, de l'autre, sur un petit atelier de peinture. En prime : une courette-jardin et un sourire tous azimuts. Le fils parle un peu l'anglais.
IOI ***Marlin Azúl*** *(zoom,* ***45****) : c/ 62 nº 488 ; entre les c/ 57 et 59. ☎ 224-30-52. Tlj, sauf dim, 8h-16h30 (9h ven-sam).* Le cadre est modeste, étroit même, et les tables viennent vite à manquer le midi. Normal : à 75-90 $Me le (bon) plat de poisson ou de fruits de mer, le lieu attire de nombreux habitués. Marlin à l'ail, *camarones,* tacos de poulpe (plus chers), ceviches... tout est bien frais.
IOI ***La Cubanita*** *(plan A2,* ***50****) : c/ 51 nº 502 ; entre les c/ 60 et 62. ☎ 923-44-46. Tlj 8h30-16h sauf dim.* On s'installe dans l'entrée ou dans le passage verdoyant menant au salon des proprios, des Cubains installés depuis 12 ans à Mérida. Le fils prend la commande, la mama apporte l'assiette fumante en souriant et on ressort de là plus que rassasié. Pas de gastronomie au menu, mais une cuisine simple et un choix réduit, genre croquettes de poulet ou de poisson, servies avec soupe et salade. Les fumeurs repartiront avec un Romeo y Julieta (en vente).
IOI ☕ ***El Barrio*** *(plan B1,* ***51****) : c/ 45 nº 493A ; entre les c/ 58 et 60. ☎ 197-47-45. Tlj 8h30-14h30 (14h w-e). Plats 85-135 $Me.* On est là à proximité immédiate du fier paseo de Montejo (assez bruyant). Le cadre est super simple, avec quelques tableaux aux murs, mais on vient surtout pour le contenu de l'assiette : des petits déj et brunchs de qualité (salé et sucré), à base de produits surtout bio et locaux. Le service est aimable et... en français !
IOI ☕ ***Manjar Blanco*** *(plan B2,* ***52****) : c/ 47 nº 496 ; entre les c/ 58 et 60. ☎ 923-00-03. Tlj 8h-18h.* Voici un lieu moderne, propret, installé à l'orée du chic paseo de Montejo et affichant des tarifs encore très démocratiques. Le petit déj se décline en différents

paquetes pouvant convenir à tous et le reste de la carte aligne un bon choix de plats yucatèques. On peut même partager un *plato Manjar blanco* regroupant *poc chuc,* saucisse locale, *panuchos,* empanadas et tortillitas tropicales.

De bon marché à prix moyens (jusqu'à 300 $Me / env 14,30 €)

La Chaya Maya *(plan A-B2, **42**) : c/ 55 ; entre les c/ 60 et 62. ☎ 928-47-80. Tlj 7h-23h. Résa conseillée. Plats 61-307 $Me.* C'est un peu la vitrine culinaire yucatèque. L'adresse est très touristique (avec son patio fleuri, sa déco régionale « typique » et les femmes qui fabriquent les tortillas sous le nez des convives), mais aussi appréciée des locaux. Force est de constater que la cuisine est goûteuse. La carte décline les grands classiques régionaux : *sopa de lima, poc chuc, pollo pibil,* délicieux empanadas de *cazón* (garnis de chair de requin), sans oublier la *chaya* (sorte d'épinard au goût de gazon) servie en soupe ou en jus frais et un assortiment de desserts. Salle climatisée également. *Autre adresse dans la c/ 62, à l'angle de la c/ 57, mais cadre moderne et service moins agréable.*

El Nuevo Tucho *(plan B2, **43**) : c/ 60 nº 482 ; entre les c/ 55 et 57. Tlj 12h-22h. Plats 60-230 $Me.* C'est l'un des plus connus des restos musicaux, prisé des locaux, qui viennent s'envoyer en famille ou entre potes un plat régional au rythme des congas et du synthé, dans une grande salle sans fioritures tout entière tournée vers la scène sur laquelle se relaient les groupes et humoristes. Typique mais très bruyant ! Dans le même genre, on peut s'attabler chez ***Eladio's,*** à l'angle des rues 59 et 44 *(hors plan par B3, **54** ; 11h30-21h),* un incontournable du genre depuis 1952. La cuisine y est plutôt meilleure et très copieuse, mais on peut aussi s'en passer : chaque boisson s'accompagne sans supplément d'un gros assortiment de *botanas* – sortes de tapas ! C'est aussi théoriquement le cas au *Nuevo Tucho,* mais les étrangers y sont parfois oubliés...

De prix moyens à plus chic (300-500 $Me / env 14,30-24 €)

Trattoria La Pasta *(plan B1, **46**) : paseo de Montejo 481 ; entre les c/ 39 et 41. 📱 157-89-86. Tlj (sauf dim) 12h30-17h, 19h30-1h (2h sam). Plats 110-320 $Me.* Pour une soirée à l'italienne sur l'avenue chic de la ville (avec quelques tables extérieures), *La Pasta* propose un bel assortiment de pizzas et de différents types de pâtes maison à accommoder avec la sauce de son choix. Ce n'est pas Rome, mais ça se défend ! Ambiance dolce vita avec photos de films en noir et blanc et musique pop italienne ou opéra. Salades moins convaincantes.

Apoala *(plan A2, **53**) : c/ 60 nº 471 (et c/ 55). ☎ 923-19-79. Lun-sam 13h-minuit, dim 14h-22h. Plats 145-295 $Me.* Côté cuisine, l'Apoala assure. Dans l'assiette, une jolie sélection de plats de terre et de mer aux accents oaxaqueños, façon tacos de crabe, poisson du jour ou belles salades... Côté cadre, on retient surtout la terrasse sur la place Santa Lucía, mais il y a aussi des tables à l'intérieur et des assiettes au bar, sur fond de rythmes groovy. Certains viennent d'ailleurs juste pour un cocktail. Dans le genre chic et haut de gamme, c'est plutôt réussi.

Amaro *(zoom, **44**) : c/ 59 nº 507 ; entre les c/ 60 et 62. ☎ 928-24-51. Tlj 11h-1h (2h ven-sam).* Andrés Quintana Roo, héros de l'indépendance du Mexique, est né dans cette maison coloniale. Aujourd'hui, on y vient surtout pour dîner dans le patio bordé de belles arcades et rafraîchi par un imposant hibiscus, lors des soirées animées par des musiciens de *trova* (vers 20h30). Du côté de l'assiette, c'est très correct mais un peu cher.

Recommandable également, ***Lo que Hay*** *(plan A2, **33**),* le resto de l'hôtel *Medio Mundo,* décrit dans « Où dormir ? », pour son menu (fixe) végétalien à thème (mexicain, asiatique, grec, italien, africain, libanais...).

Où prendre un petit déjeuner ?
Où s'offrir un thé ou une glace ?

Cafetería Pop (zoom, **55**) : *c/ 57 nº 501. Tlj 7h (8h dim)-23h.* Le lieu vaut surtout pour ses formules petit déj variées (fruits, œufs, yaourts) et à très bon prix, servies jusqu'à 12h. Promos du jour affichées. Évitez le reste.

Pour un bon petit déj, voir aussi ***El Barrio*** *(plan B1,* ***51****),* ***Manjar Blanco*** *(plan B2,* ***52****)* et ***La Chaya Maya*** *(plan A-B2,* ***42****)* décrits plus haut dans « Où manger ? ».

El Hoyo Casa de té *(plan A2,* ***56****)* **:** *c/ 62 nº 468 ; entre les c/ 55 et 57. Tlj 11h-23h30 sauf dim.* Escale rare au Mexique... On trouve ici un très vaste choix de thés et tisanes, à accompagner éventuellement d'un gâteau ou d'une crêpe (un peu épaisse). Le lieu, calme, est très apprécié des étudiants.

El Colón Dulces y Sorbetes Finos *(zoom,* ***57****)* **:** *c/ 61 nº 500 ; sur le flanc nord du zócalo. Tlj 9h30-23h30.* La ville entière s'y retrouve en terrasse pour laper une glace ou un sorbet aux fruits de saison (coco, ananas, *guanabana*, etc.), préparés à base d'eau purifiée. Il y en a de bons, d'autres moins convaincants (comme le service...). Annexe sur le paseo de Montejo *(plan B1,* ***57****).*

Pola Gelato Shop *(plan A2,* ***58****)* **:** *c/ 55 nº 467D, entre les c/ 62 et 64. Tlj 12h-22h.* À vrai dire, on vous conseillerait plutôt ce petit glacier ne travaillant que des produits naturels. Certains parfums sont classiques, mais il y a aussi beaucoup de créations (très) originales : concombre, betterave au gingembre, mangue ou ananas au piment (sacré kick !)... et même, le lundi : *frijoles con puerco* !!! Les parfums changent fréquemment.

Où boire un verre ? Où sortir ?

Tous les mardis de 20h30 à 22h, les habitants de Mérida se retrouvent dans le parc Santiago, devant l'église du même nom, pour danser autour d'un orchestre de musique latino et cubaine *(hors plan par A2 ; à l'angle des calles 59 et 72).* Ambiance chaleureuse et conviviale garantie.

Pour un apéro en musique garni de *botanas* bien copieuses, arrêt chez ***Eladio's*** *(hors plan par B3,* ***54****)* ou ***El Nuevo Tucho*** *(plan B2,* ***43****)* décrits dans « Où manger ? ».

Speakeasy *(plan A2,* ***53****)* **:** *c/ 60 nº 471 (et c/ 55). Mer-dim 20h-2h. Accès (non indiqué) par le parking à l'arrière ; l'entrée est cachée sous l'escalier en fer.* Surfant sur la mode américaine des vieux rades planqués aux regards durant la Prohibition, ce *Speakeasy* se trouve en fait juste derrière la salle du resto *Apoala* (si vous ne trouvez pas, demandez aux serveurs). Au programme : un troquet riquiqui sur son trente et un, entre lumières tamisées, cocktails de qualité, bières artisanales locales, jazz, blues et rythmes un peu plus contemporains.

La Negrita Cantina *(plan A2,* ***64****)* **:** *c/ 62 nº 415 (angle c/ 49). Tlj 12h-22h. Happy hours tlj 17h-20h (19h le w-e).* Vieux carreaux usés d'avoir été trop piétinés, murs décatis mangés de souvenirs, mobilier dépareillé, vaste patio planté d'un arbre... Derrière les portes battantes de saloon vibre un lieu convivial, intime et tranquille en journée, énergique et croulant sous la foule les soirs de concert (plein de locaux). *La Negrita* fait aussi *cantina*. Dommage qu'elle ferme tôt, on s'y attarderait bien...

Pipiripau *(plan A2,* ***60****)* **:** *c/ 62 nº 461, entre les c/ 53 et 55.* Lorsque *La Negrita* ferme, Pipiripau enchaîne avec ses concerts de salsa, cumbia ou reggaeton. On aime bien l'ambiance de cette grande maison collectionnant patio et pièces hautes de plafond. À 1 *cuadra* de là, le **Mayan Pub** *(c/ 62, entre les c/ 55 et 57 ; plan A2,* ***61*** *; mer-dim 19h-3h ; happy hours 19h-21h30)* joue la concurrence avec ses concerts de rock, reggae ou musique cubaine (le

dimanche). Même cadre et ambiance que chez les copains, avec une table de billard en plus.
Rosas & Xocolate (plan B1, **63**) : *paseo de Montejo nº 480.* Cadre romantique pour s'offrir un verre en bonne compagnie, sur fond de musique jazz du mercredi au samedi.
Quelques bars également le long du paseo de Montejo, notamment le pub irlandais **Hennessy's** *(au nº 486 ; plan B1,* ***65****),* surtout fréquenté par les expats américains et canadiens.

Achats

Mercado municipal Lucas de Gálvez (plan B3) : *à l'angle des c/ 67 et 56.* C'est le plus grand marché du Yucatán. On prend plaisir à se perdre le long des dizaines d'étroits passages bordés d'échoppes croulant sous les légumes et les épices multicolores. À l'étage, on trouve des *huipiles* (jolies tuniques blanches brodées de couleurs vives), des tapis et quelques bibelots. Et, au rez-de-chaussée, une curiosité : les *maquechs* (ou *makechs*), des bijoux vivants ! Ce sont des scarabées dont on a décoré la carapace avec des pierres de couleur et auxquels on a collé une chaînette dorée pour qu'ils ne se fassent pas la belle... Allô, la SPA ? Une unique boutique en vend dans le coin des *tortillerías.*
Le dimanche, de 8h à 13h, un marché d'artisanat se tient sur le **Parque Santa Lucía** (plan A-B2), *c/ 60 et 55.*
Hamacas Cielo (plan A3, **70**) : *c/ 65 nº 510 ; entre les c/ 62 et 64. ☎ 924-04-40 ou 949-41-09 (WhatsApp). ● ciel ohamacas.com.mx ● Lun-ven 9h-19h, sam 9h-13h.* Pour buller de retour *a casa,* grand choix de hamacs confectionnés dans l'atelier attenant. Les prix s'étalent entre 320 $Me pour un simple de base et 1 750 $Me le *deluxe* familial.
Casa T'hō (plan B1, **71**) : *paseo de Montejo nº 498 (et c/ 45). Tlj 10h-22h.* Occupant une belle demeure rénovée, il s'agit d'une collection de concept stores et de boutiques de créateurs locaux. On peut aussi y manger un morceau.
Cacao (plan B1, **72**) : *paseo de Montejo nº 490 (et c/ 43). ☎ 406-08-68. Tlj 9h-21h.* Face au palais Cantón, ce petit musée du chocolat (privé) propose un petit assortiment de tablettes fabriquées sur place. Il y en a à la cardamome, à la cannelle, à l'anis, au piment... On vous fera goûter.

À voir. À faire

➢ ***Visite de la ville en bus touristique (guagua ou carnavalito) :*** *☎ 927-61-19. ● carnavalitocitytour.com.mx ● Départ du parque Santa Lucía (plan A-B2), côté c/ 55. Lun-sam à 10h, 13h, 16h et 19h ; dim à 13h et 15h. Le parcours (120 $Me, enfants 70 $Me) dure 2h. Explications en espagnol et en anglais.*
➢ Le ***Turibus*** effectue un circuit similaire, avec passage ttes les 30 mn à 1h30 (selon la saison), 9h30 (12h30 dim)-20h. On peut descendre visiter un lieu puis prendre le bus suivant. *Lun-sam, départ du zócalo, face à la cathédrale (zoom) ou du* Holiday Inn, *av. Colón (hors plan par B1) ; dim, départ c/ 62, devant le teatro Armando Manzanero (zoom), ou du* Starbuck's *du paseo de Montejo (hors plan par B1). Tarif : 120 $Me (enfants 50 $Me).*

➢ ***Visite de la ville à pied :*** *rdv tlj à 9h30 devant l'office de tourisme municipal (zoom,* ***2****). GRATUIT, mais pourboire apprécié (compter 100 Me).* Visite commentée (1h30) du centre historique (en espagnol et en anglais). En haute saison, il y a aussi des visites nocturnes, renseignez-vous.

Catedral *(zoom) : tlj 7h-12h, 17h-20h.* Sobre et imposante, elle surplombe le *zócalo* du haut de ses 4 siècles d'existence. C'est la plus ancienne cathédrale (1561-98) du continent américain, mais pas la plus belle : elle a été largement pillée lors de la Révolution mexicaine. Elle a été bâtie avec les pierres d'anciens temples mayas qui se trouvaient à cet emplacement. Le crucifix, dans le chœur, serait un des plus grands au monde ; appelé ***Cristo de la Unidad,*** il symbolise la « réconciliation » entre les Espagnols et les Mayas.

UN CHRIST IGNIFUGÉ

À gauche de l'autel de la cathédrale, une chapelle abrite une copie du Christ des Ampoules. L'original, détruit en 1915 durant la Révolution, aurait été taillé dans le bois d'un arbre dit miraculeux qui ne se serait pas consumé malgré son embrasement par la foudre. La statue aurait ensuite survécu à l'incendie de l'église d'Ichmul, où elle avait été placée. Noircie et couverte de cloques, elle fut installée en 1645 dans la cathédrale de Mérida.

➤➤ *Casa de Montejo* (zoom) **:** *c/ 63 nº 506, sur le zócalo. Mar-sam 10h-19h, dim 10h-14h. GRATUIT.* Le fronton du passage, qui conduit à la banque Banamex, est la seule partie de l'édifice qui date encore de 1540. Décoré dans le plus pur style plateresque (Renaissance espagnole), il montre des conquistadores à hallebardes foulant au pied des têtes coupées ; ils viennent de vaincre d'affreux personnages velus munis de gourdins... La famille Montejo a habité les lieux jusque dans les années 1980. Les 3 pièces ouvertes à la visite, sous les arcades du patio, ont conservé leur décor éclectique de la fin du XIXᵉ s : mobilier un peu sévère, toiles et vaisselle d'époque rivalisant avec des plafonds à caissons et marquetés, peints de ciels fleuris.

➤ *Museo de Arte contemporáneo Macay* (zoom) **:** *pasaje Revolución, à côté de la cathédrale. ☎ 928-32-36. Tlj 10h-20h sauf mar. GRATUIT.* Ce musée d'art moderne et contemporain du Yucatán s'est installé dans l'ancien palais épiscopal du XVIᵉ s. Au programme : expos temporaires et permanentes de sculptures, peintures et photos. Ne manquez pas la fresque historique du peuple yucatèque de Fernando Castro Pacheco (1918-2013), fondateur de l'école libre des Arts plastiques de la région.

➤ *Palacio del Gobierno* (zoom) **:** *sur le zócalo, à l'angle des c/ 60 et 61. Tlj 8h-22h. GRATUIT.* On peut y entrer pour jeter un coup d'œil au grand salon de l'étage et à ses grands *murales* (œuvres de Fernando Castro Pacheco) présentant les faits marquants de l'histoire du Yucatán, depuis l'arrivée des conquistadores jusqu'à l'âge d'or des années 1900.

➤➤ *Parque Hidalgo* (zoom) **:** *c/ 60 et 59.* C'est la plus jolie place de la ville, dominée au sud par la façade 1900 du *Gran Hotel* et, au nord, par la vénérable iglesia El Jesús (XVIIᵉ s), en partie édifiée avec des pierres d'anciens monuments mayas. Les bancs, à l'ombre des grands arbres, vous tendent les bras. Au centre, sur son piédestal, un bronze de Manuel Cepeda Peraza, qui contribua à restaurer la République en 1856.

➤ *Teatro Peón Contreras* (zoom) **:** *c/ 60 ; entre les c/ 57 et 59.* Ce majestueux édifice a été construit en 1908 dans le style français. Pour dépasser l'atrium, il vous faudra acheter un billet pour assister à l'un des concerts de musique classique, opéras ou autres événements qui s'y déroulent *(janv-juin surtout ; 80-600 $Me).* Juste en face, jeter un coup d'œil à l'université du Yucatán, fondée en 1618 : façade imposante et joli patio.

➤ *Teatro Armando Manzanero* (zoom) **:** *c/ 62 ; entre les c/ 59 et 61.* Il ne se visite pas non plus, mais accueille toujours divers spectacles (concerts, théâtre, etc.) dans une superbe salle. La façade et le vaste hall d'entrée, alignant notamment grandes portes en verre taillé et métal (ou en bois), rosaces de verre et miroirs ouvragés, sont des chefs-d'œuvre Art déco.

➤➤ *Museo de Arte popular de Yucatán* (plan B2) **:** *parque de la Mejorada (à l'angle des c/ 57 et 50A). ☎ 928-52-63. Mar-sam 9h30-18h30, dim 9h-14h.*

GRATUIT. Installée dans une villa 1900 aux sols d'époque, cette belle expo met joliment en valeur des pièces d'art populaire contemporain provenant de tout le pays : costumes, vannerie, céramiques, sculptures, instruments de musique, mais aussi pas mal de masques et tissages.

Museo de la Ciudad de Mérida *(plan B3)* **:** *c/ 56 nº 529, à côté du marché. Mar-ven 9h-18h, w-e 9h-14h. GRATUIT.* Pas inintéressant, ce musée retrace l'histoire de la ville depuis les Mayas jusqu'au XXe s. L'occasion d'en savoir un peu plus sur l'époque de l'« or vert » (sisal). Expos temporaires.

Paseo de Montejo *(plan B1)* **:** un peu les Champs-Élysées de Mérida... Déroulée à partir de 1904, à l'époque du boom sur le sisal, cette longue et large avenue est bordée d'arbres, de bâtiments modernes et, dans sa partie sud, de quelques somptueuses demeures de l'époque, construites par de riches marchands dans un style d'inspiration européenne – dont 2, jumelles, au pied de l'artère, avant le splendide Palacio Cantón. Dans la partie nord du paseo se dresse le ***monumento a la Patria*** *(hors plan par B1),* monumentale rotonde néo-maya inaugurée en 1956 évoquant l'histoire et les grands hommes du pays. Au-delà, le paseo se prolonge sur plusieurs kilomètres, mais perd ses palais au profit de zones commerciales.

LES FEMMES À LA CUISINE

Le baptême traditionnel maya, destiné à préparer l'enfant à sa vie d'adulte, a survécu à l'évangélisation. Et il n'a rien de progressiste. On offre alors aux garçons des outils pour l'agriculture et la chasse, et aux filles des ustensiles de cuisine... Les 1ers sont baptisés à 4 mois, en référence aux 4 saisons et points cardinaux. Les 2des à 3 mois, comme les 3 pattes du trépied sur lequel on fait cuire les tortillas...

Museo Palacio Cantón *(plan B1)* **:** *paseo de Montejo nº 485 (angle c/ 43). ☎ 923-05-57. Mar-dim 8h-17h ; dernière entrée 16h40. Entrée : 65 $Me ; réduc.* Superbement restauré, cet élégant palais de 1911, dessiné par un architecte italien, mêle avec exubérance les styles baroque et néoclassique : colonnes doriques et ioniques, médaillons, imposant escalier de marbre blanc... Un fort bel écrin pour des expos temporaires d'anthropologie (monde précolombien) de grande qualité.

Quinta Montes Molina *(hors plan par B1)* **:** *paseo Montejo nº 469 (entre les c/ 33 et 35). ☎ 925-59-99. • laquintamm.com • Ouv lun-sam 9h-17h (14h sam). Visites guidées à 11h et 15h en anglais, 12h et 16h en espagnol.* Fort bien restaurée, c'est la seule et unique demeure de la période de l'or vert (1902) aux intérieurs d'époque qui soit ouverte au public. L'occasion de découvrir un style de vie rythmé par les fastes, entre sols en marbre de Carrare, grands lustres de Murano, Baccarat, vitraux et mobilier victorien, mais aussi... mariages et réunions d'entreprise ! Il faut bien vivre depuis le crash du sisal.

L'EXTINCTION DES DINOSAURES

On est désormais certains qu'une météorite géante de 10 km de diamètre frappa le Yucatán, près de Chicxulub, à 22 km au nord de Mérida, voici 65 millions d'années. L'impact de ce bloc extraterrestre provoqua un dégagement de composés soufrés et un nuage de poussière qui obscurcit le ciel pendant plusieurs années, refroidissant le climat et faisant disparaître les végétaux... et par extension, les herbivores, au 1er titre desquels les dinosaures. Seuls les oiseaux, les amphibiens, les petits mammifères et les insectes survécurent.

Gran museo del Mundo maya *(hors plan par B1)* **:** *à 7 km au nord du centre, par la prolongación du paseo de Montejo, en direction de Progreso. ☎ 341-04-35. • granmuseodelmundomaya.com.mx • Du centre, bus*

n° 58 ou 61 (env 8 $Me), ttes les 10 mn, à prendre à côté de la cathédrale. Taxi env 100 $Me. Tlj 9h-17h sauf mar. Entrée : 150 $Me. On y consacre facilement 2h de visite. Parking 20 $Me.
Ce musée de la culture maya a été inauguré en 2012 dans une étonnante structure ovale censée évoquer l'arbre de vie maya. Il est considéré par les autorités comme une « reconnaissance de la dette contractée par le Mexique envers cette civilisation longtemps oubliée et décriée ». De fait, on n'a pas lésiné sur les moyens : couvrant près de 18 000 m², il était censé à l'origine intégrer un jardin botanique, une salle de cinéma IMAX et des espaces de restauration – restés pour l'essentiel lettres mortes. Le musée, didactique, constitue une bonne introduction au monde maya, sans toutefois trop entrer dans le détail. Ceux qui connaissent bien cette civilisation n'y apprendront donc pas forcément grand-chose et resteront sans doute un peu sur leur faim en ce qui concerne les pièces exposées – celles que l'on peut voir à Mexico étant autrement plus impressionnantes.

La visite
– Le parcours commence par une plongée dans l'histoire naturelle de la région, vue notamment à travers les mythes fondateurs mayas. Abordant la catastrophe naturelle qui vit la disparition des dinosaures il y a 65 millions d'années, cette section trace le cadre géographique et naturel du *mayab,* le territoire maya.
– Si les rois jaguars ne règnent plus, les Mayas n'ont pas pour autant disparu : c'est là le thème de la 2de (petite) section. On y découvre leurs descendants dans toute leur diversité culturelle et géographique, et les coutumes qui les lient entre eux (organisation sociale, croyances, modes de vie...).
– En remontant dans le temps, on revient aux *Mayas du passé,* dans le sillage du bouleversement déclenché par la Conquête espagnole (évangélisation et instauration du travail forcé par le système de l'*encomienda,* révoltes, etc.).
– Les amateurs de pièces archéologiques devront attendre la 4e section pour découvrir quelques belles représentations des dieux du panthéon maya, des céramiques et autres anneaux de jeu de pelote, ayant avant tout vocation à illustrer un propos : quels étaient les croyances et les rites des Mayas ? Un film invite notamment à se plonger dans leur cosmogonie. La suite et fin du parcours aborde les connaissances et les méconnaissances des Mayas : astronomie et calcul, ingénierie hydraulique, mais aussi absence de la roue, de la clé de voûte et de la métallurgie. On y découvre les secrets de l'écriture, constituée de glyphes et décryptée tardivement, mais aussi un petit ensemble de pièces en jadéite et mêmes quelques rares sculptures sur bois.

DÉCRYPTAGE

C'est un Soviétique, Youri Knorozov (1922-1999), qui est parvenu à déchiffrer l'écriture (syllabaire) des anciens Mayas, dans les années 1970, en pleine guerre froide. Tout commença en mai 1945, dans les ruines fumantes de Berlin : soldat de l'Armée rouge, le jeune homme y ramassa une copie des 3 codex conservés en Allemagne... La passion d'une vie était née.

Fêtes et manifestations

– ***Carnaval :*** *40 j. avt la Semaine sainte.* • *merida.gob.mx/carnaval* • Il attire chaque année, durant 8 jours, plus de 1 million de participants, des dizaines de chars (sponsorisés pour la plupart par des marques de boissons et de cigarettes !) et des centaines de danseurs en costumes chamarrés. De nombreux concerts et bals populaires ont lieu dans les différents coins de la ville, un événement à ne pas manquer ! Les festivités s'achèvent le lendemain de Mardi gras par *l'entierro* (l'enterrement) de *Juan Carnaval.*

– Chaque soir de l'année, Mérida organise différentes ***activités culturelles*** selon un calendrier hebdomadaire : *vaquería* (danses) le lundi, musique traditionnelle au Parque Santiago le mardi, petit son et lumière à la Casa de *Montejo* le mercredi, sérénades yucatèques à la plaza Santa Lucía le jeudi, son et lumière à la cathédrale le vendredi, puis show mexicain et démonstration de *pok ta pok* (jeu de balle maya) le samedi. Du jeudi au samedi s'ajoutent concerts, mariachis et autres animations. Enfin, le dimanche, les rues autour du *zócalo* sont interdites aux véhicules, les restos de la calle 60 sortent leurs tables sur les trottoirs, les familles se baladent, les enfants mangent des glaces... Ce jour-là, le *zócalo* vit au rythme des danses et des spectacles folkloriques. Procurez-vous le programme édité par l'office de tourisme avec la localisation et les horaires de chaque événement.

DANS LES ENVIRONS DE MÉRIDA

Zona arqueológica de Dzibilchaltún : *à 19 km au nord de Mérida par la route de Progreso (panneau sur la droite au km 15), près de Chablekal. Site tlj 8h-17h ; accès jusqu'à 16h. Entrée : env 152 $Me ; parking 20 $Me. Resto (mar-sam 10h-16h).*

➢ ***Liaisons :*** voir « Arriver – Quitter » à Mérida.

Soyons clairs : malgré son prix d'entrée assez élevé, le site n'a vraiment rien d'exceptionnel. La ville, qui commença à se développer dès 300 av. J.-C., compta sans doute jusqu'à 20 000 habitants, avant d'être supplantée par Chichén Itzá au XIe s. Elle doit son développement à la proximité de la mer et au commerce du sel et des produits de la pêche, notamment les coquillages. *Dzibilchaltún* signifie « lieu où l'on écrit sur la pierre », eu égard à la quantité de stèles gravées retrouvées sur place.

– La ***plaza central*** est encadrée d'un côté par les vestiges d'un palais long de 130 m et, de l'autre, par une petite pyramide au sommet tronqué. Restent surtout les marches. Le plus surprenant est au centre de l'esplanade : une « chapelle ouverte » du début de l'époque coloniale, qui permettait aux Mayas d'assister à la messe sans devoir entrer dans l'église.

– Au pied du palais se creuse le ***cenote Xlakah,*** aux eaux translucides semées de nénuphars. Pas de puits d'effondrement ici, juste une sorte d'étang. On peut s'y baigner.

– Vers l'est, le *sacbé* (la voie sacrée) mène au ***templo de las Siete Muñecas*** (le temple des Sept Poupées), le plus intéressant et le mieux conservé, ainsi appelé car on y a retrouvé 7 figurines en argile. Lors des équinoxes, le soleil se lève précisément dans l'axe des 2 portes trapézoïdales.

– Les 7 poupées sont exposées au ***musée*** *(tlj 9h-16h sauf lun),* parmi un assez bel ensemble de sculptures, stèles et céramiques – sans oublier quelques pièces d'art colonial.

Tixkokob : *à 25 km à l'est de Mérida.* Colectivos *depuis la c/ 54, entre les c/ 65 et 67 (plan B3), 5h-21h.* C'est dans ce gros village qu'est fabriquée une bonne partie des hamacs vendus dans la région. On trouve quelques magasins au centre-ville, mais surtout des individuels qui essaieront de vous entraîner chez eux. Les visiteurs sont vite repérés ! 5 mn plus tard, vous vous retrouverez face à un grand cadre en bois très simple sur lequel on tend les fils du hamac, confectionné pratiquement comme un filet de pêche ! Il existe des modèles de toutes tailles, couleurs et prix – pas forcément moins chers qu'à Mérida.

Anillo de los cenotes *(la route des cenotes)* **:** si les *cenotes* proches de Valladolid et de la côte orientale sont bien connus, ceux de la région de Mérida ont l'avantage de la discrétion – et d'une fréquentation moindre. On ne vous conseille pas forcément celui de San Ignacio (à Chocholá), très aménagé, petit et étouffant ; en revanche, si vous êtes en voiture, ça vaut la peine de faire le détour par le

hameau de ***San Antonio Mulix*** *(prendre la direction de Cacao depuis la route 261, puis continuer sur 2 km). Accès (50 $Me) 9h30-17h30 (8h30-16h30 en hiver).* Vous y découvrirez 2 *cenotes,* X'Batún puis Dzonbakal, le 1er creusé au pied d'une petite falaise mangée par les racines des arbres, le 2d caché sous une voûte de pierre. Dans les 2 cas, le cadre reste très naturel et l'on peut se baigner.
Un peu plus à l'est, par la route d'Abalá *(faire 9 km jusqu'au panneau Anillo de los cenotes, puis 1,5 km sur une piste),* on rejoint le ***cenote Kankirixche*** *(tlj 9h-17h ; 100 $Me).* On y accède par un escalier en bois très raide débouchant dans une vaste grotte à la voûte ornée de stalactites, dissimulant presque entièrement un très grand bassin aux eaux cristallines tièdes. N'oubliez pas d'emporter votre masque de plongée !

Mayapán : *à env 50 km au sud de Mérida, près de Telchaquillo. Site ouv tlj 8h-17h. Entrée : 45 $Me.*
➢ ***Pour s'y rendre en bus :*** voir « Arriver – Quitter, Terminal Noreste » à Mérida. En voiture, prendre la direction de Valladolid (route 180), puis bifurquer vers Teya/ Mayapán (route 18). Emportez de l'eau, rien à vendre sur place.
Ce site, très peu fréquenté et paisible, vaut vraiment le détour. C'est un des rares où l'on peut encore escalader les monuments, disséminés au milieu de vastes pelouses. S'étendant sur 4 km², Mayapán (littéralement « le drapeau des Mayas ») est considéré comme la dernière grande capitale maya de la période postclassique (1200-1441). Sa population d'alors a été estimée à quelque 12 000 habitants. L'influence de Chichén Itzá est évidente dans l'édifice principal, le ***castillo de Kukulkan,*** similaire à celui de Chichén mais de dimension un peu inférieure (18 m de haut).
Du sommet, on découvre une superbe vue sur l'ensemble de la zone archéologique. À son pied, à gauche, sous une *palapa,* on peut voir quelques vestiges de fresques polychromes – et, derrière, un petit *cenote* avec des bananiers au fond ! À côté se dresse un intéressant observatoire rond avec, sur l'arrière, 2 beaux masques de Chac. Les autres édifices encadrant la place centrale étaient administratifs et religieux.

CELESTÚN

6 800 hab. IND. TÉL. : 988

À 96 km à l'ouest de Mérida, ce gros village de pêcheurs somnole, indolent, sur les rives du golfe du Mexique. Les pélicans s'y perchent par dizaines sur les barques tandis que, de part et d'autre, se déroulent des kilomètres de plages de sable blanc sur fond de broussailles.
Si l'on vient à Celestún, c'est avant tout pour parcourir en barque le splendide écosystème de la réserve de la biosphère Ría Celestún. Là, entre mangroves, sources et eaux salées se regroupent des milliers de flamants roses – presque rouges – peu farouches. L'estuaire, étendu sur une vingtaine de kilomètres de long, constitue un biotope idéal pour une faune aviaire particulièrement abondante en hiver : canards migrateurs, hérons de toutes sortes, pélicans bruns et blancs, ibis, aigrettes, etc. Au total, plus de 230 espèces. On peut venir pour la journée, mais les amateurs de calme et de nature passeront avec plaisir une nuit sur place.

Arriver – Quitter

➢ ***Mérida :*** bus *Oriente* ttes les 30 mn à 2h, 5h-20h (env 60 $Me). Départ de Mérida au terminal Noreste et arrivée à Celestún sur le *zócalo.* Trajet : 2h30 en bus et 1h30 en voiture.

Adresses utiles

■ ***Distributeur automatique :*** *à l'entrée de la supérette* Willy's, *sur le zócalo (tlj 7h-22h).* Accepte *Visa* et *MasterCard.*

■ ***Station-service :*** *sur le port, à 1,3 km au sud du zócalo (suivre la c/ 12 jusqu'au bout, puis la piste qui la prolonge).*

Où dormir ?

Toutes nos adresses sont situées le long de la calle 12, la rue qui longe la plage.

De bon marché à prix moyens (moins de 800 $Me / env 38 €)

⛺ 🏠 ***Cabañas y camping Ría Celestún :*** *c/ 12 nº 108 (et c/ 17).* ☎ *398-75-18 ou 235-13-92 (WhatsApp). Camping 50 $Me/pers,* cabaña *env 500 $Me. Pas de wifi.* On y vient avant tout pour planter la tente sous les palmiers et les flamboyants, juste en retrait de la plage. Le terrain n'est pas très bien tenu, mais l'emplacement reste sympathique. Les quelques *cabañas* roses aux toits de palmes (souvent bâchés...), avec salle de bains privée, sont juste correctes pour le prix. Pour les campeurs, les sanitaires communs sont sommaires.

🏠 ***Hotel San Julio :*** *c/ 12 nº 93A (entre les c/ 9 et 11).* ☎ *916-20-62.* ● *hotel-san-julio.negocio.site* ● *Doubles 500-800 $Me selon saison et disponibilités.* Si le proprio ne jure que par *Booking,* il accepte aussi les clients qui se montrent à sa porte s'il a de la place... On bénéficie alors de chambres récentes et impeccables, carrelées, avec AC, frigo et TV. 2 donnent sur la rue, les autres sur le patio sablonneux et la plage.

🏠 ***Hotel Gutierrez :*** *c/ 12 (et c/ 13).* ☎ *916-26-48. Doubles 500-700 $Me selon saison.* L'accueil est sympathique dans ce petit hôtel calé les pieds dans le sable, face à la mer. Les chambres sont simples mais bien tenues, avec salle d'eau, clim et ventilo, distribuées pour partie le long de corridors ouverts sur le large. Le resto, tenu par un Suisse, est parfait pour un excellent petit déj ou pour le *lunch* (voir « Où manger ? »).

Très chic (plus de 1 600 $Me / env 76 €)

🏠 ***Casa de Celeste Vida :*** *c/ 12 nº 49.* ☎ *916-25-36.* ● *hotelcelestevida.com* ● *Sur la route qui longe la plage, à env 1,5 km au nord du centre. Studio env 105 US$/nuit, appart env 140 US$. Gratuit moins de 12 ans.* À l'écart du village, mais suffisamment proche pour envisager de s'y rendre par le bord de mer, cette grande maison moderne tenue par des Canadiens abrite 2 studios (avec kitchenette) et un appartement de 4 personnes (avec cuisine) joliment meublés et dotés de tout le confort : draps de bain pour la plage, hamac, chaises longues, barbecue... Organisation de randos à cheval, vélos et kayaks de mer en prêt, location de SUP. Le paradis n'est pas loin. Il est même là, juste devant, avec la plage qui s'étend à perte de vue.

Où manger ? Où prendre un petit déjeuner ? Où boire un verre ?

Plusieurs restos se sont installés sous des *palapas* (paillotes) le long de la plage. Le menu et les prix *(80-180 $Me le plat)* y varient peu : fruits de mer, pinces de crabe *(manitas de cangrejo),* crevettes à toutes les sauces, langouste selon arrivage et poisson du jour, entier ou en filet, proposé à la yucatèque (poivrons, tomates et oignons), à l'ail *(ajo)* ou nature, *a la* *plancha.* Attention, les restaurants ferment tôt (vers 19h).

🍽 ☕ ***Gutierrez Dolphin :*** *c/ 13 nº 103, dans l'hôtel Gutierrez (voir « Où dormir ? »). Mer-dim 8h30-13h.* Jouxtant la plage, le lieu, tenu par un Suisse, Peter, propose un superbe choix de fruits frais, pain et confiture de papaye maison, muffins, omelettes et œufs, *French toasts,* yaourt et granola, à commander à l'unité ou en *paquetes (110-120 $Me).* À partir de 11h30, il y a aussi des sandwichs baguette. Discrète, une mangeoire attire toujours un ou 2 colibris.

🍽 ***Los Pampanos :*** *c/ 12 nº 99. ☎ 916-26-61. Tlj jusqu'à 19h env.* À l'abri de la paillote XXL, éclairée au néon le soir, la maison offre le plus grand choix de poissons et fruits de mer du coin. Il y a, par moments, de la conque (très bon) et du « caviar de mulet » – des œufs de courbine, au goût iodé intense. Parfois, il n'y a pas grand-chose... tout dépend du retour de pêche. Le gros plus : les quelques tables les pieds dans le sable. Service efficace.

🍽 ☕ 🍸 ***El Lobo :*** *c/ 10, maison jaune à l'angle du zócalo. Tlj 8h-11h, 19h-minuit, sauf lun.* Tenu par un Hollandais, ce miniresto s'anime surtout le soir, quand tous les autres lieux ont fermé. Aux quelques tables du bas répond une terrasse sur le toit, donnant sur le *zócalo,* parfaite pour descendre une mousse en musique. Au menu, pas de poisson, mais diverses formules petit déj (avec un grand choix de pancakes) et, le soir, des pizzas, burgers, pâtes ou tacos de crevettes très corrects.

À voir. À faire

La **plage** s'étend à perte de vue et, si vous vous éloignez du village, vous serez complètement seul (oui !). La mer est moins belle que côté Caraïbes (et par moments tapissée d'algues), mais, pour ceux qui n'aiment pas la foule et veulent admirer le coucher de soleil, plein axe, ça peut devenir très romantique... Attention, le soir, les moustiques sont féroces !
Des locaux proposent des balades à cheval.

Le port de pêche : *à env 1 km au sud du zócalo, dans le prolongement de la c/ 12 (continuer par la piste).* La pêche est l'activité principale du village. Alignés le long de l'estuaire, barques et chalutiers décatis déchargent le matin, sous des nuées de pélicans, leurs filets gonflés de poissons encore frétillants.

Reserva de la Biosfera Ría Celestún : Celestún s'amarre sur le flanc d'une péninsule sablonneuse très étirée, délimitant, côté terres, une longue lagune aux eaux saumâtres, véritable paradis ornithologique. On trouve en particulier ici ***la plus grande colonie de flamants roses d'Amérique du Nord*** ! Plus que roses, d'ailleurs, ils sont presque rouges... Présents en principe toute l'année, ils sont plus nombreux durant les mois d'hiver (avec un maximum en février), au moment de la marée basse et au petit matin. On compte alors, dit-on, jusqu'à plus de 40 000 individus. L'été, une partie des flamants part nidifier du côté de Progreso et de Río Lagartos, au nord de la péninsule. S'il a beaucoup plu récemment, vous verrez peu d'oiseaux.

POURQUOI LE FLAMANT EST-IL ROSE ?

L'eau de la lagune de Celestún prend, par moments, une couleur rouge. Ce phénomène n'est pas une illusion d'optique, il est dû à la présence en très grande quantité d'algues roses (rhodophytes) et des artémies salines – de très petites crevettes – qui s'en nourrissent. Elles-mêmes proies favorites du grand échassier, elles lui transmettent le pigment (carotène) concentré à travers la chaîne alimentaire, colorant durablement son plumage.

On ne saurait trop vous conseiller de venir le plus tôt possible : c'est principalement au lever du jour, en période de reproduction, que vous pourrez assister aux fantastiques danses des flamants. Les adultes se regroupent alors par dizaines ou centaines, se déplaçant de concert, le cou bien droit et la tête dressée, dans une chorégraphie bien huilée lorsqu'ils paradent alternativement dans un sens, puis dans l'autre. Un étonnant spectacle !
La réserve, étendue sur 590 km², est en fait le domaine de plus de 300 espèces d'oiseaux. Outre les flamants, on y observe aisément de nombreux pélicans (bruns et blancs), des hérons de toutes sortes, des ibis (blancs aux pattes orange et très long bec recourbé), des aigrettes bien sûr, des cormorans, etc.

➢ ***Tours en barque* (lancha) *dans la réserve :*** *au départ du* ***parador turístico,*** *juste après le pont menant à Celestún, sur la gauche en arrivant de Mérida, à 1,5 km du zócalo. Tlj du lever au coucher du soleil. Au guichet (8h-17h),* lancha *pour 2 ou 5-6 pers (même tarif : 1 900 $Me/barque pour 1h30). CB refusées.* Le tour se déroule toujours dans le même sens : observation des flamants, tour de l'île aux Oiseaux (pélicans bruns et cormorans), passage dans un « tunnel » formé par la mangrove, puis arrêt auprès d'une source d'eau douce (baignade possible). Honnêtement, ce qui est vraiment exceptionnel, ce sont les flamants ; le reste ressemble à des excursions qu'on peut faire ailleurs. Les bateliers s'approchent assez près, ne les poussez pas à en faire plus, s'ils sont trop souvent dérangés, les flamants pourraient s'en aller définitivement.
– À la tombée du jour, on peut opter pour un ***tour spécial crocodiles*** dans la mangrove, mais il faut s'arranger à l'avance, sinon les bateliers seront rentrés chez eux. À cette heure, les flamants roses s'envolent vers les marais salants. Place aux reptiles, des spécimens de 2 m en général. *Compter 1 800 $Me/barque (jusqu'à 8 pers) pour un tour de 2h.*
– Il est aussi possible d'***embarquer sur la plage de Celestún*** sur une barque de pêcheur, mais on ne vous conseille pas forcément cette solution : pour rejoindre la lagune, la *lancha* doit contourner les côtes et le trajet est bien plus long et agité. Là encore, on peut théoriquement partager *(4 pers min, env 300 $Me/pers),* mais encore faut-il qu'il y ait d'autres partants. Petit kiosque sur place, à côté du resto *La Palapa.*
– Les fauchés se lèveront à l'aube et iront se poster sur le pont menant à Celestún (à côté du *parador turístico*) : en hiver, on peut y observer les vols de flamants en train d'arriver. Superbe !

IZAMAL

25 600 hab. IND. TÉL. : 988

À environ 1h30 en bus à l'est de Mérida (70 km), cette charmante petite ville coloniale édifiée sur les ruines d'une importante cité maya conserve une belle unité architecturale. Toutes les maisons du centre sont peintes en jaune et blanc, à l'image de l'imposant couvent qui domine le *zócalo.* Dans les rues pavées, où l'on prend le temps de vivre, règne une atmosphère tranquille. Une jolie étape.

Arriver – Quitter

Terminal des bus ADO *(1re classe)* ***et Oriente*** *(2de classe)* ***:*** *c/ 32 et 31A. ☎ 954-01-07. Juste derrière le* palacio municipal*.*
➢ ***Mérida :*** ttes les 30 mn à 2h, 4h30-19h30. Trajet : 2h.
➢ ***Valladolid et Cancún :*** tlj vers 6h10, 14h25 et 16h35. Trajet : 2h pour Valladolid, 5h pour Cancún.

Adresse utile

ℹ ***Office de tourisme :*** *contre le* palacio municipal, *sur le flanc ouest du* zócalo. *☎ 954-00-09 ou 10-96. Lun-ven 8h-21h, sam 8h-15h.* Plan de la ville très pratique.

Où dormir ?

On trouve ici pas mal de (bonnes) options à prix très contenu.

De bon marché à prix moyens (jusqu'à 800 $Me / env 38 €)

Posada Flory : *à l'angle des calles 30 et 27. ☎ 954-05-62 ou 00-70. À 2* cuadras *au nord du* zócalo. *Doubles à partir de 200-250 $Me.* On vous indique l'adresse plus qu'on ne vous la conseille, pour ses très petits prix. Cette pension abrite une dizaine de chambres à 1 ou 2 lits, toutes différentes, plus ou moins spacieuses, mais toutes avec salle de bains (certaines fort kitsch), eau chaude et ventilo (clim pour les plus chères). Le point noir : un gros chien qui sent mauvais et aboie à chaque fois qu'on rentre...

Posada Ya'ax Ich : *c/ 31 nº 369B, entre les c/ 42 et 44. ☎ 954-02-49. À 6* cuadras *(env 800 m) à l'ouest du* zócalo. *Double env 600 $Me, café à l'accueil le mat.* Si l'on perd en proximité avec le *zócalo,* on gagne ici en confort et en économies. Ce petit hôtel familial aligne 4 grandes chambres impeccables, carrelées et modernes, avec AC, d'un excellent rapport qualité-prix. Le plus : une agréable piscine dans un jardin touffu.

Hotel San Miguel Arcángel : *c/ 31 A nº 310 A, sur le zócalo. ☎ 954-01-09. • sanmiguelhotel.com.mx • Doubles 750-850 $Me.* Ce charmant petit hôtel à la déco (néo)-coloniale jouit d'une position idéale. La plupart de ses 14 chambres (avec clim) sont vastes, claires et charmantes – surtout celles donnant sur la place et le couvent (nos 4 à 7). L'étroit patio s'adosse aux vestiges d'une... pyramide sur laquelle se trouve un joli coin de jardin avec chaises longues.

De chic à plus chic (800-1 600 $Me / env 38-76 €)

Macan-Ché B & B : *c/ 22 nº 305, entre les c/ 33 et 35. ☎ 954-02-87. • macanche.com • Doubles 1 100-1 450 $Me, copieux petit déj américain inclus. Au resto, plats 150-250 $Me.* Ce *B & B* appartenant à un couple d'Américains propose une quinzaine de chambres spacieuses (jusqu'à 6 personnes) à la déco personnalisée, avec ventilo ou clim. Il s'agit en fait de bungalows répartis dans un jardin à la végétation luxuriante, la plupart avec une agréable terrasse. Piscine. Au resto (sur résa le soir), niché sous une *palapa,* on déguste une cuisine savoureuse – mais un peu chère – aux saveurs exotiques, comme ce poisson à la mangue et légumes frais... Également 2 maisons à louer pour 6 personnes.

Où manger ?

Mercado municipal : *en face du couvent. Tlj 7h-16h.* Quelques *puestos* où grignoter une *botana* ou un sandwich, ou bien prendre un repas. À arroser d'un bon jus de fruits ou *licuado.*

Los Arcos : *c/ 28 ; entre les c/ 31 et 31A, sur le flanc est du parque Zamná. ☎ 954-06-62. Plats 60-95 $Me. Tlj sauf lun 11h-23h.* Il y a la grande salle traditionnelle ornée de quelques fresques et objets de déco, plus une poignée de tables sous les arcades du joli patio. Mais l'essentiel, ici, est dans l'assiette : des salades et des *antojitos* de qualité à prix serrés : tacos (excellents à la *carne asada*), *burritos* et *quesadillas* – y compris végétariens.

🍽 ***Kinich El Sabor de Izamal :*** *c/ 27, entre les c/ 28 et 30.* ☎ *954-04-89. De la place Zamná, remonter la c/ 30 sur 2 cuadras, puis tourner à droite. Tlj 11h-18h. Plats 140-240 $Me.* C'est l'arrêt favori des tour-opérateurs au déjeuner. On mange sous une grande *palapa* installée dans un jardin foisonnant, sous des ventilos bienvenus. Si la carte n'est pas très longue, elle propose de vraies spécialités du Yucatán, de qualité : essayez les *papadzules*, les *panuchos*, ou le *poc chuc*... Vous ne serez pas déçu. Le service est plutôt pro, mais certains n'aimeront pas le caractère très touristique des lieux, avec même une boutique d'artisanat.

Achats

Lol Tuk (La Flor de Cocoyol) : *c/ 26 nº 344, entre les c/ 45 et 47.* ☎ *967-04-44. Tlj 7h-21h. CB acceptées.* L'intarissable Estebán Aban Montejo est fier d'exhiber ses bijoux, pour lesquels il a obtenu un prix national. Pour les confectionner, il utilise des matières premières 100 % naturelles, particulièrement les épines du *henequén* (sisal) et les petits fruits en forme de noix de l'arbre de *cocoyol* et du *dzibul*. Les pièces (un peu chères) sont belles et se marient à l'occasion à l'argent ou à l'or. Pour le prix, vous aurez sans doute droit à une patte de cheval et un cours de maya !

À voir

Possibilité de louer une calèche pour faire le tour des principales attractions. Elles sont postées sur le parque Zamná.

Convento de San Antonio de Padua : *en plein centre-ville. Tlj 6h-20h. Spectacle son et lumière dans l'atrium jeu-sam à 20h (110 $Me), sauf s'il pleut et lors des fêtes religieuses.* Construit par les franciscains entre 1553 et 1562 sur la terrasse d'une pyramide maya disparue, ce vaste couvent est précédé d'un atrium de 7 800 m² encadré par 75 arcades – le plus vaste au monde en dehors du Vatican ! À l'intérieur de l'église, le rutilant retable, tout en or, abrite la très vénérée Vierge d'Izamal, patronne du Yucatán, célébrée en grande pompe les 7 et 8 décembre. À l'arrière, on accède à la chapelle du *Camarín* de la *Virgen* (au 1er étage), l'antichambre *(tlj sauf lun 9h-17h, 5 $Me)* par laquelle elle transite en partant en procession... Ses tenues de parade sont exposées au musée voisin. En revanche, le couvent, encore occupé par des sœurs, ne se visite pas.

Centro cultural y artesanal : *c/ 31, à l'angle de la c/ 30, sur le flanc nord du zócalo. Tlj 10h-20h. Entrée : 30 $Me.* Ce centre d'expositions expose de belles pièces d'artisanat venues de tout le pays, très similaires à celles du *Museo de Arte popular* de Mérida.

Pirámide Kinich Kak Moo : *entre les c/ 23 et 27, 26B et 28 (escalier sur la c/ 27), à 5 mn au nord-est du zócalo. Tlj 8h-17h. GRATUIT.* Izamal a été construite sur une ancienne cité maya, qui comptait 5 pyramides. Longue de 200 m sur 180 m, celle-ci, dressée en plein quartier résidentiel, était la plus grande – et même l'une des plus imposantes en volume de la Méso-Amérique ! Du sommet, on domine toute la bourgade et les environs. On peut aussi jeter un coup d'œil au ***templo Itzamatul,*** une autre grosse pyramide dressée à l'angle des rues 26 et 29. Celle-ci était consacrée à Zamná, le seigneur du Ciel.

LA RUTA PUUC

IND. TÉL. : 997

En maya yucatèque, « puuc » désigne un ensemble de collines (très) basses émergeant tout juste des broussailles et de la forêt sèche. C'est là, un peu au sud de Mérida que, entre les VIIe et IXe s (fin de l'époque classique), marqués par le début de déclin des grandes cités mayas des Basses-Terres du Sud (Calakmul, Tikal), émergèrent de nouveaux grands centres de population : Uxmal la dominante, Kabah, Sayil, Xlapak, Labná, Oxkintok, Chacmultun... aujourd'hui conjointement classés au Patrimoine mondial.
Formées en coalition politique et religieuse, reliées entre elles par un vaste réseau de *sacbeob* (chaussées), ces villes développèrent une architecture commune, le style Puuc. Particulièrement expressif, il se caractérise notamment par un foisonnement d'ornements sur la partie haute des édifices – avec des motifs de grecque (frises géométriques) et de nombreux masques de Chac, le dieu de la Pluie. Nul mystère à cela... Si les terres de la région sont fertiles, l'eau y est rare. Ici, ni rivières ni lacs, et peu de *cenotes.* Les Mayas de la région développèrent donc des citernes *(chultunes),* dont l'approvisionnement dépendait avant tout de la saison des pluies.

Comment y aller ?

➢ ***En voiture :*** Uxmal est situé à 78 km au sud de Mérida et les autres sites de la Ruta Puuc (moins fréquentés) se répartissent sur une quarantaine de kilomètres en direction du sud-est. Le circuit est facile d'accès et peut se faire dans la journée si on ne traîne pas trop. Quitter Mérida en direction de Campeche et suivre les panneaux « Ruta Puuc » (par la route 261). Pour éviter la foule à Uxmal, mieux vaut cependant dormir dans le coin et venir à l'ouverture ou, a contrario, terminer la journée par là.

➢ ***En bus :*** pour ***Uxmal,*** 5-6 bus/j. 6h (9h w-e)-12h (ou 17h) depuis le terminal 2de classe *TAME* de ***Mérida.*** Les bus poursuivant jusqu'à ***Campeche,*** on peut, d'Uxmal, rejoindre directement cette ville. Se placer sur la route, à la sortie du site, à la hauteur de l'hôtel *Hacienda Uxmal.* En principe, dernier retour pour Mérida vers 17h20 (ou 20h, ça dépend...), pour Campeche en début ou fin d'ap-m. Se faire préciser les horaires avt en fonction du jour de départ. Trajet : env 1h45 pour Mérida, 3h pour Campeche. Si vous avez raté le dernier bus, prendre un taxi pour Muna. De là, nombreux *colectivos* pour Mérida.
Pour les ***autres sites,*** les choses se compliquent ! Les combis locaux vous mèneront à ***Santa Elena*** mais, au-delà, les options sont quasi inexistantes. Seule option sûre : louer les services d'une ***moto-taxi*** ou d'un ***tuk-tuk*** pour enchaîner les sites de la Ruta Puuc (à partir de 500 $Me pour 3h-4h).

➢ Les agences de Mérida proposent des ***excursions à la journée*** incluant Uxmal et les autres sites. Sinon, le dimanche, on peut prendre à Mérida le ***bus « Ruta Puuc »*** de la compagnie *Oriente,* qui part à 8h et rentre à Mérida vers 16h30-17h. Il passe par les sites de Labná, Xlapak, Sayil et Kabah (30-50 mn d'arrêt chaque fois) avant de finir par Uxmal (2h d'arrêt). Compter env 180 $Me pour le circuit entier, auxquels il faut bien sûr ajouter le droit d'entrée sur les sites.

Où dormir ? Où manger dans la région ?

On trouve une poignée d'hôtels abordables à ***Santa Elena,*** à 13 km au sud-est d'Uxmal, le long de la route principale (261) contournant le bourg (desservi par les bus Mérida-Campeche via Ruinas). Quelques hôtels plus haut de gamme, principalement fréquentés par les groupes, ont par ailleurs été construits aux abords directs du site d'Uxmal.

À Santa Elena

Prix moyens

🏠 🍽 ***Hotel El Chac-Mool :*** *à la sortie sud de Santa Elena, direction Campeche (route 261).* ☎ *978-51-17. Doubles 550-650 $Me, copieux petit déj inclus. Au resto, plats 80-120 $Me.* Si les abords, peu éclairés de nuit, sont un poil glauques et les chiens nombreux dans le secteur, les 10 chambres carrelées sont propres, grandes, avec 2 lits et salle de bains, ventilo et/ou clim. Bref, le rapport qualité-prix n'est pas mauvais du tout, d'autant que l'accueil se révèle vite sympathique. Demandez à la fille des proprios de vous parler de K'och, une grande cité maya à mi-chemin d'Uxmal, encore entièrement enfouie sous la végétation... Le resto tient aussi la route avec un petit choix de plats simples mais bien faits.

🏠 🍽 ***The Pickled Onion :*** *à la sortie sud de Santa Elena, direction Campeche (route 261).* ☎ *111-79-22. • thepickledonionyucatan.com • Double env 55 US$, copieux petit déj inclus (CB + 3-5 %) ; enfants gratuits jusqu'à 6 ans. Au resto, plats 70-130 $Me, box lunch 120 $Me.* Cette jolie maison ocre et jaune, en bord de route, appartient à une discrète et sympathique Anglaise installée au Mexique depuis de nombreuses années. Elle a bâti à l'arrière, dans son jardin (au calme), une série de gentils bungalows aux toits de palmes déclinant jolis tissus, mobilier soigné et salles de bains étudiées, séparées de la chambre par un muret en pavés de verre. Ils sont dotés d'un excellent confort pour le prix, avec frigo, machine à café et même un parapluie à disposition ! En prime : petite piscine bien agréable et hamac, massages et, au resto, d'excellents petits déj et une très bonne cuisine mexicaine et régionale à prix correct (possibilité de paniers pique-nique). Bref, une belle adresse !

🍽 ***Restaurante La Central :*** *c/ 21, à l'angle de l'av. Central (au pied de l'église). Tlj 12h-20h. Plats 35-60 $Me.* L'immense salle-hangar aux tables et chaises en plastique n'est pas très affriolante malgré sa déco de fleurs en plastique et la grande fresque naïve, mais le *poc chuc,* le *pollo motuleño* et le *puerco a la yucateca* tiennent la route et sont servis avec un large sourire. Il suffit d'être un peu patient (tout à la commande).

Près du site d'Uxmal

🏠 🍽 À côté du site archéologique, les ***Mayaland Resorts*** possèdent 2 hôtels complémentaires, parfaitement situés pour une visite d'Uxmal au réveil, avant l'arrivée de la foule : ***The Lodge at Uxmal*** et l'***Hacienda Uxmal.*** ☎ *(998) 887-24-95 (central de résa) ou nº Vert 01-800-719-54-65. • mayaland.com • Doubles 175-460 US$ au lodge selon catégorie et saison, 180-250 US$ à l'Hacienda. The Lodge,* le plus chic des 2, installé tout contre l'entrée du site, dispose de 40 chambres spacieuses, carrelées, de très bon confort, avec de grandes salles de bains – dont 8 ovales (plus chères) avec lit *king* size et toit en *palapa* pour celles du niveau supérieur ! Toutes donnent sur l'une ou l'autre des 2 piscines de l'établissement. De l'autre côté de la route, l'*Hacienda,* une grande structure appréciée des tour-opérateurs, aligne 62 chambres un poil moins grandes, mais elles aussi bien équipées et tenues, d'un meilleur rapport qualité-prix. Décorées de tapis colorés, elles sont réparties dans des bâtiments de 2 niveaux aux larges galeries donnant sur une jolie piscine adossée à une colonnade. Une dépendance, baptisée *La Casa del Mago,* adossée à la route, propose des chambres moins chères, avec clim. Chaque hôtel dispose de son propre restaurant, tous 2 installés sous une grande *palapa.* Au menu : cuisine yucatèque et internationale (chère).

– À 1 km au nord du site, l'***Uxmal Resort Maya*** est un affreux bâtiment de 4 étages surtout utilisé par les tour-opérateurs économes. Il a un avantage de taille : ses prix *(env 1 000 $Me la double).* Sans oublier une grande piscine et une vue distante sur Uxmal. Le resto, lui, est médiocre.

|●| 2 restaurants sont situés côte à côte, le long de la route, à 5 km au nord d'Uxmal (en direction de Mérida). Il y a d'abord le ***Ppapp Hol Chac*** *(tlj 9h-17h ; plats 110-220 $Me),* qui sert une cuisine yucatèque de qualité, copieuse (surtout du poulet). On préfère toutefois un peu son voisin, ***Halach-Huinic,*** sans nappes mais moins cher *(tlj 9h-17h ; plat 110 $Me),* où la cuisine est préparée selon une ancienne coutume maya : cuite à l'étouffée dans un « four » creusé en terre. Ça donne au *poc chuc* et au *pollo pibil* un léger goût de fumée.

Où manger en allant à Celestún ?

|●| ***Restaurante Hacienda Santa Rosa :*** *depuis la route 180 Mérida-Campeche, prendre la bretelle menant vers Maxcanu, contourner le village puis tourner à droite (fléché) ; l'hacienda est à 7 km. ☎ (999) 923-19-23. Tlj 7h-22h30. Plats 130-370 $Me.* On aime bien cette escale sereine et discrète. Membre de la très chic *Luxury Collection,* le domaine, fondé en 1906, exsude une fort belle atmosphère coloniale, un peu perdue dans le temps. Si dormir ici n'est pas à la portée de toutes les bourses, ceux qui sont en voiture y feront volontiers escale pour le déjeuner. Au menu : des salades, des burgers et sandwichs pour ne pas se ruiner, mais aussi une jolie cuisine yucatèque et internationale, servie (impeccablement) sous les arcades d'un bleu profond ou la belle véranda aérée ouverte sur le jardin. En dessert, ne ratez pas la glace maison à l'édam et le fondant au chocolat.

ZONA ARQUEOLÓGICA DE UXMAL

• Plan *p. 225*

Émergeant de la forêt sèche, le site d'Uxmal est remarquable par la beauté de son architecture, caractéristique du style Puuc : frises finement sculptées au sommet des édifices et omniprésence des représentations de Chac, le dieu de la Pluie. C'est l'ensemble le plus important du Yucatán avec Chichén Itzá, et sans doute le plus pittoresque, grâce à son paysage vallonné et à ses proportions réduites qui permettent d'être immédiatement sensible à son harmonie. Plus qu'un centre cérémoniel, Uxmal était la capitale politique, militaire et religieuse de la région Puuc, et comptait plus de 25 000 habitants à son apogée.

Un peu d'histoire

Centre politique majeur du classique tardif (entre les VIIe et Xe s), Uxmal a joué dans la région un rôle comparable à celui de Chichén Itzá – qui lui « succéda ».

Son nom, sans doute déjà utilisé à l'époque maya, signifierait « 3 fois », indiquant ainsi le nombre de reconstructions qu'aurait connues la cité. Une autre étymologie préfère « le lieu des récoltes abondantes ». Ville dynamique, Uxmal commerçait activement avec d'autres cités de la région sud (importation d'obsidienne, de basalte) ; les commerçants y occupaient le haut de l'échelle sociale.
Entre l'an 1000 et l'an 1200, de nombreux émigrants originaires du Mexique central (les Xius), porteurs de la culture toltèque, arrivèrent au Yucatán. Ils introduisirent de nouvelles conceptions politiques et religieuses, notamment le culte du dieu-serpent Kukulkan (Quetzalcóatl), qui apparut dès lors sur les bas-reliefs. Pour des raisons inconnues (guerre civile, luttes intestines au sein de l'élite gouvernante...), la cité commença à décliner vers l'an 1200, les habitants émigrant vers d'autres centres. Des nuées d'iguanes ont depuis pris possession des lieux...

Infos pratiques

– ***Infos et horaires :*** ☎ *(999) 944-00-33 ou 976-20-64. Tlj 8h-17h ; dernière entrée à 16h.*
– ***Tarif :*** *494 $Me. On achète son billet de l'INAH aux caisses 1-2, puis la taxe locale aux caisses 3-4. Parking : 80 $Me. CB refusées.*
– ***Consigne :*** *à l'accueil, inclus dans le prix du billet d'entrée. Obligatoire pour les sacs (même petits).*
– ***Service de guide :*** *à l'accueil. Prévoir env 800 $Me pour un guide francophone, 25 pers max.*
– ***Spectacle son et lumière :*** *à 19h en hiver, 20h en été. Arriver un peu avt (caisse ouv 18h-18h45). Tarif : 640 $Me. Durée : 45 mn. Attention aux moustiques... et au transport pour le retour (plus de bus ni colectivos) ! Des agences organisent l'aller et le retour depuis Mérida.*
– ***À savoir :*** emportez une bouteille d'eau, voire votre casse-croûte. Sur place : snack *(tlj 7h30-22h)* et cafét' un peu chère pour la qualité *(plats 110-160 $Me),* distributeur automatique *(Visa).* Comme ailleurs, pour éviter la foule, mieux vaut venir tôt le matin ou en fin d'après-midi. Compter 1h30 pour une visite standard.

Visite du site

Pirámide del Adivino *(pyramide du Devin)* **:** *juste après l'entrée.* Probablement construite vers la fin du VIe s, elle aurait été, dit la légende, érigée en une nuit par un nain aux pouvoirs magiques, alors qu'il venait d'accéder au trône ! Avec ses 35 m, elle est plus haute que celle de Chichén Itzá. Sa forme elliptique est unique au Mexique. Édifiée en 5 temps, elle mélange les styles de toutes les périodes de construction. L'accès aux petits temples du sommet est désormais interdit.

Cuadrángulo de las Monjas *(quadrilatère des Nonnes)* **:** superbement restauré, cet ensemble doit son nom aux conquistadores, qui lui trouvèrent un air de cloître. En vérité, ce magnifique édifice de 65 m sur 45 m était sans doute réservé à des fonctions résidentielles et administratives. Il se compose de 4 grands édifices entourant une cour centrale, du plus pur style Puuc (Xe s) et d'une grande harmonie architecturale, ornés de superbes frises chargées d'innombrables symboles, de masques du dieu Chac (visez la trompe), de serpents à plumes, de motifs géométriques... La façade ouest y ajoute des guerriers.

Juego de Pelota *(jeu de pelote)* **:** *on le traverse pour aller vers le palais du Gouverneur.* Il est beaucoup plus petit et moins bien conservé que celui de Chichén Itzá.

Grupo del Cementerio *(groupe du Cimetière)* **:** *au niveau du jeu de pelote, prendre le sentier qui s'enfonce dans la forêt vers l'ouest sur 150 m.* Un petit

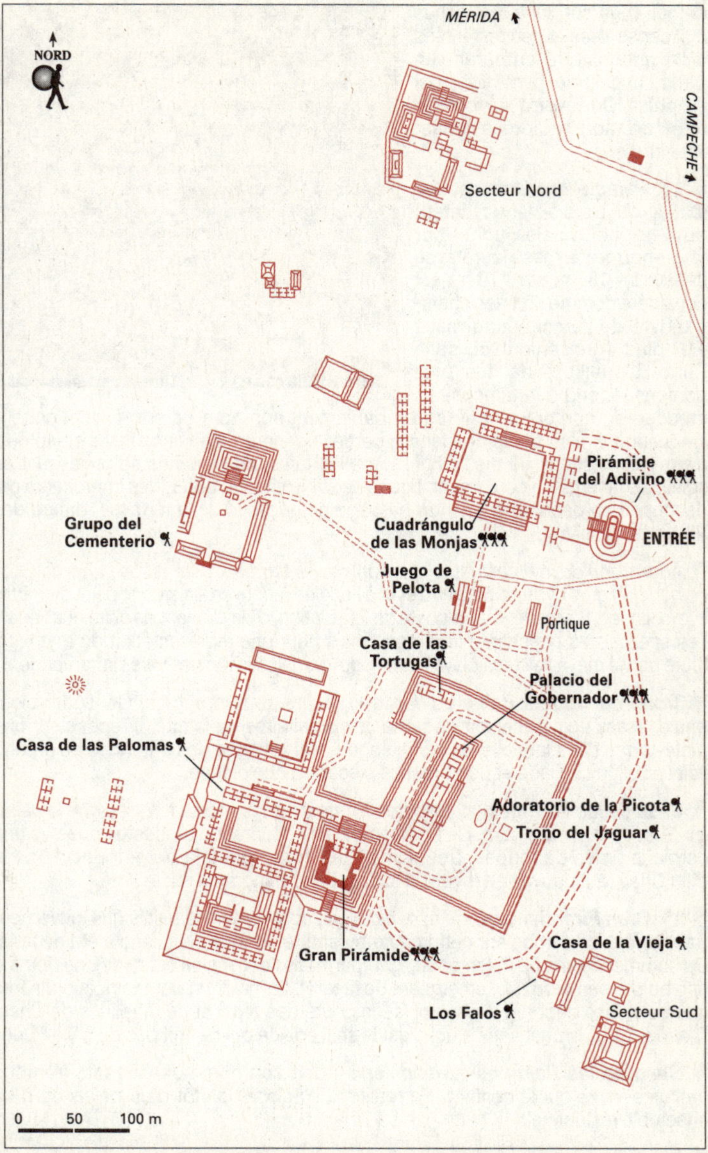

UXMAL (Zona arqueológica)

détour vous conduira aux ruines mal conservées et peu restaurées d'un quadrilatère entourant un patio, avec une pyramide mal en point. On y verra surtout les têtes de mort sculptées ornant les murets.

C'ÉTAIT PAS DU BASKET !

Répandu dans toute l'aire méso-américaine sous 1 001 formes, le jeu de balle (pitz en maya) était à la fois un jeu et un rite symbolique : la trajectoire de la balle en caoutchouc aurait évoqué la course du soleil dans le ciel et les anneaux, disposés à l'est et à l'ouest, auraient figuré le levant et le couchant. Le terrain de jeu représenterait la plateforme terrestre séparant le monde supérieur (le ciel) de l'inframonde (les « enfers »). Quant à l'issue du jeu, elle aurait eu valeur d'oracle, révélant le choix des dieux.

★★★ ***Palacio del Gobernador*** *(palais du Gouverneur)* **:** datant du Xe s, ce palais juché sur une énorme terrasse surélevée (mesurant 187 m sur 170 m) est considéré comme l'un des chefs-d'œuvre de l'architecture maya – et plus précisément du style Puuc. L'équilibre de ses proportions répond à la fameuse loi grecque du nombre d'or. Il tire probablement son nom de son exceptionnelle longueur (98 m) et présente, dans la partie supérieure, de riches frises sculptées, avec 103 masques du dieu Chac. Dans les talus, des iguanes se prélassent au soleil. De la terrasse nord, magnifique vue sur le site. En outre, des chercheurs ont découvert en décembre 2019 un passage en dessous de la terrasse, datant des VII-VIIIe s. À suivre...

★ ***Adoratorio de la Picota*** *(autel du pilori)* **:** *sur la terrasse, côté est du palais du Gouverneur.* Ce gros cylindre de pierre était à l'origine recouvert de stuc et peint de motifs symboliques. S'agissait-il d'un poste de flagellation, d'un élément de culte phallique ? Les spécialistes penchent plutôt désormais pour une représentation du mythique arbre de vie maya (le *ceiba* ou *ya'axche*), qui dardait ses racines vers l'inframonde.

★ ***Trono del Jaguar*** *(trône du Jaguar)* **:** *à côté de l'Adoratorio.* Ce jaguar bicéphale, assez abîmé, servait de trône aux dignitaires de la cité. Il repose sur une plate-forme dans laquelle les archéologues ont retrouvé des offrandes de grande valeur : bijoux en jade et nombreuses pièces en obsidienne.

★ ***Casa de las Tortugas*** *(maison des Tortues)* **:** *sur la même terrasse que le palais du Gouverneur, côté nord.* Ce petit temple à la décoration modeste conserve une corniche ornée de tortues. Cet animal était apparenté à la pluie, tout comme le dieu Chac, qui pouvait en revêtir la forme. Beau panorama sur le site.

★★★ ***Gran Pirámide*** *(grande pyramide)* **:** en contournant le palais du Gouverneur par l'arrière, on tombe sur cette haute pyramide dont un seul flanc a été dégagé. Du sommet de ses 32 m (on peut y grimper, mais l'ascension est raide), on domine une bonne partie du site, émergeant de la forêt. Là-haut, un petit temple conserve une belle frise décorée d'oiseaux (sans doute des aras) et de masques de Chac. D'aspect plus brut et sans stuc, c'est le seul édifice qui ne soit pas de style Puuc.

★ ***Casa de las Palomas*** *(pigeonnier)* **:** il doit son nom aux élégants frontons à claires-voies qui le coiffent. En réalité, il s'agissait plutôt d'un palais ou d'un ensemble résidentiel.

★ ***Los Falos*** *(les Phallus)* **:** *au sud-est du palais Gouverneur, accès depuis les abords de la grande pyramide.* Sous une *palapa* sommeille une quinzaine de phallus de pierre en piteux état – une spécificité d'Uxmal. Juste derrière, on distingue, noyée dans la végétation, la ***Casa de la Vieja*** *(maison de la Vieille).* Près de là, une petite pyramide a été restaurée.

➢ D'ici à ce que vous lisiez ces lignes, un grand ***centre d'interprétation*** devrait avoir ouvert à l'entrée du site. N'hésitez pas à nous donner votre avis !

À voir dans les environs

Choco-story : *face à l'entrée du site d'Uxmal, de l'autre côté de la route. • choco-storymexico.com • Tlj 9h-19h30 en été, 9h-18h en hiver ; dernière entrée 30 mn avt. Entrée : 150 $Me ; réduc. Explications en espagnol et en anglais.* Fondé par une entreprise chocolatière belge, cet écomusée part à la découverte de l'histoire du cacao, de son utilisation rituelle par les Mayas à la production industrielle d'aujourd'hui. Un parcours ludique bien fait, le long des allées d'un luxuriant jardin (plantes endémiques étiquetées) agrémenté de quelques enclos où s'ébattent jaguars, singes araignées et oiseaux. Au passage, reconstitution d'une cérémonie au dieu Chac (*propina* bienvenue) et dégustation d'une boisson traditionnelle au cacao, à agrémenter de piment pour faire comme les Mayas – mais pas de sang humain comme jadis les nobles à l'issue d'un sacrifice... Boutique et bar.

PIÈCES EN CHOCOLAT

Dans le monde maya, on payait ses marchandises en fèves de cacao. Une fève valait une tomate, 2 fèves un œuf de canard. Les Espagnols conservèrent un temps cet usage, établissant une parité flottante avec le real. Et le cacao avait la cote. Au milieu du XVIe s, 1 real valait 150 fèves ; à la fin du siècle, seulement 80. Ceux qui avaient mis leur chocolat de côté ont vu leurs avoirs doubler ! Quant aux gourmands, il leur a fallu se serrer la ceinture.

LES AUTRES SITES DE LA RUTA PUUC

Zona arqueológica de Kabah : *à 21 km au sud-est d'Uxmal (8 km de Santa Elena), direction Campeche. Tlj 8h-17h (fermeture des caisses à 16h30). Entrée : 60 $Me.*

Occupé dès 600 av. J.-C., le site a connu son apogée entre l'an 700 et 1000 environ. La ville s'étendait alors sur quelque 4 km² et comptait près de 10 000 habitants. Kabah signifie en maya « la main qui cisèle » ou « le seigneur à la main puissante ».

Face à l'entrée, au fond, se dresse l'imposant ***Gran Palacio,*** veillant sur sa placette surélevée. Mais c'est l'édifice situé sur sa droite, le ***Codz Poop,*** appelé aussi le palais des Masques, qui est, de loin, le plus connu. L'un des plus fascinants exemples du style Puuc, il dévoile une imposante façade entièrement sculptée de remarquables motifs artistiques et de 260 masques de Chac. Juste devant, l'*autel des glyphes,* aux pierres sculptées sur les 4 faces, voisine avec un ***chultún*** (citerne souterraine). Derrière le *Codz Poop* se dressent en outre 2 imposantes sculptures de guerriers toltèques (postérieures donc).

De l'autre côté de la route, un petit sentier à travers bois mène à l'***arco monumental*** (restauré), sobre et élégant, du plus pur style Puuc, qui marquait le départ du *sacbé* menant à Uxmal, à 20 km de là. Il voisine avec une grande pyramide dont on devine à peine la présence, à cause de la densité de la forêt.

Zona arqueológica de Sayil : *à 31 km au sud d'Uxmal ; 5 km après Kabah, quitter la 261 à gauche, c'est 5 km plus loin. Tlj 8h-17h (dernière entrée à 16h15). Entrée : 60 $Me.*

Contemporaine (700-1000) et similaire par son développement à Kabah (10 000 habitants à son apogée), Sayil occupe une zone à peine moins étendue (3,5 km²). Elle s'en distingue toutefois par sa localisation dans une petite vallée peu marquée, qu'il faut remonter pour découvrir des édifices restés pour l'essentiel prisonniers de leur gangue de terre et de forêt.

L'édifice le plus imposant, juste après l'entrée, est le ***Palacio Norte*** (ou *Grand palais*), caractéristique du style Puuc. Long de 90 m, comptant plus de 90 pièces et alimenté en eau par un ensemble de 8 *chultunes* (citernes), il pouvait abriter

jusqu'à 350 personnes. Un seul côté a été dégagé, ce qui permet de mesurer l'ampleur du travail qu'exige une restauration. Masques de Chac et serpents ornent ses 3 niveaux, sans oublier des colonnes dont les triples renflements imitent les liens attachant les troncs entre eux dans les cabanes mayas.
Du palais, un chemin mène au ***mirador,*** un temple pyramidal semi-dégagé surmonté d'un fronton à claires-voies, construit sur un monticule. À 100 m de là, on peut voir une stèle qui représente ***Yum Keep,*** dieu de la Fertilité (bien membré !). On rejoint ensuite le sentier principal pour gagner, à 800 m de là, le ***Palacio Sur,*** à moitié effondré et noyé dans la végétation. Seule émerge une façade sur un seul niveau, aux colonnes accolées.

Zona arqueológica de Xlapak : *à 36 km d'Uxmal, 5 km après Sayil, sur la même route. Tlj 8h-17h. GRATUIT.* Si vous n'avez pas encore les semelles en feu, vous trouverez ici un petit site plongé dans une belle ambiance de forêt et de solitude, avec 2 groupes de petits édifices assez bien dégagés.

Zona arqueológica de Labná : *à 40 km d'Uxmal, 4 km après Xlapak, sur la même route. Tlj 8h-17h (dernière entrée 16h30). Entrée : 60 $Me.*
Labná est l'un de nos sites préférés. Non pour son côté monumental, mais pour son caractère isolé et le charme qui s'en dégage. Avec un peu de chance, vous y serez presque seul. Datant de la même époque que Kabah et Sayil (750-1000), la cité, étendue sur 2 km², aurait compté seulement 2 500 habitants.
Les ruines sont réparties autour d'une vaste clairière tachée de flamboyants centenaires. Dès l'arrivée, on tombe sur un ***palais*** juché sur une terrasse de 135 m de long, qui comportait 67 pièces réparties sur 2 niveaux. Stucs ouvragés, colonnes et masques de Chac sont largement représentatifs du style Puuc. À l'angle droit du *temple* s'ouvre une gueule de serpent, béant sur un visage ; le corps du reptile ondule sur le côté de l'édifice.
Le ***sacbé*** *(voie sacrée)* traversant la grande clairière mène aux 2 plus fameuses constructions de Labná : la ***pyramide*** surmontée de son temple *(El mirador)* et l'***arche monumentale,*** superbement reconstituée, révélant les mêmes types d'ornements. On peut en voir une copie à... New Delhi !

CAMPECHE

283 000 hab. IND. TÉL. : 981

• Plan *p. 231*

La région de Campeche a eu l'honneur douteux d'être découverte dès 1517, lors de la 1re expédition espagnole le long des côtes yucatèques. En 1540, un port y est fondé, qui s'avère déterminant pour la poursuite de la colonisation et l'essor économique de la Nouvelle-Espagne. De là sont exportés sel, cire, miel et bois de campêche. La contrebande sévit, bientôt relayée par les attaques des pirates qui n'hésitent pas à massacrer une partie de la population. Drake pille la ville

HAEMATOXYLUM CAMPECHIANUM

Signifiant « bois qui saigne », c'est le nom latin du palo de tinte, aussi appelé bois de campêche, qui fit la fortune de la ville à partir du XVIe s. Ce gros arbuste de la famille des légumineuses, très répandu dans la région, fut longtemps utilisé pour teindre les étoffes. Employé brut, il permettait d'obtenir une belle teinte noire ou bleue. Mélangé à du sulfate de fer ou d'autres composés, il donnait du violet, du rouge et même du jaune.

dès 1568, Morgan débarque en 1661, suivi de Lorencillo, Jean Lafitte, François l'Olonnais... Résultat ? Le roi d'Espagne décide enfin, en 1686, de faire fortifier la ville. Les travaux dureront jusqu'en 1704.
Campeche est aujourd'hui la dernière ville fortifiée du Mexique, même s'il ne reste que quelques fragments de la muraille et des portes qui la protégeaient. Cela a suffi à l'Unesco pour la classer au Patrimoine mondial. Et tant pis si, entre-temps, le front de mer a été remblayé pour tracer un *malecón* et de larges avenues... La ville a depuis entrepris de sauvegarder ce qui restait de son patrimoine : les vénérables maisons coloniales entourant le *zócalo* ont été rénovées et les façades peintes d'un arc-en-ciel de teintes pastel. C'est joli, fort joli, un peu carte postale même.
Au-delà, la région compte d'innombrables ruines mayas, la plupart d'intérêt secondaire, exception faite d'Edzná, qui mérite vraiment le détour. En revanche, ne venez pas pour les plages : l'État de Campeche est le plus grand producteur de pétrole du pays (87 % du total !) et les raffineries de Ciudad del Carmen, au sud-ouest, polluent allègrement la mer sans que personne n'ose s'opposer à la toute-puissante *Pemex*.

Arriver – Quitter

En bus

🚌 ***Terminal 1re classe*** *(ADO ; hors plan par B2)* **:** *au sud de la ville, par l'av. Central, à env 2 km du centre-ville.* ☎ *811-99-10 ou 816-28-02. Sur place : consigne (24h/24), distributeurs cachés à l'étage.* Pour rejoindre le centre-ville, prendre les micros indiquant « Centro » sur le trottoir opposé à la gare routière, ou sur l'av. Central (Patricio Trueba de Regil) ; dans le sens inverse, « *ADO* ». En taxi, compter env 40 $Me.

➢ ***Cancún :*** 6 bus/j. avec *ADO*, 7h-0h10, 2 bus/j. avec *ADO GL*, à 8h15 et 11h.

➢ ***Mérida*** *(2h30)* **:** avec *ADO*, nombreux départs 5h-minuit, ttes les 45-60 mn en journée ; certains desservent l'aéroport. Aussi env 5 départs/j. avec *ADO GL* (banquettes-lits) et d'autres encore avec *logo*, *AV* (env 5 bus/j.).

➢ ***Mexico*** *(Norte ou Tapo)* **:** avec *ADO*, 2 départs à 23h et 19h, et 2 autres à 14h30 avec *ADO GL*. Trajet : 18h.

➢ ***Palenque*** *(5h30)* **:** avec *ADO*, à 11h, 21h45 et 0h30. Avec *OCC*, départ à 23h10 et 2h15. Même tarif.

➢ ***Playa del Carmen :*** avec *ADO*, 2 bus de nuit 22h55 et 23h55.

➢ ***Puebla :*** avec *ADO GL* à 14h30 et *ADO* à 20h55.

➢ ***San Cristobal de las Casas :*** avec *OCC* à 2h15, 17h10 et 23h10.

➢ ***Tuxtla Gutiérrez*** *(12h)* **:** 1 départ à 17h10 et 23h10 avec *OCC*, un autre à 20h20 avec *ADO GL*.

➢ ***Veracruz :*** avec *ADO* à 18h10 et 23h55 et *ADO GL* à 23h15.

➢ ***Villahermosa*** *(6h)* **:** env 10 bus/j. avec *ADO*, 4h35-1h45, env 5 bus/j. avec *ADO GL* et 4 autres encore avec *OCC* et *AV*. Départs plus fréquents en soirée.

➢ ***Xpuhil*** (sites mayas du Río Bec) et ***Chetumal :*** départ à 14h avec *ADO*. Sinon, transiter par ***Escárcega*** (5 bus/j.) 11h-23h30 avec *ADO*, et 2 avec *OCC*.

🚌 ***Terminal 2de classe*** *(hors plan par B2)* **:** *av. Gobernadores n° 479.* ☎ *816-34-45. À 10 mn à pied du centre ou bus indiquant « Gobernadores » depuis le mercado. Sur place : distributeur.* Dessert les destinations locales et également :

➢ ***Mérida*** *(4h-4h30)* **:** ttes les heures env, 4h15-18h45 ; 5 bus *SUR* passent par ***Uxmal*** (départs à 6h, 9h15, 12h, 14h30 et 17h).

En avion

✈ ***Aeropuerto internacional*** *(hors plan par B2)* **:** *av. López Portillo ; au sud de la ville.* ☎ *823-40-59. Taxi pour le centre env 150 $Me.* Sur place, agences de location de voiture.

➢ ***Mexico :*** plusieurs liaisons/j. avec *Aeroméxico* et *Interjet*.

Adresses utiles

Office de tourisme municipal (plan A-B1) : *kiosque sur le zócalo, sous la rotonde. Tlj 8h-21h (20h dim).* Plan de la ville.

Banque Banamex (plan B1, **2**) : *à l'angle des c/ 10 et 53. Lun-ven 9h-16h.* Change les euros (taux assez moyen). Également des ***distributeurs de billets*** (*Visa* et *MasterCard*) dans toutes les banques, nombreuses autour du *zócalo.*

Où dormir ?

De bon marché à prix moyens (moins de 800 $Me / env 38 €)

Viatger Inn (plan B1, **11**) : *c/ 51 nº 28 ; entre les c/ 12 et 14. ☎ 811-45-00. Lit en dortoir 270 $Me, double 650 $Me, petit déj inclus pour ts.* À 2 pas du *zócalo,* ce petit *hostal* impeccable, à l'ambiance familiale, dispose de 2 dortoirs (un pour filles de 12 lits, l'autre mixte de 14 lits) et de 5 chambres privées. Toutes avec clim, TV, lit double et lits superposés, elles sont modernes et très bien tenues, mais certaines n'ont pas de fenêtre. Bonne literie, casiers, cuisine, service de laverie et vélos à louer. Excellent accueil.

Posada del Ángel (plan B1, **15**) : *c/ 10 nº 307 ; entre les c/ 53 et 55. ☎ 816-77-18. Doubles 340-425 $Me avec ventilo ou clim.* Vous n'y passerez pas toutes vos vacances, mais l'adresse est idéalement située face à la cathédrale et les chambres, très simples, sont propres et avec salle de bains.

De chic à plus chic (800-1 600 $Me / env 38-76 €)

Mazejuwi Hotel Boutique (plan A2, **16**) : *c/ 14 nº 181 ; entre les c/ 61 et 63. 📱 127-13-85. Doubles 750-900 $Me, petit déj inclus.* C'est en fait un *B & B,* tenu par Abraham (mexicain) et Francesca, une très sympathique Italienne débarquée à Campeche avec ses 2 chats en 2016. Les 4 chambres, toutes avec salle de bains privée, sont soigneusement décorées, colorées, pimpantes et cosy à souhait. Bons conseils sur la région. On a vite fait de se sentir à la maison.

Hotel López (plan A2, **14**) : *c/ 12 nº 189, entre les c/ 61 et 63. ☎ 816-33-44. Doubles env 750-1 000 $Me.* Sous des faux airs Art déco, cet hôtel dispose de chambres assez petites, mais modernes, confortables (clim) et dotées de salles de bains à l'italienne. Toutes donnent sur le long patio, plus sombres au rez-de-chaussée, plus spacieuses à l'étage (catégorie *ejecutivo*). Préférer celles du fond, près de la petite piscine.

Hotel Castelmar (plan A1, **17**) : *c/ 61 nº 2 ; entre les c/ 8 et 10. ☎ 811-12-04. • castelmarhotel.com • Double env 1 150 $Me (parfois dès 700 $Me en basse saison).* L'hôtel, à taille humaine, s'est réapproprié une ancienne caserne repeinte en bleu ciel et en jaune maïs. On jurerait une maison coloniale avec ses très hauts plafonds, ses sols 1900 et son mobilier rétro. Les chambres sont pour la plupart spacieuses, avec ventilo et clim, mais attention, certaines n'ont pas de fenêtre et beaucoup sont sombres. Piscine.

Hotel Socaire (plan B2, **13**) : *c/ 57 nº 19 ; entre les c/ 12 et 14. ☎ 811-21-30. Doubles 1 200-1 500 $Me.* Il y a plusieurs patios, où affleure, là, la pierre brute, où s'affirment ici les pastels, ailleurs les tomettes, les grosses dalles de grès ou des murs mangés par les bougainvillées. Les 20 chambres sont plus ou moins vastes, sobres et élégantes, d'inspiration coloniale. Le confort, lui, est d'aujourd'hui (clim, frigo, belles salles d'eau). Charmante piscine, au pied d'un mur savamment décati, et cafétéria *arty* où prendre le petit déj (en supplément). Accueil aux petits soins.

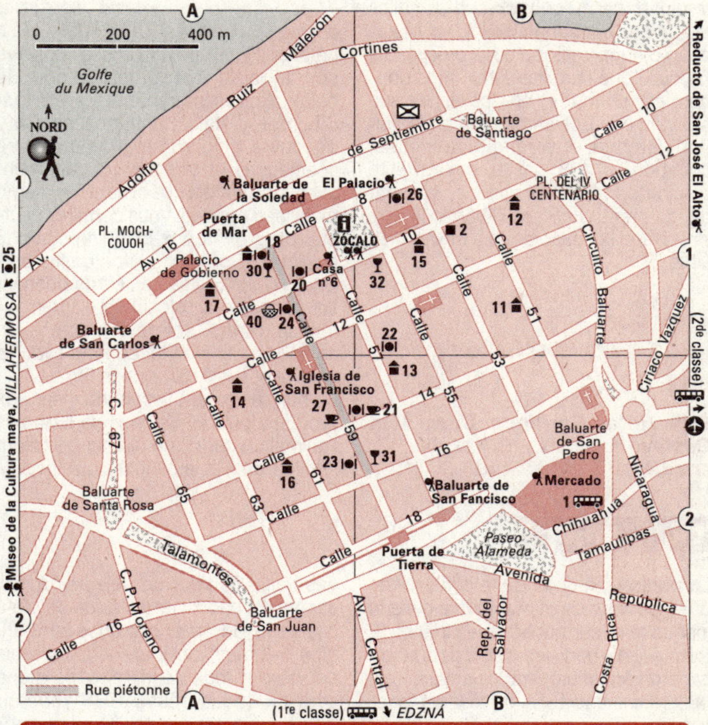

CAMPECHE

Adresses utiles

- Office de tourisme municipal (A-B1)
- **1** Colectivos pour Edzná (B2)
- **2** Banque Banamex (B1)

Où dormir ?

- **11** Viatger Inn (B1)
- **12** Hotel Plaza Colonial (B1)
- **13** Hotel Socaire (B2)
- **14** Hotel López (A2)
- **15** Posada del Ángel (B1)
- **16** Mazejuwi Hotel Boutique (A2)
- **17** Hotel Castelmar (A1)
- **18** Hotel Boutique Casa Don Gustavo (A1)

Où manger ?

- **21** Luan (A-B2)
- **22** La Olla de la Pagoda (B1)
- **23** El Ring Taquero (A-B2)
- **24** Fresh n' Green (A1)
- **25** La Palapa del Tío Fito (hors plan par A1)
- **26** La María Cocina Peninsular (B1)

Où faire une pause sucrée ?

- **27** Chocol Ha (A2)

Où boire un verre ?

- **30** La Chopería (A1)
- **31** Beer Box 59 (B2)
- **32** Casa Vieja del Río (B1)

Achats

- **40** Casa de artesanías Tukulná (A1)

Hotel Plaza Colonial *(plan B1, 12)* **:** *c/ 10 nº 15 ; entre c/ 51 et Circuito Baluarte. ☎ 811-99-00, ext 305. • hotelplazacolonial.com • Doubles 1 350-1 500 $Me, petit déj américain inclus.* Posé à l'entrée de la rue principale, dans un joli bâtiment ancien modernisé, cet hôtel est fort bien tenu. La literie est bonne et les salles de bains fonctionnelles. Avec beaucoup d'honnêteté, on vous précisera à l'accueil que certaines chambres donnent sur un mur et que celles sur rue peuvent être bruyantes. Demandez-en une latérale, calme et lumineuse, comme la nº 408, par exemple. Petite piscine adossée au parking. Le petit déj se prend au *Plaza Campeche* voisin, assez semblable mais moins bien situé.

Très chic (plus de 1 600 $Me / env 76 €)

Hotel Boutique Casa Don Gustavo *(plan A1,* ***18****)* **:** *c/ 59 nº 4 ; entre les c/ 8 et 10. ☎ 816-80-90 ou 01-800-839-09-59. • casadongustavo.com • Doubles 3 000-5 250 $Me.* Le bâtiment, vieux de 450 ans, a conservé son mirador d'origine. À l'époque coloniale, les marchandises arrivant d'Europe y étaient entreposées. On y découvre aujourd'hui 10 suites très spacieuses et charmantes, alternant avec des salons déclinant le même mobilier d'époque. Vous dormirez peut-être dans un lit à baldaquin couronné datant du Porfiriato... Nos préférées ? Les 2 *Junior Suites* de l'étage donnant sur la galerie à colonnade – agrémentée de vitraux colorés. Ajoutons un agréable petit jardinet au fond avec sa piscine et ses 2 hamacs en terrasse, et un bon restaurant faisant honneur aux produits locaux. Seuls vrais bémols : l'animation sur la rue piétonne (surtout le week-end) et le bruit des cuisines.

Où manger ?

La portion piétonne de la c/ 59 aligne une brochette de bars et restos ouverts jusque tard, surtout entre les c/ 8 et 12 *(plan A1).* Le midi, les gargotes du *mercado* offrent une option plus typique et bien moins chère. Choisissez en fonction de l'affluence...

Bon marché (moins de 150 $Me / env 7,10 €)

Luan *(plan A-B2,* ***21****)* **:** *c/ 59 nº 35, entre les c/ 12 et 14. ☎ 811-52-05. Tlj 8h-18h.* Œufs, gaufres, *hot cakes,* plateau de fruits, granola, confiture maison, jus frais, cafés de toutes sortes et même du vrai thé... l'adresse est parfaite pour bien commencer la journée. Les salles, charmantes et lumineuses, sont bercées par un fond de musique jazzy. Jolie déco et agréable cour intérieure. Les assiettes sont originales, copieuses et à prix raisonnables, le service est gentil. En revanche, il est très lent... alors prévoyez d'y passer un moment.

La Olla de la Pagoda *(plan B1,* ***22****)* **:** *c/ 57, entre les c/ 12 et 14. ☎ 816-25-70. Tlj 12h-17h sauf dim. Plats 65-80 $Me.* Le lieu est apprécié des habitués pour un déjeuner à prix canon. Au choix : une dizaine de plats à la carte (poulet et *poc chuc* surtout), plus 6-7 plats du jour, simples mais copieux et tous accompagnés d'une soupe. Une adresse BBB *(bueno, bonito, barato)* avec 3 salles proprettes balayées par le tourbillon des ventilos.

El Ring Taquero *(plan A-B2,* ***23****)* **:** *c/ 59, nº 42, entre les c/ 14 et 16. Lun-sam 18h30-2h30. Plats 30-70 $Me.* Si vous traînez dans le secteur le soir, vous pourrez faire escale dans ce micro-resto aménagé dans l'ancien salon familial. On y croque quelques *antojitos* sur fond de masques et figurines de catch... D'ailleurs, même le menu a la forme d'une tête de *luchador !*

Fresh n' Green *(plan A1,* ***24****)* **:** *c/ 59 (et c/ 10). Tlj 8h-21h. Sandwichs et salades 60-100 $Me.* Le secteur est très animé et la plupart des adresses un peu surfaites. Mais vous trouverez ici de quoi satisfaire vos envies de verdure, pour changer : salades, sandwichs à composer en piochant dans une liste d'ingrédients et de bon gros jus frais servis dans des pots de confiture. Essayez donc celui à l'ananas et au concombre : pas mal !

De bon marché à prix moyens (moins de 300 $Me / env 14,30 €)

La María Cocina Peninsular *(plan B1,* ***26****) : c/ 8 nº 173, entre les c/ 53 et 55. ☎ 816-36-18. Tlj 14h-21h sauf mar. Plats 60-180 $Me.* Il souffle des airs de bonne table sur cette adresse au cadre propret, mais très simple. Le service est adorable et Enrique, le chef, vient souvent s'enquérir de l'avis de ses clients. Il s'attache à travailler les produits de saison et change donc régulièrement sa carte, sur laquelle se côtoient poulpe, tacos, *poc chuc* et autres *panuchos* – tous joliment présentés. Bons plats végétariens également. Une adresse d'un excellent rapport qualité-prix.

La Palapa del Tío Fito *(hors plan par A1,* ***25****) : av. Resurgimiento, nº 127. ☎ 816-59-18. En longeant le malecón, en direction du fuerte San Miguel, à env 2 km à l'ouest du centre, face au Holiday Inn. Tlj 8h-18h. Plats 140-220 $Me.* L'argument principal des lieux ? Son immense salle sous paillote, face à la mer, avec même quelques tables en terrasse, quasi les pieds dans l'eau. Au menu : des spécialités de poissons et fruits de mer, mais pas uniquement. C'est très correct et parfois même bon.

Où faire une pause sucrée ?

Chocol Ha *(plan A2,* ***27****) : c/ 59 nº 30 (et c/ 14). ☎ 811-78-93. Lun-sam 8h-13h, 17h-minuit.* Prolongée d'un patio-jardin touffu, cette jolie maison coloniale a été convertie en salon de thé mignonnet, repaire des fondus de chocolat. On en déguste de toutes sortes, chaud, froid, à accompagner d'un jus, d'un sorbet (aux fruits locaux) ou d'une pâtisserie. Délicieux ! Bon à savoir : on peut aussi y siroter un bon café expresso. Vente de tablettes.

Où boire un verre ?

La c/ 59 regorge de bars et restaurants un peu attrape-nigaud.

La Chopería *(plan A1,* ***30****) : c/ 59, entre les c/ 8 et 10. Tlj 13h-2h.* Le soir, locaux et visiteurs s'empilent sur la terrasse colonisant la rue piétonne, ou entre les murs tapissés de bouteilles de *cerveza.* Les petits groupes commandent une girafe (3 litres). *Propina* ajoutée d'office à l'addition. Bien plus bas sur la rue, le **Beer Box 59** *(nº 47, entre les c/ 14 et 16 ; plan B2,* ***31****)* s'anime surtout les vendredi et samedi soir. Super choix de bières.

Casa Vieja del Río *(plan B1,* ***32****) : c/ 10 nº 319, sur le flanc sud du zócalo (au 1er étage). ☎ 811-80-16. Tlj 15h30-23h.* C'ést un resto, mais on vous le conseille avant tout pour boire un verre sur le balcon face au *parque* et à la cathédrale. Les salles, hautes de plafond, ne manquent pas de caractère avec leurs murs couverts de toiles et photos anciennes, leur mobilier d'époque et éclairages tamisés. Large choix de cocktails.

Achats

Casa de artesanías Tukulná *(plan A1,* ***40****) : c/ 10 nº 333, entre les c/ 59 et 61. ☎ 981-127-17-68. Tlj 9h-21h.* Expo-vente d'artisanat dans une belle demeure avec patio superbement restaurée : vêtements et *huipiles,* chapeaux, bijoux, hamacs, produits gastronomiques...

À voir. À faire

➢ On peut visiter le centre historique en trolley avec les **Tranvías de Campeche.** *Départ du zócalo ttes les heures 9h-21h. Durée du circuit : 45 mn-1h. 100 $Me/ pers ; réduc.*

🚶🚶 ***Zócalo*** *(plan A-B1)* **:** il ne manque pas d'allure, ce *zócalo,* avec ses grands arbres, ses multiples bancs en corolle et sa rotonde abritant un café. Le cœur de la vieille ville bat ici, entre la ***cathédrale Santa Isabel,*** de pur style baroque, et une ceinture de demeures coloniales colorées avec galeries. Sur le flanc ouest de l'esplanade, le ***centro cultural Casa nº 6*** *(plan A1)* invite à découvrir quelques pièces meublées comme dans une demeure de la haute société d'autrefois. Les pièces nobles montrent de beaux sols en marbre et le patio à colonnades, aux arcades élisabéthaines ornées de vitraux très colorés, ne manque pas d'allure (surtout le soir). *Tlj 8h (9h w-e)-21h ; 20 $Me.*

🚶 ***Centro cultural El Palacio*** *(plan A-B1)* **:** *sur le flanc nord du zócalo, à l'angle des c/ 8 et 57. Mar-dim 10h-19h. Accès : 10 $Me.* L'ancien palais du gouverneur a été en partie converti en bibliothèque et en partie en un joli musée moderne – avec clim et écrans interactifs. Il explore essentiellement le rôle central de Campeche dans le commerce avec l'Espagne du XVIe au XVIIIe s.

🚶 ***Baluarte de la Soledad*** *(plan A1)* **:** *c/ 8, à l'angle de la c/ 57. Mar-dim 8h30-17h30. Entrée : 45 $Me.* Cet ancien bastion, partie intégrante des murailles, abrite l'important ***museo de Arquitectura maya.*** Collection de vestiges issus des sites de la région, notamment des éléments de la *gran plaza* de Calakmul, et de nombreuses stèles, colonnes, panneaux et figures anthropomorphes. Riches explications (en espagnol et anglais) sur les différents styles (Puuc, Chenes, Petén et Río Bec) et les significations des symboles et inscriptions.

🚶 ***Promenade dans la vieille ville :*** parmi les maigres vestiges des fortifications d'autrefois, on verra, côté nord, la ***puerta de Mar*** *(plan A1)* – que franchissaient les équipages des bateaux pour entrer en ville. Elle a été rebâtie à l'identique en 1955, avec son échauguette (tour d'angle). À 2 *cuadras* à l'ouest, le ***Baluarte*** *(bastion)* ***de San Carlos*** *(plan A1 ; c/ 8, entre les c/ 63 et 65 ; tlj 8h-20h ; entrée : 20 $Me)* abrite le modeste ***museo de la Ciudad,*** qui survole l'histoire de la ville et questionne le caractère soi-disant « héroïque » des pirates qui la pillèrent... De son toit, on retrouve la mer et, surtout, l'ovni du ***Palacio de Gobierno*** voisin (avec une belle mosaïque en façade). La calle 59, en grande partie piétonne, traverse le cœur de la ville en passant devant l'***Iglesia de San Francisco*** *(c/ 12 et c/ 59),* au maître-autel et 4 autels latéraux baroques.
L'artère mène jusqu'à la ***puerta de Tierra*** *(plan B2)* où, le soir, a lieu un petit spectacle son et lumière (en espagnol) évoquant l'histoire de la ville *(jeu-dim à 19h30 ; durée : env 1h ; 60 $Me).* Du ***Baluarte de San Francisco*** voisin *(plan B2),* on peut accéder à une courte portion de muraille *(lun-ven 8h-21h, w-e 9h-21h ; 15 $Me).*
Le grand ***mercado*** n'est plus qu'à quelques pas, avec son fatras de minuscules boutiques enchevêtrées le long d'allées labyrinthiques, ses piles de fruits et légumes, les étals des bouchers et des poissonniers.

🚶🚶 ***Museo de la Cultura maya*** *(hors plan par A1)* **:** *av. Escénica, à 4 km à l'ouest du centre, dans le* ***fuerte San Miguel.*** *☎ 816-91-36. Bus indiquant « Kila Lerma » à prendre devant le marché ; descendre sur le* malecón, *puis remonter la route à pied (env 15 mn). Mar-dim 8h30-17h (dernière entrée 16h45). Entrée : 55 $Me.*
Ce musée, installé dans un fort achevé en 1801 pour renforcer les défenses de la ville, expose des pièces mayas en provenance de tout l'État de Campeche, présentées de façon globalement thématique : diversité des styles architecturaux ; vie dans la cité ; salle consacrée aux figurines, ossements et poteries trouvés sur l'île sacrée de Jaina ; puis conception de la mort. Cet espace est le plus

intéressant, avec la reproduction d'un tombeau du site de Calakmul (dans le Río Bec) et de magnifiques masques funéraires en jade.
Suivent encore d'autres sujets : l'ordre de l'univers et les dieux ; l'écriture et les calendriers ; les armes rituelles (certaines en obsidienne en forme de faucille) ; le cycle de la vie ; puis des pièces provenant d'autres cultures méso-américaines. L'occasion de voir, au fil de la visite, un superbe plat maya au quetzal, un encensoir-crocodile, le surprenant masque funéraire d'un noble aux traits épatés presque déformés et aussi plusieurs très belles stèles – dont celle de Garra (Griffe) de Jaguar.

Reducto de San José el Alto (hors plan par B1) : *av. F. Morazán s/n, à env 2 km au nord-est du centre. Mar-dim 8h-17h (dernière entrée 16h45). Entrée : 45 $Me.* Très semblable en taille et conception au fort de San Miguel, qu'il a précédé de quelques années (1792), ce bastion abrite le nouveau ***Musée d'archéologie sous-marine.*** Au menu : offrandes repêchées dans les *cenotes,* histoire de Gerónimo de Aguilar et Gonzalo Guerrero (Espagnols naufragés au Yucatán en 1511) et vestiges repêchés sur des galions, dont un ensemble de bijoux en or et émeraudes.

GONZALO GUERRERO, L'ESPAGNOL DEVENU MAYA

En 1511, il ne reste que 17 survivants d'un galion espagnol naufragé dont la chaloupe dériva jusqu'au Yucatán, alors terra incognita. Seuls 2 survivront aux sacrifices et à l'esclavage : Gerónimo de Aguilar, un prêtre franciscain, et le marin Gonzalo Guerrero. Si le 1er rejoint Cortés en 1519, le 2d, marié à une princesse maya et père de 3 enfants, s'opposa à la Conquista. Il mourut d'ailleurs lors de l'attaque d'un fortin espagnol en 1536.

DANS LES ENVIRONS DE CAMPECHE

ZONA ARQUEOLÓGICA EDZNÁ

À 55 km au sud-est de Campeche. Tlj 8h-17h ; dernière entrée 16h30. Entrée : 85 $Me. En voiture, du centre de Campeche, descendre l'av. Central (Patricio Trueba de Regil) jusqu'au périphérique et prendre en direction de Mérida ; la sortie vers Edzná (par Chiná) est indiquée quelques km plus loin.
➢ *Des agences de Campeche organisent l'excursion en matinée, comme Kankabi' Ok Tours (c/ 59 nº 3A, entre les c/ 8 et 10 ; ☎ 811-27-92 ; ● kankabiok.com.mx ●). Alternative plus économique : les colectivos indiquant « Pich », à prendre près de l'angle des c/ Chihuahua et Nicaragua, juste à l'est du mercado (plan B2, **1**). Préciser au chauffeur que vous descendez à Edzná. Au retour, placez-vous au bord de la route. Départ ttes les heures env ; dernier retour vers 15h30. Trajet : 1h30.*
La zone archéologique d'Edzná se trouve en bordure de l'aire géographique du Río Bec (lire plus loin). Peu visitée, elle doit être l'un des secrets les mieux gardés de l'État de Campeche ! Le site, fort bien restauré, est très sauvage mais entretenu. Jadis étendu sur 25 km², il couvre encore une superficie d'environ 6 km², mais seule la partie centrale de la cité a été dégagée.
Dans cette vallée fertile, les habitants se consacraient à l'agriculture et avaient développé un réseau de canaux et un système de récupération des eaux de pluie dans des citernes, appelées *chultunes.* La ville connut son apogée au classique tardif (600-900) et tient son nom, vraisemblablement, du peuple des Itzáes, une lignée maya qui en aurait fait sa capitale vers l'an 800. Elle reçut différentes influences, qui se reflètent dans son architecture, mêlant styles puuc, petén et chenes.

La visite

On rejoint directement la monumentale place principale, dominée au sud (à gauche) par la ***grande acropole*** et ses bâtiments représentatifs du style Petén. Sur la plate-forme se dresse la bâtisse la plus spectaculaire : l'***edificio de los Cinco Pisos*** (« édifice des Cinq Étages »), haut de 31,5 m et surmonté d'un temple (interdiction d'y monter). On suppose que ses 4 premiers étages, dotés de 27 chambres, servaient d'habitations aux prêtres. Quelque 80 hiéroglyphes mayas sont gravés sur les marches basses, certains fort bien conservés.

Du côté nord de l'esplanade principale, la ***Nohochná*** ou « grande maison » étire les vestiges d'une façade longue de 135 m ; elle avait sans doute une vocation administrative.

Côté ouest, cachée derrière la grande acropole, la ***petite acropole*** correspond à la partie la plus ancienne du site, davantage marquée par le style Puuc. On y découvre l'intéressant ***templo de Mascarones,*** dont le fronton est orné de 2 masques polychromes en stuc représentant le dieu Soleil : à gauche, à l'aube, à droite, au couchant.

ESCÁRCEGA

29 480 hab. IND. TÉL. : 982

Située au croisement des routes 261 et 186, venant de Palenque, Campeche et Chetumal, Escárcega est une ville carrefour sans intérêt, mais ceux qui se rendent sur les sites du Río Bec y trouveront davantage de bus qu'au départ de Mérida ou de Campeche.

Arriver – Quitter

En bus

Terminal ADO : *au carrefour des routes de Chetumal et Campeche, en face du rond-point où trône une grande statue de femme.* ***Taxis*** à la sortie ; pour visiter les sites mayas du Río Bec, essayez de négocier un forfait à la journée, mais ça risque d'être plus cher qu'une voiture de location... d'autant que seuls les taxis assermentés postés à Puerta Calakmul ont le droit de rejoindre Calakmul.

➢ ***Campeche*** *(2h)* ***et Mérida*** *(4h30)* **:** 6 départs/j. avec *ADO*, dont 3 de nuit, plus 2 avec *OCC* (très) tôt le mat.

➢ ***Chetumal*** *(3-4h)* **:** 4 bus/j. 5h50-16h30. Ce sont ces bus qu'il faut prendre pour rejoindre ***Xpuhil*** *(2h15)*, porte d'accès aux sites du Río Bec.

➢ ***Palenque*** *(3h)* **:** 1h45, 4h50 et 5h30 avec *OCC* et 13h15 avec *ADO.*

➢ ***Villahermosa*** *(4h30-5h)* **:** avec *ADO* à 19h, 19h55 et 21h30.

➢ Aussi des bus directs pour ***Cancún, Mexico, San Cristobal de las Casas et Veracruz.***

Où dormir ? Où manger ?

☗ ***Posada Los Tulipanes :*** *c/ 50 et 59D.* ☎ *103-43-05. Du terminal* ADO, *faire 1 km sur la route de Mérida, puis 400 m à gauche en passant devant l'hôpital. Double env 300 $Me.* Si vous ne voulez pas marcher, prenez un taxi. En récompense de cet effort, vous aurez droit à une chambre carrelée propre et bien calme, avec ventilo, clim et salle de bains privée à prix canon.

☗ ***Hotel Yaa Kunah :*** *c/ 38, entre les c/ 23 et 25.* ☎ *824-17-33. Du terminal* SUR, *prendre vers l'est sur l'avenue (direction Chetumal), puis la 2ᵉ à* *gauche après le magasin* Coppel. *Double env 600 $Me, petit déj inclus.* Ce gentil *hotelito* aux airs de micro-motel, tenu par la très accueillante Rosana, est fort bien tenu et calme (lit *king size,* clim, TV, wifi). Parfait pour une nuit.

Hotel Real Primaveras : *c/ 55 et c/ 58.* ☎ *824-02-08.* • *realprimaveras.com* • *Du terminal* ADO, *prendre vers Villahermosa, puis la 1re à gauche ; c'est au carrefour suivant. Double env 750 $Me, petit déj continental inclus.* Un peu en retrait du brouhaha, ce bâtiment moderne de 3 étages abrite des chambres assez spacieuses et très bien tenues, donnant sur une cour-parking égayée de nombreuses palmes.

Mi Ranchito : *à côté du terminal* ADO, *direction Villahermosa. Tlj jusqu'à 2h30. Plats 55-150 $Me.* Les habitants d'Escárcega jurent que c'est le meilleur du coin ! Le choix est vaste, mais on n'a pas été éberlués. La grande salle s'ouvre sur la route (très bruyante), préférez le petit patio derrière.

LES SITES MAYAS DU RÍO BEC

• Plan Calakmul *p. 241*

La région du Río Bec, partie intégrante de l'État de Campeche, est située entre Escárcega et Chetumal, et très proche de la frontière nord du Guatemala. Elle recèle de nombreux sites archéologiques, à commencer par la grande cité de Calakmul. Ils ne sont pas encore très connus, car ils sont restés longtemps enfouis dans les milliers d'hectares de jungle, mais ils émergent peu à peu.

Arriver – Quitter

Il n'est pas très facile de visiter les sites du Río Bec sans voiture. En plus, la balade peut revenir cher ! On peut certes se faire déposer en bus 2de classe (ligne Escárcega-Chetumal) ou combi à proximité des sites de Balamkú, Chicanná, Becán et Xpuhil (que l'on rejoint assez aisément à pied) mais, pour Calakmul, il reste encore 65 km à parcourir. Seuls quelques taxis habilités (env 1 200 $Me A/R incluant le temps d'attente), postés à Puerta Calakmul, à l'embranchement de la route 186, ont le droit de pénétrer dans la réserve. Alternative : faire du stop à l'entrée, ça marche !

Pour les horaires des bus depuis Escárcega et Chetumal, reportez-vous à ces villes. Et sachez qu'il existe aussi un bus quotidien depuis Campeche (mais pas depuis Mérida). À ***Xpuhil,*** le terminal des bus se trouve en plein centre, à côté de l'hôtel *Victoria,* à 100 m à l'est du grand feu. Sinon, quelques lieux d'hébergement organisent aussi des ***excursions.***

➢ ***Bacalar :*** 4 bus/j., tous 22h20-1h10, avec *AU* et *OCC*...

➢ ***Campeche :*** 1 bus/j. à 12h55 avec *ADO* et 4 autres avec *SUR,* 4h-15h55. Sinon, transiter par :

➢ ***Cancún (par Playa del Carmen) :*** 8 bus/j. avec *ADO, AU, ATS* ou *OCC,* presque tous de nuit (sauf l'*ADO* de 11h05). La plupart font aussi escale à Tulúm.

➢ ***Chetumal :*** 7 bus/j. dont 4 de nuit. L'*ADO* de 18h35 est pratique après une journée de visites.

➢ ***Escárcega :*** 13 bus/j., dont la moitié en pleine nuit.

➢ ***Palenque :*** 3 bus de nuit, 0h15-1h55, avec *OCC* ou *AU.*

➢ ***Villahermosa*** *(6h)* ***:*** 7 bus/j. avec *ADO, AU* ou *ATS,* dont 2 seulement en journée (*ADO* à 12h25 et 19h25).

LA PÉNINSULE DU YUCATÁN

Adresse utile

Información turística : *dans une maison jaune située un peu au-dessus de la route 186, à env 400 m à l'est du feu, en direction de Chetumal. Lun-ven 8h-18h. Également un kiosque à l'entrée du site de Xpuhil, lun-ven 8h-13h.*

Où dormir ? Où manger dans le Río Bec ?

Petite mise en garde : corollaire de l'isolement de la région, l'hébergement dans le secteur est globalement cher pour des prestations souvent décevantes (service inclus). À Xpuhil, on trouve des *cabañas* très rudimentaires dès 100-150 $Me par personne et une brochette de *comedores* près du terminal des bus.

À Xpuhil et aux environs

Hotel Maya Balam : *c/ Xpuhil, col. Aviación, à* ***Xpuhil.*** *☎ (983) 835-75-27. • maya_balam_hotel@hotmail.com • En arrivant par l'ouest, fléché au niveau du monument* (Glorieta del Caracol). *Doubles 540-760 $Me selon confort.* C'est ce qui se fait de mieux à Xpuhil : une sorte de motel aux chambres carrelées propres et bien équipées (clim, ventilo, TV). L'établissement est situé à 250 m de la route 186, donc au calme.

Casa Ka'an : *camino a Laguna Carolina, km 1 ; au niveau du km 147,3 (route 186), 1,8 km à l'est de l'embranchement de Becán et 7 km à l'ouest de Xpuhil. Adressez-vous au bureau de* Ka'an Expeditions *situé à côté de la* Farmacia Similares, *à Xpuhil. ☎ (983) 871-60-00. • casakaan.com • Compter 60-80 US$ pour 2.* Le lieu est adorable : 5 *cabañas* en dur très agréables, semées dans une clairière isolée, bien en retrait de la route principale et des bruits de circulation. Le confort est de mise, avec la clim, un petit salon, une salle de bains avec eau chaude par énergie solaire et une cuisine semi-ouverte protégée par des moustiquaires. Il y a même un mini-cellier à vin et un téléphone d'urgence en cas de problème. La Zapote peut accueillir jusqu'à 4 personnes.

La Pizzetta : *av. Chicana nº 26 ; au niveau du carrefour principal de* ***Xpuhil,*** *à 80 m des bus* ADO. *À partir de 16h.* Envie de pizza ? Ça tombe bien, c'est le meilleur choix de Xpuhil. Elles sont proposées en 5 tailles, de la petite pour enfant à la familiale XXL. Inutile de vous attarder sur les burgers et pâtes.

Sazon Veracruzano : *à env 1 km à l'ouest du terminal des bus de* ***Xpuhil,*** *direction Escárcega. Plats 65-170 $Me.* Le resto est propre et la terrasse dominant la route se fait accueillante (surtout si on est véhiculé et qu'on passe devant...). Dans l'assiette : un grand choix d'*antojitos,* des salades, un plat du jour servi avec une soupe et plein de classiques mexicains plutôt bien tournés. Bon point pour les tacos au nopal.

À Puerta Calakmul
(entrée de la réserve)

Campamento Yaax'Che : *à 5,5 km sur la route de Calakmul, puis 700 m par une piste caillouteuse. (983) 101-19-21 ou 134-88-18. • servidoresturisticos@yahoo.com.mx • Nuitée sous tente prémontée env 350 $M/pers ; 100 $Me avec sa propre tente ; 120 $Me pour un repas.* En pleine forêt, Leticia, Fernando et leurs enfants proposent des tentes safari rudimentaires, avec matelas sur palette (voire au sol), draps et couverture. Pas d'électricité au programme, juste des toilettes sèches et une douche au seau... 100 % écolo. Bref, ce n'est pas un palace (surtout s'il pleut !), mais une expérience, avec les singes hurleurs et la faune tout autour. La famille propose des repas corrects préparés avec des produits locaux (assez copieux), servis dans un *comedor* encadré de moustiquaires, des balades guidées en forêt (observation des oiseaux) et jusqu'à Calakmul. Ils peuvent même venir chercher au carrefour ceux qui arrivent en bus *(50-100 $Me).*

Hotel Puerta Calakmul : *km 97,5 ; juste avt le guichet d'entrée de la réserve, prendre la (discrète) piste à gauche sur 800 m. ☎ (998) 892-26-24. • puertacalakmul.mx • Doubles 185-210 US$ selon saison, petit déj continental inclus. Au resto, plats 90-320 $Me ; menus 275-430 $Me. CB refusées.* C'est la seule option d'hébergement relativement confortable aux portes de Calakmul. Plus qu'un hôtel, il s'agit d'un campement d'une douzaine de grands bungalows en pisé et *palapa* semés dans la forêt. Bien aménagés, ils ont tous leur propre salle de bains (eau chaude), des flancs ouverts (fermés de moustiquaires) et une terrasse avec hamac. Parfait pour entendre résonner la jungle... moins pour avoir chaud en hiver. Au resto, *quesadillas* et club-sandwichs voisinent avec plats végétariens, de viande, poulet, poisson et crevettes – plutôt bons mais 2 fois trop chers, comme l'hébergement d'ailleurs. Le pourboire est ajouté d'office et le service est assez moyen pour les tarifs pratiqués.

À voir. À faire

Reserva natural y zona arqueológica de Calakmul : *à 160 km d'Escárcega, 175 km de Chetumal et env 30 km à vol d'oiseau du Guatemala.* Les ruines de la cité de Calakmul se trouvent au cœur de la réserve de la biosphère éponyme (inscrite au Patrimoine mondial de l'Unesco), à 63 km au sud de l'axe Escárcega-Chetumal, depuis le km 97,5 (Puerta Calakmul/Crucero Conhuás). Prévoir une petite journée de visite.

– ***Accès :*** *à la barrière de Puerta Calakmul (tlj dès 6h), on parcourt ensuite 20 km sur un ruban de goudron en plus ou moins bon état jusqu'à une 2de barrière (tlj 6h-15h), où l'on règle le droit d'entrée dans la réserve (150 $Me). Le musée (tlj 8h-17h) se trouve à ce niveau. La route se fait de moins en moins bonne et plus étroite sur les derniers 40 km, longs à parcourir (env 1h30), la vitesse étant théoriquement limitée à 30 km/h jusqu'à l'entrée du site. Ouv tlj 8h-17h (dernière entrée 15h30).*

– ***La réserve*** abrite 417 espèces d'oiseaux, dont des migrateurs, presque autant de papillons, 30 de serpents (!), des singes, des agoutis, des pécaris, des cervidés et, beaucoup plus difficiles à voir, des pumas, ocelots, margays, jaguarondis et jaguars. On y trouve aussi quelque 70 espèces d'orchidées. En dehors des parcours archéologiques, on peut s'offrir une petite balade au km 27 jusqu'à un étang et essayer d'apercevoir des singes-araignées ou hurleurs au *Dormitorio de los Monos* (km 39), un *cenote* envahi de grands arbres où ils passent la nuit (venir à l'aube).

– ***Le site :*** la visite du site archéologique peut se faire selon 3 itinéraires plus ou moins bien balisés : court (env 1h30), moyen (2h30) ou long (4h). On conseille plutôt le 1er, qui a l'avantage de concentrer les édifices les plus impressionnants, à moins que vous n'ayez envie de longues marches dans la forêt.

Une cité majeure

Calakmul fut une très importante ville maya, centre du royaume de la Tête de Serpent. Forte sans doute de 50 000 habitants au sommet de sa gloire, vers 650, elle dominait alors de nombreuses cités des terres basses et s'imposa même un temps à Tikal (distante de 100 km), son éternelle rivale, cœur du royaume de la Griffe de Jaguar – avant de succomber par 2 fois à son joug. On y retrouve le même type d'architecture qu'à Tikal (style Petén), mais aussi des influences du Río Bec, région avec laquelle elle développa ses relations aux VIIIe-IXe s.

Outre son ambiance très particulière, Calakmul se distingue par le très grand nombre de stèles qui y ont été trouvées (120) – la plus tardive datée de 909, lorsque la cité périclita. La plupart sont malheureusement très abîmées ; beaucoup des motifs sculptés ont été volés, de même que les objets en jade.

LA PÉNINSULE DU YUCATÁN

L'essentiel de ce qui a été retrouvé est exposé au *Museo de la Cultura maya* de Campeche ainsi que, dans une moindre mesure, au musée du km 20. Globalement, Calakmul conserve très peu d'ornementations sculptées et demeure moins impressionnante que Tikal.

La visite
Construite sur une élévation naturelle, Calakmul s'organise en 5 groupes architecturaux répartis sur 5 km² autour de sa plaza centrale – atteinte après 20-30 mn de marche. Plutôt que de vous y rendre directement, commencez à droite par la ***Gran Acrópolis,*** dominée par la *structure XIII,* au pied de laquelle s'étend le seul (petit) jeu de balle de la cité. On réalise rapidement que la forêt a reconquis ici une immense esplanade encadrée d'une dizaine d'édifices encore en grande partie enfouis sous la végétation. Elle se partageait entre complexe résidentiel de la noblesse et espaces cérémoniels semi-publics. Les stèles y sont nombreuses. Pour rejoindre la ***plaza centrale,*** il suffit ensuite de « traverser » la *structure XIV.* Sous vos yeux se font alors face 2 grandes pyramides : d'un côté la *structure VII* (25 m), où fut découverte au sommet la sépulture d'un noble personnage et, de l'autre, l'énorme *structure II* (45 m). 2 jolies grimpettes en perspective pour profiter du panorama sur la marée verte qui les enserre.

Zona arqueológica de Balamkú : *km 94, env 2,2 km à l'ouest de Puerta Calakmul, puis 3 km sur une route secondaire. Tlj 8h-17h (dernière entrée 16h30). Entrée : 65 $Me.* On vient ici pour voir la grande ***frise en stuc*** du temple nord, à 500 m de l'entrée. Elle apparaît miraculeusement préservée dans ses entrailles, sur la façade de la pyramide antérieure, plus petite, englobée par la nouvelle lors de l'agrandissement du sanctuaire. Elle figure 2 rois en majesté assis sur une grenouille (symbole de fertilité) émergeant tel le soleil des mâchoires des monstres de la Terre. Ils dominent une longue frise (15 m) de jaguars, masques et motifs reliant les monarques à l'inframonde et à la mort.

El volcán de los Murciélagos : *se garer au km 105,8 de la route 186 (Escárcega-Chetumal), puis emprunter le sentier au niveau du panneau indiquant la* Reserva Estatal Balam-Kú ; *c'est à 400 m (5 mn). Entrée : 75 $Me.* Le « volcan des chauves-souris » ? C'est sous ce drôle de nom qu'est connu un phénomène naturel quasi unique au monde : chaque soir, 25-30 mn avant l'heure officielle du coucher du soleil, 3 à 4 millions de chauves-souris (difficile d'être plus précis !) surgissent en trombe d'une grotte planquée au fond d'un puits d'effondrement profond de 40 m. Envahissant le conduit puis le ciel en tourbillons incessants, elles s'accrochent aux branches, butent même parfois dans les jambes ou la tête des « spectateurs ». Le ballet dure près de 15 mn ! Un moment magique, loin des foules.

Zona arqueológica de Chicanná : *km 144, 11 km à l'ouest de Xpuhil. Tlj 8h-17h (dernière entrée 16h30). Entrée : 55 $Me.* Le site constituait sans doute une dépendance réservée à la noblesse de la proche Becán. On rejoint d'abord la *structure XX,* le plus haut édifice (vers 850-1000), remarquable par son ornementation de pierre assez bien conservée mâtinant styles Chenes et Río Bec. En vedette : un grand masque zoomorphe et d'autres superposés. À environ 500 m, la plaza révèle 2 édifices intéressants : la *structure I,* emblématique de l'architecture du Río Bec, aux angles bien arrondis, et en vis-à-vis la *structure II,* à la superbe façade ouest très ornementée figurant le dieu Itzamná, gueule béante. Prévoir environ 30 mn pour la visite.

Zona arqueológica de Becán : *km 142, env 9 km à l'ouest de Xpuhil. Tlj 8h-17h (dernière entrée 16h30). Entrée : 70 $Me. Combi depuis Xpuhil : 20-30 $Me.* Son nom, en maya, signifie « fossé » – allusion à cette douve aujourd'hui asséchée qui enserre les 12 ha du cœur de la cité. Capitale régionale, Becán connut son apogée entre 600 et 800. Le site, entouré par la forêt et lui-même très arboré, est très évocateur, avec des édifices du style Río Bec de grande

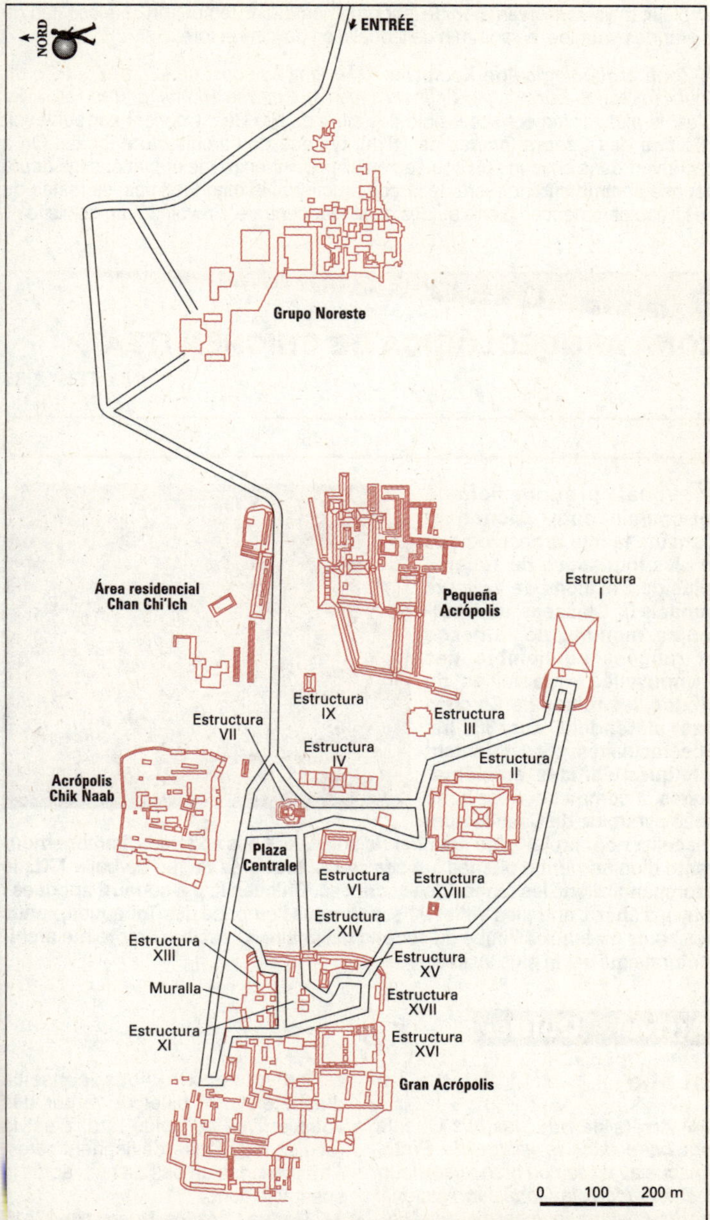

CALAKMUL (Zona arqueológica)

ampleur, mais conservant peu de leur ornementation. Temps fort : l'ascension de la grande pyramide, au sommet de laquelle on domine la forêt.

Zona arqueológica de Xpuhil : *à 700 m env à l'ouest de la gare routière de Xpuhil (direction Escárcega). Tlj 8h-17h (dernière entrée 16h30). Entrée : 60 $Me.* C'est le plus facilement accessible des sites du Río Bec. On vient surtout y voir l'***Édifice des 3 tours*** (hautes de 18 m), typique de l'architecture locale. On a découvert dans chacune un couteau en silex peint en rouge et blanc, sans doute déposé comme offrande lors de la construction. Ne manquez pas les restes du très beau parement en pierre au dos de la tour centrale. Prévoir 30 mn de visite.

ZONA ARQUEOLÓGICA DE CHICHÉN ITZÁ

IND. TÉL. : 985

• Plan *p. 245*

Voilà, pratiquement à mi-chemin entre Mérida et Cancún, le site archéologique le plus touristique du Yucatán (plus de 2 millions de visiteurs annuels !). Classées au Patrimoine mondial de l'Unesco et rangées au nombre des 7 « nouvelles » merveilles du Monde, les ruines de Chichén Itzá s'étendent sur 300 ha. Spectaculaires, elles comptent quelques édifices emblématiques, à commencer par cette belle pyramide du Castillo dont l'escalier nord projette, au coucher du soleil, lors des solstices, l'ombre mouvante d'un serpent à plumes... À ses pieds, tout près du jeu de balle XXL, le Tzompantli aligne les crânes des sacrifiés... Chichén Itzá a connu 2 apogées : maya, d'abord, entre les VIIe et IXe s, puis sous l'emprise des Toltèques, venus des hauts plateaux à l'aube du second millénaire. C'est leur empreinte architecturale qui est la plus visible.

LA GROTTE AU TRÉSOR

En février 2019, les archéologues ont fait une nouvelle découverte à Chichén Itzá : tout au fond d'une grotte méconnue, par 24 m de profondeur, au bout d'un boyau long de 460 m dans lequel il leur a fallu patiemment ramper, ils sont tombés sur un trésor de céramiques et encensoirs mayas en parfait état, datant semble-t-il de la période postclassique (700-1000). Leur espoir : qu'il livre des secrets sur l'origine du 2^d^ âge d'or de la cité.

Arriver – Quitter

En bus

Arrêts de bus : *les bus* Oriente *font halte dans le village de* ***Piste,*** *presque au niveau du grand carrefour/* zócalo, *face à la* Comisión Nacional de Emergencia *(guichet tlj 10h-18h). Les bus* ADO *et* Mayab *s'arrêtent, eux, devant le marché artisanal du site archéologique, derrière les bus de tourisme. Sinon, liaisons meilleur marché en* colectivo. On vous conseille d'acheter votre billet de retour dès votre arrivée car, plus tard, c'est la ruée et les places deviennent rares. Attention, pas de bus de nuit, après le spectacle donc.

➢ ***Mérida :*** ttes les 1h env, 2h-12h15 avec *Oriente,* 1 bus à 16h30 avec *ADO.*

➢ ***Cancún (via Valladolid) :*** 1 bus rapide à 16h30 avec *ADO* ; ttes les 1h env 5h40-12h30 avec *Oriente.*

➢ ***Tulum et Playa del Carmen :*** avec *ADO* départs à 8h30 (Tulum seulement) et 16h30. Un bus *Oriente* part à 7h35 et dessert Cobá, puis Tulum et Playa.

En taxi

🚗 ***Arrêt des taxis :*** *ils stationnent sur le parking du site. Compter 50 $Me pour Piste et 450 $Me pour Valladolid.*

Où dormir ? Où manger près du site ou dans les environs ?

Chichén Itzá ne regroupe que les ruines de l'antique cité. Le village le plus proche, Piste (prononcer « Pisté »), sans grand intérêt, est à environ 3 km du site. Celles et ceux qui ne veulent pas se ruiner y planteront leur guitoune à l'hôtel *Piramide Inn (☎ 851-01-15 ; • piramideinn.com • ; env 100 $Me/pers).*

À Piste *(à 3 km du site)*

🏠 ***Posada Olalde :*** *du zócalo, suivre la route principale en direction des ruines et tourner à droite juste après le resto* Los Pajaros*; c'est à 100 m sur la droite. ☎ 851-00-86. Double env 400 $Me ; pas de petit déj.* C'est la seule option bon marché dans le secteur : dans un quartier calme, 7 chambres doubles et ventilées à 2 lits, avec salle de bains, donnant de plain-pied sur un jardinet. L'ensemble est très simple, pas récent ni très joyeux, mais globalement propre. Accueil familial gentil.

🍴 ☕ ***Lonchería Fabiola :*** *presque en face du zócalo, sur la droite quand on vient de Mérida. Tlj 9h-22h.* Pour manger sur le pouce, cette petite cantine de rue familiale fait très bien l'affaire. Petit choix de plats bon marché : tacos, *tortas, panuchos.* Au petit déj, il n'y a guère que des œufs.

🍴 ***Pollería Los Pajaros :*** *av. Principal, à env 300 m à l'est du zócalo en direction des ruines. Tlj 9h-21h.* Tôle ondulée, *palapa, musica latina* et ananas, chaises en plastoc et, toc, voilà un bon demi-poulet aplati pour 3 fois rien, servi avec riz, salade de chou, bananes plantain... et une bonne dose de fumée émanant des grills ! Un bon rapport qualité-prix.

🏠 ***Casa de Las Lunas :*** *av. Principal, à env 300 m à l'est du zócalo en direction des ruines. ☎ 851-02-89. Doubles 750-950 $Me, café, eau et petits pains inclus le mat.* Si vous avez un peu plus de budget, privilégiez ce petit hôtel récent dont les 15 chambres, confortables voire presque luxueuses (avec du marbre partout !), donnent pour la plupart sur une petite piscine. Nos préférées : celles de la catégorie *Xtra*, certes un peu étroites, mais avec lit *king* ; évitez juste les 2 tournées vers le petit parking et celle qui est aveugle. Supérette Oxxo à côté.

🍴 ☕ ***Las Mestizas :*** *av. Principal, à env 400 m à l'est du zócalo en direction des ruines. ☎ 851-00-69. Tlj 8h30-22h. C'est le meilleur du coin.* Dans une salle rappelant vaguement un décor colonial, des tables bien dressées, pour une carte réduite de spécialités surtout régionales : excellente soupe de *lima*, bon *pollo pibil*, flan maison, petits déj... Patronne sympathique et service gentil de son fiston. Petite terrasse en bord de route.

🍴 ☕ ***Hotel Chichén Itzá :*** *av. Principal, à env 350 m à l'est du zócalo en direction des ruines. ☎ 8240-58-64. • mayaland.com/hotel-chichen-itza • Doubles 1 300-1 750 $Me, petit déj en sus.* Quand bien même cet établissement accueille surtout des groupes, c'est une oasis verdoyante dans cette bourgade sans charme. Sa quarantaine de chambres occupe un petit bâtiment en L de 2 étages donnant sur un grand jardin. Celles tournées vers l'intérieur et la grande piscine sont plus chères, mais valent le prix (évitez celles côté route). Restaurant (carte, plus buffets en haute saison).

Près de Chichén Itzá

🏠 🍴 ***Villas Arqueológicas :*** *dans la zona hotelera, près de l'entrée sud du site. ☎ 851-01-87 ou 188-83-10.*

• villasarqueologicaschichen.com • Double env 1 475 $Me, petit déj en sus. Même si ses sols en tomettes ont pris quelques rides, le moins cher des hôtels de la zone ne manque pas de charme, avec son beau patio où les bougainvillées encadrent la piscine. On y dîne (bien) au resto installé sur ses flancs, avant de regagner l'une des 40 chambres, un peu petites, mais assez mignonnes avec leurs murs en crépi et lits sous voûtes. Bar, salon TV et table de billard, service de spa, location de vélos bon marché et, en prime, un accès direct à pied à l'entrée sud du site par l'hôtel voisin (supplément de 200 $Me).

ZONA ARQUEOLÓGICA

Maya la belle !

L'histoire de Chichén est complexe et reste entachée de nombreux points d'interrogation. Si l'on en croit la légende, la ville aurait été fondée vers 450-500 par les Itzáes, une tribu maya venue de l'actuelle région de Bacalar. Pourquoi ici ? En raison de la présence de 3 *cenotes,* ces puits naturels qui constituaient à la fois une source d'eau essentielle et un axe cosmique reliant l'inframonde au monde des vivants. Chichén Itzá leur doit son nom : *chi* signifie « bouche » et *chén* « puits ».
La cité connaît une 1re période de splendeur entre les VIIe et IXe-Xe s. Son architecture est alors typiquement maya, proche du style puuc (aux stucs et ornementations géométriques). Comme l'ensemble du monde maya, Chichén Itzá entre ensuite dans une phase de déclin, sans que l'on sache vraiment si elle est abandonnée ou si elle entre simplement en sommeil. Quoi qu'il en soit, elle est repeuplée vers l'an 1000 sous l'égide de tribus du Nord, d'origine toltèque. Une légende raconte que ce sont les Itzáes eux-mêmes qui, après avoir abandonné leur ville, seraient revenus sous la conduite du roi de Tula, Quetzalcóatl. Chichén Itzá connaît alors un nouvel âge d'or, marqué par une nouvelle forme d'architecture, plus stricte, ainsi que par l'apport du culte du dieu-serpent Quetzalcóatl (Kukulkán pour les Mayas). Le lien entre Chichén et Tula reste toutefois sujet à interprétation : résulte-t-il d'une invasion ou seulement d'une influence commerciale et culturelle ? Est-il bien le fait des Toltèques ou sont-ce des Mayas qui auraient plutôt influencé Tula ?
La cité est définitivement abandonnée à la fin du XIIe ou au milieu du XIIIe s, sans doute en raison d'un conflit entre Uxmal, Mayapán et Chichén Itzá (la rupture d'une supposée triple alliance). À l'époque de la conquête espagnole (1533), la cité ne comptait plus que quelques rares habitants, même si Itzá restait un centre de pèlerinage maya très couru.

Infos pratiques

– ***Infos et horaires :*** *☎ 851-01-37. Tlj 8h-17h (une partie du site ferme dès 16h). Tarif : 571 $Me (85 $Me pour les 3-12 ans).*
– ***Son et lumière :*** *tlj, sauf lun, à 19h en hiver, 20h en été. Tarifs : 630 $Me mar-sam, env 300 $Me dim. Audioguide gratuit (en français), à retirer à un autre guichet (arriver à l'avance) et contre une pièce d'identité. Il est prudent de réserver auprès de votre hôtel ou sur : • nochesdekukulkan.com.mx •*
P ***Parking :*** *compter 80 $Me, mais ça change régulièrement ! Si on arrive tôt, on peut se garer gratuitement le long de la route d'accès, avant l'entrée du parking.*
– ***Guide francophone :*** *compter 1 400 $Me pour une visite de 2h, pour 25 pers max. L'idéal est de se grouper ! Sinon, env 1 200 $Me pour un guide anglophone et 1 000 $Me en espagnol. Sinon, il y a des panneaux explicatifs en espagnol, anglais et... maya.*
– On vous recommande de ***venir à l'ouverture*** afin de devancer les groupes ou de privilégier la visite dans l'après-midi (attention, certaines

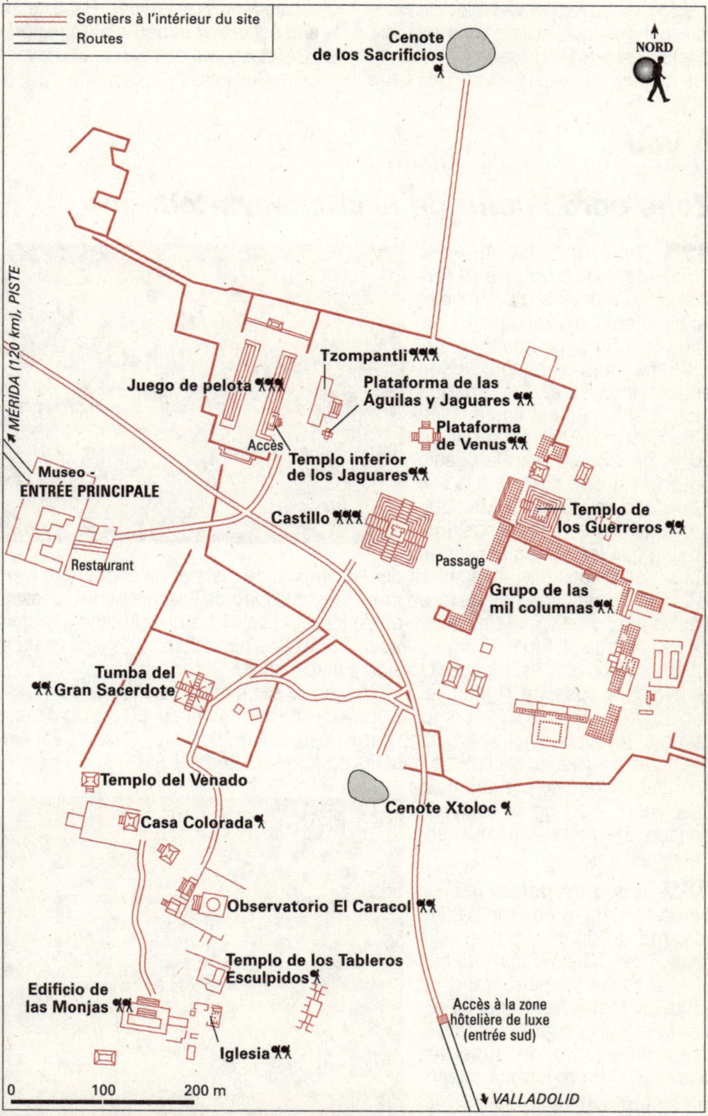

CHICHÉN ITZÁ (Zona arqueológica)

parties du site ferment à 16h). L'accès entre 17h et 18h est intéressant, mais trop court pour tout voir.
– Depuis Piste, une ***piste cyclable*** longeant la grande route permet désormais de rejoindre le site en toute sécurité.
– À l'entrée du site, ***grand centre touristique*** avec galerie marchande, resto-buvette, bureau de change aux taux assez

médiocres (ouverture variable), distributeur automatique et consigne payante (cachée derrière les toilettes).
– *À noter :* il n'est pas possible d'escalader les pyramides. Par ailleurs, le site est grand et peu ombragé : prévoir un chapeau, de l'eau et une crème solaire. Compter 2-3h de visite.

À voir

Zone nord : cœur de la cité maya-toltèque

*** **Castillo** *(pirámide de Kukulkán)* **:** formée de 9 terrasses surmontées d'un temple, la principale pyramide de Chichén Itzá fut ainsi nommée par les Espagnols en raison de son aspect imposant. Sur chaque face, identique, une haute volée d'escaliers est délimitée par un corps de serpent dont la gueule ouverte vient se poser sur le sol. Peu de pyramides au Mexique présentent une telle disposition. Preuve que les Mayas étaient de bons mathématiciens, au moment des équinoxes de mars et de septembre (vers le 21), le serpent apparaît quasi en mouvement le long de l'escalier nord, dessiné par les jeux d'ombre et de lumière au coucher du soleil. Le phénomène, qui dure un peu plus de 5h (dont 45 mn en version complète), est visible 1 semaine avant et après l'équinoxe. Il est reproduit lors du son et lumière.
La pyramide possède 91 marches sur chacun de ses 4 côtés, menant à la terrasse supérieure (+ 1). Faites les comptes : cela donne 365 marches, ce qui rappelle le nombre de jours de notre révolution terrestre autour du Soleil. Le *Castillo,* entièrement dédié au soleil, était utilisé pour les grandes cérémonies.
À l'intérieur, une crypte abrite un *chac-mool* et un jaguar aux yeux de jade. Elle ne se visite malheureusement plus.

POUPÉES RUSSES

Une équipe d'archéologues et historiens mexicains a fait une découverte étonnante en 2016 : la plus haute pyramide de Chichén Itzá renferme en fait 2 autres pyramides, plus petites, emboîtées l'une dans l'autre ! Cette conception d'édifices était assez courante à l'époque précolombienne : chaque grand roi affirmait ainsi une plus grande prestance.

*** ***Juego de pelota*** *(jeu de pelote)* **:** long d'environ 120 m et large de 30 m, c'est le plus grand des 13 que comptait la ville et même le plus grand de toute la Méso-Amérique ! Particulièrement bien conservé, il s'orne encore de superbes bas-reliefs. En regardant attentivement, on aperçoit des joueurs qui semblent tenir une batte... En bas, un gros cercle symbolisant la balle est orné en son centre d'un crâne humain, évoquant la mort. Rituel sacré, le jeu de balle était épisodiquement ponctué par un sacrifice humain. Les nobles, prêtres et invités d'honneur y assistaient, perchés tout en haut

LES NERFS EN PELOTE !

Encore bien mystérieux, le jeu de pelote opposait un nombre incertain de joueurs répartis en 2 équipes. On utilisait semble-t-il principalement genoux, coudes, hanches et fesses pour renvoyer la balle de caoutchouc dans le camp adverse, en tentant (rare exploit !) de la faire passer à l'intérieur de l'anneau de pierre fixé sur chaque flanc du terrain. Des archéologues soupçonnant l'utilisation possible, aussi, du pied droit et même d'une batte. Une chose est sûre : le jeu de balle avait une vocation hautement symbolique, liée à la renaissance du soleil et au cycle des récoltes. Quant aux sacrifices par décapitation représentés à Chichén Itzá, on ne sait pas vraiment s'il s'agissait des joueurs perdants ou gagnants, ni même s'il s'agissait de joueurs.

ou à chaque extrémité du terrain. Pour tester l'acoustique, placez-vous au centre et frappez dans vos mains ; l'écho se répète théoriquement 7 fois. Et ne manquez pas de jeter un coup d'œil à la partie supérieure de la tribune nord, qui a conservé des traces de peinture rouge.

Templo inferior de los Jaguares *(temple des Jaguars)* **:** accolé au jeu de pelote. Associé au jeu de balle et contemporain du *Castillo,* il doit son nom à la petite sculpture représentant un jaguar, à l'entrée du temple, entre les 2 colonnes carrées – ornées de représentations de guerriers.

Tzompantli *(mur des Crânes)* **:** ce curieux mur symbolise de manière brutale les crânes des sacrifiés immolés aux dieux, représentés empilés les uns sur les autres – on trouva en effet des crânes à l'intérieur de cette petite plate-forme. Aux angles apparaissent les seuls crânes de face. D'autres sculptures montrent notamment un joueur venant de perdre la tête et, sur sa droite, un aigle dévorant un cœur humain. Des frises de serpent courent parallèlement le long de la partie supérieure.

Plataforma de las Águilas y Jaguares *(plate-forme des Aigles et des Jaguars)* **:** à côté du précédent. Pas bien grande, mais intéressante, elle montre, de chaque côté des escaliers courant sur chacune de ses 4 faces, un jaguar (la nuit) et un aigle (le jour) dévorant un cœur humain, symbolisant ainsi l'offrande faite au Soleil. Au-dessous : des guerriers.

Plataforma de Venus *(plate-forme de Vénus)* **:** la partie la plus significative de ce petit temple se trouve aux 4 coins, où se répètent les mêmes images : symbolisant la fertilité, le dieu Quetzalcóatl sort de la bouche d'un serpent. À côté : l'étoile du matin et du soir. Sur la frise supérieure, un corps de serpent (encore !) ondule et des poissons apparaissent.

Cenote de los Sacrificios *(puits des Sacrifices)* **:** à l'extrémité nord du site. Ce profond puits d'effondrement, d'une soixantaine de mètres de diamètre, accueillait offrandes et sacrifices humains – tant hommes que femmes, d'âges divers. Entouré de végétation, il ne se voit que du rebord.

Templo de los Guerreros et Grupo de las mil columnas *(temple des Guerriers et groupe des 1 000 colonnes)* **:** il ressemble beaucoup à celui de Tula (capitale des Toltèques), avec son temple dressé sur une large plate-forme supérieure accessible par un escalier raide. On ne peut malheureusement plus y grimper, ni même trop s'en approcher, ce qui permet juste de voir les 2 atlantes plantés au milieu des marches et de deviner le *chac-mool* perché au sommet – cet autel en forme d'homme accoudé, qui recevait les sacrifices humains. Les apprentis architectes auront noté les bases toltèques de l'édifice (contreforts inclinés). Sur la droite se multiplient les colonnes, en réalité au nombre de 499. En les traversant (un passage a été aménagé), on peut s'approcher du temple des Guerriers par le flanc sud : l'occasion d'apercevoir de magnifiques frises sculptées représentant des jaguars et des aigles – un nouveau témoignage de l'imbrication des styles maya et toltèque.

Zone centrale : le Chichén maya

Tumba del Gran Sacerdote *(tombe du Grand Prêtre)* **:** juste au sud du Castillo, cette jolie petite pyramide est greffée sur chaque côté d'un escalier à têtes de serpent à plumes... tirant une longue langue ; on peut encore voir des glyphes sur ses rampes et des bas-reliefs bien préservés sur les 3 niveaux supérieurs. L'édifice a été bâti au-dessus d'une grotte où l'on a découvert les ossements de 7 personnes.

Observatorio El Caracol *(observatoire)* **:** nommé *Caracol* par les Espagnols à cause de son escalier en colimaçon, cet observatoire présente la particularité d'avoir été bâti en fonction de la position de Vénus et du soleil à son coucher au moment des solstices. Au sommet de la coupole, les 3 fenêtres permettaient d'observer Vénus, l'étoile polaire et les solstices.

Casa Colorada *(Maison rouge)* **:** cet édifice maya de style puuc doit son nom à ses restes de peinture rouge (à l'intérieur). Dans sa partie supérieure, une frise géométrique où apparaît Chac. À côté, le *Templo del Venado (temple du Cerf)*, nommé d'après une fresque aujourd'hui disparue, est très détérioré.

Edificio de las Monjas *(temple des Nonnes)* **:** nommé par les Espagnols qui confondirent ses petites pièces avec des cellules, l'édifice a beaucoup souffert de l'intervention d'un archéologue peu orthodoxe (voir encadré). On découvre toutefois, dans le patio de las *Monjas*, derrière l'église (voir ci-après), une très belle façade de style puuc-chenes. On y retrouve notre ami Chac un peu partout. Au centre de la façade apparaît un grand prêtre ou un gouverneur assis, pieds et mains croisés. L'entrée symbolise une grande bouche entourée de dents.

UN FRANC-DÉMAÇONNEUR !

Augustus Le Plongeon, photographe et archéologue amateur du XIXe s, affirmait que les Mayas étaient à l'origine de la franc-maçonnerie... Pour vérifier ce que l'edificio de las Monjas avait dans le ventre, il le fit exploser à la dynamite !

Iglesia *(église)* **:** c'est le petit édifice carré que l'on contourne pour aller voir la façade est de l'*Edificio de las Monjas*. Comprenant une unique chambre, il présente une décoration exubérante de masques de Chac et de grecques, ainsi que les représentations des 4 coins du ciel (des nains agenouillés).

Templo de los Tableros Esculpidos *(temple des Panneaux sculptés)* **:** cette petite construction maya-toltèque décrépie montre sur son mur sud un panneau sculpté représentant guerriers, jaguars et serpents à plumes. On y célébrait des rituels liés à l'élément feu.

Cenote Xtoloc : *en chemin vers l'entrée sud.* Encore un immense puits naturel considéré comme sacré, dans lequel on jetait offrandes et êtres humains !

DANS LES ENVIRONS DE CHICHÉN ITZÁ

Grutas de Balankanché : *à 6 km de Chichén Itzá, après le cenote Ik-Kil, sur la route de Valladolid. Compter 45 mn de visite (1 km de parcours). Entrée : 141 $Me. Visites guidées ttes les heures 9h-16h, si min 6 pers (à 10h en français, 11h, 13h et 15h en anglais, sinon en espagnol).* Les Mayas y vénéraient le dieu jaguar et les divinités des eaux vives et de la pluie. On y a découvert de très nombreuses offrandes : poteries, encensoirs et *metates* (pierres à moudre) notamment – pour certains remis en place. Attention, la visite de la grotte n'est pas de tout confort : il y fait très chaud et humide. Petit musée instructif à l'entrée.

L'EST DU YUCATÁN

VALLADOLID

51 700 hab. IND. TÉL. : 985

• Plan *p. 251*

Située à mi-chemin entre Mérida et Cancún, Valladolid est stratégiquement placée pour partir à la découverte des sites archéologiques majeurs

de Chichén Itzá et d'Ek Balam, ainsi que des nombreux *cenotes* qui émaillent la région. Bâtie sur la cité maya de Zací, elle fut l'une des 1res villes espagnoles du Yucatán. Surnommée « la sultane de l'Est », cette jolie cité coloniale ne manque pas de charme, notamment autour de son *zócalo* ombragé, dominé par les tours jumelles de la cathédrale. Ne vous attendez pas, toutefois, à y découvrir de monuments majeurs.

UN ENNEMI INVINCIBLE

Fondée en 1543, Valladolid était à l'origine située au bord d'une lagune dans la région de Tizimín. Ce sont les féroces moustiques qui eurent raison des colons ! Découragés, ceux-ci préférèrent le site de Zací, malgré le risque d'affrontements sanglants avec les Mayas. Les dernières insurrections ont eu lieu au milieu du XIXe s.

– ***Attention :*** si vous arrivez de la côte (Cancún, Tulum...), pensez à remonter votre montre de 1 heure (valable seulement en hiver) !
– Le 1er février, jour de la fête de la Virgen de la Candelaria, est férié dans la région. Les banques sont alors fermées et l'hébergement souvent complet.

Arriver – Quitter

En bus

Terminal de bus *(plan A1)* ***:*** *à l'angle des c/ 39 et 46. ☎ 856-34-48. Consignes.*

➢ ***Cancún*** *(2h20-3h30)* ***:*** avec *Oriente* (par la nationale), ttes les 10 mn à 2h, 24h/24. Avec *ADO* (par l'autoroute), ttes les 1h-3h, 6h30-20h30.

➢ ***Chetumal :*** 3 bus/j. avec *Mayab*, vers 5h25, 14h25 et 20h30.

➢ ***Chichén Itzá*** *(trajet 40-50 mn)* ***:*** avec *Oriente*, ttes les 30-60 mn env 7h15-17h30 (arrivée à Piste). Avec *ADO*, 3 départs/j., à 9h50, 10h15 et 15h30. Compter 120 $Me. Sinon, on peut prendre les *colectivos* partant derrière la gare routière. Compter 35 $Me/pers ; départs ttes les 15 mn à partir de 7h, ttes les 30 mn au retour, env 45min de trajet.

➢ ***Chiquilá*** *(Isla Holbox)* ***:*** bus *ADO* direct vers 9h50 (env 2h25), ou avec *Oriente* à 2h du mat (!), 9h et 11h30. Sinon, prendre un bus *Oriente* vers Cancún, descendre à El Ideal et sauter dans l'un des fréquents *colectivos* pour Chiquilá. Ou encore via Tizimín, d'où partent 10 bus/j. *Oriente* et *Noreste* pour Chiquilá, 2h-16h45.

➢ ***Mérida*** *(2h10-3h30)* ***:*** avec *ADO*, une bonne trentaine de bus/j. 3h25-22h25. Avec *Oriente*, ttes les 15 mn à 2h, 24h/24.

➢ ***Playa del Carmen*** *(2h20-3h)* ***:*** avec *ADO*, une dizaine de départs/j. 8h-22h40. Avec *Oriente*, 9 départs/j. 4h10-1h30 ; 4/j. avec *Mayab*.

➢ ***Río Lagartos :*** avec *Oriente*, env 17 départs/j. pour Tizimín, 5h30-20h. Trajet : 1h. De là, prendre un bus *Noreste* pour Río Lagartos : 9-10 départs. Trajet : 1h.

➢ ***Tulum*** *(env 1h30)* ***par Cobá*** *(1h)* ***:*** avec *ADO*, 8 bus/j. 8h-22h40. Avec *Mayab*, env 3 bus/j.

➢ On peut aussi rejoindre ***Ticul*** avec *Mayab*, tlj à 12h sauf lun, pour aller dans la foulée à Uxmal.

Adresses utiles

Oficina de información turística *(plan B1)* ***:*** *à l'angle du zócalo, c/ 40 nº 200. ☎ 856-25-51 (ext. 114). • valladolid.travel • Lun-ven 8h-20h, w-e 9h-19h.* Infos (très) limitées.

■ ***Distributeurs :*** *à la* ***Banamex*** *(plan B1, **2**), c/ 41, à 20 m du zócalo, ou en face chez* ***HSBC*** *(plan B1, **1**).*

■ ***Banco Azteca*** *(plan A1, **3**)* ***:*** *c/ 44, entre les c/ 39 et 37. Tlj 9h-21h.* Généralement les meilleurs taux de change en ville.

Où dormir ?

De bon marché à prix moyens (moins de 800 $Me / env 38 €)

🏠 ***Hostal Mama Chá*** *(plan A1, **10**) : c/ 41 nº 209A. ☎ 856-36-59. Lit en dortoir 180-230 $Me/pers.* On adore cette AJ à l'âme rétro, qui a adopté une déco entièrement basée sur l'idée de la maison de grand-mère – cuisine avec poteries anciennes, vieux puits, jolies tables en bois, bons gros lits solides... On y trouve juste 3 dortoirs : 2 de 7 lits avec clim, l'autre de 11 avec ventilos (prise et casier pour chacun), qui partagent 2 salles de bains récentes et impeccables. Éviter juste celui côté rue, sombre. Le top : le jardinet au fond avec ses 3 hamacs, où l'on poursuit les discussions après 22h, pour ne pas déranger les autres.

🏠 ***Hostel La Candelaria*** *(plan A1, **11**) : c/ 35, entre les c/ 42 et 44. ☎ 856-22-67. ● hostelvalladolidyucatan.com ● Dortoirs 200-330 $Me/pers selon confort et doubles 600-790 $Me, petit déj inclus.* Centrale et donnant sur une agréable placette, cette excellente et pimpante AJ baigne dans une atmosphère très colorée et une très bonne ambiance (équipe sympa). Côté confort : des dortoirs (mixtes ou non, de 4-9 lits) et des chambres avec ou sans clim, avec ou sans salle de bains attenante. Nos préférées donnent sur un coin de toit. Ceux qui partagent trouveront la douche dans le très sympathique jardin (hamacs, barbecue), à côté de la jolie cuisine ouverte. Bref, beaucoup de charme et des vélos à louer *(100 $Me/j.)* pour aller écumer les *cenotes* de la région.

🏠 ***Hostal Tunich Naj*** *(plan B2, **12**) : c/ 38 nº 202A. ☎ 856-08-73. Lit en dortoir 175-200 $Me/pers, double env 600 $Me, quadruple 1 000 $Me, petit déj (léger) inclus pour ts.* L'adresse est conviviale et accueillante, quoique plus disparate. On choisit ici entre les dortoirs de 8 et 10 lits (ce dernier spacieux et bien aéré), les chambres privées avec salle de bains pouvant accueillir jusqu'à 4 personnes et les « cabañas mayas » pour couples coincées au fond du jardinet. Cuisine en plein air.

🏠 ***Hotel Casa Rosario*** *(plan A1, **14**) : c/ 48 nº 197D. ☎ 856-25-48. ● hotelcasarosario.com ● Doubles 600-800 $Me.* Le *zócalo* n'est qu'à 3 *cuadras* et les chambres sont d'un excellent rapport qualité-prix : spacieuses, très propres, elles donnent pour les plus agréables sur une petite piscine fort bienvenue – évitez juste les nºs 1 à 3, situées dans l'entrée. Un coin repas a été aménagé avec frigo, assiettes et tasses à dispo, où sont mis à disposition le matin pain de mie, beurre et confiture. Accueil charmant en prime.

🏠 ***Hotel Zaci*** *(plan A1, **16**) : c/ 44 nº 191 ; entre les c/ 39 et 37. ☎ 856-21-67. ● hotelzacivalladolid.net ● Double env 760 $Me.* Même si ce n'est pas notre 1er choix, on trouve ici des chambres climatisées à bon prix, empilées en enfilade sur 3 étages (choisir celles du haut), de chaque côté d'un long patio verdoyant planté d'une fontaine et terminé par une piscine. Pas mal, les 2 lits en fer forgé, ça change !

De chic à plus chic (800-1 600 $Me / env 38-76 €)

🏠 ***Hotel Tunich Beh*** *(plan A1, **13**) : c/ 41A nº 204A. ☎ 856-22-22. 📱 107-25-33. ● tunichbeh.com ● Double env 1 000 $Me.* Façade bonbon, réception (très aérée) jaune poussin et bleu roi, arcades rose pétulant, cette hacienda urbaine reconvertie en petit hôtel joue une carte assurément mexicaine. Une colonnade conduit à la piscine, sur les flancs de laquelle sont postées les 8 chambres – confortables avec, au choix, lit *king* ou 2 lits *queen*, mobilier en bois de cèdre, douche carrelée et joli ventilo. 2 pas et vous voilà dans le bain !

🏠 ***Casa Quetzal*** *(plan A2, **18**) : c/ 51 nº 218 ; barrio Sisal. ☎ 856-47-96. ● casa-quetzal.com ● Derrière le monastère de San Bernardino. Doubles*

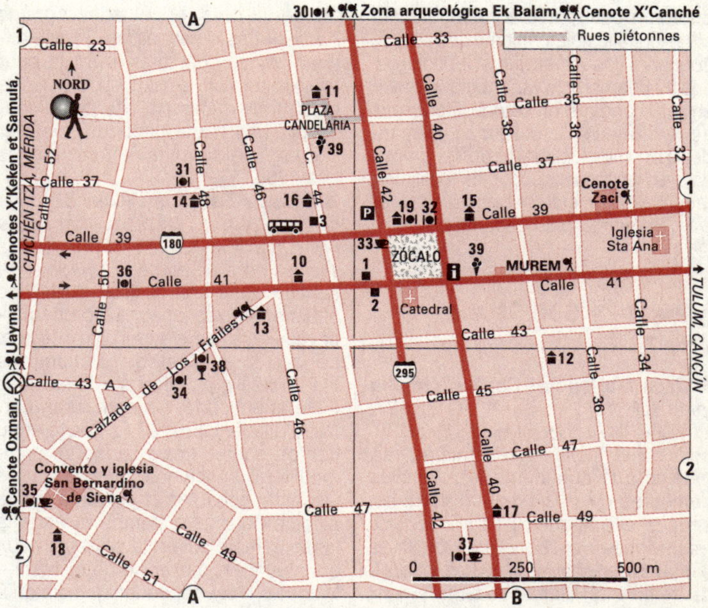

VALLADOLID

■ **Adresses utiles**

- Oficina de información turística (B1)
- 1 HSBC (B1)
- 2 Banque Banamex (B1)
- 3 Banco Azteca (A1)

Où dormir ?

- 10 Hostal Mama Chá (A1)
- 11 Hostel La Candelaria (A1)
- 12 Hostal Tunich Naj (B2)
- 13 Hotel Tunich Beh (A1)
- 14 Hotel Casa Rosario (A1)
- 15 Casa Marlene et Casa Tía Micha (B1)
- 16 Hotel Zaci (A1)
- 17 Posada San Juan (B2)
- 18 Casa Quetzal (A2)
- 19 Mesón del Marqués (B1)

Où manger ?
Où prendre un petit déjeuner ?

- 19 Mesón del Marqués (B1)
- 30 Sabrositacos (hors plan par A-B1)
- 31 Mr Tacos (A1)
- 32 Bazar Municipal (B1)
- 33 Restaurant de l'hôtel *María de la Luz* (B1)
- 34 Tresvanbien (A2)
- 35 Yerbabuena (A2)
- 36 El Sazón de Valladolid (A1)
- 38 Cafeina (A2)

Où s'offrir une bonne glace ?

- 39 Wabi Gelato (B1)

1 150-1 800 $Me, petit déj continental compris. Judith, passionnée de culture maya, s'est installée à Valladolid il y a plus de 15 ans après une petite vingtaine d'années passées au vent d'Isla Mujeres. Elle a aménagé dans sa charmante villa 10 vastes chambres très joliment décorées de beaux objets ethniques (éviter les 2 côté rue). Ambiance reposante dans le séduisant patio-jardin, où l'on profite d'une agréable petite piscine noyée dans la végétation.

Mesón del Marqués *(plan B1, **19**) : c/ 39 nº 203 ; sur le zócalo. ☎ 856-20-73 ou 30-42. • mesondelmarques.com • Doubles 1 200-1 900 $Me. Parking gratuit.* Stratégiquement situé, ce gros hôtel, qui accueille pas mal de groupes, aligne un resto apprécié pour son beau patio à colonnades et plusieurs ailes plus récentes à l'arrière, épousant vaguement un style colonial. Les 90 chambres y varient grandement en taille comme en tranquillité (bruits de rue, odeurs de cuisine...). Demandez à en voir plusieurs et optez, si vous en avez les moyens, pour les familiales, récentes et mieux insonorisées. Piscine. Personnel pro et souriant.

Très chic (plus de 1 600 $Me / env 76 €)

Casa Marlene et Casa Tía Micha *(plan B1, **15**) : c/ 39 nos 193 et 197. ☎ 856-04-99. Doubles 80-150 US$, petit déj inclus.* Le ton est ici à l'intimité et à la confidentialité : 2 belles demeures de ville presque voisines, situées à quelques pas du *zócalo,* transformées en boutique-hôtels de 6 chambres chacun. Vieilles photos de famille et Vierge aux murs renforcent l'impression de pénétrer dans un sérail très privé, tout comme l'accueil très personnalisé. Toutes différentes, les chambres, ouvrant pour la plupart sur le patio-jardin (avec bassin), ne manquent pas de personnalité : très hauts plafonds, mobilier ancien, baldaquins et carrelages néo-1900.

Posada San Juan *(plan B2, **17**) : c/ 40 nº 240, à l'angle du parque de San Juan. ☎ 856-01-29. • posadasanjuan.com • Doubles 115-155 US$.* Installé dans une bâtisse du XVIIe s entièrement repensée, avec une partie récente à l'arrière très bien intégrée, ce boutique-hôtel de 8 chambres fait un très gros effort sur le service : il est attentionné, souriant, bref, parfait. L'ambiance est à la sérénité et au confort soigné (mais sans TV), entre mobilier à l'ancienne, déco ethnique élégante, peintures et gravures, petite piscine pour faire trempette dans le jardin et resto ouvert le soir pour ceux qui n'auraient pas envie de ressortir – le *zócalo* n'est cependant jamais qu'à 4 *cuadras.*

Où manger ? Où prendre un petit déjeuner ?

Très bon marché (moins de 80 $Me / env 3,80 €)

Tout petit budget ? *No problemo.* À Valladolid, on se nourrit sans peine pour moins de 50 $Me dans les *taquerías.* Notre préférée ? **Sabrositacos,** à 4 *cuadras* au nord du *zócalo (hors plan par A-B1, **30** ; c/ 31, entre c/ 40 et 42 ; ☎ 856-08-76 ; tlj 18h30-1h sauf lun).* Ambiance hangar, néons et radio assourdissante, mais les tacos sont bons (avec des herbes et de bonnes sauces) et certains sont même assez originaux. À l'entrée, ça coupe et ça secoue le cochon à pleines brassées pour les *al pastor...* On peut même commander la viande au kilo et se faire livrer. Une envie de tacos en pleine nuit ? Filez alors chez **Mr Tacos** *(plan A1, **31** ; c/ 37, entre c/ 48 et 50, ouv 24h/24).* C'est un peu plus basique et pas plus réjouissant côté déco (ambiance garage automobile), mais les tacos sont à 13-15 $Me l'unité (20 $ avec fromage).

Bazar Municipal *(plan B1, **32**) : c/ 40 et c/ 39, à l'angle du zócalo.* Si on y trouve des bijouteries, on y vient surtout pour grignoter sous les arcades néocoloniales. Aux menus des stands, des choses simples : *pollo frito, longaniza asada* (saucisse grillée), *poc chuc,* tacos, *fajitas, jugos,* guacamole... Parmi les plus populaires : la **Lonchería El Amigo Casiano** *(local nº 14).*

Tresvanbien *(plan A2, **34**) : c/ 41A, nº 216. 984-114-99-66. Tlj 11h-19h (ou 19h30).* Cet agréable café au mobilier rétro s'est fait une spécialité des *empanadas* (chaussons), joliment servis dans une noix de coco ! Ne venez pas trop tôt, qu'ils aient le temps de cuire (vers 13h). Thon, légumes, poulet-pommes de terre, *cochinita pibil...* ils sont goûteux et pas cher. Également de bons jus de fruits frais, des milk-shakes et boissons détox. À déguster dans le coquet jardin.

LA PÉNINSULE DU YUCATÁN

De bon marché à prix moyens (80-300 $Me / env 3,80-14,30 €)

Restaurant de l'hôtel María de la Luz *(plan B1,* ***33****)* **:** *c/ 42, 193 ; sur le zócalo. ☎ 856-11-81. Petit déj tlj 7h-11h, 119 $Me lun-ven, 129 $Me le w-e.* On y vient avant tout pour le petit déj buffet (à volonté), servi dans le patio, entre la piscine de l'hôtel et la grande salle à arcades du resto ouverte sur la place. Le cadre est sympa et le choix important (avec *huevos al gusto*).

Yerbabuena *(plan A2,* ***35****)* **:** *c/ 54A nº 217 (et c/ 51) ; dans l'angle de la place. ☎ 856-14-06. Tlj sauf lun 8h-17h.* Vu les prix (bas), on ne s'attend pas à un aussi joli cadre : un beau bar planté dans une salle aérée colorée et une cour-jardin. La carte est ici 100 % saine : *tamales,* salades, burger de lentilles et graines, chayote farci au quinoa et plats végétariens des 4 coins du monde. C'est bon, très bon même, jusqu'à la charlotte au citron en dessert. Pour faire glisser le tout, commandez donc une *agua de yerbabuena* (plante aromatique) ou un *tejate* (à base de... fleurs de cacaoyer).

El Sazón de Valladolid *(plan A1,* ***36****)* **:** *c/ 41 nº 233A, entre les c/ 48 et 50. 985-119-03-52. Tlj 11h-19h (ou 20h).* Spécialité de la maison : la *cochinita pibil* et le roi *poc chuc,* servi avec *frijoles* et saucisse grillée en version « especial ». Très bon aussi : le *salpicón de poc chuc,* sauté à la coriandre, tomates et oignons. Sympa : les plats sont expliqués au menu ! Côté cadre : une salle orange brute, très haute de plafond, bercée par le bruit de la circulation sur la rue. Accueil très gentil.

Cafeina *(plan A2,* ***38****)* **:** *c/ 41A, nº 212A. ☎ 856-26-54.* 2 en 1 : côté face, l'accueillant *Cafelna,* qui navigue entre ingrédients locaux, notes de fusion et cuisine internationale (burger guacamole, salades un peu originales...) ; côté pile la *mezcalería Don Trejo* pour ses tacos, sa courette ombragée, son bar et sa *musica en vivo.*

Voir aussi le restaurant du ***Mesón del Marqués*** *(plan B1,* ***19****),* pour son superbe cadre colonial.

Où s'offrir une bonne glace ?

Wabi Gelato : *c/ 39 nº 196 (plan B1,* ***39****). Tlj à partir de 12h... jusqu'à épuisement des stocks (entre 16h et 22h au plus tard !).* Mangue, cacao, cacahuète, *banane leche,* ananas-coriandre... les parfums du jour s'affichent à l'ardoise. Choix limité en basse saison.

À voir. À faire

Calzada de los Frailes *(calle 41 A ; plan A1-2)* **:** cette rue emblématique de Valladolid est bordée de belles maisons aux façades colorées. Un très bel exemple de rénovation urbaine réussie. Elle mène au monastère de San Bernardino.

Convento y iglesia San Bernardino de Siena *(plan A2)* **:** *au bout de la jolie calzada de los Frailes (c/ 41 A). Tlj 8h-17h. Entrée : 30 $Me. Son et lumière sur le flanc du monastère tlj, sauf lun, à 21h (en espagnol) et 21h20 (anglais), narrant 500 ans d'histoire de la ville ; gratuit ; durée : env 20 mn.*

C'est l'un des 1ers monastères (fortifiés) à avoir été construits dans le pays (1552). Abandonné en 1755, incendié lors de la guerre des Castes en 1847 puis à nouveau en 1910, il conserve un cloître très austère, massif à souhait – de l'étage duquel on accède au balcon de l'église, très sobre elle aussi, mais dotée d'un très haut maître-autel. Dans le jardin, on peut voir un *cenote* surmonté d'une drôle de bâtisse de 1613 : elle abritait une noria, destinée à alimenter en eau la communauté monastique.
Le 12 décembre, jour de la fête de *Nuestra Señora de Guadalupe,* grande kermesse populaire sur la place du monastère.

Museo de Ropa Étnica de México *(musée du Costume traditionnel mexicain ; plan B2) : c/ 49 n° 202 A. ☎ 856-58-32. • murem.org • Tlj 10h-18h. Entrée : 50 $Me.* Américano-mexicaine et ex-hippie, Tey Mariana a repris à son compte la collection de costumes traditionnels commencée par sa mère. Elle en présente une quarantaine, appartenant à 16 groupes ethniques différents, ainsi que des pièces contemporaines.

Cenote Zaci *(plan B1) : entrées c/ 36, entre les c/ 37 et 39, ou c/ 39, entre les c/ 34 et 36. Tlj 9h-18h. Entrée : 30 $Me. Vestiaires à l'entrée. Fermé pour travaux.* Ce large *cenote* encaissé, aux eaux d'un vert profond, est l'un des lieux de baignade favori des gens du coin. Mieux vaut y aller quand le soleil est à son zénith. Belle vue depuis la *palapa* du restaurant *(mêmes horaires),* où l'on mange correctement à prix moyens.

DANS LES ENVIRONS DE VALLADOLID

Cenote de San Lorenzo Oxman : *à env 3,8 km de la sortie ouest de la ville (direction Mérida par la route 180), prendre à gauche vers Francisco Carrillo Puerto ; c'est à 1,5 km (panneau). Tlj 9h-18h. Entrée : 150 $Me (gilet de sauvetage inclus) ou 300 $Me dont 250 $Me remboursables en consommations au petit bar-resto.* C'est à notre avis le plus beau du secteur : un puits très profond de 27 m, auquel on accède par un escalier de 72 marches. Du bas, la vue sur la corolle d'arbres perchés aux sommets et leurs racines dégoulinant jusqu'à l'eau est splendide. Le défi : se jeter à l'eau (22-23°C) avec une corde, à la Tarzan... (dommage que le gilet de sauvetage soit obligatoire). Resto-bar et piscine (en supplément), mais le site, attenant à une hacienda, reste encore en marge du tourisme de masse.

Cenotes X'Kekén (ou Dzitnup) et Samulá : *à env 4 km de la sortie ouest de la ville (direction Mérida par la route 180), prendre à gauche vers Dzitnup ; c'est à 2 km. Tlj 8h-17h. Entrée : 80 $Me un cenote, 120 $Me les 2.* Ces 2 *cenotes,* situés à 5 mn à pied l'un de l'autre (de part et d'autre du centre d'accueil et des boutiques), sont assez semblables : souterrains et assez grands, ils sont juste percés d'un puits de lumière par lequel pénètre le soleil à son zénith. Le X'Kekén présente davantage de draperies, stalactites et racines tombant de la voûte. On se baigne des 2 côtés. On aime moins les activités payantes annexes...

Uayma : *à env 12 km au nord-ouest de la ville, par la carretera 79. Colectivo (env 25 $Me) ou taxi (env 100 $Me).* Uayma est un village tranquille dominé par le très photogénique ***ensemble conventuel de Santo Domingo.*** Construite par les franciscains entre 1642 et 1680 pour évangéliser les Mayas, son église fut brûlée pendant la guerre des Castes (1847-1901) puis entièrement réhabilitée en 2005. Sa façade et ses murs intérieurs sont couverts de grandes rosaces, symbolisant l'adoration de la Vierge ! Notez aussi la présence en façade de l'aigle bicéphale de la maison des Habsbourg, aux faux airs de Kukulkán ! La couleur rouge, elle, évoque la passion du Christ. En prime, chapelle sur le flanc et vieux cloître semi-abandonné à l'arrière.
Grande fiesta fin juillet-début août avec un temps fort le 4 août.

Zona arqueológica Ek Balam : *à 27 km au nord de Valladolid, sur la route de Tizimín (embranchement au km 19,7). Tlj 8h-17h (dernière entrée à 16h). Env 1h30 de visite. Entrée : 413 $Me. Guide : 500 $Me en espagnol, 600 $Me dans les autres langues (français possible) pour 1h-1h20.*

➢ Prendre à Valladolid un taxi *collectif* dans la c/ 44, entre les c/ 35 et 37 *(plan B1).* Départs en principe tlj 8h-15h (env 50 $Me/pers). Retours jusqu'à 17h, mais attention, il n'y a pas toujours assez de place pour tout le monde !

➢ En *taxi,* course à négocier autour de 200 $Me l'aller. Pour le retour, on en trouve généralement sur le parking.

Les fouilles d'Ek Balam (« jaguar noir ») n'ont commencé qu'en 1994 et se poursuivent toujours. Elles ont révélé que la ville aurait été occupée dès 300 av. J.-C. pour atteindre son apogée aux VIIIe-IXe s (période classique), avant de tomber aux mains de mystérieux attaquants – les Toltèques, sans doute. La cité, qui fut un grand centre religieux, politique et économique, était ceinte de 3 murailles, percées de 4 entrées aux 4 points cardinaux, d'où partaient des routes, les *sacbeob.* La visite débute par la découverte de l'***Arca Maya,*** elle aussi orientée selon les points cardinaux, puis de la ***plaza Sud,*** encadrée par plusieurs édifices et un petit jeu de balle. Mais le véritable chef-d'œuvre d'Ek Balam est au-delà : la pyramide de l'***Acrópolis,*** superbement conservée car elle fut recouverte de terre par ses habitants au moment d'abandonner la cité. Formant un quadrilatère de 70 m de côté, elle se dresse de 32 m au-dessus de la forêt tropicale (belle grimpette !), offrant un panorama imprenable sur une énorme structure encore totalement enfouie sous la végétation ! La 2de terrasse a conservé un authentique trésor : des stucs intacts représentant une gueule béante de serpent à la mâchoire avancée, des glyphes et des statues en haut-relief parfaitement restaurés.

AU CLAIR DE LA LUNE

Les sacbé, ces voies qui reliaient les cités mayas entre elles, étaient revêtues de pierre calcaire blanche et de coquillages. Cela permettait de refléter la lune. Une astuce pour permettre aux porteurs de distinguer le chemin, puisqu'ils marchaient de nuit pour éviter les grosses chaleurs.

Cenote X'Canché : *chemin débutant juste après les caisses et avt le site d'Ek Balam. Tlj 8h-17h. Entrée : 170 $Me.* Après 1,5 km, le sentier rejoint ce *cenote* où l'on peut se baigner, faire du *snorkeling,* du rappel et même une descente en tyrolienne (ces 2 dernières activités payantes en sus). Petit resto et possibilité de dormir sur place *(env 150 $Me pour camper ; 600 $Me pour une cabaña).*

RÍO LAGARTOS

3 700 hab. IND. TÉL. : 986

Situé sur les rives d'une immense lagune, à une centaine de kilomètres au nord de Valladolid, ce village de pêcheurs ne manque pas d'allure avec ses couleurs intenses et ses pélicans ornant les balustrades et les quais. Río Lagartos est la porte d'accès du *parque natural reserva* Ría Lagartos (47 000 ha), lui-même intégré dans une plus grande réserve de la biosphère de l'Unesco (60 348 ha). Un vrai paradis pour les amateurs de bêtes à plumes : c'est ici que l'on trouve la plus grande colonie reproductrice de flamants roses du Yucatán (d'avril à juillet et surtout en mai-juin). Vous y verrez aussi des crocos, mais surtout de nuit.

– *Attention,* pas de banque, de distributeur ni de change à Río Lagartos. À défaut, si vous dormez à l'hôtel *Punta Ponto,* le boss pourra changer vos dollars ou euros. Station-service. Côté wifi, pas de miracle : ça marche (très) mal ici.

Arriver – Quitter

En bus

Arrêt des bus Noreste : *c/ 19 (et c/ 8).*
➢ **Mérida :** à 5h30, 6h30, 11h (changement à Tizimín) et 17h30.
➢ **Tizimín :** ttes les 1h-2h, 5h30-17h30. Correspondances pour **Chiquilá** (Holbox ; vers 11h, 13h et 14h15 avec *Noreste*), **Cancún** et **Playa del Carmen** (2 bus *ADO*/j.,6h30 et 13h15).

Où dormir ?

Punta Ponto : *sur le malecón (c/ 9 n° 140), à l'angle de la c/ 19. ☎ 862-05-09. Selon saison, doubles 600-900 $Me, sans ou avec balcon, petit déj (léger) inclus. CB, dollars et euros acceptés.* Ce petit hôtel léché par les embruns offre une dizaine de chambres fort convenables pour 2-3 personnes avec salle de bains privée, clim, TV et balcon pour les plus chères. Certaines donnent sur la lagune. Belle terrasse au 1er pour la bronzette et le lever de soleil sur l'eau. Le boss, sympa, pourra vous organiser un bateau partagé pour aller voir les flamants s'il y a d'autres personnes intéressées.

Hotel Posada Mercy : *c/ 13 n° 92A. ☎ 862-00-76. • hotelposadamercy.com • Doubles 500-650 $Me, petit déj inclus.* Pas de vue sur la lagune ici, mais des chambres récentes, assez spacieuses, bien propres et bien équipées (2 lits, salle de bains, TV, clim, bon matelas). Éviter les nos 1 et 2, situées au niveau de la réception, et préférer celles de l'étage au fond, les plus tranquilles. Accueil gentil.

Hotel Rio Lagartos : *c/ 14, entre c/ 17 et 19. ☎ 862-00-77. • hotelboutiqueriolagartos.mx • Doubles 1 200-1 800 $Me, petit déj inclus.* Inauguré en 2017, c'est l'hôtel le plus chic de Río Lagartos : 30 chambres sur 3 étages, globalement spacieuses et confortables, avec salle de bains à l'italienne en béton ciré, balcon et lit-canapé en plus dans les *dobles.* En prime : une grande terrasse sur le toit pour le panorama sur le port et la réserve (verre servi gratuitement 17h-18h), une jolie piscine avec pool bar et un ponton privé. Location de vélos. On regrettera juste le manque d'ascenseur si on est à l'étage supérieur ! Surveillez les intéressantes promos en basse saison.

Où manger ?

La Mojarrita : *c/ 9 (malecón), angle c/ 17. 📱 998-103-50-42.* On est là dans la petite taverne de pêcheurs, face au quai. Ambiance toiles cirées pour un repas sans prétention mais goûteux de poisson, crevettes, poulpe ou langouste, selon le retour de pêche. Ne venez pas trop tôt, sinon la cuisinière ne sera pas encore là ! Et soyez un peu patient.

Ria Maya : *au bout de la c/ 19 (côté ouest) et c/ 14. ☎ 862-00-45. Plats 120-250 $Me.* Avançant sa large terrasse en bois au-dessus de l'eau, le *Ria Maya* sert une cuisine sans surprise de bonne tenue, faisant la part belle aux produits de la mer (ceviches notamment). Le tout est copieux et servi sans grand allant, sur fond de musique un peu envahissante.

Ojo de Agua Chiquila : *au bout du malecón (côté est), à env 1,5 km du centre. ☎ 866-52-16. Plats 120-180 $Me.* Avant ou après un tour en barque dans la réserve, on s'y offre volontiers un ceviche, un poisson du jour, des crevettes, du poulpe ou des *chivitas* (escargots), servis sous une grande *palapa.* Profitez-en pour jeter un œil à la source voisine et aux petits crocos qui se dorent la pilule au bout du sentier Petén Mac (à 5 mn).

À faire

Sendero Petén Mac : *à l'extrémité est du* malecón*, tt au bout du parking du* balneario Chiquila *(repérer le panneau bleu).* Pas bien long, ce joli sentier emprunte une passerelle en bois traversant le dédale de racines aériennes d'une belle mangrove aux grands palétuviers rouges. Au bout : un miniplan d'eau où se dorent généralement un ou 2 crocos.

Reserva de la biosfera Ria Lagartos : *entrée 35 $Me, payable en plus de l'excursion au niveau du pont menant à Las Coloradas (si le garde est là). Les tours proposés durent 1h-3h et coûtent 1 000-2 500 $Me, prix variable en fonction de la demande (mêmes tarifs pour aller voir les crocos de nuit). Attention, seules les excursions de 2h permettent de rejoindre la partie de la lagune où se regroupent les flamants. De nombreux rabatteurs se postent sur le* malecón *et même à l'entrée du village... Si vous êtes motorisé, on vous conseille le capitaine Chino Mosca (☎ 100-47-30), au* balneario Chiquila, *tout au bout du* malecón, *à 1,5 km du centre. Il est sympa, possède une assurance et respecte mieux les règles de la réserve.*
D'abord, un conseil : si vous venez en hiver, allez plutôt à Celestún pour voir les flamants : ils y sont alors bien plus nombreux et concentrés. Ils se regroupent surtout dans la Ria Lagartos entre avril et juillet pour la reproduction – avec un pic d'environ 15 000 oiseaux en juillet. Reste que le territoire est immense et qu'ils se dispersent pas mal ! Le trajet jusqu'à la partie de la lagune où ils se concentrent (vers l'est) est d'ailleurs assez long... On verra en chemin, à coup sûr, des pélicans bruns (plus des blancs venus du Canada en hiver), des cormorans, des hérons, des frégates et quelques aigles pêcheurs. On voit aussi à distance les *camels* (gros tas) de sel de Las Coloradas (voir ci-dessous). On vous proposera aussi des sorties crocodiles de nuit (plus facile de repérer leurs yeux qui brillent) et des ½ journées de pêche au *sabalo* (tarpon, mais là les prix s'envolent).

Las Coloradas : *embranchement sur la droite 1,5 km avt d'arriver à Río Lagartos, puis 19 km sur une route goudronnée.* Las Coloradas, c'est avant tout une image spectaculaire : un bassin aux eaux d'un rose violine intense. Pas difficile de le trouver : en arrivant au village de Las Coloradas, dédié à la seule exploitation saline, il suffit de prendre la piste qui part sur la droite ; c'est juste là. Faites gaffe aux camions qui vont et viennent et allez plutôt vous garer près du centre d'infos où sont proposées des visites pour s'approcher du plan d'eau *(100 $Me/pers, env 2h30 de balade).* Baignade possible sur une plage déserte en fin de visite. En revenant vers Río Lagartos (km 14), faites donc halte sur la ***playa de Cancunito*** : un beau ruban de sable fin et blanc, désert, léché par une mer turquoise.

LE NORD DU QUINTANA ROO

ISLA HOLBOX

env 1 700 hab. IND. TÉL. : 984

• Plan *p. 259*

Holbox (prononcer « Holboch »), c'est l'histoire d'un petit paradis longtemps oublié entre le golfe du Mexique et la mer des Caraïbes. Un village de pêcheurs de requins reconvertis dans les langoustes. Les maisons s'étendent le long d'un ruban de sable très blanc léché par des eaux

turquoise très peu profondes et juste ce qu'il faut de palmiers. Plus qu'une île, d'ailleurs, Holbox est un cordon littoral de 2 km de large au maximum pour 40 km de long, constitué pour l'essentiel de plages où viennent pondre les tortues de mer. Côté sud, la laguna de Yalahan est, elle, le lieu de prédilection d'une colonie de flamants roses. La réserve écologique Yum Balam (site Ramsar) protège tout cela, plus des zones humides de la côte nord du Yucatán et les eaux au large où, l'été, se donnent rendez-vous les requins-baleines – leur rencontre est un moment mémorable.

Tensions écologiques

En 1995, Holbox comptait 4 *posadas* pour... plus de 100 hôtels aujourd'hui ! Le boom du tourisme, qui a apporté une nouvelle prospérité et aiguisé les appétits fonciers, menace désormais directement le fragile écosystème, alors même que l'île ne dispose d'aucune source d'eau potable et que les ordures s'accumulent à raison de plusieurs tonnes chaque jour... Les zones bâties s'étendent, y compris dans des zones de mangrove théoriquement protégées, au détriment de la riche avifaune. Pire encore : Holbox, aux terres sablonneuses très basses, semble être l'une des zones caraïbes les plus touchées par le réchauffement climatique : à chaque forte dépression, désormais, l'onde de tempête pénètre dans les terres. On patauge alors pendant plusieurs jours (souvent dans 30-40 cm d'eau), avant que les flaques ne se tarissent peu à peu, aidées en cela par les ballets des camions à pompes de la municipalité... Un combat parfaitement inutile à terme. En prime : végétation brûlée par le sel et ordures disséminées.

Arriver – Quitter

L'embarquement se fait à ***Chiquilá,*** à environ 160 km de Valladolid comme de Cancún.

En bus

➢ ***Cancún*** *(2h15-3h)* **:** au moins 4 bus/j. avec *ADO, Mayab* ou *Oriente,* 7h50-15h15. Le bus *ADO* de 13h45 dessert l'aéroport (350 $Me), mais on peut aussi prendre une navette – 3 compagnies assurent cette liaison au même prix, sauf *Transfer Holbox,* qui est un peu moins chère *(☎ 136-93-40 ; • transferholbox.com • ; dès 300 $Me),* avec 5 départs/j., 7h30-15h30. Réserver au moins la veille au soir.

➢ ***Mérida*** *(env 5h de trajet)* **:** direct tlj à 16h45 avec *ADO.* Dans l'autre sens, départs à 6h45 et 7h15.

➢ ***Playa del Carmen*** *(2h10-3h)* **:** 2-3 bus/j. avec *ADO,* vers 13h-16h15 (voire 17h). Dans l'autre sens, jusqu'à 5 bus/j. 8h15-10h25. Également des navettes (compter 350 $Me), notamment avec *Holbox Shuttle* (jusqu'à 8 départs/j., 7h30-19h).

➢ ***Tizimín*** *(env 2h)* **:** 4 bus/j. avec *Oriente,* 4h45-11h30, pour ceux qui voudraient rejoindre ensuite Río Lagartos.

➢ ***Valladolid*** *(2h10-2h30)* **:** à 16h45 avec *ADO.* Dans l'autre sens, départ à 9h55 et avec *Oriente* à 2h05.

En bateau

Ceux qui sont en ***voiture*** devront la laisser à Chiquilá : les véhicules des non-résidents ne sont pas autorisés à Holbox. Des dizaines de particuliers, certains face à l'embarcadère, proposent le parking, tous au même prix *(50 $Me/12h, 100 $Me/24h).* Il y a une pompe à essence à l'entrée de Kantunilkín (en chemin) et une autre à côté de l'embarcadère de Chiquilá.

– ***Traversée*** **:** 20-25 mn. Service régulier assuré en alternance, ttes les 30 mn (1h en tout début et fin de journée), par *Los 9 Hermanos (☎ 875-20-36)* et *Holbox Express (☎ 806-07-12),* 6h-21h40 depuis Chiquilá, 5h-20h40 depuis Holbox. Pas de résas. Compter 220 $Me le trajet (180 $Me pour les enfants de moins de 1,20 m !). Au choix, préférez *Holbox Express,* aux bateaux moins vieillots. Sinon, il y a aussi des *lanchas (possibilité de négocier la traversée à env 200 $Me/pers).*

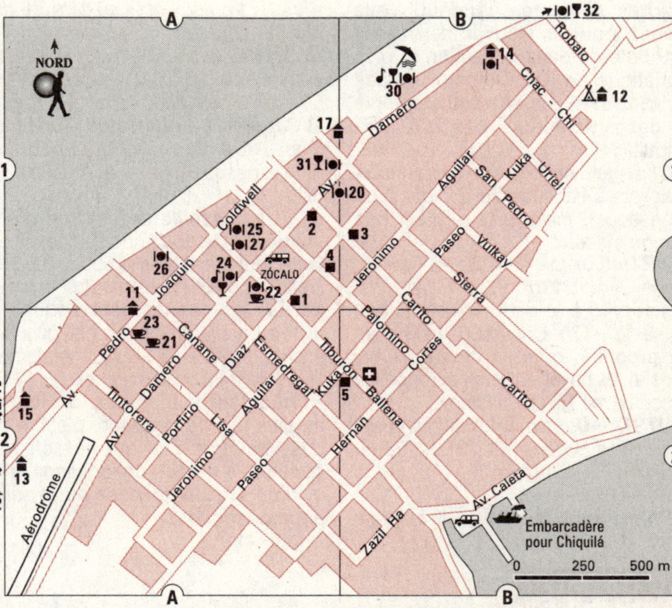

ISLA HOLBOX

Adresses utiles

1 Bancomer BBVA (A1)
2 VIP Holbox (A1)
3 Pharmacie (B1)
4 Laverie (A1)
5 Supérette (A-B2)

Où dormir ?

10 Balam Ecocamping & Cabañas (hors plan par A2)
11 Tribu Hostel (A1-2)
12 Hostel & cabañas Ida y Vuelta (B1)
13 Casa de las Sirenas (A2)
14 Casa Iguana (B1)
15 Hotel Puerto Holbox (A2)
16 Casa Takywara (hors plan par A2)
17 Posada Mawimbi (A-B1)

Où manger ? Où prendre un petit déjeuner ?

20 Barba Negra (A-B1)
21 Le Jardin (A2)
23 Casa del Viento (A2)
24 Viva Zapata (A1)
25 Taco Queto (A1)
26 Las Panchas (A1)
27 El Chapulím (A1)

Où boire un verre ? Où s'offrir un « 5-heures » ?

24 Viva Zapata (A1)
30 Raíces (B1)
31 Luuma (A-B1)
32 Alma Bar (hors plan par B1)

– ***Arrivée sur l'île :*** on peut très bien gagner son hébergement à pied. Cela dit, des taxis-voiturettes de golf vous y conduiront sans problème *(150 $Me la course dans le village).*

Adresses et infos utiles

■ ***Infos touristiques*** sur ● *el.holboxeno.com* ●

■ ***Distributeur Bancomer BBVA*** *(plan A1, **1**) : sur le zócalo, planqué à l'étage d'un petit immeuble.* Pour cartes *Visa* et *MasterCard,* mais pas toujours alimenté. À défaut, vous devriez pouvoir trouver des petits distributeurs dans la section la plus touristique de l'av. Damero. Au cas où, ayez sur vous une petite réserve de cash. Attention, pas d'ATM à Chiquilá !

■ ***Change :*** on peut changer euros et dollars à l'agence *VIP Holbox* (voir ci-dessous), mais le taux n'est pas extraordinaire.

■ ***VIP Holbox*** *(plan A1, **2**) : av. Damero (angle Carito). ☎ 875-21-07. ● viphol box.com ● Lun-sam 9h-21h ; dim pause 13h-17h.* Une agence sérieuse qui propose toutes sortes d'excursions et les navettes vers l'aéroport de Cancún avec *Transfer Holbox*.

✚ ***UTSTAL Centro Médico*** *(plan B2) : av. Tiburón Ballena. ☎ 181-23-32 ou 875-21-58. Lun-sam 9h-17h, dim urgences seulement.*

■ ***Pharmacie*** *(plan B1, **3**) : angle Carito et Porfirio Diaz. Lun-sam 8h-23h, dim 9h-21h.*

■ ***Laverie*** *(plan A1, **4**) : c/ Palomino, entre Porfirio Diaz et Aguilar. Lun-ven 9h-18h30, sam 8h30-17h.*

■ ***Supérette – Abarrotes Dunosusa*** *(plan A-B2, **5**) : av. Tiburón Ballena (angle paseo Kuka). Tlj 7h-22h (21h dim).*

– ***On déconseille la location d'une voiturette de golf :*** non seulement les tarifs sont très élevés (1 500-1 700 $Me les 24h), mais l'entretien fait souvent défaut, les pannes sont fréquentes et, en plus, tout cela n'est pas très écolo... Préférer le vélo (généralement 350 $Me/24h) ou la marche.

– ***Important :*** attention, à Holbox, au plus fort de la saison, c'est le bal des vampires dès que le soleil se couche. À défaut de gousses d'ail et d'un crucifix, pensez au ***répulsif antimoustiques*** !

Où dormir ?

Comme dans toute la région, durant la semaine de Pâques, en juillet-août et surtout de mi-décembre à début janvier, les prix s'envolent (ils peuvent tripler !) et il est indispensable de réserver.

De bon marché à prix moyens (moins de 1 200 $Me / env 57 €)

Balam Ecocamping & Cabañas *(hors plan par A2, **10**) : à env 30 mn de marche du pueblo, sur le chemin de Punta Coco. 985-106-18-51. ● reservas@balamholbox.com ● Tente avec matelas et draps env 380 $Me pour 2, bungalow 700 $Me, sanitaires communs. Attention, réception ouv jusqu'à 18h30 seulement.* Retiré de tout, ce campement basique bon enfant offre un visage serein de Holbox avec son coin de verdure tout juste domestiqué où l'on plante la tente ou loge en petit bungalow (sur pilotis). Sol sableux de rigueur, ombre à gogo, cuisine commune sous *palapa* et bonne ambiance assurée, avec souvent des volontaires étrangers. Location de vélos. La plage est à 200 m !

Tribu Hostel *(plan A1-2, **11**) : av. Pedro Joaquín Coldwell. ☎ 875-25-07. 984-188-12-36. ● tribuhostel.com ● Dortoirs 300-380 $Me ; doubles 900-1 200 $Me.* Coup de chapeau à cette adresse tenue par une équipe dynamique qui ne ménage pas sa peine ! Le sourire est là, la couleur aussi – avec mention spéciale pour la cour et sa prolifération de hamacs. Bon confort général : vraie cuisine et barbecue à dispo, salle de cinéma, dortoirs de 8 à 10 personnes (dont un réservé aux filles) et chambres doubles avec salle de bains privée (AC en été, ventilo seulement en hiver). Pour pimenter le séjour : soirées quasi quotidiennes avec DJ le jeudi, cours de salsa le samedi, *musica en vivo* vendredi et dimanche, plus yoga, farniente sur le toit-terrasse, location de vélos *(150 $Me/j.)*... Bravo !

Hostel & cabañas Ida y Vuelta *(plan B1, **12**) : paseo Kuka ; entre Chac-Chi et Robalo. ☎ 875-23-58. ● holbox hostel.com ● Selon saison, hamac (avec moustiquaire) 190-250 $Me ; camping 190-250 $Me/pers ; lit en dortoir 350-450 $Me. Bungalows sans ou avec sdb 1 100-2 000 $Me. Petit déj compris.* Les pieds dans le sable et la tête sous les

LA PÉNINSULE DU YUCATÁN

palmiers, le 1er camping d'Holbox s'est développé et offre aujourd'hui toute une gamme d'hébergements sur 3 000 m² : un joli terrain avec des tentes aménagées, où pendouillent aussi quelques hamacs, des *cabañas* abritant la cuisine commune, les dortoirs et des chambres (certaines avec mezzanine, impeccables pour les familles, mais chères en haute saison), plus des bungalows en dur et toits de palmes. Bon confort général, accueil très sympa, ambiance décontractée et possibilité d'excursions.

Casa de las Sirenas *(plan A2,* ***13****) : av. Coldwell, juste après l'aérodrome. 998-110-72-91. • casasirenasholbox.com • Bungalows 800-900 $Me sans petit déj, doubles 1 100-1 600 $Me avec.* Le secteur est très susceptible aux transgressions marines et on s'y retrouve parfois les pieds dans l'eau... Cette réserve mise à part, voilà l'une des rares adresses à prix moyens qui a retenu notre attention. On y loge au choix dans l'une des chambres de la grande demeure centrale, à la déco funky, où se multiplient objets d'artisanat et attrape-rêves (en vente), ou dans un des bungalows avec kitchenette semés autour. On vous conseille les chambres de l'étage, bien lumineuses, simples mais agréables, avec salle de bains privée, AC et... puzzles colorés aux murs pour la déco ! Accueil sympa. Location de vélos.

De chic à très chic (plus de 1 200 $Me / env 57 €)

Hotel Puerto Holbox *(plan A2,* ***15****) : sur la plage, à la sortie ouest du bourg. ☎ 875-21-57. • puertoholbox.com • Doubles 100-260 US$ selon confort et saison. Min 3 nuits à Noël, Nouvel An et Pâques.* C'est cher, mais c'est l'un des moins chers de sa catégorie, alors même qu'il se trouve juste en retrait du plus joli morceau de plage du village – avec un *beach bar* aux lits de jour élégamment abrités par des voilages blancs (en supplément). Très « esprit Holbox », tout ça ! Côté confort : 12 chambres à 2 lits aux couleurs pétulantes, toutes avec frigo, avec ou sans vue mer, plus 2 suites confortables avec kitchenette, mais tournées vers l'aérodrome. Piscine. Location de vélos.

Casa Iguana *(plan B1,* ***14****) : av. Damero, face à la plage. ☎ 875-24-69. • casaiguanaholbox.com • Doubles 142-260 US$, selon emplacement, confort et saison, petit déj inclus ; env 300 $Me/pers supplémentaire.* Cet établissement d'une vingtaine de chambres possède un charme typiquement balnéaire. Ses petits nids d'amour, à la déco épurée et au confort soigné, disposent tous d'une baie coulissante donnant sur une petite terrasse où un hamac attend le siestard. Jaloux(se) ? Il y en a un autre à l'intérieur ! Les chambres dotées d'un lit *king size* donnent carrément sur la plage. 2 petites piscines se nichent au pied des bâtiments. Signalons aussi le resto *El Huacalito,* de bonne tenue et à prix corrects *(plats 115-230 $Me ; carte courte ; tlj 8h-22h, sauf par mauvais temps).* Accueil professionnel. Vous voilà à pied d'œuvre pour vous la couler douce.

Casa Takywara *(hors plan par A2,* ***16****) : sur la plage, à env 10 mn à pied à l'ouest du village. 984-141-33-81. • casatakywara.com • Doubles 2 850-3 700 $Me, petit déj (léger et répétitif) inclus.* Vous rêviez d'un bungalow confortable les pieds dans le sable, à l'écart de l'animation du village ? Le voici, mais réservez (très) tôt, il n'y en a qu'un, trop beau avec sa terrasse avancée sur la plage ! Ajoutez à cela un « penthouse » immense avec vue mer et des « suites » à 1 ou 2 lits côté jardin, partageant une terrasse. Tous ont l'AC et une kitchenette.

Posada Mawimbi *(plan A-B1,* ***17****) : à 200 m env du zócalo, entre rue et plage. ☎ 875-20-03. • mawimbi.net • Selon saison et situation, doubles 160-350 US$, petit déj inclus.* Il y a la haute *palapa* circulaire, abritant des chambres confortables (AC) relevées de couleurs vives (assez sombres au rez-de-chaussée) et d'autres bungalows attenants, qui compriment un peu l'espace – sans oublier un appart en duplex avec cuisine. Côté océan, logique, c'est plus cher. Chaises longues et lits de jour sur la plage, joli petit jardin pour le café du matin.

Voir aussi les chambres privatives de l'***Hostel & cabañas Ida y Vuelta*** *(plan B1,* ***12****).*

Où manger ? Où prendre un petit déjeuner ?

Bon marché (moins de 200 $Me / env 9,50 €)

Taco Queto (plan A1, **25**) : *av. Pedro Joaquín Coldwell (entre Tiburón Ballena et Palomino). Tlj 18h-minuit.* Un *food truck* en rade et des tables en plastoc autour desquels papillonne une armée de petits hommes roses... voilà pour le décor de cette cantine à moitié en plein air. Au menu : du simple, du classique, du basique, à prix planchers pour Holbox. Pour la bière, allez à la supérette à l'angle de la rue. Ici, il n'y a que du soda.

Barba Negra (plan A-B1, **20**) : *av. Damero, entre Carito et Sierra. Tlj 15h-22h sauf mer. CB + 5 %.* Il y a les tacos de *Taco Queto* et les tacos de *Barba Negra* : 2 à 3 fois plus chers, mais sacrément plus travaillés (de la cuisine, quoi !) et encore abordables. Poisson, crevettes et poulpe sont déclinés ici *al ajillo* (à l'ail), à la *diabla,* (bien relevé) *al tikin xic* (mariné dans l'achiote et le jus d'orange amère), etc. Il y a aussi des tacos à la viande et au chorizo, du guacamole et un ceviche, plus une poignée de tables sous une *palapa* et un comptoir pour les sauces. Miam.

Le Jardin (plan A2, **21**) : *c/ Lisa (entre Coldwell et Damero). 984-115-81-97. Mer-dim 8h30-12h30 (tlj en hte saison).* Envie d'un bon pain frais et de viennoiseries comme on les aime ? Direction cette boulangerie tenue par un couple de Français. Il y a aussi de la quiche lorraine et des sandwichs baguette.

De prix moyens à plus chic (200-500 $Me / env 9,50-24 €)

Casa del Viento (plan A2, **23**) : *av. Coldwell, angle Lisa. 984-137-31-16. Petit déj tlj 8h-11h, 250 $Me.* On vient ici avant tout pour s'attaquer au buffet du petit déj, débordant de bonnes choses : pancakes, *chilaquiles, quesadillas,* œufs, yaourt, jus naturels, etc. Le cadre est top : une cour-patio verdoyante, sur laquelle plane une musique jazzy de bon aloi. Mention spéciale pour les confitures de fruits exotiques.

Las Panchas (plan A1, **26**) : *c/ Esmedregal, juste avt la mer. 984-120-83-54. Tlj 8h-11h30, 13h-19h30 sauf lun. Plats 140-250 $Me.* L'adresse fait l'unanimité, tant auprès des Mexicains que des étrangers. Au menu : tous les délices de la mer, servis en portions gargantuesques, ceviches inclus. Venez affamé ! En revanche, le décor ne conviendra pas pour un déjeuner romantique.

Viva Zapata (plan A1, **24**) : *av. Damero. ☎ 875-23-62. Tlj 10h-23h30. Musique live 5 j./sem 19h-22h. CB acceptées.* Pour boire un verre, on s'affale sur la banquette face au bar et ses sièges-balançoires, à l'entrée. Pour manger, c'est plutôt dans la cour intérieure que ça se passe, sous une *palapa,* face à un révolutionnaire de carton-pâte. Le boss, un local qui a fait ses classes en Suisse et en Italie, passe poissons et viandes au gril de la *revolución,* avec quelques touches méditerranéennes. Mais il y a aussi plein de classiques mexicains bien tournés et des salades-repas à des tarifs raisonnables.

El Chapulím (plan A1, **27**) : *c/ Tiburón Ballena, ½ cuadra au nord du zócalo (entre Damero et Coldwell). 984-137-60-69. Tlj (sauf dim) à partir de 18h. Plats 300-500 $Me. CB refusées.* D'abord, une mise en garde : ici, les prix ne sont pas affichés, demandez-les systématiquement ! En fait, au *Chapulím,* tout dépend de la pêche et du marché du jour. Le chef vous présentera ce qui est disponible et vous renverra dans vos pénates si vous arrivez trop tard et que le stock est épuisé... La cuisine est savoureuse et le service attentionné. Déco gentiment baroque.

Où boire un verre ? Où s'offrir un « 5-heures » ?

Raíces *(plan B1, **30**) : av. Damero, à env 700 m à l'est du zócalo. Tlj 11h-20h.* Rouge-vert-jaune, les couleurs rastas en bandoulière, cette *palapa* sommaire plantée sur la plage remporte tous les suffrages lorsqu'il s'agit de s'enfiler un godet en regardant décliner le soleil. En général, des musiciens sont là (reggae). La cuisine, elle, n'est pas inoubliable.

Luuma *(plan A-B1, **31**) : av. Damero, angle Sierra. Tlj 17h-23h30. Fermé sept.* Un plan trendy à Holbox ? Si, si, c'est ici, dans une courette aux tables en bois patiné sous cocotiers, face à la cuisine ouverte très moderne. On y picore des (bonnes) tapas encore abordables, tendance fusion, cocktail en main. Mieux encore ? L'excellente tarte fruit de la passion-coco avec un verre de torrontés (blanc) argentin bien frais.

Alma Bar *(hors plan par B1, **32**) : paseo Kuka, à env 1,5 km à l'est du zócalo, sur le toit de l'hôtel* Villas Tiburón. *Tlj 11h-20h (adultes seulement après 15h).* Tiens, un concurrent pour le sunset ! Ici, c'est rooftop bar avec piscine, 1 cocktail minimum pour faire plouf, 2 pour profiter des lits de jour, plus des DJs le week-end. Et un petit menu de « snax »...

Sans oublier ***Viva Zapata*** *(plan A1, **24** ; voir « Où manger ? »).*

À faire

Outre l'agence *VIP Holbox,* que nous vous conseillons (voir « Adresses et infos utiles »), vous trouverez une foule de kiosques des agences proposant des excursions sur le *zócalo.*

La ***plage d'Holbox*** est longue, très longue, blanche, très blanche, et baignée par des eaux basses, très basses... Pour réussir à se baigner, il faut marcher vers le large ! Attaqué par l'érosion, le ruban de sable s'est rétréci par endroits, mais reste encore large à l'ouest et à l'est du bourg – où, de loin en loin, des sortes de « digues » de sacs de ciment pas forcément très esthétiques ont été aménagées. Bonne nouvelle : les sargasses sont ici peu présentes. En revanche, les voiturettes de golf ont le droit de rouler le long de la plage et, lorsque, à marée haute, on tente de rejoindre la ***Punta Coco,*** à environ 30 mn à l'ouest, on tombe sur quelques propriétés qui ont le mauvais goût d'empiéter sur le domaine public, obligeant à des détours par des chemins parfois inondés... Au bout, on découvre un ruban de sable étroit où viennent pondre les tortues, un *beach bar* basique pour lézarder et tout un tas de coquillages à la pointe nord-ouest. Pour vous tenir compagnie : pélicans, frégates, hérons et autres migrateurs... En allant vers l'est du village, on retrouve une plage vierge.

Observation des requins-baleines *(tiburones ballenas)* **:** c'est LA grande attraction, entre juin et mi-septembre. Pas moins d'une trentaine de bateaux (7-12 personnes) et agences proposent l'excursion, souvent en omettant de préciser que les bestiaux se rencontrent uniquement à 2h-2h30 au large ! L'excursion est longue *(7h-16h en général)* et chère *(2 000-3 000 $Me/pers),* mais assez unique : on nage auprès de ces géants des mers (jusqu'à 20 m !), qui se regroupent ici en nombre (souvent entre 5 et... 80 requins !) pour se goberger de plancton, riche dans le secteur – rassurez-vous, vous ne rentrez pas dans le menu de ces gros pleins de soupe. Ne vous attendez pas à batifoler auprès d'eux pendant des heures : chacun a droit à 2 séances de 5 mn, montre en main, sous l'escorte d'un guide. Au retour, courte escale *snorkeling*, puis vers la Punta Mosquito pour rencontrer des flamants roses.

Excursion en bateau dans la réserve de Yum Balam : *compter 350-500 $Me/pers pour 3h de balade en bateau de 6-10 pers ; collation comprise. Départs en général vers 10h et 14h.* Délimitant l'île par le sud, la lagune de Yalahau est entourée de mangrove et abrite une importante colonie de flamants roses. Le tour commence par une escale sur une tour d'observation située face à l'*isla de los Pájaros* (interdite de débarquement), d'où l'on peut observer près de 140 espèces d'oiseaux selon les saisons. Étape nº 2 : l'*isla Pasión,* avec un arrêt pour observer les flamants, cette fois. C'est de décembre à mars qu'ils sont les plus nombreux, avec un pic à la mi-février. 3e stop : le *cenote* ouvert de Yalahau (Ojo de Agua), aux eaux cristallines, où l'on peut se baigner. Possibilité d'entrevoir des crocodiles, ainsi que des dauphins.

Excursion bioluminescence : *départs une fois la nuit tombée, en voiturette de golf (env 300 $Me), paddle (700 $Me) ou kayak (1 000 $Me). Durée : 1h30-2h.* L'excursion est à faire lorsqu'il n'y a pas de lune pour profiter au mieux du spectacle hallucinant de ce phytoplancton bioluminescent qui irradie les eaux d'une lumière bleutée lorsqu'on nage au milieu... Tout ça grâce à une protéine baptisée la... luciferase !

Excursion au Cabo Catoche : *départs vers 8h et 10h. Durée : env 6h. Compter 1 000-2 000 $Me/pers, petit déj et lunch inclus.* On rejoint à 1h30 de bateau le récif le plus proche d'Holbox pour une grande séance de *snorkeling*, saupoudrée d'une miniséance de pêche, de plages désertes et d'une incursion sur un río aux eaux cristallines s'écoulant à travers la mangrove.

CANCÚN

900 000 hab. IND. TÉL. : 998

• Plan *p. 265*

Conçue à l'échelle des Nord-Américains pour désengorger Acapulco, Cancún était autrefois un village de pêcheurs sans histoire, planté entre une magnifique langue de sable aux eaux turquoise et une lagune où batifolaient crocos et crabes bleus. En 1968, le gouvernement mexicain décide d'en faire un pôle touristique. Pas grand monde n'y croit, alors... Le boss de la *Mexicana de Aviación* refuse même d'y faire atterrir ses avions ! Grossière erreur : Cancún est un succès et se développe à vitesse grand V grâce au tourisme de masse : 1 hôtel en 1972, 30 en 1977, 110 en 1990 et... 35 000 chambres aujourd'hui ! Cancún se divise en 3 secteurs : la *Zona Hotelera* et sa frange ininterrompue de béton étalée sur plus d'une vingtaine de kilomètres de plage, animée par la frénésie de la consommation ; le centre-ville qui se cherche un peu d'âme autour du *parque de las Palapas* (zone de prédilection des routards) ; et la banlieue, où logent les employés du tourisme triomphant...

QUAND LA SCIENCE-FICTION DEVIENT RÉALITÉ

Au début des années 1970, Cancún était en concurrence avec plusieurs autres sites, depuis les côtes de Tamaulipas jusqu'à Chetumal. Ce sont finalement les ordinateurs qui ont rendu leur verdict en analysant les courbes de température de l'eau, les données climatiques, les courants marins, ainsi que les possibilités de communication et d'approvisionnement.

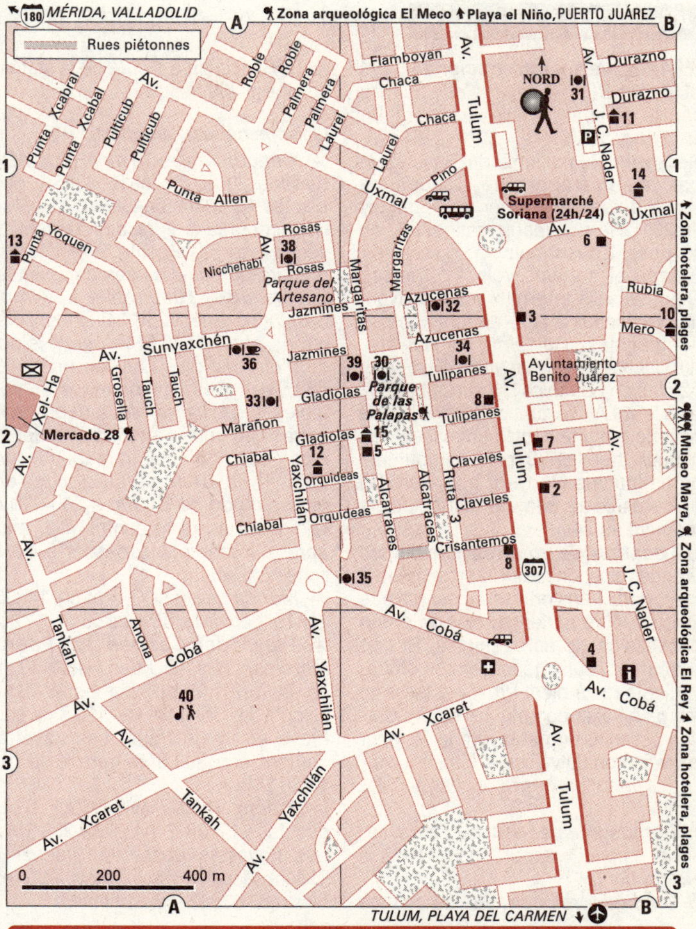

CANCÚN

Adresses utiles

- i Oficina de turismo municipal (B3)
- 2 Bancomer (B2)
- 3 Scotiabank (B1-2)
- 4 Change (B3)
- 5 Laverie (B2)
- 6 Immigration (B1)
- 7 Citibanamex (B2)
- 8 Pharmacie 24h/24 (B2)

Où dormir ?

- 10 Mezcal Hostel by Nomads (B2)
- 11 Nomads Hostel (B1)
- 12 Orquideas Hostel (A2)
- 13 Casa Wayak (A1)
- 14 Hotel El Rey del Caribe (B1)
- 15 Cancún International Suites (B2)

Où manger ? Où prendre un petit déjeuner ?

- 30 Kiosques du parque de las Palapas (B2)
- 31 Taquería Coapeñitos (B1)
- 32 Pipos (B1)
- 33 Pescaditos (A2)
- 34 Gory Tacos (B2)
- 35 Lindo Oaxaca (A-B2)
- 36 100 % Natural (A2)
- 38 La Parrilla (A1)
- 39 Labná (B2)

Où sortir ? Où danser ?

- 40 Grand Mambocafé (A3)

Arrivée à l'aéroport

✈ ***Aeropuerto internacional*** *(hors plan par B3)* **:** *à 18 km au sud du centre et env 12 km du début de la Zona Hotelera.* ☎ *848-72-00.* Recevant 25 millions de passagers par an, l'aéroport de Cancún ne cesse de se développer avec, depuis fin 2017, le nouveau terminal T4, où se posent désormais *Air France, Air Europa* et certains vols *Air Transat.* D'autres vols internationaux arrivent aux terminaux 2 et 3, en fonction des compagnies : *Corsairfly, XL Airways, Air Canada, Air Transat* et *Westjet* au T2 ; les compagnies US surtout au T3, plus le vol *Air Europa* de Madrid... Une navette gratuite circule entre les 3 terminaux (ttes les 20 mn). Distributeurs automatiques (souvent hors service) et bureaux de change (sauf pour le moment au T4).

■ ***Location de voitures :*** toutes les grandes agences sont représentées à l'aéroport. Transfert assuré par navette jusqu'à leurs parkings, où l'on prend possession de son véhicule. Si l'on est au T2, il suffit généralement de traverser la rue à pied. Prévoyez large en temps à l'aller comme au retour ! Station essence un peu avant le T2 pour la restitution du véhicule. *Rens : • cancunairport.com/rental-car-agencies.html •*

■ ***Compagnies aériennes :*** *infos sur le site • cancun-airport.com/airlines-directory.html •*

■ ***Change :*** très bon taux de change au *CI Banco* situé à côté de la station-service (à 300 m du T2).

Liaisons depuis l'aéroport

➢ ***Cancún*** *(trajet 30 mn)* **:** bus *ADO* ttes les 20-30 mn 8h15-23h50, puis ttes les 45-90 mn 0h45-3h15 (94 $Me, CB acceptées). Il va directement au centre *(plan B1).* Pour la zone hôtelière, prendre une navette (les compagnies *Supershuttle, Green Line* et *Airport Cab* fonctionnent 24h/24) si vous êtes moins de 4 (170 $Me/pers), sinon ce n'est pas plus cher en taxi (550-650 $Me). Ces camionnettes confortables (8-11 places) vous déposent à votre hôtel mais, attention, le départ n'est pas toujours immédiat – jusqu'à 1h d'attente ! Elles circulent grosso modo de 9h-10h à 20h-21h et rejoignent aussi le centre-ville, mais après l'interminable desserte de la zone hôtelière...

➢ ***Mérida :*** avec *ADO,* 4 bus/j. 14h05-21h15, depuis le T2, quai 68.

➢ ***Playa del Carmen (et Puerto Morelos) :*** bus *ADO* ttes les 20-30 mn env 8h15-21h45, puis ttes les 45-90 mn jusqu'à 3h. Compter env 210 $Me pour Playa et 1h de trajet. Les navettes coûtent env 208 $Me/pers et le taxi 1 200 $Me.

➢ ***Tulum*** *(1h50)* **:** avec *ADO,* 5 bus directs/j., 11h05-21h45 (env 280 $Me). Les navettes desservent aussi la Riviera Maya et Tulum, mais *ADO* est bien moins cher et plus fiable.

Comment se déplacer ?

Pratique, le ***terminal des bus*** *(plan B1)* est en plein centre-ville et, de là, nos AJ et hôtels sont à portée de marche ! Pour rejoindre la zone hôtelière et les plages, les bus R1 et R2 « Hoteles-Downtown » (ou « Zona Hotelera ») sont super pratiques. On les prend n'importe où sur l'av. Tulum et ils vous déposent où vous voulez le long des 25 km du bd Kukulcán. Ttes les 5-10 mn (moins souvent la nuit) ; ticket 12 $Me quelle que soit la distance.

Adresses utiles

Infos touristiques

– Plans sommaires de la ville et brochures à l'aéroport.

ℹ ***Oficina de turismo municipal de Cancún*** *(plan B3)* **:** *av. Cobá, entre Tulum et Nader (à droite de* Rolandi's*), dans un petit bâtiment sans aucun* *panneau ! ☎ 887-33-79. Lun-ven 9h-16h.* Brochures publicitaires, plans de la ville et de la zone hôtelière. Accueil gentil mais peu utile finalement...

Banques, change

■ ***Distributeurs :*** *un peu partout dans le centre, notamment chez* ***Bancomer*** *(plan B2,* ***2****),* ***Scotiabank*** *(plan B1-2,* ***3****) et* ***Citibanamex*** *(plan B2,* ***7****), sur l'av. Tulum.*
■ ***Change :*** la plupart des banques changent seulement pour leurs clients. On trouve plusieurs bureaux de change offrant de bons taux à l'angle des av. Tulum et Cobá *(plan B3,* ***4****).*

Télécommunications

@ ***Internet :*** *autour du terminal des bus (plan B1) et du parque de las Palapas (zócalo ; plan B2).*

Représentations diplomatiques

En cas de perte ou vol de passeport, les consulats honoraires vous renverront vers l'ambassade à Mexico.
■ ***Immigration*** *(plan B1,* ***6****) : à l'angle des av. Nader et Uxmal. ☎ 881-35-60. • inm.gob.mx • Lun-ven 9h-13h.* Pour une prorogation de votre séjour.
■ ***Consulat honoraire de Belgique :*** *☎ 883-04-15. • info@belgicacancun.com • Lun-ven 9h-14h.*
■ ***Consulat honoraire de Suisse :*** *av. Cobá 12, edificio Vénus, bureau 214. ☎ 884-84-46. • cancun@honrep.ch •*
■ ***Agence consulaire du Canada :*** *bd Kukulcán, km 12, Centro Empresarial, bureau E7. ☎ 883-33-60/61. • cncun@international.gc.ca • Lun-ven 9h-13h.*

Divers

■ ***Pharmacie 24h/24*** *(plan B2,* ***8****) : angle Tulum-Crisantemos. Également à l'angle de Tulipanes (plan B2,* ***8****) et au terminal de bus (plan B1).*
■ ***Laverie*** *(plan B2,* ***5****) : parque de las Palapas. Lun-ven 7h-21h, sam 8h-16h.*

Où dormir ?

Toutes nos adresses sont situées dans le centre-ville et non dans la zone hôtelière. Pas de vue sur mer donc, mais des prix nettement plus abordables. Si vous voulez absolument un bout de plage, on vous conseille de filer à Puerto Morelos ou Tulum.
Les catégories de prix correspondent aux périodes normales. Durant les 2 mois d'été, à Noël et à Pâques (le *spring break* des Américains), les tarifs s'envolent !

De bon marché à... chic (moins de 2 000 $Me / env 95 €)

☗ ***Mezcal Hostel by Nomads*** *(plan B2,* ***10****) : c/ Mero. 📱 998-217-53-15. • nomadsexperience.com/nomad-boutique.php • Selon saison et confort, nuitée en dortoir (4-14 lits) 200-300 $Me ; doubles 1 400-2 400 $Me. Petit déj et dîner inclus si résa sur le site.* On est là dans l'AJ festive, pensée pour les Américains habitués à un certain niveau de prestations : grands dortoirs bien conçus avec chacun une salle de bains, chambres spacieuses et confortables façon hôtel (avec clim), jolie petite piscine sous les palmiers dans le patio du fond, un spa, et et même un *tatoo shop* ! Ajoutez un bar plein de bonne humeur, toutes sortes d'activités quotidiennes payantes *(paddle, cenotes)* ou gratuites (fléchettes, karaoké, *beer pong*, cours de cuisine ou cocktails...), sans oublier un club pour danser à demeure... ce qui sera moins drôle pour ceux qui voudraient dormir, au-dessus !

Nomads Hostel *(plan B1, **11**) : av. Nader. 998-217-53-32. • nomadsexperience.com/cancun.php • Selon saison et confort, nuitée en dortoir (6-8 lits) env 200-300 $Me ; doubles 1 400-2 400 $Me. Petit déj et dîner inclus si résa sur le site.* Le *Nomads,* c'est comme le *Mezcal* (même maison) avec, en prime, une super piscine en rooftop, une grande nouba le jeudi (à partir de 22h) et un resto qui sert burgers, pâtes, pizzas et plats mexicains. L'ensemble est tout aussi propre, le confort excellent et le terminal *ADO* à 3 mn...

Orquideas Hostel *(plan A2, **12**) : Orquideas 22. ☎ 884-06-74. Selon saison, nuitée en dortoir de 6-8 lits 200-265 $Me/pers ; doubles sans ou avec sdb 500-750 $Me, petit déj inclus.* Antonella a quitté les Marches italiennes pour fonder cette petite auberge à l'adresse des routards de tous pays. Elle y perpétue son sens de l'accueil et a su apporter un petit on-ne-sait-quoi de plus cosy. C'est propre et plaisant, sans chichis. 2 des 5 chambres privées ont leur salle de bains.

Casa Wayak *(plan A1, **13**) : Punta Yoquen 14. 998-310-78-61. • casawayak@gmail.com • Selon saison et confort, lit en dortoir 150-250 $Me, doubles 450-650 $Me ; petit déj inclus. CB acceptées.* Ceux qui préfèrent les petites structures familiales trouveront ici 2 dortoirs mixtes de 6 et 8 lits un peu étroits avec sanitaires partagés, plus un pour femmes de 5 lits avec sa propre salle de bains (prise individuelle pour chacun). Ajoutons 5 chambres pas bien grandes non plus, mais propres, carrelées, avec clim. En bonus : une ambiance familiale, une cuisine à disposition (frigo) et une terrasse avec jacuzzi.

Petits bémols : la distance du terminal de bus (10 mn) et les chiens du quartier qui aboient la nuit...

De chic à plus chic (1 200-3 000 $Me et plus / env 57-143 €)

Hotel El Rey del Caribe *(plan B1, **14**) : av. Uxmal 24. ☎ 884-20-28. • elreydelcaribe.com • Doubles 68-99 US$, petit déj (un peu léger) inclus. Parking gratuit.* Il faut traverser l'avenue pour s'y rendre (à vos risques et périls !), mais l'adresse est plutôt bonne : une trentaine de chambres à 1 ou 2 lits, spacieuses et bien tenues (clim, coin cuisine), nichées autour d'un beau jardin luxuriant, avec des hamacs pour faire la sieste, un jacuzzi et une piscinette pour se détendre. Accueil gentil. On apprécie le nouvel ascenseur pour les chambres du fond et la douche à disposition pour les départs du soir. Il y a même une salle de yoga aérée tout en haut (cours chaque matin).

Cancún International Suites *(plan B2, **15**) : Gladiolas 11 ; presque à l'angle du parque de las Palapas. ☎ 884-17-71. • cancuninternationalsuites.com • Doubles 1 050-2 900 $Me selon saison, petit déj compris.* Ce charmant petit hôtel ne manque pas d'atouts : stratégiquement situé, il propose de belles chambres hautes de plafond et tout confort (clim), joliment meublées et impeccables. Ceux qui en ont les moyens choisiront l'une des 3 suites à l'arrière, donnant sur la cour intérieure, avec cuisine et petit salon (canapé-lit). Une belle adresse, à l'accueil pro, dotée d'une terrasse pour prendre le frais.

Où manger ? Où prendre un petit déjeuner ?

De bon marché à prix moyens (moins de 300 $Me / env 14,30 €)

Sur le ***parque de las Palapas,*** une enfilade de petits ***kiosques*** populaires *(plan B2, **30** ; tlj jusqu'à 22h env)* propose tacos, *tortas,* hot-dogs et autres *antojitos mexicanos* pour une poignée de pesos.

Taquería Coapeñitos *(plan B1, **31**) : av. Nader 25 (presque face au Nomads). ☎ 415-42-27. Tlj 10h-1h (2h jeu-sam ; 12h dim). Tous dans les 20-25 $Me !* À l'intérieur, il y a les affiches de vieux films, à l'extérieur une petite terrasse aux longues tables hautes à partager et, dans l'assiette, des tacos pas mauvais et à bon prix. Pour le végétarien, on choisit parmi une liste d'ingrédients.

Pipos (plan B1, **32**) : *Azucenas 10. Tlj 13h-17h sauf dim. Buffet à 80 $Me, agua incluse. Pipos,* ce n'est pas du pipeau... La foule de Mexicains qui s'y retrouve au déjeuner en témoigne. Le choix est restreint et la cuisine simple, mais tout est frais et, à ce prix-là, on ne va pas être trop exigeant ! Ambiance 100 % locale entre la véranda sous tôle ondulée, les sièges rouges épais descendus d'un bus et les tables jaune canari.

Pescaditos (plan A2, **33**) : *av. Yaxchilán 69. ☎ 884-03-05. Tlj 11h-minuit (1h ven-sam). Plats 100-190 $Me.* Le lieu est sans prétention côté cadre, mais les poissons et crustacés sont frais et à bon prix – servis (notamment) en tacos, ceviches et *cocteles.* Les locaux viennent y téter leur bière en écopant du guacamole en soirée. Bonus : un patron très accueillant.

Gory Tacos (plan B2, **34**) : *Tulipanes 26, entre av. Tulum et le parque de las Palapas. 998-102-30-02. Tlj 13h (15h dim)-22h.* Ce petit resto tout simple, décoré de photos d'acteurs, aligne quelques tables sous des parasols dans la ruelle piétonne. Cuisine très correcte proposée en formules à prix très raisonnables. *Hora feliz* non-stop sur la bière et quelques cocktails (bonne *piña colada*). Accueil très sympathique du jovial Bartolomeo. Attention au voisin, très racoleur !

100 % Natural (plan A2, **36**) : *av. Sunyaxchén 62-64. ☎ 884-01-02. Tlj 7h-23h.* Cette chaîne clean et moderne compte une vingtaine d'adresses à travers le Mexique. Un peu le genre *coffee-shop,* avec un délicieux patio arboré et un grand choix de bons petit déj, copieuses salades mixtes, sandwichs, classiques mexicains et d'énormes cocktails de jus de fruits.

Labná (plan B2, **39**) : *Margaritas 29 ; à l'orée du parque de las Palapas. ☎ 884-31-58. Tlj 12h30-22h ; buffet 180 $Me lun-ven 12h30-17h.* On s'attable sous une reproduction de la fameuse voûte maya (!) de ce resto plutôt stylé pour profiter du bon buffet de cuisine yucatèque du midi (bonne *sopa de lima*). Le soir, c'est à la carte, plus cher et plus international. Service impeccable.

Lindo Oaxaca (plan A-B2, **35**) : *av. Cobá, à l'orée du rond-point avec Yaxchilán. ☎ 884-16-18. Tlj 12h-21h sauf lun. Plats 55-150 $Me.* Trop chaud ? La salle, proprette et décorée de papiers découpés colorés, est climatisée. La carte, assez courte, fait la part belle aux spécialités de la région d'Oaxaca, façon *arrachera, mole* ou *anafre* (cuit dans un brasero), le tout copieusement servi. Peu de poisson, beaucoup de viande ! Il y a aussi des *botanas* à partager si vous préférez picorer. En fond : des vidéos musicales 100 % *rancheras* (cow-boy, quoi), un poil envahissantes...

De prix moyens à chic (200-500 $Me / env 9,50-24 €)

La Parrilla (plan A1, **38**) : *av. Yaxchilán 51. ☎ 287-81-18. Tlj 12h-1h. Plats 130-355 $Me. La Parrilla,* c'est l'antre du dieu dollar, le Mexique en boîte pour les Américains en virée « authentique » depuis la *Zona Hotelera.* Éminemment touristique donc, mais rigolo au second degré, avec sombreros, danse des canards revisitée et cocktails servis bille en tête (bel équilibre !). Côté carte, des plats typiques très acceptables et un large éventail de viandes grillées. Soirées à thème avec buffets assortis ; le vendredi, c'est *mariscos.* N'oubliez pas la *propina !*

Où sortir ? Où danser ?

La zone hôtelière a aspiré la plupart des envies de fiesta du côté du célèbre club ***Coco Bongo*** et de son grand concurrent ***The City.*** Au programme : shows qui s'enchaînent, acrobates, DJs de renommée mondiale... Mentionnons aussi le *Dady'o, La Vaquita...* Plus petit, mais tout fou : le ***Congo Bar,*** alignant gogo-girls et explosions de confettis... Plus hip : le ***Mandala,*** très apprécié en journée aussi (il ouvre sur la rue). Les entrées sont partout hors de prix, mais incluent généralement l'*open bar* (boissons sans limite)... ce qui vous donnera une idée du degré d'imbibition de certains fêtards ! Si vous êtes très oiseau de nuit, installez-vous au *Mezcal* ou au *Nomads* et profitez de leurs soirées et sorties (souvent gratuites) en boîte.

Grand Mambocafé *(plan A3,* ***40****)* **:** *plaza Hong Kong, av. Xcaret. Mer-sam 22h-3h. Cover env 60 $Me.* Le *Grand Mambo,* c'est le temple local de la salsa, du merengue et de la bachata. Orchestres *en vivo* vers minuit pour une ambiance latina de folie... loin des boîtes à touristes de la *Zona Hotelera.* Ici, c'est *puro mexicano.* Pas de partenaire ? Vous ne devriez pas tarder à en avoir un(e) à votre bras. *Que la pasen super bien.*

À voir. À faire

Parque de las Palapas *(plan B2)* **:** le jour, on y cuit au soleil. Le soir, le lieu s'anime dans une sympathique ambiance populaire et familiale. Rien à voir, juste un bout de Mexique à respirer entre animations, marché d'artisanat et ronronnement incessant des voitures électriques pour enfants...

Mercado 28 *(plan A2)* **:** *av. Xel-Ha.* Vendeurs qui apostrophent le chaland et serveurs qui brandissent leurs menus : bienvenue dans le très touristique Mercado 28. Des nappes aux céramiques, du hamac pour la *siesta* aux bijoux en argent, on trouve de tout... et même de la bimbeloterie « made in China » ! Plein de petits restos sympa au centre du marché.

Museo Maya de Cancún *(hors plan par B3)* **:** *au km 16,5 du bd Kukulcán. Bus R1 ou R2. Mar-dim 9h-18h (dernière entrée à 17h30). Entrée : 80 $Me. Panneaux en espagnol, mais plaquettes en anglais dans les salles.* Ce musée entouré d'énormes complexes hôteliers a été aménagé sur la zone archéologique de San Miguelito – dont on découvre quelques vestiges de l'époque postclassique (une mini-pyramide surtout) au gré d'une courte balade dans un agréable parc arboré plein d'iguanes. Côté musée, installé au sommet d'un bâtiment très aérien aux lignes sobres, 2 salles seulement, mais ***fort bien mises en valeur.*** Le monde maya y est abordé de manière chronologique puis thématique, local puis global. La collection, forte de plus de 400 objets, comprend de beaux éléments d'architecture provenant de Chichén Itzá (atlantes, grand haut-relief...), des grands encensoirs de Palenque, des bijoux, des céramiques exhumés d'une tombe royale, des stèles... autant d'éléments permettant d'aborder l'architecture, l'écriture, le commerce, la religion... Une belle introduction pour ceux qui viennent d'arriver.

Zona arqueológica El Rey *(hors plan par B3)* **:** *au km 18,5 du bd Kukulcán (juste après la playa Delfines, direction aeropuerto). Bus R1 ou R2. Tlj 8h-17h (dernière entrée à 16h30). Entrée : 55 $Me.* Datant de la période postclassique (1200-1500), ce site maya mineur – le plus grand du secteur – se contente d'offrir une 1re impression aux nouveaux venus ou à ceux qui ne comptent pas s'éloigner de la plage. Dispersées sur un terrain herbeux bien entretenu investi par les iguanes, des plates-formes et une pyramide bien préservée de 5,50 m de hauteur.

Zona arqueológica El Meco *(hors plan par B1)* **:** *sur la route de Punta Sam, env 1,7 km après Puerto Juárez, sur la gauche de la route. Ts les combis qui vont à Punta Sam vous y arrêteront. Tlj 8h-16h. Entrée : 55 $Me.* Presque inconnu du grand public, son *castillo* (une pyramide maya à 5 niveaux) est le plus grand bâtiment maya de la côte.

Plages **:** on peut accéder à une grosse dizaine de plages publiques (certaines indiquées, d'autres pas) tout au long des 20 km de la *Zona Hotelera,* toutes plus ou moins urbaines. Pas facile de se garer cependant, mieux vaut venir en bus ! Pour se baigner avec des enfants, le nord de la péninsule, à l'abri du fort ressac de la côte orientale, est plus indiqué, notamment à la ***playa Las Perlas*** (km 2,5), à la ***Playa Langosta*** (km 5) et, dans une moindre mesure, à la ***Playa Tortuga*** (km 6,5), vite noire de monde. La ***playa Gaviota Azul*** a, elle, l'avantage d'être protégée par une digue. Le site est envahi de jeunes au moment du *spring break,* tout comme la proche *Playa Chac-Mol,* étalée au pied d'énormes condominiums. On lui préfère assurément la belle et très large ***playa Marlin*** (km 13), assez tranquille, mais balayée par un fort ressac qui limite la baignade. Même souci sur notre plage de prédilection : la ***playa Delfines*** (ou Mirador), au km 17,5, la plus naturelle de toutes (avec sanitaires et douches). Côté nord de Cancún, à la sortie de Puerto Juárez, en direction de Punta Sam, la petite ***Playa del Niño*** (sanitaires, douches), avec cocotiers, et un bar-resto *(La Palapa)* est très appréciée des familles locales – notamment en raison de sa très faible profondeur.

PANIER DE CRABES

Les crabes bleus qui figurent sous le nom de jaiba à la carte des restos ne sont pas à la noce. Déjà que les femelles ne s'accouplent qu'une fois dans leur vie, il leur est désormais très difficile de quitter la lagune pour aller pondre sur la plage en raison de la circulation et de l'enfilade d'hôtels qui leur barrent la route. Qu'à cela ne tienne, chaque année, les nuits de pleine lune de septembre et d'octobre, au moment de leur migration ancestrale, des bénévoles leur font traverser le goudron ! Tout le monde peut participer... à condition d'avoir des gants.

QUITTER CANCÚN

En bus

Terminal des bus *(plan B1)* **:** *à l'angle des av. Tulum et Uxmal.* ☎ *887-11-49.* ● *ado.com.mx* ● *Consigne payante tlj 6h15-21h55.* Tous les bus de 1re et 2de classes y sont regroupés. *ADO* (1re classe) et sa filiale *OCC* desservent les destinations lointaines ou régionales, tout comme ses services de grand luxe *ADO GL* et *ADO Platinium* (CB acceptées). Pour la côte, les bus *Mayab* (2de classe) sont les moins chers et s'arrêtent à la demande.

➢ ***Belize City*** *(trajet 8h45-9h)* **:** avec *ADO* à 23h15.

➢ ***Campeche*** *(6h30-7h30)* **:** avec *ADO, ADO GL et OCC,* 9 bus/j. 8h30-23h30.

➢ ***Chetumal*** *(5h20-6h)* ***par Bacalar*** *(5h-5h15)* **:** avec *ADO* (principalement), ttes les 1-2h, 5h-0h30.

➢ ***Chichén Itzá*** *(3h20)* **:** bus *ADO* à 8h45, retour à 16h30. Également avec *Oriente* (2de classe), ttes les 45 mn à 1h, 8h-17h, puis 20h et 22h.

➢ ***Chiquilá*** *(Isla Holbox ; 2h20)* **:** avec *ADO* à 8h15, 10h30 et 14h15. *Mayab* et *Oriente,* 4 bus/j. 7h45-13h45.

➢ ***Ciudad Cuauhtémoc (frontière Guatemala)* :** avec *OCC* à 20h30. Trajet : 25h10.

➢ ***Mérida*** *(4h-4h50)* **:** ttes les 15 mn à 2h, avec *ADO* 24h/24.

➢ ***Mexico*** *(25h-27h)* **:** avec *ADO* et *ADO GL,* 5 bus/j. 8h30-20h.

➢ ***Palenque*** *(13h-14h)* ***et San Cristobal de Las Casas*** *(21h-22h30)* **:** avec *OCC,* 2 bus/j. 15h45 et 20h30 ; avec *ADO GL* à 17h45 et *AU* (Palenque seulement) à 20h10.

➢ ***Playa del Carmen*** *(1h10-1h30)* ***par Puerto Morelos*** *(40 mn)* **:** avec *ADO,* ttes les 15-30 mn 5h30-1h30. Également avec *Mayab* (2de classe).

➢ ***Tulum*** *(2h-2h30)* **:** avec *ADO* et ses filiales, une trentaine de bus/j. 5h30-23h15, avec beaucoup de départs 5h30-10h30, puis le soir. Également avec *Mayab* ttes les 30-60 mn 8h-18h, puis 20h, 21h et 23h30.

➢ ***Valladolid*** *(2h-2h20)* **:** avec *ADO* (17 bus/j.) et *Oriente* ttes les 20-80 mn 8h-23h45.

ISLA MUJERES

17 000 hab. IND. TÉL. : 998

Ses plages et sa situation, presque en face de Cancún, ont fait son succès, avant que le tourisme de masse et l'appât du gain facile ne la transfigurent peu à peu. Aujourd'hui, la splendide Playa Norte, fréquentée par des cohortes de bateaux, aligne les *beach bars* à touche-touche – avant que l'animation ne se déplace, à la nuit tombée, vers le vieux village mué en bar à ciel ouvert… Vous l'aurez compris : on ne vient pas ici pour le calme. Le reste de l'île, pas bien grande (7 km de long sur 1 km de large), est désormais largement urbanisé et la plupart des autres plages ont été semi-privatisées. Plus de quoi fantasmer, donc.

FEMME, FEMME, FEMME !

Ah ! elle en a fait fantasmer des voyageurs, « l'île des Femmes » ! Son nom trouve-t-il son origine dans le nombre important de mujeres *qui y vivaient pour la satisfaction des pirates ? Ou tout simplement provient-il des nombreuses statuettes féminines – idoles en l'honneur des déesses mayas de la Fertilité (notamment Ixchel) – que découvrirent les premiers Espagnols dans un sanctuaire ? Personne ne le sait vraiment !*

Comment y aller ?

En ferry

À Cancún, on embarque au choix depuis la *Zona Hotelera* (3 points d'embarquement) ou à Puerto Juárez, à 15 mn en bus au nord du centre-ville (*colectivos* le long de l'av. Tulum). Le plus simple ? Tout dépend où vous logez.

➢ ***Depuis Puerto Juárez,*** *Naveganto* (☎ *313-10-59* ; • *naveganto.mx* •) assure la traversée ttes les heures lun-ven, 6h15-20h15 ; retours 6h45-20h45 ; ttes les 1h30 le w-e, avec un dernier bateau 1h plus tard. Compter 8 US$ l'aller/pers, 15 US$ l'A/R (enfants : 7 et 13 US$ respectivement). *Ultramar* (☎ *881-58-90* ; • *ultramarferry.com* •), la plus importante compagnie, part elle ttes les 30 mn (!) 5h30-20h30, puis ttes les 1h jusqu'à 23h30 ; retours 30 mn plus tard. Compter 350 $Me l'A/R (un poil plus cher donc) mais pour seulement 18 mn de traversée.

➢ ***Depuis la Zona Hotelera,*** c'est *Ultramar* qui s'y colle, avec des points d'embarquement aux km 4 (El Embarcadero), km 6,5 (Playa Tortugas) et km 9,5 (Playa Caracol). Traversées ttes les 1h-1h15, avec un gap entre 14h et 16h30 (sauf Playa Tortugas). Là, dans tous les cas, compter 21 US$ l'A/R. Attention, si certains ferries sont directs, d'autres font escale à l'un ou l'autre des différents embarcadères, c'est donc plus long !

En car-ferry

À ***Punta Sam,*** *8 km au nord de Puerto Juárez.* ☎ *364-29-36.* • *ultramarcarga.com* • Compter 5 départs 6h (7h sam)-20h lun-sam ; 4 seulement le dim 9h-20h. Retours 7h30-(8h30 sam) 21h30 lun-sam, 10h15-21h30 dim. Arriver 1h avt l'embarquement. Tarif : env 500 $Me pour une voiture de tourisme et ses passagers, ce qui revient moins cher que le ferry piéton dès lors que l'on est 2 – et évite de devoir louer un véhicule sur l'île ! ***Bon à savoir :*** on peut aussi prendre le car-ferry si l'on n'a pas de voiture : dans ce cas, il en coûte seulement 40 $Me/pers, bien moins cher que les bateaux à touristes ! Traversée : 45 mn.

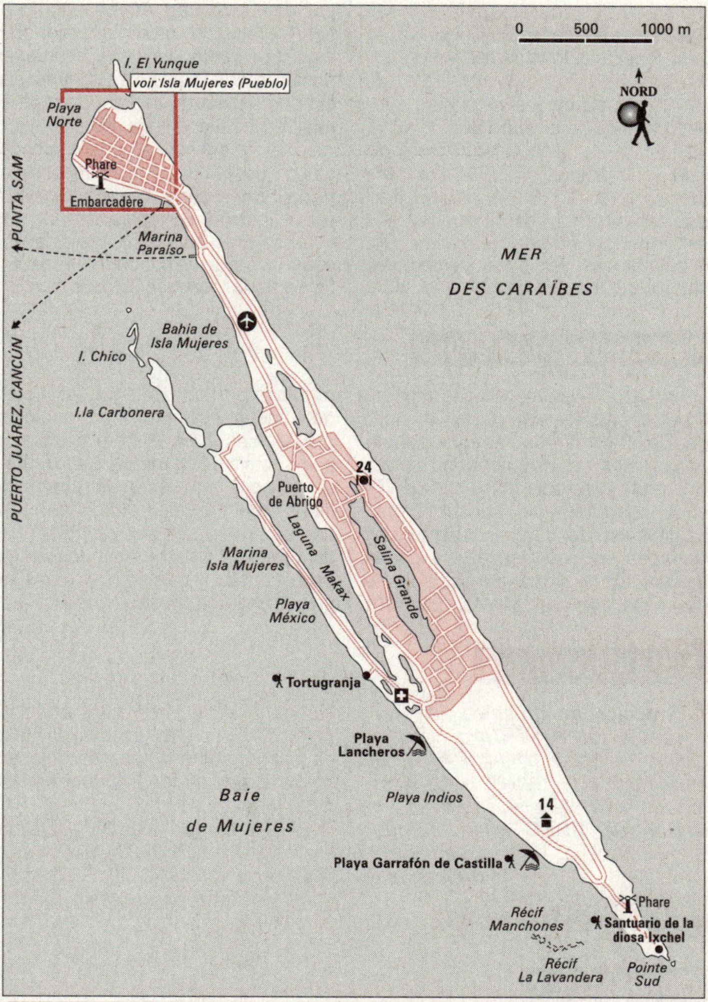

ISLA MUJERES (Île)

Transports dans l'île

➢ ***Taxi :*** très nombreux, mais chers. Les tarifs officiels sont affichés à la sortie de la gare maritime *(plan B2)*, en fonction de la destination. Sinon, compter 300 $Me/h.

Location de vélos, scooters ou voiturettes de golf

Pour profiter de la Playa Norte, rien de plus simple : elle est à moins de 10 mn à pied du débarcadère. Si la curiosité vous titille, pour aller plus loin il y a : le ***vélo*** (quelques loueurs au centre, *env 150 $Me la journée 8h-17h, 200 $Me les 24h* ; à savoir, les vélos sont souvent vieillots) ; le ***scooter*** *(compter 150-200 $Me/h)* ou la ***voiturette de golf*** *(env 300 $Me/h, 700-800 $Me 9h-18h, 1 100-1 300 $Me les 24h).* Gardez cependant à l'esprit que le trafic est important en saison et, du coup, la balade n'est pas hyper agréable en vélo... Les loueurs se valent et leurs prix sont similaires. Attention, la location à l'heure se paie d'avance, et le loueur ne rembourse pas les heures non utilisées ! Toute heure commencée est due (10 mn de tolérance en général). Vérifiez bien l'engin et faites-vous préciser ce qui sera à votre charge en cas de pépin car de toute manière ils ne sont pas assurés. Le port du casque est obligatoire. Si vous avez loué une voiture sur le continent, venez avec : vous ferez des économies substantielles sur la traversée et la location.

Topographie de l'île

On débarque dans le village (ferry) ou à ses abords (car-ferry), tout au nord de l'île. C'est là que se regroupent la plupart des hébergements et restos. Une route principale fait le tour de l'île en longeant plus ou moins le littoral. La ***côte est,*** qui donne sur la mer des Caraïbes, est rocailleuse et exposée au vent. On ne s'y baigne pas à cause du ressac et des algues. La ***côte ouest,*** d'où l'on distingue les hôtels de Cancún, est bordée par quelques plages, des villas et hôtels, mais on peine souvent à la voir depuis la route – et même à y accéder. Au centre de l'île s'étirent plusieurs lagunes, dont une sert de refuge aux yachts en cas de cyclone. Le secteur est densément peuplé et seul le tiers sud de l'île respire un peu (mais ça construit aussi ici...).

Adresses utiles

ℹ ***Dirección de turismo*** *(plan B2) : Rueda Medina 130 ; à 80 m du débarcadère, sur le trottoir d'en face (à gauche en sortant). ☎ 877-00-82 et 98. • isla-mujeres.gob.mx • Lun-ven 9h-16h.*

■ ***Banque HSBC*** *(plan B2, **2**) : Rueda Medina ; face à l'embarcadère. Tlj 9h-17h sauf dim.* Change et distributeur.

■ ***Banco Azteca*** *(plan A1, **1**) : Guerrero, entre Matamoros et López Mateos. Tlj 9h-21h.* Le meilleur taux en ville. Comme d'hab, les guichets se planquent au fond du magasin de motos !

■ ***Pharmacie*** *(plan B2, **3**) : Juárez (et Madero). Lun-sam 7h-23h, dim 9h-21h.*

■ ***Laverie*** *(plan A2, **4**) : Juárez ; à l'angle d'Abasolo. Lun-sam 8h-20h, dim 8h-14h.*

Où dormir ?

En haute saison (Pâques, été et Noël), comme ailleurs au Yucatán, les tarifs explosent et la résa s'impose. Dans tous les cas, tout est cher ici – trop cher, globalement.

De bon marché à prix moyens (moins de 1 200 $Me / env 57 €)

🏠 🍴 🍸 ***Poc-Na Hostel*** *(plan B1, **11**) : au bout de Matamoros. ☎ 877-00-90. • pocna.com • Nuitée en dortoir (4-8 lits) env 220-400 $Me selon confort et saison ; doubles 490-1 100 $Me. Petit déj inclus.* Les AJ sont rares à Isla Mujeres. Spacieuse et cosmopolite, celle-ci est en plus bien placée : elle se taille un morceau de sable et de palmiers attenant à la plage, mais qui en est malheureusement séparé par des grillages (accès par la rue en journée, direct par le *beach bar* après 23h). Côté hébergement : des chambres privées et des dortoirs avec ou sans clim. Ces

LA PÉNINSULE DU YUCATÁN

ISLA MUJERES (Pueblo)

Adresses utiles

- Dirección de turismo (B2)
- **1** Banco Azteca (A1)
- **2** Banque HSBC (B2)
- **3** Pharmacie (B2)
- **4** Laverie (A2)
- **15** Sea Hawk Diving (A1)

Où dormir ?

- **11** Poc-Na Hostel (B1)
- **12** Maria Leticia Apartments (A2)
- **13** Casa El Pio (B2)
- **14** Villas Coco Resort (plan de l'île)
- **15** Sea Hawk Suites (A1)

Où manger ?
Où prendre le petit déjeuner ?

- **11** Resto du *Poc-Na Hostel* (B1)
- **20** Elements of the Island (A2)
- **21** North Garden (A1)
- **22** Green Demon (A1)
- **23** Ruben's (A1)
- **24** Mango Cafe (plan de l'île)
- **25** Picus Cocteleria (B2)
- **26** Aroma (B2)
- **27** Olivia (A2)

Où boire un verre ? Où sortir ?

- **11** Bar du *Poc-Na Hostel* (B1)
- **30** La Terraza (B2)

derniers, mixtes ou séparés, sont un poil sommaires et étouffants, mais acceptables, avec moustiquaires et casiers – préférez les n°s 9, 10 et 11, à distance du bar-resto. Nombreux services et activités (généralement gratuites) : billard, ping-pong, salle de jeux, yoga, leçons de salsa, planches de paddle, soirées-concerts, location de vélos, scooters et voiturettes de golf. Il y a même un club de plongée sur place. Pas de cuisine en revanche, mais un bon resto pas cher (voir « Où manger ? ») et le *beach bar* pour étoiler ses nuits, vautré dans un hamac.

Maria Leticia Apartments *(plan A2, 12) : av. Juárez 28. ☎ 877-08-32 ou 877-03-94. • maria.leticia.apartments@live.com.mx • Doubles 600-800 $Me, studios 850-1 200 $Me.* Poussez la porte pour découvrir une allée discrète qui conduit à une courette arborée tranquille, autour de laquelle s'organisent une quinzaine de chambres et studios de bon confort, avec salle de bains, clim, frigo, cafetière et grille-pain. Bien située, calme et à prix très raisonnable, l'adresse est squattée l'hiver par des Américains et Canadiens qui y passent des semaines. Un bon plan dans ce registre.

De chic à plus chic (1 200-3 000 $Me / env 57-143 €)

Sea Hawk Suites *(plan A1, 15) : Carlos Lazo. ☎ 877-12-33. • seahawkislamujeres.com • Doubles 65-105 US$, studios avec terrasse 95-135 US$ selon confort et saison.* À 2 pas de la plus belle plage de l'île, ce petit ensemble de chambres et d'appartements gérés par un jeune couple mexico-québécois a été aménagé avec le souci du détail. Préférez l'étage, bien lumineux, au rez-de-chaussée, assez sombre (peu de fenêtres). L'accueil est fort sympathique. Vous pourrez y réserver vos plongées : c'est même l'activité phare du lieu.

Casa El Pio *(plan B2, 13) : Hidalgo, entre Bravo et Allende. 📱 998-239-06-14. • casaelpio.com • Réception 9h-13h seulement. Min 3 nuits. Doubles 101-119 US$.* Ce charmant petit hôtel abrite tout juste 5 chambres à 1 *(king)* ou 2 lits fort accueillantes, dont 3 situées sur le flanc d'un large couloir où se creuse un petit bassin pour se rafraîchir. De bon confort (clim, frigo), elles sont toutes d'un blanc immaculé, ultra-propres. La 5, à l'étage, est carrément immense ! Belle terrasse sur le toit.

Villas Coco Resort *(plan de l'île, 14) : au sud de l'île. ☎ 999-01-23. • villascocoresorts.com • Fléché à gauche sur la route principale, env 300 m avt d'arriver à El Garrafón, puis 1er chemin de terre à gauche. Doubles 75-128,50 US$ selon saison et confort.* Moins bâti, le sud de l'île cache encore quelques zones à peu près tranquilles. Ce petit ensemble à 2 niveaux abrite une dizaine de studios plaisants et impeccablement tenus, carrelés, avec cuisine, bain bouillonnant, etc. En prime : une petite piscine.

Où manger ? Où prendre le petit déjeuner ?

De bon marché à prix moyens (moins de 300 $Me / env 14,30 €)

Au ***mercado*** *(plan A1)*, on trouve quelques *loncherías* pour une cuisine familiale moins chère qu'ailleurs.

Resto du Poc-Na Hostel *(plan B1, 11) : voir « Où dormir ? ». Tlj 8h-22h30.* Les pieds dans le sable, on y grignote sans chichis des spécialités mexicaines ou des sandwichs pour pas bien cher. On commande à la réception, on retire son plat à la cuisine, on met son couvert, on débarrasse sa table et on peut même apporter sa boisson de l'extérieur (sauf alcool, vendu sur place). Barbecue et musique *en vivo* tous les jours (21h30-23h).

Elements of the Island *(plan A2, 20) : Juarez 64, entre Matamoros et López Mateos. 📱 998-274-00-98. Tlj 7h30-13h sauf mer. Petits déj 90-140 $Me.* Pas moins de 11 options de petit déj pour bien s'éveiller, du classique continental au suisse (avec muesli et roesti !) en passant par l'*organic tofu* et l'autrichien (avec strudel) ! Juste 4 tables sur rue et 4 autres face à la cuisine ouverte, sous le ballet des ventilos. Bon accueil.

North Garden *(plan A1, 21) : Carlos Lazo 14, à 100 m de la Playa Norte. 📱 998-151-61-30. Tlj 7h-22h sauf mar. Petits déj 60-140 $Me.* Planté à quelques enjambées de la plage, ce grand resto très aéré, tout en bois et *palapas,* est un must pour le petit déj. Pancakes, œufs Bénédicte, fruits avec granola, bagels et *chilaquiles* pour la touche mexicaine, tout est super copieux ! En prime : un service aux petits oignons.

Green Demon (plan A1, **22**) : *Playa Norte. 998-319-81-09. Plats 95-195 $Me.* Parmi la collection de *beach bars* (et plus si affinités) penchés sur le sable chaud de la Playa Norte, on aime bien celui-ci pour ses en-cas santé : wraps, ceviche, salade de chèvre, burger végane ou carnivore... On s'y offre volontiers un cocktail au soleil couchant, arrimé à l'une des 2 balançoires de la *palapa* ou à l'un des lits de jour chèrement acquis (pas en dollars, mais en patience !).

Ruben's (plan A1, **23**) : *Guerrero (et López Mateos). 998-262-33-80. Tlj 8h-21h sauf dim.* Beaucoup d'habitués chez *Ruben* pour ses classiques mexicains à prix raisonnables et ses poissons et crevettes à l'ail, à la *diabla* ou la *veracruzana.* Les tables (plastique et toile cirée) se serrent en enfilade dans une allée gravillonnée pas franchement romantique.

Mango Cafe (plan de l'île, **24**) : *playa Obispo. 998-274-01-18. Tlj 7h-15h. Plats 110-170 $Me.* C'est une des escales favorites de ceux qui font le tour de l'île ; d'ailleurs, on le repère facilement au nombre de voiturettes de golf garées devant ! Pas de vue sur la plage, ici, mais de bons petits plats à prix canon servis, au choix, dans le resto-bar principal couvert de plaques de bagnoles et de papiers découpés, ou dans une courette voisine plus au calme. Au menu : salade à la mangue, *quesadillas,* tacos de poisson (frit, dommage)... des choses simples mais fraîches, servies copieusement. Service rapide et sympa.

De prix moyens à plus chic (jusqu'à 500 $Me / env 24 €)

Picus Cocteleria (plan B2, **25**) : *sur la plage du port, juste à gauche en descendant de l'embarcadère. Tlj 12h-20h. Plats 100-250 $Me.* Ce petit resto de plage aligne terrasse couverte et tables posées sur le sable. On mange en contemplant les bateaux qui déchargent leurs cargaisons de touristes. Le lieu est populaire et il faut parfois prendre son mal en patience pour pouvoir se poser. Poissons et fruits de mer surtout, très frais et copieusement servis. Bel endroit aussi pour l'apéro du soir.

Aroma (plan B2, **26**) : *Hidalgo (et Madero). ☎ 877-18-78. Tlj 7h-22h. Plats 145-340 $Me.* Tourné vers la clientèle étrangère, *Aroma* s'implante dans la rue la plus achalandée d'Isla. Les prix y sont un peu plus élevés qu'ailleurs, mais la qualité est là : bons petits déj, bon choix de salades, plats végétariens ou véganes d'ici et d'ailleurs, bonnes viandes servies avec frites classiques ou de patate douce, grands milk-shakes... Côté mexicain, la carte s'en tient aux burritos. Bon accueil.

Olivia (plan A2, **27**) : *Matamoros ; entre Juárez et Rueda Medina. ☎ 877-17-65. Lun-sam 17h-21h45. CB refusées.* Un resto bobo où, pour changer, ce sont les fragrances subtiles du monde méditerranéen qui s'échappent de la cuisine ouverte – les boss sont israéliens. Dans la jolie salle ou en terrasse, sous la *palapa* de l'adorable patio luxuriant, on retrouve avec plaisir, pour changer, *tzatziki,* houmous, *labane,* pastilla, moussaka, kebabs... Prix pas encore exagérés mais service inégal.

Où boire un verre ? Où sortir ?

Bar du Poc-Na Hostel (plan B1, **11**) : *voir « Où dormir ? ». Tlj 23h30-3h.* Le *beach bar,* installé sur un pan de sable « privatisé » attenant à la plage, ne manque pas d'attrait avec ses hamacs et sa bière à prix défiant toute concurrence. Les jeunes de l'AJ et d'ailleurs s'y déversent après la fin du concert quotidien donné dans la cour du resto (dès 21h30). Musique très hétéroclite : rock, house, électro, rythmes latinos...

La Terraza (*plan B2,* **30**) **:** *av. Hidalgo ; angle Abasolo. Tlj 16h-1h.* À l'étage, une terrasse ouverte, une petite piste de danse et un barman qui s'agite sous sa petite sphère colorée. Musique latino en live tous les soirs en saison (vers 21h). Les cocktails ne sont pas donnés mais ils tiennent la route ; attention à la monnaie, cependant... À 2 pas, le ***Nash's,*** très *Sports Bar,* attire une clientèle typiquement américaine.

À voir. À faire

Playa Norte (*plan A1*) **:** *au nord du village, à 5 mn à pied.* Sable chaud, eau turquoise et cocotiers : sous le soleil, c'est la carte postale parfaite. Profitez-en : les autres plages de l'île ne lui arrivent pas à la cheville. Évidemment, en saison, il vous faudra la partager avec beaucoup d'autres visiteurs, plagistes et yachts qui viennent mouiller juste devant. Très tendance : les balançoires en guise de siège autour des bars.

Vers la pointe sud

La route longeant (plus ou moins) la côte ouest permet d'apercevoir quelques bouts de plage d'accès public, mais la plupart sont payantes. Rien de mémorable en tout état de cause. La côte est, sauvage, offre de jolis points de vue sur le large, mais la baignade est dangereuse et les sargasses très présentes.

Tortugranja (*ferme des tortues ; plan de l'île*) **:** *sur la côte ouest. Sac Bajo, km 4. Tlj 9h-17h. Entrée : 30 $Me.* C'est un petit centre de reproduction des tortues. Elles sont regroupées dans différents bassins en béton, par espèces ou par tailles, selon qu'elles sont à la maternelle, en primaire ou en fac... Quelques aquariums aussi, mais rien de spectaculaire.

Playa Lancheros (*plan de l'île*) **:** *sur la côte ouest, à env 5 km au sud du village.* Bande de sable avec quelques restos, *palapas* et chaises longues à louer.

Club de Playa y Hotel Garrafón de Castilla (*plan de l'île*) **:** *km 6. Tlj 9h-17h. Entrée : 100 $Me, parasol et chaise longue inclus ; loc d'équipement en sus.* Un *balneario* bétonné un peu fatigué, une plagette pas hyper propre, un resto et, dans l'eau, pas mal de poissons venus des mêmes récifs (Manchones) que le parc voisin (*Garrafon Park,* un bout de nature privatisée sur lequel se sont greffées toutes sortes d'activités plus ou moins bidons et hors de prix). Ici, on peut voir les fonds pour 6 fois moins cher, mais difficile de trop s'approcher à cause des courants.

À la pointe sud de l'île, pelée, se dressent un petit ***phare*** adossé à un minicentre commercial en bois plutôt bien fait et, tout au bout, les maigres vestiges du ***santuario de la diosa Ixchel*** (*plan de l'île ; tlj 9h-17h ou 17h30 selon saison ; accès libre*). Pour y parvenir, on traverse une lande semée de sculptures d'un intérêt dubitatif. Rien qui ne mérite que l'on s'y attarde. On peut éventuellement s'offrir un verre au resto *Acantilado.*

Plongée sous-marine

C'est l'une des grandes attractions du coin. Les clubs, nombreux, affichent des tarifs assez similaires : env 75 US$ pour 1 bouteille, 90-95 US$ pour 2 (matériel inclus) et 110-140 US$ pour un baptême. Outre un tour au Musée sous-marin (voir ci-dessous), le must, ici, c'est d'assister à la chasse à la sardine des grands espadons, en janvier-février (voire mars). Assez unique de les voir fondre sur les bancs regroupés en « boules » argentées ! Pour cette sortie PMT (palmes-masque-tuba) très spécifique, compter 180 US$.

Autre temps fort : la rencontre des requins-baleines entre mai et septembre (surtout juillet-août), à environ 1h au large (soit plus près que depuis l'isla Holbox). Si on est très chanceux, on peut espérer voir plusieurs de ces géants le même jour ; d'ailleurs les opérateurs de plongée garantissent de les voir ! Plus de 400 de ces animaux ont été répertoriés dans le secteur : la plus forte concentration au monde. Là, compter environ 125 US$ pour une sortie incluant combi et PMT. Autres classiques en plongée-bouteilles : les épaves, la célèbre *cueva de los Tiburones Dormidos* (« grotte des requins endormis »), par - 18 m, la reproduction des tortues caouannes (mai-octobre) et diverses plongées dérivantes. Et si vous n'êtes pas un pro des grands fonds, rassurez-vous, le ***snorkeling*** sur les récifs les plus proches permet déjà de s'en mettre plein les yeux !

Museo Subacuático de Arte : *• musamexico.org •* Certains y voient un attrape-gogos, d'autres apprécient l'atmosphère qui se dégage de ces personnages grandeur nature qui se couvrent peu à peu d'algues et de coraux, favorisant le développement de la vie marine – à la manière d'un récif artificiel. Il y a même une Coccinelle immergée ! En fait, sa croissance est telle que l'on distingue de moins en moins bien les sculptures... On n'y accède qu'en bateau et en faisant appel à un club de plongée : le site du *Salon Manchones* (par - 8 m) est plutôt réservé à la plongée-bouteilles, celui du *Salon Nizuc* (par - 4 m) ouvert à tous – mais pas facile de s'approcher en *snorkeling* avec le gilet de sauvetage obligatoire... *En général, 2 départs/j. vers 8h et 14h, 47-70 US$ pour le snorkeling, 90-100 US$ pour une plongée. On vous conseille une sortie combinant les beaux récifs du parc marin (Manchones).*

■ ***Sea Hawk Diving*** *(plan A1,* ***15****) : Carlos Lazo. ☎ 877-12-33. • seahawkislamujeres.com •* *Snorkeling*, plongée-bouteille, espadons, requins-baleines et même pêche au large, tout est possible ici – en français, le plus souvent, le tout étant géré par un jeune couple mexico-québécois francophone.

■ Voir également le club de plongée de l'***AJ Poc-Na,*** tenu par Tracy, qui privilégie les petits groupes (*snorkeling* aussi). *• pocnadivecenter.com •*

Sortie en mer

Isla Contoy : à 30 km au nord d'Isla Mujeres, cette petite île basse inhabitée de 3 km² forme une réserve naturelle depuis près d'un demi-siècle (c'est aujourd'hui un parc national) ; seules 200 personnes sont autorisées à y débarquer chaque jour. Voilà un vrai paradis terrestre, aux eaux turquoise translucides peu profondes, plage de sable blanc et rideau de cocotiers – à découvrir du haut d'une tour d'observation. Pas moins de 4 espèces de tortues viennent pondre sur l'île et 152 espèces d'oiseaux la fréquentent ou y nichent : hérons, frégates, pélicans, cormorans... Apportez masque et tuba, car les fonds sont assez riches, mais sachez que les déplacements sont limités sur l'île pour mieux la préserver. Visites organisées principalement au départ de Cancún par un nombre réduit d'agences assermentées. On embarque le matin et on quitte l'île vers 14h30. *Tlj sauf dim ; compter 115 US$. Contacter par exemple* ***Contoy Adventures*** *(☎ 998-295-11-40 ; • contoyadventures.com •).*

LA CÔTE DE PUERTO MORELOS À TULUM – LA RIVIERA MAYA

• Carte *p. 281*

Tout a commencé dans les années 1970, alors que la région n'était encore qu'une jungle épaisse bordée de plages désertes, connues seulement de quelques aventuriers. Imaginez un peu la manne qui s'est soudain retrouvée

entre les mains de quelques propriétaires, en général des hommes politiques bien informés : 200 km de plages de sable blanc sur l'une des plus belles côtes des Caraïbes. En quelques décennies, dans le sillage du développement de Cancún, les promoteurs ont vu se réaliser leurs rêves les plus fous. Le trait de côte sauvage a été rebaptisé Riviera maya (plus vendeur), le littoral s'est couvert d'énormes complexes touristiques, puis de parcs d'attractions...

LA LOI DU PLUS PUISSANT

Selon la loi mexicaine, le bord de mer est propriété fédérale sur 20 m de large (il appartient donc à tous les Mexicains). Très bien, mais comment rejoindre la plage ? Sur tout le littoral du pays et plus encore sur la Riviera Maya, les hôtels et propriétaires ont largement privatisé les accès, interdisant de fait le passage – ou le rendant payant. Quelle loi ? Quel accès ?

PUERTO MORELOS

30 000 hab. IND. TÉL. : 998

• Plan *p. 283*

À 25 mn de l'aéroport international de Cancún, Puerto Morelos échappe encore miraculeusement aux grands élans ravageurs de la bétonite aiguë. Cet ancien village de pêcheurs apprécié des voyageurs au long cours se partage de fait en 2 entités : un village devenu petite ville côté terres, le long de la grande route littorale (307) et sa plage, à 3 km de là, où les constructions ne dépassent (normalement) pas 3 étages. Résultat : voilà une petite station balnéaire bon enfant, où l'on apprécie de se poser quelques jours... ou plus si affinités. Les récifs coralliens (parc naturel) font la joie des plongeurs et des adeptes du *snorkeling.* Venez vite, avant que Puerto ne ressemble à Playa del Carmen...

Arriver – Quitter

Les bus et *colectivos* qui relient Cancún à Playa del Carmen font tous halte au croisement de la *Federal 307* et de la route de la plage *(hors plan par A2).* Ils passent ttes les 20 mn env, 6h35-23h en direction de Playa, 7h45-23h vers Cancún. De là, les AJ du centre sont à quelques minutes à pied. Pour la plage, on saute dans un *colectivo* (8 $Me, fréquents, 6h-20h) ou un taxi (30 $Me).

■ ***Banques*** avec distributeurs dans le village.

Où dormir ?

En ville

Hostel Humanity *(hors plan par A2,* **10***) : c/ Chechen, 308. ☎ 998-330-66-70. • hostelhumanity.com • Lit en dortoir 200-400 $Me ; doubles 550-1 000 $Me. Draps et serviette inclus. Thé, café et toasts à dispo le mat.* C'est une jeune Française (Sophie) qui a fait bâtir ce petit édifice blanc pimpant pour y loger son AJ, à 2 *cuadras* au sud du *zócalo* (puis 1re à droite). Le lieu est calme et très propre, avec 5 dortoirs (4-8 lits) et une unique chambre privée. Les 2 dortoirs sans fenêtre ont la clim, les 3 autres juste

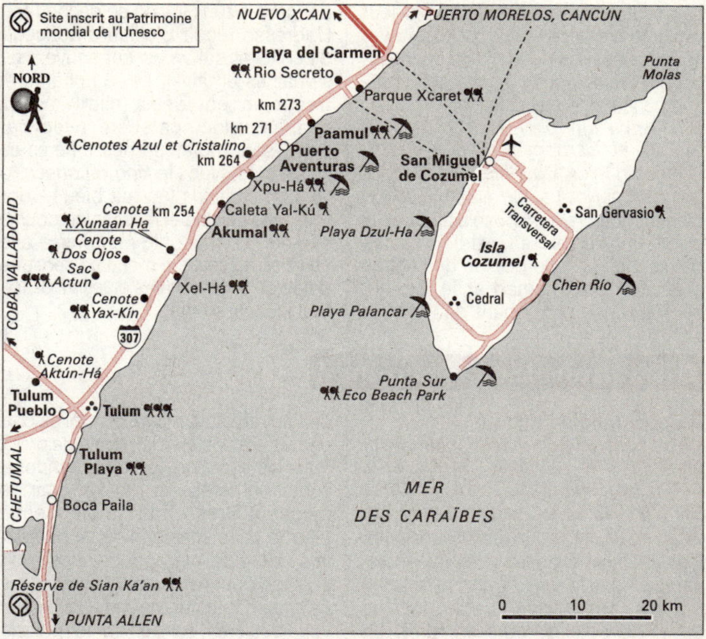

LA RIVIERA MAYA

un ventilo. En prime : cuisine, eau potable en accès libre, piscinette et, avec un peu de chance... les toucans qui viennent razzier les fruits de l'arbre du voisin.

Casitas Kinsol *(hors plan par A2,* ***11****) : av. Gazca. ☎ 206-91-52. 998-188-83-49. • casitaskinsol.com • À 2 cuadras au nord du zócalo par l'avenue principale. Doubles 29-61 US$ selon taille et saison.* Alain (français) et Cristina (mexicaine) veillent amoureusement sur leur mini-oasis de verdure en plein centre. On y trouve 8 chambres (dont 4 avec kitchenette) toutes différentes, avec douche et ventilo (une seule avec clim), pouvant accueillir 4 et même jusqu'à 6 personnes. Les n°s 1 et 8, charmantes, occupent d'authentiques *casitas* mayas remontant à l'époque où Puerto Morelos n'existait pas encore. Évidemment, elles ne sont pas insonorisées... Au centre du jardinet : la cuisine du couple, où l'on peut se faire chauffer de l'eau.

Près de la plage

La Pausa *(plan A3,* ***12****) : av. J. R. Gomez. 984-113-18-59. • lapausapm@gmail.com • Lit en dortoir 250-350 $Me, apparts 700-1 400 $Me.* Grands voyageurs devant l'Éternel, Élisa (parisienne) et Seb (argentin) ont posé leurs bagages ici, à une rue de la plage, aux marges d'un quartier populaire pas encore remodelé par l'essor grandissant de Puerto. Ils y ont aménagé une AJ comme on en rêve : ultra-conviviale, où les routards au long cours se donnent tous rendez-vous – leurs combis et camping-cars garés devant, venus de tout le continent et au-delà, en disent long. Pour dormir : un dortoir de 6 lits et 2 apparts un peu dans leur jus, loués sur le court terme, avec cuisine et salle de bains.

Les routards qui dorment dans leur véhicule ont accès à 2 douches et w-c spécifiques. Pas de fric ? On donne un coup de main pour « payer » son branchement électrique. Cuisine.

Amar Inn *(plan B1, **13**) : av. J. R. Gomez et Cardenas. ☎ 871-00-26. • amarinn.mx • Doubles 70-136 US$, bon petit déj inclus.* On aime beaucoup ce petit hôtel familial posé à 30 m de la plage, dans un arc-en-ciel de couleurs pétulantes. La jolie piscine de l'entrée avec son coin hamac et le jardinet central où se promènent des tortues donnent le ton : ici, on se décontracte. L'adresse reçoit d'ailleurs beaucoup d'habitués, qui y passent souvent des semaines en hiver. Les 11 chambres, très bien équipées (clim, moustiquaires, frigo, cafetière avec café bio...) sont toutes un peu différentes : classiques avec lits *king* ou *queen,* ou version *cabañas* (au toit bleu) – dont une avec cuisine et mezzanine pour les enfants. Le must : la *penthouse* avec ses 2 terrasses vue mer. Les serviettes de plage sont fournies et les vélos (pas tout jeunes) en prêt.

Où dormir dans la région ?

Jolie Jungle : *route Puerto Morelos – Leona Vicario, km 26,5 (direction de Holbox et Valladolid). 998-277-47-26. • joliejungle.com • Doubles 81-170 US$ selon saison ; petit déj inclus. Pas de wifi.* Très accueillants, Bernard (alias Dino) et sa femme mexicaine, issue d'une famille d'artistes réputés, ont plaqué la ville pour se tailler ce petit paradis en forêt. En l'occurrence, une poignée de grands bungalows de très bon confort inspirés de l'architecture maya, aux jolies charpentes. Pas de clim ici, écologie oblige, mais les espaces, joliment composés, sont bien aérés – et protégés par des moustiquaires. Tout a été pensé : piscine dans son écrin de verdure, billard, table de ping-pong, vélos à disposition pour rejoindre le resto sous sa *palapa...* Côté cuisine, on mange bien, voire très bien, sur des notes de fusion franco-mexicaines. C'est Bernard qui est aux fourneaux.

Où manger ? Où prendre le petit déjeuner ?

Près de la plage

Café d'Amancia *(plan A3, **21**) : à l'angle droit du zócalo en regardant la plage. ☎ 206-92-42. Tlj 7h-22h sauf lun. Petits déj (7h-14h) 80-145 $Me.* Pausé café pas désagréable. On peut aussi y prendre gâteau du jour ou sandwich.

Lola y Moya *(plan A3, **22**) : c/ Melgar. 998-195-50-47. Tlj 8h-15h sauf mar.* L'adresse de référence de Puerto pour un petit déj abordable : jus d'orange frais, bagels, œufs, *chilaquiles* et crêpes, cafés froids et chauds, dans un tout petit local vert pimpant ouvert sur la rue. Bon accueil.

Tacos.com *(plan A2, **25**) : av. Gomez, juste au nord du zócalo. 998-203-74-71. Tlj 12h-22h. Plats 130-180 $Me.* D'abord, une mise en garde : il y a peu de place – juste 4 tables sur le trottoir et une 5e coincée à l'intérieur – et les prix élevés pour des tacos. Mais, mais, mais... ils sont délicieux. Les ingrédients, de qualité, sont (bien) cuisinés sur une plaque chauffante, juste

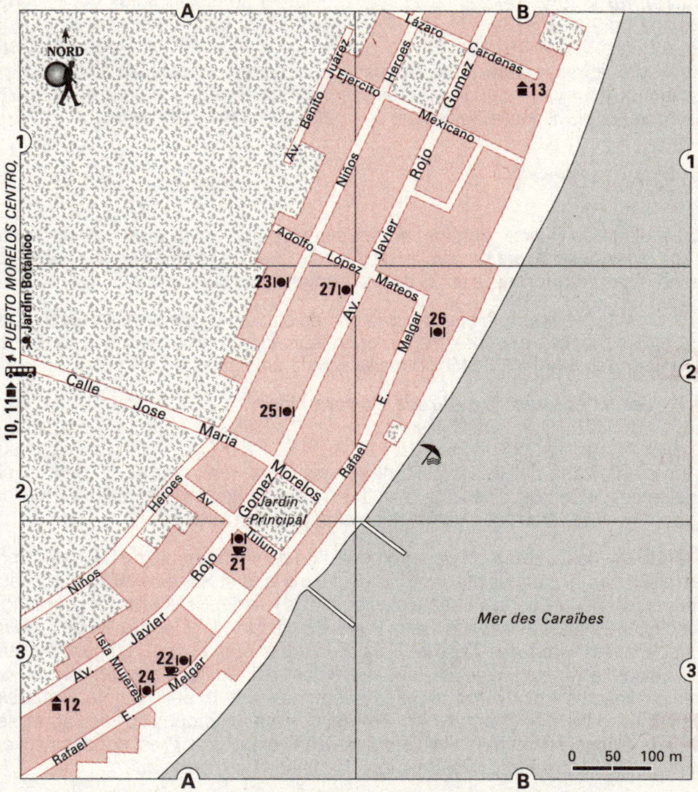

PUERTO MORELOS

Où dormir ?	Où manger ? Où prendre le petit déjeuner ?
10 Hostel Humanity (hors plan par A2)	**21** Café d'Amancia (A3)
11 Casitas Kinsol (hors plan par A2)	**22** Lola y Moya (A3)
12 La Pausa (A3)	**25** Tacos.com (A2)
13 Amar Inn (B1)	**26** La Petita (B2)
	27 Tanino's (A-B2)

sous vos yeux, façon *teppanyaki*. Pour se poser.

La Petita (plan B2, **26**) **:** *sur la plage, 2 cuadras au nord du zócalo.* 📱 *998-321-61-35. Snacks 70-240 $Me.* Le cadre ? Une *palapa* prolongée par un toit de tôle ondulée percé par un cocotier bancal, des tables et chaises en plastique, les pieds dans le sable. Les corneilles viendront quémander un bout de votre *pescado a la diabla,* ceviche ou poisson frit (vendu au kilo). Le choix est rare : pagre, mérou, vivaneau, labre, langouste et, le meilleur à notre avis, le *mahi-mahi* (*daurada* en v.o.). L'après-midi, vous aurez droit à un orchestre.

Tanino's *(plan A-B2,* **27***) : av. Gomez. 998-109-79-47. Tlj 17h-minuit sauf dim. Plats 100-300 $Me.* Une jolie adresse pour une soirée romantique un verre de vin en main, dans la cour gravillonnée, veillée par un bouquet de palmiers aux boules lumineuses. Si les moustiques attaquent, on vous passera un produit répulsif. Côté carte : des salades d'un bon rapport qualité-prix, des viandes, poissons et fruits de mer bien servis.

À faire

La plage de Puerto Morelos, accessible librement, s'étire grosso modo sur 2 km, en se rétrécissant de plus en plus tandis que l'on remonte vers le nord. Les sargasses sont ramassées sur certaines portions, pas sur d'autres.

C'est face à Puerto Morelos que la grande barrière de corail méso-américaine est la plus proche de la côte. Plein d'opérateurs locaux proposent des sorties de ***snorkeling*** à environ 300 $Me pour aller voir de près poissons et coraux.

Jardín botánico Dr. Alfredo Barrera Marín : *entrée discrète, en bordure de la route 307 (km 320 dans le sens sud-nord) à 1 km au sud du croisement pour Puerto Morelos. 206-92-33. Tlj 8h-16h. Entrée : 120 $Me.* Balade agréable sur 2 km d'une sente balisée serpentant au sein d'une forêt dense. On peut y voir également de petites ruines mayas et des singes-araignées (venir à l'ouverture ou après 14h-15h). Une tour d'observation offre un panorama jusqu'à la mer.

Ruta de los Cenotes : c'est le nom que l'on donne à la route de Leona Vicario, en raison des 19 *cenotes* qui se regroupent dans la forêt, sur environ 25 km. Beaucoup sont ici à l'air libre et ont été plus ou moins « rentabilisés » par leurs proprios avec tyroliennes et autres activités... Parmi les classiques : ***Cenote Verde Lucero*** *(300 $Me),* les 3 ***cenotes Zapote*** *(• cenoteszapote.com •)* dont l'un petit joliment noyé dans la végétation (le Zapote proprement dit), où les plongeurs verront de très étonnantes « cloches » calcaires submergées, et le petit *cenote El Abuelo Che Che,* souterrain. Cher *(min 450 $Me)* et géré par un proprio fort peu agréable, le ***Siete Bocas*** est différent avec ses 6 bouches étroites (la 7e est condamnée) en partie reliées entre elles ; on les explore davantage que l'on y nage.

PLAYA DEL CARMEN

env 250 000 hab. IND. TÉL. : 984

• Plan général *p. 287* • Zoom *p. 289*

Le moins qu'on puisse dire, c'est que ça bouge à Playa... Avec 1 500 habitants en 1987 et près de 250 000 aujourd'hui, cet ancien village de pêcheurs est devenu le cœur économique de la très touristique Riviera maya – et la ville d'Amérique latine qui a connu la plus grande croissance démographique. Magasins, hôtels, restos, bars et boîtes ont fleuri comme des champignons et la Quinta (la 5e avenue, piétonne), entièrement inféodée au billet vert, ne cesse de se développer vers le nord. La plage, elle, a été réduite à peau de chagrin, entre l'empiétement des hôtels et le sable qui se fait la malle... Playa n'intéressera que celles et ceux qui envisagent un séjour balnéaire tendance « Ibiza », *sea-sex-sun* et fiesta version XXL. D'ailleurs, la station est devenue l'un des QG des jeunes Américains lors du *spring break...* Les autres glisseront plus au sud, où il reste quand même quelques plages où l'on peut dérouler sa serviette sans déranger son voisin.

Arriver – Quitter

En minibus (colectivos)

➢ ***Tulum et Cancún :*** à l'angle de l'av. 20 et de la c/ 2 *(zoom A3,* ***1****)*, 24h/24, ttes les 10-20 mn env. Également pour ***Chiquilá (Holbox)*** vers 8h, 11h30, 15h30 et 18h30. Pour ***Cancún,*** d'autres combis partent aussi de l'angle de l'av. 25 et de la c/ 2 *(zoom A3,* ***1****)*, 5h-20h env, mêmes fréquences. Presque 2 fois moins cher que le bus et plus rapide. Vous pouvez demander l'arrêt où vous voulez.

En bus

Terminal régional ADO *(Turística ; zoom B3,* ***2****)* ***:*** *av. Juárez ; à l'angle de l'av. 5.* ☎ *873-01-09.* Dessert les destinations proches comme Tulum, Cancún ou son aéroport. On peut aussi y acheter son billet pour un départ de l'autre terminal (voir ci-dessous). Consigne *(tlj 6h30-21h45)* ; change au *CI Banco* (très bon taux) ; agence *Hertz.*

➢ ***Cancún (aéroport) :*** ttes les 10-90 mn en journée 3h-22h40. Compter 208 $Me. Trajet : env 1h20.

➢ ***Cancún (par Puerto Morelos) :*** ttes les 10-30 mn 7h-23h10. Trajet : env 1h15. Tarif : env 82 $Me.

➢ ***Tulum*** *(trajet env 1h)* ***:*** ttes les 30 mn à 2h, 4h-22h55.

Terminal longue distance *(Alterna ; zoom A2,* ***3****)* ***:*** *à l'angle de l'av. 20 et de la c/ 12.* ☎ *873-01-09.* Bus de 1re classe *ADO, ADO GL et OCC,* plus les 2de classe *Oriente* et *Mayab.* Les bus pour Cancún et l'aéroport s'y arrêtent tous. Consigne *(24h/24).*

➢ ***Belize city*** *(trajet env 8h)* ***:*** bus *ADO* à 0h40.

➢ ***Campeche*** *(6h20-8h20)* ***:*** 2 bus/j. avec *ADO* à 10h et 22h55.

➢ ***Chetumal*** *(4h20-5h)* ***:*** ttes les 30-90 mn, 6h25-2h20, avec *ADO ou ADO GL.* La plupart font halte à ***Bacalar.***

➢ ***Cobá*** *(env 2h)* ***:*** départ à 16h, 17h et 17h55 avec *Mayab.*

➢ ***Mexico*** *(24-26h)* ***:*** 3 bus *ADO* 12h25-21h25 et un *ADO GL* vers 15h20.

➢ ***Palenque*** *(11h30-12h)* ***:*** 4 bus/j. en soirée, 17h10-21h55 avec *OCC, ADO GL* et *AU.*

➢ ***Tulum*** *(trajet env 1h)* ***:*** ttes les 30 mn à 2h, 4h-1h30.

➢ ***Valladolid*** *(2h30-3h30)* ***:*** 12 bus/j. 1h30-21h30.

Topographie

À Playa, le centre touristique s'étend grosso modo de la 30e avenue à la plage et du port d'embarquement pour Cozumel à la calle 46, appelée « la CTM » par les habitants. L'avenue principale, ***la Quinta*** (la 5e), est piétonne et concentre l'essentiel de l'activité (boutiques, resto, bars et quelques hôtels). Pour stationner, c'est simple : ligne blanche ou rien, tout va bien ; ligne jaune, c'est la fourrière *muy rápido*.

Adresses utiles

Infos touristiques

Points d'informations touristiques : *kiosques éparpillés en ville. Lun-ven 9h-20h.* Infos sur les hôtels de la ville et de la région, les possibilités d'excursions.

Banques, change

– ***Attention :*** évitez de retirer de l'argent aux petites bornes ATM, (régulièrement piratées, surtout sur la Quinta), préférez les distributeurs intérieurs des grandes banques.

– Nombreux bureaux de change sur la Quinta, notamment près du terminal des bus et de l'embarcadère pour Cozumel. Dans ce secteur, le ***CI Banco,*** situé à côté de l'agence *Del Mundo,* offre de très bons taux *(hors plan par A3,* ***4*** *; tlj 8h30-21h).*

Divers

Playa International Clinic *(plan A1)* **:** *av. 10 ; angle c/ 28. ☎ 803-12-15 (accueil) ou 873-13-65 (service 24h/24).* Très bien équipé (y compris en cas d'accident de plongée) et médecins parlant l'anglais (l'un parle un peu français aussi). Pas de problème pour être remboursé en France par la suite.

■ **Laverie Don Jabon** *(plan A1,* ***10****)* **:** *c/ 24, entre av. 25 et 30. Lun-sam 9h30-21h.* Promos le lundi.

Agences, transports

■ **Del Mundo Tours** *(hors plan par A3,* ***9****)* **:** *av. 10 Sur, Plaza Antigua, Playacar Fase 1. ☎ 873-18-88. 📱 984-198-09-27. • delmundotours.com.mx • Tlj 8h-21h.* Cette agence francophone propose diverses options et quelques excursions un peu moins classiques. Prix toutefois relativement élevés (petite promo si on fait plusieurs excursions).

Taxis *(plan B1, zoom A3 et zoom B3,* ***7****)* **:** *☎ 877-38-59.* Pour l'aéroport de Cancún, il ne revient pas plus cher de prendre un taxi (env 800 $Me) que le bus si l'on est 4.

■ **Location de voitures :** la plupart des agences sont représentées en centre-ville. *Elles ouvrent tlj 7h (ou 8h)-22h.*

Ultramar *(zoom A3,* ***5****)* **:** *av. Benito Juárez, entre av. 5 et 10. 📱 998-293-90-92. • ultramarferry.com • Tlj 6h-23h.* Guichet principal pour acheter son billet pour Cozumel. Il y en a d'autres, notamment aux abords de l'embarcadère *(plan B3).*

Où dormir ?

Il est (très) difficile de se loger en haute saison, notamment en juillet-août, à Noël et à Pâques... alors même que les prix s'envolent à ces périodes de l'année. Les établissements situés dans les environs de la Quinta peuvent être bruyants compte tenu de leur proximité avec les bars et boîtes.

Auberges de jeunesse

Hostel 3B *(zoom A3,* ***22****)* **:** *av. 10 ; à l'angle de c/ 1. ☎ 803-29-01. • hostel3b.com • Nuitée en dortoir 12-22 US$ selon saison ; chambres (3-4 pers) 42-102 US$, petit déj compris, ainsi que le dîner jeu-sam. The biggest party hostel in Playa.* Vous voilà prévenu. C'est la devise de cette AJ hautement festive. Les dortoirs (5-12 lits) sont tous dotés d'une salle de bains privée et chacun dispose de ses propres prises, lumière, ventilo et casier. Attention, un dortoir et 2 chambres n'ont pas de fenêtre. Sinon, cuisine à dispo et bar *lounge* façon *roof garden* avec piscinette qui accueille des soirées à thème tous les jours sauf le lundi (barbecue et DJ le dimanche, notamment).

The Yak *(zoom A2,* ***20****)* **:** *c/ 10 Norte bis, entre av. 10 et 15. 📱 984-*

■ **Adresses utiles**

- **4** CI Banco (hors plan par A3)
- **7** Taxis (B1)
- **9** Del Mundo Tours (hors plan par A3)
- **10** Laverie Don Jabon (A1)

Où dormir ?

- **23** The Green Village (A1)
- **26** Wabi Hotel (hors plan par A3)

Où manger ? Où prendre un petit déjeuner ?

- **41** Nativo (A1)
- **42** El Fogón (A2)
- **43** El Sabrocito del Fogón (A1)
- **45** Los Aguachiles (A1)
- **46** La Ceiba de la 30 (A1)
- **47** Chez Céline (B1)

Où boire un verre ? Où sortir ?

- **61** Caimán Tugurio (B1)
- **63** Las Hijas de la Tostada (hors plan par B1)
- **64** Kitxen (B1)

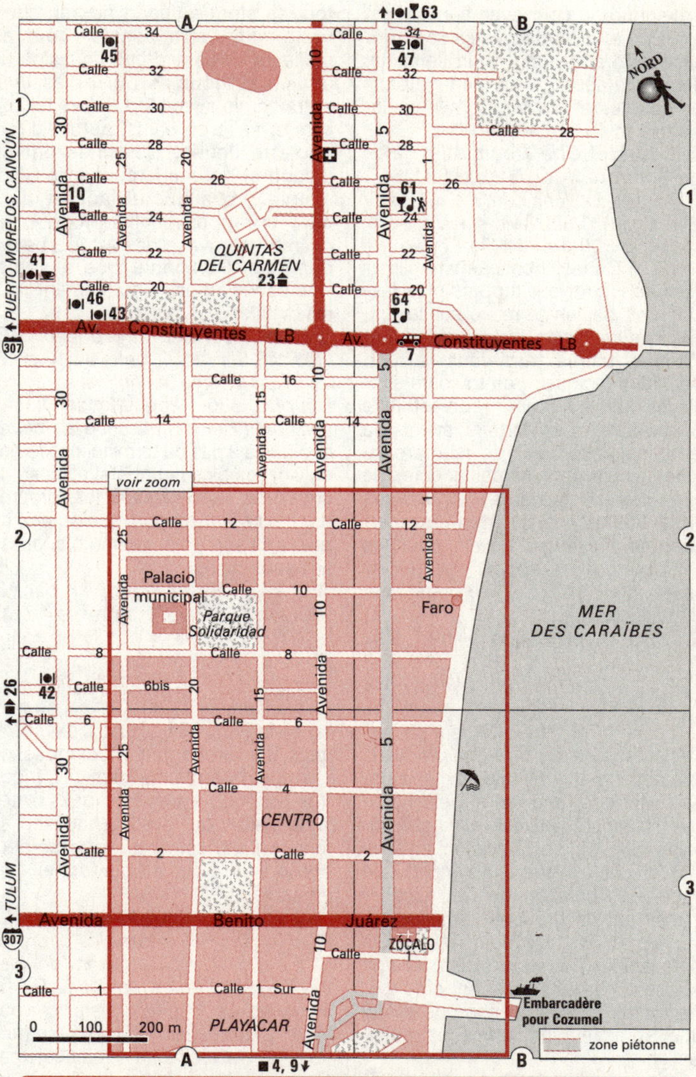

PLAYA DEL CARMEN (Plan général)

148-09-25. ● yakhostel.com ● Dortoir (4-12 lits) 270-380 $Me ; doubles 700-900 $Me selon confort et saison ; petit déj léger compris. Central, le *Yak* est à 2 pas des bars et boîtes de la calle 12. Si on ne vous conseille pas forcément ses chambres privées (situées dans un bâtiment séparé), certes pas très chères mais en manque de rafraîchissement, le lieu plaira à ceux qui cherchent à faire des rencontres. Les dortoirs sont bien tenus (ménage

2 fois/jour), la cour avec son bar est agréable et plein d'activités sont proposées tout au long de la semaine. Bémols : l'absence de ménage dans les doubles et la clim allumée seulement le soir.

Hostel Che *(zoom A2-3,* ***21****) : c/ 6 ; entre av. 15 et 20. 984-147-17-41. • hostelche.com.mx • Dortoir (6-10 lits) 270-500 $Me selon saison ; doubles 830-1 450 $Me, petit déj compris.* Cette AJ entièrement climatisée séduira avant tout les plus festifs : son bar en terrasse sur le toit, avec petite piscine à débordement, s'anime jusque tard dans la nuit. Corollaire logique : pas toujours simple de dormir, surtout si l'on est juste au-dessous... Les dortoirs, mixtes ou féminins, disposent de leur propre salle de bains (prévoir de l'attente), de bons matelas, de prises et lumières individuelles mais, attention, certains sont aveugles (idem pour les chambres, d'un rapport qualité-prix assez médiocre). Cuisine commune, soirées à thème.

The Green Village *(plan A1,* ***23****) : c/ 20 nº 145, entre av. 10 et 15. 984-218-21-28. • thegreenvillage.mx • Lit en dortoir 11-17 US$, chambres (2-4 pers) 42-77 US$.* Derrière sa surprenante porte en bois sculpté, voici une adresse qui semble hésiter entre AJ (2 dortoirs de 8 lits) et petit hôtel. Les 8 chambres privées, avec salle de bains, clim, frigo et TV, varient en taille mais affichent toutes une sympathique déco – à l'unisson de cet escalier massif fait de branches entrelacées par lequel on monte à l'étage. On aime bien la nº 9, spacieuse, avec son balcon noyé dans un arbre, côté rue. Piscinette, cuisine, location de vélos. Une adresse plus intime et moins festive.

De bon marché à prix moyens (moins de 1 200 $Me / env 57 €)

Hotel Colorado *(zoom A3,* ***24****) : c/ 4 Norte. ☎ 873-03-81. • hotcolora@hotmail.com • Doubles 500-750 $Me.* À 3 rues de la Quinta pour ceux qui veulent en être proches, tout en étant à l'écart de son effervescence, cette pension tout en couleurs dispose d'une douzaine de chambres doubles ou triples bien entretenues avec frigo, TV, ventilo ou clim et salle de bains, autour d'une courette fleurie. Certaines ont un balcon et/ou une kitchenette. C'est simple, mais accueillant et d'un meilleur rapport qualité-prix que les chambres privées des AJ. Barbecue commun. Personnel très aimable. Une bonne adresse, notamment pour les familles.

Hotel Real del Mayab *(zoom A3,* ***25****) : c/ 3 Sur nº 153, entre av. 10 et 15. ☎ 873-31-55. • realdelmayab.com • Doubles 680-1 200 $Me selon saison, petit déj inclus.* Situé au calme quoique à 2 pas du terminal des ferries de Cozumel, ce petit hôtel dispose de chambres spacieuses et très propres d'un excellent rapport qualité-prix en basse saison – très honorable, aussi, en haute saison.

Wabi Hotel *(hors plan par A3,* ***26****) : av. 35 nº 152, entre c/ 4 et 6. 984-147-48-98. • wabihotel.com • Doubles 735-1 150 $Me selon période (env 800 $Me en général) ; pers supplémentaire 200 $Me.* Certes, ce petit hôtel familial est un poil excentré, mais il est pimpant et dispose de chambres de qualité (clim, TV, frigo), très propres, à très bon prix. Évitez juste celles du rez-de-chaussée au fond, un peu sombres. Terrasse pour prendre le frais et personnel très agréable.

Pensión San Juan *(zoom B2,* ***27****) : av. 5 nº 165 ; entre les c/ 6 et 8. ☎ 873-06-47. Selon saison, doubles 49-59 US$. Pas de petit déj.* Ce ne sera pas un 1er choix mais, si vous tenez à dormir sur la Quinta, ce petit hôtel familial bien tenu ne démérite pas au regard de ses tarifs. Au choix : une quinzaine de chambres doubles pas géantes mais plutôt avenantes (clim, minifrigo dans certaines) et une grande familiale pour 5 personnes avec cuisine (côté rue). Nos préférées : les C2 et B5, plus tranquilles et lumineuses, au fond. À l'étage, grande cuisine à dispo prolongée par une terrasse surplombant la Quinta.

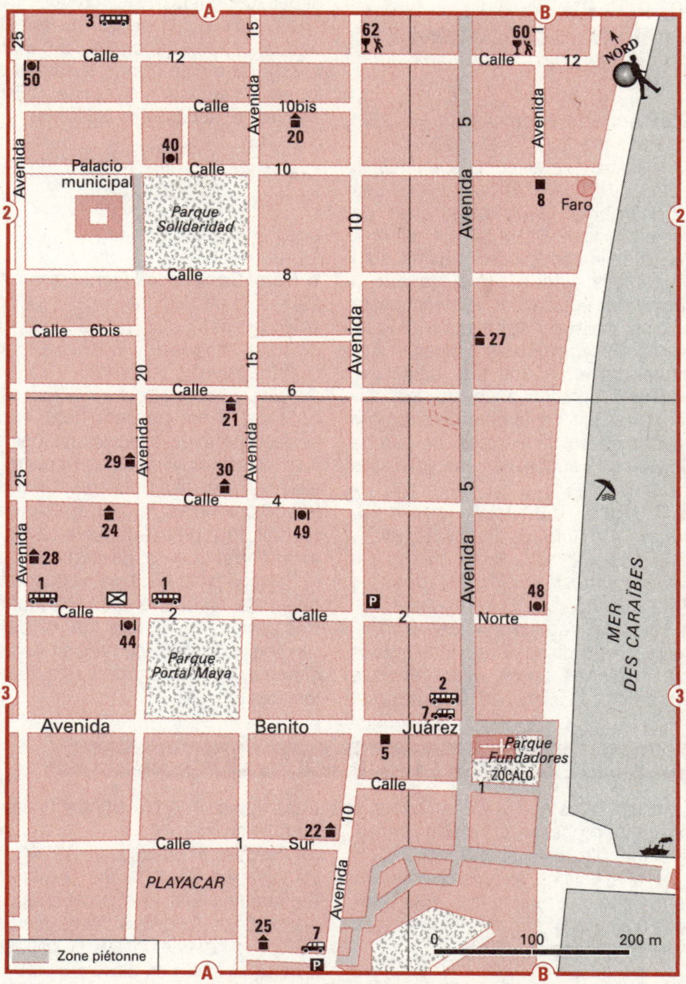

PLAYA DEL CARMEN (Zoom)

Adresses utiles

1 Colectivos pour Tulum et Cancún (A3)
2 Terminal régional ADO (B3)
3 Terminal longue distance (A2)
5 Ultramar (A3)
7 Taxis (A3 et B3)
8 Phocea Mexico (B2)

Où dormir ?

20 The Yak (A2)
21 Hostel Che (A2-3)
22 Hostel 3B (A3)
24 Hotel Colorado (A3)
25 Hotel Real del Mayab (A3)
27 Pensión San Juan (B2)
28 El Acuario Hotel (A3)
29 Hotel Casa de las Flores (A3)
30 Hotel Lunasol (A3)

Où manger ? Où prendre un petit déjeuner ?

40 Kaxapa Factory (A2)
44 Asadero el Pollo (A3)
48 La Tarraya (B3)
49 Trattoria Pizzeria Romeo (A3)
50 El Doctorcito (A2)

Où boire un verre ? Où sortir ?

60 Bar-boîtes de la calle 12 Norte (B2)
62 Coco Bongo (A2)

De prix moyens à chic (700-2 000 $Me / env 33-95 €)

El Acuario Hotel (zoom A3, **28**) : *av. 25 ; entre les c/ 2 et 4. ☎ 873-21-33. ● elacuariohotel.com.mx ● Doubles 1 200-2 100 $Me selon saison.* Les 12 chambres (avec cuisinette) de cet établissement convivial, situé à l'écart de la frénésie de la Quinta, sont organisées autour d'une courette à l'ambiance tropicale où voisinent petite piscine, palmiers et hamacs. Claires, bien propres, elles allient blanc et turquoise dans un duo très balnéaire. Seul petit reproche, peut-être : le mobilier qui vieillit. La femme de chambre vous dressera l'inventaire de l'arche de Noé en « sculptant » vos serviettes de toilette.

Hotel Lunasol (zoom A3, **30**) : *c/ 4 nº 169 ; entre av. 15 et 20. ☎ 873-39-33. ● lunasolhotel.com ● Selon confort et saison, doubles 970-2 140 $Me. Parking gratuit.* À 2 pas de l'animation, cet établissement aéré dispose de 16 chambres bien fraîches (clim) avec terrasse ou balcon. Celles de la catégorie supérieure ont de belles grandes douches vitrées (la nº 5, au rez-de-chaussée, moins chère, en a une aussi). La moitié donne sur un jardin intérieur, l'autre sur la piscine. Cuisine commune. Accueil très agréable.

De chic à très chic (1 200-3 000 $Me / env 57-143 €)

Hotel Casa de las Flores (zoom A3, **29**) : *av. 20 nº 150, entre les c/ 4 et 6. ☎ 873-28-98. 📱 984-236-58-33. Doubles standard 95-200 US$ officiellement, mais dès 1 000-1 500 $Me sur place selon dispos, avec ou sans petit déj.* Voilà un petit hôtel façon hacienda colorée, avec colonnades, fer forgé et sols simili-anciens en pierre. Si elles commencent doucement à vieillir, les 30 chambres, plutôt spacieuses, restent fort bien équipées, avec lit *matrimonial* ou *king*. Elles donnent sur un très joli patio planté d'un quenettier géant qui touche le ciel. Atmosphère très reposante autour de la petite piscine. Location de vélos. Accueil aimable. Un bon rapport qualité-prix lors des promos.

Où manger ? Où prendre un petit déjeuner ?

La plupart des restos de la Quinta, à défaut de proposer une cuisine variée, rivalisent d'inventivité côté déco. Côté note, en revanche, aucune divergence : ils ont presque tous la mauvaise habitude d'ajouter d'office 15 % de service, voire davantage

Bon marché (moins de 200 $Me / env 9,50 €)

Nativo (plan A1, **41**) : *av. 30 ; angle c/ 20 Norte. ☎ 803-13-17. Tlj 7h-minuit.* Ici, les petits déj sont du genre pantagruélique et les jus de fruits, pressés au litre, sont 2 fois moins chers que sur la Quinta. Les salades et les plats mexicains, classiques, sont servis avec générosité par une équipe tout sourire dans une salle à la déco très kitsch, façon salade de fruits tropicale. Autre entité à un jet de pomme de là.

Asadero el Pollo (zoom A3, **44**) : *av. 20 Norte, angle c/ 2 Norte. Tlj 10h-18h.* Il embaume tout le quartier avec ses odeurs de poulet grillé à l'heure du déjeuner. Ici, touristes et locaux se partagent chaises et tables en plastique pour des formules ¼ ou ½ poulet-soda à prix ras des pâquerettes. Recomptez quand même pour éviter de vous faire plumer.

De bon marché à prix moyens (moins de 300 $Me / env 14,30 €)

El Fogón (plan A2, **42**) : *av. 30 ; à l'angle de c/ 6 bis. ☎ 803-08-85. Tlj 13h-23h.* Salle bondée de locaux et de touristes : on s'extrait enfin de la dictature policée des restos *ital-mex*

LA PÉNINSULE DU YUCATÁN

de la Quinta pour entrer dans le vrai Mexique. La nourriture, ni chère ni chichiteuse, est bonne et bien d'ici, avec les viandes goûteuses qui grillent en direct, histoire de partager avec tout le monde la fumée et les odeurs. Ambiance. Terrasse au 1er étage. Succursale en tout point identique : ***El Sabrocito del Fogón*** *(plan A1, **43**), av. Constituyentes, entre av. 25 et 30.*

|●| *El Doctorcito* *(zoom A2, **50**) : c/ 12 et av. 25. 984-147-27-12. Tlj 11h-20h. Plats 150-200 $Me.* La salle ouverte au coin de la rue, toute proche du terminal de bus, croule généralement sous les convives. Et pour cause : on mange ici certains des meilleurs plats de poisson et fruits de mer de Playa, préparés selon des recettes du nord du pays (Sinaloa). *Cocteles, aguachiles,* ceviches, tout est proposé en 2 tailles (la grande peut suffire pour 2). Il y a aussi des tacos et des huîtres.

|●| *Kaxapa Factory* *(zoom A2, **40**) : c/ 10, entre av. 15 et 20 (pl. 28 de Julio). ☎ 803-50-23.. Tlj 8h-20h sauf lun.* Prêts pour de nouvelles aventures culinaires ? Ici, on mange vénézuélien. La *kaxapa* est constituée de 2 pancakes de maïs un peu sucrés réunis en sandwich, enserrant au choix viande, tofu, *caraotas (frijoles), tajadas* (bananes plantain frites) – et, toujours, du fromage. Ça tient bien au corps. Sinon, il y a des *empanadas,* des *arepas* (sortes de pitas) et l'étonnant *patacón,* un sandwich au « pain » de plantains. Pour faire glisser le tout : un choix varié de jus frais, qu'on vous fera goûter. Sympa.

|●| *La Ceiba de la 30* *(plan A1, **46**) : av. 30 ; presque à l'angle de Constituyentes. 984-130-85-32. Lun et mer 7h-22h, mar 9h-20h, jeu 8h-16h et 19h-20h, ven 9h-19h, sam 8h-16h, dim 7h-14h (ouf).* Accolée à une épicerie fine, *La Ceiba* se résume à une cuisine ouverte donnant sur une courte terrasse. Service rapide pour une cuisine goûteuse : belles et fraîches salades, sandwichs, wraps, burger végétarien... servis avec de délicieux cocktails de fruits énergétiques. Impeccable pour faire le plein de vitamines.

|●| *Chez Céline* *(plan B1, **47**) : av. 5 et c/ 34. ☎ 803-34-80. Tlj 7h30-23h.* Cette boulangerie-pâtisserie créée par un couple de Français s'est muée avec le temps en authentique café, où s'active aujourd'hui une armée d'employés. Des viennoiseries (fort ressemblantes) aux pâtisseries en passant par les croques, les crêpes et les fougasses, c'est du 100 % authentique, jusqu'au sympathique café gourmand. Il y a aussi des plats végétariens et, après 16h, tapenade, vol-au-vent et plateaux de fromage. Agréable terrasse sur la Quinta, où il faut parfois jouer des coudes pour trouver de la place...

|●| *La Tarraya* *(zoom B3, **48**) : au bout de la c/ 2 ; sur la plage. 984-149-42-17. Tlj 12h-21h.* C'est le plus ancien resto installé sur la plage : une grande salle ouverte sur la mer, ou carrément les pieds sur le sable sous les cocotiers, pour déguster un poisson grillé ou un ceviche. La cuisine est plus que correcte, surtout vu les prix bas, mais le service est lent... et cher payé (*tip* de 15 % ajouté d'office). Recomptez bien votre note.

De prix moyens à plus chic (200-500 $Me / env 9,50-24 €)

|●| *Los Aguachiles* *(plan A1, **45**) : c/ 34 Norte, angle av. 25 Norte. Tlj 12h30-21h. Plats 120-350 $Me.* Sous la grande *palapa* ouverte sur la rue, on déguste tout ce que la mer produit de frais, mariné dans le jus de citron et aromatisé d'herbes et d'épices. Essayez les tacos, les *figurines* (on remplace la tortilla du taco par une feuille de salade, c'est bon pour le régime), le *trio fantástico* (3 assemblages différents de *cocteles* de fruits de mer). On y vient en famille pour la fraîcheur des produits, la bière vendue en format de 1 l et le bon rapport qualité-prix.

|●| *Trattoria Pizzeria Romeo* *(zoom A3, **49**) : c/ 4 ; entre av. 10 et 15. 984-141-65-07. Tlj 16h-23h30 sauf mer.* Petite trattoria-pizzeria italienne plébiscitée par les locaux et les touristes. La salle, pas bien grande, est souvent bondée et l'attente de mise, mais le spectacle de la cuisine ouverte donne envie de patienter. En outre, les pizzas cuites au feu de bois sont bonnes, de même que les plats de poisson et les pâtes fraîches.

Où boire un verre ? Où sortir ?

Les oiseaux de nuit trouveront leur bonheur dans les ***bars-boîtes de la c/ 12 Norte,*** côté plage *(zoom B2,* ***60****).* Le périmètre est restreint, vous pouvez passer facilement de l'un à l'autre. Vous y trouverez notamment *La Vaquita* (une adresse très vache), le *Mandala,* le *Palazzo* avec son *bikini contest* du jeudi, des bars à chicha et, à l'angle de l'av. 10, l'incontournable **Coco Bongo** *(zoom A2,* ***62****)* avec ses spectacles bruts de décoffrage *(1 600 $Me dim-jeu, 1 700 $Me w-e ; env 1 390 $Me en prévente avt 21h)*... Côté bars, attention aux *happy hours* proposant 2 cocktails pour le prix d'un autour de la Quinta : vous n'y trouverez pas beaucoup d'alcool...

Las Hijas de la Tostada *(hors plan par B1,* ***63****)* **:** *av. 5, juste au nord de la c/ 38.* Grand ouvert sur la Quinta et son animation, ce bar est fort populaire à l'heure de l'apéro pour ses *tostadas* – à grignoter sur la vaste terrasse. Le service pêche par moments mais bon, à Playa, y'a pas de miracle...

Caimán Tugurio *(plan B1,* ***61****)* **:** *c/ 24 ; entre av. 1 A et 5. Tlj 9h-2h. Concerts live tlj à partir de 18h-19h, puis 2de session à 22h.* Petit bar ouvert sur la rue où la bière (pression) et les cocktails sont encore à prix démocratiques et où la musique est bonne (jazzy, blues, latina...). On peut manger aussi.

Kitxen *(plan B1,* ***64****)* **:** *av. 5, juste au nord de Constituyentes. Bière à 25 $Me 18h-21h.* On y vient avant tout pour la bière pas chère et les concerts quotidiens tendance rock. Bonne ambiance, sans prétention.

À faire

Pour ceux qui ont connu Playa del Carmen dans les années 1990, sa ***plage*** n'est plus que l'ombre d'elle-même : grignotée de tous côtés par les constructions, réduite par endroits à un fin liseré, désormais trop souvent tapissée de sargasses...

Plongée sous-marine

Située, comme toute la Riviera maya, face à la 2e barrière corallienne la plus longue au monde, Playa del Carmen est un endroit bien connu des amateurs de plongée. Les tombants sont certes moins spectaculaires qu'à Cozumel, mais les fonds marins sont superbes. Les récifs sont à moins de 15 mn en bateau.

Centre de plongée

Ce ne sont pas les clubs de plongée qui manquent. Vérifiez qu'ils sont bien affiliés à l'*APSA (Asociación de Prestadores de Servicios Acuáticos),* gage d'une certaine déontologie et de sérieux. Pour les francophones, on conseille :

■ ***Phocea Mexico*** *(zoom B2,* ***8****)* **:** *c/ 10 ; entre les av. 1era et 5. ☎ 873-12-10. • phocea-mexico.com • Tlj 8h-19h. CB + 3 %.* Ce club de plongée est tenu par une équipe francophone sérieuse, qui propose un peu tout, de la simple plongée à la formation PADI jusqu'au niveau instructeur. Ils vous emmèneront voir les tortues de mer en plongée dérivante (90 % de chances d'en observer), les requins bouledogues en hiver, les requins-baleines de mi-mai à mi-septembre (rencontre 100 % garantie), et explorer de nombreux sites. Plus incertain : essayer de dénicher les espadons qui chassent les bancs de sardine, très au large. *Phocea* gère un hôtel à Playa, situé juste en face (forfaits possibles) ainsi que 3 autres centres de plongée au Mexique, au Club Med de Cancún, à Cozumel et à La Paz en Basse-Californie. Assurez-vous que votre palanquée ne soit pas trop nombreuse.

DANS LES ENVIRONS DE PLAYA DEL CARMEN

*** **Parque Xcaret :** *à 6 km au sud de Playa, colectivo vers Tulum (demandez au chauffeur de vous arrêter à l'embranchement ; de là, navette gratuite ttes les 20 mn). ☎ 01-800-292-27-38 ou 206-00-38. • xcaret.com.mx • Tlj 8h30-22h. Entrée 100 US$ (80 US$ après 16h) ; forfaits avec nourriture et transport depuis votre hôtel 130-150 US$ (!) ; ½ tarif moins de 12 ans. Nombreuses activités en supplément (cher). Formules combinées avec Xel-Há et d'autres parcs du groupe.* À l'origine, il y avait là une crique somptueuse, déserte, où batifolaient des centaines de poissons tropicaux. Elle est toujours là, mais un parc d'attractions s'est peu à peu greffé autour, distillant l'image d'un Mexique tropical idéalisé… Tout ici est carré, parfaitement géré. Les incontournables ? La caleta bien sûr pour le *snorkeling,* les piscines naturelles et les rivières souterraines. À cela s'ajoutent un parc animalier un peu dispersé, une grotte aux chauves-souris, une récente volière dans laquelle on peut pénétrer, un village maya reconstitué, des ateliers artisanaux, une zone d'activités pour les enfants, un faux cimetière mexicain, un musée d'art populaire, un tour en bateau sur le río Paraíso, un spectacle équestre, une démonstration de l'impressionnante danse du *volador…* Pour tout visiter, il faut prévoir la journée. Et se dire qu'on vient ici comme à Disneyland. Évitez quand même la nage avec les dauphins (en supplément) coincés dans des bassins trop petits pour eux.

– ***Spectacle nocturne :*** *à 19h.* Danses préhispaniques et de carnaval, musique folklorique, jeu de pelote maya, représentation de la *Conquista,* etc. On soigne la mise en scène, le spectacle reçoit l'unanimité des petits et des grands. Dîner cher.

Face au succès, Xcaret a essaimé en ouvrant d'autres parcs à thème sur la Riviera maya, dont le proche *Xenses,* axé sur les illusions d'optique. La compagnie fait même désormais concurrence aux agences en proposant des excursions.

*** **Río Secreto :** *au sud de Playa del Carmen, 500 m après Xcaret, au km 283,5, sur la droite. ☎ 242-00-74. • riosecreto.com • Tlj 9h-14h (dernier accès à 13h30). Prévoir env 3h30 de visite. Entrée : 79 US$; réduc enfants. Diverses formules avec ou sans transport ou circuit depuis Cancún.* Cet impressionnant réseau de grottes, aux salles semi-immergées, est l'un des plus étendus du Yucatán. Nul besoin de compétence spécifique pour arpenter le lit de cette formidable rivière souterraine, en barbotant parmi des bouquets de stalactites d'une grande finesse formant des draperies majestueuses. Chaque excursion commence par une petite présentation de la réserve, avant d'enchaîner par un transfert jusqu'à l'entrée des grottes, situées à 7 km de l'accueil et une mini-« cérémonie » maya. On troque ses vêtements pour un équipement adapté (casque, lampe, combinaison et gilet – casiers fournis), puis direction les entrailles de la terre pour une visite de 1h30. Buffet au retour. Il est interdit de prendre ses propres photos à l'intérieur… un photographe s'en charge à des tarifs exorbitants

ISLA COZUMEL

100 000 hab. IND. TÉL. : 987

• Plan San Miguel de Cozumel *p. 297*

Plus grande île du Mexique, amarrée juste en face de Playa del Carmen, Cozumel s'étire sur 50 km de long pour 15 km de large, pile poil sur la grande barrière de corail méso-américaine. C'est d'ailleurs la raison principale d'y venir : pour découvrir la beauté incroyable de ses fonds marins. Pour le reste, « l'île aux hirondelles » est surtout une escale des grands navires de croisière

nord-américains, qui déversent jour après jour leurs cargaisons de visiteurs dans les rues surchauffées de San Miguel, le seul vrai bourg. Ici, toutes les prestations sont affichées en dollars... Beaucoup de croisiéristes gagnent aussi les plages de la côte ouest, pas inoubliables et largement privatisées. Le littoral oriental, battu par la houle, reste plus sauvage.

UN PEU D'HISTOIRE

Habitée dès le 1er millénaire de notre ère, « Cuzamil » est sans doute la 1re terre mexicaine où les Espagnols mettent le pied, le 3 mai 1518 – une date encore célébrée chaque année au village d'El Cedral par danses, corridas et courses de chevaux. Dans leurs bagages : la variole. La population, estimée alors à 40 000 âmes, se réduit à 30 habitants en 1570... Désertée aux XVIIe et XVIIIe s, l'île devient un repaire de pirates, puis un refuge pour les Mayas durant la guerre des Castes. Étape sur la route du chicle (le latex nécessaire à la fabrication des chewing-gums) au début du XXe s, Cozumel accueille une base militaire américaine pendant la Seconde Guerre mondiale et se voit dotée d'une piste d'atterrissage (aménagée en rasant une pyramide). En 1957, René Cordera y tourne *Un Mundo Nuevo,* un film très inspiré du *Monde du silence* de Cousteau : l'île fait ainsi son entrée dans les destinations de plongée phares de la planète.

Arriver – Quitter

➢ ***En ferry :*** *on embarque à* ***Playa del Carmen,*** *à 2 pas du zócalo (plan B3).* 2 compagnies assurent la traversée : *Ultramar* (● ultramarferry.com ●) et *Winjet* (● winjet.mx ●). La 2de, qui assure des départs ttes les 2h (7h-22h depuis Playa, 5h45-21h depuis Cozumel), est la moins chère : 440 $Me l'A/R ; ½ tarif pour les enfants. Avec *Ultramar,* compter plutôt 500 $Me l'A/R et 400 $Me pour les 6-11 ans. Fréquences similaires : ttes les 2h, 5h45-22h depuis Cozumel, 7h-23h depuis Playa. Trajet : env 35 mn. Pour ceux qui viendraient de Cancún ou Tulum, *Ultramar* propose des tarifs combinés avec transfert par navette (3 départs/j.).

Si vous êtes en voiture, pas facile de se garer à Playa del Carmen sans se ruiner : on vous conseille plutôt de passer votre véhicule sur l'île, vous ferez des économies (voir ci-dessous).

➢ ***En car-ferry :*** *départ du muelle Calica, à* ***Punta Venado,*** *15 km au sud de Playa (km 283 de la ruta federal), après Xcaret.* Là aussi, 2 compagnies concurrentes assurent la traversée. La moins chère : *Ultramar Carga* (● ultramarcarga.com ●), à 740 $Me l'aller, véhicule et passagers inclus. Horaires (très) variables, à consulter sur le site. Autre option avec *Transbordadores del Caribe* (● transcaribe.net ●), à 500 $Me/sens, voiture et passagers inclus. Dans les 2 cas, arrivée sur l'île à 2 km au sud de San Miguel. Arriver 1h avt l'embarquement. Traversée : 1h à... 1h30 en cas de vents contraires (ça secoue, alors). Et un super TUYAU : 50 $Me la traversée pour les piétons seuls, soit 7 fois moins cher qu'avec les ferries rapides.

➢ ***En avion :*** *Maya Air* (☎ 1-800-962-92-47 ; ● mayair.com.mx ●) assure 4 vols/j. entre Cancún et Cozumel (8h20-19h20) et 5 dans le sens retour (7h30-17h20). Trajet très court : 20 mn. Compter 63-65 US$ par trajet.

Transports dans l'île

Ceux qui n'ont pas traversé avec une ***voiture*** de location en trouveront sur place. On peut aussi louer un ***scooter :*** de nombreux loueurs indépendants et hôtels en proposent (dans les 30-35 US$/j). Dans tous les cas, vérifiez si l'assurance est incluse (ou même proposée), faites-vous toujours préciser ce qui est à votre charge en cas de pépin (idéalement, par écrit...) et vérifiez méticuleusement l'état du véhicule avant de partir – prendre des photos ou une vidéo, c'est assez dissuasif.
Le ***vélo*** ne vous mènera pas bien loin : l'île est trop grande. Quant aux ***taxis,*** ils sont un peu chers (tarifs officiels affichés devant l'embarcadère) pour rejoindre les plages (120-300 $Me/sens) ; en ville, c'est plus raisonnable, mais pas très utile (35-60 $Me).

■ ***Rentadora Isis*** *(plan A1, **2**) : av. 5 Norte nº 181 ; entre les c/ 2 et 4. ☎ 872-33-67. Tlj 8h-18h. Compter 25 US$/j. pour un scooter, 35-55 US$/j. pour une voiture (dont Coccinelle), taxes et assurances incluses.* Agence sérieuse et pas chère, même si tous ses véhicules ne sont pas sortis de l'usine hier... Bon accueil de Margarita.
■ ***Guichet Bus ADO*** *(plan A-B1, **3**) : c/ 2, entre av. 5 et 10. Lun-ven 8h-21h, w-e 9h30-19h.* On y achète ses billets.

SAN MIGUEL DE COZUMEL

ℹ ***Dirección de turismo municipal*** *(plan A1) : côté est du zócalo, edificio Plaza del Sol, au 1er étage des bâtiments jaunes, à droite de l'escalator. ☎ 869-02-12. Lun-ven 8h-15h. Il y a aussi un **kiosque** sur la place, ouv tlj 8h-21h.*
■ **Banques :** *dans le centre, autour du zócalo.* Distributeurs.
✚ ***Cozumel International Hospital*** *(plan A2) : c/ 5 Sur ; entre l'av. 5 et le bord de mer. ☎ 872-14-30.* Urgences et consultations 24h/24. Équipée pour les accidents de plongée.
■ ***Laverie Express*** *(plan B2, **4**) : av. 20 ; entre c/ Dr Salas et c/ 3. Lun-sam 7h-21h, dim 8h-16h.*

Où dormir ?

La quasi-totalité des hôtels se trouve à San Miguel.

De bon marché à prix moyens (moins de 1 200 $Me / env 57 €)

⌂ ***Beds Friends Hostel*** *(plan B1, **20**) : c/ 10 Norte et av. 10. ☎ 869-18-20. 📱 984-113-09-95. • bedsfriendshostel.com • Lit en dortoir 250-400 $Me selon taille et période ; doubles 600-900 $Me. Min 2 nuits en hte saison.* Il n'y a pas photo : des quelques AJ de Cozumel, celle-ci est, de loin, la plus accueillante. Au calme, autour d'une grande cour gravillonnée où s'alanguit une petite piscine (et un canard géant), on trouve 4 dortoirs (de 4 ou 11 lits) aux fenêtres-hublots, avec clim et prises individuelles, plus une poignée de (toutes) petites chambres. Là, on préfère la *Mery* (avec hamac) et celle, rigolote, aménagée dans un combi. Ambiance cool de rigueur au resto *(tlj 8h-23h), musica en vivo* le dimanche et grande fiesta une fois par mois, avec repas gratuit. Pas de cuisine, juste un frigo et de l'eau à dispo. Yoga (gratuit aussi) à 8h, location de scooters et voitures, plongée.
⌂ ***Caribo Cozumel*** *(hors plan par B2, **21**) : av. Juarez nº 799 (et av. 40). 📱 987-117-22-39. • bbcaribo.com • Réception 8h-21h. Doubles 450-750 $Me.* Cette maison de famille transformée en *B & B* est un poil excentrée, mais elle vaut bien quelques minutes de marche. Jorge et sa femme vous y accueilleront chaleureusement et vous prodigueront tout plein de bons conseils.

Les chambres, assez différentes, ont presque toutes une kitchenette ; certaines ont leur propre salle de bains, d'autres en partagent une, impeccable. D'ailleurs, tout est très propre ici. Préférez-en une donnant vers l'intérieur (rue passante). Location de vélos et scooters. Bassin pour tremper les pieds.

Hotel Mary Carmen *(plan A2,* ***22****) : av. 5 n° 4. ☎ 872-05-81. À 2 pas du zócalo. Doubles 850-1 200 $Me.* Dans la catégorie « Prix moyens », cet hôtel familial ne manque pas d'arguments : ses 30 chambres, spacieuses, propres, avec clim et coffre-fort, encadrent une cour intérieure carrelée où se balade librement une vingtaine de tortues. La plupart possèdent 2 lits *queen size,* idéal pour les familles. En plus, il y a une cuisine commune, une piscine en prévision et une Française à la réception.

B & B Amaranto *(plan B2,* ***24****) : c/ 5 n° 321 ; entre av. 15 et 20. ☎ 872-32-19. 📱 987-106-62-20. • amarantobedandbreakfast.com • Doubles 57-60 US$; petit déj 5 US$/pers.* Cette belle maison conçue par le propriétaire architecte, repérable à son escalier atypique et à sa tourelle coiffée d'une *palapa,* abrite 2 belles suites, tandis que les chambres « classiques » occupent des bungalows rappelant le style maya : de construction ovale, avec des toits de palmes. Aménagement original (douche ouverte, c'est-à-dire sans toit, pour certaines) et bon confort (clim, ventilo, moustiquaire, TV, kitchenette...). Accueil sympathique et francophone.

De chic à très chic (plus de 1 200 $Me / env 57 €)

Hacienda San Miguel *(plan A1,* ***26****) : c/ 10 n° 1 500 ; entre Rafael Melgar et av. 5. ☎ 872-19-86. • haciendasanmiguel.com • Doubles 1 600-2 600 $Me ; 450 $Me/pers en plus ; petit déj léger compris.* À l'écart de l'animation et à 2 pas de la mer, cet hôtel intimiste aux tons ocre, rappelant le style colonial, enserre un jardin reposant au centre duquel trône un fier *ceiba.* L'élégante déco de ses 11 chambres, grandes et chaleureuses, avec mobilier à l'ancienne, ne cède en rien à leur niveau d'équipement (clim, TV, coffre, kitchenette). Et n'oublions pas les 2 suites pleines de charme sur 2 niveaux, pouvant accueillir 4 personnes. Un bon choix.

Où dormir chic ailleurs sur l'île ?

Hotel Ventanas al Mar *: à env 20 km au sud-est de San Miguel, sur la route côtière (km 44) ; attention, pas indiqué, c'est au niveau du bar-resto* Coconuts. *📱 984-212-94-68. • ventanasalmarcozumel.com • Doubles 130-170 US$ (- 10 % si paiement cash), petit déj américain inclus.* Agrippé à un rocher fouetté par les embruns sur la côte orientale, loin de tout, cet hôtel séduira les romantiques dans l'âme. Petite plagette sans partage, piscinette en forme de cœur, vue mer depuis la plupart des chambres et suites (avec balcon privé ou terrasse commune)... tout est fait pour séduire les couples. Les chambres sont claires et spacieuses (sauf les standards côté route, sans vue), à la hauteur des attentes côté confort comme côté déco. Le seul hic, c'est que la mer est toujours agitée par ici.

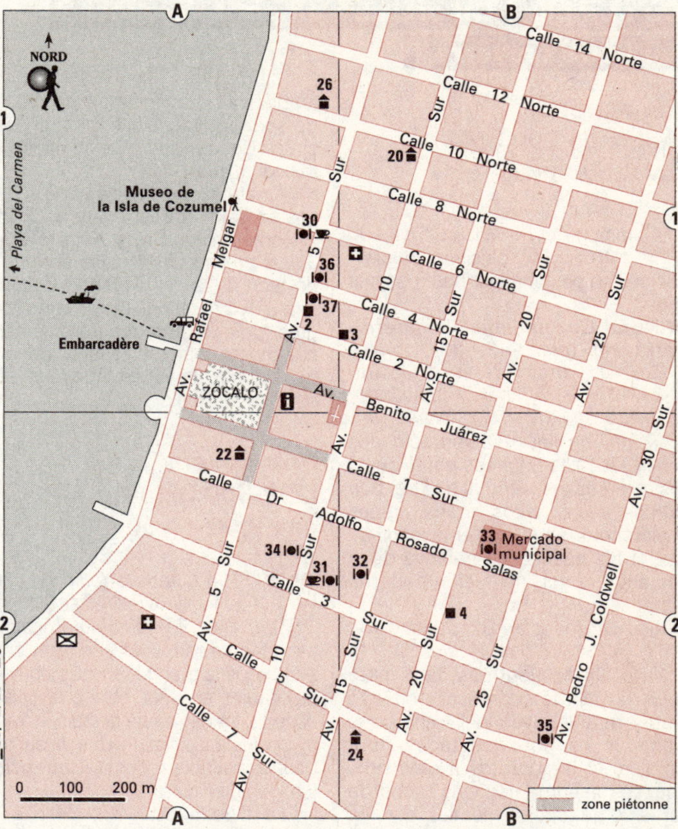

SAN MIGUEL DE COZUMEL

Adresses utiles

- ℹ Dirección de turismo municipal (A1)
- **2** Rentadora Isis (A1)
- **3** Bus ADO (A-B1)
- **4** Laverie Express (B2)
- **6** Phocea Mexico (hors plan par A2)
- **7** Blue Note (hors plan par B1)

Où dormir ?

- **20** Beds Friends Hostel (B1)
- **21** Caribo Cozumel (hors plan par B2)
- **22** Hotel Mary Carmen (A2)
- **24** B & B Amaranto (B2)
- **26** Hacienda San Miguel (A1)

Où manger ? Où prendre un petit déjeuner ? Où boire un verre ?

- **30** La Candela (A1)
- **31** La Cozumeleña-Panadería-Cafetaría (A2)
- **32** Los Otates (B2)
- **33** Loncherías du marché (B2)
- **34** La Choza (A2)
- **35** Los Sera's (B2)
- **36** Crazy King (A1)
- **37** Burritos Gorditos (A1)

Où manger ? Où prendre un petit déjeuner ? Où boire un verre ?

Bon marché (moins de 200 $Me / env 9,50 €)

Au marché *(c/ Dr Salas, entre av. 20 et 25 ; plan B2, **33**),* plusieurs ***loncherías*** où l'on peut manger pour pas très cher.

La Cozumeleña-Panadería-Cafetaría *(plan A2, **31**) : av. 10 nº 229, à l'angle de la c/ 3 Sur. ☎ 872-01-89. Tlj 7h-17h (boulangerie 21h30, sauf dim 16h). Menus 100-120 $Me.* Le lieu est apprécié des familles locales pour ses petits déj et ses milk-shakes (vendus au litre) bon marché, ses *antojitos,* wraps, crêpes et plats tradi, sans oublier le menu du jour et les pâtisseries fraîches de la boulangerie voisine. Salle moderne climatisée.

Los Otates *(plan B2, **32**) : av. 15 ; entre Rosado Salas et c/ 3 Sur. Tlj 12h-3h.* On ne vient pas dans cette *taquería* pour le cadre (salle ouverte au toit de tôle, avec la TV en bonne place), mais pour les tacos (tout simples) et les burritos à petit prix. Pour les aventuriers : des tacos de cervelle, de joue et même... d'yeux. En vis-à-vis : le bar sous son propre auvent de fortune.

Los Sera's *(plan B2, **35**) : av. Coldwell et c/ Morelos. Tlj 19h-3h.* Concurrent du précédent, plus excentré, *Los Sera's* débite du taco à gogo (14 options affichées au mur), des *tostas* et des pizzas pas bien italiennes... On vous conseille de vous concentrer sur les 1ers, notamment les très bons *al pastor,* avec ananas et coriandre – pas très gros mais bien remplis. Côté ambiance : empilements de caisses de soda, musique qui crache, toiles cirées Coca et murs jaune canari. Le Mexique, quoi !

Amateurs de burritos ? 2 échoppes se tirent la bourre, sur la Quinta : l'incontournable ***Crazy King*** *(plan A1, **36**),* le préféré des Ricains et, à un jet de taco de là, les ***Burritos Gorditos*** *(plan A1, **37**),* un peu moins chers, plus gros (pour ne pas dire corpulents) et pas moins goûteux. Essayez donc les burritos aux crevettes. Attention, les 2 sont fermés le dimanche.

Prix moyens (200-300 $Me / env 9,50-14,30 €)

La Candela *(plan A1, **30**) : av. 5 et c/ 6. ☎ 878-44-71. Lun-sam 8h-18h. Plats 75-200 $Me.* Locaux et habitués se retrouvent en nombre, le midi, sous la grande terrasse couverte aux tables en bois, face à la cuisine ouverte. La devise de la maison ? « *De mi cocina a tu mesa* ». Une valeur sûre pour un petit déj et des plats mexicains (du jour) bien cuisinés.

La Choza *(plan A2, **34**) : av. 10 nº 216, entre c/ Dr Salas et c/ 3. ☎ 872-09-58. Tlj 7h-22h30. Plats 115-250 $Me.* Appréciée des croisiéristes, la grande salle, bardée de ventilos et décorée d'étoiles géantes en papier mâché, s'étire face à la cuisine ouverte. Le cadre mexicain planté, on se concentre sur l'assiette, où atterrissent tous les grands classiques, du petit déj au dîner. Le tout est fort correct et servi efficacement.

À voir à San Miguel

Museo de la Isla de Cozumel (plan A1) : *av. Rafael Melgar. ☎ 872-14-34. En principe tlj 10h-17h ; entrée : 180 $Me.* Expositions thématiques interactives sur l'histoire et la diversité culturelle de l'île, ainsi qu'une salle consacrée aux traditions du carnaval depuis près de 150 ans.

À voir. À faire autour de l'île

La côte ouest (carte La Riviera maya)

Pas bézef de plages publiques sur cette côte, il faut, presque partout, soit payer un droit d'entrée (cher), soit consommer au restaurant de ladite plage (très cher) – et on ne vous parle même pas de « l'Adventure beach park » de Chankanaab à 23-33 US$... À la hauteur du ***récif Dzul-Ha,*** dans le ***parque nacional Arrecifes de Cozumel,*** entre le km 7,2 et le km 12, on trouve toutefois plusieurs petits bouts de plage librement accessibles. Rien de spectaculaire sur terre, mais sous l'eau, le *snorkeling* vaut le coup *(loc de matériel et casiers pour ses affaires dans les beach bars).* Au km 17,8 le beach club ***Alberto's,*** très simple, n'applique pas de droit d'entrée, ouf. Au menu : une toute petite plage tranquille et familiale, où l'on peut louer chaise longue et parasol *(100 $Me).* Plus avant, au km 19,7, la ***Playa Palancar*** *(tlj 9h-17h ; entrée gratuite),* que l'on atteint au bout d'une piste truffée de nids-de-poule, est la plus agréable de la côte ouest, même si elle est très touristique : bars, centre de plongée, chaises longues, boutiques artisanales. Il est souvent difficile de se garer au bout du chemin d'accès.

Punta Sur Eco Beach Park : *à 30 km de San Miguel, puis 8 km de piste (parfois impraticable sans 4x4 en saison des pluies). Pas de bus. • cozumelparks.com • Lun-sam 9h-16h (dernière sortie 16h30) ; ouv le dim Semana Santa, juil et déc. Entrée : 16 US$ (10 US$ 4-12 ans). Attention, pour profiter du site, allez-y tôt, après 14h seul le musée du phare reste accessible...* La belle pointe sud de l'île, à la longue langue de sable enserrant une vaste lagune, a été transformée en une sorte de parc d'attractions naturelles sur 100 ha... Au menu : des plages de sable blanc (presque) vierges, de l'eau turquoise, des hamacs en rang d'oignon (un poil industriel...), un phare pour profiter du panorama (fort joli), où a été aménagé un ***musée de la Navigation,*** des petites ruines mayas et la lagune, veillée par une tour d'observation que l'on rejoint par une plate-forme en bois. Avec un peu de chance, en fonction de la saison, on y observe oiseaux, flamants (en hiver) et/ou crocodiles. Des balades en petit bateau de 30 mn sont proposées *(36 $Me),* ainsi que des sorties tortues entre mai et octobre (en supplément). Attention, la restauration des *beach bars* est assez médiocre et les boissons hors de prix, venez avec votre pique-nique... On peut louer un kayak, ainsi que palmes, masque et tuba, mais le *snorkeling* n'est pas exceptionnel et, là encore, c'est cher. Les chaises longues, elles, sont comprises dans le prix d'entrée.

La côte est (carte La Riviera maya)

Plus sauvage et moins touristique, la côte est abrite de très belles ***plages*** désertes et quelques bars-restos de bric et de broc (comme le *Rasta* et le *Liquor Box,* près de la pointe sud). Mais attention, on ne s'y baigne pas, ou avec grande prudence : les courants sont localement forts et, en plus, le coin est envahi par les sargasses... La ***playa San Martín*** (vers le km 39) et le secteur de ***Chen Río*** (km 42) sont les plus jolis – le dernier avec son gros bouquet de palmiers aux avant-postes.

Zona arqueológica San Gervasio : *depuis San Miguel, faire 8 km sur la carretera Transversal, puis petite route sur la gauche : le site est à 6 km. Tlj 8h-15h45 ; dernière sortie 16h30. Entrée : env 188 $Me.* Isolé en pleine forêt, ce petit site maya, fondé en 300-400 apr. J.-C., rassemble des vestiges de la période postclassique (1200-1450). La balade, agréable, emprunte près de 2 km de *sacbeob,* ces chemins blancs qui brillaient sous la lune, caractéristiques des cités mayas. Rien de transcendant quand même au regard du prix d'entrée élevé...

Plongée sous-marine

Hommes et femmes-grenouilles, ami(e)s du détendeur et du néoprène, vous voici arrivés : Cozumel est un *hotspot* de la plongée. L'essentiel des sites se regroupe au Sud-Ouest, autour du récif de Palancar : on en dénombre plus d'une trentaine, dont une quinzaine fréquentée régulièrement. L'eau est cristalline, la visibilité exceptionnelle (20-30 m) et la grande barrière méso-américaine résiste bien au blanchiment. Quelques mètres à peine sous la surface, parmi les pinacles coralliens, dans les grottes, les tunnels, poissons multicolores et langoustes XXL abondent. Avec de la chance, vous verrez la tête du fameux *Sanopus splendidus,* le poisson-crapaud laid comme un pou, endémique à Cozumel, dépasser des trous du récif... En tout cas, si vous devez choisir, n'hésitez pas : plongez ici plutôt qu'à isla Mujeres.

- ***Important :*** dans le secteur, les plongées sont dérivantes. On gagne le récif en bateau, puis il se laisse dériver au gré des courants en suivant les bulles des plongeurs. Pas question de jeter l'ancre ici – les contrevenants risquent 14 ans de prison. En général, on alterne plongée plus profonde en 1er (par - 25-30 m), moins profonde en 2d. Côté pratique, l'île dispose de plusieurs caissons de décompression : rassurant. On y trouve une centaine de clubs et, compétition oblige, les tarifs restent corrects. *Compter 90-120 US$ le baptême, équipement compris ; 80-100 US$ pour 2 plongées.*

■ ***Phocea Mexico*** *(hors plan par A2,* ***6****) : carretera Costera Sur, km 3 (attenant à l'hôtel* Villablanca*). ☎ 869-01-43. • phocea-mexico.com • ♿ Tlj 8h-17h.* Les gérants et instructeurs francophones de ce centre très bien équipé ont fait leurs preuves.

■ ***Blue Note*** *(hors plan par B1,* ***7****) : av. 50 nº 625 ; entre les c/ 12 et 14. ☎ 872-03-12. • bluenotescuba.com •* Ce centre de plongée PADI est dirigé par Gérard, Claudine et leur fils Jean-Baptiste, entourés de leur équipe mexicaine. Ils disposent d'un bateau puissant (2 x 300 CV), parmi les plus rapides de l'île. Une adresse plutôt tournée vers les plongeurs confirmés.

PAAMUL

IND. TÉL. : 984

À une vingtaine de kilomètres au sud de Playa del Carmen, une petite baie de carte postale où l'on est sûr d'être tranquille en basse saison. Le long de la plage, quelques post-hippies, aujourd'hui septuagénaires, sont revenus garer leurs *trailers* (gros camping-cars) sous les paillotes qu'ils occupaient déjà dans les années 1970. Ambiance *peace and love* garantie. La plage est une zone de ponte pour les tortues l'été, le coin est donc protégé. Le récif, quant à lui, est à portée de palmes, et ravira les amateurs de *snorkeling.* Bonne nouvelle, fidèle à son esprit néobaba, on peut planter sa guitoune pour quelques pesos à Paamul.

➢ ***Comment y aller :*** prendre un bus *Mayab* ou *colectivo* jusqu'à l'embranchement ; c'est à env 500 m, au bout du chemin. En voiture, suivre le panneau à gauche au km 273 de la *ruta federal.* L'accès étant gardé et payant, dire qu'on va au resto de la plage, et garder son ticket de caisse, il sera théoriquement demandé à la sortie pour prouver qu'on a consommé.

Où dormir ? Où manger ?

Paamul Hotel & Cabañas : *☎ 875-10-50. • paamul.com • Resto tlj 8h-20h. Doubles 195-215 US$ selon catégorie, emplacement et saison, petit déj inclus. Camping 200 $Me/pers, eau, électricité, sanitaires et accès à la plage compris.* De facture simple mais agréables, avec prédominance du bois et un petit côté Robinson de luxe pas désagréable, la douzaine de *cabañas* bénéficie de terrasses privatives, tournées soit vers la plage, soit vers le jardin (ou le parking...). Les suites, de même nombre, sont plus conventionnelles côté déco mais ont toutes la vue mer. L'ensemble est bien équipé, avec 2 lits *queen size,* douche et baignoire, clim, frigo et micro-ondes – et même une cuisine complète dans les suites. Le resto (très agréable) propose une cuisine de fusion mexico-brésilienne de bonne facture, à des prix spéculant sur l'éloignement. Belle piscine à débordement, supérette. Calme garanti. Enfin !

PUERTO AVENTURAS

IND. TÉL. : 984

À 23 km au sud de Playa del Carmen et 40 km au nord de Tulum (accès au km 271 de la *ruta federal*), Puerto Aventuras est une station-complexe balnéaire 100 % artificielle, corsetée de chenaux et de greens de golf, avec gardiens à l'entrée (qui laissent passer sans sourciller), condominiums et villas (peu d'hôtels), belles pelouses, marina, piscines, boutiques et compagnie. La clientèle est essentiellement américaine ou issue de la bonne société mexicaine. Dans le genre, c'est bien fait et la plage, bordée de cocotiers, est idéale pour les familles avec ses bassins délimités par de petites jetées qui tiennent à distance vagues et sargasses (accès étroit fléché juste à droite du grand hôtel *Omni*). Le secteur abrite aussi pas mal de *cenotes*.

Où manger ?

Paparazzi Pizza : *c/ Punta Cells, juste avant le PA Hotel (parking gratuit en face). ☎ 873-56-51. Pizzas 130-280 $Me.* Une petite faim avant ou après la plage ? Les pizzas *medianas* sont déjà grandes comme des soucoupes volantes ! *Italiano vero,* tout comme le boss. Un bon rapport qualité-prix.

À faire dans les environs

Baignade dans les cenotes : beaucoup de *cenotes* du secteur sont exploités comme des parcs d'attractions, à la manière de ***Kantún Chi*** et, dans une moindre mesure, de ***Chikin-Há.*** Nous, on vous conseille plutôt ceux-là...

– ***Cenote Cristalino :*** *km 266 de la Federal, entrée juste après le cenote Kantún Chi. Tlj 8h-18h. Tarif : 150 $Me (plongée 200 $Me), enfants 100 $Me ; gilet inclus,* *masque et tuba 50 $Me, casier 50 $Me.* Ici, il y a 3 *cenotes* en enfilade, un tout petit d'abord, le plus grand ensuite (avec passage sous grotte) et un dernier de taille moyenne, tous à ciel ouvert. Rien de très spectaculaire, mais l'ambiance est bon enfant (pas mal de familles).

– ***Cenote Azul :*** *km 266,3, juste au nord du précédent. Tlj 8h30-17h. Tarif : 120 $Me, réduc ; gilet (obligatoire) 40 $Me, masque et tuba 70 $Me.* On y trouve un grand *cenote* ouvert en forme de C, idéal pour la baignade, plus 2 petits, tous noyés dans un environnement rafraîchissant de forêt tropicale. En semaine, le lieu est généralement bien calme.

Playa Xpu-Há : *au km 264. 2 pistes attenantes mènent à la même plage : d'un côté (La Playa Xpu-Há), on paye 50 $Me de droit d'accès, de l'autre (Playa Xpu-Há Beach Club) 80 $Me ; gratuit jusqu'à 5 ans.* Cette très belle plage est assez tranquille pour passer un moment agréable dans les rumeurs du ressac. Évidemment, il y a de quoi faire du *snorkeling.* Location de transat *(120 $Me).*

AKUMAL

IND. TÉL. : 984

À une vingtaine de kilomètres au nord de Tulum, *Akumal* (« lieu des tortues ») est connu pour sa très jolie baie en croissant de lune fermée par un récif corallien, assidûment fréquentée par les tortues marines. Malheureusement, le site a été amoché par le développement touristique et la plage est désormais payante. L'accès à la zone fréquentée par les tortues est par ailleurs contrôlé, même si les règles sont (trop) souvent contournées par les tour-opérateurs locaux... Bref, c'est un peu la foire d'empoigne et on se demande si les tortues vont longtemps continuer à venir ici...

Arriver – Quitter

➢ ***En voiture :*** fléché sur la *Federal* au km 254 ; 500 m plus loin, plusieurs parkings privés *(un à 50 $Me/j., ferme à 18h ; un autre, en face de l'accès à la plage à 20 $Me/h).*

➢ ***En colectivo :*** depuis Tulum ou Playa del Carmen, compter 40 $Me/pers. Se faire déposer au croisement pour Akumal ; puis 600 m à pied jusqu'à la plage ou 3 km jusqu'à la caleta Yal-Kú.

Adresse utile

■ ***Centro Ecológico Akumal :*** *☎ 875-90-95.* ● *ceakumal.org* ● Ce centre, fondé en 1993 par les promoteurs américains d'Akumal, s'est donné pour mission de mesurer l'impact du développement touristique sur l'écosystème de la région et de contribuer à la protection du grand récif méso-américain. Ils surveillent les 4 plages d'Akumal, dont la bien-nommée Playa Tortuga, où viennent pondre le plus grand nombre de tortues marines. D'une année sur l'autre, le nombre de nids varie entre 650 et 1 400 (une variation naturelle, apparemment). Le CEA gère un programme d'identification des animaux, accueille des volontaires et contribue à la formation des guides locaux, mais il organise aussi régulièrement des ***balades de sensibilisation*** (ne leur parlez pas « d'excursions » !) au plus fort de la période de nidification, entre mi-juin et mi-août (consultez leur site).

Où dormir ? Où manger ?

On trouve aussi dans le secteur plusieurs campements de *glamping* – ce camping chic sous tente safari, avec vrai lit et salle de bains. C'est souvent (trop) cher pour le confort proposé, mais si le concept vous intéresse, on conseille l'***Akumal Natura Glamping*** *(tt au bout de l'av. principale d'Akumal Pueblo, à env 400 m. ☎ 187-51-89. ● akumalnaturaglamping.com ● ; 54-200 US$ selon saison, petit déj inclus),* avec son joli petit *cenote* aménagé, son rucher et ses cours de yoga gratuits. La forêt n'est pas magnifique ici mais, dans le genre, c'est bien fait.

Hotel Que Onda : *en arrivant à la caleta Yal-Kú, sur la gauche. ☎ 875-91-01. ● hotelqueondaakumal.com ● Doubles 1 300-1 500 $Me en basse saison, 2 200-2 700 $Me en hte saison. Petit déj en sus. Plats 140-350 $Me.* Propriété d'une Tessinoise (rarement présente), ce charmant petit hôtel se retire bien au calme, à 150 m de la *caleta* Yal-Kú. Ses 9 chambres et 2 suites familiales entourent un vaste jardin luxuriant avec piscine. D'un excellent niveau de confort (clim, frigo, cafetière), elles sont pour la plupart très spacieuses et bénéficient d'une terrasse avec (ou sans) hamac(s). Parmi nos préférées : la n° 5. Côté resto : une bonne cuisine aux dominantes italiennes.

Maya Eco Village B & B : *au km 257,3 de la Federal, puis 700 m de piste (fléché). 984-217-76-91. ● mayaecovillage@gmail.com ● Resto tlj 8h30-22h. Nuitée en dortoir (6 lits) env 15 € ; chambres pour 2 à 4 pers 70-120 € selon saison et catégorie, petit déj inclus ou non.* Le bruit de la route a presque disparu, laissant place au chant des oiseaux. Petite oasis dans la forêt, l'établissement (entièrement rénové en 2021) dispose de 7 bungalows modernes, tous spacieux et assez similaires : cuisine complète, lit *king size,* terrasse fermée avec balancelle, clim, moustiquaire... Ils se répartissent dans un beau jardin tropical agrémenté d'une piscine. Bon accueil.

Villa Morena : *au km 257,3 de la Federal, puis 1,3 km de piste (fléché). 984-131-45-35. ● villamorenamexico.com ● Double env 1 800 $Me, familiales 2 300-2 700 $Me ; copieux petit déj inclus. Resto le soir sur résa, plats 150-280 $Me.* Vous rêviez de passer une nuit dans la forêt tropicale ? Ici, elle est partout autour du campement, où passent parfois des singes. Dans la clairière se regroupent 6 *cabañas* amples, entre bungalow octogonal pour couple sous sa belle *palapa* et grandes familiales avec 2 chambres et 2 salles de bains. Pas de clim, juste des ventilos, plus écolos (l'électricité est solaire, d'ailleurs). Au centre : une belle piscine creusée dans la roche calcaire, façon *cenote* ! Au (joli) resto, les tacos gourmets côtoient les pizzas et les pâtes – normal, les proprios sont originaires du lac Majeur.

La Buena Vida : *entre Akumal (à 1,5 km) et la caleta Yal-Kú. ☎ 875-90-61. Tlj 8h-22h.* Happy hours *17h-18h. Petits déj 60-120 $Me, plats 80-270 $Me.* On aime bien ce sympathique bar-resto sur pilotis perché tout contre une jolie plage à laquelle on accède librement. Balançoires, hamacs, tables les pieds dans le sable... l'heure est à la détente, jusqu'au sommet de ce palmier-vigie où l'on vous servira votre bière fraîche dans un seau tiré par une corde, à hauteur de noix de coco ! Très bon choix de petit déj, salades, tacos, burgers, viandes et poissons à tarifs très abordables. En plus, l'accueil est charmant.

À voir. À faire

Playa Akumal : *tlj 9h-17h. Accès à la plage par Tsuuk Akumal (entrée principale) : 105 $Me. Pour aller voir les tortues, il faut ensuite s'adresser obligatoirement à un tour-opérateur assermenté ou à l'un des 2 clubs de plongée locaux :* ***ADS Akumal Dive Shop*** *(● akumaldiveshop.com ●) à côté de l'entrée,* *ou **Dive Center Akumal** (● akumaldivecenter.com ●), 100 m plus loin sur la plage. Snorkel-tours de 1h env **tlj sauf lun,** selon 2 circuits différents, dans les 3 zones balisées de plus forte concentration des tortues ; max 6 pers/groupe. **Accès fermé fév et sept** (histoire de leur laisser un peu de répit). Compter 700 $Me/pers. Loc de matériel et casiers en sus, à des tarifs exorbitants : compter 100 $Me (+ 100 $Me de caution) pour le gilet (obligatoire), 100 $Me le transat. Dernière loc vers 15h30. Les casiers situés au niveau de l'accès à la plage sont les moins chers (150 $Me).* Théoriquement, l'accès à la zone des tortues est limité à 2 sorties de 6 personnes par jour pour chaque opérateur. Dans la pratique, c'est souvent beaucoup plus... et on ne vous parle même pas des agences sans scrupule qui emmènent des clients ici alors qu'elles n'en ont pas le droit (corruption aidant) ! Bref, c'est aussi à vous de mesurer votre impact et de décider en toute conscience. En tout état de cause, les crèmes solaires sont à bannir. Sachez aussi qu'il est interdit de toucher les tortues. Sinon, on peut juste se baigner dans la zone délimitée par des bouées... et espérer qu'une tortue passe par là. Ça arrive, surtout le matin tôt (on voit alors parfois des vertes sur la plage). Dans l'eau, il y a aussi des caouannes et, sur le récif, des tortues imbriquées. D'ailleurs, on peut privilégier une sortie de *snorkeling* sur la barrière, ce n'est pas plus cher et moins impactant écologiquement parlant.

Caleta Yal-Kú : *tlj 9h-17h. Entrée : env 300 $Me ; réduc. Loc de masque et palmes 120 $Me, gilet (obligatoire) 120 $Me, palapa à louer à la journée 450 $Me. Un vrai racket, avec des tarifs qui n'arrêtent pas d'augmenter !* Site privé joliment aménagé dans l'esprit d'un jardin d'art, avec quelques sculptures en bronze. La *caleta* en elle-même s'avère pleine de charme. Dans une eau cristalline s'égaie une kyrielle de petits poissons.

Entre Akumal et Tulum

Cenote de Xunaan Ha : *accès au km 248,5 de la Federal, puis 2 km en dépassant le village de Chemuyil (lorsque la route devient piste ; prendre la branche de droite, puis discret panneau à gauche). Tlj 9h-17h (18h mai-oct). Entrée 110 $Me ; réduc. Plongée : 300 $Me.* On aime bien ce joli petit *cenote* ouvert aux eaux très limpides, entouré de végétation. Ici, 2 plongeoirs rustiques en bois, une tyrolienne discrète et basta. Idéal pour une baignade rafraîchissante au calme, sans concurrence. Des visites à vélo très sympa de 3 *cenotes* (dont Xunaan Ha) sont proposées au village par la coopérative *Bejil-Ha (600 $Me),* avec escale à *Takbi-Ha,* où vivent des chauves-souris.

Xel-Há : *km 245 de la Federal, env 2 km au sud de Xcacel et 12 km au nord de Tulum. ☎ 984-803-44-03. ● xelha.fr ● Tlj 8h30-18h. Bus ADO directs depuis Playa del Carmen (3 le mat 8h30-10h50 depuis le terminal turística ; retours 17h40-17h50) ; sinon prendre n'importe quel bus ou colectivo reliant Playa à Tulum et se faire déposer à l'embranchement (puis navette gratuite ttes les 15 mn). Forfaits 90-105 US$ selon saison (vélo, casier, matériel de* snorkeling, *repas et boissons, douches, chaises longues et hamacs inclus) ; ½ tarif enfants de 1 m-1,4 m, gratuit en dessous. Pas mal d'activités en supplément (très chères) et diverses formules combinées avec d'autres parcs de la Riviera. À la consigne, on vous échange votre crème solaire classique contre un tube de crème biodégradable.* Géré par le même consortium que Xcaret, le site de Xel-Há (prononcer « Chèl-ha »), étendu sur pas moins de 84 ha, regroupe un bras de mer (14 ha) pénétrant profondément dans les terres, sur les flancs duquel se creuse un ensemble de petites piscines coralliennes naturelles foisonnant de poissons (75 espèces). Pour rejoindre l'endroit, on commence par une balade à vélo dans la forêt sur un sentier en dur, au tracé très agréable (plein d'iguanes). On descend ensuite une petite rivière sur environ 1,5 km, juché sur une grosse bouée en plastique, ou avec palmes, masque et tuba (et gilet de sauvetage), en se laissant dériver. Extra. Faites donc un tour aux abords du pont flottant, à l'entrée de la lagune principale, où l'on trouve de gros poissons.

En option : *snuba* (plongée scaphandre) dans un *cenote* ou en mer, tyroliennes, nage avec les dauphins ou les raies (activités douteuses pour un parc qui se prétend soucieux d'écologie...), etc.

Cenote Dos Ojos : *au km 244,1 de la Federal (accès en allant vers le sud), puis 3 km de piste. Entrée : env 400 $Me.* Planqué sous un auvent rocheux, c'est l'un des *cenotes* les plus réputés du Yucatán pour la plongée – et un bon endroit pour s'initier à cette discipline un peu particulière. On s'enfonce sous le rocher en quête des concrétions du réseau de galeries immergées (à l'aide d'un fil d'Ariane)... avant de ressortir dans la grotte des chauves-souris, tout juste éclairée par un puits de lumière. Pour le *snorkeling,* il y a mieux ailleurs pour moins cher.

Sac Actun : *accès au niveau de Dos Ojos, puis env 6 km de piste. • cenotessacactun.com • Visite guidée 45 mn env 450 $Me, masque et tuba inclus. Loc de combi (conseillée, l'eau est fraîche) 200 $Me.* Sac Actun, ou « grotte blanche », c'est d'abord le 2e plus grand système de galeries immergées au monde (347 km !), qu'affectionnent les plongeurs confirmés – il s'étend jusqu'aux portes de Tulum ! C'est aussi, dans un très beau cadre forestier, le superbe *cenote* de ***Pet Cemetary,*** pas trop visité, qui s'étire sous une voûte en demi-lune bardée de stalactites – et percée d'un puits de lumière où un arbre a pris pied sur son mini-îlot ! On nage parmi le dédale des concrétions, avec les chauves-souris au-dessus de la tête.

Cenote Yax-Kín : *au km 242 de la Federal (accès en allant vers le sud). 984-151-99-25. Tlj 10h-17h30. Entrée : 100 $Me ; masque 50 $Me, gilet 50 $Me, chaise longue ou hamac 60 $Me.* Ombre ou soleil, c'est au choix pour ce *cenote* tranquille, très agréable, où la jungle est bien présente. Petit camping *(100 $Me/pers, sanitaires)* à peine dérangé par la rumeur de la route à distance.

TULUM

env 35 000 hab. IND. TÉL. : 984

• Tulum Pueblo (plan I) *p. 307* • Tulum Playa (plan II) *p. 309*
• Tulum (Zona arqueológica) *p. 315*

Tulum, c'est d'abord une jolie petite cité maya implantée sur le littoral, juste au-dessus des eaux turquoise de la mer des Caraïbes. Contrairement à Chichén Itzá ou à Cobá, ici, ni pyramides imposantes ni palais gigantesques, mais une « forteresse » (*tulum* en maya), d'où les Mayas assistèrent, interloqués, à l'arrivée des 1res caravelles espagnoles en 1518. Mais Tulum, c'est aussi une plage de sable blanc poudreux, qui se déroule longuement, comme une invitation sans fin à musarder et lézarder. Encore quasi vierge à la fin du XXe s, ce petit paradis a finalement été repéré : en 2 décennies, les hôtels ont champignonné, colonisant et privatisant peu à peu chaque petit bout de cette idylle annoncée. Les gros complexes tenus à distance, le cadre

UNE IDÉE GÉNIAL-GUES

Que faire de ces tonnes d'algues qui s'échouent quotidiennement sur les plages de la Riviera Maya pendant une bonne partie de l'année ? Un businessman de Tulum, Omar Vázquez Sánchez, a peut-être trouvé la solution : des briques. S'inspirant de la technique traditionnelle de l'adobe, il a bâti une 1re petite maison de 40 m² à Puerto Morelos en 2018 et a pour projet de construire un eco-hôtel à Tulum... À suivre !

reste beau, mais la circulation et les prix ont explosé : Tulum est désormais une destination prisée des hipsters et les *cenotes* se sont reconvertis aux folles soirées dansantes... Quant au village, simple hameau traversé par la *Ruta Federal,* c'est aujourd'hui une vraie petite ville, brouillonne et poussiéreuse, où se regroupent pour ainsi dire tous les hébergements et services pour routards. Au fait, on ne vous a pas dit ? Attirés par la masse touristique, ces derniers temps, quelque 12 000 nouveaux habitants débarquent avec armes et bagages chaque année.

Arriver – Quitter

En bus

Terminal des bus *(plan I, A2)* **:** *av. Tulum, dans le village, entre Jupiter Norte et Alfa Norte.* Il existe aussi un ***arrêt de bus*** près du site archéologique. Attention, en haute saison, pour les grandes lignes, mieux vaut réserver votre billet à l'avance.

➢ ***Aéroport de Cancún*** *(trajet 1h40-2h)* **:** avec *ADO,* env 5-6 bus/j., 7h10-15h (18h10). Autrement, se rendre à Playa del Carmen, où la fréquence des bus est plus importante.

➢ ***Bacalar*** *(2h50)* **:** 9-13 bus/j. avec *ADO,* 8h35-1h50.

➢ ***Belize City*** *(env 6h50)* **:** avec *ADO* tlj à 1h50.

➢ ***Cancún*** *(2h10-2h30)* **:** une quinzaine de bus/j. avec *ADO,* 9h25-21h55.

➢ ***Chetumal*** *(3h30)* **:** env 13 bus/j. avec *ADO* et *ADO GL* 8h35-1h50.

➢ ***Chichén Itzá*** *(2h35)* **:** tlj à 9h05 et 14h45 avec *ADO.*

➢ ***Chiquilá (Holbox)*** **:** à 8h10 avec *ADO.* Trajet : env 3h40.

➢ ***Cobá*** *(1h)* **:** 1 bus *ADO* tlj à 10h30.

➢ ***Mérida*** *(4h)* **:** 8-10 bus/j. avec *ADO,* ttes les 2-3h (sauf ap-m).

➢ ***Palenque*** *(10h30-11h)* puis ***San Cristóbal*** *(19h-20h)* **:** tlj à 18h20 *(OCC),* 20h10 *(ADO GL),* 22h45 *(AU)* et minuit *(OCC).* Celui de *AU* ne dépasse pas Palenque.

➢ ***Playa del Carmen*** *(env 1h)* **:** ttes les 10 mn à 1h40, 7h10-21h55 (très fréquents aux heures de pointe). Pensez également aux *colectivos* qui passent le long de l'av. Tulum.

➢ ***Valladolid*** *(1h35)* **:** env 15 bus/j. 2h40-22h20.

En *colectivos*

■ ***Colectivos vers Playa del Carmen*** *(plan I, B1,* ***1****)* **:** *av. Tulum, à l'angle de Centauro Norte, dans le village.* Ttes les 5-15 mn 5h-23h. Compter 20 $Me pour la zone archéo de Tulum, 35 $Me pour Akumal, 45 $Me pour Playa.

■ ***Colectivos Tiburones del Caribe vers la plage*** *(plan I, B1,* ***3****)* **:** *à l'angle d'Orion Sur et de Venus, dans le village.* Ttes les 10-50 mn, 6h-19h30 ; pour le site archéologique à 8h, 8h30, 16h30, 17h, 17h30.

Topographie

Il faut bien distinguer le village (devenu ville), ***Tulum Pueblo,*** de la zone balnéaire, ***Tulum Playa,*** à 3 km à l'est. Le bourg, sans âme et bruyant, accumule hébergements et restos d'un rapport qualité-prix convenable. De là, on va bronzer à la plage en *colectivo* ou à vélo – une piste cyclable a été aménagée. On peut aussi y loger mais, là, les tarifs sont carrément exorbitants... et c'est la même chose pour les restos ! Les hôtels de *Tulum Playa* sont à touche-touche sur plus de 8 km et beaucoup fonctionnent encore avec des groupes électrogènes, ce qui veut dire pas de clim en journée et du bruit la nuit (l'emplacement de la chambre est donc déterminant). Quel que soit votre choix, il est indispensable de réserver à l'avance en haute saison.

Pour rejoindre les ruines, il y a aussi une piste cyclable le long de la *Federal.* Beaucoup d'hébergements prêtent ou louent des vélos peu cher.

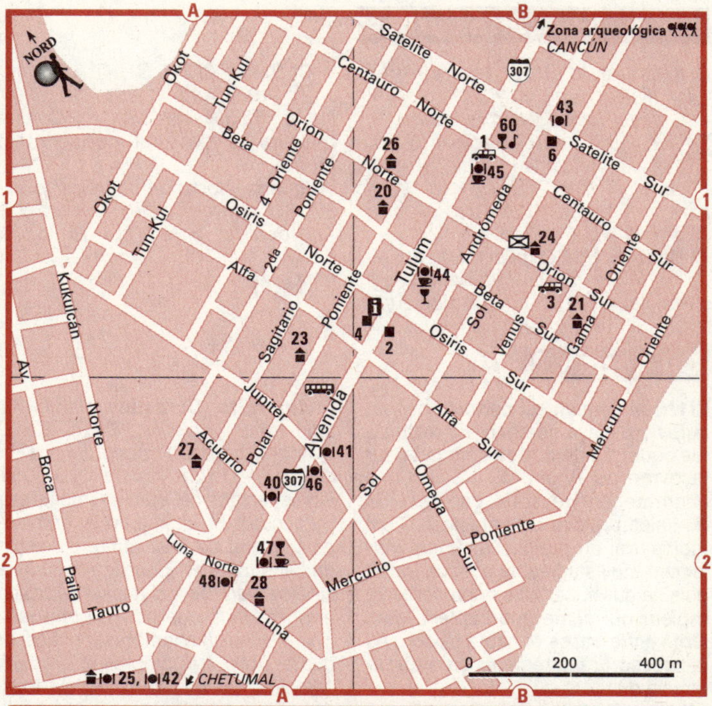

TULUM PUEBLO (Plan I)

Adresses utiles

- Kiosque d'infos touristiques (B1)
- **1** Colectivos vers Playa del Carmen (B1)
- **2** Banque HSBC (B1)
- **3** Colectivos Tiburones del Caribe vers la plage (B1)
- **4** CI Banco (B1)
- **6** Iguana (location de vélos ; B1)

Où dormir ?

- **20** The Weary Traveler Hostel (B1)
- **21** Chill Inn (B1)
- **23** Amorcito Corazón (A1)
- **24** Mama's Home (B1)
- **25** Hotel Don Diego de la Selva (hors plan par A2)
- **26** Casa Sofia (B1)
- **27** Secret Garden Hotel (A2)
- **28** Posada Luna del Sur (A2)

Où manger ?
Où prendre un petit déjeuner ?

- **40** Antojitos La Chiapaneca (A2)
- **41** El Rincón Chiapaneco et Sabor de Mar (A2)
- **42** El Camello (hors plan par A2)
- **43** Taquería Honorio (B1)
- **44** Pollo Bronco et La Hoja Verde (B1)
- **46** Roraima Burgers (A2)
- **47** Burrito Amor (A2)
- **48** Barracuda (A2)

Où boire un verre ?

- **60** Batey (B1)

Pour aller plus loin (*cenotes*, Muyil), on peut rouler sur les bas-côtés des grandes routes, mais la circulation est dense et, franchement, ce n'est pas très agréable. Ne rentrez pas de nuit : les vélos n'ont généralement pas de lumière.

LA PÉNINSULE DU YUCATÁN

Adresses et infos utiles

Kiosque d'infos touristiques (plan II) : *sur la piste cyclable menant à la plage, face à la Croix-Rouge. Tlj 9h-18h. Le* **bureau principal** *(plan I, B1) est (discrètement) situé dans la Plaza Tulum, face au zócalo (côté droit), mais il n'est guère habitué à recevoir du public.* ☎ *802-54-17.*

Banque HSBC (plan I, B1, **2**) : *au milieu de l'av. Tulum, à côté du kiosque d'infos. Lun-ven 9h-17h.* Distributeur.

CI Banco (plan I, B1, **4**) : *av. Tulum, entre Osiris Norte et Alfa Norte. Lun-ven 9h-18h30, sam 9h-14h.* Comme toujours, un des tout meilleurs taux en ville.

Iguana – location de vélos (plan I, B1, **6**) : *av. Satelite Sur ; entre Sol et Andrómeda.* 📱 *984-119-08-36. Tlj 8h-18h (19h été). Compter 120 $Me pour la journée, 150 $Me les 24h.*

Où dormir ?

Si l'hébergement est partout cher sur la Riviera maya comparé au reste du Mexique, il atteint des sommets sur la plage de Tulum, où trouver une chambre en dessous de 200 US$ en saison relève du miracle... C'est moins vrai au pueblo, mais naturellement moins agréable côté cadre. Et puis, là aussi, certains hébergements triplent ou même quadruplent leurs tarifs entre basse et haute saison, AJ incluses ! Franchement, ça s'apparente à du vol.

TULUM PUEBLO

De bon marché à prix moyens (moins de 1 200 $Me / env 57 €)

Chill Inn (plan I, B1, **21**) : *Gama Oriente nº 47.* 📱 *984-135-74-50. Dortoir (4-8 lits) 200-300 $Me.* Le *Chill Inn,* c'est avant tout l'adorable Paco, qui veille avec constance et bienveillance sur le séjour de ses hôtes. Pas de chambres privées ici, juste 4 dortoirs de 4 (avec AC) ou 8 lits (avec ventilo), un peu exigus mais aux lits séparés par des rideaux et avec chacun leur propre salle de bains. L'ambiance est à la cool, un petit déj différent est servi tous les jours (option végétarienne sur demande) et Paco loue des vélos dès 80 $Me/j ! Mieux encore : s'il y a assez de volontaires, il loue un minibus et emmène tout le monde dans des *cenotes* peu connus du côté de Cobá.

Amorcito Corazón (plan I, A1, **23**) : *Polar Poniente.* ☎ *871-29-10.* • *amorcitohoteltulum.com* • *Lit en dortoir 18-22 US$, double env 73 US$.* Intime, coloré, cet établissement familial accueillant, situé à un jet de pierre du terminal de bus, abrite 3 dortoirs de 6 lits (dont un pour femmes) avec salle de bains pour chacun, AC, casiers et prises individuelles. Le luxe, quoi ! Il y a aussi 6 chambres privées de qualité hôtel, très propres et avec une citation d'écrivain au mur ! Pour tous : des matelas orthopédiques très épais. Gros bonus : la cuisine semi-ouverte et la piscine sur le toit (mais pas de bar : le calme prévaut).

Mama's Home (plan I, B1, **24**) : *Orion Sur, entre Venus et Sol Oriente.* ☎ *871-22-72. Lit en dortoir 375-400 $Me, double 1 100 $Me, excellent petit déj inclus.* Sans être parmi les « meilleures AJ du monde », comme le proclament les boss, la maison est de qualité. Le lieu est coloré, convivial, l'accueil souriant et même ronronnant (une caresse à la chatte Amanda). Parmi les points forts : un super petit déj (compris) différent chaque jour et une batterie d'activités – soirée cuba libre (gratuit), ping-pong, *musica en vivo,* excursion vers un *cenote* peu touristique, etc. Côté hébergement : 3 dortoirs mixtes de 6-8 lits avec salle de bains partagée et 8 chambres privées façon hôtel, avec leurs propres sanitaires et la clim. Cuisine. Bon point : les tarifs varient peu d'une saison à l'autre.

The Weary Traveler Hostel (plan I, B1, **20**) : *c/ Polar, entre Orion Norte et*

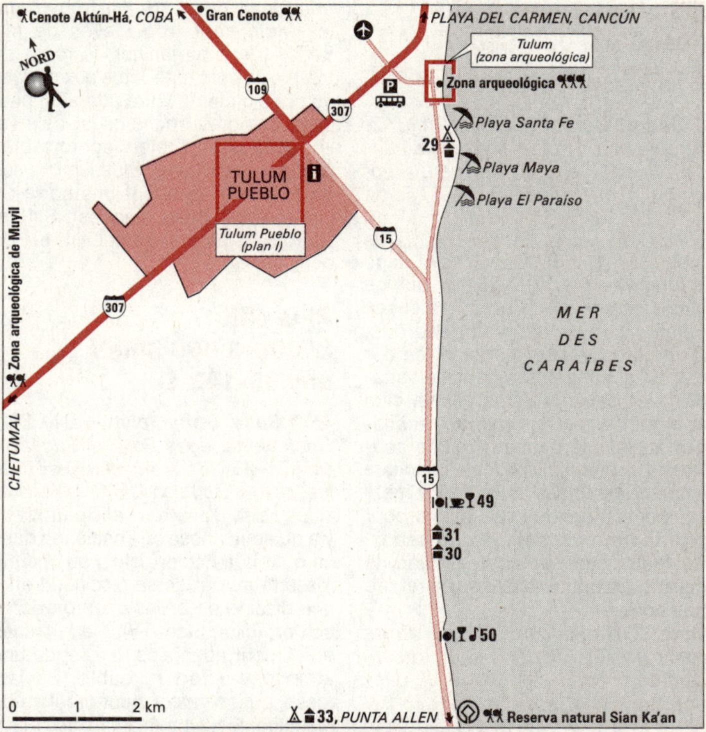

TULUM PLAYA (Plan II)

Adresse utile

Kiosque d'infos touristiques

Où dormir ?

29 Revolución Pancho Villa
30 Playa Xcanan Cabañas
31 Playa Selva
33 Camping El Ultimo Maya

Où manger ?
Où boire un verre ?

49 La Malinche
50 Taquería La Eufemia

Beta. ☎ 871-24-05. • wearytravelerhostel.rocks • Accueil 24h/24 ! Selon confort et saison, lit en dortoir 200-400 $Me ; doubles 500-1 200 $Me, petit déj (très complet) compris. Ce « voyageur fatigué » est lui-même un peu las, mais reste une adresse de référence sur Tulum, avec des dortoirs de 4 à 8 lits disposant de leurs propres sanitaires et des chambres (*king* ou doubles) correctes réparties autour d'une cour intérieure où l'on fait volontiers la fête (extinction des feux à minuit) – on vous conseille plutôt celles situées derrière la piscine, plus calmes. Il y a des hamacs, des cours de salsa 2 fois par semaine, une soirée karaoké, des séances de yoga 2 fois par jour, des lentilles, du riz et des nouilles en libre-service dans la cuisine pour les affamés, sans oublier une *happy hour* très appréciée tous les soirs (19h-20h) avec caïpirinha gratuite... D'ailleurs, tout ce qu'on vient de mentionner est gratuit ! Location de vélos.

De prix moyens à chic (jusqu'à 2 000 $Me / env 95 €)

Secret Garden Hotel *(plan I, A2,* ***27****) : Sagitario Poniente nº 54. 984-157-80-01. • secretgardentulum.com • Doubles 60-95 US$ selon catégorie et saison, petit déj (léger) inclus. Un regret : pas d'enfants de moins de 15 ans !* Un miracle, dans la jungle de béton de Tulum, que ce jardin secret aux arbres immenses colonisés par les philodendrons. D'un côté, un petit bâtiment en dur regroupe 5 chambres de taille variable avec salle de bains privée, clim et frigo ; de l'autre s'alignent 3 *cabañas* au toit de palmes (ventilo seulement), un peu plus simples quoique joliment meublées (avec petite mezzanine). Au centre : des bancs pour profiter du concert des oiseaux. Au fond : des hamacs. Mathias, le gérant argentin, est sympa et de bon conseil.

Casa Don Diego *(hors plan I par A2,* ***25****) : à la sortie du village en direction de Chetumal, dans une ruelle sur la droite. ☎ 871-22-33. 984-114-97-44. • casadondiegotulum.com.mx • Resto tlj 7h30-22h. Doubles 75-95 US$, petit déj continental inclus ; réduc 10 % pour 2 nuits min, 15 % en dernière minute.* Excentré, ce petit hôtel de charme est tenu par Charlie et Stéphane, dans un esprit convivial proche de la chambre d'hôtes. Il offre une douzaine de belles chambres encadrant un jardin luxuriant. De bon confort, joliment décorées, elles sont prolongées par terrasse ou balcon et souvent illuminées par un puits de lumière. Belle piscine et bar. En prime : spa, centre de plongée (spécialisé *cenotes*) et... *meliponario.* Stéphane, qui possède une centaine de ruches, réintroduit les abeilles natives *(meliponas)* dans les communautés mayas de la région à raison de 500 ruches par an ! Goûtez donc leur miel.

Posada Luna del Sur *(plan I, A2,* ***28****) : Luna Sur nº 5. 984-182-96-96. • posadalunadelsur.com • Doubles 70-175 US$ selon saison, petit déj (mexicain) inclus.* Si on trouve que les tarifs sont trop élevés de mi-décembre à mi-janvier, le reste du temps, ce petit hôtel situé aux marges du pueblo mérite votre attention pour ses chambres spacieuses, calmes, impeccables et bien confortables (excellents matelas). Plus lumineuses au 1er étage, elles ont une sorte de coin cuisine (sans plaques). S'il est là, Tom, le proprio américain, est de bon conseil.

Plus chic (2 000-3 000 $Me / env 95-143 €)

Casa Sofia *(plan I, B1,* ***26****) : Orion Norte, entre Polar et Sagitario. ☎ 871-25-26. • hotelcasasofiatulum.com • Doubles 2 500-3 000 $Me selon saison, avec ou sans petit déj.* Il y a quelque chose de l'hacienda dans ce petit hôtel coloré plein de charme resserré autour de sa piscine. Il offre une dizaine de belles chambres tout confort (clim, frigo, TV), bien fraîches et joliment agencées. Il y règne une atmosphère fort agréable. En terrasse, petit *sundeck* pour profiter des bienfaits de *Kinich Ahau,* le dieu maya du soleil. Bon accueil.

TULUM PLAYA

Campings

Les petits budgets qui tiennent absolument à dormir sur la plage et qui ne craignent ni le bruit (pour le 1er) ni l'éloignement (pour le 2d) opteront pour l'un des 2 campings suivants.

Revolución Pancho Villa *(plan II,* ***29****) : playa Maya entre les hôtels de plage et la zone archéologique. 984-229-53-96. • Facebook • Camping 200-250 $Me/pers avec ou sans tente personnelle ; « glamping » 1 000-1 200 $Me ; cabañas 1 800-2 000 $Me.* D'abord, une sidération : un camping assez vaste sur un bout de plage paradisiaque comme celui-là, à cet endroit-là, ça n'existe juste plus à Tulum ! On y plante la tente entre *palmettos* et raisiniers, juste en retrait du tapis de sable et de son *beach bar* (qu'on ne vous recommande pas, sauf peut-être pour le guacamole). Il y a aussi quelques tentes prémontées avec lit, qui se voudraient surfer sur la vague *glamping* et des piaules assez rustiques beaucoup trop chères... Mais non, ici, il faut camper, la jouer Robinson-routard. Et savoir que, souvent, la musique envahit les lieux... Cuisine ouverte très roots.

Camping El Ultimo Maya *(hors plan II, **33**) : carretera Boca Paila, km 13. 984-181-86-91. Camping 250-400 $Me/pers selon saison, bungalows sommaires 1 200-1 500 $Me.* Bien à l'écart de la zone hôtelière en direction de Boca Paila, ce petit camping familial vaut avant tout par sa situation en bord de plage, dans la réserve de Sian Ka'an. Les *cabañas* sont très (trop) simples pour le prix, avec des moustiquaires mais pas mal de trous dans la *palapa*... Sanitaires basiques (eau froide) et petit resto *(10h-18h, plats 150-350 $Me).*

De plus chic à très chic (plus de 2 000 $Me / env 95 €)

Playa Xcanan Cabañas *(plan II, **30**) : carretera Boca Paila, km 8,5. ☎ 801-24-70. • playaxcanantulum.com • Doubles 110-175 US$, petit déj compris. CB refusées.* Envie d'une robinsonnade ? C'est chez l'accueillant Fabio que ça se passe ! Le maître des lieux a construit 5 chambres doubles ou quadruples à l'orée de la plage, en privilégiant la facilité d'entretien à la déco. Côté confort, pas de clim, mais des lits avec moustiquaire et des brasseurs d'air. Un bon point supplémentaire : l'eau chaude et l'électricité solaires, mieux qu'un groupe électrogène. Ambiance détendue et agréable, avec des hamacs un peu partout sous les palmiers et un bon petit déj servi sur une table commune en bord de plage.

Playa Selva *(plan II, **31**) : carretera Boca Paila, km 8,4. 984-130-51-84. • playaselva.com • Doubles 130-280 US$ selon confort et saison ; maisons 260-380 US$; taxe de service de 3 % à ajouter. CB refusées. Min 3 nuits (1 sem à Noël).* Dans le genre, c'est ce qui se fait de mieux : 3 bungalows aux toits de palmes (dont 1 divisé en 2 chambres) les pieds dans le sable ou sur la dune, entre les cocotiers, face à un trait de côte débarrassé de ses sargasses. Les plus en fonds pourront même louer 2 maisons entières avec cuisine pour 4 personnes. Idéal pour jouer au Robinson de luxe, avec même une cuisine commune conviviale où chacun a droit à une glacière désignée ! Excellent accueil de Manuela et Jorge, les proprios germano-mexicains.

Où manger ? Où prendre un petit déjeuner ?

TULUM PUEBLO

Très bon marché (moins de 100 $Me / env 4,80 €)

Antojitos La Chiapaneca *(plan I, A2, **40**) : av. Tulum (angle Acuario). 984-112-32-49. Tlj, le soir. Tout à 10-20 $Me !* Au menu : tacos (bons *al pastor*), *tortas* (sandwichs), soupes et basta. Repérez les grandes flammes qui enveloppent les 2 rôtissoires : c'est là. On s'attable autour sur une sorte de comptoir, quitte à bronzer un peu, ou dans la salle minimaliste.

El Rincón Chiapaneco *(plan I, A2, **41**) : Jupiter Sur (et av. Tulum). Tlj 7h-22h sauf dim. Formule à 60 $Me.* Dans le genre basique, difficile de trouver des plats et formules du jour moins chers que dans cette cantine assurément rustique. Crevettes et poissons sont un peu plus chers. *Licuados, aguas de frutas* et jus frais se vendent au litre pour 3 fois rien !

Taquería Honorio *(plan I, B1, **43**) : Satelite Sur (et Andromeda). Tlj 8h-14h (14h30).* Voilà une autre bonne adresse pour manger très bon marché, même si c'est un poil plus cher qu'à *La Chiapaneca.* On y vient en particulier pour les tacos de *cochinita pibil* ou de *poc chuc,* spécialités de la maison. Là encore, aucune prétention dans le décor. Aucune.

Pollo Bronco *(plan I, B1, **44**) : av. Tulum (angle Beta Sur). Tlj 12h-20h. Compter 85-95 $Me le ½ poulet.* Pas de prise de tête avec le menu : ici, il n'y a que du poulet grillé, servi en ¼, en ½ ou en entier. Plus du guacamole. Pour aller avec : des pommes de terre au fromage et/ou de la salade de chou.

De bon marché à prix moyens (moins de 300 $Me / env 14,30 €)

La Hoja Verde *(plan I, B1, **44**) : Beta Sur (et av. Tulum). ☎ 802-57-67. Tlj 8h-22h. Plats 100-160 $Me.* Il est bien agréable, au réveil, d'y prendre un grand cocktail de jus de fruits frais, dans lesquels s'invitent toutes sortes de choses bonnes pour la santé (açai, chia, chanvre et gingembre). Côté cuisine : des salades, des enchiladas « divorcées » au potiron, des tacos *al pastor* de soja, un burger de « graines »... bref, de quoi satisfaire les appétits végétaliens. Service sympa.

Roraima Burgers *(plan I, B1-2, **46**) : Alfa Sur (et av. Tulum). 984-160-11-36. Tlj 12h-22h45. Burgers 80-100 $Me.* Ils seraient bons partout dans le monde. Pour le Mexique, ils sont ex-cel-lents : 13 options de burgers préparés à la commande, dont 2 végans, servis avec frites classiques ou rustiques, *yuca* (manioc) ou *tostones* (bananes plantain frites). Le tout joliment servi sur une planchette en bois. Service au top.

Burrito Amor *(plan I, A2, **47**) : av. Tulum, à la sortie sud du centre (passé Acuario). 984-160-29-89. Tlj 8h-22h sauf mar.* Il ne désemplit pas. Fondé par un couple d'Américains, ce bar-resto haut de plafond n'a pourtant rien d'exceptionnel au 1er coup d'œil : il s'ouvre directement sur la grand-route... Ce qui fait recette ici, ce sont les petits déj aux œufs bio, les salades « contemporaines » et les burritos (16 options !) roulés dans leur feuille de bananier, servis avec un choix de 4 sauces, épicées ou non. C'est aussi le service souriant, les bons prix et l'ambiance de feu.

Barracuda *(plan I, A2, **48**) : av. Tulum (angle Luna Norte), à la sortie sud. 984-160-03-25. Tlj 9h30-23h env. Plats 90-210 $Me,* parrilladas *de poissons et fruits de mer pour 3-6 pers 500-800 $Me.* Poisson, crevettes, poulpe ou calamar, cette *marisquería* très populaire, à la vaste terrasse tournée vers la route, rend gloire aux fruits de mer locaux, dans des proportions fort généreuses. Les plus petits budgets se délecteront des tacos et burritos, en choisissant leur type de cuisson ! Dans un genre similaire, un peu plus au sud, du côté opposé de l'avenue, il y a **El Camello** *(angle Kukulkán ; hors plan I par A2, **42**),* qui ne démérite nullement.

Sabor de Mar *(plan I, A2, **41**) : Jupiter (et av. Tulum). 984-116-31-87. Tlj 12h-21h30. Plats 105-255 $Me, tacos 35-45 $Me.* Ce n'est pas courant au Mexique : ici, on fait la queue à l'entrée, tant la cuisine est bonne. Il faut dire qu'avec juste 6-7 tables coincées dans un petit local propret ouvert sur la rue, ça bouchonne souvent ! Dans l'assiette : des tacos, quiches, *cocteles,* soupes et salades goûteux, plutôt copieux et joliment présentés. Il y a même des burritos de marlin ! Miam.

TULUM PLAYA

Prix moyens (200-300 $Me / env 9,50-14,30 €)

La Malinche *(plan II, **49**) : carretera a Boca Paila, km 7,5. 938-385-16-00 ou 984-254-86-48. Tlj 10h-1h.* Il n'est pas sur la plage, mais tout près, côté route. Les burritos, ceviches, guacamole et petits déj (mexicains) y sont donc abordables – et bons. Pour le fun : les shots de mezcal accompagnés de sauterelles grillées *(chapulínes)* ou le sorbet mangue-sauterelles en eskimo (y'a aussi ananas-gingembre, moins risqué...) !

Taquería La Eufemia *(plan II, **50**)* : *carretera a Boca Paila, km 10. 984-169-53-53. Tlj 12h-22h.* Loin des clichés bobo-baba-éthéré de la plupart des adresses de la plage, voilà un *beach bar* (financièrement) moins gourmand que les autres. On y picore donc des tacos accompagnés d'une bonne bière fraîche sans se ruiner et on y revient pour les cocktails de l'*happy hour* (jusqu'à 20h) et la musique *live*. Ne vous attendez pas à des miracles côté service en revanche. Si vous êtes en voiture, vous aurez droit au « valet parking »...

Où boire un verre ?

Batey *(plan I, B1, **60**)* : *Centauro Sur n° 7, entre Tulum et Andromeda. Tlj 17h-2h.* Musica en vivo *tlj vers 19h30 et 22h30.* Situé dans la rue la plus animée de Tulum Pueblo, ce « bar à mojito et *guarapo* » est assurément *le hotspot* nocturne du coin. Pour sa musique *live* quotidienne, pour ses bons cocktails pas trop chiches en alcool (ça change !), ses grandes tables que l'on partage et... sa presse à canne à sucre installée dans une vieille Coccinelle en plein milieu ! C'est ça, le *guarapo* : un jus de canne frais. On peut aussi grignoter des tapas.

À faire

Se prélasser sur la **plage,** bien sûr, qui est très belle. Pour ceux qui logent à Tulum Pueblo (à 3 km), on ne saurait trop conseiller de venir à vélo ou en *colectivo* : il est très difficile et cher de se garer, surtout vers les km 5-10 de la route de Boca Paila. On trouve les meilleurs accès publics juste au sud de la zone archéologique, au niveau de l'hôtel *Santa Fe* ; au niveau de la ***Playa Maya*** (parking gratuit possible en bord de route) ; puis encore environ 1 km au sud (vélos seulement), à gauche de l'hôtel *El Paraíso (100 $Me).* Au-delà, presque tout est privé.

Snorkeling et plongée : comme toute la Riviera maya, Tulum fait face à la grande barrière méso-américaine. Le *Tulum Reef* est même très proche de la Playa Maya : l'occasion d'une sortie en bateau d'une heure, avec détour préalable pour aller jeter un coup d'œil aux ruines perchées au-dessus de la mer des Caraïbes. Comptez 30 mn dans l'eau en compagnie des poissons-chirurgiens et papillons, sergents-majors et barracudas – plus, parfois, raies et tortues. Cela étant, face à la prolifération des sargasses, les opérateurs se réorientent de plus en plus vers les sorties dans les *cenotes*. Vous pouvez contacter :

■ ***Zen Diving :*** *à l'hôtel* Don Diego de la Selva, *à la sortie du village en direction de Chetumal, dans une ruelle sur la droite. 984-198-21-07. • zen-diving.com • Ouv lun-sam 17h-19h. Compter env 180 US$ pour 2 plongées en* *cenote, équipement et entrée inclus.* Ce centre PADI, animé par un instructeur français passionné (Jean-Charles), s'est spécialisé dans l'initiation et le perfectionnement à la plongée technique et en *cenote*.

■ ***La Calypso Dive Center :*** *997-155-71-65 • lacalypsodivecenter.com • Pas de shop, on les contacte à l'avance. Baptême 130 US$, plongée en cenote 150-170 US$.* Formations PADI, plongées et *snorkeling* en mer et dans les *cenotes* du coin – notamment Dos Ojos, Casa Cenote, Pit et Angelina – par une petite équipe francophone d'expérience.

ZONA ARQUEOLÓGICA DE TULUM

Le site archéologique est à presque 4 km au nord du *pueblo* et 800 m de la *carretera Federal*.

Un peu d'histoire

Ce qui rend ce site unique, c'est sa position sur une petite falaise dominant la mer des Caraïbes. Sans doute fondé vers le VIe s, l'ancien port maya semble s'être mué à l'époque postclassique (XIIe-XIIIe s) en un centre maritime d'envergure, commerçant avec une bonne partie de la Méso-Amérique. Ses épaisses murailles (« tulum » dans la langue locale) démontrent son importance d'alors, même si ses édifices n'ont pas l'ampleur et la prestance de ceux de Chichén Itzá ou de Cobá – notamment. Parmi sa cinquantaine de bâtiments, pour l'essentiel des temples et les habitations de nobles et de prêtres, une dizaine ont été à peu près bien préservés. Ils étaient jadis recouverts de stucs bleu, blanc et rouge. La ville est l'une des 1res à avoir été découvertes par les Espagnols : dès 1518 (1 an avant le début de la *Conquista*), Juan de Grijalva s'émerveillait de sa beauté en la comparant, un peu abusivement, à Séville. La cité, parmi les dernières habitées du monde maya, sombra ensuite dans l'oubli pour reparaître au XIXe s à la faveur de l'engouement naissant pour l'archéologie.

Arriver – Quitter

➢ ***Cancún, Playa del Carmen :*** les bus en provenance du nord et les *colectivos* vous laisseront sur la *Federal* au niveau du *centro turístico*. En voiture, depuis le nord, entrée sur la gauche AVANT la station *Pemex*. Grand parking surveillé (180 $Me). Allez donc plutôt vous garer sur celui de l'hôtel *Andrea's* (50 $Me).

➢ ***Tulum Pueblo :*** env 4 km du centre jusqu'aux ruines, faciles à parcourir grâce à une piste cyclable longeant la grand-route. Sinon, comptez 130 $Me en taxi et 20 $Me en *colectivo* (à prendre sur l'av. Tulum ; env ttes les 10 mn).

➢ Accès pédestre et cycliste possible vers la ***route côtière*** pour rejoindre directement les plages.

Infos pratiques

– ***Horaires et prix :*** *tlj 8h-17h, accès jusqu'à 16h (entrée : 85 $Me). Guides francophones : 900 $Me pour 2 pers, 1 100 $Me pour 4 pers, entrée du site incluse ; contrairement à la plupart des sites, Tulum bénéficie de nombreux panneaux d'explication.*

– Au ***centro turístico :*** bars et restos, guides, change (bons taux au *CI Banco*, qui prend même les francs suisses !).

– La ***billetterie*** est située à 800 m à pied du *centro turístico*, juste au pied des murailles du site. Le *Trenecito* (un

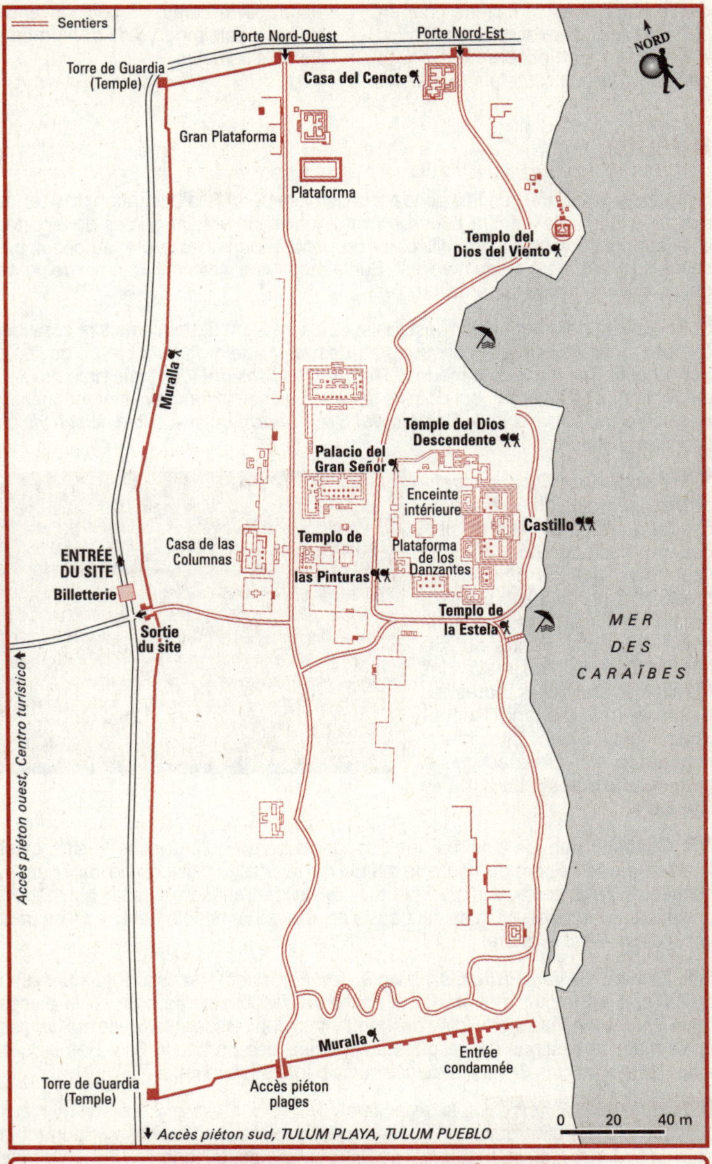

TULUM (Zona arqueológica)

camion bâché) fait la navette pour env 20 $Me l'A/R ; dernier retour à 17h.
– Tulum est particulièrement photogénique. Sachez toutefois que la ville s'est appelée Zamá, « face au lever du soleil ». L'éclairage y est donc moins favorable le matin.

Le site

Muralla *(enceinte)* **:** édifiés pendant la dernière période d'habitation du site, les remparts (hauts de 3 à 5 m pour 4 à 7 m d'épaisseur) étaient percés de 5 portes étroites, dont 3 sont encore utilisées – on pénètre dans l'enceinte, au choix, par celles du nord-ouest ou du nord-est. Sur la muraille, il y avait un chemin de ronde où s'élevaient quelques petits temples.

En arrivant par l'entrée nord-est (baissez la tête !), on débouche sur la ***casa del Cenote,*** appelée ainsi car construite au-dessus d'une grotte contenant de l'eau. Sur la gauche se détache le modeste ***Templo del Dios del Viento*** *(temple du Dieu du Vent),* à la base ronde, qui domine la côte. Le chemin longe un instant une crique sableuse, puis rejoint le ***Palacio del Gran Señor,*** où vivaient le *halach vinich* (le roi) et sa famille.

Templo del Dios descendente *(temple du Dieu descendant)* **:** juste en face du précédent, il doit son nom au motif sculpté au-dessus de l'entrée, présentant un dieu ailé descendant du ciel. Certains y voient le soleil couchant, Vénus ou Ah-Mucen-Cab, le dieu maya des Abeilles et du Miel. Toutes les peintures ont disparu. Remarquez l'inclinaison des murs, conçue de manière à ce que la partie haute surplombe la partie inférieure.

MAYA L'ABEILLE

Chez les Mayas, l'apiculture était une activité sacrée puisque le miel était destiné aux offrandes. Ah-Mucen-Cab, dieu des Abeilles, était aussi appelé le « dieu descendant », car il était représenté à l'envers, la tête en bas. Notons que la melipona (l'abeille locale) construit sa ruche en forme de pyramide, de façon identique aux pyramides des sites mayas... Qui a copié ? Pas l'abeille !

Castillo : nommé ainsi par les Espagnols parce qu'il domine le site, c'est l'édifice le plus célèbre de Tulum, le temple qui revêtait la plus grande importance, surélevé à 3 reprises au moins. 2 petits autels encadrent son escalier, qui mène à un sanctuaire supérieur. On ne peut pas s'en approcher directement, mais on peut le contourner par la droite.

Templo de las Pinturas *(temple des Fresques)* **:** sans doute du milieu du XVe s, c'est le plus intéressant. Il conserve des jolis petits bas-reliefs placés dans 3 niches sur la façade (dieu descendant au centre), des masques aux angles et de maigres vestiges de fresques à l'intérieur des portiques bas. Remarquez aussi les empreintes de mains rouges sur la partie supérieure.

Templo de la Estela *(temple de la Stèle)* **:** au sud du Castillo. Il doit son nom aux vestiges d'une stèle trouvée à l'intérieur par l'explorateur Stephens et portant la date de 564 apr. J.-C. (actuellement au British Museum de Londres). Est-ce la date de fondation de Tulum ou la stèle vient-elle d'une autre cité ? Les archéologues peinent à trancher.

Plage : *en contrebas du Castillo, accessible par un escalier, 8h-16h seulement. Parfois inaccessible en cas de grande marée (ou d'invasion de méduses !).* Façon de joindre l'utile à l'agréable : une immersion dans le monde maya (d'où l'utilité d'apporter son maillot de bain). Les iguanes sont déjà là à se dorer.

DANS LES ENVIRONS DE TULUM

Gran Cenote : *à env 3,5 km sur la route de Cobá. Taxi (env 200 $Me) ou combi (25 $Me). Tlj 8h10-16h45, dernière entrée à 16h15. Entrée : 500 $Me. Casier 30 $Me, masque 80 $Me.* S'il est très visité, ce *cenote* aménagé est néanmoins bien sympa pour une séance baignade : on se met à l'eau dans un 1er puits naturel au cadre assez luxuriant, puis on ressort dans un 2d, plus petit, en nageant sous une voûte basse ! On peut y voir poissons, tortues (introduites) et chauves-souris.

Cenote Aktún-Há (Carwash) : *à env 8 km sur la route de Cobá. Taxi (env 100 $Me) ou combi (25 $Me) depuis Tulum Pueblo. Tlj 10h-17h. Entrée : 300 $Me. Casier 30 $Me.* Très prisé des plongeurs, ce *cenote* ouvert a la particularité de changer de couleur au fil de l'année : il est bleu cristal de janvier à avril, vert émeraude de mai à août à cause de la prolifération d'une algue, puis, d'août à novembre, les eaux de ruissellement, dues à la saison des pluies, le colorent en rouge ! Un site pas désagréable, mais proche de la route.

RESERVA NATURAL SIAN KA'AN

Sian Ka'an, c'est « l'origine du ciel ». Grand comme un département français (5 280 km²), cet immense parc naturel a été classé réserve de la biosphère par l'Unesco en 1987. Étiré sur 120 km du nord au sud (depuis les portes de Tulum), il comprend aussi bien des forêts tropicales que de vastes lagunes habitées par les lamantins et les crocodiles, des mangroves, des plages sauvages superbes où viennent pondre les tortues marines et des récifs coralliens. Plus de 300 espèces d'oiseaux y ont été recensées, ainsi que 120 mammifères et... plus de 310 modèles de moustiques, du plus tendre au plus vorace ! La zone abrite aussi des ruines mayas connues des seuls initiés. Seul souci : Sian Ka'an se laisse difficilement approcher.

Infos pratiques

– **Horaires et prix :** *tlj 7h-18h. Entrée : 50 $Me. En arrivant de Tulum par la route de Boca Paila, il est interdit d'entrer dans la réserve après 18h, sauf si on a une résa pour un hébergement situé dans la réserve (à Boca Paila ou Punta Allen). En revanche, on peut ressortir à tte heure. Le* centro de visitantes, *avec sa tour d'observation et son petit musée, est situé à 9 km de l'entrée, au niveau du pont de Boca Paila.*

➢ **Comment y aller ?** Seules 2 options sont simples. Et d'une : s'offrir une sortie en bateau sur la Laguna Campechén depuis la route de Boca Paila (voir ci-dessous) et fréquenter la tour d'observation du *Centro de visitantes.* Et de 2 : passer par la zone archéologique de Muyil, à 21 km de Tulum en direction de Bacalar, pour rejoindre la Laguna Chunyaxché (voir plus loin).

■ **Sian Ka'an Tours (Diamante Maya) :** *route de Boca Paila, à l'intérieur du parc, env 3 km après l'arche qui marque l'entrée. ☎ 876-33-85. Pour le tour de 2h30, comptez 1 000 $Me/pers si vous êtes 2, 600 $Me/pers si vous êtes 6. Tour de 1h30 dès 600 $Me/pers pour 2.* Romy Ancona-Nuñez – épaulé par Hector et Mario, ses 2 capitaines – propose plusieurs formules pour découvrir le parc à bord de ses bateaux. L'excursion la plus classique comprend la balade sur la lagune et sur un canal maya, une étonnante ruine semi-immergée et l'observation de la faune et de la flore. On a de bonnes chances de voir des crocos et des lamantins et il y a toujours pas mal d'oiseaux.

■ Des lecteurs nous conseillent aussi **Community Tours Sian Ka'an** (*• siankaantours.org •*). Privilégiez les sorties en kayak, préférable pour approcher les oiseaux.

➢ Ceux qui ont un 4x4 peuvent rejoindre la bourgade de ***Punta Allen,*** à 45 km de mauvaise piste. Là-bas, des excursions en mer permettent d'aller à la rencontre des dauphins. *Compter env 2 500 $Me pour 3h, jusqu'à 6 pers incluses.*

À voir. À faire

Zona arqueológica de Muyil : *à 21 km au sud de Tulum, vers Chetumal (km 205 de la Federal). Combis (nombreux) ou bus 2de classe. Tlj 8h-17h (dernière admission 16h30). Entrée : env 65 $Me (+ 70 $Me si accès à la* ***laguna de Chunyaxché****).*
Muyil est un joli petit site entouré par la forêt, qui fut occupé dès 300 av. J.-C. et jusqu'au début du XVIe s. Le 1er chemin sur la gauche conduit au *palacio* Rosa, de la période postclassique (1250-1550), assez joli avec ses 2 arbres agrippés aux murs. On passe devant une grotte aux chauves-souris pour rejoindre le proche *Castillo* (période classique), l'un des édifices les plus hauts de la côte est (17 m). Il se caractérise par sa tour circulaire au sommet. À l'arrière, au-dessus d'une porte sur le niveau supérieur, on distingue 2 panneaux figurant des hérons sculptés.
Du pied du Castillo, l'ancien *sacbé,* qui assurait une communication avec les voies maritimes, conduit en 500 m à une entrée secondaire de la réserve de Sian Ka'an. Encore 500 m sur une passerelle en bois sinuant joliment à travers la forêt et la mangrove et on parvient au bord de la ***laguna de Chunyaxché.*** Juste avant, une tour d'observation (escaliers assez vertigineux) offre un panorama splendide sur la forêt et le plan d'eau. Vous pourrez ensuite embarquer sur des petits bateaux pour explorer ce versant de la réserve *(tlj 8h40-16h ; compter env 900 $Me/pers pour 2h, base 6 pers dans le bateau).* Parmi les temps forts : 40 mn de dérive dans une rivière avec gilet de sauvetage. Autre option : la balade guidée en kayak de 3h *(env 1 200 $Me).*

ZONA ARQUEOLÓGICA DE COBÁ

IND. TÉL. : 984

Entourée de 5 lacs, Cobá fut, à l'époque classique, la cité maya la plus puissante du nord de la péninsule. Occupant un immense territoire de 70 km², dont la plus grande partie demeure enfouie dans la forêt, elle compta sans doute jusqu'à 50 000 habitants. Seuls les édifices les plus importants ont été dégagés, à commencer par la pyramide de Nohoch Mul, l'une des plus hautes du Yucatán avec celle de Calakmul.

UN PEU D'HISTOIRE

Cobá fut sans doute la plus importante cité maya du Yucatán à l'époque classique : elle dominait alors tout l'est et le nord de la péninsule. L'important réseau de voies de communication *(sacbeob)* rayonnant à partir de la ville témoigne de son influence politique et commerciale. À son apogée, entre l'an 600 et 800,

TOUS LES *SACBEOB* MÈNENT À COBÁ

Cobá se trouvait au cœur d'un immense réseau de sacbeob. *Ces « chemins blancs » tracés par les Mayas pouvaient mesurer 9 m de large. On en a recensé 45 ici, le plus long, menant à la cité de Yaxúna (près de Chichén Itzá), atteignant 100 km !*

elle contrôlait non seulement les échanges terrestres, mais aussi maritimes, à partir du port de Xel-Há. Cobá fournissait notamment en sel la ville de Tikal. Elle scella d'ailleurs avec elle des alliances militaires et politiques (à travers des mariages), ainsi qu'avec d'autres cités importantes comme Dzibanché et Calakmul. L'architecture montre au demeurant des liens étroits avec les cités de l'actuel Guatemala. À l'arrivée des conquistadores, Cobá n'était déjà plus que ruines enfouies sous la jungle, et son existence passa inaperçue. Elle fut (re)découverte au XIXe s par les fameux archéologues Stephens et Catherwood.

Arriver – Quitter

Cobá se trouve presque à mi-distance entre Tulum et Valladolid. Les bus *ADO* desservent le parking situé devant l'entrée du site (on achète son billet au snack *Armin*). Les bus *Mayab* et *Oriente* s'arrêtent, eux, devant l'hôtel *Lol-Ha,* dans l'unique rue du village.

– ***Tulum et Playa del Carmen :*** bus *ADO* tlj à 9h depuis Playa del Carmen (trajet 2h), 10h31 depuis Tulum ; retour de Cobá à 15h10. Plus fréquents, les bus *Mayab* et *Oriente* (2de classe), ttes les 1-3h env, sans oublier les *colectivos,* ttes les 1h env, départ de Tulum à la hauteur du zócalo, sur l'av. Tulum – ce qui permet de débarquer avant tout le monde sur le site.

– ***Valladolid :*** bus 2de classe seulement. Théoriquement, ttes les 1h-3h env avec *Mayab* et *Oriente.*

Infos pratiques

– ***Infos et horaires :*** *☎ 206-71-66. Tlj 8h-17h. Prévoir 2-3h de visite à pied, car les ruines sont dispersées. Pour aller plus vite, on peut louer un vélo (50 $Me) ou un tricycle avec chauffeur (125 $Me pour 2 le tour de 1h20 jusqu'à Nohoch Mul et retour ; 200 $Me pour le tour de 2h).*

– ***Tarifs :*** *entrée 100 $Me. Parking 60 $Me.*

– ***Guide francophone :*** *env 650 $Me pour 1-4 pers pdt env 45 mn, ou 1 150 $Me pour 1h30. Au-delà de 4 pers, ajouter 50 $Me/pers supplémentaire.*

Où dormir ?

Hotel Sac-Be : *av. Principal, à côté de l'église catholique. 984-151-34-06. Doubles 650-780 $Me.* Si vous voulez dormir dans le coin pour être sur le site à l'ouverture, c'est ce qui se fait de mieux à Cobá : un petit hôtel familial en bord de route, correct, avec TV, frigo et AC (ancien). Pour être tranquille, demandez une chambre au bout du bâtiment (perpendiculaire à la route). Resto très correct au rez-de-chaussée.

Le site

Le site, gigantesque, compte près de 6 500 structures. On ne va pas toutes les décrire, rassurez-vous ! Très peu d'entre elles ont d'ailleurs quitté leur manteau de verdure.

Grupo Cobá : l'ensemble est situé à droite du chemin, à une centaine de mètres après l'entrée, à l'endroit où l'on peut louer vélos et tricycles avec chauffeur. Constitué d'une quarantaine de structures et 6 *sacbeob,* il conserve notamment un ***jeu de pelote*** dont les parois sont penchées : à la différence de Chichén Itzá, où les murs sont verticaux, les joueurs pouvaient sans doute

LA PÉNINSULE DU YUCATÁN

courir dessus pour atteindre les anneaux (conservés). Il y a aussi une ***pyramide*** surnommée « l'église » (stèle presque illisible).

Conjunto Pinturas : datant de la période postclassique (1100-1450), ce sont les benjamines des constructions de Cobá : d'abord un temple, puis, environ 200 m plus loin, le cœur du groupe, assez bien préservé, avec un nouvel exemple de ***jeu de pelote*** (bas-reliefs et glyphes sur ses flancs). Sous un auvent : une stèle en assez bon état. À proximité, quelques arbres produisant le copal, l'encens maya.

Pirámide Nohoch Mul : au terme d'une belle balade dans la jungle (à 1,5 km de l'entrée), on tombe nez à nez avec cette impressionnante pyramide de 42 m, dont le nom signifie bêtement « grand monticule »... Comme pour beaucoup de pyramides de la zone, l'ascension est désormais interdite aux visiteurs. À son pied, la stèle 30 est la moins mal conservée de toutes. À 2 pas, ne manquez pas la belle pyramide semi-circulaire du ***Xaíbé,*** photogénique et bien retapée. Si on a pris la branche de droite du chemin, on passe devant en arrivant à Nohoch Mul.

QUAND LA RÉSINE EST BONNE

Les Mayas pensaient que le copal (une sorte d'ambre) était la nourriture des dieux. Lors des cérémonies, ils en brûlaient pour favoriser la communication. Cet encens était tellement sacré qu'une fois posé sur l'autel, il leur était interdit d'y toucher.

Grupo Macanxoc : à 1 km du Conjunto Pinturas, d'où part le sentier. Au menu : plusieurs pyramides plus ou moins dégagées et surtout 8 stèles plus ou moins bien conservées – la n° 1, la 1re que l'on voit, est la plus intéressante (313 glyphes).

DANS LES ENVIRONS DE COBÁ

Pas mal de *cenotes* dans le secteur, notamment ceux de Choo-Ha et Tankash-Ha, que l'on peut rejoindre en louant un vélo à l'entrée du site (à 6 km) – mais ce ne sont pas nos préférés.

Cenote Muul'Ish : *continuer après la zone archéologique sur 2 km (comme pour aller au cenote Choo-Ha) puis, à la grande fourche, prendre à gauche, direction San Juan de Dios ; entrée fléchée un peu plus loin sur la droite (1,8 km de piste). Tlj 10h-17h. Entrée : 150 $Me ; gratuit jusqu'à 18 ans.* Voilà un vrai *cenote* secret ! On y descend par un escalier de bois en colimaçon un peu vertigineux glissé par l'unique puits de lumière, pour découvrir une salle ample, profonde de 15 m, où s'infiltrent des racines et pendent quelques stalactites et draperies. On peut y nager. Paco, du *Chill Inn* de Tulum, nous a assuré qu'on peut y voir 2 crânes et des ossements humains... peut-être les trouverez-vous ? Pas nous. Vestiaires rustiques.

Reserva de Punta Laguna : *à 18 km au nord-est de Cobá en direction de Nuevo Xcán. Balade guidée 1h : 300-400 $Me (à négocier).* On vient ici pour voir les singes-araignées qui peuplent la forêt et aussi des singes hurleurs dont le guide maya imite le cri pour les inciter à répondre. On peut aussi descendre au fond d'un petit *cenote* par une échelle de corde. Au fond : de nombreux ossements humains... En option également : tyrolienne et tour en canoë sur le lac. Dans tous les cas, venez bien chaussé et couvrez-vous les jambes (végétation, insectes).

LE SUD DU QUINTANA ROO

BACALAR

env 12 000 hab. IND. TÉL. : 983

• Plan *p. 323*

À une trentaine de kilomètres au nord de Chetumal, la petite ville de Bacalar est en passe de devenir un haut lieu du tourisme « farniente ». Et pour cause : elle s'étire sur le flanc d'un lac effilé de 70 km de long, dont les eaux d'une teinte inouïe lui ont valu le surnom de « lagune aux 7 couleurs ». Bleu, vert, émeraude et surtout turquoise, c'est superbe ! Un endroit idéal pour se mettre au vert et une bonne étape sur la route du Belize et du Guatemala.

Arriver – Quitter

Terminal des bus *(hors plan par A1)* **:** *sur la grand-route (Federal 307), à la hauteur de la c/ 30.* On peut y acheter ses billets de ferry pour Cozumel, l'isla Mujeres et Holbox.

➢ ***Cancún*** *(4h50-5h30)* ***par Tulum*** *(2h40)* ***et Playa del Carmen*** *(3h40-4h)* **:** 15-18 bus/j. avec *ADO* et *AU*, dont 1/3 de nuit... Également une douzaine avec *Mayab*, 7h-1h.

➢ ***Chetumal*** *(40 mn)* **:** env 20 bus/j. avec *ADO*, 24h/24, mais très peu circulent le mat (76 $Me). Aussi avec *Mayab* 24h/24 et ttes les 1h-2h avec les *colectivos* Caribe, 8h-20h (45 $Me).

➢ ***Mérida*** *(env 5h)* **:** 4-5 bus/j. avec *ADO*, 8h20-1h20 (1h20).

➢ ***Palenque*** *(7h30-8h)* **:** à 1h45 avec *AU*.

Adresse et info utiles

Oficina de turismo *(plan A1)* **:** *av. Quinta, kiosque en dur sur le flanc ouest du parque. ☎ 834-28-86. Lun 9h-14h (théoriquement...).* Distributeur ATM attenant. *Sinon, le bureau administratif est planqué (pas de panneau...) juste à côté du resto* Mango y Chile *(porte à gauche ; plan B1).*

– ***À savoir :*** dans le but de préserver le site, la lagune est fermée à la baignade et à toute activité nautique le mercredi. Balade à pied toujours possible cependant.

Où dormir ?

Auberges de jeunesse

Yaxche Centro *(plan A1,* ***10****)* **:** *av. 9 ; entre c/ 22 et 24. ☎ 834-20-81. Selon saison, env 225-290 $Me/pers en dortoir ; camping 150 $Me (loc de tente + 150 $Me) ; cabaña et doubles 600-890 $Me ; petit déj continental compris.* L'adresse donne le ton du secteur : une AJ conviviale et un peu foutraque, organisée autour d'un jardin intérieur, où tout est possible ou presque : 2 dortoirs corrects (draps et oreillers fournis) avec sanitaires à partager (4 douches), un coin pour camper, une *cabanã* au fond du terrain et 2 doubles pas bien placées... Tout se passe ici autour de la cuisine commune, à libérer à 10h. Edmundo, le proprio, propose chaque jour à cette heure-là un transfert vers son autre camping (***Ecocamping Yaxche ;*** *hors* *plan par B1,* ***11****),* situé au bord de la lagune, où l'on peut se baigner, glandouiller sur les balancelles au-dessus de l'eau et faire du kayak *(150 $Me/h)* ; retour en milieu d'après-midi. Là-bas, les tentes sont regroupées face au lac sous un auvent et il y a aussi 2 bungalows simples et des chambres avec salle de bains privée (mais certaines hors de la chambre !) dans un nouveau bâtiment en retrait *(1 200-1 500 $Me jusqu'à 4 pers).* Éviter celles du rez-de-chaussée, aux fortes odeurs d'égouts...

⛺ 🏠 ***Magic Bacalar*** *(hors plan par B1,* ***12****) : av. 3 et c/ 36. ☎ 834-23-57. • magicbacalar.com • Tt au bout (nord) de l'av. 3. Camping env 180 $Me/pers (230 $Me avec tente mise à disposition) ; en dortoir, 290-340 $Me/pers selon confort ; double 900 $Me ; petit déj continental compris.* On vient avant tout ici pour le cadre (un long terrain glissant jusqu'au lac) et les dortoirs. Au choix celui de 9 lits au fond du jardin (un peu sombre mais avec sa propre kitchenette), ou celui de 11 lits pile poil face aux eaux turquoise (évidemment un peu plus cher). Pas de lits superposés ici et chacun sa moustiquaire ! Les chambres « privées » ont été aménagées dans les combles au-dessus (intimité relative). Quant aux campeurs, ils se retrouvent empilés au centre, sous une bâche... Ambiance festive, avec hamacs en pagaille. Location de paddles (récents), kayaks *(85 $Me/h)* et vélos.

🏠 ***The Yak Lake House*** *(plan B1,* ***13****) : costera (av. 1) et c/ 24. ☎ 834-31-75. • yakbacalar.com • Lit en dortoir 430-1 000 $Me selon capacité, double 1 700 $Me ; petit déj inclus.* Le *Yak* a un avantage de taille : il s'agrippe à la rive même du lac, en plein centre de Bacalar : panorama garanti, y compris depuis certaines piaules. L'ambiance est ici moins bohème et plus américaine. Les dortoirs, mixtes (4-8 lits), et les chambres sont bien propres, mais ces dernières sont situées au-dessus du bar, avec des portes semi-transparentes qui laissent passer la lumière... Elles sont de toute façon trop chères ! Cuisine commune moderne, nombreuses activités et location de kayak *(100 $Me/h).*

De bon marché à prix moyens (moins de 1 200 $Me / env 57 €)

🏠 ***Hostal Pata de Perro*** *(plan A1,* ***14****) : c/ 22 nº 63, sur le flanc nord du zócalo. ☎ 834-20-62. • patadeperrobacalar.com • Double env 800 $Me, apparts 800-1 500 $Me.* On ne s'extasiera pas sur les toutes petites chambres du rez-de-chaussée, certes propres mais sombres (soupirail seulement) – avec cuisine et salle de bains partagée. En revanche, à l'étage, les apparts, spacieux, lumineux, agréablement décorés, avec sanitaires privés et cuisine, sont d'un excellent rapport qualité-prix (certains en duplex) !

🏠 ***Maria Maria Hotel*** *(plan A2,* ***15****) : av. 3 nº 600 et c/ 14. ☎ 834-21-16. • hotelmariamariabacalar@gmail.com • Doubles 950-1 150 $Me ; 150 $Me par pers supplémentaire.* À 2 *cuadras* du lac, dans un secteur tranquille, ce petit hôtel familial propose 9 chambres assez sobres mais pimpantes, récentes, bien équipées (AC, TV), pouvant accueillir jusqu'à 3 ou 4 personnes. Les nºs 1 à 5, à l'étage, ont accès à une petite cuisine – si vous êtes au rez-de-chaussée, vous n'aurez droit qu'à une cafetière !

🏠 ***Hotelito El Paraíso*** *(plan B2,* ***16****) : av. 1 (costanera). ☎ 834-27-87. À côté du* Balneario municipal, *dans la ruelle qui descend vers le lac. Double env 1 000 $Me, triple 1 200 $Me, puis 150 $Me/pers supplémentaire (jusqu'à 6 pers).* Coloré, l'hôtel est bordé par une pelouse d'un beau vert qui avance jusqu'au lac. Les chambres sont grandes, nickel, simples mais de bon confort, avec 2 lits doubles, AC, frigo et salle de bains, mobilier rustique et dessus-de-lit rétro... Bonne surprise : elles sont toutes tournées vers la *laguna.*

De plus chic à très chic (plus de 2 000 $Me / env 95 €)

🏠 🍽 🌴 ***Rancho Encantado*** *(hors plan par B1,* ***17****) : route 307, km 24. ☎ (998) 884-20-71. • encantado.*

BACALAR

Adresse utile	
Oficina de turismo (A1-B1)	
Où dormir ?	
10 Yaxche Centro (A1)	**16** Hotelito El Paraíso (B2)
11 Ecocamping Yaxche (hors plan par B1)	**17** Rancho Encantado (hors plan par B1)
12 Magic Bacalar (hors plan par B1)	**Où manger ?** **Où boire un verre ?**
13 The Yak Lake House (B1)	**30** Enamora (A2)
14 Hostal Pata de Perro (A1)	**31** El Manatí (A1)
15 Maria Maria Hotel (A2)	**32** Christian's Tacos (A1-2)
	33 La Piña (B1)
	34 Mango y Chile (B1)
	35 Bote de Leche (B1)
	36 La Playita (B1)

com • À 2 km de Bacalar en direction de Tulum, sur la droite. Doubles et suites 2 700-6 400 $Me selon catégorie et saison, petit déj inclus. Bien cachés en contrebas de la route, une vingtaine de bungalows spacieux en dur ou en bois, très confortables (terrasse, hamacs, salle de bains avec puits de lumière dans certaines chambres) se dispersent dans un jardin arboré déroulé jusqu'à la lagune. Atmosphère paisible, impeccable pour se relaxer. Une adresse pour les amoureux, à l'image du resto romantique les pieds dans l'eau (service au top).

Où manger ? Où boire un verre ?

Bon marché (moins de 200 $Me / env 9,50 €)

Enamora (plan A2, **30**) : *c/ 18 nº 108 et av. 5. Tlj 8h-15h. Petits déj 60-160 $Me.* Visualisez de grandes tables en bois sous un grand arbre, à un angle de rues (calmes). Vous y voilà. Dans l'air flotte la bonne odeur du pain tout juste cuit et, devant vous, attend une tarte mûres-amandes (ou goyave), une tartine végétarienne chèvre-pommes-fraises-romarin ou un sandwich de *pollo* caramélisé à l'ananas et au gingembre. Les proprios suédois ont de l'imagination. Bon accueil.

El Manatí (plan A1, **31**) : *c/ 22 nº 116, entre les av. 5 et 7. ☎ 834-20-21. Tlj 8h-15h (puis boissons jusqu'à 21h). Plats 75-135 $Me.* C'est à la fois une galerie d'art-artisanat et un resto sympathique, dont on apprécie particulièrement la cour-jardin luxuriante. Au menu, un choix de petit déj varié sur des notes saines et, le midi, des plats inspirés des traditions locales, comme ce ceviche de coco. Pas de viande, ici ! Dommage que le service soit aussi désorganisé.

Christian's Tacos (plan A1-2, **32**) : *c/ 18, entre les av. 7 et 9. Tlj 18h-minuit. Tacos 12-15 $Me.* Cet endroit est un miracle : on y mange de fort bons tacos *al pastor,* généreux, servis avec citron, oignons et 2 sauces bien présentées, pour un prix défiant toute concurrence. Pas d'assiette en plastique ici, mais de la porcelaine. Une nappe. Et le sourire du serveur. Imbattable.

La Piña (plan B1, **33**) : *av. 3, entre c/ 26 et 28. Tlj 8h-21h sauf mer. Plats 25-100 $Me.* Tiens, encore une adresse végane ! Passé la cuisine ouverte se déroule une bande étroite de terrain-jardin délimité par des palissades en bois et des bananiers, aux tables sous *palapas* individuelles. Dans l'assiette : des salades et du guacamole pour 3 fois rien, de l'houmous « de la selva », des petits ceviches, des tacos à composer soi-même, de bons cocktails de jus de fruits frais (au litre ou ½ litre !) et, pour les moins sages, des smoothies *borrachos* (bourrés)... Idéal pour prendre son mal en patience.

Mango y Chile (plan B1, **34**) : *av. 3, à côté du fort. Tlj 13h-21h. Burger 150 $Me.* Décidément... Bacalar connaît une vraie invasion végane ! Ici, on commande au comptoir son burger de légumes, graines et pousses diverses (3 options), puis on file l'attendre (patiemment) en terrasse, en profitant du panorama imprenable sur le lac en contrebas. Attention de ne pas vous asseoir sur le canon enchâssé dans le parapet !

Prix moyens (200-300 $Me / env 9,50-14,30 €)

Bote de Leche (plan B1, **35**) : *costanera, entre les c/ 28 et 30. 984-129-34-10. Tlj 17h-22h sauf lun. Plats 115-240 $Me.* Voilà un lieu vibrant d'énergie, très apprécié des habitués pour un dîner les yeux dans les yeux. Les plantes en pot font vite oublier la rue sur laquelle donne la terrasse et le menu du moment (court), affiché sur une grande ardoise à l'entrée, donne déjà l'eau à la bouche... Une viande parfaitement grillée. Un thon mi-cuit à l'ananas grillé. Un curry de la maison... Tout cela est goûteux, d'un très bon rapport qualité-prix et le service est fort souriant. Choix de vins au verre. Seul bémol : l'attente.

La Playita (plan B1, **36**) : *costanera (av. 1) et c/ 26. ☎ 834-30-68. Tlj 12h-23h. Plats 110-350 $Me.* Touristique par excellence, l'adresse bénéficie d'une situation imprenable : ses tables en bois s'éparpillent à l'ombre d'un caoutchouc géant aux branches tentaculaires, face à la *laguna* et son ponton. On imagine déjà des plats mexicains classiques et on découvre une carte ample aux recettes originales, façon crevettes confites à l'orange et au *chipotle,* salade aux fèves de cacao et tacos de chou-fleur ou de marlin. Bien aussi pour boire un verre. Après (ou avant) : plouf !

À voir. À faire

Fuerte de San Felipe *(plan B1-2) : en bordure du zócalo. Tlj 9h-19h sauf lun. Entrée : 110 $Me.* Ce pittoresque fort en étoile à 4 branches, qui surplombe la lagune, a été bâti en 1733 pour protéger Bacalar des attaques de pirates, à une époque où le commerce du bois de *campeche* attisait les convoitises. Joliment restauré, il est encore bardé de canons ! Son logis principal abrite un intéressant musée (salle unique) qui déroule l'histoire locale et régionale depuis l'époque précolombienne. Ne manquez pas l'oiseau phallique maya et les maquettes de bateaux pirates.

Laguna de Bacalar : longs pontons de bois jetés sur l'eau, balancelles romantiques au-dessus, balades en bateau, kayak ou paddle... Le panorama et les offres sont similaires tout au long du rivage. Une bonne partie est toutefois propriété privée et seuls quelques accès sont publics. Vous en trouverez un *à l'extrémité de la calle 18,* ainsi qu'au **Balneario Municipal** *(plan A2),* situé à 2 rues au sud *(au bout de la c/ 14, parking 10 $Me),* avec son vaste espace gazonné, son bar-resto tranquille et son long ponton d'où partent des balades sur le lac *(1h15 jusqu'au canal de los Piratas, aux eaux turquoise magnifiques, dès 150 $Me, min 9 pers ; 2h30 en ajoutant les cenotes Negro, Esmeralda et Cocalinos, dès 250 $Me, min 5 pers).* On aime moins le *Balneario Magico Bacalar (entrée 20 $Me, parking 10 $Me),* à l'ambiance parc d'attractions. En revanche, au niveau de la c/ 32, le discret **Balneario Ecológico** *(hors plan par B1 ; tlj 10h-18h ; entrée 5 $Me, parking 10 $Me)* est fort sympa : juste un chemin qui glisse rapidement à travers la mangrove jusqu'à une petite plage appréciée des néo-babas.

ESTROMAQUOI ?

En vous baladant sur la laguna de Bacalar, vous ne manquerez pas de voir de drôles de formations calcaires plus ou moins ovales – ou en tout cas arrondies – affleurant à la surface des eaux. Des estromalitos, vous dira-t-on. En bon français : des stromatolithes, formés dans les eaux peu profondes par des bactéries, un peu comme le corail forme les récifs.

➢ **Balade en paddle sur le lac :** s'il n'y a pas de vent, c'est idéal ! Pour une sortie guidée de 3h, on vous conseille *What Sup* avec Daniel Navarro *(📱 983-171-62-96),* avec départ au choix du *Yak* ou de l'*hostel Xibalba* (à 2 km au sud) au lever et au coucher du soleil. Son matos est de qualité. *Compter 450 $Me.*

➢ **Balade en kayak sur le lac :** *comptez env 150 $Me/h pour un kayak simple, 200 $Me pour un double.* Consultez la table des marées : elles influent sur les courants et il vaut mieux les avoir avec soi que contre soi (surtout s'il y a du vent en plus !).

DANS LES ENVIRONS DE BACALAR

Chacchobén : *au nord-est de Bacalar. Prendre un combi (vers le nord) jusqu'à la bifurcation de la route de Mérida (293), à 42 km, puis un autre jusqu'à l'entrée du site (env 8 km). Tlj 8h-17h. Entrée : 65 $Me.* Ce « lieu du maïs rouge » surprend : peu connu, le site livre coup sur coup le *Templo 24,* bien restauré, aux angles arrondis, puis plus loin une grande pyramide de facture similaire, majestueusement juchée sur une haute terrasse. Une 3e lui tient compagnie côté nord, plus petite. L'apogée de Chacchobén date de l'époque classique (600-900).

CHETUMAL

151 200 hab. IND. TÉL. : 983

• Plan *p. 327*

Entièrement reconstruite dans les années 1960 consécutivement à sa destruction par un ouragan, la capitale du Quintana Roo ne vous laissera pas un souvenir impérissable. Mis à part son musée de la culture maya, pas grand-chose à faire ici. Mieux vaut trouver refuge à Bacalar, à une trentaine de kilomètres plus au nord.

Arriver – Quitter

En bus

Terminal régional et succursale ADO *(plan A1,* ***1****) : à l'angle des av. Belice et Colón, près du marché.* Nombreux bus pour les destinations environnantes. Possibilité d'y acheter ses billets longue distance (dont *ADO*), mais départ du terminal principal.

Colectivos pour Bacalar *(plan B1,* ***2****) : sur Primo de Verdad, presque à l'angle avec Hidalgo.* Départs ttes les 2h, 8h-14h. Trajet : 40 mn. Mieux vaut prendre un taxi. Ces derniers (blancs avec des lignes bleues) partent tlj 6h-20h de l'av. Independencia, entre Mahatma Gandhi et Efraín Aguilar.

➢ ***Laguna Guerrero :*** *en principe, sur Venustiano Carranza (parallèle à Primo de Verdad).* Horaires aléatoires et s'attrape au vol.

Terminal Principal ADO *(hors plan par A-B1,* ***3****) : av. de los Insurgentes (angle av. Palermo). ☎ 832-51-10. Loin du centre, prendre un taxi.* Il regroupe les compagnies *ADO, ADO GL, OCC, Mayab, SUR, TRT* et *San Juan Travel.* Distributeur automatique. Consigne à bagages. Attention, en été, les bus sont bondés. Mieux vaut réserver le plus tôt possible.

➢ ***Bacalar :*** bus *ADO,* départ à 7h30, 10h30 et 22h. Avec *AU,* départ à 2h55.

➢ ***Tulum :*** env 8 bus/j. avec *ADO* 6h-18h30, principalement le mat. 3 bus/j. avec *OCC,* à 5h35, 8h15 et 12h35. Quelques bus de nuit avec *Mayab.* Trajet : env 3h.

➢ ***Playa del Carmen et Cancún :*** env 15 bus/j. 5h10-minuit. Trajet : respectivement 4h15 et 5h30.

➢ ***Campeche :*** 1 bus *ADO* tlj à 12h. Trajet : 6h. Ces bus s'arrêtent à Xpujil et Escárcega.

➢ ***Mérida :*** 3-4 bus/j. 7h30-23h30 avec *ADO,* 4 bus/j. 5h30-15h avec *Mayab.* Trajet : 5h30-6h.

➢ ***Mexico :*** avec *ADO,* 3 bus/j. à 11h30-22h20 pour le terminal *Tapo,* un bus à 16h30 pour le terminal Norte. Trajet : 22h.

➢ ***Palenque :*** 1 bus *ADO GL* ts les soirs à 0h20. Un autre vers 22h avec *OCC.*

Pour le Belize

➢ ***Belize City :*** 160 km. 1 départ/j. à 7h30 avec l'agence **San Juan Travel** depuis le ***terminal principal ADO*** *(hors plan par A-B1,* ***3****)* ou à 9h30 avec **Marlin Espadas** *(prise en charge à votre hôtel à 8h30 en réservant à l'avance au ☎ 837-32-29, ou départ de leur terminal av. Maxuxac, entre av. 10 de Abril et av. 30 de Noviembre ; bus climatisé avec wifi ; • marlinespadas.net •).* Sinon, les liaisons régulières s'effectuent à bord de vieux bus scolaires depuis le *Mercado Nuevo (hors plan par A-B1)* : suivre l'av. Heroes au nord, puis à droite Luis Cabrera. Les bus sont stationnés devant le marché. Départs env ttes les heures, 11h-17h30.

➢ ***San Pedro, Cay Caulker et Belize City en bateau rapide :*** *infos et vente de billets au terminal maritime de Chetumal : bd Bahia (plan A3). Liaisons avec San Pedro Belize Express Water Taxi : ☎ 832-16-48. • belizewatertaxi.*

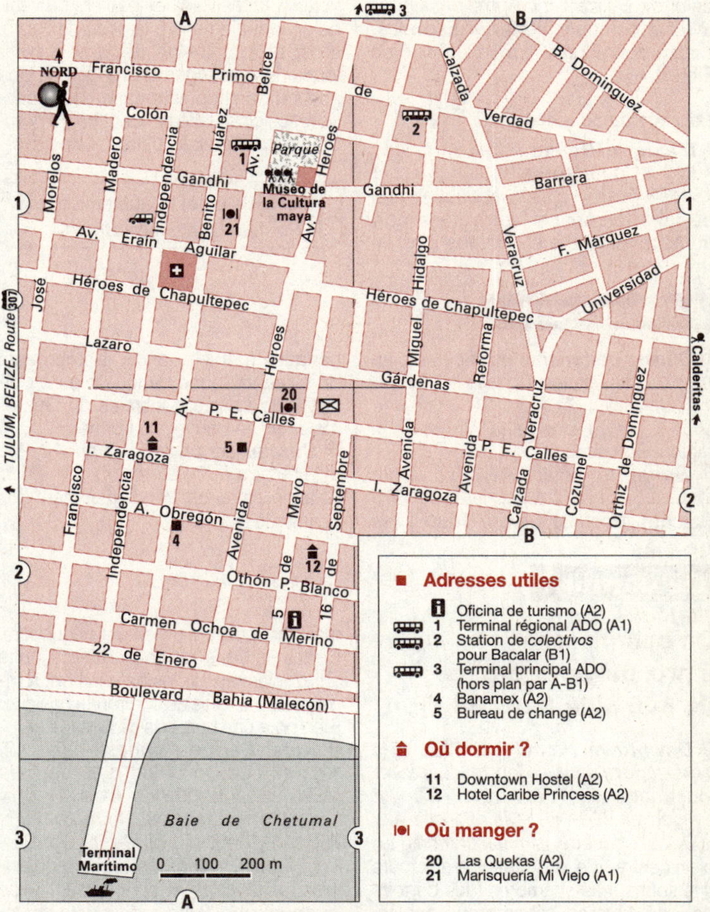

CHETUMAL

com ● Départ à 15h30 de Chetumal pour San Pedro et Cay Caulker. Tarifs selon période (sem ou w-e) : env 55 US$ pour San Pedro, 60 US$ pour Cay Caulker. Paiement en espèces en pesos, dollars du Belize ou US$. Se pointer au moins 1h avt le départ afin d'effectuer les formalités. De San Pedro ou Cay Caulker, bateau pour Belize City : une dizaine de départs/j., 6h-22h depuis San Pedro, 6h30-22h30 depuis Cay Caulker.

Pour le Guatemala

➢ ***Cuauhtémoc (frontière), via Palenque, Ocosingo et Comitán :*** avec *OCC*, 1 bus à 2h35. Trajet : 16h. De là, prendre un taxi pour la frontière *La Mesilla* et à nouveau prendre un bus pour la ville guatémaltèque de votre choix.

➢ ***Flores, via le Belize :*** départ à 7h30 avec l'agence ***San Juan Travel*** depuis le ***terminal principal* ADO** *(hors plan par A-B1,* ***3****).* C'est le même bus que celui de *Belize City.* Autre possibilité avec la compagnie ***Marlin Espadas,*** départ pour Flores tlj à 9h30 (7h30 de Flores).

Passage de douanes

– ***Mexique/Belize :*** *prévoir env 400 $Me pour sortir du Mexique, et 15 US$ pour y entrer.* N'oubliez pas de faire tamponner votre passeport au poste frontière et, si vous êtes en voiture, faites viser les papiers du véhicule (normalement, à la prise de l'auto, il est obligatoire de déclarer à votre loueur les passages de frontières). Une assurance supplémentaire est nécessaire. Le coût varie en fonction du nombre de jours passés dans l'autre pays.

Pour le Belize et le Guatemala, voir le *Routard Guatemala, Belize.*

Adresses utiles

🛈 ***Oficina de turismo municipal*** *(plan A2) : angle Carmen Ochoa de Merino, av. 5 de Mayo. ☎ 833-24-65. Lun-ven 8h30-16h30.* Plans de la ville et de la région. Bon accueil.

■ ***Banamex*** *(plan A2,* ***4****) : angle av. Obregón et Juárez. Lun-ven 8h-17h.* Guichet *Western Union.* Toutes les banques font le change. Distributeurs de billets. Aucune banque n'a de dollars Belize ni de quetzales du Guatemala. On en trouve à la frontière.

■ ***Bureau de change*** *(plan A2,* ***5****) : av. Heroes 83. Lun-sam 9h-19h.* Change les euros. Vend également des dollars du Belize.

Où dormir ?

De bon marché à prix moyens (moins de 800 $Me / env 38 €)

🏠 ***Downtown Hostel*** *(plan A2,* ***11****) : av. Zaragoza nº 231 (entre Juárez et Independencia). ☎ 129-19-07. Lit en dortoir 220-280 $Me, double env 600 $Me ; petit déj (simple) compris.* En plein centre-ville, un immeuble aux murs gris souris. Les chambres (des dortoirs de 6 ou 4 lits et 2 chambres doubles) sont du genre cellule de moine. Elles possèdent toutes leur salle de bains mais manquent cruellement de lumière. Certaines vous rappelleront vos nuits amazoniennes car les hamacs ont remplacé les lits. Cuisine commune basique. Bien pour une nuit, pas davantage.

🏠 ***Hotel Caribe Princess*** *(plan A2,* ***12****) : av. Obregón 168 ; près de 5 de Mayo. ☎ 832-09-00. • caribe_princess@hotmail.com • Doubles 700-750 $Me, petit déj-buffet inclus. Parking.* Couloirs sans âme, mais chambres lumineuses et spacieuses, avec lit double ou 2 lits individuels (bons matelas) ; clim (pas de ventilo). Pas le coup de foudre, mais pas si mal.

Où manger ?

De bon marché à prix moyens (moins de 300 $Me / env 14,30 €)

🍴 ***Las Quekas*** *(plan A2,* ***20****) : av. Plutarco Elías Calles (entre Heroes et 5 de Mayo). Tlj 24h/24.* Ce fast-food à la sauce mexicaine sert une cuisine variée, goûteuse et pas chère, ainsi que d'excellents jus de fruits frais en format maousse costaud.

🍴 ***Marisquería Mi Viejo*** *(plan A1,* ***21****) : c/ Belice 166. Tlj 9h-20h.* Vaste salle où les ventilos brassent l'air des conversations animées de *Chetumaleños.* Aux murs, des fresques naïves représentent des scènes de vie du monde maya d'antan. Les serveurs en escouade, menés par Raymundo, s'affairent à vous servir de bons *pescados, mariscos* ou *aves.* Bonne ambiance locale.

À voir

Museo de la Cultura maya (plan A1) : av. Heroes. ☎ 832-68-38. En plein centre-ville. Mar-dim 9h-19h. Entrée : 100 $Me. Étonnant musée. Un peu chaud, un peu sombre, avec, concernant la statuaire maya, quelques originaux et des copies mis en valeur par l'éclairage. Il est en grande partie virtuel et fait appel à une scénographie inventive mettant en scène, à grand renfort de bruitages, des maquettes de temples, des cartes, des reconstitutions et des bornes interactives sur toutes sortes de sujets comme l'économie, la chasse... Explique parfaitement la conception du monde selon le peuple maya. Par exemple, les calendriers astral et religieux, le système d'alphabet (un peu du chinois). Il y a aussi de belles reconstitutions (grotte et *cenote* en sous-sol), chaque fois placées dans le contexte des croyances mayas (l'inframonde, les vivants en surface, le paradis dans le ciel : dantesque). Panneaux en espagnol et en anglais. À ne pas rater si vous êtes à Chetumal.

Calderitas *(hors plan par B1)* : pour s'y rendre, bus en face du terminal ADO (centre), av. Belice. En voiture, suivre le bulevar Bahia sur env 9 km. Après avoir longé le *bulevar Bahia* et jeté un coup d'œil au passage au très controversé *Museo Cuna del Mestizaje,* on arrive à une plage artificielle où l'on peut se baigner. L'intérêt du lieu réside dans ses nombreux petits restaurants populaires, les pieds dans l'eau *(tlj midi et soir),* très agréables pour se détendre et beaucoup moins chers que ceux de Chetumal. Toujours de la musique *en vivo.*

DANS LES ENVIRONS DE CHETUMAL

Laguna Guerrero : *à 20 km au nord de Chetumal. En voiture, suivre l'av. Heroes vers le nord ; tourner à 5 km à gauche et, 6 km plus loin (patte-d'oie), encore à gauche. Combis sur Venustiano Carranza, face à la bibliothèque (parallèle à Primo de Verdad).* La *laguna* présente par elle-même un intérêt moyen et offre très peu d'infrastructures touristiques. Mais c'est un des derniers endroits du coin où peuvent s'observer les lamantins (*manati* en espagnol). Le ***sanctuario del Manati*** (sur la rive du lac à 15 km de la patte-d'oie) vous permettra de faire connaissance avec Daniel... un lamantin qui fait le bonheur des visiteurs.

Kohunlich : *à 66 km de Chetumal. Bus ou colectivo vers Xpujil ou Escárcega (ttes les 40 mn env), descendre à Francisco Villa (km 213) ; il reste 9 km de petite route, avec le stop pour seule option... En voiture, compter min 45 mn. Tlj 8h-16h30 (dernière sortie 16h50). Entrée : 85 $Me.* Cette ancienne cité maya a connu son apogée à l'époque classique, au VIe s. Le site, très riche mais assez concentré, se visite en 1h-1h30. Il possède l'un des complexes résidentiels mayas les mieux conservés, dans les secteurs du *Conjunto Pixa'an* et du *Conjunto de los 27 Escalones,* envahis par la forêt tropicale. On s'en approche par l'oasis de gazon de la *plaza de las Estelas,* encadrée par acropole, palais et temple – sur lesquels on peut monter. Le plus bel édifice de Kohunlich est néanmoins tout au bout du site : l'exceptionnel *templo de los Mascarones,* de 14 m de haut, présentant sur sa façade ouest 4 grands masques en stuc parfaitement conservés de Kinich Ahau tournés vers le couchant – à moins qu'il ne s'agisse de membres de la famille régnante représentés sous les traits du dieu solaire. Regardez bien, certaines traces de la peinture d'origine demeurent.

LE CHIAPAS

• Carte *p. 331*

Denses forêts de pins en altitude autour de San Cristóbal et Comitán, végétation exubérante dans les régions de Palenque et du río Usumacinta, d'où émergent de fabuleuses ruines mayas... Jouxtant le Guatemala, le Chiapas est une rude et magnifique région mi-montagneuse mi-tropicale, peuplée de nombreuses communautés indigènes qui enrichissent cet État d'une identité singulière. Alors que les Mexicains parlant une langue amérindienne constituent à peine plus de 5 % de la population du pays, au Chiapas, ils sont plus de 1,1 million sur une population de 5,2 millions. Ce sont, pour la plupart, des descendants des Mayas, les plus importants en nombre étant les Tzeltales, les Tzotziles, les Choles et les Zoques. Chacun parle sa propre langue, très différente des autres, et, parmi eux, près de 1 personne sur 6 ne parle pas l'espagnol ! Au cœur de la *selva,* entre Ocosingo et la frontière guatémaltèque, nombreux sont ceux qui n'ont même jamais mis les pieds à Palenque ni à Comitán.

ZAPATISTES

La révolte des Indiens

Le ***1er janvier 1994,*** le président du Mexique, Carlos Salinas de Gortari, célèbre l'entrée en vigueur de l'accord de libre-échange nord-américain (Alena), qui associe économiquement le Mexique à ses voisins du Nord, États-Unis et Canada. Ce même jour, dans la stupeur générale, ***les paysans indiens du Chiapas se soulèvent et prennent les armes.*** Leur modèle ? Emiliano Zapata (d'où leur nom, EZLN, *Ejercito Zapatista de Liberación Nacional*). Cette guérilla, qui réunit à peine 3 000 à 5 000 personnes, réussit à occuper San Cristóbal de Las Casas et Ocosingo. Ses membres revendiquent l'autogestion de leurs communautés, le droit au travail, à la terre, au logement, à la santé, à l'éducation, à une démocratie réelle et à la justice, mais aussi la reconnaissance de leur identité et de leur culture en tant que peuple indigène.

LE MAÏS DES GRINGOS

L'une des conséquences les plus dévastatrices de l'Alena, l'espace de libre-échange s'étendant du Mexique au Canada, est la destruction de l'agriculture paysanne mexicaine, incapable de rivaliser avec les gigantesques exploitations des agro-industriels nord-américains. Ainsi, aujourd'hui, c'est du maïs produit principalement aux États-Unis qui compose les tortillas, tandis que des milliers de paysans en sont réduits à entrer clandestinement aux États-Unis pour espérer y trouver du travail.

Le sous-commandant ***Marcos,*** qui ***prend la tête de l'insurrection,*** résume à sa manière la situation : « Ils nous "civilisèrent" hier et veulent aujourd'hui nous "moderniser". »

LE CHIAPAS

La contre-offensive du gouvernement

Aussitôt, le gouvernement déclenche une contre-offensive qui fait plusieurs centaines de morts. Mais, sous la pression de l'opinion publique, des négociations sont ouvertes. Le ***16 février 1996,*** l'EZLN et le gouvernement signent les ***accords de San Andrés sur les droits des cultures indigènes.*** Mais rien ne se concrétise. Au contraire, ***le climat s'envenime. En 1997,*** quelques jours avant Noël, dans le petit village d'Acteal, un groupe paramilitaire ouvre le feu sur des Indiens réunis pour prier, les poursuit, achève les blessés... Bilan : 45 morts, dont des femmes et des enfants. On apprendra par la suite que la police a protégé les paramilitaires, tentant même de faire disparaître des corps.
Peu après démarre une ***vague d'expulsions*** de dizaines ***d'observateurs étrangers*** présents au Chiapas et une ***série d'offensives de l'armée contre plusieurs communes zapatistes.***

La lutte continue

Avec l'investiture du président Vicente Fox (PAN), ***en 2000, l'espoir renaît.*** Pour s'attirer des voix, Fox a promis de « résoudre le conflit en 15 mn » en faisant réformer la Constitution selon les demandes des Indigènes. Pour appuyer leur position, les zapatistes organisent une ***immense marche pacifique vers Mexico*** (3 000 km), qui reçoit l'appui de personnalités du monde entier. José Bové et Marcos échangent même leurs pipes !

Mais, ***en 2001, c'est la déception.*** Le Parlement vote une loi bâtarde qui, certes, reconnaît enfin l'existence légale des Indiens, mais est vidée de tous les amendements que les zapatistes étaient venus défendre à Mexico, notamment ceux en faveur de l'autonomie des communautés indigènes. Les contacts sont rompus, et le silence retombe sur le Chiapas. ***Des affrontements surviennent*** régulièrement ***tout au long de la décennie.***

Le bilan aujourd'hui est plutôt maigre : certes, le mouvement zapatiste a réussi à redynamiser la société civile, à réactiver les mouvements sociaux et à faire entendre la parole des communautés indiennes. Mais ***les accords de San Andrés restent lettre morte.*** Comme le souligne un rapport de l'ONU (2004), les peuples indiens ne comptent toujours pas politiquement. Si l'emblématique sous-commandant Marcos a quitté la tête du mouvement en 2014 (et n'est officiellement plus poursuivi par la justice depuis 2016), ***le tissu militant du Chiapas reste actif,*** portant toujours les mêmes revendications d'autogestion politique et économique des communautés indigènes et luttant contre la privatisation des ressources (lire plus loin). Les slogans fleurissent sur les murs des villes et le long des routes de montagne, les mouvements sociaux sont fréquents, et, en réaction, quelques groupes paramilitaires sévissent encore...

Une poignée de villages sont toujours autogérés par l'EZLN, les habitants organisant leur propre système économique, d'éducation, etc. Ceux que cette expérience politique intéresse vraiment peuvent leur rendre visite. Attention, cependant, il ne s'agit pas de lieux touristiques, mais de communautés en lutte ayant rompu avec l'État mexicain. Leur situation est donc précaire et la prudence de mise.

LES ENJEUX SOCIO-ÉCONOMIQUES

Le Chiapas est ***l'État du Mexique où la pauvreté est la plus préoccupante.*** Les chiffres sont accablants : 77 % des habitants sont considérés comme pauvres (et même « extrêmement pauvres » pour un gros tiers d'entre eux), 25 % souffrent de malnutrition, 15 % restent analphabètes et 10 % habitent dans des maisons aux sols en terre battue. D'ailleurs, économiquement parlant, le Chiapas représente tout juste 1,8 % du PIB mexicain et ne reçoit que 0,5 % des investissements étrangers... Certes, l'État produit du café, du maïs et élève du bétail, certes il possède des gisements de pétrole et de gaz (au nord) et fournit près de la moitié de l'électricité du pays grâce à d'immenses barrages. Mais les gouverneurs du Chiapas ont toujours donné la priorité aux grands propriétaires, éleveurs et exploitants de bois au détriment des communautés indigènes, reléguées à l'agriculture de subsistance (piment, patate douce, haricots rouges et, surtout, maïs). Quelques Indigènes travaillent dans les plantations de café et de canne à sucre, ou bien comme *chicleros* (ceux qui récupèrent le chicle pour faire la gomme à mâcher).

Le Chiapas est, depuis 2001, partie prenante du *Plan Puebla Panamá* (PPP), rebaptisé en 2008 *Proyecto Mesoamérica,* mégaprojet qui prétend développer l'économie du sud du Mexique et de l'Amérique centrale. Des milliards de dollars ont déjà été injectés pour renforcer infrastructures, transports et communications, dans l'optique de favoriser l'investissement étranger (notamment nord-américain). Mais le volet social du projet tend, lui, à traîner la patte... Il est depuis 2015 mis en œuvre à travers l'initiative *Mesoamérica sin Hambre* (Mésoamérique sans Faim), soutenue par la FAO pour assurer la sécurité alimentaire de la région. Mais les Indiens du Chiapas en rébellion y auront-ils droit ?

ORGANISATION SOCIALE

L'organisation sociale des communautés indigènes est ***très complexe*** : gendarmes, majordomes, capitaines, anciens du village, chamans... autant de personnages qui servent la communauté, rendent la justice, veillent au respect du

calendrier, organisent les cérémonies religieuses, etc. C'est un ***système complètement parallèle à celui de l'État fédéral. Les communautés sont en fait dirigées par un conseil d'anciens.***
Même l'Église n'a pu jouer son rôle habituel d'acculturation et d'intégration ; les Chiapanecos ont été beaucoup plus récalcitrants que les autres peuples préhispaniques à intégrer le catholicisme à leur propre vision mystique. Ils vont à l'église, mais c'est pour pratiquer leurs propres rituels, qui se passent allègrement de la participation sacerdotale. En réalité, les prêtres n'ont guère de pouvoir en comparaison du chaman, qui jouit, lui, d'un grand prestige, tout à la fois guérisseur, sorcier et devin.

VOYAGER DANS LE CHIAPAS

Voyager au Chiapas n'est pas toujours aussi simple que dans le reste du pays. ***En voiture individuelle,*** la vigilance est de mise car, si les routes sont généralement correctes, on y croise du monde : paysans rentrant des champs la machette sur l'épaule, gamins, troupeaux de vaches... Mieux vaut donc éviter de rouler de nuit. Certains axes sont, eux, en piètre état, comme une partie de la *Carretera Fronteriza,* qui permet de rallier Bonampak aux lacs de Montebello. L'état du réseau routier tend d'ailleurs à se détériorer un peu partout au Chiapas, l'État fédéral sous-investissant dans cette région à l'âme rebelle.
Parallèlement, certaines communautés, autonomes ou non, imposent une petite ***taxe*** (souvent 25 $Me) de passage, évidemment illégale mais souvent difficilement évitable. Plus ennuyeux, des **bloqueos *(barrages)*** surviennent régulièrement sur les routes. Il peut s'agir de villageois protestant contre une décision locale à laquelle ils s'opposent, de fonctionnaires dont le salaire n'a pas été payé, de simple racket... Ou, plus sérieusement, de zapatistes ou insurgés réclamant la libération de certains de leurs compagnons incarcérés. Impossible, alors, de passer : il faut bien se renseigner pour contourner l'obstacle plutôt que de se confronter à une situation potentiellement explosive.
Site officiel : • turismochiapas.gob.mx •

LE CHIAPAS

PALENQUE

45 000 hab. IND. TÉL. : 916

• Plan *p. 334-335* • Palenque (Zona arqueológica) *p. 341*

Au pied des montagnes du Chiapas, en bordure de la jungle et à l'orée de l'immense plaine humide qui annonce le golfe du Mexique, Palenque somnole souvent dans une tiédeur étouffante. Si la ville en elle-même joue les insignifiantes, la cité maya qui s'enracine à 8 km mérite, elle, toutes les attentions : classée au Patrimoine mondial par l'Unesco, à l'égal du parc national qui l'enserre, cette cité ancienne est l'une des plus belles, des plus importantes et peut-être la plus romantique du Mexique. Un temple s'y amarre sur chacune de ses petites collines, dans un décor de forêt virginale enrobée au petit matin de nappes de brume d'où émergent des silhouettes d'un autre temps...

Arriver – Quitter

En bus

Terminal ADO *(plan A2,* ***1****)* **:** *sur la route 199, à l'entrée de la ville, au niveau du rond-point de la tête maya.* ☎ *345-13-44.* Sur place : consigne ouv 7h30-22h30 (pratique car il n'y en a pas aux ruines), distributeur. Réserver

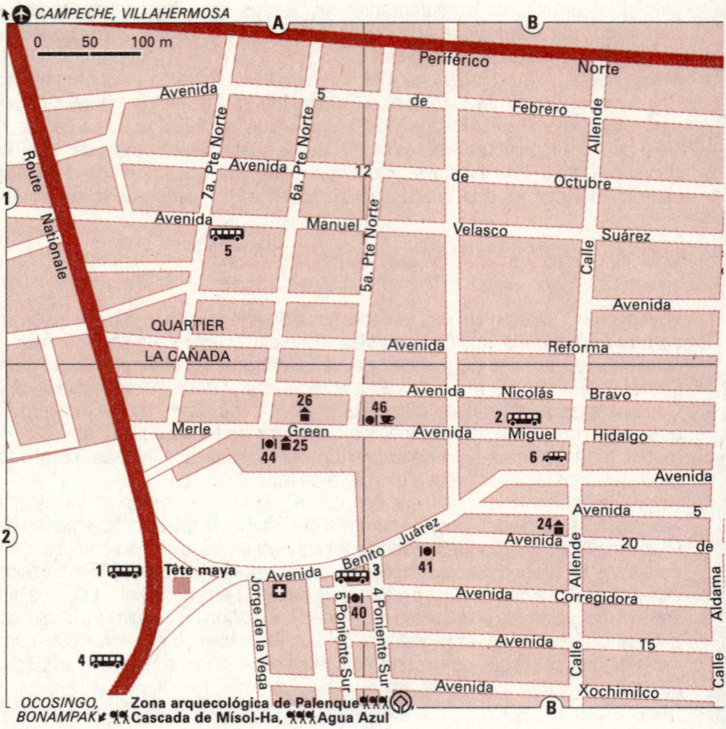

à l'avance : en haute saison, les bus du soir pour Mérida sont pris d'assaut.

➢ ***Campeche*** *(5h15-6h)*, ***Mérida*** *(8h-8h40)* **:** avec *ADO*, 5 bus/j.

➢ ***Cancún*** *(12h30-13h30)*, via ***Chetumal*** *(7h-7h45)*, ***Tulum*** *(10h15-11h)* et ***Playa del Carmen*** *(11h15-12h)* **:** avec *OCC, AU* et *ADO*, 4-5 bus en soirée et de nuit, plus 1 départ à 23h50 avec *ADO GL*.

➢ ***Escárcega :*** 3 bus/nuit avec *ADO* et *OCC*.

➢ ***Mexico*** (*Norte* et *Tapo*) **:** départs à 18h30 avec *ADO*. Trajet : 14h.

➢ ***San Cristóbal de Las Casas :*** avec *OCC*, 8 bus/j. En raison des barrages sur la route Ocosingo-San Cristobal, les bus passaient récemment par Villahermosa (bien plus long). Du coup, mieux vaut privilégier *Aexa* (voir ci-après) ou les trajets prévoyant un arrêt-visite d'Agua Azul en chemin.

➢ ***Villahermosa*** *(2h-2h30)* **:** avec *ADO*, bus ttes les heures env 5h-23h. La plupart passent par l'aéroport.

➢ ***Xpuhil :*** avec *AU* à 18h. On peut prendre les bus de Cancún, mais ils arrivent aussi en pleine nuit... Mieux vaut sans doute dormir à Escárcega et repartir le lendemain matin.

Terminal Aexa *(plan A-B2, **3**)* **:** *av. Juárez nº 182, juste avt la fourche.* ☎ *345-26-30.* ● *autobusesaexa.com.mx* ●

➢ ***Tuxtla Gutiérrez :*** 5 départs/j. 9h30-23h25 *(ejecutivo)*, via ***San Cristóbal*** (plus rapides que les autres donc).

Transportes Brisas de Agua Azul *(plan A-B2, **3**)* **:** *av. Juárez, angle c/ 5 Poniente Sur.* ☎ *345-29-97.* Combis pour Ocosingo, pour ceux qui veulent aller visiter le site de ***Toniná.*** On peut

■ Adresses utiles

- ℹ Office de tourisme (C2)
- 1 Terminal ADO (A2)
- 2 Transportes Chamoan (B2)
- 3 Terminal Aexa et Transportes Brisas de Agua Azul (A-B2)
- 4 Transportes Benemérito et Carmelo Chambor Yuk (A2)
- 5 Transportes Montebello (A1)
- 6 Combi pour les ruines (B2)
- 7 Bancomer (C2)
- 8 Banamex (C2)

Où dormir ?

- 23 Hotel Maya Rue (B-C2)
- 24 Posada Nacha'n-Ka'an (B2)
- 25 Hotel Xibalba (A2)
- 26 Hotel Chablis (A2)

Où manger ? Où prendre un petit déjeuner ?

- 40 Taquería Daniel (A2)
- 41 Pollos La Brasa (B2)
- 42 Las Tinajas (C2)
- 43 Café de Yara (C2)
- 44 El Huachinango Feliz (A2)
- 45 Café Zot's (C2)
- 46 Café Jade (A-B2)

PALENQUE

demander l'arrêt aux embranchements pour ***Misol-Ha*** et ***Agua Azul*** (voir plus loin « Dans les environs de Palenque »).

➢ ***Ocosingo :*** départs ttes les 30 mn env (quand le van est plein), 4h-19h30. Trajet : 3h.

Transportes Benemérito et Carmelo Chambor Yuk *(plan A2,* ***4****) :* *sur la route 199, après le rond-point de la tête maya, en allant vers les ruines.* Ce sont des combis qui desservent la *selva* lacandone par la *Carretera Fronteriza.* Le gros avantage de *Carmelo Chambor Yuk,* c'est que ses minibus ne restent pas seulement sur la route principale. Pour ***Bonampak,*** en principe, ils vous laisseront à l'entrée de ***Lacanjá Chansayab*** – en tout cas s'il y a au moins 2-3 personnes qui en font la demande. Pour ***Yaxchilán,*** ils vont jusqu'au village de ***Frontera Corozal.*** Départs ttes les heures env, 8h30-17h. Trajet : 2h30-3h. *Benemérito* propose le même service mais ses combis ne quittent pas la route principale. Pour ***Bonampak,*** ils vous laisseront au *crucero San Javier* (à 12 km) et, pour ***Frontera Corozal,*** au *crucero Corozal* (à 16 km). Finir en taxi. Moins pratique, donc, mais plus de fréquences (départs ttes les 30 mn 2h50-17h15).

Transportes Chamoan *(plan B2,* ***2****) :* *av. Hidalgo nº 137.* ☎ *348-46-84.* La compagnie propose le même service que *Carmelo Chambor Yuk.* Départs ttes les 30-60 mn, 9h-14h.

Transportes Montebello *(plan A1,* ***5****) :* *av. Manuel Velasco Suárez ; au nord du quartier de la Cañada.* Leurs combis relient Palenque à ***Comitán*** par la *Carretera Fronteriza* (8h30 de route !) en desservant le *crucero San Javier* (pour **Bonampak**) le *crucero Corozal* (pour ***Yaxchilán***) et, surtout, les ***lagunas de Montebello.*** Départs ttes les 45-70 mn, 4h-13h25, puis encore vers 15h, 15h50 et 16h50. Du même lieu partent des combis pour ***Villahermosa,*** ttes les 45-90 mn, 5h45-17h30.

En avion

✈ ***Aeropuerto internacional*** *(hors plan par A1) : à 5 km au nord. ☎ 345-16-92.* Le qualificatif d'« international » est un rien usurpé... Il n'existe pour l'heure de liaisons quotidiennes qu'avec ***Mexico,*** opérées par *Interjet (● interjet.com.mx ●)*. En taxi, compter 200 $Me pour le centre, 250 $Me pour la zone des ruines.

Adresses utiles

ℹ ***Office de tourisme*** *(plan C2) : angle av. Juárez et c/ Abasolo. ☎ 345-03-56. Lun-sam 9h-21h, dim 9h-13h.*

■ ***Banques :*** la ***Bancomer*** *(plan C2, **7** ; av. Juárez ; lun-ven 8h30-16h, sam 9h-14h30)* et la ***Banamex*** *(plan C2, **8** ; c/ Abasolo et Nicolas Bravo ; lun-ven 9h-16h)* changent toutes 2 les dollars et les euros. Distributeurs.

Où dormir à Palenque et dans les environs du site ?

LE CHIAPAS

2 possibilités : dormir près du site, dans l'un des multiples hôtels enfouis dans la jungle, ou loger en ville. Si le centre à proprement parler est brouillon et bruyant, le secteur de *La Cañada,* avec ses hôtels touristiques et restaurants enfouis dans la verdure, est nettement plus séduisant.

Sur la route des ruines

Des hôtels de toutes catégories sont disséminés le long de la route qui mène au site. Tous les combis marqués « Ruinas », partant ttes les 10 mn 5h40-18h de la c/ Allende, angle Juárez *(plan B2, **6**)* peuvent vous y déposer. Trajet : 20 $Me. En taxi, compter env 60 $Me. Pour manger le soir, il y a quelques options éparses dans le secteur, sinon il faudra se contenter du restaurant de l'hôtel (plus de combi passé 18h).

De bon marché à prix moyens (moins de 800 $Me / env 38 €)

Les *cabañas* et *hostales* bon marché se concentrent au lieu-dit ***El Panchán,*** un espace aménagé en pleine forêt pour les routards, à 3,5 km de la ville *(accès sur la gauche au niveau du péage qui marque l'entrée du parc naturel).* Pour manger ou boire un coup, on y trouve une paire de restos, dont l'incontournable *Don Mucho's* (voir « Où manger ?... »). Très bonne ambiance cosmopolite, mais n'oubliez pas l'antimoustiques !

🏠 ***Jungle Palace :*** *au lieu-dit **El Panchán.** Doubles 170-300 $Me sans ou avec douche.* Les *cabañas,* entourées par la jungle, sont sommaires (lit, ventilo et basta) mais plutôt propres et vraiment peu chères – notamment celles, petites, avec parois en moustiquaires donnant sur une minirivière souvent marronnasse. D'autres ont leurs propres sanitaires.

🏠 ***Margarita & Ed's Cabañas :*** *au lieu-dit **El Panchán.** ☎ 348-69-90. ● margaritaandedcabanas.blogspot.fr ● Doubles 270-500 $Me.* Ed n'est plus, mais Margarita continue de tenir avec énergie ce gentil petit établissement planqué au fond de la jungle, à l'écart du bruit. Il y a là 3 *cabañas* rustiques au toit de palmes avec salle d'eau (2 chambres par unité), 4 chambres dans la maison familiale et 15 autres (jusqu'à 4 personnes), réparties dans 2 bâtiments en dur récents. Celui du fond (notre préféré) est carrément cerné par la végétation ! Le confort est excellent pour le prix (sanitaires privés et ventilo, voire clim), la propreté méticuleuse, mais la déco est un poil kitch et il y a des barreaux à la plupart des fenêtres. Excellent accueil.

Kin Balam Cabañas : *au lieu-dit* **El Panchán,** *contre le guichet d'entrée du parc. 117-51-76. Lit en dortoir 200 $Me, doubles 500-700 $Me sans ou avec sdb.* L'adresse, posée entre route et forêt, est appréciée de nombreux routards, mais il s'agit de bien choisir son hébergement. Les dortoirs sont en fait de petites cabanes à claire-voie protégées par des moustiquaires, avec les lits empilés sur 3 niveaux (en haut, c'est haut !). Elles font face à une bien agréable piscinette et à une brochette de *cabañas* sans sanitaires, trop chères à notre avis. Quitte à vouloir une piaule privée, privilégiez celles avec salle de bains et terrasse donnant sur la végétation, situées de l'autre côté du ru. Le tout est bien propre et il y a de l'eau chaude.

De prix moyens à chic (jusqu'à 1 200 $Me / env 57 €)

Mayabell : *le plus proche des ruines (2 km), à 6 km de Palenque-ville. ☎ 688-00-13. • mayabell.mx • À l'intérieur du parc naturel (accès 35 $Me). Hamac (sous palapa) 30 $Me/pers, camping 80 $Me/pers. Cabañas 350-550 $Me, chambres 950-1 200 $Me selon confort.* Ce vaste complexe gagné sur la forêt regroupe aire de camping, espace pour les camping-cars, quelques petites *cabañas* très simples avec sanitaires collectifs (rustiques) – bien situées près de la piscine –, plus une sélection de chambres occupant des bâtiments bas, avec ventilo ou clim, bien tenues mais assez sombres et trop chères pour le confort proposé. Grande piscine, spa et massages. Au restaurant (bon marché), musique live le soir. Accueil peu chaleureux.

Cabañas Safari : *au début de la route des ruines, 600 m après le carrefour à gauche. ☎ 345-00-26 ou 01-800-667-22-52. Doubles 700-1 300 $Me selon taille et saison (promos sur Internet), petit déj en sus.* On aime bien ce lieu entouré par la forêt, façon grande clairière tropicale, son personnel souriant, sa piscine, ses hamacs et chaises longues invitant à se relaxer, et ses 7 *cabañas* de bon confort, toutes avec salle de bains privée, terrasse et clim. Évitez juste celles qui donnent sur le parking. En basse saison ou période de promo, le rapport qualité-prix est excellent.

El Colombre : *sur la route des ruines, bifurquer au km 1,5, 200 m après le resto* Bajlum, *à droite (panneau). 112-30-40. • colombre palenque.com.mx • Double env 800 $Me ; petit déj copieux.* Encore une belle adresse enfouie dans la végétation. On trouve ici tout juste 5 *cabañas* bien séparées les unes des autres, dont 2 familiales et une suite en dur spacieuse, avec baignoire et clim. Le confort est bon, le lieu très calme (malgré les 2 chiens), l'accueil et la piscine sympathiques, et le petit déj (en supplément) carrément excellent.

Casa Lakyum : *sur la route des ruines, au km 3,5, à droite. ☎ 345-27-80. • casalakyum.com.mx • Double env 950 $Me, petit déj 360 $Me.* On est tout de suite saisi par le panorama qui se dégage de la réception : en contrebas, une piscine nichée dans la végétation, en terrasse, dominant un vaste paysage de montagnes nappées de forêt tropicale. Toutes judicieusement tournées de ce côté, les chambres sont assez classiques, avec clim.

De plus chic à très chic (1 200-1 600 $Me et plus / env 57-76 €)

La Aldea del Halach Huinic : *à 2,8 km de Palenque-ville et à 4,5 km des ruines. ☎ 345-16-93. • hotellaal dea.net • Doubles 1 200-1 500 $Me (promos sur Internet).* Ce séduisant « hameau de l'homme sage », conçu dans une optique écologique, s'étage à flanc de colline dans une belle sérénité. Dispersés dans le parc tropical boisé, les bungalows en adobe et aux toits de palmes abritent chacun 2 chambres agréablement aménagées, spacieuses, avec salle de bains nickel et clim. Chacune dispose d'une petite terrasse individuelle avec hamac. Certes, tout n'est pas parfait, mais le cadre est vraiment séduisant. Éviter toutefois les chambres 29, 30 et 31, situées sous la réception. Grande piscine avec mini-cascade, *temazcal,* massages, excursions (jusqu'à Yaxchilán) et resto.

Boutique Hotel Quinta Chanabnal : *à 2 km de Palenque-ville, sur la route des ruines. ☎ 345-53-20. • quintachanabnal.com • Suites 180-420 US$ pour 2. Au resto, plats 220-380 $Me.* Propriété d'un Italo-Allemand érudit et passionné de culture maya, ce boutique-hôtel dispose juste de 8 suites immenses inspirées de l'architecture préhispanique – la suite présidentielle, avec *plunge pool* privée, occupe la réplique d'un temple ! La décoration est (très) riche : pierre brute et/ou murs aux couleurs chaudes, tissages, glyphes ou reproductions de bas-reliefs mayas et mobilier sur mesure en *corazón azul,* un bois précieux à la teinte rouge endémique de la *selva.* À l'arrière, petite lagune peuplée de tortues et de crocodiles, surplombée par 2 piscines d'eau de source et un *temazcal,* le sauna des Mayas. Resto. Service très pro à l'accueil personnalisé.

En ville

De bon marché à prix moyens (moins de 800 $Me / env 38 €)

Posada Nacha'n-Ka'an *(plan B2, **24**) : av. 20 de Noviembre 25 (et c/ Allende). ☎ 345-47-37. Lit en dortoir 180 $Me ; doubles 400-500 $Me avec ventilo ou clim.* Une adresse toute simple mais propre. Chaque chambre (étroite) dispose de sa salle de bains (pas de serviette). Au dernier étage, grand dortoir de 10 lits très (trop ?) lumineux, avec douches froides ou chaudes (au choix !). Bon rapport qualité-prix et accueil tout sourire.

Hotel Maya Rue *(plan B-C2, **23**) : c/ Aldama 36, entre Juárez et 5 de Mayo. ☎ 345-07-43. • hotelmaya ruepalenque.com • Doubles 550-650 $Me.* Pour le prix, ce petit hôtel est étonnamment confortable et élégant. Les chambres, sobres et contemporaines, sont certes étroites mais bien équipées : excellente literie (*queen* ou *king*), clim, salles d'eau fonctionnelles. Petit bémol pour l'insonorisation en revanche... Demandez-en une sur l'arrière et avec une fenêtre.

Hotel Xibalba *(plan A2, **25**) : quartier **La Cañada,** c/ Merle Green 9. ☎ 345-04-11. • hotelxibalba.com • Doubles env 650-850 $Me.* Bien situé, cet hôtel tranquille et de bon confort (clim) propose 35 chambres carrelées, pas géantes mais très bien tenues (dont des triples et quadruples) – la plupart organisées autour d'un puits de lumière où trône une grande stèle maya. La déco des parties communes est d'ailleurs du même style... Restaurant-bar. Prix compétitifs pour la qualité proposée. Accueil aimable.

Plus chic (1 200-1 600 $Me / env 57-76 €)

Hotel Chablis *(plan A2, **26**) : quartier **La Cañada,** c/ Merle Green 7. ☎ 345-08-70. • hotelchablis.com • Doubles 1 200-1 650 $Me.* Implanté en plein cœur du quartier touristique vert de La Cañada, cet établissement est relativement impersonnel, mais le service est pro et les chambres, carrelées et aux murs couleur... chablis, sont de très bon confort et parfaitement tenues. Demandez-en une avec balcon donnant sur la piscine (elles sont toutes au même prix).

Où manger ? Où prendre un petit déjeuner ?

Sur la route des ruines

Don Mucho's : *au lieu-dit **El Panchán.** 112-83-38. Tlj 7h-23h.* Tous les routards qui logent dans le coin se retrouvent sous cette grande paillote de guingois pour l'un des 3 repas de la journée. Le petit déj est servi jusqu'à midi pour permettre aux fêtards de récupérer des excès de la nuit... Pour le reste : plats mexicains et cuisine italienne très corrects avec des pâtes fraîches et des pizzas (à partir de 15h). Toujours beaucoup d'animation, surtout le soir, avec de bons groupes de musiciens (*trova* vers 20h, puis *música para bailar...*). Attention, la *propina* est ajoutée d'office à l'addition.

Bajlum : *à 2,8 km de la Palenque-ville, sur la route des ruines (sur la gauche). 107-85-18. Tlj 14h-22h. Résa conseillée.* Le projet de Francisco, passionnant et passionné : élaborer une gastronomie puisant seulement dans les produits de la forêt, ceux que cuisinaient jadis les Mayas. Au menu figurent ainsi souvent *puerco de monte* (sanglier), canard sauvage, *codorniz* (caille), *acamayas* (écrevisses) de l'Usumacinta en hiver, *venado* (gibier), ciboulette et *chapay* (fruits d'un palmier local), servis dans des sauces au café, au cacao, aux herbes sauvages, à la cacahuète et au piment... Tout provient des communautés indigènes de la région (sauf les pâtes !). Le résultat est raffiné, savoureux, étonnant et nourri des explications quasi ethnologiques de Francisco. Un moment d'exception, à déguster de préférence le soir dans une ambiance intime, bercé par le bruissement de la forêt. Francisco sert seulement 20 couverts par jour en basse saison et 40 en haute saison.

Au centre-ville

De bon marché à prix moyens (moins de 300 $Me / env 14,30 €)

Le soir, autour du *zócalo,* une nuée de roulottes vendent de bons tacos pour quelques pesos. On en trouve aussi toute la journée sur l'av. Juárez, dans le coin d'où partent les combis d'Ocosingo, notamment chez ***Mr Taco*** et à la ***Taquería Daniel,*** tenue par le très sympathique... Daniel *(plan A2, **40** ; 24h/24).* Un petit bar à ingrédients permet d'y accommoder soi-même sa commande. Autre option : le poulet grillé, notamment chez ***Pollos La Brasa,*** au début de l'av. 20 de Noviembre *(plan B2, **41**).* Vous devriez vous en tirer pour env 100 $Me le *pollo* entier !

Café Jade *(plan A-B2, **46**) : quartier de **La Cañada.** ☎ 688-00-51. Tlj 7h-23h.* Incontournable, en particulier pour le petit déjeuner, le *Café Jade* occupe une grande bâtisse moderne et aérée avec un étage tout en bambou et une agréable terrasse sur la rue (peu passante). Tous les routards s'y retrouvent à un moment ou un autre pour un bon café, un bol de granola, un *antojito,* une salade, une rasade de flûte de pan ou un plat mexicain ou international plus élaboré. L'ensemble est bon et copieux. En plus, le service est sympathique.

Café Zot's *(plan C2, **45**) : av. Hidalgo. 100-88-29. Tlj 7h-23h.* C'est un peu le pendant du *Café Jade* côté *zócalo.* Très corrects et frais, les *paquetes* de petit déj, sandwichs, *quesadillas de chaya,* tacos et autres plats de poulet s'y affichent à des tarifs très démocratiques. On s'installe à l'étage, dans une salle ouverte sous *palapa* bercée par le ballet des ventilos. Reste à patienter un peu, beaucoup, passionnément...

Café de Yara *(plan C2, **43**) : c/ Hidalgo 66, angle c/ Abasolo. ☎ 345-02-69. Tlj 7h-23h.* Ce café-resto ouvert sur 2 côtés a adopté une jolie déco colorée sous le signe du café (bio). On y vient avant tout pour un expresso, un cappuccino ou un petit déj, mais on peut aussi s'y sustenter dans la journée avec une bonne salade composée, un petit menu ou un plat de viande (correct).

El Huachinango Feliz *(plan A2, **44**) : c/ Merle Green, quartier de **La Cañada.** ☎ 345-46-42. Tlj 8h-22h.* Ici, la spécialité, ce sont les poissons et fruits de mer, bien frais, les crevettes et le *caldo de mariscos,* servi dans une grosse cassolette brûlante. Il y a aussi des viandes pour les réfractaires à l'iode mais, dans tous les cas, un plat nourrit 2 personnes ! Le soir, les tables les plus agréables sont installées sur la véranda couverte, à l'étage. Du jeudi au dimanche, on profite de la musique du resto *Maya,* situé juste en face...

🍽 ☕ ***Las Tinajas*** *(plan C2,* ***42****) : 20 de Noviembre ; à l'angle d'Abasolo. ☎ 345-49-70. Tlj 7h-23h.* La salle, semi-ouverte sur la rue (passante), est quelconque et les prix assez élevés, mais la cuisine, classiquement mexicaine, est copieuse (un plat suffit pour 2). Les carnivores y trouveront des viandes cuites à leur goût. Également un choix de petits déj. Pas très original, certes, mais de qualité constante.

ZONA ARQUEOLÓGICA DE PALENQUE

Un peu d'histoire

Si le site de Palenque commence à se développer dès avant l'époque classique (300-600), c'est entre 600 et 700 qu'il connaît son apogée, sous le très long règne du roi Pacal, mort à plus de 80 ans. Une période correspondant aux grandes avancées de la civilisation maya, durant laquelle furent édifiés la plupart des édifices importants de la cité – dont l'architecture, d'une rare élégance, est très différente de celle d'Uxmal (style puuc) ou de Chichén Itzá. Palenque étendit alors son influence sur tout le bassin de l'Usumacinta. Le fils de Pacal, Chan-Bahlum (Jaguar-Serpent), poursuivit l'œuvre de son père. L'histoire de Palenque est marquée par le règne de ces 2 souverains éclairés, qui sont d'ailleurs honorés par de nombreux bas-reliefs. Peu après la mort de Chan-Bahlum, la cité entra dans sa phase de déclin. Palenque s'éteignit à la fin du Xe s pour des raisons encore mystérieuses et disparut durant presque 8 siècles aux yeux des hommes et du monde.

Comment y aller ?

➢ Le site archéologique se trouve à 8 km de la ville. On s'y rend avec les ***combis*** « Ruinas », qui partent de la c/ Allende, angle Juárez *(plan B2,* ***6****)*. Départs ttes les 10 mn 5h40-18h env (20 $Me). On peut aussi leur faire signe n'importe où depuis le bord de la route, notamment devant le terminal des bus *ADO*. Descendre au terminus, c'est-à-dire en haut à l'entrée du site, et non pas au musée (en bas), que vous rejoindrez à la fin de la visite. Dernier retour peu après 17h.

➢ ***En voiture :*** il y a un parking à côté du musée, en bas, et un autre à côté de l'entrée principale, en haut (vite plein, se garer alors le long de la montée et finir à pied). Ceux qui veulent éviter la marche entre les 2 se gareront en haut, puis reprendront la voiture pour descendre au musée.

➢ ***En taxi :*** compter 100 $Me.

Infos pratiques

– ***Entrée du parc naturel :*** *à hauteur d'El Panchán, 4 km avt les ruines. Tarif : 97 $Me/pers.* Il s'agit d'une forêt protégée, dans laquelle est englobé le site archéologique. Pour visiter les ruines, le paiement du droit d'accès au parc est obligatoire.

– ***Horaires du site archéologique :*** *tlj 8h-17h (billetterie jusqu'à 16h30 ; musée mar-dim 9h-17h).*

– ***Tarif du site archéologique :*** *85 $Me.*

– ***Guides accrédités :*** *compter 95 US$ pour un guide francophone pour 1h30 de visite des ruines ou de la forêt et 190 US$ (3h) pour les 2. En espagnol, prévoir respectivement 1 700 $Me (1h30) et 2 600 $Me (3h).* Les ***excursions dans la selva*** s'intéressent aux plantes médicinales et ruines « oubliées ». Possibilité d'apercevoir des singes.

– ***Visite :*** prévoir 2h-2h30 pour le site, plus le musée. Mieux vaut y aller le plus tôt possible, à cause de la chaleur et de la foule (dès 9h), ou à partir de 15h, après le passage des groupes, mais il fait alors chaud. On conseille de commencer par les ruines et de terminer par le musée, d'où l'on peut reprendre un combi pour la ville. Quelques petits

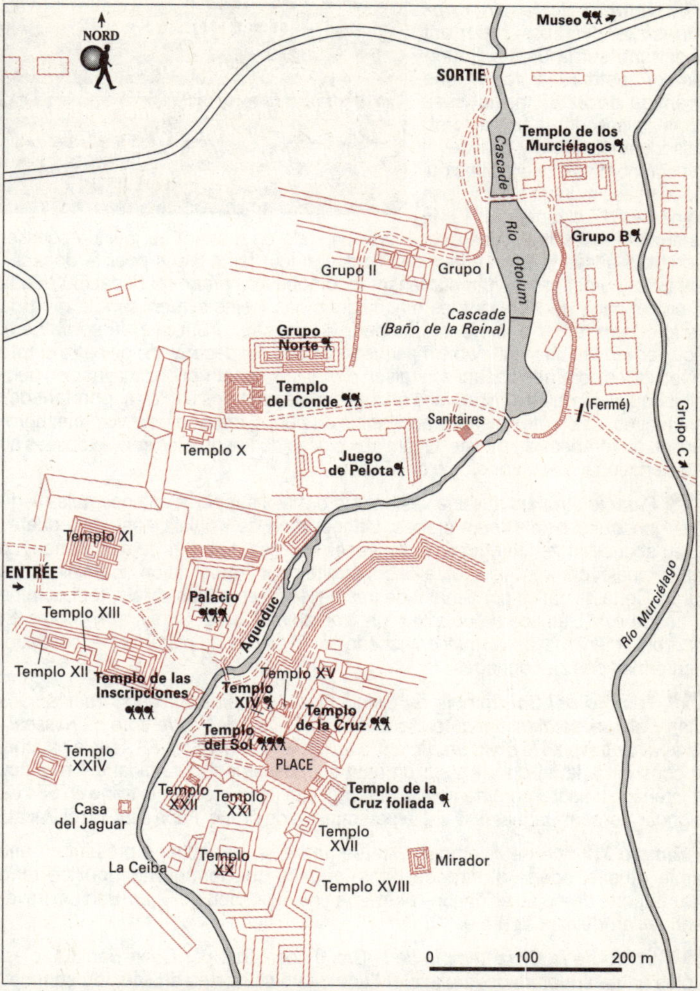

PALENQUE (Zona arqueológica)

restos à l'entrée et cohortes de vendeurs présents jusqu'à l'intérieur du site, où des gamins s'improvisent guides... Panneaux explicatifs en espagnol et anglais.

Infos : ● *palenque.inah.gob.mx* ●

Visite du site

La végétation tropicale a littéralement englouti la cité abandonnée. La partie du site actuellement dégagée ne représente qu'une petite fraction de l'ensemble de la zone archéologique, qui s'étend dans la forêt, sur une superficie de 1 780 ha !

> **DES HAUTS ET DES BAS**
>
> *Les 9 terrasses du temple des Inscriptions correspondent aux 9 niveaux de l'inframonde (enfer) que le défunt roi Pacal, en tant que représentant du soleil nocturne, doit franchir chaque nuit de sa tombe au sommet.*

Templo de las Inscripciones **:** le 1er édifice important en entrant, sur la droite. Superbement restauré, il forme une pyramide de 22,80 m, adossée à une colline enrobée de forêt, mais il est interdit d'y grimper. Il doit son nom aux inscriptions qui couvrent ses murs et piliers – pas moins de 617 glyphes. En 1949, les archéologues firent une découverte capitale en mettant au jour un escalier secret qui descend à l'intérieur de l'édifice. Il leur fallut 3 ans pour le dégager, avant d'exhumer une crypte contenant le tombeau du grand roi Pacal (603-683), un sarcophage de 13 t dont les magnifiques bas-reliefs symbolisent la mort de Pacal et son retour à la vie. À l'intérieur du caveau, on trouva de somptueux bijoux en jade et un inestimable masque mortuaire. La découverte de cette crypte bouscula les certitudes quant à la raison d'être des constructions mayas : on pensait jusqu'alors que les pyramides étaient simplement des socles supportant des sanctuaires. La crypte n'est pas accessible au public, mais on peut voir une reproduction du tombeau au musée. Quant aux pièces du trésor, elles sont exposées au musée national d'Anthropologie de Mexico.

***Palacio* :** trônant sur une vaste plateforme, il supporte un ensemble d'édifices construits en plusieurs étapes. L'appellation de « palais » est inadéquate : le lieu accueillait les cérémonies religieuses rituelles du roi et de ses prêtres. La très originale tour (rénovée) fut, elle, construite pour l'observation du Soleil et des astres. Certains patios conservent de très belles frises et bas-reliefs, tout comme la façade est. L'édifice se double d'un vrai labyrinthe souterrain aux voûtes en encorbellement mayas, auquel on accède par le pied de la plate-forme, côté sud. Il renfermait des sarcophages.

Templo del Sol *(temple du Soleil)* **:** *les 4 temples suivants, édifiés sous Chan-Bahlum, se dressent autour d'une place haute, de l'autre côté du ruisseau. Après avoir traversé le pont, prenez à droite.* Le *Templo del Sol,* le 1er sur la gauche, fut construit à la fin du VIIe s sur un haut soubassement pyramidal à 4 niveaux. À l'intérieur, un autel commémore la naissance et la montée sur le trône en 684 du seigneur Serpent-Jaguar II. C'est le personnage de droite. Face à lui, le roi Pacal.

***Templo XIV* :** ce petit temple restauré abrite un bas-relief représentant une danse rituelle, scène d'offrande dans laquelle une femme agenouillée tend une statuette divine au seigneur – peut-être une évocation de Chan-Bahlum (revenant de l'au-delà) et sa mère.

Templo de la Cruz *(temple de la Croix)* **:** construit par Chan-Bahlum, c'est la plus haute structure de la place et l'une des plus hautes du site ; du sommet, la vue sur le palais et la jungle en arrière-plan est splendide. Le sanctuaire doit son nom à un bas-relief retrouvé à l'intérieur : il représente le couronnement de Chan-Bahlum en présence de son père (Pacal) – pourtant défunt –, l'un et l'autre entourant une sorte de croix représentant probablement un *ceiba,* l'arbre de vie maya. L'original est au musée national d'Anthropologie de Mexico.

Templo de la Cruz foliada *(temple de la Croix foliée)* **:** adossé à une colline, face au temple du Soleil, il est dédié à K'awil, le dieu du Maïs et de l'Agriculture. Sur un bas-relief, on retrouve une représentation de Pacal et son fils Chan-Bahlum lors de la passation de pouvoir. Les 2 monarques encadrent une représentation sacrée du maïs – dont les épis forment des têtes du dieu du Maïs. Au sommet trône le dieu Itzamná.

Juego de pelota *(jeu de pelote)* **:** *il faut ensuite revenir vers le Palacio, puis continuer vers le nord-est.* On n'a pas retrouvé d'anneaux par lesquels les joueurs auraient fait passer la balle. On suppose que ceux-ci étaient en bois.

🏛🏛 ***Templo del Conde*** *(temple du Comte)* **:** le comte est en réalité Jean-Frédéric Waldeck (1766-1875), explorateur et artiste français à la vie tissée de mystifications qui, croit-on, aurait choisi cet édifice pour installer ses pénates et cartons à dessins lors de son exploration du site, en 1834-36. Parmi les édifices mis au jour, ce temple construit vers 640 est l'un des plus anciens.

🏛 ***Grupo Norte*** **:** un ensemble de 5 temples installés sur une même plate-forme.

> Le principal chemin menant au musée traverse puis longe la rivière en descendant la colline – une superbe balade dans la forêt, peuplée de nombreux vestiges, comme ceux du ***Grupo B,*** d'anciens bains de vapeur qui émergent de leur gangue de verdure. En chemin, on découvre 2 ***cascades,*** mais il est interdit de s'y baigner – d'abord celle du *Baño de la Reina* puis une 2de au niveau du pont suspendu de Murciélagos. On peut aussi redescendre du Grupo Norte vers le musée par une série d'escaliers raides (à travers les groupes I et II).

LE SAUNA DES MAYAS

Les nobles mayas prenaient des bains de vapeur dans le temazcal, *une petite hutte de pierre en forme d'igloo. Un rite purificateur, durant lequel on versait sur les pierres chaudes des décoctions de nopal et d'herbes médicinales.*

🏛 ***Templo de los Murciélagos*** *(temple des Chauves-souris)* **:** perdu dans la jungle et recouvert de mousse. Totalement Indiana Jones et romantique à souhait.

🏛🏛 ***Museo*** **:** *sur la route après la sortie du site, avt le parking. Tlj sauf lun 9h-17h. Inclus dans le billet d'entrée du site.* Il contient 300 pièces mises au jour ici même : des bijoux en jade et en obsidienne, de superbes céramiques, glyphes et tablettes de stuc – aux significations scrupuleusement détaillées. Également une collection unique d'encensoirs merveilleusement sculptés de figures humaines, divines et animales, dans lesquels les Mayas brûlaient du copal et des bandelettes imbibées du sang de l'autosacrifice. Passionnante reproduction du tombeau de Pacal *(visites ttes les 30 mn 9h30-15h30 ; max 30 pers),* complétée par 2 vidéos explicatives sur sa découverte (en espagnol sous-titré en anglais). Un complément indispensable à la visite des ruines.

LE CHIAPAS

DANS LES ENVIRONS DE PALENQUE

La région de Palenque, comme d'ailleurs une bonne partie du Chiapas, est réputée pour ses très belles cascades entrecoupant des rivières aux eaux presque turquoise. Les 2 sites les plus fréquentés se situent sur la belle route d'Ocosingo : à 20 km pour ***Misol-Ha*** et 62 km pour ***Agua Azul.*** Un 3e, moins connu, ***Roberto Barrios,*** peut être atteint depuis la route de Bonampak. Dans tous les cas, n'oubliez pas votre maillot de bain !

Comment y aller ?

Les ***agences*** de Palenque (plusieurs sur l'av. Juárez notamment) proposent des forfaits permettant de voir Misol-Ha et Agua Azul dans la journée, éventuellement en leur ajoutant les ruines de Palenque (compter 200-500 $Me selon le prestataire, la saison et les options). Certaines proposent aussi désormais Roberto Barrios et plusieurs hôtels vendent également ces excursions.

Plus économique, pour Misol-Ha et Agua Azul, on peut prendre un combi pour Ocosingo de la compagnie *Brisas de Agua Azul* *(plan A-B2,* ***3*** *; voir plus haut « Arriver – Quitter »)* et se faire déposer à l'embranchement de la route qui mène à chacun des 2 sites. Il reste alors 3 km à parcourir pour rejoindre Misol-Ha, 5 km pour Agua Azul. Des combis locaux assurent la navette (20 $Me). Éviter de finir à pied, des voyageurs ont été attaqués sur le chemin. Pour Roberto Barrios, des minibus partent des environs de la c/ 4a Poniente Sur *(50 $Me ; trajet env 45 mn ; attention, dernier retour vers 15h ou 16h, renseignez-vous bien)*.

Si vous êtes en ***voiture individuelle,*** sachez qu'il arrive que des habitants installent un barrage informel sur la route, exigeant une petite taxe de passage.

À voir

Cascada de Misol-Ha : *entrée 25 $Me + 10 $Me pour la communauté villageoise.* Chute d'eau de 30 m qui tombe dans un bassin. On peut s'y baigner. C'est un peu court si l'on y va avec une excursion organisée : on reste seulement 1h sur le site. Allez aussi faire un tour derrière la cascade, de préférence en maillot de bain (on a essayé tout habillé et, franchement, on vous le déconseille !). Tout au bout, on pénètre dans une grotte assez profonde, pas facile à atteindre. Se munir d'une lampe de poche : fossiles incrustés dans la roche.

Agua Azul : *env 1h30 de voiture depuis Palenque. Entrée : env 60 $Me.* Magnifique suite de cascades qui se déversent dans des vasques successives. En général, les eaux sont d'un bleu turquoise lumineux. Le matin, l'éclairage est meilleur pour les photos. Mais si vous venez après les pluies, l'« *azul* » tirera plutôt vers le « café »... Cela dit, le spectacle fait toujours son effet avec les chutes en contre-jour et le bruit des eaux où l'on se baigne avec plaisir. Dommage que le site soit bordé de gargotes et boutiques de souvenirs. Au moins, vous n'aurez que l'embarras du choix pour vous restaurer.

– Si on ne veut pas revenir à Palenque, reprendre le combi pour Ocosingo sur la grande route.

Cascadas Roberto Barrios : *à Roberto Barrios, à env 30 km (40 mn) de Palenque. Faire 7,5 km sur la route de Bonampak (nº 307), puis 14 km sur la droite (fléché). Entrée : 60 $Me + 10 $Me de « parking ».* Beaucoup moins développées pour l'heure, ces cascades ressemblent assez à celles d'Agua Azul en plus petit. Il y en a 5, avec chacune plusieurs petites chutes et bassins. Les guides à l'entrée du site demandent bien trop cher (marchandez !) mais ils vous montreront où plonger, où trouver les marches gravées sur les rochers et comment passer derrière les chutes pour trouver des grottes. Si vous ne voulez pas de leurs services, mieux vaut accéder aux *cascadas* par la berge opposée, en prenant, peu avant d'arriver dans le village, la piste au panneau indiquant « Valle de Bascan ». On peut même camper là sur un terrain agréablement herbeux *(env 75 $Me/pers).* Il y a des w-c mais, en revanche, pour la douche, c'est au seau.

SELVA LACANDONA

Au sud-est de Palenque, là où s'alanguit le grand fleuve Usumacinta (qui marque la frontière avec le Guatemala), se dessine l'un des territoires mexicains les plus sauvages. La forêt tropicale y est certes grignotée par l'extension des élevages, mais les Indiens lacandons se dressent de toutes leurs forces pour tenter de préserver ce qui peut l'être. Ces descendants directs des Mayas veillent notamment sur la précieuse cité de Bonampak, resurgie de son écrin de verdure. Plus loin, en descendant l'Usumacinta en *lancha,* on rejoint l'un des sites archéologiques les plus évocateurs du pays : Yaxchilán, sorti chaque matin de son sommeil par les vociférations des singes hurleurs.

L'intérêt de ces 2 sites archéologiques, aux relents de cités oubliées, réside aussi dans le léger parfum d'aventure pour y accéder...
On peut les visiter dans la même journée au départ de Palenque en excursion, mais il faut partir à l'aube. Nous, on vous conseillerait plutôt de prendre votre temps, passer 1 ou 2 nuits sur place et en profiter pour explorer un pan de *selva* avec un guide lacandon. Après, vous pourrez franchir le fleuve pour rejoindre Tikal, au Guatemala.

LES LACANDONS

Ils se dénomment *Hach Winik*, les « vrais hommes ». Longtemps restés en marge de la société moderne, les Lacandons ne sont plus très nombreux – moins de 1 000. Beaucoup d'hommes portent encore la longue tunique blanche traditionnelle et laissent tomber leurs cheveux sur les épaules. Leur langue permet d'affirmer qu'ils sont d'origine maya-yucatèque. Ils auraient traversé le fleuve Usumacinta au XVIIe s pour échapper à la colonisation dans cette immense jungle. Ils y ont vécu en petites communautés de quelques familles semi-nomades, pratiquant l'agroforesterie et se déplaçant au gré de l'appauvrissement des sols, vivant aussi de la chasse (à l'arc) et de la cueillette.

À CHACUN SES SOURCES

À coup sûr, Hergé s'est inspiré des photos de Lacandons disponibles dans les années 1930 et de leur tenue originale pour dessiner, dans L'Oreille cassée, *la peuplade des Bibaros, adversaires des Arumbayas.*

Après-guerre, archéologues et anthropologues ont débarqué. Les compagnies forestières ont suivi, puis un nombre sans cesse croissant de paysans à la recherche de terres. L'élevage s'est beaucoup développé, notamment après l'inauguration, en 1998-2000, de la *Carretera Fronteriza,* cette route qui, sur plus de 400 km, suit la frontière guatémaltèque en dessinant une vaste boucle à travers la *selva lacandona.* Les Lacandons, eux, ont été regroupés par le gouvernement dans 3 bourgades : Najá et Mensabok au nord (plus traditionnelles), Lacanjá Chansayab au sud – la communauté la plus ouverte, aux portes du site de Bonampak.
L'écotourisme s'est développé un peu partout au gré de projets communautaires et de campements privés dont une partie n'est guère entretenue : les retombées promises du tourisme ne se sont que très partiellement matérialisées. Le monde moderne s'est, lui, indéniablement installé : l'électricité est arrivée, les échoppes de 3 sous-vendent du Coca et les sectes protestantes ont chacune bâti leur église... Reste une constante : la bienveillance de l'accueil et le goût de partager avec les visiteurs les secrets de ce splendide coin de forêt.

Arriver – Quitter

Excursions

Des ***agences,*** à Palenque (sur l'av. Juárez notamment), proposent une excursion à la journée incluant Bonampak et Yaxchilán. Départ en général vers 6h et retour à 19h. Compter env 700 $Me/pers et autour de 6h de route A/R.

En voiture

La *Carretera Fronteriza* (route 307) est goudronnée sur une grande partie de son parcours, mais est vallonnée, mieux vaut donc ne pas conduire trop vite. Peu après le départ de Palenque, vous pourrez faire un détour par les *Cascadas Roberto Barrios* (voir « Dans les environs de Palenque ») et, éventuellement, un autre arrêt baignade à *Welib-Já,* un site peu fréquenté où un río turquoise se déverse en 4 cascades dans un vaste bassin. *Palapas* pour pique-niquer et *cabañas* (sommaires et trop chères). Accès : 30 $Me. Attention, ***l'accès aux ruines de Bonampak est***

interdit aux véhicules particuliers. Il est obligatoire d'emprunter un taxi lacandon depuis l'entrée de la réserve (c'est à 9 km de piste). Compter env 100 $Me/pers l'A/R, sur la base de 3 pers min (soit 300 $Me/véhicule), avec 1h d'attente sur place. À Frontera Corozal, d'où l'on embarque en *lancha* pour rejoindre Yaxchilán, l'embarcadère est attenant à un grand parking.

Après la visite de Bonampak et de Yaxchilán, on peut poursuivre vers les ***lagunas de Montebello*** et ***Comitán*** par la même *Carretera Fronteriza.* Le trajet, très long (6h), implique une section en mauvais état sur 70 km après Benemérito (stations-service), puis un trajet très sinueux sur les derniers 150 km.

En combi

C'est évidemment l'option la moins chère, mais il vous faudra prévoir de dormir sur place.

➢ ***De Palenque à Bonampak :*** en général, les combis déposent leurs passagers à l'embranchement *(crucero)* de San Javier. Là débute le territoire de la communauté lacandon (droit d'accès 30 $Me/pers). Les combis *Carmelo Chambor Yuk* et *Chamoan* poussent en principe 2 km plus loin, jusqu'à l'entrée de la réserve de Bonampak, voire jusqu'au village de Lacanjá Chansayab (à 6 km) s'il y a assez de passagers qui le demandent. Sinon, au *crucero,* des taxis locaux font le trajet pour 40 $Me. Depuis l'entrée de la réserve, on rejoint obligatoirement le site de Bonampak avec un taxi lacandon (voir ci-dessus). Pour les horaires et fréquences des combis partant de Palenque, reportez-vous à la rubrique « Arriver – Quitter » de cette ville.

➢ ***De Bonampak à Frontera Corozal :*** du crucero San Javier, il faut parcourir 15 km jusqu'au crucero Frontera Corozal sur la route 307, puis encore 16 km sur l'embranchement en cul-de-sac menant à la ville. On peut reprendre un combi venant de Palenque sachant que, là encore, seuls *Carmelo Chambor Yuk* et *Chamoan* desservent Frontera Corozal, les autres s'arrêtant juste au carrefour. Plus rapide : un taxi local (présents de 5h à 17h-18h). Du crucero Frontera Corozal à Frontera Corozal, comptez 30-50 $Me en taxi partagé (village/embarcadère) ou 120-150 $Me si vous ne voulez pas attendre d'autres passagers. À l'entrée de la bourgade, taxe pour le développement de 30 $Me/pers.

➢ ***De Frontera Corozal à Yaxchilán :*** l'embarcadère de Frontera Corozal est situé à 1,2 km de l'entrée du village. De là, on prend une pirogue à moteur *(lancha)* qui descend le fleuve Usumacinta pendant 40 mn jusqu'au site de Yaxchilán. Départs 7h30-15h. Il y a 3 embarcadères voisins : l'officiel et ceux des hôtels *Escudo Jaguar* et *Nueva Alianza.* Le 1er et le 3e sont généralement les moins chers. Compter 1 000-2 500 $Me la *lancha* pour 1-10 pers, même si les prix varient en fonction des saisons, de l'offre et de la demande... En basse saison, il est souvent difficile de trouver d'autres personnes avec qui partager le coût du bateau. La *lancha* attend sur le site durant 2h avant de vous ramener à Frontera Corozal (1h de trajet à cause du courant). L'occasion, généralement, de voir quelques petits crocos.

➢ ***De Frontera Corozal aux lagunas de Montebello (et Comitán) :*** il s'agit de rejoindre d'abord le crucero Frontera Corozal et d'y attraper un des combis des *Transportes Montebello,* qui passent ttes les 45-70 mn, 7h-18h env. Prenez-le aussi tôt que possible, la route est (très) longue.

Vers le Guatemala

De Frontera Corozal, on peut rejoindre ***Flores*** et ***Tikal*** au Guatemala. 1re étape : faire tamponner son passeport auprès de la douane mexicaine (ouv 8h-16h), éventuellement la veille si on veut partir tôt. 2de étape : trouver un bateau pour La Técnica (presque en face) ou Bethel (en amont), sur la rive opposée du río Usumacinta. Pour la 1re, on peut s'en tirer pour 50 $Me/pers alors que, pour la 2de, c'est plutôt 500-1 200 $Me la *lancha* entière, en fonction de l'opérateur (les mêmes que pour Yaxchilán) et de la demande (en général faible). Des bus partent de

La Técnica au moins 2-3 fois/j. pour Flores (trajet env 5h), vers 6h30, 12h30 et 14h30 (attention, le Guatemala a 1h de décalage horaire avec le Mexique !). Dans tous les cas, il est ***impératif de demander au bus de s'arrêter au poste de douane guatémaltèque de Bethel,*** à 30 mn, pour faire tamponner son passeport – et souvent payer une petite taxe indue... De là, il reste 136 km jusqu'à Flores, la 1re moitié sur une piste pas mal défoncée. Autre option : trouver en agence, à Palenque, une offre de trajet Palenque-Flores pour à peine plus cher (env 350-400 $Me) ; mais vous n'aurez alors pas l'occasion de visiter Bonampak ni Yaxchilán.

BONAMPAK

Où dormir ? Où manger ?

Le village le plus proche de Bonampak est ***Lacanjá Chansayab*** (à 6 km du croisement San Javier ; ne pas confondre avec Lacanjá Tzeltal, 35 km plus au nord). Paisible, fleuri, en lisière d'une immense forêt vierge constituée en réserve naturelle gérée par les Lacandons, il abrite à peine quelques centaines d'habitants. Une partie d'entre eux se sont convertis au tourisme grâce à l'appui du gouvernement, ouvrant près d'une vingtaine de *campamentos,* constitués de bungalows plus ou moins rustiques. La plupart ne sont malheureusement pas très bien tenus et certains sont carrément à l'abandon. Souvent, les chambres se regroupent sous des *palapas* communes, sans parois au-dessus (mieux vaut ne pas avoir de voisins bruyants). Parmi les moins chers, mentionnons le ***Campamento Ya'ajche*** *(doubles 177-650 $Me sans ou avec sdb),* très rustique et pas super propre, dont les chambres donnent directement sur un río grondant.

🏠 🍽 ***Tres Lagunas :*** *au km 115,7 de la route 307, env 7 km au nord de l'embranchement pour Bonampak.* ☎ *(961) 192-23-52 ou* 📱 *(916) 111-62-21.* • *treslagunas.com.mx* • *Selon saison, doubles env 500-850 $Me, avec sdb partagée ou privée.* Sa situation en bord de route fait d'abord tiquer, mais l'accueil de l'amical Pablo Chankin (Lacandon en tunique blanche) et la présence du toucan semi-apprivoisé ont vite fait de convaincre. On choisit entre les 3 bungalows avec sanitaires partagés, très simples, et les 3 plus grands avec 2 chambres, pratiques pour les familles. Moustiquaires, eau chaude, savon et shampoing sont bien au rendez-vous. Pablo ou ses filles vous emmèneront dans la *selva lacandona* ou voir les crocodiles qui peuplent l'un des 3 lacs proches. Protégez-vous bien des moustiques !

🏠 🍽 ***Campamento Río Lacanjá :*** *à* ***Lacanjá Chansayab.*** *Au carrefour, prendre sur la gauche, c'est tt au bout du chemin, à 1,2 km du village.* ☎ *(967) 631-74-98.* • *ecochiapas.com* • *Cabañas 640-1 100 $Me, avec sdb partagée ou privée.* Pas de doute : c'est la meilleure adresse du coin. Le campement appartient à *Explora,* une agence d'écotourisme et d'aventure de San Cristóbal. Disséminés dans la jungle (on dort enveloppé de ses bruissements), au bord d'une rivière, ses bungalows en bois ont tous l'électricité, des ventilos, une terrasse et un hamac. L'ensemble est bien tenu, y compris les sanitaires communs. Au resto, le choix est limité aux *pollo frito,* tacos, *quesadillas* et autres spaghettis. Pour s'occuper : sentier d'interprétation en boucle (30 mn) passant par une source dans laquelle on peut se baigner, promenades guidées en forêt, rafting. Excellent accueil.

⛺ 🏠 🍽 ***Campamento Lacandones :*** *en arrivant à* ***Lacanjá Chansayab,*** *sur la droite, juste après avoir traversé le río Lacanjá.* 📱 *(961) 462-00-97.* • *lacandonescamp.com* • *Camping 50 $Me/pers. Doubles 550-1 400 $Me selon confort et saison.* Voici un autre bon choix pour ceux qui recherchent un confort minimal. On s'installe ici juste en retrait du río, soit dans des chambres sous *palapa* commune (avec ou sans salle de bains) aux murs en planches brutes, soit dans des bungalows en dur de 2 étages, plus récents, avec clim et frigo. Ici aussi, les sanitaires communs sont impeccables. On peut aussi y planter la tente. Les excursions en forêt et aux ruines sont parmi les plus abordables du coin et le guide très sympa.

À voir. À faire

Zona arqueológica de Bonampak : *tlj 8h-17h ; dernière entrée 16h30. Prévoir 1h de visite. Entrée : 75 $Me.*
C'est seulement en 1946 que ce site de 4 km² a été redécouvert. Il a connu son apogée entre 600 et 800 apr. J.-C., lorsqu'il passa sous la domination de Yaxchilán. Si le site en lui-même n'est pas extrêmement impressionnant, il est célèbre pour les ajouts que fit sous son administration Chaan Muan II, neveu de Bouclier-Jaguar, le roi de Yaxchilán – qui orienta la plupart des monuments dans l'axe de la cité-mère. Plusieurs très belles stèles le représentent, notamment celle qui se dresse au centre de la grand-place, parmi les plus hautes du monde maya (5 m).
Mais le clou de la visite se trouve perché au-dessus, sur l'acropole : les fresques du ***templo de las Pinturas*** *(temple des Peintures),* qui ont apporté tant d'infos sur la vie des Mayas. On ne peut pénétrer dans les 3 salles à plus de 3 personnes à la fois. La palette, utilisant des pigments végétaux et minéraux, présente une incroyable variété de coloris, avec des dominantes rouille et turquoise.
Dans la 1re chambre, les peintures montrent la consécration de l'héritier du trône que l'on habille pour une danse avec, de part et d'autre, un cortège de musiciens et une procession de dignitaires. Dans la 2e, la moins lisible des 3, est dépeinte une bataille avec des guerriers mayas richement vêtus et une scène de torture des adversaires vaincus, presque nus. Dans la 3e, on découvre une cérémonie festive de danse au pied d'une pyramide – qui s'achève par l'autosacrifice du roi et de sa suite, qui se passent une cordelette dans la langue pour faire couler le sang. Notez aussi les superbes linteaux de porte sculptés sur leur face inférieure.

➢ ***Excursions en forêt :*** les différents *campamentos* proposent à peu près tous des balades en forêt. Au départ de Lacanjá Chansayab, la plus classique *(5h, 250-350 $Me)* consiste à explorer un petit temple noyé dans la végétation, seul vestige visible de l'ancienne cité maya de ***Lacanjá,*** la rivale de Bonampak (alias « Ciudad perdida » !). On rejoint ensuite la jolie ***cascade de Las Golondrinas*** pour une baignade bien méritée. On peut aussi aller jusqu'à cette dernière depuis le petit centre touristique situé au bout du village *(prendre en face au croisement en arrivant à Lacanjá ; droit d'accès : 75 $Me ; 2,5 km, 30-40 mn).* En saison « sèche » (mars-juin), une randonnée de 2 jours mène à la *laguna de Lacanjá* *(guide obligatoire, env 550 $Me),* à 12-13 km de là. Au programme : camping et *cocodrilos.*

➢ ***Rafting :*** en pleine forêt, descente de rapides durant env 2h, combinée ou non avec une balade en forêt. S'adresser au *Campamento Río Lacanjá* ou au sympathique Abel au *Campamento Lacandones* *(voir plus haut ; 900-1 200 $Me/pers ; min 2-4 pers).*

YAXCHILÁN

Où dormir ? Où manger ?

On trouve quelques options (limitées) pour se loger à Frontera Corozal et partir à l'aube à la découverte de Yaxchilán. L'accueil est gentil, mais le personnel peu formé et timide.

Centro turístico Nueva Alianza : *à* ***Frontera Corozal,*** *derrière la billetterie pour le site, près de l'embarcadère. ☎ 00-502-46-38-24-47 (nº du Guatemala) ou (916)*

108-04-33. ● hotelnuevaalianza.org ● Doubles 350-800 $Me avec sdb partagée ou privée. Au resto, plats 80-145 $Me. Pour les petits budgets, 8 chambres-cloisons dans un grand bâtiment avec sanitaires communs. Sinon, 10 jolies *cabañas* en bois dispersées dans la végétation tropicale, simples mais bien tenues, avec moustiquaires. Certaines sont prolongées d'une terrasse avec un hamac : idéal pour profiter des facéties des singes hurleurs. Grande *palapa* pour se restaurer d'une cuisine qui tient bien la route (poulet, crevettes, poisson). Accueil agréable.

Escudo Jaguar : *à **Frontera Corozal,** à droite du parking, près de l'embarcadère. ☎ 00-502-53-53-56-37 (nº du Guatemala) ou 📱 (916) 153-92-11. ● escudojaguar.com ● Camping 80 $Me/pers. Selon saison, doubles 350-900 $Me avec sdb partagée ou privée.* Si on aime un peu moins ses *cabañas* que celles du *Nueva Alianza* – auquel il ressemble beaucoup –, on préfère ses chambres économiques, très simples et pas très grandes, mais bien tenues, avec ventilo et murs en dur. On peut planter la tente un peu où l'on veut dans l'herbe (plus tranquille au fond, sous les arbres).

Où dormir sur la route des lagunas de Montebello ?

AraMacao Las Guacamayas : *à **Reforma Agraria,** à 110 km de Frontera Corozal et 153 km des lagunas de Montebello ; prendre à droite 8 km après Benemérito (fléché). ☎ 00-502-51-57-96-10 (nº du Guatemala). ● ecoturismoaramacao.com ● Doubles 700-1 700 $Me, sans ou avec sdb. Au resto, prix moyens.* Loin de tout, ce *lodge* offre l'occasion d'une escale agréable sur l'épuisante *Carretera Fronteriza* dans un joli cadre tropical. On y trouve des chambres toutes simples avec sanitaires partagés sous *palapa* commune, et des doubles nettement plus spacieuses et confortables (ventilo seulement) dans de jolis bungalows en bois montés sur pilotis, avec grande terrasse. Un minizoo regroupe cervidés et aras en cage, mais on vient avant tout ici pour essayer de les voir en liberté *(sortie guidée 765 $Me).* Autre option : une balade en bateau dans la *Reserva Federal de Montes Azules* en quête des crocos, iguanes, singes et autres oiseaux qui la peuplent *(env 2 180 $Me/bateau, jusqu'à 8 pers).*

LE CHIAPAS

À voir

Zona arqueológica : *tlj 8h-17h. La billetterie est située à Frontera Corozal, 150 m avt l'embarcadère, et ferme à 15h30. Il faut donc acheter le billet d'entrée avt d'embarquer. Tarif : 75 $Me/pers. Prévoir de l'eau, de bonnes chaussures et un bon répulsif antimoustiques. Éviter la saison des pluies et essayer de venir à l'ouverture du site, avt que n'arrivent les* day tours *partis de Palenque (vers 10h-10h30).*

Ces ruines à l'état brut se cachent dans la forêt tropicale au bord du fleuve Usumacinta, qui délimite à cet endroit la frontière avec le Guatemala. L'environnement est fascinant : quelques magnifiques édifices émergent de leur écrin de verdure, d'énormes *ceibas* poussent sur l'escalier monumental qui monte à la Grande Acropole, tandis que d'un arbre à l'autre se répondent les rugissements rauques des singes hurleurs.

D'abord soumise à Tikal, Yaxchilán acquiert son autonomie

LE CRI DE LA JUNGLE

Le singe hurleur est l'un des symboles de la forêt tropicale d'Amérique centrale. Dès le matin, le soleil à peine au-dessus de la canopée, son rauque rugissement se fait entendre sur plusieurs kilomètres à la ronde. De quoi surprendre lorsqu'on s'attendait au chant des oiseaux ! Lors d'une grosse averse, il recommence. Et encore, souvent, à la tombée de la nuit...

en 526, avant de s'imposer à son tour à la région, étendant son hégémonie entre 681 et 810 sous les règnes de Bouclier-Jaguar, puis de son fils Oiseau-Jaguar. Leur histoire est racontée sur les stèles et avec une rare finesse sur les linteaux de nombreuses portes – obligeant à s'agenouiller et à tordre la tête pour pouvoir bien les observer ! Yaxchilán est d'ailleurs le site du Mexique qui compte le plus grand nombre d'inscriptions. Vers l'an 900, la ville s'éteint, avant d'être engloutie par la jungle. Elle est redécouverte par l'Anglais Alfred Maudslay et le Français Désiré Charnay en 1882, mais ce n'est qu'en 1935 que commencèrent les 1res fouilles. Seule la moitié des 120 édifices recensés a été dégagée. Ils forment 3 grands ensembles : la ***Gran Plaza*** dans la partie basse, le long du fleuve ; la ***Gran Acrópolis*** et la ***Pequeña Acrópolis*** accrochées au flanc des collines dressées immédiatement au sud, rejointes par des escaliers.

La visite
L'arrivée est tout juste incroyable. À l'entrée du site, semblable à une porte fortifiée, l'***edificio 19,*** surnommé « le labyrinthe », forme un dédale de petites pièces obscures aux plafonds voûtés, reliées par d'étroits couloirs qui représentent le cheminement dans l'inframonde. Frôlé par une chauve-souris ou 2, dans une ambiance à la Indiana Jones, on s'extrait de l'obscurité pour embrasser la perspective de la ***Gran Plaza,*** encadrée de petits temples – dont la plupart conservent de discrets (mais superbes) linteaux sculptés. Côté fleuve, se dessine le traditionnel ***juego de pelota.*** Plusieurs stèles se regroupent vers le fond de l'esplanade, notamment la ***stèle 1*** (766), qui représente Oiseau-Jaguar réalisant un autosacrifice en se perçant les mains avec des arêtes de raie et, derrière, sous une *palapa,* la ***stèle 11,*** superbement conservée, qui montre la transmission du pouvoir entre Bouclier-Jaguar I et Oiseau-Jaguar IV. Ne ratez pas non plus la superbe stèle et les vestiges de fresques des ***édifices 21/73/89.***
De là, il est temps de se hisser vers la ***Gran Acrópolis*** par un imposant et magnifique escalier défoncé par les racines des arbres. L'***edificio 33*** est le mieux préservé des monuments du site. Rappelant les temples de Palenque par sa crête faîtière, il conserve aussi des bas-reliefs représentant des scènes de jeu de pelote sur la dernière marche d'accès. À l'intérieur : une statue du roi Oiseau-Jaguar, décapité, sa tête gisant sur le sol. Ne la remettez surtout pas en place ; ce serait la fin du monde, du moins selon la croyance des Lacandons, puisque les jaguars célestes descendraient sur terre pour y dévorer les vivants...
Caché derrière l'édifice, à droite, un sentier mène à travers la forêt en 10 mn jusqu'aux ***templos del Sur,*** souvent ignorés des visiteurs et pourtant impressionnants, même s'ils conservent moins de linteaux sculptés. La stèle 11 exposée sur la *gran plaza* en provient. La structure 40 est presque intacte, avec sa crête faîtière ornementée. On peut encore enchaîner ensuite avec la ***Pequeña Acrópolis,*** un ensemble de 13 petits temples juché sur une autre colline dominant la *selva.* De là, un chemin raide redescend ensuite directement vers l'entrée.

OCOSINGO

41 800 hab. IND. TÉL. : 919

Cette ville implantée à 900 m d'altitude, à mi-chemin entre San Cristóbal et Palenque, n'a d'intérêt que comme porte d'accès à l'étonnant site maya de Toniná.

■ ***Distributeurs automatiques :*** *sur le* zócalo.

Arriver – Quitter

En bus

Cas très particulier, Ocosingo souffre depuis longtemps des *bloqueos* (barrages) qui entravent régulièrement les routes de la région – et notamment celle de San Cristóbal. Confrontés à cette réalité, les bus ont carrément arrêté d'y venir ! Restent les combis, qui reliaient dernièrement San Cristóbal via le village de Chanal. Si vous êtes en voiture, renseignez-vous bien.

Transportes Brisas de Agua Azul : *sur la route principale, au bout de la c/ 4ª Norte Poniente, à 7 cuadras du zócalo, à côté de l'ex-terminal* ADO. Les minibus desservent ***Palenque*** : départ ttes les 30 mn env (quand le minibus est plein) 4h-19h30. Trajet : 2h-2h30. On peut demander l'arrêt aux embranchements pour ***Misol-Ha*** et ***Agua Azul.*** Départs également pour ***San Cristóbal,*** même fréquence, tlj 4h-20h (env 60 $Me).

Juste à côté, des ***taxis collectifs*** et plusieurs autres compagnies de ***combis*** desservent les mêmes routes (dont *Ricardo Florés Magón* pour San Cristóbal et *Autotransportes Volcán* pour Palenque).

Où dormir ? Où manger ?

De bon marché à prix moyens (moins de 800 $Me / 38 €)

Hotel Central et Restaurant Las Delicias : *c/ Central nº 5 (et av. Central), sur le zócalo. ☎ 673-00-24. Double env 400 $Me. Resto tlj 7h-23h.* Une bonne option : chambres propres et fonctionnelles, à des prix très raisonnables. L'agréable terrasse du resto, sous les arcades, donne sur la place centrale : idéal pour un petit déj, un *antojito* ou un plat de viande ou poulet (cher quand même). Le soir, spectacle assuré par l'animation de la place.

Hotel Ex Hacienda La Ilusión : *au nord-ouest du centre, au rond-point qui donne sur la route de Palenque. ☎ 673-00-31. Resto tlj sauf dim. Doubles 400-500 $Me, petit déj inclus.* On ne peut pas le manquer : une ancienne hacienda (San Miguel) reconvertie en hôtel, construction tarabiscotée avec tourelles et décrochages amusants, de part et d'autre de la rue. L'ensemble est assez kitsch mais plutôt original et bien tenu. Chambres colorées de bon confort pour le prix, avec murs de brique et mobilier néocolonial. Double piscine. Resto.

DANS LES ENVIRONS D'OCOSINGO

ZONA ARQUEOLÓGICA DE TONINÁ

• Plan *p. 353*

Dominant des collines vallonnées où paissent les vaches, ce site isolé en terre zapatiste se présente sous la forme d'une gigantesque pyramide adossée à une colline. Une vraie ville verticale de 80 m de haut, labyrinthique, qu'on visite en escaladant des centaines de marches au gré d'une multitude de terrasses ! Niveau après niveau, on explore ainsi un dédale d'habitations, de bâtiments officiels, 8 palais et 13 temples, dont la lecture s'éclaircit un peu au fur et à mesure de la montée. De-ci de-là, des vestiges de stucs se découvrent aussi. Ne manquez pas le musée qui expose de belles pièces mises au jour sur place.

La cité a connu son heure de gloire à la période classique, entre 600 et 900, sous la férule d'une dynastie ambitieuse et militariste, qui chercha à maintes reprises à imposer sa mainmise sur la région au détriment de Palenque – son éternelle rivale. Les habitants de Toniná enlevaient les dignitaires des peuples voisins pour les rançonner et la décapitation était chez eux une pratique courante... Avec une hache d'obsidienne, les Toniniens coupaient la tête aussi bien des statues que des vivants !

Comment y aller ?

➢ Le site se trouve à 12 km d'Ocosingo. Des combis partent du marché *(8h-16h, dernier retour vers 17h ; 15 $Me).* Un taxi revient à 70-100 $Me. En voiture, prendre la route de Comitán, puis suivre le fléchage sur la gauche à la sortie de la ville.

Infos pratiques

– **Horaires et tarif :** *site ouv tlj 8h-17h (dernière entrée 16h15) ; musée fermé lun. Entrée : 65 $Me.*
– **Guides accrédités :** *hispanophones seulement (200-250 $Me). Pas de panneaux explicatifs sur le site.*
– **Visite :** compter 1h30-2h pour le site et 40 mn supplémentaires, le temps de voir le film à l'auditorium et le musée.
|●| Petit resto à l'intérieur du site, dans un cadre agréable, une centaine de mètres après avoir passé l'entrée.

À voir

Juego de pelota (jeu de pelote) **:** il mesure plus de 72 m de long ! On y a découvert des fosses contenant des lames d'obsidienne utilisées pour les sacrifices.

Acrópolis (acropole) **:** de la plaza, aujourd'hui herbeuse, le centre cérémoniel, construit tout en hauteur, apparaît dans toute son ampleur. Impressionnant, surtout quand on songe que l'on voit seulement la partie centrale, d'autres ruines se cachant sous la colline de part et d'autre ! À l'apogée de la cité, quelque 3 000 personnes vivaient ici.

Palacio del Inframundo : son dédale que l'on parcourt dans l'obscurité (quelques lumières aident à se repérer) représente l'inframonde. De petites fenêtres cruciformes montrent la direction de la lumière mais n'éclairent pas.

Palacio de Kukulkán : édifié au-dessus, cet ensemble complexe et labyrinthique d'édifices regroupait résidences pour les notables, bâtiments administratifs, magasins et même une prison pour les seigneurs étrangers capturés, en attendant l'heure du sacrifice – on parlait alors du « lieu des captifs célestes ». Quelques stucs ornementaux ont été préservés.

Mural de las Cuatro Eras (fresque des Quatre Ères) **:** conservé à 50 %, ce magnifique bas-relief de 16 m x 4 m illustre en 4 scènes la cosmogonie un peu effrayante du peuple de Toniná. Dommage que l'on ne puisse pas mieux l'approcher. Les têtes inversées représentent des soleils qui regardent le ciel. Sur la gauche, la Mort prend par les cheveux la tête décapitée de l'infortuné Kan-Xul, le fils de Pacal et roi de Palenque, qui fut sacrifié à l'issue d'un jeu de pelote. Brrr ! Sur la droite, en léger contrebas, caché derrière un patio, un autre important bas-relief en stuc (protégé par un toit de tôle). Et, au-dessus, sur la droite : l'***Altar del Monstruo de la Tierra,*** gueule ouverte !

Passez ensuite derrière le ***Templo II*** pour voir la tête de jaguar qui orne le pied de la pyramide. Puis grimpette jusqu'au sommet du ***Templo del Espejo Humeante*** pour un panorama imprenable sur le site et la campagne alentour.

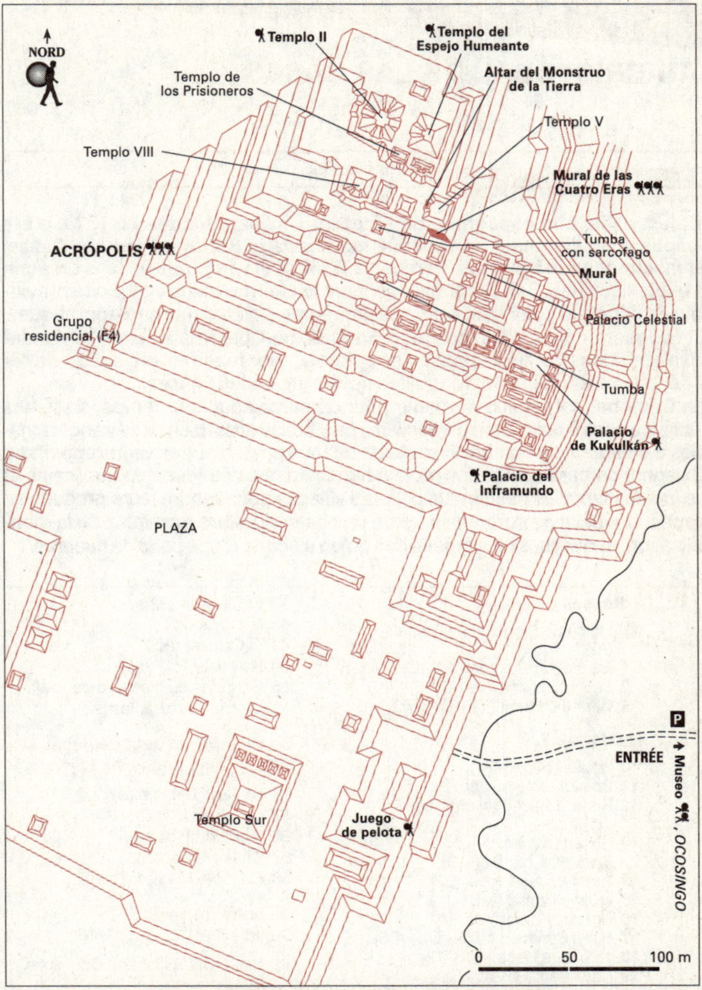

TONINÁ (Zona arqueológica)

Museo : l'édifice, bourré de références à la mythologie maya, se divise en 2 sections. En bas, l'inframonde, où sont notamment exposées des sculptures des prisonniers de guerre. Au menu aussi : le rituel de la décapitation et le calendrier maya. On passe ensuite dans un patio intérieur qui rappelle le jeu de pelote, avant de pénétrer dans le bâtiment supérieur qui représente le supramonde, le monde des vivants et des gouvernants – avec de nombreux masques et des statues décapitées pour marquer la transition d'une époque à une autre.

SAN CRISTÓBAL DE LAS CASAS

158 000 hab. IND. TÉL. : 967

• Plan *p. 355*

La plus vieille cité espagnole de l'État du Chiapas, fondée en 1528, a été rebaptisée en l'honneur de l'évêque missionnaire Bartolomé de Las Casas, défenseur des Amérindiens. Perchée à 2 140 m (il y fait frais !), dans un écrin de hautes collines, San Cristóbal conserve le charme d'une vieille cité provinciale de l'époque coloniale, avec ses demeures sévères mais aristocratiques, qui évoquent celles d'Oaxaca ou d'Antigua, au Guatemala : plan en damier classique, constructions basses et colorées aux fenêtres grillagées de fer forgé, places animées ou tranquilles dotées de belles églises…
San Cristóbal est un lieu agréable pour séjourner quelque temps, dans une ambiance cosmopolite bien particulière : on y croise aussi bien des étrangers installés à demeure, de nombreux routards de tous pays, d'autres venus apprendre l'espagnol ou participer à des projets humanitaires, des touristes mexicains et des Indiens tzotziles descendus de leurs villages pour vendre leurs produits au marché. Un mélange surprenant, entre un centre qui vibre au rythme de la mondialisation, et des rues plus typées dès qu'on s'écarte d'une paire de *cuadras*.

Adresses utiles

- Office de tourisme municipal (A2)
- 1 Banco Azteca (zoom et A2)
- 2 Farmacia Similares (A2)
- 4 Centro cultural El Puente (B2)

Où dormir ?

- 10 Hostel Qhia (A-B1)
- 11 Posada del Abuelito (B1)
- 12 Rossco Backpackers Hostel (A1)
- 13 Posada Mirador (hors plan par B2)
- 14 Hotel Posada Jovel (B2)
- 15 Iguana Hostel (A-B1)
- 16 Hostal Akumal (A1)
- 17 Hotel Cañadas del Sureste (B3)
- 18 13 Cielos Hostel (B2)
- 19 Casa Santa Lucia (B3)
- 20 Hotel San José (hors plan par A3)
- 21 Nuik B & B (B2)
- 22 Hotel-Posada El Zaguán (hors plan par A2)
- 23 Hotel Casa Selah (A2)
- 24 Casa Na Bolom et Guayaba Inn (hors plan par B1)
- 25 Sereno Art Hotel (A2)
- 26 Bela's B & B (A1)

Où manger ?

- 25 El Secreto (A2)
- 40 Esquina San Agustín (A2)
- 42 Resto Bar & Cabaret Cocoliche (B2)
- 43 Tierradentro (zoom)
- 45 Achiote Cochinita Pibil (A3)
- 47 El Tacoleto (B2)
- 48 Miura (zoom)
- 49 El Caldero (A2)
- 50 Belil (B2)
- 86 Gargotes du mercado de Dulces y Artesanías (A3)

Où prendre un petit déjeuner ? Où faire une pause sucrée ?

- 4 La Casa del Pan (B2)
- 54 Kukulpan (B1)
- 56 Frontera (B1)
- 57 Oh la ! la ! (zoom)
- 58 El Horno Mágico (zoom)

Où boire un verre ? Où sortir ?

- 42 Resto Bar & Cabaret Cocoliche (B2)
- 70 Kinoki (zoom)
- 71 Posheria (B2)
- 73 Latino's (B2)
- 74 Revolución (A2)
- 75 La Viña de Bacco (zoom)
- 76 El Paliacate (A1)

Achats

- 81 J'Pas Joloviletik (A1)
- 82 Kikimundo (A2)
- 83 Mercado de Artesanías (A1)
- 84 Café La Selva (A2)
- 85 Taller Leñateros (B2)
- 86 Mercado de Dulces y Artesanías (A3)

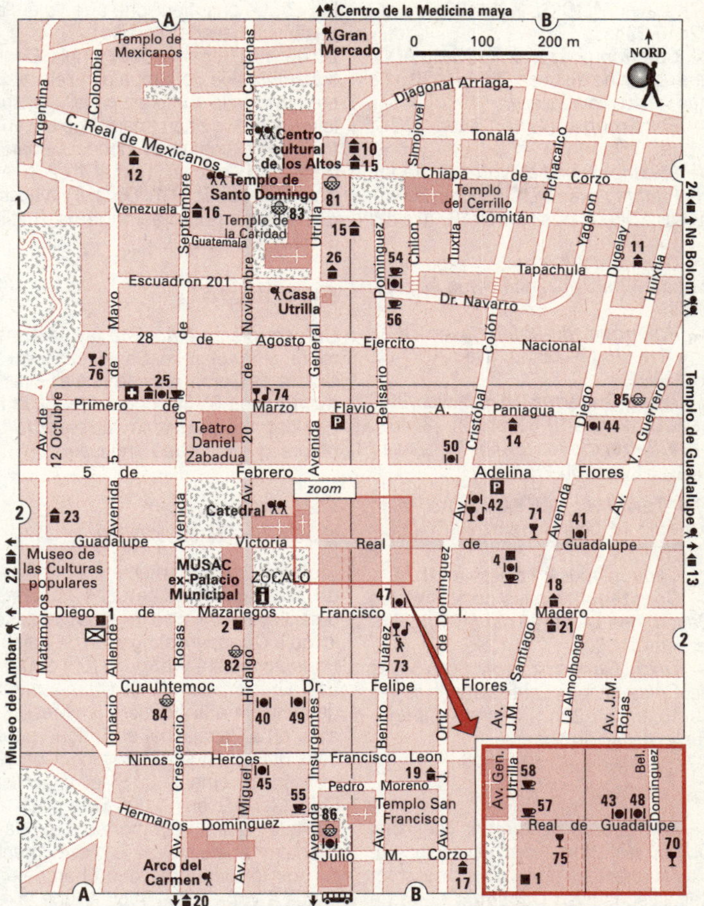

SAN CRISTÓBAL DE LAS CASAS

Arriver – Quitter

En bus

En haute saison et pour les longs trajets, mieux vaut acheter votre billet à l'avance, si vous ne voulez pas être bloqué 2 ou 3 jours. Attention, suite aux *bloqueos* (barrages) quasi permanents sur la route d'Ocosingo et Palenque, tous les bus allant dans cette direction sont contraints de faire un long détour par Villahermosa.

***Terminal 1re classe Cristóbal* Colón** (hors plan par A3) **:** à l'extrémité d'Insurgentes, angle bd Juan Sabines. Regroupe les compagnies *Cristóbal Colón (OCC), ADO* et la luxueuse *ADO GL.* Consigne (24h/24), distributeurs.

➢ ***Campeche, Mérida*** *(15h)* **:** avec *OCC*, 2 bus à 16h et 19h.

➢ ***Cancún*** *(par Chetumal et Playa del Carmen)* **:** avec *OCC*, à 12h et

17h ; avec *ADO GL* à 14h30. Trajet : 22h10-23h.

➢ ***Comitán*** *(2h)* **:** avec *OCC* ou *ADO,* une vingtaine de bus/j. 3h55-1h20, soit ttes les 40 mn à 2h env.

➢ ***Escárcega*** *(12h)* **:** avec *OCC,* 2 bus/j. 16h-19h.

➢ ***Mexico*** *(terminal Norte ou Tapo),* via ***Puebla* :** avec *OCC,* 2 bus à 20h40. Avec *ADO,* 2 bus à 16h40. Trajet : 14-15h30.

➢ ***Oaxaca*** *(11h-11h45)* **:** avec *OCC,* 2 bus à 18h25 et 22h45. Avec *ADO GL* à 20h.

➢ ***Palenque*** *(8h-9h30)* **:** avec *OCC,* env 7 bus/j. 6h-22h30, avec *ADO GL* à 14h30.

➢ ***Tuxtla Gutiérrez*** *(1h15)* **:** avec *OCC* et *ADO,* ttes les 10-60 mn, 6h-23h40.

➢ ***Villahermosa*** *(6h45-7h)* **:** avec *OCC,* 5 bus/j., 6h-22h30.

Terminal AEXA *(hors plan par A3)* **:** *en face du terminal Cristóbal Colón.*

➢ ***Cancún* :** bus 2de classe à 11h.

➢ ***Comitán* :** avec les combis *Balun Canan,* ttes les 15-20 mn 5h-21h. Trajet : env 1h30.

➢ ***Tuxtla Gutiérrez* :** avec *Omnibuses de Chiapas,* par l'*autopista,* ttes les 10-15 mn 5h-22h. Panneau « omni » sur le devant du bus.

En combi

➢ Aux abords du terminal des bus *Cristóbal Colón (hors plan par A3),* plusieurs petites compagnies assurent des liaisons avec ***Ocosingo*** (3-4h de trajet) et ***Tuxtla Gutiérrez*** (env 45 mn). Très pratique, rapide et moins cher que le bus. Le chauffeur crie à la volée la destination, tendez l'oreille !

Un nouveau terminal des combis, ***Central de Pasaje del Sur,*** a parallèlement été ouvert à la sortie est de la ville, sur la route de Comitán, mais, trop excentré, il peine à attirer du monde. Départs pour Ocosingo et Tuxtla 4h-21h et pour Comitán 5h-21h. De là, il y a aussi des liaisons pour l'aéroport de Tuxtla (9 fois/j., 5h-20h10).

En voiture

Une soi-disant *autopista* (en fait une route élargie) relie San Cristóbal à Chiapa de Corzo, près de Tuxtla Gutiérrez. Péage : 51 $Me pour env 60 km. Elle permet d'éviter la *carretera 190,* pittoresque mais très sinueuse.

Par agence, pour le Guatemala

➢ Des agences (notamment sur Real de Guadalupe) et certains *hostales* organisent le trajet en minibus climatisé jusqu'à ***Quetzaltenango*** (6h de trajet), ***Panajachel*** (8h), ***Antigua*** (10h) et ***Ciudad Guatemala*** (12h). Changement de véhicule à la frontière (La Mesilla), ainsi qu'à Panajachel et Antigua pour ceux qui continuent le voyage. Compter respectivement 400 $Me, 450 $Me, 500 $Me et... env 1 000 $Me pour la capitale ! Solution confortable et relativement rapide malgré le changement de bus (on viendra vous chercher à l'aube à votre hôtel). Ajouter une taxe de 650 $Me/pers au passage de frontière à Ciudad Cuauhtemoc.

Adresses utiles

Office de tourisme municipal *(plan A2)* **:** *kiosque sur le zócalo, tlj 9h-20h. Également au terminal OCC (lun-ven 9h-20h). En hte saison, ce dernier ouvre aussi le w-e et un kiosque est présent sur Real de Guadalupe (plan B2).*

■ ***Banques* :** on en trouve plusieurs sur et autour du *zócalo,* avec distributeurs (évitez ceux de *Santander*). Toutes font en principe le change. La plus pratique : ***Banco Azteca*** *(zoom,* ***1*** *; tt au fond du magasin* Elektra *; ouv tlj 9h-21h).* Une autre à l'angle d'Allende et Diego de Mazariegos *(plan A2,* ***1*** *; mêmes horaires).*

■ ***Police* :** *☎ 911.*

■ ***Farmacia Similares*** *(plan A2,* ***2****)* **:** *c/ Hidalgo et Mazariegos, à l'angle sud-ouest du zócalo. Ouv 24h/24.*

Hospital Colonial *(plan A2)* **:** *c/ 1ero de Marzo 25. ☎ 674-55-50.* ***Urgences* :** *☎ 066. Urgences 24h/24 ; consultations lun-sam 7h-15h.*

■ ***Centro cultural El Puente*** *(plan B2, **4**) : c/ Real de Guadalupe 55. ☎ 678-37-23. Tlj 8h-22h.* Ce centre culturel organise des cours de langues (espagnol, tzotzil et tzeltal) et de yoga. Salle de ciné *(mar-sam)*, petites expos temporaires et concerts épisodiques. Fait resto également (voir *La Casa del Pan* dans « Où prendre un petit déjeuner ? Où faire une pause sucrée ? »).

■ ***Schools for Chiapas :*** *● schoolsforchiapas.org ●* Pour en savoir plus sur les sciences sociales, l'écologie, l'agriculture, etc. dans les communautés zapatistes du Chiapas. L'organisation propose des séjours d'immersion sur place.

Où dormir ?

En haute saison, les prix des hôtels (et de certaines AJ) grimpent de 20 à 25 %. La difficulté consiste à déterminer la haute saison : en principe, c'est quand la ville se remplit de touristes, pour le moins à Noël, à Pâques et pendant les vacances d'été.

Bon marché (moins de 400 $Me / env 19 €)

Posada del Abuelito *(plan B1, **11**) : c/ Tapachula 18. ☎ 678-17-41. ● posadadelabuelito.com ● Lit en dortoir 160 $Me ; doubles 320-380 $Me ; petit déj inclus.* Coup de cœur pour cet *hostal* paisible et convivial, installé dans un quartier populaire tranquille, bercé au lever par le chant des coqs... Autour de 2 courettes semées de plantes et de hamacs se serrent 2 petits dortoirs (l'un de 10 lits, mixte, l'autre de 4, réservé aux filles) et quelques chambres sans ou avec salle de bains, simples mais plutôt agréables, nichées entre les vieux murs en adobe peints en rose ou turquoise. Coin salon avec cheminée, bibliothèque, belle cuisine équipée où se prend le bon petit déj avec pain du *Horno Mágico* (lire plus loin « Où faire une pause sucrée ? »). Organise des excursions classiques ou plus alternatives (tour à vélo, visite de la plantation de café qui fournit l'*hostal*, etc.).

Posada Mirador *(hors plan par B2, **13**) : c/ Cumbres de Guadalupe 2. ☎ 678-00-79. Lit en dortoir 130 $Me ; doubles 300-400 $Me ; petit déj inclus.* Nichée au pied du grand escalier grimpant au Templo de Guadalupe, cette petite AJ récente, bien tenue et lumineuse, séduira avant tout ceux qui recherchent un hébergement routard bien tranquille. Au programme : accueil fort sympathique de volontaires étrangers, petits *dorms* et 3 chambres privées, dont 2 donnent sur la cour-jardin – où se trouvent les sanitaires communs. Ajoutons, au fond, un bout de pelouse et son hamac.

Iguana Hostel *(plan A-B1, **15**) : c/ Chiapa de Corzo 16. ☎ 631-77-31. ● iguanahostel.com ● Lit en dortoir 140-150 $Me ; double 400 $Me ; petit déj inclus.* Lié au *Mirador*, l'*Iguana* en est un peu l'antithèse : ici, la priorité est plus à la convivialité poussée et aux noubas fréquentes – *pizza night*, barbecues et concerts donnant le tempo. L'adresse, aussi gérée par des volontaires, est bicéphale : on s'installe au choix d'un côté ou de l'autre de la place, dans des dortoirs de 8 à 12 lits (bien tenus) ou une poignée de chambres privées. Le côté nord est le plus calme, le côté sud le plus animé, avec son bar et son foyer au fond du jardin. Cuisine de part et d'autre. Très sympa : la possibilité d'utiliser les parties communes jusqu'au soir si on attend un bus de nuit.

Hostal Akumal *(plan A1, **16**) : av. 16 de Septiembre, 33 (et c/ Venezuela). 116-11-20. ● hostalakumal.com ● Lit en dortoir 160 $Me ; doubles et triples 400-450 $Me ; petit déj complet inclus.* Le sympathique Ángel veille sur sa micro-AJ avec grande gentillesse. On y lézarde dans le petit salon avec cheminée et on fait son frichti dans la cuisine, avant de s'offrir une sieste dans l'un des 2 dortoirs (3 et 4 lits) ou de se retirer dans l'unique chambre privée (avec salle de bains), à l'étage – donnant sur une petite terrasse en béton avec hamac. Le tout est bien propre, sauf parfois la salle de bains commune, extérieure.

13 Cielos Hostel *(plan B2, **18**) : c/ Francisco Madero 58. ☎ 674-01-60. • 13cieloshostel.com • Lit en dortoir 100-150 $Me selon saison ; doubles 250-400 $Me, sans ou avec sdb.* On s'installe ici pour décrocher un peu du voyage, laisser passer les jours, entre le salon lumineux (avec cheminée), la cour du fond (accueillant des noubas épisodiques) et une séance de peinture sur mur. Pour dormir : 1 chambre avec salle de bains privée et 2 dortoirs (mixte de 6 lits et féminin de 4 lits), l'ensemble raisonnablement propre. Cuisine à disposition.

Hostel Qhia *(plan A-B1, **10**) : c/ Tonalá 5. ☎ 678-05-94. • hostelqhia.com • Lit en dortoir env 130 $Me ; doubles 350-500 $Me sans ou avec sdb ; petit déj léger inclus.* Dans le quartier du marché, cette petite AJ propre et tranquille, tenue par Alvaro, sème ses petits dortoirs mixtes (de 4-5 lits) et ses 4 chambres (dont une avec salle de bains) dans un dédale de micro-courettes fleuries. À choisir, préférer la *privada* de l'étage, plus lumineuse. Cuisine agréable, terrasse sur le toit et un grand salon où se vautrer sur des coussins devant la cheminée.

Rossco Backpackers Hostel *(plan A1, **12**) : c/ Real de Mexicanos 16. ☎ 674-05-25. • backpackershostel.com.mx • Lit en dortoir 150-175 $Me ; doubles 350-500 $Me ; petit déj léger inclus.* Cette grande auberge de bon confort est plutôt fréquentée par les Anglo-Saxons. Elle s'organise autour d'une grande cour peinte en jaune (avec citronniers et palmiers) agrémentée de hamacs. Le lieu est propre et les chambres doubles (avec ou sans salle de bains) plutôt agréables – notamment celle pour 4 en duplex. Les dortoirs (8-14 lits), mixtes ou non, sont en revanche assez confinés. Cuisine, feu de camp. Divers services : laverie, excursions, etc.

Prix moyens (400-800 $Me / env 19-38 €)

Hotel Posada Jovel *(plan B2, **14**) : c/ Flavio Paniagua 27. ☎ 678-17-34. • hoteljovel.com • Double env 800 $Me.* Voilà un petit hôtel familial fort bien tenu, à l'accueil agréable – pour ne pas dire dynamique. Donnant sur un joli patio jardin, les chambres, plus ou moins spacieuses (mais toutes au même prix), sont plutôt soignées et confortables. Certes, les salles de bains sont un peu étroites. Resto. Une bonne adresse.

Hotel San José *(hors plan par A3, **20**) : av. Crescencio Rosas 48. ☎ 678-26-22. • hotelsanjosescc.com • Doubles 600-800 $Me.* Les tarifs affichés sur *Booking* sont bien plus élevés : mieux vaut donc venir directement sur place. Situé à 2 enjambées du terminal des bus *OCC* et guère plus de 5 mn du *zócalo,* cet hôtel familial surprend par la qualité de ses chambres, récentes, bien propres et vraiment de bon confort. Celles du rez-de-chaussée sont un peu sombres, comme souvent (mieux vaut aussi éviter celles donnant sur la rue).

Hotel Cañadas del Sureste *(plan B3, **17**) : c/ Julio Corzo 3C. ☎ 674-55-37. Doubles 450-550 $Me.* Dans un quartier tranquille un peu excentré, des chambres aussi simplettes que proprettes mais à bon prix, avec salle de bains, réparties autour d'un long patio lumineux. Comme d'hab, préférer celles de l'étage. Cuisine équipée à dispo *(droit d'usage 100 $Me/j.).*

De chic à plus chic (jusqu'à 1 600 $Me / env 76 €)

Nuik B & B *(plan B2, **21**) : c/ Francisco Madero 69. ☎ 631-71-54. • nuikbb.com • Doubles 750-1 100 $Me, petit déj inclus.* Voici un lieu un peu différent. L'adresse, tenue par la charmante Claudia, regroupe tout juste 6 chambres simples mais impeccables (dont 2 vraiment petites) à la déco individualisée, donnant sur une courette blanche égayée de plantes. L'ensemble est agréablement clair, relevé de quelques jolies touches de rose, de turquoise et d'artisanat. Normal... Claudia a longtemps vécu au Guatemala, où elle travaillait avec une coopérative de femmes tisserandes. Le petit déj se prend autour d'une grande table en bois commune.

Hotel-Posada El Zaguán *(hors plan par A2,* ***22****) : c/ Guadalupe Victoria 65. ☎ 678-18-62. • hotelposadaelzaguan.com • Doubles 900-1 100 $Me, petit déj américain inclus.* L'adresse, à l'atmosphère de *B & B,* est un peu excentrée mais ne manque pas de charme. Beaux textiles, tapis et lumières tamisées de l'accueil annoncent la couleur. Au-delà, 5 chambres, pas bien grandes (ni lumineuses) mais super bien tenues, se nichent entre un mini-patio fleuri et un micro-coin de jardin (2 donnent directement dessus).

Hotel Casa Selah *(plan A2,* ***23****) : av. 12 de Octubre 7. ☎ 678-08-39. • casaselah.com • Doubles 750-1 400 $Me selon confort et saison.* Tenu par un Américain de Tampa et sa femme mexicaine, cet hôtel dispose de 10 chambres toutes différentes entourant un patio couvert – les moins chères assez petites, les plus chères très spacieuses. Les plus agréables possèdent parquet et poutres apparentes. Le niveau de confort et la propreté sont excellents. Un bémol : pas d'enfants de moins de 12 ans. Chauffage sur demande.

Casa Na Bolom *(hors plan par B1,* ***24****) : dans le musée du même nom (cf. « À voir. À faire »). • nabolom.org • Doubles et suites 960-1 700 $Me selon taille et période, petit déj inclus en hte saison.* L'adresse est originale : on s'installe dans l'ancienne demeure (devenue musée) d'un couple suisso-danois ayant consacré sa vie aux Indiens lacandons, ou dans des dépendances semées dans le grand jardin. En tout, 16 chambres avec cheminée (sauf 2), toutes différentes, décorées de mobilier d'époque, photos anciennes, bouquins aux pages jaunies... On ne bénéficie certes pas d'un service digne d'un hôtel de cette gamme de prix, mais on aide l'association ! Attention, il y a régulièrement des groupes d'études qui occupent toutes les chambres : réservez ! On peut aussi y aller pour un bon dîner autour d'une immense table commune (réserver la veille).

Très chic (plus de 1 600 $Me / env 76 €)

Sereno Art Hotel *(plan A2,* ***25****) : av. 16 de Septiembre 22-B. ☎ 678-05-14. • serenoarthotel.com.mx • Doubles 1 500-2 700 $Me selon taille et saison.* Le concept est novateur pour San Cristóbal : un boutique-hôtel de petite taille baignant dans une atmosphère mi-artistique mi-industrielle revendiquée. Chacune des 7 chambres décline un thème qui lui est propre, mêlant brique, bois, verre, pisé et touches de déco personnalisées. La plupart donnent sur un patio avec fontaine, où est organisée tous les mois une nouvelle exposition. Le bar sert aussi la cuisine de l'excellent restaurant *El Secreto* voisin (voir « Où manger ? »).

Bela's B & B *(plan A1,* ***26****) : c/ Dr Navarro 2. ☎ 678-92-92. • belasbandb.com • Doubles 70-120 US$ selon taille et saison, suite en duplex avec kitchenette env 165 US$; petit déj inclus. Min 3 nuits.* Bela a débarqué au Mexique sur les traces de son amoureux, à l'époque où les hippies colonisaient la planète. Des années plus tard, elle s'est retrouvée à la tête d'un *B & B* : les clients ont remplacé les amis, sans que rien ne change vraiment l'esprit des lieux. Semées autour d'un patio-jardin foisonnant, ses 6 chambres, impeccables et cosy, sont aménagées de manière très personnelle, avec bouquins sur les étagères, tapis, céramiques et artisanat aux murs. Nos préférées sont celles du fond, avec terrasse privée. Si vous aimez les chiens, vous serez ravi : il y en a 5 à demeure (pas envahissants) !

Casa Santa Lucia *(plan B3,* ***19****) : av. Ortiz de Dominguez 13 (angle Pedro Moreno). ☎ 631-55-45. • casasantalucia.mx • Doubles 1 600-2 500 $Me, petit déj inclus mais taxes en sus.* Atmosphère intime et feutrée garantie dans cette ancienne demeure coloniale de 9 chambres, encadrant un patio couvert fleuri. La déco diffère de l'une à l'autre, chacune puisant dans l'artisanat d'un village de la région. Pour toutes : une cheminée et un excellent confort. Le rapport qualité-prix est remarquable, pour peu que vous réussissiez à éviter les 3 chambres sans fenêtre ouvrant directement sur le patio.

Guayaba Inn *(hors plan par B1, **24**) : c/ Comitán 55. ☎ 674-76-99. • guayabainn.com • Juste avt Na Bolom. Doubles 2 000-2 400 $Me, petit déj inclus. Resto 17h-21h.* La maison, remontant au XVIe s, est l'une des plus anciennes de San Cristóbal. Modernisée sans rien perdre de son charme, elle enserre 3 patios en enfilade envahis de verdure, avec un bassin où pataugent des carpes koï. Le cadre est superbe, serein, et les 6 chambres ne sont pas en reste. Toutes uniques, souvent très spacieuses, elles déclinent lits à baldaquin XXL, baignoires (dans la plupart), cheminée (à gaz ou à bois) et même cave à vins ! Un nid douillet romantique. Sauna et massages.

Où manger ?
Où prendre un petit déjeuner ?

La très touristique ***rue piétonne Real de Guadalupe*** *(zoom)* empile dans un joyeux brouhaha les restos-bars de cuisines du monde. Autre option, sur l'avenida Miguel Hidalgo, elle aussi piétonne : l'aire de restauration de l'***Esquina San Agustín*** *(plan A2, **40**)*, où se regroupent restos thaï, péruvien, italien et de viande, à côté d'un bar-lounge à l'américaine qui place San Cristóbal dans un temps nouveau... Plus typique, une série de ***gargotes*** encadrent le *mercado de Dulces y Artesanías (plan A3, **86**)*, au pied du templo de San Francisco.

LE CHIAPAS

Bon marché (moins de 150 $Me / env 7,10 €)

Achiote Cochinita Pibil *(plan A3, **45**) : c/ Niños Héroes 10. ☎ 672-74-83. Tlj 8h-23h.* Encore une adresse enjouée, où l'on vient déguster sa *cochinita* (porc) entre des murs rosé roucou (l'épice qui parfume la marinade). On la sert en tacos, en *tortitas,* en *tostadas,* en *panuchos* et *tamales.* Bref, dans la *cochinita,* tout est bon. On vous apportera une (jolie) sélection de 5 sauces pour faire trempette. Accueil souriant et service rapide.

El Tacoleto *(plan B2, **47**) : c/ Francisco Madero 24, angle Juárez. ☎ 678-64-86. Tlj 16h (13h mer-dim)-23h30 (minuit mer-sam).* Une envie de tacos ? Loin des gargotes infâmes, le lieu est spacieux, aéré, moderne, avec même une pile de *¡ Hola !* pour réviser vos people espagnols. Dans l'assiette : de fort bons tacos *al pastor* (ananas), au *bistek* et avocat ou même au marlin, à accommoder vous-même avec les oignons, citron vert, coriandre et sauces apportées à votre table. Service rapide.

Tierradentro *(zoom, **43**) : c/ Real de Guadalupe 24. ☎ 674-67-66. Tlj 8h-23h.* Ce lieu hybride et cosmopolite regroupe sous un vaste atrium un café-resto et des boutiques militantes. *Tierradentro* est en fait une coopérative zapatiste. Carte tous azimuts : soupes, sandwichs, *antojitos,* salades, pizzas, le tout de bonne qualité à prix raisonnables. Vous savez quoi ? Il y a aussi des crêpes au Nutella chez Zapata... Bonne ambiance, détendue, avec parfois des musiciens.

El Caldero (plan A2, **49**) : *av. Insurgentes 5A. 116-01-21. Tlj 7h30-22h.* Le *caldo,* c'est une soupe épaisse, lardée d'ingrédients à la façon d'un pot-au-feu. Pas inutile à 2 400 m d'altitude. L'adresse attire une foule d'habitués le midi, collégiens inclus – qui savent y trouver aussi *antojos* et viandes. Pour ne rien gâcher, l'accueil est excellent.

De bon marché à prix moyens (moins de 300 $Me / env 14,30 €)

Resto Bar & Cabaret Cocoliche (plan B2, **42**) : *av. Cristóbal Colón 3. ☎ 631-46-21. Tlj 13h-23h45.* La devise de la maison ? « Un peu de chaque pays, un peu de chaque village ». La carte puise ainsi à tous les râteliers culinaires, en tirant efficacement partie des produits locaux. Mais il y a aussi le décor bariolé et joyeux, la cheminée pour se réchauffer, le service rock'n'roll et souriant, et les petits concerts à partir de 21h. Bref, *Cocoliche* donne la pêche.

Belil (plan B2, **50**) : *c/ Adelina Flores 20. ☎ 115-20-22. Tlj 8h15-22h.* Mi-galerie mi-resto, la maison met à l'honneur le Chiapas des tisserands et des couleurs à travers son décor et ses menus puisant dans les traditions locales. Il y a du poisson en *mumú* (en papillote de feuilles de poivrier), du *chile relleno* au safran, de la charcuterie locale... Le boss passe à toutes les tables, s'assure que tout roule, propose un jus « vert », du *pozol* (maïs-cacao) ou un *tascalate* (+ *achiote* et cannelle). En revanche, les portions ne sont pas hyper copieuses.

De prix moyens à plus chic (jusqu'à 500 $Me / env 24 €)

Miura (zoom, **48**) : *c/ Real de Guadalupe 26, angle Belisario Domínguez. ☎ 574-06-97 ou 674-55-76. Tlj 13h-23h.* On est là au cœur de LA rue, celle de tous les restos, de tous les bars... Mais la viande, quelle viande ! Juteuse, épaisse, cuite à votre goût, servie avec un assortiment de sauces. Grande salle chic rehaussée de bouquets de luminaires et tables sur la rue. Service pro.

El Secreto (plan A2, **25**) : *av. 16 de Septiembre 24. ☎ 674-77-85. Tlj 7h-23h.* Un resto d'hôtel ? Oui, mais pas n'importe lequel ! La cuisine, inventive, met en valeur les produits locaux, façon *pierna de San Juan Chamula* (cochon de lait confit préalablement mariné dans une sauce au chocolat), ou thon en croûte de cacahuètes et concombre, sauce tamarin... Les desserts sont aussi fort réussis. D'ailleurs, pour le 4-heures, pourquoi ne pas partager à 2 le plateau des *7 Pecados* (7 péchés) ? Le meilleur, à notre avis : la mousse de fruit de la Passion à la crème de café bio et confiture de *pox* sur crumble d'amande. Service impeccable.

LE CHIAPAS

Où prendre un petit déjeuner ? Où faire une pause sucrée ?

La Casa del Pan (plan B2, **4**) : *c/ Real de Guadalupe 55, au centre culturel El Puente. ☎ 678-72-15. Tlj 8h-22h sauf lun (9h-19h dim). Buffet tlj 13h30-16h.* Le petit déj y est servi jusqu'à 13h dans le grand patio couvert, suivi par un buffet varié. On peut aussi s'y offrir un jus de fruits frais, une pâtisserie, acheter du pain et d'autres produits de l'agriculture locale.

Kukulpan (plan B1, **54**) : *c/ Dr Navarro 10. ☎ 631-59-99. Tlj 8h-22h.* Sa terrasse perchée au-dessus de la rue attire à l'heure où darde le soleil matinal. Ambiance et clientèle naviguent ici sur un air bohême, entre coin canapé et banquette planquée en hauteur. *Kukulpan,* c'est une boulangerie, mais aussi un lieu où l'on croque un sandwich débordant de légumes, un burger végétarien ou un plat du jour (éventuellement végane).

☕ **Frontera** *(plan B1, **56**) : av. Belisario Domínguez 35. ☎ 631-62-85. Tlj 8h30-21h30 (18h dim).* Au choix : des bagels, des pâtisseries maison, des œufs bien sûr et du bon café de la région, à siroter dans l'agréable cour coloniale patinée.

☕ **Oh la ! la !** *(zoom, **57**) : c/ Real de Guadalupe 2. ☎ 674-76-47. Tlj 8h30-22h (23h ven-sam).* Cette pâtisserie française propose de bons gâteaux et viennoiseries que se dispute dès le matin une clientèle d'habitués. Quel plaisir de trouver des pains au chocolat, même un peu biscornus ! À 2 pas, ***El Horno Mágico*** *(zoom, **58** ; General Utrilla 7 ; tlj 8h30-21h),* tenu par de jeunes Français, propose ses propres pains, *caracoles*, croissants, etc.

Où boire un verre ? Où sortir ?

🍷 **Kinoki** *(zoom, **70**) : av. Belisario Dominguez 5A, angle Real de Guadalupe. À l'étage. ☎ 678-50-46. Ouv 12h30-minuit.* Ce lieu convivial et composite, à la fois resto-salon de thé et forum culturel indépendant, propose 2 séances de cinéma quotidiennes *(à 18h et 21h)*, dont des documentaires sur le mouvement zapatiste. On y propose une belle sélection de thés (rare au Mexique), des en-cas sucrés (gaufres notamment), une petite restauration tout à fait acceptable, quelques bières artisanales et même du vin chaud pour les soirées fraîches ! DJ sur le toit le samedi et parfois un concert live en haute saison.

🍷 **La Viña de Bacco** *(zoom, **75**) : c/ Real de Guadalupe 7. Tlj 13h30-minuit.* Ce bar à vins et tapas aligne un choix varié de pifs du Mexique et d'ailleurs, servis au verre ou en bouteille – et des bières artisanales. À chaque conso sa *botana*. Le rendez-vous des expats et des touristes, qui s'entassent à l'intérieur ou sur les quelques tables donnant sur la rue. Bonne ambiance conviviale.

🍷 **Posheria** *(plan B2, **71**) : c/ Real de Guadalupe 46A. Lun-ven 9h-17h.* Ce tout petit bar-débit de *pox* se cale entre murs de bouteilles et collection de bougies aériennes. Le *pox* ? Un alcool de maïs indigène (titrant 39° ou 53°), servi brut ou aromatisé à la vanille, au cacao (servi avec une fève à croquer !)...

🍷 ♩ **Revolución** *(plan A2, **74**) : à l'angle de 20 de Noviembre et 1ero de Marzo. Bar-resto à partir de 13h.* Zapata et zapatistes tapissent les murs mais, plutôt que pour le vernis révolutionnaire, les *travellers* y squattent surtout pour la musique live (de 21h à 2-3h), tendance rock, salsa ou jazz. Large choix de tequilas, *mezcales* et bières artisanales, à éponger avec une sélection de bonnes brochettes. Un incontournable.

🍷 ♩ **El Paliacate** *(plan A1, **76**) : av. 5 de Mayo 20. 📱 125-37-39. Tlj (sauf dim-lun) à partir de 16h.* Le *Paliacate*, c'est à la fois un centre culturel où se succèdent présentations de livres, rencontres, projections de films et documentaires, et un lieu pour écouter de la bonne musique tous azimuts (à partir de 22h). On y a même vu des groupes de blues tzotzil !

🍷 ♩ 💃 **Latino's** *(plan B2, **73**) : c/ Francisco Madero 23. Tlj sauf dim 20h-3h ; orchestre à partir de 23h. Entrée : env 50 $Me jeu-ven, 70 $Me sam.* C'est le rendez-vous des *salseros*. Bons orchestres de merengue, *bachata* et reggaeton qui mettent le feu du jeudi au samedi. Le reste du temps, c'est assez mort, surtout si vous faites l'erreur de venir avant 23h.

🍷 ♩ Voir aussi le ***Resto Bar & Cabaret Cocoliche*** *(plan B2, **42**)*, décrit dans « Où manger ? Où prendre un petit déjeuner ? ».

Achats

L'***artisanat textile*** s'affiche à tous les coins de rue à San Cristóbal, mais une bonne part (pas la plus finement travaillée...) provient désormais du Guatemala. En revanche, le ***cuir*** et les ponchos courts sont caractéristiques du coin.
Autre incontournable : l'***ambre,*** issu principalement de la mine locale de Simojovel, l'une des plus importantes du continent américain. À l'époque préhispanique, le Chiapas devait en reverser comme tribut aux Aztèques ! Si l'ambre de la Baltique est issu de conifères, au Chiapas, il provient d'une légumineuse et décline, lui aussi, toute une gamme de couleurs : miel, orangé, marron, rouge et même vert (le plus rare). Nombre de boutiques spécialisées émaillent le centre, notamment sur la ***calle Real de Guadalupe.*** N'achetez pas d'ambre dans la rue, il sera sûrement bidon. Le vrai est léger et chaud dans la main, alors que le faux est froid et lourd. Faites donc un tour avant au musée de l'Ambre : on y donne quelques tuyaux pour différencier les 2.

Mercado de Artesanías *(plan A1,* ***83****)* **:** *sur le parvis du templo Santo Domingo et à ses abords.* Pas de grande qualité, mais un large choix de tissages, vêtements, bijoux, petits objets et jouets de toutes sortes, présentés en plein air sur une myriade de stands chamarrés. Négociez ferme ! L'ambre vendu ici est la plupart du temps authentique. Autre grand marché du même genre, couvert celui-ci, le ***mercado de Dulces y Artesanías*** *(plan A3,* ***86****),* à côté de l'église San Francisco.

J'Pas Joloviletik *(plan A1,* ***81****)* **:** *av. General Utrilla 43.* ☎ *678-28-48. Tlj 9h-14h, 16h-19h.* Autre coopérative de femmes tzotziles, autres choix : essentiellement des tissus et des broderies, dont de très belles pièces – nappes, *huipiles,* housses de coussins, *rebozos* (châles), sacs...

Taller Leñateros *(plan B2,* ***85****)* **:** *c/ Flavio Paniagua 54. Lun-ven 9h-17h, sam 9h-14h. CB acceptées.* Cet atelier d'artisans papetiers, fondé en 1975 par la poétesse Ámbar Past, publie des livres de poésie maya sous la même forme que les codex, et propose de jolies cartes postales illustrées, des cahiers et carnets de toutes tailles... plein de cadeaux jolis et originaux.

Kikimundo *(plan A2,* ***82****)* **:** *av. Miguel Hidalgo 3 A. Tlj 9h-22h.* La production artistique pleine d'humour de Kiki Suarez, Allemande d'origine, mérite qu'on s'y attarde : peintures, tissages, dessins, papier mâché, bijoux, le tout énergique et bariolé, inspiré par les femmes du Chiapas et les couleurs du Mexique.

Café La Selva *(plan A2,* ***84****)* **:** *av. Crescencio Rosas 9 ; à l'angle de Cuauhtémoc. Tlj 8h30-22h45.* On peut y acheter différentes variétés de café bio produites au Chiapas.

À voir. À faire

2 axes piétons traversent le centre historique : la *calle Real de Guadalupe* (ou ***Andador de Guadalupe*** ; *plan A-B2*), qui relie le *zócalo* au sanctuaire du même nom (à 15 mn) sur un axe ouest-est ; et l'***Andador eclesiástico*** *(plan A1-2-3),* qui s'étire du nord au sud par les rues Miguel Hidalgo et 20 de Noviembre entre le *templo de Santo Domingo* et le *templo del Carmen,* en passant par le flanc ouest du *zócalo.* 2 promenades agréables, égrenant quelques beaux édifices et vénérables demeures, avec beaucoup de monde à toute heure du jour et de la nuit.
Le 7 septembre 2017, un séisme de magnitude 8,2 s'est produit au large des côtes du Chiapas. Malgré l'éloignement, beaucoup de monuments ont souffert à San Cristóbal et dans la région. Il faudra du temps pour qu'ils soient enfin tous restaurés.

– Visite de la ville avec le ***tramway El Coleto*** : *départ du mercado de Dulces y Artesanías, av. Insurgentes (plan A3,* ***86****), ttes les 30-60 mn, 10h-20h (mais le bus ne part que s'il y a min 6 passagers). Prix : 70 $Me ; réduc.*

PARDONNEZ-MOI, MON PÈRE

Après avoir convaincu le roi d'Espagne d'interdire le travail forcé des Indiens, Bartolomé de Las Casas est ordonné, en 1544, évêque de San Cristóbal, avec mission de faire appliquer cette nouvelle législation. Il exige des colons qu'ils libèrent leurs esclaves s'ils veulent être reçus en confession. Mais face à leur révolte, l'expérience tourne court. Le roi se dédit et Las Casas est contraint de rentrer en Espagne 2 ans plus tard.

👁👁 ***Catedral*** *(plan A2)* **:** *sur le zócalo.* Édifiée en 1528, consacrée cathédrale 11 ans plus tard, elle fut rebâtie en 1670 dans un style baroque indigène d'après les plans de la cathédrale d'Antigua au Guatemala. Massive, elle exhibe une façade jaune saupoudrée de décors floraux blancs. À l'intérieur, plafond en bois sculpté en style mudéjar, chaire Renaissance et très beaux retables en bois doré de style baroque. Des travaux de rénovation ont débuté en 2020.

👁👁 ***Templo de Santo Domingo*** *(plan A1)* **:** *au nord de la c/ 20 de Noviembre. Lun-sam 7h-20h, dim 7h30-11h, 13h-20h.* Sa magnifique façade plateresque (fin XVIIe s), chef-d'œuvre de dentelle de pierre, voit cohabiter saints, sirènes, lions et chimères. Elle s'ouvre sur des murs recouverts de panneaux en bois sculpté doré encadrant peintures religieuses et statues. Des travaux de rénovation ont aussi commencé en 2020.

👁👁 ***Centro cultural de los Altos*** *(plan A1)* **:** *av. Lázaro Cárdenas. ☎ 678-16-09. Mar-dim 9h-18h. Entrée : 65 $Me.* Ce beau musée moderne s'est installé dans l'ancien couvent de Santo Domingo, fondé en 1545. Au rez-de-chaussée, la section historique présente une collection d'art colonial religieux avec, notamment, une belle chaire épiscopale en bois sculpté du XVIe s. Mais le plus intéressant se trouve à l'étage : une superbe collection de tissages et costumes traditionnels joliment présentés par villages de production (le costume est la marque d'appartenance à une communauté) – Guatemala inclus. La diversité des motifs et des couleurs semble infinie... Une vidéo explicative montre les différentes techniques employées. Un invité inattendu : une tunique lacandone en écorce d'arbre.

👁 ***Casa Utrilla*** *(plan A1)* **:** *av. General Utrilla 33. ☎ 678-75-38. Ouv mar-sam 10h-14h, dim 12h-17h. Fermé lun. Petit droit d'entrée.* C'est dans cette maison néoclassique au patio ombragé par un énorme magnolia (café) qu'habitait le général – qui fut gouverneur du Chiapas de 1879 à 1883. Les descendants ouvrent quelques pièces à la visite : l'occasion de jeter un coup d'œil aux intérieurs d'une famille puissante de l'époque. Rigolo : le rouleau à pâtisserie sculpté sur la tête de lit de Madame...

👁 ***Gran mercado*** *(plan A-B1)* **:** *av. General Utrilla. Tlj. Y aller le mat.* Ce très vaste marché, fréquenté par les Indiens de toute la région, est fort coloré. S'y empilent légumes, fruits et fleurs, mais aussi haricots secs, condiments, *chiles,* chaussures, fringues, volailles, stands de musique, peluches, poisson séché et autres *tortillerías.* Ne pas prendre de photos sans autorisation, les réactions peuvent être assez hostiles.

INSECTES MOMIFIÉS

Certaines pièces d'ambre du Chiapas renferment des insectes pétrifiés. Parmi celles exposées au museo del Ambar... un moustique vieux de plus de 25 millions d'années et un morceau de scorpion (seuls 5 sont connus au monde) !

👁 ***Museo del Ambar de Chiapas*** *(musée de l'Ambre du Chiapas ; hors plan par A2)* **:** *Diego de Mazariegos ; au pied de l'église*

LE CHIAPAS

de la Merced. • museodelambar.com • Tlj sauf lun 10h-14h, 16h-20h (dernière entrée 15 mn avt). Entrée : 25 $Me. ATTENTION : ne pas confondre avec le lieu qui se qualifie de « musée » à 3 blocs de là, à l'angle de Mazariegos et Allende, une boutique-musée à vocation commerciale. Le musée est installé dans l'ancien couvent de la Merced (XVIIIe s), qui a gardé de sa métamorphose postérieure en caserne et prison une façade avec tour et créneaux... L'idée de ce petit – mais intéressant – musée est née pour sauver l'édifice, qui était en ruine. Armé d'un fascicule en français, jonglant avec un ensemble de panneaux didactiques, on découvre une petite collection d'œuvres ciselées dans l'ambre et de morceaux bruts ou polis, certains emprisonnant des insectes dans leur gangue de résine (à observer au microscope ou à la loupe). Petit film sur les techniques de travail de l'ambre (sous-titré en anglais).

Arco del Carmen *(plan A3)* **:** *au sud de l'av. Miguel Hidalgo.* Coupant la rue en 2, cette tour aux accents mudéjars (1677) servait jadis de porte d'entrée à la ville. Les religieuses l'empruntaient pour passer de l'église au couvent (disparu) sans sortir dans la rue, pour ne pas rompre leur vœu d'isolement.

Templo de Guadalupe *(hors plan par B2)* **:** *à l'extrémité est de la c/ Real de Guadalupe, à 15 mn du zócalo.* Trônant au sommet d'un grand escalier, en surplomb d'une place arborée, l'église présente peu d'intérêt d'un point de vue architectural, mais attire de nombreux pèlerins. Une grande croix verte tzotzile, à l'entrée, répond au drapeau mexicain recouvrant l'autel et aux néons vert-blanc-rouge illuminant la Vierge !

Na Bolom *(hors plan par B1)* **:** *av. Vicente Guerrero 33. ☎ 678-14-18. • nabolom.org • Tlj 9h-19h. Entrée : 60 $Me ; 70 $Me avec visite guidée en espagnol (16h30) ou en anglais (11h30). Possibilité d'y loger (cf. « Où dormir ? »).* L'association *Na Bolom* (« la maison du jaguar ») occupe une belle demeure de la fin du XIXe s, résidence de l'archéologue autodidacte danois Franz Blom et de son épouse suisse Gertrude Duby, qui consacrèrent une partie de leur vie à l'étude et la protection des Lacandons. Photographe, Gertrude a accumulé des milliers de clichés de 1942 à 1987. Depuis sa mort en 1993, Na Bolom poursuit sa mission de centre d'études mayas et accueille chercheurs et ethnologues dans l'une des plus importantes bibliothèques spécialisées au monde. Après la vidéo d'introduction en espagnol ou anglais (20 mn), on découvre une collection un peu disparate de céramiques précolombiennes, instruments de musique et objets personnels ayant appartenu au couple, empilés dans des vitrines à l'ancienne. Le plus intéressant : celle consacrée aux Lacandons, avec de belles photos d'époque et de jolis objets. On peut aussi faire un tour dans le jardin.

Centro de Desarrollo de la Medicina maya *(Centre de développement de la médecine maya ; hors plan par A1)* **:** *av. Gonzalez Blanco 10 ; colonia Morelos. ☎ 678-54-38. Du marché, c'est à 10 mn à pied (à env 1,5 km du zócalo). Lun-ven 10h-18h, w-e 10h-16h. Entrée : 25 $Me. Demander le fascicule en français, très pédagogique.* Placé sous l'égide de l'association des « médecins indigènes du Chiapas, herboristes, guérisseurs et lecteurs de pouls », ce drôle de lieu, hybride, regroupe une clinique traditionnelle, une herboristerie où acheter des remèdes et un musée engagé, militant pour la préservation et la diffusion de la médecine maya – et contre l'appropriation des plantes médicinales et du savoir-faire traditionnel par des

PETIT PRÉCIS DE MÉDECINE TZOTZILE

Vous avez des rhumatismes ? L'urine de moufette et la chair de l'oiseau-mouche les guérissent. Ou, à défaut, un écureuil consommé entier. Mastiqué, le tabac sylvestre, mélangé à un peu d'ail, protège, lui, des jalousies, du mauvais œil et des trajets à risque. Ça marche même pour les maux de tête et d'estomac.

groupes pharmaceutiques. On y découvre, aidé par de petites saynètes, l'étendue de cette médecine millénaire et les ressources utilisées par les médecins indigènes : plantes bien sûr, mais aussi animaux, bougies, prières, encens, *pox* (alcool de maïs)...

Fêtes à San Cristóbal et dans la région

– ***Feria de la Primavera y de la Paz :*** *1 sem courant avr, juste après la Semaine sainte.* Le grand festival de la ville, avec de nombreuses animations dans les rues et des concerts chaque soir.
– ***Grande fête annuelle de San Cristóbal :*** *25 juil.* La nuit, des pèlerins montent jusqu'à l'église, en haut de la colline, avec des torches.
– ***Fête de Notre-Dame-de-Guadalupe :*** *12 déc (les festivités commencent 2 j. avt).* La ville connaît alors une animation dingue : fête foraine, processions, feux d'artifice, pétards toute la nuit, etc.
– ***Fêtes à San Juan Chamula :*** *carnaval du Mardi gras et du w-e qui précède.* Processions religieuses dans tout le village, autour du marché, musiciens, danseurs en costumes locaux. *Également vers le 24 juin pour la Saint-Jean et le 23 août, la Sainte-Rose.*

DANS LES ENVIRONS DE SAN CRISTÓBAL DE LAS CASAS

Pour ceux qui n'iraient pas à Tuxtla, la plupart des agences et certains *hostales* organisent l'excursion à la journée depuis San Cristóbal au ***cañón del Sumidero*** *(300-400 $Me/pers).* On peut aussi faire l'aller-retour en combi. D'autres excursions à la journée permettent de découvrir Agua Azul, Misol-Ha et Palenque *(env 400 $Me ; 4h-22h !),* et même les lagunas de Montebello (idem), ou Yaxchilán et Bonampak sur 2 jours.

LES VILLAGES TZOTZILES

Les villages les plus visités sont *San Juan Chamula* (à 10 km au nord-est) et *Zinacantán* (même route au départ). On s'y rend facilement dans la journée avec les combis locaux, mais on peut aussi passer par une agence (env 180-290 $Me). Si on y va par ses propres moyens, mieux vaut se renseigner auprès de l'office de tourisme de San Cristóbal pour s'assurer des conditions de sécurité, en fonction des tensions politiques du moment. Les Indiens tzotziles, largement réfractaires à la colonisation, restent aujourd'hui encore sur leur quant-à-soi : ils apprécient fort peu les photographies et communiquent peu avec les étrangers (ce qui peut éventuellement justifier de recourir aux services d'un guide). L'absence de babioles et souvenirs sur leurs marchés prouve d'ailleurs à quel point ils préfèrent ignorer le tourisme.

San Juan Chamula : *à 9 km au nord-ouest de San Cristóbal (fléché). Départ des colectivos (env 20 $Me) après le grand marché sur la gauche, c/ Honduras et Lázaro Cárdenas (hors plan San Cristóbal de Las Casas par A1) ; dernier retour vers 18h. En voiture, prendre la c/ Real de Guadalupe vers l'ouest, jusqu'au bout, c'est ensuite fléché. Parking pour visiteurs obligatoire à l'entrée du village (20 $Me).*
Une étrange atmosphère enveloppe cette grosse bourgade informe, à la fois si comparable à n'importe quel village du Mexique et si particulière, témoignage vivant d'une civilisation que l'on croyait disparue sous la botte des conquistadores et de leurs curés. Les Chamulas s'organisent selon leurs propres rites et codes

sociaux, syncrétisme unique de croyances mayas et catholiques. La plupart des hommes conservent la tenue traditionnelle faite d'une tunique de laine blanche (ou noire quand il fait froid) grossièrement filée, chapeau de cow-boy vissé sur la tête. Ne vous avisez pas de les prendre en photo : ***les Chamulas n'aiment pas les photographies,*** que ce soit au-dehors ou lors des cérémonies. Évitez donc toute situation conflictuelle. Dans l'église, les photos sont absolument interdites. Rangez votre appareil, au risque qu'il soit confisqué.

GUERRE DE RELIGIONS

Depuis les années 1970, un violent conflit oppose les Chamulas « traditionalistes » à ceux convertis aux églises évangéliques ou professant un catholicisme progressiste – qui contestent notamment la mainmise locale des chefs traditionalistes, longtemps liés au tout-puissant PRI, le parti qui domina la vie politique mexicaine pendant près d'un siècle. En représailles, 40 000 évangélistes et catholiques progressistes ont été expulsés des communautés tzotziles ; on relève même régulièrement des morts. Une manière de s'accaparer certaines terres...

Si vous le pouvez, venez à San Juan un dimanche, jour du ***marché.*** Sous l'œil des caciques locaux en costume d'apparat, les paysans étalent leurs récoltes et la laine juste tondue de leurs moutons sur la place de l'église et les 2 rues qui y mènent. Vers 9h30-10h, des groupes de touristes commencent à arriver, qui semblent laisser la plupart des habitants indifférents.

Mais la grande attraction du coin, c'est l'***église*** *(tlj 7h-18h ; entrée : 25 $Me).* Passé le porche vert orné de symboles très colorés, on plonge dans un autre univers, étrange et fervent. Le chamanisme est ici plus fort qu'ailleurs, et ce sont les esprits que l'on vient consulter en premier en cas de maladie ou de problème. Le dernier prêtre catholique a quitté le village en 1867, et l'évêque n'a le droit d'entrer dans cette église qu'une fois par an pour les baptêmes ! Les Tzotziles pratiquent donc leur propre religion mais en y intégrant des éléments catholiques. Saints et symboles chrétiens sont associés au culte des esprits et des mythes mayas. Ainsi, la croix est très présente dans la vie des Tzotziles, qui l'associent à l'arbre de vie des Mayas. Quant au Christ, il a été remplacé par San Juan portant dans ses bras un mouton, l'animal sacré des Tzotziles. À l'intérieur de l'église, pas de bancs : des aiguilles de pin (sacré) jonchent le sol. Toutes les statues des saints sont alignées le long des murs et même une partie des cloches ont été descendues dans la nef... Dans un bruissement continu d'incantations et de prières, les dévots allument des bougies à même le sol. Leur fumée, comme celle du copal (résine) ou comme les fleurs, nourrit les dieux, protège l'âme et libère l'esprit. Quantité, taille et couleur sont déterminantes : à chaque maladie, à chaque problème, à chaque prière sa recette spécifique. Attention de ne pas être trop pressé : pour que le remède soit efficace, les bougies doivent être brûlées intégralement. Les fidèles communiquent aussi avec les dieux en utilisant le *pox,* une eau-de-vie à base de maïs et canne à sucre, recrachée aussitôt en soufflant pour évacuer les esprits maléfiques.

CONCURRENCE DÉLOYALE ?

Depuis quelques années, l'alcool (le pox*) traditionnellement utilisé dans les rites tzotziles est fortement concurrencé par... Coca-Cola et Pepsi-Cola ! Ces sodas pétillants présentent un avantage de taille : ils font roter, ce qui permet d'extirper le mal encore plus rapidement ! Ne soyez donc pas surpris si vous voyez de vieilles femmes boire leur cola en priant.*

Zinacantán : *à 10 km de San Cristóbal, fléché sur la gauche sur la route de San Juan (à 5,5 km). Colectivo sur la c/ Honduras à San Cristóbal, derrière le marché (hors plan par A-B1). Taxi depuis San Juan : env 100 $Me (9 km). Accès au village : 15 $Me,* *à payer à la guérite à l'entrée.* Moins fréquenté, Zinacantán mérite surtout le détour le dimanche, lorsque se tient son ***marché*** (ou le 20 janvier pour la *feria*). Rien d'extravagant, juste des stands de textiles souvent posés à même le sol. Le rose, le mauve et le violet sont ici omniprésents : costume traditionnel, châles, mais aussi blouses d'écolier, parapluies... tout est rose à Zinacantán ! L'***église*** est bien moins spectaculaire qu'à San Juan ; à côté se dresse le siège de la *cofradía* (confrérie), auquel on peut aussi jeter un coup d'œil (obole attendue). Certains habitants proposent de visiter leur maison pour voir l'atelier de tissage et la cuisine (démo de préparation de tortillas).

TUXTLA GUTIÉRREZ

env 620 000 hab. IND. TÉL. : 961

La capitale de l'État du Chiapas est une grande ville, moche et bruyante, que l'on peut très bien éviter. On peut toutefois y atterrir et on y passe sur la route de Mexico (à 1 000 km) à San Cristóbal (à 60 km), ou en allant au Guatemala. À 550 m d'altitude, le climat est ici semi-tropical et il fait très chaud, même en hiver durant la journée (35° C). Cité du marimba (xylophone mexicain), Tuxtla est fière de son zoo (pas mal) et possède quelques musées. Depuis la localité de Chiapa de Corzo, à 15 km à l'est, une balade en *lancha* permet de pénétrer entre les parois du *cañón del Sumidero.*

Arriver – Quitter

En bus

Combis pour San Cristóbal de Las Casas : les départs les moins éloignés du centre sont ceux d'*Omnibus de Chiapas* *(depuis la c/ 15 Oriente Sur, angle de l'av. 4a Sur Oriente),* ttes les 10 mn env, 5h-22h. *Sinon, rdv au* ***terminal Ancianos*** (terminal de transferencia)*, à l'angle de l'av. 9a Sur Oriente et de la c/ 13a Oriente Sur. Pour y aller, taxi ou colectivo indiquant « Ancianos » ou « 9 A sur ».* Départs ttes les 15 mn 5h-21h. Des ***combis pour Comitán*** partent depuis le grand bâtiment du fond du terminal *Ancianos,* ttes les 15-20 mn, 3h30-18h. De là, *Aexa* dessert ***Palenque*** 4 fois/j. (10h55-23h30), via Villahermosa à cause des *bloqueos* dans la région d'Ocosingo.

Combis pour Chiapa de Corzo et le cañón del Sumidero : *sur le flanc du* ***mercado San Roque,*** *3ra av. Sur Oriente 713, à 500 m au sud-est du zócalo.* Départs très fréquents 5h30-23h ; 15 $Me. Les combis s'arrêtent ensuite devant le terminal Ancianos (voir ci-dessus).

Terminal OCC *(1re classe)* ***:*** *bulevar Antonio Pariente Algarín nº 551. ☎ 125-15-80. Très excentré au nord-ouest du centre, au bout de l'av. 5a Norte Poniente. De/vers le centre,* colectivo *indiquant « OCC » ou taxi (env 50 $Me).* Compagnies *OCC* et *ADO GL* (chic). Consigne, distributeurs. Au cas où vous vous retrouveriez coincé, il y a un gros *Sleep Inn* à 150 m...

➢ ***Campeche*** *(11h15-13h25)* et ***Mérida*** *(13h25-16h)* ***:*** 3 bus/j. avec *OCC* 17h30-20h30 ; avec *ADO GL* à 17h pour Mérida.

➢ ***Comitán*** *(3h)* ***:*** avec *OCC,* ttes les 35-90 mn, 5h25-2h30.

➢ ***Mexico*** *(Norte ou Tapo)* ***:*** 10 bus/j. avec *OCC, ADO, ADO GL* ou *ADO Platinum,* 11h10-0h15. Trajet : 12h-14h30.

➢ ***Oaxaca*** *(9h40-10h30)* ***:*** à 11h40, 19h50 et 0h10 avec *OCC.*

➢ ***Palenque*** *(6h50-7h50)* ***:*** avec *OCC,* 7 bus/j. 7h30-minuit, plus 1 départ avec *ADO GL* à 16h10.

➢ ***San Cristóbal de Las Casas*** *(1h10)* ***:*** ttes les 30-60 mn avec *OCC* (quelques-uns avec *ADO GL*), 4h55-2h30.

➢ ***Tapachula*** *(frontière avec le*

Guatemala) **:** 5 bus/j. 8h40-23h55 avec OCC, plus 5 avec *ADO GL* 9h20-2h30. Trajet : 4h30-5h45.

➢ ***Veracruz*** *(7h45-8h50)* **:** 2 bus/j. 19h05 et 0h20, avec *ADO GL*.

➢ ***Villahermosa*** *(4h20-5h30)* **:** ttes les 30 mn à 2h, 5h-1h35, la plupart avec *OCC* ou *ADO*.

En avion

✈ ***Aeropuerto Ángel Albino Corzo :*** *à 37 km au sud-est. ☎ 615-50-60.* Il n'a d'international que le nom : les seuls vols partant d'ici desservent Mexico avec *Aeroméxico* et la *low-cost Interjet (● interjet.com.mx ●).* Sur place : bureaux de location de voitures, point d'infos touristiques *(9h-18h),* resto.

➢ ***San Cristóbal :*** avec *shuttles OCC (☎ 153-60-99),* 10 départs fixes/j., 8h30-23h. Il y a aussi d'autres vans, un peu moins chers, mais il faut attendre qu'ils soient pleins. Un taxi coûte env 800 $Me.

➢ ***Tuxtla :*** les combis passent à 1 km de là... En taxi, compter 300 $Me pour le centre, 350 $Me pour le terminal *ADO*.

Adresses utiles

■ ***Distributeurs*** *(Visa et MasterCard)* **:** *un peu partout dans le centre, notamment sur l'av. Central, de part et d'autre du zócalo.*

■ ***Venta de boletos ADO-OCC :*** *av. 19 Norte Poniente nº 944, sur le flanc nord du parque de la Marimba. Lun-ven 8h-21h, w-e 10h-18h.* Pratique pour les billets de bus ! Sinon, on peut aussi les acheter à l'*Hostal Tres Central*.

Où dormir ?

De bon marché à prix moyens (moins de 800 $Me / env 38 €)

☗ ***Hostal Tres Central :*** *c/ Central Norte 393, à 2 cuadras au nord du zócalo. ☎ 611-36-74. ● hostaltrescentral@gmail.com ● Lit en dortoir env 160 $Me ; doubles 400-700 $Me, café et pain inclus le mat.* Voilà un excellent point de chute, entre l'auberge de jeunesse et l'hôtel. Au choix : des petits dortoirs de 4 avec douche privée et lampe de chevet individuelle, ou des chambres avec ou sans salle de bains et balcon. L'ensemble, moderne et impeccable – on se croirait en Scandinavie –, offre un excellent niveau de confort (bonne literie, clim). Cuisine commune (jusqu'à 15h seulement) et un bon resto-bar sur le toit (voir « Où manger ? »). Consigne et laverie.

☗ ***Hotel Casablanca :*** *2da av. Norte Oriente 251, à 100 m du zócalo, derrière le palacio federal. ☎ 611-03-05. Doubles 300-600 $Me selon confort.* Disposées le long d'un étroit jardin intérieur planté de palmiers nains, les chambres sont simples et propres, avec ventilo ou clim, TV ou non, 1 ou 2 lits. Les matelas sont raides mais à ce prix... Les plus claires sont à l'étage, bien sûr. Rapport prix-qualité très convenable.

Chic (800-1 200 $Me / env 38-57 €)

☗ |●| ***Best Western Palmareca :*** *bd Belisario Domínguez 4120. ☎ 617-00-00. ● suites.hotelpalmareca.com ● À 3 km à l'ouest du zócalo. Plutôt pour les motorisés, mais accessible par les minibus* Ruta Uno. *Doubles 990-1 300 $Me, petit déj-buffet inclus. Transfert possible de/vers l'aéroport.* Ce gros établissement aux faux airs de motel américain amélioré se distingue des autres hôtels de chaîne locaux par son agréable jardin planté de palmiers (et d'une petite piscine), autour duquel s'organisent les 80 chambres. Elles sont neutres mais de bon confort, au standard de la chaîne. Autre avantage : le resto est régulièrement cité parmi les meilleurs de la ville.

Où manger ? Où prendre un petit déjeuner ?

Bon marché (moins de 150 $Me / env 7,10 €)

Terraza Central : *sur le toit de l'Hostal Tres Central (voir « Où dormir ? »). Tlj. Happy hours 18h-20h : bière à 20 $Me.* Perché au-dessus de la meilleure AJ de Tuxtla, ce bar-resto s'offre une belle terrasse aux baies vitrées amovibles, dominant allégrement la ville. La spécialité de la maison, ce sont les burgers, mais il y a aussi tous les classiques mexicains. Musique sympa, bons cocktails et très bon accueil.

La Cevichería : *9ª Poniente Norte nº 315, à 1 cuadra au nord du parque de la Marimba. ☎ 215-95-59. Tlj 12h-19h.* Si l'entrée ne paie pas de mine, ce resto révèle 3 petites salles et courette hyper colorées – turquoise, rose, vert... un vrai arc-en-ciel, jusqu'aux manches des couverts et aux flamants couvrant mur et coussins ! Au menu : des ceviches, rien que des ceviches. Classiques, mais aussi péruvien, tropical (à la mangue), au fruit de la Passion. C'est frais, original et très bon.

Où boire un verre ? Où sortir ?

Parque de la Marimba : *en bordure de l'av. Central Poniente ; à 8 cuadras à l'ouest du zócalo. Tlj 18h-21h (22h dim).* Ce *zócalo* bis, agréablement boisé, s'anime chaque soir d'une belle atmosphère festive, familiale et populaire, lorsque les musiciens (municipaux) postés sur le kiosque central font danser les couples sur des airs de cumbia, mambo et cha-cha-cha... Tout le monde s'y colle, de 2 à 102 ans.

LE CHIAPAS

À voir

Zócalo : la place, où se produisent des musiciens de marimba le dimanche soir, est immense. Elle est dominée au sud par la cathédrale, une curieuse bâtisse du XVIᵉ s modernisée. On retiendra surtout son carillon de 48 cloches qui, depuis 1982, sonne toutes les heures, en même temps que défilent les 12 apôtres-automates sur l'un des niveaux de l'édifice.

Museo regional de Chiapas : *av. 5ª Norte Oriente. ☎ 613-44-50. Tlj 9h-18h sauf lun. Entrée : 65 $Me. Panneaux en espagnol et en anglais.* La section archéologique, la 1ʳᵉ visitée, est la plus intéressante, avec de belles pièces – énorme couteau en obsidienne, impressionnants encensoirs zoomorphes et anthropomorphes, anneaux de jeu de pelote, céramiques, bijoux provenant des sites de la région. Remarquez les dents humaines incrustées d'éclats de jade (pour être beau) ! On enchaîne avec la section d'histoire, qui couvre toute la période de l'époque coloniale jusqu'après la Révolution mexicaine au gré de pièces de mobilier, fonts baptismaux et autres objets du quotidien.
En face se trouve le ***museo de Paleontología*** *(mar-dim 10h-17h ; ouv à 11h w-e ; 15 $Me)* et, à 2 pas par la promenade dite « des hommes illustres », un luxuriant ***jardin botanique*** fondé en 1949 *(mar-dim 9h-16h ; 10 $Me).*

ZooMAT (zoológico Miguel Álvarez del Toro) **:** *calzada Cerro-Hueco, El Zapotal. ☎ 639-28-56. Minibus nº 60 indiquant « Zoológico » sur la 1ʳᵃ Oriente Sur, entre 7ª et 8ª Sur Oriente ; ou nº 12 sur la 5ª Sur Oriente, entre 2ᵈᵃ et 3ª Oriente Sur ; sinon taxi. Mar-dim 8h30-16h30. Entrée : 25 $Me ; réduc.* Ce vaste zoo, parmi les mieux tenus du Mexique, se consacre à la faune du Chiapas. Les singes, les agoutis et les chevreuils y vivent en semi-liberté, dans une minijungle traversée de *ríos* et de cascades (notamment autour de la *plaza* *de monos*). Le long de l'agréable parcours de 2,5 km, on croise aussi, en cage cette fois-ci, crocodiles, pumas, tapirs... et quelques animaux exceptionnels comme le jaguar noir ou le quetzal (l'oiseau totem du Guatemala). La « Casa nocturna », plongée dans l'obscurité, regroupe des mammifères nocturnes. Cafét' sur place.

DANS LES ENVIRONS DE TUXTLA GUTIÉRREZ

CHIAPA DE CORZO ET LE CAÑÓN DEL SUMIDERO

Creusant son lit juste à l'est de Tuxtla en chemin vers le golfe du Mexique, le fleuve Grijalva s'est infiltré dans une faille géologique, formant peu à peu l'impressionnant ***cañón del Sumidero,*** dont les parois atteignent jusqu'à... 1 000 m de hauteur. On l'explore en *lancha,* principalement au départ de la ville coloniale de ***Chiapa de Corzo*** (52 000 hab.), fondée en 1528 par Diego de Mazariegos, le conquistador du Chiapas. Sur le *zócalo* de cette grosse bourgade assoupie se dresse une impressionnante fontaine du XVIe s de style mudéjar, *La Pila,* et un vieux et superbe *ceiba,* surnommé la Pochota, déjà présent à l'époque précolombienne. En retrait, l'église ***Santo Domingo*** est attenante à un couvent partiellement restauré *(tlj 10h-18h sauf lun, GRATUIT),* dont on ne peut voir pour l'heure que le patio à colonnades planté de sa propre fontaine et d'un grand manguier. L'édifice domine l'embarcadère (nombreux restos).

– ***Fiesta Grande :*** du 8 au 23 janvier, Chiapa de Corzo vibre au rythme de cette fête organisée en l'honneur de saint Sébastien, de saint Antoine et du Christ noir d'Esquipulas. L'Unesco a classé au Patrimoine immatériel de l'Humanité les danses des Parachicos, dissimulés sous des masques en bois surmontés de coiffes, affublés d'un châle à rubans et armés de maracas.

➢ ***Comment y aller :*** le combi (voir à Tuxtla « Arriver – Quitter ») vous laissera sur le *zócalo* ; de là, on rejoint le quai en 2 mn. Ceux qui arrivent de ***San Cristóbal*** par un combi reliant Tuxtla peuvent demander à descendre à l'embranchement pour Chiapa, où ils attraperont un autre combi pour le *zócalo.* Il existe en tout 5 embarcadères. Celui de Chiapa est le plus pratique pour ceux qui voyagent en transports en commun. Si vous êtes en voiture, vous pourrez aussi embarquer depuis celui de *Cahuaré,* 5 km avant Chiapa : la balade y est un poil plus chère, mais elle est aussi plus courte car on est là plus près de l'entrée du canyon. En tout cas, ne vous trompez pas : ne prenez pas la direction « Cañón del Sumidero », mais bien celle de *Chiapa de Corzo.*

– ***Excursion dans le cañón :*** *au départ de Chiapa de Corzo, la balade en bateau dure 2h20 et coûte 200 $Me/pers. Les lanchas ne partent que quand elles sont pleines (20 pers), soit 20 mn-1h d'attente selon saison, 8h-15h30 (ou 16h). ☎ (961) 616-06-80. • lanchasrojas.com.mx • Depuis Cahuaré : env 270 $Me/pers (min 14 pers) ; durée 2h. Prévoir eau et protection (le soleil tape très fort et les barques ne sont pas couvertes).* La *lancha* descend le fleuve jusqu'au barrage de Chicoasén, puis revient à son point de départ (64 km A/R). Avant sa construction, les eaux tumultueuses étaient infranchissables, alors qu'aujourd'hui la profondeur du lac de retenue atteint 250 m par endroits. Au fil de l'eau, on observe une poignée de crocodiles endormis sur les rives, de nombreux oiseaux pêcheurs, des grottes, puis le fameux « Sapin de Noël », une falaise greffée de formations géologiques en forme de branches, recouvertes de mousses. Elles ont été formées par les dépôts calcaires de la grande chute d'eau (250 m) qui l'inonde. Le site est moins impressionnant en saison sèche.

➢ Ceux qui sont en voiture peuvent aussi découvrir les gorges depuis les *miradores* du ***parque Cañón del Sumidero,*** accessible directement depuis

Tuxtla. La route panoramique, en lacet, relie sur 16,5 km 5 points de vue sur le défilé, le plus spectaculaire étant le dernier, dominant un coude du fleuve. Pour le 3e point de vue, il faut marcher 7-8 mn. *Du centre de Tuxtla, prendre l'av. 5a Norte Oriente jusqu'au* Museo de Chiapas *et tourner 150 m après à gauche (au niveau du théâtre) sur la calzada al Sumidero ; aller toujours tt droit en passant sous le périphérique. De ce dernier, l'accès est fléché en arrivant de l'ouest... mais pas en arrivant de l'est ! Tlj 8h-17h sauf mar. Entrée : 36 $Me/pers.*

Où dormir à Chiapa de Corzo ?

Hotel de Santiago : *av. Vicente López (la rue qui part en face de l'église, quand on descend vers l'embarcadère). (961) 153-10-49. • hoteldesantiago.com • Double env 550 $Me.* Pour ceux qui voudraient éviter de dormir à Tuxtla, ce petit hôtel bien placé dispose de chambres carrelées peu lumineuses, sans aucun charme, mais propres, avec clim et salle d'eau.

Hotel La Ceiba : *av. Domingo Ruiz 300 (la rue part du flanc ouest du zócalo). ☎ (961) 616-03-89. • laceibahotel.com • Double env 980 $Me. Resto 7h-22h.* Chic pour la ville, cet hôtel est conçu autour d'un jardin-oasis envahi d'une profusion de végétation, où se nichent une piscine et ses transats. Les chambres sont très classiques, carrelées, toutes avec 2 lits *queen size* et clim. L'ensemble n'est pas tout récent mais propre et bien tenu. Accueil fort sympathique.

COMITÁN

113 000 hab. IND. TÉL. : 963

• Plan *p. 373*

À moins de 2h de route (91 km) au sud-est de San Cristóbal, sur la route du Guatemala, Comitán de Domínguez est la plus ancienne ville du Chiapas (1528) et la 4e de l'État par la taille. Le tout petit cœur historique, ondulant en rues grossièrement pavées, conserve quelques élans coloniaux, mais rien qui ne mérite de s'attarder trop longtemps. En revanche, Comitán peut être un passage obligé pour ceux qui souhaiteraient rejoindre Yaxchilán et Bonampak par la Carretera Fronteriza (et les lagunas de Montebello). À 1 600 m, il fait moins froid ici qu'à San Cristóbal.

Arriver – Quitter

En bus

Combis pour San Cristóbal, Tuxtla Gutiérrez et Ciudad Cuauhtémoc *(frontière guatémaltèque ; hors plan par A1,* ***4****)* **:** plusieurs compagnies partent du bd Belisario Domínguez, entre les c/ 1ra et 2da Poniente Sur, à 400 m du centre. Pour San Cristóbal (env 1h40 de trajet), départ ttes les 10-15 mn, 5h-21h avec *Rápidos de los Altos* ou *Transportes Lacandonia.* Pour Tuxtla, ttes les 15 mn env avec *La Angostura,* 3h30-18h (ou 19h). Pour Ciudad Cuauthémoc, départs ttes les 15 mn env, 2h30-20h30 ou 21h (env 1h30 de trajet pour 75 km) avec *Transportes Rápidos de la Frontera* ou *Alfa y Omega.*

Terminal 1re classe Cristóbal Colón *(hors plan par A2,* ***1****)* **:** *bd Belisario Domínguez 43 ; à la hauteur de*

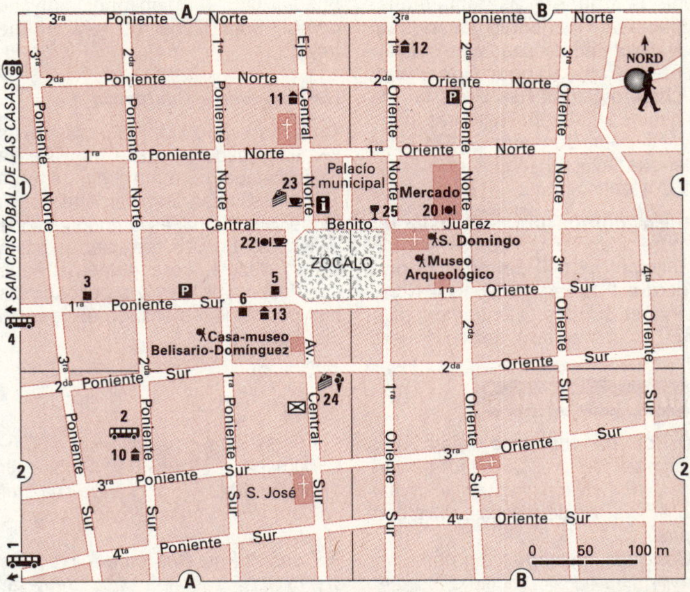

COMITÁN

Adresses utiles

- Office de tourisme (A1)
- 1 Terminal 1re classe Cristóbal Colón (hors plan par A2)
- 2 Linea Comitán-lagunas de Montebello (A2)
- 3 Consulat du Guatemala (A1)
- 4 Combis pour San Cristóbal, Tuxtla Gutiérrez, Ciudad Cuauhtémoc et El Chiflón (hors plan par A1)
- 5 Change El Andador (A1)
- 6 Banco Azteca (A1)

Où dormir ?

- 10 Hotel Comitán (A2)
- 11 Hotel del Virrey (A1)
- 12 Hotel Nak'An Secreto Maya (B1)
- 13 Hotel Casa Delina (A1)

Où manger ?
Où prendre un petit déjeuner ?

- 20 Mercado (B1)
- 22 Acuarío (A1)
- 23 Ta'Bonitío (A1)

Où faire une pause sucrée ?
Où boire un verre ?

- 23 Café con Pan (A1)
- 24 Caoh et Nogu (A2)
- 25 500 Noches (B1)

la c/ 8 Sur Poniente. ☎ *632-09-80.* Compagnies *OCC* et *ADO.*

➢ ***Palenque*** *(10h40)* **:** avec *OCC* à 16h30. Plus de fréquences depuis San Cristóbal. Sinon, enchaîner les combis via Altamirano et Ocosingo (pas de bus sur cet itinéraire).

➢ ***San Cristóbal*** *(2h)* *et* ***Tuxtla Gutiérrez*** *(3h15)* **:** avec *OCC*, ttes les 30-90 mn, 4h40-21h45.

Linea Comitán-lagunas de Montebello *(plan A2,* ***2****)* **:** *av. 2 Poniente Sur 23.* ☎ *632-08-75.*

➢ ***Lagunas de Montebello*** *(1h10-1h30)* **:** départs ttes les 30 mn env 3h-18h. Possibilité d'affréter un minibus à la journée (1 200-1 400 $Me, max 14 pers).

➢ ***Palenque* :** les minibus empruntent la *Carretera Fronteriza,* la route qui longe la frontière guatémaltèque, en traversant la jungle lacandone. Pour ***Yaxchilán*** descendre au *crucero Frontera Corozal,* pour ***Bonampak*** au *crucero San Javier.* Départs ttes les heures 2h30-10h. Trajet très long : env 7h pour Bonampak, 10h pour Palenque, avec changement à Frontera Corozal.

En combi pour Ocosingo : prendre d'abord un combi jusqu'à Altamirano, à 1h40 de route. Départ au nord-est du centre, depuis 4ª Norte Oriente et 8ª Norte Oriente (*hors plan par B1* ; y aller en taxi), ttes les 1h env, 5h30-17h30. À Altamirano, nouveau combi, pour Ocosingo (env 1h de trajet).

Liaisons avec le Guatemala

Taxis (env 350 $Me) ou *colectivos* (50 $Me) jusqu'au poste frontière de Cuauhtémoc (côté mexicain), situé à 75 km de Ciudad Comitán. Attention, il ferme vers 21h (faites tamponner votre passeport). Ensuite, taxi jusqu'au poste de La Mesilla, côté guatémaltèque (changez-y vos derniers pesos), puis bus pour Huehuetenango ou le reste du Guatemala.

Adresses utiles

Office de tourisme *(plan A1) : av. Central Norte, à 30 m du zócalo. ☎ 632-40-47. ● turismocomitan.com ● Tlj 8h-20h.* Peu de moyens, mais bon accueil.

■ ***Banques, change :*** *distributeurs de billets autour du zócalo. Plusieurs banques font le change, dont la* ***Banco Azteca*** *(plan A1,* ***6****) : c/ 1ra Poniente Sur 8, au fond d'un magasin d'électroménager ! Tlj 9h-21h. Sinon :* ***El Andador*** *(plan A1,* ***5****) change euros et dollars, mais aussi francs suisses et quetzales.*

■ ***Consulat du Guatemala*** *(plan A1,* ***3****) : 1ra Sur Poniente 35. 110-68-16. Lun-ven 9h-13h, 14h-17h.*

Où dormir ?

De bon marché à prix moyens (moins de 800 $Me / env 38 €)

Hotel Comitán *(plan A2,* ***10****) : 2da av. Poniente Sur 31. ☎ 632-57-88. Double env 350 $Me.* Cet hôtel pour petits budgets a l'avantage d'être situé à côté des combis empruntant la *Carretera Fronteriza* (aux départs très, très matinaux). Les matelas sont un peu mous, les chambres du fond (très) sombres mais l'ensemble est propre et l'accueil agréable.

Hotel del Virrey *(plan A1,* ***11****) : c/ Central Norte 13. ☎ 632-18-11. Doubles 450-550 $Me.* À moins de 2 *cuadras* du *zócalo,* cet hôtel simple mais bien tenu s'ouvre sur un patio safran égayé de nombreuses plantes – dont un grand bougainvillée. Les chambres, pas géantes, donnent dessus, sur 2 niveaux. Bon accueil et, au final, un bon rapport qualité-prix.

Plus chic (1 200-1 600 $Me / env 57-76 €)

Hotel Casa Delina *(plan A1,* ***13****) : 1ra c/ Poniente Sur 6. 101-47-93. ● hotelcasadelina.com ● Double 1 300 $Me.* À 2 pas du *zócalo,* cet hôtel contemporain, presque incongru à Comitán, est logé dans une bâtisse coloniale au toit de tuiles. Un mélange des genres réussi, avec de vastes chambres au sol en béton ciré et touches de déco *arty,* encadrant un beau patio-jardin bordé de vénérables arcades de bois. S'il y a de la place, on vous proposera de choisir votre préférée ! Excellent confort (douche pluie, bonne literie).

Hotel Nak'An Secreto Maya *(plan B1,* ***12****) : 1ra av. Oriente Norte 29. ☎ 636-73-85. ● nakan.mx ● Doubles 1 150-1 550 $Me, petit déj inclus.* Surprise : un hôtel contemporain de qualité à Comitán, conçu dans un esprit minimaliste n'excluant pas un charme certain et des touches de couleur – notamment les textiles locaux décorant les lits bas (très confortables). Les chambres, avec baie vitrée, sont spacieuses et donnent sur une sorte de couloir de verdure. Excellent accueil, pro.

Où manger ? Où prendre un petit déjeuner ?

De bon marché à prix moyens (moins de 300 $Me / env 14,30 €)

Mercado *(plan B1, **20**)* **:** *c/ Central Oriente, angle av. 2da Oriente Norte. Tlj 7h-17h (14h dim).* Ce pittoresque petit marché offre quelques possibilités pour se sustenter à moindres frais : *quesadillas, tamales,* et même fleurs de courgette frites.

Acuarío *(plan A1, **22**)* **:** *sur le zócalo. Tlj 7h-20h.* Parmi la brochette de restos installés sur la place (qui font tous de la retape...) celui-ci est plutôt un bon choix. Agréable terrasse sous les arcades et carte longue comme les 2 bras, incluant un large choix de petits déj (œufs). Simple, honnête et assez copieux. À l'intérieur, la TV fait sa loi ! Un bémol : le pourboire ajouté d'office...

De prix moyens à plus chic (jusqu'à 500 $Me / env 24 €)

Ta'Bonitío *(plan A1, **23**)* **:** *av. Central Norte 5. ☎ 632-80-87. Tlj 8h-23h.* Ce bistrot contemporain coloré bouscule les habitudes culinaires locales avec sa carte courte et changeante s'appuyant sur des produits du coin pour créer de nouvelles associations de goûts. On a apprécié le poisson en papillote de *mumú,* le burger à l'*axiote,* le pain perdu au poulpe flambé, un peu moins le ceviche de crevettes aux *tzizim* (grosses, ces fourmis noires, quand même...) ! Un travail soigné, jusque dans la présentation. Sert aussi le petit déj.

LE CHIAPAS

Où faire une pause sucrée ? Où boire un verre ?

Café con Pan *(plan A1, **23**)* **:** *av. Central Norte 5. 106-83-38. Tlj 8h-23h.* Attenant au resto *Ta'Bonitío,* ce petit salon de thé propose des pâtisseries à la française assez réussies. Il y a même des macarons ! Côté café, c'est moins ça.

Caoh et Nogu *(plan A2, **24**)* **:** *av. Central Sur. 143-14-94. Tlj 12h-22h30 (15h dim).* Pour les coups de froid, il y a *Nogu,* qui propose ses chocolats chauds et à croquer, élaborés avec de surprenants produits régionaux (*tascalate, tzizim,* tequila locale...). Pour les coups de chaud, cap sur *Caoh,* juste en face, pour ses glaces artisanales que l'on vous proposera de goûter. Étonnante et excellente à la cire d'abeille ! En prime : gaufres et bagels.

500 Noches *(plan B1, **25**)* **:** *sur le zócalo, à côté du palacio municipal. Tlj 16h-1h ou 2h.* Baignant dans une atmosphère tamisée de lounge un peu chic aux hauts plafonds, le lieu attire par son petit live chaque soir. Commandez un verre mais, en revanche, oubliez le reste... Terrasse sur la place.

À voir

Iglesia de Santo Domingo *(plan B1)* **:** *sur le zócalo.* Éclatante en jaune bouton d'or, elle se caractérise par ses 4 rangées d'arcades aveugles qui habillent le bas de sa tour.

Museo arqueológico *(plan B1)* **:** *c/ 1ra Oriente Sur. Mar-dim 9h-18h. GRATUIT. Panneaux en espagnol.* Quelques pièces archéologiques en provenance des hauts plateaux du Chiapas y sont exposées, notamment une grande urne cérémonielle découverte dans la *Cueva de los Andasolos* et des crânes volontairement déformés selon l'ancienne pratique maya.

Casa-museo Belisario-Domínguez *(plan A1) : av. Central Sur 35. Lun-ven 10h-19h ; sam-dim 9h-13h. Entrée : 20 $Me.* C'est la maison du grand héros de Comitán, médecin formé en France qui s'abstenait de faire payer les plus pauvres et devint sénateur du Chiapas. Dans un discours célèbre, il a critiqué les exactions du président Huerta qui, pas content du tout, l'a fait assassiner en 1913... Depuis, la ville s'appelle officiellement Comitán de Domínguez. La demeure a été restaurée dans le style de l'époque. On voit le salon, le bureau, la bibliothèque et, plus intéressant, la pharmacie.

DANS LES ENVIRONS DE COMITÁN

Tenam Puente : *à 8 km de Comitán en direction de Ciudad Cuauhtémoc, puis à droite sur 5 km (fléché). Combis indiquant « Tenam Puente » (à prendre à côté de ceux des lagunas de Montebello ; plan A2,* ***2****) ou taxi. Tlj 8h-17h ; dernière entrée 16h. Entrée : 45 $Me.* Habitée jusque vers 1200, longtemps après l'abandon des cités mayas des terres basses, Tenam Puente marque une étape de transition vers la culture toltèque. Le site, très peu fréquenté, est aménagé sur 3 niveaux (pfou, c'est raide !), avec chacun un jeu de balle. Belle vue sur la vallée du sommet de la grande pyramide. Les locaux célèbrent sur place la Santa Cruz le 3 mai et la Vierge en août.

El Chiflón : *à 34 km à l'ouest de Comitán par la route 226, direction Tuxtla Gutiérrez. Prendre le bus Rápidos de la Angostura Comitán-Tuxtla (hors plan par A1,* ***4****), ttes les 30 mn 7h-18h ; de l'embranchement, le site est à 600 m. Tlj 8h-17h30. Entrée : 30 $Me.* Très fréquenté par les locaux le week-end, ce centre écotouristique émerge entre les montagnes, au milieu de la forêt, dans une vallée plantée de canne à sucre. Attraction naturelle majeure du lieu : une impressionnante chute de 120 m de haut, le ***Velo de novia*** *(voile de la mariée).* Diverses piscines naturelles couleur turquoise s'offrent à la baignade tout au long du chemin bétonné qui y grimpe (sur 1 km). Un mirador y voisine avec une tyrolienne qui franchit le *río*. Un chemin moins aménagé, plus tranquille, conduit plus haut à la cascade ***Arcoiris*** (63 m), après une demi-heure de grimpette supplémentaire.
Camping et logement possibles, dans de jolies *cabañas* confortables *(doubles 500-700 $Me)* ; restaurant.

Zona arqueológica de Chinkultic : *à env 60 km à l'est de Comitán et 16 km à l'ouest de Tziscao (lagunas de Montebello). Tlj 8h-17h ; dernière entrée 16h30. GRATUIT.* Ceux qui sont en voiture et passent par là pourront y faire escale pour voir, tout au bout du site, la pyramide maya inhabituellement perchée au sommet d'un piton rocheux, dominant avec superbe un profond *cenote* et 2 des premiers lacs de Montebello.

Lagunas de Montebello : *à env 70 km à l'est de Comitán par la Carretera Fronteriza (fléché). Accès : 35 $Me pour la partie du parc national (à l'ouest), tlj 8h-17h ; 25 $Me pour la partie gérée par la communauté (à l'est), où votre ticket (valable 2 j.) vous sera redemandé à l'entrée de chaque lac.*
Les lagunas de Montebello comprennent une cinquantaine de lacs de montagne aux teintes changeantes, disséminés dans les forêts de pins, près de la route longeant la frontière avec le Guatemala. Si la partie occidentale fait partie d'un parc national (60 km^2), la partie orientale est, elle, gérée, par les communautés locales. Des aires ont été aménagées autour d'une dizaine d'entre eux, très fréquentées le week-end par les familles mexicaines qui viennent y grignoter des brochettes de poulet dans les nombreuses gargotes. Pseudo-guides et vendeurs se montrent

souvent très insistants. Autant dire que, pour le calme, on repassera... En semaine, en revanche, c'est souvent mort et il ne s'y passe plus rien (les loueurs de barques et kayaks désertent).
Le secteur du parc national est accessible en prenant la route de gauche (en cul-de-sac) au niveau du guichet d'entrée, en venant de Comitán. Elle s'enfonce sur 6 km, desservant les 5 ***Lagunas de Colores,*** assez proches les unes des autres, dont la plus grande est *Bosque Azul.* À droite se poursuit la route principale, bordée de lacs plus éloignés les uns des autres, où se multiplient les offres commerciales (balades à cheval, etc.)... Les sentiers sont malheureusement fort peu nombreux. Le plus populaire, celui d'El Perol, relie les 5 Lagunas de Colores à la ***Laguna de Pojoj*** (en 2h) à travers la forêt, offrant des points de vue dominants sur plusieurs plans d'eau. Plus à l'est, la grosse bourgade brouillonne de ***Tziscao*** s'adosse à l'énorme lac du même nom. On peut y camper ou séjourner dans des *cabañas* plus ou moins rustiques, sachant que le chauffage manque et que, en hiver, ça caille !

Las Nubes : *bifurcation au km 360 de la route 307. À 68 km (env 1h30) de Tziscao et 250 km de Frontera Corozal (4-5h). Comptez 200 $Me pour une balade guidée (jusqu'à 5 pers).* C'est assurément de l'eau turquoise qui coule dans les veines du Chiapas ! Une fois encore, une rivière (río Santo Domingo) dévale ici en jolies cascades sinuant à travers la végétation. Une sorte de petit Agua Azul, sans la foule. On peut manger et camper sur place *(50 $Me/pers)* ou passer la nuit dans des *cabañas* confortables *(double env 1 000 $Me).*

LA RÉGION DE OAXACA ET LA CÔTE PACIFIQUE SUD

• Carte *p. 379*

LA RÉGION DE OAXACA

Entre montagne et désert, Oaxaca, capitale de l'État du même nom, mérite à elle seule une étape de plusieurs jours, afin d'apprécier le charme de son centre historique, ses demeures et églises coloniales ainsi que sa vie culturelle. C'est aussi l'occasion de découvrir un riche artisanat, de goûter à diverses spécialités culinaires... et d'apprécier toute la puissance du mezcal !
Dans les environs, la vallée de Oaxaca est le berceau de la civilisation préhispanique zapotèque, l'une des plus anciennes et importantes d'Amérique latine. On y répertorie près de 200 sites archéologiques, dont quelques-uns sont inscrits au Patrimoine mondial de l'Unesco, comme celui de Monte Albán, gigantesque et magnifique. N'hésitez pas à consacrer plusieurs jours à la découverte de cette formidable région, des sierras et des villages indiens qui vous entourent. Des paysages à couper le souffle vous attendent.

OAXACA

263 000 hab. IND. TÉL. : 951

• Plan général *p. 381* • Zoom *p. 383*

À 500 km au sud-est de Mexico, coup de cœur pour la capitale de l'État qui s'étire au creux d'une vallée perchée à plus de 1 500 m d'altitude et cernée de montagnes. Fondée en 1532, Oaxaca est une ville coloniale tranquille et pleine de charme où il fait bon flâner. Coquettes rues piétonnes, bordées de maisons basses aux façades colorées, patios fleuris, arcades imposantes, cloître paisible ou fontaine sculptée : on comprend que le centre historique soit classé au Patrimoine mondial de l'Unesco. La ville jouit par ailleurs, et à juste titre, d'une réputation de capitale gastronomique. Proche de ses racines indiennes, la ville demeure un haut lieu de la contestation politique et sociale depuis les années 1970. Régulièrement, syndicalistes, écologistes et autres activistes manifestent dans le centre historique.
Oaxaca a également donné au Mexique 2 présidents de la République : l'Indien Benito Juárez, représentant des indigènes et protagoniste de la réforme

(à sa mort en 1872, on a ajouté son nom à celui de la ville), puis le dictateur Porfirio Díaz (voir « Personnages » dans « Hommes, culture, environnement »).

Arriver – Quitter

En bus

Terminal de autobuses de 1ra clase *(plan général B1,* ***4****)* ***:*** *calzada Heroes de Chapultepec 1036. ☎ 502-05-60. Achat des billets* ADO *en ligne : ● ado.com.mx ● Au nord du centre historique ; compter 20 mn à pied jusqu'au zócalo ; sinon, bus urbains face au terminal.* Horaires et tarifs des liaisons affichés à côté du grand comptoir. Sur place : consigne à bagages 24h/24, distributeur de billets et bistrot.

➢ ***Mexico – Terminal Tapo*** *(7h)* ***:*** env 30 bus/j. Nombreux départs 22h-minuit.

➢ ***Mexico – DF Central del Norte*** *(7h)* ***:*** env 7 bus/j.

➢ ***Mexico – Terminal Ejecutiva Sur*** *(7h30)* ***:*** env 5 bus/j.

➢ ***Puebla*** *(5h)* ***:*** env 15 bus/j.

➢ ***Tehuantepec*** *(4h45)* ***:*** env 15 bus/j.

➢ ***Huatulco*** *(8h)* ***:*** env 1 bus/j.

➢ ***Puerto Escondido*** *(11h)* ***:*** env 4 bus/j.

➢ ***Cuernavaca*** *(8h)* ***:*** env 1 bus/j.

➢ ***Veracruz*** *(8h)* ***:*** env 7 bus/j.

➢ ***Tuxtla Gutiérrez*** *(9h30)* ***et San Cristóbal de Las Casas*** *(11h)* ***:*** 4 bus/j. Résa à l'avance conseillée en hte saison.

➢ ***Villahermosa*** *(13h)* ***:*** 1 bus/j.

Terminal de autobuses de 2da clase *(hors plan général par A2,*

5) : *Juárez Maza s/n ; face au mercado de Abastos. Compter 20 mn à pied jusqu'au zócalo.* C'est de ce terminal que partent (entre autres) les bus pour les villages des environs. Horaires et tarifs auprès des guichets des différentes compagnies.

➢ ***Tehuantepec*** *(12h30)* **:** 7 bus avec *Fletes y Pasajes* (*Fipsa*).

En avion

✈ ***Aeropuerto internacional de*** **Oaxaca** *(hors plan général par A3)* **:** *carretera Oaxaca-Puerto Ángel, km 7,5. ☎ 511-50-88. À 10 km au sud de la ville.* Sur place : distributeurs de billets et loueurs de voitures. Liaisons quotidiennes directes avec Mexico, Cancún... Également des vols directs pour Huatulco.

➢ ***Comment rejoindre le centre-ville :*** dans le hall des arrivées, comptoir de taxis prépayés. Prix fixes : pour rejoindre le centre (zone 1), compter 80 $Me/pers en *colectivo* et 320 $Me en taxi privé.

– Dans l'autre sens, s'adresser par exemple à l'agence de voyages ***Alameda*** *(zoom A2,* ***6****)* : *pl. Alameda 1 G. ☎ 514-10-71. À côté de la poste. Tlj 9h-19h (14h dim).* Transfert depuis votre hôtel, à réserver la veille.

Circulation et stationnement

Il est assez difficile de circuler dans le centre historique, en raison des nombreux sens interdits et des rues piétonnes : mieux vaut se garer une fois pour toutes et se balader à pied. Un véhicule est toutefois bien utile pour visiter les villages indiens, les vestiges archéologiques des environs et le site de Hierve el Agua.

Adresses utiles

Infos touristiques

ℹ ***Office de tourisme gouvernemental (Sedetur*** *; plan général B1,* ***1****)* **:** *av. Juárez 703. ☎ 502-12-00. ● oaxaca-travel.com ● Tlj 8h-21h (sam-dim 20h).* Plan de la ville et des environs, agenda culturel, infos transports et loisirs

Adresses utiles

- ℹ **1** Office de tourisme Sedetur (B1)
- 🚌 **4** Terminal de autobuses de 1ra clase (B1)
- 🚌 **5** Terminal de autobuses de 2da clase (hors plan par A2)
- **9** Tierraventura Turismo (A1)
- **13** Bicibella Oaxaca (B1)
- **15** Minibus pour Monte Albán (A3)

Où dormir ?

- **32** Hostel Oaxaca Magic (B3)
- **34** Hotel Casa de la Tía Tere (B2)
- **39** Hostel Don Nino (B1)
- **40** Hotel Posada Don Matias (A3)
- **44** Hotel Trebol (A3)
- **47** Hotel Camba (B3)
- **54** Hotel Parador Monte Carmelo (A1)
- **55** Hotel Casa Conzatti (B1)
- **57** Hotel Aurora (A3)
- **58** Eco-Hotel Las Mariposas (B1)

Où manger ? Où prendre un petit déjeuner ?

- **70** Mercado 20 de Noviembre (A3)
- **74** La Cosecha (B1)
- **77** La Biznaga (A-B1)
- **78** La Jícara Librespacio cultural (A1)
- **80** Las Quince Letras (B2)
- **82** Zandunga (A1)
- **83** El Escapulario (A1)
- **85** Casa del Tío Güero (A1)

Où faire une pause sucrée ?

- **103** La Soledad (A3)
- **104** Chocolate Mayordomo (A3)
- **105** Museo de las Nieves-Nieves Manolo (B1)

Où boire un verre ? Où sortir ?

- **77** La Biznaga (A-B1)
- **78** La Jícara (A1)
- **114** Ilegal (B2)

Achats, artisanat

- **74** La Cosecha (B1)
- **138** La Contra Oaxaca (B1)

Culture et loisirs

- **141** Teatro Juárez (B1)
- **142** Casa de la cultura oaxaqueña (B3)

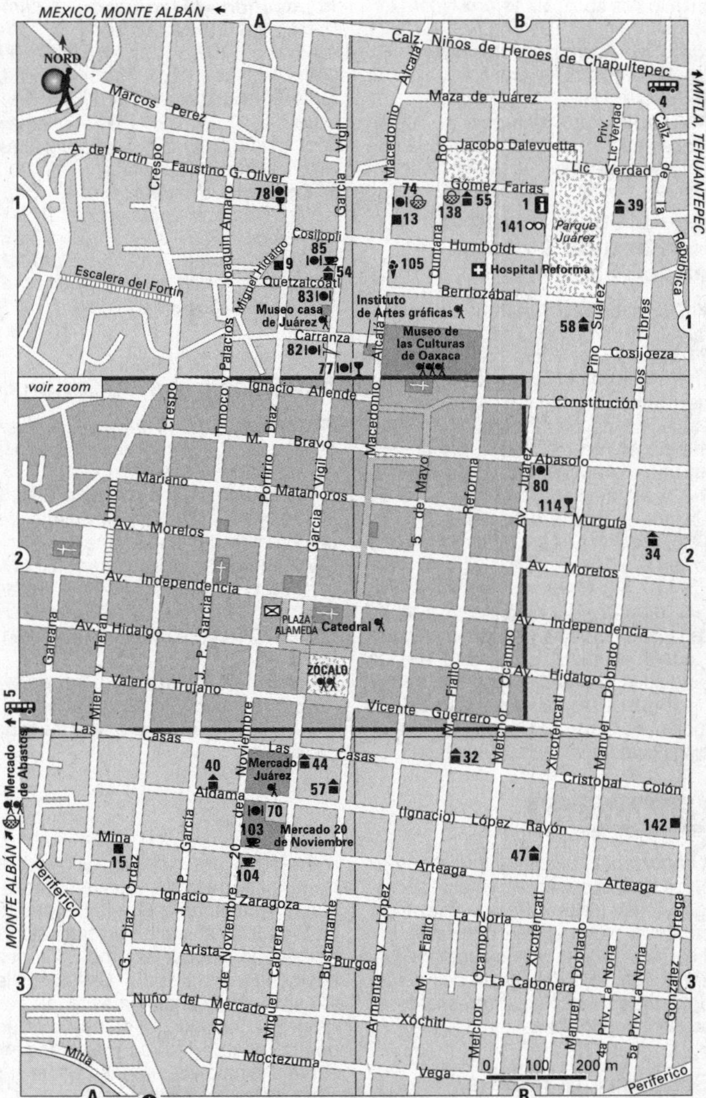

OAXACA (Plan général)

régionaux (randonnée, équitation, VTT, rafting, canyoning, escalade...).

Également une ***annexe*** en plein centre historique, au *102 Matamoros (zoom A2,* ***2*** *; tlj 9h-18h, dim 14h).*

Argent et change

■ ***Banques :*** on en trouve plusieurs autour du *zócalo,* disposant toutes de distributeurs de billets (24h/24). Les principales sont : ***Banamex*** *(zoom B2, **7**), av. Hidalgo 821, tlj 9h-16h sauf dim ;* et ***Bancomer*** *(zoom A2, **8**), García Vigil 120, tlj, sauf dim, 9h-16h (14h30 sam).*

■ ***Change :*** aux alentours du *zócalo (zoom A2),* quelques bureaux de change ouverts tard et le week-end.

Agences de voyages, location de voitures et de vélos

■ ***Tierraventura Turismo*** *(plan général A1, **9**) : Porfirio Díaz 719. ☎ 501-21-96. ● tierraventura.com ● Lun-ven 9h-18h ; fermé w-e.* Agence soucieuse de promouvoir un tourisme responsable, tenue par Claudia, une Allemande, et Yves, un Suisse. Excursions en petits groupes. Randos à pied ou à cheval dans la région proche de Oaxaca et dans le reste de l'État.

■ ***Expediciones Sierra Norte*** *(zoom A2, **10**) : M. Bravo 210. ☎ 514-82-71. ● sierranorte.org.mx ● Tlj, sauf dim, 9h-19h (14h sam).* Agence sérieuse pratiquant un tourisme écologique et alternatif. Excursions, service de guides abordable, résa d'hébergements dans les villages indiens de la région de Oaxaca. Rando, VTT, camping (location de tentes), équitation.

■ ***Location de voitures :*** *notamment chez* ***Europcar*** *(zoom B2, **11**), Matamoros 101 B. ☎ 951-516-93-05. ● europcar.com.mx ● Également chez* ***Only Rent a Car*** *(zoom B2, **12**), Murguía 102, ☎ 951-226-15-17. ● onlyrentacar.com ● Tlj 8h-20h.* Disposent aussi de comptoirs à l'aéroport.

■ ***Location de vélos :*** *chez* ***Bicibella Oaxaca*** *(plan général B1, **13**), Alcalá 802. 📱 951-109-97-27. Tlj 8h-20h (dim 9h-16h). Compter 20 $Me/h ; forfait 50 $Me pour 5h et 90 $Me/jour.* Accueil adorable.

Représentations diplomatiques, urgences

■ ***Consulat de France*** *(hors plan général par B1) : 3ª Privada de J. López Alavez 5, San Felipe del Agua. ☎ 515-21-84. ● ambafrance-mx.org/oaxaca ● Mar et ven 9h-13h.* Liste des médecins généralistes et par spécialités.

■ ***Alliance française*** *(zoom A2, **14**) : av. Morelos 306. ☎ 516-24-54. ● alianzafrancesa.org.mx ● Lun-ven 9h-13h30 et 16h30-20h, sam 9h-13h30, dim fermé.*

✚ ***Hospital Reforma*** *(plan général B1) : Reforma 613. ☎ 516-09-89.* Personnel compétent et service d'urgences.

Où dormir ?

– ***Important :*** l'affluence touristique en été, à Noël et durant la Semaine sainte, fait grimper les prix. Pensez à réserver, ou arriver plutôt en fin de matinée, car il est rare de trouver une chambre libre après 16h... En dehors de ces dates, prix nettement plus intéressants et souvent négociables.

Bon marché (moins de 400 $Me / env 19 €)

☗ ***Hostel Oaxaca Magic*** *(plan général B3, **32**) : Fiallo 309. ● hosteloaxacamagic.business.site ● ☎ 516-60-69. Dortoir 160 $Me/pers ; double env 350 $Me.* Une adresse 100 % routard (on vous accueille d'ailleurs dès l'entrée), familiale et colorée. La déco a été réalisée par des visiteurs des 4 coins du monde, fresques murales ou artisanat. Ambiance très relax. Dortoirs de 3 ou 9 lits et 4 chambres privatives (lit matrimonial ou 2 lits simples), assez basiques mais propres. Celles sur le toit sont, en revanche, à éviter en cas de grosse chaleur... Un ensemble un peu de bric et de broc mais l'accueil est très sympa (les proprios vivent sur place) et les prix restent modestes.

☗ ***Iguana Hostel*** *(zoom B2, **30**) : Morelos 1008. ● iguanahosteloaxaca.com ● Dortoirs 170-250 $Me/pers ; doubles avec sdb privée env 500 $Me. Petit déj inclus.* Une AJ comme on les aime, colorée et vivante ! Déco déjantée, terrasses à ne plus savoir quoi en faire (si tiens, de la salsa le vendredi soir), cuisine bariolée jusqu'au plafond, le tout

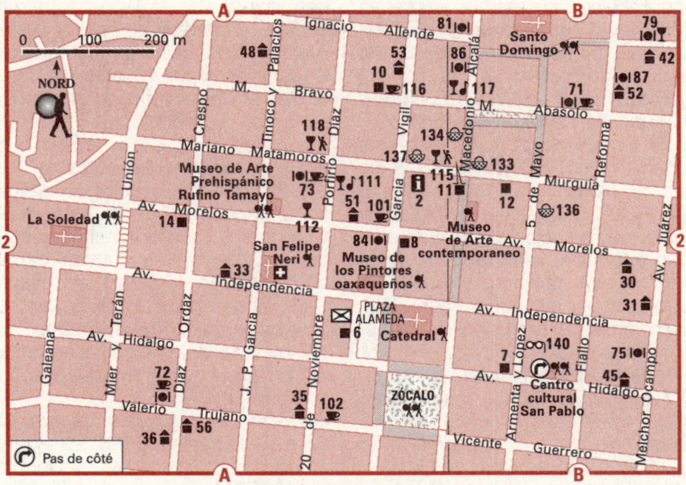

OAXACA (Zoom)

Adresses utiles

- 2 Annexe office de tourisme (A2)
- 6 Agence de voyages Alameda (*colectivos* pour l'aéroport ; A2)
- 7 Banamex (B2)
- 8 Bancomer (A2)
- 10 Expediciones Sierra Norte (A2)
- 11 Europcar (B2)
- 12 Only Rent a Car (B2)
- 14 Alliance française (A2)

Où dormir ?

- 30 Iguana Hostel (B2)
- 31 Hostal Luz de Luna Nuyoo (B2)
- 33 Hotel Posada del Centro (A2)
- 35 Hotel Casona Oaxaca (A2)
- 36 Hotel Lupita (A2)
- 42 Hotel Maela (B2)
- 45 Hotel Dainzu (B2)
- 48 Hotel Las Golondrinas (A2)
- 51 Hotel Casantica (A2)
- 52 Casa de Las Bugambilias B & B (B2)
- 53 Casa Oaxaca (A2)
- 56 Paulina Youth Hostel (A2)

Où manger ? Où prendre un petit déjeuner ?

- 71 Pan : am (B2)
- 72 Café Alex (A2)
- 73 Boulenc (A2)
- 75 Teocintle (B2)
- 79 El Olivo Gastrobar (B2)
- 81 Nostrana (B2)
- 84 Catedral (A2)
- 86 Los Danzantes (B2)
- 87 La Olla (B2)

Où faire une pause sucrée ?

- 101 Panificadora Bamby (A2)
- 102 Pastelería Tartamiel (A2)
- 116 Café Nuevo Mundo (A2)

Où boire un verre ? Où sortir ?

- 79 El Olivo Gastrobar (B2)
- 111 La Nueva Babel (A2)
- 112 Mezcalería In Situ et Archivo Maguey (A2)
- 115 La Tentación (A-B2)
- 117 La Azotea (B2)
- 118 La Cucaracha (A2)

Achats, artisanat

- 133 Huizache (B2)
- 134 Voces de Copal (B2)
- 136 Mujeres Artesanas de las Regiones de Oaxaca (MARO ; B2)
- 137 Casa de las Artesanías de Oaxaca (A2)

Culture et loisirs

- 140 Teatro Macedonio Alcalá (B2)

propre et bien tenu. Les budgets serrés apprécieront l'offre variée de dortoirs. Soit, mais on ne recommande quand même pas forcément celui de 16 !

Hostal Luz de Luna Nuyoo (zoom B2, **31**) : *av. Juárez 101. ☎ 516-95-76. • guzmanruiz13@hotmail.com • Dortoir env 200 $Me ; double 550 $Me. Petit déj-buffet inclus. Réduc avec la carte HI. CB refusées.* Dans cette charmante maison coloniale égayée d'un patio tranquille, voici des chambres (avec ou sans sanitaires privés) et un dortoir simple, mais très propre. Cuisine commune et excursions écotouristiques proposées.

Paulina Youth Hostel (zoom A2, **56**) : *Trujano 321 (angle Díaz Ordaz). ☎ 516-20-05. • paulinahostel@hotmail.com • Dortoir env 200 $Me/pers ; double env 600 $Me. Petit déj-buffet inclus.* Spacieuse et proprette, une auberge de jeunesse au calme, aménagée autour d'un bout de jardin où glougloute une fontaine. Dortoirs et chambres privatives tous avec sanitaires communs. Toit-terrasse pour musarder, oui, mais dans un hamac avec vue sur les montagnes. Accueil gentil et divers services sur place (laverie, consigne, infos touristiques). Un bon choix dans cette catégorie, même si les prix sont un peu surestimés.

Hotel Lupita (zoom A2, **36**) : *Díaz Ordaz 314. ☎ 516-57-33. • hotel.lupita@hotmail.com • Doubles 220-250 $Me sans sdb, 450 $Me avec sanitaires privés.* Hôtel fonctionnel et très propre. Chambrettes colorées assez simples, dotées d'un lavabo, et d'autres plus chères avec TV et salle de bains. Un bon rapport qualité-prix.

Prix moyens (400-800 $Me / env 19-38 €)

Hotel Posada Don Matias (plan général A3, **40**) : *Aldama 316. ☎ 501-00-84. • donmatias.net • Doubles à partir de 550 $Me, env 800 $Me avec 2 grands lits.* Coup de cœur pour cette adresse au calme et fort bien située, à 2 pas du marché Juárez. Une *posada* qui dispose de chambres simples mais agréables, décorées de quelques objets traditionnels, toutes avec salle de bains, ventilo et TV. Jolie courette colorée, débordant de plantes vertes. Atmosphère sereine et très agréable. Un excellent rapport qualité-prix.

Hostel Don Nino (plan général B1, **39**) : *Pino Suárez 804. ☎ 518-59-85. • hosteldonnino.com • Dortoirs 6 lits 250 $Me ; doubles 600-800 $Me. Petit déj inclus.* Face au *parque Juárez*, à 10 mn à pied de la cathédrale. Une dizaine de chambres simples et propres, desservies par un dédale de couloirs et de patios verdoyants. C'est surtout pour le dortoir que l'on vous recommande cette adresse. L'ensemble est assez rustique, mais propre et bien tenu. Laverie, terrasse avec cuisine ouverte.

Hotel Aurora (plan général A3, **57**) : *Bustamante 212. ☎ 516-41-45. • hotelauroraoaxaca.com • Doubles 700-800 $Me selon saison. Parking.* À proximité du *zócalo*, cet hôtel à la façade ancienne cache un intérieur moderne, fonctionnel et impeccable. Réparties dans 2 bâtiments, une trentaine de chambres carrelées, avec salle de bains, ventilo et TV. L'ensemble est un peu tristounet, mais l'accueil sympathique compense largement.

Chic (800-1 200 $Me / env 38-57 €)

Hotel Dainzu (zoom B2, **45**) : *av. Hidalgo 1013. ☎ 516-18-21. • dainzuhotel@gmail.com • Doubles 900-1 000 $Me selon saison.* En plein centre, un gentil petit hôtel qu'embaument les fleurs de lys, comprenant une vingtaine de chambres propres, dotées de salle de bains, ventilo et TV. Elles sont dispatchées sur 2 niveaux, autour d'un petit patio bien fleuri. Une adresse simple et agréable.

Hotel Maela (zoom B2, **42**) : *Constitución 206. ☎ 516-60-22. Double env 950 $Me. Parking. CB refusées.* Dans un quartier très agréable, à 5 mn à pied du *zócalo* et juste derrière le couvent de Santo Domingo. Une vingtaine de chambres soignées, avec salle de bains, ventilo et TV. Atmosphère fraîche et agréable, quelques touches de déco colorée. Resto attenant. Un bon rapport qualité-prix.

☗ ***Hotel Posada del Centro*** *(zoom A2, **33**) : av. Independencia 403. ☎ 516-18-74. ● hotelposadadelcentro.com ● Doubles 850-1 000 $Me selon saison.* À un saut de puce de la cathédrale, on aime bien cette *posada* colorée, organisée autour de 2 patios fleuris avec fontaine. Une vingtaine de chambres assez simples, mais bien tenues ; toutes avec ventilo et TV. Salle de bains pour les plus chères. Accueil très aimable.

☗ ***Hotel Camba*** *(plan général B3, **47**) : Xicoténcatl 504. ☎ 514-11-44. ● hotelcamba.com ● Doubles 750-1 000 $Me selon saison, petit déj inclus. Parking gratuit.* Un peu excentré, petit hôtel d'une douzaine de chambres confortables (salle de bains, ventilo, TV...), propres et soignées. Le tout situé au fond d'une cour calme, assez lumineuse, et agrémentée de plantes vertes. Rien de follement excitant, mais rapport qualité-prix appréciable.

Plus chic (1 200-1 600 $Me / env 57-76 €)

☗ ***Eco-Hotel Las Mariposas*** *(plan général B1, **58**) : Pino Suárez 517. ☎ 515-58-54. ● lasmariposas.com.mx ● Doubles 500-900 $Me, studio 1 000 $Me. Petit déj inclus.* C'est écrit dessus : des papillons *(mariposas)* ornent les murs de ce petit hôtel, parsemé de patios et d'allées fleuries. Chambres proprettes et aménagées avec goût, toutes avec salle de bains. Eau chaude et électricité solaires, dans un esprit écoresponsable. L'ensemble dégage une atmosphère fraîche et très agréable. Également des studios avec cuisine pour ceux qui veulent prolonger le séjour. Une adresse de charme dans cette catégorie.

☗ ***Hotel Trebol*** *(plan général A3, **44**) : Flores Magón 201. ☎ 516-12-56. ● hoteltrebol.com.mx ● Face au marché Benito Juárez. Doubles 1 000-1 300 $Me.* Autour d'un adorable patio à arcades, une quarantaine de chambres propres et spacieuses, à la jolie déco colorée. Tout confort : salle de bains, TV et AC. On apprécie le charme et la tranquillité des lieux, ainsi que l'accueil à l'unisson. Un havre de paix au cœur d'une zone populaire animée, d'un très bon rapport qualité-prix.

☗ ***Hotel Las Golondrinas*** *(zoom A2, **48**) : Tinoco y Palacios 411. ☎ 514-20-95. ● lasgolondrinasoaxaca.com ● Doubles 1 270-1 400 $Me.* Bien isolée de la rue, une enfilade de patios-jardins junglesques avec fontaines et fauteuils pour musarder. Tout autour, de jolies chambres nickel, avec salle de bains et AC. On prend le petit déj au milieu des fleurs et des chants d'oiseaux. Coin bibliothèque et cafétéria, divers services. Bref, un charmant cocon de douceur pour les hirondelles *(golondrinas)* venues chercher le printemps.

☗ ***Hotel Parador Monte Carmelo*** *(plan général A1, **54**) : García Vigil 705. ☎ 501-05-14/15. ● hotelparadormontecarmelo.com ● Selon saison, doubles 1 300-1 850 $Me, suites 1 750-2 500 $Me.* À 5 mn à pied du fameux *Museo de las Culturas de Oaxaca*, charmante maison historique pourvue d'un patio bien frais aux murs blancs. Au choix, une bonne vingtaine de chambres nickel et agréablement aménagées, toutes pourvues de salle de bains, ventilo et TV. L'ensemble est calme et confortable. Terrasse sur le toit.

☗ ***Hotel Casona Oaxaca*** *(zoom A2, **35**) : Trujano 206. ☎ 516-48-11. ● lacasonaoaxaca.com ● Doubles à partir de 1 000 $Me en basse saison, env 3 000 $Me en hte saison.* Tout proche du *zócalo*, un bâtiment historique entièrement rénové dans un style sobre et assez chic. Murs dans les tons ocre, petite fontaine à galets dans le patio et atmosphère très sereine. On apprécie les grandes chambres (lit *queen* ou *king size*), tout confort et au calme (double vitrage sur la rue). Seul bémol : les salles de bains, certes modernes et bien équipées, mais petites. Bon petit déj-buffet (en sus), accueil pro et serviable. Cela reste une bonne option dans cette catégorie.

☗ ***Hotel Casa Conzatti*** *(plan général B1, **55**) : Gómez Farias 218. ☎ 513-85-00. ● casaconzatti.com.mx ● Doubles à partir de 1 350 $Me en basse saison, 1 650 $Me en hte saison.* Sur une paisible place verdoyante (on en profite depuis le toit-terrasse), un bel hôtel à l'architecture coloniale. Une quarantaine de chambres spacieuses et tout confort, d'excellent standing (salle de bains, AC, TV...). Déco chaleureuse, colorée et de bon goût. Évitez toutefois les chambres donnant sur le bar, moins tranquilles. Petit déj servi dans le charmant patio central. Resto sur place.

Très chic (plus de 1 600 $Me / plus de 76 €)

■ ***Casa de Las Bugambilias B & B*** (zoom B2, **52**) **:** *Reforma 402. ☎ 516-11-65. ● lasbugambilias.com ● Doubles 90-135 US$; réduc en payant cash. Petit déj inclus.* Derrière une façade aux tons rouges et bleus éclatants, une maison moderne avec patio fleuri, frais et sympa, abritant une dizaine de chambres ultraconfortables, aménagées avec goût et couleurs, dans un esprit assez contemporain. Accueil chaleureux de surcroît : on est sous le charme. Une excellente adresse à l'intention des routards aisés ! Juste à côté, le resto ***La Olla*** jouit aussi d'une très bonne réputation, méritée.

■ ☂ ***Hotel Casa de la Tía Tere*** (plan général B2, **34**) **:** *Murguía 612. ☎ 501-18-45. ● casadelatiatere.com ● Doubles 1 800-2 100 $Me selon saison, petit déj inclus. Parking.* Coup de cœur pour cette coquette bâtisse en plein centre historique. Jolie façade colorée et vaste patio à colonnades autour duquel se répartissent la trentaine de chambres, spacieuses et tout confort, avec lit *queen* ou *king size,* salle de bains, AC et TV. Ameublement sobre et de bon goût. Également des bungalows individuels pour les séjours prolongés ou les familles. Coin bibliothèque et jolie terrasse sur le toit. Le must, c'est la belle piscine extérieure, idéale pour se rafraîchir ou buller au soleil. Accueil charmant. Une très bonne adresse.

■ ***Hotel Casantica*** (zoom A2, **51**) **:** *av. Morelos 601. ☎ 516-26-73. ● hotelcasantica.com ● Selon saison, doubles 2 000-3 000 $Me, petit déj inclus. Parking.* À 2 enjambées du *zocálo,* on est séduit par ce bel hôtel en pierre de taille, comptant une cinquantaine de chambres confortables, aménagées avec soin. Elles entourent plusieurs patios colorés et parsemés de plantes vertes ; la piscine fait mouche ! Prix toutefois un peu surestimés.

Encore plus chic (plus de 3 000 $Me / plus de 143 €)

■ ***Casa Oaxaca*** (zoom A2, **53**) **:** *García Vigil 407. ☎ 514-41-73. ● casaoaxaca.com.mx ● Résa conseillée. Compter 5 000-5 600 $Me selon chambre.* Cette vieille maison de caractère abrite une petite dizaine de chambres spacieuses, confortables et décorées avec beaucoup de goût ; le tout autour du patio à terrasse où il fait bon se reposer sur des chaises longues. Petite piscine dans un 2[d] patio à l'arrière. Une authentique adresse de charme pour budgets très confortables.

Où manger ? Où prendre un petit déjeuner ?

Bon marché (moins de 150 $Me / env 7,10 €)

🍴 ***Mercado 20 de Noviembre*** (plan général A3, **70**) **:** *tlj 8h-21h.* Marché très populaire, occupé par une foule de stands servant une nourriture typique et revigorante. Ambiance particulièrement chaleureuse dans l'allée des grillades, où jambons et steaks vous font une haie d'honneur fumante sur 50 m. C'est aussi l'occasion de goûter les fameuses *chapulines* (criquets grillés), vendues au poids.

🍴 ☕ ***Pan : am*** (zoom B2, **71**) **:** *Abasolo 809. ☎ 515-78-58. Tlj 8h-15h sauf lun (déj à partir de 13h). Compter 150 $Me max/pers.* Dans un patio coloré turquoise et jaune, quelques tables à l'ombre d'un frangipanier ou sous les arcades. Au programme : comme annoncé, des pains en veux-tu en voilà (aux céréales, baguette, viennoiseries...) mais aussi œufs, *quesadillas*, sandwichs, jus de fruits et cafés spéciaux. Pour la pause déjeuner, salades aussi copieuses que variées, quiche ou soupe du jour. Et pour les bouches en sucre, des gaufres à se damner, surtout celles au « Nutella maison », banane et éclats de noisettes... Service charmant et attentionné. Un petit coup de cœur.

|●| *La Cosecha* *(plan général B1,* ***74****) : Alcalá 806. Tlj sauf lun et mar 8h-18h.* Coup de cœur pour ce petit marché typique, installé dans la cour d'un joli bâtiment historique. Une dizaine de stands proposant *tostadas, quesadillas,* ceviche, salades fraîches (hygiène garantie) et autres jus de fruits frais à tomber, le tout à partir de produits locaux... De quoi prendre un repas sain et équilibré pour une bouchée de pain ! À déguster sur les quelques tables en plein air, dans un esprit très convivial. Boutique d'artisanat régional à l'entrée et vente de produits locaux également : fruits, légumes, miel, sauce *mole*, etc.

|●| *La Jícara Librespacio cultural* *(plan général A1,* ***78****) : Porfirio Díaz 1105. ☎ 205-14-50. Tlj, sauf dim, 13h-22h30 (23h ven-sam). Menu du jour env 100 $Me.* Très agréable petit centre culturel dans un quartier tranquille, un peu à l'écart de la foule. Librairie pour adultes et enfants (éditeurs indépendants) et nombreux événements au cours de la semaine (concerts, lectures, projections, etc.). Également une jolie boutique d'artisanat avec quelques bons produits locaux. Côté cuisine, on y sert un menu du jour d'une grande fraîcheur et des plats tendance végétarien, voire végan, assez élaborés. Un lieu convivial et relax avec ses tables dispatchées dans le joli patio ombragé. Quelques bons desserts pour la pause goûter, des jus de fruits frais et une *limonada* bien désaltérante. Pour un verre en soirée, pas mal de bières artisanales et du mezcal. Le tout mené par une équipe très sympa.

|●| ☕ *Boulenc* *(zoom A2,* ***73****) : Porfirio Díaz 207. ☎ 351-36-48. Tlj 8h30-23h sauf dim.* Toasts, pizzas, salades, viennoiseries, et bien sûr, de bons gros sandwichs pas chers, faits avec du vrai pain maison... Dans la salle, au style urbain branché, on vous conseille surtout la mezzanine au-dessus du bar. Au fait, pourquoi « boulenc »? Pardi, ça signifie « boulanger » en dialecte picard !

|●| *El Escapulario* *(plan général A1,* ***83****) : García Vigil 617. ☎ 116-60-75. Tlj 8h-22h.* Cadre simple et familial pour ce resto installé au 1er étage d'une maison ancienne. À la carte, cuisine typique servie copieusement, concoctée avec des légumes du coin par de gentilles dames. Option végétarienne possible.

|●| ☕ *Casa del Tío Güero* *(plan général A1,* ***85****) : García Virgil 715. ☎ 516-95-84. Tlj 8h-21h sauf dim.* Plusieurs salles agréables et hautes de plafond sur différents niveaux. Dans l'assiette, cuisine du cru soignée et goûteuse, mettant à l'honneur *chiles, huevos,* et *carnes.* Le menu du jour est d'un excellent rapport qualité-prix. Également un bon plan à l'heure du petit déj. Propose également des cours de cuisine.

Prix moyens (150-300 $Me / env 7,10-14,30 €)

|●| ☕ *Café Alex* *(zoom A2,* ***72****) : Díaz Ordaz 218 (angle Trujano). ☎ 514-07-15. Tlj 8h-21h (13h dim). Menu du jour (boisson et dessert inclus) env 80 $Me.* Adresse populaire, largement fréquentée par les gens du quartier dès le petit déjeuner. Un dédale de salles proprettes et colorées qui aboutit à un jardinet. Dans l'assiette, une honnête cuisine locale à prix juste.

|●| 🍸 *El Olivo Gastrobar* *(zoom B2,* ***79****) : Constitución 207. ☎ 501-03-33. Mar-sam 16h30-1h, dim 13h30-23h30. Fermé lun.* Un resto-bar tendance bien sympa pour prendre un repas élégant ou simplement un verre en soirée (bonne musique). Jolie déco dans les tons vert olive (forcément), beau comptoir à l'entrée, patio aéré et surtout, grande terrasse ouverte sur le toit, idéale pour profiter de l'atmosphère en prenant le frais. Excellents plats de viande, belles assiettes de tapas, savoureux cocktails et superbe carte des vins *(env 60 $Me le verre).* En prime, accueil cordial et service efficace.

|●| *Teocintle* *(zoom B2,* ***75****) : Melchor Ocampo 116. 📱 951-254-81-23. Tlj sauf*

LA RÉGION DE OAXACA ET LA CÔTE PACIFIQUE SUD

dim 14h-22h (dernier service 20h30). Résa indispensable. Menu dégustation (5 plats, 5 aguas) 300 $Me. 4 tables planquées dans une arrière-cour, entre plantes vertes et pots en courge séchée : le cadre ne paye pas de mine, car c'est dans l'assiette (pierre volcanique ou terre cuite) que tout se passe. Une cuisine indigène extrêmement maîtrisée ; on vous sert en même temps quelques mots d'explication sur sa conception et les traditions dont elle provient. Les eaux aromatisées (*aguas temporadas*) sont aussi un délice. Une perle d'adresse, qui sort des sentiers culinaires.

La Biznaga (plan général A-B1, **77**) **:** *García Vigil 512. ☎ 516-18-00. Tlj 13h-22h (23h ven-sam).* La *biznaga*, c'est ce cactus sphérique, comestible, et dont les épines ont même l'élégance de fournir le cure-dent : tout un programme ! Vous l'aurez compris, c'est une cuisine mexicaine aussi enracinée que piquante qui vous attend ici ; on salue d'ailleurs le menu du jour, un joli tour de force. Cette charmante maison au grand patio bien frais offre aussi un cadre trendy et agréable pour boire un verre en soirée. On recommande.

Las Quince Letras (plan général B2, **80**) **:** *Abasolo 300. ☎ 514-37-69. Tlj 9h-21h.* Dans un patio frais et charmant, décoré d'ustensiles traditionnels, une cuisine typique et soignée : le trio de *moles* aux 3 viandes (3 fromages pour les veg), plat en sauce de cacao emblématique, sera peut-être votre meilleure porte d'entrée dans la région de Oaxaca. On a adoré !

La Olla (zoom B2, **87**) **:** *Reforma 402. ☎ 516-66-68. Tlj (sauf mar) 12h-22h, sam 9h-22h, dim 9h-21h.* Un peu à l'écart du centre touristique, joli petit resto de cuisine traditionnelle, réputé pour la fraîcheur de ses produits et la créativité de sa chef, Pilar Cabrera, qui met à l'honneur les légumes et épices du cru, dans un bel esprit de fusion. Intéressants menus le midi qui permettent d'apprécier des plats variés et fort joliment dressés, salade bio ou soupe du jour, émincé de bœuf et sauce demi-glace, courgettes farcies au fromage et à la tomate... De 17h à 20h, *happy hours* pour siroter un verre avec une assiette de tapas. Le soir, la terrasse sur le toit offre un cadre follement romantique.

Nostrana (zoom B2, **81**) **:** *Alcalá 501 (angle Allende). ☎ 514-07-78. Tlj 13h-23h.* Juste en face de l'église Santo Domingo, un petit resto italien, classique et solide, décoré façon trattoria avec des photos rétros de l'Italie aux murs. Même la (discrète) télé est branchée sur les matchs de la Juventus ! À la carte, beau choix de pâtes maison, pizzas, risottos, *bruschette*, salades...

De plus chic à très chic (jusqu'à 500 $Me et plus / env 24 €)

Los Danzantes (zoom B2, **86**) **:** *Alcalá 403. ☎ 501-11-87. Tlj 13h-22h30. Résa conseillée le soir, plusieurs j. à l'avance.* Sans conteste l'un des meilleurs restos de Oaxaca. Cadre au design chic et épuré, grand patio frais et verdoyant où sont disséminées les tables, éclairées à la bougie en soirée. Dans l'assiette, on savoure une cuisine oaxaqueña de haute voltige, mettant en valeur le meilleur des produits locaux, entre tradition et créativité. Miam ! Service à l'unisson, élégant et attentif. Prix en conséquence mais l'excellent rapport qualité-prix est irréprochable.

Zandunga (plan général A1, **82**) **:** *García Vigil 512. ☎ 516-22-65. Tlj 13h-23h (22h dim).* Très séduisant resto à la déco contemporaine mêlée de beaux objets d'artisanat local, dans une longue salle fraîche, colorée et soignée. Au menu : *garnachas, molotes, tamales, totopos,* autant de délices typiques de l'isthme de Tehuantepec, à déguster sur fond de musique douce. Service élégant et efficace. Une bonne adresse dans cette catégorie.

Catedral (zoom A2, **84**) **:** *García Vigil 105. ☎ 516-32-85. Tlj 8h-23h30 sauf mar. Spécialités 250-350 $Me.* Un patio rouge sombre, une fontaine qui clapote... et quand Alberto vient pousser la sérénade le soir, c'est carrément magique. Une ambiance enchanteresse, et une assiette qui tient ses promesses : carte resserrée, mais maîtrisée, avec des plats typiques, savoureux, bien présentés... Un régal pour la bouche, les yeux et les oreilles !

Où faire une pause sucrée ?

Panificadora Bamby *(zoom A2,* ***101****) : García Vigil 205 (angle Morelos). ☎ 516-25-10. Tlj 6h-21h15 sauf dim.* Boulangerie populaire servant gâteaux secs, feuilletés, beignets, pains en tout genre... On ne fait pas dans la dentelle ici, mais c'est roboratif et pas cher du tout.

Pastelería Tartamiel *(zoom A2,* ***102****) : Trujano 118. ☎ 516-73-30. Tlj 7h30-21h (dim 8h30-19h30).* Petite chaîne de pâtisseries fondée par une Française. Gâteaux et autres viennoiseries de qualité, à emporter de préférence (quelques tables en mezzanine mais cadre quelconque).

Café Nuevo Mundo *(zoom A2,* ***116****) : Bravo 206. ☎ 501-21-22. Tlj 7h30-22h (21h dim).* Petit troquet populaire, en fait un petit passage couvert encadré de 2 salles quelconques, où les habitués se pressent pour avaler un café (belle offre de frappés), une pâtisserie, ou encore un menu du jour. Ça ne désemplit pas !

La Soledad *(plan général A3,* ***103****) : Mina 212. ☎ 516-57-60. Tlj 8h-21h.* Amer, doux, parfumé à la cannelle, aux amandes, à la vanille ou au café, le chocolat est transformé ici, puis vendu en vrac ou emballé. Jolie boutique, dotée d'un agréable patio, idéal pour s'en envoyer un petit !

Chocolate Mayordomo *(plan général A3,* ***104****) : Mina 219 (angle 20 de Noviembre). ☎ 512-04-21. Tlj 7h-21h.* Une autre boutique-atelier qui fleure bon le chocolat. On le déguste servi dans une grande jarre de terre cuite, chaud, froid, 100 % cacao ou aromatisé à la cannelle, à la vanille... Cette petite chaîne compte plusieurs adresses en ville. Ici le cadre est spacieux et plutôt moderne, avec une carte de snacks et un menu le midi.

Museo de las Nieves – Nieves Manolo *(plan général B1,* ***105****) : Alcalá 706. ☎ 143-92-53. Tlj 10h-22h.* Notre musée préféré en ville, qui vous accueille avec le sourire. Dans cette minuscule échoppe, on se pourlèche de l'incroyable variété de glaces maison aux parfums aussi originaux que détonnants. Alors, mezcal ou criquet grillé ? Une autre adresse un peu plus haut dans la rue, en face de la plaza Santo Domingo Alcalá *(Alcalá 505 ; plan général B2).*

Où boire un verre ? Où sortir ?

La Nueva Babel *(zoom A2,* ***111****) : Porfirio Díaz 224. Tlj 9h-2h sauf dim.* Un minuscule bar autour de 2 petites salles colorées et d'une courette aux murs appelant à la *lucha social* (lutte sociale) ! Demandez le programme : chaque soir, concerts (rock, rumba, jazz...), lecture de poèmes... Beau choix de vins servis au verre, tapas et bon guacamole.

Mezcalería In Situ *(zoom A2,* ***112****) : Morelos 511. ☎ 514-18-11. Tlj sauf dim 15h-23h.* Minuscule échoppe au cadre décontracté, avec quelques tables et chaises en mezzanine pour savourer plus d'une centaine de variétés de mezcal artisanal.

Archivo Maguey *(zoom A2,* ***112****) : Morelos 509. Tlj sauf lun 17h-minuit (ven-sam 3h).* Repaire de *mezcaleros* installé dans une ancienne étable aux murs ocre, à mi-chemin entre la taverne du Far West et le bar à cocktails intimiste à petites alvéoles et lumière tamisée. Propose aussi ateliers de dégustation et master classes autour du mezcal. Tacos en dépannage sur place.

Ilegal *(plan général B2,* ***114****) : Murguía 215. ☎ 350-98-51. Tlj sauf lun 18h-2h (dim minuit).* Quand mezcal rime avec métal ! Pub à l'ambiance grunge soignée, murs noirs, graffitis à la craie, tables basses, bougies, crânes de buffles... Mais derrière ce look sépulcral, une ambiance chaleureuse et très accueillante. Bons concerts (blues, rock) le week-end.

Voir aussi **La Biznaga** *(plan général A-B1,* ***77****)*, **La Jícara** *(plan général A1,* ***78****)*, ainsi que **El Olivo Gastrobar** *(zoom B2,* ***79****)* décrits dans « Où manger ? Où prendre un petit déj ? ».

La Tentación *(zoom A-B2,* ***115****) : Matamoros 101. ☎ 514-95-21.*

Mer-sam 21h30-3h ; fermé dim-mar. Bien caché au fond d'une salle de restaurant... chinois ! Murs en brique et vieilles voûtes de pierre pour ce tout petit bar dansant, qui vaut surtout pour ses concerts *(ven-sam)*, quand le groupe de salsa, du haut du balcon, fait guincher les foules !

La Azotea *(zoom B2,* ***117****)* **:** *Alcalá 401. ☎ 514-24-53. Tlj 15h-23h30 (ven-sam minuit).* Coup de cœur pour cette terrasse stratégiquement postée entre deux églises, qui offre le soir une vue exquise sur les collines illuminées. À l'étage du dessous, boîte de nuit, somme toute classique.

La Cucaracha *(zoom A2,* ***118****)* **:** *Matamoros 301A. ☎ 234-89-49. Tlj 14h-5h.* 2 salles, 2 ambiances : gentil karaoké à droite, où les groupes d'amis s'égosillent sur des tubes mexicains d'hier ; à gauche reggaeton endiablé, bien d'aujourd'hui !

Achats, artisanat

Spécialités locales

– **Chocolat :** c'est l'une des grandes spécialités de la région. Grand choix de boutiques au sud du *mercado 20 de Noviembre (plan général A3)*, notamment *calle Mina*. Suivez l'odeur ! Également au marché bio **La Cosecha** *(voir plus haut « Où manger ? Où prendre un petit déj ? » ; plan général B1,* ***74****; fermé lun et mar).* On peut l'acheter en boule, en tablette ou en poudre. Dans ce dernier cas, les graines de cacao sont moulues devant vous à l'ancienne, avec du sucre, de la cannelle et des amandes.

– **Mole negro :** la version *oaxaqueña* du fameux *mole* inventé à Puebla, cette sauce typique à base de cacao. Les piments utilisés ici sont différents, d'où cette couleur sombre, presque noire.

– **Café :** dans le même coin que les boutiques de chocolat.

– **Mezcal :** un décret en permet la vente uniquement en magasin, pour limiter le trafic d'alcool frelaté. Mais il y a pléthore d'adresses, particulièrement dans les villages à l'est de Oaxaca. Et on le trouve souvent mélangé à des jus de fruits, des épices...

– **Fromage :** fromage à pâte cuite de couleur crème et au goût assez fade. Si vraiment vous y tenez, achetez-le au *mercado Juárez (plan général A3)* ou au *mercado de Abastos (hors plan général par A3).* Il se présente sous forme d'une grosse ficelle roulée en pelote. C'est l'un des fromages les plus répandus dans le pays, utilisé dans les *quesadillas,* les *tortas* et de nombreux plats mexicains.

Artisanat

L'artisanat de la région est particulièrement riche ; chaque village des alentours possédant sa spécialité. Tapis de laine *(sarapes)* à Teotitlán del Valle, poteries noires à San Bartolo Coyotepec, animaux en bois sculpté et peint *(alebrijes)* à San Martín Tilcajete, et de manière générale vannerie, nappes et habits traditionnels brodés un peu partout dans l'État de Oaxaca.

Mercado de Abastos *(hors plan général par A3)* **:** *Juárez Maza s/n, côté gauche, face au terminal de autobuses de 2da clase. Tlj 8h-21h, dim 9h-15h.* ***Excentré, déconseillé le soir.*** Immense ! On y trouve absolument de tout, des bricoles en plastique à 3 sous aux cochons de lait, mais on vous conseille surtout les allées de nourriture (*comida*), pour admirer les montagnes de criquets grillés, ou l'impressionnant rayon des apiculteurs. Seulement 2-3 allées pour l'artisanat, surtout des céramiques, des chapeaux et des vêtements.

Huizache *(zoom B2,* ***133****)* **:** *Murguía 101 (angle Alcalá). ☎ 501-12-82. Tlj 9h (10h dim)-21h.* Grande boutique gérée par une coopérative d'artisans de qualité. Large choix de tissus et vêtements, *alebrijes* (figurines animales ou humaines en bois peint), sacs, bijoux, ceintures, etc. Beaucoup de très beaux tapis, articles de cuir et chaussures à motifs.

Voces de Copal *(zoom B2,* ***134****)* **:** *Alcalá 303. ☎ 516-83-41. Tlj 8h-21h.* Très belle galerie agrémentée d'une cafétéria à l'entrée. Pas mal d'œuvres contemporaines par des artistes et artisans de tout le pays. On y trouve notamment de superbes figurines en bois peint *(alebrijes)* ou issus de l'art huichol et couverts de perles multicolores.

Mujeres Artesanas de las Regiones de Oaxaca *(MARO ; zoom B2,* ***136****) : 5 de Mayo 204. ☎ 516-06-70. Tlj 9h30-20h.* Caverne d'Ali Baba de l'artisanat local, appartenant à une association de femmes artisans.

Casa de las Artesanías de Oaxaca *(zoom A2,* ***137****) : Matamoros 105 (angle García Vigil). ☎ 516-50-62. Tlj 9h-21h (dim 10h-18h).* Centre regroupant une foule d'associations et d'ateliers familiaux. Choix large et éclectique de vêtements, hamacs, poteries...

La Contra Oaxaca *(plan général B1,* ***138****) : Gómez Farias 212 B. ☎ 515-23-35. Tlj, sauf dim, 11h-21h (20h sam).* Le meilleur du mezcal, dans de belles bouteilles (jolies étiquettes créatives). Aussi de bons vins mexicains.

À voir

Dans le centre historique

Inscrit au Patrimoine mondial de l'Unesco depuis 1987, le *centro historico de Oaxaca* offre un remarquable témoignage de l'architecture coloniale espagnole. La *cantera,* pierre verte typique de la région, donne un cachet particulier aux monuments et aux édifices religieux érigés par les dominicains lors de la *conquista.*

Zócalo *(zoom A2) :* c'est la place principale, bordée au sud par le *palacio de Gobierno* (1775-1783), reconstruit plusieurs fois à la suite de tremblements de terre. En soirée, groupes de mariachis aux terrasses des bistrots, et parfois des orchestres folkloriques sous le kiosque central. Tout le monde se lève, les passants se transforment en danseurs, et c'est grandiose !

Catedral *(zoom A2) : pl. Alameda (angle Independencia). Juste à côté du zócalo.* Construite par les dominicains à partir de 1553, et achevée dans la 1re moitié du XVIIIe s, elle fut plusieurs fois endommagée par des tremblements de terre et restaurée. La cathédrale vaut surtout pour sa façade de style baroque (début XVIIIe s) en pierre finement ciselée, qui contraste avec le reste de l'extérieur, très lisse. L'intérieur du monument est peu chargé, contrairement aux autres édifices religieux de la ville.

Templo de Santo Domingo *(zoom B2) : Constitución 101 (angle Alcalá). Tlj 7h-13h, 16h-20h.*
Magnifique église édifiée à la fin du XVIe s par les dominicains venus à la demande de Cortés pour convertir les Indiens. Avec ses embellissements baroques, elle demeure l'un des plus beaux exemples de l'architecture de cet ordre... Si les murs, conçus pour résister aux tremblements de terre, n'ont pas bougé, en revanche, l'intérieur a été endommagé au XIXe s, quand l'église servit de quartier général à l'armée.
Sa façade d'inspiration Renaissance contraste avec l'exubérance de l'ornementation intérieure baroque : stucs dorés et peintures. Juste à l'entrée – au-dessus de votre tête –, notez le très bel arbre généalogique de Santo Domingo de Guzmán, fondateur de l'ordre des dominicains. La Vierge, qui est à la tête de l'arbre, fut ajoutée au XIXe s. Dans le chœur, le retable principal exhibe des ors rutilants. Dans la travée de droite, ne manquez pas la splendide *capilla de la Virgen del Rosario* (XVIIIe s) avec sa statue somptueusement vêtue au centre d'un retable doré...

Museo de las Culturas de Oaxaca *(plan général B1) : Alcalá s/n. ☎ 516-29-91. Tlj sauf lun 10h-18h30, dernière entrée 18h. Entrée : 70 $Me.*
Attenant à l'église, ce magnifique centre culturel occupe l'ancien couvent de Santo Domingo de Guzmán (XVIe-XVIIIe s). L'édifice, monumental, abrite aujourd'hui le

musée des Cultures de Oaxaca, consacré à l'histoire, l'art et la culture de la région. Un lieu à visiter en priorité avant de partir à la découverte de la ville et des sites archéologiques environnants, d'autant que des superbes ouvertures dans les murs offrent de belles vues sur les alentours.

– ***Au rez-de-chaussée :*** l'entrée se fait par un cloître qui en impose, avec ses galeries à arcades sur 2 niveaux et sa grande fontaine centrale. Au fond, on découvre la superbe *bibliothèque Burgoa,* qui renferme plus de 20 000 ouvrages. Côté droit, plusieurs salles d'expositions temporaires.

– ***À l'étage :*** une quinzaine de salles, occupant notamment les anciennes cellules des moines, retracent l'histoire régionale des origines jusqu'à l'époque moderne. Les plus intéressantes ont naturellement trait à l'époque précolombienne, ***salles I à IV.*** Après quelques menus témoignages préhistoriques sont exposés de belles urnes, statues de divinités de la culture zapotèque, bas-reliefs, anneaux de jeu de pelote, etc.

SACRÉE VACHE

Mis au jour en 1932, le trésor de la tombe n° 7 du site archéologique de Monte Albán doit beaucoup à une pauvre vache, qui, s'enfonçant la patte dans un trou profond, attira l'attention de son gardien, puis des archéologues, sur la cavité où se trouvait le trésor. Parmi les quelque 400 objets mis au jour, 121 étaient en or !

La ***salle III*** – la plus riche – expose le trésor de la formidable ***tombe n° 7 de Monte Albán*** : os finement ciselés, étonnant crâne incrusté de turquoise, pièces en jade, bijoux en or et autres matériaux, coupe splendide taillée dans le cristal de roche, pourtant très dur, etc. ; le tout traduisant l'importance des offrandes et de l'art funéraire durant la période préhispanique.

Les ***salles V à VIII*** se consacrent à la conquête espagnole – orchestrée par Cortés dès 1519 – et ses conséquences pour les populations précolombiennes. On y apprend, par exemple, que l'image du Christ crucifié fut très rarement utilisée jusqu'au XVIIIe s, histoire de ne pas effrayer les Indiens lors des tentatives de conversion (c'est quand même peu vendeur...). Beaux objets de l'époque coloniale, en particulier des armes et armures, des coffres cloutés, et des objets religieux et sacerdotaux. En parallèle, plusieurs petites pièces illustrent la fabrication locale de céramiques, de bijoux, le travail du fer et du cuir, les instruments de musique, etc.

Les ***salles IX à XI*** abordent l'émancipation politique du Mexique et l'histoire des luttes de pouvoir – dont l'ascension de Porfirio Díaz, enfant de Oaxaca. Les ***salles XII à XIII*** se penchent sur la diversité ethnique de l'État de Oaxaca, l'art populaire et les coutumes indiennes. Enfin, la ***salle XIV*** est dédiée au bâtiment du couvent de Santo Domingo lui-même, son architecture, son système hydraulique, etc., et expose quelques objets archéologiques découverts sur place. *(Les salles X à XIV sont fermées pour travaux, date de réouverture inconnue.)*

★★ ***Museo de Arte Prehispánico Rufino Tamayo*** *(zoom A2)* ***:*** *av. Morelos 503. ☎ 516-47-50 ou 76-17. Tlj, sauf mar, 10h-14h, 16h-19h (dim 10h-15h). Entrée : 90 $Me ; réduc, gratuit dim. Explications en français dans les salles, détaillant chaque vitrine.*

Membre de la « bande des quatre » avec Orozco, Rivera et Siqueiros, mais plus lyrique et moins politisé qu'eux, le peintre Rufino Tamayo, originaire de Oaxaca, a constitué au fil de sa vie une collection exceptionnelle d'objets d'art précolombiens. On la découvre ici, remarquablement présentée. Les salles sont organisées de manière chronologique, depuis l'époque « préclassique » jusqu'à la période « terminale », celle des Aztèques.

Voici un aperçu des pièces les plus intéressantes.

– ***Salle I :*** nombreux *baby faces* olmèques. Figurines funéraires, certaines partiellement peintes, haches rituelles en jadéite.

– ***Salle II :*** belles céramiques zoomorphes et anthropomorphes, statuettes funéraires très esthétiques, statue en pierre de lave à masque de coyote, figurines taillées dans des galets de rivière, superbe stèle représentant un personnage stylisé assis, bijoux.
– ***Salle III :*** grand ensemble préclassique de Colima, avec tout un troupeau de chiens engraissés pour être mangés ! Collection de Teotihuacán, dont une stèle à 2 faces – l'une teotihuacano, l'autre réalisée à l'époque aztèque. Veracruz, Monte Albán... quelle richesse !
– ***Salle IV :*** bel anneau de jeu de pelote ornementé de crânes, statuettes d'enfants au crâne déformé, grande statue d'une prêtresse en costume cérémoniel, et puis cette belle stèle maya à l'effigie d'un prêtre en habits rituels provenant de Campeche.
– ***Salle V :*** curieux encensoir toltèque représentant un dieu de la mort aux grandes oreilles, nombreux objets aztèques dont ces statues en pierre de lave, parmi lesquelles un inquiétant dieu du Vent.

Centro cultural San Pablo *(zoom B2)* **:** *Miguel Hidalgo 907. Tlj 10h-20h (dim 18h). ☎ 501-88-00. • fahh.com.mx • GRATUIT.* Drôle d'histoire que celle de ce petit centre culturel, jadis couvent San Pablo (le 1er de la ville), puis siège de l'Institut des sciences et des arts où étudia Juarez, et où Porfirio Díaz, futur dictateur, travailla comme bibliothécaire ! En 1860, la loi de Reforma confisque ce couvent aux dominicains, et il est divisé en lots revendus à des particuliers. L'église, scindée en 2, devient un bar (!) surmonté d'un hôtel, avec *bodega* dans l'entrée ; la chapelle principale est réaménagée en atelier mécanique (tous les retables s'évanouissent dans la nature) ; l'atrium se transforme en parking, une autre portion est détruite... Entre 2006 et 2011, la commune a patiemment entrepris le rachat des pièces du puzzle (même si certains irréductibles résistent, comme les propriétaires de la partie centrale de l'ancienne église) pour en faire un centre culturel accueillant un ***musée du textile,*** des ***expos temporaires,*** des ***ateliers,*** divers ***spectacles*** pour tous (demandez le programme), une très belle ***bibliothèque anthropologique*** visant à préserver les savoirs indigènes (langues, médecine, textile, archéologie...), et enfin un sympathique ***petit café*** mexico-arabisant, pour se remettre de ses émotions autour d'une corne de gazelle. Ouf !
Pour ne rien gâcher, sont aussi visibles sur place des ***vestiges archéologiques*** datés de 1300 av. J.-C., soit plus anciens encore que Montealbán. Un projet de longue haleine, porté par la municipalité et des artistes locaux (Toledo a réalisé les vitraux) et animé par une équipe sympathique et hyper compétente. On recommande !

CULBUTÉ !

La figure de « Saint-Paul-des-Indiens » (San Pablo de los Indios) a été largement utilisée par les missionnaires pour inciter les Indiens à se convertir au catholicisme. Imaginez donc : juif romain appelé par le Christ, mais faisant la sourde oreille, saint Paul fut converti de force par Dieu lui-même, qui le renversa de son cheval sur le chemin de Damas. Une histoire qui convenait effectivement assez bien à l'argumentaire recherché !

Iglesia de La Soledad *(zoom A2)* **:** *av. Independencia 107.* Plantée sur une jolie place jouxtant le *palacio municipal* (établi dans l'ancien couvent), cette belle église (1682-1690) est dédiée à la patronne de la ville, la Vierge de La Soledad (fêtée le 18 décembre), dont l'image serait apparue ici même, dans une caisse, un jour de 1543. Magnifique façade sculptée à la manière d'un retable baroque, et intérieur enrobé de dorure.

Templo de San Felipe Neri *(zoom A2)* **:** *av. Independencia (angle Tinoco y Palacios).* Église baroque du XVIIe s, avec façade bien chargée, typique du style plateresque. À l'intérieur, beaux retables dorés, et une surprise : à la place traditionnelle du Christ en croix, le saint lui-même.

Museo de Arte contemporaneo *(MACO ; zoom B2)* **:** *Alcalá 202. ☎ 514-22-28. • museomaco.org • Tlj 10h30-20h sauf mar. Entrée : 20 $Me, réduc ; gratuit dim.* Conçu à l'initiative du peintre Francisco Toledo, dans une très belle maison fin XVIIe-début XVIIIe s, connue sous le nom de *Casa de Cortés,* et dont les murs portent encore quelques vestiges des fresques d'origine au 1er étage. Elle servit ensuite de résidence au gouverneur de l'État de Oaxaca. Très bel espace autour d'un patio à colonnades. Salles d'expositions temporaires d'art contemporain dédiées à des artistes oaxaqueños, mexicains et étrangers.

Museo de los Pintores oaxaqueños *(MUPO, zoom A2)* **:** *av. Independencia 607 (angle García Vigil). ☎ 516-56-45. Tlj 9h-19h (dim 10h-18h). Entrée : 20 $Me, gratuit dim.* Dans un petit bâtiment colonial blanc, expos temporaires mettant en scène le travail de peintres de l'État de Oaxaca. Esprit finalement assez proche du musée précédent *(MACO)* : si vous manquez de temps, on vous conseille de choisir l'un ou l'autre.

Instituto de Artes gráficas *(plan général B1)* **:** *Alcalá 507. ☎ 516-20-45. Tlj 9h30-20h sauf mar. GRATUIT.* Charmante maison ancienne dotée de 2 patios verdoyants. C'est avant tout un institut d'art vivant, avec bibliothèque et ateliers, né, tout comme le musée d'Art contemporain, à l'initiative du peintre Francisco Toledo.

Museo casa de Juárez *(plan général A1)* **:** *García Vigil 609. ☎ 516-18-60. • museocasajuarez.blogspot.com • Tlj 10h-19h sauf lun. Entrée : 55 $Me.* Maison où le président Benito Juárez vécut une dizaine d'années durant sa jeunesse (1818-1828). On en explore les différentes pièces agrémentées de meubles coloniaux, gravures, photos, souvenirs, objets du quotidien, etc. Reproduction de l'atelier de reliure où Juárez travailla, enfant. Mignon, surtout le patio frais, mais vraiment tout petit.

Mercado Juárez *(plan général A3)* **:** *20 de Noviembre (angle Las Casas). Tlj 8h-21h, mais l'essentiel des boutiques est ouvert 10h-18h.* En plein centre-ville, un agréable marché à taille humaine, odorant et coloré à souhait, où l'on trouve fruits, légumes, fromages, épices, viandes, mezcal, fleurs, café, chocolat, etc., sans oublier l'artisanat : chaussures, chapeaux, paniers, céramiques, statuettes en bois peint... Étalages groupés par spécialités. Également quelques stands servant nourriture et jus de fruits frais. Un vrai plaisir que d'y faire un petit tour.

Et au-delà...

Mercado de Abastos *(hors plan général par A3)* **:** *Juárez Maza s/n, côté gauche, face au terminal de autobuses de 2da clase. Tlj 8h-21h (dim 9h-15h).* ***Secteur déconseillé le soir.*** Un immense et authentique marché populaire où l'on a vite fait de se perdre parmi les fleurs, fruits et légumes, poulets pendus haut et étals de viande, fromage, épices colorées, quincaillerie, vêtements, chapeaux de *vaqueros* et stands de *machetes...* rien ne manque pour le quotidien des Oaxaqueños et des habitants des villages de la sierra. Également plein de petits stands pour manger, des boulangeries, des vendeurs de café et de chocolat.

Culture et loisirs

Teatro Macedonio Alcalá *(zoom B2, **140**)* **:** *av. Independencia 900 (angle Armenta y López). ☎ 516-83-12.* Théâtre construit au début du XXe s dans le style Art nouveau français. Nombreux concerts, ballets et pièces de théâtre. En profiter pour admirer la somptueuse décoration Belle Époque et l'escalier en marbre.

Teatro Juárez *(plan général B1, **141**) : Juárez 703. ☎ 502-54-76. Juste à côté de l'office de tourisme gouvernemental (Sedetur).* L'autre théâtre important de la ville, au nord-est du centre.

■ ***Casa de la cultura oaxaqueña*** *(plan général B3, **142**) : Ortega 403. ☎ 516-11-54. • casadelacultura.oaxaca.gob.mx •* Centre culturel situé dans un ancien couvent de style colonial à l'arrière de l'église (toujours consacrée), légèrement excentré, mais très actif : ateliers, concerts, spectacles, expos de peinture... L'ex-cloître accueille une piste de danse ! Il y en a pour tous les âges : quand l'orchestre joue ses airs traditionnels, ça guinche comme dans l'temps, tandis que les gamins courent partout. Ambiance chaleureuse et authentique lors des événements.

Fêtes

Oaxaca compte de nombreuses fêtes tout au long de l'année, dont le programme est disponible à l'office de tourisme. Parmi les plus importantes :

– ***Fête de la Guelaguetza :*** *depuis des siècles, les 2 derniers lun de juil (ou parfois d'août).* Le nom de cette fête signifie « offrande » en zapotèque. Elle réunit des Indiens venant des 7 régions entourant Oaxaca : depuis des générations, ces communautés n'ayant pas les moyens de fêter individuellement les naissances, mariages et enterrements, réunissent leurs efforts : une fête collectivisée en somme ! Chaque communauté profite de cette occasion pour fêter un événement important dans la vie de l'un de ses membres, et celui-ci, à son tour, prend l'engagement solennel d'agir de même avec d'autres si l'occasion se présente. C'est un spectacle incroyable de couleurs, de danses folkloriques et de costumes extraordinaires. Chaque groupe effectue les danses et rites qui lui sont propres. Cette grande fête, aujourd'hui payante, a malgré tout gardé son caractère populaire. Il est prudent d'acheter ses billets (assez chers) plusieurs jours à l'avance à l'office de tourisme. Les places en haut de l'amphithéâtre sont gratuites, mais, pour être bien placé, il vaut mieux payer et arriver au moins 5h à l'avance, avec son chapeau, de l'eau, etc.

– ***Fête traditionnelle :*** *à partir du sam précédant le 3e lun de juil et au début de l'hiver, sur la place à côté de la cathédrale.* On y mange des galettes de maïs frites, trempées dans une tasse de chocolat chaud à la cannelle ; il faut ensuite casser la tasse et faire un vœu !

– ***Fiesta de los Rábanos*** *(fête des Radis) : le soir du 23 déc, sous les arcades du zócalo.* Magnifique exposition de crèches réalisées avec des produits de l'agriculture. Tous les villages des alentours y participent. Ambiance très sympa.

Les marchés indiens

Ils sont tous situés dans un rayon d'une trentaine de kilomètres autour de Oaxaca. Si possible, procurez-vous la carte des villages alentours à l'annexe de l'office de tourisme, les villages y sont répertoriés par jour d'ouverture.

Côté transports, préférer le taxi collectif *(colectivo)* aux vans et bus, la différence de prix est minime et le temps de parcours beaucoup plus court. Dans tous les cas, se rendre au ***terminal de autobuses de 2da clase*** *(hors plan général par A2, **5**),* en face du mercado de Abastos. On vous conseille ces marchés en cas de séjour prolongé (compter une bonne demi-journée) ; si vous manquez de temps, donnez la préférence à ceux de Oaxaca, il y a de quoi faire !

– ***Zaachila :*** *à 18 km au sud-ouest de Oaxaca. Marché le jeu.* Sous la halle couverte, les boulangers et les bouchers. Autour du *zócalo,* les autres produits et tout l'artisanat. Ne manquez pas la petite allée, au fond, où les familles viennent vendre

leur production de maïs et de *frijoles.* Zaachila est aussi un site archéologique partiellement exploré, considéré comme la dernière capitale zapotèque.
Au retour, on peut s'arrêter à ***Cuilapán de Guerrero*** et reprendre le bus suivant. Superbes vestiges d'un des plus grands monastères dominicains du XVIe s *(tlj 9h-18h ; 45 $Me),* réputé pour son cloître aux dimensions impressionnantes et ses fresques, endommagées mais suggestives. Ses galeries sont parfois ornées de jolies expos temporaires. À 200 m, à côté de la mairie *(municipio),* modeste casa de Cortés (en plein air, accès libre)... ou ce qu'il en reste : essentiellement un pan de mur gravé aux armoiries du conquistadore.
– ***Ocotlán :*** *à 30 km au sud de Oaxaca. Marché le ven.* Poteries de terre rouge, ustensiles de cuisine en bois, etc.
– D'autres marchés indiens sont accessibles en bus pour la journée : ***Miahuatlán*** *(lun)* et ***Zimatlán*** *(mer).*
– ***Tlacolula :*** *à 32 km à l'est de Oaxaca, direction Mitla. Marché le dim.* C'est celui que nous préférons, authentique et coloré. Les Indiennes viennent y vendre leurs fruits et légumes. Artisanat, tissages, aliments, on y trouve de tout, et moins cher qu'à Oaxaca.
Juste derrière le marché, voir l'*église* avec sa chapelle latérale baroque très ornementée. Tlacolula est aussi un bon endroit pour goûter au mezcal. Mais la capitale mondiale de ce puissant breuvage se trouve 5 km après Mitla, sur la route de Tehuantepec, dans le village de Santiago de Matatlán. *¡ Salud !*

DANS LES ENVIRONS DE OAXACA

À L'EST DE OAXACA

Árbol de Tule : *à* ***Santa María del Tule,*** *à 10 km de Oaxaca en direction de Mitla (bus ou taxi collectif depuis le terminal de 2da clase de Oaxaca). Sur le zócalo du village de Tule, devant l'église Santa Maria. Tlj 7h-19h. Entrée : 10 $Me (mais on le voit aussi bien de l'extérieur) ; gratuit moins de 13 ans et senior.* Cet arbre exceptionnel mesure 42 m de circonférence, presque autant de hauteur et aurait entre 2000 et 3 000 ans. Autant dire qu'il en a vu passer, des routards ! C'est un Ahuehuete – ou cyprès de Montezuma, symbole du Mexique. Un colosse impressionnant unique en son genre – même si on en trouve d'autres plus petits de cette espèce *(Taxodium mucronatum)* dans la région. Célébration de l'arbre fin août.

Tlacochahuaya : *à 21 km de Oaxaca, direction Mitla et 1,5 km de la route principale.* Petit village tranquille à l'écart des sentiers touristiques, qui vaut vraiment le détour pour son ***templo San Jerónimo*** *(tlj 10h-14h, 16h-18h),* magnifique église fondée en 1558 par les dominicains. Façade sobre flanquée de 2 clochers carrés, et murs extérieurs en pierre et brique. Toute l'ornementation intérieure a été réalisée par les Indiens zapotèques, d'où ce curieux mélange de styles. Autel doré ; murs, voûtes et coupoles très joliment fleuris. Une vraie curiosité, sublime !

Teotitlán del Valle : *à 25 km de Oaxaca, direction Mitla (bus ou colectivo depuis le terminal de autobuses de 2da clase de*

IMPÔTS TISSÉS

Sous l'Empire aztèque, Teotitlán était déjà réputé pour son savoir-faire : chaque année, le village envoyait comme tribut à Moctezuma 400 mesures de tissu et 800 de couvertures ! Pour teindre leurs étoffes, les tisserands utilisaient des pigments naturels : cochenille (rouge), indigo (bleu), roches pulvérisées (brun, ocre), mousses et plantes (vert), etc. Une grande variété de teintes était obtenue grâce à des adjuvants bio avant l'heure, comme le jus de citron, la cendre, les feuilles de tejute, l'urine de vache...

Oaxaca) et 3 km de la route principale (finir à pied). Village spécialisé dans le tissage de la laine : dès l'entrée, vous verrez que chaque maison, ou presque, abrite un métier traditionnel ! Superbes tapis, châles et couvertures, décorés de motifs zapotèques qui varient selon la famille. La plupart des tisserands disent travailler avec des pigments naturels, mais peu le font en vérité. Car ces colorants, comme la cochenille ou l'indigo, valent une petite fortune et, du coup, feraient flamber les prix des tissus. Quel que soit votre choix, n'hésitez pas à marchander !

– Au centre du village, ne ratez pas la charmante ***église Preciosa Sangre del Cristo,*** du XVIIIe s, dont la façade compte quelques beaux fragments de bas-reliefs préhispaniques, l'édifice ayant été élevé sur un temple maya. À l'intérieur, dôme peint sans dorure ; une fois n'est pas coutume ! À côté de l'église, petit ***marché*** couvert sympa...

– Pour un bon aperçu des techniques de tissage, visitez donc aussi le ***museo comunitario Balaa Xtee Guech Gulal*** *(tlj 10h-18h sauf lun ; entrée : 10 $Me).* Section consacrée aux traditions locales : tissage de la laine et fêtes populaires. Également quelques objets archéologiques précolombiens trouvés et donnés par les villageois.

– Côté folklore, plusieurs fois par an a lieu la danse du Serpent à plumes, très pittoresque.

Zona arqueológica de Yagul : *à env 35 km de Oaxaca, direction Mitla (bus ou colectivo depuis le terminal de autobuses de 2da clase de Oaxaca). Tlj 8h-17h. Entrée : 75 $Me.* Dans un très beau paysage assez aride et semé de cactus, voici les vestiges archéologiques d'une petite cité zapotèque contemporaine de Mitla. À proximité, des grottes préhistoriques ont été inscrites au Patrimoine mondial par l'Unesco. Vue superbe sur la vallée depuis le site, perché à la manière d'une acropole. Il subsiste quelques ruines très simples, parmi lesquelles se distingue l'imposant ***juego de pelota*** : avec 42 m sur 24 m, c'est le 2e par la taille de toute la Méso-Amérique (après celui de Chichén Itzá) ! Également les vestiges restaurés du palais : un dédale de salles aujourd'hui à ciel ouvert... Et puis montez donc par le sentier en haut de la colline verdoyante pour goûter la vue formidable sur le site archéologique et la campagne environnante.

Zona arqueológica de Mitla : *à env 45 km de Oaxaca (bus ou colectivo depuis le terminal de autobuses de 2da clase de Oaxaca). Sinon, les agences de voyages de Oaxaca organisent l'excursion.*

– Tlj 8h-16h30. Entrée : 75 $Me ; réduc. Arriver de préférence avant 11h pour éviter la foule et les grosses chaleurs.

Ce site historique indien abrite les ruines d'une cité mixtèque d'époque postclassique. *Mitla,* ou *Mictlán,* dérive de la langue náhuatl et signifie « endroit des morts ». En langue zapotèque, le site s'appelait *Lyoabaa,* le « lieu de repos ». La construction des bâtiments, palais et édifices administratifs date principalement des années 1300-1400.

Le site archéologique se compose de 5 groupes disséminés parmi les quartiers d'habitation de la ville, dont 4 sont ouverts à la visite. Au centre trône une église coloniale aux dômes peints en rouge. Autour, des haies de cactus candélabres... et les édifices de la cité mixtèque. Les Espagnols ont élevé cette église San Pablo au XVIIe s au cœur même de l'ancienne ville : une bonne manière d'affirmer leur suprématie tout en arasant les symboles anciens. Les 2 plus intéressants demeurent le ***grupo de la Iglesia*** et, surtout, le ***grupo de las Columnas.*** Ce dernier, situé au bout de l'allée sur le côté sud de l'église, de l'autre côté du marché d'artisanat, est composé de 2 grands patios enchâssés de panneaux aux motifs géométriques, de colonnes monumentales, de corridors et de dédales de salles restaurées comme à l'origine. Dans la cour sud, des galeries souterraines mènent à 2 étonnantes tombes de plan cruciforme, elles aussi ornées de panneaux géométriques.

À proximité, des grottes préhistoriques ont été inscrites au Patrimoine mondial de l'Unesco. Juste à l'entrée du site, on trouve un grand marché artisanal bien pourvu en textiles. Le village est aussi connu pour ses fabriques artisanales de mezcal, vendu dans de nombreuses boutiques.

Hierve el Agua : *à env 70 km de Oaxaca. Depuis Mitla (1h de bus du terminal de 2da clase à Oaxaca, 20 $Me), compter encore 1h de piste en colectivo (qui part dès qu'il y 6-7 voyageurs ; 70-90 $Me). Sinon tours organisés, mais chers (250 $Me). Droit d'entrée sur le site : 50 $Me.*
– Accès possible à pied (env 3h de marche) à partir du village de Xaaga. C'est une randonnée qui permet de découvrir une faune et une flore variées, à faire avec un guide qui pourra prévoir un véhicule pour le retour (se renseigner à l'office de tourisme ou auprès des agences à Oaxaca).
Éblouissant. Au cœur des montagnes, entourées d'une végétation semi-désertique, 2 cascades pétrifiées s'élancent vers la vallée, du haut d'un promontoire rocheux bordé de vasques d'eau aux couleurs irréelles... Tout cela se mérite, on ne vous le cache pas (ah ! le charme des dos-d'âne mexicains...), mais vous ne regretterez pas votre peine : ce paysage grandiose autant qu'inoubliable restera l'un des temps forts de votre séjour à Oaxaca.
Côté pratique, possibilité de restauration au niveau du parking ; sinon, la ***cascada chica,*** a été aménagée : plusieurs bassins, snacks et tables de pique-nique, cabines et sanitaires, ainsi que des cabanes pour y passer la nuit *(env 100 $Me/pers).*

ZONA ARQUEOLÓGICA DE MONTE ALBÁN

IND. TÉL. : 951

• Plan *p. 399*

Posé au sommet de la colline du Jaguar, à près de 2 000 m d'altitude, le site domine toute la vallée de Oaxaca, à une dizaine de kilomètres de là. Apparu en tant que centre culturel vers 500 av. J.-C., Monte Albán a connu son apogée entre 350 et 550 apr. J.-C. La cité était alors la plus importante du monde zapotèque, et la capitale de la région des vallées de Oaxaca. Centre majeur sur les plans politique, économique, culturel et spirituel, elle était aussi un foyer d'études astronomiques, cosmogoniques et scientifiques.
Situé sur la partie la plus haute, le centre cérémoniel occupe une immense esplanade artificielle qui offre un panorama de toute beauté sur les montagnes environnantes. Découvert au début du XIXe s, le site a été inscrit au Patrimoine mondial de l'Unesco en 1987.

UN PEU D'HISTOIRE

La situation stratégique de la vallée de Oaxaca, au cœur de la Méso-Amérique et des échanges commerciaux et culturels, lui fait bénéficier très tôt des influences des Olmèques, de Teotihuacán, puis des Mayas. Aux alentours de 2500 av. J.-C., les populations se sédentarisent, l'agriculture apparaît, ainsi que les 1res céramiques. Mais c'est à partir du VIIe s av. J.-C. que la région commence à jouer un rôle politique.
L'histoire de Monte Albán est divisée en 5 périodes. La 1re (800-150 av. J.-C.), marquée par l'influence olmèque, se caractérise par une intensification des échanges commerciaux : nacre, pyrite et jade. La société est déjà relativement bien organisée avec sa hiérarchie religieuse, ses temples, ses dignitaires. Peu à peu, la cité impose son joug aux localités voisines : les *danzantes* (danseurs), des stèles gravées de personnages nus, témoigneraient de leur subjugation.
À partir du IIe s de notre ère, le développement s'accélère. De nouvelles constructions apparaissent, plus raffinées : c'est la 2e période. La 3e, dite « classique »,

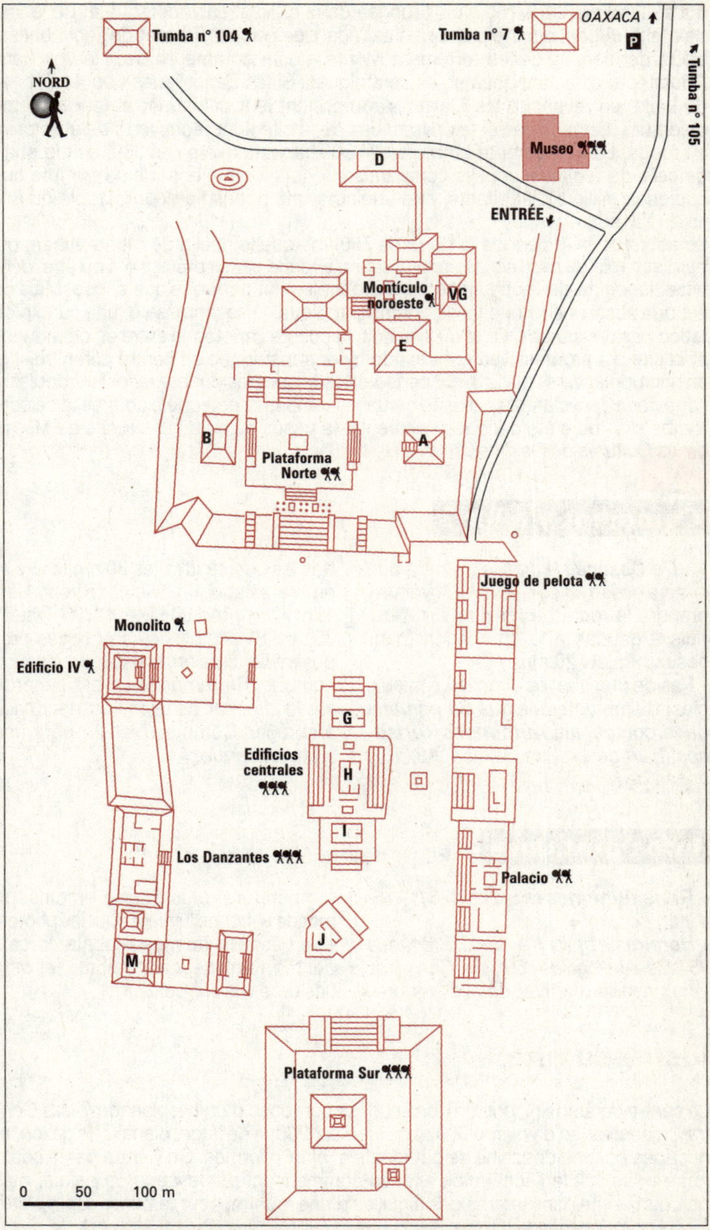

MONTE ALBÁN (Zona arqueológica)

qui s'étend de 300 à 750, voit l'apogée de la civilisation zapotèque et de la ville de Monte Albán, dont le prestige n'a d'égal que celui de Tikal et de Teotihuacán. Cette dernière influence fortement Monte Albán, comme on peut le voir dans l'architecture, les fresques et les céramiques. Si les Zapotèques adoptent le jeu de balle, en revanche les Mayas s'approprient leur calendrier et leur système d'écriture. Les édifices et les pyramides de la cité sont recouverts de stuc peint en rouge. La ville compte au moins 24 000 habitants vers l'an 650, soit le quart de celle de Teotihuacán. Par comparaison, Paris à cette époque ne compte que quelques milliers d'habitants, et n'atteindra une population comparable qu'à la fin du XIIe s !

Le début de la 4e période (à partir de 750) marque le déclin de Monte Albán, qui perd son rôle de capitale. Comme ailleurs, aucune cause précise n'a pu être identifiée. La chute de Teotihuacán y est probablement pour quelque chose. Mais on évoque aussi une forte poussée démographique, la sécheresse et une surexploitation des ressources. Quoi qu'il en soit, la culture zapotèque entre en décadence et la cité est progressivement abandonnée, transformée en centre cérémoniel et en nécropole. Vers l'an 1200 (5e période), les Mixtèques débarquent et introduisent l'orfèvrerie, recyclant au passage certaines tombes zapotèques, comme la célèbre tombe no 7, où a été découvert un véritable trésor, aujourd'hui exposé au *Museo de las Culturas de Oaxaca.*

Comment y aller ?

➢ ***De Oaxaca :*** *le site se trouve à une dizaine de km au sud-ouest.* En voiture, prendre la route de Mexico sur 3 km, puis à gauche à la bifurcation (panneaux). Trajet : 20 mn.

– Pas de bus publics directs. Le mieux, c'est d'emprunter les ***bus ou minibus*** de la compagnie ***Autobuses Turísticos*** *(plan général de Oaxaca, A3,* ***15****) : départ de Mina 501. ☎ 516-61-75.* Bus ttes les heures (ttes les 30 mn le w-e et en hte saison) 8h-15h30 ; retour 12h-17h. Compter 60 $Me l'A/R. Trajet : 30 mn. Sinon, plusieurs agences proposent l'excursion. Insistez pour savoir combien de temps vous est accordé sur le site, car certaines ont tendance à abréger. Comptez bien 2h pour une visite classique.

Infos pratiques

– ***Renseignements :*** *☎ 51-612-15. • inah.gob.mx •*

– ***Horaires et prix :*** *tlj 9h-17h. Entrée : 85 $Me. Audioguide : 50 $Me. Consigne.* On conseille d'arriver dès l'ouverture : température plus basse, moins de monde et bonne lumière pour les photos.

– Le bâtiment du musée abrite un café dont la terrasse, bien ombragée, offre une belle vue sur Oaxaca.

Visite du site

Le centre cérémoniel, orienté nord-sud, se compose d'une esplanade *(plaza Central),* gigantesque d'environ 300 m de long sur 200 m de large, plantée de gazon, et occupée par une douzaine de bâtiments et plates-formes. On y entre par le nord : notre visite suit le fléchage du site, en commençant par le *juego de pelota,* puis parcourt le site dans le sens des aiguilles d'une montre, pour terminer par la *plateforme nord,* et enfin le *musée.*

👁👁 ***Juego de pelota*** *(jeu de pelote)* **:** l'un des 5 que comptait Monte Albán, signe de l'importance de la ville. Comme tous les *juegos de pelota* de la région, il n'a pas d'anneaux sur les côtés (contrairement aux jeux mayas) : la pierre ronde au centre du terrain avait sans doute la fonction de cible à toucher... en jouant des hanches, des coudes et des genoux !

Palacio : édifié à l'époque classique. Certainement une construction résidentielle destinée à quelque dignitaire zapotèque, d'où son nom de « palais ». Ses pièces donnent sur un patio central avec un autel. Seul bâtiment d'habitation sur l'esplanade, on y accédait par un grand escalier, plus large que la façade.

LE BRAS (ET LES JAMBES) DE LA JUSTICE

Associé aux cérémonies rituelles, le jeu de pelote était une manière de commémorer les cycles de la vie et les saisons, le mouvement de la balle symbolisant la trajectoire des planètes. Plus pragmatiquement, il servait de tribunal de première instance, pour juger querelles de voisinage, disputes agraires et autres contentieux commerciaux. On mettait les parties en compétition sur le terrain et le résultat mettait fin au conflit !

Plataforma Sur** (plate-forme sud) :* monumentale, comme son vis-à-vis nord. Il faut absolument gravir l'escalier, large de 40 m, pour bénéficier d'une vue unique sur l'ensemble du site et la campagne environnante. L'intérieur du monument n'a pas encore livré tous ses secrets. Sur certains angles de la base, on a retrouvé des ***stèles sculptées de personnages captifs, les bras ligotés dans le dos. Il s'agit de pierres préclassiques provenant probablement de l'édifice des *Danzantes*, réutilisées ultérieurement.

***Los Danzantes** (les Danseurs) :* à gauche en descendant de la *Plataforma Sur*, derrière la jolie pyramide dite *structure M,* cet édifice doit son nom aux magnifiques bas-reliefs sculptés (ici des copies, les originaux sont au musée) de figures humaines découvertes en 1806, d'abord identifiées à des danseurs réalisant un rituel. Elles représentent des personnages datant de 500 à 100 avant l'ère chrétienne, sans doute olmèques. En revanche, ce sont loin d'être des danseurs : la plupart des figures représentent des silhouettes masculines nues, trapues, dans des positions grotesques (d'où l'assimilation à la danse). Ce ne sont pas les théories qui manquent. La plupart des archéologues estiment qu'il s'agit de captifs, chefs de cités voisines soumises, destinés aux sacrifices. Leur nudité, signe d'infamie, et des symboles de castration et de sang collecté (consacré en offrandes) soutiennent cette hypothèse. D'autres théories circulent néanmoins : culte à la fertilité, voire culte phallique d'origine olmèque, vénération de personnes atteintes de handicap mental, en tant que chamans...

Edificios centrales G, H, I : au centre de l'esplanade, dans votre dos par rapport aux *Danzantes,* les 3 *édifices* (*G, H* et *I*) formaient le principal lieu public de la cité. C'est dans le *bâtiment H* que l'on a retrouvé le fameux masque de jade en forme de chauve-souris qui est exposé au musée national d'Anthropologie de Mexico. Au pied de la plate-forme sud, l'***edificio J*** servait d'observatoire astronomique, notamment pour prédire les saisons, les cycles agricoles, les récoltes... Et sa pointe en éperon avait un rapport avec le soleil à son zénith : l'ombre des fidèles disparaissait et, avec elle, leur âme ; vous imaginez le pouvoir des prêtres ! Sur la façade, à droite et à gauche de la porte principale (côté sud), de nombreux glyphes : les têtes renversées symbolisent autant de tribus ou de peuples soumis. Cet édifice est traversé par un couloir couvert de dalles, dont l'accès est fermé par une porte cadenassée.

Edificio IV : complexe cérémoniel constitué d'une base pyramidale carrée, à la droite duquel se dresse une ***stèle monolithe*** brisée mais dont on a recollé les morceaux, et qui mesure ainsi près de 6 m de haut. Attachée à la réalisation des rituels religieux, elle servait notamment à indiquer le zénith (le moment où son ombre disparaît), et les solstices...

Plataforma Norte *(plate-forme nord)* **:** le pendant de la plate-forme sud, précédé par un escalier de 37 m de large. Au pied se dresse une stèle maya. Au sommet, les vestiges de larges colonnes appartenant à un portique disparu ouvrent sur le ***patio Hundido*** (en contrebas) et les *edificios A* et *B* (à droite et à gauche, en hauteur), jadis surmontés de temples... De cette plate-forme, superbe vue panoramique sur l'ensemble du site. La colline au fond à gauche est sans doute un peu plus que cela : il semble que ce soit une autre pyramide ne demandant qu'à être fouillée...

Montículo noroeste *(groupe nord D, E, VG)* **:** toujours sur la plate-forme nord se situe un autre complexe cérémonial : une place cernée de 3 temples à base pyramidale. Plus au nord encore se trouvent les ***tumbas*** *(tombes),* dont la ***n° 104*** (qui possédait des fresques représentant des prêtres emplumés), la ***n° 105*** (peut-être la mieux conservée, derrière le parking de l'entrée) et la célèbre ***n° 7,*** tombeau zapotèque du VIIIe s réutilisé (quel culot) par les Mixtèques entre les XIVe-XVIe s...

À l'entrée du site, le ***museo*** contient une importante collection archéologique, bien mise en valeur, avec d'énormes monolithes sculptés, de grandes stèles et autres beaux fragments de bas-reliefs. Également du matériel funéraire en céramique. Pierre, os, coquillages faisaient partie des offrandes placées dans les tombes. À noter : restes de colonnes sculptées en *cantera* et superbe petite sculpture en pierre noire de style *teotihuacano.* Le trésor exceptionnel de la *tumba n° 7,* découvert en 1932, est exposé au *Museo de las Culturas de Oaxaca* (lire plus haut « À voir » à Oaxaca).

LA CÔTE PACIFIQUE SUD

HUATULCO

45 700 hab. IND. TÉL. : 958

Une station balnéaire sortie de nulle part, le long de cette côte jusqu'alors sauvage, qui a troqué sa végétation luxuriante et ses plages désertes contre un aéroport international, de larges avenues bordées de palmiers bien alignés, des golfs, et tout un tas de *resorts* qui ont privatisé l'essentiel des accès à la mer. Qu'on se le dise : Huatulco ne devrait être pour vous qu'une ville de passage vers Mazunte ou San Agustinillo (à 1h de route), plus charmantes. Hormis le vieux centre, qui conserve un certain charme autour du *zócalo*, ou le *parque nacional* et ses 9 baies, à découvrir lors de randonnées pédestres ou à VTT, Huatulco n'est pas franchement une destination routarde...

Arriver – Quitter

En bus

Terminal de autobuses de 1ra clase : *bd Chahué (angle av. Riscalillo).* ☎ *587-02-59.* ● *ado.com.mx* ● Sur place : consigne à bagages et distributeur de billets.

➢ ***Mexico – Terminaux Tapo-Oriente, Norte et Tasqueña-Sur*** *(15h)* **:** env 6 bus/j. avec *OCC, ADO.*

➢ ***Oaxaca*** *(8h)* **:** env 5 bus/j. avec *OCC* et *ADO.*

➢ ***Pochutla*** *(1h)* ***et Puerto Escondido*** *(2h30)* **:** env 11 bus/j. avec *OCC* et *AU.* Une fois arrivé à Pochutla, correspondance avec des *colectivos* pour ***San Agustinillo.***

➢ ***Tehuantepec*** *(3h)* **:** env 8 bus/j. avec *OCC, ADO* et *AU.*
➢ ***Puebla*** *(13h)* **:** env 4 bus/j. avec *OCC, ADO.*
➢ ***Tuxtla Gutiérrez*** *(9h)* ***et San Cristóbal de Las Casas*** *(10h)* **:** 2 bus de nuit, 1 de jour avec *OCC.* Résa à l'avance conseillée en hte saison.
➢ ***Veracruz*** *(12h)* **:** 1 bus/j. de nuit avec et *AU.*

Terminal de autobuses de 2da clase : *av. Carpinteros 1 (secteur T), à env 1 km au nord du terminal précédent.* Consigne à bagages.
➢ ***Mexico – Terminaux Norte et Tasqueña-Sur*** *(15-16h)* **:** env 1 bus/j. avec *Alta Mar-Costeños.*
➢ ***Pochutla*** *(1h),* ***Puerto Escondido*** *(2h30)* ***et Acapulco*** *(12h)* **:** 4-5 bus/j. avec *Alta Mar-Costeños.*
➢ ***Salina Cruz*** *(2h30)* **:** 4 bus/j. avec *Alta Mar-Costeños.*

En avion

✈ ***Aeropuerto international de Bahias de Huatulco :*** *carretera Pinotepa-Salina Cruz, km 237. ☎ 581-90-04 ou 60.* • *asur.com.mx* • *À 15 km à l'ouest de la ville, direction Pochutla.* Surtout desservi par des charters américains et canadiens. Toutefois, les compagnies *Aeroméxico* et *Interjet* assurent des liaisons quotidiennes directes avec Mexico. Également 1 vol/j. pour Oaxaca avec *Aerotucán.*
➢ ***Rejoindre le centre-ville*** en taxi (env 200 $Me ; plus cher pour les plages) ou *colectivo* (40 $Me/pers). Le retour en taxi est moins cher : env 180 $Me *(résa taxis et colectivos pour l'aéroport : ☎ 581-90-14).*

Adresses utiles

■ ***Argent et change :*** *dans le quartier de La Crucecita, distributeurs de billets et change dans les banques* ***Banorte,*** *Guamuchil 604 ; et* ***HSBC,*** *Bugambilias (angle Sabalí).*
Taxis : *☎ 587-16-16 ou 583-43-53.*

Où dormir ? Où manger ?

Le petit centre « ancien » de Huatulco conserve une apparence un peu humaine et authentique – du moins, lui n'a pas été défiguré ! Au programme, marché, *zócalo,* quelques boutiques, des restos et les hébergements bon marché. Encore une fois, pas de quoi tomber par terre, mais ça dépanne si vous devez passer la nuit ici avant ou après un vol.

Bon marché

Hostal Luna Creciente : *Guarumbo 304, La Crucecita. ☎ 106-66-25. Double 300 $Me.* On aime bien cette petite dizaine de chambres confortables avec salle de bains, TV, ventilo, et AC pour les plus chères. Aménagement sobre et élégant. Accueil très gentil, à prix doux.
Posada Leo : *Bugambilias 302 (angle Cocotillo), La Crucecita. ☎ 587-26-01. Double 500 $Me.* Petite *posada* familiale proprette, aux chambres simples mais toutes avec salle de bains et AC. Choisir plutôt celles de l'étage, donnant sur le jardin. Accueil très aimable. Une excellente adresse à prix plancher.
Hotel del Carmen : *Palo Verde 307, La Crucecita. ☎ 587-05-93. Doubles 350-700 $Me selon saison.* Une vingtaine de chambres fonctionnelles et sans charme, mais propres et toutes équipées de salle de bains, TV et ventilos. Vraiment pas cher hors saison.
Mercado : *à 1 bloc du zócalo.* Plusieurs cantoches où manger de bons petits plats de poisson et de cuisine locale. Et plein de jus de fruits frais.

Prix moyens

Hotel Palma Real : *Palma Real 30, lote 7, La Crucecita. 📱 587-96-57. Double 700 $Me.* Bâtiment blanc à un étage, tout simple, donnant sur un petit jardin public. Chambres plutôt confortables et nickel, avec salle de bains, TV et AC. Têtes de lit en moulures de plâtre, pas banales. Accueil chaleureux et pro.

Plus chic

Misión de los Arcos : *Gardenia 902, La Crucecita. ☎ 587-01-65. • misiondelosarcos.com • Doubles 850-1 200 $Me selon saison, petit déj en sus.* Dans ce grand bâtiment blanc moderne à 2 pas du *zócalo,* voici des chambres confortables et élégantes, autour d'un gentil patio à fontaine. Bref, une belle adresse de charme. Au rez-de-chaussée, impeccable resto ***Terra Cotta*** *(☎ 587-11-35 ; tlj 8h-23h),* qui vous accueille à côté des repas d'affaires et des employés du coin. Vous nous direz des nouvelles des bananes plantain-crème-fromage ! Un lieu tranquille, baigné d'une sono douce.

Tostado's grill : *Flamboyan 306. ☎ 587-21-85. Tlj 7h-23h.* Une salle décorée de vieux meubles et d'objets anciens, flanquée d'une agréable terrasse couverte sur le *zócalo.* À la carte, *mariscos,* plats oaxaqueños, bon choix de viandes grillées, salades, pâtes... Copieux. Tortillas et guacamole servis gratuitement en entrée, juste pour patienter, ça c'est bien aimable ! On s'est régalé !

Où boire un verre ? Où sortir ?

La Crema-Güatulko Bar : *Gardenia 311, sur le zócalo ; au-dessus du resto* Tropicana. *Au 1er étage. Tlj 17h-2h.* Fréquenté par les jeunes et moins jeunes du coin, un grand bar parsemé de tables basses, de fauteuils et de canapés pour se vautrer dans la lumière tamisée devant une pizza cuite au feu de bois. Déco hétéroclite et bonne musique rock, reggae et groupes live de temps à autre. Et, bien sûr, une ribambelle alléchante de cocktails. Sympa et souvent remuant en soirée.

À voir. À faire

Playa Maguey : à env 6 km au sud de Huatulco, une des dernières plages à ne pas avoir été privatisée, très populaire... mais le rivage est squatté par des bars qui envoient la sono ! Pour une trempette de dernière minute uniquement.

Parque nacional Huatulco : dans le parc, possibilité de se baigner sur la plage de ***Cacaluta,*** protégée par un îlot au large, et celle de ***Chachacual.*** Toutefois ces belles plages sauvages sont seulement accessibles en bateau. Plus à l'ouest encore, la petite plage de ***San Agustín,*** avec ses petites cabanes, offre de belles découvertes en *snorkeling* (on la rejoint par une piste).
Possibilité de visiter les baies lors d'***excursions en bateau*** à la journée au départ du *port de Santa Cruz.* Le tarif se négocie sur place. Sinon, les agences proposent aussi la balade, mais c'est plus cher, en groupe et avec des horaires fixes.

SAN AGUSTINILLO

IND. TÉL. : 958

Gros coup de cœur pour cette longue plage sublime, soulignée de cocotiers et bordée par un gentil village aux maisons basses. Juste quelques *posadas* et restos, pour une ambiance tranquille, authentique et familiale, aux antipodes de Zipolite-la-fêtarde et de Mazunte-la-néo-hippie, 2 jolies plages des environs à l'atmosphère un peu surfaite. Bref, San Agustinillo demeure un *lugar* idéal pour passer de bonnes vacances en famille. Foncez !

Arriver – Quitter

En bus

– ***Important :*** les bus s'arrêtent au village de **Pochutla,** à env 18 km de San Agustinillo. De là, prendre une camionnette bâchée ou un taxi *colectivo* desservant les villages de la côte : Puerto Ángel, Zipolite, San Agustinillo, puis Mazunte.

Terminal de autobuses : *av. Lázaro Cárdenas, à Pochutla.*

➢ ***Mexico – terminaux Norte et Tasqueña-Sur*** *(12-13h)* **:** env 4 bus/j. en 1re et 2de classes avec *OCC* et *Altamar-Costeños.*

➢ ***Oaxaca*** *(9-10h)* **:** 4 bus/j. en 1re classe avec *OCC.* Autre solution plus rapide (6h) : les minibus de *Lineas Unidas (Bustamante 601, angle Xóchitl, à Oaxaca ; ☎ 516-24-72),* et d'*Eclipse 70 (à Oaxaca : calle de Armenta y López 922 ; ☎ 516-10-68 ; à Pochutla : av. Lázaro Cárdenas 85, ☎ 584-08-40).*

➢ ***Huatulco*** *(1h)* ***et Puerto Escondido*** *(3h20)* **:** 1 quinzaine de bus/j. avec *OCC, AU* et *Altamar-Costeños.*

➢ ***Tehuantepec*** *(4h30)* **:** env 5 bus/j. avec *OCC,* via **Salina Cruz** (3h30).

➢ ***Tuxtla Gutiérrez*** *(10h)* ***et San Cristóbal de Las Casas*** *(11h)* **:** 3 bus/j. avec *OCC.* Résa à l'avance conseillée en hte saison.

En avion

✈ ***Aeropuerto international de Bahias de Huatulco :*** *à env 50 km à l'est de San Agustinillo* (voir plus haut « Huatulco. Arriver – Quitter »).

Adresses utiles

■ ***Argent et change :*** *à* ***Puerto Ángel*** *(8 km à l'est de San Agustinillo), la* ***Banco Azteca*** *(bd Virgilio Uribe ; tlj 8h-20h) change euros et dollars, et service* Western Union. *Juste à côté, distributeur de billets* ***Bancomer*** *(bd Virgilio Uribe, angle José Vasconcelos).*

Où dormir ?

De bon marché à prix moyens (moins de 800 $Me / env 38 €)

⌂ ***Posada Kaly :*** *à l'entrée de San Agustinillo en venant de Zipolite, côté colline. 📱 128-82-52 ou 118-79-66. Double env 500 $Mex.* La bonne affaire ! Impeccablement tenues par un couple accueillant, voici des chambres simples, avec salle de bains, moustiquaire et ventilo ; réparties dans un long bâtiment bas en retrait de la route. Resto sous une *palapa.* Et pour aller à la plage, il n'y a que la route à traverser !

De chic à plus chic (800-1 600 $Me / env 38-76 €)

⌂ ***Un Sueño, cabañas del Pacífico :*** *au centre du village, côté mer. 📱 113-87-49. Double 1 450 $Me.* Après avoir passé plusieurs années au Mexique, Julien, un Français vadrouilleur, a ouvert cet hôtel face à l'océan en 2005. Plantées dans le sable entre les cocotiers, ses charmantes *cabañas* sont toutes équipées de salle de bains, moustiquaire, ventilo, coffre-fort et terrasse avec hamac. Déco un brin ethnique, avec des objets rapportés d'Inde, Afrique... Plein de hamacs pour buller à l'ombre d'une *palapa,* face à l'océan. Excellent rapport qualité-prix en haute saison. Fait aussi bar et resto-snack avec de bons petits déj et quelques plats frais et simples pour le déjeuner. Ambiance décontractée et accueil chaleureux. On aime !

⌂ ***Cabañas Punta Placer :*** *au centre du village, côté mer. 📱 107-66-44. ● puntaplacer.com ● Doubles 1 400-2 000 $Me selon saison.* L'adresse la plus chic de la plage, fondée par David et Claire, un couple de

Français présents de manière intermittente. Les maisonnettes à étage abritent de belles chambres refaites à neuf, dotées de salle de bains, moustiquaire, ventilo et coffre-fort. Jolie déco soignée un brin design. On a un gros faible pour celles de l'étage avec leur joli toit de palmes et la terrasse où pend un hamac avec vue sur la mer. Resto dans la cour, ouvert sur la plage.
Posada Rancho Cerro Largo : *2 km avt San Agustinillo en venant de Zipolite, playa Aragón. • ranchocerrolargo.wixsite.com/ranchocerrolargo • Dans un virage, prendre la piste qui monte, côté mer (panneau). Résa conseillée en hte saison. ½ pens incluse.* Agrippée à la montagne face au Pacifique, dominant une plage immense et déserte. Un escalier taillé dans la roche y descend, desservant en chemin plusieurs bungalows propres et aménagés avec goût. Un lieu très « rustique chic » soucieux de son environnement : essentiellement des ventilateurs, toilettes sèches et douche à la louche dans la charmante *cabaña* ouverte sur l'océan et la végétation (notre préférée). Moustiquaires partout, mais sanitaires communs pour les moins chères. *Comedor* joliment décoré, toujours avec vue superbe ; on y mange une nourriture végétarienne autour d'une table commune. Cours de yoga. Une adresse très zen, cachée en pleine nature.

Où manger ? Où boire un verre ?

De prix moyens à plus chic (jusqu'à 500 $Me / env 24 €)

La Termita : *au centre du village, côté mer. ☎ 589-30-46. Tlj 18h30-22h30. Résa conseillée ou venir tôt.* Sous les étoiles face à la mer, à la lueur des bougies : on n'a pas trouvé plus romantique. Excellentes pizzas, généreusement garnies sous vos yeux et cuites au feu de bois. Une institution dans le village. Également de vastes et jolies *cabañas* à louer, mais la quiétude fait parfois défaut en soirée.
Un Sueño : *sur la plage de l'hôtel du même nom (voir « Où dormir ? »), au centre du village. 113-87-49. Tlj 8h-18h ; bar uniquement le mer.* Juste devant l'océan, une *palapa* revisitée au cadre soigné, avec tables et chaises en bois, et quelques hamacs pour buller en bouquinant. Carte réduite mais de qualité, une bonne adresse, pour manger un morceau en journée ou prendre un verre, les yeux dans le bleu.
El Navegante : *au centre du village face à La Termita. ☎ 142-44-85. Mar-sam 18h-23h... en principe ! Compter 250 $Me par pers.* Belle déco aux accents marins (évidemment), tout comme la carte, qui change constamment, au gré des saisons et des livraisons, du marché et de l'océan. Ce qui ne bouge pas : le talent du chef, son originalité, et la fraîcheur de ses produits, dont il fait une priorité. Une valeur sûre.

Où dormir ? Où manger ? Où boire un verre ? Où sortir dans les environs ?

À Puerto Ángel

Lové au fond d'une petite baie à 8 km à l'est de San Agustinillo, cet authentique petit port de pêche invite à une courte escale. Les 2 plages de sable clair étant impropres à la baignade, on vous conseille d'y prendre simplement un repas ou un verre.

Hotel Bahía de la Luna : *playa Boquilla. ☎ 589-50-20. • bahiadelaluna.com • À 7 km à l'est de Puerto Ángel. Direction Pochutla sur 4 km, puis à droite (panneau) un chemin rocailleux de 5 km – tt juste carrossable – descendant vers playa Boquilla. En bateau de Puerto Ángel (plus simple), compter 15 mn et 500 $ pour* *un bateau de 10. Cabañas 2 pers 1 500-2 200 $Me, petit déj inclus.* Un bout du monde ! Sublime petite plage au fond d'une superbe baie isolée, cernée de collines et de jungle. Enfouies sous les arbres – côté mer ou colline –, une douzaine de *cabañas* tout confort, décorées avec goût dans le style « rustique chic », toutes avec ventilateur. Côté resto, savoureuse cuisine inventive qui revisite les classiques mexicains avec des touches européennes ; le tout servi sous une *palapa* plantée devant la mer. Kayaks de mer, masques et tubas à dispo des clients de l'hôtel. Une authentique adresse de charme.

Northwestern : *sur la playa Principal, au pied de la jetée. Tlj 6h-18h. De bon marché à prix moyens.* Cette cabane populaire et sans chichis, flanquée d'une terrasse les pieds dans le sable, est l'endroit idéal pour prendre le petit déj, dévorer un poisson du jour ou boire un verre, en observant l'activité des pêcheurs. Accueil gentil.

À Zipolite

À 4 km à l'est de San Agustinillo, la longue plage de « Zipo » est vraiment belle (mais la baignage y est dangereuse, attention !). Ambiance déjantée, jeune et festive, à laquelle viennent se greffer d'anciens babas cool... La plage est fameuse pour être l'une des rares au Mexique où l'on peut pratiquer le **nudisme,** et aussi l'une des seules *gay friendly.*

Bungalows Las Casitas : *Shambhala.* 100-34-55. *● las-casitas.net ● À l'extrémité ouest de la plage, en face de* Casa Flor de Mar. *Doubles 800-1 400 $Me selon saison. Parking.* On aime bien ces *cabañas* rustiques en bois, plantées sur une colline à la végétation luxuriante, surplombant l'océan. Chambres agréables, toutes avec sanitaires privés, cuisine et terrasse avec hamac. Accueil sympa. Une belle adresse paisible à 5 mn à pied de la plage.

El Alquimista : *Shambhala. ☎ 587-89-61. ● elalquimistahotel.mx ● À l'extrémité ouest de la plage. Double 1 800 $Me ; suite spéciale lune de miel avec vue enchanteresse et piscine privée 6 000 $Me ! Parking.* Sous les arbres du bord de plage, ces maisonnettes au toit de palmes abritent des chambres tout confort et de bon goût ; chacune avec terrasse et hamac sur la mer superbe, (presque) toutes avec AC. Sur place, excellent resto sous une *palapa,* féerique en soirée quand les bougies sur les rochers sont allumées. On y sert une cuisine mexicaine et internationale, pas donnée mais fraîche, goûteuse et joliment présentée. L'une des valeurs sûres de Zipolite pour un bon repas.

Nice Place on the Beach : *directement sur la plage, dans le centre. ☎ 584-31-95. ● aniceplaceonthebeach.weebly.com ● Double 250 $Me.* Pour sortir, boire un verre et se démener sur des rythmes endiablés, version techno, rave ou trance. Aussi quelques doubles avec ventilateur et moustiquaire, spartiates assurément, mais qui dépanneront les routards fauchés.

Noga : si vous en avez marre de la mer (!), ce bar offre un cadre tranquille, ambiance jungle, chants d'oiseaux dans les sous-bois et mangrove. Rassurez-vous, les vagues ne sont qu'à 100 m.

À Mazunte

Derrière la colline, juste à l'ouest de San Agustinillo, débute Mazunte, avec son ambiance néo-hippie, yoga-végan. Pas vraiment un village, mais des maisons dispersées dans la végétation, le long de quelques rues, au fond d'une jolie baie soulignée par une plage de sable fin. Cependant, beaucoup de monde en saison et de plus en plus de constructions...

Posada Ziga : *au milieu de la playa Mazunte. ● posadaziga.com ● À gauche juste après le* centro mexicano de la Tortuga, *en venant de San Agustinillo. Doubles 800-1 600 $Me.* Surplombant la mer du haut d'une colline, des chambres rudimentaires mais nickel, réparties dans plusieurs petits bâtiments en bois ou en dur. Salle de bains, ventilo (AC pour les plus chères) et moustiquaire de série. Resto-terrasse dominant la plage, avec une très belle vue. Accueil pro et gentil, mais prix un peu surestimés.

Posada del Arquitecto : *playa El Rinconcito. ☎ 125-88-52. • posadadelarquitecto.com • Doubles et cabañas 400-1 000 $Me.* Devant la plage, une dizaine de *cabañas* assez simples mais agréables et parfaitement tenues. Salle de bains, ventilo et moustiquaire. En retrait de l'autre côté de la rue, les moins chères n'ont pas de vue. Pour les fauchés, également des dortoirs sommaires (sans réservation) avec moustiquaires, aménagés sur des terrasses ombragées ouvertes aux vents ; possibilité de hamac. Café-resto, face à la mer. Bel ensemble, dommage que l'accueil soit inégal.

Altamira Mazunte Bungalows : *à l'ouest de la playa El Riconcito, sur la colline. 128-00-61 ou ☎ 583-68-56. • altamiramazunte.com • Prendre le chemin à droite dans la rue menant à la playa El Riconcito (panneaux). Doubles 1 100-1 500 $Me, bungalows 900-1 300 $Me.* Vue panoramique sur l'océan depuis la piscine à débordement ! Une quinzaine de bungalows dotés de ventilos s'étagent sur le flanc d'une falaise, au milieu de la végétation luxuriante. Jolies chambres colorées et propres, dont certaines en duplex (4 personnes), toutes avec salle de bains, AC, terrasse et hamac. Quelle vue ! Chemin d'accès à la plage en contrebas. Accueil sympa, mais prix un peu exagérés.

Estrella Fugaz : *playa El Rinconcito. 113-28-95. De bon marché à prix moyens.* Resto à l'étage dont la terrasse s'ouvre sur la plage. À la carte, de bons *desayunos completos,* mais aussi *mariscos y pescados, carnes, pasta...* Bref, de quoi se sustenter du matin au soir. Bien également pour siroter un cocktail au soleil couchant.

Juste à côté, le restaurant ***Siddhartha*** propose une bonne cuisine internationale *(prix moyens)* : ceviche d'une grande fraîcheur, salades, sandwichs...

À faire

– ***Sorties en mer :*** *avec* ***Pacífico Mágico,*** *118-27-10. Compter 300 $Me/pers (10 pers max). Durée : 2h30-3h. Rens à la* Palapa Alejandra. Le sympathique et sérieux Efren vous embarque sur son bateau en petit comité, pour voguer à la découverte des habitants du Pacifique : dauphins, baleines (en saison), sans oublier tortues et jolis poissons que l'on tutoie lors d'une séance de *snorkeling.* Taud pour protéger du soleil et gilets de sauvetage bien sûr !

DANS LES ENVIRONS DE SAN AGUSTINILLO

Cooperativa ecoturística La Ventanilla : *à l'entrée de la playa Ventanilla, à 3 km à l'ouest de* ***Mazunte,*** *côté mer (panneau). ☎ 596-04-10. • laventanilla.com.mx • crocoguia@gmail.com • Accès en taxi ou colectivo. Tlj 8h-17h. Visite guidée en bateau env 100 $Me/pers (max 10 pers). Durée : 1h30-2h.*
On a tout simplement adoré cette ***escapade en bateau*** dans la mangrove pour saluer les crocos (de vraiment très près parfois !), suivie d'une promenade à la découverte de la faune locale de la réserve : iguanes, biches, singes, sauvés de la contrebande pour certains. Escale sur un îlot pour visiter un *cocodrilario,* où plus d'une centaine de bébés crocos sont élevés en attendant d'être remis en liberté dans la lagune. Du coup, ça grouille là-dedans ! Rassurez-vous cependant : sauf provocation de la part de l'homme (et vous n'aurez aucune envie de les provoquer), pas de raison qu'ils attaquent, et les guides qui assurent l'encadrement sont très pro. Également d'autres options sur résa, dont une *promenade à pied* de 2h30 aller-retour *(compter 300 $Me/h),* pour observer les oiseaux en compagnie d'un ornithologue. Petite *palapa*-bar pour se remettre de ses émotions. Une coopérative totalement indépendante, portée par la communauté indigène, œuvrant pour la protection et la réhabilitation des espèces. Chapeau !

🏠 🍽 On peut aussi manger et loger sur place, en camping *(100 $ Me/pers)* ou *albergue ecológico (compter 450 $Me).* Ceux qui y passent la nuit pourront accompagner les gardes qui surveillent la ponte des tortues entre juillet et mars sur la belle ***playa Ventanilla,*** notamment *(compter 200 $Me/pers).* Les œufs sont ramassés et placés en incubation pour éviter tout braconnage, et améliorer le taux de survie des jeunes. Il s'agit surtout de tortues olivâtres *(golfinas),* mais on a parfois la chance de tomber sur une tortue noire ou une énorme tortue-luth. Une expérience formidable !

Centro mexicano de la Tortuga : *à l'entrée de **Mazunte,** sur la gauche en venant de San Agustinillo. • centromexicanodelatortuga.or • Tlj, sauf lun-mar, 10h-16h30 (14h dim). Entrée : 40 $Me.* Ce musée fait partie du vaste programme de protection des tortues marines, classées parmi les animaux en voie d'extinction. Il en existe 11 espèces dans le monde, et 10 d'entre elles se reproduisent le long des côtes mexicaines. Les aquariums proposent de faire connaissance avec elles, ainsi qu'avec 4 espèces de tortues d'eau douce.

PUERTO ESCONDIDO

25 900 hab. IND. TÉL. : 954

• Plan *p. 410-411*

Ancien port de pêche caché (*escondido* !) dans les cocotiers, il s'est peu à peu bétonné en station balnéaire fréquentée par les familles mexicaines, les retraités américains, et surtout les surfeurs. Il faut dire que la *playa Zicatela,* sur laquelle déferlent des rouleaux d'une belle ampleur, est le 3e meilleur spot mondial ! Plus grande et largement plus urbanisée que la paisible San Agustinillo, Puerto Escondido peut néanmoins constituer une agréable étape, surtout si vous prenez le temps d'explorer les lagunes alentour. Attention, lors des compétitions internationales de surf, les prix de l'hébergement font eux aussi des vagues !

Arriver – Quitter

En bus

🚌 ***Central de autobuses*** *(1ra clase ; plan C1-2,* ***3****) : carretera Costera. ☎ 582-10-73. • ado.com.mx • Bâtiment moderne juste au nord de la playa Principal.* Sur place : consigne à bagages et distributeur de billets.

➢ ***Mexico – terminaux Norte, Tapo-Oriente et Tasqueña-Sur*** *(18-19h)* **:** env 3 bus/j. avec *OCC.* Trajets longs, car les bus transitent par Salina Cruz.

➢ ***Puebla*** *(16h)* **:** 2 bus/j. avec *OCC.*

➢ ***Huatulco*** *(2h20)* **:** env 11 bus/j. avec *OCC* et *AU.* Une fois arrivé à Pochutla, des *colectivos* vous mènent à ***San Agustinillo.***

➢ ***Tehuantepec*** *(6h)* **:** 6 bus/j. avec *OCC* et *AU.*

➢ ***Oaxaca*** *(11h)* **:** 4 bus/j. avec *OCC.*

➢ ***Tuxtla Gutiérrez*** *(12h)* ***et San Cristóbal de Las Casas*** *(13h)* **:** env 2 bus/j. de nuit et 1 de jour avec *OCC.* Résa à l'avance conseillée en hte saison.

➢ ***Veracruz*** *(16h)* **:** 1 bus/j. avec *AU.*

🚌 ***Terminal de autobuses turística*** *(2da clase ; plan B1,* ***4****) : situé au nord du centre-ville, à côté du marché. Accès en taxi depuis la playa Principal.*

➢ ***Mexico – terminaux Norte et Tasqueña-Sur*** *(12h)* **:** env 6 bus/j. avec *Fletes y Pasajes, ETN-Turistar* et *Alta Mar-Costeños.* Bien plus rapides que les bus de l'autre terminal.

➢ ***Oaxaca*** *(6-7h)* **:** service de minibus ttes les 30 mn (5h-23h) au départ du centre-ville de Oaxaca avec ***Servicio***

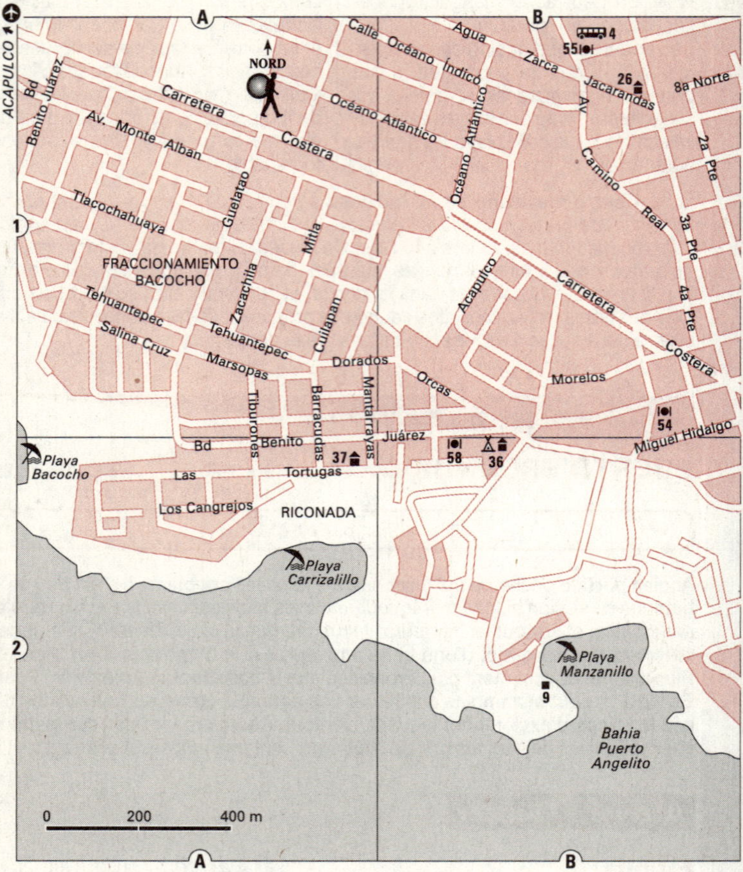

Adresses utiles

- Office de tourisme (C2)
- 2 Police touristique (C2)
- 3 Central de autobuses (1ra clase) (C1-2)
- 4 Terminal de autobuses turística (2da clase) (B1)
- 5 Banamex (C2)
- 6 Supermarché Chedaui (DAB ; C1-2)
- 7 Lalo Ecotours (C2 et zoom)
- 8 Location de voitures U-Car (D2)
- 9 Omar Sportfishing & Tours (B2)

Où dormir ?

- **21** Hotel Buena Vista (zoom)
- **22** Hotel Flor de María (D2)
- **23** Hotelito Swiss Oasis (zoom)
- **24** Beach Hotel Inès (zoom)
- **25** Bungalows Puerta del Sol (zoom)
- **26** La Escondida et Puerto Dreams Hostel (B1)
- **27** Hotel Santa Fe (D2)
- **28** Hostel Selina (zoom)
- **29** Frutas y Verduras et Cabañas Buena Onda (hors plan par D2)
- **30** Hotel Mayflower (C2)
- **32** Hotel Ribera del Mar (C2)

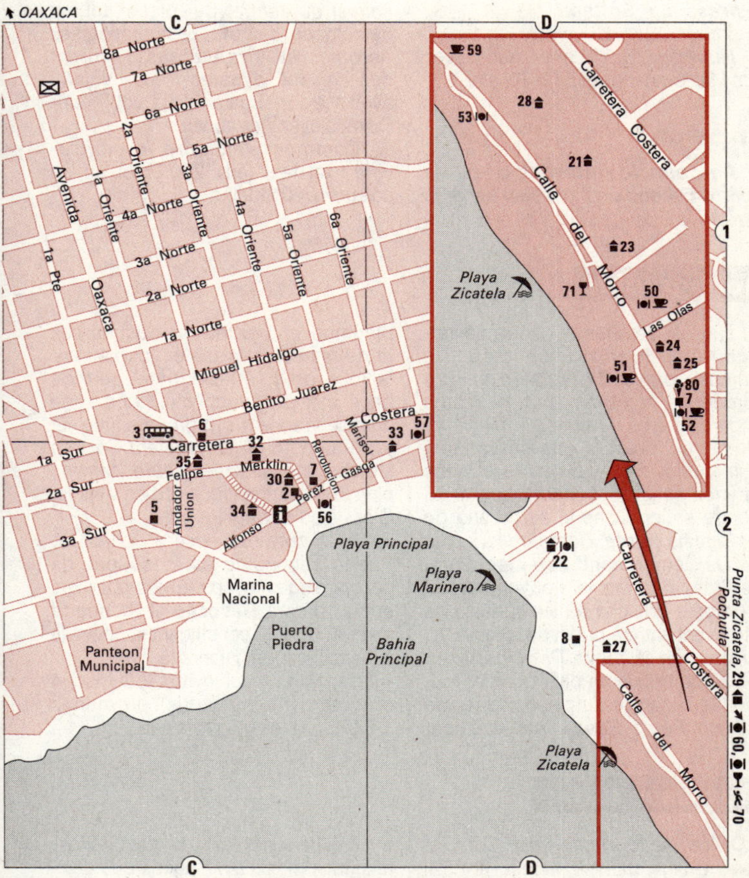

PUERTO ESCONDIDO

- **33** Hotel Casablanca (D1-2)
- **34** Le P'tit Hôtel (C2)
- **35** Hotel San Juan (C2)
- **36** Hostal Shalom (B2)
- **37** Villa Mozart y Macondo (A2)

Où manger ?
Où prendre un petit déjeuner ?

- **22** Flor de María (D2)
- **50** Argentino's (zoom)
- **51** Los Tíos (zoom)
- **52** El Cafecito (zoom)
- **53** Sativa (zoom)
- **54** Smoked Fish Tacos El Viejo (B1)
- **55** Mercado (B1)
- **56** Los Crotos (C2)
- **57** Bendito's (D1-2)
- **58** Almoraduz (B1-2)
- **59** Café Finca las Nieves (zoom)
- **60** La Olita (hors plan par D2)

Où s'offrir une bonne glace ?

- **80** Palma Negra (zoom)

Où boire un verre ? Où sortir ?

- **70** Mar & Wana (hors plan par D2)
- **71** Palapita bar (zoom)

Express La Solteca *(Arista 116 ; ☎ 516-40-59).*
➢ ***Huatulco*** *(2h20)* **:** env 6 bus/j. avec *Alta Mar-Costeños* et *ETN-Turistar.*

En avion

✈ ***Aeropuerto internacional de Puerto Escondido*** *(hors plan par A1)* **:** *carretera Costera, km 6,5. À 6 km à l'ouest du centre.* Sur place : loueur de voitures, bistrot... Les compagnies *Aeromar* et *VivaAerobus* assurent des liaisons directes (env 4 vols/j.) avec Mexico. Également 1 vol/j. pour Oaxaca avec *Aerotucán.*
➢ ***Comment rejoindre le centre-ville :*** en taxi (env 250 $Me) ou en *colectivo* (60 $Me).

Topographie

Au sud-est se situe le centre névralgique de Puerto Escondido : la fameuse ***playa Zicatela*** *(plan D2),* bordée de nombreux hôtels, restos et bars, qui se déroule sur plusieurs kilomètres. C'est là que descendent la majorité des « jeunes » retraités américains et des babas-roots du monde entier. Dans la partie sud de la plage, la ***punta Zicatela*** *(hors plan par D2)* émergeant des cocotiers, s'affirme comme le nouveau quartier hippie-branché où les surfeurs se retrouvent entre eux loin de la foule.
Au bord de la ***playa Principal*** *(plan C-D2),* on trouve un petit quartier touristique organisé autour de l'*avenida Alfonso Pérez Gasga,* partiellement piétonne et bordée de commerces et de restos. Délaissé en journée car la jolie plage – insalubre – sert de base aux pêcheurs, c'est une zone animée vraiment sympa en soirée. Et juste au nord de la *carretera Costera* s'étend une ***ville mexicaine*** *(centro ; plan B-C1)* authentique et bien vivante. C'est là qu'arrivent les bus.
Enfin, la côte rocheuse à l'ouest de Puerto Escondido est découpée de petites plages sympa. Et les quartiers qui la bordent, ***Bacocho*** et ***Riconada*** *(plan A1-2, B2),* constituent la nouvelle zone touristique qui monte.
– ***Attention :*** pour éviter tout risque d'agression, ne vous promenez JAMAIS sur les plages le soir.

Adresses utiles

ℹ ***Office de tourisme*** *(plan C2)* **:** *av. Pérez Gasga, playa Principal. ☎ 582-11-86. Kiosque au début de la rue piétonne. Tlj sauf dim 10h-13h30, 16h-18h (10h-13h30 sam).* Infos sur Puerto Escondido et la région de Oaxaca, plan de la ville et des environs, agenda culturel, transports et loisirs (surf, pêche au gros, équitation, rafting, canyoning, escalade, plongée sous-marine, *snorkeling,* canoë-kayak, observation de la ponte des tortues...).
■ ***Police touristique*** *(plan C2,* ***2****)* **:** *av. Pérez Gasga, playa Principal. ☎ 582-07-21.*
■ ***Argent et change :*** *on change euros et dollars à la banque* ***Banamex*** *(plan C2,* ***5*** *; av. Pérez Gasga 905, playa Principal ; lun-ven 9h-16h).* Sur place, distributeur de billets. Également un ***bureau de change*** dans la même rue, et un autre sur le front de mer de Zicatela (taux moins avantageux que ceux des banques, mais ouverts tard). *Enfin,* ***distributeurs de billets*** *à l'entrée des hôtels de playa Zicatela, ainsi qu'au supermarché* ***Chedaui*** *(plan C1-2,* ***6*** *; carretera Costera, au-dessus de playa Principal).*
■ ***Location de voitures :*** *dans le centre-ville,* ***U-Car Puerto Escondido*** *(plan D2,* ***8****), c/ del Moro s/n Col Marinero. ☎ 954-582-32-24 ;* ***Automann*** *(hors plan par D2), av. Alfonso Pérez Gasga. ☎ 55-2521-92-04. À l'aéroport (hors plan par A1),* ***Europcar,*** *☎ 998-198-23-98 ;* ***The three Kings*** *☎ 954-582-33-35.*
🚗 ***Taxis :*** *☎ 582-90-09. Pour une course en ville, compter env 25 $Me ; pour Zicatela, 45 $Me.*

Où dormir ?

– ***Important :*** en haute saison (décembre, Noël et Semaine sainte) ou lors des compétitions de surf, arriver le matin pour être sûr de trouver une chambre ; noter aussi que la plupart des prix doublent. Préférer un hébergement avec moustiquaire.

Playa Zicatela et playa Marinero

De bon marché à prix moyens (200-800 $Me / env 10-38 €)

■ ***Hostel Selina*** *(zoom,* ***28****) : c/ del Morro 4. ☎ 552-560-08-58. • selina.com • Dortoir 250-450 $Me selon confort ; chambres privées et tipis 1 000-2 500 $Me selon saison.* Une perle d'AJ ! Vaste gamme de prix (dortoirs de 4 à 10 personnes), qui commencent tout de même assez haut, mais quel cadre... 2 piscines, cocotiers à gogo, poufs *deluxe,* bar, concerts, sorties, et une ribambelle de cours proposés (en sus). La chaîne *Selina,* implantée dans tout le Mexique avec 52 établissements, s'implique aussi dans l'intégration des populations locales au développement (cours d'anglais, cours de surf).

■ ***Hotel Buena Vista*** *(zoom,* ***21****) : c/ del Morro s/n. ☎ 582-14-74. • aidemej@hotmail.com • Doubles 500-800 $Me avec ventilo ou AC.* Sur la colline dominant la plage, il faut grimper une belle volée de marches pour gagner cette petite dizaine de chambres fonctionnelles et propres ; toutes dotées de salle de bains, ventilo et frigo. AC et cuisine dans les plus chères, et balcon avec vue sur mer pour la plupart. Bon rapport qualité-prix-accueil.

De chic à plus chic (800-1 600 $Me / env 38-76 €)

■ ***Hotel Flor de María*** *(plan D2,* ***22****) : 1ra Entrada a playa Marinero. ☎ 582-05-36. • mexonline.com/flordemaria.htm • Doubles 850-1 350 $Me en saison basse, 1 200-1 600 $Me en hte saison.* Proche de l'une des plages du port de pêche, belle maison haute en couleur de style colonial, fraîche, proprette et tranquille. Une bonne vingtaine de jolies chambres confortables, spacieuses et agréablement décorées. Le tout entourant un patio. Vue sur mer pour les plus chères. Bon resto (voir « Où manger ?... »). Sur le toit-terrasse : hamacs, bar et piscinette avec vue mer. Une valeur sûre, d'un excellent rapport qualité-prix, avec une ambiance agréable.

■ ***Hotelito Swiss Oasis*** *(zoom,* ***23****) : c/ Andador Gaviotas s/n. ☎ 582-14-96. • swissoasis.com • Doubles 900-1 100 $Me selon confort ; pas de petit déj.* Dans une ruelle calme perpendiculaire au front de mer, une petite dizaine de chambres coquettes et confortables, toutes équipées de salle de bains, ventilo et TV. Jolie piscinette avec jacuzzi et cadre agréable, riche en palmiers. Cuisine commune. Accueil gentil en français. Pas de vue sur l'océan, mais ambiance sereine.

■ ***Beach Hotel Inès*** *(zoom,* ***24****) : c/ del Morro s/n. ☎ 582-07-92. • hotelines.com • Doubles 680-1 850 $Me selon confort.* Un hôtel à dimension variable, pour toutes les bourses : de la petite chambre sommaire au grand appartement confortable pour famille nombreuse, faites votre choix ! Toutes sont parfaitement tenues et dotées de salle de bains, ventilo et coffre. Les meilleures ont aussi une cuisine en terrasse, TV, AC, voire jacuzzi. Piscine centrale avec transats. Resto-bar et club de plongée dans l'hôtel. Bon accueil.

■ ***Bungalows Puerta del Sol*** *(zoom,* ***25****) : c/ del Morro s/n. ☎ 582-29-22. • puertadelsolmx.com • Doubles 750-1 800 $Me.* Petit hôtel familial d'une dizaine de chambres coquettes et nickel, situées dans 2 bâtiments de part et d'autre d'une allée verdoyante avec piscine. Salle de bains, ventilo, TV, et AC dans les plus onéreuses. Cuisine commune et restau sur place. Accueil gentil.

Très chic (plus de 1 600 $Me / plus de 76 €)

☗ ***Hotel Santa Fe*** *(plan D2,* ***27****) : c/ del Morro s/n.* ☎ *582-47-00.* • *hotelsantafe.com.mx* • *Double 2 750 $Me, bungalow 2 900 $Me.* Superbe hôtel de style colonial au cœur d'un jardin creusé de plusieurs piscines. Une soixantaine de chambres tout confort et agréablement décorées, les mosaïques des salles de bains sont vraiment adorables. Aussi des bungalows avec cuisine et salon. Resto avec vue magnifique sur la mer.

Punta Zicatela

Le repaire des surfeurs du monde entier ! On y accède par la route de Pochutla, en tournant à hauteur du Puente Zicatela.

Bon marché (moins de 400 $Me / env 19 €)

☗ ***Cabañas Buena Onda*** *(hors plan par D2,* ***29****) : av. Alejandro Cárdenas s/n.* ☎ *582-16-63.* • *buenaondazicatela@live.com* • *Camping 100 $Me ; dortoir 180 $Me ; cabañas 420-800 $Me ; doubles avec AC 500-800 $Me.* Le rendez-vous des surfeurs de la Punta, ouvert à toutes les bourses, tenu par un Français sympa. Une dizaine de *cabañas* rondes en bois et toit de palmes, semées dans un gentil jardin en bord de plage. Sommaires mais propres, toutes avec moustiquaire et ventilo. Également 2 dortoirs (6 lits). Sanitaires communs. En face, le resto ***Piyoli*** s'avère idéal au petit déj pour ses très bons jus, sous le regard bienveillant d'un bouddha.

Chic (800-1 200 $Me / env 38-57 €)

☗ ***Frutas y Verduras*** *(hors plan par D2,* ***29****) : av. Alejandro Cárdenas s/n.* 📱 *124-62-97.* • *frutasyverdurasmexico.com* • *Double 950 $Me.* Bien connues des surfeurs de Zicatela, voici une poignée de *cabañas* simples plantées sous les cocotiers et à 2 pas de la mer. Ventilo, moustiquaire, et sanitaires collectifs. Hamacs pour glander sous la *palapa* ; certains y passent l'hiver au chaud, on les comprend ! Sur place, 2 restaurants et une piscine. Ensemble plaisant, mais un peu surfacturé tout de même.

Playa Principal

Bon marché (moins de 400 $Me / env 19 €)

☗ ***Hotel Mayflower*** *(plan C2,* ***30****) : andador Libertad s/n.* ☎ *582-03-67.* • *hotelmayflower@hotmail.com* • Un dédale de couloirs et de micro-patios desservent plusieurs vastes dortoirs (5-7 lits), avec sanitaires communs. Également des chambres aérées lumineuses, équipées de salle de bains, ventilo, TV et balcon. Coin cuisine, terrasse avec table de billard. Une bonne adresse.

Prix moyens (400-800 $Me / env 19-38 €)

☗ ***Hotel Casablanca*** *(plan D1-2,* ***33****) : av. Perez Gasga 905.* ☎ *582-01-68.* • *ptohcasablanca.com* • *Doubles 650-1 200 $Me selon confort.* À 2 pas du port, cette longue bâtisse soignée renferme une vingtaine de chambres fonctionnelles et spacieuses. Salle de bains, TV et ventilo partout. Clim pour les plus onéreuses. Une très bonne adresse.

☗ ***Hotel San Juan*** *(plan C2,* ***35****) : Felipe Merklin 503.* ☎ *582-05-18.* • *hotelsanjuan.net* • *Doubles 580-850 $Me selon confort.* Un hôtel calme et soigné, égayé de plantes vertes et de couleurs chaleureuses. Une trentaine de chambres confortables, dont les plus chères ont AC et balcon avec vue sur mer. D'autres, plutôt sombres, donnent sur un corridor. Accueil familial gentil.

☗ ***Le P'tit Hôtel*** *(plan C2,* ***34****) : andador Soledad 379.* ☎ *582-31-78.* • *oaxaca-mio.com/leptit.htm* • *Doubles 750-900 $Me selon confort.* Étagé sur une colline en retrait de la rue commerçante, cet hôtel abrite une vingtaine de chambres confortables, avec ventilo ou AC selon vos moyens. Les plus chères ont cuisine, balcon et hamac. Déco chaleureuse de bon goût. Piscinette. Une excellente adresse tenue par un gentil couple franco-mexicain. On aime !

Hotel Ribera del Mar (plan C2, **32**) : *Felipe Merklin 205, bahia Principal. ☎ 582-04-36. • hotelriberadelmar.com • Double 850 $Me.* Autour d'un patio verdoyant tranquille et de 2 petites piscines, une quarantaine de chambres à la propreté correcte, avec salle de bains et ventilo. Vue sur la baie pour certaines.

Rinconada et Bacocho

De bon marché à prix moyens (200-800 $Me / env 10-38 €)

La Escondida et Puerto Dreams Hostel (plan B1, **26**) : *Jaracandas 2164. ☎ 104-45-97. • puertodreams.com • Dortoir 170-250 $Me selon confort ; chambres privées 800-1 000 $Me.* Dans un quartier populaire, 2 AJ pour le prix d'une, reliées par les toits : *La Escondida,* plus tranquille, *Puerto Dreams,* plus fêtarde. Bonne ambiance, barbecue en accès libre sur la terrasse et bar avec vue. Les dortoirs sont d'une propreté irréprochable. Nombreuses sorties et activités proposées. Prêt de vélo pour descendre à la plage. On ne regrette que l'irrégularité de l'accueil.

Hostal Shalom (plan B2, **36**) : *bd Benito Juárez 4082, Rinconada. ☎ 582-32-34. Selon saison, compter en dortoir 130-250 $Me, cabañas avec AC 350-600 $Me.* Une adresse résolument hippie dans sa déco et son ambiance, dans un quartier récent un brin isolé mais tout proche de la jolie plage de Carrizalillo. Intérieur un peu vieilli, voire rudimentaire, mais le jardin (avec piscine) est plus sympa, et offre de nombreuses options, de l'espace camping, à la *cabaña* avec ou sans sanitaires, en passant par le dortoir (8 personnes). Jolie petite piscine, coin cuisine, bar sympa à l'avant... Bon accueil.

Plus chic (1 200-1 600 $Me / env 57-76 €)

Villa Mozart y Macondo (plan A2, **37**) : *av. Las Tortugas 77, Riconada. 📱 104-22-95. • hotelmozartymacondo.com • Doubles standard 50-70 €, bungalows 70-90 €.* Coup de cœur pour cette adresse qui distribue ses 4 chambres, 2 apparts et bungalow dans un charmant jardin tropical, planté de jolies statues en bois. L'ensemble est confortable et soigné, la déco colorée et de bon goût. Une véritable adresse de charme à seulement 200 m de la superbe playa Carrizalillo.

Où manger ? Où prendre un petit déjeuner ?

Playa Zicatela et playa Marinero

Bon marché (moins de 150 $Me / env 7,10 €)

Argentino's (zoom, **50**) : *c/ del Morro s/n. 📱 114-37-14. Tlj 8h-minuit.* Installé sous une grande *palapa* ventilée, plantée en bord de route face à la playa Zicatela, un resto de spécialités argentines, dont le célèbre *churrasco* (plus cher, mais généreux). Pour les plus petites faims, sandwichs, salades, pâtes, jus de fruits frais, mais aussi des petits plats simples et typiques. Très populaire dès le petit déj.

Los Tíos (zoom, **51**) : *c/ del Morro s/n. ☎ 582-28-79. Tlj 8h-22h sauf mar.* Agréable *palapa* ouverte sur la plage. Plats pas chers et copieux, avec un vaste choix : salades, *huevos,* tacos, burgers, et plats mexicains de poissons, fruits de mer et viandes mijotés avec soin. Bien dès le petit déj. Une excellente adresse *muy local* pour ne pas se ruiner.

Finca las Nieves (zoom, **59**) : *c/ del Morro s/n. ☎ 582-24-14. Tlj 8h-17h* *sauf dim.* On a bien aimé cette adresse de producteurs-torréfacteurs (l'atelier est juste à côté). Outre le café, l'essentiel des produits vient de la sierra voisine, dans un rayon de 35 km. Salle agréable face à la mer, idéale pour se rafraîchir d'un excellent *frappucino*.

De prix moyens à plus chic (jusqu'à 500 $Me / env 24 €)

🍽 ☕ ***El Cafecito*** *(zoom,* ***52****) : c/ del Morro s/n. ☎ 582-05-16 ou 34-65. Tlj 6h-23h.* Une adresse incontournable ! Face à la mer ou côté jardin sous les lampions, une vaste paillotte truffée de ventilateurs accueille dès le petit déj habitués, surfeurs et voyageurs. À la carte : viennoiseries, jus de fruits frais très recommandables, sandwichs, salades, *huevos*, et aussi quelques plats plus sérieux de viande et de poisson... Bref, de quoi nourrir la bête avant de l'envoyer cabrioler sur les vagues ! Sono idéale pour réviser son Bob Marley. Également un autre ***Cafecito*** dans le quartier de Rinconada *(bd Benito Juárez)*.

🍽 ***La Olita*** *(hors plan par D2,* ***60****) : Bajada Brisas s/n. 📱 183-10-99. Tlj 15h-22h.* À quelques encablures de la mer (et de la foule), cette « petite vague » surfe sur la tendance végan. Elle a gardé son authenticité, ses fresques un peu naïves et sa déco maritime, mobiles de bois flotté et abat-jour en conque. Une ambiance chaleureuse à prix doux.

🍽 ***Flor de María*** *(plan D2,* ***22****) : à l'hôtel du même nom (voir « Où dormir ? »), dîner seulement, déc-Pâques.* Salle ouverte à côté du patio, avec une belle fresque. À l'ardoise, renouvelée chaque jour en fonction du marché, savoureuse cuisine mexicaine, aux intonations internationales. C'est sûr, on reviendra !

🍽 ⛱ ***Sativa*** *(zoom,* ***53****) : c/ del Morro, playa Zicatela. 📱 107-70-26. Tlj 15h (10h w-e)-22h.* Qu'on est bien à contempler les vagues, vautrés sur les poufs ou du haut de la terrasse de ce beach-bar ! Côté cuisine, c'est tout bon : du sain, du végan, du bio et du pain maison. Idéal pour le brunch. Une belle affaire familiale depuis plus de 10 ans.

Playa Principal et Centro

Bon marché (moins de 150 $Me / env 7,10 €)

🍽 ***Smoked Fish Tacos El Viejo*** *(plan B1,* ***54****) : à l'angle de la c/ Puerto Angelito et la c/ Del Pacifico. 📱 145-07-75. Tlj sauf dim 13h-21h (lun 18h).* Presque caché sur le chemin de la plage, un resto de poche comptant une poignée de tables et une carte réduite à l'essentiel : 3 tacos (poisson fumé, crevette ou végan), qui ne taclent pas le portefeuille. On valide de tout cœur !

🍽 ***Mercado*** *(plan B1,* ***55****) : 9ª Norte, tt au nord de la ville. Tlj 7h-21h.* Plusieurs petits stands proposant une cuisine typique de l'État de Oaxaca *(mole negro, tortilla, empanada...)* et de délicieux jus de fruits frais.

De prix moyens à plus chic (jusqu'à 500 $Me / env 24 €)

🍽 ***Bendito's*** *(plan D1-2,* ***57****) : av. Pérez Gasga. 📱 588-21-86. Tlj 16h30-23h30 sauf mar.* Un vrai resto italien servant de délicieuses pizzas cuites au feu de bois, mais aussi pâtes et raviolis maison, salades, risottos... Cadre assez quelconque, mais on y va les yeux fermés !

🍽 ***Los Crotos*** *(plan C2,* ***56****) : av. Pérez Gasga. ☎ 582-00-25. Tlj 14h-22h.* Situation superbe, face à la plage des pêcheurs, avec des tables dispersées sous les *palapas* et les cocotiers. Spécialités copieuses de poisson et fruits de mer, grillés ou farcis, plutôt bien présentés. Également quelques viandes pour les irréductibles. Prix un peu surestimés, mais la qualité est là !

🍽 ***Almoraduz*** *(plan B1-2,* ***58****) : av. Benito Juárez 12, Rinconada. ☎ 582-31-09. Tlj 13h30 (dim 18h)-22h. Menu dégustation 800 $Me, plats 300-600 $Me.* Coup de cœur pour ce resto tenu par un chef mexicain inventif et talentueux, mitonnant une savoureuse cuisine fusion. De l'inventivité, de l'audace et une présentation impeccable dans de très beaux services en argile.

Où s'offrir une bonne glace ?

Palma Negra (zoom, **80**) : *c/ del Morro s/n. ☎ 954-144-08-18. Tlj 12h-22h.* Délicieuses glaces artisanales (du coup, choix réduit) : si le chocolat *a la oaxaqueña* vous manque déjà, c'est le moment !

Où boire un verre ? Où sortir ?

Mar & Wana (hors plan par D2, **70**) : *de la c/ del Morro, prendre la petite rue à gauche et suivre les lampions. Tlj, sauf mar, 18h-minuit (2h dim).* Vous vous demandez où se cache la jeunesse branchée de Puerto Escondido ? Elle est là ! Très légèrement excentrés après la plage, quelques stands sur le pouce (tacos, burgers...) entourent un beau jardin éclairé aux lampions, le tout surmonté d'un rocher très zen pour prendre de la hauteur sur les événements. Bar long comme le bras. Événements et soirées DJs régulières. Un endroit ravissant, aux allures de jungle secrète.

Palapita Bar (zoom, **71**) : *c/ del Morro s/n. Tlj 11h-minuit (ven-sam 1h).* Les pieds dans le sable, la tête dans les palmiers... Voilà le *beach bar lounge* détente de vos rêves. Au fait, pourquoi cet ananas en guise de mascotte ? En souvenir des débuts du patron, ici même, quand il ne vendait que des *piñas coladas* (il s'est bien diversifié depuis) !

À voir. À faire

Attention : la ***playa Bacocho*** *(plan A1-2)* et la fameuse ***playa Zicatela*** *(plan D2)* – si chère aux cœurs des surfeurs – sont ***TRÈS DANGEREUSES,*** à cause du fort ressac.
Toutefois, vous irez certainement passer au moins une journée à la ***playa Zicatela,*** réputée mondialement, ne serait-ce que pour admirer les prouesses des surfeurs (tôt le matin). De plus, c'est l'une des plus belles plages de Puerto Escondido, longue de 3 km et très large, avec location de chaises longues, *palapas...* On insiste : y faire trempette avec précaution en restant collé au bord. Les maîtres-nageurs-sauveteurs surveillent le centre de la plage de 7h à 19h.
On recommande plutôt de faire des ploufs à la ***playa Manzanillo*** *(plan B2),* plus sûre car mieux protégée, et bien connue pour ses petits restos de poisson les pieds dans le sable, sous des *palapas.* Coup de cœur pour la ***playa Carrizalillo*** *(plan A2),* enclavée dans une mignonne crique sauvage sortie tout droit d'une carte postale, accessible par des escaliers – bon, du coup, on n'est pas tout seul... Des *lanchas* peuvent vous y conduire depuis la ***playa Principal*** *(plan C-D2)* qui, elle, se révèle impropre à la baignade à cause de l'activité des pêcheurs.

– ***Surf :*** la ***playa Zicatela,*** avec son *Mexican pipeline,* est mondialement connue pour ses énormes vagues. Concours internationaux et nationaux d'août à novembre *(World Master Championship).* Plusieurs magasins le long de la plage proposent location, vente, vêtements, leçons, etc., pour amateurs et pros.

– ***Pêche au gros :*** *avec l'agence* ***Evelio,*** *résa et rdv au restaurant* El Pescador *(hors plan par D2). ☎ 100-94-97. • eveliosportfishing.com • Compter 640 $Me/pers pour une sortie de 4h (max 6 pers).* Thon, *dorado (mahi mahi),* espadon, marlin...

➢ ***Sorties en mer :*** *avec* ***Omar Sportfishing & tours,*** *à Puerto Angelito (plan B2,* ***9****). ☎ 559-44-06. • omarsportfishing.com • Compter 500 $Me pour une sortie de 3h (min 4 pers, max 8 pers).* Pour partir à la découverte des habitants du Pacifique : tortues, dauphins, baleines (en saison)... Attention, de moins en moins de tortues, et, lorsqu'une est repérée, elle est plutôt maltraitée par le pêcheur qui veut à tout prix vous la montrer pour que vous la preniez en photo. Évitez ça !

➢ ***Observation de la ponte des tortues :*** *oct-janv, au* ***Santuario de las tortugas La Escobilla,*** *dans les environs de Puerto Escondido. Rens et résas au kiosque d'infos touristiques.* Observation de nuit de la ponte des tortues avec un guide anglophone. Un moment étonnant !

➢ ***Excursions à la journée dans les environs :*** en barque sur la ***laguna Manialtepec*** ou sur les ***lagunas de Chacahua*** pour les amateurs d'oiseaux (à 15 km à l'ouest de Puerto Escondido). L'occasion de croiser spatules roses et tantales (cigogne américaine), aigrettes et ibis, perroquets et pélicans. *Voir au kiosque d'infos touristiques ou contacter* **Lalo Ecotours** *(plan C2 et zoom,* ***7****). ☎ 588-91-64. 📱 118-90-37. • lalo-ecotours.com • Compter 600-1 250 $Me selon durée.* Privilégiez les balades en canoë-kayak pour une meilleure observation de la nature dans ce paysage enchanteur. Une belle journée de détente en perspective, avec déjeuner, par exemple, dans les restos *La Flor Del Pacífico* ou *La Puesta del Sol,* au bord de la laguna de Manialtepec...
Le grand truc, la nuit tombée, est de nager dans la lagune au milieu de la ***bioluminescencia...*** Un phénomène naturel qui fait scintiller le plancton autour de vous à chaque brasse *(compter 600 $Me/pers avec transfert, sur place 100 $Me/pers).* Se renseigner sur la luminosité : lors de la pleine lune, on ne voit rien.

– ***Festival Costeño de Danza :*** *ts les w-e de nov.* Festival de danse indienne : 350 danseurs originaires des États de Oaxaca, du Chiapas, du Michoacán et du Guerrero, parfois même de l'étranger, et des chanteurs mexicains réputés.

IMPORTANT : avis à nos lecteurs

L'**État du Guerrero** (avec notamment la ville d'Acapulco) est l'un des États du Mexique les plus touchés par les meurtres liés au trafic de drogue et leur répression par la police et l'armée. Le ministère des Affaires étrangères français a classé cette zone en rouge, les déplacements y sont donc « ***formellement déconseillés*** ». Seules les stations balnéaires d'Ixtapa-Zihuatanejo ne présentent pas le même niveau de dangerosité, à la condition expresse de s'y rendre par voie aérienne. Infos sur le site : *• diplomatie.gouv.fr/fr/conseils-aux-voyageurs •*

LES VILLES COLONIALES

• Carte p. 421

Cette région au nord de Mexico fut le cœur de la Nouvelle-Espagne pendant 3 siècles. Moins fréquentée, elle abrite pourtant une succession de villes baroques au charme indéniable, la plupart étant classées au Patrimoine mondial de l'Unesco. Véritables trésors architecturaux, ces villes sont nichées au cœur de paysages souvent vallonnés. Pour les amateurs d'histoire et d'architecture coloniale, c'est un grand moment du voyage au Mexique !
Au programme : églises ou cathédrales des XVIIe et XVIIIe s, splendides palais et intéressants musées d'art ou d'histoire. Mais chacune d'entre elles révèle un caractère bien particulier. Si Guanajuato surprend par sa physionomie assez anarchique et son rythme festif, Morelia affiche un tempérament plus mesuré et bourgeois, étirant de longues avenues bordées de magnifiques demeures. À son tour, Zacatecas, née des richesses minières de la région, est plus populaire et propose une offre culturelle variée. San Miguel de Allende est la plus pittoresque et la plus prisée des touristes Nord-américains. Quant à Pátzcuaro, son centre colonial nous fait penser à un mignonnet village. Aussi, il serait dommage de ne pas en découvrir au moins 2 ou 3 différentes !

QUERÉTARO

env 880 000 hab. IND. TÉL. : 442

• Plan p. 423

Une escale de charme dans le circuit des villes coloniales. À 220 km au nord de Mexico, Querétaro séduit les visiteurs par son riche patrimoine colonial composé de près de 1 200 édifices historiques ! Le vieux centre, inscrit au Patrimoine mondial de l'Unesco, est un délice, les demeures coloniales aux couleurs ocre bordent des ruelles piétonnes pavées d'énormes dalles et des places ombragées qui rivalisent de charme. Le soir, les innombrables dômes et clochers s'illuminent, et toutes les générations sortent pour le *paseo* accoutumé.
Aujourd'hui, ses habitants sont fiers de leur qualité de vie, plus douce qu'ailleurs. La ville se targue aussi d'être l'une des plus propres du Mexique. Un grand nombre de *Defeños* (habitants de la capitale) ont d'ailleurs choisi de s'y installer. Et la ville est en perpétuelle évolution : ses banlieues se développent rapidement, plantées de grandes tours, villas et centres

commerciaux modernes. On en prend toute la mesure si l'on y arrive par la route. Le contraste entre le centre historique préservé et les quartiers qui le bordent est saisissant.

Arriver – Quitter

En bus

Voir la liste des principales compagnies et leurs coordonnées dans la rubrique « Transports » du chapitre « Mexique utile ».

***Central de autobuses** (hors plan par B2) :* *prolongación Luis Vega y Monroy 800, à env 6 km au sud-est du centre. ☎ 229-01-81.*
Pour ***rejoindre le centre-ville,*** minibus blanc et orange (par exemple les *Qrobús* n°s 7, 8, 12, 88 et 121) au départ du terminal des microbus, situé à gauche de l'autre côté des terminaux A et B, tout au bout du parking. Arrêt aux portes du centre historique, à l'angle de l'av. Constituyentes et de la calle Pasteur, à la Alameda *(plan B2).* Liaisons ttes les 15 mn env. En taxi (très nombreux) compter 70 $Me.
La *central* comprend 2 bâtiments :
– Terminal A, pour les bus de 1re classe et de luxe : *Primera Plus, Futura, ETN, Omnibus de México,* entre autres. On y trouve une consigne à bagages (ouv 24h/24), des distributeurs de billets et une agence de location de voitures.
– Terminal B, un peu plus loin, pour les bus de 2de classe et les destinations proches dans l'État de Querétaro : *Flecha Amarilla* (même groupe que *Primera Plus*), *Omnibus de México* et *Pegasso.* Consigne à bagages, distributeurs et petite restauration.
➢ ***Aéroport intercontinental de Querétaro :*** avec *Primera Plus,* env 11 bus/j., 6h30-21h. Depuis l'aéroport, 8h-22h20. Trajet : 40 mn.
➢ ***Mexico** (Norte) :* ttes les 15-30 mn (3h-23h) avec *Primera Plus.* Avec *ETN,* env 1 bus/h (presque 24h/24). Également une vingtaine de bus avec *Pegasso* (3h20-20h). Trajet : env 3h.
➢ ***San Miguel de Allende :*** une vingtaine de bus avec *Pegasso* (2h50-21h35). Également 7 bus/j. (7h30-19h30) avec *Primera Plus.* Trajet : 1h30.
➢ ***San Luis Potosí :*** env 1 bus/h (3h10-23h15) avec *Primera Plus.* Également 9 bus/j. (3h30-minuit) avec *ETN.* Trajet : 2h30-3h50.
➢ ***Guanajuato :*** une quinzaine de bus avec *ETN* (0h45-23h). 8 bus/j. (6h30-18h30) avec *Primera Plus.* Trajet : 2h30.
➢ ***Morelia :*** env 1 bus/h 24h/24 avec *Primera Plus.* Trajet : 2h30-3h40.
➢ ***Guadalajara :*** env 1 départ/h 1h30-minuit avec *Primera Plus* et 16 bus/j. (0h30-23h) avec *ETN.* Trajet : 4-6h.
➢ ***Zacatecas :*** 10 bus/j. (2h15-22h30) avec *ETN.* 4 bus/j. (3h-21h) avec *Futura.* Trajet : 5-7h.
➢ ***Uruapán :*** 3 bus/j. (2 le mat tôt et 1 à 0h30) avec *Primera Plus* et 2 avec *ETN* (14h30 et 19h45). Trajet : env 5h.
➢ ***Puebla :*** 16 bus/j. 0h45-18h30 avec *ETN.* Trajet : 4h.

En avion

✈ ***Aeropuerto intercontinental :*** *à env 30 km à l'est de la ville, par la carretera estatal 200. ● aiq.com.mx ●* Compter 250-300 $Me en taxi. Liaisons entre autres avec ***Guadalajara, Cancún, Mexico*** et ***Monterrey,*** ainsi qu'avec ***Houston*** et ***Dallas.***

Adresses utiles

***Secretaría de turismo** (plan B1) :* *Pasteur Norte 4. ☎ 238-50-00, 50-67 ou 58-50. ● queretaro.travel ● Dans la rue qui longe la Casa de la Corregidora. Tlj 9h-19h.* Bon plan de la ville et intéressant mensuel « Asomarte », avec de nombreuses infos utiles sur la ville et les environs, y compris un agenda d'événements culturels.
Également 2 ***kiosques touristiques*** sur *andador 5 de Mayo* à côté du *jardín Zenea* et à la *plaza de la Constitución*

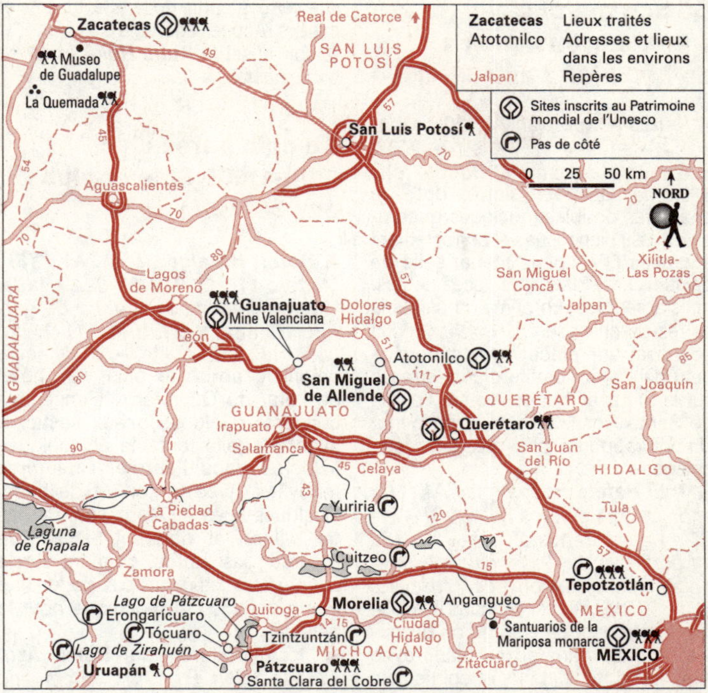

LES VILLES COLONIALES

(plan A1). On y achète notamment les billets pour le bus touristique (cf. « À voir »).

■ ***Distributeurs :*** *dans ttes les banques du centre, notamment* ***Banamex*** *et* ***Banco de Santander*** *(plan A1,* ***1*** *; sur le jardín Zenea).*

■ ***Change :*** ***Casa Genova*** *(plan A2,* ***2****), Juárez Sur 58. Lun-ven 9h-17h, sam 9h-14h, fermé dim.*

■ ***Laverie*** *(plan A1,* ***3****) :* *Allende Norte 46A. Lun-ven 8h-18h, sam 8h-14h, fermé dim.*

■ ***Alliance française*** *(plan B2,* ***4****) :* *Manuel Tolsá 22.* ☎ *212-78-87.* • *alianzafrancesa.org.mx/queretaro/* • *Lun-jeu 9h-21h, ven 9h-18h, sam 9h-13h ; fermé dim.* Petite médiathèque et projections de film. Agenda des événements à consulter sur leur page *Facebook*.

■ ***Consul honoraire de France :*** *M. Alexandre Gloux.* ☎ *317-23-68.* • *queretaro.chfrance@gmail.com* • *Permanences à l'hôtel* Casa de la Marquesa, *calle Madero 41 (plan A1,* ***5****) : mar, 10h-13h sans rdv ; lun et mer-ven, 11h-14h sur rdv.* En dehors de ces permanences, en cas d'urgence seulement.

Où dormir ?

Résa vivement recommandée le week-end, obligatoire à Pâques et au cœur de l'été, au moment du *Día de Muertos* (début novembre) et pendant les vacances de Noël.

De bon marché à prix moyens (moins de 800 $Me / env 38 €)

🏠 ⛱ ***Itza Hotel*** *(plan A2,* ***10****) : Francisco Fagoaga 17. ☎ 212-42-23. • itzahostal.com.mx • Double env 580 $Me.* Un hôtel simple doté de chambres doubles (quelques quadruples aussi) bien tenues et correctement équipées (TV, bonne literie, salle de bains nickel). Elles sont assez petites, mais agréables. En prime, la cafétéria au rez-de-chaussée *(tlj 7h15-14h)* cuit son pain sur place (sympa pour le petit déj), et on profite d'une terrasse sur le toit avec bar et vue sur l'église de Santa Rosa. Laverie, ping-pong. Un bon rapport qualité-prix dans cette catégorie.

🏠 ⛱ ***El Petate Hostel*** *(plan A1,* ***11****) : andador Matamoros 20. ☎ 212-79-87. • elpetatehostel.com • Nuitée en dortoir (5 et 12 lits) env 240 $Me/pers ; chambres privées (2-6 pers) 550-650 $Me.* Au calme, dans une jolie ruelle piétonne. En entrant, on découvre un patio carrelé tout blanc avec jeux, livres, ordinateurs et coin salon. Les dortoirs, équipés de liseuses, prises de courant et casiers à chaque lit, se situent tout autour, sur 2 étages (en été, préférez ceux du rez-de-chaussée, plus frais !). Également des chambres privées (avec lits superposés là encore) dont des doubles avec salle de bains. Sanitaires communs et cuisine à dispo. Comme souvent en ville, jolie terrasse sur le toit dotée d'espaces aménagés pour lézarder. Une adresse qui plaira à coup sûr aux jeunes voyageurs. Accueil sympathique.

🏠 ⛱ ***Blue Bicycle House*** *(hors plan par B1,* ***14****) : Ejército Republicano 15. ☎ 527-17-66. Dortoirs 240-260 $Me/pers, doubles 540-690 $Me, petit déj (léger) inclus.* Une adresse tranquille un peu à l'écart du centre, non loin du couvent de Santa Cruz. Au choix, 4 dortoirs de 4 à 6 lits (dont un réservé aux filles) et 2 chambres dans les tons blanc et bleu, installés autour d'un grand patio couleur « ciel-piqueté-de-nuages ». 3 douches communes et une salle de bains privée pour l'une des chambres. Terrasse offrant une ample vue sur une partie de la ville. Laverie et casiers. Accueil adorable.

🏠 Voir aussi le ***Kuku Rukú*** (pour sa partie *hostal*).

De chic à très chic (800-1 600 $Me et plus / env 38-76 €)

🏠 ***Hotel Hidalgo*** *(plan A1,* ***13****) : Madero 11. ☎ 212-81-02. • hotelhidalgo.com.mx • À 50 m du jardín Zenea. Doubles (1-2 lits) 850-1 130 $Me.* Cette vieille demeure coloniale abrite le plus vieil hôtel de l'état du Querétaro ! L'ensemble conserve quelques beaux vestiges, avec une jolie fontaine et quelques azulejos dans l'entrée. Chambres rénovées, avec le confort de base. Quelques-unes à l'étage sont dotées de balcon et donnent sur la rue Madero ; les autres, donnant sur le patio à arcades, n'ont pas de fenêtre. Resto dans la cour, pratique pour le petit déj.

🏠 ⛱ ***La Mansión del Burro Azul – Moss*** *(plan B1,* ***16****) : Altamirano Sur 35. ☎ 224-24-10. • lamansiondelburroazul.com • Doubles 1 300-1 650 $Me, avec le petit déj continental.* Une adresse singulière, dans une paisible ruelle. Passé le porche, on pénètre dans un patio tout en longueur bleu et blanc ponctué d'arches et d'arcades, avec, au centre, une fontaine qui ruisselle. Les chambres ont un charme indéniable : vieux azulejos, lavabos en céramique, lanternes en guise de lampes... Attention, les standards ont un lit double assez petit. Excellent confort partout, belle cuisine et salon commun pour se détendre. En prime, un spa (accessible à tous, réductions pour les clients de l'hôtel) avec sauna, massage, jacuzzi, ainsi qu'un toit-terrasse avec vue panoramique. Pour les voyageurs en quête de romantisme.

🏠 ⛱ ***Kuku Rukú*** *(plan B1,* ***17****) : Vergara 12. ☎ 245-66-77. • kukuruku.mx • Nuitée en dortoir env 250 $Me/pers, doubles 700-1 950 $Me.* Bienvenue dans cet hôtel écolo-hybride, qui abrite sous le même toit des dortoirs

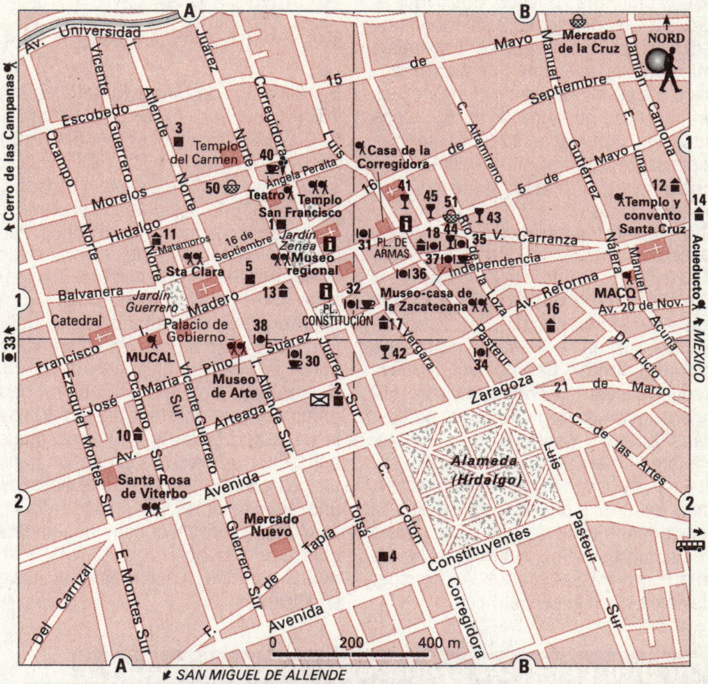

QUERÉTARO

Adresses utiles

- Secretaría de turismo (B1)
- **1** Banamex et Banco de Santander (A1)
- **2** Casa Genova (A2)
- **3** Laverie (A1)
- **4** Alliance française (B2)
- **5** Consul honoraire de France (A1)

Où dormir ?

- **10** Itza Hotel (A2)
- **11** El Petate Hostel (A1)
- **12** Hotel Casa Aurora (B1)
- **13** Hotel Hidalgo (A1)
- **14** Blue Bicycle House (hors plan par B1)
- **16** La Mansión del Burro Azul-Moss (B1)
- **17** Kuku Rukú (B1)
- **18** Mesón de Santa Rosa (B1)

Où manger ? Où prendre un petit déjeuner ?

- **30** Café del Fondo (A2)
- **31** La Antojeria de la Casona de los 5 Patios (B1)
- **32** Las Deliciosas Gorditas del Portal (A-B1)
- **33** Tacos del 57 (hors plan par A1)
- **34** Chinicuil (B2)
- **35** Dongu (B1)
- **36** El Mesón de Chucho El Roto (B1)
- **37** Café Breton (B1)
- **38** Tikua Sur-Este (A1-2)

Où faire une pause sucrée ?

- **40** La Mariposa (A1)

Où boire un verre ?

- **41** Manceba (B1)
- **42** El Rincón de los Sentidos (B2)
- **43** Maria y su bici (B1)
- **44** Gracias A Dios (GAD; B1)
- **45** Alquimia (B1)

Achats

- **50** Dulces Típicos (A1)
- **51** Quinta Real (B1)

et des chambres privées, douillettes et design. Ces dernières (3 catégories de prix), toutes différentes, sont soignées et originales, avec murs de pierre, azulejos, lits surélevés, petits plans inclinés en béton en guise de lavabos... Dans la partie *hostal* (avec salon et cuisine), 2 plaisants dortoirs pour 4 personnes. Également une terrasse sur le toit avec vue sur la ville.

Hotel Casa Aurora *(plan B1, **12**) : Damián Carmona 7. ☎ 213-12-17. 122-50-20. • hotelcasaaurora.com • Doubles 850-1 600 $Me.* Dans une ruelle excentrée proche du couvent de Santa Cruz, un petit hôtel qui dépanne bien, au confort très correct. Au rez-de-chaussée, les chambres sont alignées façon motel : elles sont petites, sans fenêtre... mais très bien tenues. Préférez celles à l'étage, équipées de lit *king size,* spacieuses, avec fenêtres, mais forcément plus chères. Le plus, le toit-terrasse avec cuisine d'été et une vue somptueuse sur les toits de la ville et du couvent Santa Cruz. Au coucher du soleil, c'est superbe.

Beaucoup plus chic (plus de 3 600 $Me / env 71 €)

Mesón de Santa Rosa *(plan B1, **18**) : Pasteur Sur 17 ; sur la pl. de Armas. ☎ 212-00-46. • hotelmesondesantarosa.com • À partir de 3 200 $Me (réduc sur le site internet), petit déj compris.* D'un côté, une splendide demeure du XVIIe s agencée autour de 3 patios, l'un bordé d'élégants petits salons avec bibliothèque, le 2e agrémenté d'une fontaine et le 3e creusé d'une piscine. Les chambres, des suites immenses pour la plupart, sont dignes de figurer dans les plus beaux magazines de déco. Resto proposant un brunch-buffet gargantuesque et pourtant très abordable le week-end (jusqu'à 14h), magnifique bar... Pour un séjour d'exception dans un cadre somptueux ! L'hôtel possède une annexe au nº 12, en face du 1er. Les chambres y sont un peu moins cher *(doubles à partir de 2 500 $Me),* moins grandes aussi, mais tout aussi séduisantes.

Où manger ? Où prendre un petit déjeuner ?

Le choix est vaste à Querétaro ! Outre de très bonnes adresses bon marché, la ville abrite aujourd'hui des établissements dans l'air du temps avec, aux fourneaux, de jeunes chefs qui revisitent la gastronomie mexicaine avec brio.

Bon marché (moins de 150 $Me / env 7,10 €)

Tacos del 57 *(hors plan par A1, **33**) : del 57, 19 y 21. ☎ 224-11-15. Tlj 19h-minuit sauf dim.* Dans une rue calme à peine excentrée, il paraît qu'on vient ici manger les meilleurs tacos de la ville... En tout cas, ils sont bon marché *(22-24 $Me l'unité)* et agrémentés de porc mijoté avec poivron, guacamole, *pastor, nopales, frijoles y queso,* entre autres garnitures savoureuses. Le tout généreusement servi dans une tortilla à base de maïs bleu (d'où la couleur !). À emporter ou à engloutir dans une grande salle tout orange.

Las Deliciosas Gorditas del Portal *(plan A-B1, **32**) : Corregidora 15 B, donnant sur la pl. de la Constitución. Tlj 8h30-22h30.* Dès l'entrée, pétries par des mains expertes, elles vous font de l'œil, ces « petites grosses » *(gorditas),* des galettes épaisses, au porc haché ou au fromage, avec ou sans œufs en sauce... Puis on s'enfonce dans la salle colorée, pour engloutir le tout accoudé à une table ornée de scènes pastorales mexicaines en relief... bien kitsch. Mais surtout populaire, économique *(env 24 $Me l'unité)* et très bon. Pas d'alcool.

Café del Fondo *(plan A2, **30**) : Pino Suárez 9. Tlj 8h-21h.* Dans une vieille maison coloniale, on prend place dans l'une des salles aux murs jaune-orange. Diverses formules pour le petit déj et bon menu du jour, avec un grand choix d'entrées et de plats. Oh, rien de renversant dans la gamelle, mais on en ressort le portefeuille presque indemne ! Toutes sortes de cafés aussi (brûlerie sur place), arrosés ou non d'alcool. Bonne atmosphère et service décontracté. Un jumeau (encore moins cher que le précédent !), *Los Caracoles (7h45-22h),* est né dans la même rue, au nº 53, derrière l'église de Santo Domingo.

La Antojeria de la Casona de los 5 Patios (plan B1, **31**) : *andador 5 de Mayo. Tlj 10h-minuit (23h lun-mer, 22h dim).* Ici, on sert avec diligence (et le sourire !) tous les classiques de la cuisine mexicaine (tacos, *tortas,* enchiladas, *quesadillas*, *chilaquiles...*), dans un décor pétaradant de fresques et d'objets hétéroclites et colorés. Rapport quantité-prix indéniablement bon. Pas d'alcool mais des cocktails de fruits vitaminés. Touristique, souvent plein, et il faut alors faire la queue dehors.

De prix moyens à plus chic (150-300 $Me et plus / env 7,10-14,30 €)

Tikua Sur-Este (plan A1-2, **38**) : *Allende Sur 13. ☎ 455-33-33. Tlj 13h (9h le w-e)-minuit (21h dim).* Plébiscité par les habitants de la ville, ce resto au cadre sobre et de bon goût propose une cuisine du sud-est du Mexique. Plats de viande, de fromage et des *enchiladas* arrosés de sauce au chocolat et piments, de *mole almendrado* (sauce aux amandes) ou *amarillo,* ou encore soupe de *lima* (agrume proche du citron), *cochinita pibil* (porc dans une sauce rouge du Yucatán), etc. Le tout soigneusement cuisiné et généreusement servi. Pour les plus téméraires, il y a aussi des plats agrémentés d'insectes, comme on les dégustait à l'époque préhispanique ! Ambiance à la fois classe et informelle, dans plusieurs salles très hautes de plafond aux grandes tables bien espacées. Terrasse au fond, sympa pour boire un verre ou clore le repas. Accueil et service au top.

Chinicuil (plan B2, **34**) : *Pasteur Sur 52. ☎ 403-44-38. Fermé lun. Mar-dim 14h30-21h30 (22h30 jeu-sam, 17h30 dim).* Un petit établissement discret au cadre aéré et agréable, où sont retravaillées au goût du jour des recettes traditionnelles mexicaines. À peine quelques tables pour plus d'intimité, du parquet au sol et des tableaux contemporains aux murs. Dans l'assiette, *mole chinicuil,* poulpe dans sa sauce de *chile negro,* ceviche... Également de belles salades composées. Les plats sont vraiment délicieux et présentés avec soin. Pas d'alcool. Service charmant.

Café Breton (plan B1, **37**) : *andador Libertad 82 B. ☎ 299-62-07. Tlj 8h-17h sauf lun.* Intérieur bien de chez nous, avec le buffet en bois chargé de baguettes et de pots de rillettes ! Parfait pour le petit déj ou le midi : œufs à la coque, omelette au chèvre et épinards, croissants au beurre, brioche, cafés, chocolat chaud (extra !), jus de fruits super frais... mais aussi de délicieuses salades servies avec du pain croustillant, des quiches, sandwichs ou encore un menu du jour très abordable. Fréquenté tant par les locaux (un peu aisés) que les étrangers.

Dongu (plan B1, **35**) : *andador Libertad 47. ☎ 678-75-32. Tlj, sauf mer, 9h-22h (17h dim-mar).* Dans une ruelle qu'on adore, un petit resto à l'allure toute fraîche. Côté déco, quelques plantes tombantes, tableaux et photos aux murs. Au menu, une cuisine inventive qui revisite les classiques de la gastronomie mexicaine : soupes, salades, tacos et un *mole* (choix de viande ou option végétarienne), élaborés à partir de produits du marché. Le résultat : des présentations soignées dans l'assiette et, en bouche, des saveurs étonnantes. Les boissons sont aussi maison (goûtez au *tepache,* boisson préhispanique à base d'ananas fermenté... un délice !), mais on ne sert pas d'alcool.

El Mesón de Chucho El Roto (plan B1, **36**) : *Pasteur Sur 16. ☎ 212-42-95. Tlj 8h-23h (minuit jeu, 1h ven-sam).* Pour le plaisir de manger en terrasse face à la prestigieuse et splendide *plaza de Armas.* Carte bien fournie et cuisine mexicaine saupoudrée de quelques plats internationaux, pas inoubliable, mais on vient pour le cadre, romantique à souhait au dîner. Musiciens midi et soir.

Où faire une pause sucrée ?

La Mariposa *(plan A1, **40**) : Angela Peralta 7. ☎ 212-11-66. Près du théâtre. Tlj 8h-21h.* Une institution depuis 1940 ! Dans un décor de papier peint désuet éclairé aux néons (1940 qu'on vous dit !), les serveuses en blouse bleu layette et tablier blanc s'affairent tranquillement malgré l'affluence. On préfère y passer pour prendre à emporter les pâtisseries, yaourts frais et glaces (goûtez à la *matecado,* le parfum traditionnel de l'État de Querétaro) de la maison à grignoter pourquoi pas sur la placette en face de l'église San Antonio. Également des sandwichs pas mauvais.

Où boire un verre ?

Dans le centre historique, il ne faut pas chercher bien loin pour se rincer le gosier, du moins entre le mercredi et le samedi (voire jusqu'au dimanche !) quand l'ambiance *callejera* (de la rue) est à son comble et que la musique résonne.

Manceba *(plan B1, **41**) : Luis Pasteur 10. Tlj 13h-2h30.* Une *pulquería,* entendez un endroit où l'on sert du *pulque,* ce jus fermenté (très peu alcoolisé) issu de l'agave (plante de la famille des cactus). Ils en proposent une trentaine de sortes, au café, au vin rouge, à la noix... mais notre préféré est peut-être celui aux pignons de pin, surprenant ! Sinon, bières servies dans des pots à confiture, grand choix de mezcals et, en exclusivité, l'*anforita,* un mélange de fruits rouges, vin et vodka... Ambiance jeune, animée et bruyante, cadre sympa.

El Rincón de los Sentidos *(plan B2, **42**) : Reforma 25. Tlj 12h-minuit (1h ven-sam). Música en vivo ven-sam.* Plusieurs petites salles colorées entourent un agréable patio et son arbre touffu garni de lampions. Lumières tamisées, fauteuils, canapés ou, au contraire, nattes et coussins à même le sol... Le cadre est intime et propice à la détente. On peut y manger ou prendre juste un verre, au rythme, le week-end, de la guitare acoustique.

María y su bici *(plan B1, **43**) : 5 de Mayo 91. Tlj 10h-23h.* On vient ici déguster une variété de mezcals et de pulques *oaxaqueños,* installé autour d'une imposante table commune ou sur les petites tables à l'arrière. Au fond, très agréable cour arborée. Et pourquoi des vélos partout ? Car le fils de María est un grand amateur de bicyclette (d'où l'enseigne) ! Également des plats typiques de Oaxaca et la vente d'artisanat de la région, là encore.

Gracias A Dios (GAD) *(plan B1, **44**) : andador Libertad 51. Mar-sam 14h-3h (0h30 mar-mer, 1h30 jeu).* Dans la romantique ruelle Libertad, un lieu à l'ambiance brûlante en fin de semaine, où il faut parfois jouer des coudes pour accéder aux 3 bars qui abreuvent l'assemblée des fêtards. Très bons cocktails à base de mezcal, comme le *Blue Demon* ou le *Gracias a Dios.* Plusieurs salles et espaces à l'air libre, avec DJ dans un coin, musique live dans un autre... et ça danse comme ça peut. Refuse souvent du monde après 23h !

Alquimia *(plan B1, **45**) : 5 de Mayo 71. Lun-sam 13h-2h30, dim 14h-22h.* Dans une rue vivante le soir en fin de semaine, un bar à l'ancienne spécialisé dans les cocktails classiques et plus originaux, à base de mezcal entre autres. Le volume de la musique peut être un peu fort, on ne s'entend pas vraiment parler !

Pas mal d'autres bars sur 5 de Mayo et Carranza *(plan B1),* cette dernière menant à la *plaza de los Fundadores,* très vivante aussi le week-end. Y'a qu'à se laisser guider par les décibels !

Achats

Dans les ***rues piétonnes à l'ouest du jardín Zenea,*** en particulier sur la *calle* et l'*andador 16 de Septiembre (plan B1),* bordée de nombreuses boutiques (de fringues notamment) et stands d'artisanat. Également quelques stands ambulants dans la partie piétonne d'*andador Libertad (plan B1)* et dans les ruelles adjacentes. Sur ***5 de Mayo,*** on trouve aussi quelques boutiques conceptuelles à la mode, plus chères qu'ailleurs généralement.

Quinto Real *(plan B1, **51**) : andador Carranza 10B. Tlj 11h-20h sauf lun.* Une petite boutique d'artisanat de la région du Michoacán, avec en vedette de la très belle vaisselle en céramique, ainsi que du textile et quelques bijoux. Certes pas donné, mais de bonne qualité, pour se faire plaisir ou juste faire du lèche-vitrine.

Dulces Típicos *(plan A1, **50**) : Juárez Norte 69. Face au théâtre. Tlj 9h-21h30 sauf lun.* Une vraie caverne d'Ali Baba de confiseries en tout genre, issues de la région et du pays, avec des étagères chargées de bonbons au chocolat, de pâtes de fruits et autres douceurs ou boissons peu connues chez nous : *cajeta* (confiture de lait), *rompope* (liqueur de crème d'œuf), *anis dulce...* ou encore l'alcool de pomme (une spécialité locale) ou le miel sans sucre ! En prime, on peut goûter à certains produits.

Mercado de la Cruz *(plan B1) : 15 de Mayo, entre Manuel Gutiérrez Nájera et Damián Carmona. Tlj 9h-17h (variable).* Un marché couvert vivant et coloré, dans un quartier populaire à peine excentré. On y trouve de nombreux stands de vêtements, de fruits et légumes, mais aussi de bonnes options pour grignoter (*gorditas, tacos*) et/ou boire un bon jus de fruits frais.

Antea Center *(hors plan par A1) : sur la route 57, à env 14 km au nord du centre-ville. Dim-jeu 11h-20h, ven-sam 11h-21h.* Au cœur des proches banlieues modernes qui enserrent Querétaro, ce vaste centre commercial abrite de nombreuses boutiques en tout genre, banques et supermarché. Pratique si l'on est motorisé.

À voir

Flâner dans le ***centre colonial*** est un vrai plaisir. Chaque coin de rue réserve une nouvelle surprise. Nous ne pouvons pas tout vous décrire ici, il faudra déambuler librement à la recherche de la quarantaine d'églises, temples et couvents dispersés dans le centre-ville. L'histoire de chaque monument est relatée par un panneau rédigé en espagnol et en anglais.

➢ Possibilité de visiter le centre historique à bord d'un ***bus touristique.*** *Départ sur la calle Corregidora, à côté du monument de la Corregidora, entre 16 de Septiembre et Angela Peralta (à 2 pas du jardín Zenea). Tlj 11h (9h en saison)-19h ; départ chaque heure en sem (10h-19h w-e ; départ ttes les 30 mn en saison et le w-e). Visite commentée en espagnol ; en anglais ou en français sur demande à partir de 10 pers. Achat de billets aux 2 kiosques touristiques uniquement (cf. « Adresses utiles »). Compter 100 $Me pour 1 parcours ; env 170 $Me pour les 2 ; réduc.* 2 parcours au choix (environ 1h vers l'*acueducto* ou vers le *cerro de las Campanas*). En faisant les 2, on visite la totalité du centre historique. Infos sur ● *tranviaqueretaro.com.mx* ●

Templo Santa Clara de Jesús *(plan A1) : Madero, entre le jardín Guerrero et la calle Allende. Horaires variables.* L'une des églises les plus importantes de la Nouvelle-Espagne. Le couvent servit de prison à Joséfa Ortiz de Dominguez (la *Corregidora,* lire « Casa de la Corregidora ») en 1810. L'extérieur, plutôt sobre, ne laisse rien supposer du délire baroque-churrigueresque, cher au XVIIe s, de l'intérieur. Les murs sont entièrement tapissés de retables d'une exubérance folle, jusqu'à donner l'impression d'être complètement submergé...

Museo de Arte *(plan A1-2) : Allende Sur 14. ☎ 212-23-57. À côté de l'église San Agustín. Tlj 10h-18h sauf lun. GRATUIT, mais donation bienvenue.* Un superbe musée à la scénographie soignée, dans l'un des plus somptueux bâtiments baroques de la ville, ancien couvent de l'église San Agustín. Le patio aux voûtes colorées avec fontaine centrale est entièrement sculpté de figures indigènes, le cigare aux lèvres en guise de gouttière. Au 1er étage, les salles présentent des toiles du XVIe au XIXe s, dont une remarquable collection de peintures religieuses (artistes mexicains et européens). Aussi, une intéressante exposition de peintures mexicaines maniéristes et baroques des XVIIe et XVIIIe s. Et puis au diable les peintres christiques, la bâtisse mérite à elle seule la visite ! Enfin, des expos temporaires d'art contemporain.

Templo y ex-convento San Francisco (plan A1) **:** *face au* jardín Zenea. *Horaires variables.* Majestueuse église en pierre ocre sculptée, au dôme recouvert de tuiles colorées. Construite au XVIIe s dans un style baroque, elle fut la cathédrale de la ville jusqu'au début du siècle dernier. Sur sa façade, on notera le bas-relief de saint Jacques, patron de la ville. L'intérieur est moins impressionnant ; pas de retables ni de tableaux, mais un vaste orgue et un christ sanguinolent dans la chapelle. Le *Museo regional* est aujourd'hui installé dans l'ancien couvent de l'église.

Museo regional (plan A1) **:** *Corregidora Sur 3. ☎ 212-20-31. À droite de l'église San Francisco. Tlj 9h-18h sauf lun. Entrée : 65 $Me, gratuit dim. Droit vidéo : 45 $Me.*
Logé dans un ancien monastère franciscain commencé au XVIe s et achevé au XVIIIe s (le 1er construit à Querétaro), puis en partie détruit et transformé au milieu du XIXe s, d'où les différences de styles. Il accueille le musée régional depuis 1936. Superbes cours intérieures ornées de colonnes sculptées. Les nombreuses salles présentent un panorama très complet de l'histoire de la région. C'est à l'étage que s'articule la collection principale : la colonisation espagnole, l'évangélisation du pays et la vie des « frères martyrs » (les franciscains), puis l'indépendance. Querétaro est, bien sûr, au centre des événements historiques que relate le musée : la ville fut un site stratégique pour la Couronne espagnole car elle était idéalement positionnée sur le *camino de la plata,* d'où sa prospérité au XVIIe s.
Au passage, on observera les restes d'une femme momifiée retrouvés dans une crypte du couvent de Santa Clara, le cercueil utilisé pour le transport de Maximilien d'Autriche le jour de son exécution et un fac-similé de la Constitution mexicaine de 1917. Attention, certaines salles sont parfois fermées. Cela reste une visite intéressante.

Teatro de la República (plan A1) **:** *à l'angle de Juárez et d'Angela Peralta. En principe, tlj 9h-18h sauf lun.* Un lieu chargé d'histoire, qui a bénéficié de récents travaux de rénovation. Théâtre à l'italienne où s'est réuni en 1867 le congrès qui jugea l'empereur Maximiliano et ses principaux généraux. C'est aussi le lieu où fut signée, le 31 janvier 1917, la Constitution générale de la République, qui contient la promesse faite à la nation d'une révolution constitutionnelle.

Casa de la Corregidora (plan B1) **:** *pl. de Armas.*
C'est le bel édifice qui domine la place, aujourd'hui *palacio de gobierno.* Un lieu capital dans l'histoire du Mexique surtout quand on sait que Querétaro fut au cœur de la conspiration du mouvement indépendantiste. En effet, c'est ici que Joséfa Ortiz (la *Corregidora*), femme du gouverneur de l'époque, informa les leaders indépendantistes de leur arrestation imminente, alors qu'ils préparaient l'insurrection de 1810. Il faut savoir que Joséfa Ortiz tient une place importante dans le cœur des habitants de la ville. Beaucoup de lieux ici portent d'ailleurs son nom (comme le stade ou le grand marché couvert).
Dans le patio central, de très belles fresques murales sur marbre relatent les événements clés de l'histoire du Mexique. Le bâtiment servit aussi de prison : les cellules étaient installées tout autour du petit patio ouvert à l'arrière, dans lequel on voit également des petites cellules de tortures, 2 renfoncements (grillagées à l'époque) où le prisonnier demeurait debout et voûté pendant longtemps...

Templo Santa Rosa de Viterbo (plan A2) **:** *à l'angle d'Arteaga et d'Ezequiel Montes. Horaires variables.* L'extérieur, exubérant, ressemble à un gigantesque décor de théâtre avec ses imposants arcs-boutants arrondis. L'intérieur churrigueresque est aussi splendide que chargé. Un bel exemple de cet art baroque du XVIIIe s qui faisait un peu trop dans la dentelle : en témoignent ces 6 retables dorés enrichis de tableaux. La chapelle est séparée de la nef par une grande grille. Dans la sacristie, 3 confessionnaux du XVIIe s et une représentation de la Cène avec des apôtres grandeur nature en bois sculpté, entourant un christ dont la poitrine s'ouvre pour contenir les hosties.

Museo-casa de la Zacatecana *(plan B1)* ***:*** *Independencia 59. ☎ 224-07-58. • museolazacatecana.com • Tlj 10h-18h. Entrée : 60 $Me ; réduc. Livret en français et personnel parfois francophone.*
Superbe hôtel particulier ayant appartenu à la riche Zacatecana et qui fut le théâtre d'un étrange fait divers à la moitié du XIXe s : l'assassinat de son mari, qu'elle fit commettre par un domestique, avant de l'éliminer à son tour. Transformé au fil du temps par l'imagination des conteurs, le fait devint légende, que l'on raconte aux enfants pour leur faire peur... Outre les 2 vidéos retraçant cette sombre histoire interprétée par des comédiens, le lieu vaut surtout pour son riche ameublement d'époque. Sur 2 niveaux autour du patio, nombreux salons, salle à manger, salle de musique, parloirs et chambres au mobilier et bibelots variés de styles français, espagnol, italien, victorien et même indigène. Chaque salle meublée est introduite par un panneau explicatif qui fait un tour d'horizon des us et coutumes de l'époque.

LE CRIME PARFAIT

La riche propriétaire, la Zacatecana, ordonna à son domestique de tuer son mari. Mais le docile serviteur fut aussi sa victime : elle l'assassina à son tour puis enterra les 2 corps dans le sous-sol de sa maison. Pas de témoin, pas de cadavre, le crime était parfait. La vengeance ne tarda pas. Peu de temps après, la veuve noire fut à son tour assassinée par un bourreau demeuré mystérieux. Quant aux corps du mari et du domestique, ils ne furent découverts que des décennies plus tard, à l'occasion de travaux dans la maison que l'on dit, depuis, hantée...

Le salon des christs expose une impressionnante collection d'une soixantaine de crucifix en matériaux divers. Il est situé entre les chambres des époux, où le mannequin de la Zacatecana déconcerte le visiteur par son mystérieux regard dans un habile jeu de miroir. À l'étage toujours, une quarantaine de pendules cliquetantes – dont 2 imposantes cathédrales de Reims en bronze –, impressionnantes quand elles sonnent toutes en même temps. À l'étage enfin, on peut jeter un œil discret à l'atelier de restauration des meubles et tableaux où œuvrent des mains expertes. Enfin, ne pas manquer le mirador circulaire sur le toit du bâtiment, accessible par un escalier dérobé depuis la salle 8, qui offre un panorama sur le centre historique et ses nombreuses églises.
Les plus observateurs auront remarqué, dans la crypte (que l'on aperçoit par une dalle en verre... à vous de la trouver !), les macabres squelettes des 2 victimes de la belle (voir encadré). Rassurez-vous, ce sont des reproductions, mais c'est bien là qu'ils ont été trouvés !

MUCAL – Museo del Calendario *(plan A1-2)* ***:*** *Madero 91. • mucal.mx • Tlj 10h-18h sauf lun. Entrée : 30 $Me ; réduc.* Dans une très belle demeure du XVIIe s, on traverse 3 patios arborés en enfilade pour découvrir ce musée consacré entièrement au... calendrier ! Dans les 1res salles, reproduction en bois de la *Piedra de Coronación de Moctezuma II,* aussi appelée *Piedra del Sol,* que certains considèrent comme un ***calendrier aztèque.*** La pièce originale en basalte est exposée au *Musée national d'anthropologie et d'histoire* de Mexico. Une exposition un poil monotone cependant, car la plupart des salles ne font que l'étalage de calendriers anciens.

Tout au bout du musée, petite ***cafétéria*** avec une belle terrasse ombragée. De quoi faire une pause au calme.

Templo y convento Santa Cruz *(plan B1)* **:** ☎ *212-02-35. Visite guidée du couvent (30 mn, en espagnol et en anglais) mar-sam 9h-13h, 16h-17h, dim 9h-17h. Pas de visite le lun sauf j. fériés. Entrée : env 20 $Me.*
Son histoire mouvementée remonte à son édification vers 1650, à l'emplacement même d'un combat qui opposa Espagnols et Indiens. Pendant longtemps, de nombreuses missions partirent d'ici, puis Maximilien d'Autriche en fit sa place forte, avant d'y être emprisonné. Aujourd'hui, une petite communauté de franciscains y réside. La visite du couvent vaut surtout pour sa partie non restaurée, très austère, et l'habile circulation d'eau du toit jusqu'aux baignoires d'azulejos, en passant par divers puits. Dans le jardin, après le calme patio transformé en terrain de basket, de curieux arbres à épines en forme de croix, dont l'origine légendaire est assez floue. Une autre partie du couvent, restaurée, abrite désormais un musée d'art contemporain.
Sur le parvis, quelques étals d'artisanat local. Un lieu à l'atmosphère populaire, légèrement à l'écart du centre plus touristique.

MACQ – Museo de arte contemporáneo *(plan B1)* **:** Manuel Acuña, à côté du convento Santa Cruz. • *macq.mx* • *Tlj 10h-18h sauf lun. GRATUIT.* Dans un bel édifice à la blancheur immaculée qui fit autrefois partie du couvent Santa Cruz. Uniquement des expos temporaires présentées par roulement. Également des projections, débats et ateliers.

Acueducto *(hors plan par B1-2)* **:** *à 15 mn à pied du centre. Longer l'église Santa Cruz par sa gauche jusqu'à tomber sur le mirador face à l'acueducto.*
Au XVIIIe s, un homme tomba fou amoureux d'une nonne qui exigea de lui, comme preuve de son amour, qu'il fasse construire un aqueduc pour alimenter la ville en eau potable. La preuve est longue de 1 280 m et sa construction dura 9 ans ! Du mirador, lieu de rendez-vous des amoureux au coucher du soleil, belle vue générale sur les faubourgs de la ville qui se découpent sous les 74 arches de l'aqueduc.
Derrière, le ***mausolée de la Corregidora*** et de son époux est entouré de statues des personnalités historiques de la ville.

Cerro de las Campanas *(hors plan par A1)* **:** *petite butte à l'ouest de la ville. Suivre la rue Morelos toujours tt droit vers l'ouest ; au bout, tourner à droite et longer l'université jusqu'au mur orange du parc. Tlj 6h-18h. Prix d'entrée symbolique.* Petit parc tout bien taillé, planté d'une chapelle *(mer-dim 9h-17h),* construite par le gouvernement autrichien. Faut dire que c'est ici que fut exécuté l'empereur Maximilien d'Autriche en 1867. Balade agréable au sommet de la butte, où l'on atteint la gigantesque statue de Benito Juárez, 1er président de l'après Max, érigée pour le centenaire de l'exécution de cet empereur tant aimé et le « triomphe de la République ». Autrichiens, Mexicains, à chacun son symbole... Derrière la statue, ***La Magia del Pasado*** *(tlj 9h-17h sauf lun ; 18 $Me, réduc, gratuit pour les - de 18 ans ; tickets en vente à l'entrée du parc ou au musée),* un petit musée interactif pour les enfants conte l'histoire de la ville de l'époque préhispanique à nos jours. En espagnol seulement.
Pour prendre le vert sans s'essouffler, on peut aussi aller flâner au grand ***parc Alameda*** *(plan B2),* plus proche du centre.

Fêtes et manifestations

– ***Callejoneadas :*** *départ généralement le sam à 20h, mais pas tte l'année ; se renseigner (plan B1).* Dans les pas d'une dizaine de musiciens costumés, on parcourt le centre historique en musique. Gratuit et super ambiance.
– ***Concerts :*** *dim 19h-20h, dans le jardín Zenea.* Orchestre à vent. Gratuit.

– ***Festival internacional de Jazz de verano :*** *1 bonne sem pdt la 2de quinzaine de juil, surtout sur la pl. de Armas.*
– ***Posadas :*** *autour de Noël et du Jour de l'an.* Nombreux concerts et manifestations. Demandez la liste des lieux à l'office de tourisme. Crèche géante sur le *jardín Zenea* et nombreux marchands de tacos, *quesadillas* et *bebidas* à partager dans une ambiance chaleureuse et conviviale sur des tables de fortune.

SAN MIGUEL DE ALLENDE

76 000 hab. IND. TÉL. : 415

• Plan *p. 432-433*

Située à 1 850 m d'altitude, cette petite cité coloniale vallonnée, classée Monument historique et inscrite au Patrimoine mondial de l'Unesco en 2008, a charmé de nombreux artistes américains venus dans les années 1940 suivre les cours du muraliste Siqueiros. Séduits par cette douceur de vivre teintée d'exotisme, certains y sont restés, et le bouche-à-oreille continue de fonctionner aujourd'hui car la ville est peuplée d'un bon nombre de *gringos* d'un âge honorable, venus y passer une partie de leur retraite. En conséquence, le prix du mètre carré y atteint des sommes démentes et des agences immobilières de luxe y ont fait leur nid.
Malgré tout, le charme du vieux centre colonial encore dans son jus avec ses rues empierrées de pavés disjoints et bordées de petites maisons multicolores, est bien là. On prend plaisir à le découvrir au petit matin, ou en fin de journée, quand il y règne une douce quiétude.
Autre spécificité de la ville : l'artisanat ! Les ruelles sont remplies de boutiques en tout genre, parfois d'excellente qualité, assez chères cependant.
À noter enfin, les soirs d'hiver, il peut y faire aussi froid qu'à Mexico, si ce n'est plus.

Arriver – Quitter

En bus

Pour la liste et les coordonnées des principales compagnies, se reporter à la rubrique « Transports » du chapitre « Mexique utile ».

Central de autobuses *(hors plan par A2,* ***1****) :* *à env 2 km à l'ouest du centre.* Consigne à bagages, distributeur et petit bureau d'infos touristiques.
– ***Liaisons avec/depuis le centre :*** minibus sur l'av. face au terminal (*Ruta 5,* 7h-21h). Dans l'autre sens, départs *calle Insurgentes (plan B1,* ***2****).* En taxi, compter 60 $Me.
– On peut aussi acheter ses billets de bus (1re classe seulement) à l'agence *Operadora* (voir « Adresses utiles »).
➢ ***Querétaro et Mexico*** *(terminal Norte)* **:** une vingtaine de départs avec *Pegasso,* 5h-19h45 (dernier départ à 18h25 pour Mexico), plus 1 bus à 1h45. Avec *ETN,* 3-8 départs/j., 4h55-19h (variable). 3 bus avec *Primera Plus* (à 6h30, 10h et 16h30) pour Mexico et 7 bus pour Querétaro (7h35-19h35). Trajet : 1h20 pour Querétaro et 3h30-4h30 pour Mexico.
➢ ***Guanajuato :*** 10 bus/j. (6h-19h30) avec *Primera Plus,* 9 avec *ETN* (5h30-18h). Trajet : 1h30.
➢ ***Guadalajara :*** 6 bus/j. (7h10-19h30) avec *Primera Plus* et 9 avec *ETN* (5h30-18h). Trajet : 5h30-45.
➢ ***Morelia :*** 2 bus/j. (7h30 et 19h30) avec *Primera Plus.* Trajet : 3h20-4h.
➢ ***León :*** 9 bus/j. (6h-19h30) avec *Primera Plus* et 9 avec *ETN* (5h30-18h). Trajet : 2h20-45.

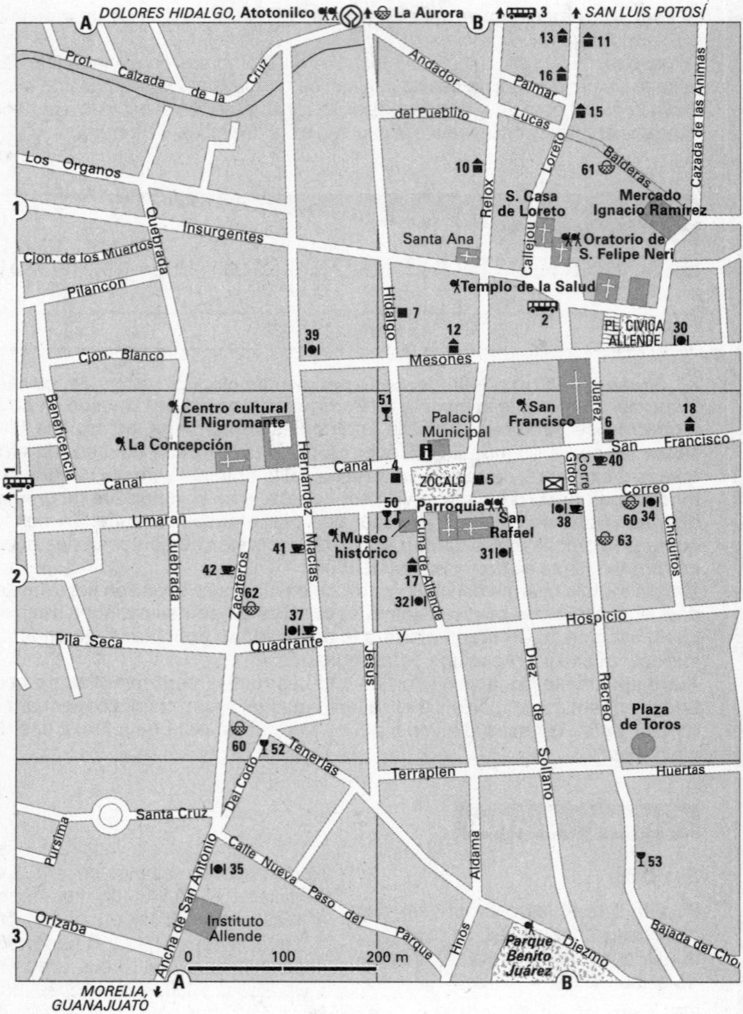

Adresses utiles

La place principale de San Miguel s'appelle officiellement « jardín principal », non pas « plaza de Armas ». Mais on peut aussi tout simplement l'appeler « plaza principal ».

Office de tourisme *(plan B2) : sur la pl. principal, porte de droite du palacio municipal. ☎ 154-71-75. ● visitsanmiguel.travel ● Lun-sam 9h-20h, dim 9h-17h (20h j. fériés).* Donne un plan de la ville et des petits livrets-guides sur les hôtels, restos, boutiques et activités. Très bon accueil.

Adresses utiles

- Office de tourisme (B2)
- 1 Central de autobuses (hors plan par A2)
- 2 Bus pour la gare routière (B1)
- 3 Bus pour Atotonilco (hors plan par B1)
- 4 Banamex (B2)
- 5 Santander (B2)
- 6 Change CI Banco (B2)
- 7 Agence Operadora (B1)

Où dormir ?

- 10 Hostal Alcatraz (B1)
- 11 Hostel La Catrina (B1)
- 12 Hostal Hotel Punto 79 (B1)
- 13 Posada La Gloria (B1)
- 15 Casa de los Soles (B1)
- 16 Posada de Luna (B1)
- 17 Posada Carmina (B2)
- 18 Hotel Boutique Nena (B2)

Où manger ?

- 30 Baja Fish Taquito (B1)
- 31 La Alborada (B2)
- 32 La Posadita (B2)
- 34 Néctar (B2)
- 35 Hecho en México (A3)
- 37 La Cocina - Café del Viajero (A2)
- 38 El Correo (B2)
- 39 Tío Lucas (A1)

Où prendre un petit déjeuner ? Où faire une pause sucrée ?

- 37 La Cocina - Café del Viajero (A2)
- 38 El Correo (B2)
- 40 Chocolates y Churros San Agustín (B2)
- 41 Lavanda Café (A2)
- 42 El Oso Azul (A2)

Où boire un verre ? Où sortir ?

- 50 Mama Mía (B2)
- 51 Hank's (B2)
- 52 Tostévere (A2)
- 53 San Mezcal (B3)

Achats

- 60 Camino Silvestre (A2 et B2)
- 61 Marché d'artisanat (B1)
- 62 Abrazos (A2)
- 63 Arte Mexicano (B2)

SAN MIGUEL DE ALLENDE

■ ***Distributeurs, change :*** *sur la pl. principal, distributeurs* ***Banamex*** *(plan B2,* ***4****) – jeter un œil à la très belle porte d'origine (côté canal) – et* ***Santander*** *(plan B2,* ***5****). Change à l'agence* ***CI Banco*** *(plan B2,* ***6****), à l'angle de la pl. San Francisco (lun-ven 9h-17h, sam 10h-14h, fermé dim), ainsi qu'à la banque* ***Santander*** *de la plaza.*

■ ***Agence Operadora*** *(plan B1,* ***7****) : Hidalgo 13. ☎ 152-80-11. À quelques pas de la pl. principal. Lun-ven 9h-15h, sam 10h-15h, fermé dim.* Vente de tickets de bus de 1re classe (*Primera Plus*, *ETN* et *Omnibus de México*), ainsi que billets d'avion et excursions dans la ville et dans les environs (à Dolores Hidalgo, Querétaro et Guanajuato).

Où dormir ?

La ville a tendance à se remplir le week-end et plus encore pendant les ponts et périodes de fêtes (*feria* de septembre, Noël ou Pâques). Pensez à réserver impérativement votre hébergement, plutôt cher à San Miguel. Bon plan : certaines AJ proposent des chambres doubles à moindre coût et de bon confort.

De bon marché à prix moyens (moins de 800 $Me / env 38 €)

🏠 ***Hostal Alcatraz*** *(plan B1,* ***10****)* **:** *Relox 54. ☎ 152-85-43. Nuitée en dortoir 150-220 $Me/pers.* Petite AJ toute simple, mais bien tenue. Une vingtaine de lits en dortoirs de 4 à 6 lits, pas bien grands, donnant sur le patio pour certains ou avec balcon sur la rue pour d'autres, salles de bains impeccables et petit salon TV. Patio calme, cuisine commune équipée, casiers et laverie. L'atmosphère y est douce. Un bon plan routard à 5 mn de la *plaza*.

🏠 🍸 ***Hostel La Catrina*** *(plan B1,* ***11****)* **:** *callejón Loreto 80. ☎ 121-45-45. • lacatrinahostel.com • Lit en dortoir 165-265 $Me, doubles 400-890 $Me ; petit déj continental inclus.* Cet *hostel* chaleureux de 2 étages dispose de 3 dortoirs de 4-6 lits (dont un pour les filles) un peu exigus, mais agréables et très bien tenus. Également 4 chambres privées (dont 3 spacieuses), avec ou sans salle de bains privée, mais toutes avec literie de qualité et TV. Belle cuisine équipée et terrasses sur le toit offrant une vue superbe sur la ville. Excellent accueil, jeune et affable.

🏠 ***Hostal Hotel Punto 79*** *(plan B1,* ***12****)* **:** pour sa partie AJ (voir plus loin).

De chic à très chic (800-1 600 $Me et plus / env 38-76 €)

🏠 ***Posada de Luna*** *(plan B1,* ***16****)* **:** *callejón Loreto 29. ☎ 152-34-58. • posada.deluna@hotmail.com • Doubles 800-1 500 $Me, petit déj complet compris. Parking.* Plutôt qu'une *posada,* voici un *B & B* de charme, tenu par un jeune couple soucieux de l'accueil apporté à leurs convives. Les 5 chambres, dont 3 doubles, toutes à l'étage, sont bien jolies et douillettes, chacune d'une couleur différente, avec salle de bains en mosaïque vernissée, TV et literie (1 ou 2 lits) très confortable. Cour-jardin creusée d'une piscine, et petite terrasse à l'avant pour le petit déj. Une adresse chaleureuse.

🏠 ***Hostal Hotel Punto 79*** *(plan B1,* ***12****)* **:** *Mesones 79. ☎ 121-10-34. • punto79.com • Nuitée en dortoirs (6-10 pers) 250 $Me/pers ; doubles (avec ou sans sdb) 820-1 200 $Me.* Un hybride entre hôtel et AJ et une bonne option d'hébergement. Dès l'entrée, agréable cour agrémentée d'une fontaine, d'un bar extérieur avec un grand comptoir et de quelques tables pour se poser. Seulement 2 dortoirs bien agencés et modernes, avec une table centrale pour jouer aux cartes avec vos voisins de chambrée, casiers et lampe individuelle. Les chambres privées, propres et coquettes, sont plutôt spacieuses et peuvent accueillir 2 à 6 personnes. Bon accueil de la jeune équipe.

🏠 ***Posada La Gloria*** *(plan B1,* ***13****)* **:** *callejón Loreto 68. ☎ 152-31-70. • hotelposadalagloria.com • Doubles 700 $Me (sem)-1 000 $Me (w-e).* Dans une petite rue calme, un minihôtel au charme colonial, presque chez l'habitant. À peine 5 chambres autour d'un patio coiffé d'une terrasse sous tonnelle. Elles sont proprettes et coquettes, avec leur déco boisée au cachet ancien. TV, ventilo et jolies salles de bains.

🏠 🍸 ***Casa de los Soles*** *(plan B1,* ***15****)* **:** *callejón Loreto 19. ☎ 152-39-28. Studio (2 pers) env 1 800 $Me.* Situé juste à côté du marché d'artisanat, cette « maison des soleils » porte bien son nom. Recouvrant les murs du patio ouvert, une impressionnante collection de céramiques colorées en forme de soleil. Disposés tout autour, 12 studios tout équipés avec cuisine et coin salon-TV. Certains ont même une chambre supplémentaire. Propres, ils sont décorés sobrement dans un style rustique. Terrasse tout en haut. Une bonne option pour les bandes de copains ou familles de routards. Bon accueil.

Beaucoup plus chic (plus de 1 600 $Me / plus de 76 €)

Posada Carmina (plan B2, **17**) : *cuna de Allende 7. ☎ 152-88-88. • posadacarmina.com • À côté de l'église de la Parroquia. Doubles 2 000-3 000 $Me (+ 30 % en hte saison), avec petit déj.* Imposante maison coloniale s'agençant autour d'un joli patio planté d'orangers et rempli de verdure. Le lieu compte 24 chambres spacieuses et décorées avec goût. Grands volumes, mosaïques... toutes ont beaucoup de cachet. 3 d'entre elles donnent sur la rue, dont la n° 1, particulièrement élégante. Ceux qui préfèrent le confort moderne au charme de l'ancien opteront pour une chambre dans l'annexe, plus récente. Resto dans le patio.

Hotel Boutique Nena (plan B2, **18**) : *San Francisco 32. ☎ 150-10-90. • hotelnena.mx • Doubles env 3 800 $Me en sem, 4 800 $Me le w-e, petit déj et parking inclus.* Pour nos lecteurs au portefeuille bien garni, un hôtel somptueux pour un séjour d'exception, installé dans une magnifique demeure du début du XIXe s. Les 12 chambres, splendides et de grand confort, devraient vous séduire à coup sûr. Mais le clou, c'est encore la terrasse sur le toit, qui dispose d'une vue géniale sur de nombreuses églises de la ville ! Resto *La Doña* installé au rez-de-chaussée. Accueil, service et prestations à l'avenant.

Où manger ?

Bon marché (moins de 150 $Me / env 7,10 €)

Mercado Ignacio Ramírez (plan B1) : *Colegio. Tlj 8h-20h (18h dim).* Juste à côté du marché d'artisanat (cf. « Achats »), voici un marché vivant et coloré : fruits et légumes, fleurs, vêtements, épices, mais aussi des stands où manger sur le pouce et boire un bon jus de fruits frais, arrimé au comptoir. Comme toujours dans les marchés, repérez le stand où il y a du monde !

Baja Fish Taquito (plan B1, **30**) : *Mesones 11 B. ☎ 121-09-50. Tlj 12h30-20h (19h dim).* Un petit snack nickel avec tabourets et hautes tables en bois, où l'on propose des tacos et *tostadas* de poisson, poulpe, calamar, ceviche et crevettes, préparés sous vos yeux dans un grand souci d'hygiène. C'est bon, pas cher (plusieurs formules avantageuses), et ça change ! En prime, de délicieux desserts et une terrasse pour manger à la fraîche.

La Alborada (plan B2, **31**) : *Sollano 11. ☎ 154-99-82. Lun-sam 13h-22h, dim 14h-20h.* Une petite affaire familiale qui tourne bien, très fréquentée par les Mexicains – et les touristes avisés – pour sa cuisine authentique et bon marché. Carte restreinte, avec une quinzaine de plats, des classiques *pozoles* (viande au choix), *enchiladas* et *antojitos* aux pieds de porc farcis (!). Pour les petits appétits, sachez qu'il est possible de commander tous les plats en demi-portions. Bonnes bières artisanales également. L'accueil est gentil et le cadre très convivial, 3 petites salles colorées, murs ornés de chapeaux, photos, masques et tableaux, ainsi qu'un patio sous verrière, garni de plantes en pots. Attenant, mais différent, le petit café ***La Ventana,*** ainsi nommé car on peut aussi commander de la rue, par la fenêtre ! Parfait pour la pause-café, bio de surcroît.

Prix moyens (150-300 $Me / env 7,10-14,30 €)

Néctar (plan B2, **34**) : *Correo 43. ☎ 152-39-18. Lun-sam 9h-18h (15h ven), dim 10h-14h.* Cette maison de thé, installée dans une charmante cour ombragée, partage son nid avec la jolie boutique *Camino Silvestre* (cf. « Achats »). On y propose une restauration inventive et très saine. À part un peu de poisson, tout est végétarien, préparé avec des produits bio ou locaux, et cuisiné au... thé, des soupes aux sandwichs en passant par les burgers et les pâtes ! On peut aussi n'y venir que pour prendre le thé : la théière n'est pas bon marché, mais les amateurs apprécieront.

|●| ***Hecho en México*** *(plan A3, **35**)* : *Ancha de San Antonio 8. ☎ 154-63-83. Tlj 12h-22h (23h ven-sam).* Une valeur sûre à San Miguel, évidemment prisée par les touristes. Côté cadre, 2 agréables salles aux murs orangers décorés de grandes peintures et un patio couvert. Dans l'assiette, une cuisine originale et succulente s'inspirant de la gastronomie mexicaine, mais pas seulement ! Plats du genre burger paysan, salade de poulet croustillant ou grosses crevettes enrobées d'une pâte de bière et de noix de coco râpée, à tremper dans une marmelade d'orange piquante. Tous les plats principaux sont servis avec 2 accompagnements au choix (purée de patate douce, épinards à la crème, salade de chou...). Accueil et service chaleureux, prix bien étudiés... Que demande le peuple ?

|●| ***El Correo*** *(plan B2, **38**)* : *Correo 23. ☎ 152-49-51. Juste en face de la poste. Tlj 8h-22h sauf mar.* Cadre sobre et élégant pour ce petit resto mexicain à quelques pas de la place principale. Carte déroulant une bonne cuisine, servie généreusement et bien présentée, le tout à prix très corrects. Clientèle composée de touristes surtout, mais on est à San Miguel...

|●| ***La Cocina – Café del Viajero*** *(plan A2, **37**)* : *Pila Seca 1 ; à l'angle de Macías. ☎ 152-09-28. Mer-dim 9h-21h.* Modeste, convivial, ce café-resto à la déco bariolée dispose de 8 tables dans le patio ou d'une petite salle face au bar. On y sert une cuisine bien d'ici (soupes, *mole, enchiladas,* viandes et poissons), soignée et servie avec gentillesse. Une pause paisible, un peu à l'écart des rues plus touristiques.

Plus chic (300-500 $Me / env 14,30-24 €)

|●| ⛱ ***La Posadita*** *(plan B2, **32**)* : *cuna de Allende 13. ☎ 154-88-62. Tlj 12h-22h sauf mer.* Une bonne adresse, malgré la proximité de la *plaza.* On grimpe une volée de marches pour accéder aux 2 terrasses colorées et verdoyantes. Des conditions idéales pour apprécier une goûteuse cuisine mexicaine (*pozole, enchiladas...* mais aussi *cochinita pibil,* poulet farci au fromage de chèvre et saumon sauce mangue), bien présentée et élaborée à partir de bons produits frais. Accueil aimable, service efficace et vaisselle soignée.

|●| ***Tío Lucas*** *(plan A1, **39**)* : *Mesones 103. ☎ 152-49-96. Tlj 12h30-23h30 (23h dim).* Une adresse chic au cadre soigné, subtilement chargé de motifs décoratifs mexicains et distribuant ses petits espaces autour d'un agréable patio couvert. On y vient autant pour l'ambiance – cubaine ou jazzy –, avec les vendredi et samedi (dès 21h) un petit groupe de musiciens, que pour le vaste choix de bonnes viandes et poissons à la carte. Le chaleureux patron, qui veille sereinement à ce que tout se déroule bien, vous accueillera peut-être lui-même.

Où prendre un petit déjeuner ? Où boire un bon café ? Où faire une pause sucrée ?

☕ ***Chocolates y Churros San Agustín*** *(plan B2, **40**)* : *San Francisco 21. ☎ 152-57-95. En face de l'église San Francisco. Tlj 8h-22h.* Une salle accueillante, façon brasserie et salon de thé tout à la fois, avec des plafonds ornés de vannerie et des murs couverts de tableaux. On s'y presse en nombre pour déguster leur onctueux chocolat chaud accompagné de *churros,* mais aussi leurs jus de fruits frais 100 % naturels. Une valeur sûre pour une pause sucrée avant ou après la visite de la ville.

☕ ***Lavanda Café*** *(plan A2,* ***41****) : Macias 87. Tlj, sauf mar, 8h30-20h (18h dim).* Dans une ruelle déjà à l'écart de la foule, on prend plaisir à s'installer dans le petit patio arboré de ce joli café, vraiment agréable et intimiste. On y sert un excellent café, torréfié sur place, dont les grains proviennent du Nayarit et d'Oaxaca. Également des petits déj sucrés et salés (œufs, *chilaquiles,* gaufres), de quoi manger un bout rapidement au déj (sandwichs, salades, tacos) ainsi que de bonnes pâtisseries maison pour le goûter.

☕ ***El Oso Azul*** *(plan A2,* ***42****) : Zacateros 17. Tlj 8h-22h (20h dim).* Cet « ours bleu » ne paie pas de mine mais propose de copieux petits déjeuners, un café de qualité et de bonnes pâtisseries maison. On conseille néanmoins de s'en tenir à ça, malgré les quelques plats salés proposés. Patio aux dominantes bleu sans grand charme, mais au calme.

☕ Les restaurants ***El Correo*** et ***La Cocina*** (voir « Où manger ? ») ouvrent assez tôt le matin et proposent eux-aussi des petits déjeuners mexicains traditionnels.

Où boire un verre ? Où sortir ?

🍷 ♩ ⛱ ***Mama Mía*** *(plan B2,* ***50****) : Umaran 8. ☎ 152-20-63. Tlj 8h-minuit (3h ven-sam).* Un vaste bar-resto branchouille établi dans une vieille maison coloniale, fréquenté par beaucoup de monde, âges et nationalités confondus. On aime venir y boire un verre (les cocktails y sont généreusement servis !) pour le cadre et l'ambiance rugissante et festive, mais on ne ferait pas du resto notre cantine. Belle terrasse sur le toit et plusieurs petites salles surpeuplées d'une faune déchaînée en fin de semaine, au rythme de la *música en vivo.*

🍷 ***Tostévere*** *(plan A2,* ***52****) : Codo 4. ☎ 121-30-75. Fermé mar. Lun, mer-jeu 13h-21h, ven-sam 14h-22h, dim 13h-18h.* Un petit lieu tout en élégance : murs de pierre, éclairage tamisé, cuisine ouverte et *beautiful people...* En effet, le bar est surtout fréquenté par des *gringos* qui ont les moyens. On le recommande surtout pour les délicieux cocktails qui y sont concoctés. Également des tapas et plats, créatifs et savoureux, mais pas donnés ! Réserver pour avoir une table (ou se pointer tôt !). Service aux petits oignons.

🍷 ***Hank's*** *(plan B2,* ***51****) : Hidalgo 12. ☎ 152-26-45. Tlj 12h-minuit (1h ven-sam).* Un peu le repaire des vieux *gringos* de San Miguel, mais qu'importe, il règne entre les murs de ce bar-resto une atmosphère « New Orleans » unique ! Ne pas hésiter à venir y siffler une bière ou un verre de rouge (plutôt bien servi) à l'heure de l'apéro, c'est souvent le moment choisi par les habitués. Et si vous n'arrivez pas à décrocher, vous n'avez qu'à rester dîner, la cuisine aux accents cajuns ne déçoit pas !

🍷 ***San Mezcal*** *(plan B3,* ***53****) : Recreo 88. Tlj, sauf mar, 17h-23h (22h dim-lun).* Près du parc Benito Juárez, dans une ruelle au calme, un tout petit bar à la déco contemporaine spécialisé dans le mezcal. Carte déroulant une grande variété de la boisson du pays, classée selon sa provenance. Demandez donc aux barmen de vous aiguiller, ils sont de bon conseil. Également des cocktails et de petites choses à grignoter.

Achats

Tout le monde vous conseillera de faire le plein de souvenirs à San Miguel. Et c'est vrai, de nombreuses boutiques d'artisanat régional et national inondent les rues. Le bémol, c'est que les prix y sont élevés. Voilà une petite sélection variée.

🧺 ***Marché d'artisanat*** *(plan B1,* ***61****) : tlj 10h30-19h, certains stands ouv parfois plus tôt.* Tout en longueur, il prolonge le marché couvert de la *calle Colegio* jusqu'à la *calle Hidalgo (plan A-B1).* Les prix sont plus doux qu'ailleurs et on y trouve de tout : des bijoux (dont beaucoup en argent), des objets religieux, décoratifs, en bois, mosaïques de miroir, en faïence... ainsi que des sacs, chapeaux, jeux, chaussures, etc. Prévoir du liquide, le prix pratiqué est souvent moins cher que si l'on paye avec une carte de crédit (et ce n'est pas toujours possible de le faire). On peut parfois négocier un peu. Attention enfin à la provenance des objets, et veillez à comparer les prix.

Arte Mexicano *(plan B2,* ***63****) : Recreo 2. Tlj 9h (10h ven)-18h30 (20h w-e).* Petite échoppe pleine de couleurs, idéale pour vos souvenirs dont les prix, raisonnables, sont équivalents à ceux qu'on trouve au marché. Chapeaux, coussins, vêtements, sacs... Tout est fait main par des artisans du Michoacán, de la région d'Oaxaca et du Chiapas.

Camino Silvestre *(plan B2,* ***60****) : Correo 43. Lun-sam 10h-19h, dim 12h-17h.* Couplée à un très agréable salon de thé (voir « Où manger ? »), une boutique chic proposant tout plein d'objets décoratifs pour la maison, certains vraiment très jolis mais... pas donnés. Autre adresse sur *Zacateros (plan A2,* ***60****)*, plutôt axée sur le thème des oiseaux, avec un coin de jeux et livres pour enfants.

Abrazos *(plan A2,* ***62****) : Zacateros 24. Tlj 10h-18h.* Que des articles chatoyants : sacs, robes, tabliers, chemises, cravates, taies d'oreiller, étiquettes de valises, maniques, étuis pour téléphones portables, le tout très... coloré ! Tissus au mètre pour les amateurs couturiers.

Fábrica la Aurora *(hors plan par A-B1) : calzada de la Aurora. • fabricalaaurora.com • À env 1 km au nord du centre-ville, soit 15 mn à pied. Tlj 10h-18h (17h dim).* Cette ancienne usine textile rénovée (les machines sont toujours là) abrite aujourd'hui un centre culturel. Ateliers d'artistes (sculpteurs, peintres), expos artistiques, boutiques d'antiquités et d'artisanat, mais également de quoi boire un verre et manger un bout. Très agréable.

À voir

➢ Comme dans les autres villes coloniales, on peut se payer une visite du centre historique à bord d'un ***tranvía turístico,*** ici un vieux bus en bois. *Départ ttes les 40 mn en sem et ttes les 20 mn le w-e, 9h-20h, de la calle Juárez (à côté de l'église San Francisco). Compter 65 $Me, 9h-18h, pour le* recorrido histórico *; 80 $Me/pers, 18h-20h, pour le* recorrido de leyendas.

Parroquia de San Miguel Arcángel *(plan B2) : en face de la pl. principale. Tlj 6h30-13h, 16h-21h.* Étrange édifice commencé en 1578 puis maintes fois remanié. À la fin du XIXe s, Zeferino Gutiérrez, un architecte d'origine indienne imprégné de l'esprit majestueux des cathédrales européennes, lui imprimera son style néo-gothique actuel. Son clocher nous a fait penser à la *Sagrada Familia* de Gaudí, ses tours roses dominant le centre-ville, à un château de conte de fées. Le soir, la façade est superbement mise en valeur par un jeu d'éclairages. L'intérieur, où domine la brique, est en revanche moins marquant. À cause de l'affluence, les simples visiteurs sont limités à la 1re partie de l'église, laissant libre culte aux personnes venues se recueillir et assister à la messe. À gauche de l'édifice, la 1re église de la ville, ***San Rafael,*** plus sobre, fut construite en 1564. Elle est en partie ornée de fresques. Face à la Parroquia s'étend la ***plaza principal,*** toujours pleine de vie, et encore plus dès 17h lorsque les groupes de mariachis se mettent à gratter les cordes de leurs guitares.

Museo histórico de San Miguel – Casa natal de Ignacio Allende *(plan B2) : cuna de Allende 1. ☎ 152-24-99. À côté de l'église de la Parroquia. Tlj 9h30-16h30 sauf lun. Entrée : 55 $Me, réduc.* Installé dans la maison natale d'Ignacio Allende, héros de l'indépendance. Et pas n'importe lequel, il a tout de même légué son nom à la ville (et à un bon nombre de rues du pays) ! En introduction, une vidéo rappelant les faits historiques s'étant produits avant la guerre d'indépendance de 1810. La demeure, restaurée et meublée dans le style du XVIIIe s, abrite salons, chambres à coucher, salle à manger, cuisine avec tous ses ustensiles... ainsi que des pièces dédiées aux faits d'armes de l'insurgé. Au rez-de-chaussée, quelques modestes tableaux, drapeaux, objets et textes anciens illustrent l'histoire de la ville depuis le XVIe s (bornes et panneaux explicatifs en anglais et espagnol).

🍴 ***Templo de la Concepción*** *(plan A2)* **:** *à l'angle de Canal et Zacateros. Tlj 7h30-14h, 16h30-19h30.* Construit au milieu du XVIIIe s, il était intégré dans l'ancien monastère du même nom qui accueille désormais un centre culturel. Ce n'est qu'à la fin du XIXe s que Zeferino Gutiérrez lui ajouta son dôme, en s'inspirant des Invalides à Paris. L'intérieur est relativement sobre avec la même utilisation de la brique aux murs que dans l'église de la Parroquia. Son intérêt réside selon nous dans le dôme vu d'en dessous et quelques beaux tableaux de Miguel Cabrera.

🍴 ***Escuela de Bellas Artes – Centro cultural El Nigromante*** *(plan A2)* **:** *Canal y Macías. • elnigromante.inba.gob.mx • Tlj 10h-18h (14h dim).* Cet ancien couvent, qui comprenait l'église de la Concepción, accueille aujourd'hui le centre culturel *El Nigromante,* une école d'art, des expos d'art temporaires, une librairie et un petit café. Bel ensemble architectural aux couleurs rosées. Autour du patio à 2 étages, les arcades abritent des fresques murales, dont une, inachevée mais impressionnante, de Siqueiros (dans l'une des salles du fond).

🍴🍴 ***Oratorio de San Felipe Neri*** *(plan B1)* **:** riche façade baroque du XVIIIe s en pierre rose qui trahit une influence indigène, notamment sur les statues des niches. L'intérieur est plus intéressant qu'harmonieux, avec une kyrielle de statues de saints enfermés dans des cercueils de verre. Au fond du transept de gauche se trouve la ***Santa Casa de Loreto*** – une reproduction du sanctuaire italien dédié à la Vierge de Lorette –, dont le sol et les murs sont ornés de céramiques en provenance de Puebla, de Valence et même de Chine. Bien entendu, elle abrite la Vierge Marie, avec, à ses pieds, le donateur Manuel Tomás de la Canal et son épouse. Ne manquez pas non plus le *camarín,* étonnante chambre baroque octogonale couverte de feuilles d'or, avec 3 magnifiques retables et un plafond de style mudéjar.

🍴 ***Templo de la Salud*** *(plan B1)* **:** *près de l'église précédente.* Construit en 1735. Portail churrigueresque assez impressionnant, avec sa grande coquille Saint-Jacques abritant l'œil de Dieu. À l'intérieur, quelques éléments baroques intéressants, mais l'ensemble est plutôt austère, à l'exception d'une collection d'ex-voto populaires qui redonnent le sourire.

🍴 ***Templo San Francisco*** *(plan B1-2)* **:** construit en 1779. Il est doté d'un très beau portail churrigueresque là encore, d'un dôme aux tuiles vernissées et d'une haute tour néoclassique, style qui caractérise aussi l'intérieur. L'ensemble, aux airs d'église fortifiée, s'ouvre sur un petit square arboré, avec quelques bancs à l'ombre pour musarder.

🍴 👨‍👧 ⇐ ***Museo del Juguete popular mexicano*** *(Museo La Esquina ; plan C2)* **:** *Núñez 40. ☎ 152-26-02. • museolaesquina.mx • Mar-sam 10h-18h, dim 11h-16h. Fermé lun. Entrée : 50 $Me ; réduc.* Sur 2 étages, une jolie collection de jouets mexicains : poupées, trains, avions, animaux en peluche... ainsi qu'une riche collection de jouets en rapport avec les festivités locales ou primés lors de concours nationaux. Cela donne une bonne idée de la culture artisanale de la région. Belle vue depuis la terrasse en haut. Boutique.

🍴 👨‍👧 ***Parque Benito Juárez*** *(plan B3)* **:** dans un quartier tranquille, agréable parc fleuri, ombragé par des arbres exotiques et ponctué de placettes avec fontaine et jeux d'enfants. Un lieu très apprécié des joggeurs et des familles.

🍴 ⇐ ***Panorama sur la ville*** **:** *au sud-est du centre, à env 20 mn à pied du centre. Pour y aller, prendre la calle Recreo en direction de la pl. de Toros (plan B2) puis, à gauche, Piedras Chinas (plan C3) et, enfin, la rue Salida a Querétaro.* Jolie grimpette jusqu'au mirador pour jouir d'une superbe vue sur San Miguel et les paysages environnants.

Manifestations

– ***Fiesta de San Miguel Arcángel :*** *le ven le plus proche du 29 sept, pdt 1 sem env.* Toute la nuit du vendredi, fête en l'honneur du saint patron de la ville : spectacles, concerts... et même un feu d'artifice à 4h du mat' (personne ne dort cette nuit-là) !
– ***Festival international de jazz :*** *la 3e ou dernière sem de nov.* Une semaine de concerts avec des artistes internationaux.
– Sans oublier la ***Semaine sainte*** ni le ***festival de musique de chambre*** *(10 j. en août).*

DANS LES ENVIRONS DE SAN MIGUEL DE ALLENDE

Jardín botánico – El Charco del Ingenío (hors plan par C3) : *à env 5 km du centre, direction Querétaro. Dans la partie haute de la ville. Au grand rond-point (statue de San Miguel de Allende), prendre à gauche (venant du centre-ville) un chemin sur 2 km (fléché). En taxi, compter 70-80 $Me. ☎ 154-47-15 ou 88-38. • elcharco.org.mx • Tlj 9h-17h (dernière entrée). Entrée : 50 $Me ; réduc. Visite guidée en anglais mar à 10h (150 $Me).* La meilleure période pour visiter le parc est pendant les mois d'août et de septembre, juste après la saison des pluies, quand le paysage est moins aride. Pour une balade (peu ombragée, chapeau recommandé) de 1h30 environ au cœur de la faune mexicaine. On vous remet un plan pour vous repérer dans cette réserve écologique de 67 ha. Près de 1 000 variétés de cactées et de plantes grasses (quelques panneaux explicatifs, traduits en anglais) parsèment des sentiers bien tracés. La plupart poussent naturellement sur les collines escarpées, les plus rares sont préservées en serre solaire. Vaste et calme plan d'eau central, squatté par des canards siffleurs mexicains, des hérons et des aigrettes. Plus loin, il y a un canyon. Une partie est même réservée à l'observation ornithologique et abrite des ibis, des pélicans blancs et une multitude d'oiseaux migrateurs.
Petite cafétéria sur place.

Balneario Escondido : *suivre la route 51 en direction de Dolores Hidalgo et, au bout de 10 km env, prendre un chemin à gauche (fléché) ; c'est un peu plus loin par une route caillouteuse. En bus, demander au chauffeur de vous laisser à l'embranchement. ☎ 185-20-22. • escondidoplace.com • Tlj 8h-17h30. Entrée : 150 $Me.* Dans un parc arboré souffrant de la sécheresse ambiante, parsemé d'étangs poissonneux appréciés des canards. Pour les amateurs d'eaux thermales, 10 bassins de tailles et formes différentes (dont 3 couverts), bien intégrés au calme du lieu. Certains, dans des grottes artificielles voûtées, sont reliés entre eux par d'étroits passages de 50 cm de largeur. L'eau atteint les 35-40 °C et s'écoule alors du plafond dans une chaleur tropicale. Il peut être agréable d'y passer une journée (chaude, de préférence) pour profiter pleinement du site. Pour les routards non motorisés, penser au cadenas pour mettre vos affaires dans les casiers (sinon, en vente à la boutique : 50 $Me). Pensez aussi à la serviette *(200 $Me sur place).*

Atotonilco : *à 15 km de San Miguel, après les sources chaudes, sur la route 51 direction Dolores Hidalgo (fléché sur la gauche). Pour y aller, minibus blanc et violet (indiquant « Santuario ») ttes les heures depuis la Calzada de la Luz (hors plan par B1,* ***3****), au bout de la calle Relox, à 10 mn à pied de la place principale.* Dans le centre du village du même nom, l'église du XVIIIe s, blanche et massive, est remarquable pour ses murs et ses plafonds entièrement recouverts de fresques (inscrites au Patrimoine mondial par l'Unesco depuis 2008), mais aussi pour une tranche d'histoire chère aux Mexicains. En effet, c'est ici que Hidalgo, à la tête de son armée d'indépendantistes, retira de l'église le portrait de la Vierge de Guadalupe pour en orner sa bannière. La Guadalupe, patronne des Indiens, servit, du coup, d'étendard aux insurgés. Une petite chapelle lui est consacrée. Et, depuis, cette petite église accueille des pèlerins de tout le Mexique, en particulier lors de l'importante procession de la Semaine sainte. Dans la rue principale du village, qui vit grâce à ses visiteurs, quelques petits stands d'artisanat.

SAN LUIS POTOSÍ

825 000 hab. IND. TÉL. : 444

• Plan *p. 442-443*

Située à 1 880 m d'altitude, San Luis Potosí conserve quelques restes de son glorieux passé colonial. Pourtant, elle ne rivalise pas de charme face à ses splendides voisines. Et pour cause, un grand nombre de ses monuments historiques ont été accaparés par des boutiques en tout genre, ce qui gâche franchement le plaisir de la balade. Malgré tout, certaines places bordées de monuments, de nobles édifices coloniaux et d'imposantes églises s'avèrent plaisantes, d'autant que San Luis est une ville animée.

UN PEU D'HISTOIRE

Au moment de la conquête, la région était habitée par les rudes tribus nomades chichimèques. Les moines franciscains débarquèrent les 1ers vers 1589 (soit presque 70 ans après la chute de l'Empire aztèque) et fondèrent entre autres la mission de San Luis (en hommage à Saint Louis, roi de France). La découverte de riches gisements argentifères et des mines d'or firent accourir les colons espagnols et les Indiens furent soumis et envoyés aux mines. En 1792, la ville fut fondée officiellement et l'on ajouta fièrement le mot « Potosí », en référence aux fameuses mines de Bolivie (*potosí* signifie « grande richesse » en quechua).

Arriver – Quitter

En bus

Voir la liste des principales compagnies et leurs coordonnées dans la rubrique « Transports » du chapitre « Mexique utile ».

Central de autobuses *(hors plan par C2,* ***1****)* ***:*** *situé sur la route 57, en direction de Querétaro, à 2-3 km du centre. ☎ 818-46-03.* Consignes à bagages, bureau de change, distributeur de billets, etc.

– ***Liaisons avec le centre-ville :*** depuis la gare routière, prendre le bus urbain *Ruta 6* (ttes les 5 mn, 6h-22h) au bord de la route, de l'autre côté du parking et s'arrêter à *Chicosein,* vous n'êtes plus qu'à quelques minutes à pied de la *plaza de Armas.*
Dans l'autre sens, prendre le même bus calle Constitución *(plan C2,* ***2****).*

➢ ***Querétaro :*** ttes les heures (quasi 24h/24) avec *Primera Plus,* 10 bus/j. (1h-23h) avec *ETN.* Trajet : 2h45.

➢ ***Mexico (Norte) :*** ttes les heures 24h/24 avec *Primera Plus* ou *ETN.* Trajet : 4h45-5h30.

➢ ***Guadalajara :*** env 14 bus/j. (0h15-23h) avec *Primera Plus* 6 bus avec *ETN.* Trajet : 4h45-5h20.

➢ ***Morelia :*** 10 bus/j. (1h30-23h) avec *Primera Plus.* Trajet : 6h-6h40.

➢ ***Uruapán :*** 3 bus/j. (1h30, 5h50 et 23h45) avec *Primera Plus.* Trajet : 10h.

➢ ***Puerto Vallarta :*** 1 bus/j. (à 23h) avec *Primera Plus* et 1 bus/j. (à 2h30) avec *ETN.* Trajet : 10h15-30.

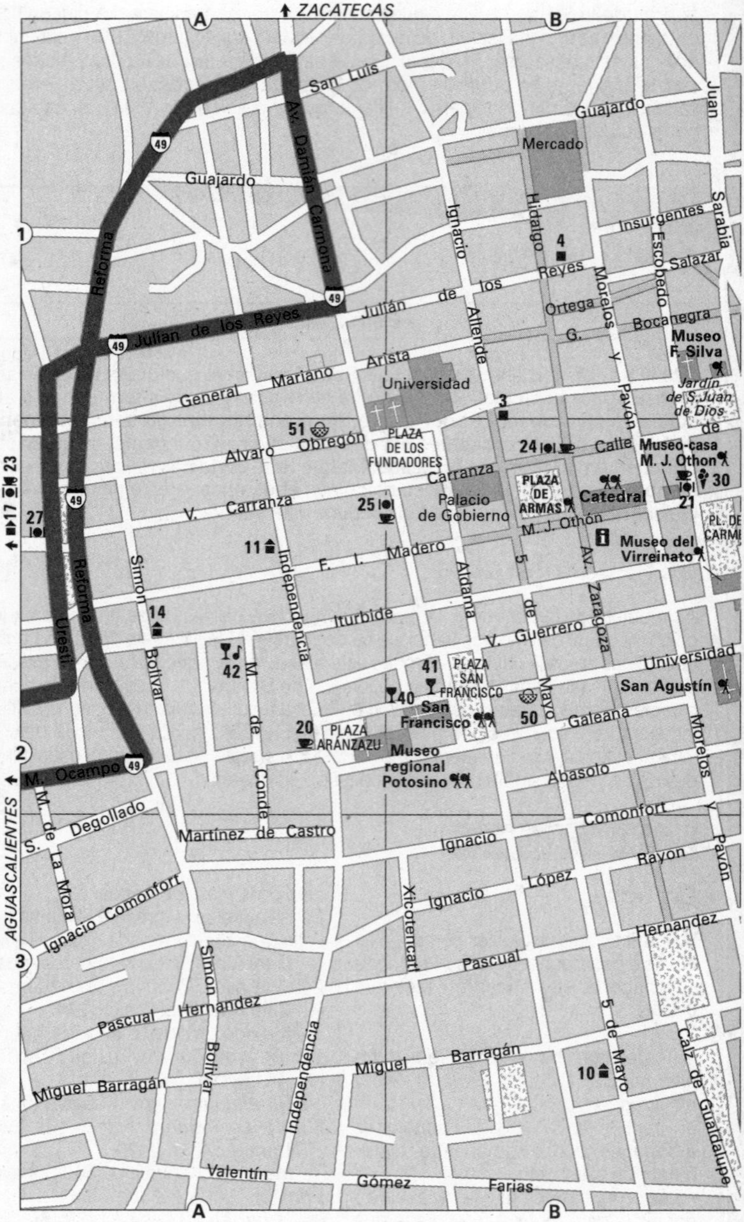
ZACATECAS
AGUASCALIENTES
A
B
1
2
3
San Luis
Guajardo
Av. Damián Carmona
Mercado
Juan
Sarabia
Insurgentes
Hidalgo
Ignacio
Allende
Reforma
Reyes
Salazar
Julián de los Reyes
Ortega
Morelos y Pavón
Escobedo
Bocanegra
G.
Museo F. Silva
General Mariano Arista
Universidad
Jardín de S.Juan de Dios
51
Alvaro Obregón
PLAZA DE LOS FUNDADORES
3
4
24
Calle de
Museo-casa M. J. Othon
30
21
23
17
27
V. Carranza
25
Carranza
Palacio de Gobierno
PLAZA DE ARMAS
Catedral
M. J. Othón
PL. DE CARMEN
11
Museo del Virreinato
Simon Bolivar
Independencia
F. I. Madero
Aldama
5 de Mayo
Av. Zaragoza
14
Iturbide
Uresti
V. Guerrero
42
M. de Conde
41
PLAZA SAN FRANCISCO
Universidad
San Agustín
40
San Francisco
50
Galeana
20
PLAZA ARANZAZU
Museo regional Potosino
M. Ocampo
Abasolo
M. de La Mora
S. Degollado
Martínez de Castro
Comonfort
Ignacio
Rayon
Ignacio López
Ignacio Comonfort
Xicotencatl
Hernandez
Pascual
Simon Bolivar
Pascual Hernandez
Independencia
Miguel Barragán
10
Calz de Guadalupe
Valentín Gómez Farias
49

■ Adresses utiles

- Secretaría de Turismo (B2)
- 1 Central de autobuses (hors plan par C2)
- 2 Bus urbain (C2)
- 3 Banque Banamex (B1-2)
- 4 Change (B1)

Où dormir ?

- **10** Corazón de Xoconostle Hostal (B3)
- **11** Hostal Chesal (A2)
- **12** Casa Catalina (C3)
- **14** Hikuri Eco Hostal (A2)
- **17** Hotel Real Plaza (hors plan par A2)

Où manger ? Où prendre un petit déjeuner ?

- **20** Cafe Cortao (A2)
- **21** Las Delicias (B2)
- **23** Rincón Huasteco (hors plan par A2)
- **24** La Posada del Virrey (B2)
- **25** Restaurante La Parroquia (A-B2)
- **27** Cielo Tinto (A2)

Où s'offrir une bonne glace ?

- **30** Tucky-Tucky (B2)

Où boire un verre ? Où sortir ?

- **40** Luna Café (A-B2)
- **41** La Oruga y La Cebada (B2)
- **42** Rockabilly Rebel Bar (A2)

Achats

- **50** Casa Grande (B2)
- **51** La Casa del Artesano (A2)

SAN LUIS POTOSÍ

En avion

✈ ***Aéroport*** *(hors plan par C2)* ***:*** *à env 10 km au nord, par la route de Matehuala. En taxi, compter 100-150 $Me jusqu'au centre-ville.* Vols directs pour **Mexico, Monterrey, Puerto Vallarta** et **Dallas.**

Adresses utiles

Certaines rues du centre historique portent encore la plaque de leur ancien nom. Ne tenez compte que de la plus grosse des 2 plaques.

ℹ ***Secretaría de Turismo*** *(plan B2)* ***:*** *M. J. Othon 130, à droite en entrant dans le palacio municipal.* ☎ *812-99-39.* • *visitasanluispotosi.com* • *Lun-ven 8h-21h, w-e 10h-17h.* Donne un bon plan de la ville. Personnel serviable.

■ ***Distributeurs 24h/24*** *(plan B1-2,* ***3****)* ***:*** ***Banamex,*** *angle Álvaro Obregón et Allende, à 1 bloc de la pl. de Armas.*

■ ***Change*** *(plan B1,* ***4****)* ***:*** casas de cambio *regroupées sous les arcades de la rue Julián de los Reyes, entre Hidalgo et Morelos. La plupart ouv tlj 9h-20h sauf dim.*

Où dormir ?

De bon marché à prix moyens (moins de 800 $Me / env 38 €)

🏠 ***Corazón de Xoconostle Hostal*** *(plan B3,* ***10****)* ***:*** *5 de Mayo 1040.* ☎ *243-98-98.* • *corazondexoconostle.com* • *Nuitée en dortoir 160-210 $Me/pers, doubles 320-500 $Me.* On reconnaît cette AJ à sa façade gris foncé aux touches de vert. Passé la porte, on découvre une maison ancienne joliment restaurée. À peine 5 chambres dont 3 dortoirs de 6 à 8 lits, petits mais bien agencés, et 2 jolies doubles (l'une avec salle de bains) de bonne taille. Au milieu, une petite cour aux tonalités orange avec quelques tables, parasols et arbres fruitiers. Cuisine équipée à disposition et prêt de vélos. Bon accueil.

🏠 ***Hikuri Eco Hostal*** *(plan A2,* ***14****)* ***:*** *Iturbide 980.* ☎ *814-76-01.* • *hikuri hostel.com.mx* • *Nuitée en dortoir 120-180 $Me/pers, doubles 380-450 $Me.* On est accueillis par une camionnette en guise de réception ! Elle annonce la couleur : ici, la déco est faite de bric et de broc. Sur 2 niveaux, 4 dortoirs assez vastes de 4-8 lits, 2 chambres doubles (dont une sans salle de bains), le tout très bien tenu. Salon TV tout coloré avec des pneus de voiture en guise de sièges, cuisine, petite cour pour les fumeurs et terrasse sur le toit. Une adresse pour *backpackers.*

🏠 ***Hostal Chesal*** *(plan A2,* ***11****)* ***:*** *Independencia 940.* ☎ *812-57-25.* • *hostalchesal.com* • *Nuitée en dortoir 150 $Me/pers, double (sans sdb) 250 $Me.* Derrière un bâtiment rouge-oranger se cache une AJ pour routards à la déco extravagante : ses moindres recoins sont peinturlurés de dessins colorés et psychédéliques, jusque dans les chambres. Là-dedans, 3 dortoirs (2 non mixtes et un mixte), une cuisine commune, des salons et même 2 petites terrasses. Plus loin, toutes réparties en hauteur, des chambres privées (sans salle de bains) sommaires mais très peu chères. L'ambiance est agréable, on s'y sent bien ! Vous croiserez peut-être l'artiste qui a réalisé à lui seul toute la déco...

De chic à très chic (800-1 600 $Me et plus / env 38-76 €)

🏠 ***Casa Catalina*** *(plan C3,* ***12****)* ***:*** *Arteaga 270.* ☎ *810-02-61* • *casa catalina.com.mx* • *Doubles 1 550-1 700 $Me (réduc si long séjour), petit déj et parking inclus.* En plein quartier de San Sebastián, à environ

LES VILLES COLONIALES

15 mn à pied du centre-ville, voilà une belle maison coloniale profitant du calme résidentiel de la zone. Charmant patio qui fait lien entre les 3 chambres seulement, décorées avec goût. Jardin et petite piscine. Pour un séjour romantique...

Hotel Real Plaza *(hors plan par A2, **17**)* **:** *V. Carranza 890. ☎ 814-69-69. • realplaza.com.mx • À 15 mn à pied du centre. Double env 900 $Me.* Changement d'ambiance et de style avec cette tour en verre de 14 étages ! Un peu excentré, dans un quartier assez aisé. Chambres avec moquette, équipées confortablement et au style légèrement rétro. Attention, pas de clim et pour les chambres exposées sud, ça chauffe ! Préférez quand même une chambre située dans les étages supérieurs : vue vertigineuse sur la ville (pas magnifique pour autant). Fitness et piscine sur le toit en saison. Accueil pro. Très bien pour le prix !

Où manger ? Où prendre un petit déjeuner ?

De bon marché à prix moyens (moins de 300 $Me / env 14,30 €)

Las Delicias *(plan B2, **21**)* **:** *Escobedo 405. ☎ 814-46-64. Tlj 8h-17h, 18h15-21h30 sauf lun.* Une bonne option que ce petit resto ouvert sur une rue de l'hyper-centre. On s'attable dans la salle mignonne et colorée, à haut plafond. Au menu, des plats typiques, simple et copieux, à prix tout doux : *tacos, gringas, enchiladas, molletes,* guacamole... Service efficace.

Cafe Cortao *(plan A2, **20**)* **:** *Independencia 1150. ☎ 128-81-72. Tlj, sauf dim, 8h30 (9h30 sam)-13h30, 17h-21h30.* La salle informelle, en duplex, avec ses tables et chaises en plastoc, n'impressionne guère mais c'est l'une des meilleures adresses où prendre le petit déj à San Luis ! On compose son *desayuno* soi-même ou l'on opte pour les œufs couverts de sauce, comme seuls les Mexicains savent le faire... Le soir, l'endroit a moins d'intérêt.

Rincón Huasteco *(hors plan par A2, **23**)* **:** *Cuauhtémoc 232 ; à l'angle de Tres Guerras (au bout à gauche de la rue qui débute face à l'hôtel Real Plaza). ☎ 814-60-03. Tlj 8h-22h.* Un rendez-vous des familles, surtout le week-end. Petite salle moderne aux murs blancs ponctués de quelques fresques de couleurs vives. Au menu, un choix varié de plats, depuis les plus classiques en passant par les salades composées, jusqu'aux bonnes viandes à la plancha. L'accueil est sympathique et le moment agréable, dommage que l'adresse soit un peu excentrée.

La Posada del Virrey *(plan B2, **24**)* **:** *pl. de Armas. ☎ 812-32-80. Tlj 7h-minuit.* Dans le vaste patio à arcades d'une maison historique (l'une des plus anciennes, encore debout, de la ville), construite en 1736. Sans marquer les esprits, la cuisine mexicaine se défend, avec des plats typiques tels que la *crema de elote* (maïs) ou les enchiladas *potosinas.* Petit déj-buffet aussi le week-end. Surtout bien pour sa situation on ne peut plus centrale, sa terrasse agréable aux beaux jours et son accueil sympathique.

Restaurante La Parroquia *(plan A-B2, **25**)* **:** *Carranza 303. ☎ 812-66-81. Tlj 7h-minuit.* Grande salle kitsch façon cafét', aux hautes baies vitrées donnant sur la plaza de los Fundadores. Toutes les générations s'y côtoient en grand nombre sur les banquettes en skaï marron. Au programme : buffets pour le petit déj et le dîner et, entre les 2, une *comida corrida* peu ruineuse. Préférer ces options aux plats à la carte, moins convaincants. Joueur de synthé le week-end en soirée. Bonne ambiance, familiale.

Plus chic (300-500 $Me / env 14,30-24 €)

Cielo Tinto *(plan A2, **27**)* **:** *Carranza 700. ☎ 814-00-40. Tlj 8h-23h* *(minuit ven, 18h dim).* Un resto chic mais encore abordable, très prisé des *Potosinos* plus aisés. L'endroit est vaste, avec plusieurs salles aux murs de pierre distribuées autour d'un patio avec fontaine et colonnes, le tout baignant dans une lumière tamisée. Au menu, une cuisine mexicaine-internationale soignée, avec des viandes et poissons savoureux. Musique tous les soirs et chaude ambiance bruyante et animée.

Où s'offrir une bonne glace ?

Tucky-Tucky *(plan B2,* ***30****) : Manuel José Othon 315. Tlj 9h (plus tard le w-e)-22h.* Plus d'une vingtaine de parfums et un grand choix de yaourts à déguster autour de la tranquille fontaine de la plaza del Carmen. À côté, le ***SanMy,*** autre glacier *potosino,* propose aussi de bonnes glaces (goûtez à l'amaretto).

Où boire un verre ? Où sortir ?

Luna Café *(plan A-B2,* ***40****) : Universidad 155. ☎ 812-44-14. Tlj 13h-23h30.* Un bar-salon de thé très prisé de la jeunesse de San Luis. On profite des salles intimes et joliment décorées pour conter fleurette, en sirotant un café *especial,* un chocolat chaud servi dans une tasse en terre cuite, une liqueur ou un cocktail fruité à base de tequila. Les plus romantiques optent sans hésiter pour la terrasse sur le toit, avec superbe vue sur le dôme de l'église San Francisco.

La Oruga y La Cebada *(plan B2,* ***41****) : Universidad 169. ☎ 812-45-08. Tlj 12h-minuit (22h dim-lun).* Dans une rue animée le soir, il s'agit en fait d'un bar-brasserie brassant ses propres bières (essayez la « 1810 », une blonde savoureuse), à déguster par exemple avec l'une de leurs tapas, pas mauvaises ! Le cadre est vraiment sympa : salle aux murs de pierre ouverte sur la rue, garnie de tables et banquettes en bois ou, le clou du spectacle, la terrasse sur le toit, vaste et en partie couverte. Service jeune. L'un de nos endroits préférés pour descendre une mousse.

Rockabilly Rebel Bar *(plan A2,* ***42****) : Iturbide 925. Jeu-sam 21h-3h.* Dans une maison de 2 étages, qui baigne dans une lumière rougeâtre, relativement calme le jeudi (encore que !), l'ambiance devient électrique les vendredi et samedi vers 23h, quand démarrent les concerts de rock ou de pop (petit droit d'entrée)... Atmosphère trash pas méchante et clientèle de tous âges.

Achats

En matière d'artisanat et de textile, l'État de San Luis Potosí produit de belles *cajas taraceadas* (boîtes incrustées de motifs colorés) et des *rebozos,* ces mantilles typiquement mexicaines.

Casa Grande *(plan B2,* ***50****) : Universidad 220. À 2 pas de la pl. San Francisco. Lun-sam 10h-20h, dim 10h-17h.* Joli panorama de l'artisanat traditionnel de Potosí : poteries, vanneries, objets en bois, cuir, produits bio (café, miel, liqueurs) et les fameux *rebozos* et *cajas taraceadas...* Un bon plan pour faire le plein de souvenirs intelligemment, car l'argent est reversé directement aux artisans.

La Casa del Artesano *(DIF ; plan A2,* ***51****) : Álvaro Obregón 520. Lun-ven 8h-15h, 16h-19h, sam 10h-16h ; fermé dim.* Version un peu plus chic que la *Casa Grande,* avec une offre très variée de produits de la région, y compris alimentaires.

À voir

➢ Possibilité de parcourir le centre historique à bord d'un ***bus touristique.*** *Départs en face de la cathédrale. 6 départs/j. 10h-21h. Compter 45 mn de circuit et 80 $Me/pers ; réduc.*

Catedral *(plan B2)* **:** *tlj 7h30-14h, 16h30-20h.* Construite en pierre rose à la fin du XVIIe s, c'est l'une des plus belles églises baroques de la région. À l'intérieur, de grandes voûtes gothiques couvertes de dorures soutiennent un magnifique plafond peint en bleu qui diffuse une lumière subtile. À l'entrée, belles statues de style réaliste du roi Saint Louis et de saint Sébastien. D'autres sculptures intéressantes le long des 2 travées, notamment un *Christ penseur.* Belle coupole au-dessus du chœur. Elle borde la ***Plaza de Armas,*** arborée et dotée de belles proportions, au centre de l'animation le week-end. La cathédrale et le palais municipal font face au *palacio de Gobierno.* De style néoclassique, ce dernier a été érigé en 1770. Petite boutique d'art sacré sur le côté, en face de l'office de tourisme.

Templo del Carmen *(plan C2)* **:** *sur la place du même nom.* L'église, de facture indigène comme disent les spécialistes, présente une façade churrigueresque du XVIIIe s incroyablement chargée et percée d'un magnifique vitrail. L'intérieur est particulièrement original, regroupant 2 retables de styles différents, dont un naïf assez extraordinaire peint en blanc et beige, où dansent des angelots colorés dans toutes sortes de postures saugrenues ! Au fond à gauche, superbe chapelle baroque.

Museo del Virreinato *(plan B2)* **:** *dans l'ancien couvent accolé au templo del Carmen. • museodelvirreinato.org • Mar-sam 10h-18h30, dim 10h-16h30. Entrée : 15 $Me, gratuit mar.* Le bâtiment, un ancien couvent de carmélites du XVIIIe s superbement restauré, abrite un joli patio arboré orné de belles colonnades rouges. Hélas, la collection permanente est assez pauvre et la muséographie peu vivante. Expo sur l'ancien couvent et l'ordre carmélite ; minisalle à propos du royaume de la Nueva España ainsi que des peintures de saints et de vierges du XVIIIe s, des fragments de retables anonymes, une curieuse collection de clés et d'éperons en fer forgé et une salle présentant le tissage du *rebozo* régional. Également des expos temporaires tournant autour de l'époque de la vice-royauté au Mexique.

À côté du museo del Virreinato, sur la plaza del Carmen, s'élève l'imposant ***teatro de La Paz*** *(plan B-C2),* construit à la fin du XIXe s dans un style néoclassique (les amateurs qui maîtrisent la langue de Cervantès pourront assister à une représentation, car le théâtre ne se visite pas).

En face du théâtre, le ***museo de la Máscara*** *(• museonacionaldelamascara.com • Ouv dim-lun 10h-15h, mar-ven 10h-18h, sam 10h-17h ; entrée : 20 $Me, réduc, gratuit mar)* présente sans surprise une collection de masques traditionnels funéraires, de danse, de diables, d'animaux, de mort, etc. Ceux qui ont visité le musée Rafael Coronel de Zacatecas (voir ce chapitre) pourront s'en passer.

Plaza del Mariachi *(plan C1)* **:** vision assez insolite en fin de journée : des grappes de musiciens costumés en mariachis battent le pavé, attendant d'être embauchés pour animer une soirée.

Templo San Agustín *(plan B-C2)* **:** bâti au XVIIe s dans un style baroque par les moines augustins pour y loger leurs missionnaires, il fut rénové au XIXe s à la manière néoclassique. Il se distingue par son superbe clocher sculpté aux penchants churrigueresques. Le parvis est planté de quelques arbres et creusé d'une fontaine.

Templo de San Francisco *(plan B2)* **:** *sur la place du même nom.* Belle coupole recouverte d'azulejos et façade baroque datant de la fin du XVIIe s.

À l'intérieur, un magnifique plafond peint d'un bleu divin et de nombreux tableaux anciens (Cabrera, Antonio de Torres...). Sur la gauche du *templo,* mignonne petite église presbytérienne bâtie au XIXe s. Quant à la ***plaza San Francisco,*** notre préférée, elle est vraiment jolie avec sa grande fontaine au centre, de nombreux arbres pour flâner à l'ombre et de beaux bâtiments coloniaux tout autour, le tout délicatement mis en valeur à la nuit tombée. Dans le coin, nombreux bars pour sortir.

Museo regional Potosino *(plan A-B2)* **:** *pl. de Aranzazu ; derrière l'église San Francisco. ☎ 812-03-58. Tlj 9h-18h sauf lun. Entrée : 55 $Me, réduc ; gratuit dim.*
Dans un ancien couvent franciscain fondé vers 1590, un musée consacré aux civilisations préhispaniques. Au rez-de-chaussée, sculptures, poteries, céramiques et objets artisanaux des peuples mayas, aztèques, zapotèques, huastecos, totonacos, mexicas et autres cultures méso-américaines... Il est possible de toucher certains de ces objets ou instruments de musique, mis en évidence. Des expos temporaires également.
Mais à notre sens, ce qui fait l'intérêt du lieu se trouve plutôt au 1er étage : la ***capilla de Aranzazu.*** Un chef-d'œuvre de l'art churrigueresque. Cette chapelle construite en 1748 était réservée à l'usage personnel des franciscains. Vraiment surprenante avec ses ornements de stuc peints en rose et turquoise, soulignés de dorures. Dans un espace à gauche (accès à l'entrée ou au fond de la chapelle), quelques tableaux d'art sacré, ainsi qu'un drôle de christ du XVIIIe s, dont la structure en bois est couverte de pâte de maïs et de stuc, puis peinte, lui donnant presque l'aspect du bois. Au passage, on notera aussi les 3 énormes coffres-forts en fer à l'astucieuse fermeture, qui servaient à stocker l'or des mines environnantes.
Enfin, en sortant du musée, ne manquez pas de jeter un œil aux photos exposées sous les arcades du bâtiment, à droite. Il s'agit de clichés (régulièrement renouvelés) puisés dans les archives du musée, montrant les villes et villages de l'État de Potosí au XXe s.

Museo-casa Manuel José Othon *(plan B2)* **:** *Manuel José Othon 225. ☎ 812-74-12. Lun-ven 10h-18h. Fermé le w-e. Entrée : 5 $Me.* La maison natale de Manuel José Othon (qui ?), poète et dramaturge potosinien (ahhh...) né en 1858. Avocat de profession, il consacra sa vie aux lettres et accéda au panthéon des poètes avec son *Himno de los Bosques,* ses *Poemas Rústicos* et son *Idilio Salvaje.* Belle petite demeure, bien qu'assez austère, organisée autour de 2 petits patios. Les pièces, toutes meublées, ont la particularité de ne pas être reliées entre elles, la cuisine et la salle de bains étant même reléguées au fond de la 2e courette. Quelques tableaux et photos de l'artiste à la petite moustache retroussée.

Museo Federico Silva *(plan B1)* **:** *Obregón 80, face au jardín de San Juan de Dios. ☎ 812-38-48. • museofedericosilva.org • Lun-sam 10h-18h, dim 10h-14h. Fermé mar. Entrée : 30 $Me, gratuit dim.* Musée d'art contemporain installé dans l'ancien hôpital et couvent de l'église Juan de Dios, devenu école au siècle dernier. Il abrite les mystérieuses et géométrisantes sculptures de pierre de Federico Silva, ainsi que des sculpteurs contemporains de renommée internationale. À l'étage, expositions temporaires.

Museo del Ferrocarril *(plan C1)* **:** *Chicosein. ☎ 812-42-10. • museodelferrocarril.gob.mx • Tlj 9h (11h le w-e)-17h. Fermé lun. Entrée : 40 $Me, réduc, gratuit mer.* L'ancienne gare de passagers de San Luis, qui fonctionna jusqu'en 1997, a été reconvertie en un musée du chemin de fer, avec des expos tournantes sur le train, son histoire et son développement dans divers pays. On peut aussi visiter quelques vieux wagons posés sur les voies à l'arrière du bâtiment.

Fêtes et manifestations

Infos sur : • *agendasanluis.com* •

– ***Festival de San Luis :*** *mi-oct, pdt 1 sem.* Riche programme : concerts de musique classique, spectacles de danse, expos d'art contemporain, cinéma, etc. Concerts symphoniques gratuits sur les plaza de Armas et plaza de los Fundadores.

– Si vous avez la chance de vous trouver là pour la ***Semana santa*** et en particulier le Vendredi saint, vous assisterez à la procession du silence, un événement impressionnant où des milliers de participants (parmi lesquels des pénitents) défilent dans les rues en portant des scènes reconstituées de la vie du Christ. Durant toute la semaine, spectacles, concerts et animations dans le centre historique.

– ***Muestra internacional de Cine :*** *autour de la 2de quinzaine de mai. Infos auprès de la* Secretaría de Cultura *(jardín Guerrero 6).* Intéressante programmation de films internationaux.

– ***Festival internacional de danza « Lila López » :*** *pdt 2 sem fin juil, début août.* Spectacles de danse contemporaine assurés par des compagnies mexicaines et étrangères. Nombreuses représentations au théâtre de La Paz.

– ***Feria nacional potosina :*** *pdt 3 sem en août.* Au sud de la ville, un vaste espace consacré au commerce, à l'agriculture et au tourisme de l'État de San Luis. Nombreuses animations, notamment d'importants combats de coqs, et gigantesque fête foraine.

– ***Fiesta de San Luis :*** *25 août.* Pour clore la feria. Très populaire, elle célèbre le saint patron de la ville, roi de France. Au programme, parades de chars, musique, danses folkloriques et feux d'artifice.

ZACATECAS

env 146 000 hab. IND. TÉL. : 492

• Plan *p. 451*

Isolé au milieu d'un paysage aride et rocailleux, Zacatecas, petit joyau de l'architecture coloniale, se cache parmi les collines désertiques, à 2 500 m d'altitude. Si les Espagnols ont bravé les éléments pour venir s'installer ici à la fin du XVIe s, c'est que le sous-sol regorge d'argent et, depuis très longtemps, les mines ont assuré la prospérité de la ville et de ses habitants.

Pour apprécier pleinement cette jolie ville inscrite au Patrimoine mondial de l'Unesco, il faut prendre le temps de la découvrir, à pied, au gré des ruelles pentues, escaliers escarpés, petites places arborées et recoins pleins de charme... La pierre rose des édifices, appelée « cantera rosa », se détache sur le ciel bleu, les petites maisons colorées grimpent à l'assaut des collines, le nom des enseignes se peint sur les murs des boutiques. Au coucher du soleil, de splendides éclairages subliment les monuments historiques du centre historique.

Mais Zacatecas n'est pas non plus une ville-musée figée dans l'histoire. Vivante, estudiantine et populaire, elle cultive une offre culturelle riche, avec des musées de qualité, des théâtres, un cinéma d'art et d'essai, des spectacles, des concerts, sans oublier une jeunesse énergique et fêtarde qui investit les rues, avant de s'établir dans les bars et clubs jusque tard dans la nuit. Les habitants de Zacatecas sont fiers de leur ville, à juste titre.

UN PEU D'HISTOIRE

« De l'argent ! » Attirée par les rumeurs, la petite expédition menée par Juan de Tolosa arrive dans cette région inhospitalière en 1546. Celle-ci est déjà habitée depuis bien longtemps par des tribus nomades chichimèques, les Zacatecos, qui s'opposent farouchement aux conquistadores. Mais la ***découverte des filons d'argent*** attire de plus en plus d'Espagnols. Le développement urbain s'accélère, au point que Zacatecas devient, au cours du XVIe s, la 2e ville la plus peuplée du Nouveau Monde après Mexico. Et les ordres religieux d'accourir, faisant de Zacatecas le point de départ de l'évangélisation du nord du pays.
Au XVIIIe s, la ville connaît son ***apogée économique.*** Elle produit alors 20 % de l'argent de la Nouvelle-Espagne. À cette époque, les riches exploitants miniers rivalisent d'orgueil en faisant construire d'imposantes demeures coloniales, et de nombreux édifices publics sont bâtis : églises, couvents, collèges, hôpitaux... Après la révolution mexicaine, l'exploitation des mines reprend. Aujourd'hui encore, la région reste le ***1er producteur d'argent du pays*** (sur les villes argentifères, voir aussi Guanajuato et Taxco).

Arriver – Quitter

En bus

Voir la liste des principales compagnies et leurs coordonnées dans la rubrique « Transports » du chapitre « Mexique utile ».

Central de autobuses *(hors plan par A3,* ***1****)* ***:*** *en bordure de la ville, à env 2 km au sud du centre.* Pour rejoindre le centre, bus fréquents (*Ruta* 7 et *Ruta* 8), qui passent par la rue Gonzalez Ortega *(plan A3).* En taxi, compter 40 $Me. Sur place, on trouve consigne à bagages, distributeur de billets et petite restauration.

➢ ***Guadalajara :*** 13 bus/j. 1h55-23h30 avec *Transportes Chihuahuenses/Futura.* 11 bus/j. (2h15-21h30) avec *ETN* et 2 bus/j. avec *Transportes del Norte.* Trajet : 4h45-6h20.

➢ ***San Luis Potosí et Querétaro :*** env 17 bus/j. (2h15-22h) avec *Chihuahuenses/Futura.* Pour Querétaro seulement, 10 bus/j. 3h-minuit avec *ETN.* Trajet : respectivement 3 et 5-6h.

➢ ***Mexico*** *(terminal Norte)* ***:*** 10 bus/j. (12h-23h) avec *Chihuahuenses,* et 18 bus/j. (14h30-21h) avec *ETN.* Trajet : 8h.

➢ ***Morelia :*** bus à 4h45 avec *Chihuahuenses.* Trajet : env 8h.

➢ Également pas mal de bus pour ***Chihuahua*** et ***Aguacalientes,*** et un départ pour ***Puerto Vallarta*** (avec *Chihuahuenses*) et quelques bus pour ***Monterrey*** (avec *ETN*).

En avion

✈ ***Aeropuerto internacional :*** *à 25 km au nord de la ville. Compter 400 $Me en taxi. Sur place, petites boutiques et loueurs de voiture.*

➢ Vols quotidiens pour ***Mexico*** et ***Tijuana.*** Dessert également quelques villes américaines (Dallas, Los Angeles et Chicago).

Adresses utiles

Office de tourisme *(plan B2)* ***:*** *pl. de Armas 64. ☎ 924-40-47. Autre bureau dans la rue G. Ortega (plan A3). • zacatecastravel.com • Dans le* palacio de Gobierno, *en entrant à gauche. Tlj 9h-19h (15h dim).* Différents plans thématiques du centre-ville, bien réalisés, et infos sur la région. Bon accueil.

■ ***Banque Santander*** *(plan B2,* ***3****)* ***:*** *Hidalgo 320-321. Distributeurs 24h/24. Bureaux lun-ven 9h-16h, fermé w-e.* Change également. Mêmes services à la ***Banamex,*** dans la même rue.

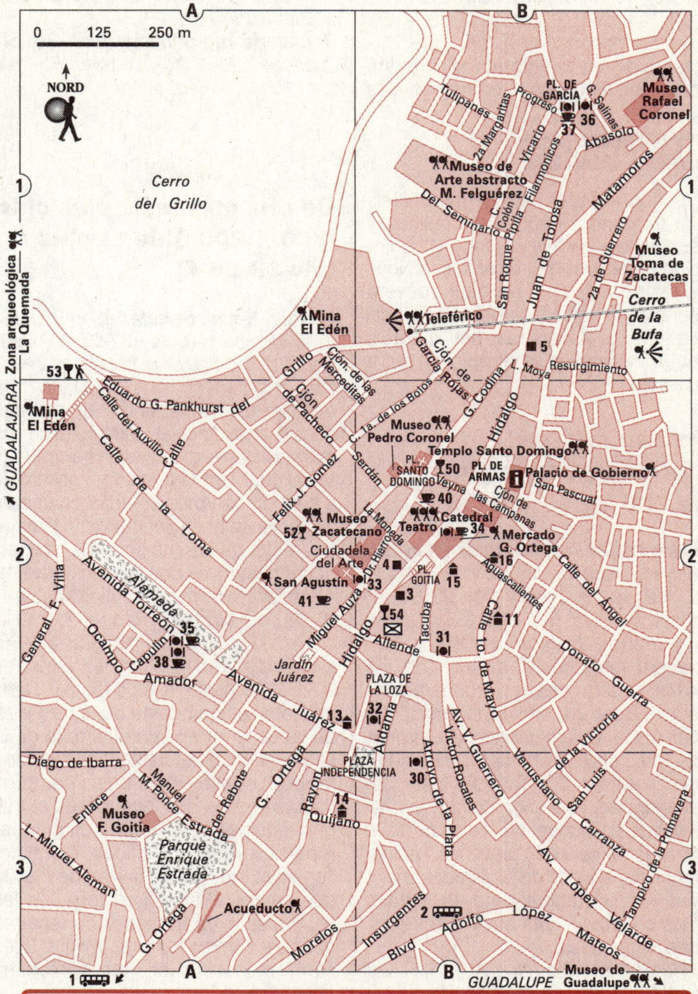

ZACATECAS

Adresses utiles

- Office de tourisme (B2)
- 1 Central de autobuses (hors plan par A3)
- 2 Combis pour le museo de Guadalupe et la zona arqueológica La Quemada (B3)
- 3 Banque Santander (B2)
- 4 City Tours Zacatecas (B2)
- 5 Laverie Indio Triste (B1)

Où dormir ?

- 11 Casa Torres (B2)
- 13 Hotel Condesa (A2)
- 14 El Refugio de Don Carlos (A3)
- 15 Hotel Reyna Soledad (B2)
- 16 Hostal Cielito de María (B2)

Où manger ? Où prendre un petit déjeuner ?

- 30 Mercado Arroyo de la Plata (B3)
- 31 Gorditas Doña Julia (B2)
- 32 Mercado Codina (B2)
- 33 Karnes en su jugo (A-B2)
- 34 Acrópolis (B2)
- 35 La Finca Serrano (A2)
- 36 Los Dorados de Villa (B1)
- 37 Taquería Wendy (B1)
- 38 El Recoveco (A2)

Où boire un bon café ?

- 40 El Rincón Zapatista (B2)
- 41 Il San Patrizio Caffè (A2)

Où boire un verre ? Où sortir ?

- 50 Niños Santos Café Galeria (B2)
- 52 Las Quince Letras (A2)
- 53 Club La Mina (A1)
- 54 La Casona (B2)

■ ***City Tours Zacatecas*** *(plan B2,* ***4****)* **:** *Hidalgo 413. ☎ 924-32-83. • citytourszac.com.mx • Tlj 10h-20h.* Différents tours thématiques (trésors coloniaux, légendes, etc.) dans la ville à bord de bus touristiques, et excursion à Guadalupe.

■ ***Laverie Indio Triste*** *(plan B1,* ***5****)* **:** *Juan de Tolosa 824. Lun-ven 8h-20h, sam 10h-20h. Fermé dim.*

Où dormir ?

Attention, les tarifs dans certains hôtels font un bond à Pâques, au milieu de l'été, pendant la *feria nacional* (1re quinzaine de septembre) et parfois à Noël. Le reste du temps, on peut souvent négocier un peu à la baisse. Petite particularité : à Zacatecas, peu d'hôtels ont un ascenseur, se renseigner avant si besoin.

De bon marché à prix moyens (moins de 800 $Me / env 38 €)

Hostal Cielito de María *(plan B2,* ***16****)* **:** *Aguascalientes 213. ☎ 921-11-32. Nuitée en dortoir env 230 $Me/pers, doubles 500-650 $Me.* Dans une grande maison du XIXe s fort joliment restaurée, 3 dortoirs de 6 à 14 lits superposés (et étonnamment hauts !) dont un féminin, un masculin et un mixte, et 4 chambres privées dont une avec salle de bains. L'ensemble, agencé autour d'un patio sur 2 étages, est charmant et de bon confort (excellente literie). Sympathique cuisine-salle à manger. Autant être prévenus, l'*hostal* étant situé à 2 pas de la vie nocturne, il peut y avoir du bruit dans les dortoirs et les chambres côté rue le week-end. Excellent accueil.

Hotel Condesa *(plan A2,* ***13****)* **:** *Juárez 102. ☎ 922-11-60. • hotelcondesazac.mx • Doubles 700-840 $Me.* Grand bâtiment de 3 étages en bordure du centre historique. Un rapport qualité-prix honorable car si les chambres affichent un style plutôt désuet, elles se révèlent agréables et impeccablement tenues, avec salle de bains et bons lits douillets. Certaines doubles ont même un petit coin salon chaleureux. Demandez-en une donnant sur la ruelle perpendiculaire à *Juárez (callejón del tráfico)* plutôt que les intérieures. Resto, pratique pour le petit déj. Accueil gentil.

De prix moyens à plus chic (800-1 200 $Me et plus / env 38-56 €)

Hotel Reyna Soledad *(plan B2,* ***15****)* **:** *calle Tacuba 170. ☎ 922-07-90. Doubles 1 000-1 600 $Me (réduc en basse saison). Parking gratuit.* Dans une demeure ancienne, un hôtel aménagé dans le style colonial : terre cuite au sol, murs de pierre, meubles en bois patiné, fer forgé, plantes à foison, l'ensemble a bien du charme. Grandes chambres à l'ancienne et chaleureuses, à l'image du reste de la maison. La plupart donnent sur l'un des 2 patios ouverts. Atmosphère calme et accueil affable.

Casa Torres *(plan B2,* ***11****)* **:** *1° de Mayo 325. ☎ 925-32-66. • hotelcasatorres.com • Doubles 1 100-1 700 $Me, avec petit déj.* Dans une jolie rue grimpante du centre-ville, de laquelle on aperçoit les toits de la cathédrale, un hôtel plutôt chic au bon rapport qualité-prix. Les chambres décorées dans des tons sobres et très bien équipées (TV, coffre, clim), sont réparties dans 2 édifices distincts, l'un étant plus récent (avec ascenseur) que l'autre. Préférez en tout cas les chambres avec terrasses ou fenêtres donnant sur les toits de la ville. Elles sont lumineuses et bien agréables. Accueil pro.

El Refugio de Don Carlos *(plan A3,* ***14****)* **:** *callejón de Quijano 309. ☎ 924-10-10. • elrefugiodedoncarlos.com • Studios 890-1 590 $Me.* Dans une ruelle au calme non loin de l'animation des marchés, une adresse sympathique qui conviendra aux budgets modérés, aux familles et bandes de copains. Ici, pas de charme colonial mais des petits studios modernes et fonctionnels avec clim, TV ainsi qu'un coin cuisine équipée de tout le nécessaire pour se préparer sa tambouille.

Également une *master suite*, vraiment spacieuse, pouvant accueillir jusqu'à 6 personnes. Préférez les chambres donnant sur l'extérieur plutôt que les intérieures. L'ensemble est d'une propreté irréprochable. Bon accueil.

Où manger ? Où prendre un petit déjeuner ?

Bon marché (moins de 150 $Me / env 7,10 €)

Mercado Arroyo de la Plata et mercado Codina (*plan B3*, **30**, *et B2*, **32**) **:** 2 marchés couverts, reliés l'un à l'autre par des ruelles bordées d'étals. Une bonne façon de tâter le vrai cœur de la ville. Un souk version mexicaine, populaire, grouillant, avec une foultitude de gargotes où manger pas cher, du moins au *mercado Arroyo de la Plata,* investi de petits *comedores* où dévorer tacos, enchiladas, soupes de *chivo* (cabris) et autres plats mexicains typiques en sauce (avec riz et *frijoles*) pour moins de 50 $Me. L'offre est moins variée au *mercado Codina* (entrée par *Aldama*), mais les étals de fruits et de légumes (notamment le nopal) valent le coup d'œil. D'autres stands proposent des jus de fruits frais.

Taquería Wendy (*plan B1*, **37**) **:** *sur la mignonne plazuela de García. ☎ 924-17-65. Tlj 10h-minuit.* Petite affaire familiale où déguster une savoureuse cuisine. Cuisine ouverte et odeurs alléchantes dès l'entrée. Menu différent en fonction du repas : *huevos al gusto* ou *quesadillas* pour le petit déj, *comida corrida* le midi (soupe suivie d'un plat de résistance) et tacos pour le dîner. Également toute la journée, des *pozoles, sopes* ou *enchiladas.* Atmosphère chaleureuse dans une salle colorée au mobilier en fer forgé, joliment décorée de soleils en céramique.

Karnes en su jugo (*plan A-B2*, **33**) **:** *San Agustín 204. ☎ 925-10-44. Tlj 13h-21h.* En face de l'église San Agustín, un petit resto toute en simplicité qui donne l'impression de manger chez l'habitant. En entrant, joli corridor fleuri. D'un côté, la cuisine ouverte, et de l'autre côté quelques tables réparties dans 2 salles communicantes. On y cuisine des plats de viande, du bœuf servi dans son jus, avec oignons finement coupés et haricots. Également, très bon *guacamole* et des *quesadillas...* tout ce qui calera une petite faim sans faire trop de mal au porte-monnaie. Service gentil.

Gorditas Doña Julia (*plan B2*, **31**) **:** *au nº 23 de la plaza avec la fontaine formée par Tacuba, Independencia et Guerrero. Tlj 8h-23h.* Les *gorditas* (« petites grosses ») sont de petites galettes de maïs à fourrer de la garniture de son goût. On coche son choix sur une fiche, puis on attend d'être servi, en observant du coin de l'œil les mains pétrir la pâte à coups de petites claques. Les garnitures sont nombreuses, de la classique *picadillo* (viande hachée, pomme de terre et carotte) à celles au fromage, aux *nopalitos* (légume de la famille des cactus), à la langue de porc et même au boudin aux épices... plutôt bon, mais surtout typique et pas très cher *(15-20 $Me l'unité).* Succursale dans l'avenue centrale *(Hidalgo 409, même carte et mêmes horaires).*

El Recoveco (*plan A2*, **38**) **:** *av. Torreón 513. ☎ 924-20-13. Tlj 8h30 (9h dim)-19h.* Juste en face de la *Alameda,* au bord d'une avenue passante. Le cadre est ordinaire, mais ce resto propose un bon buffet pour le *desayuno* suivi d'un autre, non moins appétissant, d'une dizaine de plats, pour le déjeuner. Rien de renversant, mais la qualité et les prix restent très honnêtes. Fréquenté par les gens d'ici, qui en ont fait leur cantine.

Prix moyens (150-300 $Me / env 7,10-14,30 €)

La Finca Serrano (*plan A2*, **35**) **:** *Torreón 519. ☎ 688-15-08. Tlj, sauf mar, 8h30 (9h dim)-18h.* Face à la *Alameda,* au 1er étage d'un petit immeuble, un resto fort élégant aux petites salles intimes avec parquet, nappes blanches, tableaux aux murs et lustres. Ici, on mise tout sur la qualité des produits et la recherche gustative des recettes de grands-mères, tout en innovant. Les plats au déjeuner sont copieux et délicieux. Très bien également pour un petit déj, à prix plus doux, avec *huevos al gusto, chilaquiles* et *enchiladas*. Service aux petits oignons.

Acrópolis *(plan B2, **34**) : à l'angle de Hidalgo et Rinconada de Catedral ; à côté du mercado G. Ortega. ☎ 922-12-84. Tlj 8h-22h.* Cafétéria rétro, avec banquettes en skaï et collection de cadres sur les murs, qu'on vous recommande surtout pour le petit déj à la carte (copieux !), ou pour une pause-café, glace ou gâteau en journée. On peut aussi y manger des plats classiques.

Los Dorados de Villa *(plan B1, **36**) : sur l'adorable plazuela de García 314. ☎ 922-57-22. Tlj 15h-1h (23h dim). Résa vivement conseillée ou attente presque assurée !* Ce superbe resto s'est choisi comme patronyme le surnom donné à l'armée du révolutionnaire Pancho Villa. La décoration, incroyablement riche, est elle aussi inspirée de la révolution mexicaine. Bien bonne cuisine régionale proposant, entre autres spécialités locales, le *pozole verde*, de délicieuses *enchiladas* ou encore des plats plus costauds comme le *chamorro de la Adelita* (jambonneau). La carte est au dos d'une reproduction d'un journal de 1923 annonçant la mort du légendaire voleur de bétail. Une petite institution, qui ne désemplit pas !

Où boire un bon café ?

El Rincón Zapatista *(plan B2, **40**) : callejón de Gómez Farias 111 B. Lun-sam 17h-20h30, fermé dim.* Petit café militant, engagé dans la diffusion des idées du mouvement rebelle zapatiste du Chiapas (lire le chapitre qui lui est consacré dans « Hommes, culture, environnement »). On y vend du café bio du Chiapas, des livres, de l'artisanat et des T-shirts à l'effigie du Che, d'Emiliano Zapata et du *subcomandante* Marcos, bien sûr. Très bonnes boissons chaudes à siroter dans la petite cafét', simple et agréable. Tous les bénéfices sont reversés à la cause. Pour une pause à coup sûr passionnante si vous engagez la conversation avec les membres du collectif.

Il San Patrizio Caffè *(plan A2, **41**) : Miguel Auza 310A. Lun-sam 9h-22h, dim 11h-21h.* On passe par le resto *The Milk* (et sa mignonne terrasse) pour rejoindre le café, tout au fond. Adorable pour faire une pause sucrée dans un lieu aux allures de café littéraire. Les salons sont cosy et l'on y sert du vrai bon café : cappuccino *de la casa, espresso breve*... les amateurs n'auront que l'embarras du choix ! Quelques pâtisseries également.

Où boire un verre ? Où sortir ?

Zacatecas s'éveille le soir, quand ses habitants se retrouvent dehors pour le *paseo*. Et en fin de semaine, c'est l'effervescence, il n'y a qu'à se balader dans le centre et se laisser porter par la musique des bars ou de la rue, quand des musiciens entraînent la foule sur des airs traditionnels.

Las Quince Letras *(plan A2, **52**) : Mártires de Chicago 309. ☎ 922-01-78. Lun-sam 13h-1h, fermé dim.* Passage obligé par ce bar antérieur de 14 ans à la prise de Zacatecas par Pancho Villa, avec toujours la même famille aux commandes ! L'intérieur est resté dans son jus, avec son carrelage, ses petites tables rondes et ses murs chargés de cadres. Ambiance extra, surtout lorsque les 2 chanteurs-musiciens, le soir venu, entonnent *los rurales* auprès des clients qui les sollicitent ! Souvent hyper fréquenté en fin de semaine, il faut y venir tôt pour espérer trouver de la place ! Pourquoi le nom « Las Quince Letras » ? Comptez (le nombre de lettres) et vous saurez...

Niños Santos Café Galeria *(plan B2, **50**) : Codina 704. Mar-sam 15h30-23h, fermé dim-lun.* En remontant la rue de l'église Santo Domingo et du musée Pedro Coronel, on tombe sur un café de poche, à l'entrée discrète. À l'intérieur, on s'installe au comptoir ou sur les quelques tables (il y a même un canap' pour s'affaler !) avec la jeune clientèle. Excellentes bières artisanales, brassées dans la région. Ambiance jeune, donc, avec musique à fond si l'humeur est à la fête. Plus tranquille l'après-midi, pour la pause thé ou café. Expo d'œuvres d'artistes locaux, accrochées aux murs.

La Casona *(plan B2,* ***54****) : Hidalgo 316. Tlj 12h-1h.* À l'étage du resto du même nom (franchir le couloir depuis la rue et monter l'escalier monumental), plusieurs minisalons autour du patio central, dans les tons gris et rouge, avec fauteuils et poufs en simili, et même des balconnets suspendus au-dessus de la rue Hidalgo. Clientèle jeune et branchée venue siroter une *cucarracha* (cocktail flambé) ou partager, entre amis, une colonne de bière. La musique est assez forte, le lieu conviendra à ceux qui ont la tête à la fête ! En haut, il y a même un toit-terrasse.

Club La Mina *(plan A1,* ***53****) : à l'intérieur de la mine El Edén. ☎ 922-30-02. Bar jeu-ven 16h-22h (conso min 50 $Me), disco sam 22h-3h (entrée : 150 $Me).* Une idée très originale, ce bar-discothèque a été aménagé dans les entrailles du *cerro del Grillo,* à 540 m de l'entrée (on y accède par un petit train) et 320 m sous le sommet de la colline ! Pour une fois, les mineurs sont acceptés en boîte... Intérieur « grottesque », un peu froid au début mais vite réchauffé quand il y a du monde, et musique électro-moderne. Pour l'expérience !

À voir. À faire

Pour prendre la température de la ville, on conseille d'en arpenter ses moindres recoins. Populaire, le centre colonial bouillonne dans sa partie basse autour des *mercados Arroyo de la Plata* et *Codina* (*plan B3* et *B2* ; voir plus haut « Où manger ? »). Sa colonne vertébrale, l'*avenida Hidalgo,* se révèle, elle, commerçante et touristique, avant de rejoindre, dans la partie haute de la ville, un quartier moins agité, plus escarpé et populaire, qui rayonne autour de la charmante *plazuela de García (plan B1).* De part et d'autre de cet axe sud-nord, édifices coloniaux puis petites maisons cubiques et colorées s'entassent à l'assaut des collines. Du côté de l'*Acueducto,* la ville affiche son plus chic apparat avec quelques belles résidences autour du parc *Enrique Estrada.* Enfin, on prend la mesure du plan général de Zacatecas, installée au creux des montagnes, depuis le téléphérique et sa vue incroyable !

Au cœur du centre historique

Catedral *(plan B2)* **:** *tlj 6h30-13h (14h30 dim), 17h-20h40 (21h45 dim).* La façade principale, superbe, préchurrigueresque, en grès rose, est considérée comme l'un des chefs-d'œuvre du baroque mexicain. Sa construction s'est achevée en 1752. Elle est ornée de statues des 12 apôtres entourant le Christ ; Dieu est lui-même représenté au sommet, parmi les anges. Marie est en effigie juste au-dessus de l'impressionnante porte d'entrée. L'intérieur, lui, est plus sobre.

Palacio de Gobierno *(plan B2)* **:** *pl. de Armas 64.* Ancienne demeure particulière du XVIIIe s. Au fond en entrant, une très belle fresque murale peinte en 1970 par Antonio Rodríguez domine l'escalier central. Elle relate l'histoire de l'État de Zacatecas de la période préhispanique à un futur ultramoderne. Il abrite également l'office de tourisme (voir « Adresses utiles »).

Mercado González Ortega *(plan B2)* **:** *entre la pl. Goitia et la cathédrale. Tlj 10h30-20h.* Un beau bâtiment de fer et de verre, bâti en 1890 dans un style néoclassique aux influences parisiennes. Il abrita le grand marché couvert de

Zacatecas jusqu'à sa rénovation, au début des années 1980. Depuis, on y trouve une galerie commerciale avec quelques boutiques de souvenirs, de bijoux et de vêtements de marque, ainsi qu'une poignée de restos et bars branchés (accessibles depuis la rue). Dommage que l'ensemble manque un peu d'animation.
En face, le beau ***Teatro Calderón,*** datant de la fin du XIXᵉ s, programme des pièces de théâtre et des concerts tous les jours de la semaine. Visites guidées également le samedi en début d'après-midi *(80 $Me/pers, réduc).*

👁👁 ***Templo Santo Domingo*** *(plan B2) : pl. Santo Domingo. Tlj 7h-13h, 17h-20h30.* Érigée par les jésuites au milieu du XVIIIᵉ s, cette église à la belle et sobre façade baroque fut cédée aux prêtres dominicains en 1767. Le séminaire qui lui est accolé abrite aujourd'hui un superbe musée (lire ci-après), après avoir été confisqué par le gouvernement puis transformé en prison au début du XXᵉ s. L'intérieur est particulièrement exubérant, si on le compare notamment à celui de la Cathédrale. Doté de plafonds peints, d'un impressionnant orgue rouge et d'un parquet qui grince préservé dans son état d'origine, il est enfin tapissé, sur les côtés, de 7 retables en bois dorés de style churrigueresque.

👁👁 ***Museo Pedro Coronel*** *(plan B2) : pl. Santo Domingo. ☎ 922-80-21. Tlj 10h-17h sauf lun. Entrée : 30 $Me.* Artistes et collectionneurs éclairés, les frères Pedro et Rafael Coronel, originaires de Zacatecas, ont rassemblé au cours de leur vie de voyageurs une collection d'art et d'objets du monde entier fascinante. Dans un ancien séminaire jésuite, on a droit ici à la collection de Pedro dont il fit don de son vivant. Il mourut peu de temps après l'ouverture du musée. On admire notamment, au 1ᵉʳ étage, de nombreux dessins, gravures, lithographies, eaux-fortes de Picasso, Miró, Goya, Fernand Léger, Cocteau, Braque... et même de Kandisky, Dalí, Max Ernst ou Giacometti. Également des estampes japonaises et une riche collection de statuettes et céramiques précolombiennes, des antiquités romaines, grecques, égyptiennes, asiatiques, africaines... et, évidemment, mexicaines. L'ensemble, bien mis en valeur, s'accompagne de nombreuses explications (en espagnol), sur le parcours des artistes exposés notamment. Au rez-de-chaussée, bibliothèque (hélas parfois fermée) de plus de 20 000 volumes du XVIᵉ au XXᵉ s, dont quelques ouvrages en français.
Dans l'ancien cloître, quelques orangers et des sculptures de Pedro Coronel, qui travailla l'onyx et le basalte. Voir notamment le corps féminin de la *Vénus de Vaudreuil,* qui se brisa lors de son transfert depuis la ville de Mexico (on voit encore la colle utilisée pour la remettre sur pieds !). Un musée d'une grande richesse. Celui du 2ᵉ frère Coronel, Rafael, est quant à lui consacré aux masques mexicains (lire plus loin).

👁👁 ***Museo Zacatecano*** *(plan B2) : Dr Hierro 307. ☎ 922-65-80. Tlj sauf mar 10h-17h. Entrée : 30 $Me ; réduc.*
Un musée complet et intéressant installé dans l'ancienne *Casa de la Moneda,* où l'on frappait la monnaie. Consacré à l'histoire locale et à l'art huichol. Pour commencer la visite, petit film de présentation (8 mn) suivi de 3 salles sur l'histoire préhispanique de la région depuis l'Antiquité, avant de découvrir la section sur l'exploitation minière, le travail du fer (qui date des Espagnols) et la frappe des monnaies (vieilles machines), que d'autres pays firent parfois faire ici car, l'or étant sur place, cela revenait moins cher. À l'étage, riche collection de retables populaires et peintures naïves représentant toute une pléiade de saints et martyrs et des scènes de la passion du Christ.
Mais le clou du musée est plutôt la partie à l'étage dédiée à l'artisanat huichol, peuple indigène de la région qui ne compterait plus qu'environ 25 000 représentants. Explications intéressantes mais il faut lire l'espagnol. Parmi les pièces les plus importantes, des étoffes brodées chargées de symboles tel le cerf, l'animal sacré des Huichols (qui avait le don, paraît-il, de faire pousser du *peyotl* – une plante psychotrope – là où il foulait la terre !). Également une expo de photos montrant des scènes de leur vie quotidienne, la *fiesta del Peyote* et le pèlerinage vers

les lieux sacrés. Enfin, plus loin, d'autres étoffes, plus récentes et colorées, une œuvre murale composée de 2 millions de perles illustrant la cosmologie huichol et même, pour nos lecteurs curieux, un petit tunnel recréant les effets hallucinogènes du *peyote*... Expos temporaires.

– Juste à côté du *Museo Zacatecano* se trouve la ***Ciudadela del Arte*** *(tlj 8h-16h ; GRATUIT),* qui abrite notamment la *cinémathèque* (films mer-dim à partir de 18h, dont parfois des films français). À l'étage, 2 expositions *(tlj sauf lun 10h-17h)* : l'une sur Manuel M. Ponce *(20 $Me ; réduc),* compositeur et pionnier du nationalisme mexicain et l'autre sur Antonio Aguilar *(GRATUIT),* grand chanteur (nationaliste aussi) de la 2de moitié du XXe s, récompensé par de nombreux disques d'or. De l'autre côté de la cour toute de jaune et de vert vêtue, une *photothèque* avec des expositions temporaires gratuites. Si vous avez un peu de temps, divers événements culturels (cafés littéraires, conférences) y sont organisés.

Ex-templo San Agustín *(plan A-B2)* **:** *tlj 10h-17h sauf lun. GRATUIT.* L'histoire de cette église construite au XVIIe s n'est pas très catholique. Elle a été en grande partie détruite au XIXe s, puis l'ensemble est devenu un hôtel (de passe, murmure-t-on ici) avant d'être reconverti en entrepôt. Finalement, le monastère fut racheté en 1904 par l'Église qui y installa l'évêché, et une partie du temple abrite aujourd'hui un centre culturel avec des expos temporaires. À l'extérieur, magnifique façade baroque exubérante.

Museo Rafael Coronel *(plan B1)* **:** *installé dans les ruines de l'ancien couvent San Francisco. ☎ 922-81-16. Tlj 10h-17h sauf mer. Entrée : 30 $Me ; réduc.* Le cadre est sublime : sur les hauteurs de la ville, le musée occupe une partie de l'ex-*convento,* en partie en ruine, érigé par les franciscains au XVIe s. Il présente la collection privée de Rafael Coronel, le frère de Pedro (voir plus haut le musée qui lui est consacré) : quelque 2 300 masques mexicains (sur les 11 000 que compte le fonds), exposés surtout par régions et, du coup, un peu aussi par thèmes, les 2 étant liés.

L'origine des masques mexicains remonte à l'époque préhispanique. Ils étaient utilisés comme symboles lors des fêtes, cérémonies et autres rites (propitiatoires, funéraires...) et servaient aussi à entrer en contact avec le monde des esprits. Aujourd'hui, ces masques continuent de jouer un rôle important dans l'imaginaire collectif des Mexicains. En vrac, on admire une multitude de formes, matériels, représentations et couleurs, témoins d'une imagination sans borne : des masques de danse, de carnaval, d'animaux, du diable et de la mort elle-même. Ils sont faits en bois, en peau, en papier mâché ou en terre cuite. Et si la muséographie manque un peu de rythme, la collection exposée ici est la plus importante du pays.

Également un ensemble de marionnettes (*títeres* en espagnol), de nombreux instruments de musique, des figurines indigènes en céramique, des statues préhispaniques, etc. Joli jardin labyrinthique ponctué de ruines. Une agréable visite.

Museo de Arte abstracto Manuel Felguérez *(plan B1)* **:** *Colón 1 ; à l'angle de Seminario. ☎ 924-37-05. Tlj 10h-17h sauf mar. Entrée : 30 $Me ; réduc.* Musée entièrement dédié à l'art abstrait. Endroit pour le moins original : cet imposant édifice fut bâti au XIXe s pour loger les séminaristes, puis il servit de garnison, avant de devenir pendant de longues années la prison de Zacatecas ! Dans les 1res salles, pas moins de 200 artistes (comme les frères Coronel et d'autres artistes de la *generación de la ruptura* au XXe s) y sont représentés. Ne pas manquer non plus les spectaculaires *murales* très colorés, réalisés pour le pavillon du Mexique à la Foire mondiale d'Osaka de 1970.

C'est surtout le travail de Manuel Felguérez qui est mis en lumière. Dans un bâtiment attenant, ses œuvres sont exposées chronologiquement depuis le 3e étage (années 1950-1960) jusqu'au rez-de-chaussée, autour des passerelles de la prison restaurée. On y voit d'ailleurs la reconstitution d'une cellule et des photographies de la prison telle qu'elle l'était à l'époque. À la fin du parcours, une grande vitrine retrace sa vie. Expos temporaires également. Un étonnant musée là encore, que vient judicieusement compléter une bonne librairie d'art à l'entrée.

Autour du parque Enrique Estrada *(plan A3)*

Acueducto *(plan A3) : à côté du joli parc Enrique Estrada.* Un peu noyé au centre de plusieurs axes routiers, l'aqueduc fut construit à la fin du XVIIIe s et alimenta la ville en eau jusqu'en 1910.

Museo Francisco Goitia *(plan A3) : General Enrique Estrada 102 ; dominant le parc du même nom. ☎ 922-02-11. Tlj 10h-17h sauf lun. Entrée : 30 $Me ; réduc.* Installé dans la noble demeure à colonnades d'un ancien gouverneur, au cœur d'un jardin à la française, ce musée porte le nom d'un peintre célèbre né à Zacatecas, Francisco Goitia (1882-1960). Y est exposée une copie (non conforme) de son fameux *Tata Jesucristo,* considéré comme l'une des grandes œuvres de la peinture mexicaine du XXe s (l'original se trouve au *museo nacional de Arte* de Mexico). À voir aussi, 3 de ses 6 autoportraits (dont un où il prend la pose napoléonienne). Le musée présente des œuvres d'autres artistes de Zacatecas, comme les frères Coronel, Manuel Felguérez ou encore Julio Ruelas (qui avait l'habitude de s'enivrer avec Allan Poe !). Décidément, cette ville fut féconde en artistes ! Également des expos temporaires d'art contemporain au 1er étage.

Autour du cerro de la Bufa

Mina El Edén *(plan A1 et A2) : il y a 2 entrées ; l'une près de la station du téléphérique ; pour l'autre (La Esperanza), suivre Juárez, puis Torreón le long du parc Alameda et tourner à droite après l'hôpital. ☎ 922-30-02. • minaeleden.com.mx • Visite tlj 10h-18h (en anglais sur demande et selon dispo). Entrée : 100 $Me ; réduc. Prévoir un vêtement chaud car la température n'excède pas les 14-16 °C.* La mine fut exploitée de 1586 à 1960. Elle fut l'une des mines les plus productives pendant la période coloniale, d'où le nom d'« Eden ». Les mineurs, dont des enfants, y travaillaient dans des conditions abominables pour extraire de l'argent, mais aussi de l'or, du fer, du cuivre et du zinc. Aujourd'hui, seul un niveau est ouvert aux visiteurs sur les 7 existants. Selon l'entrée et la sortie choisies, on pénètre à l'intérieur par un petit train (sur un trajet de 540 m), puis on parcourt quelques galeries pour sortir de l'autre côté par un ascenseur (ou l'inverse). Au passage, un petit musée de minerais et quelques mannequins de mineurs (de différentes époques) en situation, une petite chapelle et une nappe phréatique. Hélas, la balade est un peu trop édulcorée : les galeries cimentées et trop propres permettent difficilement au visiteur de se rendre compte de ce qu'elles furent pendant leur activité. Sinon, on peut aussi découvrir la mine de nuit en allant au *Club La Mina* (cf. « Où boire un verre ? Où sortir ? »).

Teleférico *(plan B1) : ☎ 922-56-94. Pour y accéder, monter les marches du callejón Garcia Rojas. En principe, tlj 10h-18h (nocturnes en hte saison, 19h-22h) ; départs ttes les 2 mn env. Ne fonctionne pas en cas de météo défavorable. Prix aller : 100 $Me (160 $Me A/R).* C'est une des attractions de Zacatecas, existant depuis 1979 ! Le téléphérique relie le *cerro del Grillo* au *cerro de la Bufa* (trajet de 650 m à 85 m de hauteur). La vue est superbe. On embrasse du regard toute la ville, dont la cathédrale, qui se détache de l'ensemble. Attention au vertige !

Cerro de la Bufa *(plan B1) :* une imposante colline qui surplombe la ville, point d'arrivée du téléphérique. On peut aussi y monter à pied (mais ça grimpe dur !) ou par la route. On y vient surtout pour la vue, imprenable, sur l'étendue de la ville et les monts aux environs (on se rend compte de l'aridité du paysage !).

Plus haut, l'esplanade est plantée d'imposantes statues de bronze rendant hommage à Francisco Villa et à ses 2 généraux vainqueurs de la bataille de Zacatecas, tous 3 juchés sur leur destrier. Au milieu de l'esplanade, une sculpture allégorique célèbre le 1er centenaire de la prise de Zacatecas et rend hommage aux héros anonymes de la Révolution mexicaine. En face, la ***capilla de la Virgen del Patrocinio,*** charmante petite chapelle du XVIe s dédiée à la sainte patronne des mineurs, attire des milliers de pèlerins pendant la fête de la ville, début septembre. Petite restauration sur l'esplanade, vendeurs à la sauvette et boutiques de souvenirs. Enfin, pour les casse-cou, une tyrolienne et, juste en face, un point d'infos touristiques *(tlj 10h-17h).*

Museo Toma de Zacatecas *(plan B1) : sur l'esplanade au sommet du cerro de la Bufa ; à côté de la chapelle. ☎ 922-80-66. Tlj 10h-17h (dernière entrée 16h30). Entrée : 30 $Me ; réduc.* Dans un ancien hospice datant de 1830 qui fut aussi caserne militaire de l'armée fédérale, ce petit musée commémore la prise de Zacatecas le 23 juin 1914 par Francisco Villa et ses généraux Felipe Ángeles et Pánfilo Natera, à la tête d'une armée de quelque 7 000 hommes. Cette bataille victorieuse, qui dura 8h et fit des milliers de morts, ouvrit la voie vers Mexico. Le tout est relaté au travers d'une muséographie interactive (mais explications seulement en espagnol), avec panneaux, écrans tactiles et armes sous vitrines. Nombreux effets sonores qui étourdissent un peu le visiteur. On peut se faire prendre en photo avec un hologramme de Pancho Villa...

Fêtes et manifestations

- ***Callejoneadas :*** *tte l'année, jeu-sam à partir de 20h.* Cette tradition existe depuis 1610. La foule suit gaiement des musiciens-troubadours à travers les rues de Zacatecas. Départ sur la plaza de Armas *(plan B2),* puis parcours en fonction du groupe.
- ***Festival cultural :*** *à Pâques, pdt la Semaine sainte et celle qui suit.* Excellents concerts (des pointures de la musique latine comme le *Buena Vista Social Club* y sont passées), spectacles et théâtre sur les places publiques.
- ***Festival Zacatecas del Folclor :*** *1 sem fin juil-début août.* Spectacles de danses folkloriques de différents pays (et continents !) un peu partout dans la ville. Dans le genre, c'est le plus important du Mexique.
- ***La Morisma de Bracho :*** *le dernier w-e d'août.* Un événement très populaire qui, durant 3 jours, met en scène l'expulsion des Maures par l'Espagne catholique ; une tradition depuis plusieurs siècles. Étrange coutume... Servait-elle de défouloir dans l'attente de l'expulsion des Espagnols ?
- ***Feria nacional :*** *1re quinzaine de sept.* Nombreuses animations, spectacles (avec taureaux et chevaux notamment) et une flopée de stands de produits et d'artisanat locaux.
- ***Festival Teatro de Calle :*** *2e sem d'oct.* Théâtre de rue sur toutes les places de la ville, avec des troupes nationales et étrangères.

DANS LES ENVIRONS DE ZACATECAS

Museo de Guadalupe : *à* ***Guadalupe*** *(à 7 km du centre de Zacatecas), dans le jardín Juárez. ☎ 923-20-89. Prendre un bus Transportes Guadalupe ou Ruta 14 sur le bulevar López Mateos (plan B3,* ***2****), au niveau de la pl. Bicentenario, sous la passerelle piétonne. Tlj 9h-18h sauf lun. Fermé 1er janv et 25 déc. Entrée : 65 $Me ; gratuit dim.* C'est en 1702 que commença la construction de ce magnifique couvent franciscain. Il servait de collège pour préparer les missionnaires avant qu'ils ne partent essaimer le nord de la Nouvelle-Espagne à partir de 1709. Il abrite aujourd'hui une riche collection d'art religieux de l'époque coloniale. Dans le cloître saint François d'Assise, 27 tableaux relatent la naissance de l'ordre des frères franciscains et la vie de son fondateur. La plupart des tableaux, certains monumentaux, ont été conçus pour s'intégrer à l'édifice. Tous sont accompagnés d'un panneau détaillant la composition, un vrai cours illustré de théologie. À l'époque, c'était d'ailleurs souvent la fonction de ces œuvres : enseigner par l'image la Bible aux fidèles. Également de riches expositions temporaires, aux explications généralement traduites en anglais.

Ne pas manquer non plus l'église en grès rouge, juste à côté, avec son plafond rose bonbon et surtout sa très belle et très dorée chapelle, la *capilla de Nápoles*. Au pied de l'église s'étend le ***jardín Juárez,*** une jolie place pavée encadrée de maisons basses, au calme reposant.

LES MARTYRS DU JAPON

Exposés au museo de Guadalupe, une série de tableaux religieux évoquent l'épisode oublié des martyrs chrétiens... au Japon. Parti d'Acapulco pour évangéliser les Philippines, un navire espagnol s'échoua sur les côtes de l'archipel japonais en 1596. Prenant les missionnaires pour des envahisseurs, l'empereur du Japon fit torturer en public (on leur coupa l'oreille pour les humilier) et exhiber de village en village 26 jésuites, franciscains et convertis japonais. Pourtant l'empereur Tagosama ne manquait pas de culture chrétienne, puisqu'il finit même par ordonner qu'on les crucifie, puis qu'on les transperce d'une lance...

Zona arqueológica La Quemada : *à 50 km au sud de Zacatecas, direction Guadalajara. Combi « Transporte Villa Nueva » sur le bulevar López Mateos (plan B3, **2**), qui vous laisse sur la route principale, à 2 km du site. ☎ 922-50-85. Tlj 9h-18h. Entrée : 65 $Me. Visite guidée possible. Prévoir de l'eau et de quoi se protéger du soleil.*
De la route principale, bien scruter les collines pour deviner les remparts de cette ancienne cité chalchihuite qui épouse le contour et la couleur brune de l'une d'entre elles. Habitée à la période classique (surtout entre 400 et 900 de notre ère), elle fut détruite par un incendie, d'où son nom *La Quemada* (« la brûlée »). Un espace ouvert hérissé de colonnes, une pyramide tronquée, un terrain de pelote et bien d'autres vestiges bordent les voies dallées et les escaliers qui gravissent les différents niveaux de cette vaste cité fortifiée en pierre plate. Belle balade, qui coupe un peu le souffle vu l'altitude, à l'assaut des collines écrasées par le soleil. Vue superbe sur le paysage désertique alentour et le lac artificiel bordé de cactus. Pour finir, allez jeter un œil au musée *(tlj 10h-16h)* qui présente notamment une grande maquette du site et divers objets retrouvés sur les lieux.

GUANAJUATO

180 000 hab. IND. TÉL. : 473

• Plan *p. 462-463*

Imaginez une ville où tout serait imbriqué, enchevêtré, entremêlé, une folie au dessin labyrinthique ! Cette ville, c'est Guanajuato : une bizarrerie enchâssée dans plusieurs collines révélant une originalité qui saute aux yeux à l'arrivée mais dont les charmes se dévoilent au fur et à mesure, dans des ruelles parfois si étroites qu'on peut s'y embrasser de balcon à balcon... Une bonne partie du centre historique (inscrit au Patrimoine mondial de l'Unesco) est piéton, et l'on prend plaisir à se perdre dans les *callejones* pavés adjacents, à la découverte de délicieuses placettes arborées, de ravissantes fontaines, de balcons en fer forgé, de corniches sculptées, le tout égayé de couleurs vives.

Mais ce n'est pas tout, la visite se passe aussi sous terre, car cet ancien centre minier, l'un des plus importants au monde à l'époque coloniale, est un véritable gruyère dans lequel on circule (en voiture, surtout, l'air étant assez pollué là-dessous) à travers un dédale de rues souterraines. Si vous y pénétrez en voiture (sans GPS) justement, préparez-vous à un vrai casse-tête pour arriver à bon port...
Guanajuato vit sans répit au rythme festif des joyeux étudiants qui égayent la ville (et la rendent, de fait, très douce à vivre), en plus des visiteurs venus apprécier le temps d'un week-end son atmosphère électrique, sur fond de mélodies traditionnelles.
Et culturellement, la ville n'est pas en reste ! En octobre, elle accueille le festival de théâtre le plus célèbre du pays, le *Cervantino,* un peu l'équivalent du Festival d'Avignon chez nous. Et d'ailleurs, Guanajuato s'est autoproclamée capitale de Cervantès, avec un intéressant musée consacré à Don Quichotte, un théâtre et de belles statues disséminées dans le centre historique.

Arriver – Quitter

En bus

Voir la liste des principales compagnies et leurs coordonnées dans la rubrique « Transports » du chapitre « Mexique utile ».

Central de autobuses *(hors plan par A1)* **:** *à 7-8 km au sud du centre, sur la route de Silao.* Pour se rendre au centre-ville, bus urbain en face de la sortie indiquant « Mercado Hidalgo » ou « Centro ». Dans l'autre sens, prendre, devant le *Teatro Principal (plan C2),* devant le mercado Hidalgo *(plan A1),* le bus qui indique « Central de autobuses ». En taxi, compter 60-70 $Me. Guanajuato n'est pas un carrefour routier important. Pour plus de fréquences et de destinations, prendre un bus pour León (1h de trajet).

➢ ***San Miguel de Allende :*** 9 bus/j. (8h-20h30) avec *Primera Plus* et autant avec *ETN* (9h30-23h30). Trajet : 1h-1h30.

➢ ***León :*** ttes les heures (ou 2h), 7h30-1h, avec *Primera Plus,* et 10 départs/j. (5h-19h30) avec *ETN.* Trajet : 1h.

➢ ***Querétaro :*** 11 bus/j. (6h-17h30) avec *Primera Plus,* et 10 bus/j. avec *ETN* (1h-13h). Trajet : 2h30.

➢ ***Mexico (Norte) :*** 10 bus/j. (5h30-minuit) avec *Primera Plus* et 16 bus/j. avec *ETN* (1h-22h30). Trajet : 4h30-5h.

➢ ***Guadalajara :*** 9 bus/j. (8h40-1h) avec *Primera Plus,* 10 bus/j. avec *ETN* (5h-19h30). Trajet : 4h.

➢ ***Morelia :*** 2 bus/j. (7h50 et 14h) avec *Primera Plus.* Trajet : 3h-3h40.

Adresses utiles

Un ***kiosque d'infos touristiques*** est posté sur le *jardín de la Unión (plan C2). Lun-ven 9h30-15h30, w-e 10h30-15h30 (ces horaires peuvent varier à 30 mn près).* Brochure détaillant l'actualité culturelle et plan de la ville. Un kiosque similaire se trouve au *Museo de las Momias (hors plan par A1).*

■ ***Distributeurs :*** *aux banques regroupées autour de la pl. de La Paz, notamment* ***HSBC*** *(plan C1,* ***1****) et* ***Banamex*** *(plan C2,* ***2****).*

■ ***Change :*** *à l'agence de* ***CI Banco*** *(plan B-C1,* ***3****), lun-ven 9h-17h, sam 10h-14h, fermé dim.*

■ ***Laverie :*** *Positos 17 (plan B1,* ***4****), tlj 9h30-20h.*

Où dormir ?

Les prix peuvent faire un bond de 20 à 100 % en haute saison : Semaine sainte, juillet-août, Festival Cervantino (en octobre ; grosse affluence !), Noël

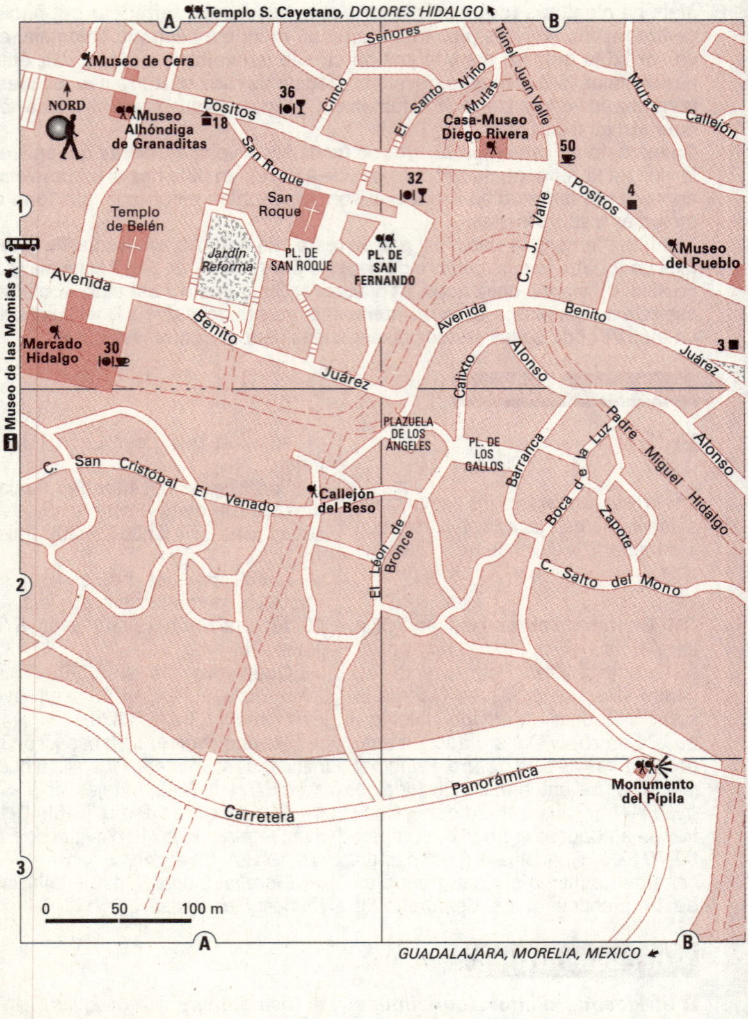

Adresses utiles

- Kiosque d'infos touristiques (C2)
- **1** HSBC (C1)
- **2** Banamex (C2)
- **3** CI Banco (B-C1)
- **4** Laverie (B1)

Où dormir ?

- **10** Casa Bertha (D2)
- **11** Al Son de Los Santos et Hostal Casa de Dante (hors plan par D3)
- **12** Villa Sueño Azul (hors plan par D3)
- **13** Hotel y Hostal La Fuente (C1-2)
- **15** Casa de Pita (D2)
- **16** Hospedería del Truco 7 (C2)
- **17** Alma del Sol B & B (C1)
- **18** Hotel Antiguo Vapor (A1)

Où manger ? Où prendre un petit déjeuner ?

- **30** Mercado Hidalgo (A1)
- **31** Truco 7 (C2)
- **32** La Clave Azul (B1)

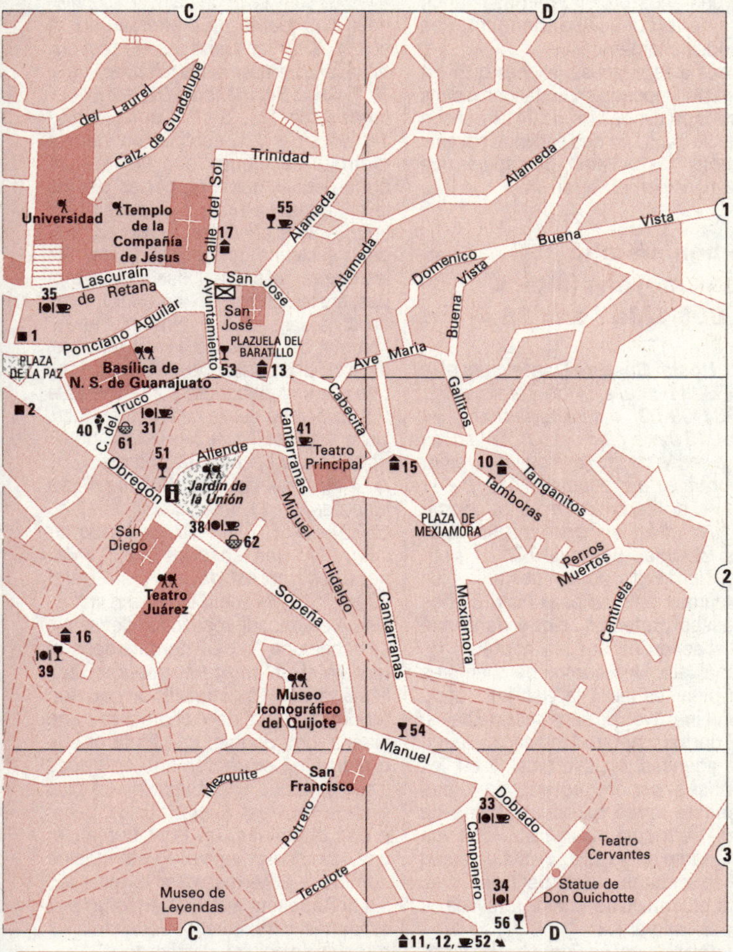

GUANAJUATO

33 Santo Café (D3)
34 Habibti Falafel (D3)
35 El Tapatio (C1)
36 Metate (A1)
38 Casa Valadez (C2)
39 El Gallo Pitagórico (C2)

Où faire une pause sucrée ? Où boire un bon café ?

40 Estación Gelato (C2)
41 La vie en rose (C2)
50 Café Conquistador (B1)
52 Café Tal (hors plan par D3)

Où boire un verre ? Où sortir ?

32 La Clave Azul (B1)
36 Metate (A1)
39 El Gallo Pitagórico (C2)
51 Bar Tradicional Luna (C2)
53 Antik Kfé (C1)
54 Los Lobos (D2)
55 Mezcalería la Infiel – Cafecito Carcamanes (C1)
56 Bar Fly (D3)

Achats

61 La Casa de la Abuela (C2)
62 La Catrina (C2)

et week-ends prolongés. Réservation fortement conseillée pendant ces périodes chargées.
Si vous êtes motorisé, sachez qu'il est interdit (et impossible) de stationner dans les rues du centre-ville, il faut laisser son véhicule dans l'un des parkings payants *(compter 12-15 $Me/h)* ou espérer que votre hébergement en ait un.

De bon marché à prix moyens (moins de 800 $Me / env 38 €)

Hostal Casa de Dante *(hors plan par D3,* ***11****) : callejón de Zaragoza 25. ☎ 731-09-09. • casadedante.com • À env 15 mn à pied du centre ; accès par le paseo de la Presa ou la carretera Panorámica ou, depuis le bas, par le callejón de Zaragoza (mais ça grimpe dur !). Nuitée en dortoir 290 $Me/pers, doubles 640-1 000 $Me ; petit déj inclus.* Sans doute l'*hostal* le plus chaleureux de la ville, et l'une de nos adresses préférées, niché dans une ruelle escarpée sur les hauteurs de Guanajuato. Une dizaine de chambres très bien tenues à la très jolie déco mexicaine, avec ou sans salle de bains, et 2 dortoirs pétaradant de couleurs, bien agencés. Mais le must, c'est les terrasses panoramiques, bariolées là encore, avec barbecue, bains de soleil, petit coin cuisine et... une vue plongeante sur la ville ! Fontaine à eau à chaque étage et vrai petit déj, avec œufs et tout. Une affaire familiale, à l'accueil adorable !

Hotel y Hostal La Fuente *(plan C1-2,* ***13****) : pl. del Baratillo 11. ☎ 734-16-72. • lafuenteguanajuato.com.mx • Nuitée en dortoir 250 $Me/pers, doubles (avec ou sans sdb) 400-900 $Me, petit déj en plus.* Dans un édifice ayant déjà 5 siècles de vie, situé en face de la jolie *fuente* de la place, très romantique. Un endroit un peu hybride avec une partie hôtel, une partie AJ, mais aussi des massages, des cours de yoga et un resto végétarien. Côté hébergement, un dortoir de 12 lits avec tablées centrales et casiers. Sinon, des chambres privées pouvant accueillir de 2 à 6 personnes, toutes décorées dans un style rustique, avec ou sans salle de bains. Patio intérieur avec dalles de pierres au sol et colonnes, où l'on prend aussi le petit déj. Enfin, une terrasse sur le toit avec vue !

Casa Bertha *(plan D2,* ***10****) : Tamboras 9. ☎ 732-13-16. Compter 250-410 $Me/pers.* C'est par un dédale d'étroits *callejones* que l'on atteint cette gentille auberge, certes pas de la 1re jeunesse mais à l'accueil tout sourire. Les chambres, propres, à la déco ancienne, grimpent les unes sur les autres, reliées par des escaliers et passerelles en fer. On les choisit avec ou sans salle d'eau, voire cuisine. Au sommet de la bâtisse, le toit-terrasse, avec cuisine commune et pergola, offre une vue exceptionnelle sur la ville et le *Pípila,* perché sur la colline d'en face. Un nid tranquille et à prix tout doux, dans un quartier plein de charme.

Al Son de Los Santos *(hors plan par D3,* ***11****) : San Sebastián 194. ☎ 731-33-68. À env 10 mn à pied du centre. Nuitée en dortoir 250 $Me/pers, chambres privées (1-4 pers) 500-1 250 $Me ; petit déj (léger) inclus.* Derrière la façade rose foncé défraichie se cache une AJ de 2 dortoirs dont un féminin et un masculin, peu spacieux (les 8 lits étant à notre avis un peu trop rapprochés), et de 4 chambres : une simple, une double, une triple et une quadruple, correctement équipées (salle de bains, TV et ventilo). La plus grande (qui est aussi la plus belle) a une cheminée, un petit bureau et une terrasse privative. Petite cuisine commune et terrasse sur le toit avec les collines tout autour. Certes un peu excentrée, cette adresse dépannera les routards en solo ou de passage.

De chic à plus chic (800-1 600 $Me / env 56-76 €)

Casa de Pita *(plan D2,* ***15****) : Cabecita 26. ☎ 732-15-32. Accès par les escaliers à droite du teatro Principal. Résa conseillée. Doubles 800-1 650 $Me, petit déj inclus.* Cette maison familiale possède bien du charme. Au menu, 8 chambres personnalisées, l'une à l'atmosphère très cosy,

LES VILLES COLONIALES

avec cheminée et meubles en bois ; une autre pour les lunes de miel (sic !) ; une autre encore pour les familles, avec mezzanine et 2 lits simples à l'étage. Bref ! On vous laisse le plaisir de la découverte, et apprécier l'ambiance du lieu. Pour ne rien gâcher, le quartier, un peu en hauteur, est populaire et calme, à seulement 5 mn du centre. Terrasse panoramique sur le toit.

Hospedería del Truco 7 *(plan C2, **16**)* **:** *Constancia 9E.* ☎ *732-65-13.* • *hospederiadeltruco7.com* • *Au 9D de la rue, poursuivre et, au niveau du panneau indiquant le resto* Gallo Pitagórico, *continuer à gauche en grimpant les escaliers, l'entrée sera sur votre gauche. Doubles 900-1 200 $Me.* Dépendant du sympathique resto du même nom, mais pas situé au même endroit (lire plus loin « Où manger ? Où prendre un petit déjeuner ? »), un petit hôtel pimpant accroché à la colline, disposant d'une poignée de chambres soignées et tout confort. Spacieuses, elles jouissent toutes, sauf une, d'une belle vue sur la ville. Salles d'eau ornées de céramiques, lits *king size,* canapés, TV... le tout enrobé d'un accueil des plus sympathique. Une belle adresse, intimiste.

Villa Sueño Azul *(hors plan par D3, **12**)* **:** *San Sebastián 88.* ☎ *731-01-57.* • *villasuenoazul.com* • *Doubles 850-960 $Me, petit déj inclus.* À 10 mn à pied du centre historique, dans un quartier plutôt tranquille et populaire, un petit *B & B* tout simple de 6 chambres à peine. Salon commun aux tons bleus ou patio tout rose pour se poser. Les chambres sont d'un confort correct et décorées façon rustique avec de lourds meubles en bois. Elles ont le mérite d'être de bonne taille, mais sommairement équipées (pas de TV). L'autre avantage, le prix, peu onéreux pour la ville. Terrasse sur le toit.

Très chic (plus de 2 000 $Me / env 95 €)

Alma del Sol B & B *(plan C1, **17**)* **:** *c/ del Sol 3.* ☎ *733-54-23.* • *almadelsol.com* • *Double env 1 800 $Me, petit déj inclus.* Bienvenue dans ce charmant *B & B* situé en plein centre-ville, avec 5 chambres pittoresques et colorées, hautes de plafond, et équipées de bons gros lits douillets et de salle de bains en azulejos. Le lieu est tenu par le très sympathique Hugo, artiste graveur de son état, qui possède d'ailleurs un atelier sur place et se fera un plaisir de vous faire une petite démonstration. Petit déj de qualité et très complet servi dans une salle toute guillerette à l'étage, à côté de la terrasse où se prend l'apéro en fin d'après-midi... directement à l'ombre de la Compañía de Jesús. Seul bémol : il y a un peu de bruit dans les chambres le matin, à cause du trafic et des écoliers.

Hotel Antiguo Vapor *(plan A1, **18**)* **:** *Galarza 5.* ☎ *732-32-11.* • *hotelavapor.com* • *Doubles à partir de 2 250 $Me, petit déj continental et parking inclus.* Dans une ancienne boulangerie, un hôtel aux tarifs certes un peu élevés mais plein de caractère. Une douzaine de chambres à la déco rustique soignée, avec TV et salle de bains avec des carreaux de faïence (dont quelques-unes avec baignoires jacuzzi !), certaines avec vue superbe sur la ville (les autres donnant sur la rue, sont parfois dotées d'un balconnet). Petit déjeuner pris au resto en bas, tout en pierre avec arcades et haut plafond. Les motorisés peuvent se garer directement dans la cour de l'hôtel, un luxe dans cette ville tortueuse ! Devant l'hôtel, terrasse panoramique avec bar extérieur *(ouv à partir de 16h).*

Où manger ? Où prendre un petit déjeuner ?

De bon marché à prix moyens (moins de 300 $Me / env 14,30 €)

Mercado Hidalgo *(plan A1, **30**)* **:** *Benito Juárez. Tlj 7h30 (certains stands ouvrent plus tard)-21h.* Le marché de la ville, l'authentique cœur de l'animation, avec ses nombreux comptoirs servant *tortas,* sandwichs, burritos et autres *taquitos.* On vous conseille tout spécialement la viande de cochon grillé, à déguster avec une sauce piquante et un bon grand jus de fruits frais. Un régal qui ne vous ruinera pas, parfait pour le déjeuner ! Comme d'habitude, choisir le stand qui paraît le plus propre et qui rameute le plus de monde.

Metate (plan A1, **36**) : *Positos 79. Tlj 16h-minuit sauf dim.* Non loin du musée de Granaditas, on recommande cette *mezcalería* pour son offre culinaire très alléchante. Intérieur pas bien grand, avec tables hautes et lourd comptoir en bois autour du bar. Pour environ 150 $Me par personne, on choisit à volonté et à la carte des petits plats délicieux. La maison ne recommande pas le gaspillage, ne soyez donc pas trop gourmands tout de go ! En star, des tacos originaux (bœuf, *chile* et café ; champignons en sauce ; calamar aïoli, etc.) à accompagner de petits plats là encore bien inventifs (pois chiches frits façon fruits secs, tempura de *nopal,* banane plantain au thym). Également, un très bon choix de mezcals artisanaux, la plupart provenant d'Oaxaca. Service agréable et conseils avisés.

Truco 7 (plan C2, **31**) : *Truco 7. ☎ 732-83-74. Tlj 8h30-23h.* Resto très convivial à la cuisine mexicaine sans prétention. Tables en bois, fauteuils recouverts de cuir, affiches, tableaux et tout un bric-à-brac d'objets hétéroclites. Beaucoup d'étudiants, mais aussi de nombreuses familles le week-end ; c'est souvent bondé aux heures de pointe. Faut dire que le menu du jour ne coûte que 90 $Me ! Une petite institution locale, qui ne bouge pas.

La Clave Azul (plan B1, **32**) : *dans l'étroite ruelle qui relie la pl. San Fernando à la calle Positos. ☎ 732-15-61. Tlj 13h30-23h sauf dim ; comida corrida 14h-18h.* Petit resto-bar tout en coins et recoins, niché dans le coude du *callejón.* Au déj, pour environ 150 $Me, on vous apporte plusieurs petites assiettes de spécialités du jour délicieuses (quelquefois très épicées), accompagnées de la boisson de votre choix (sans alcool). En soirée, des *botanas* (sortes de tapas) vous sont servies pour accompagner vos boissons alcoolisées (conso minimum de 250 $Me). On vient y prendre un verre sur fond musical jazzy, blues ou latino, avant d'aller vers d'autres aventures... Atmosphère *arty* et déco chargée pas désagréables. Une adresse pour connaisseurs, un peu cachée.

Santo Café (plan D3, **33**) : *Campanero 4. Lun-sam 10h-22h30, dim 12h-19h30.* Ce petit café chaleureux et réputé a déployé sa mignonne terrasse sur un petit pont au-dessus de la ruelle. Adorable pour s'offrir une pause au cours d'une balade dans la ville, en gardant un œil sur l'animation. Plusieurs salles à l'intérieur également. Selon l'heure et l'appétit, on se sustentera d'un petit déj, d'une soupe, d'une salade, d'un plat de pâtes, d'une crêpe salée ou d'un petit plat coloré mexicain. Service souriant.

Habibti Falafel (plan D3, **34**) : *Sostenes Rocha 21. ☎ 732-94-18. Tlj 11h-22h.* Pour un bon sandwich-falafel pas cher et qui cale bien, c'est l'endroit. À emporter ou à consommer dans une petite salle aux tonalités jaunes, très agréable. On peut aussi demander les falafels en salade ou sur assiette, avec ou sans houmous, taboulé et feuilles de vigne.

El Tapatio (plan C1, **35**) : *juste en face du grand escalier de l'université. ☎ 732-32-91. Lun-sam 8h30-20h30, dim 9h30-17h30.* La déco est assez kitsch et la salle sombre, avec TV en fond sonore, mais l'ambiance reste conviviale. Quelques profs, des employés de l'université et des étudiants. De bons petits plats surtout et, au déjeuner, une *comida corrida* bon marché.

De prix moyens à plus chic (jusqu'à 500 $Me / env 24 €)

Casa Valadez (plan C2, **38**) : *jardín Unión 3. ☎ 732-03-11. Tlj 9h-23h.* En bordure du *jardín de la Unión* et en face du *teatro Juárez,* un resto chic à la carte assez fournie, plus internationale que mexicaine et au bon rapport qualité-prix. La cuisine ne relève pas du prodige mais reste honnête, avec un soin accordé à la présentation. On vient avant tout pour le cadre et la situation, dont les moins argentés pourront profiter en choisissant le menu du jour (4 services), servi à partir de 14h.

El Gallo Pitagórico *(plan C2,* ***39****) : Constancia 10A. ☎ 732-94-89. Tlj, sauf lun, 14h-23h (20h30 dim).* Perché au sommet d'une maison tout en hauteur (avant d'y arriver, les marches sont nombreuses !), on pourrait se dire que son principal attrait est la vue imprenable sur Guanajuato. Et cela est vrai... sauf que la cuisine, italienne mais pas seulement, vaut aussi le détour ! Bien aussi pour boire un verre.

Où faire une pause sucrée ?
Où boire un bon café ?

Estación Gelato (plan C2, **40**) **:** *Truco 8. Tlj 12h-20h30.* Une petite chaîne de glacier que l'on retrouve ailleurs en ville. Celui-ci est idéalement situé, juste en dessous de la basilique. De bonnes glaces, des gaufres... mais également des boissons chaudes.

La vie en rose *(plan C2,* ***41****) : Cantarranas 18. Tlj 10h-22h sauf lun.* Un établissement ouvert par une famille française tombée en amour de Guanajuato, pour qui voudrait profiter d'excellentes pâtisseries maison, qui vous feront saliver en vitrines, et il y a du choix ! À l'étage, le resto propose une cuisine bien de chez nous et qui ne déçoit pas.

Café Conquistador *(plan B1,* ***50****) : Positos 35. Tlj 8h-23h.* Dans ce mouchoir de poche ouvert sur la rue (il y a souvent la queue !), on torréfie un café bio de l'État de Veracruz, à prendre à emporter et à déguster avec un petit gâteau ou une pâtisserie maison. Les murs y sont couverts de billets de banque du monde entier, déposés au fur et à mesure depuis le 1er client. Accueil très sympa. Le lieu a tellement de succès qu'une succursale a ouvert au nº 64 de la rue avec, cette fois-ci, des tables pour se poser.

Café Tal *(hors plan par D3,* ***52****) : Temezcuitate 4. Tlj 7h (8h w-e)-minuit.* Un mignon local dans une toute petite rue, que recommandent les locaux, pour la qualité de son café. Également du chocolat, du thé et des petites choses à grignoter dont de belles assiettes de fruits. Au nº 1 juste 5 tables pour se poser, sinon, au nº 4 juste en face, une autre salle plus spacieuse.

Où boire un verre ? Où sortir ?

Ville estudiantine, Guanajuato grouille de jeunes fêtards qui investissent les rues dès la nuit tombée, surtout en fin de semaine. Et, bien sûr, le centre regorge de petits bars festifs propices à un véritable marathon.

Plusieurs cafés étalent leurs terrasses sur le *jardín de la Unión*, une place animée en toute circonstance. Notre préféré, le ***Bar Tradicional Luna*** *(plan C2,* ***51*** *; tlj jusqu'à 2h)*, est immanquable car c'est celui qui fait le plus de bruit ! Un repère idéal, en terrasse, quand les mariachis sont de sortie. On peut aussi y manger.

Mezcalería la Infiel – Cafecito Carcamanes *(plan C1,* ***55****) : callejón de Carcamanes 8. Lun-sam 10h-23h (jusqu'à 2h ven-sam pour la mezcalería) ; dim 10h-14h (café), 18h-minuit (mezcaleria).* Dans le centre mais à l'écart de l'animation, ce bar-café porte bien les 2 casquettes. D'un côté, le café propose de bons petits déj, des plats salés pour la pause à midi et de quoi boire une boisson chaude. De l'autre, le bar propose une liste fournie mais pas exhaustive de mezcals, des bonnes bières artisanales et des cocktails. Les 2 partagent un patio ouvert avec une petite terrasse, particulièrement agréable le soir venu avec guirlandes et arbustes qui s'entremêlent. Un endroit au calme, à toute heure de la journée ou du soir, selon l'humeur du moment.

Antik Kfé *(plan C1,* ***53****) : Ayuntamiento 11. Tlj 8h30 (9h w-e)-minuit (22h dim).* On y accède par une toute petite entrée qui ne paie pas de mine. Et pourtant, ce bar recèle un enchevêtrement de salles aux fauteuils et banquettes en skaï rouge et papier peint gris. Musique rock et alternative diffusée à un volume propice à la discussion. Très bonnes bières artisanales et, pour éponger, on peut aussi y manger. Le top c'est encore de pouvoir s'installer sur la grande terrasse sur le toit, avec vue sur le *monumento del Pípila.* Service adorable, le patron n'est jamais bien loin et se fait un plaisir de tailler le bout de gras avec ses clients.

🍷 ***Los Lobos*** *(plan D2,* ***54****)* **:** *Manuel Doblado 2. Face à l'église San Francisco. Lun-sam 19h-3h, dim 18h-1h.* Assez des mariachis ? Place au rock, au vrai, aux tables qui collent et aux guitares qui crissent. La clientèle, jeune, squatte les recoins embrumés et tente de s'entendre dans le brouhaha. D'autres optent pour le billard, au fond de la salle, où il n'est plus besoin de causer. Concert le jeudi ou le vendredi. Un lieu qu'on repère de loin, à l'oreille !

🍷 ***Bar Fly*** *(plan D3,* ***56****)* **:** *Sóstenes Rocha 30. Tlj 21h30-3h.* On se doit de signaler aussi ce bar à l'atmosphère trash, aux murs bariolés et coins et recoins enfumés. Musique reggae et ska surtout, clientèle jeune et qui se bouscule en heure de pointe... Prenez-y une *burra,* mélange de bière, grenadine et tequila ! La terrasse du bar est ouverte en journée *(tlj 13h-22h),* pour profiter du lieu avant la cohue !

🍷 Sans oublier le ***Metate*** *(plan A1,* ***36*** *; voir « Où manger ? »)* pour ses mezcals et ses délicieuses tapas, ***El Gallo Pitagórico*** *(plan C2,* ***39*** *; voir « Où manger ? »),* pour sa vue géniale sur la ville, ni ***La Clave Azul*** *(plan B1,* ***32*** *; voir « Où manger ? »),* qui se prête fort bien à une escale apéritive (essayez le mezcal « chilcuague », aux propriétés anesthésiantes !).

Achats

🧺 ***La Casa de la Abuela*** *(plan C2,* ***61****)* **:** *Truco 5. Tlj 11h-22h.* Mi-boutique d'artisanat mi-brocante, cette caverne d'Ali Baba propose un nombre impressionnant d'objets divers et variés. Un plaisir des yeux qui régalera les chineurs ! Le fond de la boutique connecte au resto ***Truco 7*** (voir « Où manger ? »).

🧺 ***La Catrina*** *(plan C2,* ***62****)* **:** *Sopeña 4. Tlj 10h-21h30 (22h ven-sam).* Si vous aimez les confiseries artisanales mexicaines, pas la peine de chercher plus loin, il n'y a, ici, que l'embarras du choix ! Parmi les spécialités locales, les « charamuscas », des figurines de momies en sucre, les *lagrimitas* (« petites larmes ») ou les *palanquetas,* des fruits secs agglutinés...

À voir. À faire

➢ Découverte du centre historique en ***tranvía « El Quijote »*** : *départ de la pl. de la Paz (plan C1-2), au pied de la basilique (le bureau d'infos et d'achat des billets s'y trouve également). ☎ 732-21-34 ou 28-38. • ttg.com.mx • Durée du circuit : 1h15. Billet : 100 $Me. En sem, départs tlj à 12h, 14h et 16h. Le w-e, départs à 12h, 13h, 14h, 15h, 16h et 17h. Davantage de départs en hte saison.* Le parcours à bord de ce bus touristique inclut la visite du centre historique. D'autres parcours plus longs (et plus chers) incluent la visite du *museo de las Momias* et de la *Mina de Valenciana.*

👥 ***Jardín de la Unión*** *(plan C2)* **:** charmante place ombragée par des lauriers d'Inde si touffus qu'ils dispensent une douce fraîcheur en toute saison. C'est le cœur de la vieille ville, le lieu de tous les rendez-vous, particulièrement animé en soirée et le week-end. Le kiosque au centre du jardin accueille des orchestres de l'État de Guanajuato le dimanche à 12h. Ils disputent alors la vedette aux groupes de mariachis, toujours dans le coin et prêts à aller pousser une sérénade pour les clients calés sur les terrasses des cafés et restos de la place. C'est d'ici aussi que partent, tous les soirs vers 18h, les *callejoneadas* (payantes à Guanajuato) qui se répandent ensuite joyeusement dans les rues de la ville. En costume, un groupe de musiciens entraîne alors derrière lui les passants, et tous reprennent en chœur des chansons populaires, s'esclaffent aux plaisanteries du maître de cérémonie. Un moment de fête collective, vécu sans artifices.

🎯🎯 ***Teatro Juárez*** *(plan C2)* **:** *en face du jardín de la Unión. Ouv aux visites tlj 10h-13h45, 17h-19h45 sauf lun. Visite : 35 $Me ; réduc.* Inauguré en 1903 par Porfirio Díaz. Les colonnes de sa façade néoclassique sont coiffées d'une balustrade sur laquelle s'élèvent les statues des muses. La salle, splendide et au style mozarabe très marqué, s'inspire de l'Alhambra de Grenade. Le foyer est assez surprenant, néoclassique mais avec des touches Art nouveau exubérantes et très colorées. Représentations de théâtre, de danse et de musique. Si vous vous débrouillez avec la langue de Cervantes, demandez donc s'il y a une représentation le soir même ! En général, les billets ne sont pas trop chers.

🎯🎯 ***Basílica de Nuestra Señora de Guanajuato*** *(plan C1-2)* **:** *tlj 7h-21h.* Toute de jaune vêtue, cette basilique du XVIIe s dévore la plaza de La Paz par son architecture baroque imposante. Les ornements intérieurs, peintures, balcons, lustres et statues, en font l'une des plus belles églises de la région. La statue de la Vierge à l'Enfant du chœur, richement parée de bijoux, fut offerte par le roi Philippe II d'Espagne.

🎯🎯 ***Museo iconográfico del Quijote*** *(plan C2)* **:** *Manuel Doblado 1 ; à côté de l'église San Francisco. ☎ 732-67-21. • museoiconografico.guanajuato.gob.mx • Tlj 9h30 (12h dim)-18h45. Entrée : 30 $Me ; réduc ; gratuit mar.* Dans un superbe bâtiment colonial du XVIIIe s, où séjourna entre autres figures mexicaines ce bon vieux Maximilien d'Autriche. Mais c'est à un tout autre « antihéros » que ce musée est dédié. On y célèbre Don Quijote, le personnage de roman le plus lu et commenté de la littérature hispanique. De nombreux artistes – dont Picasso et Dalí – l'ont représenté sous diverses formes artistiques, allant du figuratif à l'abstrait en passant par le cubisme. Tant de représentations du même personnage, c'est à peine croyable. De quoi faire pâlir de jalousie Jésus-Christ, autre star incontestée des toiles. Sculptures, peintures, fresques et dessins revisitent les tribulations du héros de Cervantès, accompagné de son fidèle écuyer Sancho Panza. Parmi ces œuvres, ne pas manquer celle, délirante et monumentale, de Pedro Coronel, *El Quijote cósmico*. Également, des expos temporaires, un petit café donnant sur le patio et une librairie.

🎯🎯 ***Callejones*** **:** on se plaît à se perdre dans le labyrinthe d'étroits *callejones* qui s'entrelacent au-dessus de la mignonne *plaza de Mexiamora (plan D2)*. Une balade guidée par le hasard dans ce quartier vraiment tranquille et populaire, à l'assaut des volées d'escaliers, au gré de minuscules placettes aux bancs en fer forgé, le long de maisons colorées parfois mangées de lierre.

🎯 ***Les rues souterraines*** **:** la ville repose sur un énorme réseau en gruyère, des trous desquels surgissent, disparaissent et réapparaissent des rues aux parois rocheuses et aux courbes irrégulières. Elles débouchent parfois sur des maisons à encorbellement miraculeusement accrochées aux flancs des ravins creusés lors de l'inondation de 1905. En cas de pluie ces voies peuvent être fermées.
En voiture, cauchemar assuré pour le visiteur qui débarque, du moins sans GPS (et encore, là-dessous, le réseau n'est pas toujours au rendez-vous) ; il faut repérer le parking le plus proche de votre hébergement ou abandonner son véhicule dans n'importe quel parking souterrain. On conseille de voir cela comme une 1re découverte de la ville et prendre son mal en patience...

🎯🎯 « ***Monumento del Pípila*** *(plan B2-3)* **:** il surplombe la ville. Accessible par des escaliers en 25 mn en montant (dur, dur quand il fait chaud !) et 10 mn en descendant, en funiculaire *(départ derrière le teatro Juárez ; tlj 8h (9h dim)-21h50 ; 30 $Me l'aller simple et 60 $Me A/R)* ou en bus. *Pípila* (« la dinde ») est le charmant surnom de Juan José de los Reyes Martínez, un héros de la guerre

d'indépendance, durant laquelle il se distingua en attaquant le grenier municipal où les Espagnols s'étaient réfugiés. Il y mit le feu, offrant ainsi les clés de la ville aux troupes de Hidalgo. Perchée là-haut, sa statue monumentale domine toute la cité, et une esplanade panoramique permet ainsi de jouir d'une vue incroyable sur Guanajuato. Et on ne vous dit pas le spectacle en fin de journée, lorsque le soleil couchant embrase les monuments et les maisons aux façades colorées.
Petit ***musée*** à l'intérieur du monument, retraçant la vie du héros *(tlj 10h-18h ; 10 $Me).*

⚲⚲ ***Plaza de San Fernando*** *(plan A-B1)* **:** romantique place ombragée, bordée de belles maisons coloniales et cernée de bars et restos en terrasse, souvent plus abordables que sur le *jardín de la Unión.* C'est d'ailleurs le contrepoint plus calme du *jardín,* pas de mariachis mais parfois un marché de livres d'occasion en journée. Les petites ruelles à l'ouest mènent à la *plaza de San Roque,* dominée par son église baroque, l'un des principaux lieux où sont jouées des saynètes théâtrales durant le Festival Cervantino.

⚲ ***Mercado Hidalgo*** *(plan A1)* **:** *Juárez.* Au cœur d'un quartier commerçant, bouillonnant et populaire, un vaste bâtiment du début du XXe s qui, outre le marché d'artisanat, de vêtements et de souvenirs, abrite aussi des comptoirs où se sustenter (voir « Où manger ? Où prendre un petit déjeuner ? »).

⚲ ***Universidad de Guanajuato*** *(plan C1)* **:** *Lascuraín de Retana 5.* Impressionnante université moderne dont l'architecture néoclassique se fond parfaitement dans le paysage historique de la cité, on dirait presque une église. Elle fut construite en 1950 sur les ruines d'un hospice, en intégrant certains bâtiments d'un ancien collège jésuite. Sa réputation est d'excellence pour le droit et les matières artistiques. L'immense escalier extérieur rassemble à toute heure la jeunesse estudiantine locale.

⚲ ***Templo de la Compañía de Jesús*** *(plan C1)* **:** église à la façade churrigueresque typique, érigée par les jésuites au XVIIIe s. L'intérieur aux larges volumes, austère, présente une coupole néoclassique ajoutée plus tardivement, et 2 tableaux de Miguel Cabrera.

⚲ ***Callejón del Beso*** *(ruelle du Baiser ; plan A2)* **:** *près de la plazuela Los Angeles, au fond du callejón Patrocinio.* C'est l'une des grandes attractions de la ville, on peut même monter sur les balcons et s'y embrasser (mais c'est payant !). Pas grand-chose à voir sinon, mais la légende est mignonne... et tragique : à une époque indéterminée, une fille, Carmen, tomba amoureuse d'un jeune homme, Luis. Mais le père de Carmen ne voulait pas entendre parler de leur union, menaçant sa fille de l'envoyer au couvent si elle contrevenait à sa volonté. Luis décida alors d'acquérir la maison située face à la chambre de Carmen, si proche (quelque 68 cm !) de celle-ci qu'ils pouvaient s'embrasser de leurs balcons respectifs. Mais le père surprit un jour les 2 amants lors d'une rencontre et mit fin aux jours du jeune homme en le poignardant dans la poitrine.

BAISERS VOLÉS

En 2009, le maire de Guanajuato a réussi à créer la polémique en interdisant sous peine de prison les baisers et tout autre type d'effusion affective dans les lieux publics. Un comble dans la ville du callejón del Beso *(ruelle du Baiser), passage obligé des amoureux ! Mais, face au tollé suscité, le maire a dû rétropédaler, et les bonnes vieilles habitudes ont repris, pour le plaisir de tous.*

⚲⚲ ***Museo Alhóndiga de Granaditas*** *(plan A1)* **:** *au bout de la rue Positos. ☎ 732-11-12. Mar-sam 10h-17h30, dim 10h-14h30. Fermé lun. Entrée : 65 $Me.*
Installé dans les anciens greniers de la ville (réserves de céréales et entrepôts de tabac) qui alimentaient la région, et qui furent transformés en place forte par

les Espagnols en 1810, lors de la guerre d'indépendance. Pípila, un indépendantiste mené par le père Hidalgo, finit par y pénétrer en y boutant le feu, offrant ainsi la victoire à son camp. La bataille fit plus de 300 morts, et les *insurgentes* mirent ensuite la ville à sac. Cette période capitale dans l'histoire du Mexique est racontée ici à travers les 2 impressionnantes fresques de Chávez Morado, qui ornent les murs des escaliers (des panneaux donnent des clés de lecture pour les déchiffrer).

À EN PERDRE LA TÊTE...

Après avoir exécuté à Chihuahua les 4 leaders indépendantistes, les Espagnols les décapitèrent. Salées pour éviter qu'elles ne se décomposent, les têtes furent exposées pendant 10 ans aux 4 coins du bâtiment de la Alhóndiga. En 1823, après l'indépendance, on transporta têtes et corps à Mexico, où ils furent conservés dans la cathédrale. Et ce n'est qu'en 1925 qu'ils connurent leur sépulture définitive.

À l'étage, les salles autour du patio relatent l'histoire du Mexique, depuis les Aztèques jusqu'à la fin de la colonisation espagnole, l'instauration de la république, le Porfiriato et le libéralisme, la révolution et les réformes. Nombreux panneaux très instructifs, pour peu que l'on comprenne l'espagnol. L'accent est bien sûr mis sur l'État de Guanajuato, à travers une foule d'objets, d'armes, de sceaux préhispaniques, de peintures, de sculptures, de photos etc.
Parmi les curiosités, l'une des cages en fer où furent exposées pendant 10 ans (voir encadré), à l'extérieur du bâtiment, les têtes des 4 leaders indépendantistes : Allende, Hidalgo, Aldama et Jiménez. On retrouve leur tête sous forme de sculptures monumentales, exposées au rez-de-chaussée. Également quelques salles d'expos temporaires.
– En sortant, les inconditionnels des mannequins de cire pourront jeter un œil au petit musée Grévin local, le ***museo de Cera*** situé de l'autre côté de la rue *(● museodeceradeguanajuato.com.mx ● ; tlj 10h-18h ; entrée : 30 $Me).* Une bonne trentaine de personnages en tout, pas tous liés au Mexique puisqu'on y voit aussi bien Frida Kahlo et Don Quichotte que Shrek, Tom Cruise et Sean Connery !

Casa-museo Diego Rivera *(plan B1) : Positos 47. ☎ 732-11-97. Mar-sam 10h-18h30, dim 10h-14h30. Fermé lun. Entrée : 25 $Me ; réduc. Photos interdites.* On doit ce musée à la fille du peintre, Guadalupe Rivera Marín. C'est là que le peintre Diego Rivera (1886-1957) passa la 1re partie de son enfance. Au rez-de-chaussée, quelques pièces meublées ; aux étages, quelques photos et un grand nombre de ses œuvres, illustrant les différentes périodes de sa vie. Très éclectique, son évolution artistique a de quoi étonner : figuratif, cubisme, naïf, expressionnisme... 2 salles présentent des illustrations de Rivera destinées à illustrer le *Popol-Vuh,* un livre de cosmologie maya rédigé pendant la période coloniale, dans une version pour enfants et adolescents. Ces illustrations relatent chacune leur tour une étape de l'évolution humaine, depuis sa genèse. D'autres de ses fresques murales se trouvent notamment au *Palacio nacional* de Mexico. Une visite intéressante pour les amateurs de son art.

Museo del Pueblo *(plan B-C1) : Positos 7. ☎ 732-29-90. Tlj, sauf lun, 10h-18h30 (14h30 dim). Entrée : 25 $Me.* Dans cette belle maison du XVIIe s, une étonnante collection de miniatures (certains objets ne sont visibles qu'à la loupe !) occupe une partie du rez-de-chaussée et représente les arts de toutes les provinces du pays. Au 1er étage, une collection de Hermenegildo Bustos (tableaux religieux, entre autres) et d'artistes anonymes du XVIIe au XIXe s. Ne pas manquer, dans la chapelle baroque, le très beau triptyque du muraliste José Chávez Morado, artiste emblématique dont on retrouve également des fresques dans les escaliers du musée Granaditas. Expos temporaires d'art contemporain parfois au rez-de-chaussée et au 2e étage.

Museo de las Momias *(hors plan par A1)* : *☎ 732-06-39. Prendre, du marché Hidalgo, un bus affichant « Pueblo de Rocha », « Panteón » ou « Momias ». À pied, compter min 25-30 mn de marche depuis le centre. Tlj 9h-18h (18h30 ven-dim). Entrée : 105 $Me (88 $Me sans le* museo de la Muerte*) ; réduc.* Un musée construit sur site (issu du cimetière voisin) après la découverte de corps momifiés, pour la préservation et l'étude de ces ancêtres... C'est l'une des attractions principales de la ville, certes totalement morbide, dans laquelle se pressent les nombreux touristes mexicains dès l'ouverture. Une centaine de cadavres momifiés, en ***incroyable état de conservation,*** y sont exposés dans de froides vitrines, devant lesquelles se photographient les couples en goguette. Certains ont encore leurs vêtements, leurs cheveux, leurs poils, leurs dents... ou racontent (sur un cartel) leur petite histoire : untel se noya, un autre fut poignardé ou enterré vivant... Tous, cela dit, arborent d'horribles expressions, dues à la déshydratation progressive de leur corps. La galerie des bébés est même carrément insoutenable. Et pour clore ce tour macabre, la visite s'achève par le *museo de la Muerte,* consacré aux objets de torture de l'Inquisition et rempli de cadavres lui aussi, comme celui de cet homme condamné par la juridiction ecclésiastique à être transpercé de pointes après son exécution !

N'EST PAS MOMIFIÉ QUI VEUT

Pour se momifier, le corps doit reposer dans un endroit très sec et, surtout, exempt d'oxygène. Cela empêche les germes et bactéries de proliférer et, par conséquent, le processus de putréfaction de se produire. Mais tout le monde n'a pas cette chance puisque seule une fraction des cadavres inhumés bénéficie de ces conditions privilégiées, permettant la préservation des tissus mous...

Fêtes et manifestations

– ***Callejoneadas :*** *départ tlj à partir de 18h du jardín de la Unión et de l'escalier du teatro Juárez (plan C2).* Des musiciens vêtus de costumes espagnols du XIXe s invitent, moyennant participation financière *(env 120 $Me),* la foule à les suivre dans les rues de la ville. Le défilé se transforme rapidement en une vaste fête populaire...
– ***Viernes de Dolores :*** *le ven avt la Semaine sainte.* C'est le jour des offrandes à la Vierge de Dolores, sainte patronne des mineurs. Traditionnel *paseo* fleuri sur le *jardín de la Unión.* Un beau spectacle coloré.
– ***Fiestas de San Juan :*** *la 2de quinzaine de juin.* Spectacles, concerts et animations dans le centre historique... Le point d'orgue de la fête a lieu le 24 juin, jour de la Saint-Jean.
– ***Festival Cervantino :*** *3 sem en oct.* Ce célèbre festival de musique, de danse et de théâtre réunit d'excellentes troupes d'artistes venus du monde entier. Spectacles dans les théâtres, mais aussi une multitude de groupes et d'animations partout dans les rues de la ville.
– ***Feria del Alfeñique :*** *fin oct-début nov.* Une tradition populaire. On réalise à cette occasion des figurines en sucre, notamment des squelettes pour le jour des Morts, le 2 novembre.

DANS LES ENVIRONS DE GUANAJUATO

Templo San Cayetano *(hors plan par A1)* : *à env 4 km sur la route de Dolores Hidalgo. Prendre un bus affichant « Valenciana » près du musée Alhóndiga.* Magnifique église baroque du XVIIIe s, construite sur les hauteurs dominant la ville. La façade de style churrigueresque est superbe. À l'intérieur, 3 retables baroques, dorés et bien lourds.

En contrebas, la mine *La Valenciana* *(tlj 10h-18h sauf mer ; 35 $Me)*, très active à la fin du XVIIIe s, produisait en grande quantité de l'or et de l'argent exportés en Espagne. Elle fut fermée au moment de la révolution mexicaine et rouverte bien plus tard... à des fins touristiques (mais visite sans grand intérêt).

Museo Ex-Hacienda San Gabriel de la Barrera : *☎ 732-06-19. Pour y aller, bus en direction de Noria Alta ou Marfil et descendre à l'hôtel* Misión Guanajuato *(à 2,5 km du centre). Tlj 9h-18h. Entrée : 45 $Me ; réduc.* Belle propriété minière datant du XVIIe s, qui fut remaniée en résidence officielle pour les grands de ce monde (le roi d'Espagne et la reine d'Angleterre y séjournèrent) au début du XXe s. En 1979, elle fut reconvertie en musée (beau mobilier ancien à dominante française), entouré de 17 jardins d'agrément luxuriants aux styles divers (oriental, anglais, français, arabe...). Café-resto avec terrasse sur place. Une escale un peu confidentielle, que l'on peut éterniser le temps d'une balade pour prendre l'air.

MORELIA

825 000 hab. IND. TÉL. : 443

• Plan *p. 474-475*

À 300 km de Mexico et 200 km de Querétaro, Morelia est une magnifique ville coloniale aux allures bourgeoises. Toute de pierre brune vêtue, elle renferme d'authentiques merveilles architecturales. Son centre historique a d'ailleurs été inscrit au Patrimoine mondial de l'Unesco en 1991. Au gré de la balade, de splendides façades du XVIIIe s et des patios cachés dans les édifices publics où l'on découvre arcades sculptées, colonnades et fontaines octogonales. Autrefois ville de province endormie (il y avait même un couvre-feu !), Morelia est aujourd'hui une cité bien vivante, avec un centre-ville animé et ponctué de bonnes adresses. Côté climat enfin, on reste à près de 2 000 m d'altitude, il peut donc faire frisquet le soir en hiver.

UN PEU D'HISTOIRE

La ville s'appelait encore Valladolid quand, au milieu du XVIe s, elle fut peuplée par une cinquantaine de familles issues de la noblesse espagnole. Dès lors, « la ville des conquistadores » n'eut de cesse de vouloir ravir la primauté à sa rivale Pátzcuaro, la cité indienne qui était protégée par le fameux évêque Vasco de Quiroga. Mais une fois le « défenseur » des Indiens purépechas mort, la donne changea : Valladolid obtint le siège de l'évêché et, plus tard, le titre de capitale de l'État de Michoacán. Quant au nom de « Morelia », il fut donné en 1828 en l'honneur de Morelos, héros de l'indépendance natif de la ville.

Arriver – Quitter

En bus

Voir la liste des principales compagnies et leurs coordonnées dans la rubrique « Transports » du chapitre « Mexique utile ».

Central de autobuses *(hors plan par A2) : sur le périphérique, au nord-ouest de la ville, en face du stade Morelos. • tam-sa.com.mx •* Pour ***rejoindre le centre-ville,*** prendre le combi rouge n° 1. Il passe ttes les 10-15 mn devant les 3 bâtiments du terminal. Dans l'autre sens, le prendre devant le *Teatro Ocampo* sur la *calle Melchor Ocampo.* En taxi (guichets devant les 3 terminaux), compter

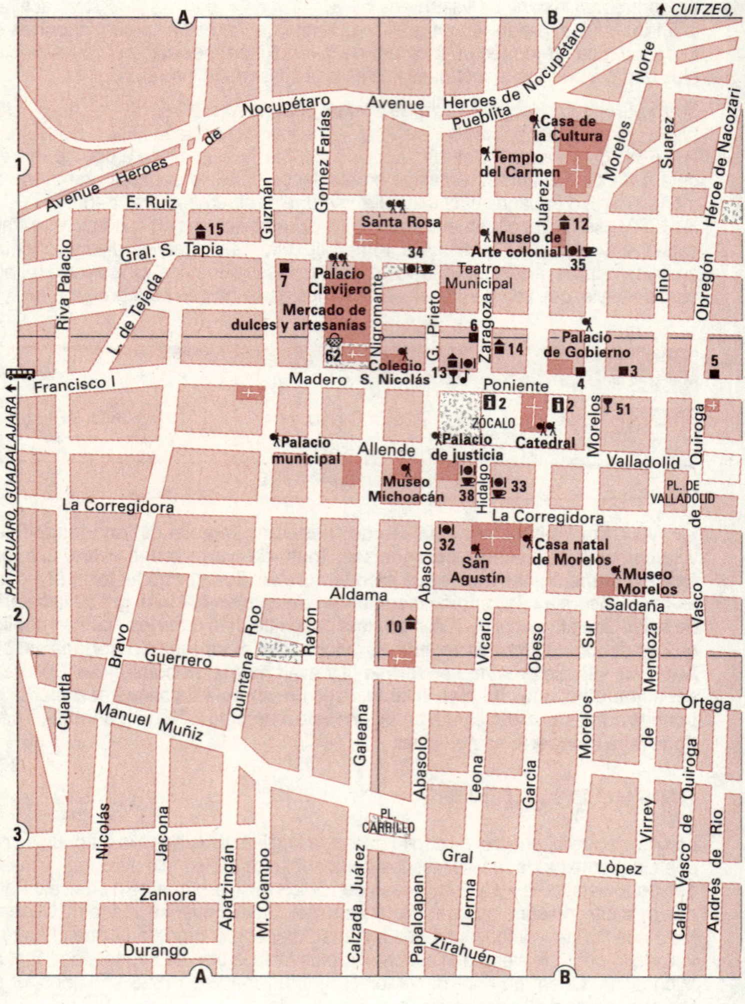

Adresses utiles

- 1 Office de tourisme (D2)
- 2 Kiosques d'informations touristiques (B2)
- 3 Bancomer (B2)
- 4 Scotiabank (B2)
- 5 Santander (B2)
- 6 Viajes Kuanary (B1-2)
- 7 Laverie (A1)

Où dormir ?

- 10 Casa Xola (B2)
- 11 Hostal San Fransiskuni (C2)
- 12 Hotel El Carmen (B1)
- 13 Hotel Casino et Hotel Misión Catedral (B2)
- 14 Hotel de la Soledad (B1-2)
- 15 Hotel Casa José María (A1)
- 16 Romance City Hotel (D1)

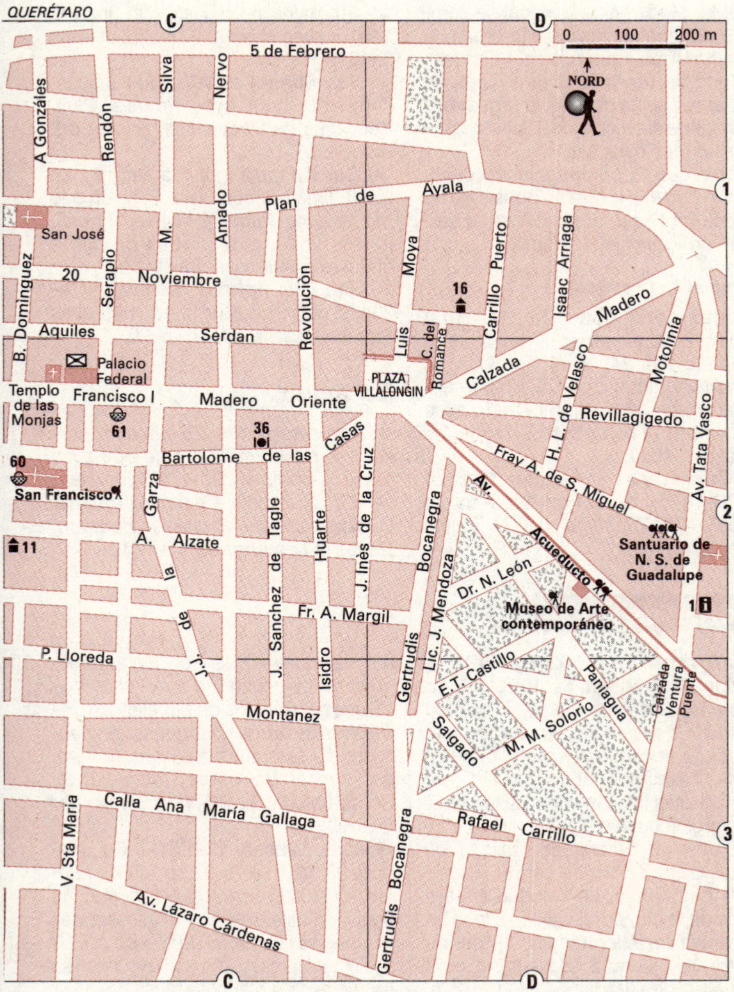

MORELIA

Où manger ? Où prendre un petit déjeuner ?

13 Lu (B2)
32 Restos de rue (B2)
33 El Tragadero (B2)
34 La Casona de las Rosas (B1)
35 Cuish Cocina (B1)
36 Tata Mezcalería (C2)
38 Café Michelena (B2)

Où boire un verre ? Où sortir ?

13 Onix (B2)
51 Bar de Los Juaninos (B2)

Achats

60 Casa de las Artesanías (B-C2)
61 Museo del Dulce (C2)
62 Mercado de dulces y artesanias (A1-2)

50 $Me. Moderne, le terminal se compose de 3 bâtiments : sur la droite, le **terminal A** pour les bus de 1re classe ; au fond, le **terminal B** pour ceux de 2de classe ; sur la gauche, le **terminal C** pour les destinations locales. Consigne dans les terminaux A et B.
À noter que la compagnie **Autovías** *(☎ 01-800-622-22-22)* possède un service de 1re du terminal A et un service « ordinaire » du terminal B.

Terminal A (1re classe)

➢ ***Mexico :*** pour le *terminal Poniente-Observatorio,* 1 ou 2 bus/h (presque 24h/24) avec *Autovías,* et presque autant avec *ETN.* Pour le *terminal Norte,* 12 bus/j. (5h-1h15) avec *Autovías* et 11 bus/j. avec *ETN* (6h-2h). Trajet : 4h-4h30.
➢ ***Querétaro :*** presque 1 bus/h (5h20-1h45) avec *Primera Plus* et 4 bus/j. (10h-20h30) avec *ETN.* Trajet : un peu plus de 3h.
➢ ***Guanajuato :*** 3 bus/j. (7h, 9h20 et 14h10) avec *Primera Plus.* Trajet : env 3h10.
➢ ***San Miguel de Allende :*** 2 bus/j. (14h et 17h40) avec *Primera Plus.* Pour plus de fréquences, passer par Querétaro.
➢ ***Guadalajara :*** bus presque ttes les 1h (3h30-23h30) avec *ETN,* un peu moins avec *Primera Plus* et 9 bus/j. (5h10-19h10, plus un bus de nuit à 0h30) avec *Autovías.* Trajet : 3h30.
➢ ***San Luis Potosí :*** ttes les 2h (7h-23h40, plus un bus de nuit à 1h45) avec *Primera Plus.* Trajet : env 6h20.

En avion

✈ ***Aeropuerto :*** *à 25 km au nord-est de la ville (même route que pour Mexico). Compter 350-400 $Me en taxi.*
➢ 2-3 vols/j. pour **Mexico** et **Tijuana.** Quelques liaisons aussi avec **Houston, Dallas** et **Los Angeles.**

Adresses utiles

ℹ ***Informations touristiques :*** *l'**office de tourisme** est excentré, av. Tata Vasco 80 (plan D2, **1**), à côté du santuario de Nuestra Señora de Guadalupe. • michoacan.travel • Lun-ven 8h30-17h, sam 9h-16h, dim 10h-14h.* Nombreuses infos et plans de la ville et de la région du Michoacán.
ℹ *Également 2 **kiosques** sur la pl. de Armas (plan B2, **2**), de part et d'autre de la cathédrale.* Le kiosque situé à droite de la cathédrale *(tlj 9h-22h)* gère le ***tranvía turístico*** qui fait un tour du centre-ville jusqu'à l'*acueducto* et le *santuario de Guadalupe* *(tlj 10h-22h, départ à heure fixe, pdt 1h ; 80 $Me/pers).* Le 2e *(tlj 10h-21h),* à gauche, organise notamment des excursions aux sanctuaires des Papillons monarques de mi-novembre à mi-mars (voir « Dans les environs de Morelia »).
■ ***Distributeurs :*** *banques aux alentours de la cathédrale, sur Madero, notamment **Bancomer** (plan B2, **3**), **Scotiabank** (plan B2, **4**) et **Santander** (plan B2, **5**).*
■ ***Viajes Kuanary*** *(plan B1-2, **6**) : Zaragoza 95. ☎ 317-79-97 ou 33-02. Lun-ven 10h-19h30, sam 10h-14h, fermé dim.* Vente de billets de bus 1re classe, des compagnies *Omnibus de México* et *ETN* seulement. Organise aussi l'excursion au santuario de la Mariposa monarca.
■ ***Laverie*** *(plan A1, **7**) : Santiago Tapia 543. Tlj 8h-20h sauf dim.* Au poids.

Où dormir ?

De bon marché à prix moyens (moins de 400-800 $Me / env 19-38 €)

🏠 ***Hostal San Fransiskuni*** *(plan C2, **11**) : Antonio Alzate 302. ☎ 313-07-03. • hostalsanfransiskuni.com • Nuitée en dortoir env 200 $Me/pers, double env 400 $Me ; petit déj continental inclus.* Modeste, mais correctement tenu et bon marché. Répartis sur 3 niveaux, 5 dortoirs de 4-6 lits et 3 petites chambres privées (sur le toit, à éviter peut-être en été), dont une seule avec salle de bains. Petite salle à manger et cuisine au rez-de-chaussée. Terrasse sur le toit avec vue.

Hotel El Carmen (plan B1, **12**) : *Eduardo Ruiz 63. ☎ 312-17-25. • hotelelcarmenmorelia.com.mx • En face de l'ancien couvent del Carmen. Doubles (1 ou 2 lits) 600-1 000 $Me, petit déj continental inclus.* Une adresse sans charme, mais qui dépanne, dans un quartier au calme, à 2 pas du centre. Les chambres avec un lit *matrimonial,* de style monacal, sont petites et sombres ; celles à 2 grands lits, aux étages, sont plus spacieuses mais plus chères. Demandez-en une, plus lumineuse, qui s'ouvre sur la jolie place. Petit déj sommaire. L'ensemble est propre.

De chic à plus chic (800-1 600 $Me / env 38-76 €)

Casa Xola (plan B2, **10**) : *Abasolo 408. ☎ 312-45-27. • casaxola.com • Doubles 1 400-1 700 $Me, avec petit déj et parking.* Un *B & B* intime, à seulement quelques pas de la plaza de Armas. Pour y arriver, sonner et gravir les marches. Là-haut, petit patio arboré et accueillant. Charmante salle à manger où l'on prend son petit déjeuner, attablés avec les autres convives autour d'une lourde table en bois. En tout, 5 chambres, très bien tenues, à la déco coloniale avec tomettes au sol, meubles en bois et couvre-lits colorés. Plus haut encore, petit salon cosy avec canapé, cuisine en libre accès et terrasse arborée avec vue, superbe. Excellent accueil, à l'image de la maison, tout en douceur.

Hotel Casa José María (plan A1, **15**) : *Santiago Tapia 688. ☎ 274-65-89. • hotelcasajosemaria.com • Doubles 900-1 800 $Me (nombreuses promos sur leur site).* Dans une *casa particular* du XIXe s, un hôtel à l'univers bucolique teinté de blanc et de vert. Grand patio couvert et arboré, avec tablées pour le petit déj et, au fond, une petite terrasse. Seulement 8 chambres, toutes différentes décorées dans des tons clairs elles aussi et équipées confortablement (TV, clim). Certaines sont assez petites, mais tout de même bien agencées. Les 2 chambres donnant sur rue bénéficient du double vitrage. Sinon, 3 autres donnent sur le patio central et les 3 dernières, derrière, au niveau de la terrasse. Bon accueil qui complète agréablement l'ensemble.

Hotel Casino (plan B2, **13**) : *portal Hidalgo 229, sous les arcades, en face de la pl. de Armas. ☎ 313-13-28 ou 14-56. • hotelcasino.com.mx • Doubles 1 350-1 450 $Me, petit déj et parking inclus.* Pour être aux 1res loges. Grand hôtel classique offrant des chambres confortables, avec moquette, TV et cafetière individuelle. Si vous êtes côté plaza de Armas, vous aurez le balcon et la vue, mais gare aux cloches de la cathédrale ! Côté patio intérieur, les chambres sont plus calmes. Fitness et machine à laver. On vous conseille vivement aussi le resto ***Lu,*** installé au rez-de-chaussée (voir « Où manger ? »).

Hotel Misión Catedral (plan B2, **13**) : *entrée par Zaragoza 37. ☎ 313-04-06. • hotelesmision.com.mx • Doubles 1 400-2 300 $Me. Promos fréquentes sur leur site.* Toujours aussi bien situé, à côté de l'hôtel *Casino,* avec des chambres d'un niveau supérieur. Les intérieures, sans fenêtre, donnent sur l'un des 2 élégants patios ocre rouge. Pour quelques pesos de plus, préférez les extérieures avec vue sur la place (bon double vitrage). Certaines ont même de belles terrasses ! Bar-resto au dernier étage, là encore avec une vue (sensas celle-là !) sur la plaza de Armas.

Romance City Hotel (plan D1, **16**) : *20 de Noviembre 1033. ☎ 313-02-03. • hotelromance.com.mx • Doubles 900-1 090 $Me, avec petit déj.* Dans un quartier excentré, au calme, proche du joli callejón del Romance, cet hôtel récent propose 8 chambres de 3 catégories différentes : la standard, la standard plus (un peu plus grande) et le loft (studio avec cuisine pouvant accueillir 4 personnes). Confort et équipement similaires (TV, ventilo, cafetière individuelle). Réparties sur 2 niveaux autour d'une petite cour, elles sont décorées dans un style minimaliste, où le bois et les tons blanc et bleu dominent. Bon accueil. Petite cafétéria à l'entrée.

Très chic (plus de 2 200 $Me / env 105 €)

Hotel de la Soledad (plan B1-2, **14**) : *Ignacio Zaragoza 90. ☎ 312-18-88. • hoteldelasoledad.com • Doubles 3 000-3 600 $Me, avec petit déj. Parking.* Probablement un des plus beaux hôtels de la ville, à un demi-bloc à peine de la plaza de Armas. Il s'agence autour d'un somptueux patio luxuriant à arcades, baignant dès le petit matin, pour le petit déj, dans le chant des oiseaux. Chambres vraiment superbes (murs de pierre, plafond de bois, splendides salles de bains) et de grand confort, avec une literie d'une qualité exceptionnelle. Accueil et service impeccables. La grande classe !

Où manger ? Où prendre un petit déjeuner ?

Bon marché (moins de 150 $Me / env 7,10 €)

Restos de rue (plan B2, **32**) : *Corregidora et Abasolo ; sous les arcades de l'église San Augustín.* Tacos, enchiladas, *gorditas, tostadas, quesadillas, pozoles, sopas, pollo con papas...* Un tas de petits plats à avaler sur des tables en bois installées sous les arcades. Toutes les gargotes, très propres, ne sont pas ouvertes en même temps mais il y en a toujours quelques-unes prêtes à vous servir midi et soir. Bon et pas cher.

El Tragadero (plan B2, **33**) : *Hidalgo 63. ☎ 313-00-92. Lun-sam 8h-21h30, dim 9h-18h.* La clientèle est habituée et le cadre rigolo, dans une salle très haute de plafond ouverte sur la rue et littéralement tapissée de vieilles photos de la ville ! Très populaire au déjeuner, notamment pour son copieux menu du jour à un prix défiant toute concurrence, avec café ou dessert. Sinon, tous les classiques de la cuisine mexicaine à la carte. Rien de renversant, mais ça cale ! Sert aussi des petits déj.

Prix moyens (150-300 $Me / env 7,10-14,30 €)

Cuish Cocina (plan B1, **35**) : *Santiago Tapia 60. ☎ 312-14-80. Tlj, sauf lun, 10h-22h30 (21h30 dim).* Au bord d'une rue passante, à 2 blocs de la plaza de Armas, ce joli resto a pris place dans une jolie demeure en pierre. À l'intérieur, des plantes tombantes, le goutte-à-goutte d'une petite fontaine et des tables en bois peint. 2 salles décorée de bibelots, céramiques et petits *metate* (en vente). Également des tables en mezzanine. Au menu, une cuisine du Michoacán et d'Oaxaca servie dans de la vaisselle typique, dont quelques plats consistants (truite, *mole, enchiladas,* soupes) et de bons petits déjeuners également. Les assiettes sont soignées et le goût y est ! Attention, le café est ici servi traditionnellement, c'est-à-dire sucré et avec de la cannelle.

Café Michelena (plan B2, **38**) : *Portal Allende 209. Tlj 8h-22h (23h jeu-sam).* Posé sous les arcades en bordure de la plaza de Armas et dos à la Cathédrale, un café-librairie branché au cadre soigné. Au petit matin, de bons petits déjeuners (*chilaquiles, molletes,* mais aussi œufs Bénédicte, pancakes, pain perdu à la française) à accompagner d'un bon *espresso* (admirez la machine à café qui trône !). Au déjeuner, à l'apéro ou pour le diner, quelques solutions rapides comme des sandwichs, des tapas à partager avec une bière ou un verre de vin de la maison, ou bien des plats plus consistants (viandes, pâtes et salades). Pâtisseries également.

La Casona de las Rosas (plan B1, **34**) : *Santiago Tapia 331. ☎ 317-88-22. Face au couvent Santa Rosa. Tlj 8h-minuit (1h mer, 2h jeu-sam).* Música en vivo *tlj à partir de 21h.* Café-resto-galerie un peu désuet mais idéalement situé, sur l'adorable place de las Rosas. Côté cour, un beau patio à colonnades tapissé de tableaux. Le soir la place s'anime, on bat alors le pavé le temps qu'une table se libère. Dans l'assiette, d'excellentes truites d'élevage accompagnées de légumes frais, cuits simplement à la vapeur. Viandes et salades également, et de petits plats *para picar* avec l'apéro. À toute heure, c'est un plaisir d'y repasser, ne serait-ce que pour profiter de la terrasse, reposante en journée.

Plus chic (300-500 $Me / env 14,30-24 €)

Lu *(plan B2,* ***13****) : portal Hidalgo 229. ☎ 313-13-28. Tlj 7h30-22h (23h ven-sam).* C'est le resto de l'hôtel *Casino* et à notre avis l'un des meilleurs de la ville (on n'est pas les seuls à le penser !). On s'installe en terrasse face à la cathédrale ou à l'intérieur face à la réception, dans un espace sobrement décoré mais agréable. Au menu, des plats inventifs, fins, copieux, bien présentés et... plutôt sages côté prix. Sans oublier l'excellent service.

Tata Mezcalería *(plan C2,* ***36****) : Bartolomé de Las Casas 511. ☎ 312-95-14. Tlj 13h30-0h30 (1h30 ven-sam, 22h dim, 23h lun).* Si la porte n'est pas ouverte, il faut sonner pour entrer. On découvre alors un patio arboré au sol en brique qui baigne dans une douce lumière tamisée, des photos de bon goût sur les murs et des vélos qui pendent dans un coin... Original, à l'image du contenu de l'assiette (la maison revendique « *una cocina de autor* » !) : ici encore, c'est vraiment de l'excellente cuisine. Et cela se sait car le week-end, pas de place sans réservation ! Seul bémol : la musique, pas géniale et un peu forte. Il faut dire que le lieu fait aussi bar à mezcal...

Où boire un verre ? Où sortir ?

En face du couvent de Santa Rosa *(plan A-B1),* à portée de notes du conservatoire de musique, les terrasses de cafés-restos prennent leurs aises sur le jardín de las Rosas, romantique place arborée où trône une fontaine. On peut y boire un verre à toute heure de la journée ou simplement se poser sur un banc pour regarder le temps passer.

Onix *(plan B2,* ***13****) : portal Hidalgo 261, sous les arcades, à gauche de l'hôtel Casino. ☎ 317-82-90. Tlj 13h-2h (3h ven-sam).* C'est bien simple, c'est celui qui fait le plus de bruit sur la place le soir venu ! Ce resto-bar, plus propice aux libations qu'aux agapes, s'avère idéal à l'heure de l'apéro pour se caler en terrasse sous les arcades face à la plaza de Armas, ou s'arrimer au bar chromé face à un splendide miroir en onyx. Dans la salle, mobilier design, avec des chaises rouges au dossier interminable. Bonne musique, *en vivo* tous les jours à partir de 21h.

Bar de Los Juaninos *(plan B2,* ***51****) : Morelos Sur 39 ; presque à l'angle de Madero ; entrée par l'hôtel* Juaninos. *☎ 312-00-36. Tlj 13h-23h30 (22h lun, 1h ven-sam).* On prend l'ascenseur depuis la réception de l'hôtel du même nom pour monter au dernier étage de cet ancien palais épiscopal de la fin du XVIIIe s. Depuis la terrasse, vue imprenable sur la cathédrale et magnifique perspective sur la rue Madero. Belle carte de tequilas et de cocktails, pas si chers que ça. Ambiance tamisée et plutôt chic.

Achats

Mercado de dulces y artesanías *(plan A1-2,* ***62****) : accès par Gómez Farías, derrière le palacio Clavijero. Tlj 9h-21h.* Ses échoppes proposent un vaste choix de sucreries, spécialités de la ville (bonbons au lait, au miel, caramels, *palanquetas* aux fruits secs, pâtes de fruits...). Également des stands de vêtements, bijoux, verroterie et d'artisanat en tout genre du

LES VILLES COLONIALES

Michoacán. Bien comparer les prix, qu'on peut parfois négocier.

Casa de las Artesanías (plan B-C2, **60**) : *entrée sous les arcades de la pl. Valladolid adossées à l'église San Francisco. Tlj 8h (10h w-e)-20h.* Dans l'ancien couvent de l'église, expo-vente d'objets en terre cuite et de meubles du Michoacán. Pas mal de trucs imposants, genre amphore conçue pour stocker des quintaux de maïs en prévision de la fin du monde (rappelez-vous, les Aztèques s'y préparent tous les 52 ans !), certes pas très pratique à rapporter dans l'avion... mais on trouve aussi des articles plus maniables (vêtements, laques, etc.) pas donnés toutefois. À l'étage, on peut voir les ateliers d'artisans.

Museo del Dulce (plan C2, **61**) : *Madero Oriente 440. ☎ 312-04-77. Tlj 10h-20h (21h sam).* Vendeuses en costume du XIXe s, vitrines en bois verni, douceurs présentées dans des écrins de joaillerie... Dans la boutique, les bonbons et autres gourmandises sont joliment empaquetés, de quoi faire le plein de souvenirs sucrés. Grand choix d'*ates* (pâtes de fruits), *obleas* à la confiture de lait et autres caramels durs ou mous, certes plus alléchants (plus chers aussi) qu'au *mercado de dulces*. À l'arrière, joli petit patio avec salon de thé le week-end (bons gâteaux), et, finalement, un petit musée *(30 $Me)* qui accueille 5 salles consacrées davantage à l'histoire de la ville qu'à celle de la confection de bonbons.

À voir. À faire

Au cœur du centre historique

Catedral (plan B2) : *au milieu de la pl. de Armas.* Elle a été commencée en 1660 et achevée une centaine d'années plus tard. Les connaisseurs verront une ressemblance avec la cathédrale de Cusco, au Pérou (surtout pour sa façade et ses 2 tours). Un mélange de baroque et de néoclassicisme. Levez les yeux : sur les côtés, les coupoles recouvertes d'azulejos se découpent sur le ciel bleu. De superbes photos à faire. Contrairement aux autres cathédrales du pays, elle ne donne pas sur la place elle-même, mais sur l'avenue principale. Son et lumière sur la façade (avec même un feu d'artifice !) le samedi à 21h. L'intérieur fera moins grosse impression, en dépit des fonts baptismaux en argent, de l'orgue imposant (4 600 tuyaux) construit en Allemagne et du christ en pâte de maïs du XVIe s, portant une couronne en or offerte par Philippe II d'Espagne.

Palacio de Gobierno (plan B1-2) : *face à la cathédrale.* Un ancien séminaire construit en 1750. Du beau baroque. Autour du patio cerné d'arcades, splendides peintures murales d'Alfredo Zalce sur le peuple de Michoacán.

Templo del Carmen (plan B1) : sur une place charmante et sereine. Cette église était intégrée à l'ancien couvent des moines carmélites du XVIIIe s, qui héberge aujourd'hui la ***Casa de la cultura*** *(entrée par Morelos 485 ; tlj 8h-20h)* avec une salle d'expositions temporaires, mais surtout, des cours de musique et une cafétéria... Un imposant ensemble architectural aux allures de forteresse. À 2 pas, on jettera un œil au ***museo de Arte colonial*** *(Juárez 240 ; lun-ven 9h30-20h ; le w-e 10h-14h, 15h-18h ; GRATUIT).* Collection de peintures religieuses et, principalement, de christs en pâte de maïs, connue pour sa légèreté. Également, répliques des 3 *Carabelas* à bord desquelles Christophe Colomb voyagea.

Santa Rosa (plan A-B1) : cet ancien couvent de religieuses dominicaines occupe tout un pâté de maisons. L'édifice date du XVIIIe s. Très belle façade ornée de gargouilles et prolongée d'une série d'arcades. À l'intérieur de l'église, incroyables retables churrigueresques. Juste à côté, le ***conservatorio de las Rosas,*** le conservatoire de musique. Ne pas hésiter à entrer faire un tour si c'est ouvert, vous entendrez peut-être des élèves répéter leur partition. À l'intérieur, très joli cloître aux oiseaux chantants et buissons bien taillés.

🧍🧍 ***Palacio Clavijero*** *(plan A1)* **:** *entrée par Nigromante 79.* Colossal et magnifique ensemble architectural du XVIIe s. Il a servi, entre autres, de collège jésuite. Aujourd'hui, il abrite un centre culturel avec diverses expositions et manifestations, ainsi que la bibliothèque de l'université du Michoacán. Immense cour, d'une sobre beauté, *(tlj 10h-18h sauf lun)* en pierre brun-rose ornée d'une fontaine centrale octogonale. À l'arrière, sous les arcades de l'ancien collège, le ***mercado de dulces y artesanías*** (voir « Achats »).

🧍 ***Colegio de San Nicolás de Hidalgo*** *(plan B2)* **:** fondé en 1580, ce fut la 1re université du continent américain. Morelos y usa ses fonds de culotte. Et c'est toujours un lycée aujourd'hui.

🧍 ***Palacio municipal*** *(plan A2)* **:** *angle Allende et Galeana.* Bel édifice baroque construit en 1781 pour y installer une fabrique de tabac. Superbe patio avec de très belles arcades, pas toujours ouvert malheureusement.

🧍 ***Museo regional Michoacán*** *(plan B2)* **:** *Allende et Abasolo. Tlj 9h-16h45 sauf lun. Entrée : 55 $Me, réduc.* Cette belle demeure coloniale de 1775 abrite sur 2 niveaux une riche expo sur l'histoire du Michoacán, avec des collections archéologiques et précolombiennes au rez-de-chaussée et une section sur l'époque de la conquête espagnole (avec une armure du XVIe s, des cartes, des peintures et des dessins) à l'étage. Plusieurs fresques couvrent les murs de l'édifice. Dans l'escalier central, une œuvre murale d'Alfredo Zalce peinte en 1951 traite de l'histoire du Mexique, un pays né à partir de forces antagoniques. Une autre, de Federico Cantú, de 1954, relate les conséquences de la colonisation espagnole sur l'évolution du pays. Dans un autre patio, on aperçoit une grande fresque réalisée en 1935 par des étudiants américains communistes, mettant en garde, entre autres, contre les dangers du nazisme naissant.

🧍 ***Palacio de justicia*** *(plan B2)* **:** *Allende et Abasolo. Tlj 9h-19h30 sauf w-e. GRATUIT.* L'un des plus anciens bâtiments de la ville, remanié en 1885. Petit musée sur l'histoire du pouvoir judiciaire dans la région. Une immense fresque murale d'Agustín Cárdenas domine l'escalier central et représente le prêtre jésuite Morelos, natif de Morelia, qui participa activement à la lutte pour l'indépendance.

🧍 Prenez la rue piétonne Hidalgo pour passer devant l'église ***San Agustín*** *(plan B2)* avec sa belle et sobre façade plateresque. Quelques pigeons arpentent sa mignonne esplanade.

🧍 ***Casa natal de Morelos*** *(plan B2)* **:** *Corregidora et Obeso. ☎ 312-27-93. Tlj 9h-19h30 (18h dim). GRATUIT.* C'est ici que naquit l'illustre insurgé. D'après ce qu'on raconte ici, la mère de Morelos était en train d'accoucher devant l'édifice quand elle fut recueillie à l'intérieur pour mettre son fils au monde ! Petite expo sur sa généalogie, sa vie son rôle dans la guerre d'indépendance. À l'arrière, un agréable jardin, une bibliothèque et une petite cinémathèque.

🧍 ***Museo histórico de sitio casa Morelos*** *(plan B2)* **:** *Morelos Sur 323. ☎ 313-26-51. Tlj 9h-16h45 sauf lun. Entrée : 45 $Me.* S'il naquit à 200 m au nord-ouest (voir ci-avant), c'est ici qu'habita le célèbre héros Morelos, qui donna son nom à la ville et à un État. Nombreux panneaux explicatifs et écrans, traduits en anglais mais un peu fatigants à la longue, retracent les différentes campagnes qu'il mena dans sa lutte pour l'indépendance. Également des portraits et objets (armes, lettres manuscrites). Pour les férus d'histoire.

🧍 Remontez ensuite vers la plaza Valladolid, elle aussi ornée d'une fontaine. Attenante à la *Casa de las Artesanías* (voir « Achats »), ***San Francisco*** *(plan C2)* est la plus vieille église de la ville.

Un peu plus loin

Santuario de Nuestra Señora de Guadalupe (plan D2) : pour y aller, descendre la rue Madero Oriente. On arrive à un charmant quartier bien tranquille, que l'on traverse en empruntant la ***chaussée Fray Antonio de San Miguel.*** Construite en 1732, cette ravissante rue pavée et piétonne est bordée d'anciennes maisons de campagne des XVIIIe et XIXe s. Elle débouche sur une vaste esplanade hérissée de palmiers. Bâtie en 1656, l'église vaut vraiment le déplacement. L'extérieur, assez sobre, ne laisse pas deviner que l'intérieur est un véritable joyau. Un feu d'artifice de couleurs vives. Les plafonds et les murs sont peints en rouge, jaune et fuchsia, les frises virevoltent en arabesques dorées. Un surprenant et somptueux mélange de baroque et d'art populaire. De quoi en mettre plein les yeux aux indigènes. D'immenses tableaux sur les côtés évoquent, pleins de manichéisme, l'évangélisation des Indiens. Derrière l'autel agonise un christ sanguinolent. Si vous n'avez plus de force pour le retour, de fréquents combis remontent la rue Madero vers la plaza de Armas.

On peut aussi remonter vers le centre à pied, en suivant l'***acueducto*** *(plan D2),* superbement illuminé le soir. Il est bordé d'un parc dans lequel s'est installé, dans une petite bâtisse du XIXe s, le ***museo de Arte contemporaneo Alfredo Zalce*** *(Macaz ; plan D2 ; lun-ven 10h-20h, le w-e 9h-18h ; GRATUIT).* Expos temporaires d'artistes mexicains et étrangers sur 2 niveaux. Au 1er étage, quelques œuvres permanentes d'Alfredo Zalce. L'aqueduc s'achève (ou démarre, si vous venez du centre) sur la jolie ***plaza Villalongin*** *(plan D2),* où jaillit une fontaine symbolisant la ville, avec ses 3 princesses purépechas.
De l'autre côté de la rue Madero Oriente s'échappe le mignon ***callejón del Romance*** *(plan D1-2),* une ruelle encadrée de maisons du XIXe s mangées par les fleurs.

DANS LES ENVIRONS DE MORELIA

Cuitzeo *(hors plan par B1)* **:** *à 35 km au nord de Morelia. Bus* Flecha Amarilla *ttes les 20 mn de Morelia (terminal B – 2e classe) ou taxi env 150 $Me.* Village tranquille au bord du lac du même nom, dont l'architecture rappelle celle de Pátzcuaro : des rues en damier, pavées et bordées de maisons basses d'un blanc immaculé, avec le nom des enseignes peint sur la façade. Face à la *plaza* s'élève le très beau ***convento de Santa María Magdalena*** du XVIe s, magnifiquement restauré *(tlj 9h-17h sauf lun ; entrée 45 $Me).* On se balade à travers le cloître et les cellules des novices organisées autour de 2 patios. Petit musée présentant quelques tableaux religieux du XVIIIe s et belle collection de céramiques archéologiques polychromes d'époque *preclásica* (de 1000 à 500 av. J.-C.).
– À la sortie du village, tel Moïse séparant les eaux, la route traverse le magnifique lac, véritable paradis pour les oiseaux.

Yuriria **:** *à 22 km au nord de Cuitzeo et à 65 km de Morelia. Bus* Flecha Amarilla *ttes les 20 mn de Morelia (départs du terminal B – 2e classe).* Au cœur du bourg se dresse un imposant ***convento agustino*** *(tlj 10h-17h45 sauf lun ; entrée : 60 $Me)* du milieu du XVIe s, encerclé d'une vaste esplanade jardin accueillant le week-end un grand marché. Belle façade ouvragée de style plateresque et campanile carré. À l'intérieur, magnifique cloître garni d'orangers. Grimpez l'escalier pour découvrir la vue fabuleuse sur les alentours et la laguna de Yuriria. Cela a dû susciter bien des vocations ! Pas grand-chose à voir sinon, la plupart des salles sont vides, à part quelques pièces d'art religieux et une collection de tampons préhispaniques. Déjà, le poids de l'administration... Adossée au monastère, superbe église à la façade sculptée de divers personnages (y'a même un joueur de volley).

Santuarios de la Mariposa monarca (sanctuaires des Papillons monarques) **:** *à env 150 km de Morelia et 200 km de Mexico. Les excursions partent du village d'***Angangueo.** *Infos sur • mariposamonarca.travel •*

➢ ***En voiture :*** prendre l'autoroute de Mexico sur 100 km, sortir à Maravatío, suivre la direction de Ciudad Hidalgo, puis, avt l'entrée d'Irimbo, celle d'Aporo et d'Angangueo. Trajet : env 2h.

➢ ***En bus :*** départ ttes les 30 mn du terminal de Morelia (voir « Arriver – Quitter ») pour Ciudad Hidalgo ou Zitácuaro (trajet : 2h30), puis prendre un combi (départs fréquents) pour Angangueo (30 mn de trajet).

➢ ***En excursion organisée :*** on peut laisser aux kiosques touristiques (de part et d'autre de la cathédrale) ou à une agence de voyages de Morelia le soin d'organiser l'excursion. Compter 850 $Me/pers (3 pers min), uniquement pour le transport et le guide.

Chaque année, des millions de papillons monarques quittent le Canada et les États-Unis où ils sont allés se ravitailler, pour venir hiberner (entre novembre et mars) et se reproduire quelque 4 000 km plus au sud, dans les montagnes mexicaines. Partir à la rencontre de ces millions de gros papillons voyageurs, aux ailes orange, blanc et or si finement dessinées, venus se poser sur le promeneur ébloui, est un spectacle inoubliable et exceptionnel ! Ils sont d'ailleurs le symbole de l'État du Michoacán. Mais comment ces papillons, dont l'espérance de vie ne dépasse pas 9 mois, reconnaissent-ils ce long trajet ? Et pourquoi reviennent-ils toujours ici, dans ces montagnes au climat plutôt frais, à plus de 3 000 m d'altitude ?

IL RÈGNE EN MONARQUE

N'est pas monarque qui veut, mais qui peut ! Alors que ses congénères se reproduisent environ 3 fois dans leur existence, le papillon monarque mâle atteint la performance 7 fois ! Parfois, emportés par leur vigueur, ils sautent même sur des papillons du même sexe qu'eux. Chaud devant !

Visite des sanctuaires

Il existe 5 sanctuaires de papillons, mais 2 seulement se visitent : *El Rosario* et *Sierra Chincua* *(ouv de mi-nov à fin mars).* Le village d'***Angangueo*** sert de point de départ à la visite des sanctuaires. Grimpant sur la montagne, il est dominé par le *templo de la Inmaculada Concepción,* bâti au XVIIIe s. On trouve, au pied de cette église, un ***petit bureau d'infos touristiques*** très efficace *(tlj jusqu'à 18h).*

À TIRE D'AILE

Les papillons monarques synchronisent leur voyage avec la pousse de l'asclépiade, une plante qui nourrit et protège les chenilles, puisqu'elle est toxique pour ses prédateurs. 5 générations sont nécessaires pour parcourir la distance avec l'Amérique du Nord et, si les premières ne subsistent que 2 à 3 semaines, la dernière peut vivre jusqu'à 8 mois, le temps de se reproduire et de repartir au Canada ou aux USA pour l'été.

Recommandations

Le nombre de papillons varie d'un site à l'autre en fonction de la température. Mieux vaut commencer l'excursion tôt le matin. Prévoir de bonnes chaussures et des vêtements chauds (il peut faire froid en hiver à cette altitude, surtout aux petites heures !) et imperméables. Attention, en cas de temps nuageux ou pluvieux, les papillons, anesthésiés par le froid, se regroupent pour dormir en grappes serrées, formant des cocons de 2 à 3 m suspendus aux branches. La déception peut alors être grande de ne pas en voir un seul voler. Cela dit, il suffit parfois d'un rayon de soleil pour les voir déployer leurs ailes ! Autre recommandation importante : les papillons sont des insectes fragiles, la plus grande discrétion est demandée aux observateurs afin de ne pas les perturber dans leur habitat naturel, sous peine de les voir migrer vers d'autres sanctuaires non visitables.

Les sanctuaires

– ***Sanctuaire d'El Rosario :*** *à 12 km d'Angangueo. On peut s'y rendre en voiture ou en bus depuis Angangueo (env 30 $Me l'aller. 3 bus/j., à 8h30, 12h et 15h ; dernier retour à 15h30). Tlj 9h-17h. Entrée : env 50 $Me.* Facile d'accès, ce site est le plus visité. Il peut même être envahi de touristes certains week-ends, ce qui gâche le charme de la balade. À l'entrée, suivre le guide (compris dans le billet) sur 2 à 5 km à pied pour atteindre le lieu (changeant) d'hibernation des papillons. Resto et petit musée avec vidéo de présentation sur place.

– ***Sanctuaire de Sierra Chincua :*** *sur la commune d'Ocampo, à 6 km d'Angangueo. Parking accessible en voiture, en taxi (négocier) ou à pied pour les plus courageux (ou fauchés...). Tlj 9h-17h. Entrée : env 45 $Me.* Là encore, on suit un guide. Du parking, compter 45 mn à 1h de marche sur des chemins escarpés et parfois boueux. Ça descend, il faudra donc monter au retour... Sinon, on peut louer un cheval *(compter 100 $Me/pers),* mais cela alourdit le coût de la balade bien sûr. La récompense sera de se retrouver parmi des millions de papillons, pas farouches pour un sou, qui viendront se poser sur vous (enfin, pas tous !). Ne pas manquer non plus, depuis le mirador, la vue fantastique sur les vallées environnantes.

PÁTZCUARO

env 93 000 hab. — IND. TÉL. : 434

• Plan *p. 485*

Posée à 2 140 m d'altitude entre ce qui était jadis considéré comme le plus beau lac du Mexique (il a aujourd'hui perdu de sa superbe) et les forêts de pins, Pátzcuaro est une bourgade moins animée que ses voisines, mais dont la tranquillité et l'accueil réservé à ses visiteurs nous ont charmés. Petit bijou architectural, ce gros village de montagne frappe par son style colonial si particulier. Appuyées sur des charpentes en bois brûlé et coiffées d'un toit de tuiles, les maisons blanches au liseré lie-de-vin rappellent les villages traditionnels du Pays basque.

On est pourtant là au cœur de la terre des Indiens purépechas, les « Tarasques », comme les ont appelés les Espagnols. Ils ont toujours résisté à l'envahisseur, notamment aux attaques des Aztèques. Cependant, les Espagnols ont réussi à s'imposer, d'abord avec le cruel Nuño de Guzmán, qui fit brûler vif leur dernier chef, Tanganxoan II. Vint ensuite l'évêque Vasco de Quiroga (*Tata Vasco* pour les intimes) qui, nourri des idéaux utopisto-humanistes de Thomas More, organisa les indigènes en communautés. Il les incita aussi à s'autogérer et à développer leurs propres activités économiques, raison pour laquelle, peut-être, la région est grande productrice d'artisanat.

Des vestiges de Yácatas, anciens temples purépechas dont il ne reste que les fondations, se visitent à Tzintzuntzán et Ihuatzio, juste à côté du lac de Pátzcuaro.

EL DÍA DE LOS MUERTOS

Les 1er et 2 novembre se déroule, dans les villages du lac de Pátzcuaro, l'émouvante et traditionnelle cérémonie religieuse *del día de los Muertos,* le « jour des Morts ». Les gens du pays honorent leurs disparus avec solennité et ferveur. Les cimetières sont en fête. On place sur les tombes de magnifiques autels de fleurs. Puis, dans la nuit du 1er au 2 novembre *(la noche de los muertos),* les femmes apportent les offrandes (pain des morts et victuailles) qu'elles déposent sur de

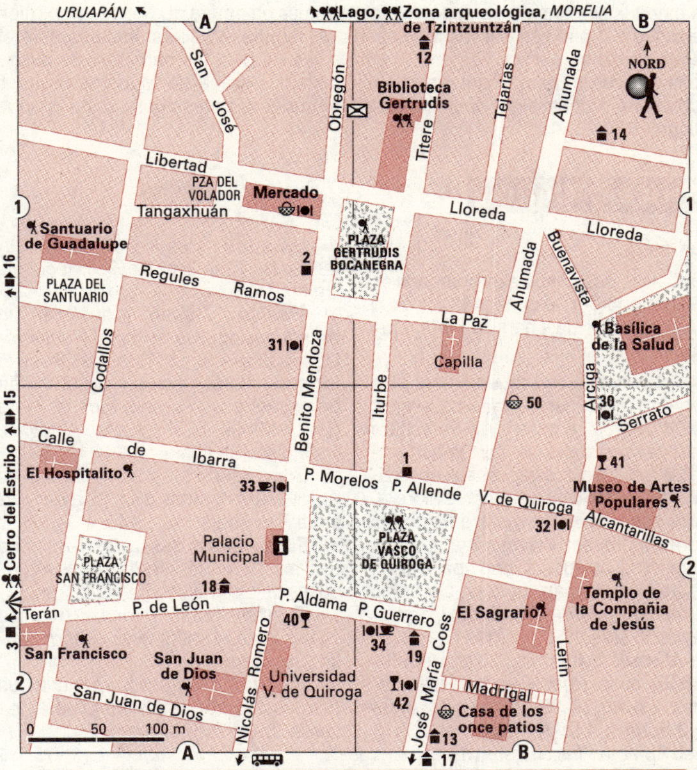

PÁTZCUARO

■ **Adresses utiles**

- ℹ Office de tourisme municipal (A2)
- **1** Santander (B2)
- **2** Banamex (A1)
- **3** Laverie (hors plan par A2)

Où dormir ?

- **12** Posada de los Angeles (B1)
- **13** Casa Encantada (B2)
- **14** Posada Camelinas (B1)
- **15** Pueblo Mágico (hors plan par A2)
- **16** Estancia de la Era(hors plan par A1)
- **17** Posada Yolihuani (hors plan par B2)
- **18** Casa de la Real Aduana (A2)
- **19** Casa del Naranjo (B2)

Où manger ? Où prendre un petit déjeuner ?

- **30** Ivo's (B2)
- **31** Restaurant Don Rafa (A1)
- **32** Restaurant Lupita (B2)
- **33** La Surditora (A2)
- **34** El Patio (B2)

Où boire un verre ?

- **40** El Campanario (A2)
- **41** Mezcalería El Carajo (B2)
- **42** La Jacaranda Cultural (B2)

Achats

- **50** El Gran Calavera (B2)

petites nappes. Parfois, des groupes de musiciens viennent jouer sur les tombes les airs préférés du défunt.

Chaque village a ses propres rites. Sur l'île de Janitzio, la plus connue, la cérémonie s'est reconvertie en fête touristique, avec, durant toute la nuit, un va-et-vient de bateaux surchargés de visiteurs... et l'impression amère que cette célébration séculaire est piétinée par les marchands du temple, bateliers, restaurateurs et vendeurs de souvenirs. Préférez d'autres îles ou bien les hameaux du rivage comme Tzurumutaro, Tzintzuntzán et Ihuatzio. L'office de tourisme régional publie une brochure qui décrit le programme des manifestations dans chaque village.

Arriver – Quitter

En bus

Voir la liste des principales compagnies et leurs coordonnées dans la rubrique « Transports » du chapitre « Mexique utile ».

Central de autobuses *(hors plan par A2)* ***:*** *à 10-15 mn à pied du centre.* ☎ *342-17-09.* À noter que Pátzcuaro n'est pas une station routière importante et que, pour plus de fréquences et destinations, mieux vaut se rendre à Morelia.

– ***Liaisons avec le centre :*** combis jaunes indiquant « Centro » à la sortie du terminal ou sur l'av. principale. Dans l'autre sens, départ de la pl. Gertrudis Bocanegra *(plan A-B1).* En taxi, compter 40-50 $Me.

➢ ***Morelia :*** ttes les 30 mn (5h40-20h40) avec *Ruta Paraíso/Purhépechas,* 9 bus/j. (7h15-1h) avec *Autovías* et 3 bus/j à 11h10, 15h30 et 23h15 avec *Primera Plus.* Trajet : 1h.

➢ ***Uruapán :*** ttes les 30 mn (6h30-20h) avec *Ruta Paraíso/Purhépechas.* Trajet : 1h20.

➢ ***Mexico :*** 7 bus/j. (dont 2 en fin de soirée) pour le *terminal Poniente-Observatorio* avec *Autovías.* Pour le *terminal Norte,* 4 bus (dont 2 en fin de soirée) avec *Primera Plus* et 3 bus (7h15, 11h45 et 23h45) avec *Autovías.* Trajet : env 5h.

➢ ***Guadalajara :*** 1 bus à 12h15 avec *Autovías* et 1 autre à 0h15 avec *Primera Plus.* Trajet : 4h15-45.

➢ ***Santa Clara del Cobre :*** minibus ttes les 15 mn (5h45-20h) avec *Autobuses de Occidente.* Trajet : 20 mn.

➢ ***Tzintzuntzán :*** minibus ttes les 15 mn (6h20-18h20) avec *Erandi.* Trajet : 30-40 mn.

➢ ***Tócuaro, Erongaricuaro :*** minibus ttes les 15 mn (7h-20h30) avec *Línea Verde.* Trajet : 30 et 45 mn.

Adresses utiles

Office de tourisme municipal *(plan A2)* ***:*** *sur la pl. Vasco de Quiroga, à 30 m de l'hôtel* Los Escudos. ☎ *344-34-86 (ext. 106).* ● *secturpatzcuaro@gmail.com* ● *Lun-ven 9h-19h ; w-e 9h-15h, 17h-19h.*

■ ***Distributeurs :*** ***Santander*** *(plan B2, **1**), sur la pl. Vasco de Quiroga et **Banamex** (plan A1, **2**), sur la pl. Gertrudis Bocanegra.*

■ ***Laverie*** *(hors plan par A2, **3**)* ***:*** *Terán 16, à env 100 m de la pl. San Francisco, en face de l'église. Tlj 10h-18h sauf dim.* Au poids.

Où dormir ?

À Pâques, le 8 juillet (fête de Notre-Dame de la Salud) et, surtout, pour la fête des Morts (Toussaint), pensez à réserver longtemps à l'avance. En outre, les tarifs augmentent considérablement. En période creuse en revanche, et en réservant au dernier moment, on peut parfois négocier.

De bon marché à prix moyens (moins de 800 $Me / env 38 €)

Posada de los Angeles *(plan B1, **12**)* ***:*** *Titere 17.* ☎ *342-24-40.* ● *posadaangeles@hotmail.com* ● *Doubles 500-550 $Me.* Un petit hôtel familial,

LES VILLES COLONIALES

dans une ruelle au calme, à quelques pas de la plaza Gertrudis Bocanegra. Les chambres, dans leur jus, sont propres, et équipées TV et de (petite !) salle de bains. Elles s'ouvrent toutes sur un beau patio fleuri. Accueil chaleureux. Un bon rapport qualité-prix.

Posada Camelinas *(plan B1,* ***14****) : Efrén Urincho 17. ☎ 342-18-74. Doubles 600-900 $Me. Parking.* Cette pension installée dans une petite maison avec patio offre calme et repos à une encablure de la plaza Gertrudis Bocanegra. 20 chambres à la déco rustique, propres et simples, avec meubles en bois, TV et salle de bains. Elles sont réparties sur 3 niveaux autour d'un petit patio lumineux. Certaines bénéficient d'une vue sur les toits de la ville. Également une annexe avec des chambres similaires autour d'une courette tranquille. À savoir, les murs sont fins et l'insonorisation assez mauvaise.

De chic à plus chic (800-3 000 $Me / env 38-143 €)

Pueblo Mágico *(hors plan par A2,* ***15****) : Ibarra 81. ☎ 342-11-62. Double env 1 500 $Me, café offert le matin. Parking.* À 3 blocs de la plaza Vasco de Quiroga, un hôtel au style colonial et à l'atmosphère familiale. 20 chambres soignées et confortables, avec sol en terre cuite, bonne literie, meubles en bois, TV, frise sur les murs et rideaux aux fenêtres. Elles donnent toutes sur un charmant patio aux tons ocre, occupé par un jardinet d'intérieur luxuriant, avec fontaine. Dans un bâtiment à côté, les chambres (suites et standard) sont un peu plus spacieuses.

Posada Yolihuani *(hors plan par B2,* ***17****) : Dr Coss 40. ☎ 342-16-66. • posada-yolihuani.com • À 300 m de la pl. Vasco de Quiroga. Doubles 1 350-1 450 $Me, avec petit déj.* Un petit havre de paix. Autour de 2 jardins, cette vénérable demeure aux murs de terre, rénovée continuellement par les proprios, abrite une dizaine de chambres charmantes, de belle taille et toutes différentes, avec plafond en bois, belles salles d'eau couvertes de céramiques et décorées avec l'artisanat local et d'ailleurs. Accueil des plus chaleureux (et francophone !) de Vicky et d'Éric, qui organisent diverses activités ouvertes à tous, comme des soirées ciné-club et des rencontres avec les paysans des environs qui viennent vendre leurs produits bio. Sans oublier les cours de yoga tous les jours et les concerts et représentations de théâtre occasionnels. Un lieu où l'on se sent vite comme à la maison.

Casa Encantada *(plan B2,* ***13****) : Dr Coss 15. ☎ 342-34-92. • hotelcasaencantada.com • Doubles et suites 1 400-2 150 $Me, avec petit déj.* C'est l'histoire d'une femme américaine tombée amoureuse de Pátzcuaro. Elle a réinvesti cette ancienne *casa particular* coloniale et en a fait un hôtel au charme indéniable. 12 chambres toutes équipées du même confort (chauffage, cheminée, TV) et décorées avec goût et couleurs. Même la plus abordable est tout à fait charmante. On prend son petit déj dans une belle salle rustique et chaleureuse. Le tout s'organise autour d'un magnifique patio luxuriant. Bon accueil.

Estancia de la Era *(hors plan par A1,* ***16****) : Espejo 160. ☎ 342-51-52. • delaera.com • Doubles 1 590-1 850 $Me, avec petit déj.* À peine 7 chambres cachées dans ce *B & B* discret, situé dans un quartier tranquille à 5-10 mn à pied de la plaza Vasco Quiroga. Les chambres sont installées sur 3 niveaux dans un édifice ouvert sur l'extérieur et qui grimpe sur la roche. Elles sont décorées simplement, avec TV et salle de bains. Les chambres situées tout en haut bénéficient d'une vue incroyable sur la ville et les environs ! Au 1er étage, charmante salle toute vitrée où l'on prend le petit déj, ainsi qu'une cuisine à dispo.

Casa del Naranjo *(plan B2,* ***19****) : pl. Vasco de Quiroga 29. ☎ 342-08-85. • hotelcasadelnaranjo.com • Doubles 2 500-3 000 $Me. Parking gratuit.* Parfaitement situé, un hôtel-boutique de charme, installé dans une vénérable demeure. Les chambres, à haut plafond de bois, sont vraiment cosy : couvre-lits colorés, parquet, grands tapis, cheminée... Chacune a sa personnalité et ses tonalités de couleurs. Elles s'organisent autour du chaleureux patio qui accueille au rez-de-chaussée un resto chic. Feu de cheminée qui crépite dans le patio par temps frais...

Très chic (plus de 3 000 $Me / env 143 €)

Casa de la Real Aduana *(plan A2, **18**) : Ponce de León 16. ☎ 342-02-65. • realaduana.com • Double env 4 000 $Me (offres sur Internet).* Bienvenue dans la demeure de Gemma et Didier, une ancienne douane du XVIe s, qu'on pourrait classer d'œuvre d'art... Le moindre détail – les terres cuites du sol, les ferronneries des lourdes portes d'époque, les objets collectionnés lors de voyages, les plantes des patios luxuriants – est d'un grand raffinement. Et que dire des 5 chambres ! Toutes portent le nom d'artistes inspirés par le mouvement musical de la Folia (XVe s), avec lequel Didier se sent des affinités. La « Folia », justement, possède un plafond voûté couvert de fresques qui ne peuvent que vous inciter à faire de beaux rêves. Mais toutes manifestent un savant mélange d'ancien et de moderne, en plus de disposer de tout le confort d'un vrai nid douillet. Plus qu'un simple hôtel, vous êtes ici dans l'univers des hôtes, qu'ils partagent avec générosité. Didier y a installé un grand atelier, où artistes internationaux viennent créer et échanger à l'occasion. Une adresse pour amoureux de l'art et amoureux tout court.

Où manger ? Où prendre un petit déjeuner ?

Le choix de restos est assez limité à Pátzcuaro. Mais que cela ne vous empêche pas de goûter à la savoureuse soupe tarasque *(sopa tarasca)*, à base de tomate, haricots rouges et fromage. On la sert partout.

De bon marché à prix moyens (moins de 300 $Me / env 14,30 €)

Mercado municipal *(plan A1) : en théorie, tlj 8h-18h.* Côté calle Libertad, plein de gargotes populaires où l'on avale, perché sur un tabouret, des tacos de viande hachée, *birrias de borrego* (soupes rouges à la viande de mouton), fritures de poissons d'eau douce et d'immenses *quesadillas*. Très authentique et pas cher ! Le soir, de l'autre côté de la place (à l'angle de la calle de la Paz et d'Iturbe), des petits stands servent l'*atole de elote*, une succulente soupe verte à base de maïs et d'anis.

Ivo's *(plan B2, **30**) : Arciga 20. ☎ 342-56-55. Tlj 13h-20h sauf lun.* En face de la basilique, Ivo's s'est installé dans une charmante petite maison avec patio garni de plantes et tables avec parasols. Il s'est associé au resto *Meraki* et propose de super pizzas pas chères du tout, réalisées avec des produits frais et cuites à point. Également, des plats de viandes, de poissons et des hamburgers. Sur place enfin, une *mezcalería* et une petite galerie d'art. Un bon plan pour le midi !

Restaurant Don Rafa *(plan A1, **31**) : Benito Mendoza 30. ☎ 342-75-33. Tlj 8h-20h (la cuisine ferme à 19h).* Un petit resto familial dans une salle tout en longueur, à la déco classique. Également une salle à l'étage, plus lumineuse. Bonne cuisine sans prétention à prix raisonnables, dont la délicieuse soupe tarasque. On peut aussi profiter du menu du jour.

Restaurant Lupita *(plan B2, **32**) : cuesta V. de Quiroga 5. ☎ 345-06-59. Tlj 9h-22h sauf mer.* L'un des restos qui attire le plus de visiteurs à Pátzcuaro. Mais c'est mérité ! Outre le service attentif, on y mange fort bien et la présentation des plats est soignée. Essayez par exemple la *trucha campestre* (une excellente truite saumonée) ou les spaghettis carbonara. À déguster dans le patio ou dans une salle chaleureuse avec cheminée et déco rustique. Atmosphère agréable.

La Surditora *(plan A2, **33**) : portal Hidalgo 71 A, sous les arcades de la pl. principale. ☎ 342-28-35. Tlj 7h-22h.*

Murs en terre, carrelage en céramique... ce café-resto au charme suranné, installé sous les arcades de la place principale, est resté dans son jus depuis son ouverture, en 1916. Vaste choix de plats bien préparés à la carte, mais on peut aussi se contenter d'y boire un bon café, au pied de hautes étagères en bois où s'alignent bouteilles de vins, de tequilas et autres produits du coin. Quelques tables sous les arcades également, ou dans une 2de salle à l'arrière, plus quelconque. Un classique.

El Patio *(plan B2, **34**)* **:** *pl. Vasco de Quiroga 19. ☎ 342-04-84. Tlj 8h-22h sauf mer.* Autre resto installé de longue date sur la place. À l'intérieur, murs blancs ornés de tableaux et tables dressées de blanc et bleu. Dans l'assiette, une cuisine locale classico-traditionnelle, parfois bonne, parfois moyenne. Mais on le recommande surtout pour les bons petits déj, à accompagner d'un expresso corsé, sympa à prendre en terrasse.

Où boire un verre ?

Qu'on se le dise, Pátzcuaro a un tout petit centre-ville et peu d'adresses nocturnes y ont fait leur nid. On ne vient pas ici pour faire la fête... Cela dit, le week-end ou pendant les jours fériés, la place Vasco de Quiroga s'anime (un peu) en soirée.

Mezcalería El Carajo *(plan B2, **41**)* **:** *Arciga 1. Tlj 13h-23h.* L'endroit parfait pour une 1re dégustation de mezcal ! En tout cas, ce modeste local ouvert sur rue est une bonne affaire pour goûter à un mezcal local ou un excellent cocktail de la maison. D'autant qu'on se fait très bien conseiller par le patron, adorable !

El Campanario *(plan A2, **40**)* **:** *Aldama 12 ; sur la pl. Vasco de Quiroga. Tlj 16h-minuit (jusqu'à 3-4h le w-e).* L'un des seuls bars qui bougent, surtout le week-end. Sa terrasse sous les arcades de la place centrale est agréable et, même, idéale pour « apéroter ». On vient profiter de la *música en vivo* (années 1980 !) du vendredi au dimanche autour de 20h.

La Jacaranda Cultural *(plan B2, **42**)* **:** *Dr Coss 4. Tlj 9h-22h.* Un de nos lieux préférés à Pátzcuaro, bien difficile à catégoriser tant son offre culturelle est variée. Le bar propose entre autres de très bonnes bières artisanales du Michoacán, ainsi que des mezcals. Au resto *(tlj 9h-17h sauf mer)*, petits déj et plats variés à prix vraiment tout doux. Selon la programmation : projections de films, concerts, lectures, débats qui prennent place dans un grand patio couvert. Autour, une galerie d'art ainsi que la vente d'artisanat.

Achats

Pátzcuaro est l'un des berceaux artisanaux du Michoacán. Le centre de la ville compte presque autant de boutiques d'artisanat que de maisons ! De nombreuses initiatives culturelles et solidaires sont mises en œuvre pour encourager l'artisanat régional. Il est agréable de s'adresser directement aux créateurs, parfois en train d'œuvrer, pour en comprendre l'origine et la fabrication. Entre autres spécialités du coin :

– ***Les « lacas » :*** petits meubles et objets laqués aux motifs floraux colorés, rehaussés de peinture à l'or ou au bronze. La minutie du travail est telle qu'un grand plateau peut demander plusieurs mois de labeur. À l'origine, on laquait le bois uniquement. Aujourd'hui, les artisans utilisent également le plastique comme support... La résine leur donne cet aspect luisant.

– ***Le « maque » :*** également des motifs floraux et des oiseaux, mais cette fois selon une technique préhispanique, surtout développée par les Purépechas d'Uruapán. On a retrouvé des plateaux en *maque* datant de 250 av. J.-C. en parfait état ! C'est du solide ! Tous les ingrédients utilisés sont naturels. Sur un fond noir (ou foncé), les motifs sont d'abord évidés avec une sorte de stylet, puis ils sont remplis d'une couleur en poudre (cochenille, terre ou fleur) mélangée à de la poussière de quartz ; d'où sa résistance une fois sèche. Cette mixture est appliquée avec la paume de la main à l'aide d'une huile extraite d'un ver (le *chía*), ce qui donne cet aspect lisse et brillant. Seuls quelques artisans pratiquent encore cet art. On peut notamment en voir à la *Casa de los 11 patios* (lire plus bas).

- ***Cuivre :*** tradition artisanale du village de Santa Clara del Cobre (lire plus loin « Dans les environs de Pátzcuaro »). Vases, assiettes, pichets, marmites, etc.
- ***Bois sculpté :*** meubles, coffres, cadres... Surtout une tradition de Tzintzuntzán (lire plus loin « Dans les environs de Pátzcuaro »).
- ***Poterie :*** grande variété de formes, d'objets, de couleurs et de techniques de fabrication. L'un des centres de production est aussi Tzintzuntzán (voir plus loin « Dans les environs de Pátzcuaro »).

Casa de los 11 patios *(plan B2)* **:** *tlj 10h-20h.* Superbe ensemble de cours, jardins et escaliers dans un ancien couvent dominicain. Un vrai labyrinthe, aujourd'hui consacré à l'artisanat local. On y voit des artisans œuvrer, et bien sûr, on peut acheter. Ne pas manquer, dans le 2e patio (le plus beau), la salle de bains des nonnes : un véritable jacuzzi... en pierre sculptée !

Mercado municipal *(plan A1)* **:** saturé de couleurs, ce marché couvert aux échoppes de bois déborde largement sur les rues adjacentes. L'animation y est maximale entre 9h et 14h. Des Indiens viennent y vendre leurs produits, surtout des fruits et des légumes, mais aussi des plantes médicinales et de l'artisanat. En fouillant un peu, on peut tomber sur quelques babioles marrantes.

El Gran Calavera *(plan B2,* ***50****)* **:** *Ahumada 11. Tlj 12h-22h sauf lun.* On y trouve 2 boutiques d'artisanat (vêtements, sacs, écharpes, bijoux, produits de beauté naturels, etc.), dont une boutique solidaire proposant uniquement des créations de femmes et une autre, plus abordable, qui a mis en place un système de trocs ! Également, une bibliothèque, une galerie d'art et un très joli patio arboré aux tables colorées et dépareillées pour se poser (on peut y boire un verre et grignoter un bout). Divers événements y sont organisés. On peut également glaner quelques souvenirs dans la boutique de ***La Jacaranda Cultural*** (voir « Où boire un verre ? »).

À voir. À faire

Le ***petit centre colonial*** de Pátzcuaro est charmant et mérite qu'on s'y attarde. Cela dit, en une journée, vous en aurez vite fait le tour !

Plaza Vasco de Quiroga *(aussi appelée* ***plaza Grande*** *; plan A-B2)* **:** vaste, plantée d'arbres centenaires et entourée d'arcades et de fort belles demeures coloniales. Ses proportions, son animation et son charme en font l'une de nos places préférées parmi celles des villes coloniales. Particularité, et non des moindres, elle n'est dominée par aucune cathédrale ni église ! Au centre, en revanche, s'élève une statue de Vasco de Quiroga, 1er évêque du Michoacán, nommé en 1536 et considéré comme un grand protecteur des Indiens. Le dimanche, toute la place est piétonne.

Plaza Gertrudis Bocanegra *(aussi appelée* ***plaza chica*** *; plan A-B1)* **:** du nom d'une héroïne locale de l'indépendance. Sa statue trône au centre de la place. Ambiance plus populaire que sur la précédente (le marché est juste à côté). Jetez un coup d'œil dans l'ancienne église du XVIe s, transformée en ***bibliothèque*** *(plan B1 ; lun-ven 9h-19h, fermé w-e).* Des jeunes y étudient, bavardent... dans un cadre pour le moins mystique. Atmosphère surprenante ! Sur le mur du fond : imposante fresque de Juan O'Gormán, qui raconte l'histoire du Michoacán. À côté, un ciné-théâtre.

Basílica de la Salud *(plan B1)* **:** elle domine la ville de son imposante architecture néoclassique. Construite à partir du XVIe s sur des plans de Vasco de Quiroga. De nombreuses restaurations l'ont aidée à survivre aux tremblements de terre et aux guerres civiles. Mais l'intérieur laisse assez froid avec ses grossiers vitraux montrant la vie de Tata Vasco. Au-dessus de l'autel trône la *Virgen de la Salud,* une statue en pâte d'épi de maïs du XVIe s (technique préhispanique). Elle est extrêmement vénérée par les Tarasques, qui viennent lui rendre hommage le 8 de chaque mois. Sur la gauche en entrant, un mausolée contient les restes de Don Vasco. Chaque week-end, un marché s'installe devant la basilique.

🚶 ***Museo de Artes e Industrias populares*** *(musée des Arts et Fabriques populaires ; plan B2)* **:** *☎ 342-10-29. Tlj 9h-17h sauf lun. Entrée : 55 $Me ; réduc.* Installé dans les bâtiments de l'ancien collège Saint-Nicolas, qui a été fondé en 1540 par Vasco de Quiroga (encore lui !) pour former les jeunes Indiens et Espagnols. Ce petit musée, intéressant, donne un aperçu complet des métiers et arts populaires du Michoacán (poterie, vannerie, textiles, ferronnerie, instruments de musique, etc.). Comme la plupart des églises dans la région, ce collège jésuite a été construit sur un ancien temple purépechas : à l'arrière, dans le joli jardin, on aperçoit les fondations d'une pyramide. Au niveau de la pyramide, sur la gauche, une ancienne *sala de castigo* où l'on enfermait les élèves quand ils étaient punis. Seuls vestiges : de petits trous sur les murs creusés par les malheureux pour signifier chaque jour passé (et des croix pour le dimanche, jour du Seigneur !).

🚶 Plusieurs autres belles églises, à voir ou non dans cet ordre : ***santuario de Guadalupe*** *(plan A1)* juste à côté du marché, ***El Hospitalito*** *(plan A2),* qui est, paraît-il, la plus vieille de Pátzcuaro, ***San Francisco*** *(plan A2)* et sa très belle porte ouvrant sur le cloître, ***San Juan de Dios*** *(plan A2)* et son ancien hôpital adjacent, ***El Sagrario*** *(plan B2)* toute en longueur avec son joli plafond fleuri, et, en face, le ***templo de la Compañía de Jesús*** *(plan B2)* et son couvent qui abrita les jésuites avant leur expulsion. Il accueille désormais un centre culturel.

DANS LES ENVIRONS DE PÁTZCUARO

🚶🚶 ***Cerro del Estribo :*** pour les marcheurs, balade très sympa qui grimpe un peu mais pas trop longue à travers les pins jusqu'à cet ancien volcan. Partir de la rue Ponce de León *(plan A2),* sortir du bourg en traversant la route principale, continuer toujours tout droit (ça grimpe), puis passer devant l'église *El Calvario,* qu'on laisse sur sa gauche. Compter 1h de marche jusqu'au sommet, sans trop se presser. Et même moins si vous n'allez pas au-delà du mirador, d'où la vue sur le lac, splendide, est la même que du sommet. Accès en voiture également, puis 5-10 mn de marche.

🚶🚶 ***Lago de Pátzcuaro :*** *à 4 km de Pátzcuaro. Prendre un combi indiquant « Lago », « Muelle » ou « Estación » sur la pl. Gertrudis Bocanegra, qui vous déposera à l'embarcadère principal* (muelle general). *De là, des* lanchas *desservent l'île de Janitzio ttes les 30 mn env, 9h-18h (19h30 w-e). Compter 70 $Me le billet A/R.* Une trentaine de villages et de hameaux sont installés sur les rives et les îlots du lac. Malheureusement, ce dernier a perdu ses couleurs bleu turquoise depuis le tremblement de terre de 1985, suite aux glissements de terrain, mais aussi à cause de la pollution et du traitement inadéquat de certaines eaux usées. De même, comme on y pêche toujours, certaines espèces de poisson, comme le *pescado blanco,* ont tout simplement disparu. On trouve quand même, sur le *muelle general,* des stands de *charales,* ces tout petits poissons frits à grignoter sur le pouce. L'attraction majeure reste la célèbre ***isla de Janitzio,*** au milieu du lac (accès depuis le *muelle general,* voir plus haut), qu'on repère de loin grâce à la haute statue de Morelos érigée au sommet. Au pied, un village construit à flanc de coteau, certes mignon, mais les innombrables boutiques et sollicitations permanentes lui ont fait perdre une bonne partie de son authenticité. Cela dit, si vous êtes là, n'hésitez pas à monter au sommet de la statue *(accès : 10 $Me),* pour la vue dont on jouit depuis le poing dressé, sublimée par le coucher du soleil. Au cours de l'ascension, on a droit aussi à une petite expo sur la vie de Morelos. On peut également tenter de se rendre sur d'autres îlots moins assaillis par les foules (***Yunuén, La Pacanda*** et, le plus petit, ***Tecuena***), mais il faut alors, si on veut y passer un peu de temps, affréter un bateau privé et cela revient cher.

Ce qu'on vous conseille, si vous êtes motorisé, c'est de vous contenter de découvrir le lac en longeant sa rive est. À flanc de colline, entre Ihuatzio et Tzintzuntzán, la route panoramique livre de jolis points de vue sur l'étendue d'eau et les montagnes qui l'encerclent au fil de ses courbes irrégulières. Pour rebrousser chemin depuis Tzintzuntzán vers Pátzcuaro, prendre (pour changer) la route 120 au cœur de paysages davantage vallonnés, au creux des forêts de pins.

La communauté indienne de l'île de Yunuén, pour ceux qui s'y rendraient, gère de très chouettes ***cabañas*** (avec salle de bains et cuisine), construites en bois et bien conçues. On peut aussi y camper.

Zona arqueológica de Tzintzuntzán : *à 14 km au nord de Pátzcuaro, au-dessus du village du même nom. Bus ttes les 15 mn de la gare routière (cf « Arriver – Quitter »). Compter 100 $Me en taxi. Tlj 9h-18h. Entrée : 65 $Me.* Après une petite grimpette et une vidéo d'introduction à l'entrée, on arrive sur le site, majestueux, occupant un plateau hérissé de pins, perché en surplomb du lac. S'y dressent des vestiges de *Yácatas,* d'imposantes structures cérémonielles de la culture tarasque (1 200-1 500), sortes de pyramides rectangulaires prolongées d'une avancée circulaire. Très beau panorama sur le lac dans son écrin de montagnes. Plus au sud, pour compléter la visite, le village d'***Ihuatzio,*** le « lieu des coyotes » en purépecha, conserve également des vestiges de *Yácatas (tlj 9h-17h30 ; entrée : 45 $Me)* sur une immense esplanade. Pour ceux qui ont du temps, car le site est dans une zone assez isolée.

Tzintzuntzán : le « lieu des colibris » en purépecha. Tout mignon avec ses basses maisons blanches, le bourg accueille un marché d'artisanat spécialisé dans le bois sculpté et la poterie, moins chers qu'à Pátzcuaro. Derrière, au fond d'un grand parc, s'élèvent les très beaux restes du *couvent franciscain Santa Ana,* du XVIe s *(tlj 10h-17h, 20 $Me).* On visite l'intérieur du couvent : une cuisine, la salle capitulaire et le cloître garni d'*alfarjes* d'influence mudéjar. Également, un petit musée dédié à l'empire Purépecha de 1400 à 1522, où l'on comprend que Tzintzuntzán était l'une des 3 capitales de l'empire, dotée d'une grande importance politique et religieuse. Également, 2 salles sur la Nouvelle-Espagne et l'ordre franciscain. Dans l'église, juste à côté, les fidèles agrafent des ex-voto à la robe de bure d'une statue de saint Antoine.

Tócuaro : *à 11 km à l'ouest de Pátzcuaro. Prendre un des bus* Línea Verde *au terminal (voir « Arriver – Quitter »), ou un combi sur la pl. Gertrudis Bocanegra. En taxi, compter 150-180 $Me.* Tocuaro est réputé pour ses ***masques traditionnels purépechas.*** Felipe Horta et sa famille sont passés maîtres dans leur fabrication. Leurs ateliers sont situés dans la calle Morelos (perpendiculaire à la route). N'hésitez pas à sonner. Les masques sont réalisés avec du bois de copal, les couleurs sont vives, les motifs expressifs et les traits particulièrement fins. Évidemment, les prix sont fonction de la taille et de la finesse du travail.

Restaurante Campestre Alemán : *un peu après Tocuaro, au km 14, côté droit de la route. ☎ 344-00-06. Tlj 13h-19h.* Pour une pause déjeuner rafraîchissante au cours de la balade. Les familles viennent en fin de semaine y déguster la spécialité maison : la truite saumonée d'élevage cuisinée, avec finesse, de 12 façons différentes. Cadre verdoyant et reposant ; on déjeune sur des terrasses ombragées posées au bord de petits bassins.

En poursuivant la même route, on arrive à ***Erongaricuaro*** *(également accessible en combi depuis la pl. Gertrudis Bocanegra),* un joli village tout en relief, dont l'architecture rappelle celle de Pátzcuaro. L'une de ses particularités, outre la fabrication du miel, est d'avoir abrité brièvement une communauté de surréalistes, dont André Breton. On peut voir devant l'église une croix élevée par lui (pas la peine de chercher la signature, il n'y en a pas). Aujourd'hui, il y resterait une petite communauté de hippies, mais ils doivent être vraiment discrets...

UN REPAIRE DE SURRÉALISTES

À la fin des années 1930, André Breton, venu donner des conférences sur l'art à Mexico, était hébergé par Frida Kahlo et Diego Rivera. Ensemble, ils partirent rencontrer Trotski à Erongaricuaro. C'est là qu'ils rédigèrent le manifeste Pour un art révolutionnaire indépendant, *que Trotski ne signa pas. Pendant la Seconde Guerre mondiale, André Breton et ses copains surréalistes s'installèrent au Mexique. Malin !*

Santa Clara del Cobre : *à 16 km au sud de Pátzcuaro. Bus ttes les 15 mn de la gare routière (voir « Arriver – Quitter »). Compter 100-120 $Me en taxi.* Un tout petit bourg à la toute petite plaza de Armas. Le village est cette fois-ci entièrement consacré au travail du cuivre *(cobre).* Nombreuses boutiques avec leur atelier au fond, notamment dans la calle Pino Suárez. Les pièces sont montées à coups de marteau, remises au feu, puis subissent encore quelques coups de marteau avant d'être à nouveau chauffées. Et ainsi de suite... Un simple pichet demande une douzaine de jours de fabrication !

Lago de Zirahuén : *à env 25 km au sud-ouest de Pátzcuaro. Un combi part de Pátzcuaro, au niveau du « CREFAL » à Lázaro Cárdenas 525 (à 15 mn à pied de l'Embarcadero).* Un coin presque secret. Comparée à celle du lac de Pátzcuaro, l'eau y est moins polluée et la nature environnante plus sauvage. Seuls 3 villages ont élu domicile autour du lac. Une escale idéale pour les personnes motorisées, où il fait bon se promener – prévoir un pique-nique et se poser dès que possible. La route du *circuito Zirahuén* permet d'en faire le tour.

LÉGENDE LACUSTRE

La princesse Eréndira, fille du dernier chef purépecha, fut capturée et faite prisonnière par un colon espagnol. Recluse dans la forêt et désemparée, elle pleura toutes les larmes de son corps en priant les dieux de lui venir en aide... Ses larmes devinrent torrentielles et formèrent un lac. La princesse fut transformée en sirène et demeure depuis au fond du lac de Zirahuén.

URUAPÁN

235 000 hab. IND. TÉL. : 452

2e ville de l'État du Michoacán, Uruapán n'a pas l'attrait des belles cités voisines que sont Pátzcuaro et Morelia. On pourrait même la qualifier de ville sans charme. Mais elle bénéficie d'un climat plus chaud et humide, propice à l'établissement de parcs nationaux luxuriants dans sa proche périphérie. *Uruapani* désigne d'ailleurs en purépecha « la plante qui fleurit et donne des fruits en même temps ». Tout est dit. La ville s'est ainsi autoproclamée capitale mondiale de l'avocat, dont on cultive intensément ici plus de 100 espèces. La production de *Hass* assure à elle seule plus de 80 % de la consommation mondiale. Ville maraîchère donc, Uruapán est aussi réputée pour son café, fort et très parfumé, que l'on a coutume de servir ici dans son marc comme le café turc. La ville s'enorgueillit également de compter dans son proche périmètre le seul volcan au monde que des hommes encore vivants ont vu naître : *el volcán Paricutín.* C'est, enfin, un carrefour routier important et un passage obligé pour rejoindre les belles plages du Michoacán.

Arriver – Quitter

En bus

Central camionera d'Uruapán : *à 3 km au nord-est de la ville.* En taxi, 35-40 $Me.

➢ **Mexico** *(terminal Norte)* **:** 5 bus/j. 7h15-23h15 avec *Primera Plus,* plus 1 bus de nuit à 0h45. Trajet : 7h.

➢ **Mexico** *(terminal Poniente-Observatorio)* **:** 9 bus/j. avec arrêt à **Morelia** avec *Autovías.* 7 bus/j. 9h45-minuit dont 1 bus de nuit à 1h50 avec *ETN.* Trajet : 5h30.

➢ **Guadalajara :** 2 bus/j. 6h45-0h40 avec *ETN.* 10 bus/j. 4h-22h30 dont 2 bus de nuit à 0h30 et 2h15 avec *Primera Plus.* 9 bus/j. 5h-23h30 dont 1 bus de nuit à 1h30 avec *Autovías.* Trajet : 4h30.

➢ **Morelia :** en 1re classe, bus ttes les 20 mn 24h/24 avec *Parhikuni.* 5 bus *Primera Plus* continuent leur route pour **Querétaro** et 3 pour **San Luis Potosí.**

Adresses utiles

Office de tourisme : *Juan Ayala 16. ☎ 524-71-99. • uruapan.gob.mx • À 1 cuadra au nord-ouest de la pl. principale. Lun-sam et dim mat 9h-14h, 16h-19h ; fermé dim ap-m.*

Banque Bancomer : *au début de Independencia, au nord-ouest de la place, à côté de l'hôtel* Tarasco. *Lun-ven 8h30-16h.* Distributeur et change. *Une autre à l'angle de Carranza et 20 de Noviembre.*

Où dormir ?

Hotel Posada Morelos : *Morelos 30. ☎ 523-23-02. À 5 mn à pied au sud-est de la place ; descendre Morelos sur 300 m.* On y accède par un vaste patio fleuri, tout jaune avec des colonnades vertes, doté d'une grande fresque murale des curiosités de la région (le volcán Paricutín, le site de Tzintzuntzán, le lac de Pátzcuaro, les papillons monarques). Les chambres sans salle de bains sont simples : un lit *matrimonial,* une table et des murs à la peinture quelque peu écaillée. Les autres sont plus fraîches, plus spacieuses, mieux meublées et presque mignonnes. Préférer celles à l'étage du 2e patio, plus lumineuses. Une bonne adresse économique et à l'accueil charmant.

Hotel El Tarasco : *Independancia 2. ☎ 524-15-00. À 1 cuadra au nord-ouest du zócalo.* Très bel hôtel, au vaste hall élégant agrémenté de statues, proposant dans sa moderne tour de verre de luxueuses chambres rustico-chic aux épaisses portes faussement vermoulues. TV câblée, AC, baie vitrée donnant sur la place, 2 lits douillets ou 1 lit *king size,* belle salle de bains... le confort est indéniable. Pour encore plus de calme, d'aussi élégantes chambres ont été aménagées autour d'un vaste patio à l'arrière de l'hôtel. Entre les 2, une magnifique piscine entourée de plantes vertes et un excellent resto, *K'eri T'irekua.* Bref, un hôtel luxueux à petit prix !

Où manger ? Où prendre un petit déjeuner ? Où boire un verre ?

Café tradicional de Uruapán : *Carranza 5 B. ☎ 523-56-80. Tlj 8h-22h30.* Grande et belle brasserie au carrelage luisant, entièrement revêtue de bois sculpté et décorée de tableaux très « nature ». Bon choix à la carte, *antojitos,* fajitas et nombreuses viandes très honorables. Un lieu où l'on se retrouve à toute heure et particulièrement pour boire un café.

Café La Lucha : *García Ortiz 22. Au nord-ouest de la place, dans la ruelle faisant face à l'hôtel* Régis. *Tlj 9h-21h.* Un vieux café plein de vitraux et de photos en noir et blanc de la ville. Lieu traditionnel et typique pour déguster le fameux café d'Uruapán servi dans son marc. Des effluves enivrants parfument la petite rue tranquille. Le magasin, collé au café, propose un large choix du nectar en grains derrière un grand comptoir de pharmacie à l'ancienne.

K'eri T'irekua : *c'est le resto de l'hôtel* El Tarasco *(voir « Où dormir ? »). Tlj 8h-23h.* Élégante salle recouverte de bois et décorée de statuettes du *día de los muertos.* Baie vitrée laissant entrevoir la belle piscine de l'hôtel et une autre ouverte sur la cuisine. Personnel aimable, service impeccable mais pas ampoulé. Dans l'assiette, une excellente *trucha a la macadamia* joliment présentée, accompagnée de petits légumes frits, suivie d'un dessert flamboyant. Bon choix de viandes aussi et de vins chiliens au verre.

La Casa : *Revolución 3. À 3 cuadras à l'ouest de la pl. principale, entre Independencia et Carranza. Tlj 14h-minuit.* « Café-cocktails » dans un beau patio aux allures cosy, où tous les âges se retrouvent pour traîner à toute heure. Ambiance de plus en plus jeune à mesure que l'heure avance. À partir de 23h s'ouvre la salle du fond, donnant sur un petit jardin. Lumière tamisée, plusieurs TV diffusant des clips et ambiance *lounge.*

À voir

Plaza de los Mártires : vaste *zócalo* dont le kiosque central est le lieu de rendez-vous musical des week-ends. Au nord, la *iglesia de la Inmaculada* offre une façade plus séduisante que l'intérieur. La *Huatápera,* le 1er hôpital d'Amérique construit par les franciscains en 1533, abrite le petit *musée de la culture purépecha.*

Parque nacional Barranca del Cupatitzio : *calzada Fray Juan de San Miguel. ☎ 524-01-97. À 1 km à l'ouest du zócalo, au bout de Carranza ou de Independencia. Tlj 8h-18h (19h en été). Entrée : 25 $Me ; réduc.* En bordure du centre historique, un parc vallonné de 458 ha à la végétation luxuriante et tropicale, abritant une faune et une flore importantes et variées. 2 zones de promenade traversent le parc par de petits sentiers bien entretenus : le long de la rivière *Cupatizio* ou dans une partie montagneuse, moins exotique. Au passage, on notera une dizaine de fontaines et de belles cascades à proximité des nombreux ponts en arche qui font le bonheur des photographes romantiques. 495 espèces de plantes, 213 vertébrés terrestres, 43 types de mammifères dont 28 espèces endémiques du Mexique (13 de reptiles, 11 de chauves-souris, 132 d'oiseaux, des salamandres, des lézards, des renards...). Nous, on a surtout vu des écureuils ! Petite restauration au bord des sentiers pédestres. Dommage que les nombreux marchands de souvenirs gâchent un peu la bucolique balade.

DANS LES ENVIRONS D'URUAPÁN

VOLCÁN PARICUTÍN

C'était plat et il y avait des champs de maïs. Aujourd'hui, il y a un volcan et un énorme champ de lave noire. C'est en 1943 que le Paricutín s'est éveillé et a décidé d'engloutir les villages alentour (non, non, ne pleurez pas, l'éruption a duré plusieurs années et les habitants ont eu le temps de fuir). Seul le clocher d'une église émerge, fixé dans la lave, prisonnier du temps. Surréaliste comme un tableau de Magritte. Le spectacle est splendide. On peut aller jusqu'à l'église ou pousser jusqu'au cratère, à pied ou à cheval. Le site, entouré de montagnes couvertes de sapins, est vraiment magnifique. Ici, quasiment pas de voitures. On se trimballe à cheval. Les habitants parlent le purépecha. Au moins, avec votre espagnol balbutiant, vous n'aurez pas de complexes. Au fait, sachez que « bonjour » se dit *nashki.*

Comment y aller ?

Le point de départ pour le volcan est le petit village tarasque de ***Angahuán*** (5 000 habitants), à 37 km d'Uruapán et à 2 380 m d'altitude. Bus au départ de la *central camionera d'Uruapán* ttes les 30 mn 5h-20h avec *Purépecha/Ruta Paraíso* ou avec le très local *Rumbos Tarascos* (direction Los Reyes ou Zicuicho). Bus de retour ttes les 40 mn 5h-20h aussi. Trajet : 40-45 mn. En taxi, env 200 $Me.

À l'arrivée, vous serez assailli par les guides et loueurs de chevaux. Si vous voulez simplement aller à l'***église*** à pied (2h aller-retour), vous n'en aurez pas besoin. Il suffit de traverser le village, de passer à côté du petit centre écotouristique *Las Cabañas* et de suivre le chemin qui descend vers la forêt (suivre les traces de sabots).

Si vous préférez le ***sommet du volcan,*** encore fumant et tout chaud (2 800 m d'altitude), sachez que, à pied, c'est une vraie randonnée de plus de 8h aller-retour (avec passage à l'église au retour). L'ascension du cratère ne pose pas de difficultés particulières, excepté le final abrupt dans la lave aux abords du sommet (prévoir de bonnes chaussures). La randonnée nécessite un guide, car le sentier est difficile à trouver dans la forêt de pins. Partir tôt, ça va de soi ! À cheval, c'est super sympa, même pour les cavaliers inexpérimentés. En revanche, dur, dur pour les fesses le lendemain ! Compter alors 6-8h, avec aussi la visite de l'église. *Loc du cheval env 300 $Me pour le volcan, 150 $Me pour l'église ; plus autant pour le guide, à cheval aussi.*

Où dormir ? Où manger ?

On peut loger à ***Angahuán,*** authentique village tarasque perdu dans la montagne, mais le confort y est spartiate et le village sans intérêt particulier avec ses ruelles boueuses ou poussiéreuses suivant le temps. Malgré tout, c'est une option pour partir tôt. Il peut être intéressant dans ce cas de négocier avec votre logeur un forfait comprenant le logement, le guide et les chevaux. Pour les repas, un resto face au *zócalo,* 2 autres à la sortie du village en direction du volcan et un dernier au centre touristique *Las Canacuas.*

🏠 🍽 ⇚ ***Cabañas Las Canacuas :*** *au bout du village, sur la route qui mène à l'église. 📱 (452) 106-87-51 (à Uruapán). • cabanaslascanacuas.wixsite.com/canacuas • Entrée : 50 $Me pour les non-résidents. Bon marché.* Centre de vacances dans la forêt, au départ du sentier, géré par la communauté. Des dortoirs et des grandes chambres (très froides en hiver) avec salle de bains, 1 grand lit et 2 lits superposés. Demandez à dormir dans le *troje,* la petite cabane en bois, typique de l'architecture locale. Si vous désirez une cheminée, il vous faudra louer une cabane pour 6 personnes ! Sur place, un petit musée retrace la naissance du volcan, avec des photos de 1943 à 1952. Parking, barbecue et jeux pour les enfants. Du resto, vue magnifique sur le volcan et l'église prise dans le champ de lave.

GUADALAJARA ET LA CÔTE PACIFIQUE NORD

• Carte *p. 499*

GUADALAJARA

1 500 000 hab. IND. TÉL. : 33

• Plan *p. 500-501*

Ville test pour la prononciation, Guadalajara cherchera aussi à tester votre condition physique. La 2e conurbation du Mexique est aussi la ville de la musique et de la danse. C'est le berceau des mariachis, qui sont nés ici, moulés dans leur costume à paillettes et coiffés de leur grand chapeau rond, le fameux sombrero mexicain. Et puis il y a la célèbre tequila, produite dans le village du même nom, à quelque 60 km de là. C'est aussi, comme Guanajuato, une importante ville universitaire, pratiquant des échanges avec des villes de plusieurs pays. Rien d'étonnant, donc, à ce que Guadalajara aime faire la fête. On ne s'en plaindra pas.

En se promenant dans le centre historique, on ne peut s'empêcher de penser à Nuño de Guzmán, le plus brutal et le plus cruel des conquistadores, qui massacra une bonne partie des Indiens, fit venir ses petits copains espagnols et fonda la ville. Cela dit, le centre historique, avec ses rues piétonnes, recèle de belles maisons coloniales et quelques magnifiques édifices publics. Les 4 places qui se succèdent, de la cathédrale à l'Hospicio Cabañas, constituent une impressionnante réalisation architecturale, désormais consacrée à de très agréables promenades.

– En octobre, nombreuses manifestations culturelles, concerts et événements festifs.

Arriver – Quitter

En bus

Central Camionera *(hors plan par B2)* **:** *à env 10 km au sud-est, en direction de Tlaquepaque.* Des bus urbains font la navette avec le centre historique : le bus urbain n° 275, le bus *Tur* (n° 706) ou le bus *Cardenal* (n° 709) passent ttes les 15 mn env sur 16 de Septiembre, à l'angle avec Prisciliano Sánchez *(plan B2)*. Trajet : env 40 mn. Navette entre les 2 terminaux ttes les

10 mn. Bien vérifier la direction, écrite en petit et pas très lisible. Sinon en taxi, la course n'est pas très onéreuse.

■ ***Achat des billets*** *Primera Plus, ETN* à la gare routière ou sur le site internet de l'une des compagnies choisies. Voici les principales.

➢ ***Mexico :*** départs jour et nuit, ttes les 20-30 mn. Trajet : 7-8h. Prendre un bus de nuit ; avec *ETN* par exemple, les sièges se transforment en couchettes (20 % plus cher).

➢ ***Manzanillo :*** avec, entre autres, *Primera Plus* et *ETN*. Départs ttes les heures env. Trajet : 5h.

➢ ***Puerto Vallarta :*** avec, entre autres, *Primera Plus, Futura* et *ETN*. Départs ttes les 30 mn env. Trajet : 5h30.

➢ ***Morelia :*** au moins 4 compagnies, dont *Primera Plus* et *ETN*. Départs ttes les heures env. Attention, certains bus prennent la nationale (trajet : 4-5h), d'autres l'autoroute (trajet : 3h).

➢ ***Zacatecas :*** avec, entre autres, *Chihuahuense, Futura* et *Turistar*. Départs ttes les 30 mn env. Trajet : 4h45.

➢ Également des bus pour/de ***Los Mochis, Querétaro, San Miguel de Allende, Guanajuato,*** etc.

En avion

✈ ***Aeropuerto internacional Miguel Hidalgo*** *(hors plan par B2)* **:** *à 18 km au sud de la ville. ☎ 36-88-52-48.* Liaisons vers de très nombreuses villes du Mexique, via Mexico, et vols internationaux vers les États-Unis.

➢ ***Liaisons avec le centre-ville :*** service de navette pour le centre-ville avec *Shuttle Express* ; et *Taxi Express* (5h-22h ; env 100 $Me). Sinon, le central des taxis de l'aéroport propose un tarif unique (env 350 $Me) jusqu'à votre hôtel.

➢ 3 lignes de ***métro*** (nord-sud et est-ouest) circulent tlj 5h-23h. Tarif : 7 $Me. *Infos : • siteur.gob.mx •*

Adresses utiles

ℹ ***Office de tourisme du Jalisco*** *(plan C1)* **:** *andador Morelos 102. ☎ 36-68-16-00. • guadalajara.gob.mx • Sur la pl. Tapatía, derrière le teatro Degollado. Lun-ven 9h-17h ; fermé w-e.*

■ ***Banorte*** *(plan A2,* ***2****)* **:** *av. Morelos 180 ; entre Ocampo et Donato Guerra. Lun-ven 9h-17h, sam 9h-14h.* Le meilleur taux de change de la ville. Sinon, pratiquement toutes les banques ont des guichets automatiques (cartes *Visa* et *MasterCard*).

■ ***Change*** *(plan C2,* ***3****)* **:** *bureaux de change regroupés sur López Cotilla, entre Molina et 16 de Septiembre. Ouv lun-sam jusqu'à 19h ; parfois dim.* Toutes les officines pratiquent le même taux.

Où dormir ?

2 zones relativement distinctes : le centre historique, à l'ouest de la calzada Independencia (à ne pas confondre avec la calle Independencia) ; et le quartier très populaire de la rue Mina, près du grand marché et de la place des Mariachis. Le soir, évitez de vous y balader avec votre sac Vuitton...

Bon marché (moins de 400 $Me / env 19 €)

🏠 ***Hospedarte Guadalajara Centro*** *(plan B2,* ***10****)* **:** *Maestranza 147 ; à l'angle de López Cotilla. ☎ 35-62-75-20. • hospedartehostels.com • Petit déj inclus. Réduc avec la carte HI.* Bien situé. Cuisine équipée. Propose un passeport à 5 US$ pour avoir des réducs dans certains restaurants, bars, sites touristiques et boutiques de vêtements.

🏠 ***Hotel Posada San Pablo*** *(plan A2,* ***11****)* **:** *Madero 429. ☎ 36-14-28-11. • posadasanpablo.com •* Chambres pour 2 avec ou sans bains, ainsi qu'une chambre avec 4 lits. Dans une vaste maison tranquille, chambres très spacieuses. Préférer celles donnant sur la terrasse du 1er étage. Tout est très

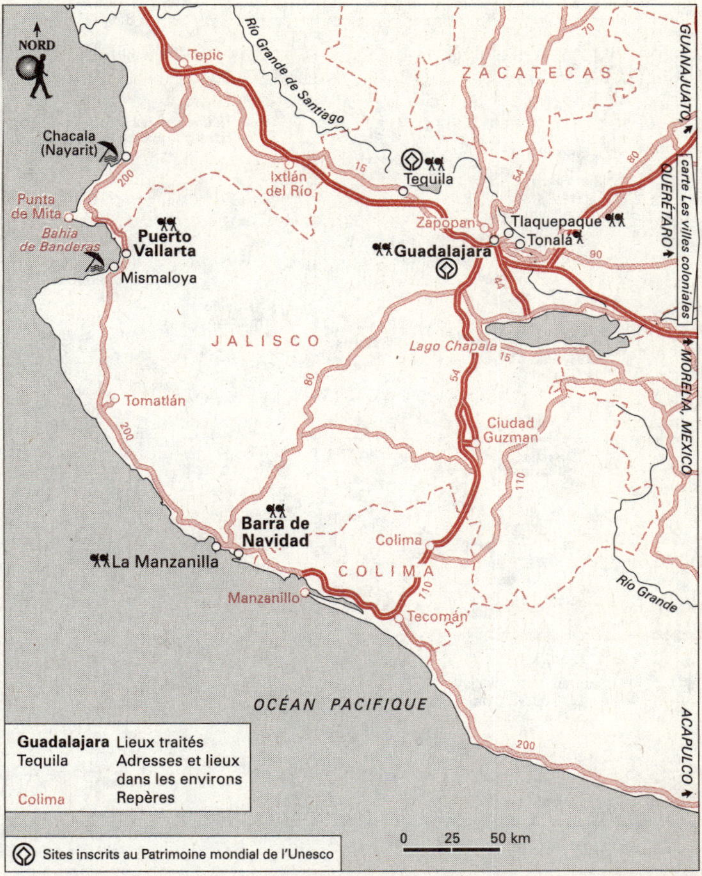

GUADALAJARA ET LA CÔTE PACIFIQUE NORD

propre. Atmosphère familiale. Laverie. Stationnement possible à côté.

🏠 ***Hotel Latino*** *(plan C2,* ***12****) : Prisciliano Sánchez 74. ☎ 36-14-44-84.* *● hotellatino.com.mx* ● Bon petit hôtel, propre et confortable. Chambres avec *baño*, certaines avec lit *king size*. Seul problème : l'hôtel est vite complet, et on ne peut pas réserver ; arriver tôt.

🏠 ***Hotel Lisboa*** *(plan C1,* ***13****) : calle Huerto 20, entre Pedro Moreno et Juárez. ☎ 36-14-25-27.* Dans un quartier populaire, calme. Chambres propres d'un bon rapport qualité-prix. Accueil sympathique.

Prix moyens (400-800 $Me / env 19-38 €)

🏠 ***Hotel Dali Plaza*** *(plan A2,* ***14****) : Pedro Moreno 570 ; entre Guerra et Martínez. ☎ 36-13-04-20. ● hoteldaliplaza.com* ● Bel hôtel rénové, bien situé. Chambres propres, avec clim, TV, et, si vous avez une chambre au dernier

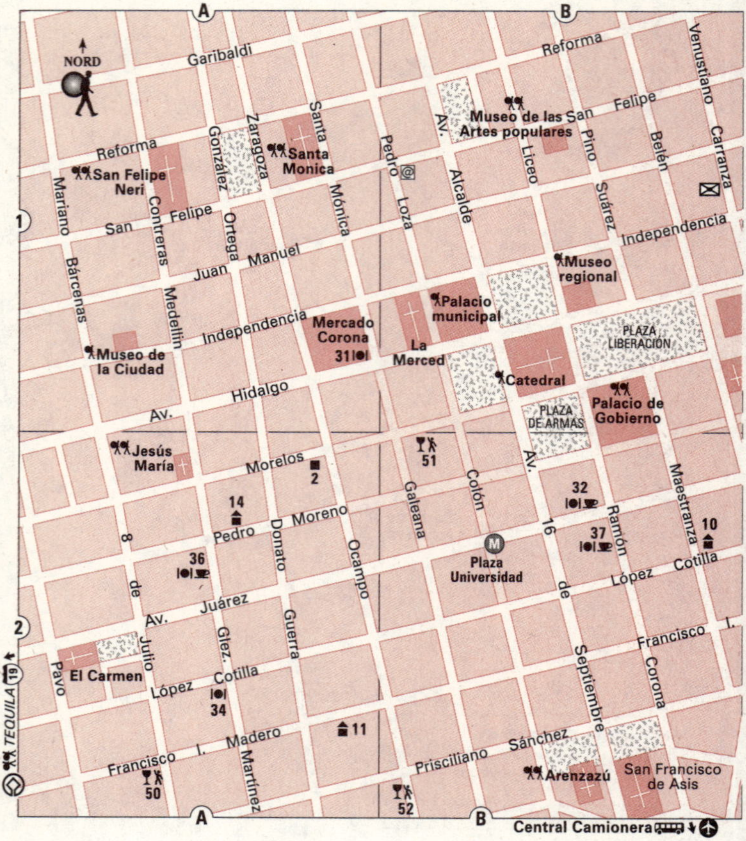

■ **Adresses utiles**

- 🛈 Office de tourisme du Jalisco (C1)
- **2** Banorte (A2)
- **3** Change (C2)

Où dormir ?

- **10** Hospedarte Guadalajara Centro (B2)
- **11** Hotel Posada San Pablo (A2)
- **12** Hotel Latino (C2)
- **13** Hotel Lisboa (C1)
- **14** Hotel Dali Plaza (A2)
- **15** San Francisco Plaza (C2)
- **16** Hotel de Mendoza (C1)

étage, vue sur la ville. Resto et bar. Une bonne adresse à prix raisonnables.

San Francisco Plaza *(plan C2, **15**)* **:** *Degollado 267.* ☎ *36-13-32-56.* • *sanfranciscohotel.com.mx* • Belle bâtisse. Plus de 70 chambres réparties autour de plusieurs patios. Très spacieuses et confortables, avec de beaux meubles en bois, clim et TV câblée. Tous les services de cette catégorie. Grand resto sous les arcades en pierre. Bon rapport qualité-prix.

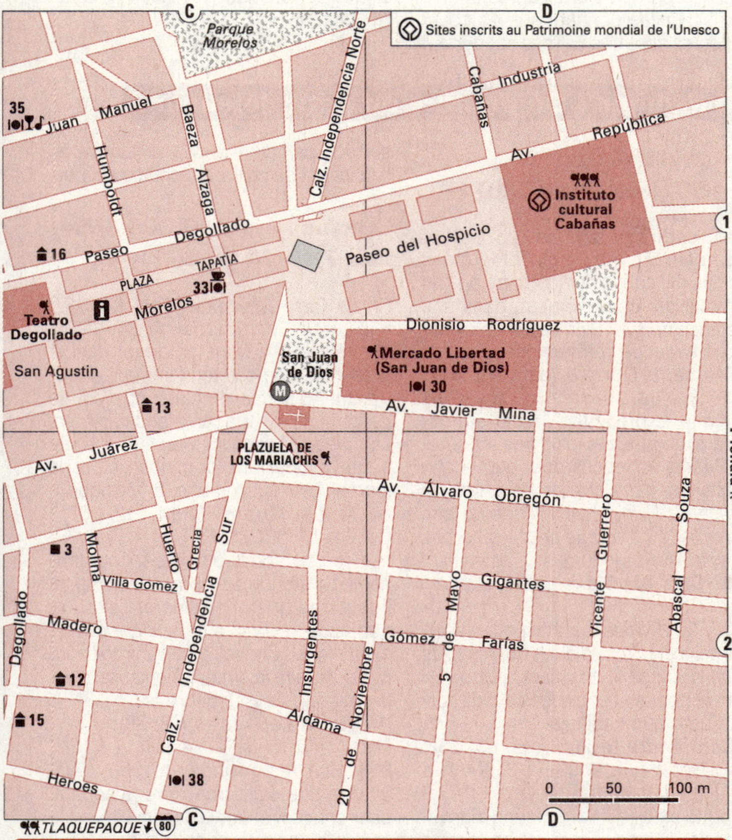

GUADALAJARA

Où manger ?
Où prendre un petit déjeuner ?

- **30** Mercado Libertad (D1)
- **31** Mercado Corona (A1)
- **32** Café Madrid (B2)
- **35** Café André Breton (C1)
- **36** Café Madoka (A2)
- **37** La Chata (B2)
- **38** Nuevo León (C2)

Où boire un verre ?
Où sortir ?

- **35** Café André Breton (C1)
- **50** La Mutualista (A2)
- **51** Terraza Oasis (B2)
- **52** Caudillos (B2)

Plus chic (800-1 200 $Me / env 38-57 €)

Hotel de Mendoza *(plan C1, **16**) : Venustiano Carranza 16, à 50 m du théâtre. ☎ 39-42-51-51. • demendoza.com.mx • Parking.* On ne peut mieux situé ! Une fraction de l'hôtel faisait partie du couvent voisin dont il reste une église. Dans un dédale de couloirs labyrinthiques, plusieurs catégories de chambres, toutes très confortables, certaines un rien vieillissantes (moins chères). Celles donnant sur les cours intérieures sont très calmes et pourtant si près de l'animation ! Piscine, jacuzzi. Restaurant.

Où manger ? Où prendre un petit déjeuner ?

Bon marché (moins de 150 $Me / env 7,10 €)

|●| ***Mercado Libertad*** *(ou San Juan de Dios ; plan D1,* ***30****) :* au 1er étage, des dizaines de stands de nourriture où l'on peut manger correctement, dans une ambiance unique. Bien se faire préciser les prix avant de commander.

|●| ***Mercado Corona*** *(plan A1,* ***31****) : angle Hidalgo et Santa Monica.* Plus petit que le précédent, mais atmosphère plus familiale, plus liée au quartier. Petites échoppes pour goûter aux spécialités, sans oublier les tacos de *Rosticerías Rizo.* Miam ! N'oubliez pas de monter au 1er étage pour les herbes médicinales, les légumes et les fruits.

|●| ***Café Madrid*** *(plan B2,* ***32****) : av. Juárez 264. ☎ 36-14-95-04. Tlj 7h30-22h30.* Très sympa le matin pour un bon petit déj (céréales, salades de fruits, jus naturels). De plus, un vrai expresso ! En journée, bonne et copieuse *comida corrida.* Clientèle d'habitués.

|●| ***Café André Breton*** *(plan C1,* ***35****) : Juan Manuel 175. ☎ 33-45-21-94. Lun 10h-20h, mar-ven 10h-3h, sam 14h-3h.* Un petit café-restaurant tenu par un Français, Charles Pinet, et sa femme mexicaine, Alheli Rivas. On peut y déguster une soixantaine de bières différentes, manger des spécialités françaises ou mexicaines à petits prix et, surtout, participer à des miniconcerts, 5 soirs par semaine. Ambiance animée.

Prix moyens (150-300 $Me / env 7,10-14,30 €)

|●| ***Café Madoka*** *(plan A2,* ***36****) : E. Gonzalez Martínez 78. ☎ 36-13-06-49. Tlj 8h-22h.* Dans un décor désuet à souhait, une cafétéria immense proposant 15 sortes de cafés et plein de petits plats sympa. Ambiance animée. Les vieux Mexicains viennent à toute heure y jouer aux dominos ou lire le journal. Une autre image du Mexique.

|●| ***La Chata*** *(plan B2,* ***37****) : Corona 126. ☎ 36-13-13-15. Tlj 7h30-minuit.* Une adresse colorée, bourdonnante de monde au moment des repas. Il faut dire que la cuisine est extra et copieuse, servie avec diligence. Et c'est nickel. Conseillé de venir tôt pour éviter de faire la queue. Bien aussi pour le petit déj, servi jusqu'à 12h.

|●| ***Nuevo León*** *(plan C2,* ***38****) : Libertad, 1586. ☎ 38-25-47-00. Tlj 12h-23h.* Bon resto fondé en 1959, dans une grande salle populaire avec jeux pour enfants, et dont la spécialité est le chevreau au gril « *cabrito del pastor* », prix fixe mais un peu cher. Une adresse réputée et un patron très aimable. Un peu triste le soir.

Où boire un verre ? Où sortir ?

La Mutualista *(plan A2,* ***50****) : Madero 553 ; à l'angle de 8 de Julio.* Quand une ancienne *cantina* réservée aux commis voyageurs de la ville devient une boîte branchée ! Concerts de salsa du jeudi au samedi à partir

GUADALAJARA ET LA CÔTE PACIFIQUE NORD

de 23h, ambiance d'enfer. Du lundi au mercredi de 13h à minuit, petit bar sans intérêt.

Terraza Oasis (plan B2, **51**) : *Morelos 435 (partie piétonne) ; entre Colón et Galeana. ☎ 36-13-82-85. Tlj 11h-22h.* Une immense salle au 2e étage, qui domine la rue. Ici, c'est le règne du Mexique populaire comme vous ne le goûterez que dans le nord du pays. À partir de 18h, oui, en plein après-midi, un orchestre se met à jouer, et la salle de s'ébranler. Jeunes fiancés, retraités, couples dépareillés se bousculent sur la piste de danse. À ne pas rater. En plus, les prix sont aussi cool que l'ambiance.

Café André Breton (plan C1, **35**) : *Juan Manuel 175. Voir « Où manger ? ».*

Caudillos (plan B2, **52**) : *Prisciliano Sánchez 407 ; à l'angle de Ocampo. Tlj à partir de 20h.* L'une des nombreuses boîtes gays de Guada. Toujours plein à craquer, souvent jusqu'à 4h.

À voir

➢ ***Visite guidée*** à pied du centre historique. *• freetourguadalajara.com • Pdt les périodes de fête et en hte saison, tlj à 10h ; se présenter 30 mn avt. Départ en face de l'entrée du palacio municipal. Compter 2h de parcours. GRATUIT.*

➢ Plus touristique, avec audioguide en français, les bus rouges de ***Tapatio Tour*** : *☎ 36-13-08-87 ou 36-14-74-30. • tapatiotour.com.mx • Départ de la Rotonda de los Jaliscientes Ilustres tlj ttes les 45 mn 9h30-20h. Forfait : 130 $Me, valable pour la journée ; 10 $Me de plus le w-e et pdt les vac scol.* Ils permettent de voir les principaux sites de la ville, d'aller jusqu'à Tlaquepaque, Tonalá ou Zapotán. On peut descendre à tout moment du bus et prendre le suivant.

➢ ***Balade en fiacre*** : *on en trouve sur la pl. San Francisco (plan B2).* Sympa, mais bonjour les gaz d'échappement ! Compter 200 $Me/h.

Catedral *(plan B1)* : sa construction se termina en 1618, mais les tours furent reconstruites 2 siècles plus tard, à la suite d'un tremblement de terre. Intérieur néoclassique sans grand charme.

Palacio municipal *(plan B1)* : *lun-ven 9h-19h, fermé w-e. GRATUIT.* Fresque murale de Flores, élève d'Orozco. 5 parties sur l'histoire mexicaine.

Palacio de Gobierno *(plan B1-2)* : *mar-sam 10h-18h, dim 10h-15h, fermé lun. GRATUIT.* Magnifique façade (1774) pour le siège du gouvernement de l'État de Jalisco. À l'intérieur, célèbre peinture murale d'Orozco de 400 m², qui domine l'escalier central. Au centre d'une humanité écrasée par les tragédies, les guerres, la religion hypocrite et les idéologies totalitaires, se dresse l'homme pur et incorruptible : Hidalgo, le grand héros initiateur de la révolution mexicaine. De sa main puissante, il éclaire le chemin avec une torche. Impressionnant. Dans la salle du Congrès, autre fresque qui illustre l'abolition de l'esclavage par Hidalgo.

Museo regional *(plan B1)* : *Liceo 60. À côté de la cathédrale, face à la pl. de la Rotonda de los Jaliscientes Ilustres. Tlj, sauf lun, 9h-17h30 (16h30 dim). Entrée : 60 $Me ; gratuit dim pour ts.* Département archéologique important et peintures régionales des XVIIIe et XIXe s.

Teatro Degollado *(plan C1)* : *ouv en principe aux visites tlj 10h-14h sauf lun.* De style néoclassique. Plafond peint par Orozco, qui s'est inspiré d'un des cantiques de *La Divine Comédie* de Dante. Ballet folklorique le dimanche à 10h : 2h de spectacle de qualité.

Instituto cultural Cabañas *(ex-hospicio ; plan D1)* : *☎ 36-81-16-45. • hospiciocabanas.jalisco.gob.mx • Tlj 10h-18h sauf lun. Entrée : 70 $Me ; gratuit mar. Visite guidée recommandée (espagnol, anglais, français).* Imposant édifice néoclassique (1810), inscrit au Patrimoine mondial de l'Unesco. Rien moins que 23 patios ! Il servit d'orphelinat durant de nombreuses années. Dans la chapelle, magnifiques fresques d'Orozco peintes en 1937. Au total, 53 peintures et 2 ans de travail. Les explications du guide valent vraiment la peine, car chaque peinture recèle des effets d'optique incroyables. La pièce maîtresse par exemple, *El Hombre de fuego,* est une véritable prouesse technique : bien que peint sur la surface concave de la coupole, « l'Homme de feu » paraît complètement droit. Des bancs permettent de s'allonger pour mieux admirer les fresques du plafond.

La tournée des ***églises*** est un bon prétexte pour se balader dans les rues du centre historique. Très belles façades pour certaines : ***San Felipe Neri*** *(plan A1),* ***Santa Monica*** *(plan A1),* ***Jesús María*** *(plan A2)* et ***Arenzazú*** *(plan B2).* Splendides retables dans cette dernière, mais elle est souvent fermée...

Museo de la Ciudad *(plan A1)* **:** *Independencia 684. ☎ 15-95-96-97. Mar-sam 10h-17h30, dim 10h-14h30, fermé lun. Entrée : 20 $Me ; gratuit dim.* L'histoire de la ville depuis sa fondation en 1542. Intéressant.

Museo de las Artes populares *(plan B1)* **:** *San Felipe 211, à l'angle de Suárez. ☎ 36-14-38-91. • cultura.jalisco.gob.mx • Mar-sam 10h-18h, dim 10h-16h, fermé lun. GRATUIT.* Bon aperçu de la variété de l'artisanat de la région : verre soufflé, magnifiques objets en terre cuite, ex-voto, art des Indiens huicholes... Vous verrez aussi des boules de Noël, une tradition du village de San Julián. Cet artisanat est exposé en fonction des périodes festives de l'année. Une salle est consacrée à la *charrería* : costumes des cavaliers, somptueuses selles et harnais en cuir.

Plazuela de los Mariachis *(plan C2)* **:** l'ancien royaume des mariachis a bien perdu de sa superbe. Ambiance mi-glauque mi-touristique. Tout autour s'étend un quartier très chaud le soir. Plein de *cantinas* d'où s'échappent des flots de musique. La tequila coule éperdument, les corps des danseurs évoluent dans une chaleur moite, chemises et robes collent à la peau...

Mercado Libertad ou San Juan de Dios *(plan D1)* **:** immense (3 étages) ! Ambiance unique.

DANS LES ENVIRONS DE GUADALAJARA

Tlaquepaque *(hors plan par C2)* **:** *à 30 mn en périphérie du centre-ville. Prendre le bus n° 275 ou le R 616, dans la rue 16 de Septiembre, à l'angle avec Prisciliano Sánchez (plan B2). Il existe également des bus « spécial touristes », bleus, un peu plus chers. En taxi, compter 140 $Me.* Un joli village de l'époque coloniale. Sa mise en valeur réussie vous ravira les mirettes. Ici, l'artisanat s'est élevé au rang d'art : de très belles pièces qui valent le coup d'œil, mais très chères. Beaucoup de ***galeries d'art.*** Vous pourrez toujours aller voir les 2 superbes ***églises,*** vous promener dans les ruelles et autour du *zócalo,* parce que ça, c'est gratuit. De même que le ***musée de la Céramique*** *(dans la rue piétonne Independencia 237 ; lun-sam 10h-18h, dim 10h-15h)* ; ou le ***museo del Premio Nacional de la Cerámica Pantaleón Panduro*** *(sur Priscilliano Sánchez 191 ; mar-sam 10h-18h, dim 10h-15h).*

Tonalá *(hors plan par D2)* **:** *bus nos 275, 231 ou TUR Tonalá à prendre dans la rue 16 de Septiembre (plan B2), comme pour Tlaquepaque ; compter 50 mn de trajet.* Tonalá est réputé pour son artisanat, en particulier les céramiques et poteries à des prix défiant toute concurrence.
– ***Marché*** les jeudi et dimanche. C'est immense (2 km de long), populaire, et il y a peu de touristes. Vous pourrez faire de très bonnes affaires.

Tequila *(hors plan par A2)* **:** *à 60 km de Guadalajara. Tequila Bus ttes les 30 mn (6h-20h) au départ de l'ancienne station de bus, la Central Antigua (hors plan par D2).*

Village dédié à la boisson nationale, désormais célèbre dans le monde entier. La consommation a été multipliée par 15 entre les années 1970 et 2000 ! À tel point que la région a connu une grave crise de sous-production de l'agave bleu, dont on tire le précieux nectar (voir la rubrique « Boissons » dans « Hommes, culture, environnement »). À Tequila, une vingtaine de ***distilleries,*** dont les 2 leaders nationaux *Cuervo* et *Sauza.* Imaginez un instant que le fantasme de Salman Rushdie dans *La Terre sous ses pieds* (Plon, 1999) devienne réalité et que, à la suite d'un séisme, les rues de Tequila se transforment en fleuves d'alcool... La ville et la région, plantée d'agaves, sont inscrites au Patrimoine mondial de l'Unesco.

– ***Mundo Cuervo :*** *la plus vieille fabrique est située au centre de Tequila, à côté de l'église. ☎ 01-800-006-86-30. ● mundocuervo.com ● Visite des usines en espagnol et en anglais, avec un droit d'entrée : env 385 $Me ; ttes les heures, tlj 10h-18h (19h sam) ; avec dégustation à la clé.* Très touristique : boutiques, artisanat, restaurant... mais très bel espace créé par José Cuervo, pour propager la culture mexicaine.

– ***Hacienda San José del Refugio :*** *une autre distillerie se visite à* ***Amatitán*** *(sur la route, au km 46, le bus pour Tequila s'y arrête). ☎ 39-42-39-00. ● casaherradura.com ● Visite de l'entreprise* Casa Herradura *avec droit d'entrée : 230 $Me ; ttes les heures, mar-sam 10h-17h ; dim 10h-16h ; fermé lun ; dégustation incluse.* L'hacienda est très aérée, avec une partie moderne pour la fabrication et une partie ancienne bien conservée – cour ombragée, patio, belle bibliothèque, vieux alambics, pressoirs et cuves de fermentation. On peut aussi y aller en train, avec le *Tequila Express (● tequilaexpress.com.mx ●)* car *La Casa Herradura* propose des tours organisés au départ de Guadalajara jusqu'au terminus Amatitán. Cher, et ambiance pigeons en goguette : mariachis au départ du train, buffet traditionnel mexicain avec chanteurs et ballets folkloriques, mais quand même avec visite de l'hacienda et dégustation.

BARRA DE NAVIDAD

4 400 hab. IND. TÉL. : 315

À 60 km au nord de Manzanillo et à 275 km de Puerto Vallarta. Charmante petite station balnéaire, lovée entre la mer et une lagune. On la préfère de beaucoup à Melaque, sa voisine. Des maisons blanches, des rues pavées, des pélicans et des vagues... une ambiance paisible, troublée entre mi-novembre et fin avril par les touristes nord-américains et européens qui colonisent la ville. Barra peut servir de point de départ pour aller voir les plages des environs telle que celle de La Manzanilla.

Arriver – Quitter

En bus

Les 2 principales petites ***gares routières*** se trouvent dans le village, côte à côte, face à *Oxxo.*

■ ***Primera Plus :*** *Veracruz 263. ☎ 355-61-11.*

■ ***ETN :*** *Veracruz 269. ☎ 355-84-00, 50 m plus loin.* Compagnie chic.

➢ ***La Manzanilla :*** avec *Cihuatlán,* 5 départs/j. 7h30-16h30 ; retour 1h après.

➢ ***Puerto Vallarta :*** avec *Primera Plus,* env 10 bus/j. en 2de classe (pratique pour s'arrêter sur la côte) et 3 bus/j. en 1re classe.

➢ ***Guadalajara :*** avec *Primera Plus,* 3 bus/j. Trajet : 6h en 1re classe. Avec *ETN,* 8 bus/j. (tous passent par l'aéroport). Trajet : 6h.

➢ ***Mexico*** *(terminal Norte)* ***:*** avec *Primera Plus,* 1 départ en 1re classe à 22h depuis Mexico Norte. Avec *ETN,* départ à 18h30 (on voyage de nuit). Trajet : env 12h30.

Adresses utiles

Office de tourisme : *Jalisco 67. ☎ 355-51-00. ● costalegre.com ● Lun-ven 9h-17h ; fermé w-e.* Plan de la ville.

Banamex et Bancomer : *plusieurs distributeurs dans le centre.*

Où dormir ?

Prix moyens (400-800 $Me / env 19-38 €)

Hotel Sarabi : *Veracruz 196. ☎ 355-82-23. Parking.* Passé un porche, des chambres colorées (ventilo et TV) qui donnent sur une cour tranquille. Impeccables. Une bonne adresse.

Hotel Delfin : *Morelos 23. ☎ 355-50-68. ● hoteldelfinmx.com ● Parking privé.* Joli petit hôtel sur plusieurs niveaux, noyé dans la végétation. Chambres coquettes, avec ventilo, donnant toutes sur une galerie faisant office de balcon commun, avec sièges et tables pour bouquiner. Très bien tenu. Adorable terrasse où prendre le petit déj. Une autre sur le toit, d'où l'on a une belle vue sur la baie. Petite piscine. Salle de fitness. Bon accueil. Un excellent rapport qualité-prix.

Où manger ? Où prendre un petit déjeuner ? Où boire un verre ?

Plusieurs restos de fruits de mer assez chers. Côté lagune pour le déjeuner, côté mer pour le coucher du soleil. Restos plus économiques dans les rues perpendiculaires à Veracruz.

De bon marché à prix moyens (moins de 300 $Me / env 14,30 €)

El Horno Francés : *López de Legazpi 125. ☎ 355-81-90. 104-42-65. Tlj 7h-20h (15h mer ; 22h ven-dim). Fermé de début mai à mi-nov.* Les propriétaires ont atterri ici un beau jour avec leur camping-car en provenance du Canada. Coup de foudre, ils sont restés. Lui est boulanger, elle décoratrice. Christine et Émeric, tous 2 français, ont ouvert une boulangerie dans ce local riquiqui. Dès 7h, de délicieux croissants et vraies baguettes sortent du four. Vous n'avez plus qu'à vous attabler en terrasse sur le trottoir, pour savourer un bon petit déj.

El Manglito : *Veracruz 15 ; côté lagune. ☎ 355-81-28. Tlj 11h-22h.* Terrasse agréable sur un bout de plage où embarquent les touristes pour se balader sur la lagune. Même carte que ses voisins mais à prix plus économiques, pour des produits de la mer d'une grande fraîcheur.

Plus chic (300-500 $Me / env 14,30-24 €)

Veleros : *Veracruz 64 ; côté lagune. ☎ 355-59-07. Tlj 12h-22h30.* Choisir une table au bord de l'eau pour observer le ballet des *lanchas* sur la lagune et les îles en face. Excellents poissons frais. Prix selon poids. Crevettes panées ou en brochettes.

À voir. À faire

➢ Au programme : promenades dans les rues piétonnes, bronzette sur la grande plage qui borde la ville et balades en bateau sur la lagune (les prix sont affichés mais dépendent du nombre de personnes ; n'hésitez pas à négocier ferme, car pas mal d'arnaque !).

– Pour les sportifs, surf et pêche au gros.
– Allez voir aussi le christ aux bras ballants dans la petite église moderne au cœur de Barra. Lors du cyclone de 1971, ses bras sont tombés, ce qui, selon les habitants, a épargné la ville.

DANS LES ENVIRONS DE BARRA DE NAVIDAD

La Manzanilla : *à 20 km au nord de Barra.* Un petit coin très peu connu et tranquille, où des Canadiens se sont installés mais, ici, la vie reste une longue baie tranquille. Les quelques spéculateurs immobiliers ont battu en retraite devant les assauts chroniques du Pacifique, car la montée des eaux est bien là une réalité. Les pêcheurs pêchent, les crocodiles lézardent dans la lagune, les dauphins plongent à quelques mètres de la plage (bon, ça, c'est de fin décembre à fin février...). Et le samedi soir, on danse sur la place du hameau.
➢ *Pour y aller :* à Barra de Navidad, prendre un bus direct de la compagnie *Transportes Cihuatlán,* ou un bus local devant le terminal de *Primera Plus* indiquant « La Manzanilla ». Au pire, prendre un bus 2de classe pour Puerto Vallarta et demander l'arrêt au chauffeur. Il vous déposera à l'embranchement. Il reste 2 km à faire à pied ou en stop.

Pour manger, faites votre choix sur la plage : plusieurs gargotes proposent du poisson, mais leur réputation est variable. Certains restos sur la plage, comme ***Aceves,*** proposent des chambres avec cuisine.

PUERTO VALLARTA

204 000 hab. IND. TÉL. : 322

• Plan *p. 509*

En voiture ou en bus, la *carretera* 200 traverse de petits villages écrasés sous la chaleur. Chemises collant à la peau, rues défoncées, maisons basses aux toits de palmes, enseignes rouillées, *mamas* langoureusement allongées dans des hamacs et donnant le sein à leur bébé... Depuis Guadalajara, la route traverse la sierra Madre et entame sa descente vers les terres chaudes, *las tierras calientes.* Le climat et la végétation changent peu à peu, l'atmosphère devient lourde et humide, apparaissent les plantations de canne à sucre, les bananeraies et enfin les cocotiers. Pendant la saison des pluies, les averses transforment les rues en bourbier. Surgissent enfin Puerto Vallarta et son immense baie, avec sa végétation luxuriante qui dévale les collines jusqu'au bord de mer. Près de 20 % de la population active de Puerto Vallarta est composée d'Américains et de Canadiens ! Cependant, la ville est loin d'avoir atteint les proportions d'Acapulco. Séparée en 2 par une petite rivière, elle a conservé tout son charme, colonial du côté nord, plus populaire du côté sud. De toutes parts, on aperçoit les collines recouvertes de jungle épaisse.
Pour en profiter pleinement, évitez les périodes de rush, surtout Pâques et Noël.

JOHN HUSTON À PUERTO VALLARTA

Dans ses mémoires, le cinéaste John Huston écrit : « À partir de 1975, j'ai passé la majeure partie de ma vie dans l'État de Jalisco, au Mexique. Lorsque j'y suis venu pour la 1re fois, il y a une trentaine d'années, Puerto Vallarta était un village de pêcheurs qui comptait à peine 2 000 âmes. (...) Par la suite, je suis revenu souvent à Vallarta ; en particulier en 1963, pour y tourner *La Nuit de l'iguane*. Ce film révéla au monde l'existence de mon village, et les touristes d'accourir. » On trouve une statue du metteur en scène sur l'île Cuale.

Arriver – Quitter

Terminal des bus et aéroport *(hors plan par B1) : situés à une dizaine de km au nord de la ville.* Bien desservis par les *bus urbains* que l'on prend sur Pino Suárez, au niveau du parc Lázaro Cárdenas *(plan A3,* **2***)* ou bien à l'angle d'Insurgentes et Madero *(plan B2)*. Grimper dans un de ceux qui indiquent « Ixtapa », « Las Mojoneras » ou « Las Juntas », parfois « Aeropuerto » (le terminal des bus se trouve à 2 km au nord, après l'aéroport ; s'arrêter à la Central Gaseo, puis continuer à pied sur 300 m, à droite).

En bus

Voir la liste des principales compagnies et leurs coordonnées dans la rubrique « Transports » du chapitre « Mexique utile ».

À l'arrivée, si on veut éviter de prendre le taxi pour rejoindre le centre (tarifs affichés par zone), il faut marcher jusqu'à l'avenue principale – qui est en fait la route à 4 voies qui mène à Tepic (env 300 m) –, la traverser et prendre un bus bleu indiquant « Centro ».

À noter qu'en ville, pour aller vers le nord, le sens de la circulation passe par Insurgentes et Juárez ; pour le sud, il passe par Morelos, Vallarta, Basilio Badillo. Les bus urbains empruntent donc ce trajet.

➢ ***Guadalajara :*** très grande fréquence avec *Futura, Primera Plus* et *ETN*. Trajet : 6h (7h30 avec les bus 2de classe).

➢ ***Mexico*** *(terminal Norte)* **:** départs en milieu de journée ou le soir pour des trajets de nuit avec *Primera Plus* et avec *ETN* dont les sièges se transforment en couchette (cher, mais on arrive à dormir !). Trajet : 12h.

➢ ***Los Mochis :*** avec *TAP* (1re classe), 2 bus/j., à 16h et 19h. S'il n'y a pas assez de voyageurs, la compagnie annule votre transport. Dans ce cas, prendre un bus 2de classe jusqu'à Tepic, puis un bus *TAP* (1re classe), jusqu'à Los Mochis. Trajet : env 14h pour les 2 cas de figure.

En avion

Aeropuerto internacional Gustavo Díaz Ordaz *(hors plan par B1)* **:** ☎ *221-13-25 ou 12-98.* Nombreux vols directs

Adresses utiles

- Office de tourisme (A2)
- **2** Bus urbain pour le terminal de bus et l'aéroport (A3)
- **3** Colectivo Transportes Mismaloya (B3)
- **4** Banamex (A2)
- **5** Bancomer (B2)
- **6** Laverie El Cisne (B2)

Où dormir ?

- **22** Hotel Villa del Mar (B2-3)
- **23** Hotel Hortencia (B3)
- **24** Hotel Yasmin (A3)
- **25** Hotel Posada de Roger (A3)
- **26** Hotel Rosita (B1)
- **27** Hotel Los Cuatro Vientos (B2)

Où manger ?
Où prendre un petit déjeuner ?

- **25** Fredy's Tucan (A3)
- **40** Mercado (B2)
- **41** Dianita (A3)
- **42** Memo's Pancake House (A3)
- **43** Planeta Vegetariano (B2)
- **44** A Page in the Sun (A3)
- **45** Magna Magna (B3)
- **46** Pipi's (B1)
- **47** La Dolce Vita (B1)
- **48** El Palomar de los Gonzales (B3)
- **49** Si Señor Garden (B1)

Où boire un verre ?
Où sortir ?

- **60** Bar Zoo (B1)
- **61** Roxy (A3)
- **62** Pacos Ranchos (A3)

Achats

- **70** Tierra Huichol (B1)

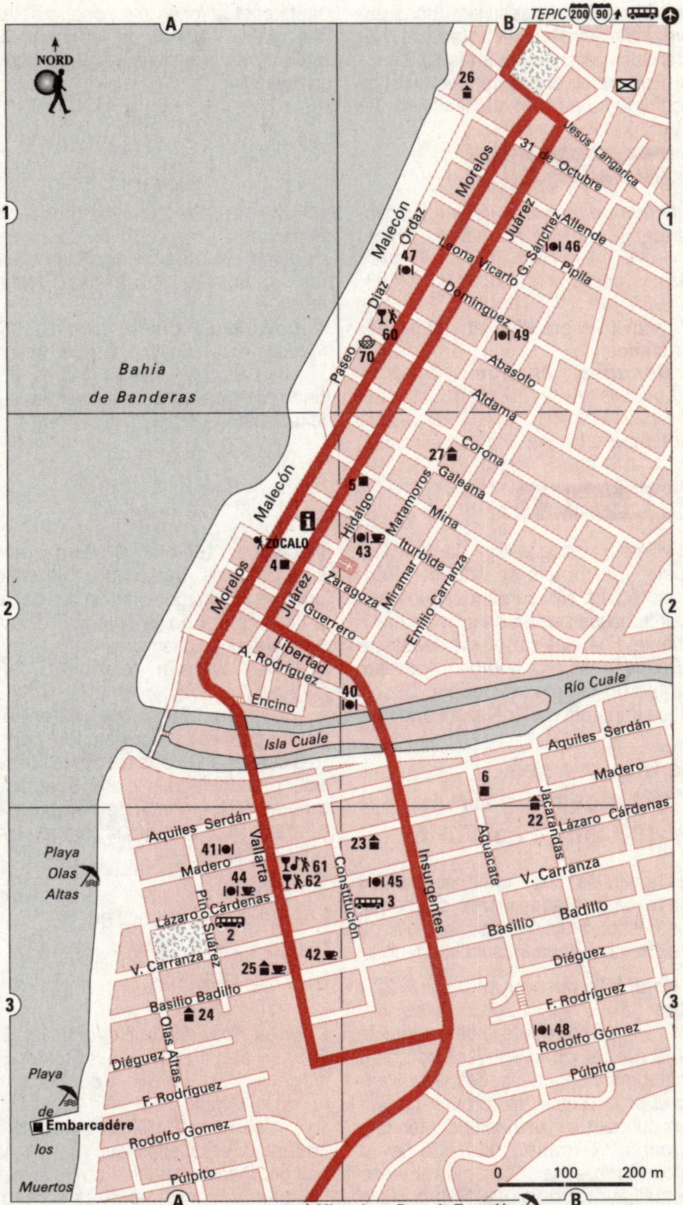

PUERTO VALLARTA

vers Mexico et Guadalajara (bons prix avec *VivaAerobus* et *Interjet*) ; vols internationaux vers les États-Unis.

➢ Pour rejoindre le centre, taxi collectif (même guichet que les taxis ; les tarifs sont affichés par zone) ou bleus indiquant « Centro » ou « Olas Altas », qui passent sur l'avenue (arrêt sous la passerelle).

Adresses utiles

Office de tourisme (plan A2) **:** *Independencia 123 ; à l'angle du zócalo et de Juárez. ☎ 226-09-23 (ext. 230). • visitapuertovallarta.com.mx • Lun-sam 8h-19h, dim 10h-16h.* Distribue un plan très pratique et donne des tas d'infos.

Banques, change : *banques regroupées autour du zócalo, au nord du río Cuale. Distributeurs de billets.* **Banamex** (plan A2, **4**) **:** *sur le zócalo. Lun-ven 9h-16h, sam mat, fermé dim.* **Bancomer** (plan B2, **5**) **:** *à l'angle de Mina et Juárez. Change (meilleur taux de la ville) lun-ven 8h30-16h30, fermé w-e.*

Laverie El Cisne (plan B2, **6**) **:** *Madero 407 A. En face du resto Gilmar. Tlj 9h-15h, 16h-19h sauf dim.* Pratique pour les routards qui logent dans le quartier.

Où dormir ?

La ville est partagée en 2 par la rivière Cuale. Les hôtels se situent plutôt du côté sud. Nous indiquons les prix pour la basse saison, en gros de mai à octobre. En haute saison (de décembre à Pâques), les prix grimpent, passant parfois du simple au double. Réservation impérative à Noël et à Pâques.

De bon marché à prix moyens (moins de 800 $Me / env 38 €)

Les hôtels les moins chers sont situés sur la calle Madero, très passante, donc assez bruyante. Essayez d'avoir une chambre donnant sur l'intérieur.

Hotel Villa del Mar (plan B2-3, **22**) **:** *Madero 440. ☎ 222-28-85. • hvilladelmar.com •* Sans doute le plus agréable de la rue, et donc souvent complet. Chambres bien aménagées, avec ventilo et point d'eau. Très propre. La plupart donnent sur une galerie intérieure entourant le patio. Plus cher avec balcon sur rue mais aussi plus bruyant. Le meilleur rapport qualité-prix dans cette catégorie.

Hotel Hortencia (plan B3, **23**) **:** *Madero 336. 📱 113-04-73. • hotelhortencia.com •* Petit hôtel tenu par la même famille depuis un bail. Chambres fraîches, au ton orangé très gai, avec salle de bains. Très propre. Dommage que son voisinage, avec un bar de nuit à l'arrière, rende le sommeil difficile pour certaines chambres.

Hotel Yasmin (plan A3, **24**) **:** *B. Badillo 168. ☎ 222-00-87. • hotelyasminpv.com •* Attention, l'enseigne est discrète. Joli cadre, très coloré, avec des terrasses idéales pour prendre le frais le soir. Beau patio intérieur, agrémenté de nombreuses plantes. À 2 pas de la plage. Une bonne adresse.

De chic à plus chic (800-1 600 $Me / env 38-76 €)

Hotel Posada de Roger (plan A3, **25**) **:** *B. Badillo 237, à 200 m de la plage. ☎ 222-08-36. • hotelposadaderoger.com • Doubles 45-70 US$ selon saison. Parking.* Chambres impeccables. Celles sur rue ont un balcon. Piscine-terrasse au 1er niveau. Un peu bruyant, mais très agréable dans l'ensemble et d'un bon rapport qualité-prix. C'est l'un des préférés des Américains. Fait aussi bar et resto.

Hotel Rosita (plan B1, **26**) **:** *dans la partie nord de la ville, tt au bout du* malecón *(front de mer), paseo Díaz Ordaz/31 de Octubre. ☎ 01-(52) 322-176-11-11 (central de résas à Mexico). • hotelrosita.com • Doubles 75-100 US$.* Très bien situé, à l'écart de l'agitation sans être éloigné. Plus d'une centaine de chambres, dont la moitié avec vue *al mar.* Spacieuses et confortables. Suite avec 3 lits de 2 personnes ; prix très intéressant à plusieurs. Ventilo ou clim. Belle piscine face à la mer, bar et resto.

Hotel Los Cuatro Vientos *(plan B2,* ***27****) : Matamoros 520, dans la partie ancienne de la ville. ☎ 222-01-61. • cuatrovientos.com • Doubles 90-100 US$; suite à partir de 110 US$.* Cadre intime et chaleureux, noyé dans la végétation, très calme. Richard Burton, Elizabeth Taylor et d'autres stars de l'époque venaient dîner avec leurs amis au restaurant attenant, *Chez Elena,* la 1re propriétaire des lieux. Celui-ci (ouvert tous les soirs) est d'ailleurs réputé. Côté hébergement, les 16 chambres sont joliment arrangées dans le style rustique (terre cuite, brique...). Celles du 2e étage ont une vue magnifique sur le village et la baie (à réserver à l'avance). Petite piscine et, surtout, un superbe bar-terrasse sur le toit, qui offre un panorama exceptionnel.

Où manger ? Où prendre un petit déjeuner ?

Bon marché (moins de 150-300 $Me / env 7,10-14,30 €)

Sur la plage au sud de la rivière, on peut s'acheter pour quelques pesos des brochettes à déguster sur un banc ou sur la plage.

Mercado *(plan B2,* ***40****) : juste au nord de la rivière, au niveau du pont de Insurgentes.* Au 1er étage, plusieurs stands bien délimités. Ne cédez pas au racolage des 1ers et installez-vous là où il y a le plus de monde. Le dernier au fond, dans l'angle, *Meme's,* propose une cuisine mexicaine correcte en profitant de la vue sur l'île. Plats copieux et bon marché.

Dianita *(plan A3,* ***41****) : Madero 243. 📱 107-70-90. Tlj 8h-18h sauf dim.* Très bon menu pas cher du tout, servi à partir de 12h30. Simple et populaire.

Memo's Pancake House *(plan A3,* ***42****) : B. Badillo 289. Tlj 8h-14h.* Memo, l'aimable patron, a vécu jadis quelques années dans l'Hexagone et parle le français. Copieux petits déj composés de fruits, pancakes, gaufres à volonté dans une ambiance chaleureuse et authentique. Une bonne petite adresse.

Planeta Vegetariano *(plan B2,* ***43****) : Iturbide 270 ; entre Hidalgo et Matamoros. ☎ 222-30-73. Tlj 8h-22h ; formule petit déj-buffet servie jusqu'à 12h.* Un végétarien situé dans le vieux Puerto Vallarta, quartier plein de charme. Joli cadre et accueil sympathique. Formule buffet à prix très serré pour les 3 repas de la journée. Très bonne cuisine.

A Page in the Sun *(plan A3,* ***44****) : Cárdenas 179. ☎ 222-36-08. Tlj 7h30-minuit.* Un café-bibliothèque très convivial avec ses petites tables sur le trottoir et, à l'intérieur, ses étagères murales couvertes de bouquins, dont certains en français. On y vient pour manger sur le pouce une délicieuse salade composée ou un copieux sandwich chaud bien garni. Très bons *licuados* aux fruits tropicaux et savoureux gâteaux pour une pause sucrée. Pour le petit déj, bon café, expresso ou cappuccino. Le tout accompagné de pain grillé en feuilletant un bouquin ou le journal du matin.

Fredy's Tucan *(plan A3,* ***25****) : B. Badillo 245. ☎ 223-07-78. Même proprio que l'*Hotel Posada de Roger *(cf. « Où dormir ? »). Tlj 8h-15h.* Un bon plan pour le petit déj : plats mexicains, *huevos* et omelettes à toutes les sauces, pancakes, gaufres, *licuados* et milk-shakes, etc.

Magna Magna *(plan B3,* ***45****) : Cárdenas 288. 📱 104-82-75. Tlj 14h-22h30 sauf lun.* Un petit resto italien de qualité, où l'on déguste de bonnes spécialités du chef, sur place ou à emporter. Bon accueil dans un cadre chaleureux.

Plus chic (300-500 $Me / env 14,30-24 €)

Pipi's (plan B1, **46**) : *à l'angle de Pipila et G. Sánchez. ☎ 223-27-67. Tlj 11h-23h.* Un resto réputé pour ses savoureuses et copieuses *fajitas* (à la viande, aux crevettes, au poisson...) et ses inventives margaritas. Le chef aime bien associer viande et poisson ou fruits de mer dans ses spécialités. Arriver au moins 30 mn à l'avance ; le soir, c'est la cohue. Ambiance on ne peut plus animée...

La Dolce Vita (plan B1, **47**) : *paseo Ordaz 674, le malecón. ☎ 222-38-52. Lun-sam 11h30-2h, dim 17h-minuit.* On s'y presse surtout pour les pizzas, cuites au feu de bois, il est vrai, délicieuses. Terrasse au 1er avec vue sur la mer.

El Palomar de los Gonzales (plan B3, **48**) : *Aguacate 425, col. Alta Vista. ☎ 222-07-95. Tlj 18h-23h. Résa conseillée.* Prendre la rue Aguacate vers la colline et monter un long escalier ardu avant d'arriver à cet élégant « pigeonnier » qui propose une délicieuse cuisine raffinée. On peut prendre aussi un taxi et redescendre à pied. Un endroit de charme. Vue splendide sur la ville et la baie. Pour assister au coucher de soleil, arriver tôt et s'installer au bord de la petite piscine en sirotant une *piña colada* puis, pour un dîner romantique, sur la terrasse au-dessus, avec toujours ce beau panorama.

Si Señor Garden (plan B1, **49**) : *Ortíz de Dominguez 274 ; à l'angle de Sánchez. 113-00-64. Tlj 11h-23h.* Accroché à une pente du vieux quartier, le resto offre dans son jardin luxuriant de romantiques petits espaces en terrasse. S'il fait frisquet, on préférera la belle salle à la présentation chic. Le tout dans une ambiance décontractée. Excellente cuisine mexicaine et métissée, gastronomique et joliment présentée. Service aimable.

Où boire un verre ? Où sortir ?

Avec la plage, c'est la 2e activité essentielle ici. Vous pouvez démarrer la soirée sur le *malecón,* autrement dit le front de mer, qui se trouve au nord de la rivière. Là, vous trouverez bien une charmante Américaine (ou un charmant Américain) qui vous indiquera la dernière boîte à la mode.

Sur le *malecón,* les bars se succèdent, avec leurs baies grandes ouvertes et leurs façades plus ou moins kitsch. Impossible de les rater : le très branché **Bar Zoo** (plan B1, **60**), par exemple. On y danse... de plus en plus au fur et à mesure que la nuit avance. Pour ce dernier, longue file d'attente à l'entrée durant les vacances et ambiance proche de l'hystérie collective.

Dans la partie sud de la ville, l'atmosphère est plus soft. L'animation se trouve surtout **calle Vallarta** : quelques bars classiques avec mariachis. Allez plutôt au bar-disco **Roxy** (plan A3, **61**) : *Vallarta 217 ; tlj 21h-6h.* Bons groupes de rock et ambiance sympa. Pas de *cover* et la bière n'y est pas chère.

Une autre adresse gay friendly, le fameux bar-disco **Pacos Ranchos** (plan A3, **62**) : *Vallarta 237 ; tlj, shows de travestis minuit-3h.*

Achats

Les boutiques et les galeries d'art sont nombreuses. Certaines proposent de magnifiques objets d'artisanat huichol, notamment :

Tierra Huichol (plan B1, **70**) : *sur le malecón, paseo Diaz Ordaz, à l'angle d'Aldama.* 2 points de vente pour ces « Galerías museos ».

À voir. À faire

Balade dans la ville : dans la partie nord, la vieille ville qui surplombe la cathédrale est pleine de charme. Rues pavées de cailloux ronds, terrasses

fleuries, abondance de bougainvillées multicolores, toits de tuiles rouges et, au détour d'un escalier, de superbes vues sur la baie. En haut de la rue Zaragoza *(plan B2)*, on devine à peine l'emplacement de la *Casa Kimberley,* la maison où Richard Burton et Elizabeth Taylor abritaient leur idylle.
En bord de mer, le ***malecón*** (la promenade des Anglais locale) est un point de passage obligé pour admirer le coucher de soleil et les châteaux de sable créés par des artistes.

FIN D'UN LIEU CULTE

Dix ans après la mort de Richard Burton, Liz Taylor vendit la Casa Kimberley avec tout ce qu'il y avait à l'intérieur, jusqu'à ses vêtements, souvenirs trop douloureux qu'elle ne pouvait emporter. Puis la maison devint un B & B-musée. En 2009, une banque l'acquit pour en faire, paraît-il, un hôtel, alors que le maire voulait en faire un musée. La villa fut finalement démolie...

Zócalo *(plan A2)* **:** au nord de la rivière, avec sa ***catedral*** coiffée d'une reproduction géante de la couronne de l'impératrice Charlotte. Du 1er au 12 décembre (le jour de la fête nationale de la Guadalupe), elle est illuminée comme un gros gâteau d'anniversaire et, le soir, les corporations de la ville viennent en procession y faire leurs dévotions.

Museo naval : *à l'angle du zócalo et de Zaragoza. Mar-ven 9h-19h30 ; w-e 10h-14h, 15h-19h. GRATUIT.* Petit musée qui expose des maquettes de caravelles et bateaux de l'époque coloniale. À l'étage, cafétéria avec vue sur la mer.

Les plages

Cette baie immense (la plus grande du Mexique) compte de nombreuses plages. Dans la ville même *(plan A3)*, 2 belles plages pour les flemmards, où l'on peut se baigner sans risque : la ***playa Olas Altas*** et la ***playa de los Muertos.*** Sur cette dernière, il y a un petit ***embarcadère*** *(plan A3)* pour prendre le bateau-taxi ou partir à la pêche.

Vers le sud

C'est là que se trouvent les plus belles plages. Pour s'y rendre, prendre un *colectivo* ***Transportes Mismaloya*** devant Constitución 363 *(plan B3,* ***3****).* Départs ttes les 10-15 mn. Ils vont jusqu'à Boca de Tomatlán, mais s'arrêtent le long de la splendide route côtière.

Mismaloya : la plus célèbre, la plus touristique avec ses complexes hôteliers, ses restos de plage, et le coin favori des cinéastes. À la suite de Huston, c'est Bebel qui est venu tourner ici *Le Magnifique.* Et, plus tard, Schwarzy a joué les *Predators,* un peu plus haut dans la forêt vierge. Au bout de la plage, on ne peut plus visiter les restes de bâtiments qui apparaissent dans *La Nuit de l'iguane* : la propriété, abandonnée, est fermée ; on peut juste se balader sur le sentier côtier jusqu'à l'iguane en ciment.

➢ Si la plage vous ennuie, l'alternative consiste à partir dans les montagnes à travers la forêt vierge. La balade classique, c'est de grimper jusqu'à l'***Eden,*** un resto-bar au bord d'une rivière (fermé en janvier). On peut y aller à pied (environ 5 km) et revenir en taxi (environ 150 $Me) ; ou l'inverse. Également la possibilité de faire cette balade à cheval (compter 3h aller-retour jusqu'à l'*Eden,* trempette dans la rivière comprise).
Un petit conseil : se contenter de prendre un verre à l'*Eden.* Côté resto, c'est de l'arnaque. Sur place, *canopy* au-dessus de la rivière. ● *canopyeleden.mx* ●

Boca de Tomatlán : *un peu plus loin sur la route, à 17 km de Vallarta.* Une charmante petite crique avec quelques paillotes où l'on déguste des fruits de mer. C'est aussi là que l'on peut prendre une *lancha* pour les plages qui suivent.

Las Ánimas, Quimixto et Yelapa : 3 plages idylliques auxquelles on accède en bateau, et qui accueillent durant la journée les touristes en provenance de Puerto Vallarta.
Prendre le bateau-taxi à l'*embarcadère (plan A3)* de la plage de los Muertos à 10h ou 11h, avec retour à 16h et 16h45 *(320 $Me A/R).* La solution la plus économique est d'aller en bus jusqu'à Boca de Tomatlán et, de là, prendre une *lancha* qui vous conduira à la plage de votre choix, à 10h, retour à 17h *(env 180 $Me A/R).* En haute saison, c'est très organisé ; en basse saison, on peut négocier.
– *Conseil :* si c'est possible, ne prenez pas le retour, vous déciderez sur place. Mais renseignez-vous auparavant pour l'heure de passage des dernières *lanchas*...
– **Las Ánimas :** c'est la plus proche (donc le moins cher pour y aller) et aussi la plus jolie et la plus tranquille. Les bateaux de croisière n'y débarquent pas trop. Belle balade à pied pour rejoindre la plage de Quimixto, en longeant la côte (1h de marche).
– **Quimixto :** ravissante également et déjà un peu plus fréquentée. Mais en marchant un peu, vous trouverez sans difficulté un p'tit coin désert rien que pour vous. Cascade dans la jungle à 30 mn à pied ou à cheval.
– **Yelapa :** la plage la plus éloignée. Depuis Puerto Vallarta, compter 45 mn en bateau-taxi. C'est la plus touristique, squattée par les Américains. On peut y loger (un hôtel sur la plage et d'autres plus modestes dans le village). Le soir, quand les bateaux touristiques sont partis, c'est très sympa.

Vers le nord

Chacala (Nayarit) : *à 2h (95 km) au nord de Puerto Vallarta, sur la route de Tepic et Guadalajara.* Un petit village de pêcheurs installé au fond d'une anse parfaite, qui s'est bien développé, avec ses restaurants en bord de mer, ses chaises longues, et ses petits hôtels au village. Malgré les touristes américains qui bronzent en écoutant une ritournelle de musiciens ambulants, le nord de cette belle plage bordée par une immense palmeraie est tranquille. Activités : trouver un pêcheur pour partir en mer, visiter les grottes sous-marines ou suivre les baleines (de décembre à février).
➢ *Pour y aller :* uniquement pour une halte sur la route entre Tepic et Guadalajara, bus jusqu'à Las Varas. Demander au chauffeur de vous laisser avant ou après l'entrée de ce bourg, à l'embranchement pour Chacala. Il reste 9 km, en taxi collectif ou en stop. Le hameau se trouve au bout, sur la droite, vers le port.

HOMMES, CULTURE, ENVIRONNEMENT

ARCHITECTURE

Architecture précolombienne

La structure de base de l'architecture précolombienne est la pyramide. Un bon millénaire av. J.-C., les Olmèques en édifiaient déjà en terre. Quant à la célèbre pyramide du Soleil à Teotihuacán (près de Mexico), elle fut dressée dès le Ier ou IIe s de notre ère, annonçant le développement du 1er centre urbain de l'Amérique centrale (autour de 100 000 habitants).

Les pyramides mexicaines n'ont rien à voir avec celles de l'Égypte ancienne. Elles n'ont pas de vocation funéraire et sont destinées à se rapprocher des dieux et/ou à démontrer la grandeur du souverain. Construites au cœur de ce qu'on appelle le centre cérémoniel, ce sont avant tout des bases sur lesquelles étaient dressés des temples. De là-haut, les prêtres accomplissaient leurs rites religieux face à la foule amassée au pied de la pyramide. Les temples ont systématiquement disparu parce qu'ils étaient construits avec des matériaux éphémères, à l'inverse des pyramides construites en pierre. Au sommet, on trouvait également des autels et des sculptures représentant les dieux.

Exception faite de la pyramide du Soleil de Teotihuacán, ce sont les Mayas qui édifièrent les plus hautes : le temple IV du site guatémaltèque de Tikal (au Guatemala) domine la forêt tropicale de ses 65 m (72 m à l'origine) et celui de Calakmul, le site rival dans le sud de la presqu'île du Yucatán, de 55 m ! Les escaliers qui mènent au sommet sont abrupts (pente de 45 à 60°). Un véritable exploit lorsqu'on considère le caractère rudimentaire des outils en pierre et le recours exclusif à la force humaine pour transporter les matériaux.

On distingue 2 types d'architecture urbaine. D'une part, les centres cérémoniels regroupant, autour de vastes *plazas,* pyramides, édifices religieux et administratifs, palais où résidaient principalement les prêtres, les monarques et leur famille. D'autre part, en périphérie, les zones d'habitation où la population vivait dans des quartiers en fonction de son activité.

L'architecture servait aussi de représentation à la cosmogonie. À La Venta, les Olmèques avaient défini un plan nord-sud, de sorte que les portes des édifices s'ouvraient au lever et au coucher, dans l'axe du soleil. Ce principe a été repris par toutes les civilisations ultérieures.

Phénomène étonnant, les peuples précolombiens du Mexique ne détruisaient jamais pour reconstruire : ils « enrobaient » plutôt les monuments existants, notamment lors de l'avènement d'un nouveau souverain. C'est ainsi qu'au fil du temps, le Templo Mayor de Tenochtitlán (Mexico) en est venu à compter 11 « couches » architecturales !

Architecture coloniale

Les Espagnols ont naturellement importé au Mexique les styles architecturaux européens. Rappelons donc les différentes influences de l'architecture castillane puisque ce sont ces caractéristiques que l'on retrouve dans le Mexique colonial, parfois influencées par la culture locale. En Espagne, le XVIe s a d'abord été marqué par le gothique avant d'être rapidement influencé par la Renaissance italienne.

C'est à cette époque que le style plateresque fit florès, avec une décoration rappelant le travail de l'orfèvrerie – d'où son nom, *plata* signifiant « argent » : colonnes en forme de candélabres ornementées de motifs en arabesques et surmontées de chapiteaux corinthiens, intégration de motifs floraux et de sculptures, usage ornemental de blasons héraldiques et d'enroulements... très enroulés.

Au début du XVIIe s, en contrepied à une stylisation de plus en plus épurée, voire austère (style de Herrera, architecte du palais de l'Escurial), le baroque fit son apparition. Stucs et sculptures polychromes, angelots potelés et dorés, coquillages et guirlandes, moulures végétales et balustrades entrèrent en fanfare dans les églises. Plutôt sage au début, le baroque explosa au XVIIIe s sous la forme du rococo, qui connut son apogée avec l'architecte espagnol Churriguera (1665-1725) qui laissera d'ailleurs son nom pour qualifier l'ultra-baroque : le style churrigueresque.

PLEIN LES YEUX !

Le baroque latino-américain se traduit par une architecture fastueuse et clinquante, aux décors exubérants. Pourquoi s'attacher et s'efforcer à une telle démonstration de la puissance divine ? Tout simplement pour amener les Indiens à se convertir au christianisme. Une seule solution : impressionner, émerveiller et persuader, afin que s'éveille durablement la foi.

De nombreuses façades d'églises mexicaines, superbement sculptées et chargées d'ornements, sont de magnifiques exemples du style churrigueresque, comme à Mexico, Taxco, Zacatecas, Querétaro, Guanajuato, Puebla, Oaxaca, San Cristóbal de Las Casas...

Ne pas occulter non plus l'influence arabe en Espagne jusqu'à la fin du XVe s, qui du coup se propagea jusqu'au Mexique. L'influence maure dans l'architecture tropicale de l'Amérique latine est le style mudéjar. L'utilisation des azulejos, ces fameux carreaux de faïence peints, en est une manifestation. Enfin, il y a l'influence propre des Indiens, que les colons employèrent comme artisans, surtout au début de la Conquête. Ces derniers ont utilisé leurs propres références cosmogoniques pour la décoration des églises. Et il n'est donc pas rare de voir des angelots avec des traits indigènes ou des guirlandes de fruits... tropicaux !

L'ART DES « ROTULOS »

Dans les villes mexicaines, on lit souvent, au-dessus d'une porte, ce curieux mot qui semble annoncer l'officine d'un kiné spécialisé dans les soins du genou... Il signale en fait l'atelier de ces artisans qui peignent à la main les enseignes colorées ornant les façades des commerces de Zacatecas ou Pátzcuaro, notamment.

BOISSONS

Dès qu'on s'installe à la table d'un resto, une question revient : « *¿ Y de tomar ?* » (Qu'est-ce que vous buvez ?).

– ***L'eau :*** on ne boit pas celle du robinet, qu'on se le dise ! Elle n'est pas vraiment potable. Même les Mexicains évitent de la boire et achètent plutôt de grosses bonbonnes de 10 ou 20 l d'eau filtrée. Beaucoup d'hôtels en mettent à disposition à l'accueil et dans les chambres. L'eau plate se dit *agua sola...* L'eau gazeuse se dit *agua mineral.*

– ***La bière** (cerveza)* **:** presque une boisson nationale ! Outre la fameuse *Corona,* on connaît la *Sol,* mais il existe des dizaines d'autres marques : la *Victoria* ou la *Bohemia,* à la saveur inégalée de fleurs, la brune *Negra Modelo* ou la *Dos X* (prononcer « Dos Equis »), ou encore la *Montejo* que l'on trouve surtout dans le Yucatán, la *León,* presque ambrée, et la *Pacífico* (surtout dans le Nord). On trouve également de nombreuses bières artisanales, produites localement, comme la très bonne *I.P.A Allende*. Comme pour la tequila, les Mexicains accompagnent souvent leur bière d'un quartier de citron vert, voire d'une pincée de sel pour la faire mousser.

– Principaux concurrents de la bière, les innombrables ***sodas*** et autres boissons gazeuses *(refrescos)* inondent littéralement le marché mexicain. Boostés par un marketing conquérant, *Coca-Cola* et *Pepsi* règnent en maîtres, omniprésents jusqu'aux fins fonds du Chiapas ou du désert du Chihuahua. On en trouve aussi bien dans les églises des Indiens tzotziles (qui les utilisent pour provoquer des rots et ainsi expulser leurs péchés !) que sur les tables des restos chics de Polanco, dans la capitale.

POUR L'AMOUR DES BULLES...

Avec 137 litres par an en moyenne, les Mexicains sont parmi les plus gros consommateurs au monde de soda. Une addiction qui pèse lourd sur la santé publique puisque, selon les études, 7 Mexicains sur 10 sont en surcharge pondérale. Une réalité qui induit 100 000 morts précoces par an dans le pays.

– ***Les jus de fruits :*** ils peuvent être frais et bon marché chez les vendeurs ambulants et sur les marchés ou en bouteille, en berlingot ou en canette dans les épiceries. Les ***licuados*** sont des fruits mixés avec du lait, la version mexicaine du milk-shake. Quant au ***jugo verde,*** il s'agit d'un mélange de cactus (*nopal),* céleri, épinards, orange, carottes... Les ingrédients varient, pas la couleur !

– ***L'agua fresca :*** une autre boisson typique, appelée aussi *agua de sabor* (« eau de goût ») et, plus généralement, juste *agua.* Elle est servie notamment avec le menu du jour dans les restos populaires. Elle désigne le plus souvent une boisson préparée à partir de fruits liquéfiés, d'eau et de sucre. Notez qu'elle peut aussi être à base d'eau purifiée d'amande ***(almendra),*** de riz et de cannelle ***(horchata),*** parfumée au jus de citron ou d'orange (***limonada*** et ***naranjada***), ou encore aux fleurs d'hibiscus ***(jamaica)*** l'équivalent du *bissap* africain ou du *karkadé* égyptien. Très rafraîchissant et bon marché.

– Le ***café,*** bien que le Mexique soit producteur, est plutôt « jus de chaussette » dans sa version *café americano.* Mais on trouve aussi facilement, maintenant, des expresso et cappuccino dans tous les bons restos et cafés des grandes villes et lieux touristiques. Servi dans les restos populaires et sur les marchés, le ***cafe de olla*** est préparé dans de grandes jarres en terre et parfumé à la cannelle et au jus de canne à sucre.

– ***La tequila :*** c'est LA boisson nationale. Dès maintenant, habituez-vous au changement de genre, *tequila* est masculin en espagnol (contrairement à *Coca-Cola* qui est féminin !). Comme vous le constaterez, il y a l'embarras du choix avec plus de 500 marques et autant de formes de bouteilles, plus originales les unes que les autres. L'important est que *el* tequila soit vieilli dans des fûts : de 2 mois à 1 an pour *el reposado,* 1 à 3 ans pour *el añejo* et 3 ans ou plus pour l'*extra añejo.* Si vous avez l'occasion d'aller à Tequila (berceau de cet alcool, près de Guadalajara), vous apprendrez tout du processus. En tout cas, l'étiquette doit indiquer « 100 % agave » ; les autres sont à éviter. Quelques très bonnes tequilas (chères) : *Don Julio, José Cuervo, Herradura, Tres Generaciones...*

AGAVE THE BLUES

L'agave est une plante particulière, car elle ne fleurit qu'une seule fois dans sa vie. S'élance alors vers le ciel une hampe qui peut parfois atteindre jusqu'à 15 m de haut ! Une croissance spectaculaire qui se termine mal : la plante meurt juste après.

Boire la tequila est un rituel : mettre une pincée de sel sur le revers de la main (dans le creux entre les tendons du pouce et de l'index), l'avaler, puis boire la tequila cul sec et terminer en suçant un quartier de citron vert. On la boit aussi en alternance avec de la *sangrita* (composée de jus d'orange, jus de tomate, citron, sauce Tabasco, sauce anglaise et condiments)... Mais c'est surtout en cocktail que vous la trouverez déclinée le plus souvent.

À savoir : les liquides étant interdits de passage à la douane, si vous souhaitez rapporter une bouteille, achetez-la avant le départ et calez-la bien à l'abri dans vos bagages. Autre option : les boutiques duty free une fois passé les contrôles, mais là c'est beaucoup plus cher (meilleur choix à Mexico) et possible uniquement si vous avez un vol retour direct. En cas d'escale en Europe ou aux États-Unis, tout liquide est confisqué.

– Le Mexique est le pays des – très bons – ***cocktails.*** Le *coco loco,* mélange de coco et de rhum, surtout servi sur les plages. La *cucaracha,* mélange de tequila, d'alcool de café *(kalhua)* et d'autres liqueurs, le tout flambé. Une vraie bombe, à boire avec une paille ! Dans toutes les fêtes ou ferias, vous pourrez goûter aux *cantarritos,* mélange de tequila, jus de citron, grenadine, orange, ananas et *Squirt* (boisson gazeuse à base de pamplemousse, genre Sprite), avec du *chile* (piment) et du sel, le tout servi dans des pots en terre. Un cocktail populaire excellent. Enfin, il y a le traditionnel *cuba* (rhum et Coca-Cola), qui, au Mexique, n'est pas *libre,* l'éternelle et délicieuse *piña colada* et, bien sûr, la très mexicaine *margarita* : 3 mesures de tequila, une mesure de Cointreau, une mesure de jus de citron, de la glace pilée ; et les bords du verre recouverts de sel. Attention, dans les zones balnéaires, aux *happy hours* : les cocktails proposés contiennent souvent très peu d'alcool...

– *Para todo mal,* ***mezcal,*** *y para todo bien, también,* dit le dicton (quand ça va mal, un mezcal, et quand ça va bien, idem !). Dans la région de Oaxaca et désormais dans tout le pays, les *mezcalerías* sont à la mode. Parfumé et particulièrement apprécié en digestif, le mezcal est un alcool très fort qui monte vite à la tête. Distillé, comme la tequila, à base du cœur de l'agave bleu *(maguey),* il titre autour de 40°. On le sert, selon les endroits, non pas avec sel et citron comme la tequila (il perdrait de sa saveur, dit-on !) mais pur, accompagné parfois de tranches de concombre poivrées, d'agrumes ou même... de petits criquets grillés. Au Mexique, le mezcal se savoure, on ne le boit jamais cul-sec ! Très souvent, on trouve dans la bouteille le *gusanito,* c'est-à-dire un ver blanc ou rouge qui vit dans le *maguey...* À croquer !

QUESTION DE GOÛT

Contrairement aux idées reçues, l'introduction du petit ver, en fait une chenille, qui flotte dans les bouteilles de mezcal, n'a rien d'une coutume ancestrale. C'est en 1940 qu'un certain Lozano Páez goûta le fameux breuvage, et trouva que la bestiole lui donnait meilleur goût.

– L'alcool préhispanique s'appelle le ***pulque.*** Il est fait à base de sève du *maguey,* fermentée au lieu d'être distillée. On peut le boire nature ou fruité dans des *pulquerías,* débits de boissons traditionnellement réservés aux hommes... C'est le seul alcool qui existait au temps des Aztèques, qui avaient, à de très rares occasions, le droit de boire (en dehors de ces moments, s'enivrer était puni de mort...). Le *pulque,* c'est un peu comme l'absinthe des surréalistes, il enivre plus qu'il ne soûle.

PROHIBITION SÉLECTIVE

Les Aztèques produisaient le pulque grâce à la fermentation de l'agave. Très conscients du danger des effets de cet alcool fermenté, les gens du peuple étaient autorisés à en boire seulement à partir de... 50 ans (leur espérance de vie était inférieure !). 2 castes faisaient exception : les nobles et les prêtres ! Ben voyons.

– Les ***vins*** mexicains sont nombreux et proviennent, pour la plupart, de Basse-Californie et de l'Hidalgo. Ceux qui sont de bonne qualité demeurent assez coûteux. On dénombre aujourd'hui au Mexique pas moins de 300 étiquettes.

CINÉMA

Le Mexique, source d'inspiration pour Hollywood

PANCHO VILLA ET HOLLYWOOD

Pour gagner la révolution, Pancho Villa avait besoin de séduire l'opinion publique américaine. Il signa un contrat avec le grand producteur D. W. Griffith qui autorisa une équipe à le filmer lors de ses attaques contre les propriétaires terriens. Le film sortit, mais Pancho Villa n'alla jamais le voir. Depuis, les bobines ont disparu...

Avec ses révolutions, ses bandits de grand chemin et ses généraux idéalistes et autres malfrats mal rasés, le Mexique passionna très tôt les metteurs en scène de Hollywood. Dès 1912, ceux-ci franchirent le río Grande avec Raoul Walsh et son projet de film *La Vie de Villa,* qui donna naissance à l'extraordinaire épopée des westerns mexicains. Pancho Villa et ses hordes de bandits, avec sombreros et cartouchières en bandoulière, chevauchant sans répit les sierras et les déserts, devint le héros principal de ces « West movies » des tropiques. Le mythe dépassa vite le personnage, à tel point qu'il attira tous les grands du cinéma, d'Eisenstein (*¡ Qué viva México !,* 1931) à Sergio Leone (*Il était une fois la révolution,* 1971) en passant par John Ford (*Dieu est mort,* 1947), Louis Malle (*Viva Maria,* 1965) et Sam Peckinpah (*La Horde sauvage,* 1969).

Son rival, Emiliano Zapata, n'inspira quant à lui que Kazan en 1952 (*¡ Viva Zapata !*) avec, aux côtés d'Anthony Quinn, un Marlon Brando inoubliable dans le rôle du célèbre révolutionnaire. Un nouveau *Zapata,* du réalisateur mexicain Alfonso Arau, est sorti en 2004, mais, trop romanesque, le film fit un flop.

Bizarrement, l'épopée de Cortés, sans doute trop éloignée des poncifs nord-américains, n'intéressa pratiquement personne. Cependant, *La Controverse de Valladolid,* de Jean-Daniel Verhaeghe avec Jean-Pierre Marielle, Jean-Louis Trintignant et Jean Carmet, ou *1492,* avec Gérard Depardieu, donnent une certaine idée des rêves des conquistadores et des souffrances endurées par les populations locales.

Le cinéma mexicain connaît son « âge d'or » de 1935 à 1958. Leader mondial sur le marché des films en langue espagnole, il inonde le continent latino-américain et produit davantage de films que les États-Unis. Les réalisateurs mexicains bénéficièrent de l'effervescence culturelle et d'une certaine stabilité politique pour réaliser quelques grands classiques, fondateurs de l'industrie cinématographique nationale. Cette période est marquée par les films des réalisateurs Fernando de Fuentes, Emilio Fernández et Miguel Zacarías.

Au milieu du XXe s, expression d'une longue histoire d'échanges culturels avec la France, le cinéma mexicain adapta plusieurs œuvres de la littérature française (Dumas, Daudet, Hugo, Maupassant...) : *Le Comte de Monte-Cristo* de Celestino Gorostiza (1941), *La Femme sans âme* de Fernando de Fuentes (1943), *Les Misérables* de Fernando A. Rivero (1943)...

Le Mexique a servi également de toile de fond à 4 chefs-d'œuvre internationaux : *Los Olvidados,* de Buñuel (1950), qui retrace la vie des enfants pauvres des faubourgs de Mexico ; l'inoubliable *Nuit de l'iguane* (1963), de John Huston, avec Richard Burton et Ava Gardner, qui mit fin définitivement à la tranquillité du lieu de tournage, le petit village de pêcheurs de Puerto Vallarta ; *Au-dessous du volcan* (1983), du même metteur en scène, tiré du roman culte de Malcolm Lowry, avec Albert Finney et Jacqueline Bisset, qui a pour cadre la ville de Cuernavaca. Sans oublier *Traffic,* de Steven Soderbergh, oscar du meilleur réalisateur en 2001, sur la corruption et les difficultés du démantèlement des cartels de la drogue, servi par Michael Douglas, Catherine Zeta-Jones et Benicio del Toro.

La « nouvelle vague » du cinéma mexicain

En crise dès 1960, le secteur montre un certain renouveau depuis les années 2000. Cette « *buena onda* » ou « nouvelle vague » permet aujourd'hui au cinéma mexicain d'être l'un des plus développés d'Amérique latine, notamment grâce à un regain de créativité, l'émergence de jeunes réalisateurs talentueux, et la venue de capitaux. Même si la production reste faible, ce « nouvel âge d'or » affiche des films d'auteur de qualité qui portent un regard aiguisé et sans concession sur la société mexicaine moderne, ses tabous, ses contradictions et sa violence. Des films au caractère social marqué envahissent les écrans. Leur réalisme est brutal et parfois insoutenable, comme *De la calle,* qui décrit la violence de la vie des enfants des rues à Mexico, ou *Amar te duele,* qui évoque douloureusement les discriminations de classe.

Après des années de censure ou d'autocensure, les cinéastes mexicains s'en donnent à cœur joie, dénonçant les abus de pouvoir : la corruption du monde politique avec *La Ley de Herodes,* la corruption de la police avec *Todo el Poder,* l'hypocrisie de l'Église et ses collusions d'intérêt avec les narcotrafiquants dans *Padre Amaro,* un film dérangeant et l'un des plus grands succès du box-office mexicain de ces dernières années. L'un des acteurs du film, Gael García Bernal, à la fois acteur et réalisateur (on se souvient de lui dans *Carnet de Voyage,* où il incarne le jeune Ernesto Guevara) est devenu la coqueluche du cinéma mexicain. Membre du jury officiel au Festival de Cannes 2014, il incarne un candidat à l'émigration vers les États-Unis dans *Desierto,* le film d'une brûlante actualité portée à l'écran en 2016 par Jonás Cuarón (le fils d'Alfonso), avant de camper le rôle du commissaire chargé de traquer Pablo Neruda dans les années 1950, dans le film *Neruda* du réalisateur chilien Pablo Larrain, sorti en 2017.

Ainsi, depuis 2000, la nouvelle vague mexicaine a-t-elle commencé à recevoir ses 1ers galons : le film d'Alejandro González Iñárritu, *Amores Perros (Amours chiennes)* – où s'illustre aussi García Bernal –, a remporté le prix de la Quinzaine des réalisateurs à Cannes. Il réalise le très beau *21 grammes,* puis récidive en 2006 avec *Babel* (prix du meilleur réalisateur), bouclant ainsi sa trilogie. Son film suivant, *Biutiful* (2010), toujours aussi noir, est servi par l'acteur espagnol Javier Bardem. Suivent *Birdman,* oscar du meilleur film en 2014 et césar du meilleur film étranger en 2016, et *The Revenant,* en 2016, avec Leonardo DiCaprio, qui a reçu l'oscar du meilleur acteur pour ce film.

ARRÊTEZ CE CINÉMA !

Joaquín Guzman, alias « El Chapo », boss du cartel de Sinaloa, était en cavale depuis plusieurs mois quand il prit contact avec Hollywood en vue de faire un film sur sa vie mouvementée. Sean Penn l'a même rencontré en octobre 2015. Selon les autorités mexicaines, cette rencontre et les nombreux échanges de courriels qui ont suivi auraient permis à la police de le localiser et de lui remettre le grappin dessus !

Notons enfin, qu'à l'image d'Iñárritu, qui a présidé le Festival de Cannes 2019, d'autres cinéastes mexicains prestigieux ont quitté le Mexique pour Hollywood. C'est le cas de Guillermo del Toro, avec *Le Labyrinthe de Pan,* une coproduction mexicano-espagnole, et plus récemment *La Forme de l'eau,* qui a reçu l'oscar du meilleur film 2018. Citons encore Alfonso Cuarón, avec *Harry Potter et le prisonnier d'Azkaban* et *Les Fils de l'homme...* qui collecta pas moins de 7 oscars avec *Gravity* et 3 oscars dans la même soirée grâce au film *Roma,* produit et diffusé par *Netflix.*

Filmographie

Quelques films à visionner avant ou après votre voyage.

– ***Los Olvidados*** (Luis Buñuel, 1950) **:** le chef-d'œuvre du cinéaste espagnol, réfugié au Mexique. Un drame social au cœur des bidonvilles de Mexico, où l'on suit une bande d'ados qui s'organise pour survivre en commettant divers pillages.

– ***La Nuit de l'iguane*** (John Huston, 1964) **:** avec Richard Burton, Ava Gardner et Deborah Kerr. Un pasteur alcoolique et lubrique est déchu et doit se reconvertir en guide de voyage pour vieilles Américaines. Les affrontements et les frustrations des unes et des autres finiront en un huis clos intense dans un hôtel de la côte pacifique près de Puerto Vallarta.
– ***Amores Perros*** (« Amours chiennes », Alejandro González Inárritu, 2000) **:** à Mexico, de nos jours, un accident de la circulation sert de fil conducteur à 3 histoires parallèles où se mêlent la violence, le sexe et le désespoir.
– ***Y tu mamá, también*** (Alfonso Cuarón, 2001) **:** drame au cœur de l'adolescence de 2 jeunes des classes aisées. Un gros succès commercial au Mexique. Un des 1ers rôles importants de l'acteur Gael García Bernal.
– ***Frida*** (Julie Taymor, 2003) **:** avec Salma Hayeck dans le rôle-titre, la vie mouvementée de Frida Kahlo qui se distingua par son œuvre surréaliste, son engagement politique en faveur du communisme et sa bisexualité. Le film relate également ses relations tumultueuses avec son mari, le peintre Diego Rivera, et sa liaison secrète avec Léon Trotski.
– ***Le Labyrinthe de Pan*** (Guillermo del Toro, 2006) **:** film fantastique magnifique et funèbre, inspiré d'un conte de fées, qui se déroule peu après la guerre d'Espagne. Le film a reçu notamment 3 oscars (meilleure photographie, direction artistique et maquillage) et 7 prix Goya (les récompenses espagnoles).
– ***La Zona*** (Rodrigo Pía, 2008) **:** un cambriolage dans les beaux quartiers tourne mal. Au lieu de faire appel à la police, les habitants choisissent de faire justice eux-mêmes. Une exacerbation de la paranoïa urbaine.
– ***Post Tenebras Lux*** (Carlos Reygadas, 2012) **:** un couple et leurs enfants quittent Mexico pour s'installer à la campagne et appréhendent cette nouvelle vie. Prix de la mise en scène au Festival de Cannes 2012.
– ***La Jaula de oro*** (Diego Quemada-Diez, 2013) **:** 2 jeunes adolescents rêvant d'une vie meilleure entreprennent de voyager clandestinement depuis le Guatemala, en passant par le Mexique, jusqu'aux États-Unis.
– ***Güeros*** (Alonso Ruizpalacios, 2014) **:** un jeune adolescent devenu incontrôlable aux yeux de sa mère, quitte Veracruz pour aller vivre avec son grand frère dans la ville de Mexico. Un genre de *road movie* en noir et blanc.
– ***Eco de la montaña*** (Nicolás Echevarría, 2014) **:** un documentaire sur Santos de la Torre, un artiste huichol, dont l'une des œuvres murales, composée de près de 2 millions de perles, se trouve dans la station de métro parisienne Palais Royal-Musée du Louvre.
– ***Plaza de la Soledad*** (Maya Goded, 2016) **:** dans ce documentaire, la réalisatrice porte à l'écran 20 ans d'images de femmes qui se prostituent, de tout temps, sur la *plaza de la Soledad,* dans la ville de Mexico.
– ***Desierto*** (Jonás Cuarón, 2016) **:** un groupe de migrants en route pour les États-Unis devient la cible d'un chasseur en plein désert. Commence alors pour eux une traque sans merci.
– ***Los Adioses*** (Natalia Beristáin, 2017) **:** un biopic retraçant la vie de Rosario Castellanos, importante écrivaine mexicaine féministe.
– ***Sueño en otro idioma*** (Ernesto Contreras, 2017) **:** le film aborde la question des dialectes indigènes au Mexique et leur progressive disparition. Un jeune linguiste voyage dans le pays à la recherche des personnes qui parlent encore le *zikril.*
– ***Museo*** (Alonso Ruizpalacios, 2018) **:** tirée de faits réels datant de 1985, cette histoire retrace le cambriolage d'une centaine de pièces archéologiques mayas au musée national d'anthropologie de Mexico, perpétré par 2 jeunes étudiants.
– ***Roma*** (Alfonso Cuarón, 2018) **:** dans ce film produit et diffusé par *Netflix,* le réalisateur dépeint le quotidien d'une famille aisé à Roma, un quartier de Mexico, dans les années 1970. L'histoire est centrée sur le personnage d'Adela, une domestique d'origine indigène. Dévouée à tous, elle profite rarement de son temps libre jusqu'au jour où elle rencontre son amant. Très belle fresque filmée en noir et blanc, *Roma* a reçu 3 oscars (meilleur réalisateur, photographie et film en langue étrangère).

CUISINE

Une reconnaissance importante

Pour l'Unesco, qui l'a inscrite en 2010 sur la liste représentative du Patrimoine immatériel de l'Humanité, la ***cuisine traditionnelle mexicaine*** est un modèle culturel complet qui rassemble de longue date des pratiques agricoles, des techniques culinaires et des coutumes communautaires ancestrales.

LA TOMATE : UN FRUIT À PRIX D'OR

Les grands navigateurs découvrirent la tomate chez les Aztèques. Elle avait bien la forme d'une pomme et valait le prix de l'or parce qu'elle était particulièrement difficile à conserver. D'où son nom : pomme d'or. En italien, le nom est resté.

Le système culinaire mexicain est basé sur le maïs, les haricots et le piment *(chile).* S'y ajoutent des ingrédients autochtones, parmi lesquels des variétés de tomates, de courges, d'avocats, de pommes de terre, ainsi que du cacao et de la vanille. Ensuite, il y a des méthodes agricoles uniques telles que la *milpa* (cultures par rotation sur brûlis), la *chinampa* (culture sur îlots artificiels en zone lacustre, comme dans l'ancienne Mexico-Tenochtitlán), mais aussi des procédés de cuisson particuliers, comme le décorticage du maïs à l'eau de chaux (ce qui augmente sa valeur nutritive) et l'usage d'ustensiles comme la pierre meulière et le mortier en pierre.
La cuisine mexicaine est également chargée de symboles, *tortillas* et *tamales* à base de maïs faisant partie intégrante des offrandes le jour des Morts.

Pratiques quotidiennes

Les Mexicains sont des pros du ***petit déj (desayuno),*** qui est servi de 8h à 12h-13h dans la plupart des restos... en version *continental* (jus de fruits, café, petits pains ou toasts et marmelade), *americano* (même chose avec des œufs – *al gusto* – en plus) ou *mexicano*. Dans ce dernier cas, les œufs – qui sont la pièce maîtresse du petit déj – sont préparés avec de la tomate, du piment, des oignons, et toujours accompagnés des éternels *frijoles* (haricots rouges en purée). À noter, une spécialité pour les couples, les *huevos divorciados...*
On déjeune ensuite entre 14h et 16h30. Pour ceux qui se sont contentés d'un petit déjeuner léger, c'est le repas le plus important de la journée, comme en atteste la ***comida corrida,*** servie dans la plupart des restos. Le soir, ces mêmes restos ne proposent que des plats à la carte, jusqu'à 21h-22h, plus tard dans les grandes villes ou les stations balnéaires. Mais en réalité, chez eux, les Mexicains ne mangent guère au dîner. Ils déjeunent tellement tard qu'ils se contentent généralement d'un en-cas en soirée. Que ces horaires ne vous inquiètent pas : dans la pratique, les Mexicains n'ont pas vraiment d'heure fixe pour manger. On grignote dès qu'on a faim, c'est-à-dire à toute heure du jour. De fait, beaucoup de restos sont ouverts en continu.

Les restaurants

On trouve au Mexique des adresses pour tous les budgets et tous les goûts. Du moins cher au plus chic :
– les ***puestos,*** petits bouis-bouis ambulants qui proposent des tacos, des *quesadillas* ou des *tortas* (sandwichs) ;
– dans chaque ville, il y a un ***mercado de la comida*** à l'intérieur du marché principal, concentration de petits comptoirs (les *comedores*) qui servent une nourriture typique et bon marché ;

– les ***fondas,*** petits restos traditionnels qui servent des menus complets le midi, la fameuse *comida corrida* : soupe, plat de résistance avec riz et *frijoles* (haricots rouges), dessert, le tout accompagné d'une *agua fresca...* C'est généralement familial, bon et pas cher.
– Enfin, il y a une grande variété de ***restaurants*** : outre les restos ordinaires ou classiques, un nombre croissant d'établissements plus chics proposent une « nouvelle cuisine mexicaine » ou internationale, sans oublier les restos italiens, les pizzerias, les japonais, quelques chinois *(chifas)* et les inévitables fast-foods.

La patrie du *xocoatl*

Lorsque le conquistador Hernán Cortés rencontre pour la 1re fois un *cahuaquahitl* (cacaoyer), se doute-t-il qu'il va faire déferler sur le monde une redoutable et délicieuse friandise : le chocolat ? Le cacao servait à préparer le *xocoatl* (d'où « chocolat »), une boisson d'origine divine, aphrodisiaque et fortifiante. Moctezuma en était tellement friand qu'il en aurait bu une cinquantaine de tasses par jour ! Initialement, les Aztèques grillaient les fèves, les pilaient et les mélangeaient dans une marmite avec de l'eau, du poivre, du gingembre, du piment, de la cannelle et du miel. Le tout était porté à ébullition et battu fortement pour obtenir une mousse onctueuse à laquelle on ajoutait du jus de maïs.

DU BREUVAGE DES DIEUX AU PÉCHÉ GOURMAND

Introduite en Espagne par Cortés, la boisson au chocolat n'est plus épicée comme celle dont Moctezuma raffolait jadis, mais additionnée de sucre. Dès le XVIe s, elle connaît un succès grandissant à la cour, à tel point que l'Église menaça d'excommunier les gourmands. Au XVIIe s, le cardinal Bracaccio affirma que le chocolat, comme le vin, pouvait être consommé pendant le jeûne. Voilà pourquoi il se répandit si vite dans toute l'Europe.

Cette exquise boisson était réservée aux riches et aux seigneurs. Car qui d'autre aurait songé à boire son argent ? En effet, les fèves de cacao servaient de monnaie dans tout l'Empire aztèque. À titre d'exemple, un esclave valait 100 graines de cacao. On a même retrouvé des falsifications : des cabosses de cacao vidées de leurs graines et remplies de terre !
Bien avant les Aztèques, les Mayas cultivaient déjà le cacao et savaient même préparer le beurre de cacao, qui servait de remède et de crème hydratante.
Cortés, fasciné par cette graine-argent, développa les plantations de cacao et en envoya régulièrement à la cour de Charles Quint. Il ne restait plus qu'à introduire des reines espagnoles en France pour populariser le nouveau produit, ce qui fut fait avec l'infante d'Espagne Anne d'Autriche, lorsqu'elle épousa Louis XIII, et avec Marie-Thérèse, qui convola avec le jeune Louis XIV (on disait d'elle qu'elle avait 2 passions : le roi... et le chocolat). On lui trouva même à l'époque des vertus thérapeutiques. La marquise de Sévigné écrivait à sa fille : « Je veux vous dire, ma chère enfant, que le chocolat vous flatte un temps, puis vous allume tout d'un coup d'une fièvre continue... » Cette excellente attachée de presse y gagna sûrement, ce jour-là, l'honneur de donner son nom à l'une des plus prestigieuses boutiques de chocolat parisiennes !

Pas de cuisine mexicaine sans *chile*

Vous n'y couperez pas ! À un moment ou à un autre, vous aurez la bouche en feu ! Pas de panique, ce n'est qu'un peu de capsaïcine. C'est la substance qui confère son piquant au *chile,* le fameux piment mexicain. Il paraît qu'il y en a plus de 250 variétés ! Les Aztèques en avaient bien compris les enjeux. Ils les classaient en 3 catégories : brûlant, très brûlant et... brûlant à se sauver en courant ! Le plus « doux » est le *chile Poblano,* qu'on utilise farci de viande. L'un des plus forts est le

chile Tabasco, originaire de l'État du même nom au sud-est du Mexique, et ingrédient majeur de la célèbre sauce inventée en 1868 en Louisiane.
N'hésitez pas à manger épicé. Cette nourriture est parfaitement adaptée au pays : elle fait transpirer, élimine les toxines et chasse les moustiques. Et les piments désinfectent, en plus d'être une bonne source de vitamines A et C. Les Mexicains s'en servent également pour guérir la *cruda* (gueule de bois) ! Bon à savoir : les *chiles* les plus brûle-gorge sont souvent les plus petits.

LE PIMENT, CET INCONNU

Le « piquant » n'est pas une saveur, car il n'agit pas sur les papilles mais sur les nerfs. La sensation est donc une douleur dont l'intensité est graduée de 1 à 10 selon l'échelle de Scoville. Il est fort utilisé dans les cuisines tropicales, car c'est un bactéricide, et il réduit les infections intestinales. Pour l'atténuer, ni eau ni pain mais... du lait.

Quelques plats courants

Certains plats parmi les plus typiques ont une origine précolombienne. Riche et variée pour les uns, un peu lourde ou trop épicée pour les autres, la cuisine mexicaine vous plaira... ou pas. Dans le centre du pays, on pourrait dire qu'il s'agit d'une cuisine modeste, à base de farine de maïs, qui peut atteindre un raffinement certain. Au Yucatán, les saveurs deviennent plus variées. Dans le Nord, on mange de bonnes viandes bovines, et sur les côtes beaucoup de poisson et quelques fruits de mer... Commençons par la base de tout : la *tortilla.*

La tortilla

C'est la base de la cuisine mexicaine et elle accompagne la plupart des plats, à l'égal de notre pain. Préparée avec des grains de maïs (ou plus rarement de blé) détrempés dans une mixture de chaux et d'eau, on lui donne la forme d'une galette. Les tortillas sont utilisées pour la confection des tacos, enchiladas, *quesadillas...* en fait un nombre impressionnant de plats. Traditionnellement, elles sont faites à la main et c'est d'ailleurs tout un spectacle que d'observer les cuistots prendre une boule de pâte, l'aplatir avec les paumes avant de la mettre à cuire sur le *comal* (la plaque chauffante). Dans les villes, les Mexicains les achètent toutes faites, à la *tortillería* ou, pire, au supermarché, sous vide.

BURRITO

Dans les années 1910-1920, Juan Méndez eut l'idée d'enrouler la nourriture dans une tortilla, et de livrer sa cuisine à l'aide d'un petit âne (burrito). *Le bouche-à-oreille fonctionna si bien que bientôt, tout le Mexique voulut essayer la spécialité du* burrito *! Ainsi naquit l'un des plats les plus populaires du Mexique.*

Les plats les plus communs

Incontournables de la cuisine populaire, on désigne ces petits plats sous le nom générique d'*antojitos.*

– ***Le taco :*** c'est une tortilla garnie de viande de bœuf, de porc, de poulet, de foie ou encore de cervelle. Le sandwich du Mexicain, quoi ! À goûter absolument : le ***taco al pastor,*** qui s'inspire du kebab moyen-oriental. C'est un taco garni de viande de porc (cuite à la broche) avec de l'ananas, de l'oignon et du *cilantro* (coriandre). Délicieux !

MOT IMAGÉ

L'avocat vient du mot nahuatl ahuacalt *qui signifie... testicule. Ce que l'on comprend assez bien quand on observe la forme du fruit (!).*

– ***L'enchilada :*** tortilla fourrée de bœuf ou de poulet, avec du fromage, mijotée dans une sauce au piment, avec de la tomate et des oignons. Il y a des enchiladas *verdes* ou *rojas,* en fonction du piment utilisé. Ne vous laissez pas abuser par le code couleur, les vertes sont plus fortes que les rouges. Les enchiladas *suizas* sont servies nappées de crème aigre et de fromage fondu.
– ***La quesadilla :*** tortilla garnie au choix de fromage, viande, champignons, *flor de calabaza* (fleur de courgette), cervelle... Elle peut être frite dans l'huile ou simplement cuite sur une plaque.
– ***Le chicharrón :*** sorte de chips géante que l'on trouve sur tous les marchés. C'est en fait de la peau de cochon séchée au soleil puis frite dans l'huile.
– ***Le guacamole :*** purée froide d'avocat écrasé, additionnée d'oignons et de coriandre fraîche, relevée d'une pointe de piment, et arrosée d'un filet de citron vert. À se rouler dedans !
– ***Les chilaquiles :*** morceaux de tortilla frite avec des oignons, du fromage râpé, du *chile* rouge ou vert et de la crème fraîche. Se mangent souvent au petit déj.
– ***Les gorditas :*** petites galettes épaisses, nature ou fourrées au fromage, à garnir de l'accompagnement de son choix (viande, œufs, guacamole...). Idéal pour combler un petit creux.
– ***Les burritos :*** de la viande, des haricots, des oignons, des épices, du piment et des légumes enroulés dans une tortilla de farine de blé. S'il est frit, le *burrito* devient ***chimichanga.***

Autres plats traditionnels

– ***Le nopal :*** du cactus ! Ses feuilles se mangent crues en salade, bouillies ou frites (sans les épines, évidemment !). Un délice de fraîcheur, à goûter absolument. Les Mexicains en mettent aussi dans le ***jugo verde.***
– ***Les soupes :*** tout repas mexicain commence par une soupe. Il en existe de toutes sortes et elles sont généralement très bonnes. Les plus connues sont peut-être la *sopa azteca,* avec des morceaux de tortilla frite et du fromage ; et le *pozole,* soupe traditionnelle avec maïs, viande de porc (ou parfois de poulet) et pois chiches. Cette dernière est appréciée des Mexicains, qui se retrouvent souvent le jeudi dans des restos spécialisés. À essayer absolument.
– ***Les tamales :*** sortes de papillotes à base de semoule de maïs, de piment, de viande en ragoût, le tout cuit à la vapeur dans des feuilles d'épi de maïs ou de bananier. Salé ou sucré. Là encore, un plat traditionnel très apprécié.
– ***Les tortas :*** sandwich ovale, servi chaud, avec une base toujours identique d'avocat, de *frijoles,* de fromage fondu, de salade, d'oignons, de *chiles,* et qui peut être garni de poulet, de jambon, de viande panée... Très consistant, pas cher et très bon.

MAIS D'OÙ VIENT LA DINDE ?

N'étant pas très fort en géographie, Christophe Colomb était persuadé d'avoir découvert l'Inde quand il débarqua en Amérique. D'où le nom de ces poules d'Inde, qu'il rapporta en Espagne. Les Anglais, qui aiment se distinguer, appellent ces volailles... turkey *! Ils les confondaient avec la pintade originaire de Turquie.*

Quelques spécialités

– ***Huachinango a la veracruzana*** *(façon Veracruz)* **:** filet de vivaneau (le *red snapper* anglais) cuit avec des piments, des oignons, des olives et des tomates. Ça ressemble à la daurade.
– ***Chile en nogada :*** c'est un gros poivron farci à la viande hachée, avec des raisins secs et une sauce à base de noix pilées. Ne se mange qu'en été et à l'automne ; en dehors de ces saisons, vous n'en trouverez que dans les restos éminemment touristiques.

La légende raconte que le *chile en nogada* a été inventé en 1821 par des religieuses de Puebla en l'honneur d'Agustín de Iturbide (l'empereur éclair du Mexique). Il reprend les 3 couleurs du drapeau mexicain : vert (le poivron), blanc (la sauce) et rouge (les graines de grenade qui saupoudrent le plat). Divin.

– ***Mole poblano :*** la grande spécialité de Puebla. Cette sauce totalement baroque varie dans sa composition, mais les inconditionnels sont cacao, amandes et piments… et des dizaines d'épices. Elle accompagne généralement un morceau de poulet. À Puebla, on en trouve facilement en pot, pour essayer chez soi !

– ***Mole oaxaqueño (ou mole negro) :*** le *mole* de Puebla, mais version Oaxaca. La sauce est noire : c'est la réduction d'une purée de poivrons avec du millet, des oignons et des bananes caramélisés.

– ***Gusanos de maguey :*** petits vers (!) que l'on trouve sur le *maguey*, variété d'agave. Servis rissolés avec du sel et du citron à l'heure de l'apéritif ou en entrée. Bon, mais c'est un plat que vous trouverez plus dans les grands restaurants que dans les *cantinas*.

– ***Escamoles :*** larves de fourmis (parfois appelées « caviar d'insecte ») préparées avec une sauce de piments et de tomates vertes, et dont les Aztèques se délectaient à l'apéritif. Pas souvent à la carte…

– ***Chapulines :*** criquets grillés, épicés et servis avec quelques gouttes de citron. Il y en a des petits et des grands, à vous de choisir. Sous la dent, ça craque comme des pralines. Rien que d'y penser, on en a l'eau à la bouche !

– Sur la côte, on déguste le délicieux ***ceviche,*** du poisson cru macéré quelques dizaines de minutes dans du jus de citron, avec oignons et tomates. Proche du *ceviche,* une marinade épicée de fruits de mer ou de poisson, servie dans du jus de fruits ou un soda sous forme de ***cockteles,*** sucrée, salée ou pimentée. Un genre d'apéro où les amuse-gueules seraient tombés dans le verre, quoi !

LA RÉCOLTE DES *ESCAMOLES*

On trouve les escamoles dans des grottes, entre février et mai. Après s'être bouché les narines et les oreilles, les « récoltants » pénètrent tout nus dans la grotte, et leur corps se couvre alors de milliers de fourmis qui y déposent leurs œufs. À la sortie, leurs camarades n'ont plus qu'à les balayer avec des branchages pour récupérer les petits œufs blancs.

– ***Cochinita pibil :*** une spécialité du Yucatán. Porc émietté préalablement mariné dans une sauce à base de jus d'orange amère, d'ail et d'achiote, puis cuisiné à l'étouffée dans une feuille de bananier.

– ***Poc chuc :*** tranches de porc grillées, là encore marinées dans un jus d'orange amère, et accompagnées de haricots, d'oignons et d'une sauce tomate. Une spécialité du Yucatán également.

– ***Papadzules :*** tacos mous, farcis avec des œufs durs et nappés de sauce tomate et graines de courge. Une autre spécialité yucatèque.

– ***Dzotobichay :*** *tamal* enrobé dans des feuilles de *chaya* (l'épinard des Mayas) farci aux œufs durs et cuit au bain-marie. Toujours au Yucatán.

– ***Barbacoa :*** l'ancêtre et l'origine du barbecue (*barbacoa* prononcé à l'américaine !). Une viande de mouton cuite au fond d'un trou, entre des pierres chauffées à blanc pendant 24h.

– Ne cherchez pas désespérément le ***chili con carne,*** c'est une spécialité purement texane.

Les fruits

Le Mexique est le paradis des fruits tropicaux : ananas, bananes (les plus petites sont les meilleures), mais aussi papaye *(papaya),* mangue *(mango),* goyave *(guayaba)* ; et d'autres moins connus comme la *mamey,* le *chico zapote* (sapotille), le *guanábano* (corossol), la *chirimoya* (pomme-cannelle), la *tuna* (figue de Barbarie), etc., en plus de tous les fruits classiques. On conseille, bien sûr, de peler les fruits ou de désinfecter ceux que vous achetez sur le marché. Les fruits achetés au supermarché n'ont besoin que d'un bon lavage.

CURIEUX, NON ?

– Plus encore que le drapeau rouge-blanc-vert, c'est Notre-Dame de Guadalupe qui représente le vrai symbole de l'unité mexicaine : un objet de consensus, toutes classes et origines ethniques confondues (lire plus loin « Religion »).

– Un étrange rapport unit les Mexicains avec la mort, qu'ils ont baptisée de multiples noms : la *flaca* (la maigre), la *catrina...* Le Mexique est probablement l'un des seuls endroits au monde où l'on peut habiter Barranca del Muerto (précipice du Mort), faire son jogging calzada del Hueso (avenue de l'Os) ou boire une tequila au bar *La Calavera* (« la tête de mort »). La fête des Morts est un voyage au plus profond de l'identité mexicaine ; à cette occasion, on partage son repas avec les défunts.

> **¡ TRANQUILO !**
>
> *L'unité de temps des Mexicains, c'est le fameux* mañana *(demain), utilisé à l'envi, qui signifie souvent dans 2 ou 3 jours... voire 1 semaine ! Et si, parfois, vous entendez un* ahorita *(dans un instant), ce n'est qu'une façon de parler...*

– À la campagne et dans les milieux populaires, la fête familiale la plus importante est celle des 15 ans, la *quinceañera,* qui marque le passage de l'état de jeune fille à celui de femme. Sans doute un héritage de la tradition du 1er bal des jeunes filles de l'aristocratie espagnole.

– Les Mexicains sont les rois des formules de politesse. Outre l'expression *¡ Es tu casa !* (littéralement « C'est ta maison ! »), ils font couramment appel à des tournures courtoises du type : *¿ A sus órdenes. En qué le puedo servir ?* Ce qui donne : « À votre service. En quoi puis-je vous aider ? » Et ajoutent : *¡ Que Dios le bendiga !* « Que Dieu vous bénisse ! »

– De peur que cela n'embrase les foules, au Mexique, un décret interdit la vente d'alcool la veille des élections et des fêtes nationales. C'est la *Ley seca,* littéralement la loi sèche...

– Sous toutes ses formes, le *pollo* (poulet) est à la carte de pratiquement tous les restaurants au Mexique. Mais on se demande bien comment il fait pour grandir... puisque les Mexicains comptent parmi les plus gros consommateurs d'œufs au monde. Ils en ingurgitent plus de 300 par an !

– Au cinéma, les Mexicains eux aussi grignotent du popcorn *(palomitas).* Seule petite différence : ils le recouvrent de sauce pimentée...

– Tisanes, purges, grogs et autres massages à l'alcool remplacent (très) souvent une visite chez le médecin... Les Mexicains font figure de champions de l'automédication.

– Les incontournables *tamales* ont leurs petits rituels. Au moment de les mettre à cuire, la cuisinière les bénit. Puis elle attache aux oreilles de la cocotte-minute des feuilles de maïs pour qu'ils n'entendent pas les ragots et les mauvaises langues...

– Si les *piñatas* (remplies de jouets et/ou de sucreries) actuelles prennent 1 001 formes ludiques, à l'origine il s'agissait d'étoiles à 7 branches – chacune représentant un des 7 péchés capitaux. On les frappe avec un bandeau sur les yeux car la foi est aveugle...

– Au Nouvel An, pour garantir une année prospère, certains sèment des lentilles devant leur porte. D'autres glissent une pièce de monnaie dans une de leurs chaussures.

DROITS DE L'HOMME

Le Mexique poursuit son inexorable transformation vers un système de plus en plus gangréné par les cartels. Une « mafiocratie » qui touche des secteurs de l'État, comme la justice ou la police, et est un véritable frein à la démocratie. Ainsi, les élections législatives et locales de juin 2021 ont-elles été marquées par un degré de violences rarement atteint. Les cartels ont fait couler le sang. Tout comme Alma Rosa Barragan, candidate à la mairie de Maroleon, tuée lors d'un meeting dans une action spectaculaire, 35 autres candidats ont été assassinés. Au total, ce sont 143 personnes qui ont été tuées durant tout le processus électoral.
In fine, c'est bien le parti d'Andrés Manuel López Obrador (AMLO), élu en 2018, qui l'a emporté à l'Assemblée, mais avec une courte majorité. Ce dernier avait dès le début de son mandat engagé quelques réformes qui créaient une rupture avec les gouvernements précédents. Augmentation du salaire minimum, cure budgétaire de l'exécutif (plafonnement du salaire présidentiel), ou encore transformation de l'ancien palais présidentiel en centre culturel : autant de mesures symboliques qui lui avaient valu de conserver longtemps une forte popularité.
Combattre la misère pour lutter contre les gangs mafieux qui s'en nourrissent était un pari audacieux. Mais il s'est pour le moment révélé incapable de briser la spirale de violence dans laquelle s'enfonce le pays. L'année 2020 aura été la plus meurtrière connue par le Mexique depuis 20 ans, avec plus de 34 500 homicides recensés. Nombre de ces crimes – mais pas tous – sont bien sûr liés au crime organisé. Les cartels se livrent à des règlements de compte, dont les mises en scène macabres (décapitations, pendaisons, etc.) sont abondamment relayées par les médias. Parmi leurs victimes, on compte des politiques, des journalistes, mais aussi de nombreux acteurs de la société civile (défenseurs de l'environnement ou des communautés autochtones, par exemple).
En 2019, Obrador a créé une garde nationale formée par l'armée pour suppléer la police. Une mesure qui a suscité la méfiance, beaucoup y voyaient les prémices d'une remilitarisation du pays, alors que les forces armées sont soupçonnées d'avoir commis et de commettre encore de multiples exactions. Sur ce point, il a néanmoins annoncé la déclassification des documents concernant la « sale guerre » menée contre les cartels, ainsi que les crimes et la surveillance de l'opposition politique à grande échelle imputés à l'ancien parti hégémonique, le PRI. Il a également créé une commission chargée d'enquêter sur les quelque 64 000 « disparus » recensés ces 10 dernières années (dont plus de 6 900 en 2020) ; une tragédie nationale.
Le président était également attendu sur le front de l'immigration, le Mexique étant un lieu de départ, d'arrivée et de passage pour des migrants venus majoritairement d'Amérique centrale. Il a pris le contrepied total de son prédécesseur Peña Nieto, en accordant un permis de séjour et le droit de bénéficier des services sociaux. Il avait également programmé d'utiliser cette main-d'œuvre pour mettre en place une politique de grands travaux. Mais la politique migratoire intransigeante de Donald Trump – avec de nombreux retours de migrants renvoyés des États-Unis – l'a contraint de revenir sur certains de ces points. Enfin, les féminicides continuaient de représenter un sujet grave de préoccupation pour les ONG, avec près de 1 000 femmes tuées en 2020.

N'oublions pas qu'en France aussi les organisations de défense des Droits de l'homme continuent de se battre contre les discriminations, le racisme et en faveur de l'intégration des plus démunis.

■ ***Fédération internationale des Droits de l'homme*** *(FIDH) :* ● *fidh.org* ●

■ ***Amnesty International :*** ● *amnesty.fr* ●

ÉCONOMIE

La dépendance envers les États-Unis

Le Mexique possède la 2e économie d'Amérique latine après le Brésil et la 12e au monde, juste derrière la France. C'est donc un poids lourd, mais un poids lourd aux pieds d'argile... Depuis l'entrée en vigueur en 1994 de l'ALENA, l'accord de libre-échange nord-américain (avec les États-Unis et le Canada), le Mexique a développé une grande dépendance envers ses partenaires du Nord, qui absorbent à eux seuls plus de 80 % de ses exportations. En 25 ans, le Mexique est devenu l'atelier des États-Unis : les 3/4 des 500 plus grandes entreprises américaines y possèdent des *maquiladoras* (usines) ! Plus des milliers de PME. Conséquence : quand les États-Unis toussent, le Mexique s'enrhume. Et quand Trump a exigé des entreprises américaines qu'elles rapatrient leurs activités, cela a créé un sacré stress de l'autre côté de la frontière.
Autre facteur de dépendance : l'importance des *remesas,* les transferts des travailleurs mexicains émigrés au Nord. En 2020, leur montant a été évalué à plus de 40 milliards de dollars, 25 % de plus qu'en 2018, et donc un record historique !

PERVERSION DOUANIÈRE...

En 1994, la signature des accords commerciaux (ALENA) entre les États-Unis, le Mexique et le Canada a conduit à la suppression des taxes sur les sucres et sirops industriels états-uniens. Résultat : les prix des sodas ont baissé de 5 % tandis que celui des légumes (par exemple) augmentait de plus de 30 %. Le Mexique est aujourd'hui l'un des plus gros consommateurs de soda au monde...

Le Mexique face à Trump

À partir de 2017, le Mexique, déjà confronté à la chute des prix du baril de brut, a dû faire face aux gesticulations de Donald Trump, qui ont entraîné une certaine dévaluation du peso par rapport au dollar. L'ALENA est mort, remplacé en 2018 par l'USMCA, imposé aux forceps par le gouvernement trumpien... Les États-Unis en sortent-ils vraiment vainqueurs ? Rien d'évident. Certes, les États-Unis ont obtenu que, pour être exemptée de droits de douane, une voiture devra contenir au moins 75 % de composants nationaux (contre 62,5 % auparavant)... mais c'était en fait déjà le cas dans la pratique pour 3 véhicules sur 4. Finalement, l'ancien accord n'a été amendé qu'à la marge, modernisé dirons-nous, privilégiant les mesures symboliques (suppression du terme « libre échange », positionnement de « US » en début d'acronyme...).
Notons quand même que, consécutivement à l'élection de Donald Trump, le ministère mexicain des Finances a été obligé de créer un budget spécifique à l'endroit des 50 consulats répartis sur le sol américain pour assurer la protection juridique de ses ressortissants menacés d'expulsion...

Une économie sur la sellette

La croissance mexicaine n'a eu de cesse de jouer au yo-yo depuis le début des années 1980, avec 3 crises majeures, en 1982, 1994 et 2008. Depuis 2013, elle affiche une vitesse de croisière moyenne un peu supérieure à 2 %. Mais, conséquence des prix bas du pétrole et du refroidissement des relations avec les États-Unis, l'année 2019 a vu une contraction du PIB (1,5 %), malgré l'annonce insistante du président AMLO d'un futur doublement du taux de croissance.
La politique de ***libéralisation de l'économie*** entreprise par son prédécesseur Peña Nieto, notamment dans les secteurs financier, des télécommunications et de

l'énergie, a cherché à améliorer la compétitivité mexicaine et la productivité. Mais de nombreux freins demeurent, à commencer par la corruption et les colossales inégalités. Certes, le ***niveau de vie*** a bien progressé depuis 2 décennies : le PIB par habitant atteint environ 19 800 US$ en 2019, ce qui place presque les Mexicains dans la moyenne mondiale. Mais cette moyenne s'appuie sur des multimilliardaires comme Carlos Slim, 15e fortune mondiale. En 2018, 37 % de la richesse du pays était détenue par 1 % de la population.
À l'autre bout de la lorgnette, 42 % des Mexicains vivaient dans la ***pauvreté*** en 2018, chiffre ***en augmentation*** comparé aux années précédentes. Heureusement, le salaire minimum a été augmenté début 2017, puis à nouveau en janvier 2019, mais il peine à compenser le taux d'inflation... Quant au taux de chômage officiel, s'il est relativement bas (3,5 % en 2019), ***l'économie informelle*** (clandestine) emploierait en réalité près des 60 % de la population active ! Le pays reste en outre gangréné par le trafic de drogue, et, quand bien même 2016 fut l'année de l'arrestation d'« El Chapo », le baron du cartel de Sinaloa (alors 2e fortune du pays après Carlos Slim, selon *Forbes*), les affrontements entre trafiquants et avec les forces de l'ordre continuent d'ensanglanter le pays, constituant un réel frein à son développement économique.

Une économie diversifiée

– L'***agriculture*** mexicaine emploie environ 13,5 % de la population, mais représente seulement 3,5 % du PIB (8,3 % si l'on inclut l'industrie agroalimentaire). Le secteur est en essor et le pays exporte café, sucre de canne, avocats (désastre écologique !), fruits rouges, maïs et agrumes – notamment. Le Nord, doté d'exploitations à haut rendement, tire le mieux son épingle du jeu. L'élevage extensif de bœuf, une production essentiellement exportée aux États-Unis, y est aussi important. Ailleurs, les cultures vivrières sur de petites parcelles de moins de 2 ha, exploitées selon des techniques traditionnelles, dominent encore souvent, leurs récoltes parvenant à peine à faire vivre une famille. Un « modèle » menacé à la fois par les exportations états-uniennes (soutenues par les subventions) et par les risques climatiques. La ***pêche*** est sous-développée, un paradoxe pour un pays qui compte près de 10 000 km de littoral !
– Le Mexique est aussi un pays de ***mines*** (4,2 % du PIB), principalement localisées au nord du territoire : argent (1er producteur au monde), bismuth (2e), plomb (6e), or (9e), cuivre (8e), etc. Mais sa plus grande richesse naturelle, c'est le ***pétrole*** : le Mexique en est le 12e plus grand producteur au monde et la PEMEX, là où vous irez faire le plein, la 2e société plus puissante d'Amérique latine. Reste que la production n'a cessé de chuter depuis une décennie, pour glisser désormais sous les 2 millions de barils par jour. D'ailleurs, fin 2018, pour la 1re fois, le pays a dû importer du pétrole américain pour sa consommation...
– Le domaine de l'***industrie*** est très dépendant des entreprises américaines qui font assembler leurs produits sur le sol mexicain, profitant d'une main-d'œuvre bon marché et de coûts de transport limités. Les secteurs les plus développés en la matière sont ceux de l'informatique (tablettes), des télécommunications (téléphones portables), de l'automobile et de l'aéronautique (moteurs d'avion). L'industrie emploie environ un quart des travailleurs mexicains pour un petit tiers du PIB.
– Comme partout, le secteur tertiaire ***(services)*** est de loin le plus important (60,9 % du PIB pour 61,1 % de la main-d'œuvre). À cet égard, le ***tourisme*** apporte une pierre essentielle à l'édifice, avec pas moins de... 9 % du PIB ; c'est même désormais la 1re source de revenus du pays, qui emploie 6 % des travailleurs mexicains. Le Mexique reçoit en tout près de 40 millions de visiteurs par an – majoritairement des Nord-Américains –, et est devenu la 6e destination touristique mondiale.

ENVIRONNEMENT

Un patrimoine naturel exceptionnel...

Le Mexique est l'un des 6 pays au monde les plus riches du point de vue de la biodiversité. On y compte pas moins de 12 000 espèces endémiques (qu'on ne trouve nulle part ailleurs), recensées dans une trentaine de réserves de biosphère, elles-mêmes incluses dans une bonne soixantaine d'aires naturelles protégées représentant près de 15 % du territoire (ouf !).

LE SECRET DE LA VANILLE

Cette orchidée pousse naturellement au Mexique. La pollinisation naturelle se fait grâce à l'abeille melipona, qui ne peut vivre ailleurs que dans cette contrée. Déjà les Aztèques en faisaient leur miel. En 1841, Edmond Albius, un esclave réunionnais de 12 ans, réussit à polliniser la plante à la main. Depuis, la vanille est exploitée dans de nombreuses zones tropicales (Madagascar, La Réunion, Polynésie, etc.).

Malgré le cadre juridique mis en place pour faire face aux dérives en matière d'environnement, les études récentes montrent que le Mexique a perdu des portions importantes d'écosystèmes riches en biodiversité ces dernières années. À titre d'exemple, le nombre d'espèces en voie d'extinction a augmenté de plus de 25 % depuis 10 ans et les couvertures naturelles végétales (forêts notamment) ne représentent plus aujourd'hui qu'un peu plus de la moitié de ce qu'elles étaient à l'origine.

... mis en danger par l'homme

Avec près de 125 millions d'habitants et une industrie représentant plus de 30 % du PIB, l'environnement n'est pas très serein au Mexique : pollution, surexploitation des ressources naturelles, déforestation, surpâturage, etc. Ajoutons à cela des phénomènes aggravants comme l'introduction d'espèces invasives, la contamination des espèces natives par des plants d'OGM en provenance des États-Unis et surtout le très préoccupant ***réchauffement climatique,*** dans un pays au territoire à plus de 50 % sec... Tandis que 9 millions de Mexicains vivent sans accès à l'eau potable, la firme Coca-Cola continue de payer des sommes pharaoniques afin de continuer à puiser les 100 millions de litres d'eau annuels dont elle a besoin au Chiapas, dans une nappe phréatique déjà largement sollicitée... Un bilan écologique affligeant, doublé d'une véritable catastrophe en aval pour les consommateurs, puisqu'à peine 25 % des eaux usées en zone urbaine sont traitées, et seulement 20 % des déchets recyclés. Passons sur l'impact dévastateur de l'industrie pétrolière, responsable d'un accident majeur par jour depuis une quinzaine d'années, les rivières polluées par les industries chimiques, etc.

La ***pollution*** frappe aussi de plein fouet la capitale, où circulent quotidiennement pas moins de 5 millions de véhicules. En 2019, l'état d'alerte a été déclaré pendant plusieurs jours suite à un pic de pollution exceptionnellement élevé (fermeture des écoles, annulation des événements sportifs, circulation alternée, suspension des chantiers...).

Un pays vulnérable au réchauffement climatique

Les ***problèmes de sécheresse*** sont un casse-tête quotidien pour les paysans : sur les 13 % de terres cultivables, 90 % nécessitent une irrigation humaine. L'enjeu du changement climatique est donc colossal pour les Mexicains. Engagé très tôt dans la lutte (en 2000, le Mexique annonçait vouloir réduire de moitié ses gaz à effet de serre d'ici 2050), le pays se positionne aujourd'hui comme l'un des pays émergeants les plus déterminés. Quoique producteur de pétrole, il s'est engagé

à produire 35 % de son électricité à partir d'énergies renouvelables d'ici 2024. Le renouvelable ne représentait malgré tout que 10 % du bouquet énergétique mexicain en 2018, contre 87 % de combustibles fossiles.
Il faut dire que depuis 20 ans, les événements climatiques (cyclones, périodes de sécheresse, etc.) ont fortement impacté l'activité agricole et la sylviculture, occasionnant par là même d'importantes déconvenues sur le plan économique. Les experts s'accordent à dire aujourd'hui que près de la moitié du territoire est soumis aux affres du changement climatique : dégradation des sols entraînant une chute des rendements, appauvrissement des pâturages, etc. Quant à la Riviera maya, elle est désormais noyée sous des flots de sargasses une grande partie de l'année...

Des vacances cher payées

Autre impact non négligeable sur l'environnement : le tourisme de masse (notamment à Cancún, Playa del Carmen et plus généralement sur la Riviera maya). La fièvre du béton y a détruit des milliers d'hectares de mangrove depuis une trentaine d'années, modifiant les écosystèmes et bouleversant du même coup l'équilibre social, avec des travailleurs rémunérés au salaire minimum incapables de se loger aux abords de leur lieu de travail en raison de la pression financière sur l'immobilier. Les voilà ghettoïsés dans des zones très éloignées qui les obligent à passer une partie de leur paye dans les transports en commun. Pourtant l'écotourisme a un potentiel réel au Mexique, pays qui offre de nombreuses possibilités en matière de tourisme « responsable », notamment en s'appuyant sur les communautés natives, à travers la mise en place de projets communautaires. Une forme de vacances où l'impact sur le milieu est réduit.

FAUNE ET FLORE

La multiplicité des milieux naturels, du désert à la forêt humide, vaut au Mexique d'abriter une faune et une flore d'une ***grande diversité.*** Certaines espèces se rattachent au monde nord-américain, d'autres, au contraire, à celui de l'Amérique tropicale. Elles ne se rencontrèrent qu'après la formation, il y a environ 3 millions d'années, du pont naturel (en grande partie volcanique) reliant les 2 parties du continent, Nord et Sud. Conséquence : le pays est le ***5e au classement mondial du plus grand nombre d'espèces*** !

COUP DE SOLEIL !

Parmi les arbres les plus emblématiques de la forêt sèche figure le gumbo limbo, *aussi connu sous le nom d'*Indio desnudo *en raison de son tronc et de ses branches nus et cuivrés. Certains préfèrent le surnommer «* tourist tree *» à cause de sa peau qui pèle !*

Au nord, ***2 déserts*** dominent : Sonora et Chihuahua. C'est le domaine des cactus (tuyaux d'orgue, *saguaros*, figuiers de Barbarie, *ocotillos*, etc.), mais aussi d'une faune spécifiquement adaptée à ce milieu hostile – à l'exemple du pic des saguaros ou de la petite chevêchette des saguaros (une minichouette), qui creusent leurs nids dans les troncs des cactus... L'étonnant lièvre à queue noire a d'immenses oreilles à forte vascularisation, qui l'aident à se rafraîchir ! En tout, 90 % des espèces du désert mexicain sont endémiques.

BARBARISME

Le figuier de Barbarie, c'est un peu comme pour le cochon d'Inde, il désigne un cactus qui n'est en rien originaire de Barbarie (l'Afrique du Nord) ! Non, cette variété vient du Mexique, appelée ici nopal.

Au centre du pays, les ***chaînes montagneuses*** se couvrent de pins. C'est là que, l'hiver, on peut assister à un spectacle unique en son genre : des millions de ***papillons monarques,*** venus de l'est des États-Unis et même du Canada (3 000-4 000 km), se retrouvent pour hiverner. Ils s'agglutinent pour ne pas succomber au froid nocturne, recouvrant entièrement les branches des arbres ! Ils repartiront au printemps, léguant à leurs descendants cette mémoire génétique qui leur permettra de retrouver les forêts mexicaines 4 ou 5 générations plus tard. Un vrai mystère de la nature. Malgré son inscription au Patrimoine mondial par l'Unesco et plusieurs décrets visant sa protection, le sanctuaire des papillons monarques est toujours menacé par la déforestation sauvage et les incendies...

QUESTION DE SURVIE

Le papillon monarque a un frère jumeau quoiqu'un peu plus petit : le vice-roi. Ils sont parfaitement ressemblants. La différence, c'est que le 1er est toxique contrairement au 2d. C'est pourquoi les prédateurs, qui ne peuvent les distinguer, n'attaquent aucune des 2 espèces.

Les zones d'altitude abritent bien d'autres animaux, et des plus gros : daims, mouflons, coyotes, renards, lynx, pumas.
Passé l'isthme de Tehuantepec, un monde nouveau se dessine, plus chaud, plus humide. Dans la ***forêt tropicale,*** à l'approche du Petén guatémaltèque, vivent encore tapirs, fourmiliers, singes-araignées et singes hurleurs, coatis, tatous, aras, perroquets, ocelots et même de rarissimes jaguars – tous gravement menacés par la déforestation.
Le ***littoral pacifique,*** lui, est bordé en partie par une très belle ***forêt sèche...*** Là où se jettent les rivières, des lagunes se sont formées, abritant une très ***riche avifaune...*** De très nombreux oiseaux migrateurs y nidifient. Parmi les plus gros et les plus beaux : spatules roses au bec plat, ibis au long bec effilé, tantales (cigognes d'Amérique). Les ***plages*** mexicaines, celles du Pacifique en particulier, sont aussi réputées pour accueillir ***10 des 11 espèces de tortues marines recensées dans le monde*** ! Les plus fréquemment observées sont les tortues olivâtres *(golfinas),* mais il arrive de croiser d'énormes tortues-luths (500 kg). Incitées par des ONG, de plus en plus de communautés villageoises ont abandonné le ramassage des œufs pour se lancer dans l'écotourisme. À encourager ! Au large, les baleines à bosse sillonnent les eaux dans leur quête incessante de nourriture. L'hiver en Basse-Californie, l'été en Alaska, tandis que sur les côtes du Yucatán, entre mi-mai et mi-septembre, se rassemblent les requins-baleines (appelés *tiburones* au Mexique).

FOLKLORE

On compte de nombreuses traditions populaires toujours très vivaces au Mexique. Quelques exemples :

– ***Mariachis :*** pantalon noir ajusté au plus près, brodé d'or ou d'argent, veste courte brodée elle aussi, lavallière bouffante, sombrero et bottes à talons... Mais oui, bien sûr, vous avez déjà vu ce costume, au cinéma ou sur une scène d'opérette ! Petits groupes de musiciens mariant guitares, violons et trompettes (parfois une harpe !), les mariachis sont omniprésents et les Mexicains en

ACCORDS ET DÉSACCORD

Mais d'où vient donc le nom mariachi ? Du mot « mariage », clament les Français, toujours prompts à s'attribuer toutes sortes de découvertes. Ces petits groupes de musiciens français jouaient pour les noces de l'occupant Maximilien d'Autriche. Il leur aurait donc légué leur appellation, ainsi qu'un certain appétit pour la révolution.

raffolent, dépensant des sommes considérables pour entendre quelques airs traditionnels. On fait régulièrement appel à eux pour qu'ils aillent jouer la sérénade sous le balcon d'une bien-aimée. Entre 1 500 et 3 500 pesos la prestation ! Les chansons des mariachis évoquent l'amour de la terre, du pays d'origine, de la ville natale, de la religion, de la nature, des compatriotes et de la force du pays. La transmission à l'oreille de cette musique et le savoir-faire s'effectuent généralement de père en fils et à l'occasion des événements festifs, religieux et civils.
Au titre d'élément fondamental de la culture mexicaine, la musique des mariachis a été reconnue par l'Unesco comme Patrimoine immatériel de l'Humanité en 2011.

– ***Marimbas :*** il s'agit d'un groupe musical composé principalement d'un ou de plusieurs marimbas, une sorte de grand xylophone en bois qui trouve son origine au Guatemala et dans le Chiapas. On les croise aussi à Veracruz.

– ***Ferias :*** elles ont lieu un peu partout dans le pays (Puebla, Aguascalientes, San Luis Potosí) et marquent en général la pleine saison d'un fruit (ananas, raisin, etc.). Elles donnent lieu à des concours de beauté, des corridas, des courses de chevaux, des combats de coqs. Ambiance garantie !

MÚSICA Y NARCOTRAFICANTES

Les cartels de la drogue n'hésitent pas à se donner une bonne image en finançant des groupes musicaux à leur solde. On y encense la drogue (lutte contre la pauvreté), les trafiquants (des héros) et les règlements de comptes (actes de courage bien machistes). Mais ces groupes prônant l'ultra-violence craignent certainement les balles perdues puisqu'ils vivent pour la plupart à... Los Angeles.

– ***Piñatas :*** à l'origine en terre cuite, celles d'aujourd'hui sont le plus fréquemment en papier mâché et demeurent incontournables lors des fêtes (anniversaires, Noël, etc.), pour le plus grand plaisir des petits et des grands. Ce sont des figurines multicolores, de toutes formes, suspendues au bout d'une corde et renfermant toutes sortes de friandises. Pour en obtenir le contenu, il faut les briser les yeux bandés, à tour de rôle et après avoir tourné plusieurs fois sur soi-même avant de frapper. Les missionnaires espagnols introduisirent les *piñatas* pour convertir les Aztèques qui les adoptèrent rapidement, ces derniers ayant déjà un jeu assez proche. Il n'y avait plus qu'à donner un sens religieux à cette coutume ludique : les 7 péchés capitaux, qu'on brise à coups de bâton !

– ***Corridas :*** héritage de la présence espagnole, la corrida, bien que moins populaire au Mexique que les combats de coqs, a ses adeptes. Mexico possède la plus vaste *plaza de toros* au monde, avec 50 000 places ! Les « vraies » corridas, celles des professionnels, ont lieu de novembre à mars et sont de grands rendez-vous familiaux où tout le monde se réunit. Rite barbare ou art sublime ? Chacun se fera son idée.

– ***Combats de coqs :*** encore un spectacle cruel que ces *peleas de gallos,* assez répandus dans les campagnes. Ils ont lieu dans des arènes spéciales *(palenque)*... Les paris montent à toute allure, les plumes volent, les propriétaires vocifèrent leurs encouragements... Lisez la superbe nouvelle de Juan Rulfo, *Le Coq d'or.*

FRONTERA

La frontière ? Quelle frontière ? Dans l'imaginaire mexicain, ces terres ont toujours été mexicaines : jadis, l'influence des civilisations précolombiennes s'y diffusait. Plus tard, les conquistadores taillèrent ici un vaste empire, tardivement arraché à la mère patrie par les manigances des colons américains : Texas d'abord en 1845, puis l'immense Sud-Ouest américain en 1848, quelques mois seulement avant qu'on ne découvre de l'or en Californie... Si migrer aux États-Unis peut être une nécessité économique et sécuritaire, c'est aussi une forme de revanche.

Sur les 3 180 km de frontière qui séparent les États-Unis et le Mexique, 1 052 km sont couverts par un ***« mur »,*** soit un ensemble de dispositifs de sécurité, dont la construction avait commencé en 1990 sous George Bush père. Seule la frontière avec le Texas (très inhospitalière) en est à peu près dépourvue. Mais si les flux irréguliers ont un temps baissé, la remontée des chiffres en 2018 et 2019 ont donné du grain à moudre aux projets sécuritaires de ***Donald Trump.*** Le président en avait fait son cheval de bataille, quitte à affronter de nombreux scandales face à la détérioration des conditions d'accueil dans les camps de détention et la dangerosité des routes migratoires. En 2019, les routes migratoires États-Unis-Mexique ont été les plus meurtrières jamais recensées par l'ONU.

Les *maquiladoras*

Côté mexicain, la zone frontière a connu à partir des années 1970, et plus encore après la signature du traité de libre-échange ALENA en 1994, un boom économique et démographique avec l'arrivée des *maquiladoras,* ces usines appartenant à des multinationales nord-américaines ou japonaises qui ont ***délocalisé leur production*** pour profiter de la main-d'œuvre mexicaine bon marché. Résultat : Laredo, El Paso, Matamoros, Ciudad Juárez et Tijuana ont connu des records de croissance, voyant leur population multipliée par 10 ou 20 en un demi-siècle... tout en sombrant dans une réalité glauque de Far West moderne, à l'ambiance bien restituée par les films de Quentin Tarantino ou de Robert Rodriguez. Des millions de Mexicains se sont déplacés vers la frontière, attirés par un salaire minimum pratiquement doublé par rapport à la moyenne nationale. Sous l'effet conjugué de la mondialisation et de la crise économique de 2008, pas mal de *maquiladoras* ont déménagé en Chine, les salaires chinois étant plus compétitifs, mais le mouvement se réinverse, désormais.

L'appel du nord

Sur le terrain, côté américain, plus de 18 000 soldats de la *border patrol,* éparpillés au long de 1 800 tours de surveillance, contrôlent jour et nuit la *Frontera.* Ce « rideau de tortillas » aligne 1 300 km déjà construits de clôtures (électriques ou non), grillages et sections en béton avec, dans les intervalles, des hordes de caméras de surveillance et de détecteurs de mouvement...

On estime qu'entre 300 000 et 450 000 personnes entrent illégalement aux États-Unis chaque année – un chiffre en net repli depuis la crise économique de 2008 (ils étaient plus de 700 000 au début des années 2000). Parmi tous les ***sans-papiers*** résidant aux États-Unis (10,3 millions estimés en 2019), la moitié seraient Mexicains, les autres provenant notamment du Honduras, du Nicaragua, du Salvador, du Guatemala... Le Mexique est ainsi à la fois pays d'émigration et de transit. Est-il responsable, coupable, complice, victime ? Tout dépend du point de vue. Coupable de laisser les ***réseaux de passeurs*** extorquer des sommes faramineuses aux migrants pour parfois les abandonner en plein désert (lire le roman de John Vaillant, *Le Fils du Jaguar,* sorti en 2016) ? Sans doute, même si de hautes tours avec réserves d'eau ont été dressées dans

LE GUIDE DU *CLANDESTINO*

Il existe un guide à l'attention des candidats à l'émigration, on y trouve pêle-mêle de nombreux conseils : se méfier des passeurs, suivre les poteaux électriques pour ne pas se perdre dans le désert, savoir comment se comporter en cas d'arrestation, connaître les droits des étrangers aux États-Unis... Et comment éviter de se faire prendre une fois installé : « s'abstenir de faire des fêtes bruyantes » ! Un petit Routard de l'immigré en somme...

le désert, tous les 10 km, pour leur venir en aide en cas d'urgence. Complice ? Oui, dans la mesure où il agit peu sur l'immigration illégale à sa frontière sud. Mais le Mexique est aussi victime. Victime des primes à l'exportation américaines, qui rendent les produits du grand voisin moins chers que les productions locales, relançant sans fin le cycle des migrations dans l'espoir d'une vie meilleure au-delà du rio Grande...

« Une grande et belle barrière »

Dixit Donald Trump... C'était une promesse de campagne : ériger tout au long de la frontière un mur imperméable aux migrations, pour parachever le travail entrepris en 2006 par George Bush à la faveur du *Secure Fence Act.* Coup estimé de l'opération : 25 milliards de dollars. Des prototypes en béton plein de 9-10 m de haut ont été présentés. Infranchissables, assurément. Mais comment financer l'entreprise ? Le Mexique ne paiera pas, c'est évident, contrairement à ce qu'a voulu (faire) croire Donald Trump. Quant aux Démocrates, ils refusent de dépenser autant pour un mur qu'ils jugent au mieux inefficace. Résultat : une succession de batailles de tranchées depuis qu'ils ont repris la majorité à la Chambre des représentants à l'automne 2018, débouchant sur une fermeture pure et simple des services fédéraux non essentiels de 35 jours (record battu)...
Mais le principal coup d'éclat trumpien remonte à mai 2018 quand, en vertu de sa politique de « tolérance zéro », des enfants de familles de migrants ont été séparés de leurs parents, incarcérés pour avoir franchi illégalement la frontière (15 % des clandestins viennent en famille). Le tollé fut tel que l'application stricte de la loi a été suspendue. Avec l'élection de Joe Biden en 2020, le projet de construction d'un « mur » semble aujourd'hui caduc. Mais la question migratoire reste épineuse entre ces 2 pays.

GÉOGRAPHIE

Grande Mexico : presque ***4 fois la superficie de la France !*** Environ 3 200 km à vol d'oiseau entre Tijuana, à la frontière américaine, et Tapachula, à la frontière guatémaltèque. Il est aussi le pays de transition entre l'Amérique du Nord et l'Amérique centrale : c'est l'isthme de Tehuantepec (200 km de large) qui marque la jonction.
2 énormes chaînes de montagnes traversent le pays du nord au sud : la *sierra Madre* occidentale, côté Pacifique, et la *sierra Madre* orientale, côté Atlantique. Entre ces 2 épines dorsales, le haut plateau central *(Altiplano),* dont les altitudes varient entre 1 000 et 3 000 m, et qui abrite les 2 plus grandes villes du pays : Mexico et Guadalajara.
Le voyageur ne cesse donc de monter et de descendre, de quitter sa chemise et de la remettre selon les microclimats et les fluctuations de la température. Le Mexique est en réalité un pays de montagnes et de forêts. Entre Tepic et Veracruz, une barrière volcanique vient ceinturer le haut plateau. Elle voit s'aligner les plus hauts sommets du pays comme le volcan Popocatépetl (5 426 m) ou le Pico de Orizaba (5 700 m), aux cimes couvertes de neiges éternelles. Conclusion pratique : ne jamais oublier que la moitié du Mexique est à plus de 1 500 m d'altitude.
Pour la chaleur et la végétation tropicale, il faut descendre vers les *tierras calientes,* les « terres chaudes », comme les ont appelées les Espagnols, c'est-à-dire les 2 régions côtières. Rien que du côté Pacifique, le Mexique aligne plus de 7 000 km de côtes. On y trouve les principales stations balnéaires du pays : Puerto Vallarta, Manzanillo, Acapulco, Puerto Escondido et Huatulco. Les plages sont belles et étendues mais battues par des vagues énormes, propices à la pratique du surf. La côte du golfe du Mexique, avec ses plages de sable

gris, est moins développée. Pour trouver des eaux turquoise et du sable blanc, il faut descendre jusqu'à la péninsule du Yucatán, bordée à l'est par la mer des Caraïbes.
Après l'isthme de Tehuantepec commencent la *sierra Madre* du Chiapas et sa forêt tropicale, puis la péninsule du Yucatán.
Quant aux étendues désertiques, aux rocailles et aux cactus, vous les trouverez principalement dans le nord du pays (États de Sonora ou Chihuahua), en Basse-Californie ou même dans l'ouest du Mexique (État de Jalisco). De toute façon, en saison sèche (8 mois dans l'année), l'ensemble du pays devient aride et semi-désertique.

HISTOIRE

PRINCIPAUX REPÈRES

– ***1400 av. J.-C. à 300 av. J.-C. :*** période préclassique.
– ***300 av. J.-C. à 700 apr. J.-C. :*** c'est l'âge des civilisations dites « classiques », telles que Teotihuacán, El Tajín, les Zapotèques (dans la vallée de Oaxaca) et les Mayas. La plupart de ces civilisations connaissent une fin brutale vers 900-1000.
– ***935-947 :*** les Toltèques s'installent au Yucatán.
– ***1168 :*** chute de Tula, ville symbole des Toltèques ; apparition de la tribu des Aztecas.
– ***1325 (environ) :*** les Aztèques s'installent le long de la rive ouest du lac de la vallée de Mexico.
– ***1519 :*** Cortés débarque sur la côte du golfe du Mexique (vers Veracruz) et atteint Tenochtitlán (Mexico).
– ***1521 :*** la capitale de l'Empire aztèque, Mexico-Tenochtitlán, tombe aux mains des Espagnols.
– ***1598 :*** les Espagnols sont implantés sur tout le territoire du Mexique actuel.
– ***1810 :*** un groupe de créoles, sous la conduite de Miguel Hidalgo, organise un complot contre les Espagnols. C'est le début de la guerre d'indépendance.
– ***1811 :*** défaite de l'armée d'Hidalgo, qui est fusillé. Morelos et Guerrero reprennent les combats contre les royalistes.
– ***1821 :*** le traité de Córdoba consacre l'indépendance du Mexique.
– ***1846-1848 :*** guerre entre le Mexique et les États-Unis. Perte du Texas, du Nouveau-Mexique et de la Haute-Californie.
– ***1861 :*** Benito Juárez, d'origine zapotèque, est élu président de la République (voir « Personnages »).
– ***1864-1867 :*** l'archiduc Maximilien d'Autriche est sacré empereur du Mexique et gouverne grâce à l'occupation militaire française (voir « Personnages »).
– ***1876-1910 :*** long règne dictatorial de Porfirio Díaz (le « Porfiriato » ; voir « Personnages »).
– ***1910 :*** début de la révolution. Francisco Madero amorce une réforme sociale et agraire.
– ***1913 :*** Madero est trahi par le général Huerta et assassiné. Luttes intestines, parfois féroces, entre les différents protagonistes de la révolution : Huerta, Venustiano Carranza, Pancho Villa, Emiliano Zapata...
– ***1923-1934 :*** le président Carranza et ses alliés anticléricaux déclenchent la guerre civile contre les catholiques. Ces conflits très meurtriers durent plus de 10 ans.
– ***1934-1940 :*** sous la présidence du général Cárdenas, importante réforme agraire et nationalisation des compagnies pétrolières. Création de *Petroleos Mexicanos (Pemex)*.
– ***1942 :*** après maintes hésitations, le Mexique déclare la guerre aux puissances de l'Axe.

– ***1968 :*** des révoltes étudiantes se terminent par un bain de sang le 2 octobre, sur la place des Trois-Cultures (plus de 200 morts). Les Jeux olympiques débutent 10 jours après...
– ***1982 :*** élection de Miguel de la Madrid à la présidence. Crise financière, point de départ d'un virage néolibéral.
– ***1985 :*** terrible tremblement de terre à Mexico. Plus de 30 000 structures s'écroulent, causant près de 10 000 morts.
– ***1988 :*** élection contestée de Carlos Salinas (PRI) ; privatisations massives et corruption à grande échelle.
– ***1994 :*** soulèvement des zapatistas de l'État du Chiapas, menés par le sous-commandant Marcos. Le même jour, le 1er janvier, signature de l'Accord de libre-échange nord-américain (ALENA). Le Mexique devient le 1er pays en développement à accéder à l'OCDE. Le candidat à l'élection présidentielle, Luis Donaldo Colosio, est assassiné.
– ***2000 :*** le candidat de la droite, Vicente Fox, est élu ; il est le 1er président non-PRI depuis 71 ans ! Entrée en vigueur du traité de libre commerce avec l'Union européenne.
– ***2002 :*** énorme affaire de corruption chez *Pemex,* qui met en cause les dirigeants et les syndicats.
– ***2005 :*** après *Stan* au Chiapas, l'ouragan *Wilma* ravage la Riviera maya. La guerre des cartels met en évidence la complicité à très haut niveau de la police avec les narcotrafiquants.
– ***2006 :*** la mort de 65 personnes dans une mine de charbon révèle plusieurs scandales, dont l'immense fortune de leur leader syndicaliste. Felipe Calderón (droite) est élu président.
– ***2007 :*** Calderón inaugure son mandat par une vaste opération contre les cartels de la drogue. La violence s'empare du pays.
– ***2008 :*** à Mexico, plus de 200 000 personnes habillées en blanc manifestent pour protester contre l'insécurité.
– ***2009 :*** la revue *Forbes* fait scandale en introduisant à la 701e place de sa liste des personnes les plus riches du monde, Joaquín Guzmán, dit *El Chapo,* le trafiquant de drogue le plus recherché du Mexique !
– ***2010 :*** Carlos Slim est sacré homme le plus riche du monde. La guerre contre le narcotrafic bat son plein.
– ***2012 :*** mort de l'écrivain Carlos Fuentes en mai. En juillet, Enrique Peña Nieto du PRI (centre droit) est élu président de la République.
– ***2013 :*** en janvier, libération, après 7 ans de détention, de la Française Florence Cassez par la Cour suprême. En décembre, adoption de la réforme ouvrant le secteur de l'énergie aux investisseurs privés (notamment étrangers).
– ***2014 :*** disparition, dans la nuit du 26 au 27 septembre, de 43 étudiants venus manifester dans la ville d'Iguala, dans l'État de Guerrero.
– ***2016 :*** l'arrivée à la Maison-Blanche de Donald Trump tend les relations avec le Mexique : hypothétique construction d'un mur, taxes sur les importations mexicaines et les transferts financiers des immigrés... les sujets de discorde sont nombreux.
– ***2017 :*** le président mexicain menace de se retirer des négociations de l'accord de libre-échange nord-américain (ALENA). El Chapo est extradé aux États-Unis, jugé, puis condamné à la prison à perpétuité. La violence poursuit sa progression : quelque 25 000 meurtres sont enregistrés sur l'année. En septembre, un puissant séisme (8,2) a lieu au large du Chiapas, faisant une centaine de morts.
– ***2018 :*** large victoire au 1er tour du candidat de gauche Andrés Manuel Lopez Obrador aux élections présidentielles. Son parti, *Morena (Movimiento Regeneracion Nacional),* s'allie au *Parti del Trabajo* et au *Partido Encuentro Social* pour gouverner.
– ***2019 :*** en mars, entrée en vigueur de la réforme constitutionnelle qui fonde la Garde nationale mexicaine. Celle-ci regroupe à partir de juin la police fédérale

et la police navale, dans l'optique de lutter plus efficacement contre la corruption et les cartels de la drogue. En août, d'importantes manifestations féministes à Mexico dénoncent plusieurs cas de viols présumés commis par des policiers. En octobre, l'arrestation d'El Ratón, chef de faction du cartel de Sinaloa (et l'un des fils d'El Chapo) provoque des combats sanglants entre les forces de l'ordre mexicaines et les membres du cartel dans la ville de Culiacán, qui se sont soldés par 8 morts et la libération d'El Ratón...

– ***2020-21 :*** le 1er cas de Covid 19 est confirmé le 28 février 2020 et le Mexique subit de plein fouet la pandémie, avec des taux records à l'échelle mondiale. À cela s'ajoute une épidémie de rougeole, qu'il faut gérer en parallèle. Le 8 mars 2020, dans le cadre de la Journée des droits des femmes, immense manifestation féministe à Mexico, qui dénonce les cas de féminicides (10 par jour dans le pays), réprimée violemment... et suivie le lendemain d'une grève des femmes. En parallèle, la guerre de la drogue redouble d'intensité, avec de nombreux affrontements et massacres dans plusieurs villes du pays.

Côté pandémie, en mars 2021, on dénombre plus de 200 000 morts provoquées par le Covid. Un vaste plan sanitaire vise à faire vacciner l'ensemble de la population concernée d'ici mars 2022. En juin, résultats en demi-teinte pour le parti au pouvoir qui remporte les élections législatives sur le fil.

HISTOIRE PRÉCOLOMBIENNE

Les origines

Le Mexique, comme le reste du continent américain, a été peuplé par des ***tribus venues d'Asie,*** qui commencèrent à traverser le détroit de Béring il y a 30 000, voire 40 000 ans, lorsque le niveau de la mer était bien en dessous de ce qu'il est actuellement, une grande partie des eaux étant retenue par les glaces. Entre 25 000 et 16 000 av. J.-C., une partie de ces tribus effectua une ***lente migration vers le sud,*** traversant l'actuel Mexique. Certaines s'y établirent, d'autres franchirent l'isthme de Panamá. Dès 2000 av. J.-C., des cultures dites « archaïques », vivant de l'agriculture et travaillant la poterie et la vannerie, émergent dans la vallée de Mexico. C'est dans ce contexte que s'est développée la 1re grande ***civilisation méso-américaine.***

Les Olmèques : 1re civilisation en « èque »

La ***civilisation olmèque*** est née sur la ***côte du golfe du Mexique,*** dans une région qui comprend les États actuels de Veracruz et de Tabasco (à partir de 1500 avant notre ère). Elle va influencer toutes les civilisations qui vont suivre, notamment la culture maya, et donnant au monde préhispanique une certaine unité culturelle. La ville de Lorenzo se développe d'abord, puis c'est la grande cité de La Venta (près de Villahermosa) qui prend le dessus, s'épanouissant entre 1200 et 600, et jusqu'à 400 av. J.C. Les Olmèques étaient environnés d'arbres à caoutchouc dont ils tiraient la précieuse substance pour fabriquer les balles du traditionnel *juego de pelota...* D'où le nom d'Olmèque, qui signifie « habitant des terres du caoutchouc ».

Les civilisations dites « classiques »

La ***civilisation de Teotihuacán*** (50 km au nord de Mexico) apparut ***vers le Ier s av. J.-C.,*** lorsque de nombreux villages de la région, qui avaient en commun la langue et les rites, commencèrent à bâtir des édifices religieux... Ce sont eux qui répandirent le ***culte de Quetzalcóatl*** (« le Serpent à plumes ») dans presque toute la Méso-Amérique. La ville de *Teotihuacán* (« la cité des dieux ») s'étendait sur 20 km, avec de très nombreux temples,

et a dû atteindre une population de 200 000 habitants vers l'an 500. Sa chute brutale, entre les VIIe et VIIIe s, reste globalement un mystère.
Plus au sud, dans la région de Oaxaca, le ***peuple zapotèque*** – dont l'apogée se situe entre les IVe et VIIIe s – était composé d'agriculteurs sédentaires, adeptes d'une religion centrée sur le culte de la mort, comme en témoignent les vestiges de leur art, notamment à Monte Albán. Ils furent chassés par les Mixtèques (XIe s), qui durent finalement se soumettre eux-mêmes aux Aztèques (XVe s).

MUXE, À LA FRONTIÈRE DES GENRES

Fondées sur le matriarcat, les communautés zapotèques de l'isthme de Tehuantepec intègrent dans leur organisation sociale les muxe (« mouché »). Dérivé de mujer (« femme » en espagnol), ce mot signifie par extension « 3e genre » en zapotèque, à l'intersection des 2 premiers. Ce sont souvent les derniers fils de la famille, qu'on éduque comme des filles. Ils s'habillent parfois avec des vêtements féminins, dont le huipil brodé traditionnel. Et sont hautement respectés par la communauté.

L'Empire maya

Voici, à coup sûr, une des civilisations précolombiennes les plus importantes avec celles des Aztèques et des Incas. Elle s'est distinguée par ses avancées dans les domaines de l'***écriture,*** de l'***art,*** de l'***architecture,*** de l'***agriculture*** et de l'***astronomie...*** Sa maîtrise des ***mathématiques*** a eu des répercussions jusqu'à nos jours, puisque son fameux calendrier a fait couler beaucoup d'encre en prévoyant la fin d'une ère – et même d'un monde, selon certains ! – au 21 décembre 2012...

ATTENTION AUX COULEURS

Pour aller au combat, les guerriers mayas s'enduisaient le corps de peintures rouge et noir. En revanche, les victimes destinées aux sacrifices humains étaient recouvertes de bleu.

Calendrier

La chronologie de l'ancien Empire maya a pu être établie grâce à des stèles datées par un ***calendrier très complexe,*** basé sur les cycles. D'abord, le « compte court », *haab,* en rapport avec les cycles de la nature, qui divise l'année solaire en 13 cycles harmonieux de 28 jours plus un jour « en dehors du temps » pour atteindre 365 jours : un an ou *tún*. À cela s'ajoute le *tzolkin,* un calendrier de 260 jours utilisé à des fins religieuses et divinatoires.
L'invention du zéro permit de faire avancer mathématiques et astronomie et donna aux Mayas une maîtrise du temps qui leur permettait non seulement d'écrire l'histoire, mais aussi et surtout de prédire l'avenir grâce à l'observation astronomique. Leur système de numération étant vigésimal, leur calendrier s'articule autour de « décennies » non pas de 10 mais de 20 ans environ : le *katún*, de « siècles » non pas de 100 mais de 400 ans (20 « décennies ») : le *baktún*, des « millénaires » non pas de 1 000 mais de 8 000 ans (20 « siècles ») : le *pictún,* et ainsi de suite jusqu'au milliard d'années, de quoi flanquer le vertige !

Une brillante civilisation

À son apogée (600-900 apr. J.-C.), la civilisation maya s'étendait sur presque toute la « terre du maïs » : le ***territoire actuel du Yucatán, du Chiapas, du Guatemala, du Belize, du Salvador et une partie du Honduras.***
Ses origines remontent à la préhistoire : la présence de populations sédentarisées est déjà attestée, à l'époque archaïque, entre les VIIe et IIIe millénaires av. J.-C.

Les 1res traces d'organisation sociale remontent au IIe millénaire av. J.-C. (époque préclassique ancienne), avant l'émergence progressive d'États constitués, au préclassique récent (de 400 av. J.-C. à 250 apr. J.-C.).
Dans les basses terres du Sud, les ***cités-États*** telles que ***Copán, Tikal, Calakmul*** et ***Palenque*** ont connu leur niveau de développement le plus élevé entre les VIe et IXe s de notre ère (période classique), avant de décliner, jusqu'à leur abandon subit. Des dizaines de milliers de personnes vivaient dans ces villes. D'autres cités subsistèrent ou se développèrent ensuite dans les basses terres du Nord ainsi que dans les hautes terres du Sud, avant de tomber en ***décadence,*** puis d'être abandonnées ou assimilées par les conquistadores espagnols au XVIe s.
On connaît les aspects essentiels de cette culture grâce au *Popol Vuh*, un ***poème épique et symbolique*** écrit en langue *maya k'iche* peu après l'arrivée des Espagnols et retraçant la création du monde et les aspects de la vie religieuse. Le dieu créateur était le serpent à plumes : *Kukulcán* (*kukul* = l'oiseau-quetzal ; *cán* = serpent), l'équivalent de Quetzalcóatl (pour les Aztèques). Une autre divinité importante était *Itzamna,* sorte de Zeus maya. Mais la plus populaire – celle dont il reste le plus grand nombre de représentations artistiques – était *Chac*, le dieu de la Pluie.
Les 1ers explorateurs qui défrichèrent les vestiges mayas ont contribué à forger une image romantique assez différente de la réalité. On évoquait alors volontiers une civilisation maya où un peuple laborieux et pacifique menait une vie idéale en s'adonnant à l'agriculture et à la contemplation des astres. Les découvertes récentes ont recadré la vérité historique. Si les anciens Mayas étaient incontestablement des bâtisseurs hors pair, des artistes remarquables et comptaient de nombreux savants, ils n'en étaient pas moins résolument belliqueux et accompagnaient leurs rites de sacrifices sanglants.

SACRIFICES HUMAINS

Les nobles mayas se perçaient les chairs pour laisser couler leur sang sur un papier qu'ils brûlaient ensuite au cours d'une cérémonie rituelle. Ils croyaient ainsi entrer plus facilement en contact avec les dieux et les ancêtres. Les sacrifices d'animaux étaient courants et visaient à obtenir les faveurs divines. Pour les pratiques divinatoires particulièrement importantes, des humains étaient immolés.

Aspects de la civilisation

Les Mayas disposaient d'une ***écriture logographique*** élaborée, mais c'est surtout grâce à des fresques comme celles de *Bonampak* que l'on a pu avoir connaissance de leur histoire. Ils ignoraient le fer et l'usage de la roue pour le travail car ils ne possédaient pas d'animaux de trait, et ***leurs outils étaient de type néolithique*** : l'obsidienne tenait la place qu'a occupé le silex sur le Vieux Continent.
Malgré cela, l'***agriculture*** était très développée. Autour des cités s'étendaient des champs de maïs, de patates douces, de tomates, de haricots, de manioc et des arbres fruitiers comme l'avocatier. En revanche, ***ils ne connaissaient pas l'élevage*** ; les seuls animaux domestiques étaient la dinde et le chien. Les Mayas possédaient une ***littérature riche*** (brûlée par les Espagnols). Ils ***naviguaient*** aussi le long du Yucatán et des côtes de l'Amérique centrale, établissant ainsi des ***relations commerciales entre les différentes cités-États.***

CONCOURS LÉPINE

Les Mayas et les Aztèques étaient très brillants en astronomie, mathématiques et architecture. Ils connaissaient la roue (on en a trouvé sur des jouets), mais ils ne l'ont jamais utilisée pour le transport. Pour l'agriculture, on n'a pas trouvé trace d'animal de trait. Ils maîtrisaient aussi la métallurgie (bijoux) mais n'ont jamais fabriqué d'outils en fer !

Déclin, renouveau et fin

De nombreuses hypothèses ont tenté d'expliquer leur déclin. On est maintenant convaincus qu'après une longue période de pluviosité exceptionnelle (entre 450 et 650), qui a accru la productivité agricole et la population, la région a connu une longue ***sécheresse*** d'un siècle provoquant l'épuisement des ressources, puis la ***déstabilisation du système politique...*** Les guerres ont fait le reste. Vers le Xe s, des envahisseurs venus du nord, les ***Toltèques,*** occupèrent le Yucatán et donnèrent un second souffle à la civilisation maya. Ce nouvel empire, basé à Chichén Itzá, a été à l'origine d'une nouvelle culture mixte toltèque-maya, intégrant l'orfèvrerie et la ferronnerie, banalisant aussi les sacrifices humains (on privilégiait auparavant les animaux)... Ces derniers sont l'une des causes qui firent que, ***vers 1200, commença une période de divisions et de révoltes.*** Elles aboutirent à la ***chute de Chichén Itzá*** et à l'effondrement, en 1441, de la cité de Mayapán, alors siège de la ligue qui dominait le nouvel empire. En 1697, quand les Espagnols prirent la dernière ville maya indépendante à Tayasol, au Guatemala, les autres cités avaient été détruites ou abandonnées depuis bien longtemps. Les conflits avec les Espagnols associés à la vulnérabilité aux ***maladies importées*** achevèrent de réduire la population des Mayas du Yucatán à environ 160 000 âmes en 1600 (contre sans doute 800 000 à l'origine).
Il y a encore 2 siècles, on ignorait tout des Mayas. La forêt avait complètement recouvert leurs cités tandis que les missionnaires avaient brûlé la quasi-totalité de leurs livres en écorce de ficus. Seuls 4 d'entre eux sont arrivés jusqu'à nous.

Mayas toujours

Aujourd'hui, les descendants des Mayas composent des populations bien distinctes qui ont chacune leurs propres traditions, mais qui partagent un certain patrimoine linguistique et culturel. Ils seraient en tout environ 6 millions.

LES AZTÈQUES, 2 SIÈCLES D'HISTOIRE

La 1re junte latino-américaine

Le mythe de la ***fondation de México-Tenochtitlán*** n'a rien à envier à celui de la Rome antique. Après avoir quitté leur ville mythique d'Aztlán (certains la situent à Mexcaltitán, une petite île perdue dans les marais, au nord de Tepic, près de Tuxpan, sur la côte pacifique), les Aztèques errèrent durant un siècle et demi à la recherche d'une terre à la hauteur des ambitions fixées par leur dieu ***Huitzilopochtli...*** Ce dernier guida leurs pas jusqu'à la ***vallée de l'Anáhuac,*** l'immense bassin de Mexico protégé par des montagnes et des volcans, recouvert en grande partie par 3 immenses lacs (aujourd'hui asséchés), et leur envoya le signe qu'ils avaient atteint le lieu de la prophétie : un aigle, sur un cactus, dévorant un serpent. Cette scène légendaire se retrouve (entre autres) sur le drapeau mexicain, et dans un coin du *zócalo* de Mexico sous forme de sculpture. En l'an Deux-Roseau, ***1325 de notre ère,*** les Aztèques y installèrent leur ***capitale, Tenochtitlán*** (possiblement dérivé du nom du cactus en question, *tenochtli*).
Derrière le mythe fondateur, destiné à octroyer à la capitale impériale ses lettres de noblesse, la réalité paraît bien prosaïque. Les Aztèques ne sont en fait que l'***une des nombreuses tribus venues du Nord*** pour s'installer dans la vallée au cours du XIIe s (comme les Chichimèques). Ils étaient même les derniers arrivants... Plus d'un siècle s'écoula avant que les Aztèques se sédentarisent (à partir de 1325), puis un autre siècle, encore, d'efforts, d'opiniâtreté et d'ingéniosité pour qu'ils parviennent à dompter cette topographie hostile et commencent réellement à jouer un rôle politique dans la vallée.
Au début du XVe s, sous le commandement de leur 4e roi historique, *Itzcóatl,* les Aztèques profitèrent de conflits entre les autres villes de la vallée pour fonder une ***triple alliance en s'alliant aux rois des cités-États de Texcoco et de Tacuba...***

Très vite, ils prirent les rênes de cette ligue tricéphale, le souverain aztèque intervenant de plus en plus dans les affaires dynastiques et politiques de ses 2 alliés, à tel point que Mexico-Tenochtitlán en arriva à répartir à sa guise les tributs de guerre et les impôts des provinces de l'empire qui se constituait.

De la pêche à la guerre...

Pêcheurs et chasseurs à l'origine, les Aztèques devinrent peu à peu un ***peuple de guerriers.*** Synthèse des cultures toltèques et classiques (Teotihuacán), la civilisation aztèque s'en distingue par une évolution particulière : son caractère martial omniprésent. L'***Empire aztèque*** n'était pas vraiment centralisé, mais plutôt structuré comme une ***confédération de cités et de provinces répondant à un pouvoir militaire.*** À la fin du règne de Moctezuma II, l'empire comptait 38 provinces, soit un territoire s'étendant du Michoacán (au nord) jusqu'aux régions mayas, et de l'Atlantique au Pacifique. Toute cité qui n'acceptait pas l'autorité de Mexico-Tenochtitlán était de fait considérée comme rebelle, alors on lui faisait la guerre...

Abreuver la terre-mère

Pour les Aztèques, la ***création du monde et des humains*** n'est pas un don mais le ***fruit d'un sacrifice des dieux...*** L'homme se voit donc dans l'obligation de rétribuer ce don par un certain nombre de rites propitiatoires. La manière de s'élever à la hauteur de l'effort divin, c'est de lui ***offrir son propre sang...*** C'est pour cette raison que les sacrifices humains sont essentiels, puisque, selon eux, l'homme n'existerait pas sans les dieux. Mais, à l'inverse, les dieux n'existeraient pas sans les hommes, c'est pourquoi ils exigent d'eux leur sang et leur cœur. Cette cosmogonie complexe explique ainsi les nombreux rituels de sacrifices humains qui, avec l'accroissement de l'empire, prirent de plus en plus d'importance dans la vie sociale et religieuse des Aztèques.

La vie de l'homme dépendant des battements de son cœur, c'est donc l'offrande de ce cœur encore palpitant, arraché à vif de la poitrine de la victime à l'aide d'un couteau d'obsidienne puis présenté au soleil, qui était le point culminant des cérémonies. Les décapitations permettaient, en revanche, d'étancher la soif de la terre-mère par le flot de sang qui jaillissait. Les corps étaient ensuite dépecés et certaines parties offertes en nourriture aux parents des plus valeureux guerriers.

À l'origine, la ***guerre*** avait des visées expansionnistes, mais très vite elle ***devint essentiellement religieuse,*** destinée à faire des prisonniers... pour les ***sacrifices humains.*** Les cités aztèques de la vallée de Mexico organisaient régulièrement des affrontements très codifiés dans le but unique de se constituer une réserve de futures victimes à immoler au sommet des pyramides. Il faut dire que les sacrifices humains étaient de mise lors de chaque fête et que leur nombre atteignait parfois des proportions délirantes. Ainsi, pendant le règne du roi *Auitzotl* (1486-1503), à l'occasion de la consécration de la *grande pyramide du Soleil* de Tenochtitlán (le *Templo Mayor,* à côté de l'actuelle cathédrale de Mexico), pas moins de 20 000 captifs furent ainsi immolés.

DON DU SANG

Lors des batailles, dans un but religieux, on attrapait les futurs prisonniers par les cheveux pour ne pas les blesser. Les prêtres retiraient le cœur des victimes. Le sang humain permettait de régénérer le soleil et de lui donner l'énergie pour poursuivre sa course.

Dans la pensée aztèque, toutes les morts ne se valaient pas... Ainsi la mort sur l'autel du sacrifice était un honneur et assurait une place au soleil à celui qui en était victime. Les femmes mortes en couches avaient un paradis qui leur était réservé, car leur mort était aussi prestigieuse que la mort sur le champ de bataille. Ceux qui mouraient noyés ou accidentés étaient assurés d'un billet d'entrée pour un paradis géré par *Tlaloc,* le dieu de la Pluie et de la Fertilité. En revanche, les gens qui mouraient « normalement » avaient un avenir triste dans l'univers sombre du dieu de la Mort. Ce sont ces arguments de poids qui permettaient au système politico-religieux de se maintenir.

La Venise des Amériques

Les Aztèques, qui avaient commencé les pieds dans la vase, se nourrissant de gibier d'eau et de poissons, réussirent ***en un siècle*** à bâtir une ***ville somptueuse,*** digne capitale de l'empire. À l'arrivée des Espagnols, Mexico-Tenochtitlán comptait au moins 300 000 habitants (plus de 500 000 selon Jacques Soustelle). C'était probablement la ***plus grande cité du monde,*** devant Constantinople ou Paris. Excellents ingénieurs et bâtisseurs, les Aztèques avaient réussi à créer une ***ville flottante*** qui éblouit les Espagnols par sa grandeur et sa beauté.
Des ***énormes digues*** servaient à réguler les eaux du lac à la saison des pluies, un magnifique ***aqueduc*** transportait l'eau depuis Chapultepec jusqu'au cœur de la cité et de ***larges chaussées*** reliaient la ville à la terre ferme, entrecoupées de ***ponts*** qui permettaient le passage des barques chargées de marchandises. Sur la ***place centrale,*** près de la grande pyramide du Soleil, se dressait l'immense ***palais de Moctezuma*** : des salles richement décorées, dont l'une pouvait accueillir jusqu'à 3 000 personnes, de vastes cours intérieures avec fontaines, des jardins dont l'un était entièrement consacré aux plantes médicinales, un zoo personnel avec tous les animaux de l'empire... et toutes sortes de « monstres humains ». Ils étaient censés avoir des pouvoirs surnaturels.
La ville était un ***exemple de propreté,*** à l'image de ses habitants particulièrement soucieux de l'hygiène, qui se baignaient quotidiennement dans des ***bains alimentés par l'eau courante...*** À cela s'ajoutait la grâce des ***jardins*** remplis de fleurs et d'arbres fruitiers, qui époustouflèrent même les Espagnols, pourtant habitués aux raffinements des parcs mozarabes.

Le calendrier aztèque

La représentation la plus belle et la plus célèbre est au musée d'Anthropologie de Mexico. C'est un ***colossal disque de pierre*** de 24 t et 3,50 m de diamètre, connu sous le nom de « pierre du Soleil », peint à l'origine de couleurs vives, conçu comme ***hommage au dieu solaire Tonatiuh...*** Les Aztèques, qui n'ont fait d'ailleurs que reprendre les calculs des Toltèques, avaient 2 types de calendriers : l'un religieux, composé d'une année de 260 jours et qui servait surtout aux prêtres pour décider de la date des sacrifices, des fêtes religieuses et des dates des batailles... L'autre solaire, qui rythmait la vie agricole et civile et qui comptait 365 jours. L'année était divisée en 18 mois de 20 jours chacun. Si vous comptez bien, il reste 5 jours. C'étaient 5 jours néfastes et inutiles, chômés bien entendu, et qu'on passait dans la terreur d'une calamité naturelle comme la disparition du soleil.
Le ***temps aztèque*** était également organisé en ères de 52 ans chacune. Chaque fin de cycle représentait le moment d'une possible destruction du monde. Les Aztèques s'y préparaient en détruisant les temples et les objets usuels, ainsi qu'en éteignant tous les feux. Quand les Espagnols arrivèrent, les Aztèques vivaient sous l'ère du Cinquième Soleil.

Le panthéon des dieux

De nombreux dieux régissaient la vie quotidienne des Aztèques jusque dans ses moindres détails. Ce ***polythéisme,*** fruit d'une synthèse de toutes les croyances antérieures, est extraordinairement ***complexe...*** Les Espagnols firent disparaître une énorme quantité de codex (les « livres » des Aztèques), si bien que la principale source d'information est orale et postérieure à la conquête. D'où viennent les dieux ? À l'origine de tout, il y a un ***couple primordial qui représente le double principe créateur*** : le féminin et le masculin. De leur union naissent ***4 fils...***

Ce sont eux en réalité qui créeront les dieux mineurs ainsi que le monde et les hommes. Au sein de la création, l'acte fondamental est évidemment la naissance du Soleil. 2 des fils jouent un rôle extrêmement important pour les peuples de Méso-Amérique et, bien sûr, pour les Aztèques. Il s'agit de Quetzalcóatl (dieu de la Vie et de l'Air) et Huitzilopochtli (dieu du Soleil et de la Guerre). Il faut y ajouter Tezcatlipoca (le méchant de l'histoire).
Si l'humanité est créée par les dieux, elle peut aussi être anéantie par eux. C'est ce qui est d'ailleurs arrivé plusieurs fois ; ***il y a eu au moins 4 créations...*** Ainsi, pour les Aztèques, le destin des hommes est fragile et l'existence n'a rien de définitif. C'est une lutte permanente qui dépend du combat entre les 2 dieux créateurs, Quetzalcóatl, le dieu bienfaiteur, et Tezcatlipoca, le dieu nocturne, volontiers destructeur, et souvent jaloux de son frère.
– ***Quetzalcóatl :*** son nom signifie « serpent à plumes ». On le retrouve constamment, et à toutes les époques, même chez les Mayas où il porte le nom de ***Kukulcán.*** Et pour cause, c'est le ***dieu créateur de l'humanité*** et donc le ***grand bienfaiteur.*** Son originalité, c'est que, non content d'être un dieu, il est aussi le roi des Toltèques, qui règne sur Tula. On comprend qu'il soit vénéré : il est même allé jusqu'en Enfer pour récupérer les os des morts afin de redonner vie à l'humanité. Alors qu'il tente d'échapper au dieu des Enfers, il fait tomber les os ; mais au lieu de fuir, il s'arrête au péril de sa vie pour les ramasser, les arrose de son sang et donne ainsi naissance aux hommes. Les humains sont donc les ***fils de Quetzalcóatl*** qui, en bon père, leur offre le maïs, leur enseigne l'agriculture et la science, leur apprend à polir le jade, invente le calendrier, etc. La vie de ce dieu bienfaisant est celle d'un saint qui jeûne et fait pénitence. Mais, bien entendu, ***son frère Tezcatlipoca*** (qui, sur un plan symbolique, ***représente son ombre ou ses aspects obscurs***) le fait tomber dans le péché de la chair. Quetzalcóatl doit alors abandonner son trône et fuir Tula en direction de la côte du golfe du Mexique, où il prend la mer. Le Mexique est alors livré aux maléfices du dieu noir Tezcatlipoca et aux autres dieux qui réclament des sacrifices humains. On attend avec impatience le retour du prince de Tula...
– ***Tlaloc :*** important, lui aussi. À tel point qu'il règne sur un pied d'égalité avec Huitzilopochtli et qu'on le trouve à ses côtés dans les temples. C'est qu'il représente la pluie, l'eau et l'orage ; autrement dit, c'est à lui qu'appartient le maïs. C'est évidemment le ***dieu suprême des paysans...*** Son culte est très ancien.

LARMES BIENVENUES

Pour honorer le dieu de la Pluie, Tlaloc, on choisissait de préférence des enfants que l'on noyait. Leurs pleurs avant le sacrifice étaient de bon augure, puisqu'ils symbolisaient les abondantes pluies que l'on attendait de Tlaloc.

– ***Huitzilopochtli :*** on lui attribue une ***naissance prodigieuse,*** sa mère ayant été fécondée par une boule de plumes qui renfermait l'âme d'un sacrifié. Il naît déjà armé et chasse les ennemis de sa mère, c'est-à-dire ses frères les étoiles et sa sœur la Lune. Huitzilopochtli est donc vraiment le ***créateur du jour,*** c'est-à-dire le ***dieu Soleil...*** Mais ce combat contre l'obscurité se répète tous les matins. Or, pour que le Soleil puisse triompher et se lever chaque jour, il a besoin de forces régénératrices. C'est donc un devoir pour l'homme – ou plutôt une nécessité vitale – de l'alimenter en lui offrant son sang, principe de vie. On voit comment le sort du peuple aztèque est lié à celui du dieu Soleil ; et combien étaient indispensables les sacrifices humains.

Une société cloisonnée et disciplinée

Une ville construite sur un site instable (tremblements de terre et inondations), une population nombreuse, un état de guerre permanent, un univers fragile soumis à la volonté des dieux... tout cela requérait une ***organisation sociale sans faille*** et une autorité incontestée. On l'a vu, la religion – et donc les prêtres – jouait un rôle clé dans le maintien de cette structure sociale. La société aztèque était ainsi parfaitement organisée en ***castes.***

L'***agriculture*** tenait, bien sûr, une ***place extrêmement importante...*** Les Aztèques avaient compris et développé le principe de la fertilisation de la terre (ils récupéraient, par exemple, les excréments humains !). Ils avaient notamment mis au point la technique des *chinampas,* des ***îlots artificiels*** construits à l'aide de branchages, de pierres et de vase, qui servaient de champs (on peut encore en avoir une idée approximative en se baladant sur les ***canaux de Xochimilco,*** au sud de Mexico). Hormis le maïs et la citrouille, on cultivait le haricot *(frijol),* la courge, la tomate et le *chile* (piment). De l'agave *(maguey),* les Aztèques utilisaient non seulement les fibres pour confectionner des cordes, des textiles et des chaussures, mais aussi les feuilles qui servaient à fabriquer les toitures des maisons, et la sève dont était tirée une boisson plus qu'euphorisante appelée *octli* (*pulque* de nos jours). Mais bien d'autres ingrédients en provenance des confins de l'empire arrivaient chaque jour au grand marché de Tenochtitlán : le très recherché cacao dont on tirait une boisson, le *xocolatl,* censée avoir des vertus aphrodisiaques et qui était réservée à la noblesse (il coûtait très cher) ; la neige que des coureurs de fond allaient ramasser sur la cime du volcan Popocatépetl et rapportaient à toute vitesse pour la servir recouverte de sirop, l'ancêtre du sorbet. Tous les chroniqueurs, y compris les conquistadores, s'émerveillent de la profusion du marché et de son organisation.

UN ÉCORCHÉ VIF

Xipe Tótec, patron des orfèvres, était surtout le dieu du Renouveau de la nature et de l'agriculture. Les sacrifiés en son nom étaient dépiautés après le combat et leurs crânes empilés sur des autels en forme de râteliers.

Au sein de la société, les ***artisans*** formaient une classe nombreuse et à part. Ceux qui travaillaient l'or, l'argent et le cuivre, l'obsidienne et le jade, ou qui se consacraient à l'art de la plume étaient appelés *Toltecas,* en référence à la civilisation toltèque née de Quetzalcóatl. Pour cette ville lacustre, sans autres ressources que celles du lac, la soumission des provinces de l'empire était une nécessité vitale puisqu'elle permettait non seulement de récupérer des butins de guerre et de lever des tributs, mais aussi et surtout d'assurer la sécurité des routes commerciales. Car le commerce était vite devenu essentiel pour la société aztèque, toujours plus avide de produits rares et exotiques. On comprend pourquoi la corporation des marchands, les *pochtecas,* disposait d'un statut particulier et jouissait d'importants privilèges. D'énormes caravanes partaient régulièrement vers les provinces les plus reculées et revenaient à Tenochtitlán chargées de produits de luxe : du jade, des coquillages, des émeraudes, des écailles de tortues, des bois précieux, de l'ambre et surtout les longues plumes caudales du fameux quetzal des forêts du Guatemala. Ce sont probablement ces marchands qui rapportèrent à Moctezuma les 1ers témoignages de ces étranges oiseaux blancs flottant sur les eaux le long des côtes du Yucatán. En effet, depuis quelques décennies, les caravelles espagnoles, celles de Christophe Colomb notamment, croisaient dans les parages. L'une d'elles, avec à son bord un certain Hernán Cortés, n'allait pas tarder à accoster sur la côte du golfe du Mexique.

HISTOIRE MODERNE ET CONTEMPORAINE

La conquête espagnole

Éléments du succès

Comment la petite armée de Cortés – à peine 600 hommes – put-elle venir à bout d'un empire, vaincre la majestueuse Tenochtitlán et soumettre ce peuple de guerriers ? L'histoire de la conquête est celle d'un ***vaste malentendu,*** d'un quiproquo tellement énorme qu'on pourrait presque croire que les Aztèques ont tout fait pour accomplir leur tragique destin. La méprise commence par une série de ***funestes présages*** qui sèment la peur et provoquent une sensation de cataclysme imminent dans les esprits : le temple de Huitzilopochtli prend feu et tombe en ruine, une comète passe dans le ciel, l'eau de la lagune s'agite brusquement avec furie sans raison apparente... Il y a bien là de quoi tourmenter des esprits dominés par l'attente de la fin du monde. Le malentendu, c'est aussi et surtout cette ***vieille légende*** datant de la période toltèque qui prévoit le retour d'exil de Quetzalcóatl à cette période. Celle-ci impressionne fortement le ***roi aztèque Moctezuma II,*** hanté par des rêves annonciateurs d'apocalypse. Or, précisément, une rumeur circule dans son empire sur l'apparition de ***mystérieux étrangers sur les côtes du Yucatán...*** Moctezuma ne fut sans doute pas surpris d'apprendre, en ***mars 1519,*** la nouvelle du débarquement, dans la rade de l'actuelle Veracruz, d'une étrange race d'hommes barbus. Les prophéties annonçant le retour de Quetzalcóatl s'étaient donc réalisées et Cortés fut d'abord sans doute considéré comme un émissaire de l'ancien dieu toltèque, sinon comme la divinité elle-même.

Un autre malentendu est lié à l'***évaluation des forces de Cortés,*** qui se résumaient en fait à bien peu de chose. Mais les Indiens, conditionnés par les prophéties, se laissèrent fortement impressionner par les 11 navires, les quelques bruyants canons et les 16 chevaux de Cortés. N'utilisant pas eux-mêmes le cheval, ils crurent d'ailleurs que les cavaliers ne formaient qu'un seul et même personnage au corps de cerf et buste d'être humain. Lors des batailles, Cortés ordonnait le retrait immédiat des cadavres des soldats afin de maintenir intacte la croyance qu'ils étaient immortels. Lorsque les Aztèques se rendirent compte de la supercherie, il était déjà trop tard. Cortés avait déjà ses alliés parmi les populations autochtones !

DÉSÉQUILIBRE DES ARMES

Aux canons, mousquets, épées d'acier, armures et chevaux caparaçonnés des Espagnols, les Aztèques ne pouvaient opposer que des haches ou épées de bois garnies de lames en obsidienne, des boucliers en peau, des flèches et des protections de coton rembourré. En dehors du nombre, l'efficacité des armes n'était vraiment pas en leur faveur.

Cette ***stratégie d'alliance*** fut d'ailleurs l'autre clé du succès des conquistadores. De nombreux peuples soumis aux Aztèques ne pensaient qu'à une chose : se venger de leurs maîtres sanguinaires, qui venaient en permanence chercher chez eux des prisonniers pour leurs sacrifices et réclamer des impôts. Le machiavélique ***Cortés*** a su tirer parti de cette situation pour sceller des alliances avec les ennemis de l'empire et ***renforcer ainsi sa maigre armée... Autre facteur déterminant,*** les Aztèques se battaient non pas pour tuer mais pour faire des prisonniers destinés aux sacrifices humains. Une énorme perte de temps dont tirèrent avantage les Espagnols, qui ne s'embarrassaient pas de telles considérations. Enfin, le massacre fut relayé, vers la fin de la conquête, par les ***maladies importées,*** notamment la variole, véritable épidémie au sein d'une population non-immunisée.

La fin d'un empire

À son arrivée, ***Hernán Cortés fonde la ville de Veracruz...*** Puis, après avoir beaucoup appris sur l'Empire aztèque grâce à ses 1ers contacts sur la côte, il en « embauche » plusieurs centaines et, avec quelques Espagnols seulement, commence sa marche sur la capitale Tenochtitlán.

UNE VRAIE PESTE !

Plus dévastatrice que les Espagnols, c'est la variole introduite sur le continent qui anéantit véritablement l'armée aztèque. Cette maladie, inconnue à l'époque en Amérique, se propagea par la respiration et les vêtements souillés. En 50 ans, les Aztèques perdirent 90 % de leur population.

Moctezuma le reçoit avec tous les honneurs, il lui offre même une coiffure de plumes de quetzal, emblème de la double dignité, royale et divine, de Quetzalcóatl. Mais ***les Aztèques attaquent Veracruz,*** tuant des Espagnols, et la situation menace de dégénérer : Cortés, fin stratège, exige de Moctezuma qu'il lui remette les guerriers aztèques responsables et les brûle vifs devant les portes du palais – ce qui ne manque pas d'impressionner favorablement les Indiens ! Il oblige Moctezuma à reconnaître la souveraineté du roi Charles Quint et à lui payer une rançon en or et en bijoux (ben tiens donc !).

Le répit n'est que de courte durée. ***Cortés*** apprend bientôt qu'une force espagnole commandée par Narvaez vient de débarquer pour lui retirer le commandement : il l'affronte, remporte la victoire et revient à Tenochtitlán pour découvrir que le peuple s'est soulevé contre ses hommes, et que Moctezuma a été tué, dans des circonstances troubles (révolte des Aztèques face à la trahison du souverain ? devenu inutile et liquidé par les Espagnols ?). Durant la ***bataille de la nuit du 29 au 30 juin 1520,*** la *Noche Triste,* Cortés perd près de la moitié de ses troupes. Il se tourne alors vers les tribus ennemies des Aztèques et entreprend le démantèlement de l'empire. La bataille décisive contre la capitale a lieu le 13 août 1521. ***Cortés rase alors Tenochtitlán*** et ***fonde Mexico sur ses ruines l'année suivante.***

ARISTOCRATIE MILITAIRE

Les guerriers-aigles et les guerriers-jaguars constituaient l'élite de l'armée aztèque. Pour obtenir ce statut, il leur fallait capturer au moins 4 prisonniers en une seule bataille ! Privilèges à la clé : le droit de porter des bijoux et des vêtements distinctifs, de dîner dans le palais royal, d'entretenir des concubines, de manger de la chair humaine et de boire du pulque *(boisson fermentée).*

LA TRAHISON DE LA *MALINCHE*

Cette jeune femme indienne issue d'une famille noble aztèque fut offerte aux Espagnols par des marchands d'esclaves mayas. Séduit par sa beauté, Cortés la prit pour maîtresse, et elle lui donna un fils. Rejetée par les siens, la Malinche (alias Doña Marina) joua un rôle capital dans la conquête du Mexique, grâce à sa connaissance des langues locales. Dans le Mexique contemporain, la Malinche demeure une figure contradictoire populaire, à la fois symbole de la trahison et victime consentante, mais aussi mère du peuple mexicain moderne.

L'occupation espagnole et ses conséquences

Le Mexique devient une ***vice-royauté de la Nouvelle-Espagne*** en 1535. Malgré une certaine opposition de la papauté, les ***Amérindiens*** sont exploités, maltraités et ***réduits en esclavage...*** En théorie, ils étaient considérés comme des « pupilles de la nation » que la couronne espagnole devait protéger, éduquer et convertir... en échange de quoi ils devaient travailler gratuitement pour le compte des colons. Ce système s'appelait l'*encomienda,* le « service ». Lorsque le père dominicain ***Bartolomé de Las Casas*** débarque en 1512, il se rend peu à peu compte qu'il assiste à une véritable extermination. Il tente d'influencer le roi pour adoucir le sort des Amérindiens. Les lois promulguées en 1542 les mettent sous la protection de la couronne d'Espagne, en exigeant des autorités coloniales de ***sévir contre les abus*** des *encomenderos* et de ne plus attribuer de nouvelles *encomiendas...* Ces lois, à la durée éphémère, provoquent un soulèvement des *encomenderos* et la mort du vice-roi du Pérou. Charles Quint éprouve alors la nécessité de trancher définitivement la question.

La controverse de Valladolid

Ce que l'on nomme « la controverse de Valladolid » est donc le ***débat*** demandé par Charles Quint pour « traiter et parler de la manière dont doivent se faire les conquêtes dans le Nouveau Monde, afin qu'elles se fassent avec justice et en sécurité de conscience ». Il se déroule à Valladolid, en Espagne, en 2 temps, entre 1550 et 1551, en présence de théologiens, juristes, administrateurs du royaume et des colonies, et de 2 spécialistes aux thèses opposées : ***Bartolomé de Las Casas,*** protecteur officiel de la cause indienne, et le ***théologien humaniste Juan Ginés de Sepúlveda,*** plus prompt à justifier les conquêtes espagnoles pour « la juste cause ».

Les 2 parties s'accordent d'emblée sur le devoir de conversion des Indiens incombant aux Espagnols, mais diffèrent sur les moyens pour y parvenir : colonisation pacifique et vie exemplaire pour Las Casas (qui considère la conversion forcée comme contraire à l'Évangile) ; colonisation institutionnelle où la force est légitimée par la nature cruelle des civilisations précolombiennes (sacrifices humains, anthropophagie, etc.), pour Sepúlveda. À l'issue des débats, chacun se proclame vainqueur !

Une loi interdit la vente de terres indiennes et le pouvoir des *encomenderos* est limité. Un nouveau type d'organisation est mis sur pied : les « *reducciones* » qui visent à reconstituer des communautés indiennes agraires dotées de terres et d'une gestion autonome, favorisant à la fois l'essor économique et leur évangélisation. Entre 1550 et 1580, l'ancien régime du travail gratuit et illimité des Indiens est remplacé par un système de travail obligatoire et rétribué ; cependant, les abus, les illégalités et les extorsions restent monnaie courante... En réalité, Las Casas a échoué : ***ses thèses sont désavouées...*** Et l'esclavage, qui avait tout de même été officiellement supprimé dès 1542, continue à sévir ***clandestinement.***

Postérieurement, les arguments de Las Casas sont surtout repris par les nations ennemies (notamment calvinistes) pour colporter le noir tableau d'une Espagne ***tyrannique, rétrograde et obscurantiste,*** qui a exterminé les habitants du Nouveau Monde. Vers 1650, ***la population indigène est, de fait, réduite à 2 millions,*** alors que son nombre avoisinait 25 millions au moment de la Conquête (voir plus loin « Population »).

Alors ? La controverse de Valladolid, « le 1er procès des Droits de l'homme » ? À n'en pas douter, car il s'agit bien du Droit de l'homme à l'existence, à la reconnaissance de sa condition... même si l'application s'est révélée autrement plus complexe.

Prospérité de la Nouvelle-Espagne

L'exploitation des mines d'argent découvertes dans le Nord fait de la Nouvelle-Espagne le 1er producteur d'argent du monde jusque dans les années 1570. Au début du XVIIe s se constituent les ***haciendas*** (exploitations agricoles extensives), consacrées aux cultures tropicales : maïs, canne à sucre, cacao, indigo et cochenille... Au nord, exposé aux attaques des Indiens nomades, les colons créent d'immenses *estancias*-forteresses, s'arrogeant droit de justice, où les *peones* cultivent le blé et font paître d'immenses troupeaux de bovins. Bientôt, les mines déclinent, le commerce avec l'Espagne diminue et la corruption administrative donne aux créoles une ***relative autonomie.*** C'est à la fois une époque de consolidation des bases de la société mexicaine moderne, mais aussi de repliement. Au nord, une société blanche ou métisse exploite les mines, tandis qu'ailleurs l'***aristocratie créole*** demeure propriétaire des haciendas. Les Indiens nomades encore indépendants côtoient les tribus sédentaires déjà évangélisées par les missionnaires. À la fin du XVIIIe s, le Mexique redevient le 1er producteur d'argent du monde. À la veille de l'indépendance, on peut considérer que la Nouvelle-Espagne pèse autant à elle seule que le reste de l'Empire espagnol.

L'indépendance

L'indépendance du Mexique actuel trouve ses ***fondements dans la Révolution française*** et la vague des ***doctrines philosophiques*** qui balaya l'***Europe*** sous la bannière « Liberté, Égalité, Fraternité ». Un grand ***soulèvement populaire*** se prépare sous les directives d'un simple prêtre très versé dans la littérature révolutionnaire, ***Miguel Hidalgo...*** Il en ***donne le signal le 16 septembre 1810.*** Ce fut surtout le départ d'une ***révolution avortée,*** suivie d'un chaos inextricable. Entre 1821 (date où le vice-roi Odonojú signe avec le général Iturbide le traité de Córdoba assurant l'indépendance du Mexique) et 1876 (date de l'arrivée au pouvoir du dictateur Porfirio Díaz), il y eut 2 régences, 2 empereurs, plusieurs dictateurs et suffisamment de présidents pour que le Mexique ne connaisse pas moins de 74 gouvernements !

DRAPEAU MEXICAIN

Le vert représente la foi du peuple mexicain en son destin ; le blanc, la pureté de ses idéaux ; et le rouge, le sang des martyrs de la patrie. Au centre se trouve le fameux écusson figurant un aigle royal posé sur un nopal (figuier de Barbarie) en train de dévorer un serpent. L'aigle représente la force cosmique du soleil ; le nopal, les forces de la nature ; et le serpent, les potentialités de la terre.

Les guerres du Mexique

Dans les ***années 1820-1830,*** des ***colons américains,*** de plus en plus nombreux, s'installent au ***Texas...*** Devenus majoritaires, ils manœuvrent pour détacher le territoire du Mexique : après une courte guerre, ***la république indépendante du Texas est proclamée en 1836...*** 9 ans plus tard, la jeune nation intègre officiellement l'Union. La ratification du traité met le feu aux poudres, le 13 mai 1846. Après une guerre courte mais pénible, consécutivement à la prise de Veracruz en mars 1847, puis de Mexico, ***un traité est signé le 2 février 1848*** par le général ***Lopez de Santa Anna*** : contraint et forcé, il vend le Texas aux États-Unis pour 15 millions de dollars, leur donne la Californie et laisse le Nouveau-Mexique libre de choisir son statut (il optera plus tard pour les États-Unis d'Amérique). ***Le río Grande se mue en frontière naturelle.***

Dès 1848, à la demande du gouvernement du Nicaragua, qui souhaite le percement d'un canal interocéanique, ***Louis-Napoléon Bonaparte*** caresse l'idée de mettre en valeur les contrées inexplorées d'Amérique centrale. Son but : ***créer une nation latine sous influence française pour faire face au bloc anglo-saxon des États-Unis...*** Le prétexte va bientôt lui être fourni. Après une guerre civile entre partisans conservateurs et libéraux qui voit l'avènement de ces derniers au Mexique, le ***président libéral Benito Juárez*** décide de ***suspendre le paiement de la dette*** du pays. Craignant pour les intérêts de leurs ressortissants, les gouvernements anglais, espagnol et français lui expédient illico une lettre de protestation. Dans la foulée, des troupes débarquent ***fin 1861 à Veracruz.*** Si l'Angleterre et l'Espagne signent rapidement avec Juárez la convention de Soledad, les Français, eux, décident de rester. ***Napoléon III*** envisage d'***établir au Mexique un empire*** sur le trône duquel il placerait son ami dévoué Maximilien d'Autriche, qui vient justement d'être révoqué du titre de vice-roi de Lombardie.

MOT À MOT

L'origine du mot gringo *remonte à 1846, lors de la guerre entre le Mexique et les États-Unis. Les troupes nord-américaines allaient au combat en entonnant la chanson populaire* Green grows the grass... *que les Mexicains comprenaient comme « Gringos the grass »...*

Le corps expéditionnaire français arrive devant Puebla le 5 mai 1862. Après un siège de près de 1 mois, la ville capitule, et Mexico suit son exemple le 10 juin. ***Proclamé empereur en 1864, Maximilien de Habsbourg*** s'attire très rapidement des problèmes en raison de sa politique libérale opposée aux intérêts de l'Église et des riches propriétaires terriens. Il perd ainsi son seul soutien, celui de la droite réactionnaire... Au même moment, les États-Unis commencent à appuyer les troupes libérales de Juárez, qui regagne peu à peu du terrain, jusqu'à la bataille de Querétaro, où Maximilien est ***fusillé le 19 juin 1867*** (sur Maximilien, voir aussi « Personnages »).

L'INVENTION DU CHEWING-GUM

Les Mayas avaient déjà l'habitude de mâcher la sève du sapotier, appelée chicle. En 1869, un général mexicain se réfugia aux États-Unis en emportant 250 kg de chicle. Son but était de remplacer le caoutchouc. Sans succès. Un Américain, Adams, pensa alors à le mélanger à du sirop et en fit de la pâte à mâcher.

« Dictadores y revolución » : soubresauts d'une république

De 1876 à 1911, le dictateur ***Porfirio Díaz*** apporte au pays une ***stabilité politique*** suffisamment forte pour attirer les investisseurs étrangers (voir « Personnages »). Mais c'est tout ce qu'on peut dire pour sa défense. Le mécontentement qui grondait dans l'ombre prend alors le visage de ***Francisco Madero,*** un grand propriétaire terrien ***partisan d'une ouverture démocratique,*** qui appelle à l'insurrection générale, ***renverse Porfirio Díaz en 1911,*** puis se fait élire président. Mais Madero ne sait pas concilier les attentes des différents courants révolutionnaires, fait des ***compromis désastreux*** et se met à dos les capitaux américains.

Le ***nouveau régime*** est ***instable.*** En 1910, conséquence du Porfiriat, 820 propriétaires terriens possèdent 95 % des terres cultivables. Nulle part au monde les richesses ne sont si concentrées. Menées par ***Pancho Villa*** et ***Emiliano Zapata,*** les ***révoltes paysannes*** continuent de secouer le pays. Leurs leaders, ne se satisfaisant pas d'un régime parlementaire, combattent pour la mise en place d'une ***réforme agraire*** qui assurerait la juste redistribution des terres aux petits paysans.

« ARMÉE MEXICAINE »

Dans les années 1910, les armées révolutionnaires entamèrent une guerre civile dirigée par Pancho Villa au nord et Zapata au sud. Pour se rallier les paysans, on n'hésitait pas à leur attribuer des grades honorifiques. Résultat : beaucoup de généraux et peu de véritables soldats !

Cette situation insurrectionnelle permet à quelques ambitions personnelles de se réaliser : le contre-révolutionnaire ***Huerta*** impose sa dictature, mais pas pour longtemps. D'abord soutenu par les Américains, il les affronte bientôt : le nouveau président Wilson, mécontent de sa politique économique plus favorable aux capitaux européens, décide de ***soutenir Pancho Villa et Venustiano Carranza,*** un ancien ministre de Madero. Ce dernier devient président (1915) et fait promulguer une ***nouvelle Constitution*** empreinte de réformisme social et d'anticléricalisme. Mais le pays est encore loin d'être pacifié. Carranza mènera la guerre encore pendant 5 ans contre les conservateurs et les grands propriétaires d'une part, et contre les guérilleros de Villa et de Zapata d'autre part (voir « Personnages »). Ce n'est qu'***en 1920*** que ***la guerre civile prend fin. Zapata, Carranza, puis Pancho Villa sont assassinés.***

Le XXe siècle : népotisme et corruption

L'histoire politique contemporaine du Mexique est celle d'un régime plus qu'original : la ***démocratie à parti unique*** ! De 1928 à 2000, tous les présidents sont sortis des rangs du PRI, le Parti révolutionnaire institutionnel (notez le paradoxe...), qui cherche à concilier toutes les tendances en même temps... Cette ***hégémonie*** s'est maintenue ***durant plus de 70 ans grâce au clientélisme, à la corruption et à la fraude électorale...*** La machine était parfaitement huilée. Comme le mandat présidentiel n'est pas renouvelable, c'est le ***président sortant*** qui, à la fin de son mandat de 6 ans, ***désignait le prochain candidat*** – autrement dit le futur président. C'est le fameux *dedazo,* littéralement « coup de doigt », le président indiquant de son index tout-puissant son dauphin au cours d'une réunion du conseil des ministres. Cette coutume a longtemps assuré la continuité du système tout en donnant l'impression d'un changement à travers une nouvelle génération, contentant ainsi les aspirations au renouveau. En réalité, le désigné n'est jamais qu'un héritier fidèle et soumis, garant du maintien de cette « dictature parfaite », selon l'expression de l'écrivain Mario Vargas Llosa. ***Si le poulain se montrait par trop rebelle ou progressiste, il disparaissait,*** comme ce fut le cas de ***Luis Donaldo Colosio,*** candidat officiel du PRI, ***assassiné*** au cours de la campagne de l'élection présidentielle de 1994.

« La dictature parfaite »

À l'actif du PRI : la ***stabilité politique...*** Durant le 1er versant du XXe s, le président Lázaro Cárdenas a mené à bien la ***réforme agraire.*** Achevée en 1936, celle-ci a octroyé 17 millions d'hectares aux paysans regroupés en coopératives *(ejidos).* Autre mesure d'importance : la ***nationalisation des compagnies pétrolières en 1938,*** suivie de l'entrée en guerre contre le fascisme en 1942 (quelques escadrons envoyés en Europe). Après la guerre, la ***politique d'industrialisation*** fut poursuivie, soutenue par une opération « portes ouvertes » aux capitaux étrangers. Cependant, l'arrivée au pouvoir de ***Luis Echeverría (1970-1976)*** marqua un ***virage vers la gauche,*** avec un programme de nouvelles réformes agraires et de nationalisations dans le secteur des matières premières (et des banques). L'élection en 1982 de Miguel de la Madrid marqua un retour en force de l'aile droite du parti avec son cortège de privatisations, politique d'austérité et rigueur sociale. Un mandat marqué par le terrible tremblement de terre de Mexico en 1985 (10 000 morts)... ***En 1988, Carlos Salinas de Gortari*** fut élu avec à peine plus de 50 % des voix, entraînant la contestation de son élection, puis de son mandat tout entier. Que pouvait attendre le Mexique d'un président qui a tué son cheval d'une balle de revolver pour avoir perdu aux Jeux olympiques ? Pas grand-chose, sinon de la ***corruption à grande échelle.*** Le temps d'un sexennat, ***l'homme devint multimilliardaire.*** Son frère finit en prison et lui en exil, au lendemain d'une ***grave crise économique*** qui vit en quelques jours le peso perdre 50 % de sa valeur.

Schizophrénie à la mexicaine

Les années 1990 font écho à un monde grippé, agrippé à ses vieux réflexes. Le système institutionnel essaie de maintenir la façade coûte que coûte, mais le peuple y croit de moins en moins. Les *telenovelas* et la publicité, omniprésentes, vantent l'archétype de la réussite en ne montrant que des Blancs, rien que des Blancs. Les indigènes, eux, apparaissent dans des rôles de voleurs, malfrats ou d'idiots du village... ***Pour l'élite du pays, tout ce qui est mexicain est objet de rejet :*** un phénomène appelé ici le *malinchismo,* du nom de la *Malinche* (ou *Malintzín*), Indienne vendue par sa mère à des marchands mayas et offerte à Cortès comme prostituée, qui devint sa maîtresse et son interprète. Une figure ambiguë, à la fois révérée comme la mère du Mexique, et méprisée pour sa « trahison » et sa soumission aux Espagnols. Il y a pourtant près de 500 ans que la colonisation a eu lieu, mais ***la situation des indigènes n'a pas évolué.***

Le Mexique change pourtant, sous l'influence grandissante des États-Unis. L'ALENA, signé en 1994, n'a fait que renforcer le ***processus de fascination-rejet.*** *Pobre México, tan lejos de Dios y tan cerca de los Estados Unidos* (« Pauvre Mexique, si loin de Dieu et si près des États-Unis »), disait Porfirio Diaz... Désormais, les riches vont faire leurs emplettes à Houston, s'amuser à Las Vegas et se reposer à Miami. Les indigènes, eux, fournissent une main-d'œuvre bon marché et inépuisable pour les entreprises mexicaines et étrangères, tandis que leurs femmes travaillent comme servantes dans les maisons de la bourgeoisie.

L'entrée dans le XXIe siècle : entre démocratisation et corruption

En 1994, le jour même de la signature de l'ALENA, la ***question indigène*** s'impose dans le débat ***avec la révolte des Indiens du Chiapas,*** menés par le sous-commandant ***Marcos*** (lire l'introduction du chapitre « Le Chiapas » et la rubrique « Personnages »). En réponse, le nouveau président ***Ernesto Zedillo*** réalise quelques ***réformes.*** La plus significative concerne l'organisation politique du district fédéral de Mexico : auparavant nommé par le président de la République, ***le maire de Mexico est désormais élu au suffrage universel.***
L'année 2000 marque un tournant dans l'histoire politique du Mexique. Après 71 ans de domination du PRI, l'élection présidentielle voit la ***victoire de Vicente Fox,*** du Parti d'action nationale (PAN, démocratie chrétienne de droite). Ce tribun populiste, ancien PDG de Coca-Cola Mexique, a du pain sur la planche : réforme de l'État, éradication de la pauvreté, lutte contre la corruption, combat contre la violence, réforme de l'éducation, accords de paix au Chiapas, redistribution des revenus, rééquilibrage Sud-Nord... À la fin de son mandat, en 2006, la déception est unanime. ***Felipe Calderón,*** membre du PAN comme lui, lui succède sans plus de résultats. D'importants mouvements sociaux secouent le pays, notamment à ***Oaxaca,*** fin 2006, qui voit une grève des enseignants évoluer en occupation du centre-ville par une large coalition d'opposants d'extrême gauche et de syndicalistes pratiquant la démocratie directe. Les barricades tiennent 6 mois.

Vers un narco-État ?

À l'aube du XXIe s, ***la pauvreté touche plus de 45 %*** des quelque 120 millions d'habitants du Mexique. Conséquence directe : la violence urbaine explose, sous forme d'enlèvements et de braquages. Cette montée de l'insécurité n'est pas sans rapport avec le laxisme de la police et la ***corruption du système policier, judiciaire et politique.***
Calderón s'illustre par le déclenchement de la sanglante ***guerre contre le narcotrafic,*** responsable de dizaines de milliers de morts et disparus. Face au démantèlement des réseaux et à la logique de confrontation directe, les représailles des cartels vont crescendo. Cette politique répressive à outrance est poursuivie par ***Enrique Peña Nieto,*** élu en 2012 sous l'étiquette du PRI. Son « ***pacte pour le Mexique*** » promettant plus de démocratie et surtout de ***nombreuses réformes*** sur le plan économique et énergétique se heurte à la puissance du ***narcotrafic*** et ses corollaires, violence et corruption, qui continuent d'empoisonner la société mexicaine. Un événement cristallise la situation : en septembre 2014, ***43 étudiants*** venus manifester à Iguala, dans l'État de Guerrero, sont enlevés par des policiers locaux corrompus avant d'être livrés à un groupe de narcotrafiquants qui, selon la version officielle, les auraient tués puis brûlés. Appuyés par une commission d'enquête internationale, familles et militants dénoncent, eux, un « crime d'État » impliquant les autorités fédérales et l'armée.
Le bilan d'une décennie de guerre contre les cartels est effroyable : 100 000 morts, 27 000 disparus. Tout ça pour bien peu de résultats, malgré l'arrestation de quelques gros bonnets (comme celle d'« El Chapo », le boss du cartel de Sinaloa, en 2016) et le démantèlement de plusieurs réseaux, aussitôt reconstitués. Peu à peu, on découvre avec stupeur le niveau d'infiltration du narcotrafic dans les rangs de la police, au sein de la justice, dans les milieux politiques à l'échelle locale et nationale, et même chez les militaires, longtemps considérés comme incorruptibles. Le Mexique ne serait pas loin de devenir un narco-État, d'autant que des pans entiers de l'économie régulière seraient aussi aux mains des narcotrafiquants...

Le sacre d'AMLO

Le 1er juillet 2018, le candidat de gauche ***Andrés Manuel Lopez Obrador s'impose au 1er tour des élections présidentielles*** avec 53,19 % des voix (c'est sa 3e tentative). Populiste, pas populiste ? Les avis divergent. Son discret soutien au Vénézuélien Nicolas Maduro fait douter certains. Pour ses soutiens, son origine populaire et son humilité sont la meilleure garantie. Aux grands ***projets humanistes*** (santé et éducation gratuites pour tous), à sa volonté de ***promouvoir la démocratie participative,*** de séparer pouvoirs politique et économique, font écho des actes symboliques forts qui contribuent à dessiner le personnage : réduction de moitié des salaires des hauts fonctionnaires, vente de l'avion présidentiel (il ne voyage que sur des avions de ligne), transformation de la résidence présidentielle en centre culturel, volonté de légaliser la marijuana... Pragmatique néanmoins, AMLO le pourfendeur du néolibéralisme entend composer avec le capitalisme et ne pas faire fuir les investisseurs étrangers. Quant à ses relations avec Donald Trump, il joue plutôt, pour l'heure, la conciliation que la confrontation... Vaincre la pauvreté, la corruption et la violence sera une autre histoire. Mais une chose est sûre : la volonté de changement des Mexicains est là. En février 2019, 8 personnes sur 10 le soutenaient mais 2 ans plus tard, il y en a seulement 6 sur 10...

MÉDIAS

Votre TV en français : TV5MONDE, la 1re chaîne culturelle francophone mondiale

Avec ses 11 chaînes et ses 14 langues de sous-titrage, TV5MONDE s'adresse à 370 millions de foyers dans 198 pays par câble, satellite et sur IPTV. Vous y retrouverez de l'information, du cinéma, du divertissement, du sport, des documentaires... Préparez votre séjour grâce à son site voyage ● *voyage.tv5monde.com* ●, et sur place, restez connecté avec les applications et le site ● *tv5monde.com* ● Demandez à votre hôtel le canal de diffusion de TV5MONDE et contacter ● *tv5monde.com/contact* ● pour toutes remarques.

Presse

Outre la presse régionale, on trouve quelques grands quotidiens de référence à diffusion nationale. Ouvertement à gauche et proche des zapatistes, *La Jornada* symbolise peut-être le mieux la liberté de ton acquise depuis 1994. Nombre de ses collaborateurs sont attachés à l'université de Mexico. Plus modéré, le quotidien de centre droit *Reforma* est l'un des plus lus et une référence en matière de couverture de l'actualité internationale. On citera encore *El Universal,* le quotidien le plus lu, sérieux et complet, sans véritable affiliation politique, ainsi que l'*Excélsior,* longtemps proche du PRI. Dans la presse hebdomadaire, *Proceso* tient toujours le haut du pavé grâce à un journalisme d'enquête et des reportages de qualité. Créé en 1976, cet hebdo est le vétéran de la presse d'opposition, mais peine à rajeunir son image.

Télévision

2 groupes privés se partagent le petit écran : TV Azteca et le groupe Televisa. Ce dernier compte plusieurs chaînes nationales, dont la célèbre Canal 2, qui affiche le record d'audience dans le pays... Géant de l'audimat, Televisa est aussi un colosse de la production dans de nombreux domaines : TV, radio, musique, cinéma, sport... Ses investissements dans le câble et le satellite lui permettent de diffuser ses programmes dans toute l'Amérique latine, et même aux États-Unis, bénéficiant de l'audience de l'importante communauté hispanique.

Cela dit, autant Televisa que TV Azteca sont passées maîtresses dans l'art de gaver les téléspectateurs de divertissements lourds, de reality shows gras et de

JT non moins toxiques... Au programme de la petite lucarne : *telenovelas, telenovelas* et *telenovelas* ! Ces feuilletons mettent en scène des héros qui doivent surmonter d'innombrables obstacles pour survivre aux coups du destin, le tout se terminant par un (inévitable) *happy end* où triomphent l'amour et la justice. Ils tiennent en haleine le pays entier, toutes classes confondues. Un véritable phénomène de société quand on sait qu'en moyenne une *telenovela* compte... 160 épisodes ! La concurrence avec Televisa a conduit TV Azteca, 2e producteur de contenus hispanophones au monde, à diffuser des *telenovelas* à caractère plus social.
L'information est l'autre champ de bataille de la concurrence. La ligne éditoriale des journaux télévisés, après avoir été soumise durant des années à la loi de l'autocensure (voire à la censure politique), obéit dorénavant à la recherche de l'audimat. Autrement dit, le ton est passé de celui de la propagande à celui de la presse à sensation ! Heureusement, il existe quelques bonnes chaînes à caractère culturel, comme Canal 22 et l'excellente Canal 11. La TV par câble est très répandue. Dans les hôtels, vous aurez donc accès à de nombreuses chaînes américaines (dont CNN, en anglais ou en espagnol).

Liberté de la presse

Bien qu'il ne soit pas le théâtre d'un conflit armé, le Mexique est l'un des pays les plus dangereux au monde pour les journalistes. La collusion entre le crime organisé et certaines autorités politiques et administratives menace gravement la sécurité des acteurs de l'information et entrave le fonctionnement de la justice du pays à tous les niveaux.
Le Mexique continue de s'enfoncer dans la spirale de l'impunité et de la violence. Avec plus de 120 cas de journalistes assassinés entre 2000 et 2018 – dont 10 pour la seule année 2018 – en lien direct avec leur activité professionnelle, il est le pays le plus meurtrier d'Amérique latine pour la presse.
Dès lors qu'ils s'intéressent de trop près aux affaires gênantes ou au crime organisé, les journalistes sont menacés, réprimandés, voire exécutés de sang-froid. De nombreux autres disparaissent ou sont contraints à l'exil.
Les mandats des présidents Felipe Calderón (2006-2012) et Enrique Peña Nieto (2012-2018) ont été marqués par un nombre record d'assassinats et de disparitions de journalistes (112 cas) et une impunité systémique pour laquelle RSF a saisi la Cour pénale internationale (CPI), en mars 2019. L'arrivée au pouvoir, en décembre 2018, du président López Obrador, qui a fait de la lutte contre la corruption sa priorité, est un motif d'espoir pour sortir de ce cycle de violence. Il doit en priorité renforcer le mécanisme national de protection et le parquet fédéral spécialisé dans les atteintes à la liberté d'expression (FEADLE), dont l'efficacité est régulièrement remise en cause.
Sur le plan économique, le paysage audiovisuel mexicain est caractérisé par une extrême concentration : 2 groupes, Televisa et TV-Azteca, se partagent la quasi-totalité des chaînes de télévision. Les nombreux médias communautaires sont souvent privés de fréquences légales et leurs équipes souffrent de persécutions.

Ce texte a été réalisé en collaboration avec *Reporters sans frontières*. Pour plus d'informations sur les atteintes à la liberté de la presse, n'hésitez pas à consulter leur site :

■ ***Reporters sans frontières :*** ● *rsf.org* ●

PERSONNAGES

– ***La Malinche*** (***Malintzin*** en nahuatl, baptisée ***Marina,*** environ 1496-1529) ***:*** indienne nahua vendue par sa mère comme esclave, elle fut donnée aux Espagnols en 1519 et devint l'interprète et la conseillère personnelle de Cortés (ainsi que sa maîtresse), étant selon lui, « avec Dieu, la principale raison de (son) succès ». Les sources indiennes, de fait, montrent rarement Cortés sans elle. Figure complexe, la Malinche est aujourd'hui perçue comme victime consentante, symbole de trahison, mais aussi comme la mère du peuple mexicain, par son fils don Martín Cortés. Le terme péjoratif *malinchismo* est notamment utilisé pour décrier un mode de vie tourné vers l'étranger plutôt que le national.

– ***Cuauhtémoc*** *(1503-1525)* **:** le dernier empereur aztèque à lutter contre les conquistadores. Succédant à Moctezuma II, c'est à lui qu'incombent les derniers combats pour défendre Mexico-Tenochtitlán assiégé par les Espagnols. Il sera finalement vaincu par Cortés, qui rasera littéralement la ville, le torturera pour obtenir l'emplacement du trésor aztèque (en vain) et le fera pendre, à l'âge de 29 ans.

– ***Bartolomé de Las Casas*** *(1474-1566)* **:** 92 ans ! Record de longévité pour un personnage qui a connu autant d'aventures, de combats, d'engagements. Né sous les remparts de Séville, il effectua une quinzaine de traversées entre le Vieux Continent et le Nouveau Monde. Sa grande bataille fut sans conteste la défense des droits des Indiens. En 1542, il présida pour l'empereur Charles Quint une commission qui édicta des lois sur la liberté des Indiens, leurs droits au travail, leur libre propriété. Les révoltes de colons qui s'ensuivirent eurent raison de ces lois éphémères.

– ***Miguel Hidalgo*** *(1753-1811)* **:** le grand héros de l'indépendance du Mexique. En septembre 1810, ce « brave » curé de province lança son fameux appel aux armes contre la vice-royauté espagnole depuis le parvis de sa paroisse de Dolores (près de Guanajuato). Ce fut le début de la guerre d'indépendance. Aujourd'hui encore retentit, tous les 15 septembre à 23h, l'appel de Dolores : le président de la République, depuis la fenêtre centrale du Palais national donnant sur un *zócalo* envahi par la foule, crie 3 fois : *¡ Viva Mexico !* Jusqu'au moindre petit village, tous les maires reprennent le *grito* (slogan).

– ***Benito Juárez*** *(1806-1872)* **:** le seul président du Mexique d'origine indigène. Cet Indien zapotèque de Oaxaca n'apprit à lire et à écrire qu'à l'âge de 13 ans. D'abord gouverneur de l'État qui l'a vu naître, il devint un acteur politique important durant la période confuse de l'après-indépendance. À la tête du parti libéral et d'une petite armée, il se lança dans la lutte contre les conservateurs et fut élu une 1re fois à la présidence de la République en 1858. Mais il dut affronter les troupes françaises de Maximilien de Habsbourg et, tandis que ce dernier montait sur le trône, il se réfugia dans le nord du pays, à Ciudad Juárez. Soutenu par les États-Unis, il reprit la lutte contre l'empire jusqu'à devenir le 1er président de la République restaurée. Il poursuivit la mise en place de réformes progressistes : constitution libérale, nationalisation des biens de l'Église, laïcité de l'école...

– ***Maximilien Ier de Habsbourg (Maximiliano*** ; *1832-1867)* **:** dérisoire symbole des ambitions impérialistes de Napoléon III, cet archiduc autrichien, frère de l'empereur François-Joseph, coulait des jours tranquilles dans son château près de Trieste quand il fut choisi pour régner sur le Mexique... Sa femme Charlotte (Carlota), fille du roi des Belges, avait beaucoup d'ambition pour lui et rêvait de devenir impératrice comme sa belle-sœur Sissi... Soutenu par le parti conservateur mexicain en lutte contre le régime libéral de Benito Juárez, Maximilien s'installa en 1864 sur le trône impérial au château de Chapultepec de Mexico. Son règne fut bref.

– ***José María Morelos*** *(1765-1815)* **:** curé, héros de la guerre d'indépendance (1810-1821). Habile tacticien, il réussit à occuper une grande partie du Sud-Ouest du pays. Il a laissé son nom à un État et à de très nombreuses rues.

– ***Porfirio Díaz*** *(1830-1915)* **:** 34 ans à la tête du Mexique ! Un record... Originaire de Oaxaca, Díaz vit le jour dans une famille modeste et, dès 16 ans, s'engagea dans l'armée. Il y fit toute sa carrière, et ses succès militaires – notamment contre les troupes françaises et anglaises durant l'épopée maximilienne – le hissèrent au rang de général. En 1877, Porfirio Díaz fut élu à la présidence de la République ; ainsi commença sa longue carrière de dictateur. Il supprima le principe constitutionnel du mandat unique, ce qui lui permit d'être réélu 6 fois de suite !

S'ensuivirent suppression des libertés publiques, censure de la presse et persécution de l'opposition. Au nom de la croissance économique et de l'industrialisation, il accentue la concentration des propriétés et les inégalités ; à la fin de son « règne », les compagnies américaines contrôlent les 3/4 des mines du pays, et 95% des paysans sont sans terre. Devant tant d'injustices, la grogne finit par monter, notamment sous l'impulsion de Madero, de Zapata et de Villa, jusqu'à se muer en révolution (1910). Porfirio Díaz renonça au pouvoir en 1911 et se réfugia à Paris, où il mourut quelques années plus tard... avant d'être enterré au cimetière du Montparnasse !

– ***Emiliano Zapata*** *(1883-1919)* **:** avec **Pancho Villa,** Zapata fut l'un des grands protagonistes de la révolution, le 1er dans le nord du pays, le 2d au sud-ouest. Zapata, issu de la paysannerie métisse, prit la tête d'une armée de paysans indiens au nom de *tierra y libertad* (« terre et liberté »). Leur but : récupérer la terre pour la rendre à ceux qui la travaillent. Sur leur passage, ils ravagèrent les grandes haciendas et leurs plantations de canne à sucre. En 1914, Zapata et Villa entrèrent dans Mexico, mais ils durent se replier peu après. Zapata continua sa lutte contre l'armée du gouvernement de Carranza qui finit par lui tendre un piège où le héros des paysans fut assassiné en 1919. Zapata reste aujourd'hui le symbole de la lutte paysanne contre la misère et pour la répartition équitable de la terre.

– ***Le sous-commandant Marcos :*** mais qui se cache donc sous cette cagoule ? Il s'agirait de Rafael Guillén (né en 1957), licencié en philosophie et en sociologie, qui aurait enseigné dans une université de Mexico et même étudié un temps à la Sorbonne. Le port de la cagoule, outre le fait d'être un formidable outil médiatique, vaut symbole : « Nous autres, Indiens, nous étions invisibles, il a fallu que nous nous cachions le visage pour que l'on nous voie... » proclame ce militant altermondialiste. Marcos a rejoint en 1984 le noyau de l'EZLN dans la forêt lacandone, avant de prendre la tête de la guérilla qui, en janvier 1994, parvint à s'emparer de San Cristóbal de las Casas. Le mouvement ne dura qu'une dizaine de jours. Très vite, c'est la plume de Marcos qui devint son arme principale – et sa capacité à médiatiser son combat. Le 25 mai 2014, le sous-commandant Marcos a annoncé qu'il quittait définitivement la direction du mouvement EZLN. En 2016, l'État mexicain a abandonné toute poursuite contre lui.

– ***Diego Rivera*** *(1886-1957)* **:** père du muralisme mexicain et de l'art engagé (membre du parti communiste), Diego Rivera est né à Guanajuato. C'est sur les murs de sa chambre d'enfant, disait-il, qu'il peignit ses 1res fresques. Il poursuivit sa formation en Espagne et à Paris, où il se nourrit de l'influence des cubistes, de Mondrian et surtout de Picasso. Il développa son propre style, plus réaliste, fortement teinté de mexicanité, introduisant des figures et des symboles aztèques dans ses peintures. Il revint au pays en 1921, peu de temps après la révolution, alors que naissait le mouvement pro-indigène. Diego Rivera peignit son 1er *mural* en 1922, *Creación...* Il réalisa des dizaines d'autres fresques gigantesques dans les bâtiments publics, ses œuvres devenant de plus en plus engagées politiquement.

– ***Frida Kahlo*** *(1907-1954)* **:** frappée dans sa chair, la plus grande artiste mexicaine a trouvé un exutoire dans la peinture. À l'âge de 6 ans, elle fut atteinte de poliomyélite et, à 18 ans, un terrible accident de tramway la laissa en partie paralytique, l'obligeant à marcher avec des béquilles l'essentiel de sa vie. Elle subit plus de 30 opérations. Forte personnalité, elle milita au parti communiste, s'habillait avec des vêtements indiens, eut de multiples liaisons (Léon Trotski et l'épouse d'André Breton pour les plus célèbres), en parallèle d'une relation compliquée avec Diego Rivera, de 21 ans son aîné (mariage, divorce, remariage !). Proche un temps des surréalistes, elle fut dégoûtée de ces « foutus intellectuels pourris » lors d'un séjour à Paris. D'une volonté de fer, elle participa, alors que ses médecins la contraignaient à rester couchée, au vernissage de sa 1re exposition... sur son lit d'hôpital. Elle mourut à l'âge de 47 ans dans sa « maison bleue » *(Casa Azul)* de Coyoacán.

– ***Octavio Paz*** *(1914-1998)* **:** fils d'un avocat (qui fut conseiller d'Émilio Zapata) et d'une mère andalouse, c'est le seul Mexicain à avoir décroché, à ce jour, le prix Nobel de littérature, en 1990. Comme Pablo Neruda, il embrassa assez tôt une carrière diplomatique et vécut dans plusieurs pays (Espagne, France, États-Unis, Inde, etc.), fréquentant bon nombre de grands artistes et écrivains du siècle. Il laisse derrière lui une œuvre – poétique surtout – très importante.

– ***Luis Buñuel*** *(1900-1983)* **:** considéré comme l'un des plus importants réalisateurs de l'histoire du cinéma, Buñuel, espagnol naturalisé mexicain, fréquenta à ses débuts le milieu des dadaïstes et des surréalistes (André Breton, Salvador Dalí...) avant de se consacrer au grand écran. Son œuvre est inclassable mais toujours subversive et à charge contre la bourgeoisie, un de ses thèmes fétiches. Ses films les plus connus sont *Un chien andalou* (1929), *Los Olvidados* (1950), *Belle de jour* (1967) ou *Le Charme discret de la bourgeoisie* (1972). Il émigra au Mexique pour échapper à la censure franquiste puis retourna en Europe pour y tourner son dernier film, *Cet obscur objet du désir* (1976).

– ***Carlos Santana*** *(1947)* **:** l'un des meilleurs guitaristes au monde ! À 17 ans, il joue dans les bars de Tijuana puis rejoint sa famille aux USA. Affublé de sa guitare électrique et de sa légendaire moustache, il fonde son groupe *(Santana Blues Band)* à San Francisco. Au festival de Woodstock, son morceau *Soul Sacrifice* enivre la foule. Son jeu de guitare a des inspirations multiculturelles et on l'associe à la naissance de la *world music.* Souvent comparé à Jimi Hendrix, Santana a multiplié les collaborations avec de célèbres chanteurs (Tina Turner, Joe Cocker, Steven Tyler) et musiciens. Plus récemment, il s'est associé au rappeur Wyclef Jean pour le titre *Maria Maria.*

– ***Salma Hayek*** *(1966)* **:** actrice et productrice mexicano-libano-américaine. Elle participe à des émissions au Mexique puis tente sa chance aux États-Unis. Elle est remarquée par le réalisateur Rodriguez (*Desperado,* 1995 ; *Une nuit en enfer,* 1996), joue dans de nombreux films avant d'endosser son plus grand rôle, en 2002, dans *Frida,* pour lequel elle reçoit un oscar. Elle est aussi reconnue pour de grosses productions telles que *Wild Wild West* (1999) ou *Traffic* (2000) ; elle est mariée au PDG français François-Henri Pinault.

– ***Carlos Slim Helú*** *(1940)* **:** 15e fortune mondiale, ce magnat des télécommunications est né au sein d'une famille modeste d'émigrants libanais maronites. Il est réputé pour son flair exceptionnel et a démarré son ascension en rachetant des entreprises en difficulté qu'il redressait. Sa fortune est estimée aujourd'hui à 64 milliards de dollars.

CARLOS SLIM, OU COMMENT FAIRE FORTUNE ?

Non content de posséder les télécommunications mexicaines, l'empire de Carlos Slim, l'un des hommes les plus riches du monde, s'est diversifié : il possède aussi bien la chaîne des magasins Sanborn's et des plates-formes pétrolières, que la production de disques, des infrastructures routières et même un musée. Il a été calculé que, chaque jour, chaque Mexicain apporte au moins un peso de bénéfice à l'empire Slim !

POPULATION

Concentration urbaine

125 millions d'habitants. Il suffit de se promener dans les rues pour constater que la population est jeune. La moitié des Mexicains a moins de 25 ans. Ce qui donne une pyramide des âges plutôt élargie à la base, comme celles des Mayas !

Question densité, on est loin des chiffres habituels en Europe : elle est de 61 hab./km². En effet, le Mexique dispose encore d'immenses espaces quasiment vierges comme le nord du pays (États de Sonora, Chihuahua, Basse-Californie), à peine peuplé de 10 hab./km². À l'extrême opposé, la ville de Mexico avec 5 967 hab./km² ! Le centre du pays est le plus peuplé puisqu'il rassemble 60 % de la population. Depuis des décennies, les zones rurales ne cessent de se vider au profit des grands centres urbains comme Monterrey, Guadalajara et, bien sûr, Mexico. À elles seules, ces villes regroupent le quart des Mexicains.

Une soixantaine d'ethnies indigènes

On estime les Indiens à 10 millions d'individus, dont environ 6 millions ont conservé leur langue. Véritable mosaïque ethnique, puisqu'elle se divise en une soixantaine de communautés... et autant de langues différentes ! Et puisqu'on en parle si rarement, en voilà quelques-unes : Amuzgo, Cochimi, Cora, Chinantèque, Chocholtèque, Chol, Chontal, Cuicatèque, Guarijio, Guaycuri, Huastèque, Huave, Kikapu, Kukapa, Kumiai, Mame, Matlazinca, Maya Yucatèque, Mayo, Mazahua, Mazatèque, Mixe, Mixtèque, Ñahñu, Nahua, O'odham, Pame, Pericuri, Popoluca, Purépecha, Raramuri, Tenek, Tlahuica, Tlapanèque, Tojolabal, Totonaque, Triqui, Tzeltal, Tzotzil, Wixaritari-Huichol, Yaqui, Zapotèque, Zoque.

LES HUICHOLES

Ayant émigré au nord du Mexique, ce peuple est celui qui a gardé la langue et les traditions héritées des Aztèques. Adeptes du chamanisme, ils ont conservé l'adoration du peyotl, ce cactus hallucinogène qui régentait des cérémonies aztèques.

Les principales familles de langues préhispaniques en usage sont le *nahuatl,* l'ancienne langue des Aztèques, parlé par 16,6 % de la population indigène, essentiellement dans le centre du pays, le *maya* (8,9 %) utilisé au Chiapas *(maya tseltal, maya tsotsil...)* et au Yucatán *(maya yucateco),* le *zapotèque* (5 %) parlé dans les États de Oaxaca et de Veracruz, et le *mixtèque* (5 %), dans la même région. Mais attention, les locuteurs de différentes variantes des langues d'une même famille ne se comprennent pas forcément !

L'avenir incertain des Indiens

Les historiens sont loin d'être d'accord sur le nombre d'habitants qui vivaient en terre mexicaine avant l'arrivée des Espagnols. Les chiffres varient entre 4,5 et 25 millions ! Ce qui est certain, c'est que cette population indigène a dramatiquement décru après la conquête ; tueries, guerres, travail forcé, épidémies (la variole notamment) ont fait des ravages.
Cependant, alors que commençait le grand brassage des peuples, les Indiens sont restés durant les 3 premiers siècles de domination nettement plus nombreux que les Espagnols. Durant cette époque, la population métisse augmenta de manière exponentielle. C'est au XIXe s que la démographie indigène entama son déclin : juste avant la guerre d'indépendance, en 1800, les Indiens représentaient 60 % de la population du Mexique. Un siècle plus tard, ils n'étaient déjà plus que 37 %.
Actuellement, les principales communautés indigènes se maintiennent en nombre, notamment celles des États d'Oaxaca, de Veracruz, du Chiapas et du Yucatán. Mais d'autres ont un avenir beaucoup plus incertain, comme les Huichols (État de Nayarit) ou les Tarahumaras.
Comme on le constate aisément en se baladant dans les coins reculés du pays, les indigènes sont les laissés-pour-compte du développement

économique. Cette population, sans conteste la plus pauvre, est restée en marge, sans accès à la santé ni à l'éducation. En marge, si ce n'est carrément persécutée, à coup de violation de droits de l'homme, déplacements forcés (20 000 personnes affectées en 2017), et attaques, voire assassinats de ses leaders politiques. L'élection d'AMLO – ancien délégué de Tabasco à l'*Instituto Nacional Indigenista* pendant 5 ans, qui a fait un certain nombre de promesses de campagne auprès des peuples autochtones – changera peut-être un peu la couleur.

RELIGION

Le Mexique est un État laïque, et la Constitution garantit la liberté de confession. N'allez surtout pas croire que tout le monde est catholique. Officiellement, le nombre de fidèles est passé de 93 % en 1993 à environ 82 % aujourd'hui. Cette baisse est surtout due à l'apparition des « sectes » dans les années 1960, comme les témoins de Jéhovah, les adventistes, les mormons ou les *cristianos*, qui gagnent de plus en plus d'audience.

La Vierge de Guadalupe

Figure nationale, elle symbolise le ralliement du peuple mexicain au catholicisme. L'histoire raconte que le 12 décembre 1531, Juan Diego, un jeune indigène, voit la Vierge Marie apparaître sur le mont Tepeyac, à quelques kilomètres de Mexico (là où se trouve actuellement la basilique de la Guadalupe). L'endroit n'est pas neutre. Au sommet de cette même colline, les Aztèques avaient construit un temple dédié à Tonantzín, c'est-à-dire « la mère des dieux » ou « notre mère ». Et de fait, la Vierge lui ordonne de faire construire une église en son nom sur le lieu. Échec à l'évêché. La Vierge, miracle, fait alors pousser de splendides roses au sommet de la colline (un endroit désertique, et nous sommes en plein hiver) : Juan Diego, chargé d'un beau bouquet, s'en retourne auprès de l'évêque et, sous leurs yeux émerveillés, l'image de la Vierge s'imprime sur la tunique. Une chapelle sera rapidement construite sur la colline de Tepeyac, en lieu et place de l'ancien temple aztèque. La basilique ne viendra que plus tard (1555, puis 1609). On y exposera la fameuse tunique à l'effigie de la Sainte Vierge.

Beaucoup d'historiens tentent de comprendre l'origine de cette tunique (la *tilma*), voire de contester l'authenticité du miracle. Certains ecclésiastiques ont même nié l'existence de Juan Diego. Mais les Mexicains se moquent de ces querelles d'experts, et toutes les remises en question n'y font rien. En 2002, le pape Jean-Paul II, en visite au Mexique, canonise Juan Diego. C'est le 1er saint indien du calendrier chrétien. Pour la foule en liesse, notamment les indigènes, c'est la revanche de l'histoire. Point trop n'en faut : le portrait du « petit Indien », qui envahit alors les rues, présente les traits d'un Espagnol ! L'épiscopat s'est justifié en expliquant que c'était la seule gravure existante de Juan Diego dont ils disposaient, datant du XVIIe s...

UNE VIERGE LATINO-AMÉRICAINE

En 1737, la Vierge de Guadalupe devint patronne de Mexico. En 1910, l'Église la nomma sainte protectrice de toute l'Amérique latine. Mais le Mexique continue de s'approprier jalousement la Guadalupe, symbole de la revanche de l'indigène sur l'Espagnol (elle est noire). Cette vierge est le symbole d'une continuité entre les cultures préhispanique et catholique à travers un même culte à la Vierge. Subtile stratégie pour intégrer les rites païens...

SITES INSCRITS AU PATRIMOINE MONDIAL DE L'UNESCO

En coopération avec le Centre du patrimoine mondial

Organisation des Nations Unies pour l'éducation, la science et la culture

Pour figurer sur la liste du Patrimoine mondial, les sites doivent avoir une valeur universelle exceptionnelle et satisfaire au moins un des 10 critères de sélection. La protection, la gestion, l'authenticité et l'intégrité des biens sont également des considérations importantes. Le patrimoine est l'héritage du passé dont nous profitons aujourd'hui et que nous transmettons aux générations à venir. Nos patrimoines culturel et naturel sont 2 sources irremplaçables de vie et d'inspiration. Ces sites appartiennent à tous les peuples du monde, sans tenir compte du territoire sur lequel ils sont situés. Pour plus d'informations : ● *whc.unesco.org* ●

Dans ce guide sont concernés :

– centre historique de ***Mexico*** et ***Xochimilco*** (1987) ;
– cité préhispanique et parc national de ***Palenque*** (1987) ;
– cité préhispanique de ***Teotihuacán*** (1987) ;
– centre historique de ***Oaxaca*** et, dans les environs : les zones archéologiques de ***Monte Albán*** (1987), ***Mitla*** et ***Yagul*** (2010) ;
– centre historique de ***Puebla*** (1987) ;
– réserve de ***Sian Ka'an*** (1987) ;
– ville historique de ***Guanajuato*** et mines adjacentes (1988) ;
– ville précolombienne de ***Chichén Itzá*** (1988) ;
– centre historique de ***Morelia*** (1991) ;
– ***El Tajín,*** cité préhispanique (1992) ;
– centre historique de ***Zacatecas*** (1993) ;
– 1ers monastères du XVIe s sur les versants du ***Popocatépetl,*** dont ***Huejotzingo*** et ***Tepoztlán*** (1994) ;
– ville précolombienne d'***Uxmal*** (1996) ;
– zone de monuments historiques de ***Querétaro*** (1996) ;
– ***Hospice Cabañas,*** Guadalajara (1997) ;
– zone de monuments historiques de ***Tlacotalpán*** (1998) ;
– zone de monuments archéologiques de ***Xochicalco*** (1999) ;
– ville historique fortifiée de ***Campeche*** (1999) ;
– ancienne cité maya de ***Calakmul,*** Campeche (2002) ;
– paysages d'agaves et anciennes installations industrielles de ***Tequila*** (2006) ;
– campus central de la cité universitaire de la ***Universidad nacional autónoma de Mexico*** (UNAM, 2007) ;
– ***San Miguel de Allende*** et le sanctuaire de ***Atotonilco*** (2008) ;
– ***Réserve de biosphère du papillon monarque*** (2008) ;
– grottes préhistoriques de ***Yagul*** et ***Mitla,*** vallée de Oaxaca (2010) ;
– réserve de biosphère ***El Pinacate*** et le Grand désert d'***Altar*** (2014) ;
– système hydraulique de l'aqueduc de ***Padre Tembleque*** sur le plateau central mexicain (2015) ;
– ***Archipel de Revillagigedo*** dans le Pacifique Est (2016) ;
– ***Vallée de Tehuacán-Cuicatlán***, l'habitat originel de Méso-Amérique (2018).

SPORTS ET LOISIRS

– ***Catch – Lucha libre :*** introduit par le biais de démonstrations de lutte olympique et gréco-romaine durant l'occupation française en 1863, la *lucha libre* s'est imposée comme grande tradition populaire mexicaine. Elle se distingue de son homologue américain par un style plus aérien. Sur le ring, les *luchadores,* des costauds masqués, vêtus d'un costume méga kitsch, luttent au nom du Bien et du Mal, avec des noms éloquents : Ángel, Místico, Luciferno... Au risque de casser le suspense : c'est toujours le gentil qui gagne (après quelques bonnes claques quand même), tandis que le méchant doit quitter le ring sous les huées. Pour ces héros d'un autre âge, le masque est bien sûr essentiel, au point que personne ne connut le visage du célèbre lutteur El Santo durant les 42 années que dura sa carrière. Une semaine avant sa mort, il le retira en direct sur une chaîne de télévision nationale. Bref, chaque fois, la foule est en liesse. Les billets sont bon marché. C'est le spectacle typiquement populaire, qui attire toutes les générations. Pas le temple du féminisme, en revanche, puisque les femmes en sont réduites à tenir la pancarte en bikini...

– ***Football :*** très populaire, comme dans tous les pays d'Amérique latine. Le championnat du Mexique se nomme « Primera División » et oppose traditionnellement, sans grande surprise, les 2 plus grandes villes du pays : le *Club América* de Mexico et le *Chivas* de Guadalajara, celui-ci ayant la particularité de ne compter que des joueurs mexicains (les étrangers n'y sont pas admis !). Particularité mexicaine, les noms de clubs sont une sorte de franchise que l'on peut acheter librement, si bien qu'un club peut changer de ville et dans ce cas-là, la fédération n'a pas son mot à dire. Dernière chose, les salaires des footballeurs mexicains sont si élevés qu'il ne leur viendrait jamais l'idée de venir jouer en Europe !

Côté, football féminin, la « ***Verde*** » (ainsi surnommée en raison de la couleur de son maillot) s'impose comme l'une des meilleures équipes de la région derrière les Américaines et les Canadiennes. Elle parvient en finale de la Gold Cup à 2 reprises (en 1988 et en 2010).

« EL FÚTBOL DEL PESO »

Face aux problèmes de surpoids dans le pays, la ville de Monterrey organise des matchs de foot réservés aux « obèses ». En moyenne, 130 kilos au compteur. Pas moins de 150 joueurs sont inscrits à chaque fois. Efficacité incontestable puisque chacun perd en moyenne 20 kilos. D'ailleurs, pour jouer il faut suivre un régime (obligatoire !).

– ***Plongée et snorkeling :*** les eaux de la mer des Caraïbes en particulier, avec leurs poissons multicolores, et les *cenotes* du Yucatán sont réputés internationalement pour s'adonner à la plongée ou au *snorkeling.*

– ***Randonnées pédestres, VTT ou équestres :*** de nombreux sites naturels et autres réserves protégées offrent la possibilité de pratiquer ces loisirs, que ce soit pour observer la faune et la flore (réserve des papillons monarques ou de Calakmul) ou aller à la rencontre des populations locales (villages tzotziles du Chiapas).

les ROUTARDS sur la FRANCE 2022-2023

(dates de parution sur • *routard.com* •)

Découpage de la FRANCE par le ROUTARD

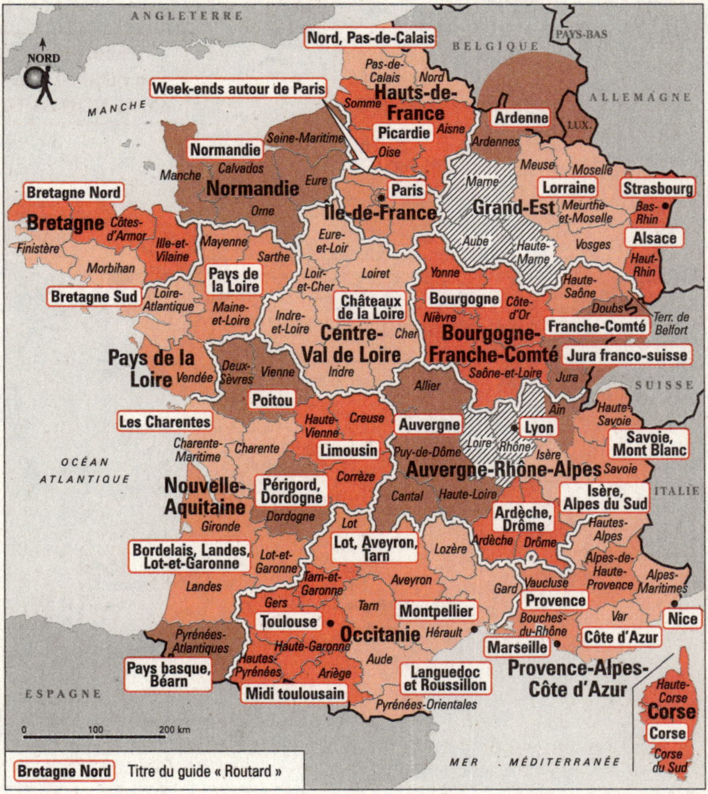

Autres guides sur la France

- Nos meilleurs campings en France
- Nos meilleures chambres d'hôtes en France

Autres guides sur Paris

- Paris
- Paris balades
- Restos et bistrots de Paris
- Le Routard des amoureux à Paris
- Week-ends autour de Paris

Le Routard à vélo

- EuroVelo6
- La Bourgogne du Sud à vélo
- La Flow Vélo
- La Loire à Vélo
- La Vélo Francette
- La Vélodyssée (Roscoff-Hendaye)
- Le Canal des 2 mers à vélo
- Paris Île-de-France à vélo
- ViaRhôna
- Les plus belles escapades à Vélo en France

les ROUTARDS sur l'ÉTRANGER 2022-2023

(dates de parution sur • **routard.com** •)

Découpage de l'ESPAGNE par le ROUTARD

Découpage de l'ITALIE par le ROUTARD

Autres pays européens

- Allemagne
- Angleterre, Pays de Galles
- Autriche
- Belgique
- Bulgarie
- Crète
- Croatie
- Danemark, Suède
- Écosse
- Finlande
- Grèce continentale
- Hongrie
- Îles grecques et Athènes
- Irlande
- Islande
- Madère
- Malte
- Norvège
- Pays baltes : Tallinn, Riga, Vilnius
- Pologne
- Portugal
- République tchèque, Slovaquie
- Roumanie
- Suisse

Villes européennes

- Amsterdam
- Berlin
- Bruxelles
- Budapest
- Copenhague
- Dublin
- Lisbonne
- Londres
- Moscou
- Naples
- Porto
- Prague
- Saint-Pétersbourg
- Stockholm
- Vienne

les ROUTARDS sur l'ÉTRANGER 2022-2023

(dates de parution sur • *routard.com* •)

Découpage des ÉTATS-UNIS par le ROUTARD

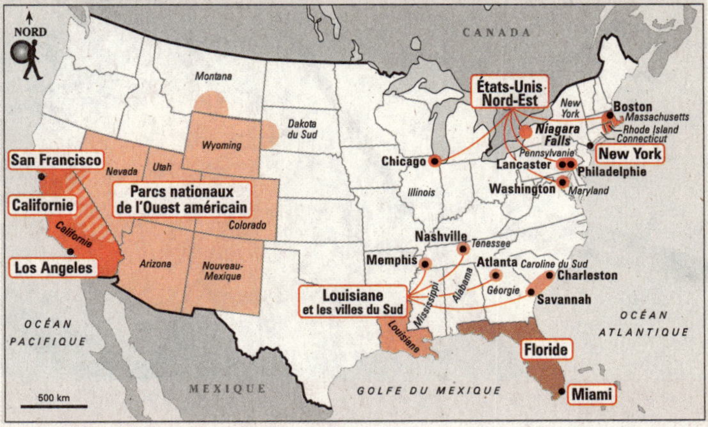

Autres pays d'Amérique

- Argentine
- Brésil
- Canada Ouest
- Chili et île de Pâques
- Colombie
- Costa Rica
- Équateur et les îles Galápagos
- Guatemala, Belize
- Mexique
- Montréal
- Pérou, Bolivie
- Québec et Ontario

Asie et Océanie

- Australie côtes est et nord + Red Centre
- Bali, Lombok
- Bangkok
- Birmanie (Myanmar)
- Cambodge, Laos
- Chine
- Hong Kong, Macao, Canton
- Inde du Nord
- Inde du Sud
- Israël et Palestine
- Istanbul
- Jordanie
- Malaisie, Singapour
- Népal
- Shanghai
- Sri Lanka (Ceylan)
- Thaïlande
- Tokyo, Kyoto et environs
- Turquie
- Vietnam

Afrique

- Afrique du Sud
- Égypte
- Kenya, Tanzanie et Zanzibar
- Maroc
- Marrakech
- Sénégal
- Tunisie

Îles Caraïbes et océan Indien

- Cuba
- Guadeloupe, Saint-Martin, Saint-Barth
- Île Maurice, Rodrigues
- Madagascar
- Martinique
- République dominicaine (Saint-Domingue)
- Réunion

Guides de conversation

- Allemand
- Anglais
- Arabe du Maghreb
- Arabe du Proche-Orient
- Chinois
- Croate
- Espagnol
- Grec
- Italien
- Japonais
- Portugais
- Russe
- G'palémo (conversation par l'image)

Livres-photos/Livres-cadeaux

- 50 voyages à faire dans sa vie
- 52 escapades nature en France (**nouveauté**)
- 52 week-ends coups de cœur en Europe (city trips)
- 52 week-ends coups de cœur en France
- 120 coins secrets en Europe
- 1 200 coups de cœur en France
- 1 200 coups de cœur dans le monde
- Cahier de vacances du Routard
- La France de Stéphane Bern
- Nos plus belles balades et randos en France (**nouveauté**)
- Road Trips Monde
- Road Trips en France
- Sacré : 100 lieux d'inspiration divine (**nouveauté**)
- Voyages
- Voyages : États-Unis
- Voyages : France
- Voyages : Italie

Nous tenons à remercier tout particulièrement Loup-Maëlle Besançon, Thierry Bessou, François Chauvin, Grégory Dalex, Fabrice Doumergue, Cédric Fischer, Carole Fouque, Nicolas George, Michelle Georget, David Giason, Claude Hervé-Bazin, Emmanuel Juste, Dimitri Lefèvre, Fabrice de Lestang, Romain Meynier, Éric Milet, Pierre Mitrano, Jean-Sébastien Petitdemange, Thomas Rivallain et Jean Tiffon pour leur collaboration régulière.

Guillem Aurenche
Jean-Jacques Bordier-Chêne
Gérard Bouchu
Camille Campet
Philippe Coupy
Agnès Debiage
Jérôme Denoix
Tovi et Ahmet Diler
Clélie Dudon
Agustina Ernesta
Alain Fisch
Hermine Frachon
Adrien et Clément Gloaguen
Simon Hafi
Chloé Iacono
Thelem Jolliot-Curie
Maeva Libessart
Marine Lucas
Lise Machu
Louis Nagot
Martine Partrat
Odile Paugam et Didier Jehanno
Orianne Pouchard
Alexia Poulain
Marva Prevost
Alexia Rambaud
Prakit Saiporn
Lara Tantawi
Sarah Toson
Emma Vadillo Quesada

Direction : Sidonie Chollet
Direction éditoriale : Élise Ernest
Édition : Matthieu Devaux, Olga Krokhina, Gia-Quy Tran, Julie Dupré, Amélie Ramond, Margaux Lefebvre, Lucie Léna et Joséphine Bonneau
Ont également collaboré : Brigitte de Vaulx, Dorica Lucaci et Cécile Chavant
Cartographie : Frédéric Clémençon et Aurélie Huot
Contrôle de gestion : Jérôme Boulingre et Yannis Villeneuve
Secrétariat : Julia Lorrain
Fabrication : Nathalie Lautout et Liza Sacco
Relations presse : COM'PROD, Fred Papet. ☎ 01-70-69-04-69. • *info@comprod.fr* •, Martine Levens (Belgique) et Maureen Browne (Suisse)
Marketing : Clotilde Tougeron et Élise Sylvestre
Couverture : le-bureau-des-affaires-graphiques.com
Silhouette du Routard : Clément Gloaguen (d'après Solé)
Maquette intérieure : le-bureau-des-affaires-graphiques.com, Thibault Reumaux et npeg.fr
Contact Partenariats : Jérôme Denoix • *jeromedenoix@gmail.com* •
Contact Partenariats et régie publicitaire : Florence Brunel-Jars • *fbrunel@hachette-livre.fr* •

INDEX GÉNÉRAL

LISTE DES CARTES ET PLANS

Remarque importante aux hôteliers et restaurateurs

Les enquêteurs du *Routard* travaillent dans le plus strict anonymat. Aucune réduction, aucun avantage quelconque, aucune rétribution n'est jamais demandé en contrepartie. Face aux aigrefins, la loi autorise les hôteliers et restaurateurs à porter plainte.

Avis aux lecteurs

Le Routard, ce n'est pas comme le bon vin, il vieillit mal. On ne veut pas pousser à la consommation, mais évitez de partir avec une édition ancienne. Les modifications sont souvent importantes.
Les réductions accordées à nos lecteurs ne sont jamais demandées par nos rédacteurs afin de préserver leur indépendance. Les hôteliers et restaurateurs sont sollicités par une société de mailing, totalement indépendante de la rédaction, qui reste donc libre de ses choix. De même pour les autocollants et plaques émaillées.

Avec routard.com, choisissez, organisez, réservez et partagez vos voyages !

✓ Rejoignez la plus grande communauté francophone de voyageurs : **plusieurs millions d'internautes.**

✓ Échangez avec les routarnautes : forums, photos, avis d'hôtels.

✓ Retrouvez aussi toutes les informations actualisées pour choisir et préparer vos voyages : près de 300 guides destinations, une centaine de dossiers pratiques et un magazine en ligne pour découvrir tous les secrets de votre destination.

✓ Enfin, comparez les offres pour organiser et réserver votre voyage au meilleur prix.

Les **Routards** *parlent aux* **Routards**

Faites-nous part de vos expériences, de vos découvertes, de vos tuyaux et de vos coups de cœur. Aidez-nous à remettre l'ouvrage à jour. Indiquez-nous les renseignements périmés. Faites profiter les autres de vos adresses nouvelles, combines géniales... On adresse un exemplaire gratuit de la prochaine édition à ceux qui nous envoient les meilleurs courriers, pour la qualité et la pertinence des informations.
Quelques conseils cependant:
– Envoyez-nous votre courrier le plus tôt possible afin que l'on puisse insérer vos tuyaux sur la prochaine édition.
– N'oubliez pas de préciser l'ouvrage que vous désirez recevoir, ainsi que votre adresse postale.
– Vérifiez que vos remarques concernent l'édition en cours et notez les pages du guide concernées par vos observations.
– Quand vous indiquez des hôtels ou des restaurants, pensez à signaler leur adresse précise et, pour les grandes villes, les moyens de transport pour y aller. Si vous le pouvez, joignez la carte de visite de l'hôtel ou du resto décrit.
En tout état de cause, merci pour vos nombreux mails.

122, rue du Moulin-des-Prés, 75013 Paris

• *guide@routard.com* • *routard.com* •

Routard Assurance

Enrichie au fil des années par les retours des lecteurs, *Routard Assurance* reste l'assurance voyage référence des globe-trotters. Tout y est inclus, même la **Covid** : frais médicaux, assistance rapatriement, bagages, responsabilité civile… Avant votre départ, contactez *AVI* pour un conseil personnalisé. À la recherche d'une attestation Covid ? Vous la recevrez automatiquement après chaque souscription. Besoin d'un avis médical, d'une prise en charge dans un hôpital ? Le plateau d'Assistance *AVI* dispose d'un vaste réseau médical à travers le monde disponible 24h/24 pour une réponse en temps réel. De simples frais de santé en voyage ? Téléchargez vos factures depuis l'espace assuré *AVI*, ils vous remboursent sous une semaine. *Le Colisée Gardens, 10, av. de l'Arche, CS 70126, 92419 Courbevoie Cedex.* ☎ *01-44-63-51-00.* • *avi-international.com* • Ⓜ *La Défense.*

Édité par Hachette Livre (58, rue Jean-Bleuzen, CS 70007, 92178 Vanves Cedex, France)
Photocomposé par Luminess SAS (561, rue Saint-Léonard – CS 40003 – 53101 Mayenne Cedex, France)
Imprimé par Lego SPA Plant (via Galileo Galilei, 11, 38015 Lavis, Italie)
Achevé d'imprimer : décembre 2022
Collection n° 13 - Édition n° 03
46/8467/2
I.S.B.N. 978-2-01-787113-2
Dépôt légal : décembre 2021

PAPIER À BASE DE FIBRES CERTIFIÉES